Droit administratif

HyperCours Dalloz

sous la direction de

- Dominique **Chagnollaud de Sabouret**
  Professeur à l'Université Panthéon-Assas (Paris II)
- Serge **Guinchard**
  Professeur émérite de l'Université Panthéon-Assas (Paris II)

Droit administratif

14e édition 2021

Gilles Dumont
Professeur à l'Université de Nantes

Jean Sirinelli
Professeur à l'Université de Paris-Est Créteil Val de Marne

DALLOZ

Éditions DALLOZ
31-35 rue Froidevaux,
75685 Paris Cedex 14

ISBN 978-2-247-20658-2

En un seul ouvrage, l'Hypercours Droit administratif met à la portée des étudiants des moyens d'acquisition, de révision et d'entraînement performants. Il fournit les connaissances théoriques indispensables et propose les références, exemples, exercices et thèmes de réflexion qui permettent d'appréhender correctement la mise en application de ces connaissances.

• Le cours, complet, est décomposé en titre mais surtout en chapitres thématiques correspondant aux séances de travaux dirigés. La structure de chacun d'eux est annoncée en début de chapitre par un plan analytique.

– Parallèlement au cours, sur la même page, l'ensemble du texte est découpé en blocs d'idées homogènes, selon une numérotation située dans la marge. Cette numérotation permet d'accéder à des définitions (v. ci-dessous la rubrique « Quid »).

– Des mots ou expressions clés sont signalés par la lettre « Q » en exposant. S'ils ne sont pas définis dans le cours même, il faut là encore se reporter à la rubrique « Quid » pour en connaître la signification précise.

• Des rubriques pédagogiques (pages signalées par un bandeau de couleur), complètent le cours de chaque chapitre. Elles ont une double fonction : mieux faire comprendre et assimiler le cours, mais aussi préparer efficacement les étudiants aux épreuves des travaux dirigés et des examens.

– La rubrique « *Quid* » permet de disposer immédiatement de définitions extensives des mots clés du cours (signalés dans le cours par la lettre « Q » – pour « Quid » – en exposant). À chaque mot clé est accolé un ou des numéros(s) correspondant au découpage signalé en marge dans le cours afin de les repérer plus rapidement, le tout à la façon des liens hypertexte.

– La rubrique « *Document* » présente les textes de référence.

– La rubrique « *Biblio* » donne accès à une bibliographie sélective.

– La rubrique « *Quiz* » délivre des épreuves corrigées de commentaires d'arrêt, d'articles, de dissertations, de consultations juridiques, de cas pratiques et des questions, des tests...

• Présentant une synthèse de la matière, des éléments de pratique et de documentation viennent à la suite du cours et des compléments pédagogiques.

– Le *sujet terminal* propose un sujet d'examen corrigé correspondant à une épreuve type donnée en fin de semestre ou d'année et faisant appel à l'ensemble des connaissances acquises.

– La *bibliographie générale* présente les ouvrages essentiels de la matière.

• Pour s'orienter à l'intérieur du manuel :

– Au début de l'ouvrage, après le *plan général* de celui-ci, le *sommaire des Quiz* répertorie les sujets corrigés par genre (tests de connaissances ou de compréhension, dissertations, commentaires d'arrêts, cas pratiques).

– Situé en fin d'ouvrage, l'*index alphabétique* des termes utilisés prend pour repères les blocs d'idées homogènes numérotés en marge du cours et permet de trouver une notion rapidement. Les mots *Quid* y sont intégrés pour faciliter la lecture des définitions.

– La *table des matières* en fin d'ouvrage permet d'accéder facilement au cours et à sa structure.

Avant-propos à la 14e édition

Le présent *Droit administratif* a été fondé, en 1997, par le Pr. Martine Lombard, qui avait souhaité s'associer, à partir de la 3e édition, le concours d'un doctorant, devenu plus tard collègue, d'abord pour prendre en charge les « compléments pédagogiques » souhaités par l'éditeur dans le cadre de l'évolution de la collection « HyperCours », puis pour participer à l'actualisation de l'ouvrage ; un autre jeune agrégé est venu compléter l'équipe d'auteurs à partir de 2013. Désormais émérite, le Pr. Martine Lombard a souhaité se retirer de l'ouvrage, qui reste cependant très largement le sien. Les mises à jour successives n'ont en effet pas modifié substantiellement le propos initial, et elle est donc auteur de nombre de passages de la présente édition. Surtout, les auteurs actuels se sont efforcés de conserver l'esprit général de l'ouvrage, et la conception du droit administratif qu'il traduit : une attention constante au fragile équilibre entre réalisation des objectifs d'intérêt général et respect des droits individuels qui fait de cette discipline une « œuvre d'art », attention dont la bienveillance n'empêche pas, lorsque cela s'avère nécessaire, l'expression d'une vigilance inquiète devant certains aléas d'un droit à la réalité changeante.

Principales abréviations

al.	alinéa
AJ	*Actualité jurisprudentielle du Recueil Dalloz*
Ass. nat.	Assemblée nationale
Ass. plén.	Assemblée plénière
art.	article
AJDA	*Actualité juridique Droit administratif (Dalloz)*
bibl.	bibliographie
BJCL	*Bulletin juridique des collectivités locales*
BJDCP	*Bulletin juridique des contrats publics*
c/	*contre*
CAA	Cour administrative d'appel
CE	Conseil d'État
CEDH	Cour européenne des droits de l'homme
cep.	cependant
C. for.	Code forestier
CGCT	Code général des collectivités territoriales
Circ.	circulaire
CJA	Code de justice administrative
CJEG	Cahiers juridiques de l'électricité et du gaz
CJUE	Cour de justice de l'Union européenne (ex. CJCE)
C. mon. fin.	Code monétaire et financier
CNAM	Caisse nationale d'assurance maladie
CNOM	Conseil national de l'ordre des médecins
cons.	considérant
Cons. const.	Conseil constitutionnel
Const.	Constitution
Conv. EDH	Convention européenne de sauvegarde des droits de l'homme et des libertés fondamentales
C. rur.	Code rural
CRPA	Code des relations entre le public et l'administration
D.	*Recueil Dalloz*
Décr.	décret
Dir.	directive
Doc. fr.	Documentation française
Dr. adm.	*Droit administratif (Juris-Classeur)*
EDCE	*Études et documents du Conseil d'État*
égal.	également
ex.	exemple

GACE	*Les grands avis du Conseil d'État, 3e éd., Dalloz, 2008*
GADD	*Les grands arrêts du droit de la décentralisation, 2e éd., Dalloz, 2001*
GAJA	*Les grands arrêts de la jurisprudence administrative, 21e éd., Dalloz, 2017*
GDCC	*Les grandes décisions du Conseil constitutionnel, 18e éd., Dalloz, 2016*
ibid.	*Au même endroit*
IR	*Informations rapides (du Recueil Dalloz)*
JCP	*Juris-Classeur périodique* (Semaine juridique)
JCP Adm.	*Juris-Classeur périodique*, édition administrations et collectivités territoriales
JO	*Journal officiel*
L.	loi
Lebon	*Recueil des arrêts du Conseil d'État (suivi de T. pour tables)*
LPA	*Les Petites Affiches*
not.	notamment
obs.	observation
Ord.	ordonnance
Pan.	panorama
préc.	précité
QPC	Question prioritaire de constitutionnalité
rapp.	Rapport
Rec. Cons. const	*Recueil des décisions du Conseil constitutionnel*
Req.	Chambre des requêtes de la Cour de cassation
Rev. adm.	*Revue administrative*
RD publ.	*Revue de droit public*
RFAP	*Revue française d'administration publique*
RFDA	*Revue française de droit administratif*
RGDP	*Revue générale de droit international public*
RJEP	*Revue juridique de l'entreprise publique*
RTDH	*Revue trimestrielle des droits de l'homme*
s.	et suivants
S.	*Recueil Sirey*
ss	sous
TA	tribunal administratif
T. confl.	Tribunal des conflits
TFUE	Traité sur le fonctionnement de l'Union européenne
TGI	tribunal de grande instance
TI	tribunal d'instance
v.	voir

Plan général de l'ouvrage

Sommaire des Quiz

Les chiffres envoient aux numéros des pages. Tous les sujets sont corrigés en fin de la rubrique pédagogique sauf ceux indiqués en italiques.

Tests de compréhension

Commentaires d'articles, d'arrêts et de textes

Cas pratiques

Dissertation

Introduction

Plan analytique

L'immense intérêt de l'étude du droit administratif tient à ce qu'il est un droit animé par la recherche de l'intérêt général, ou, selon la formule consacrée, d'un équilibre entre l'intérêt général et les intérêts particuliers. Cela peut expliquer aussi la remise en cause que connaît aujourd'hui une certaine conception classique du droit administratif. Longtemps en effet la référence à l'intérêt général était nimbée d'une part de mystère lui donnant une autorité quasiment religieuse. Or, « le désenchantement du monde », selon l'expression de Max Weber prolongée par Marcel Gauchet, a atteint aussi, très naturellement, le droit administratif. Ce n'est certes pas tant l'idée que l'intérêt général doit prévaloir sur les intérêts particuliers qui est aujourd'hui contestée que la part de mystère encore parfois attachée à la référence à un intérêt général qui serait aussi abstrait qu'impérieux. Des exigences d'explication, voire de débat et de respect des droits fondamentaux dans les relations entre administrés et administration ont profondément marqué les évolutions du droit administratif depuis quelques années. Si celui-ci a toujours été caractérisé par un ensemble de prérogatives mais aussi de quelques sujétions exorbitantes (J. Rivero, « Existe-t-il un critère du droit administratif ? », *RD publ.* 1953. 279), ce sont surtout les premières qui se trouvent aujourd'hui remises en cause (F. Melleray, « L'exorbitance du droit administratif en question(s) », *AJDA* 2003. 1961). 1

Ce mouvement pourrait-il à terme se traduire par l'emprise croissante, ici comme ailleurs, d'une culture juridique qui nierait quant à elle toute spécificité au droit de l'administration ? L'idée que le droit administratif, en tant que droit particulier aux relations entre l'administration et les administrés, serait antilibéral par nature avait en effet été développée par le juriste anglais A.V. Dicey en même temps que celle de la supériorité par essence d'un ordre juridique où l'administration serait soumise au droit ordinaire appliqué par le juge ordinaire (*Introduction à l'étude du droit constitutionnel*, 1885). Cette conception n'avait cependant guère résisté à la démonstration des limites que présentait alors le droit anglais quant à l'effectivité du contrôle de l'administration et en termes de garantie concrète des droits des administrés. 2

De nos jours, le droit de l'administration comporte, partout en Europe, une part de règles qui lui sont propres et il existe dans la plupart des États soit des juridictions administratives, soit à tout le moins des chambres spécialisées au sein d'un ordre juridictionnel unique pour le traitement de certains litiges concernant l'administration.

S'il existe une originalité du droit administratif français, celle-ci s'explique davantage par les circonstances historiques de sa formation (section 1) que par une conception qui serait spécifiquement française de l'administration et de ses fonctions (section 2). L'internationalisation croissante des sources du droit administratif n'a certes pas fait disparaître le pluralisme des conceptions des droits de l'administration en Europe mais celui-ci laisse place à des convergences de plus en plus fortes en la matière 3 (section 3). Elles ont été accentuées ces dernières années par les évolutions propres qu'a connues le droit administratif français, dans le sens d'une protection plus effective des droits des administrés, par l'œuvre de la loi relayée par la jurisprudence (section 4).

section 1

Formation du droit administratif français

4 Paradoxalement, le développement du droit administratif français, présenté non sans raison par le Conseil d'État comme « un droit en avance » (CE, *L'influence internationale du droit français*, Doc. fr., 2001, p. 54 à 57), s'est inscrit pourtant, historiquement, dans le prolongement des réflexes autoritaires du pouvoir monarchique, qui avait toujours souhaité se soustraire à la juridiction des tribunaux.

En effet, ce n'est qu'après une éclipse de quelques années que le Conseil d'État, institué par la Constitution du 22 frimaire an VIII (15 déc. 1799), a succédé au Conseil d'État du roi qui existait depuis plusieurs siècles. Sous l'Ancien régime, l'importance prise par le « Conseil du roi », ou « Conseil d'État du roi » s'expliquait par la « volonté de puissance du pouvoir monarchique, dans son désir de ne pas être entravé par les interventions de diverses juridictions indépendantes » (J.-L. Mestre, *Introduction historique au droit administratif français*, PUF, 1985, p. 197). Dès le XVIIIe siècle et avant la Révolution, Portalis observe que « le droit éminent qu'a le public ou la société sur le domaine du particulier et l'exercice de ce droit rigoureux mais nécessaire n'ont jamais été réputés tomber en juridiction contentieuse ». Il partageait ainsi l'idée répandue sous la Monarchie selon laquelle « les administrateurs sont plus aptes que les juges ordinaires à régler les litiges qui naissent de leur action administrative, parce qu'ils en connaissent mieux les diverses données » (*ibid.*, p. 199).

5 Le droit administratif français s'est, par la suite, forgé à partir d'une certaine lecture de la loi des 16-24 août 1790. Celle-ci énonce que « les fonctions judiciaires sont distinctes et demeureront toujours séparées des fonctions administratives. Les juges ne pourront, à peine de forfaiture, troubler de quelque manière que ce soit les opérations des corps administratifs, ni citer devant eux les administrateurs pour raison de leurs fonctions ».

La loi du 16 fructidor an III réitère cette interdiction faite aux tribunaux de s'immiscer dans l'action administrative : « Défenses itératives sont faites aux tribunaux de connaître des actes d'administration, de quelque espèce qu'ils soient, aux peines de droit ».

Le souvenir de la lutte des Parlements judiciaires contre la Monarchie, manifestée notamment par le refus d'enregistrement des édits royaux, explique en effet que le nouveau pouvoir ait entendu se prémunir contre ces tentatives d'ingérence des juridictions judiciaires dans l'action administrative, plus sûrement encore que ne l'avait fait le pouvoir royal.

Il a été souligné que ces textes n'avaient pas voulu interdire aux tribunaux de juger l'administration mais de faire eux-mêmes œuvre d'administration, notamment en prenant des règlements de police ou en citant devant eux les administrateurs pour leur donner des instructions (J. Chevallier, *L'élaboration historique du principe de séparation de la juridiction administrative et de l'administration active*, LGDJ, 1970). Le paradoxe veut cependant que ce texte, qui « cantonne désormais les tribunaux dans la solution des litiges mais ne dit pas qu'ils ne pourront connaître des litiges intéressant l'administration », ait été interprété comme interdisant au juge judiciaire de connaître du contentieux de l'administration, pour aboutir finalement à l'apparition d'un ordre de juridictions spécifiques tranchant ces derniers litiges à partir d'un droit qu'il élabore fréquemment lui-même, ce qui revient à faire œuvre d'administrateur (P. Delvolvé, « Paradoxes du (ou paradoxes sur le) principe de séparation des autorités administrative et judiciaire », in *Mélanges R. Chapus*, Montchrestien, 1992, p. 136).

Il pourrait être soutenu que c'est donc d'un malentendu qu'est née finalement la juridiction administrative, mais ce paradoxe apparent est le résultat, en profondeur, d'une longue tradition, qui voyait le roi évoquer en son Conseil ou donner à juger aux intendants un grand nombre d'affaires administratives.

L'enrichissement progressif du rôle du Conseil d'État, qui conserve aujourd'hui encore sa mission première de conseil juridique du gouvernement pour y ajouter depuis plus d'un siècle celle de juge de l'administration, s'est opéré par étapes. **6**

Dans le cadre de la justice retenue qui a prévalu jusqu'en 1872, le Conseil d'État statuant au contentieux devait présenter au chef de l'exécutif tout projet de décision pour signature. Cette pratique du ministre-juge, dont il reste aujourd'hui encore quelques reliquats, à travers la terminologie employée pour désigner les « décisions » – et non pas les arrêts – du Conseil d'État ou encore l'*imperatoria brevitas* de la motivation de ses décisions, était atténuée par le fait que le chef de l'exécutif se contentait dans la plupart des cas de signer le projet de décision qui lui était soumis par le Conseil d'État. Ce système connaîtra une mutation importante, en droit sinon en fait, avec la loi du 24 mai 1872 instituant la justice déléguée au profit du Conseil d'État. Depuis cette date, le Conseil d'État n'est plus en effet seulement le Conseil du gouvernement, il est aussi une véritable juridiction.

Celle-ci conserve cependant une certaine proximité par rapport à l'administration, qui lui permettrait, selon une opinion répandue, de mieux résoudre les litiges qui lui sont soumis. En effet, le déroulement de carrière des membres du Conseil d'État leur permet de connaître l'administration de l'intérieur à bien des titres. D'abord, parce que près de 80 % des membres du Conseil d'État sont issus de l'École nationale d'administration (ENA), qu'ils aient intégré le Conseil d'État dès la sortie de l'École ou au bénéfice du « tour extérieur ». Ils ont donc été formés d'abord pour prendre en charge des responsabilités administratives. Ensuite, même lorsqu'ils exercent leurs fonctions de juge administratif, nombre de membres du Conseil d'État continuent à siéger simultanément dans les sections administratives du Conseil d'État, comme conseil juridique du gouvernement, et sont même souvent chargés, à titre individuel, de missions de conseil de telle ou telle administration. Enfin, les membres du Conseil exercent fréquemment pendant une large partie de leur carrière, hors du Conseil lui-même, des fonctions d'autorité dans les administrations de l'État. Toutes ces missions contribuent, dans leur diversité, à leur donner une expérience concrète des nécessités et limites de l'action administrative. Pour indispensables que soient de telles pratiques, elles sont cependant susceptibles, lorsque ne sont pas respectées les garanties les plus strictes, de soulever des difficultés quant au respect du droit à un procès **7** équitable. L'attention de la Cour européenne des droits de l'homme a été attirée sur ce point, dans une affaire où un membre du Conseil d'État a été nommé à la direction d'une administration qui était partie dans une affaire au jugement de laquelle il venait de participer, situation que la Cour a inévitablement condamnée (CEDH 9 nov. 2006, *Sacilor-Lormines*, *JCP Adm.* 2007, n° 2002, note D. Szymczak ; *RFDA* 2007. 342, note J.-L. Autin et F. Sudre ; v. ss 713).

Cette connaissance intime de l'administration par le Conseil d'État a eu une influence d'autant plus importante sur la formation et l'évolution du droit administratif que celui-ci reste très largement un droit jurisprudentiel, même si la part du droit écrit devient de nos jours de plus en plus importante.

■ 8 Les concepts, les principes fondamentaux, les règles du droit administratif, jusque dans leurs détails souvent, sont en effet, pour une part historiquement considérable, l'œuvre du Conseil d'État. Celui-ci disposait d'une grande latitude pour ce faire, puisque les règles écrites étaient initialement peu nombreuses et que l'application du Code civil comme norme de référence avait été explicitement écartée par le Conseil d'État dès ses arrêts *Rothschild* et *Gloxin* de 1855, puis par le Tribunal des conflits dans l'arrêt *Blanco* du 8 février 1873, énonçant que la responsabilité de l'administration « ne peut être régie par les principes qui sont établis dans le Code civil, pour les rapports de particulier à particulier », mais qu'« elle a ses règles spéciales, qui varient suivant les besoins du service et la nécessité de concilier les droits de l'État avec les droits privés ».

Il a donc fallu définir un corps de règles spécifiques, dont l'originalité par rapport à celles du Code civil n'est certes parfois que relative. Cependant, même lorsqu'elles sont très évidemment inspirées du Code civil, elles ne tirent pas leur autorité du Code civil lui-même, mais du fait qu'elles sont l'expression de « principes », consacrés comme tels par le Conseil d'État, qui en impose le respect à l'administration.

Qu'il s'agisse du droit des actes administratifs, et par exemple des conditions de leur retrait, du droit des contrats administratifs, de la responsabilité publique, du domaine public, etc., les principes fondamentaux du droit administratif sont essentiellement l'œuvre de la jurisprudence, élaborée au fil des « grands arrêts » rendus par le Conseil d'État et par le Tribunal des conflits, depuis près d'un siècle et demi.

Les tribunaux administratifs ayant été créés en 1953 et les cours administratives d'appel en 1987, il convient dorénavant de se reporter également à la jurisprudence de ces juridictions pour connaître les derniers développements du droit administratif. Il arrive d'ailleurs de plus en plus fréquemment que l'initiative de certains revirements, ou plus largement de certaines évolutions jurisprudentielles vienne de ces juridictions. Cependant, le Conseil d'État, qui conserve dans tous les cas au moins un rôle de juge de cassation et exerce en outre un rôle de régulation de ces juridictions et de gestion des carrières de leurs membres, a tous moyens pour encadrer strictement cette part d'initiative et veiller à ce qu'elle n'altère pas la cohérence de l'œuvre plus que séculaire qu'il a érigée.

■ 9 Deux décisions du Conseil constitutionnel, l'une du 22 juillet 1980 et l'autre du 23 janvier 1987, ont consacré l'indépendance de la juridiction administrative comme l'un des « principes fondamentaux reconnus par les lois de la République », qui ont valeur constitutionnelle. Il a certes été précisé par le Conseil constitutionnel dans sa décision précitée du 23 janvier 1987 que « les dispositions des articles 10 et 13 de la loi des 16 et 24 août 1790 et du décret du 16 fructidor an III qui ont posé dans sa généralité le principe de séparation des autorités administratives et judiciaires n'ont pas en elles-mêmes valeur constitutionnelle ». Se fondant sur la loi de 1872, il a cependant explicitement reconnu l'existence d'un « principe fondamental reconnu par les lois de la République » garantissant l'indépendance de la juridiction administrative.

En outre, en se référant à « la conception française de la séparation des pouvoirs », le Conseil constitutionnel a consacré dans sa décision précitée du 23 janvier 1987 en tant que « principe fondamental reconnu par les lois de la République » le principe selon lequel « relève en dernier ressort de la compétence de la juridiction administrative l'annulation ou la réformation des décisions prises, dans l'exercice des prérogatives de puissance publique, par les autorités exerçant le pouvoir exécutif ».

Cela est d'autant plus remarquable que, alors même que cette formulation ne semble pas étrangère, dans son inspiration, à la théorie des « bases constitutionnelles du droit administratif » développée par le doyen Vedel dans les différentes éditions de son ouvrage *Droit administratif* (éd. PUF), celui-ci soulignait lui-même que la séparation des autorités administratives et judiciaires n'est pas, en réalité, le produit de la séparation des pouvoirs. Celle-ci se satisfait parfaitement, en effet, du pouvoir des tribunaux de juger des actes de l'administration, que ces tribunaux soient ou non spécialisés dans le contentieux de l'administration. La séparation des autorités administratives et judiciaires procède bien plutôt d'une exception française à la conception usuelle de la séparation des pouvoirs.

10 Cette consécration constitutionnelle de l'indépendance de la juridiction administrative est intervenue à un moment où, par ailleurs, des interrogations apparaissaient sur la compatibilité de certains aspects de l'organisation du Conseil d'État avec les principes de la Convention européenne de sauvegarde des droits de l'homme et des libertés fondamentales, en ce qu'ils consacrent le droit pour chacun d'être entendu par un tribunal indépendant et impartial, dans le cadre d'un procès équitable respectant le principe de l'égalité des armes.

La Cour européenne des droits de l'homme avait en effet jugé, à propos du Conseil d'État luxembourgeois, que la double appartenance de ses membres à des formations tant consultative que contentieuse n'était pas compatible avec l'exigence d'indépendance et d'impartialité formulée à l'article 6 paragraphe 1er de la Convention, dans la mesure où elle créait le risque que les mêmes personnes puissent connaître d'une affaire successivement comme conseil juridique de l'exécutif puis comme juge (CEDH 28 sept. 1995, *Procola* c/ *Luxembourg*, *RFDA* 1996. 777, note J.-L. Autin et F. Sudre). Il est vrai que le plus grand nombre des membres du Conseil d'État français, par rapport au Conseil d'État luxembourgeois, créait moins le risque que les mêmes personnes aient à connaître d'une affaire successivement en l'une et l'autre qualités. Toutefois, la composition de l'Assemblée du contentieux du Conseil d'État français pouvait susciter des questions, par exemple, en ce qu'elle comporte tous les présidents de sections administratives, si elle était réunie pour connaître d'un recours contentieux contre un décret en Conseil d'État, d'autant plus que la garantie d'impartialité est appréciée par le juge européen sur le plan objectif et non sur celui de la conduite personnelle des juges.

La Cour européenne des droits de l'homme a eu l'occasion de se prononcer sur d'autres aspects du fonctionnement de la juridiction administrative française dans une affaire dans laquelle le requérant se plaignait « de ne pas avoir bénéficié d'un procès équitable en raison, d'une part, de l'impossibilité d'obtenir préalablement à l'audience communication des conclusions du commissaire du gouvernement et de pouvoir y répliquer à l'audience et, d'autre part, de la participation du commissaire du gouvernement au délibéré » (CEDH 7 juin 2001 *Kress c/ France* ; v. ss 750).

Pour se prononcer sur ce moyen, la Cour a d'abord rappelé les circonstances de la naissance et de l'évolution de la juridiction administrative, en notant que l'Assemblée constituante, en 1790, « garda de l'Ancien Régime le principe que la puissance publique devait être jugée par une juridiction particulière, en vertu de l'idée selon laquelle "juger l'administration, c'est aussi et encore administrer" ». La Cour a souligné ensuite que « la création et l'existence même de la juridiction administrative peuvent être saluées comme l'une des conquêtes les plus éminentes d'un État de droit, notamment parce que la compétence de cette juridiction pour juger les actes de l'administration n'a pas été acceptée sans heurts ». La Cour a notamment relevé qu'« encore aujourd'hui, les modalités de recrutement du juge administratif, son statut particulier, différent de celui de la magistrature judiciaire, tout comme les spécificités du fonctionnement de la justice administrative témoignent de la difficulté qu'éprouva le pouvoir exécutif pour accepter que ses actes soient soumis à un contrôle juridictionnel ». Statuant enfin sur les critiques relatives au rôle du commissaire du gouvernement, la Cour a écarté l'une et retenu la seconde, en jugeant que la présence de celui-ci au délibéré méconnaissait le principe de l'égalité des armes, pour des motifs sur lesquels il conviendra de revenir plus précisément (v. ss 751).

Après avoir un temps pensé que la Cour européenne finirait par accepter les spécificités historiques de la juridiction administrative française, et temporisé en adoptant, à partir de 2005, des ajustements minimaux, la France a résolument tiré l'essentiel des conséquences de cette jurisprudence, sans remettre en cause la nécessaire proximité du Conseil d'État avec l'administration active. Un décret du 1er août 2006, significativement amendé par un important décret du 6 mars 2008, a mieux clarifié la distinction des deux missions principales, consultative et contentieuse, du Conseil d'État, et doit permettre d'écarter les critiques formulées contre la composition de l'Assemblée du contentieux. Parallèlement, la présence du commissaire du gouvernement au délibéré, qu'un décret du 7 janvier 2009 a renommé « rapporteur public », est désormais soumise à l'accord, au moins tacite, des parties. Si les échanges et la communication, naturelle entre membres d'une même juridiction, en particulier entre rapporteur et rapporteur public, peuvent inévitablement laisser perdurer quelques soupçons sur l'impartialité de la haute juridiction administrative, on peut cependant raisonnablement estimer que le dialogue entre juge européen et juridiction administrative est enfin devenu fructueux.

■ 11 Quelles que soient les critiques qu'a pu éventuellement appeler l'organisation de la juridiction administrative, il n'en reste pas moins que l'indépendance de celle-ci est un principe constitutionnel et que la séparation des autorités administratives et judiciaires est présentée comme la traduction de la conception française de la séparation des pouvoirs, ou plutôt, ainsi qu'il a été rappelé, comme l'expression d'une exception française à la conception classique de la séparation des pouvoirs. Si juger l'administration, c'est encore administrer, selon cette conception, le juge de l'administration ne saurait cependant être considéré comme une partie même de l'administration au regard de la ou des définitions qui peuvent être données de cette dernière.

section 2

Définitions de l'administration

Très généralement, l'administration est définie « en creux » plutôt que de façon positive, c'est-à-dire par « ce qu'elle ne peut ou ne doit pas être » (J. Caillosse, « Sous le droit administratif, quelle(s) administration(s) ? Réflexions sur l'enseignement actuel du droit administratif », in *Mélanges G. Peiser*, PUG, 1996, p. 69). L'activité administrative se définit alors par soustraction. Au sein des activités de l'État, elle est l'activité qui n'est ni législative, ni gouvernementale, ni juridictionnelle. 12

Proche de la fonction gouvernementale, elle s'en différencie cependant en ce que « les missions de l'administration ne sont jamais initiales mais toujours secondes ; elles consistent à exécuter les tâches que les organes fondamentaux de l'État lui confient. L'administration apparaît donc toujours comme l'ensemble des moyens permettant d'exécuter les décisions du pouvoir politique » (R. Drago, *Sciences administratives*, Paris, Les cours de droit, 1992). L'origine étymologique du mot administration confirme en tout cas la limitation des pouvoirs de l'administration, dont le caractère second, non souverain, participe de son essence même. La racine *minus* du mot latin *ad-ministrare*, qui signifie servir et dont est issu le mot administration, témoigne de ce que celle-ci est ou devrait être appelée d'abord à servir des objectifs qui lui sont extérieurs et supérieurs. L'administration est « servante » des intérêts publics définis par le pouvoir politique et ce n'est qu'à ce titre qu'une autorité lui est déléguée. Elle ne peut prétendre incarner l'intérêt général que dans cette mesure. 13

En effet, la plasticité même de la notion d'intérêt général, ainsi qu'en témoignent les définitions à géométrie variable retenues au cours des siècles et dans l'espace, est telle que sa définition ne peut relever, dans une démocratie, que du pouvoir politique, dans le respect, cependant, des normes constitutionnelles et des normes internationales qui s'imposent non seulement au pouvoir exécutif mais aussi au Parlement.

La définition de l'activité administrative comme la préparation puis la mise en œuvre des choix et des orientations arrêtés par le pouvoir politique, n'implique d'ailleurs nullement une politisation de l'administration, celle-ci devant au contraire disposer d'une certaine indépendance statutaire pour mieux asseoir sa compétence technique. 14

Presque toutes les constitutions des pays européens consacrent le principe d'égale admissibilité aux emplois publics. Les agents publics sont recrutés sur des critères de mérite plutôt que d'allégeance partisane et ils bénéficient de garanties leur assurant un développement de carrière indépendant des contingences politiques, du moins jusqu'à un certain niveau de responsabilités.

S'il existe à peu près partout en Europe des statuts de la fonction publique, leur champ diffère cependant considérablement d'un pays à l'autre. Le nombre des « fonctionnaires » est ainsi beaucoup plus élevé en France que celui des *civil servants* britanniques ou des *Beamte* allemands, sans que cela signifie que le nombre des agents des collectivités publiques soit sensiblement plus restreint au Royaume-Uni et en Allemagne qu'en France. L'explication en est simplement que ces trois vocables ne se recouvrent pas, malgré leur proximité. Dans nombre de pays d'Europe, seuls certains personnels sont soumis à un statut spécifique, tandis que la majeure partie des agents des collectivités publiques bénéficie du droit commun du travail, ce qui ne correspond pas à la culture française de la fonction publique.

■ 15 Alors même que le langage courant, en France, tend à retenir une conception organique de l'administration, confondue avec les fonctionnaires, il apparaît donc préférable, car plus rigoureux, d'en adopter une approche purement matérielle. L'administration est alors définie par les missions qu'elle doit remplir, c'est-à-dire la préparation et la mise en œuvre des politiques choisies par les détenteurs démocratiquement élus du pouvoir et la réalisation de fonctions de prestation (éducation, santé publique, etc.) dans le cadre défini par la loi et les normes qui lui sont supérieures.

■ 16 Il faut aussi observer le développement d'« autorités administratives indépendantes », qui peut paraître perturbateur par rapport à la définition précédente, en ce qu'il traduit l'idée que certaines fonctions régulatrices de l'État gagnent en efficacité – et sans doute en « acceptabilité » par les administrés – à être exercées hors de la tutelle du pouvoir politique. Ce sera fréquemment le cas en matière économique ou lorsque sont en jeu des libertés qu'il s'agit de sauvegarder des tentations du pouvoir politique. Leur existence même peut être imposée à l'État par des normes supralégislatives, émanant notamment du droit communautaire devenu, depuis le Traité de Lisbonne, droit de l'Union européenne. L'étroite soumission de ces autorités administratives indépendantes au contrôle juridictionnel et l'ampleur des garanties procédurales qui leur sont applicables, du moins lorsqu'elles sont détentrices d'un pouvoir de décision, apparaissent précisément comme une contrepartie du fait qu'elles ne sont pas subordonnées à des autorités élues et pourraient donc souffrir d'une apparence de « déficit démocratique ».

La singularité même des « autorités administratives indépendantes » au regard de la tentative de définition positive de l'administration évoquée ci-dessus confirme plus que jamais qu'il n'est guère possible de définir l'administration que de façon négative, par le fait que, même si elle dispose d'un certain pouvoir dans l'État, celui-ci ne saurait être souverain en aucun cas. Dans les limites définies par la Constitution et les conventions internationales, le Parlement est souverain. Dans les mêmes limites, renforcées par l'autorité de la loi, le pouvoir exécutif dispose d'une certaine souveraineté. Il existe des juridictions souveraines. L'administration n'est jamais souveraine, par nature même.

section **3**

Pluralisme et convergences des droits administratifs en Europe

■ 17 Il est classique d'opposer le modèle français de dualisme juridictionnel et d'application à l'administration d'un droit spécifique, d'une part, au modèle anglais, d'autre part, postulant la soumission égale de tous à un seul droit et aux juges ordinaires. De ces deux modèles-types se seraient inspirés, à des degrés divers, les autres systèmes juridiques en Europe, séparant les pays anglo-saxons et scandinaves, d'une part, les pays continentaux, d'autre part. L'influence exercée en Allemagne par Otto Mayer aurait contribué à façonner cette opposition entre deux modèles idéaux, dans la mesure où il y a d'abord diffusé les concepts et techniques du droit administratif français, avant de développer une conception proprement allemande de la protection des droits des administrés (*Deutsches Verwaltungsrecht*, 3e éd., 1924).

Excessive dès l'origine, cette opposition ne rend pas compte, en tout cas aujourd'hui, de la diversité des conceptions des droits administratifs en Europe et encore moins des convergences qui apparaissent de nos jours même entre le modèle français et le modèle britannique du contrôle de l'administration.

Telle que Maurice Hauriou, d'une part, et A.V. Dicey, d'autre part, en rendaient compte au tournant du XIXe et du XXe siècle, cette opposition reposait en effet dès l'origine sur certains malentendus. Elle serait, selon S. Cassese, « fausse pour plusieurs raisons » : d'abord, parce qu'elle identifie la *Common Law* avec le droit privé, alors que celle-ci comprend de nombreuses normes de droit public ; ensuite, parce qu'elle sous-estime le *corpus* de droit administratif qui existait en Angleterre dès l'époque de Dicey ; enfin, parce qu'elle surestime les particularités du droit français (S. Cassese, *La construction du droit administratif – France et Royaume-Uni*, Montchrestien, coll. « Clefs », 2000, p. 61-62). **18**

Plus d'un siècle plus tard, l'ignorance réciproque, toujours fréquente encore, des juristes français et britanniques à l'égard des droits de l'administration de l'un et l'autre pays n'empêche pas pourtant l'apparition de ressemblances importantes, dont le même auteur fait un riche inventaire (*ibid.*, p. 139 à 146).

La diversité des modes d'organisation du contrôle juridictionnel de l'administration en Europe ne se réduit plus, en tout cas, de nos jours à l'opposition trop réductrice entre les États dans lesquels il existe une dualité de juridictions, d'une part, ceux où prévaut l'unité de juridiction, d'autre part. **19**

Il existe en effet tout un dégradé de solutions : depuis la situation du Danemark – où le contrôle de l'administration est exercé par le juge ordinaire sans chambre spécialisée pour les litiges opposant l'administration et les administrés –, à celle de l'Allemagne – où il est possible de décompter jusqu'à cinq ordres de juridictions dont la juridiction administrative, coiffés chacun par une cour fédérale supérieure, leurs décisions pouvant être cependant déférées à la cour constitutionnelle fédérale, qui assure l'unité du droit lorsque sont en cause les droits fondamentaux de nature constitutionnelle.

Entre ces deux extrêmes, il doit être fait une mention particulière des pays qui combinent unité de juridiction et spécialisation des juges, tel l'Espagne, avec une chambre administrative au sein de la juridiction de cassation.

Si les *administrative tribunals*, au Royaume-Uni, ne sont pas véritablement des juridictions mais plutôt des organes administratifs chargés de régler certains litiges entre les particuliers et l'administration, et dont les décisions restent d'ailleurs soumises au contrôle des tribunaux ordinaires, il reste que l'on assiste bien à un essor des institutions spécialisées dans le contrôle de l'administration même au Royaume-Uni.

Enfin, il faut distinguer le contentieux de l'annulation et de la réformation des décisions administratives, fréquemment confié à des juridictions spécialisées, et celui de la responsabilité de l'administration, relevant le plus souvent de la compétence des juridictions ordinaires alors qu'en France il appartient au juge administratif (à de rares exceptions près).

Pour s'en tenir à l'essentiel, il est acquis aujourd'hui que « le contrôle de l'administration par les tribunaux n'est pas subordonné à l'existence d'une juridiction administrative. À l'inverse, la soumission de l'administration au contrôle des tribunaux ordinaires n'est pas nécessairement une meilleure garantie pour le citoyen » (J. Ziller *Administrations comparées – Les systèmes politico-administratifs de l'Europe des Douze*, Montchrestien, coll. « Domat », 1993, p. 438).

20 Dès lors que, au-delà des solutions retenues pour l'organisation du contrôle juridictionnel de l'administration, l'essentiel apparaît être aujourd'hui l'existence d'un corps de règles encadrant l'action de l'administration et l'aptitude des tribunaux, quels qu'ils soient, à en obtenir effectivement le respect, il ne peut être négligé l'apport à cet égard du droit communautaire et du droit de la Convention européenne des droits de l'homme.

Certes, l'influence réelle sur le devenir du droit administratif de l'internationalisation croissante de ses sources peut être débattue, qu'elle soit contestée (G. Marcou, in *Les mutations du droit administratif en Europe – Pluralisme et convergences*, éd. L'harmattan 1995, p. 331) ou qu'il soit souligné qu'il est devenu « absolument indispensable pour nous d'accepter de nous placer dans une perspective de droit administratif européen » (J.-B. Auby, « La bataille de San Romano – Réflexions sur les évolutions récentes du droit administratif », *AJDA* 2001. 923). Il est de fait qu'« à l'européanisation (des droits administratifs nationaux) s'ajoute l'émergence d'un droit administratif européen, phénomène auparavant impensable en raison du lien indissociable entre les États et les droits administratifs » (S. Cassese, « Les transformations du droit administratif du XIXe au XXIe siècle », *Dr. adm.* 2002. Chron. 8). Les influences sont toutefois multiples : le droit administratif français s'inspire non seulement, par la force des choses, du droit communautaire, mais aussi, à travers lui ou indépendamment, de droits issus d'autres États membres de l'Union européenne. Ainsi, le développement, depuis quelques années, de la modulation de l'effet des décisions du juge administratif, s'est-il directement inspiré de procédures équivalentes en Autriche et en Italie ou devant la Cour de justice de l'Union européenne. Il est à cet égard significatif que le juge n'hésite pas, dans ses décisions ou par la voix de ses rapporteurs publics, à se référer aux décisions de ses homologues européens, et qu'il prenne l'initiative d'échanges, entre juridictions en charge de l'administration, sur des questions de droit transnationales. À l'inverse, celles des institutions européennes qui, du fait du renforcement des compétences de l'Union, tendent à s'identifier à des autorités administratives se voient soumises par les juridictions communautaires à un droit dont les influences françaises sont loin d'être absentes, en particulier en ce qui concerne le statut de leurs personnels.

Pour ce qui concerne la France, l'emprise croissante du droit communautaire et du droit de la Convention européenne des droits de l'homme sur l'évolution du droit administratif ne pourra qu'être relevée tout au long du présent ouvrage, qu'il s'agisse de l'évolution du contenu même du « principe de légalité », du contrôle exercé à cet égard par le juge administratif, du droit de l'organisation administrative avec le développement des autorités administratives indépendantes et des garanties procédurales qui leur sont applicables, du droit des contrats publics, de l'organisation et du financement des services publics à caractère économique et même de certains aspects de la procédure contentieuse administrative et du droit de la responsabilité publique.

Le droit administratif français et le droit européen et communautaire ont été longtemps, non sans raison, perçus comme antagonistes. Cette présentation ne recouvre cependant plus la réalité : non seulement le droit français, singulièrement le droit administratif, a considérablement rattrapé le retard qu'il avait accumulé, parfois à dessein, quant à l'intégration de normes communautaires, mais encore l'administration française est en passe de se doter de moyens efficaces pour participer à l'élaboration des règles communautaires, plutôt que de les subir comme si elles lui étaient extérieures et *a priori* hostiles. Il est significatif que le Conseil d'État, qui a longtemps pu paraître en retrait quant à la mise en œuvre des normes communautaires, soit désormais l'un des acteurs principaux de cette insertion, comme en atteste tant sa jurisprudence récente que son rapport public annuel pour 2007, qui prône une participation accrue de l'administration française à la préparation des normes communautaires (« L'administration française et l'Union européenne : quelles influences ? quelles stratégies ? », *EDCE* 2007, n° 58). De façon générale, il incombe au juge administratif d'apprécier si, pour le règlement du litige qui lui est soumis, la règle de droit national doit être écartée ou interprétée, afin que la pleine efficacité du droit de l'Union soit assurée (CE, sect., 27 mars 2015, *Office de développement de l'économie agricole d'outre-mer*, n° 364612).

Sans qu'il faille imputer exclusivement à l'influence du droit communautaire l'évolution qui va dans le sens d'une « externalisation » croissante de certaines fonctions de prestation naguère exercées par l'administration, ainsi que d'une privatisation de l'ancien secteur public en matière économique et d'un recours accru aux techniques du droit privé pour le financement et la gestion des biens publics, tant ces orientations s'inscrivent dans un mouvement mondial plus encore qu'européen, il faut en tout cas en prendre acte et relever la place toujours plus importante du droit privé dans le droit administratif entendu au sens large comme droit de l'administration. 21

Certes, même dans les pays où prévaut une unité de juridiction, il a toujours existé, quoiqu'on en ait dit à une certaine époque, un corps de règles spécifiques à l'administration, concernant l'organisation administrative, les prérogatives de puissance publique (dont l'existence et le contenu, sinon les mots, ne sont pas propres à la France), la police administrative, etc. Ce corps de règles spécifiques peut être qualifié de droit administratif au sens strict. 22

Mais le droit de l'administration ne se confond pas seulement avec celui-là, et le droit administratif au sens large comporte nombre de règles de droit privé, dans un dépassement du clivage entre droit public et droit privé qui oblige les juristes de l'administration à connaître tant l'un que l'autre.

Il reste que le droit administratif au sens strict a un avenir d'autant mieux assuré, malgré la place croissante du droit privé, qu'il répond à des besoins essentiels et pérennes de la vie collective. En outre, son évolution même, au cours des dernières années, tend à atténuer certaines critiques dont il faisait l'objet en France, dans la mesure où le législateur et le juge ont commencé à mieux prendre en compte le souci de l'efficacité concrète du contrôle de l'administration et de l'effectivité de la protection des droits des administrés.

section 4

Évolutions récentes du droit administratif français

23 Depuis de nombreuses années, le Conseil d'État se fonde souvent directement sur les principes énoncés par la Déclaration de 1789 et le Préambule de 1946 pour résoudre les litiges qui lui sont soumis (v. ss 38). Il reconnaît par là dans le droit constitutionnel l'une des sources essentielles du droit administratif français. La conception contemporaine du principe de légalité n'en fait pas seulement, en effet, un principe de conformité des actes administratifs à la loi au sens strict, mais, d'une façon plus générale, un principe selon lequel les actes de l'administration doivent respecter l'ensemble des normes qui leur sont supérieures, au premier rang desquelles apparaissent les principes et règles consacrés par la Constitution.

Il est significatif que « le principe de constitutionnalité [...] ouvre désormais les études de droit public » (E. Zoller, « L'enseignement du droit public après la réforme universitaire de 1997 », *D.* 1998. Chron. 62). Les normes constitutionnelles sont conçues par le juge administratif français comme la composante la plus haute dans la hiérarchie des normes, telle qu'elle s'impose à l'administration, même si, non sans paradoxe, il subsiste certaines limites à la possibilité pour le juge administratif d'exercer un contrôle de constitutionnalité des actes administratifs, alors que la loi ne fait jamais obstacle, en revanche, à l'exercice du contrôle de conventionnalité des actes administratifs.

24 Telle est en effet la portée du célèbre arrêt *Nicolo* du Conseil d'État du 20 octobre 1989 (v. ss 53). Son apport s'est révélé majeur au fil des années. Le Conseil d'État a, en effet, pleinement tiré toutes les conséquences logiques de la primauté des règles internationales, dans certaines conditions, et notamment du droit communautaire.

La loi n'est plus, même dans les domaines que la Constitution réserve à la compétence du législateur, la norme supérieure à laquelle l'administration doit dans tous les cas se conformer et sur laquelle elle peut asseoir son action. Elle ne l'est en effet que sous réserve de sa propre conformité à ces normes supérieures que sont, notamment, le droit communautaire et la Convention européenne des droits de l'homme. Sinon, elle ne sera certes pas annulée – ni le juge administratif ni le juge judiciaire n'en ont le pouvoir – mais écartée. Dès lors que cela se produit de façon répétée, l'administration ne peut plus se dispenser de l'examen des normes du droit communautaire, notamment, avant de déterminer son action.

Aujourd'hui, même les lois de ratification des ordonnances de l'article 38 (v. ss 121) ne privent d'objet les recours contre les ordonnances portés devant le Conseil d'État que sous réserve que la loi de ratification elle-même ne méconnaisse pas les exigences de l'article 6 de la Convention européenne des droits de l'homme (v. ss 123).

Même les circulaires impératives qui ne font que réitérer des dispositions législatives peuvent faire l'objet d'un recours non seulement recevable mais bien fondé, s'il apparaît que ces règles législatives ne sont elles-mêmes pas conformes aux normes supérieures issues notamment du droit communautaire et de la Convention européenne des droits de l'homme (v. ss 131).

Les changements affectant l'organisation administrative ne sont certes pas seulement, ni même principalement, l'effet de l'influence exercée par le droit communautaire, même si le développement de la place occupée par les autorités administratives indépendantes pour l'exercice de certaines fonctions de régulation économique ne lui est pas étranger. 25

C'est davantage pour rapprocher le niveau de décision de celui où elle paraît pouvoir être prise de la façon la plus appropriée qu'ont été engagées de nouvelles étapes de la politique de décentralisation avec la loi constitutionnelle du 28 mars 2003, prolongée par nombre de lois organiques (v. ss 183). Moins ambitieux sans doute, mais complémentaire, l'effort de déconcentration engagé pour les services de l'État depuis le milieu des années 1990 appelle en retour une définition plus précise des missions des administrations centrales (v. ss 187), en lien étroit avec la réforme plus globale des finances publiques et la mise en œuvre de la LOLF (L. org. relative aux lois de finances du 1er août 2001).

Sans doute est-il encore trop tôt pour apprécier toute la portée de ces réformes, qui sont accompagnées de changements majeurs, sous l'impulsion du législateur, dans les formes d'action de l'administration, avec un souci de plus grande transparence, par l'accès aux documents administratifs (v. ss 233), par la motivation au moins des décisions administratives défavorables (v. ss 413), par la multiplication des formes et instances de concertation (v. ss 395), jusqu'à l'ébauche de nos jours d'une « administration contractuelle ».

C'est également à la loi que l'on doit un ensemble de réformes intervenues pour accroître l'effectivité de la protection des droits des administrés à travers l'exercice du contrôle juridictionnel de l'administration : loi du 6 juillet 1980 investissant le Conseil d'État du pouvoir de prononcer des astreintes à l'égard des institutions politiques (v. ss 806), loi du 8 février 1995 autorisant le juge administratif à prononcer des injonctions à l'égard de l'administration en vue de l'exécution de la chose jugée (v. ss 803), loi du 12 avril 2000 relative aux droits des citoyens dans leurs relations avec les administrations (v. ss 717) et enfin loi du 30 juin 2000 relative au référé devant les juridictions administratives (v. ss 758). 26

Le Conseil d'État s'était d'abord montré réticent à donner la plus large portée aux dispositions du décret du 28 novembre 1983 qui tendaient à desserrer l'étreinte des règles de délai pour la recevabilité des recours contentieux (v. ss 718). La loi précitée du 12 avril 2000 a levé l'essentiel de ces réserves.

Il faut observer enfin que les lois du 8 février 1995 et du 30 juin 2000 ont, quant à elles, été efficacement relayées par l'action du juge administratif. Celui-ci a su modifier en profondeur certains de ses usages et de ses méthodes de travail pour traduire dans les faits ce souci d'effectivité du contrôle juridictionnel, qui implique souvent une rapidité d'intervention et parfois l'exercice d'un pouvoir d'injonction à l'égard de l'administration (v. ss 771).

Une bonne mesure de l'ampleur de ces évolutions sur dix ans est donnée par la lecture comparée des articles de M. Fromont en 1992 (« La justice administrative en Europe – Convergences », in *Mélanges R. Chapus*, Montchrestien, 1992, p. 197 s.) et en 2002 (« Les pouvoirs d'injonction du juge administratif en Allemagne, Italie,

Espagne et France – Convergences», *RFDA* 2002. 551). En 1992, il était relevé le développement de procédures conservatoires permettant la suspension des effets d'une décision administrative dans presque tous les pays européens, ainsi que l'élargissement considérable, en Italie, en Allemagne, au Portugal, etc., des compétences de réformation du juge administratif au-delà de son pouvoir d'annulation de la décision contestée, mais il était souhaité «que la France sorte quelque peu de son insularité et participe au grand mouvement qui s'est emparé de l'Europe occidentale au cours de la seconde moitié du XXe siècle» (*op. cit.*, p. 207). En 2002, il était relevé bien plutôt que «le rôle du juge administratif français se transforme complètement: [...] il doit exercer de plus en plus la totalité des pouvoirs qui reviennent normalement à un juge» (*RFDA* 2002. 559). Si le développement du recours pour excès de pouvoir avait été l'acquis majeur du début du siècle précédent, il est ainsi possible de penser en ce XXIe siècle que le juge administratif a vocation à exercer dorénavant dans un champ toujours plus large un rôle de juge de pleine juridiction (v. ss 867).

■ 27 Cette évolution s'est également traduite par un effort pédagogique renforcé de la part du juge administratif, à la fois quant au contenu des décisions qu'il adopte, et quant aux missions qui sont les siennes. Avant même que se développe récemment la pratique de conférences de presses pour celles de ses décisions qui revêtent une importance sociale ou juridique particulière, ou qu'il adopte une rédaction de ses décisions en langage «accessible», le Conseil d'État a en effet précisé lui-même la conception qu'il a de son office, que ce soit en tant que juge de la légalité ou comme juge du référé. C'est à l'égard de la première mission que cet effort pédagogique est le plus développé, la fonction du Conseil d'État n'étant plus seulement de contrôler les décisions qui lui sont soumises et de censurer celles d'entre elles qui seraient illégales, mais de prendre les mesures nécessaires pour que les décisions adoptées par l'administration soient conformes à la légalité. De la sorte, il est conduit à revêtir les habits de l'administration, dans une démarche qui reste bien sûr purement intellectuelle mais qui est grandement facilitée par la connaissance intime qu'il a de cette même administration, pour évaluer très précisément les conséquences pratiques que pourraient avoir ses propres décisions. Une telle démarche le conduit, par exemple, à accepter, sous des conditions certes très restrictives, de substituer aux motifs illégaux d'une décision ceux qui peuvent légalement la justifier (v. ss 856); elle l'autorise également à différer, voire neutraliser totalement, les effets d'une décision d'annulation, en prenant en compte les difficultés causées par cette annulation, auxquelles l'administration ne serait pas en état de parer immédiatement (v. ss 865).

Cette conception renouvelée de l'office du juge administratif peut sembler renforcer l'attention portée par le juge aux difficultés de l'action administrative, et accroître ainsi l'inégalité souvent contestée entre les particuliers et l'administration. Une telle interprétation serait pourtant réductrice, tant, d'une part, l'action administrative se trouve désormais encadrée très strictement par des règles juridiques qu'il s'agit simplement pour le juge de ne pas toujours interpréter de façon trop rigide et, d'autre part, la protection accordée aux administrés a été renforcée simultanément par le même Conseil d'État. L'une de ses manifestations est la consécration, en 2006, du principe de sécurité juridique, qui fait désormais obligation à l'administration, lorsque les circonstances l'exigent, d'assortir l'édiction d'une norme réglementaire nouvelle de mesures transitoires adaptées, permettant de ne pas bouleverser les situations juridiques existantes (CE, ass., 24 mars 2006, *Sté KPMG et a.*, *GAJA*, n° 106; v. ss 78). Depuis lors, les exigences de la sécurité juridique ont souvent eu également pour effet d'amortir les conséquences des illégalités, notamment procédurales, que l'administration peut commettre.

Cette évolution traduit, en revanche, une transformation majeure de la conception que le juge se fait de son rôle. Compte tenu de la place centrale du juge dans la construction du droit administratif, elle rejaillit nécessairement sur la définition même du droit applicable à l'administration. La mutation n'est, au demeurant, pas réductible à la France, et on a déjà souligné les rapports toujours plus étroits qu'entretient le droit administratif français avec les droits européens; mais elle prend dans notre pays une signification toute particulière, compte tenu de l'histoire qui a été, à partir de la fin du XIXe siècle, celle du droit administratif. Depuis 1872, celui-ci suppose en effet une séparation nette entre le juge et l'administration qu'il contrôle et vis-à-vis de laquelle il n'a de cesse de marquer sa distance, en même temps que de faire preuve d'une compréhension certaine à l'endroit des motifs qui guident ses décisions. Certaines évolutions les plus récentes de l'*organisation* du juge administratif tendent à accentuer cette séparation, sous l'influence du droit européen des droits de l'homme. À l'inverse, nombre d'évolutions du droit applicable à l'administration, ainsi que des procédures juridictionnelles, tendent à estomper la distinction entre le juge, qui contrôle, et l'administration. Cette situation n'a rien de spécifique ni au droit administratif, ni à la France: c'est ainsi, par exemple, que dans plusieurs pays européens le premier degré de jugement est confié à des organes particuliers de l'administration active. Le développement des autorités administratives indépendantes, singulièrement dans les domaines économiques, organismes dotés d'une compétence normative et d'une capacité de «jugement», est une illustration de la porosité de cette distinction traditionnelle. Tel est aussi le cas, en France, de l'extension des recours administratifs préalables obligatoires, appelée de ses vœux par le Conseil d'État (*Les recours administratifs préalables obligatoires*, Doc. fr., 2008), dont la conséquence est, de fait, de transférer à l'administration active une part substantielle du contrôle de légalité actuellement opéré par le juge (v. ss 614). L'illustre également la remarquable extension des pouvoirs du juge de l'excès de pouvoir, qui lui permettent en particulier d'appréhender précisément la capacité de l'administration active à exécuter ses propres décisions, et plus encore le fait que cette extension, ainsi que la création de nouvelles voies de droit offertes aux administrés, aient été réalisées par le juge lui-même, et non par l'administration ou le législateur, qu'une lecture stricte de la Constitution auraient naturellement désignés pour ce faire. Le juge administratif quitte ainsi son rôle de censeur de l'administration, pour revêtir les habits de régulateur de l'activité administrative, montrant ainsi que «les régulations sont le territoire naturel du droit administratif» (J.-B. Auby, «Autorégulation et droit administratif», *Dr. adm.* 2008. Étude 17) – ou du moins, qu'elles le sont devenues.

On a pu naguère reprocher à une science du droit administratif, d'une conception très proche du nôtre, d'être trop rigidement attachée à un strict respect des normes en général, et de leur hiérarchie en particulier, au détriment d'une étude et compréhension du fonctionnement de l'administration, et de son caractère éminemment politique (S. Cassese, *Culture et politique du droit administratif*, 1971, trad. fr. 2008, Dalloz, à propos du droit administratif italien). L'atténuation contemporaine de la frontière entre le juge et son administration permet de mieux manifester le fait que le droit administratif français a toujours été particulièrement attentif au fonctionnement quotidien de l'administration, mais aussi à la qualité de ses relations avec les citoyens. Le juge administratif et le droit à la construction duquel il participe toujours étroitement visent ainsi, aujourd'hui comme hier, à établir un équilibre aussi harmonieux que possible entre l'intérêt général et la protection due, par les autorités administratives, aux droits et prérogatives des particuliers.

chapitre 1

Les sources de la légalité

Plan analytique

section 1

Les normes constitutionnelles

§ 1 Le « bloc de constitutionnalité »

§ 2 Le contrôle de constitutionnalité des actes administratifs

section 2

Les normes internationales et le droit de l'Union européenne

§ 1 La portée de l'article 55 de la Constitution devant le juge administratif

§ 2 Le contrôle de conventionnalité des actes administratifs

section 3

Les normes jurisprudentielles

§ 1 Les caractéristiques du pouvoir normatif du juge

§ 2 La place des principes généraux du droit parmi les autres normes jurisprudentielles

- **A.** La teneur des principes généraux du droit
- **B.** La place des principes généraux du droit dans la hiérarchie des normes

section 4

La loi et le règlement

§ 1 Les domaines de la loi et du règlement

- **A.** Les matières réservées à la loi
- **B.** Le domaine du règlement
- **C.** Les sanctions de la délimitation

§ 2 La hiérarchie des lois et des règlements

- **A.** Les différentes catégories de lois
- **B.** Le caractère contestable de la loi promulguée
- **C.** Les règlements autonomes et les règlements d'application des lois
- **D.** Le pouvoir réglementaire général et les pouvoirs réglementaires spécialisés

section 5

Les ordonnances

§ 1 Les différentes catégories d'ordonnances

§ 2 Le contrôle du Conseil constitutionnel sur les lois d'habilitation

§ 3 Le contrôle du Conseil d'État et du Conseil constitutionnel sur les ordonnances

section 6

Le droit souple

§ 1 Les actes interprétatifs

A. Les circulaires

B. Les lignes directrices

C. Les orientations générales

§ 2 Les actes incitatifs

Compléments pédagogiques

Les sources de la légalité

L'administration est soumise au droit, même si elle contribue, elle-même, à émettre des règles de droit, notamment par l'exercice de son pouvoir réglementaire. Celui-ci est en effet une source de droit, mais il est simultanément soumis au respect des règles supérieures. 28

Le principe de « légalité » énonce le principe fondamental selon lequel les actes de l'administration doivent respecter toutes les normes qui leur sont supérieures, qu'il s'agisse de celles émanant directement ou indirectement du peuple français, telles les normes constitutionnelles ou les lois, ou des normes résultant de traités internationaux, et en particulier du droit de l'Union européenne dont l'éventuelle méconnaissance par l'administration est aujourd'hui toujours susceptible d'être sanctionnée.

L'expression même de « principe de légalité » date d'une époque à laquelle, en l'absence de contrôle de constitutionnalité des lois, ces dernières apparaissaient comme la seule norme supérieure. Aujourd'hui, la « légalité » doit s'entendre dans un sens plus vaste, comme ne visant pas seulement la loi, mais aussi les normes constitutionnelles, les normes internationales, le droit communautaire et le droit de la Convention européenne des droits de l'homme, qui prennent une place de plus en plus importante parmi les sources de la légalité, les principes généraux du droit, etc.

La plupart des sources de la « légalité » au sens large sont extérieures à l'administration, qu'il s'agisse des normes constitutionnelles (section 1), des normes internationales (section 2), des principes même non écrits mais dont la jurisprudence impose le respect (section 3), de la loi (section 4) ou des ordonnances dès lors qu'elles ont vocation à être ratifiées par le Parlement (section 5). Par ailleurs, et sans constituer au sens propre une source formelle de légalité administrative, le droit souple a vu ses effets d'influence sur les comportements consacrés par le juge. Il tend désormais à le rapprocher d'une véritable source du droit, confirmant, pour reprendre les mots du doyen Carbonnier, qu'en droit administratif, « *le droit est plus grand que la règle de droit* » (section 6). 29

section 1

Les normes constitutionnelles

Alors que les juridictions internationales consacrent la primauté des normes internationales sur toutes les normes internes, y compris constitutionnelles, tant le Conseil d'État (CE, ass., 30 oct. 1998, *Sarran, Levacher et a.*, *GAJA*, n° 95) que la Cour de cassation (Cass., ass. plén., 2 juin 2000, *Mlle Pauline Fraisse*, *LPA* 2000, n° 201, p. 8), ont jugé que la suprématie conférée par l'article 55 de la Constitution aux engagements internationaux ne s'applique pas dans l'ordre interne aux dispositions de 30 valeur constitutionnelle. Il est vrai que l'on pourrait penser que « le Conseil d'État, en refusant de contrôler la compatibilité d'une loi constitutionnelle avec un engagement international, statue non en termes de hiérarchie des normes, mais en termes de compétence juridictionnelle », ce qui « marque les limites des pouvoirs de contrôle attribués au juge administratif » plutôt que la hiérarchie normative entre traité et Constitution (D. Simon, « L'arrêt *Sarran* : dualisme incompressible ou monisme inversé ? », *Europe* 1999, n° 3, p. 4). Le Conseil d'État ne saurait en effet s'ériger en censeur de la volonté du constituant, de même qu'il s'interdit d'apparaître comme un censeur du législateur et donc de faire prévaloir la Constitution lorsqu'une loi fait véritablement « écran », ce qui est rare, il est vrai, entre celle-ci et un acte administratif (v. ss 41). Il reste que la jurisprudence du Conseil constitutionnel n'est pas de nature à infléchir cette analyse des juges administratif et judiciaire.

31 La décision n° 2004-496 DC du 10 juin 2004 (loi pour la confiance dans l'économie numérique, *AJDA* 2004. 1537, note F. Melleray ; *RFDA* 2005. 465, note P. Cassia) du Conseil constitutionnel, confirmée et précisée depuis lors, a certes pu être interprétée par certains comme marquant la primauté du droit communautaire même sur la Constitution dans la mesure où le Conseil a relevé qu'il ne lui appartenait pas de se prononcer sur certains griefs d'inconstitutionnalité d'une loi alors que celle-ci ne faisait que transposer les dispositions inconditionnelles et précises d'une directive communautaire. Par cette jurisprudence, le Conseil constitutionnel a, en effet, déduit des dispositions de l'article 88-1 de la Constitution une obligation constitutionnelle de transposition des directives en droit interne, par la suite élargie à l'adaptation de celui-ci aux règlements européens (C. const. 12 juin 2018, n° 2018-765 DC, loi rel. à la protection des données personnelles). Pour le juge constitutionnel, il découle de cette obligation un contrôle spécifique des lois de transposition qui se bornent à tirer les conséquences nécessaires de dispositions inconditionnelles et précises d'une directive de l'Union européenne. Le Conseil constitutionnel se limite à vérifier que la loi et, par conséquent, la transposition de la directive ne portent pas atteinte à une règle ou à un principe inhérent à l'identité constitutionnelle de la France (par ex. Cons. const. 13 mars 2014, n° 2014-690 DC, *Loi relative à la consommation*). Ainsi, aussi ambiguë et sans doute critiquable que soit la référence à la notion d'identité constitutionnelle de la France, qui semble distinguer et hiérarchiser les exigences constitutionnelles, c'est bien plutôt la supériorité de la Constitution sur le droit dérivé qui ressort, au moins d'un point de vue formel, de cette décision.

L'intérêt renouvelé du Conseil constitutionnel pour le droit de l'Union européenne s'est récemment traduit par le fait qu'il s'est octroyé un pouvoir de modulation dans le temps de l'effet de ses décisions, suivant en cela la technique jurisprudentielle employée par le Conseil d'État (CE, ass., 11 mai 2004, *Assoc. AC ! ;* v. ss 865). Pour éviter que la censure d'une loi de transposition d'une directive ne place la France en situation de manquer à ses obligations communautaires, il a pu estimer que la contrariété à la Constitution ne serait déclarée que plus de six mois après qu'il l'a constatée (Cons. const. 19 juin 2008, n° 2008-564 DC, *Dr. adm.* 2008, n° 114, obs. C. Fardet).

Le Conseil d'État s'est aussi engagé dans une adaptation de son contrôle de constitutionnalité des actes administratifs de transposition des directives (CE, ass., 8 févr. 2007, *Sté Arcelor Atlantique et Lorraine et a.*, *RFDA* 2007. 384, concl. M. Guyomar ; *GAJA*, n° 107). Fondée sur l'obligation constitutionnelle de transposition déduite de l'article 88-1 de la Constitution, la solution tente de concilier la primauté de la Constitution, réaffirmée dans la décision, et le respect des exigences de primauté découlant de la jurisprudence de la Cour de justice. Cette solution concerne la contestation des actes de transposition des dispositions précises et inconditionnelles d'une directive sur le fondement des exigences constitutionnelles. Dans une telle situation, en effet, le contrôle de constitutionnalité de l'acte de transposition revient, indirectement, à contrôler la directive dont il n'est que la reproduction nécessaire. Saisi d'un moyen tiré de l'inconstitutionnalité de l'acte administratif de transposition, le juge doit rechercher s'il existe une règle ou un principe général du droit de l'Union équivalent, par sa nature et sa portée, à la norme constitutionnelle invoquée.

D'une part, en cas de réponse positive, il appartient au juge de contrôler la compatibilité de la directive à la règle européenne équivalente. Ce contrôle de validité du droit dérivé de l'Union, que le juge administratif est habilité à exercer dans le cadre de son office de juge de droit commun de l'Union, est mis en œuvre dans les conditions prévues par le droit européen : en cas de doute sur la compatibilité de la directive, le juge administratif doit poser une question préjudicielle à la Cour de justice, seule compétente pour constater l'invalidité d'un acte européen de droit dérivé. Par exemple, dans la décision *Confédération paysanne* (CE 3 oct. 2016, n° 388649), alors qu'il est saisi d'un moyen tiré de la méconnaissance par un décret transposant les dispositions précises et inconditionnelles d'une directive de l'article 5 de la Charte de l'environnement, le Conseil d'État transmet à la Cour de justice une question préjudicielle sur la validité de cette directive au principe de précaution, garanti de manière équivalente au droit français par l'article 191-2 du Traité sur le fonctionnement de l'Union européenne. L'invalidité des dispositions précises et inconditionnelles de la directive constatée par la Cour de justice entraînera, en retour, l'annulation de l'acte administratif de transposition. Au contraire, si la Cour de justice constate la validité de la directive, le juge rejettera alors le moyen tiré de l'inconstitutionnalité de l'acte administratif de transposition (CE 3 juin 2009, *Sté Arcelor Atlantique et Lorraine et a.*, *RFDA* 2009. 800, concl. M. Guyomar). Le respect de la règle européenne équivalente implique indirectement celui de la Constitution ; celle-ci est ainsi protégée par le truchement du droit de l'Union européenne.

D'autre part, en l'absence de règle européenne équivalente, le juge administratif contrôlera normalement le moyen d'inconstitutionnalité soulevé, au risque de paralyser, au moins provisoirement, la transposition de la directive en cas d'inconstitutionnalité et d'annulation de l'acte de transposition. Tel est notamment le cas des règles constitutionnelles de compétence et de procédure qui, par nature, n'ont pas d'équivalent en droit de l'Union.

Afin d'assurer, au moins optiquement, la primauté de la Constitution, le mécanisme de l'arrêt *Arcelor* permet un contrôle indirect de constitutionnalité de la norme européenne, dont l'acte de transposition contesté est la reproduction nécessaire, en consacrant une réserve de constitutionnalité, c'est-à-dire, une hypothèse dans laquelle la primauté des exigences constitutionnelles fait obstacle à l'application normale du droit de l'Union dans l'ordre juridique interne. En outre, en se référant à la « portée » de la norme européenne, le Conseil d'État recherche l'existence d'une véritable équivalence substantielle entre le droit de l'Union et le droit constitutionnel, sans se limiter à une simple équivalence formelle qui résulterait de la présence simultanée, dans les ordres juridiques national et européen, de la même règle ou du même principal. Cette approche lui permet de prendre en considération l'interprétation et l'application de la norme européenne par la Cour de justice, afin de vérifier leur compatibilité avec les exigences constitutionnelles.

Dans une importante décision du 21 avril 2021, le Conseil d'État a procédé à une systématisation de son cadre juridique d'analyse des rapports normatifs entre le droit de l'Union européenne et les exigences constitutionnelles (CE, ass., 21 avr. 2021, *French Data Network e.a.*, n° 393099). Il confirme d'abord que la prémisse de son analyse est la primauté des exigences constitutionnelles et conforte, à ce titre, la solution issue de la jurisprudence *Arcelor*, qu'il étend, sur le modèle de la jurisprudence constitutionnelle, à l'obligation d'adapter le droit interne aux règlements européens. Le Conseil d'État innove ensuite en précisant les modalités de son contrôle lorsque l'administration invoque, en défense, les exigences constitutionnelles pour faire obstacle à la demande d'un requérant fondée sur le droit de l'Union. Par symétrie avec la solution dégagée dans l'arrêt *Arcelor*, il appartient au juge, dans une telle configuration, de rechercher l'existence d'une protection équivalente, en droit européen, de ces exigences constitutionnelles. En l'absence d'une telle équivalence, le juge devra rechercher si l'application du droit de l'Union prive de garanties effectives les exigences constitutionnelles en cause. Si tel est le cas, la primauté de la Constitution impliquera le rejet du moyen tiré de la méconnaissance du droit de l'Union. Enfin, le Conseil d'État reste dans son rôle de juge de la légalité administrative, en refusant d'exercer, sur la base des exigences constitutionnelles, un contrôle dit d'*ultra vires*, sur le modèle de celui exercé, notamment, par la Cour constitutionnelle allemande. Ce contrôle consiste à contrôler le respect par l'Union de ses compétences, pour déclarer inapplicables les actes qui excéderaient celles-ci.

32 Les « normes de constitutionnalité », selon l'expression du Conseil constitutionnel, s'imposent donc à l'administration (§1) ; il subsiste néanmoins certaines limites à l'étendue du contrôle de constitutionnalité des actes administratifs (§2).

§ 1 Le « bloc de constitutionnalité »

33 L'expression « bloc de constitutionnalité » est couramment utilisée pour souligner l'étendue du champ des normes constitutionnelles, le Conseil constitutionnel évoquant plutôt, quant à lui, les « normes de constitutionnalité » (Cons. const. 10 juin 1998, n° 98-401-DC). L'expression « bloc de constitutionnalité », qui fait pendant à celle, plus ancienne encore, de « bloc de légalité », souligne que le champ des normes constitutionnelles s'étend bien au-delà du texte des articles de la Constitution.

34 Si la Constitution détermine les règles relatives à la dévolution et à l'exercice du pouvoir politique, dont l'étude relève essentiellement du droit constitutionnel, elle comporte aussi nombre de règles qui encadrent directement l'action de l'administration.

Il en est ainsi notamment des articles 13 et 21 concernant les compétences respectives du président de la République et du Premier ministre pour les nominations aux emplois publics, des articles 19 et 22 relatifs au contreseing des décrets, des articles 34 et 37 fixant les domaines respectifs de la loi et du règlement, ou encore de l'article 72 posant le principe de la libre administration des collectivités territoriales, dont la rédaction a été modifiée et complétée par la loi constitutionnelle du 28 mars 2003 relative à l'organisation décentralisée de la République.

Le « bloc de constitutionnalité » s'étend, au-delà des articles mêmes de la Constitution, à l'ensemble des principes énoncés par le Préambule de la Constitution de 1958 renvoyant lui-même à la Déclaration des droits de l'homme et du citoyen de 1789, au Préambule de la Constitution de 1946 ainsi qu'« aux droits et devoirs définis dans la Charte de l'environnement de 2004 ». À partir de dispositions parfois très brèves, le Conseil constitutionnel a dégagé tout un ensemble de principes à valeur constitutionnelle, dont le respect s'impose à l'administration. 35 ■

Dès lors que le Préambule de la Constitution proclame « l'attachement du peuple français » aux « Droits de l'homme tels qu'ils sont définis par la Déclaration de 1789, confirmée et complétée par le Préambule de la Constitution de 1946 », cette rédaction intègre dans le bloc de constitutionnalité tant les principes politiques, économiques et sociaux définis en 1946 comme « étant particulièrement nécessaires à notre temps » que les *« principes fondamentaux reconnus par les lois de la République »*; ces derniers, ancrés dans la législation républicaine, intéressent les droits et libertés fondamentaux, la souveraineté nationale ou l'organisation des pouvoirs publics (Cons const. 17 mai 2013, n° 2013-669 DC, *Loi ouvrant le mariage aux couples de personnes de même sexe*).

Concernant la Charte de l'environnement, consacrée par la loi constitutionnelle du 1er mars 2005, le Conseil d'État a jugé que l'ensemble des droits et devoirs qu'elle définit s'imposent aux pouvoirs publics et aux autorités administratives dans leurs domaines de compétences respectifs (CE, ass., 3 oct. 2008, *Cne d'Annecy*; *GAJA*, n° 108). Pour autant, la Charte de l'environnement comporte des articles au contenu variable, les uns définissant des objectifs généraux tandis que d'autres énoncent de véritables règles comportementales. Le juge administratif a donc procédé à une œuvre de clarification de la portée juridique et contentieuse des différentes dispositions de la Charte qui, indirectement, peut éclairer et inspirer le statut juridique de l'ensemble des normes constitutionnelles. D'une part, il a précisé le champ d'application de la Charte. Par exemple, le Conseil d'État a jugé que le principe de précaution consacré à l'article 5 de la Charte ne pouvait être invoqué à l'encontre d'un acte administratif n'affectant pas l'environnement (en l'espèce, l'acte fixant les conditions d'usage par la police des pistolets à impulsion électrique : CE 2 sept. 2009, *Association réseau d'alerte et d'intervention pour les droits de l'homme*, n° 318584) ; une conception large des décisions « affectant l'environnement » peut cependant conduire le Conseil d'État à favoriser la mise en œuvre du principe de précaution (par ex., à propos de l'applicabilité de l'article 5 de la Charte à une mesure de réglementation de la navigation et des activités sportives et touristiques : CE 3 juin 2013, *Assoc. interdépartementale et intercommunale pour la protection du lac de Sainte-Croix, de son environnement, des lacs, sites et villages du Verdon*, n° 334251). 36 ■

D'autre part, soucieux de permettre l'efficacité juridique de la Charte, le Conseil d'État a tempéré les effets de la loi écran. Cette évolution semblait nécessaire dans la mesure où la Charte renvoie expressément à la loi le soin de fixer les conditions et limites de certains droits qu'elle énonce (articles 3, 4 ou 7) ou appelle, en pratique, l'adoption de dispositions législatives en raison de la généralité d'autres droits qu'elle consacre (articles 1, 2 ou 6). Le requérant peut se prévaloir de la contrariété d'un acte administratif à la Charte lorsque celui-ci ne se borne pas à en tirer les conséquences nécessaires de la loi (CE, ass., 12 juil. 2013, *Fédération nationale de la pêche en France*, n° 344522). Par exemple, l'article 1er de la Charte qui proclame le droit de vivre dans un environnement équilibré et respectueux de la santé a pu être invoqué à l'encontre de mesures administratives adoptées dans le cadre de la protection contre des risques sanitaires (CE 26 févr. 2014, *Association Ban Asbestos France e.a.*, n° 351514) ; de ce point de vue, la portée, pourtant très générale de l'article 1er, comme d'autres dispositions de la Charte, ne fait pas obstacle à leur invocabilité en l'absence de loi faisant écran. Dans l'hypothèse inverse, où l'acte attaqué tire les conséquences nécessaires de dispositions législatives, la théorie de la loi écran jouera (par ex., à propos de l'art. 7 de la Charte, CE 12 juin 2013, *Fédération des entreprises du recyclage*, n° 360702). Le requérant ne pourra contester la légalité de l'acte administratif qu'à l'égard des dispositions législatives prises pour assurer la mise en œuvre des principes de la Charte, ces dispositions pouvant néanmoins faire l'objet d'une question prioritaire de constitutionnalité.

■ 37 Le principe d'égalité se trouve consacré tout à la fois dans le Préambule et à l'article 1er de la Constitution. Par une formule aujourd'hui classique, le Conseil constitutionnel décide que le principe d'égalité ne s'oppose « ni à ce que le législateur règle de façon différente des situations différentes, ni à ce qu'il déroge à l'égalité pour des raisons d'intérêt général, pourvu que, dans l'un et l'autre cas, la différence de traitement qui en résulte soit en rapport direct avec l'objet de la loi qui l'établit ». Cette jurisprudence retient une conception de la portée du principe d'égalité très proche de celle qu'avait dégagée le Conseil d'État. Elle ne reconnaît également que de façon limitée la possibilité de « discriminations positives », c'est-à-dire de mesures différenciées ayant pour objet d'établir une égalité réelle et non pas seulement formelle, une égalité par la loi susceptible de prévaloir sur l'égalité devant la loi lorsque certaines circonstances le justifient (v. ss 75).

■ 38 Certains principes économiques et sociaux énoncés en 1946 ont un caractère tel qu'ils ne créent pas des droits subjectifs directement opposables aux pouvoirs publics. Rappelons par exemple que le Préambule de la Constitution de 1946 consacre pour chacun « le droit d'obtenir un emploi », le droit à la santé ou le droit aux loisirs. Ces droits relèvent de ce qui est souvent qualifié de « justiciabilité normative », qui confère à ces normes une portée réelle, en ce qu'elles justifient que des limites soient apportées à d'autres libertés, telle que la liberté d'entreprendre ou la liberté du travail, ou en ce qu'elles interdisent à l'administration de prendre des mesures susceptibles de compromettre leur effectivité. Tant la jurisprudence du Conseil d'État que celle du Conseil constitutionnel s'emploient à donner une portée concrète, liant l'administration, à l'ensemble des principes inscrits dans le Préambule, y compris ceux consacrant des « droits-créances ». C'est ainsi que le Conseil d'État s'est fondé sur le principe selon lequel « la nation assure à l'individu et à la famille les conditions nécessaires à leur développement », figurant dans le Préambule de 1946, pour annuler un texte limitant le regroupement familial des travailleurs immigrés (CE, ass., 8 déc. 1978, *GISTI, GAJA*, n° 82).

■ 39 Il est remarquable que le juge administratif tende à se fonder de plus en plus souvent directement sur les règles constitutionnelles et à faire référence expressément à la jurisprudence du Conseil constitutionnel relative notamment aux « principes fondamentaux reconnus par les lois de la République ». Le Conseil d'État s'est, par exemple, référé dans une décision du 29 mai 1992 *Assoc. amicale des professeurs titulaires du muséum national d'histoire naturelle* au principe fondamental de l'indépendance des professeurs de l'enseignement supérieur tel « que l'a énoncé le Conseil constitutionnel dans sa décision du 20 janvier 1984 » (*Lebon* 217). Le domaine du droit universitaire illustre d'ailleurs bien la liberté du juge administratif pour consacrer, ou non, de nouveaux principes constitutionnels. Ainsi, à rebours de la solution consacrée à propos de l'indépendance des professeurs d'université, le principe d'autonomie des universités s'est vu refuser, par le Conseil d'État, toute valeur constitutionnelle (CE 23 nov. 2016, *Conférence des présidents d'université*, n° 395652).

Il arrive aussi que le Conseil d'État consacre lui-même l'existence d'un « principe fondamental reconnu par les lois de la République », tel le principe selon lequel « l'État doit refuser l'extradition d'un étranger lorsqu'elle est demandée dans un but politique » (CE, ass., 3 juill. 1996, *Koné*, *RFDA* 1996. 870, concl. Delarue), alors même que le Conseil constitutionnel ne s'était pas encore prononcé sur ce point. La jurisprudence ultérieure montre d'ailleurs l'effectivité de ce principe, nécessaire à la protection des droits fondamentaux (CE, sect., 9 déc. 2016, *M. Ablyazov*, n° 394399 annulant le décret d'extradition d'un opposant au régime politique du Kazakhstan vers un pays tiers sur lequel les autorités kazakhes ont cherché à exercer une influence). 40 ■

§ 2 Le contrôle de constitutionnalité des actes administratifs

Garant du principe de légalité et de la hiérarchie des normes, le juge administratif opère un contrôle de constitutionnalité des actes administratifs. Ce contrôle se heurte toutefois à la circonstance que les actes administratifs sont, le plus souvent, des actes d'application de dispositions législatives. 41 ■

Or, alors que « le Conseil d'État a accepté depuis l'arrêt *Nicolo* de se faire le censeur de la loi à l'égard des engagements internationaux de la France », il entend « résister au courant doctrinal qui voudrait en faire un juge de l'exception d'inconstitutionnalité » (B. Genevois, « Le Conseil d'État n'est pas le censeur de la loi au regard de la Constitution », *RFDA* 2000. 715). Le Conseil constitutionnel peut seul apprécier la conformité des lois à la Constitution, principalement avant leur promulgation.

Il peut donc arriver que le juge administratif ne puisse pas sanctionner la non-conformité d'un acte administratif à la Constitution, lorsque cet acte a été pris en application d'une loi qui a échappé à la vigilance du Conseil constitutionnel et d'où il tire son vice d'inconstitutionnalité. En effet, la loi fait alors « écran » entre la Constitution et l'acte administratif, de telle sorte que le juge administratif, incompétent pour apprécier la constitutionnalité des lois, est paralysé pour sanctionner l'éventuelle inconstitutionnalité, par ricochet, de l'acte administratif (v. par ex., CE 8 déc. 1995, *Mouvement de Défense des Automobilistes*, *D.* 1997. 287, note W. Sabete ; dès lors que le pouvoir de l'administration de réduire le nombre de points affecté au permis de conduire, en cas d'infraction, résulte d'une loi « dont le Conseil d'État ne saurait apprécier la constitutionnalité », le requérant ne saurait utilement soutenir que l'exercice de cette compétence par l'autorité administrative méconnaîtrait la Déclaration de 1789).

Deux théories jurisprudentielles permettent exceptionnellement au juge administratif de surmonter l'écran législatif et d'apprécier la constitutionnalité d'un acte administratif pris en application d'une loi. La première est celle de « l'écran transparent ». Lorsque la loi se borne à habiliter le pouvoir réglementaire à prendre certaines mesures, sans en prédéterminer le contenu, le juge pourra alors apprécier la constitutionnalité de ces actes administratifs (CE 17 mai 1991, *Quintin*). D'abord limitée aux seules hypothèses où la loi ne pose aucune condition de fond, la théorie de l'écran transparent semble aujourd'hui revêtir une portée plus large, permettant ainsi un contrôle élargi des exigences constitutionnelles par le juge administratif. En témoigne la décision du Conseil d'État relative à la légalité du décret étendant le bénéfice du revenu de solidarité active (RSA) aux jeunes de moins de 25 ans (CE 27 oct. 2011, *Confédération française démocratique du travail e.a.*, n° 343943). En l'espèce, le Conseil juge que s'il ne lui appartient pas de contrôler la constitutionnalité de la condition d'activité prévue par la loi pour le bénéfice de la prestation, il peut en revanche vérifier si les mesures réglementaires prises pour l'application de cette condition législative n'ont pas méconnu les exigences constitutionnelles. Désormais, l'écran législatif se limite donc à empêcher le contrôle de constitutionnalité des seules dispositions d'un acte administratif se bornant à tirer les conséquences nécessaires de la loi (CE, ass., 12 juill. 2013, *Fédération nationale de la pêche en France*, n° 344522) ou réitérant un principe qui trouve son origine dans la loi (CE 6 nov. 2019, *Fédération des entreprises de portage salarial*, n° 412051). Il appartient ainsi au juge administratif de vérifier si la disposition administrative contestée trouve directement et nécessairement son origine et sa substance dans la loi ; si tel n'est pas le cas, la loi ne fera plus écran au contrôle de constitutionnalité de l'acte attaqué. La seconde théorie est celle de l'abrogation implicite de la loi. Elle permet au juge d'écarter une loi devenue inconstitutionnelle du fait de l'adoption de la Constitution de 1958 ou de sa révision afin de contrôler l'acte administratif pris pour son application (CE, ass., 16 déc. 2005 *Syndicat national des huissiers de justice*, *Lebon* 570).

42 L'article 61-1 de la Constitution, dans sa rédaction issue de la loi constitutionnelle du 23 juillet 2008, a donné corps à des projets datant de 1990 et 1993, qui avaient pour objet de permettre un contrôle de constitutionnalité des lois *a posteriori*. Il est désormais précisé que « lorsque, à l'occasion d'un litige en cours devant une juridiction, il est soutenu qu'une disposition législative porte atteinte aux droits et libertés que la Constitution garantit, le Conseil constitutionnel peut être saisi de cette question sur renvoi du Conseil d'État ou de la Cour de cassation qui se prononce dans un délai déterminé ».

La loi organique du 10 décembre 2009, puis un décret du 16 février 2010 sont venus préciser les conditions de recours à la *Question prioritaire de constitutionnalité (QPC)*ᑫ, qui est entrée en application en mars 2010. Un double filtre a été prévu pour l'exercice de cette nouvelle procédure : les tribunaux administratifs et les cours administratives d'appel, saisis, par un mémoire distinct, d'un moyen mettant en cause la constitutionnalité d'une loi, devront vérifier si la question remplit trois conditions cumulatives : la disposition contestée doit commander l'issue du litige ou la validité de la procédure ; la juridiction doit s'assurer que la disposition dont la constitutionnalité est contestée n'a pas déjà été déclarée conforme à la Constitution par le Conseil constitutionnel, à moins qu'un changement de circonstances rende caduque la déclaration de conformité ; enfin, elle procède à un examen sommaire visant à s'assurer que la question n'est pas dépourvue de caractère sérieux. Si ces conditions sont réunies, la juridiction ordinaire saisit le Conseil d'État, qui dispose de trois mois pour en examiner à nouveau la réunion, et transmettre la question au Conseil constitutionnel. Ce dernier a alors trois mois pour se prononcer et, éventuellement, constater l'inconstitutionnalité d'une disposition législative qui sera alors abrogée (Const., art. 62, al. 2). Il pourra, le cas échéant, saisir la Cour de justice de l'Union européenne si une interprétation du droit de l'Union s'avère nécessaire à l'exercice de son office (Cons. const. 4 avr. 2013, *M. Jeremy F*, n° 2013-314P QPC).

Ce nouveau dispositif confère ainsi aux juridictions, et singulièrement au Conseil d'État, une mission de contrôle de constitutionnalité des lois, et non plus seulement des actes administratifs. Cette capacité nouvelle est renforcée par l'encadrement très strict des recours contre l'appréciation du caractère sérieux de la question de constitutionnalité : si la décision de la transmettre au Conseil d'État, puis de la renvoyer au Conseil constitutionnel, ne pouvait faire l'objet d'aucun recours, le refus de transmission ou de renvoi pourra quant à lui être contesté, mais uniquement dans le cadre d'un recours contre la décision réglant, par hypothèse devant les juridictions inférieures, le fond du litige, recours qui ne pourra qu'être porté devant le Conseil d'État, auteur de la décision refusant le renvoi.

Cette nouvelle procédure a été utilisée largement dès son entrée en vigueur, le Conseil d'État ayant été saisi de plus de 200 QPC en un an. Il a, dans ce cadre, été amené à en préciser l'étendue et la portée. Il a ainsi estimé que la QPC peut être soulevée devant toute instance juridictionnelle, qu'il s'agisse d'un recours pour excès de pouvoir, d'un contentieux de pleine juridiction ou d'une procédure d'urgence (CE, ord., 16 juin 2010, *Mme Diakité, AJDA* 2010. 1662, note O. Le Bot). Par ailleurs, lorsqu'une disposition législative a été jugée contraire à la Constitution dans le cadre d'une QPC, le Conseil d'État estime qu'il appartient au juge du fond d'écarter, même d'office, les dispositions déclarées contraires à la Constitution, dans les conditions fixées par le Conseil constitutionnel (CE, ass., 13 mai 2011, *Mme Lazare* et *Mme M'Rida, AJDA* 2011. 1136, chron. X. Domino et A. Bretonneau).

L'articulation entre contrôle de conventionnalité et QPC a soulevé quelques difficultés, dans la mesure où l'appréciation de la conformité aux principes garantis par le droit de l'Union européenne peut interférer avec celle de la conformité à la Constitution, tout particulièrement lorsqu'est en cause l'application d'une loi transposant fidèlement une directive communautaire. La Cour de cassation avait estimé que les juges du fond ne pouvant, à son sens, statuer sur la conventionnalité d'une disposition légale avant de transmettre la question de constitutionnalité, la procédure même de la QPC, telle que précisée par la loi organique, pouvait être contraire au droit de l'Union, et, en particulier, au dispositif de la question préjudicielle à laquelle elle ferait obstacle (Cass., QPC, 16 avr. 2010, *Melki, D.* 2010. 1229, chron. P. Fombeur ; *ibid.* 1234, chron. P. Cassia et E. Saulnier-Cassia).

Ces difficultés semblent aujourd'hui surmontées même si le poids des exigences du droit européen a conduit à une adaptation relative de la procédure de la QPC afin d'assurer la pleine effectivité du mécanisme du renvoi préjudiciel. Cette adaptation revêt deux dimensions.

D'une part, d'un point de vue procédural, le Conseil d'État a jugé que le juge administratif dispose de la possibilité de poser à tout instant une question préjudicielle à la Cour de justice de l'Union européenne (CE 14 mai 2010, *Rujovic*, *RFDA* 2010. 458, note P. Gaïa ; *ibid.* 709, concl. J. Burguburu), limitant ainsi le caractère prioritaire de la QPC. La QPC peut même, exceptionnellement, perdre tout caractère prioritaire (CE, ass., 31 mai 2016, *Jacob*, n° 393881). Tel est le cas dans une configuration contentieuse particulière : celle où la contrariété d'une loi au droit de l'Union pourrait conduire à une méconnaissance du principe constitutionnel d'égalité. Dans une telle hypothèse, l'inconventionnalité de la loi implique son inapplication dans les litiges entrant dans le champ d'application du droit européen, cette loi restant cependant dans le même temps applicable aux justiciables nationaux, non soumis au droit de l'Union. Le traitement différencié des justiciables qui en résulte peut créer une discrimination, potentiellement contraire au principe constitutionnel d'égalité. La nécessité d'examiner préalablement la question de conventionnalité de la loi, condition nécessaire à l'identification subséquente d'une méconnaissance du principe d'égalité, implique alors qu'il soit dérogé au caractère prioritaire de la QPC.

D'autre part, d'un point de vue substantiel, l'autorité des décisions du Conseil constitutionnel prises dans le cadre de la QPC ne limite pas la compétence des juridictions administratives et judiciaires pour faire prévaloir les engagements internationaux sur une disposition législative incompatible avec eux, même lorsque cette dernière a été déclarée conforme à la Constitution (Cons. const. 12 mai 2010, décis. n° 2010-605 DC, *RFDA* 2010. 458, note P. Gaïa). En application de cette solution, le Conseil d'État a pu saisir la Cour de justice d'une question préjudicielle dans le cadre de son contrôle de conventionnalité alors même que le Conseil constitutionnel, saisie d'une QPC dans le cadre de la même instance, avait jugé la loi en litige constitutionnelle (CE 6 mai 2015, *M. Soulier*, n° 368208). En outre, tirant les conséquences de la jurisprudence *loi pour la confiance dans l'économie numérique*, le Conseil d'État juge que lorsqu'une disposition législative se borne à tirer les conséquences nécessaires de dispositions précises et inconditionnelles d'une directive, le Conseil constitutionnel ne peut être saisi d'une QPC que si cette disposition met en cause une règle ou d'un principe inhérent à l'identité constitutionnelle de la France (CE 14 sept. 2015, *Sté NotreFamille.com*, n° 389806).

■ 43 Si la théorie de la « *loi-écran* »[Q] n'a pas disparu, malgré les vœux d'un large courant doctrinal, elle a cependant aujourd'hui une portée sensiblement réduite du fait d'une « prise en compte grandissante par le juge administratif des exigences inhérentes à la hiérarchie des normes » dans cet « acte de volonté » qu'est le travail d'interprétation des lois, par lequel le juge s'attache à faire prévaloir une lecture de la loi compatible avec les exigences constitutionnelles (B. Genevois, « Le Conseil d'État et l'interprétation de la loi », *RFDA* 2002. 877). Le Conseil d'État tient tout d'abord explicitement compte des réserves d'interprétation faites par le Conseil constitutionnel, qui sont une condition de l'admission de la conformité de la loi à la Constitution et s'imposent à toutes les juridictions en vertu de l'article 62 de la Constitution. C'est ainsi qu'il s'est prononcé sur la légalité d'un décret d'application de la loi du 15 novembre 1999 relative au pacte civil de solidarité (plus communément appelé PACS) en se référant expressément à la décision n° 99-149 DC du Conseil constitutionnel, en date du 9 novembre 1999, interprétant la loi à la lumière des exigences constitutionnelles. En outre, le Conseil d'État présume systématiquement que le législateur n'a pu entendre violer un quelconque principe constitutionnel et interprète donc en ce sens l'habilitation donnée au pouvoir réglementaire, ce qui lui permet, sauf exception, de censurer l'acte administratif qui serait contraire à la Constitution.

section 2

Les normes internationales et le droit de l'Union européenne

Le juge administratif peut être conduit à écarter la loi en cas de conflit entre celle-ci et une norme internationale. Alors que la théorie de la « loi-écran » avait longtemps fait obstacle, ici aussi, à ce qu'un acte administratif puisse être censuré lorsqu'il était intervenu en application d'une loi dans le cas où celle-ci était, par hypothèse, contraire à un engagement international, il n'en est plus de même de nos jours. Le Conseil d'État a en effet progressivement abandonné les limitations de sa propre compétence qu'il s'était d'abord imposées pour vérifier les conditions d'application de l'article 55 de la Constitution (§1) et il n'existe plus ici d'« écran législatif » faisant obstacle au contrôle de conventionnalité des actes administratifs (§2). 44 ■

§ 1 La portée de l'article 55 de la Constitution devant le juge administratif

L'article 55 de la Constitution précise que « les traités ou accords régulièrement ratifiés ou approuvés ont, dès leur publication, une autorité supérieure à celle des lois, sous réserve, pour chaque accord ou traité, de son application par l'autre partie ». Il a d'ores et déjà été rappelé que le Conseil d'État, suivi par la Cour de cassation, a jugé que la suprématie conférée par l'article 55 aux engagements internationaux « ne s'applique pas, dans l'ordre interne, aux dispositions de nature constitutionnelle » (CE, ass., 30 oct. 1998, *Sarran*, *GAJA*, n° 95 ; v. ss 30). 45 ■

La rédaction même de l'article 55 de la Constitution montre qu'il ne s'applique qu'aux traités et accords internationaux et non à la coutume internationale ou à un principe général du droit international, que le juge administratif ne fait donc pas prévaloir sur la loi en cas de conflit entre ces deux normes (CE, ass., 6 juin 1997, *M. Aquarone*, *AJDA* 1997. 630 ; CE 28 juill. 2000, *Paulin*, *D.* 2001. 411). En revanche, la spécificité du droit communautaire conduit à reconnaître une valeur supérieure à celle de la loi aux « principes généraux de l'ordre juridique communautaire déduits du traité instituant la Communauté européenne et ayant la même valeur juridique que ce dernier » (CE 3 déc. 2001, *Synd. national de l'industrie pharmaceutique et a.*, *AJDA* 2002. 1219, étude A.-L. Valembois). 46 ■

Par ailleurs, cette rédaction de l'article 55 conduit le juge administratif à vérifier que les traités internationaux ont effectivement été ratifiés ou approuvés. En outre, alors que le juge administratif s'est longtemps refusé à contrôler la régularité des actes d'approbation ou de ratification, il a opéré un important revirement de jurisprudence en jugeant « qu'il appartient au juge administratif de se prononcer sur le bien-fondé d'un moyen soulevé devant lui et tiré de la méconnaissance, par l'acte de publication d'un traité ou accord, des dispositions de l'article 53 de la Constitution », 47 ■

qui subordonne, dans certains cas, la ratification ou l'approbation d'un traité à une autorisation donnée par la loi (CE, ass., 18 déc. 1998, *SARL du Parc d'activités de Blotzheim et SCI Haselaecker*, *RFDA* 1999. 315, concl. Bachelier). Ce contrôle peut être opéré par voie d'exception, à l'occasion d'un litige mettant en cause l'application d'un traité, pour l'examen d'un moyen tiré de ce qu'il n'aurait pas été régulièrement approuvé par la loi. Il est en effet jugé qu'« il résulte des dispositions précitées de la Constitution qu'il appartient au juge administratif, saisi d'un moyen en ce sens, de s'assurer qu'un traité ou accord a été régulièrement ratifié ou approuvé, non seulement lorsqu'un tel moyen est invoqué à l'appui d'un recours pour excès de pouvoir directement formé à l'encontre du décret de publication qui en a permis l'introduction dans l'ordre juridique interne, mais aussi par voie d'exception, à l'occasion d'un litige mettant en cause l'application de cet engagement international » (CE, ass., 5 mars 2003, *M. Aggoun*, *AJDA* 2003. 1214, concl. J.-H. Stahl, note J.-F. Lachaume). Cette solution a été étendue aux réserves accompagnant un traité international dont le juge doit faire application après s'être assuré qu'elles ont fait l'objet des mêmes mesures de publicité que ce traité (CE, Ass., 12 oct. 2018, *SARL Super Coiffeur*, n° 408567).

48 En revanche, les règlements et directives entrent en vigueur dès leur publication au *Journal officiel de l'Union européenne*, sans besoin d'une procédure particulière d'incorporation dans le droit d'un État membre.

49 Lorsque la question du respect de la condition de réciprocité prévue à l'article 55 de la Constitution est posée devant lui par une partie, la pratique du juge administratif a longtemps été d'interroger le ministre des Affaires étrangères pour savoir si la condition de réciprocité était bien remplie (CE, ass., 29 mai 1981, *Rekhou*, *Lebon* 220 ; *RD publ.* 1981. 1707, concl. J.-F. Théry). Il avait même été jugé que le ministre des Affaires étrangères pouvait, de sa propre initiative, soulever l'inapplication d'une stipulation d'un traité par l'autre partie, le juge se bornant à prendre acte de la déclaration du ministre des Affaires étrangères sur le fait que la condition de réciprocité posée à l'article 55 de la Constitution n'était pas remplie, ce défaut de réciprocité privant d'efficacité le moyen tiré de cette stipulation d'un traité (CE, ass., 9 avr. 1999, *Madame Chevrol-Benkeddach*, *AJDA* 1999. 459, chron. Raynaud et Fombeur).

Cette pratique du « référé diplomatique » prive cependant le requérant, selon la Cour européenne des droits de l'homme, de l'accès à un tribunal indépendant au sens de l'article 6 de la Convention (CEDH 13 févr. 2003, *D.* 2003. 931, note H. Moutouh ; *AJDA* 2003. 1984 note T. Rambaud) ; elle a été, après quelques années d'hésitation, abandonnée, le juge appréciant désormais lui-même si la condition de réciprocité est satisfaite (CE 9 juill. 2010, *Mme Cheret-Benseghir*, *RFDA* 2010. 1133, concl. G. Dumortier ; *ibid.* 146, note J.-F. Lachaume).

50 La *condition de réciprocité*[Q] est évidemment sans objet pour le droit de l'Union européenne, de même « qu'elle n'a pas la même portée pour un traité qui prévoit, entre deux parties, des obligations précises, de caractère synallagmatique, et pour une convention par laquelle de nombreux États affirment leur attachement à des principes fondamentaux » (CE, ass., 21 déc. 1990, *Confédération nationale des associations familiales*, *RFDA* 1990. 1065, concl. Stirn, à propos de la Conv. EDH).

Jusqu'à la fin des années 1980, le Conseil d'État interrogeait également, en cas de doute sur l'interprétation d'un traité, le ministère des Affaires étrangères sur l'interprétation qu'il convenait de donner au traité. Depuis l'arrêt du 29 juin 1990 *GISTI* (*GAJA*, n° 88), le juge administratif s'est reconnu le pouvoir d'interpréter lui-même un traité international. Il a ainsi anticipé le rappel des exigences de la Convention européenne des droits de l'homme par la Cour européenne des droits de l'homme dans un arrêt du 24 novembre 1994, condamnant la France au motif que « la cause des requérants n'a pas été entendue par un tribunal indépendant et de pleine juridiction, dès lors que le Conseil d'État a utilisé la technique du *renvoi en interprétation*[Q] au ministre des Affaires étrangères pour interpréter la convention internationale litigieuse » (CEDH 24 nov. 1994, *Consorts Beaumartin c/ France*, *D.* 1995. 273, note Prétot). 51 ■

Ce revirement de jurisprudence a aussi pour effet, dorénavant, de « placer dans les mains du juge la détermination de l'applicabilité directe des normes internationales » (D. Alland, « Le droit international "sous" la Constitution de la cinquième République », *RD publ.* 1998. 1668). 52 ■

La question de l'applicabilité directe des dispositions des conventions internationales relatives aux droits de l'homme a nourri une abondante jurisprudence, progressivement affinée par le Conseil d'État (CE, ass., 11 avr. 2012, *GISTI*, n° 322326). À l'occasion d'un recours contre un acte administratif, un particulier ne peut se prévaloir que des seules stipulations d'une convention dotées de l'effet direct. De telles stipulations sont celles qui ne régissent pas exclusivement les relations entre États et peuvent ainsi modifier directement la situation juridique des particuliers, sans l'intervention d'acte complémentaire. La détermination de l'effet direct d'une stipulation internationale suppose, de la part du juge, la prise en compte du contenu et des termes de la convention, de l'économie générale de celle-ci et de l'intention des parties. Cette appréciation, par nature relative, est susceptible d'évolution, comme le montre le cas de l'article 20 de la Convention de New-York relative aux droits de l'enfant, auquel le Conseil d'État a d'abord refusé tout effet direct (CE 6 juin 2001, *Mosquera*, n° 213745) avant d'opérer un revirement de jurisprudence (CE 5 févr. 2020, *UNICEF France*, n° 428478).

Le Conseil d'État réserve cependant un sort particulier au droit de l'Union européenne. En effet, les directives européennes, même dépourvues d'effet direct, peuvent néanmoins être invoquées par un requérant à l'encontre d'un acte réglementaire (v. n° 56 s.).

§ 2 Le *contrôle de conventionnalité*[Q] des actes administratifs

À l'époque où la théorie de la « loi-écran » faisait obstacle à l'effectivité de la supériorité des traités internationaux sur la loi, la non-conformité d'un acte administratif à une norme du droit international ou du droit communautaire ne pouvait être sanctionnée si cet acte avait été adopté conformément à une loi postérieure à la norme internationale considérée. Cependant, la Cour de cassation avait admis de faire prévaloir le droit communautaire sur une loi française même postérieure à la norme internationale, dès un arrêt du 25 mai 1975 *(Sté des Cafés Jacques Vabre)*. À 53 ■

l'inverse, le Conseil d'État était resté longtemps attaché à sa position traditionnelle en la matière, qu'il avait consacrée dans un arrêt du 1er mars 1968 *Synd. général des fabricants de semoule de France* (*Lebon* 149). Il a cependant franchi le pas lui permettant d'assurer l'effectivité de la primauté du droit international et, plus particulièrement, du droit communautaire dans son arrêt du 20 octobre 1989 *Nicolo* (*GAJA*, n° 86).

54 De même que le juge judiciaire français exerce, dans la logique de l'arrêt précité *Société des cafés Jacques Vabre* de 1975, un « contrôle de conventionnalité » des lois qui lui permet d'écarter l'application de la loi qui serait contraire à une norme internationale, en ce qu'elle ne répondrait pas, en particulier, aux exigences de la Convention européenne des droits de l'homme ou du droit communautaire, la jurisprudence *Nicolo* permet au juge administratif d'écarter l'application d'une loi au motif qu'elle est contraire à des engagements internationaux et notamment au droit communautaire.

Ce contrôle de conventionnalité des lois connaît cependant une limite substantielle notable : le Conseil d'État juge que le juge administratif ne peut être saisi d'un moyen tiré de ce que la procédure d'adoption de la loi n'aurait pas été conforme aux stipulations d'une convention internationale (CE 27 oct. 2015, *M. Allenbach*, n° 393026). Ainsi, il résulte que l'habilitation donnée au juge administratif d'assurer un contrôle de conventionnalité de la loi par l'article 55 de la Constitution n'est que partielle. Elle lui permet d'assurer un contrôle substantiel du contenu de la loi par rapport au droit international et non un contrôle procédural des conditions de son élaboration. Ces conditions restent ainsi entièrement régies par la Constitution et sanctionnées par le seul Conseil constitutionnel, dans le cadre de son contrôle a priori. Cette limite n'est, en revanche, pas applicable s'agissant du droit de l'Union européenne (CE 9 mars 2016, *Société Uber France e.a.*, n° 388213).

55 Dorénavant, il est relativement fréquent qu'un acte administratif soit censuré du fait de sa non-conformité au droit de l'Union, sans que son éventuelle conformité à une loi postérieure à la norme européenne lui permette d'échapper en aucune façon à la censure du juge (v. not. CE 5 mai 1995, *Min. de l'Équipement, des Transports et du Tourisme*, *AJDA* 1995. 936).

La censure sera également encourue lorsque l'administration continuera à appliquer un texte qui est contraire au droit de l'Union, en tant qu'il ne comporte pas une disposition imposée par celui-ci (CE 29 juin 2001, *Vassilikiotis*, *Lebon* 303, concl. F. Lamy, *AJDA* 2001. 1046, chron. M. Guyomar et P. Collin).

Cette primauté du droit de l'Union sur la loi même postérieure ne se limite pas en effet aux dispositions contenues dans les traités mais s'étend à l'ensemble des normes dérivées. Cette supériorité concerne aussi bien les règlements (CE 24 sept. 1990, *Boisdet*, *Lebon* 250), que les directives (CE, ass., 28 févr. 1992, *SA Rothmans International France*, *Lebon* 80 ; CE, sect., 3 déc. 1999, *Assoc. ornithologique et mammalogique de Saône-et-Loire et Assoc. France nature environnement*, 2 décisions, *GAJA*, 18e éd., n° 103) et même la jurisprudence de la Cour de justice des Communautés européennes (CE 23 mars 1992, *Sté Klockner France*, *Lebon* 133).

La primauté des décisions de la Cour de justice ne se limite pas aux seules interprétations ou décisions rendues sur renvoi préjudiciel ; le Conseil d'État s'estime ainsi tenu par une interprétation donnée par la Cour de justice des communautés européennes, et ce alors même qu'elle ne faisait pas l'objet de la question préjudicielle (CE, ass., 11 déc. 2006, *Sté De Groot En Slot Allium BV et a., RFDA* 2007. 372, concl. F. Séners).

Les effets des *directives européennes*[Q] font l'objet d'une jurisprudence administrative exigeante et spécifique, désormais respectueuse de l'orthodoxie européenne. Il est rappelé que la directive lie tout État membre destinataire quant au résultat à atteindre tout en laissant aux instances nationales la compétence quant à la forme et aux moyens. Pour produire tous leurs effets, les directives doivent donc être transposées dans l'ordre interne de chaque État. 56 ■

D'une part, rompant avec une jurisprudence historique contraire aux exigences posées par la Cour de justice, refusant, par principe, tout effet direct à une directive (CE, ass., 22 déc. 1978, *Min. de l'intérieur c/ Cohn-Bendit, GAJA*, 17ᵉ éd., n° 89), le Conseil d'État admet aujourd'hui que les directives européennes puissent, malgré leurs caractéristiques, avoir un effet direct sous certaines conditions. Il juge ainsi que « tout justiciable peut se prévaloir à l'appui d'un recours dirigé contre un acte administratif non réglementaire des dispositions précises et inconditionnelles d'une directive lorsque l'État n'a pas pris, dans les délais impartis par celle-ci, les mesures de transposition nécessaires » (CE, ass., 30 oct. 2009, *Perreux, RFDA* 2009. 1125, concl. M. Guyomar, note P. Cassia, *GAJA*, n° 109). En sens inverse, la spécificité juridique des directives européennes implique « que les autorités de l'État ne peuvent se prévaloir des dispositions d'une directive qui n'ont pas fait l'objet d'une transposition dans le droit interne » pour les opposer à un administré (CE, sect., 23 juin 1995, *SA Lilly France*, A, n° 149226). 57 ■

D'autre part, et avant même la jurisprudence *Perreux*, le Conseil d'État admettait qu'un acte réglementaire puisse être utilement contesté au motif de son incompatibilité avec une directive européenne, sans que la question de l'effet direct n'ait, à cet égard, d'incidence. Il peut être contesté directement par voie d'action ou indirectement, par voie d'exception, à l'occasion d'un recours formé contre la mesure individuelle prise sur son fondement. 58 ■

En outre, dès lors que les autorités nationales sont tenues d'adapter leur réglementation aux directives, elles « ne peuvent légalement, après l'expiration des délais impartis pour la transposition de la directive, laisser subsister des dispositions réglementaires qui ne seraient plus compatibles avec les objectifs définis par les directives » (CE, ass., 3 févr. 1989, *Compagnie Alitalia, GAJA*, n° 85).

Enfin, alors même que le délai de transposition d'une directive n'est pas encore expiré, sont prohibées et seraient donc illégales des mesures nationales qui seraient susceptibles d'en compromettre sérieusement l'objectif (CE 10 janv. 2001, *Assoc. France nature environnement, CJEG* 2001. 210, concl. C. Maugüé).

La distinction entre loi, règlement et jurisprudence n'étant évidemment pas opératoire à l'égard des traités et accords internationaux, la responsabilité de l'État peut être engagée, pour faute, en cas de violation des conventions internationales. 59 ■

Ce principe était admis depuis 1992 pour les actes administratifs, la responsabilité de l'État pouvant être engagée lorsqu'une directive a été transposée de façon incorrecte, y compris lorsque ce défaut de transposition est concrétisé par la faute de l'administration qui a eu le tort de ne pas écarter l'application d'une loi incompatible avec le droit communautaire (CE, ass., 28 févr. 1992, *Sté Arizona Tobacco*

Products, *Lebon* 78 ; et, du même jour, *SA Rothmans International* et *SA Philip Morris France*, *Lebon* 81, concl. M. Laroque). La responsabilité de l'État peut aussi être engagée lorsqu'une directive n'a pas été transposée en temps utile en droit français (CAA Paris, 1er juill. 1992, *Sté Jacques Dangeville*, *AJDA* 1992. 768, note Prétot ; CE, ass., 30 oct. 1996, *Min. du budget c/ SA Jacques Dangeville*, *RFDA* 1997. 1056, concl. Goulard).

Plus récemment, le Conseil d'État a estimé que la responsabilité de l'État pouvait être engagée, « en raison des obligations qui sont les siennes pour assurer le respect des conventions internationales par les autorités publiques, pour réparer l'ensemble des préjudices qui résultent de l'intervention d'une loi adoptée en méconnaissance des engagements internationaux de la France » (CE, ass., 8 févr. 2007, *Gardedieu*, *RFDA* 2007. 361, concl. L. Derepas) : c'est donc l'État législateur, et non plus seulement les autorités réglementaires, qui est susceptible de voir sa responsabilité engagée pour la faute que constitue la violation du droit international. Cette responsabilité du législateur s'étend à l'hypothèse d'une violation d'un principe général du droit de l'Union européenne (CE 23 juill. 2014, *Société d'éditions et de protection route*, n° 354365).

Le Conseil d'État a aussi admis que la responsabilité de l'État puisse être engagée du fait d'une décision de justice qui méconnaît de façon manifeste une règle du droit de l'Union ayant pour objet de conférer des droits aux particuliers (CE 18 juin 2008, *Gestas*, n° 295831). Pour apprécier l'existence d'une telle méconnaissance, il appartient au juge administratif, conformément à la jurisprudence de la Cour de justice, de tenir compte, en se plaçant à la date de la décision de justice litigieuse, « de tous les éléments caractérisant la situation qui lui est soumise, notamment du degré de clarté et de précision de la règle de droit de l'Union en question, de l'étendue de la marge d'appréciation que cette règle laisse aux autorités nationales, du caractère intentionnel ou involontaire du manquement commis ou du préjudice causé, du caractère excusable ou inexcusable de l'éventuelle erreur de droit, de la position prise, le cas échéant, par une institution de l'Union européenne et ayant pu contribuer à l'adoption ou au maintien de mesures ou de pratiques nationales contraires au droit de l'Union ainsi que de la méconnaissance, par la juridiction en cause, de son obligation de renvoi préjudiciel au titre du troisième alinéa de l'article 267 du traité sur le fonctionnement de l'Union européenne » (CE 9 oct. 2020, *Sté Lactalis*, n° 414423).

60 La multiplication des normes supranationales oblige désormais le juge administratif à un important travail de mise en cohérence de celles-ci ; le Conseil d'État s'est récemment engagé dans cette voie (CE, ass., 23 déc. 2011, *Kandyrine de Brito Paiva*, *Lebon* 623, concl. J. Boucher). En effet, il admet que puisse être « utilement invoqué, à l'appui de conclusions dirigées contre une décision administrative qui fait application des stipulations inconditionnelles d'un traité ou d'un accord international, un moyen tiré de l'incompatibilité des stipulations, dont il a été fait application par la décision en cause, avec celles d'un autre traité ou accord international ». Le juge a posé deux principes pour la résolution de cette délicate question de l'articulation des normes supranationales entre elles. D'une part, le Conseil d'État refuse l'idée de toute hiérarchie de ces normes. En conséquence, il appartient au juge, en application des principes du droit coutumier international, d'assurer la conciliation des normes internationales, en les interprétant, le cas échéant, à la lumière des règles et principes à valeur constitutionnelle et des principes d'ordre public. Si une telle conciliation est impossible, le juge fera alors « application de la norme internationale dans le champ de laquelle la décision administrative contestée a entendu se placer et pour l'application de laquelle cette décision a été prise ». D'autre part, le Conseil d'État a entendu réserver le sort du droit de l'Union européenne, soumis aux règles particulières de l'ordre juridique européen. Ces dernières supposent normalement une primauté des règles européennes sur l'accord international, qu'il s'agisse de règles de droit primaire (CE 27 juill. 2012, *Ministre du budget c/ Regazzacci*, n° 337656 s'agissant du contrôle de la compatibilité d'une convention fiscale bilatérale, conclue par la France avec un autre État membre avec la libre circulation des capitaux) ou même de droit dérivé, notamment issues d'un règlement européen (voir pour le contrôle du respect du règlement (UE) n° 2016/679 relatif à la protection des personnes physiques à l'égard du traitement des données à caractère personnel par l'accord du 14 novembre 2013 conclu entre la France et les États-Unis en vue d'améliorer le respect des obligations fiscales à l'échelle internationale et de mettre en œuvre la loi relative au respect des obligations fiscales concernant les comptes étrangers : CE, ass., 19 juill. 2019, *Assoc. des Américains accidentels*, n° 424216). Le Conseil d'État estime, de façon générale, qu'il incombe au juge de laisser inappliquée toute disposition contraire au droit de l'Union, même résultant d'un engagement international de la France (CE, ass., 21 avr. 2021, *French Data Network e.a.*, n° 393099).

section 3

Les normes jurisprudentielles

Si le principe de séparation des autorités administrative et judiciaire a été édicté à l'époque révolutionnaire pour interdire aux juges de faire acte d'administrateur, il n'en fallait pas moins, pour trancher les litiges opposant l'administration aux administrés, pouvoir se référer, dans le silence de la loi, à des règles générales, règles que le juge administratif a progressivement formulées en particulier à la fin du XIXe siècle et pendant les premières décennies du XXe siècle. Puisque le Conseil d'État et le Tribunal des conflits avaient écarté les règles du Code civil au motif que celles-ci ne régissaient que les rapports de particulier à particulier, le juge administratif se devait, en l'absence de textes applicables au litige, d'élaborer lui-même les règles dont il contrôlait, simultanément, le respect par l'administration. 61 ■

Il a d'ailleurs pu être observé que « par cette fonction, le juge administratif se comporte en supérieur de l'administration, c'est-à-dire exactement en administrateur – à l'instar des Parlements de l'Ancien Régime, contre lesquels le principe de séparation a été formulé », ce qui n'est pas le moindre des paradoxes du principe de séparation des autorités administrative et judiciaire (P. Delvolvé, « Paradoxes du (ou paradoxes sur le) principe de séparation des autorités administrative et judiciaire », in *Mélanges R. Chapus*, Montchrestien, 1992, p. 143).

La place des règles jurisprudentielles parmi les sources du droit administratif reste aujourd'hui encore substantielle, malgré l'importance croissante des sources écrites de ce droit. Il est donc utile de rappeler les caractéristiques essentielles du pouvoir normatif du juge (§1) avant de préciser la place des règles jurisprudentielles et en particulier celle des principes généraux du droit dans la hiérarchie des normes (§2). 62 ■

§ 1 Les caractéristiques du pouvoir normatif du juge

■ 63 Par rapport aux normes écrites, les règles jurisprudentielles ont essentiellement trois caractéristiques.

■ 64 Elles sont d'abord, par nature même, rétroactives, puisque le juge énonce la règle en même temps qu'il l'applique au litige qui lui est soumis et, le cas échéant, en sanctionne le non-respect. Cependant, peut-être pour atténuer les éventuelles conséquences fâcheuses que pourrait avoir ce caractère de la règle jurisprudentielle, il est fréquent que les « grands arrêts » du Conseil d'État énoncent un nouveau principe dans des espèces où les conditions ne sont pas réunies pour que son application pratique donne lieu à sanction, le juge se réservant d'en faire des applications concrètes plus drastiques par leurs conséquences à l'occasion d'espèces ultérieures. En outre, le Conseil d'État considère que le caractère contradictoire de la procédure contentieuse exige que les parties soient en mesure de présenter leurs observations et de débattre sur la règle jurisprudentielle applicable. En conséquence, il incombe notamment au juge de rouvrir l'instruction et d'inviter les parties à s'exprimer sur les conséquences à tirer d'une décision juridictionnelle survenue postérieurement à la date de clôture de l'instruction (CE, sect., 19 avr. 2013, *Chambre de commerce et d'industrie d'Angoulême*, n° 340093). Enfin, le Conseil d'État se reconnaît dorénavant le pouvoir de décider qu'une annulation contentieuse ne produira ses effets qu'à telle date qu'il détermine, afin de laisser à l'administration le temps nécessaire pour remédier aux effets de l'annulation, dans des circonstances particulières où la disparition de l'acte produirait des conséquences manifestement excessives (CE, ass., 11 mai 2004, *Assoc. AC ! et a.* ; v. ss 865). Certes cette modulation dans le temps des effets d'une décision contentieuse ne répond pas véritablement aux difficultés liées à la rétroactivité par nature des revirements de jurisprudence, même si une doctrine contemporaine tend à lier ces deux types de questions, pourtant intellectuellement distinctes (V. Heuzé « À propos du Rapport sur les revirements de jurisprudence. Une réaction entre indignation et incrédulité », *JCP* 2005. I. 130).

Finalement, après quelques hésitations (v. concl. Y. Struillou sur CE, sect., 10 mars 2006, *Sté Leroy-Merlin*, *RFDA* 2006. 551), le Conseil d'État a accepté, sur le fondement du principe de sécurité juridique, de moduler dans le temps les effets des revirements de jurisprudence. Instituant, par une inflexion d'une jurisprudence plus que centenaire (*Martin* de 1905), une nouvelle voie de recours contre les contrats, il a en effet estimé que « eu égard à l'impératif de sécurité juridique tenant à ce qu'il ne soit pas porté une atteinte excessive aux relations contractuelles en cours et sous réserve des actions en justice ayant le même objet et déjà engagées avant la date de lecture de la présente décision, le recours ci-dessus défini ne pourra être exercé qu'à l'encontre des contrats dont la procédure de passation a été engagée postérieurement à cette date » (CE, ass., 16 juill. 2007, *Sté Tropic travaux signalisation*, *Dr. adm.* 2007. Repère 7, note J.-B. Auby, *LPA* 24 juill. 2007, p. 9, note M. Gaudemet ; pour une application de cette non-rétroactivité : CE 22 déc. 2008, *Sté Berri Développement*, *Dr. adm.* 2009, n° 21). Ainsi, dans certaines circonstances, les revirements de jurisprudence sont désormais dépourvus d'effet rétroactif. Tel sera, par exemple, le cas d'une nouvelle règle prétorienne de forclusion qui, revenant sur une jurisprudence constante, est de nature à porter atteinte au droit au recours (CE, sect., 13 mars 2020, *Sté Hasbro European Trading BV*, n° 435634).

Une seconde caractéristique de la règle jurisprudentielle est sa souplesse, dans la mesure où le juge français n'est juridiquement pas lié par l'autorité du précédent, à la différence des systèmes anglo-saxons. 65 ■

Les revirements jurisprudentiels sont donc toujours possibles, même s'ils sont généralement progressifs, le juge administratif veillant à ne pas perturber trop brutalement l'action administrative par l'application de règles nouvelles que l'administration n'avait pu prendre en compte, puisqu'elles ne résultaient pas encore de la jurisprudence, au moment de l'édiction de l'acte soumis à la censure du juge.

Fréquemment, le juge administratif se borne en outre à définir des « standards » (S. Rials, *Le juge administratif et la technique du standard*, LGDJ, 1980), qui lui laissent une grande liberté d'appréciation pour l'application de ces derniers aux cas concrets qui lui sont soumis.

Enfin, un certain hermétisme peut résulter de l'extrême concision de motivation, trop fréquemment, des décisions de la juridiction administrative, le juge ne formulant pas toujours avec précision, dans les considérants de son jugement ou de son arrêt, la règle dont il s'inspire. Il est vrai que le rôle du juge n'est que de statuer sur les moyens qui lui sont soumis, pour les accueillir ou les rejeter, et que la *juris dictio*, ou juridiction, n'est pas de même nature et ne répond pas aux mêmes objectifs que le rôle normatif du législateur. 66 ■

Il reste que cette sobriété de motivation ajoute à la latitude du juge, qui se réserve le pouvoir de faire une application nuancée de la règle en fonction des circonstances de chaque espèce, sans qu'il s'estime toujours tenu d'expliquer en quoi celles-ci diffèrent d'une espèce à l'autre et justifient une solution différente.

Source de délectation intellectuelle pour les juristes, qui pourront trouver plaisir à deviner dans un mot ou l'absence d'un mot une inflexion jurisprudentielle, cet hermétisme apparaît aujourd'hui marqué d'un certain archaïsme, à une époque où l'explication remplace progressivement l'argument d'autorité. 67 ■

Sans doute pourra-t-on objecter que le rôle de la doctrine est précisément de rendre clair ce qui ne l'est pas de prime abord. Encore faut-il que les « faiseurs de systèmes » (J. Rivero, « Apologie pour les faiseurs de systèmes », *D.* 1951. Chron. 99) ne voient pas leurs efforts de transparence et d'explication ruinés périodiquement par un empirisme du juge qui serait érigé en seule règle. En outre, un observateur attentif des pratiques et méthodes du Conseil d'État soulignait de façon insistante que « la doctrine des universitaires et des glossateurs n'entraîne ici qu'une indifférence amusée » (B. Latour, *La fabrique du droit – Une ethnographie du Conseil d'État*, éd. La Découverte, 2002, p. 80 ; l'auteur notait en p. 26 le dédain du Conseil d'État à l'égard du travail des « commentateurs du droit administratif mais qui ne le fabriquent pas et qui ajoutent donc des fondations parfois considérées comme postiches et que les membres du Conseil d'État considèrent le plus souvent comme dénuées d'intérêt »).

Pourtant, il n'est, heureusement, plus toujours vrai qu'il faudrait pouvoir, comme l'écrit le même auteur, assister, en interne, aux séances d'instruction du Conseil d'État, normalement fermées aux administrés, pour « comprendre les tenants et les aboutissants des raisonnements qui seront plus tard rédigés publiquement de la manière la plus lapidaire possible » (*ibid.*, p. 32). 68 ■

De plus en plus souvent, fort heureusement, « le souci pédagogique du Conseil se manifeste [...] par des motivations volontairement circonstanciées, comme cela a été le cas en particulier pour les arrêts et ordonnances relatifs à la mise en œuvre de la loi du 30 juin 2000 sur le référé », observait B. Genevois, qui ajoutait qu'« en matière d'interprétation de la loi, le Conseil d'État ne se contente pas d'affirmations péremptoires. Il s'efforce de plus en plus de convaincre l'administration, les justiciables et la doctrine de la pertinence des solutions qu'il adopte » (B. Genevois, « Le Conseil d'État et l'interprétation de la loi », *RFDA* 2002. 886). Il faut espérer que cette démarche s'étende *a fortiori* aux cas où le juge énonce une règle sans la rattacher au support écrit d'une loi. Le rapport sur la rédaction des décisions de la juridiction administrative rendu en avril 2012 témoigne, en tout état de cause, de l'attention croissante du juge administratif à « rendre compte le plus clairement possible à un public plus large de l'application qu'il fait d'un droit toujours plus complexe ».

§ 2 La place des principes généraux du droit parmi les autres normes jurisprudentielles

■ 69 Parmi les règles jurisprudentielles, toutes ne sont pas qualifiées de *principes généraux du droit*[Q], ni n'en ont la place spécifique au sein de la hiérarchie des normes.

Certaines règles ne s'appliquent qu'en l'absence de dispositions législatives ou même seulement réglementaires contraires. Tel est le cas des règles générales de procédure consacrées par le Conseil d'État dans le domaine de la procédure administrative contentieuse ou des règles particulières posées par la jurisprudence comme en matière de délais de retrait des actes administratifs (v. ss 445). La règle du délai de quatre mois après l'édiction de l'acte, pendant lequel l'administration peut retirer une décision individuelle illégale même si elle est créatrice de droits, n'est qu'une règle subsidiaire, qu'un acte réglementaire pourrait écarter (sous le contrôle du juge administratif).

D'autres règles ont une valeur supérieure à la loi. Il arrive en effet que le Conseil d'État énonce de sa propre initiative un principe qualifié de « principe fondamental reconnu par les lois de la République » (CE, ass., 3 juill. 1996, *Koné*), ce qui lui confère le rang d'un principe constitutionnel (v. ss 40).

Les règles jurisprudentielles peuvent donc avoir, selon le cas, une valeur infradécrétale, supradécrétale ou même supralégislative.

■ 70 Il reste que la création la plus marquante du Conseil d'État, au sein de son œuvre jurisprudentielle, reste celle des principes généraux du droit, qui complètent l'œuvre législative sans pouvoir la contredire.

■ 71 Les principes généraux du droit, dont le juge administratif sanctionne la violation par l'administration, ont pour caractéristique d'être applicables même en l'absence de texte, alors même qu'ils s'imposent dans tous les cas au pouvoir réglementaire, y compris aux règlements autonomes de l'article 37 de la Constitution.

Même si le juge administratif se défend de les créer et entend simplement se fonder sur un certain nombre de valeurs fondamentales de notre droit pour en énoncer la teneur (A) et en sanctionner les éventuelles violations par l'administration (B), le choix fait par le juge de sanctionner ou non tel ou tel principe témoigne de la force créatrice de la jurisprudence.

A. La teneur des principes généraux du droit

Dès 1945, le Conseil d'État érigeait le principe général du respect des droits de la défense, impliquant qu'une sanction disciplinaire ne puisse être prononcée sans que l'intéressé ait été mis à même de présenter sa défense, au rang des « principes généraux du droit applicables même en l'absence de texte » (CE, ass., 26 oct. 1945, *Aramu*, *Lebon* 213 ; *S*. 1946. 3. 1, concl. R. Odent). 72 ■

Le Conseil d'État a certes pu s'inspirer, pour consacrer ce principe, de la loi du 22 avril 1905, instituant la règle de la communication du dossier avant toute sanction prononcée à l'encontre d'un fonctionnaire. Il en a cependant généralisé la portée à toutes les hypothèses dans lesquelles une décision administrative a le caractère d'une sanction, celle-ci ne pouvant intervenir sans que l'administré ait été mis à même « de discuter les griefs formulés contre » lui (CE 5 mai 1944, *Dame veuve Trompier-Gravier*, *GAJA*, n° 51).

Un certain nombre de principes généraux du droit s'inspirent de la tradition libérale de la Déclaration de 1789 et consacrent notamment la liberté de conscience. La liberté du commerce et de l'industrie est également usuellement rangée parmi les « principes généraux du droit » sans que le Conseil d'État ne fasse plus aujourd'hui référence à la loi des 2-17 mars 1791 instituant cette liberté (CE 13 mai 1994, *Président de l'Assemblée territoriale de la Polynésie française*, *RD publ.* 1994. 1557, concl. F. Scanvic). Il est vrai qu'elle est parfois considérée aussi comme un volet de la liberté fondamentale d'entreprendre, elle-même implicitement consacrée par l'article 4 de la Déclaration de 1789. La liberté de la concurrence n'est, en revanche, pas (encore) un principe général du droit (v. D. Linotte, « Existe-t-il un principe général du droit de la libre concurrence ? », *AJDA* 2005. 1549), même si le Conseil d'État a pu contrôler le respect des « principes de la concurrence » (CE 12 oct. 2010, *Sté Bouygues Télécom*, n° 332393). 73 ■

Sans faire, certes, expressément référence aux principes généraux du droit, le Conseil d'État a consacré « le respect de la dignité de la personne humaine » comme « une des composantes de l'ordre public » justifiant, par exemple, l'interdiction du « lancer de nain » (CE, ass., 27 oct. 1995, *Cne de Morsang-sur-Orge*, *GAJA*, n° 91) (v. ss 532). Le respect de la personne humaine doit continuer d'être assuré même après la mort (CE, ass., 2 juill. 1993, *Milhaud*, *Lebon* 194, concl. Kessler).

Plusieurs corollaires du principe d'égalité devant la loi ont été reconnus comme constitutifs de principes généraux du droit, qu'il s'agisse de l'égalité devant le service public (CE 9 mars 1951, *Sté des Concerts du Conservatoire*, *GAJA*, n° 60), de l'égal accès aux emplois publics (CE, ass., 28 mai 1954, *Barel*, *GAJA*, n° 65), ou encore de l'égalité des citoyens devant la justice (CE, ass., 12 oct. 1979, *Rassemblement des nouveaux avocats de France*, *Lebon* 371 ; *JCP* 1980. II. 19288, concl. Franc). 74 ■

Il n'existe cependant à ce jour guère de précédents jurisprudentiels importants permettant de développer l'idée que le principe général d'égalité n'implique pas seulement l'égalité des droits mais aussi l'égalité des chances, ce qui pourrait aller jusqu'à justifier des « discriminations positives » (Rapport du Conseil d'État pour 1996, *EDCE*, n° 48, p. 13 s.).

En l'état, la conception retenue par le Conseil d'État du principe d'égalité confère à l'administration une large liberté d'initiative, puisqu'elle peut traiter différemment les administrés se trouvant dans des situations différentes, mais qu'elle n'est pas tenue de le faire. Elle peut aussi bien adopter des mesures uniformes sans égard aux différences de situation existant entre les uns et les autres. Ainsi, selon une jurisprudence à ce jour encore bien établie, « le principe d'égalité n'implique pas que des entreprises se trouvant dans des situations différentes doivent être soumises à des régimes différents » (CE, ass., 28 mars 1997, *Sté Baxter et a.*, *RFDA* 1997. 460, note F. Mélin-Soucramanien).

75 Le Conseil d'État a également consacré au rang des principes généraux du droit applicables même en l'absence de texte, celui de la non-rétroactivité des actes administratifs (CE, ass., 25 juin 1948, *Sté du journal L'Aurore*, *GAJA*, n° 56), de même que le principe selon lequel le recours pour excès de pouvoir « est ouvert même sans texte contre tout acte administratif » (CE, ass., 17 févr. 1950, *Min. de l'Agriculture c/ Dame Lamotte*, *GAJA*, n° 57), ou encore celui selon lequel « l'autorité compétente, saisie d'une demande tendant à l'abrogation d'un règlement illégal, est tenue d'y déférer » (CE, ass., 3 févr. 1989, *Compagnie Alitalia*, *GAJA*, n° 85). Il a ensuite jugé que l'autorité administrative est tenue de publier dans un délai raisonnable les règlements qu'elle édicte et cette obligation a été expressément qualifiée de principe général du droit (CE 12 déc. 2003, *Synd. des commissaires et hauts fonctionnaires de la police nationale*, *AJDA* 2004. 442, note H. M.).

76 S'inspirant de règles du Code du travail et s'attachant à en généraliser la portée aux agents de droit public qui n'y sont pas soumis, le Conseil d'État a reconnu un principe général du droit dans l'interdiction de licencier une salariée enceinte (CE, ass., 8 juin 1973, *Dame Peynet*, *Lebon* 406, concl. S. Grévisse), l'obligation de verser une rémunération au moins égale au SMIC (CE, sect., 23 avr. 1982, *Ville de Toulouse*, *Lebon* 151, concl. D. Labetoulle), « le principe général de l'indépendance des inspecteurs du travail » (CE 9 oct. 1996, *Union nationale CGT*, *Dr. adm.* 1996, n° 574) ou encore l'obligation de chercher à reclasser un salarié inapte physiquement à ses fonctions (CE 2 oct. 2002, *Chambre de commerce et d'industrie de Meurthe-et-Moselle*, *AJDA* 2002. 1294, concl. D. Piveteau et note M.-C. de Montecler).

Il s'est en revanche refusé à ériger en principe général du droit l'interdiction de recourir à des travailleurs intérimaires en cas de grève (CE, ass., 18 janv. 1980, *Synd. CFDT des Postes et Télécommunications du Haut-Rhin*, *JCP* 1980. II. 19450, note É. Zoller) ou la règle, que lui proposait son commissaire du gouvernement, selon laquelle les agents de droit public devraient bénéficier de garanties au moins équivalentes à celles résultant du Code du travail (CE, ass., 8 juin 1973, *Dame Peynet*, préc.).

Sans doute cette prudence peut-elle s'expliquer par le fait que ces principes, lorsqu'ils ont été consacrés par le juge, bénéficient d'une sorte d'intangibilité, le juge administratif n'étant jamais revenu sur l'un d'eux.

Ces diverses solutions témoignent en tout cas de la part de choix que fait la juridiction administrative en décidant de consacrer et de sanctionner ou non tel ou tel principe.

77 À partir du droit allemand et du droit européen, certains ont pensé que « le principe de confiance légitime » pourrait ou devrait être érigé en principe général du droit (TA Strasbourg, 8 déc. 1994, *AJDA* 1995. 555, concl. Pommier : « par la modification soudaine de la réglementation, entraînant sans aucune transition le passage d'un régime de liberté à celui d'une totale interdiction, l'administration a méconnu à

l'égard du requérant le principe de confiance légitime »). Le Conseil d'État n'examine cependant, quant à lui, un moyen tiré de la méconnaissance du principe de confiance légitime que pour les situations régies par le droit de l'Union européenne (CE 9 mai 2001, *Entreprise personnelle de transports Freymuth*, *Dr. adm.* 2001, n° 171). Se référant alors explicitement à la jurisprudence de la Cour de justice, il vérifie, à cette occasion, que « des assurances précises, inconditionnelles et concordantes, émanant de sources autorisées et fiables » ont été fournies à l'administré par une autorité compétente (CE 25 mars 2021, *Fédération française de rugby*, n° 438050).

S'il se refuse toujours à reconnaître, en droit interne, le principe de confiance légitime (par ex. CE 7 juill. 2006, *Sté Poweo*, *AJDA* 2006. 1416, note E. Royer), le Conseil d'État a consacré en 2006 un nouveau principe qui en est très proche : la sécurité juridique. Saisi de la légalité d'un décret approuvant un nouveau Code de déontologie de la profession de commissaire aux comptes, le Conseil a, tout d'abord, rappelé qu'une disposition législative ou réglementaire nouvelle ne peut s'appliquer à des situations contractuelles en cours à sa date d'entrée en vigueur, sans revêtir par là même un caractère rétroactif ; il s'agit là d'un principe traditionnel : un décret qui, sans y avoir été habilité par la loi, est d'application immédiate aux situations contractuelles en cours, est entaché d'une rétroactivité illégale (CE 7 déc. 1973, *Sieurs Le Couteur et Sloan*, *Lebon* 705). La rétroactivité du décret ayant été prévue par la loi, ce n'est pas sur ce fondement qu'il est censuré, mais sur l'absence de dispositions transitoires, qui viole le principe de sécurité juridique. Le Conseil d'État estime en effet « qu'il incombe à l'autorité investie du pouvoir réglementaire d'édicter, pour des motifs de sécurité juridique, les mesures transitoires qu'implique, s'il y a lieu, une réglementation nouvelle ; qu'il en va ainsi en particulier lorsque les règles nouvelles sont susceptibles de porter une atteinte excessive à des situations contractuelles en cours qui ont été légalement nouées » (CE, ass., 24 mars 2006, *Sté KPMG et a.*, *Lebon* 154 ; *JCP Adm.* 2006, n° 1120, note J.-M. Belorgey ; *RFDA* 2006. 463, concl. Y. Aguila : *ibid.* 483, note F. Moderne ; *AJDA* 2006. 1028, chron. C. Landais et F. Lenica ; *D.* 2006. 1190, chron. P. Cassia). Les situations contractuelles ne sont au demeurant pas les seules concernées : le Conseil d'État a ainsi pu annuler un décret modifiant profondément les épreuves d'un concours administratif, en estimant que ce bouleversement, parce qu'il s'appliquait immédiatement, sans laisser un délai suffisant de préparation aux candidats, était contraire au principe de sécurité juridique (CE 25 juin 2007, *Synd. CFDT min. Affaires étrangères*, *JCP Adm.* 2007. Actu. 650). 78

Des principes généraux du droit peuvent être identifiés dans des domaines très spécifiques. Ainsi, le Conseil d'État a pu consacrer un principe général du droit selon lequel la responsabilité, en droit des installations classées, obéit aux règles de la prescription trentenaire (CE, ass., 8 juill. 2005, *Sté Alusuisse-Lonza-France*, *JCP Adm.* 2006, n° 1014, note D. Kokoroko). 79

B. La place des principes généraux du droit dans la hiérarchie des normes

La distinction faite par la Constitution de 1958 entre le domaine législatif et le domaine réglementaire, dans lequel la loi ne peut intervenir, a conduit à poser la 80 question de la place des principes généraux du droit dans la hiérarchie des normes. En effet, puisque les principes généraux du droit s'inspirent fréquemment de dispositions législatives, dont ils généralisent la portée, certains ont pu s'interroger, après 1958, sur le point de savoir si les règlements autonomes de l'article 37 de la Constitution devaient encore y être soumis.

Le Conseil d'État a répondu très clairement à cette question dès un arrêt du 26 juin 1959 *Synd. général des ingénieurs-conseils* (*GAJA*, n° 71). Il a en effet précisé que « les principes généraux du droit [...], résultant notamment du préambule de la Constitution, s'imposent à toute autorité réglementaire même en l'absence de dispositions législatives ».

■ 81 Une controverse est alors apparue sur la valeur juridique des principes généraux du droit, certains auteurs, encouragés par cette formulation du Conseil d'État, y voyant des normes de rang constitutionnel.

M. Chapus a alors rappelé que le juge administratif est serviteur de la loi et censeur des décrets, et que le rang des normes qu'il édicte devrait donc se situer à un niveau intermédiaire entre celui du législateur et celui du pouvoir réglementaire ; les principes généraux du droit ne pourraient donc avoir que valeur infralégislative et supradécrétale (R. Chapus, « De la valeur juridique des principes généraux du droit et des autres règles jurisprudentielles du droit administratif », *D.* 1966. Chron. 99).

■ 82 Cette analyse doit être nuancée à la suite de l'arrêt précité du 3 juillet 1996 *Koné* (*GAJA*, n° 92) (v. ss 26). En effet, alors que le commissaire du gouvernement proposait au Conseil d'ériger en principe général du droit la règle selon laquelle « l'État doit refuser l'extradition d'un étranger lorsqu'elle est demandée dans un but politique », le Conseil d'État a cru pouvoir y reconnaître lui-même, alors que le Conseil constitutionnel n'avait pas eu l'occasion encore de se prononcer sur ce point, un « principe fondamental reconnu par les lois de la République », c'est-à-dire un principe constitutionnel susceptible de prévaloir sur une norme internationale.

■ 83 Dans les matières où il s'applique, c'est-à-dire pour les situations régies par le droit communautaire, le principe de confiance légitime a valeur de principe général du droit communautaire, qui le place donc tant au-dessus de la loi que du règlement dans la hiérarchie des normes.

section 4

La loi et le règlement

■ 84 Le Conseil constitutionnel a consacré l'existence d'un « objectif de valeur constitutionnelle d'accessibilité et d'intelligibilité de la loi » (Décis. du 16 déc. 1999, n° 99-421 DC). Pourtant, l'inflation législative et réglementaire relève d'une pathologie si souvent dénoncée, à laquelle il est certes tenté d'apporter des remèdes, mais souvent à grand renfort encore de nouveaux textes, présentés comme étant de simplification du droit, qu'il s'agit sans doute d'un état endémique.

« La surproduction normative, l'inflation des prescriptions et des règles » ont été critiquées surtout en ce qu'elles s'accompagnent d'une « dégradation » de la qualité des normes ; le Conseil d'État a notamment déploré « le développement des textes d'affichage », dont le contenu est parfois « réduit à une simple formulation d'objectifs », de même que d'une législation « par petits bouts, par petites touches, sous la pression de l'urgence ou des médias » ; or, observe-t-il, « qui dit inflation dit dévalorisation : quand le droit bavarde, le citoyen ne lui prête plus qu'une oreille distraite » (*EDCE* 1991, n° 43, p. 15 s.). La circulaire du 6 juin 1997 du Premier ministre constatait que « la durée de vie des textes est en constant raccourcissement parce que, préparés et débattus avec une hâte excessive, les imperfections qu'ils contiennent imposent des rectifications ». Elle relevait les « dérives » que constituent les « ambiguïtés volontaires engendrées par une pratique mal maîtrisée de la concertation » ; les dispositions sans contenu normatif qui ne devraient avoir leur place que dans les exposés des motifs ; le « recours à un langage codé connu des seuls initiés donnant à l'administration et à quelques spécialistes un monopole d'interprétation », etc.

Le gouvernement s'est souvent soucié d'améliorer la préparation des textes réglementaires et des projets de loi notamment par des circulaires du Premier ministre du 2 janvier 1993 et du 30 janvier 1997 relatives aux règles d'élaboration, de signature et de publication des textes au *Journal officiel*, ainsi que du 6 juin 1997 « relative à l'organisation du travail gouvernemental », et encore du 26 août 2003 « relative à la maîtrise de l'inflation normative et à l'amélioration de la qualité de la réglementation ». Dans le même souci, un groupe de travail sur la qualité de la réglementation présidé par B. Lasserre, conseiller d'État, a remis un nouveau rapport au Premier ministre en 2004. L'ordonnance du 20 février 2004 relative aux modalités et effets de la publication des lois et de certains actes administratifs s'inspire, dans un objectif de simplification et d'adaptation aux nouvelles technologies, d'une étude adoptée par le Conseil d'État en septembre 2001. De façon complémentaire, une circulaire du 19 janvier 2006, sous la signature du directeur de cabinet du Premier ministre, rappelle aux ministres l'importance du respect, lors de l'élaboration des projets de loi et de décrets, de la répartition des compétences législative et réglementaire résultant de la combinaison des articles 34 et 37 de la Constitution ; elle a été complétée par une circulaire du 7 juillet 2011, relative à la qualité du droit. 85 ■

L'un des travers fréquents du recours désordonné à la loi est le nombre de dispositions sans véritable valeur normative, ce qui est dorénavant censuré par le Conseil constitutionnel (Cons. const. 21 avr. 2005, *Loi « Avenir de l'école »*, *JCP* 2005. 879, note B. Mathieu, *RFDA* 2005. 922, note G. Glénard, *GDCC*, n° 26). Il a été jugé aussi que les orientations et les objectifs présentés dans un rapport annexé à une loi ne sont pas revêtus de la valeur normative qui s'attache aux dispositions de la loi elle-même ; ainsi, les mentions du rapport annexé à la loi du 10 juillet 1989 d'orientation sur l'éducation ne peuvent être regardées comme conférant un fondement légal à des dispositions réglementaires ultérieures (CE, ass., 5 mars 1999, *Confédération nationale des groupes autonomes de l'enseignement public*, *AJDA* 1999. 462). Selon une logique proche, il a été jugé qu'il ne peut être utilement soutenu devant le Conseil d'État qu'un décret méconnaîtrait les orientations et les objectifs présentés par le rapport accompagnant la loi de financement de la Sécurité sociale (CE, ass., 5 mars 1999, *M. Rouquette et Mme Lipietz et a.*, *ADJA* 1999. 463, chron. Raynaud ; *ibid.* 420, chron. Fombeur). L'exigence d'intelligibilité ne va cependant pas jusqu'à entraîner l'annulation de dispositions non normatives insérées dans un acte réglementaire, le 86 ■

Conseil d'État estimant seulement que les mentions d'un acte administratif dénuées de caractère normatif ne font pas grief (CE, sect., 1er févr. 2006, *Sandras et Cne de Papara*, *RFDA* 2006. 271, concl. Stahl).

■ 87 Dans le souci de rendre les textes plus accessibles et intelligibles, un important travail de codification « à droit constant » a été engagé. Le rôle de la Commission supérieure de codification, instituée par décret en 1989 et placée auprès du Premier ministre, est moins de réformer le droit, ce que pourrait impliquer l'idée millénaire de « codification » (B. Oppetit, *Essai sur la codification*, PUF, 1998), que d'en simplifier la présentation, « à droit constant », c'est-à-dire sans autre modification que celle nécessaire pour assurer le respect de la hiérarchie des normes et la cohérence rédactionnelle. Ses missions n'en ont pas moins été ambitieuses : « mettre de l'ordre dans notre droit ; faciliter l'accès aux lois qu'en principe nul n'est censé ignorer ; renforcer la sécurité juridique qui est elle-même l'un des piliers de l'État de droit ; consolider enfin, par le "droit au droit" la citoyenneté et la démocratie » (G. Braibant, « Actualité de la codification », *AJDA* 1997. 639).

C'est à propos de la loi du 16 décembre 1999 habilitant le gouvernement à promulguer par ordonnance les parties législatives de plusieurs codes que le Conseil constitutionnel a énoncé, par une décision du même jour, que la finalité d'un tel texte « répond à l'objectif de valeur constitutionnelle d'accessibilité et d'intelligibilité de la loi » (Décis. n° 99-421 DC, *RFDA* 2000. 500).

■ 88 Les codes adoptés depuis 1958 comportent généralement d'abord une partie législative (dont les articles sont précédés de la lettre L) puis une partie réglementaire. Dans certains codes, celle-ci est subdivisée en plusieurs parties, dont les articles sont précédés de la lettre R pour ceux qui émanent de décrets en Conseil d'État, de la lettre D pour ceux qui émanent de décrets simples et parfois de la lettre A pour ceux qui émanent d'arrêtés ministériels.

La composition même de ces codes reflète la répartition des matières entre les domaines respectifs de la loi et du règlement (§1) et traduit la hiérarchie qui existe entre ces différentes catégories de normes (§2).

§ 1 Les domaines de la loi et du règlement

■ 89 Dans une conception de la loi qui a prévalu jusqu'après le milieu du XXe siècle, la loi, « expression de la volonté générale » parce qu'elle est l'œuvre du Parlement composé des représentants du peuple français, était souveraine et susceptible d'intervenir dans tous les domaines.

La pratique des décrets-lois sous la IIIe République et sous la IVe République témoignait cependant d'une certaine impuissance du Parlement, du fait de l'instabilité des majorités parlementaires, à faire face à toute l'ampleur de sa mission.

Préférant déléguer au gouvernement ce qu'il ne pouvait faire lui-même, le Parlement se résignait finalement à n'intervenir plus, de fait, que dans certaines matières.

Si la Constitution de la IVe République avait tenté de rétablir dans sa plénitude le rôle du Parlement, en précisant à l'article 13 que « l'Assemblée nationale vote seule la loi ; elle ne peut déléguer ce droit », il était apparu bientôt que la pratique de la IVe République n'était pas davantage respectueuse que ne l'avait été celle de la

IIIe République de ce principe, qui devenait largement une fiction. Faute de pouvoir mettre le fait en harmonie avec le droit, les constituants ont donc préféré mettre le droit en harmonie avec le fait.

La Constitution du 4 octobre 1958 définit donc de façon limitative le domaine de la loi, à l'article 34, et précise à l'article 37 que les matières autres que celles qui sont du domaine de la loi ont un caractère réglementaire. 90 ■

A. Les matières réservées à la loi

L'article 34 distingue, d'une part, les matières dont la loi « fixe les règles » et, d'autre part, celles dont la loi « détermine les principes fondamentaux », sans que la jurisprudence du Conseil constitutionnel permette d'ailleurs d'attacher une portée véritablement précise à cette distinction. 91 ■

Les premières concernent notamment les « garanties fondamentales accordées aux citoyens pour l'exercice des libertés publiques », « la détermination des crimes et délits », « l'assiette, le taux et les modalités de recouvrement des impositions de toutes natures », « la création des catégories d'établissements publics », « les garanties fondamentales accordées aux fonctionnaires civils et militaires de l'État », « les nationalisations d'entreprises et les transferts de propriété d'entreprises du secteur public au secteur privé ».

Les matières dont la loi « détermine les principes fondamentaux » sont celles, notamment, de « l'organisation générale de la défense nationale », de « la libre administration des collectivités territoriales » (le mot « territoriales » ayant remplacé le mot « locales » depuis la L. const. du 28 mars 2003, dans un souci d'homogénéité avec la rédaction de l'art. 72 de la Const.), de « l'enseignement », du « régime de la propriété », du « droit du travail » et de « la Sécurité sociale ».

En toutes ces matières, y compris lorsque la loi « fixe les règles », il reste place, de façon au moins résiduelle, à l'intervention du règlement pour préciser les modalités d'application des lois.

S'agissant des libertés, la Déclaration de 1789 énonce en particulier à l'article 4 que les bornes de la liberté « ne peuvent être déterminées que par la loi », ce qui ne signifie d'ailleurs nullement que la loi ait elle-même tous les droits et puisse restreindre les libertés jusqu'à les dénaturer. 92 ■

Si une loi est nécessaire pour apporter des limites aux libertés consacrées notamment par la Déclaration de 1789, liberté individuelle, liberté d'opinion, liberté d'expression et liberté de la presse, ainsi qu'au droit de propriété, qualifié par les révolutionnaires de 1789 de « droit inviolable et sacré », dont « nul ne peut être privé » si ce n'est à certaines conditions définies par la loi, la loi elle-même ne peut apporter à ces droits et libertés des restrictions qui seraient considérées comme abusives par le Conseil constitutionnel.

Il résulte en tout cas de cette énumération que, même si le domaine de la loi n'est plus défini que de façon limitative, toutes les matières essentielles du point de vue des libertés sont bien réservées à l'intervention de la loi, ce qui n'interdit d'ailleurs pas, après comme avant 1958, certaines interventions du pouvoir réglementaire. 93 ■

B. Le domaine du règlement

94 Même si, pour une large part, les articles 34 et 37 de la Constitution sont le produit des pratiques de la IIIe et de la IVe République et d'une volonté de leur donner une légitimité constitutionnelle, l'architecture des nouveaux textes va au-delà en ce qu'elle confère au pouvoir réglementaire une compétence de principe, pour tout ce qui ne relève pas expressément du domaine de la loi.

Jamais, jusqu'alors, le Parlement n'avait conféré de compétence de principe au gouvernement, même s'il était allé jusqu'à lui donner, par une loi du 17 août 1948, une délégation permanente pour modifier par décret les lois en certaines matières qualifiées de réglementaires « par leur nature ».

La proposition est dorénavant inversée : tandis que le domaine de la loi est défini de façon limitative, le pouvoir réglementaire recouvre toutes les matières qui ne sont pas expressément réservées à la loi.

L'ampleur de ce bouleversement conceptuel s'accompagne de la mise en place, dans la Constitution de 1958, d'un ensemble de procédures précisément destinées, pour l'essentiel, à empêcher le législateur de déborder hors du domaine qui lui est assigné.

C. Les sanctions de la délimitation

95 Le gouvernement peut opposer l'irrecevabilité à toute proposition de loi ou tout amendement d'origine parlementaire dont il estime qu'ils empiètent sur le domaine réglementaire ; en cas de désaccord avec le président de l'Assemblée intéressée, le Conseil constitutionnel pourra être saisi et tranchera souverainement (Const., art. 41).

L'expérience démontre que les présidents des Assemblées parlementaires ont suffisamment bien pris la mesure du nouveau partage entre le domaine de la loi et celui du règlement pour que la saisine du Conseil constitutionnel n'apparaisse plus nécessaire dans la pratique. Le Conseil constitutionnel n'a rendu que onze décisions sur des fins de non-recevoir au titre de l'article 41 et n'a plus été saisi sur ce fondement depuis 1979.

96 Si le gouvernement a laissé voter un texte dont il estime ultérieurement qu'il empiète sur le domaine réglementaire, il pourra encore saisir le Conseil constitutionnel pour lui faire constater que ce texte de forme législative a en réalité un caractère réglementaire de par son objet. Après la saisine du Conseil constitutionnel, et si celui-ci constate effectivement la nature en réalité réglementaire du texte, celui-ci pourra alors être ultérieurement modifié par décret après avis du Conseil d'État (Const., art. 37 ; v. par ex. Décis. du Cons. const. du 21 janv. 1997 déclarant que certaines dispositions de la L. du 6 févr. 1992 ont un caractère réglementaire, et Décr. du 9 mai 1997 modifiant ces dispositions ; v. ss 226).

Si le gouvernement laisse le Parlement adopter des dispositions législatives en matière réglementaire, celles-ci ne sont pas pour autant entachées d'inconstitutionnalité (Cons. const. 30 juill. 1982, *RD publ.* 1983. 350, note L. Favoreu, *GDCC*, n° 17 ; Cons. const. 8 juin 1995, *AJDA* 1995. 519, note O. Schrameck). Ces dispositions pourront simplement être « délégalisées » selon la procédure indiquée ci-dessus.

97 La saisine du Conseil constitutionnel n'est pas nécessaire pour les lois antérieures à 1958 et qui ont statué sur des matières actuellement réglementaires. Elles peuvent être modifiées par décret après simple avis du Conseil d'État (Const., art. 37).

Inversement, il n'existe pas de procédure constitutionnelle spécifiquement conçue pour protéger le domaine législatif contre d'éventuelles intrusions du gouvernement. Cependant, un règlement, comme tout acte administratif, peut être déféré à la juridiction administrative, qui a le pouvoir de l'annuler pour incompétence, si celui-ci a statué en matière législative. 98 ■

§ 2 La hiérarchie des lois et des règlements

S'il existe différentes catégories de lois (A), la loi a toujours, après promulgation, un caractère incontestable, sous réserve du contrôle de conventionnalité qui ne conduit pas, cependant, à annuler la loi, mais seulement à l'écarter le cas échéant (B). Tel n'est pas le cas des règlements, qu'il s'agisse de règlements autonomes ou de règlements d'application des lois (C), ou encore de règlements pris dans le cadre du pouvoir réglementaire général ou de pouvoirs réglementaires spécialisés (D). 99 ■

A. Les différentes catégories de lois

Outre les lois ordinaires, les plus nombreuses, des lois organiques sont prévues par la Constitution en vue de la détermination des modalités d'application de certaines dispositions constitutionnelles. Ces lois organiques ont une autorité supérieure à celles des lois ordinaires, en vertu même de la Constitution. Elles sont par ailleurs systématiquement soumises au contrôle du Conseil constitutionnel avant promulgation (Const., art. 46). Pour autant, le Conseil d'État se refuse à opérer un contrôle des lois ordinaires par rapport aux lois organiques (CE 25 juill. 2008, *Fédération nationale de l'aviation marchande*, n° 290726). 100 ■

Les lois référendaires, c'est-à-dire adoptées par le peuple se prononçant par référendum, peuvent avoir, selon leur contenu, aussi bien le caractère de lois ordinaires que celui de lois organiques. En revanche, elles échappent dans tous les cas au contrôle du Conseil constitutionnel, dans la mesure où elles sont considérées par celui-ci comme « l'expression directe de la souveraineté nationale ». 101 ■

B. Le caractère contestable de la loi promulguée

Si la loi peut être soumise à l'examen du Conseil constitutionnel avant promulgation, elle est, après promulgation, longtemps restée un acte incontestable. Elle ne pouvait faire l'objet d'un contrôle incident par le Conseil constitutionnel que dans des cas très limités, c'est-à-dire à l'occasion seulement de l'examen d'une loi nouvellement votée par le Parlement et modifiant la portée ou le champ territorial de la loi déjà promulguée. Dans cette hypothèse cependant, le juge ordinaire pouvait tirer les conséquences de la constatation de l'inconstitutionnalité d'une loi promulguée, en écartant son application (Douai 30 mars 2000, *RFDA* 2005. 1049, ét. J. Boudet). 102 ■

Le caractère traditionnellement incontestable de la loi promulguée limitait l'efficacité du contrôle de légalité mis en œuvre par le juge administratif. L'éventuelle inconstitutionnalité d'un acte administratif ne peut être efficacement invoquée devant le juge administratif, si l'acte administratif tire ce vice d'inconstitutionnalité 103 ■

supposée directement de la loi dont il réitère les dispositions, puisque le Conseil d'État ne peut opérer lui-même un contrôle de la conformité de la loi à la Constitution en vertu de la théorie de « l'écran législatif » (v. ss 43).

■ 104 Ces limites du contrôle de légalité sont désormais surmontées, le principe historique de l'incontestabilité de la loi promulguée étant aujourd'hui abandonné. D'une part, le caractère incontestable de la loi est tempéré par le principe de la primauté des traités internationaux dont on a déjà indiqué qu'il pouvait conduire à écarter une loi contraire même postérieure à un traité (v. ss 53 s.). Il s'agit là d'une situation de plus en plus fréquente, dans laquelle le juge peut être conduit à censurer un acte administratif qui, quoique conforme à la loi, méconnaît par exemple une norme du droit communautaire ou une stipulation de la Convention européenne des droits de l'homme. Dorénavant, la loi ne couvre plus alors de son autorité l'acte administratif, dont la régularité sera appréciée directement par rapport à ces normes du droit international. La loi peut même induire en erreur l'administration qui aurait pris soin de conformer son action aux dispositions de la loi, dans une hypothèse où celle-ci n'a pas transposé correctement telle norme du droit communautaire ou ne répond pas pleinement aux exigences de la Convention européenne des droits de l'homme. La loi reste certes incontestable après promulgation en ce qu'elle ne peut être directement censurée ou annulée par un juge, mais elle peut devenir « transparente » en ce que le juge l'écarte, en certains cas, ou elle peut n'être qu'un support friable pour l'administration qui tenterait de s'y adosser.

■ 105 D'autre part, l'instauration de la procédure de la question prioritaire de constitutionnalité par la révision constitutionnelle du 23 juillet 2008 a définitivement mis fin à l'incontestabilité de la loi promulguée (v. ss 42).

C. Les règlements autonomes et les règlements d'application des lois

■ 106 Lorsqu'un règlement statue, conformément à l'article 37, dans une matière exclusivement réglementaire, il n'existe pas, par définition même, de « lois » (c'est-à-dire d'actes législatifs non seulement par leur forme mais aussi par leur objet) régissant la matière. La question de la conformité à la loi des règlements dits « autonomes » ne saurait donc se poser.

Toutefois, même ces règlements autonomes restent des actes administratifs, susceptibles comme tels d'un recours devant le juge administratif, qui pourra vérifier notamment leur conformité à la Constitution et aux normes internationales.

■ 107 En revanche, le règlement demeure subordonné à la loi chaque fois qu'il intervient pour compléter ou préciser celle-ci, que ce soit dans les matières où celle-ci ne fait que « déterminer les principes fondamentaux » ou dans les matières dont la loi « fixe les règles ». Il est en effet fréquent qu'une loi renvoie expressément à des décrets d'application, l'entrée en vigueur de la loi étant susceptible d'être subordonnée à la publication de ces règlements. En outre, même si la loi ne l'a pas explicitement prévu, la mission d'« assurer l'exécution des lois », que l'article 21 de la Constitution confère au Premier ministre, l'habilite à prendre de sa propre initiative toutes dispositions réglementaires que peut exiger l'application d'une loi.

L'éventuelle non-conformité du règlement à la loi pourra, dans toutes ces hypothèses, être sanctionnée par le juge administratif.

Le pouvoir réglementaire ne devrait pas, même si cela arrive encore trop fréquemment, pouvoir paralyser l'entrée en vigueur d'une loi faute de prendre les décrets d'application nécessaires. Ainsi que l'énonce le Conseil d'État, « l'exercice du pouvoir réglementaire comporte non seulement le droit, mais aussi l'obligation de prendre dans un délai raisonnable les mesures qu'implique nécessairement l'application de la loi, hors le cas où le respect des engagements internationaux de la France y ferait obstacle » (CE 28 juill. 2000, *Assoc. France nature environnement*, *Lebon* 322 ; *LPA* 2000, n° 230, p. 14, note A. Laquièze). Une jurisprudence abondante est relative à la responsabilité de l'État du fait de l'inertie du pouvoir réglementaire, dont l'abstention se prolonge au-delà d'un délai raisonnable. En outre, la décision implicite de rejet née du silence de l'administration sur une demande tendant à ce que soient pris les décrets d'application d'une loi peut être annulée. Depuis que la loi du 8 février 1995 a donné un pouvoir d'injonction au juge administratif pour assurer l'exécution de la chose jugée, celui-ci peut, à cette occasion, faire injonction, éventuellement sous astreinte, de prendre les mesures réglementaires d'application en question (CE 28 juill. 2000, *Assoc. France nature environnement*, préc.). Le retard persistant dans l'édiction de normes d'application des lois a amené le Premier ministre à demander aux ministres, par une circulaire du 29 février 2008, de désigner, au sein de chaque ministère, une structure chargée de la coordination du travail d'application des lois. **108**

La loi prévoit parfois que certains décrets doivent intervenir en Conseil des ministres. Le président de la République doit alors signer ces décrets, de même qu'il signe tous les actes délibérés en Conseil des ministres. Il participe donc, par là, à l'exercice du pouvoir réglementaire. **109**

De nombreux décrets doivent être pris « en Conseil d'État », c'est-à-dire après avis du Conseil d'État, dont le rôle est notamment de veiller à la bonne qualité de rédaction des textes et à leur cohérence juridique (v. ss 677). Si la loi prévoit que les règlements doivent être pris par décret en Conseil d'État, l'éventuel défaut de consultation du Conseil d'État entacherait d'incompétence le décret simple intervenu en méconnaissance des dispositions de la loi (v. ss 680). Il a été jugé que le gouvernement doit abroger, éventuellement sous astreinte, un décret illégal pour n'avoir pas été pris en Conseil d'État contrairement à ce qu'exigeait la loi (CE 21 févr. 1997, *Calbo*, *JCP* 1997. II. 22866, note M. Lascombe). **110**

D. Le pouvoir réglementaire général et les pouvoirs réglementaires spécialisés

Le pouvoir réglementaire général est celui conféré par la Constitution au Premier ministre tant au titre de l'article 21 que de l'article 37 de la Constitution. **111**

En dehors même de toute délégation législative et des domaines ouverts au pouvoir réglementaire autonome par l'article 37 de la Constitution, relève en outre du pouvoir réglementaire général le pouvoir dont dispose le chef de l'exécutif de prendre des règlements de police à l'échelon national, en vertu de la fameuse jurisprudence *Labonne* (CE 8 août 1919, *GAJA*, n° 34). Le Conseil constitutionnel a en effet précisé que « l'article 34 de la Constitution n'a pas retiré au chef du gouvernement les attributions de police générale qu'il exerçait antérieurement en vertu de ses pouvoirs propres et en dehors de toute habilitation législative » (Cons. const. 20 févr. 1987, n° 87-149 DC, *Rec. Cons. const.* 22).

112 À la différence du Premier ministre, les ministres n'ont pas, en principe, de pouvoir réglementaire, sauf, d'une part, lorsqu'un texte spécifique le leur attribue, et, d'autre part, lorsqu'ils statuent en tant que chefs de service, pour l'organisation des administrations placées sous leur autorité (v. ss 223).

113 La loi peut, de même, donner expressément compétence réglementaire dans une matière spécialisée à des autorités administratives indépendantes, tels le CSA, l'ARCEP ou la CRE (v. ss 240). Ces autorités peuvent fixer les règles permettant la mise en œuvre d'une loi à condition que « cette habilitation ne concerne que des mesures de portée limitée tant par leur champ d'application que par leur contenu » (Cons. const. 17 janv. 1989, n° 88-248 DC, à propos du CSA, *GDCC*, n° 8 ; Cons. const. 23 juill. 1996, à propos de l'ART).

114 L'article 72 de la Constitution précise, dans sa rédaction issue de la loi constitutionnelle du 28 mars 2003, que les collectivités territoriales « disposent d'un pouvoir réglementaire pour l'exercice de leurs compétences », dans les conditions prévues par la loi. L'apport de cet ajout n'est pas encore totalement clair, car, d'ores et déjà, les assemblées délibérantes des collectivités territoriales fixent les règles d'organisation des services publics locaux et les autorités exécutives prennent les mesures réglementaires d'exécution des délibérations des assemblées des collectivités territoriales.

Les maires disposent en outre d'un pouvoir de police particulièrement important, en tant qu'ils sont responsables du maintien de l'ordre public, au sens large, dans leur commune (v. ss 588). Le pouvoir de police du président du conseil départemental est plus limité (v. ss 587).

section 5

Les ordonnances

115 Certains actes de l'exécutif peuvent exceptionnellement intervenir en matière législative, en vertu d'une habilitation spécifique ou dans des circonstances tout à fait particulières. Il existe différentes catégories d'ordonnances (§1), même si les plus nombreuses d'entre elles sont de nos jours celles prises, dans le cadre défini à l'article 38 de la Constitution, à la suite d'une loi d'habilitation. Au contrôle du Conseil constitutionnel sur la loi d'habilitation (§2) s'ajoute alors le contrôle du juge administratif et désormais du juge constitutionnel sur les ordonnances (§3).

§ 1 Les différentes catégories d'ordonnances

116 Il convient de rappeler le rôle important qu'ont pu jouer les ordonnances prises en vertu de l'article 92 de la Constitution, dans le cadre de la transition entre la IVe et la Ve République. Environ trois cents ordonnances avaient été prises à ce titre.

Certaines ordonnances peuvent être prises également au titre de l'article 16 de la Constitution. Ce régime a été mis en œuvre entre le 23 avril et le 29 septembre 1961 et il faut espérer qu'il ne présente plus qu'un intérêt historique, compte tenu du caractère très particulier des conditions qui doivent être remplies pour sa mise en œuvre (menaces graves et immédiates pesant sur les institutions de la République ou l'indépendance de la nation ; interruption du fonctionnement régulier des pouvoirs publics constitutionnels). Les décisions prises par le président de la République en cas d'application de l'article 16 peuvent intervenir dans le domaine législatif et sont alors insusceptibles de tout recours. Celles qui interviennent en matière réglementaire sont, à l'inverse, soumises au contrôle du juge administratif (CE, ass., 19 oct. 1962, *Canal*, *GAJA*, n° 76). 117 ■

L'article 38 de la Constitution présente un intérêt toujours actuel, dans la mesure où le gouvernement use fréquemment de la possibilité que lui donne cet article de demander au Parlement, pour l'exécution de son programme, l'autorisation de prendre, pendant un délai limité, des mesures qui relèvent normalement du domaine de la loi. On assiste même, ces dernières années à un « emballement » (P. Delvolvé, « L'été des ordonnances », *RFDA* 2005. 909) du recours aux ordonnances. Dépassant leur domaine traditionnel, lié aux questions techniques ou à la transposition du droit de l'Union, les ordonnances tendent à apparaître comme un mode normal de législation, en temps ordinaire, comme, *a fortiori*, en temps de crise comme le montre le recours généralisé aux ordonnances pour faire face à l'épidémie de Covid-19. 118 ■

§ 2 Le contrôle du Conseil constitutionnel sur les lois d'habilitation

La rédaction même de l'article 38 de la Constitution, par la référence qui y est faite au « programme » qu'entend exécuter le gouvernement, conduit le Conseil constitutionnel à rappeler régulièrement l'obligation faite au gouvernement d'indiquer avec précision au Parlement, afin de justifier la demande qu'il présente, « la finalité des mesures qu'il se propose de prendre par voie d'ordonnances ainsi que leur domaine d'intervention ». Le Conseil constitutionnel vérifie, s'il est saisi, que ces domaines d'intervention sont définis par la loi d'habilitation « avec une précision suffisante » (v. par ex. Cons. const. 30 déc. 1995, n° 95-370 DC, à propos de la loi autorisant le gouvernement, par application de l'art. 38 de la Const., à réformer la protection sociale, *JCP* 1996. II. 22602). Le Conseil constitutionnel rappelle cependant avec une égale constance que l'article 38 n'impose pas au gouvernement de faire connaître au Parlement la teneur des ordonnances qu'il prendra en vertu de cette habilitation (Cons. const. 25 juin 1986, n° 86-207 DC ; Cons. const. 26 juin 2003, n° 2003-473 DC). 119 ■

La référence effectuée au programme du gouvernement ne signifie pas pour autant que l'habilitation cesse en cas de changement de gouvernement : le nouveau gouvernement reste compétent jusqu'à expiration du délai d'habilitation, à moins que la loi d'habilitation n'en ait disposé autrement (CE, sect., 5 mai 2006, *Schmitt*, *RFDA* 2006. 686, concl. R. Keller).

L'urgence est au nombre des justifications que le gouvernement peut invoquer pour recourir à l'article 38 de la Constitution (Cons. const. 16 déc. 1999, n° 99-421 DC). La 120 ■

loi du 3 juillet 2003 « habilitant le gouvernement à simplifier le droit » fournit un bon exemple du contrôle opéré par le Conseil constitutionnel à ce stade. Celui-ci admet d'abord « qu'en l'espèce, l'encombrement de l'ordre du jour parlementaire fait obstacle à la réalisation, dans des délais raisonnables, du programme du gouvernement tendant à simplifier le droit et à poursuivre sa codification » ; il souligne que « cette double finalité répond à l'objectif de valeur constitutionnelle d'accessibilité et d'intelligibilité de la loi » ; mais il opère aussi un contrôle, article par article, de la finalité et de l'objet des différentes dispositions de la loi d'habilitation, qui le conduisent d'ailleurs à émettre certaines réserves d'interprétation sur des dispositions relatives notamment à de nouvelles formes de contrat de partenariat public-privé (v. ss 489) (Décis. n° 2003-473 du 26 juin 2003, préc.).

■ 121 La loi fixe également le délai dans lequel les ordonnances peuvent intervenir ; à l'expiration de ce délai, l'autorité réglementaire ne peut plus modifier les ordonnances déjà publiées, ni les abroger, quand bien même elles auraient outrepassé la compétence dévolue par le législateur (CE, ass., 11 déc. 2006, *CNOM*, *AJDA* 2007. 133, chron. C. Landais et F. Lenica).

La loi d'habilitation doit également fixer le délai avant l'expiration duquel devra être déposé un projet de loi de ratification des ordonnances. Celles-ci restent en vigueur même après l'expiration du premier délai, mais à condition que le gouvernement ait déposé un projet de loi de ratification avant l'expiration du second délai.

La ratification elle-même peut ne pas intervenir dans ce délai, faute pour le projet de loi de ratification d'être inscrit à l'ordre du jour des assemblées parlementaires. En pratique, cette solution conduit à une pratique de la ratification qui reste déficiente, celle-ci restant inférieure à 50 % sur la période 2016-2019.

§ 3 Le contrôle du Conseil d'État et du Conseil constitutionnel sur les ordonnances

■ 122 Marqué par sa stabilité historique, le contrôle du Conseil d'État sur les ordonnances a évolué en profondeur sous l'effet de la propre transformation de la jurisprudence constitutionnelle. Par une première décision (Cons. const. 28 mai 2020, n° 2020-843 QPC, *Force 5*), précisée et systématisée par une seconde (Cons. const. 3 juillet 2020, n° 2020-851/852 QPC, *M. A. e.a.*), le Conseil constitutionnel a bouleversé la répartition traditionnelle des compétences du juge administratif et du juge constitutionnel en matière de contrôle des ordonnances. Il a en effet jugé que « si les dispositions d'une ordonnance acquièrent valeur législative à compter de sa signature lorsqu'elles ont été ratifiées par le législateur, elles doivent être regardées, dès l'expiration du délai de l'habilitation et dans les matières qui sont du domaine législatif, comme des dispositions législatives au sens de l'article 61-1 de la Constitution ». Dès lors, c'est dans le cadre de la question prioritaire de constitutionnalité, que doit être appréciée leur conformité aux droits et libertés constitutionnels.

Ce faisant, le Conseil constitutionnel condamne formellement la jurisprudence administrative selon laquelle, en l'absence de ratification, les dispositions d'une ordonnance relevant du domaine de la loi ne peuvent être contestées par la voie de la QPC (CE 13 juill. 2016, *Syndicat national des entreprises des loisirs marchands*, n° 396170). Plus largement, cette solution rompt ou, à tout le moins, fragilise l'approche traditionnelle du juge administratif selon laquelle, aussi longtemps qu'elles n'ont pas été ratifiées par le Parlement, les ordonnances prises par le gouvernement conservent leur nature d'actes du pouvoir exécutif et sont susceptibles comme telles de recours devant lui.

L'affirmation, par le Conseil constitutionnel, de son rôle en matière de contrôle des ordonnances a logiquement entraîné, par ricochet, une adaptation du contrôle du juge administratif. D'une part, malgré le revirement opéré par le juge constitutionnel, le Conseil d'État maintient son contrôle. Il estime ainsi « qu'alors même que les mesures ainsi adoptées ont la même portée que si elles avaient été prises par la loi, les ordonnances prises en vertu de l'article 38 de la Constitution conservent le caractère d'actes administratifs, aussi longtemps qu'elles n'ont pas fait l'objet d'une ratification, qui ne peut être qu'expresse, par le Parlement ». Soucieux que l'évolution de la jurisprudence constitutionnelle ne conduise pas, paradoxalement, à un affaiblissement du contrôle juridictionnel des ordonnances, alors que leur usage est généralisé et que leur ratification reste insuffisante, le juge administratif réaffirme donc sa compétence pour contrôler les ordonnances non ratifiées. Assimilées, dès l'expiration du délai de l'habilitation, à des dispositions législatives au sens de l'article 61-1 de la Constitution lorsqu'elles sont prises dans les matières qui sont du domaine législatif, les ordonnances restent pourtant, dans le même temps, des actes administratifs susceptibles de recours jusqu'à leur ratification. À ce titre, le juge administratif continue d'exercer normalement son contrôle pendant cette période, tant au regard des normes internationales ou européennes (CE, ass., 28 mars 1997, *Sté Baxter et a.*, *RFDA* 1997. 405, concl. C. Bonichot), des règles constitutionnelles autres que des droits et libertés, que des principes généraux du droit (v. ss 71), notamment à ceux de l'égalité devant les charges publiques et de la non-rétroactivité des actes administratifs (CE 4 nov. 1996, *Assoc. de défense des sociétés de courses des hippodromes de province et a.*, *RFDA* 1996. 1009, concl. C. Maugüé). Il peut, en cas d'illégalité, annuler l'ordonnance ou en écarter l'application par voie d'exception.

D'autre part, prenant acte de la solution du Conseil constitutionnel, le Conseil d'État limite le champ de son contrôle en relevant que « lorsque le délai d'habilitation est expiré, la contestation, au regard des droits et libertés que la Constitution garantit, des dispositions d'une ordonnance relevant du domaine de la loi n'est recevable qu'au travers d'une question prioritaire de constitutionnalité ».

La mise en parallèle de ces deux solutions peut apparaître comme peu cohérente et complexe pour le justiciable, mais elle a le mérite, de fait, de protéger les intérêts des requérants qui ne sont pas privés, du fait du nouveau contrôle exercé par le Conseil constitutionnel, du contrôle traditionnel opéré par le juge administratif.

L'intervention, postérieurement à la publication d'une ordonnance, d'une loi ratifiant celle-ci lui donne rétroactivement valeur législative et fait donc obstacle à l'examen par le juge de sa légalité (CE 12 févr. 1997, *Synd. national des inspecteurs des affaires sanitaires et sociales*, *RFDA* 1997. 471, concl. C. Maugüé ; CE 23 oct. 2002, *Laboratoires Juva santé*, *AJDA* 2003. 23, note D. Costa). Le juge administratif n'est pas compétent pour connaître d'une demande d'annulation d'une ordonnance ratifiée alors même que ses dispositions seraient incompatibles avec la Constitution ou le droit international. Il n'a donc pas à renvoyer la QPC soulevée contre la loi de ratification de l'ordonnance contestée devant lui (CE 13 juin 2018, *Conseil national* 123 *de l'ordre des infirmiers e.a.*, n° 408325). La ratification législative ne ferait cependant pas obstacle à l'examen par le Conseil d'État de sa légalité, dans l'hypothèse où elle « s'avérerait incompatible avec une convention internationale et notamment, dans un domaine entrant dans le champ d'application de l'article 6 de la Convention européenne des droits de l'homme, avec les stipulations de cet article, au motif qu'en raison des circonstances de son adoption, cette loi aurait eu essentiellement pour but de faire obstacle au droit de toute personne à un procès équitable » (CE 8 nov. 2000, *Hoffer*, *RFDA* 2001. 454, concl. contraires C. Maugüé ; CE 17 mai 2002, *Hoffer*, concl. C. Maugüé, *RFDA* 2002. 917 : « dans les circonstances de l'espèce et compte tenu des intentions du législateur, les lois de ratification des ordonnances n'ont pas contrevenu au droit à un procès équitable garanti par l'article 6 de la Convention européenne des droits de l'homme »).

■ 124 Les ordonnances deviendraient caduques si le projet de loi de ratification n'était pas déposé ou s'il était, après débats, rejeté ; cette caducité vaut, avec une plus grande rigueur, pour les ordonnances issues d'autres articles de la Constitution, notamment, concernant l'outre-mer, celles fondées sur l'article 74-1 (v. F. Froment-Meurice, *RFDA* 2009. 433).

section 6

Le droit souple

■ 125 Le Conseil d'État a consacré, en 2013, son étude annuelle au « droit souple ». Celle-ci témoigne de la prise de conscience accrue du juge administratif à l'égard d'un phénomène qui, par son développement contemporain, génère des risques pour les administrés comme pour les administrations elles-mêmes. L'étude s'efforce, selon ses propres termes, de mieux délimiter les contours du droit souple. Cette ambition modeste témoigne de la difficulté à appréhender et systématiser un phénomène pourtant constaté et généralisé : celui des actes non décisoires de l'administration.

La problématique du droit souple s'avère, en effet, particulièrement complexe ; elle oblige à quitter, au moins en partie, le domaine du droit positif, de la règle juridique au sens strict. Le droit souple existe « hors des canaux officiels de production du droit » (P. Deumier, « Saisir le droit souple par sa définition ou par ses effets », in *Le droit souple - étude annuelle 2013*, n° 64, 2013, p. 250). Parce qu'il se rattache au registre de l'influence ou du spontané, le droit souple présente des caractéristiques *a priori* étrangères au droit administratif car peu compatibles avec le formalisme et les exigences du principe de légalité.

■ 126 De façon générale, le droit souple désigne les actes adoptés par l'administration, de manière unilatérale ou multilatérale, qui ne produisent pas d'effet juridique contraignant ou qui produisent des effets juridiques partiels. Si ces actes restent des actes juridiques et ne sont pas, à ce titre, privés d'existence juridique, ils ne constituent pas pour autant des actes décisoires : ils ne créent pas de norme juridiquement impérative.

De façon plus précise, l'expression générique « droit souple » renvoie à une réalité diverse ; elle regroupe un très grand nombre d'actes indistinctement dénommés et au régime juridique variable. Le Conseil d'État évoque ainsi, dans son rapport annuel, une « échelle de normativité », allant d'une absence totale de portée juridique contraignante jusqu'à l'existence d'effets indirects. Le droit souple ne constitue donc pas une catégorie juridique homogène. Les raisons mêmes du recours à un tel instrument apparaissent ambivalentes.

D'un côté, l'utilisation du droit souple peut résulter d'un choix contraint. Il peut être un moyen de pallier l'absence de compétence juridique pour adopter une véritable règle de droit. Par exemple, la conclusion de conventions d'administration dépourvues de valeur juridique contraignante en matière de police est un moyen de contourner l'interdiction traditionnelle de contracter en cette matière. 127 ■

D'un autre côté, le recours au droit souple peut résulter d'un choix assumé. Il peut être privilégié en raison de l'objectif poursuivi par l'autorité administrative : il s'agit d'éclairer le droit sans le modifier en procédant à son interprétation ou en informant de son existence. Le recours au droit souple peut aussi s'expliquer au nom d'une conception renouvelée de l'action administrative, fondée sur l'incitation et la persuasion plutôt que sur l'obligation.

Malgré leur diversité, il semble possible de distinguer deux catégories d'actes de droit souple : les actes interprétatifs et les actes incitatifs. Les premiers sont des actes exprimant une doctrine administrative : ils précisent, à ce titre, la manière dont l'administration conçoit la règle applicable et l'applique. Les actes interprétatifs sont avant tout internes à l'administration ; il s'agit notamment pour le chef de service de préciser à ses agents les conditions dans lesquelles ils doivent appliquer les lois et les règlements. Les actes incitatifs, quant à eux, semblent davantage tournés vers les administrés. Ils visent à encourager un certain comportement mais de manière non impérative. La distinction entre ces deux catégories d'actes est poreuse, celles-ci apparaissant liées. Ainsi, les actes interprétatifs intéressent indirectement les administrés puisqu'ils leur permettent de connaître la manière dont l'administratif va exercer ses pouvoirs ; cela explique que les actes interprétatifs, tels que les circulaires, soient publiés. Ces actes ne se bornent pas à guider les agents publics chargés de l'application des règles de droit mais permettent aussi d'éclairer les personnes physiques et morales sur l'étendue de leurs droits et obligations. Cette porosité explique sans doute le fait que le Conseil d'État se soit engagé dans la voie d'une unification du régime juridique et contentieux du droit souple (CE, sect., 12 juin 2020, *Gisti*, n° 418142). 128 ■

§ 1 Les actes interprétatifs

Le Conseil d'État s'est engagé dans une œuvre de conceptualisation des actes interprétatifs de l'administration. Trois catégories contentieuses peuvent notamment illustrer ce type d'acte : les circulaires, les lignes directrices et les orientations générales. Cette œuvre de systématisation renforce l'accessibilité du droit ainsi que la sécurité juridique. Elle se heurte cependant à la pratique administrative qui n'a pas, pour l'instant, adopté pleinement les qualifications jurisprudentielles ; ainsi, l'appellation formelle de l'acte retenue par l'administration ne correspond pas 129 ■

nécessairement à la qualification qui sera retenue par le juge. Ce décrochage entre qualification administrative et juridictionnelle perturbe la compréhension du phénomène des actes interprétatifs.

A. Les *circulaires*

130 Longtemps, la jurisprudence a distingué entre les circulaires interprétatives et les circulaires ayant un caractère réglementaire. Les premières avaient pour objet de présenter et commenter les règles à respecter, les délais à observer, les contrôles à exercer... bref, donnaient en quelque sorte le « mode d'emploi » pratique de la loi ou du règlement. Elles n'étaient pas opposables par l'administration aux administrés et étaient insusceptibles de recours devant les juridictions administratives. Il pouvait arriver cependant que des circulaires ne se contentent pas de rappeler et commenter la réglementation existante, mais y ajoutent de nouvelles dispositions, par exemple des conditions supplémentaires pour bénéficier de tel ou tel droit ouvert par un décret. Ces circulaires à caractère réglementaire, qui ajoutent à l'ordonnancement juridique, c'est-à-dire innovent en tout ou partie par rapport à la réglementation existante, en imposant généralement aux administrés des obligations supplémentaires, mais également, le cas échéant, en leur accordant des droits nouveaux, pouvaient, quant à elles, faire l'objet de recours devant le juge administratif. Cette solution avait été consacrée par un arrêt du Conseil d'État du 29 janvier 1954, *Institution Notre-Dame du Kreisker* (*RPDA* 1954. 50, concl. B. Tricot ; *AJDA* 1954. II *bis*, p. 5, chron. F. Gazier et M. Long).

Le Conseil d'État a progressivement fait évoluer cette approche des circulaires. D'abord, l'arrêt du 18 décembre 2002, *Mme Duvignères* (*RFDA* 2003. 280, concl. P. Fombeur ; *GAJA*, n° 103), a consacré la distinction entre les véritables circulaires donnant une interprétation des lois et règlements qui est « dénuée de caractère impératif », d'une part, et celles qui comportent des « dispositions impératives à caractère général », d'autre part. S'agissant des premières, le Conseil d'État estimait que « l'interprétation que par voie, notamment, de circulaires ou d'instructions l'autorité administrative donne des lois et règlements qu'elle a pour mission de mettre en œuvre n'est pas susceptible d'être déférée au juge de l'excès de pouvoir lorsque, étant dénuée de caractère impératif, elle ne saurait, quel qu'en soit le bien-fondé, faire grief » (CE 30 janv. 2015, *Département des Hauts-de-Seine*, n° 371415). S'agissant des secondes, celles-ci devaient être regardées comme faisant grief, tout comme le refus de les abroger. Elles cachaient donc, sous l'appellation de circulaires, de véritables actes administratifs unilatéraux réglementaires et étaient, à ce titre, susceptibles de faire l'objet d'un recours pour excès de pouvoir (par ex. CE 26 déc. 2012, *Assoc. Libérez les Mademoiselles !*, *RFDA* 2013. 233, note B. Bourgeois-Machureau)

Puis, par l'arrêt *Gisti* (CE, sect., 12 juin 2020, *Gisti*, n° 418142), le Conseil d'État a renoncé au critère de l'impérativité de l'interprétation donnée, pour lui préférer une nouvelle grille d'analyse, fondée sur l'intensité des effets concrets des circulaires et autres actes interprétatifs. Il a ainsi jugé que « les documents de portée générale émanant d'autorités publiques, matérialisés ou non, tels que les circulaires, instructions, recommandations, notes, présentations ou interprétations du droit positif peuvent être déférés au juge de l'excès de pouvoir lorsqu'ils sont susceptibles d'avoir des effets notables sur les droits ou la situation d'autres personnes que les agents chargés, le cas échéant, de les mettre en œuvre ». Tel est, par exemple, le cas du schéma national du maintien de l'ordre, annexé à une circulaire du 16 septembre 2020 du ministre de l'intérieur, qui a pour objet de définir le cadre d'exercice du maintien de l'ordre, applicable à toutes les manifestations se déroulant sur le territoire national, fixant une doctrine commune pour l'ensemble des forces de l'ordre (CE 10 juin 2021, *Syndicat national des journalistes e.a.*, n° 444849). Par son objet même et les techniques de maintien de l'ordre qu'il contient, le schéma affecte la situation des tiers, et notamment des organisateurs de manifestations, des manifestants ou des journalistes, en affectant l'exercice de leur liberté d'expression et de communication, et, le cas échéant, en les dissuadant d'en faire usage.

La jurisprudence antérieure n'est cependant pas purement et simplement ignorée par le Conseil d'État qui, indirectement, y recourt pour l'application du nouveau critère des « effets notables ». En effet, il juge que les circulatoires impératives ont, par nature, de tels effets. De ce point de vue, les circulaires et actes assimilés déjà contestables dans le cadre de la jurisprudence *Duvignères* le demeurent, logiquement, sous l'empire de la jurisprudence *Gisti*. Il y a certainement, dans cette relative continuité jurisprudentielle, un gage de sécurité juridique, tant pour les requérants que pour les administrations. Mais elle alimente, en contrepartie, une certaine confusion autour des frontières du droit souple et de la nature du critère des effets notables. Car, les circulaires impératives sont celles qui prescrivent un certain comportement, prévu ou non par une règle de droit existante. Elles semblent donc se rapprocher davantage d'une véritable norme juridique que d'un acte de droit souple, sous l'angle duquel elles sont désormais appréhendées. La recevabilité du recours pour excès de pouvoir n'implique toutefois pas nécessairement qu'il soit fondé. Les hypothèses dans lesquelles la circulaire susceptible d'avoir des d'effets notables est illégale et le recours fondé sont présentées de façon circonstanciée dans l'arrêt *Gisti*, reprenant sur ce point la jurisprudence *Duvignères*. Sera entachée d'illégalité la circulaire fixant une règle nouvelle entachée d'incompétence, méconnaissant le sens et la portée de la norme qu'elle interprète ou interprétant une règle contraire à une norme juridique supérieure. 131 ■

La loi n° 2018-727 du 10 août 2018 a précisé le régime juridique des circulaires, aujourd'hui codifié dans le Code des relations du public et de l'administration. L'article L. 312-3 dispose ainsi que toute personne peut notamment se prévaloir des circulaires publiées émanant des administrations de l'État ainsi que de l'interprétation d'une règle, même erronée, qu'elles opèrent pour son application à une situation qui n'affecte pas des tiers. Cette interprétation ne peut toutefois aller à l'encontre de l'application des règles légales, de nature législative ou réglementaire, qui ont pour objet de préserver directement la santé publique, la sécurité des personnes et des biens ou l'environnement. Le Code prévoit également, à ses articles R. 312-3-1 et suivants, les conditions de publication des circulaires, celles-ci étant réputées abrogées en cas de défaut de publication.

B. Les *lignes directrices*

La catégorie des lignes directrices a été créée par le Conseil d'État sous l'appellation de directive (CE, sect., 11 déc. 1970, *Crédit foncier de France*). Suivant les recommandations du rapport du Conseil d'État sur le droit souple, la catégorie a été conservée mais rebaptisée pour éviter toute confusion avec les directives européennes (CE 19 sept. 2014, *Jousselin*, n° 364385). Les lignes directrices désignent l'acte par lequel 132 ■

une autorité administrative précise, sans édicter de condition légale nouvelle, les orientations générales dans lesquelles elle met en œuvre son pouvoir discrétionnaire. Elles se rencontrent le plus souvent dans le domaine économique et concernent traditionnellement les conditions d'attribution d'une aide ou, plus généralement, d'un avantage. Les lignes directrices sont un moyen pour l'administration de préciser les critères qu'elle va appliquer sans pour autant créer une nouvelle norme. Elles peuvent être adoptées spontanément par l'autorité compétente sans qu'il soit nécessaire qu'elle dispose d'un pouvoir réglementaire ou qu'un texte le prévoit. En sens inverse, la circonstance que cette autorité dispose du pouvoir réglementaire en la matière n'est pas un obstacle à l'adoption de lignes directrices (CE 21 sept. 2020, *M. A.*, n° 428683). Ces actes servent à limiter les risques induits par l'exercice du pouvoir discrétionnaire, du point de vue de l'égalité et de la prévisibilité du droit. Il s'agit donc d'un instrument de cohérence de l'action administrative qui, paradoxalement, obéit à un régime juridique ambigu.

133 Sans pouvoir être rattachées à de véritables actes administratifs unilatéraux, les lignes directrices n'en ont pas moins une portée juridique réelle. Ainsi, dans l'échelle de normativité développée par le Conseil d'État dans son étude de 2013, les lignes directrices se situent à la frontière du droit souple et du droit dur.

L'autorité administrative peut y recourir lorsqu'un texte prévoit l'attribution d'un avantage sans définir l'ensemble des éléments légaux permettant de déterminer ceux qui sont en droit d'y prétendre. Les lignes directrices précisent alors les critères mis en œuvre par l'autorité compétente dans l'attribution de ce droit. Mais leur portée est limitée. D'une part, elles ne peuvent ajouter de condition nouvelle à l'attribution du droit. D'autre part, l'autorité compétente peut, en tout état de cause, y déroger pour des motifs d'intérêt général ou en raison de la situation particulière de chaque administré. Ces limites font la spécificité des lignes directrices, qui ne peuvent être assimilées à de véritables actes réglementaires.

D'un côté, les lignes directrices n'ont pas d'effet juridique impératif : elles ne fixent que des orientations sans créer de règle nouvelle. L'autorité administrative ne renonce donc pas à son pouvoir d'appréciation et peut s'affranchir de la directive.

Mais, d'un autre côté, les lignes directrices ne sont pas sans effet à l'égard de l'autorité administrative. En effet, celle-ci ne peut s'affranchir des orientations fixées que dans deux hypothèses seulement, l'intérêt général et les spécificités du dossier ; cela implique que l'autorité compétente procède, quel que soit le sens des lignes directrices, à l'instruction de la demande et à l'examen de la situation individuelle du demandeur.

Cette ambivalence explique le statut contentieux des lignes directrices et son évolution. Alors que le Conseil d'État a d'abord rappelé qu'elles n'étaient pas susceptibles de faire l'objet d'un recours pour excès de pouvoir (CE, sect., 4 févr. 2015, *Min. de l'Intérieur*, n° 383267), il a profité de la décision *Gisti* (CE, sect., 12 juin 2020, *Gisti*, n° 418142) pour faire évoluer sa jurisprudence. Désormais, les lignes directrices sont considérées comme ayant, par nature, des effets notables sur la situation des administrés.

En outre, à la condition d'avoir été publiées, elles peuvent être invoquées par le requérant devant le juge administratif. D'une part, sans être certain de se voir accorder l'avantage, l'administré a le droit de se faire appliquer les lignes directrices. D'autre part, il peut aussi contester leur légalité par voie d'exception à l'occasion d'un recours formé contre la décision individuelle qui s'y est référée.

C. Les orientations générales

Le Conseil d'État a introduit, parallèlement aux lignes directrices, une autre catégorie d'actes destinée à canaliser le pouvoir discrétionnaire : les orientations générales (CE. sect., 4 févr. 2015, *Min. de l'Intérieur*, n° 383267). Celles-ci correspondent à une hypothèse particulière, parfois délicate à identifier : celle où un texte permet à l'autorité administrative d'accorder une faveur à un administré. Dans cette situation, celui-ci n'a juridiquement aucun droit : il peut seulement demander à bénéficier du traitement favorable que l'administration n'a aucune obligation d'accorder. Tel est par exemple le cas de la décision du préfet de régulariser un étranger ne respectant pas les conditions légales d'attribution d'un titre de séjour. Il s'agit d'une simple faculté exercée par le préfet à titre gracieux et exceptionnel. À l'image des lignes directrices, les orientations générales précisent les grandes orientations de l'exercice du pouvoir de l'administration. Elles concourent donc, à leur niveau, à la cohérence du droit. Mais parce qu'elles concernent des simples faveurs et non des droits que pourraient revendiquer les administrés, les orientations générales ont une portée plus réduite. 134 ■

Le Conseil d'État considère qu'elles n'ont aucun effet juridique impératif à l'égard du pouvoir d'appréciation de l'autorité compétente. Celle-ci demeure entièrement libre de suivre ou non les orientations établies. Si le juge en déduisait que les orientations générales ne pouvaient être contestées par un recours pour excès de pouvoir, l'application du critère de l'effet notable pourrait conduire à une évolution jurisprudentielle sur ce point même si la décision *Gisti* du 12 juin 2020 a réservé cette question. Par ailleurs, elles ne peuvent, en l'état de la jurisprudence, être invoquées par les requérants, à la différence des lignes directrices.

§ 2 Les actes incitatifs

Les actes incitatifs, de portée individuelle ou générale, encouragent l'adoption de certains comportements ou déterminent certains objectifs sans toutefois les prescrire. Ils laissent donc, en principe, leurs destinataires libres de s'y rallier ou pas et ne constituent pas des actes normatifs en dépit de leur éventuelle efficacité concrète. Leurs destinataires peuvent, en effet, spontanément respecter les actes incitatifs sans pour autant y être contraints par l'existence d'une sanction juridique. Ils sont omniprésents dans l'action administrative et restent extrêmement divers. Leur variété est d'abord formelle ; la terminologie de ces actes est ainsi très changeante : il peut s'agir, par exemple, de chartes, de codes de bonne conduite, ou encore de recommandations. Leur variété est ensuite substantielle. Souvent adoptés par les autorités indépendantes dans l'exercice de leur mission de régulation, les actes incitatifs sont aussi utilisés par les administrations traditionnelles hors du domaine économique. Ils peuvent concerner les relations entre l'administration et les administrés ou ses agents ou encore les rapports entre administrations. Prévue ou non par des textes, l'adoption de tels actes n'obéit pas à des règles de procédure homogènes. Enfin, ces actes peuvent être de nature unilatérale ou conventionnelle. 135 ■

Concernant les actes incitatifs, le Conseil d'État considère qu'ils ne peuvent, en principe, pas faire l'objet d'un recours pour excès de pouvoir en raison de leur absence de force normative. Deux exceptions viennent toutefois limiter ce principe.

D'une part, un acte de droit souple peut cacher une véritable décision administrative. Suivant un raisonnement proche de celui adopté historiquement à l'égard des circulaires, le Conseil d'État ne se limite pas à la qualification des actes mais vérifie que ceux-ci ne cachent pas un véritable acte juridiquement contraignant. La distinction entre ces actes incitatifs et les actes administratifs unilatéraux n'est cependant pas aisée ; il appartient au juge administratif de vérifier si l'acte apporte une modification à l'ordonnancement juridique en édictant des dispositions générales et impératives ou des prescriptions individuelles. Pour cela, il se réfère à la lettre de l'acte incitatif afin de s'assurer que celui-ci n'est pas, en réalité, rédigé de façon impérative (CE 26 sept. 2005, *Conseil national de l'Ordre des médecins*, *AJDA* 2006. 308 note J.-P. Marcus à propos de l'admission d'un recours pour excès de pouvoir contre les recommandations de bonnes pratiques médicales homologuées par le ministre de la Santé). Ainsi, les recommandations des autorités administratives indépendantes (CE 13 juill. 2007, *Éditions Tissot*, *AJDA* 2007. 2145, concl. L. Derepas, à propos d'une recommandation de l'ancienne HALDE) ou les prises de position et recommandations de l'Autorité de la concurrence formulées dans ses avis (CE 11 oct. 2012, *Sté Casino Guichard-Perrachon*, n° 357193) peuvent exceptionnellement revêtir le caractère de dispositions impératives susceptibles de recours juridictionnel.

Le juge administratif fait preuve de pragmatisme dans son analyse, au risque de compliquer la compréhension de ses solutions. Dépassant le critère de la rédaction impérative de l'acte, le Conseil d'État a pu prendre en compte le cadre juridique général dans lequel s'inscrit l'acte incitatif. Ainsi, il a été estimé que les recommandations de bonne pratique élaborées par la Haute autorité de santé, ayant pour objet de guider les professionnels de santé dans la détermination des protocoles de soins, étaient susceptibles de recours (CE 27 avr. 2011, *FORMINDEP*, *AJDA* 2011. 1326, concl. C. Landais ; confirmant cette approche : CE 16 déc. 2016, *Fondation Jérôme Lejeune*, n° 392557). En effet, en vertu du Code de la santé publique, il pèse sur ces professionnels l'obligation d'assurer à leurs patients une information fondée sur les données acquises de la science. Or, celles-ci sont déterminées notamment à la lumière des recommandations de bonne pratique de la Haute autorité de santé. À ce titre, ces recommandations affectent indirectement la situation des professionnels de santé et peuvent faire l'objet d'un recours pour excès de pouvoir. Le Conseil d'État a suivi un raisonnement similaire à propos des recommandations de l'agence française de sécurité sanitaire des produits de santé (CE 4 oct. 2013, *Agence française de sécurité sanitaire des produits de santé*, n° 356700).

D'autre part, un acte de droit peut, par l'importance de ses effets, être contrôlé par le juge administratif. Tel est l'apport de l'importante décision *Société Fairvesta International GMBH* (CE, ass., 21 mars 2016, *Société Fairvesta International GMBH e. a.*, n° 368082) qui juge recevables les recours engagés contre les actes de nature à produire des effets notables ou qui ont pour objet d'influer de manière significative les comportements des personnes auxquelles ils s'adressent. Tel est par exemple le cas d'une délibération, sans portée impérative, par laquelle le Conseil supérieur de l'audiovisuel estime qu'un message télévisuel n'a pas sa place dans des écrans publicitaires (CE 10 nov. 2016, *Mme Marcilhacy e.a.*, n° 384691) ou encore d'une prise de position de l'Autorité de régulation des jeux en ligne indiquant aux opérateurs que leur méconnaissance de dispositions du Code de la consommation est susceptible de donner lieu à des poursuites (CE 24 mars 2021, *Association française du jeu en ligne*, n° 431786). Cette dernière décision confirme un élément déterminant dans l'identification des effets notables : l'existence d'un pouvoir de sanction aux mains de l'autorité émettrice de l'acte incitatif. Car la perspective d'une telle sanction est de nature, de fait, à inciter les tiers intéressés à adopter les comportements préconisés par l'autorité.

D'abord réservée aux actes des autorités de régulation, cette solution a été, par la suite, étendue aux actes incitatifs de l'ensemble des autorités administratives (CE, ass., 19 juillet 2019, *Marine Le Pen*, n° 426389), puis, enfin, aux actes interprétatifs par l'arrêt *Gisti* du 12 juin 2020.Le contrôle juridictionnel de ces actes n'est pas aisé, dès lors qu'ils constituent le plus souvent des actes spontanés dont l'édiction et le contenu ne sont pas encadrés par des règles légales ou réglementaires. Le contrôle du juge est à ce titre plus distant puisqu'il lui appartient d'examiner les vices susceptibles d'affecter la légalité de ces actes en tenant compte de leur nature et de leurs caractéristiques, ainsi que du pouvoir d'appréciation dont dispose l'autorité de régulation.

Concernant les actes de droit souple de nature multilatérale, ceux-ci revêtent une dimension contractuelle, à travers la rencontre de plusieurs volontés et la présence d'engagements réciproques ; mais ils se singularisent par l'absence de stipulations impératives à l'égard des signataires (S. Hourson, *Les conventions d'administration*, LGDJ, 2014). Ces actes sont nombreux et d'appellations diverses. Ils peuvent contenir des engagements d'objectifs et de moyens, sur plusieurs années, sans portée impérative ce qui les distingue des véritables contrats administratifs. Ces conventions sont conclues entre plusieurs personnes publiques. Elles constituent alors un moyen d'action publique non autoritaire, respectueux de l'autonomie des parties à l'acte. L'évaluation administrative peut remplacer la sanction juridique comme vecteur d'efficacité de ces conventions. Cela explique notamment leur utilisation dans le cadre des rapports entre l'État et les collectivités territoriales qui s'administrent librement. On peut, par exemple, citer le contrat de plan État-région qui, accompagnant la décentralisation, prévoit les orientations générales en matière d'aménagement et de développement dans les territoires ; le Conseil d'État a jugé qu'un tel contrat, aux stipulations programmatiques, « n'emporte, par lui-même, aucune conséquence directe quant à la réalisation effective des actions [...] qu'il prévoit » (CE 25 oct. 1996, *Assoc. Estuaire-Écologie*, n° 169557). Ces actes multilatéraux peuvent être aussi conclus dans des domaines où le recours au contrat est en principe interdit. Il est, par exemple, possible d'évoquer les contrats locaux de sécurité où les engagements souscrits semblent dépourvus de caractère impératif et n'affectent ainsi pas l'exercice des compétences de police administrative. 136 ■

Enfin, le phénomène des conventions conclues entre différents services au sein d'une même personne publique se développe. Ne pouvant constituer de véritables contrats, ces actes ont vocation à constituer des instruments de bonne gestion administrative, à travers la fixation et l'évaluation d'objectifs de performance et la recherche d'une action cohérente des services signataires. Ils peuvent exister au sein de l'administration, par exemple lorsqu'ils sont conclus entre administrations centrales et services déconcentrés, ou au sein de la juridiction administrative, comme en témoignent les contrats d'objectifs et de moyens conclus entre le Conseil d'État et les cours administratives d'appel.

1

Compléments pédagogiques

Quid

■ Circulaire n°s 130 s.

Les circulaires constituent des actes par lesquels les autorités réglementaires explicitent ou précisent le sens des normes applicables par les services qui leur sont subordonnés ; elles n'ont donc pas, en principe, de caractère décisoire. Cependant, il arrive que l'autorité qui les publie ait entendu leur conférer un tel caractère, soit en créant des droits et obligations, soit en imposant aux administrations qui en sont destinataires une interprétation du droit applicable dont elles ne pourront s'affranchir dans l'édiction des décisions qui leur incombent : dans ces deux cas, les dispositions impératives d'une circulaire seront susceptibles de recours pour excès de pouvoir, et le juge appréciera leur légalité au regard tant de la compétence de leur auteur que de la légalité interne de la circulaire et éventuellement, à travers cette dernière, des dispositions dont elle tend à donner une interprétation impérative.

■ Condition de réciprocité n° 50

Les engagements internationaux n'ont une valeur supérieure à celle de la loi que « sous réserve, pour chaque accord ou traité, de son application par l'autre partie » (Const., art. 55). Il faut tout d'abord préciser que le juge ne soulève pas d'office le moyen tiré du non-respect de la réserve de réciprocité, et que cette réserve n'est pas applicable au droit communautaire. Mais lorsque le non-respect de la réserve de réciprocité est invoqué devant le Conseil d'État, celui-ci devait surseoir à statuer et opérer un renvoi au ministre des Affaires étrangères pour qu'il apprécie cette question. La Cour européenne des droits de l'homme ayant toutefois estimé cette procédure de renvoi contraire au droit à un procès équitable (13 févr. 2003, *Mme Chevrol*), c'est le juge lui-même qui doit désormais apprécier l'application réciproque des traités.

■ Contrôle de conventionnalité n°s 53 s.

Suite à l'abandon de la théorie de l'*écran législatif*, les juridictions ordinaires opèrent désormais un contrôle de conventionnalité de la loi, soit directement (contrariété directe d'un règlement à un engagement international), soit par le recours à l'exception d'inconventionnalité : l'application de la disposition législative sera écartée (et non la loi abrogée) au motif qu'elle n'est pas conforme au traité, privant ainsi de base légale l'acte administratif qui en était le prolongement.

■ Directive européenne n°s 56 s.

Les *directives européennes* font partie du droit dérivé de l'Union européenne. Elles lient leurs destinataires quant à un objectif à atteindre, mais les laissent libres, pendant un certain délai, du choix des moyens à adopter pour y parvenir. N'ayant pas, en principe, d'*effet direct*, elles ne sont pas normalement susceptibles d'être invoquées par les particuliers à l'encontre d'une décision individuelle. Une fois écoulé leur délai de transposition, elles pourront être pleinement invoquées devant le juge administratif à l'encontre d'une norme interne (y compris législative), antérieure ou postérieure, qui leur serait contraire.

■ Lignes directrices nº 132

En droit interne, les *lignes directrices* sont les actes par lesquels une autorité administrative, dotée d'un pouvoir discrétionnaire, précise les orientations générales dans lesquelles elle exerce celui-ci. Elles constituent ainsi un instrument de limitation du pouvoir discrétionnaire puisque l'autorité ne pourra s'écarter des lignes directrices qu'elle s'est fixées que pour un motif d'intérêt général ou en raison de la situation particulière d'un administré. Si les lignes directrices ne peuvent faire l'objet d'un recours pour excès de pouvoir, elles n'en ont pas moins un statut contentieux partiel. Les administrés peuvent demander leur application ou contester, par voie d'exception, leur légalité dans le cadre d'un recours dirigé contre une décision qui en fait application.

■ Écran législatif nºs 43 s.

La théorie de la « loi-écran » ne concerne pas uniquement les rapports entre droit interne et droit international, mais l'ensemble du droit des normes internes. Si le juge administratif contrôle directement la conformité à la Constitution d'un acte administratif, il se refuse à un tel contrôle dans le cas où le règlement est pris en application d'une loi, parce que le contrôle de la conformité à la Constitution de la disposition réglementaire concernée aboutirait à un examen de la constitutionnalité de la loi, ce qui n'est pas de sa compétence. Le Conseil d'État a longtemps refusé sur ce fondement d'opérer un contrôle de conventionnalité de l'acte administratif lorsque celui-ci est pris en application d'une disposition législative, considérant que, la supériorité du traité sur la loi lui venant de l'article 55 de la Constitution, écarter une loi contraire à un traité reviendrait à effectuer un contrôle de constitutionnalité, c'est-à-dire de la conformité de la loi au principe posé par l'article 55.

■ Principes fondamentaux reconnus par les lois de la République nºs 35 s.

Les principes fondamentaux reconnus par les lois de la République (PFRLR) sont mentionnés au premier alinéa du Préambule de la Constitution de 1946 ; la jurisprudence du Conseil constitutionnel leur a attribué une valeur constitutionnelle (1971). Dégagés à partir de lois de la IIIe République, mais parfois aussi sans qu'il soit fait référence au texte qui les fonde, ils comprennent par exemple la liberté d'association, la liberté de l'enseignement, la liberté de conscience, ou le principe de l'indépendance des professeurs d'université. En tant que norme de valeur constitutionnelle, le juge administratif peut s'y référer pour examiner la légalité d'un acte administratif qui est soumis à son contrôle, ou même pour écarter un *contrôle de conventionnalité* de l'acte réglementaire au motif que le PFRLR est, dans la hiérarchie des normes, d'un niveau supérieur (constitutionnel) à celui des engagements internationaux (supralégislatif).

■ Principes généraux du droit n°s 69 s.

Les principes généraux du droit (PGD) sont des normes d'origine prétorienne, « découvertes » par le juge administratif ou le Conseil constitutionnel, indépendamment de textes (not. législatifs) qui peuvent néanmoins les inspirer. Ils ont une valeur supraréglementaire : un décret qui ne les respecterait pas serait annulé ; mais ils sont inférieurs à la loi : un décret contraire à un PGD mais conforme à une loi qui y déroge, explicitement ou non, ne sera pas censuré par le juge.

Il ne faut pas confondre les PGD dégagés par le juge administratif ou le Conseil constitutionnel avec les principes généraux du droit international public ou les principes du droit de l'Union européenne, ces derniers ayant, en vertu de la hiérarchie des normes, une valeur supralégislative.

■ Question prioritaire de constitutionnalité n° 42

Lorsqu'un litige met en cause, devant une juridiction ordinaire, la conformité à la constitution d'une loi promulguée, la juridiction concernée peut, à la demande du requérant, saisir le Conseil d'État, après avoir estimé que la question était suffisamment sérieuse pour lui être transmise. Le Conseil d'État disposera alors de trois mois pour examiner la question de constitutionnalité, et, le cas échéant, saisir le Conseil constitutionnel. Ce dernier rendra sa décision dans le même délai, et, le cas échéant, constatera la contrariété à la Constitution de la loi.

■ Renvoi en interprétation n° 51

Le juge administratif s'est longtemps refusé à interpréter les clauses d'un engagement international, opérant un renvoi en interprétation au ministre des Affaires étrangères, sauf lorsqu'il faisait application de la théorie de l'*acte clair*. Depuis 1990 (arrêt *GISTI*), le juge administratif s'estime désormais compétent pour interpréter les dispositions du traité. Il s'est plus récemment également déclaré compétent pour apprécier les modalités de l'insertion de l'engagement international dans l'ordre interne (approbation ou ratification).

Documents

Constitution du 4 octobre 1958

Art. 21. Le Premier Ministre dirige l'action du gouvernement. Il est responsable de la Défense Nationale. Il assure l'exécution des lois. Sous réserve des dispositions de l'article 13, il exerce le pouvoir réglementaire et nomme aux emplois civils et militaires.

Il peut déléguer certains de ses pouvoirs aux ministres.

Il supplée, le cas échéant, le Président de la République dans la présidence des conseils et comités prévus à l'article 15.

Il peut, à titre exceptionnel, le suppléer pour la présidence d'un Conseil des Ministres en vertu d'une délégation expresse et pour un ordre du jour déterminé.

Art. 34. La loi est votée par le Parlement.

La loi fixe les règles concernant :

• les droits civiques et les garanties fondamentales accordées aux citoyens pour l'exercice des libertés publiques ; les sujétions imposées par la Défense Nationale aux citoyens en leur personne et en leurs biens ;

- la nationalité, l'état et la capacité des personnes, les régimes matrimoniaux, les successions et libéralités ;
- la détermination des crimes et délits ainsi que les peines qui leur sont applicables ; la procédure pénale ; l'amnistie ; la création de nouveaux ordres de juridiction et le statut des magistrats ;
- l'assiette, le taux et les modalités de recouvrement des impositions de toutes natures ; le régime d'émission de la monnaie.

La loi fixe également les règles concernant :

- le régime électoral des assemblées parlementaires et des assemblées locales ;
- la création de catégories d'établissements publics ;
- les garanties fondamentales accordées aux fonctionnaires civils et militaires de l'État ;
- les nationalisations d'entreprises et les transferts de propriété d'entreprises du secteur public au secteur privé.

La loi détermine les principes fondamentaux :

- de l'organisation générale de la Défense Nationale ;
- de la libre administration des collectivités territoriales, de leurs compétences et de leurs ressources ;
- de l'enseignement ;
- du régime de la propriété, des droits réels et des obligations civiles et commerciales ;
- du droit du travail, du droit syndical et de la sécurité sociale.

Les lois de finances déterminent les ressources et les charges de l'État dans les conditions et sous les réserves prévues par une loi organique.

Les lois de financement de la sécurité sociale déterminent les conditions générales de son équilibre financier et, compte tenu de leurs prévisions de recettes, fixent ses objectifs de dépenses, dans les conditions et sous les réserves prévues par une loi organique.

Des lois de programmes déterminent les objectifs de l'action économique et sociale de l'État.

Les dispositions du présent article pourront être précisées et complétées par une loi organique.

Art. 37. Les matières autres que celles qui sont du domaine de la loi ont un caractère réglementaire.

Les textes de forme législative intervenus en ces matières peuvent être modifiés par décrets pris après avis du Conseil d'État. Ceux de ces textes qui interviendraient après l'entrée en vigueur de la présente Constitution ne pourront être modifiés par décret que si le Conseil Constitutionnel a déclaré qu'ils ont un caractère réglementaire en vertu de l'alinéa précédent.

Art. 54. Si le Conseil Constitutionnel, saisi par le Président de la République, par le Premier Ministre, par le Président de l'une ou l'autre assemblée ou par soixante députés ou soixante sénateurs, a déclaré qu'un engagement international comporte une clause contraire à la Constitution, l'autorisation de ratifier ou d'approuver l'engagement international en cause ne peut intervenir qu'après révision de la Constitution.

Art. 55. Les traités ou accords régulièrement ratifiés ou approuvés ont, dès leur publication, une autorité supérieure à celle des lois, sous réserve, pour chaque accord ou traité, de son application par l'autre partie.

Charte de l'environnement de 2004

Le peuple français,

Considérant :

Que les ressources et les équilibres naturels ont conditionné l'émergence de l'humanité ;

Que l'avenir et l'existence même de l'humanité sont indissociables de son milieu naturel ;

Que l'environnement est le patrimoine commun des êtres humains ;

Que l'homme exerce une influence croissante sur les conditions de la vie et sur sa propre évolution ;

Que la diversité biologique, l'épanouissement de la personne et le progrès des sociétés humaines sont affectés par certains modes de consommation ou de production et par l'exploitation excessive des ressources naturelles ;

Que la préservation de l'environnement doit être recherchée au même titre que les autres intérêts fondamentaux de la Nation ;

Qu'afin d'assurer un développement durable, les choix destinés à répondre aux besoins du présent ne doivent pas compromettre la capacité des générations futures et des autres peuples à satisfaire leurs propres besoins,

Proclame :

Art. 1er. Chacun a le droit de vivre dans un environnement équilibré et respectueux de la santé.

Art. 2. Toute personne a le devoir de prendre part à la préservation et à l'amélioration de l'environnement.

Art. 3. Toute personne doit, dans les conditions définies par la loi, prévenir les atteintes qu'elle est susceptible de porter à l'environnement ou, à défaut, en limiter les conséquences.

Art. 4. Toute personne doit contribuer à la réparation des dommages qu'elle cause à l'environnement, dans les conditions définies par la loi.

Art. 5. Lorsque la réalisation d'un dommage, bien qu'incertaine en l'état des connaissances scientifiques, pourrait affecter de manière grave et irréversible l'environnement, les autorités publiques veillent, par application du principe de précaution et dans leurs domaines d'attributions, à la mise en œuvre de procédures d'évaluation des risques et à l'adoption de mesures provisoires et proportionnées afin de parer à la réalisation du dommage.

Art. 6. Les politiques publiques doivent promouvoir un développement durable. À cet effet, elles concilient la protection et la mise en valeur de l'environnement, le développement économique et le progrès social.

Art. 7. Toute personne a le droit, dans les conditions et les limites définies par la loi, d'accéder aux informations relatives à l'environnement détenues par les autorités publiques et de participer à l'élaboration des décisions publiques ayant une incidence sur l'environnement.

Art. 8. L'éducation et la formation à l'environnement doivent contribuer à l'exercice des droits et devoirs définis par la présente Charte.

Art. 9. La recherche et l'innovation doivent apporter leur concours à la préservation et à la mise en valeur de l'environnement.

Art. 10. La présente Charte inspire l'action européenne et internationale de la France.

CE, ass., 3 juillet 1996, *Koné* (*GAJA*, n° 92)

Considérant qu'aux termes de l'article 44 de l'accord de coopération franco-malien susvisé : « L'extradition ne sera pas exécutée si l'infraction pour laquelle elle est demandée est considérée par la partie requise comme une infraction politique ou comme une infraction connexe à une telle infraction » ; que *ces stipulations doivent être interprétées conformément au principe fondamental reconnu par les lois de la République, selon lequel l'État doit refuser l'extradition d'un étranger lorsqu'elle est demandée dans un but politique* ; qu'elles ne sauraient dès lors limiter le pouvoir de l'État français de refuser l'extradition au seul cas des infractions de nature politique et des infractions qui leur sont connexes ; que, par suite, M. Koné est, contrairement à ce que soutient le garde des Sceaux, fondé à se prévaloir de ce principe ; qu'il ne ressort toutefois pas des pièces du dossier que l'extradition du requérant ait été demandée dans un but politique ; *(rejet).*

⇨ *Le juge administratif se réfère aux principes fondamentaux reconnus par les lois de la République, normes de rang constitutionnel et par conséquent supérieur à celui des conventions internationales.*

CE, ass., 24 mars 2006, *Société KPMG et autres* (*GAJA*, n° 106)

Considérant qu'une disposition législative ou réglementaire nouvelle ne peut s'appliquer à des situations contractuelles en cours à sa date d'entrée en vigueur, sans revêtir par là même un caractère rétroactif ; qu'il suit de là que, sous réserve des règles générales applicables aux contrats administratifs, seule une disposition législative peut, pour des raisons d'ordre public, fût-ce implicitement, autoriser l'application de la norme nouvelle à de telles situations ;

Considérant qu'indépendamment du respect de cette exigence, il incombe à l'autorité investie du pouvoir réglementaire d'édicter, pour des motifs de sécurité juridique, les mesures transitoires qu'implique, s'il y a lieu, une réglementation nouvelle ; qu'il en va ainsi en particulier lorsque les règles nouvelles sont susceptibles de porter une atteinte excessive à des situations contractuelles en cours qui ont été légalement nouées.

⇨ *Le pouvoir réglementaire doit, lorsque le respect de la sécurité juridique l'exige, édicter des dispositions transitoires.*

CE, ass., 30 octobre 1998, *M. Sarran et autres* (*GAJA*, n° 95)

[...] Considérant que si l'article 55 de la Constitution dispose que « les traités ou accords régulièrement ratifiés ou approuvés ont, dès leur publication, une autorité supérieure à celle des lois sous réserve, pour chaque accord ou traité, de son application par l'autre partie », *la suprématie ainsi conférée aux engagements internationaux ne s'applique pas, dans l'ordre interne, aux dispositions de nature constitutionnelle* ; qu'ainsi, le moyen tiré de ce que le décret attaqué, en ce qu'il méconnaîtrait les stipulations d'engagements internationaux régulièrement introduits dans l'ordre interne, serait par là même contraire à l'article 55 de la Constitution, ne peut lui aussi qu'être écarté.

⇨ *Les normes internationales sont supérieures aux lois, mais inférieures aux normes constitutionnelles.*

CE, ass., 8 février 2007, *Société Arcelor Atlantique et Lorraine et autres* (*GAJA*, n° 107)

[...] Considérant que si, aux termes de l'article 55 de la Constitution, « les traités ou accords régulièrement ratifiés ou approuvés ont, dès leur publication, une autorité supérieure à celle des lois, sous réserve, pour chaque accord ou traité, de son application par l'autre partie », la suprématie ainsi conférée aux engagements internationaux ne saurait s'imposer, dans l'ordre interne, aux principes et dispositions à valeur constitutionnelle ; qu'eu égard aux dispositions de l'article 88-1 de la Constitution, selon lesquelles « la République participe aux Communautés européennes et à l'Union européenne, constituées d'États qui ont choisi librement, en vertu des traités qui les ont instituées, d'exercer en commun certaines de leurs compétences », dont découle une obligation constitutionnelle de transposition des directives, le contrôle de constitutionnalité des actes réglementaires assurant directement cette transposition est appelé à s'exercer selon des modalités particulières dans le cas où sont transposées des dispositions précises et inconditionnelles ; qu'alors, si le contrôle des règles de compétence et de procédure ne se trouve pas affecté, il appartient au juge administratif, saisi d'un moyen tiré de la méconnaissance d'une disposition ou d'un principe de valeur constitutionnelle, de rechercher s'il existe une règle ou un principe général du droit communautaire qui, eu égard à sa nature et à sa portée, tel qu'il est interprété en l'état actuel de la jurisprudence du juge communautaire, garantit par son application l'effectivité du respect de la disposition ou du principe constitutionnel invoqué ; que, dans l'affirmative, il y a lieu pour le juge administratif, afin de s'assurer de la constitutionnalité du décret, de rechercher si la directive que ce décret transpose est conforme à cette règle ou à ce principe général du droit communautaire ; qu'il lui revient, en l'absence de difficulté sérieuse, d'écarter le moyen invoqué, ou, dans le cas contraire, de saisir la Cour de justice des Communautés européennes d'une question préjudicielle, dans les conditions prévues par l'article 234 du Traité instituant la Communauté européenne ; qu'en revanche, s'il n'existe pas de règle ou de principe général du droit communautaire garantissant l'effectivité du respect de la disposition ou du principe constitutionnel invoqué, il revient au juge administratif d'examiner directement la constitutionnalité des dispositions réglementaires contestées.

⇨ *La conformité d'un décret à une directive est une condition de sa constitutionnalité.*

CE 8 août 1919, *Labonne* (*GAJA*, n° 34)

Considérant que, si les autorités départementales et municipales sont chargées par les lois, notamment par celle des 22 décembre 1789-8 janvier 1790 et celle du 5 avril 1884, de veiller à la conservation des voies publiques et à la sécurité de la circulation, *il appartient au chef de l'État, en dehors de toute délégation législative et en vertu de ses pouvoirs propres, de déterminer celles des mesures de police qui doivent en tout état de cause être appliquées dans l'ensemble du territoire*, étant bien entendu que les autorités susmentionnées conservent, chacune en ce qui la concerne, compétence pleine et entière pour ajouter à la réglementation générale édictée par le chef de l'État toutes les prescriptions réglementaires supplémentaires que l'intérêt public peut commandé dans la localité.

⇨ *Le chef de l'État dispose du pouvoir réglementaire général, indépendamment de toute délégation législative.*

CE 18 décembre 2002, *Mme Duvignères* (*GAJA*, n° 103)

Sur les conclusions tendant à l'annulation de la lettre du 23 février 2001 en tant qu'elle porte refus d'abroger partiellement la circulaire du 26 mars 1997 :

Considérant que l'interprétation que par voie, notamment, de circulaires ou d'instructions l'autorité administrative donne des lois et règlements qu'elle a pour mission de mettre en œuvre n'est pas susceptible d'être déférée au juge de l'excès de pouvoir lorsque, étant dénuée de caractère impératif, elle ne saurait, quel qu'en soit le bien-fondé, faire grief ; qu'en revanche, les dispositions impératives à caractère général d'une circulaire ou d'une instruction doivent être regardées comme faisant grief, tout comme le refus de les abroger ; que le recours formé à leur encontre doit être accueilli si ces dispositions fixent, dans le silence des textes, une règle nouvelle entachée d'incompétence ou si, alors même qu'elles ont été compétemment prises, il est soutenu à bon droit qu'elles sont illégales pour d'autres motifs ; qu'il en va de même s'il est

soutenu à bon droit que l'interprétation qu'elles prescrivent d'adopter, soit méconnaît le sens et la portée des dispositions législatives ou réglementaires qu'elle entendait expliciter, soit réitère une règle contraire à une norme juridique supérieure ;
Considérant que si la circulaire contestée du 26 mars 1997 se borne à tirer les conséquences de l'article 2 du décret du 19 décembre 1991, elle réitère néanmoins, au moyen de dispositions impératives à caractère général, la règle qu'a illégalement fixée cette disposition ; que, par suite, Mme Duvignères est recevable et fondée à demander l'annulation de la lettre du 23 février 2001, en tant qu'elle porte refus d'abroger dans cette mesure la circulaire contestée.

⇨ *Les dispositions à caractère impératif d'une circulaire sont susceptibles de recours pour excès de pouvoir.*

CE, ass., 11 avril 2012, *GISTI*, n° 322326

Considérant que les stipulations d'un traité ou d'un accord régulièrement introduit dans l'ordre juridique interne conformément à l'article 55 de la Constitution peuvent utilement être invoquées à l'appui d'une demande tendant à ce que soit annulé un acte administratif ou écartée l'application d'une loi ou d'un acte administratif incompatibles avec la norme juridique qu'elles contiennent, dès lors qu'elles créent des droits dont les particuliers peuvent directement se prévaloir ; que, sous réserve des cas où est en cause un traité pour lequel la Cour de justice de l'Union européenne dispose d'une compétence exclusive pour déterminer s'il est d'effet direct, une stipulation doit être reconnue d'effet direct par le juge administratif lorsque, eu égard à l'intention exprimée des parties et à l'économie générale du traité invoqué, ainsi qu'à son contenu et à ses termes, elle n'a pas pour objet exclusif de régir les relations entre États et ne requiert l'intervention d'aucun acte complémentaire pour produire des effets à l'égard des particuliers ; que l'absence de tels effets ne saurait être déduite de la seule circonstance que la stipulation désigne les États parties comme sujets de l'obligation qu'elle définit ; [...]

⇨ *L'invocabilité des stipulations des conventions internationales : la détermination de l'effet direct.*

Biblio

A. Rapports entre l'ordre juridique interne et l'ordre juridique communautaire

- Conseil d'État, *La norme internationale en droit français*, La Documentation française, 2000.
- Conseil d'État, « L'administration française et l'Union européenne : quelles influences ? quelles stratégies ? », *EDCE* 2007.
- Conseil d'État, *Pour une meilleure insertion des normes communautaires dans le droit national*, Doc. fr., 2007.
- Dossier sur « Le Conseil d'État et l'application du droit communautaire », *Gaz. Pal.* 2009, n° 42-43 et 44-45.
- J.-B. Auby et J. Dutheil de la Rochère (dir.), *Droit administratif européen*, 1re éd., Bruylant, 2007.
- J.-B. Auby (dir.), *L'influence du droit européen sur les catégories du droit public*, Dalloz, coll. « Thèmes et commentaires », 2010.
- B. Genevois, « Le Conseil constitutionnel et la primauté du droit communautaire », *RFDA* 2005. 239.
- B. Genevois, « L'application du droit communautaire par le Conseil d'État », *RFDA* 2009. 201.

B. Principes généraux du droit et principes fondamentaux reconnus par les lois de la République

- B. Jeanneau, *Les principes généraux du droit dans la jurisprudence administrative*, Sirey, 1954.
- J.-F. Lachaume, « Les non-principes généraux du droit », in *Mélanges B. Jeanneau*, Dalloz, 2002, p. 161.
- J.-M. Maillot, *La théorie administrativiste des principes généraux du droit*, Dalloz, coll. « Bibliothèque des thèses », 2003.
- B. Mathieu et M. Verpeaux, « La reconnaissance et l'utilisation des principes fondamentaux reconnus par les lois de la République par le juge : la contribution de l'arrêt *Koné* du Conseil d'État à l'analyse de la hiérarchie des normes en matière de droits fondamentaux », *D.* 1997. Chron. 219.
- J.-M. Sauvé et N. Polge, « Les principes généraux du droit en droit interne et en droit communautaire : leçons croisées pour un avenir commun ? », in *Mélanges P. Manin*, Pedone, 2010, p. 727.
- G. Vedel, « Réflexions sur quelques apports de la jurisprudence du Conseil d'État à la jurisprudence du Conseil constitutionnel », in *Mélanges R. Chapus*, Montchrestien, 1992, p. 662.

C. Lois, ordonnances et règlements

- P. Delvolvé, « L'été des ordonnances », *RFDA* 2005. 909.
- A. Haquet, *La loi et le règlement*, LGDJ, coll. « Systèmes », 2007.
- A.-M. Le Pourhiet, *Les ordonnances. La confusion des pouvoirs en droit public français*, LGDJ, coll. « Systèmes », 2011.
- B. Mathieu, *La loi*, 3e éd., Dalloz, coll. « Connaissance du droit », 2010.

Quiz

1) Sujet corrigé

Cas pratique

Énoncé

Devant le retard accumulé pour la transposition de directives communautaires, retard qui a entraîné à plusieurs reprises la condamnation de la France devant la Cour de justice des Communautés européennes suite à des *recours en manquement* (voir la définition en fin d'énoncé) intentés par la Commission, le Parlement a habilité, par la loi n° 2012-1 du 3 janvier 2012, le gouvernement à procéder à la transposition, par ordonnances, des directives communautaires et à mettre en œuvre certaines dispositions du droit communautaire. Parmi plus d'une soixantaine de textes qui doivent ainsi être transposés, la loi d'habilitation porte une attention particulière (art. 3) à la directive Natura 2000. Cette directive n° 92/43/CEE du Conseil en date du 21 mai 1992, qui modifie la directive n° 79/409/CEE du Conseil du 2 avril 1979 relative à la conservation des oiseaux sauvages, concerne la conservation des habitats naturels ainsi que de la faune et de la flore sauvages ; elle indique notamment que « Les États membres prennent les mesures appropriées pour éviter, dans les zones spéciales de conservation, la détérioration des habitats naturels et des habitats d'espèces ainsi que les perturbations touchant les espèces pour lesquelles les zones ont été désignées, pour autant que ces perturbations soient susceptibles d'avoir un effet significatif eu égard aux objectifs de la présente directive ». Les États doivent donc définir des zones de protection, qui, selon l'article 3 de la directive, permettent « d'assurer le maintien ou, le cas échéant, le rétablissement, dans un état de conservation favorable, des types d'habitats naturels et des habitats d'espèces concernés dans leur aire de répartition naturelle ».

La loi d'habilitation précitée indique notamment que le gouvernement est habilité à prendre les mesures législatives pour « réaliser, dans les zones concernées, la conciliation entre les objectifs de conservation et le maintien d'activités humaines lorsque celles-ci n'ont pas d'effets significatifs à leur égard, étant précisé que les activités piscicoles, la chasse et les autres activités cynégétiques pratiquées dans les conditions et sur les territoires autorisés par les lois et règlements en vigueur ne constituent pas des activités perturbantes ou ayant de tels effets ».

Dans ce cadre, l'ordonnance n° 2012-321 du 11 avril 2012 relative à la transposition de directives communautaires et à la mise en œuvre de certaines dispositions du droit communautaire dans le domaine de l'environnement modifie le Code de l'environnement en y insérant la disposition suivante : « Les sites Natura 2000 font l'objet de mesures destinées à conserver ou à rétablir dans un état favorable à leur maintien à long terme les habitats naturels et les populations des espèces de faune et de flore sauvages qui ont justifié leur délimitation. Les sites Natura 2000 font également l'objet de mesures de prévention appropriées pour éviter la détérioration de ces mêmes habitats naturels et les perturbations de nature à affecter de façon significative ces mêmes espèces. Ces mesures [...] ne conduisent pas à interdire les activités humaines dès lors qu'elles n'ont pas d'effets significatifs par rapport aux objectifs mentionnés à l'alinéa ci-dessus. Les activités piscicoles, la chasse et les autres activités cynégétiques pratiquées dans les conditions et sur les territoires autorisés par les lois et règlement en vigueur, ne constituent pas des activités perturbantes ou ayant de tels effets ».

M. Friardel exploite depuis le mois de mai 2012 un établissement piscicole à Ticheville (Eure), en bordure de la Risle, zone qui a été classée Natura 2000 en tant que représentant les « étages planitiaire à montagnard avec végétation du Ranunculion fluitantis et du Callitricho-Batrachion », ainsi que les « Mégaphorbiaies hygrophiles d'ourlets planitiaires et des étages montagnard à alpin ». Il a obtenu pour ce faire de la direction départementale de l'agriculture une autorisation d'utiliser les eaux de la Risle, conformément à l'arrêté préfectoral du 20 avril 2012 autorisant la pisciculture dans les zones Natura 2000 du département de l'Eure.

Président de l'association Protection de la nature en Guiel-Charentonne, M. Bailleul s'émeut de ce que l'activité de M. Friardel porte préjudice à la reproduction des écrevisses blanches, qui figurent pourtant sur la liste des espèces protégées établie dans la directive Natura 2000.

Il vous consulte, aux premiers jours de juin 2012, afin de savoir s'il dispose de moyens de faire cesser au plus vite cette intolérable atteinte à la liberté de la nature.

[*Recours en manquement :* Le recours en manquement est une procédure organisée devant la Cour de justice des communautés européennes, dont les modalités sont prévues aux articles 226 et 227 du traité CE. La Commission ou, dans certaines conditions, tout État membre peut saisir la Cour pour que celle-ci constate que l'un des États a manqué à une ou plusieurs des obligations qui lui incombent en vertu des traités ou de normes communautaires dérivées. Ce recours n'est donc pas ouvert aux simples particuliers, qui peuvent cependant déposer auprès de la Commission une plainte dont l'une des suites pourra être un recours en manquement. L'État concerné peut alors être condamné à une amende, et, sous astreinte, à se conformer à la norme dont le non-respect a entraîné le recours en manquement.]

Voir le corrigé en fin de rubrique.

2) Sujets d'examen

A) Dissertations

Conseil constitutionnel et Conseil d'État.

Existe-t-il des normes internes susceptibles de faire obstacle à l'application d'un engagement international ?

Les validations législatives.

Les principes fondamentaux reconnus par les lois de la République devant le juge administratif.

B) Cas pratique

1. La loi du 30 décembre 2011 a, sur le fondement de l'art. 38 de la Constitution, habilité le gouvernement à prendre, par ordonnance, toute mesure nécessaire pour procéder à la création d'un Code de l'immigration, regroupant notamment les règles relatives à l'entrée et au séjour des étrangers, et procédant aux modifications des normes codifiées qui seraient rendues nécessaires par l'évolution des normes qu'elles devaient respecter. Le 3 février 2012, est publiée une ordonnance portant partie législative du Code de l'immigration, Code qui comporte, à son art. L. 112-3, une disposition conditionnant la circulation des étrangers ressortissant des pays de l'Amérique du Sud entre la métropole et les collectivités d'outre-mer à une autorisation préalable de l'autorité préfectorale. Le 9 février, le gouvernement dépose devant l'Assemblée nationale un projet de loi de ratification de cette ordonnance.

M. Sanchez, ressortissant péruvien ayant obtenu, en 2006, un titre de séjour de dix ans, souhaite se rendre en Guadeloupe pour y passer quelques jours de vacances, et craint que les nouvelles dispositions ne l'en empêchent. Il décide donc, le 24 février 2012, d'intenter un recours contre l'ordonnance du 3 février 2012, en se fondant sur la contrariété entre cette ordonnance et, premièrement, les dispositions législatives en vigueur ne soumettant les voyages entre la métropole et les départements d'outre-mer à aucune formalité préalable, deuxièmement, le principe communautaire de libre circulation des personnes sur le territoire de la Communauté, enfin, troisièmement, le principe constitutionnel d'égalité.

Il souhaiterait savoir si ces trois arguments seront susceptibles d'être acceptés par le juge.

2. Considérant que ce nouveau code est un élément important de sa politique, le gouvernement décide de demander l'examen en urgence du projet de loi de ratification ; la loi est définitivement adoptée le 5 mai 2012.

Quelques députés, estimant ce texte inacceptable, tentent de convaincre leurs collègues de son inconstitutionnalité afin de saisir le Conseil constitutionnel de la conformité à la constitution de cette loi.

Quels arguments peuvent-ils invoquer à l'appui de leur saisine ?

3. Qu'il ne se soit pas trouvé soixante députés pour saisir le Conseil, ou que ce dernier ait rejeté le recours, la loi ratifiant l'ordonnance a été promulguée le 20 mai 2012. Le Conseil d'État doit en principe rendre sa décision, à propos du recours de M. Sanchez, au mois de septembre 2012.

Le recours de M. Sanchez pourra-t-il être examiné ? Au cas où la réponse du Conseil d'État serait affirmative, les arguments qu'il invoquait lors de la saisine sont-ils toujours susceptibles d'être accueillis ? Dans l'hypothèse d'une réponse négative, quelles possibilités demeurent pour M. Sanchez ?

3) Corrigé

Cas pratique

La France semble éprouver une difficulté toute particulière à transposer les directives communautaires relatives à la protection de l'environnement. La directive n° 92/43, concernant la conservation des habitats naturels ainsi que de la faune et de la flore sauvages, connue sous le nom de directive Natura 2000, modifie en partie la directive n° 79/409 relative à la conservation des oiseaux sauvages qui est elle-même à l'origine d'un important et délicat contentieux (par ex. CE 28 sept. 1984, *Confédération nationale des sociétés de protection des animaux*, *Lebon* 481 ; *AJDA* 1984. 695, concl. P.-A. Jeanneney ; CE 10 juin 1994, *Rassemblement des opposants à la chasse*, *Lebon* 313 ; CE 13 juin 1997, *Ligue de protection des oiseaux* ; CE 3 déc. 1999, *Assoc. ornithologique et mammalogique de Saône-et-Loire, GAJA*, 18e éd., n° 103), qui a apporté un certain nombre de précisions aux rapports existant entre les directives communautaires et le droit français. Selon les termes de l'article 288 du TFUE, « la directive lie tout État destinataire quant au résultat à atteindre, tout en laissant aux instances nationales la compétence quant à la forme et aux moyens ». Par rapport à d'autres catégories d'actes communautaires, tels que les règlements, qui sont directement applicables et ont désormais, en vertu de l'article 55 de la Constitution et du traité de Rome, une valeur supérieure à celle de la loi, le statut des directives est plus ambigu, puisque seuls les « objectifs » qu'elles assignent aux États et les conditions de délai devraient être considérés comme immédiatement opposables. C'est cette question que l'on retrouve ici, à la fois en ce qui concerne le contrôle de la *conformité des adaptations du droit interne aux objectifs* fixés par une directive communautaire, et de *l'effet* de cette dernière *en cas de défaut de transposition* de la directive, tant sur les actes individuels que sur les décisions réglementaires. En outre, le mode choisi pour transposer la directive Natura 2000 entraîne éventuellement des conséquences sur la conformité de la transposition à la directive.

Il importe tout d'abord d'identifier les actes contre lesquels M. Bailleul est susceptible d'intenter un recours. Plusieurs hypothèses doivent en effet être envisagées. L'activité de pisciculture de M. Friardel est exercée conformément à l'arrêté préfectoral du 20 avril 2012. Ce premier acte est donc susceptible de recours pour excès de pouvoir jusqu'au 20 juin 2012, et tout laisse à penser que M. Bailleul justifie d'un intérêt suffisant lui conférant qualité pour agir en ce sens. Mais cet arrêté a été pris en application de l'ordonnance du 11 avril 2012 – ou à tout le moins aurait dû l'être. Or il ne fait guère de doute que l'arrêté en vertu duquel M. Friardel exerce sa profession est conforme à l'ordonnance n° 2012-321, qui précise que la pisciculture fait partie des activités qui ne sont pas perturbantes pour les sites protégés. Par conséquent, à travers l'arrêté dont bénéficie M. Friardel, c'est la conformité de l'ordonnance à la directive Natura 2000 que M. Bailleul s'apprête à contester. Compte tenu du délai de deux mois qui est imparti pour intenter un recours pour excès de pouvoir, il a donc la possibilité d'attaquer d'une part l'arrêté préfectoral, d'autre part directement l'ordonnance n° 2012-321.

1. L'autorisation conférée à M. Friardel a donc été prise conformément à l'ordonnance n° 2012-321, elle-même conforme à la loi d'habilitation n° 2012-1 qui précisait explicitement que la pisciculture ne fait pas partie des activités perturbantes. En revanche, la directive semble plus restrictive, indiquant que les États membres doivent prendre toute mesure pour éviter « les perturbations touchant les espèces » protégées. Si l'on considère uniquement le droit interne, l'activité de M. Friardel semble ainsi légale : il peut se prévaloir de l'existence du règlement (l'arrêté préfectoral). La question se pose donc à un autre niveau : celui de la précarité de la situation de M. Friardel, dans la mesure où l'acte réglementaire (et non individuel) qui légitime son action est éventuellement contraire à une directive dont, par ailleurs, le *délai de transposition* en droit interne est largement dépassé (1994), ce qui signifie qu'il n'y a pas eu transposition dans les délais impartis, ou que la transposition est défectueuse. Dans ce cas de figure, deux possibilités sont à envisager. Une procédure de manquement pourrait être initiée à l'initiative de la Commission ou un d'autre État, l'État français étant vraisemblablement condamné pour non-respect de la directive par la CJUE ; mais une telle procédure n'est pas directement ouverte à M. Bailleul. Celui-ci peut en revanche intenter un recours pour excès de pouvoir contre l'arrêté préfectoral qui autorise indistinctement toutes les activités piscicoles, soit directement (s'il introduit son recours avant le 20 juin), soit indirectement (refus d'abrogation ou de modification). Dans les deux cas, la directive sera considérée comme supérieure à l'acte réglementaire interne, et ce quand bien même une disposition législative en justifierait l'existence. Depuis 1992 en effet (CE, ass., 28 févr. 1992, *SA Rothmans International France*), la conformité d'un acte réglementaire aux objectifs d'une directive est contrôlée, quand bien même le règlement serait la stricte application de la loi, et ce par extension logique de la jurisprudence *Nicolo* (qui concernait les traités institutifs) ; le fait que l'arrêté préfectoral soit conforme à la loi d'habilitation ne peut faire échapper cette décision à son contrôle au regard de la directive n° 92/43. La disposition de l'arrêté concerné, ou, plus vraisemblablement, le refus de l'abroger ou de la modifier, pourrait alors être annulé par le juge, parce que « les autorités nationales ne peuvent légalement, après expiration des délais impartis, [...] laisser subsister des dispositions réglementaires qui ne seraient plus compatibles avec les objectifs définis par les directives » (CE, ass., 3 févr. 1989, *Compagnie Alitalia*).

Mais une difficulté supplémentaire se présente alors. La directive n° 92/43 est en effet muette sur les activités piscicoles : elle indique simplement que les États doivent interdire les perturbations touchant les espèces protégées. L'interprétation donnée par l'arrêté préfectoral – la pisciculture n'est pas une activité perturbante – est-elle conforme à la directive ? L'imprécision de cette dernière entraîne l'obligation pour le juge administratif d'interpréter la directive et, s'il y a une difficulté sérieuse, d'opérer un renvoi préjudiciel en interprétation auprès de la Cour de justice en application de l'article 267 du TFUE, à moins que (et plus vraisemblablement), faisant référence à la théorie de l'acte clair, le même juge estime que l'interprétation de la disposition ne soulève pas de difficulté et décide ainsi que l'arrêté (ou la décision implicite ou explicite de refus de son abrogation) est illégal parce que contraire à la directive, en ce qu'il ne permet pas la protection effective des écrevisses blanches.

2. M. Bailleul a toutefois une autre possibilité d'obtenir, quoiqu'indirectement, l'arrêt de l'exploitation de M. Friardel. L'arrêté préfectoral a en effet été pris certes en application de la loi n° 2012-1, mais plus immédiatement en vertu de l'ordonnance n° 2012-321. Or les ordonnances sont, de par leur régime contentieux et sous certaines conditions, assimilées aux actes réglementaires. Entre la publication de l'ordonnance et sa ratification, l'ordonnance peut, dans les délais du recours contentieux, faire l'objet d'un recours pour excès de pouvoir ; par ailleurs, il est possible d'exciper de son illégalité pour obtenir l'annulation d'un acte pris pour son application. L'ordonnance ayant été adoptée le 11 avril 2012, M. Bailleul peut l'attaquer par la voie de l'excès de pouvoir jusqu'au 11 juin.

La question qui se pose alors est celle de savoir quel sera le contrôle effectué par le juge administratif, compte tenu de la spécificité de l'acte réglementaire qu'est une ordonnance. Dès que sa ratification sera intervenue, l'ordonnance aura en effet une nature législative, n'étant plus susceptible de recours pour excès de pouvoir et ne pouvant être modifiée que par une loi. Dans l'intervalle, sa nature réglementaire fait en principe d'elle et malgré son objet un simple acte administratif, d'un rang inférieur à celui de la loi. Pourtant, le régime contentieux des ordonnances est spécifique : le juge administratif limite le bloc de légalité auxquelles elles doivent se conformer à certains éléments : la loi d'habilitation, tout d'abord (CE 4 nov. 1996, *Assoc. de défense des sociétés de courses des hippodromes de province*), les normes internationales et communautaires ensuite (CE, ass., 28 mars 1997, *Baxter*), les principes généraux du droit, enfin (CE 4 nov. 1996, préc.). Par exception à l'impossibilité d'annuler un acte législatif, le Conseil d'État peut donc *annuler* une mesure législative contraire à un acte international, et non seulement écarter son application, lorsque cette mesure a été adoptée par voie d'ordonnance.

De la même façon qu'à propos de l'arrêté préfectoral, M. Bailleul pourra ainsi obtenir l'annulation de l'ordonnance n° 2012-321, au motif de son incompatibilité avec la directive Natura 2000, et, à la suite, obtenir, sur le fondement de la jurisprudence *Alitalia*, l'abrogation de l'arrêté préfectoral désormais dépourvu de base légale.

chapitre 2

Les limites du principe de légalité

Plan analytique

section 1

Le pouvoir discrétionnaire

section 2

La théorie des circonstances exceptionnelles et les autres régimes d'exception

section 3

Les actes insusceptibles de tout recours

§ 1 Les actes de gouvernement

A. Les actes touchant aux rapports entre les pouvoirs publics constitutionnels

B. Les actes non détachables de la conduite des relations internationales de la France

§ 2 Les mesures d'ordre intérieur

section 4

Légalité et sécurité juridique

Compléments pédagogiques

2

Les limites du principe de légalité

Si l'existence d'un certain pouvoir discrétionnaire de l'administration a seulement 137
pour effet de délimiter la portée du principe de légalité (section 1), la théorie des circonstances exceptionnelles (section 2) et l'existence de la catégorie des actes insusceptibles de tout recours (section 3) apportent en revanche de véritables inflexions au principe de légalité.

section 1

Le *pouvoir discrétionnaire*

Le principe de légalité a une signification claire : l'administration doit agir sur le 138
fondement et dans le respect des règles juridiques composant la légalité administrative. Pour autant, sa mise en œuvre appelle certaines précisions. Elle suppose essentiellement de distinguer deux types de configurations normatives dans lesquelles l'autorité administrative peut prendre sa décision. D'une part, les règles de la légalité administrative peuvent laisser à l'administration une liberté, d'étendue variable, quant au choix de sa décision ; on pourra parler de pouvoir discrétionnaire car plusieurs décisions également légales sont possibles. D'autre part, ces règles peuvent, au contraire, prédéterminer entièrement l'existence et le sens de la décision : l'autorité administrative se trouvera alors dans une situation de compétence liée car une seule décision légale est possible.

La distinction entre ces deux configurations normatives n'est cependant pas toujours claire. Il est possible de relever une certaine incertitude conceptuelle des notions de pouvoir discrétionnaire et de compétence liée ; celles-ci apparaissent, sous des acceptions variées, dans le discours doctrinal pour décrire l'exercice du pouvoir administratif mais sont aussi présentes, dans la jurisprudence administrative, pour définir le contrôle du juge. En outre, cette incertitude se double d'une contingence juridique. Il est, en réalité, peu fréquent de trouver un modèle « pur » de pouvoir discrétionnaire ou de compétence liée. Ainsi, entre l'hypothèse d'un pouvoir entièrement discrétionnaire et celle d'une compétence liée existent, en réalité, toute une gradation de situations juridiques où l'autorité administrative exerce un pouvoir d'appréciation plus ou moins étendu. Pour autant, ces deux types de configurations normatives conservent une signification. Elles affectent, à leur mesure, le principe de légalité en ce qu'elles modèlent le contrôle juridictionnel de la décision administrative.

D'une part, la *compétence liée* renvoie, dans la jurisprudence du Conseil d'État, à 139
l'hypothèse exceptionnelle selon laquelle l'administration doit adopter une décision ou un comportement qui est le seul possible compte tenu des obligations d'agir ou de

ne pas agir s'imposant à elle. L'administration commet une illégalité lorsqu'elle n'adopte pas la décision ou le comportement unique que lui imposent nécessairement les règles supérieures. Selon une telle hypothèse, le contrôle du juge est limité, dans la mesure où l'action administrative est entièrement prédéterminée par le droit applicable. En cas de contestation de la décision, le juge administratif considérera comme inopérants – c'est-à-dire sans effet juridique – les moyens de légalité invoqués devant lui, à l'exception de ceux déterminant l'existence de la compétence liée (CE, sect., 3 févr. 1999, *Montaignac*, n° 149722). L'existence d'un vice de forme ou de procédure, par exemple, ne pourra être invoquée utilement par le requérant contre la décision adoptée dans l'exercice d'une compétence liée. Cette limitation du contrôle du juge conduit donc à un affaiblissement relatif du principe de légalité. Si la décision administrative finale est bien celle prescrite nécessairement par les règles supérieures, elle bénéficie d'une forme d'immunité contentieuse à l'égard des différentes irrégularités ayant pu être commises par l'autorité compétente lors de son adoption.

La solution s'explique : ces irrégularités n'affectent pas, au moins d'un point de vue juridique, la situation des administrés puisqu'une seule décision ou comportement était possible. Parallèlement, le juge évite de ralentir inutilement l'action administrative en obligeant l'autorité compétente à reprendre le même acte dans le respect de l'ensemble des règles applicables. Pour autant, l'affaiblissement du contrôle juridictionnel peut inciter l'administration à moins de rigueur dans l'exercice de son pouvoir. À ce titre, le Conseil d'État appréhende la compétence liée de façon restrictive : l'administration ne doit disposer d'aucun pouvoir d'appréciation dans l'adoption de sa décision. Les éléments de fait et de droit qui déterminent l'existence et le sens de la décision administrative relèvent d'un simple constat qui s'impose à l'autorité compétente sans que celle-ci ne puisse porter sur eux la moindre appréciation. Par exemple, lorsque le maire constate qu'un projet de construction doit faire l'objet, en raison de ses dimensions, d'un permis de construire, il est tenu de s'opposer aux travaux en l'absence d'un tel permis. Le sens de sa décision – s'opposer aux travaux – est déterminé par le constat de l'absence de permis et des caractéristiques physiques de la construction que le maire se borne à relever sans pouvoir porter sur elles la moindre appréciation. Il se retrouve ainsi dans une situation de compétence liée (CE 9 juill. 2014, *Commune de Chelles*, n° 373295). En sens inverse, dès lors que l'autorité administrative porte une appréciation qui lui est propre sur un élément de fait ou de droit justifiant sa décision, elle ne se trouve pas en situation de compétence liée. Le juge peut alors exercer normalement son contrôle de légalité.

La jurisprudence administrative récente relative à la récupération, par l'autorité administrative, des aides financières versées en contrariété avec le droit de l'Union permet d'éclairer les frontières de la situation de compétence liée. La mise en parallèle des arrêts *Commune de Vendranges* (CE 23 juill. 2014, n° 364466) et *Office de développement de l'économie agricole d'outre-mer* (CE, sect., 13 mars 2015, n° 364612) est ainsi révélatrice. Dans la première espèce, la contrariété de l'aide a été établie par la Commission européenne qui en a prescrit la récupération par l'autorité administrative française. Cette dernière ne peut donc porter la moindre appréciation sur les éléments de fait et de droit commandant la récupération de l'aide, ceux-ci ayant été établis au préalable par la Commission. L'autorité administrative se borne à constater l'obligation de récupération de l'aide irrégulière imposée par la décision de la Commission et à la mettre en œuvre ; elle se trouve donc en situation de compétence liée. Au contraire, dans l'arrêt *Office de développement de l'économie agricole d'outre-mer*, la décision de récupération est prise à l'initiative de l'autorité administrative, après que celle-ci ait elle-même constaté la contrariété de l'aide au droit de l'Union européenne. Il n'est alors plus question ici de compétence liée ou, du moins, de compétence entièrement liée. En effet, si la récupération de l'aide versée en violation du droit de l'Union est une obligation juridique pour l'administration, celle-ci n'en a pas moins porté une appréciation initiale sur l'existence de la violation qui la commande. Ainsi, si l'administration est bien tenue de récupérer l'aide, cette obligation n'existe qu'après que l'autorité ait contrôlé la compatibilité de l'aide au droit de l'Union. Dans le cadre de ce contrôle, l'autorité administrative est conduite à porter des appréciations sur des éléments de fait et de droit : elle ne se trouve donc pas en situation de compétence liée. Les solutions contentieuses des deux arrêts sont donc opposées. Dans l'affaire *Commune de Vendranges*, la situation de compétence liée constatée par le Conseil d'État implique que les moyens juridiques invoqués par le requérant contre la décision sont inopérants. Au contraire, dans l'arrêt *Office de développement de l'économie agricole d'outre-mer*, le requérant peut utilement invoquer le vice de procédure résultant du caractère non contradictoire de la procédure suivie pour ordonner la récupération de l'aide.

D'autre part, le pouvoir discrétionnaire semble renvoyer, en sens inverse et de façon générale, à l'hypothèse selon laquelle l'autorité administrative a le choix entre plusieurs décisions, toutes également légales. Il s'agit du cas de figure le plus ordinaire, l'action administrative ne pouvant se résoudre en une simple application mécanique par l'administration des normes supérieures (Constitution, engagements internationaux, lois). Ces dernières n'ont pu envisager, en effet, toutes les situations concrètes auxquelles sera confrontée l'administration, qui pourra disposer d'une certaine marge d'appréciation pour adapter ses décisions en fonction des circonstances. Une autorité administrative dispose ainsi d'un pouvoir discrétionnaire lorsqu'elle a la faculté de prendre ou non une décision ou de choisir entre plusieurs décisions, qui sont respectueuses du principe de légalité. Elle reste donc libre d'apprécier en opportunité, en fonction des circonstances, la solution qui lui paraît la mieux adaptée à la situation, le droit en vigueur lui laissant une marge d'appréciation à cet égard. **140 ■**

Cette conception large du pouvoir discrétionnaire ne suffit pas à faire apparaître toute la variété des situations juridiques à laquelle il renvoie ni à expliquer les difficultés qu'il soulève au regard du principe de légalité. Le pouvoir discrétionnaire révèle, en effet, une réalité multiple : la dose de pouvoir discrétionnaire varie en fonction d'éléments normatifs, tels que le nombre, l'exhaustivité, la nature, la précision et la rédaction des règles applicables à la décision administrative en cause. Elle découle aussi, indirectement, d'éléments contentieux liés à l'intensité du contrôle du juge administratif ; selon les hypothèses, le juge exclut tout contrôle sur l'appréciation portée par l'administration, limite celui-ci à l'erreur manifeste d'appréciation ou exerce normalement son contrôle.

Les difficultés principales posées par le pouvoir discrétionnaire sont liées aux hypothèses selon lesquelles l'autorité compétente exerce son pouvoir sans qu'aucune prescription ou condition légale n'encadre sa décision (CE, sect., 4 févr. 2015, *Min. de l'Intérieur c/ M. Ortiz*, n° 383267). Selon une telle hypothèse, les contraintes du principe de légalité sont affaiblies par l'absence de telles mentions légales. Ainsi dotée d'un large pouvoir discrétionnaire, l'autorité administrative compétente ne décide pas, pour autant, de manière arbitraire. Sa liberté de choix s'exerce, en tout état de cause, sous le contrôle du juge administratif. De ce point de vue, il n'existe plus d'actes totalement discrétionnaires, car l'action administrative doit, en tout état de cause, respecter les règles de compétence et poursuivre un but d'intérêt général (CE 31 janv. 1902, *Grazietti*, *S.* 1903. III. 113, note M. Hauriou). Le développement du contrôle de l'erreur manifeste d'appréciation et du contrôle normal témoigne aussi de la volonté du juge administratif de canaliser l'exercice du pouvoir discrétionnaire. Finalement, le pouvoir discrétionnaire semble soulever, tout autant qu'un problème de légalité, une question de prévisibilité du droit. L'incertitude entourant le sens de la décision administrative adoptée dans l'exercice d'un pouvoir discrétionnaire crée des risques d'insécurité juridique et, le cas échéant, d'atteinte au principe d'égalité. Ces risques peuvent expliquer la tendance de l'autorité administrative à adopter des actes d'orientation guidant l'exercice de son pouvoir discrétionnaire, lesquels suscitent d'ailleurs, en retour, de nouvelles incertitudes juridiques (v. ss 133 s.).

section **2**

La théorie des circonstances exceptionnelles et les autres régimes d'exception

141 La théorie dite des « circonstances exceptionnelles » est née des événements de la Première Guerre mondiale, qui a conduit l'administration à prendre un certain nombre de mesures excédant ses pouvoirs normaux, pour faire face aux circonstances (CE 28 juin 1918, *Heyriès*, *GAJA*, n° 30 ; CE 28 févr. 1919, *Dames Dol et Laurent*, *GAJA*, n° 32). Le caractère pittoresque de cette dernière affaire mérite d'être rappelé, puisque le préfet maritime de Toulon avait interdit aux tenanciers de cafés, bars et débits de boissons de recevoir des « filles » dans leurs établissements, et les Dames Dol et Laurent, « se disant filles galantes », avaient formé un recours tendant à l'annulation de cette mesure ; le Conseil d'État a alors précisé que « les limites des pouvoirs de police dont l'autorité publique dispose pour le maintien de l'ordre et de la sécurité [...] ne sauraient être les mêmes dans le temps de paix et pendant la période de guerre où les intérêts de la défense nationale donnent aux principes de l'ordre public une extension plus grande, exigent pour la sécurité publique des mesures plus rigoureuses ».

De nombreuses applications de la théorie des circonstances exceptionnelles ont également été faites pendant la Seconde Guerre mondiale et la période qui l'a immédiatement suivie.

142 Si l'application de cette jurisprudence n'est certes pas limitée aux événements de guerre, le Conseil d'État exige toutefois la survenance brutale d'événements graves mettant l'administration dans l'impossibilité d'agir dans le respect des règles normalement applicables. Les dérogations au principe de légalité ne peuvent durer qu'autant que l'exigent les circonstances et un acte initialement justifié par des circonstances exceptionnelles ne pourra plus recevoir application lorsque celles-ci ont pris fin.

C'est ainsi que le gouvernement provisoire de la République française a pu prendre, par une circulaire d'août 1944, des mesures relevant normalement du domaine de la loi, mais qu'il a été jugé que ces mesures devaient cesser de recevoir application du jour où une autorité législative était de nouveau à même d'exercer son pouvoir (CE, ass., 16 avr. 1948, *Laugier, Lebon* 161 ; *S.* 1948. III. 36, concl. Letourneur).

Sous ces réserves, des circonstances exceptionnelles peuvent justifier que des dérogations soient apportées aux règles de procédure (arrêt *Heyriès*, préc., concernant la suspension de la règle de la communication du dossier aux fonctionnaires en matière disciplinaire pendant la période de guerre), de même qu'elles peuvent impliquer l'extension des pouvoirs de police (arrêt *Dames Dol et Laurent*, préc.). Elles peuvent légitimer une exception au jeu normal des règles de compétence, l'autorité administrative pouvant exceptionnellement intervenir dans le domaine de la loi et une personne privée pouvant même se substituer, le cas échéant, à l'autorité publique défaillante (CE 5 mars 1948, *Marion, Lebon* 113). 143 ■

Il doit être rappelé, pour mémoire, que le président de la République peut prendre par ordonnances (v. ss 117) toutes les mesures exigées par les circonstances, lorsque celles-ci remplissent les conditions dont la réunion tout à fait exceptionnelle justifie la mise en œuvre des pouvoirs prévus à l'article 16 de la Constitution. Ces décisions sont alors prises après avis du Conseil constitutionnel mais sans contreseing ministériel. Seules les décisions relevant du domaine réglementaire prises dans ce cadre, mais non celles qui entrent dans le champ législatif, sont soumises à un contrôle juridictionnel du respect du principe de légalité (CE 2 mars 1962, *Rubin de Servens, GAJA*, n° 75). Le contrôle juridictionnel est donc paradoxalement d'autant plus limité qu'il ne pourra porter sur les décisions intervenant dans le domaine de la loi, alors qu'elles sont susceptibles d'apporter les atteintes les plus graves aux protections accordées aux libertés publiques. 144 ■

Les nécessités tirées de la situation grave du pays peuvent conduire également à accroître exceptionnellement les pouvoirs de l'administration dans les cas d'état de siège et d'état d'urgence. Seul le régime de l'état de siège est évoqué par la Constitution (art. 36), mais le silence de la Constitution sur le régime de l'état d'urgence n'a pas pour effet d'interdire d'y recourir, dans les conditions prévues par la loi, dès lors qu'il est moins restrictif du point de vue de la protection des libertés. 145 ■

Organisé par les articles L 2121-1 à L 2121-8 du Code de la défense, le régime de l'état de siège ne peut être décrété que par décision prise en Conseil des ministres et pour une durée maximum de 12 jours, au-delà de laquelle son prolongement ne peut être décidé que par le Parlement. Institué pour faire face à « un péril imminent résultant d'une guerre étrangère ou d'une insurrection à main armée », l'état de siège aboutit à un transfert des pouvoirs de police à l'autorité militaire et des restrictions aux libertés publiques allant au-delà de ce qu'autorise le droit commun. 146 ■

Le régime de l'état d'urgence, prévu par l'article L 2131-1 du Code de la défense, ne peut être mis en œuvre que par les mêmes autorités et pour les mêmes durées que 147 ■

l'état de siège. Des pouvoirs de police accrus sont, dans ce cadre, confiés non pas à l'autorité militaire mais au préfet, pour faire face à un « péril imminent résultant d'atteintes graves à l'ordre public » ou « d'événements présentant par leur nature et leur gravité le caractère de calamités publiques. »

Inutilisé, sur le territoire métropolitain, depuis 1963, l'état d'urgence a été décidé, à la suite de violences urbaines, par un décret du 8 novembre 2005, prorogé par une loi du 18 novembre 2005. Il a été à nouveau activé à la suite des attentats du 13 novembre 2015 par un décret du 14 novembre 2015, puis prorogé par plusieurs lois successives pendant plus de 18 mois. En tant que juge de l'excès de pouvoir, le Conseil d'État a accepté de contrôler la légalité du décret déclarant l'état d'urgence. Il a ainsi jugé à propos du décret du 8 novembre 2005 que ce dernier, eu égard à la situation dans laquelle il avait été adopté et aux contrôles, administratifs et juridictionnels, dont les mesures prises en son application peuvent être l'objet, était légalement justifié et ne violait pas la Convention européenne de sauvegarde des droits de l'homme (CE, ass., 24 mai 2006, *Rolin et Boisvert*, *AJDA* 2006. 1033, chron. C. Landais et F. Lenica). Par symétrie, le juge administratif accepte de contrôler la décision du président de la République de mettre fin ou non à l'état d'urgence, compte tenu du fait « *qu'un régime de pouvoirs exceptionnels a des effets qui, dans un État de droit, sont par nature limités dans le temps et dans l'espace ce dernier dispose d'un large pouvoir d'appréciation* » (CE 27 janv. 2016, *Ligue des droits de l'homme e.a.*, n° 396220).

Les mesures attentatoires aux libertés prises dans le cadre de l'état d'urgence, telles que les perquisitions administratives ou les assignations à résidence, font elles-mêmes l'objet d'un contrôle juridictionnel, notamment en référé, par le juge administratif. Le Conseil d'État a ainsi été conduit à préciser leur régime juridique, qu'il s'agisse des conditions de leur légalité ou de celles dans lesquelles elles peuvent engager la responsabilité de la puissance publique (v., par exemple, à propos des perquisitions administratives : CE ass., 6 juill. 2016, *Napol e.a.*, n° 398234 ; CE 25 avr. 2017, *Ben Abbes*, n° 409677, s'agissant des assignations à résidence prolongée pour une durée au-delà d'un an).

148 En dehors du domaine de la défense, la loi du 23 mars 2020 d'urgence pour faire face à l'épidémie de Covid-19 a créé un « état d'urgence sanitaire » destiné à répondre à une catastrophe sanitaire mettant en péril, par sa nature et sa gravité, la santé de la population (CSP, art. L. 3131-12). Il s'agit d'une police spéciale qui n'est pas exclusive d'une intervention complémentaire de l'autorité de police générale au niveau local (CE ord., 17 avril 2020, *Commune de Sceaux*, n° 440057). Déclaré par décret en conseil des ministres pour un mois, l'état d'urgence sanitaire peut être prorogé si la loi l'autorise et pour une durée qu'elle détermine. Il autorise des restrictions aux libertés d'une intensité supérieure à celles normalement permises par le droit commun. Sur le fondement de l'article L. 3131-15 du code, le Premier ministre peut ainsi adopter, aux seules fins de garantir la santé publique, différentes mesures, individuelles ou réglementaires, particulièrement contraignantes, telles, notamment, des restrictions ou des interdictions de circulation, des confinements, des mises en quarantaine, ou des placements en isolement. En revanche, le Premier ministre ne peut légalement adopter, dans le cadre de l'état d'urgence sanitaire, de mesures de police qui ne soient pas expressément autorisées par le code de la santé publique, telle que, par exemple, un régime d'autorisation préalable en matière de manifestation sur la voie publique (CE, 15 janvier 2021, *Confédération générale du travail*, n° 441265).

section 3

Les actes insusceptibles de tout recours

Certains actes, soit de par leur particulière importance, en tant qu'ils concernent les relations internationales ou les relations de l'exécutif avec les autres pouvoirs dans l'État (§1), soit, à l'inverse, de par leur caractère mineur (§2), échappent à tout contrôle juridictionnel, dans la mesure où ils sont insusceptibles de recours. Ceci peut constituer une limite à l'effectivité du principe de légalité. 149 ■

§ 1 Les actes de gouvernement

La définition des *actes de gouvernement*[Q] a évolué, conduisant à une réduction progressive de leur nombre. Initialement, le juge administratif avait refusé d'opérer un contrôle sur certains actes de l'administration du fait des motifs politiques sur lesquels ils étaient fondés, et qui l'auraient conduit à se prononcer sur l'opportunité des choix ainsi faits par l'administration (CE 9 mai 1867, *Duc d'Aumale, Lebon* 472). 150 ■

Cette jurisprudence a été peu à peu abandonnée (CE 19 févr. 1875, *Prince Napoléon, GAJA*, n° 3) et la théorie des actes de gouvernement ne s'applique plus qu'à certains domaines très spécifiques, qui échappent par leur nature même au contrôle opéré par le juge administratif.

C'est en considération de leur objet et non plus de leurs motifs, que ces actes sont insusceptibles d'être contestés devant le juge administratif, que ce soit par le biais d'un recours en annulation ou d'un recours en responsabilité (CE 23 sept. 1992, *GISTI et MRAP, Lebon* 346). Le juge administratif n'est également pas compétent pour connaître, par voie d'exception, de la légalité d'un acte de gouvernement (CE 12 févr. 2016, *M. Lecuyer*, n° 387931).

Sont considérés comme actes de gouvernement, insusceptibles de tout recours, les actes touchant aux rapports entre les pouvoirs publics constitutionnels ainsi que les actes intervenus dans le cadre de la politique internationale de la France.

A. Les actes touchant aux rapports entre les pouvoirs publics constitutionnels

Sont considérés comme des actes de gouvernement en tant qu'ils concernent les relations de l'exécutif avec le pouvoir législatif, les décrets de promulgation des lois (CE 3 nov. 1933, *Desreumaux, Lebon* 993), la décision du président de la République de mettre en œuvre l'article 16 de la Constitution (CE 2 mars 1962, *Rubin de Servens*, préc.), la décision de proposer ou non au Parlement l'inscription de nouveaux crédits au budget, ce qui touche à l'exercice du pouvoir d'initiative des projets de loi (CE 14 janv. 1987, *Assoc. des ingénieurs des Télécom, Lebon* 867), la décision de dissolution de l'Assemblée nationale (CE 20 févr. 1989, *Allain, Lebon* 60), le refus implicite de prendre l'initiative d'une révision constitutionnelle (CE 20 janv. 2014, *M. Philippe K.*, 151 ■

n° 372883), ou encore la décision du président de la République de s'abstenir d'user de la faculté qu'il tient de l'article 61 de la Constitution de déférer une loi au Conseil constitutionnel aux fins d'en faire examiner la conformité à la Constitution (CE, ord. réf., 7 nov. 2001, *M. Tabaka*, *LPA* 2002, n° 59, p. 15, note O. Curtil, *RD publ.* 2001. 1645, note P. Jean).

Peuvent être assimilés à cette catégorie d'actes de gouvernement les actes ayant trait à l'exercice de ses fonctions par le Conseil constitutionnel. Le Conseil d'État a ainsi estimé que « eu égard à cet objet, qui n'est pas dissociable des conditions dans lesquelles le Conseil constitutionnel exerce les missions qui lui sont confiées par la Constitution », le règlement des archives du Conseil constitutionnel ne revêt pas le caractère d'un acte administratif dont la juridiction administrative serait compétente pour connaître (CE, ass., 25 oct. 2002, *M. Brouant*, *AJDA* 2003. 1337 et chron. F. Donnat ; ibid. 1332, chron. D. Casas). De même, ne peuvent être contestés devant le juge administratif l'adoption ou le refus d'adopter des dispositions de son règlement intérieur sur le fondement de l'article 56 de l'ordonnance n° 58-1067 du 7 novembre 1958 portant loi organique sur le Conseil constitutionnel (CE 11 avr. 2019, *Les amis de la Terre France c/ Conseil constitutionnel*, n° 425063).

152 En revanche, le refus du Premier ministre d'engager la procédure prévue à l'article 37, alinéa 2, de la Constitution, visant la possibilité de modifier par décret une disposition de forme législative mais de nature réglementaire, ne constitue pas un acte de gouvernement (CE, sect., 3 déc. 1999, *Assoc. ornithologique et mammalogique de Saône-et-Loire et Assoc. France nature environnement*, *GAJA*, 18e éd., n° 103). En effet, il s'agit d'une décision concernant l'exercice du pouvoir réglementaire, qui n'est pas comparable à celle de déposer un projet de loi.

De même, le refus du Premier ministre, ou d'un ministre, de notifier à la Commission européenne un texte de droit interne, y compris de nature législative, dans le cadre du contrôle communautaire des aides d'État, est détachable tant de la conduite des relations internationales de la France que des relations entre pouvoirs publics constitutionnels (CE, ass., 7 nov. 2008, *Comité national interprofessionnel des vins à appellations d'origine et a.*, *RFDA* 2009. 111, concl. E. Glaser, note C. Mondou et A. Potteau).

Le décret par lequel le Premier ministre charge un parlementaire d'une mission temporaire n'est pas non plus un acte de gouvernement, car il est « détachable des rapports entre le pouvoir exécutif et le pouvoir législatif, tels qu'ils sont organisés par la Constitution » (CE, sect., 25 sept. 1998, *M. Mégret*, *RFDA* 1999. 345, note L. Baghestani-Perrey et M. Verpeaux ; *LPA* 1999, n° 109, p. 10, note J.-E. Gicquel).

Il en va de même d'une réponse apportée par un ministre à une question parlementaire, lorsqu'elle donne une interprétation impérative, susceptible d'être opposée à l'administration, d'une disposition législative ou réglementaire (CE 16 déc. 2005, *Sté Friadent*, *RFDA* 2006. 186, note P. Terneyre).

153 À l'inverse, il est jugé que la décision par laquelle le président de la République nomme un membre du Conseil constitutionnel n'est pas un acte administratif susceptible d'être contesté devant la juridiction administrative (CE, ass., 9 avr. 1999, *Mme Ba*, *AJDA* 1999. 461, chron. Raynaud et Fombeur, p. 414).

B. Les actes non détachables de la conduite des relations internationales de la France

Constituent également des actes de gouvernement en tant qu'ils ne sont pas détachables des relations internationales de la France et qu'ils concernent les rapports d'État à État, la ratification ou l'approbation d'un accord international (CE 5 févr. 1926, *Dame Caraco, Lebon* 125), ou encore le vote d'un représentant de la France dans une organisation internationale (CE, ass., 23 nov. 1984, *Assoc. Les Verts, Lebon* 382). Par une interprétation extensive, le juge a estimé que les accords d'Évian, conclus en 1962 entre le gouvernement français et un mouvement aspirant à gouverner un territoire (le FLN) devaient être assimilés à des relations diplomatiques, les actes qui leur sont relatifs n'étant ainsi pas détachables des relations internationales (CE 29 nov. 1968, *Tallagrand, Lebon* 607 ; CE 27 juin 2016, *M. Bernabé et autres, AJDA* 2017. 67, note A. Jacquemet-Gauché). 154 ■

La décision des autorités françaises autorisant les avions militaires américains et britanniques accomplissant des missions contre l'Irak à emprunter l'espace aérien français constitue également un acte de gouvernement (CE 30 déc. 2003, *Comité c/ la guerre en Irak et a., Lebon T.* 707 ; *RTDH* 2005. 855, note C. Raux) ; à cette occasion, le Conseil d'État a précisé que le droit à un procès équitable, issu de l'article 6 de la Convention européenne des droits de l'homme, ne peut être utilement invoqué pour obtenir l'examen de la légalité d'actes de gouvernement. Ne peuvent également être contestés devant le juge administratif les actes inséparables de la conduite des opérations de guerre (CE, ass., 30 juill. 2014, *Kodric et Heer*, n° 349789) : ainsi, les décisions de saisie d'œuvres présumées spoliées prises, durant la Seconde Guerre mondiale, par les administrations françaises, placées sous l'autorité du commandement militaire pendant les opérations de guerre ou d'occupation, constituent ainsi des actes de gouvernement. Tel n'est en revanche pas le cas des refus ultérieurs de restitution de ces œuvres qui sont détachables de telles opérations.

La technique de « l'acte détachable » a permis de réduire le nombre des décisions considérées comme des actes de gouvernement ; en témoigne par exemple la décision du Conseil d'État du 15 octobre 1993 *Royaume Uni et gouverneur de la colonie de Hong-Kong*, considérant que « la décision rejetant une demande d'extradition est détachable de la conduite des relations diplomatiques de la France avec l'État dont émane cette demande » et que « par suite, la juridiction administrative est compétente pour connaître de la requête ». 155 ■

Il a de même été jugé qu'avait le caractère d'un *acte administratif détachable*[Q] des relations internationales un décret concernant les conditions d'engagement des forces aériennes stratégiques (CE 8 déc. 1995, *Lavaurs et Assoc. pour le désarmement nucléaire, Lebon* 433). Cette dernière jurisprudence constitue certes théoriquement un progrès dans la voie de l'effectivité du contrôle juridictionnel. En l'espèce, elle n'a eu, en fait, qu'une portée concrète limitée, dans la mesure où le recours n'en a pas moins été jugé irrecevable, mais sur un autre terrain, celui de l'absence d'intérêt à agir.

La réduction du nombre des actes de gouvernement ne signifie pas que cette catégorie soit en voie d'extinction. Le Conseil d'État a encore décliné sa compétence, par exemple, pour connaître de la décision de reprise des essais nucléaires en dépit des engagements internationaux qu'aurait pris la France, selon les requérants, dont il 156 ■

a été jugé qu'elle n'était pas détachable de la conduite des relations internationales de la France (CE, ass., 29 sept. 1995, *Assoc. Greenpeace-France, RD publ.* 1996. 206, concl. Sanson ; *JCP* 1996. II. 22582, note Moreau). Le juge administratif a également considéré, compte tenu des enjeux diplomatiques en présence, que le refus de prendre les mesures nécessaires pour permettre aux ressortissants syriens résidant en France de voter à l'élection présidentielle organisée par les autorités syriennes était un acte de gouvernement (CE 23 mai 2014, *Mme Daoud*, n° 380560), de même que le rapatriement en France de ressortissants qui nécessite l'engagement de négociations avec des autorités étrangères ou une intervention sur un territoire étranger (CE, ord., 23 avr. 2019, *Mme Kabaoui*, n° 429668). Encore récemment, l'Assemblée du contentieux du Conseil d'État a fait application de la notion à propos des réserves accompagnant un traité international, dont il n'appartient pas au juge administratif d'apprécier la validité (CE, ass., 12 oct. 2018, *SARL Super Coiffeur*, n° 408567).

§ 2 Les mesures d'ordre intérieur

157 La juridiction administrative refuse de connaître certaines mesures prises par l'administration lorsque celles-ci, de par leur nature et leurs effets, sont considérées comme étant d'importance trop minime pour que les juges puissent en être saisis. Ces mesures peuvent viser tant les agents de l'administration que les usagers. Le domaine des *mesures d'ordre intérieur*Q a longtemps concerné essentiellement les décisions prises en matière de discipline dans les écoles, les prisons et l'armée ; en ces domaines, il était considéré, sans doute davantage pour des raisons d'opportunité que de rigueur juridique, qu'il convenait de ne pas risquer d'affaiblir la discipline en ouvrant une possibilité de recours devant le juge.

158 Depuis une dizaine d'années, le Conseil d'État a cependant étendu son contrôle à ces mesures, lorsqu'elles présentent une certaine gravité ou ont un effet direct sur l'exercice d'une liberté publique.

C'est ainsi que par une décision d'assemblée du 17 février 1995 *Hardouin* (*GAJA*, n° 90), le Conseil d'État a accepté d'opérer un *contrôle restreint*Q, sur une punition disciplinaire de mise aux arrêts, au motif que celle-ci avait des effets directs sur la liberté d'aller et venir du militaire et n'était pas sans conséquence non plus sur l'avancement. Dans l'arrêt *Marie* du même jour, le Conseil d'État a jugé de même que, « eu égard à la nature et à la gravité de cette mesure, la punition de cellule constitue une décision [...] susceptible d'être déférée au juge de l'excès de pouvoir » (*Lebon* 84, concl. P. Frydman ; *GAJA*, n° 90). Le Conseil d'État a plus récemment étendu ce raisonnement à l'ensemble des mesures prises à l'égard des détenus, qu'elles constituent ou non des sanctions (CE, ass., 14 déc. 2007, *Garde des Sceaux, Min. de la Justice c/ Boussouar, Planchenault* et *Payet*, *Dr. adm.* 2008, n° 24, obs. F. Melleray). Ainsi, le domaine des mesures d'ordre intérieur, définies comme des mesures internes insusceptibles de recours devant le juge, s'est donc sensiblement restreint.

Par exemple, il avait d'abord été jugé par le Conseil d'État que la « mise à l'isolement » d'un détenu constituait une mesure d'ordre intérieur, donc insusceptible de recours aux motifs qu'elle « n'a pas pour effet d'aggraver les conditions de détention » et n'est donc « pas, par nature, susceptible d'exercer une influence sur la situation juridique de la personne qui en est l'objet » (CE 28 févr. 1996, *Fauqueux*, n° 106582, *Lebon* 52 ; *RFDA* 1996. 397). La cour administrative d'appel de Paris avait jugé, à l'inverse, que la décision de placer un détenu à l'isolement contre son gré n'était pas une mesure d'ordre intérieur mais une décision faisant grief et donc susceptible de recours pour excès de pouvoir, dès lors notamment « que par nature le placement à l'isolement d'un détenu contre son gré rend difficile, voire impossible, pour une durée qui peut atteindre trois mois et être prolongée, tant l'attribution ou la conservation d'un travail rémunéré que la participation à des activités collectives organisées dans l'établissement au titre de l'action socioculturelle, de l'enseignement et de la formation professionnelle » (CAA Paris, 5 nov. 2002, *M. Remli*, *D.* 2003. 377 ; concl. J.-P. Demouveaux ; *AJDA* 2003. 175, note D. Costa ; *LPA* 2003, n° 117, p. 15, note M. Mahouachi) et le Conseil d'État s'est finalement rangé à cette analyse (CE 30 juill. 2003, *garde des Sceaux, min. de la Justice c/ M. Remli*, *AJDA* 2003. 2090, note D. Costa ; *Dr. adm.* 2003, n° 224, M.-L. ; *D.* 2003. 2331, note M. Herzog-Evans). À la suite de cet arrêt, le régime d'isolement a été modifié par décret, jugé légal par le Conseil d'État, exception faite de son applicabilité aux mineurs (CE, sect., 31 oct. 2008, *Section française de l'observatoire international des prisons*, *AJDA* 2008. 2389, chr. E. Geffray et S.-J. Liéber ; *RFDA* 2009. 73, concl. M. Guyomar).

Constituent cependant encore des mesures d'ordre intérieur : 159 ■

– dans le cadre de l'enseignement, la décision d'affectation dans un groupe de travaux dirigés (CE 11 janv. 1967, *Lebon* 88) ou encore dans telle ou telle classe en fonction de l'option choisie (CE, sect., 5 nov. 1982, *Attard*, *Lebon* 374 ; en revanche le refus d'autoriser un changement d'option constitue une décision susceptible de recours) ; dans les établissements scolaires, les punitions scolaires, qui ne constituent pas des sanctions disciplinaires, restent des mesures d'ordre intérieur (CE 8 mars 2006, *Fédération des conseils de parents d'élèves des écoles publiques*, *AJDA* 2006. 1107, concl. R. Keller).

– dans le cadre du service public hospitalier, le changement d'affectation d'un résident en médecine dans les services d'un centre hospitalier (CE 14 mars 2012, *Mme A.*, n° 343768) ;

– dans le cadre de l'armée, la décision d'hospitalisation d'un soldat (CE 5 oct. 1955, *Baillard*, *Lebon* 771) ;

– dans le cadre des établissements pénitentiaires, la décision du directeur de refuser d'acheminer un courrier d'un détenu (CE 8 déc. 2000, *M. Frérot*, *LPA* 2001, n° 28, p. 20, concl. R. Schwartz ; *Dr. adm.* 2003, n° 224, obs. M. Lombard ; le commissaire du gouvernement suggérait que la solution pourrait être différente si était en cause une interdiction visant non pas un courrier mais certains correspondants ou une certaine période de temps).

La qualification de mesures d'ordre intérieur ne s'applique pas, en revanche, pour les mesures suivantes, qui sont donc dorénavant susceptibles de recours devant le juge administratif, à même de vérifier le respect par l'administration du principe de légalité : 160 ■

– les restrictions apportées aux libertés religieuses dans un établissement d'enseignement (CE 2 nov. 1992, *Kherroua*, *RFDA* 1993. 112, concl. Kessler ; CE 14 mars 1994, *Mlle Yilmaz*, *Lebon* 129) ;

– le refus de respecter le secret de la correspondance d'un détenu avec son avocat (CE 12 mars 1980, *CH spécialisé de Sarreguemines*, *Lebon* 141), l'installation de portiques de détection électronique à l'entrée des établissements pénitentiaires (CE 21 oct. 1988, *Synd. des avocats de France, Lebon* 373), l'interdiction aux détenus de faire certains achats alimentaires (CE 15 janv. 1992, *Charbonnel, Lebon* 19), ou une décision fixant les conditions dans lesquelles les détenus peuvent acheter du matériel informatique (CE 18 mars 1998, *Druelle, Lebon* 98) ;

– les « punitions disciplinaires » (CE 12 juill. 1995, Maufroy, Lebon 304) et, d'une façon générale, toutes les décisions prises à l'égard des agents publics ayant des effets sur leur rémunération, leurs attributions, leur statut ou leurs prérogatives (CE 3 nov. 1989, Fassiaux, Dr. adm. 1990, no 40 ; CE 5 avr. 1991, Mme Imbert – Quaretta, Lebon 999 ; CE 25 sept. 1995, Rispal, Lebon 952).

161 Concernant les rapports généraux entre l'administration et ses agents, deux lignes de jurisprudence semblent se dessiner :

- la première, traditionnelle, implique que lorsqu'une décision affecte les prérogatives statutaires d'un agent, sa situation pécuniaire ou encore ses perspectives de carrière, elle ne peut constituer une mesure d'ordre intérieur insusceptible de recours (par ex. CE 4 déc. 2013, M. X., n° 359753).

- la seconde, récente, semble établir que les mesures qui traduisent une discrimination à l'égard d'un agent ne peuvent être qualifiées de mesures d'ordre intérieur (CE 15 avr. 2015, *Mme A.*, n° 373893). Cette solution soulève une difficulté à laquelle le juge administratif avait déjà été confronté à propos des circulaires. La qualification de mesure d'ordre intérieur semble déterminée par le caractère non-discriminatoire et, en définitive, légal de la mesure. Ainsi, paradoxalement, la résolution de la question de la recevabilité du recours exige au préalable un contrôle au fond de l'acte, d'autant plus délicat à mettre en œuvre que le constat de la discrimination est difficile à établir.

162 Enfin, alors que les règlements intérieurs des assemblées locales étaient traditionnellement considérés comme des mesures d'ordre intérieur (CE 2 déc. 1983, *Charbonnel, Lebon* 474), ceux-ci sont susceptibles de recours depuis la loi du 6 février 1992, qui a généralisé une évolution amorcée par deux lois particulières (L. du 22 janv. 1988 pour la Nouvelle-Calédonie, L. du 13 mars 1991 pour la Corse). Deux arrêts du Conseil d'État en date du 10 février 1995, *Riehl* et *Cne de Coudekerque – Branche* (*AJDA* 1995. 144) ont consacré cette nouvelle extension du contrôle exercé sur les actes de l'administration, en vue d'assurer le respect du principe de légalité.

Dans l'exercice de ce contrôle, le Conseil d'État se montre respectueux de la liberté des collectivités territoriales en matière d'organisation de leurs propres travaux et n'a pas censuré, par exemple, une disposition du règlement intérieur d'un conseil régional qui ne prévoyait pas la publicité des délibérations de la commission permanente alors même que celle-ci peut exercer, sur délégation, une large part des compétences du Conseil régional (CE, ass., 18 déc. 1996, *Région Centre, RFDA* 1997. 496, concl. contraires Stahl).

section 4

Légalité et sécurité juridique

La tension entre les exigences du principe de légalité et les impératifs de sécurité juridique est une problématique classique du droit administratif (Daniel Labetoulle, « Principe de légalité et principe de sécurité », in *L'État de droit. Mélanges en l'honneur de Guy Braibant*, Dalloz, 1996, p. 403), qui se pose cependant en des termes sensiblement renouvelés depuis le début du XXIe siècle. Le juge administratif s'est en effet engagé dans un mouvement d'inflexion de l'équilibre entre ces deux intérêts, en faveur de la sécurité juridique, devenue depuis l'arrêt *Sté KPMG* (CE, ass., 24 mars 2006, n° 288460, un principe général du droit ; voir récemment sur cette problématique, le dossier « Légalité et sécurité juridique, un équilibre rompu ? », *AJDA*, 2019, p. 1086). Cette inflexion, dont il est impossible ici de présenter toute la richesse, est à la fois multiforme et d'inégale importance selon les actes et branches du droit administratif concernés. Cette hétérogénéité n'est d'ailleurs pas surprenante dès lors que les impératifs de sécurité juridique, qui tiennent principalement au respect de la stabilité des situations juridiques, sont d'intensité variable selon le domaine et les formes de l'action administrative en cause. Ce mouvement d'inflexion contemporain se traduit de façon générale par une réfection des règles de procédure contentieuse et une transformation de l'office du juge du juge administratif, qui tendent à limiter la portée du recours juridictionnel. Le droit européen joue, dans cette évolution, un rôle ambivalent. Il peut être une source d'inspiration de celle-ci, comme dans le cas de la jurisprudence Association AC ! (CE Ass., 11 mai 2004, *Association AC !*, n° 255886), la modulation des effets dans le temps d'une annulation étant traditionnellement utilisée par la Cour de justice de l'Union européenne. Il semble désormais plutôt un frein. En effet, les exigences découlant des principes d'effectivité et de primauté du droit de l'Union européenne ainsi que du droit au recours juridictionnel effectif, garanti tant par le droit de l'Union européenne que par celui de la convention européenne de sauvegarde des droits de l'Homme et du citoyen, peuvent faire obstacle à la limitation de l'effectivité du recours au nom de la sécurité juridique. 163 ■

En amont, ce mouvement touche les conditions d'exercice du recours juridictionnel. Au motif « que ne puissent être remises en cause sans condition de délai des situations consolidées par l'effet du temps », le Conseil d'État a jugé que le destinataire d'une décision administrative expresse « ne peut exercer de recours juridictionnel au-delà d'un délai raisonnable » et « qu'en règle générale et sauf circonstances particulières dont se prévaudrait le requérant, ce délai ne saurait, sous réserve de l'exercice de recours administratifs pour lesquels les textes prévoient des délais particuliers, excéder un an à compter de la date à laquelle une décision expresse lui a été notifiée ou de la date à laquelle il est établi qu'il en a eu connaissance » (CE Ass., 13 juill. 2016, *Czabaj*, n° 387763). Cette solution de portée générale, dont le juge a fait application ultérieurement dans le cas des recours juridictionnels dirigés contre les décisions en matière d'urbanisme (CE 9 nov. 2018, *M. Valière*, n° 409872) ou les titres exécutoires (CE 9 mars 2018, *Communauté d'agglomération du pays ajaccien*, n° 401386), a été étendue au cas des décisions implicites (CE 18 mars 2019, *M. Jounda* 164 ■

Nguegoh, n° 417270). Cette solution a également trouvé à s'appliquer dans l'hypothèse exceptionnelle de la contestation d'une décision individuelle par voie d'exception (CE 27 févr. 2019, *M. Law-Tong*. n° 418950 s'agissant de la contestation, par voie d'exception, d'une décision individuelle portant refus de promotion dans le cadre d'un recours dirigé contre un titre de pension). L'exigence d'un délai raisonnable a enfin été transposée au cas des recours administratifs préalable obligatoire à l'exercice du recours juridictionnel (CE, sect., 31 mars 2017, *Ministre des finances et des comptes publics c/ M. Amar*, n° 389842).

En revanche, le motif de sécurité juridique tenant à la stabilité des situations consolidées par l'effet du temps qui fonde l'existence du délai raisonnable explique que ce délai n'ait pas été étendu aux recours tendant à la mise en jeu de la responsabilité d'une personne publique (CE 17 juin 2019, *Centre hospitalier de Vichy*, n° 413097). En effet, de tels recours, qui n'ont pas pour objet l'annulation ou la réformation d'une décision administrative, n'ont pas, pour la situation des tiers ou l'action administrative, les mêmes effets perturbateurs. Ils n'ont donc pas à être enserrés dans un délai raisonnable. La seule exception, à ce jour, à l'exclusion de la jurisprudence *Czabaj* en matière indemnitaire vise l'hypothèse dans laquelle le recours indemnitaire est fondé sur l'illégalité fautive d'une décision à objet purement pécuniaire et a la même portée qu'un recours en annulation contre cette décision. Dans une telle hypothèse, le recours en responsabilité est encadré par le même délai raisonnable que le recours en annulation auquel il est assimilé (CE 9 mars 2018, *Communauté de communes du pays roussillonnais*, n° 405355).

De même, la rédaction de l'article R. 190-1 du Livre des procédures fiscales et, plus généralement, la spécificité du contentieux fiscal ont conduit le Conseil d'État à écarter tout délai de recours contentieux raisonnable en cas de silence gardé par l'administration sur une réclamation présentée par un contribuable (CE, avis, 21 octobre 2020, n° 443327).

165 En aval, ce mouvement touche l'office du juge et le sort des moyens qu'il examine. D'une part, les vices de forme et procédures ont notamment fait l'objet d'un traitement jurisprudentiel particulier destiné à limiter leur portée contentieuse au nom de la sécurité juridique. Le juge peut limiter leur caractère opérant, c'est-à-dire leur incidence sur la régularité de l'acte attaqué. Le Conseil d'État a ainsi, de façon générale, jugé que les vices de forme et de procédure dont serait entaché un acte réglementaire ne peuvent être utilement invoqués que dans le cadre du recours pour excès de pouvoir dirigé contre lui. Après l'expiration du délai de recours contentieux, de tels vices ne peuvent plus servir de base à la contestation, par voie d'exception, de cet acte à l'occasion d'un recours dirigé notamment contre le refus de l'abroger ou de le modifier ou contre la décision individuelle prise sur sa base (CE, ass, 18 mai 2018, *Fédération des finances et affaires économiques de la CFDT*, n° 414583, *RFDA* 2018. 649, concl. A. Bretonneau, notes D. de Béchillon, et P. Delvolvé). Les vices de forme et de procédure sont également, en principe, inopérants lorsque le juge statue dans le cadre d'un recours de plein contentieux (à l'exception toutefois du plein contentieux objectif, comme en matière de sanctions) : si, dans le cadre de cet office, le juge dispose de pouvoir plus importants qui ne se limitent pas à l'annulation de la décision attaquée, il ne peut en revanche statuer que sur la situation juridique de l'intéressé en litige, sans pouvoir examiner les vices propres de la décision attaquée. Autrement dit, le juge se limite à un examen de fond des droits du requérant et ne peut censurer les vices de forme ou de procédure dont serait entachée la décision attaquée (voir par exemple, généralisant cet office en matière d'aide sociale, les 4 décisions de Section du 3 juin 2019, *M. Ziani* n° 422873, *M. Charbonnel* n° 415040, *Département de l'Oise* n° 419903 et *M. Vainqueur* n° 423001).

En outre, même opérants, de tels moyens voient leurs effets contentieux cantonnés par la jurisprudence Danthony, en vertu de laquelle les vices de forme et de procédure ne sont de nature à entacher d'illégalité la décision attaquée que s'ils ont été susceptibles d'exercer une influence sur son sens ou s'ils ont privé les intéressés d'une garantie (CE Ass., 23 déc. 2011, *Danthony*, n° 335033).

D'autre part, le juge administratif dispose désormais de pouvoirs lui permettant, au nom de la sécurité juridique, d'éviter d'annuler un acte ou de limiter les effets de l'annulation qu'il prononce. Il peut ainsi, sous certaines conditions protectrices du requérant, procéder à des substitutions de base légale (CE, sect., 3 déc. 2003, *Préfet de la Seine-Maritime c/ El Bahi*, n° 240267) et de motifs (CE, sect., 6 févr. 2004, *Mme Halal*, n° 240560) et ainsi corriger l'illégalité commise par l'administration. Ces pouvoirs généraux s'accompagnent, en certains domaines particuliers, d'autres méthodes. Par exemple, le juge administratif peut admettre la régularisation de l'acte par l'administration au moyen de l'adoption d'une nouvelle décision modifiant ou se substituant à la décision attaquée. Cette nouvelle décision rend inopérants les moyens visant la décision initiale attaquée. Le juge fait application de cette solution, qui permet d'éviter une annulation tout en permettant le rétablissement de la légalité, en matière de permis de construire (CE 7 mars 2018, *Mme Bloch*, n° 404079) ou d'autorisation de défrichement (CE 17 déc. 2018, *Sté Clairsienne et association Sainte-Thérèse Préservée*, n° 400311). Le juge accompagne ainsi un mouvement également engagé par le législateur en matière d'urbanisme ou d'environnement (voir, par exemple, CE, sect., 22 déc. 2017, *Cne de Sempy*, n° 395963 à propos de la régularisation des documents d'urbanisme prévue par l'article L. 600-9 du code de l'urbanisme ou CE 27 sept. 2018, *Association Danger de tempête sur le patrimoine rural e.a.*, n° 420119 à propos de la régularisation des autorisations environnementales prévue par l'article L. 181-1 du code de l'environnement). L'évolution de l'office du juge des contrats, s'agissant des recours des tiers, témoigne également, par le caractère subsidiaire et résiduel de l'annulation du contrat et l'encadrement des moyens invocables, de la volonté du juge administratif de protéger la stabilité des relations contractuelles malgré la présence d'illégalité (CE Ass., 4 avr. 2014, *Département de Tarn et Garonne*, n° 358994).

La jurisprudence AC ! (CE Ass., 11 mai 2004, *Association AC !*, n° 255886) est également caractéristique de la redéfinition, par le juge administratif, de l'équilibre entre légalité et sécurité juridique. Le pouvoir de modulation des effets dans le temps de l'annulation qu'il prononce, qui transforme l'office traditionnel du juge de l'excès de pouvoir, offre au juge un instrument privilégié de protection de la sécurité juridique. Ce pouvoir est multiforme : il peut consister en une limitation des effets rétroactifs de l'annulation lorsque le juge regarde comme définitifs les effets passés de l'acte annulé. Le juge limite alors les conséquences de l'annulation prononcée sur la légalité des actes réglementaires et individuels pris antérieurement sur la base de l'acte illégal et annulé. Le pouvoir de modulation restreint donc la portée du recours juridictionnel à l'occasion duquel il est exercé, qui ne déploie pas tous ses effets juridiques, et affecte, par construction, l'efficacité des recours qui pourraient être engagés contre les actes d'application de l'acte attaqué. Ce pouvoir de modulation peut ensuite consister en un différé des effets de l'annulation lorsque le juge fixe à une date ultérieure leur déclenchement, laissant ainsi à l'administration un délai pour répondre au futur vide juridique découlant de l'annulation, le cas échéant en recourant à la rétroactivité. Ce pouvoir peut enfin constituer en une combinaison des deux techniques lorsque les exigences de sécurité juridique en présence sont essentielles : les effets passés sont ainsi validés et l'administration dispose d'un délai transitoire pour adopter une nouvelle règle. Le pouvoir de modulation répond ainsi au double visage de la sécurité juridique, à la fois fondement et du droit de validation et du droit transitoire.

2

Compléments pédagogiques

Quid

■ Acte de gouvernement n°s 150 s.

Les actes de gouvernement sont des décisions du pouvoir exécutif sur lesquels, en raison de leur nature politique, le juge administratif refuse de faire porter son contrôle. Ces actes concernent essentiellement deux domaines : les rapports avec le Parlement et la conduite des relations internationales. Cette seconde catégorie est cependant restreinte du fait du développement à son propos de la théorie de l'acte détachable.

■ Acte détachable n° 155

La notion d'acte détachable est une construction prétorienne qui permet de soumettre au contrôle de la légalité certains actes normalement exclus de son contrôle, en les extrayant du contexte auquel ils semblent naturellement se rattacher. La notion a été principalement développée par le Conseil d'État à propos de la conduite des relations internationales et en matière contractuelle.

La conduite des relations internationales constitue une compétence discrétionnaire du gouvernement, mais la théorie de l'acte détachable permet d'exclure, pour certains actes dont l'appréciation de la légalité n'entraînera pas une immixtion du juge dans l'interprétation des relations internationales, la qualification d'acte de gouvernement.

Alors que le contrat échappe en principe au recours pour excès de pouvoir, la théorie de l'acte détachable permet qu'un recours soit formé contre des actes soit préparatoires (décision de passer le contrat), soit relatifs à l'exécution du contrat (application de clauses du contrat, décision de résiliation). Mais l'éventuelle annulation d'un tel acte détachable, même fondé sur l'illégalité du contrat, n'entraîne pas pour autant automatiquement la nullité ou la résiliation du contrat.

■ Compétence liée n° 139

L'administration est dans une situation de compétence liée lorsqu'elle ne dispose pas d'une possibilité de choix pour l'édiction d'une décision. Elle est alors tenue de prendre une décision conforme aux prescriptions des textes qui régissent la matière, qu'il s'agisse d'une décision de refus ou d'une décision positive. La compétence liée s'applique au contenu (refus ou acceptation) comme aux motifs de l'acte (textes fondant la décision). Lorsque l'administration a compétence liée, elle se borne à constater des éléments matériels, sans avoir à porter une appréciation sur les faits de l'espèce. Le juge n'exerce dans ce cadre qu'un contrôle juridictionnel réduit, limité aux seuls éléments de fait et de droit relatifs à l'existence de la compétence liée.

■ Contrôle restreint n° 158

Le contrôle qu'exerce le juge administratif sur les actes de l'administration peut-être plus ou moins étendu. Le contrôle restreint peut normalement être exercé sur tous les actes décisoires de l'administration ou ne ressortissant pas de la catégorie des actes de gouvernement. Il comprend le contrôle de la compétence de l'auteur de l'acte, de l'exactitude matérielle des faits, de l'erreur de droit et de l'erreur manifeste d'appréciation. Ce dernier aspect est exceptionnellement exclu du contrôle juridictionnel, l'administration disposant alors du pouvoir discrétionnaire le plus étendu.

■ Mesure d'ordre intérieur n°s 157 s.

Les mesures d'ordre intérieur sont des décisions relevant du pouvoir discrétionnaire de l'autorité administrative ; elles échappent au contrôle du juge qui considère qu'elles ne font pas grief à leurs destinataires et qu'elles ne sont que la manifestation de la « vie intérieure » du service public. La tendance actuelle de la jurisprudence est cependant à la restriction de cette catégorie juridique, impliquant par conséquent l'extension du contrôle de la juridiction administrative sur certains actes antérieurement considérés comme tels, notamment les sanctions infligées à un détenu ou à un militaire.

■ Pouvoir discrétionnaire n°s 138 s.

À l'inverse des situations de compétence liée, le pouvoir discrétionnaire recouvre les situations où l'administration dispose du choix entre plusieurs décisions légales. La marge d'appréciation dont elle dispose est cependant d'étendue variable. Mais pouvoir discrétionnaire ne veut pas dire arbitraire : l'administration reste soumise au *principe de légalité* et doit choisir entre des possibilités toutes également conformes au droit.

Documents

1) Considérants de principe des grands arrêts de la jurisprudence

CE 28 février 1919, *Dames Dol et Laurent* (*GAJA*, n° 32)

Considérant que les limites des pouvoirs de police dont l'autorité publique dispose pour le maintien de l'ordre et de la sécurité, tant en vertu de la législation municipale que de la loi du 9 août 1849, ne sauraient être les mêmes dans le temps de paix et pendant la période de guerre où les intérêts de la défense nationale donnent au principe de l'ordre public une extension plus grande et exigent pour la sécurité publique des mesures plus rigoureuses ; qu'il appartient au juge, sous le contrôle duquel s'exercent ces pouvoirs de police, de tenir compte, dans son appréciation, des nécessités provenant de l'état de guerre, selon les circonstances de temps et de lieu, la catégorie des individus visés et la nature des périls qu'il importe de prévenir.

⇨ *Théorie des circonstances exceptionnelles.*

CE, ass., 17 février 1995, *Marie et Hardouin* (*GAJA*, n° 90)

Considérant [...] que, eu égard à la nature et à la gravité de cette mesure, la punition de cellule constitue une décision faisant grief susceptible d'être déférée au juge de l'excès de pouvoir ; que M. Marie est, dès lors, fondé à demander l'annulation du jugement attaqué, par lequel le tribunal administratif de Versailles a rejeté comme non recevable sa demande tendant à l'annulation de la décision du 29 juin 1987 par laquelle le directeur de la maison d'arrêt de Fleury-Mérogis lui a infligé la sanction de mise en cellule de punition pour une durée de huit jours, avec sursis, ainsi que de la décision implicite du directeur régional des services pénitentiaires rejetant son recours hiérarchique contre cette décision ; *(Marie)*.
Considérant [...] que, tant par ses effets directs sur la liberté d'aller et venir du militaire, en dehors du service, que par ses conséquences sur l'avancement ou le renouvellement des contrats d'engagement, la punition des arrêts constitue une mesure faisant grief susceptible d'être déférée au juge de l'excès de pouvoir ; (*Hardouin*).

⇨ *Restriction de la notion de mesure d'ordre intérieur.*

CE, ass., 2 mars 1962, *Rubin de Servens* (*GAJA*, n° 75)

[...] Considérant qu'aux termes de l'article 34 de la Constitution « la loi fixe les règles concernant... la procédure pénale... la création de nouveaux ordres de juridiction » ; que la décision attaquée en date du 3 mai 1961, intervenue après consultation du Conseil constitutionnel, tend d'une part à instituer un tribunal militaire à compétence spéciale et à créer ainsi un ordre de juridiction au sens de l'art. 34 précité, et, d'autre part, à fixer les règles de procédure pénale à suivre devant le tribunal ; qu'il s'ensuit que ladite décision, qui porte sur des matières législatives et qui a été prise par le président de la République pendant la période d'application des pouvoirs exceptionnels, présente le caractère d'un acte législatif dont il n'appartient pas au juge administratif de connaître [...].

⇨ *Lors de l'application de l'article 16 de la Constitution, seules les décisions prises dans un domaine réglementaire sont contrôlées par le juge administratif.*

CE, ass., 25 octobre 2002, *M. Brouant* (*RFDA* 2003. 1, concl. G. Goulard)

Considérant que la requête de M. Brouant tend à l'annulation de la décision en date du 27 juin 2001 par laquelle le Conseil constitutionnel a adopté un règlement intérieur organisant l'accès à ses archives ;
Considérant que, par le règlement attaqué, le Conseil constitutionnel a entendu définir un régime particulier pour l'accès à l'ensemble de ses archives ; qu'eu égard à cet objet, qui n'est pas dissociable des conditions dans lesquelles le Conseil constitutionnel exerce les missions qui lui sont confiées par la Constitution, ce règlement ne revêt pas le caractère d'un acte administratif dont la juridiction administrative serait compétente pour connaître ;
Décide :
Art. 1er : La requête de M. Brouant est rejetée comme portée devant une juridiction incompétente pour en connaître.

⇨ *Le « règlement intérieur » relatif aux archives du Conseil constitutionnel échappe au contrôle du juge administratif*

Biblio

A. Sur les actes de gouvernement

- R. Capitant, « De la nature des actes de gouvernement », in *Mélanges L. Julliot de la Morandière*, Dalloz, 1964.
- X. Dupré de Boulois, « La théorie des actes de gouvernement à l'épreuve du droit communautaire », *RD publ.* 2000. 1791.
- L. Favoreu, « Pour en finir avec la "théorie" de l'acte de gouvernement », in *Mélanges en l'honneur de P. Pactet*, Dalloz, 2003, p. 615.
- F. Melleray, « En a-t-on fini avec la "théorie" des actes de gouvernement ? », in *Mélanges. L. Favoreu*, Dalloz, 2007, p. 1317.
- J. Moreau, « Internationalisation de l'acte administratif et déclin de l'acte de gouvernement », in *Mélanges Y. Loussouarn*, Dalloz, 1994, p. 229.

B. Sur les circonstances exceptionnelles

- P.-L. Frier, *L'urgence*, LGDJ, 1987.
- L. Nizard, *Les circonstances exceptionnelles dans la jurisprudence administrative*, LGDJ, 1962, 293 p.
- G. Pambou-Tchivounda, « Recherche sur l'urgence en droit administratif français », *RD publ.* 1983. 81.
- A. Van der Stichele, *La notion d'urgence en droit public*, Bruxelles, Bruylant, 1987.

C. Sur le pouvoir discrétionnaire

- M. Hecquart-Théron, « De la mesure d'ordre intérieur », *AJDA* 1981. 235.
- D. Lagasse, *Essai sur les limites du pouvoir discrétionnaire de l'administration*, Bruxelles, Bruylant, 1986.
- *Le pouvoir discrétionnaire et le juge administratif*, Cujas, 1978, 91 p.

Quiz

1) Sujet corrigé

A) Cas pratique

Énoncé

1. James Lébozart, de nationalité américaine, élève à l'École nationale d'infographie de Brive-la-Gaillarde, se voit signifier le refus de son admission en troisième année à l'issue de la délibération du jury de fin de deuxième année, au mois de septembre 2009.

La note qu'il a obtenue dans la matière « sociologie de l'art » est de 1,5/20. Il s'enquiert aussitôt auprès de son professeur des raisons de son échec, qu'il estime injuste et non fondé, compte tenu de ce que la moyenne totale de ses notes est de 11/20. Le professeur lui répond que les notes inférieures à 2/20 sont éliminatoires.

L'élève consulte alors le règlement intérieur de l'école : celui-ci dispose que « pour chaque année d'étude, l'ensemble des matières figurant au programme fera l'objet d'un contrôle continu. Celui-ci sera fréquent, et réparti sur la durée de l'enseignement, les méthodes de contrôle seront variées ; les corrigés seront rapidement portés à la connaissance des élèves ». Or la note litigieuse repose exclusivement, de l'aveu même du professeur, sur une interrogation écrite « surprise » intervenue au milieu de l'année et dont le corrigé même est demeuré inconnu aux élèves.

Après avoir dégagé ce qui relève ou non de la compétence discrétionnaire du corps enseignant, expliquez quelle décision James Lébozart est éventuellement recevable à contester devant le juge administratif et sur quel fondement.

2. Estimant, sans doute à tort, que les chances de succès d'une éventuelle action contentieuse sont relativement minces, James Lébozart décide à regret de s'inscrire à nouveau en seconde année. C'est cette fois le service administratif de l'école qui lui fait part de son impossibilité à accepter son inscription, malgré l'excellente réputation dont jouit l'élève Lébozart dans l'établissement, au motif que le ministre de l'Éducation nationale a pris un arrêté interdisant aux établissements d'enseignement supérieur d'accepter l'inscription d'étudiants ressortissant des États-Unis pour l'année universitaire 2009-2010. En effet, suite aux graves événements survenus depuis le mois d'août en Californie (sécession sanglante du quartier coréen de Los Angeles), une opération militaire de rétablissement de la légalité internationale a été décidée courant septembre 2009 par l'Union européenne, opération à laquelle le président de la République a immédiatement décidé de participer.

Le refus d'inscription opposé à James Lébozart est-il légal ? Ce dernier pourrait-il attaquer l'arrêté du ministre de l'Éducation nationale ?

3. Deux ans plus tard, les opérations militaires étant achevées et M. Lébozart ayant finalement brillamment obtenu son diplôme de troisième année, la possibilité lui est offerte d'assurer les fonctions de tuteur auprès des élèves de première année, au centre d'enseignement de Brive-la-Gaillarde. Mais il apprend en cours d'année qu'en raison du nombre d'étudiants inscrits à l'annexe de Collonge-la-Rouge, il devra désormais assurer son tutorat dans ce dernier établissement, ce qui l'obligera à effectuer deux fois par semaine un trajet d'une vingtaine de kilomètres, charge qu'il estime insupportable.

Quelques jours plus tard, la bibliothécaire surprend par une belle après-midi d'automne James Lébozart découpant soigneusement au cutter les illustrations d'un épais ouvrage sur le Bauhaus. Il est rapidement convoqué chez le directeur, qui lui fait part de sa décision de lui interdire l'accès de la bibliothèque jusqu'à la fin de son année de tutorat.

Quelle est la nature de ces deux décisions ? James Lébozart peut-il éventuellement en contester la légalité ?

Voir le corrigé en fin de rubrique.

B) Tests de compréhension

1. 1. Une circulaire interministérielle ou ministérielle peut-elle constituer un acte de gouvernement ?

2. 2. La survenance d'une catastrophe naturelle autoriserait-elle un particulier à prendre des mesures intéressant les administrés d'une commune et relevant normalement de la compétence d'autorités municipales ?

3. 3. Des opérations militaires peuvent-elles justifier l'interdiction de diffusion en France d'une revue française ? D'une revue étrangère ? La révocation sans communication de son dossier d'un agent public ?

4. 4. Un jury d'examens oraux universitaires est-il compétent pour décider des modalités et du contenu des épreuves qu'il fait passer ?

5. 5. Pourrait-on contester une éventuelle interdiction du port des chaussures de tennis blanches sur le lieu de travail inscrite au règlement intérieur d'un établissement public administratif ?

Voir le corrigé en fin de rubrique.

2) Sujets d'examen

A) Dissertations

Les limites du pouvoir discrétionnaire des autorités administratives dans l'organisation du service.

Quelles différences y a-t-il entre les actes de gouvernement et les actes pris par le gouvernement dans des « circonstances exceptionnelles » ?

Les circonstances exceptionnelles : loi et jurisprudence.

Actes de gouvernement et actes insusceptibles de recours devant le juge administratif.

B) Commentaire d'arrêt

Commentez les extraits suivants des décisions Brouant et Papon.

« Considérant que, par le règlement attaqué, le Conseil constitutionnel a entendu définir un régime particulier pour l'accès à l'ensemble de ses archives ; qu'eu égard à cet objet, qui n'est pas dissociable des conditions dans lesquelles le Conseil constitutionnel exerce les missions qui lui sont confiées par la Constitution, ce règlement ne revêt pas le caractère d'un acte administratif dont la juridiction administrative serait compétente pour connaître ; » (CE, ass., 25 oct. 2002, *M. Brouant*).

« Considérant que le régime de pensions des anciens députés fait partie du statut du parlementaire, dont les règles particulières résultent de la nature de ses fonctions ; qu'ainsi, ce statut se rattache à l'exercice de la souveraineté nationale par les membres du Parlement ; que, eu égard à la nature de cette activité, il n'appartient pas au juge administratif de connaître des litiges relatifs au régime de pensions des parlementaires ; » (CE 4 juill. 2003, *M. Papon*).

3) Corrigés

Cas pratique

1. Il convient d'abord de distinguer les différents actes en cause : l'attribution de l'unique note évoquée, le calcul d'une moyenne de matière et la décision refusant à l'étudiant le passage en troisième année constituent en effet trois décisions distinctes.

S'il est loisible à M. Lébozart d'intenter un recours contre la *note d'examen* qui lui a été attribuée, son action sera vouée à l'échec, non pas parce que l'attribution de la note serait une mesure d'ordre intérieur, mais parce qu'il s'agit d'une décision individuelle relevant de l'appréciation souveraine du professeur (de son pouvoir discrétionnaire), sur lequel le juge n'opère qu'un contrôle « minimum restreint », excluant l'examen d'une éventuelle erreur manifeste d'appréciation (par ex. CE 20 mars 1987, *Gambus*, *Lebon* 100).

Le *calcul de la moyenne* qui lui a été attribuée n'est en revanche pas susceptible de recours, car il ne s'agit pas d'une décision faisant grief ni plus généralement d'un acte administratif, mais d'une simple décision préparatoire (et non, à proprement parler, d'une mesure d'ordre intérieur).

La *décision du jury* refusant le passage en année supérieure, enfin, suit le même régime juridique que l'attribution de la note : elle est susceptible de recours devant le juge administratif, mais celui-ci se contentera de vérifier qu'il n'y a pas eu erreur de droit et que les faits (la note et la moyenne attribuées) existent, mais n'effectuera pas un contrôle de l'erreur manifeste d'appréciation. Il faut à ce propos rappeler que le pouvoir discrétionnaire de l'administration s'arrête là où la loi et le règlement régissent son activité : le jury est tenu de faire application des normes régissant son activité (en l'occurrence le règlement intérieur). James Lébozart serait donc, au cas d'un éventuel recours devant le juge administratif, recevable à contester la légalité de l'acte par lequel le jury lui a refusé le passage dans l'année supérieure. En effet, il est constant, au regard des faits rapportés, que la délibération du jury a manifestement méconnu les dispositions du règlement intérieur organisant le contrôle continu dans la matière « sociologie de l'art ». Si la note de 1,5/20 attribuée à l'élève n'est pas contestable, elle ne saurait en revanche constituer à elle seule la note de contrôle continu dans la matière litigieuse, au sens où l'entend le règlement intérieur. La délibération du jury n'est pas un acte totalement discrétionnaire : elle doit être fondée sur une note attribuée dans les conditions prévues au règlement intérieur, en l'occurrence une note de contrôle continu déterminée selon des critères suffisamment précis pour qu'on puisse estimer en l'espèce que la décision litigieuse est fondée sur des faits contrevenant aux dispositions réglementaires applicables.

La décision litigieuse – le refus de passage en troisième année – méconnaît donc les dispositions réglementaires sur lesquelles elle devrait se fonder.

2. Le refus de réinscription de l'élève en seconde année est une *décision individuelle*. En l'espèce, elle est fondée sur un arrêté ministériel, qui est une mesure à caractère réglementaire, s'imposant donc à l'administration dans l'édiction des décisions individuelles. Il est donc envisageable que James Lébozart intente un recours contre la décision individuelle de refus de son inscription, et contre la décision réglementaire du ministre de l'Éducation nationale.

L'arrêté, acte réglementaire, est normalement soumis aux normes qui lui sont supérieures, c'est-à-dire les lois, les traités et la Constitution. Mais une partie des actes réglementaires échappe à ce principe de soumission aux normes supérieures, soit directement, soit que leur conformité à ces normes ne soit pas susceptible d'être contrôlée. Ils peuvent en effet relever de la catégorie des actes de gouvernement ou, s'ils ont été pris en vertu de circonstances exceptionnelles, ces dernières peuvent justifier une « suspension » provisoire de la légalité.

Dans le cas d'espèce, l'arrêté du ministre de l'Éducation nationale peut être qualifié d'acte de gouvernement, ce qui entraînera le refus du juge d'examiner au fond un éventuel recours contre la décision individuelle prise sur son fondement (CE 19 févr. 1875, *Prince Napoléon, GAJA*, n° 3) ; le caractère d'acte de gouvernement de l'arrêté tiendrait ici au domaine auquel il se rattache : les relations internationales, les actes pris dans leur conduite n'étant pas susceptibles d'être examinés par le juge. Il faut toutefois envisager que l'arrêté, pris en raison de circonstances internationales particulières, puisse se révéler être un acte détachable de la conduite des relations diplomatiques de la France, et perde alors l'immunité contentieuse que lui octroyait sa qualité d'acte de gouvernement, sa conformité aux normes qui lui sont supérieures étant alors contrôlée (CE, ass., 15 oct. 1993, *Royaume-Uni de Grande-Bretagne et d'Irlande du Nord et Gouverneur de la colonie royale de Hong-Kong*).

L'arrêté peut également et plus certainement être considéré comme relevant du régime des actes réglementaires édictés en raison de *circonstances exceptionnelles.* La guerre ou la participation à des opérations militaires constituent des circonstances exceptionnelles de nature à permettre à l'administration d'écarter l'application normale des règles qui s'imposent à elle (CE 28 juin 1918, *Heyriès, GAJA*, n° 30). Mais la portée de l'arrêté pris en raison de circonstances exceptionnelles connaît des limites à la fois dans l'espace et dans le temps (CE, ass., 16 avr. 1948, *Laugier, Lebon* 161). L'arrêté cessera de lui-même d'être applicable lorsque la situation qui aura justifié son édiction aura changé. En effet, si l'acte de gouvernement trouve sa source dans les compétences normales de l'autorité gouvernementale, l'acte pris en vertu des circonstances exceptionnelles trouve son fondement dans un dysfonctionnement, dans une situation par nature anormale et donc temporaire. En outre, les dérogations au principe de légalité que peut justifier le caractère exceptionnel des circonstances ne signifient pas cependant la suppression de toute légalité : le juge administratif opère un contrôle de l'adéquation de la mesure prise avec les circonstances exceptionnelles ; en l'espèce, il ne semble pas qu'une telle mesure, qui constitue certes une atteinte à une liberté individuelle, soit manifestement disproportionnée au regard des circonstances (intervention militaire).

M. Lébozart n'a donc que peu de chances de voir un éventuel recours aboutir, que ce soit contre l'arrêté ministériel ou contre la décision de refus de l'inscrire qui en est la stricte application. Ou bien en effet on considère l'arrêté ministériel comme un *acte de gouvernement* (en ce sens, CE 23 sept. 1992, *GISTI et MRAP* – à propos du refus d'inscription des étudiants irakiens pendant la « guerre du Golfe »), le recours de M. Lébozart étant alors jugé *irrecevable*, car dirigé contre un acte insusceptible de recours. Ou bien l'arrêté ministériel est justifié par des *circonstances exceptionnelles*, auquel cas le recours sera déclaré recevable, mais rejeté sur le fond en vertu des dérogations au principe de légalité que de telles circonstances sont susceptibles d'apporter.

3. Les deux mesures en cause pouvaient être considérées traditionnellement comme des mesures d'ordre intérieur. Ce type de décisions relève du pouvoir discrétionnaire de l'autorité administrative ; elles échappent au contrôle du juge parce qu'elles sont

considérées tout à la fois comme ne faisant pas grief à ceux qu'elles concernent et comme n'intéressant que la vie interne d'un service administratif. Le Conseil d'État a cependant contribué à restreindre cette catégorie, et donc à étendre le contrôle de la juridiction administrative sur les actes qui étaient précédemment considérés comme des mesures d'ordre intérieur.

La décision de déplacer les activités de M. Lébozart du centre universitaire de Brive-la-Gaillarde à l'annexe de Collonge-la-Rouge est une simple mesure d'organisation du service, à ce titre insusceptible de recours. Elle constitue en effet l'exercice par le chef de service de sa mission d'assurer le fonctionnement régulier du service dont il a la charge. N'étant pas de nature à remettre en cause le statut du tuteur, à porter atteinte à ses droits et/ou à sa carrière, on ne saurait l'identifier ni à une sanction disciplinaire déguisée, ni à une mutation. Elle constitue ainsi, selon la formule du Conseil d'État, « une mesure d'ordre intérieur insusceptible de recours pour excès de pouvoir » (CE 19 janv. 1990, *Beau*).

L'interdiction d'accès à la bibliothèque constitue une *mesure disciplinaire*, c'est-à-dire l'exercice par l'administration du pouvoir de sanction qu'elle possède sur les usagers dans l'accomplissement de sa mission de service public. C'est précisément à ce type de mesures, antérieurement considérées comme d'ordre intérieur, que le Conseil d'État a entendu élargir son contrôle. En effet, ces mesures ont des conséquences sur les droits de leurs destinataires telles que le juge a estimé souhaitable de ne pas laisser en la matière à l'administration un pouvoir discrétionnaire dénué de tout contrôle (CE, ass., 17 févr. 1995, *Hardouin* et *Marie*, *GAJA*, n° 90). Un éventuel contrôle du juge, contrôle restreint, pourrait porter sur une erreur manifeste d'appréciation de la sanction. En l'espèce, il est peu probable que le juge la retienne, la sanction n'étant ni sans rapport avec la faute qui l'a motivée ni ne portant à l'intéressé un grief tel que ses intérêts les plus légitimes ne soient menacés.

Tests de compréhension

1. *A priori* oui ; c'était le cas dans l'arrêt CE 23 septembre 1992, *GISTI et MRAP*. La qualification d'acte de gouvernement d'une circulaire vient par ailleurs empêcher le juge de contrôler son caractère réglementaire.

2. Oui. C'est le cas pour des circonstances de guerre dans l'arrêt CE 5 mars 1948, *Marion*.

3. Dans les trois cas, on peut répondre par l'affirmative.

4. Non, ces modalités sont normalement régies par le règlement intérieur (contenu des enseignements, modalités des contrôles).

5. Suite à une évolution de la jurisprudence (CE 2 nov. 1992, *Kherouaa*), les restrictions vestimentaires imposées aux usagers du service public de l'éducation par les règlements intérieurs des établissements sont susceptibles de recours. La solution n'est cependant peut-être pas transposable à l'ensemble des établissements publics administratifs, auxquels il faudrait appliquer le critère de la lésion d'un intérêt ou d'une restriction d'une liberté (selon la jurisprudence de 1995, *Marie et Hardouin*), ici difficile à invoquer.

chapitre 3

Présentation générale de l'organisation administrative

Plan analytique

section 1

Les catégories d'autorités administratives

section 2

Les principes d'organisation des autorités administratives publiques

Compléments pédagogiques

Présentation générale de l'organisation administrative

On présente souvent le droit administratif comme ayant été, à ses débuts, le droit des personnes publiques. Cette présentation n'a sans doute jamais rendu véritablement compte de la réalité : c'est ainsi que les personnes privées, essentiellement les personnes morales, ont toujours été étroitement associées à la gestion du service public (v. X. Bezançon, *Les services publics en France, du Moyen-Âge à la Révolution*, Presses de l'ENPC, 1997). Dès la première moitié du xxe siècle, le juge administratif reconnaît explicitement que les personnes privées peuvent agir en tant qu'autorités administratives, donc se voir appliquer le droit administratif. Les destinataires du droit administratif ont donc des statuts divers (section 1), mais obéissent à des principes communs (section 2). 166

section 1

Les catégories d'autorités administratives

Deux notions sont utilisées pour désigner les entités auxquelles le droit administratif est applicable : celle d'administration publique, et celle d'autorité administrative. Si la première vise toutes les personnes morales de droit public auxquelles sont confiées des missions dérivant de la fonction exécutive, la seconde, plus large, englobe toutes les entités ayant la possibilité d'émettre des actes administratifs et se voyant, à ce titre, appliquer pour tout ou partie le droit administratif. Cette seconde conception permet en particulier d'englober les personnes privées, mais n'est pas précisément définie. 167

§ 1 L'absence de définition de la notion d'autorité administrative

Ne pouvant être assimilées aux seuls organes administratifs publics, les autorités administratives ne sont cependant pas définies avec précision. Aucun critère général et pertinent d'identification n'existe en droit positif, même si quelques textes législatifs font exception. 168

La loi du 12 avril 2000 relative aux droits des citoyens dans leurs relations avec l'administration indique, en son article 1er, que constituent des autorités administratives « les administrations de l'État, les collectivités territoriales, les établissements publics à caractère administratif, les organismes de sécurité sociale et les autres organismes chargés de la gestion d'un service public administratif ». La lecture des travaux préparatoires de la loi fait apparaître que cette définition a été retenue parce qu'elle correspondrait à « tout ce qu'entend le citoyen par "administration" » (E. Zuccarelli). Il n'en reste pas moins que sont exclus de cette définition des organes (en premier lieu les personnes publiques ou privées chargées de la gestion d'un service public industriel et commercial) qui, à des titres divers, doivent être considérées comme autorités administratives.

Bien que désormais intégrée au Code des relations entre l'administration et le public, cette définition est donc à la fois « imprudente » et « réductrice » (J.-B. Auby, « Quand le droit administratif est appelé à contribuer à la réforme de l'État », *Dr. adm.* oct. 1996, p. 8), notamment parce qu'elle exclut les établissements publics et les personnes privées chargés d'un service public industriel et commercial, mais aussi les groupements d'intérêt public.

Si ces définitions sont incomplètes, elles permettent cependant de préciser certains contours de la notion : toutes les administrations publiques constituent des autorités administratives même si le droit administratif ne s'applique pas toujours à elles, mais également, dans la mesure où elles peuvent adopter des actes administratifs (v. ss 175), certaines personnes privées investies d'une mission administrative.

§ 2 Personnes publiques et personnes privées

169 Les personnes privées peuvent être des autorités administratives ; cependant, leur nature privée rend spécifique l'application du droit administratif à leur endroit : il importe donc de distinguer nettement les deux catégories de personnes morales.

A. Les fondements de la distinction

170 Distinguer personnes publiques et personnes privées n'a longtemps soulevé aucune difficulté : le premier procédé d'association des personnes privées à l'action administrative, celui de la *concession*, supposait une claire investiture contractuelle par la personne publique envers la personne privée. La distinction est devenue plus complexe du fait d'une part de la multiplication des types de personnes publiques, d'autre part du développement du recours aux organismes privés pour gérer des tâches administratives, avec des fonds publics, en échappant aux lourdeurs présumées de la gestion publique.

171 Dans ce cadre, il n'existe aucun critère déterminant de répartition entre les personnes gestionnaires d'activités d'intérêt général : le juge administratif se contente de recourir à un *faisceau d'indices*[Q] dont la réunion lui permettra de conclure à la nature publique ou privée de l'organisme en cause. Ces indices sont relatifs à l'origine de la création de l'établissement, à l'objet de ses activités, au régime exorbitant auquel il peut être soumis ainsi qu'à l'existence d'un contrôle de l'autorité administrative. Lorsque, par exemple, une personne publique est à l'origine de l'établissement, que celui-ci est financé par des taxes assimilables à des ressources publiques, que les personnes concernées par son activité doivent obligatoirement y adhérer, l'établissement, malgré la connotation privée de son intitulé, sera qualifié d'établissement public, donc de personne morale de droit public. (T. confl. 9 déc. 1899, *Assoc. syndicale du canal de Gignac*, *GAJA*, n° 7). Mais la réunion de ces indices peut parfois ne pas suffire : c'est ainsi que le Conseil d'État a estimé que les fédérations de chasse, très étroitement contrôlées par l'État, disposant de pouvoirs

de police, ne devaient pas pour autant être considérées comme des personnes morales de droit public, au motif, si l'on en croit le commissaire du gouvernement Guy Braibant, qu'il aurait été inopportun de leur conférer cette qualité alors que le législateur venait de consacrer la nature privée des fédérations de pêche, aux modalités de fonctionnement très proches (CE 4 avr. 1962, *Chevassier*, *D.* 1962. 327).

La nature privée ou publique d'une personne morale conditionnant dans une large mesure la compétence juridictionnelle, l'indétermination en la matière entraîne parfois des conflits de compétence dont la durée montre l'avantage qu'il y aurait à bénéficier de critères clairs d'identification. Tel a notamment été le cas pour les groupements d'intérêt public : issus d'une loi d'orientation et de programmation pour la recherche du 15 juillet 1982, ces groupements visent à instaurer une coopération entre partenaires publics et privés. Il a fallu attendre près de vingt ans pour que leur nature juridique soit clairement tranchée par le Tribunal des conflits (T. confl. 14 févr. 2000, *Gpt d'intérêt public « habitat et interventions sociales pour les mal-logés et les sans-abris » c/ Mme Verdier*, *GAJA*, 20e éd., 2015, no 99). Pour constater leur qualité de personnes publique, le Tribunal s'est référé à un faisceau d'indices tenant à l'objet désintéressé de leur activité, au contrôle de l'administration, matérialisé par la subordination de leur constitution à l'approbation d'une convention par l'autorité administrative, à la présence obligatoirement majoritaire en leur sein d'organismes de droit public ou de gestionnaires d'une mission de service public, et enfin à la présence d'un commissaire du gouvernement (rapporteur public). Mais ces indices n'ont été jugés suffisants que dans la mesure où ils traduisent l'intention du législateur de « faire des groupements d'intérêt public des personnes publiques ». Quoique tardivement révélée, cette intention initiale a fini par être définitivement consacrée par la loi du 17 juin 2011. 172

B. Les conséquences de la distinction

L'identification d'une personne morale de droit public entraîne à son égard l'application de nombre de règles de droit public. 173

Seule cette catégorie d'autorités administratives peut posséder des biens appartenant au *domaine public*Q. Après un temps d'hésitation sur sa nature juridique, le Conseil d'État a ainsi estimé que le siège de l'Agence France-Presse ne pouvait faire partie du domaine public : créée en 1944 sous forme d'établissement public, l'AFP a vu son statut fixé par une loi du 10 janvier 1957, qui la qualifie « d'organisme autonome doté de la personnalité civile ». L'absence de tutelle de l'État sur l'agence, sa faible représentation au conseil d'administration (3 membres sur 15), l'origine essentiellement privée de ses ressources constituent autant d'éléments permettant au Conseil d'État de préciser que l'AFP « présente le caractère d'un organisme de droit privé *sui generis* ». Par conséquent, les biens dont elle est propriétaire, et notamment son siège social, ne peuvent être considérés comme incorporés au domaine public (CE, ass., avis, 10 juin 2004, *Agence France Presse*, *RFDA* 2004. 923, note J. C.)

De la même façon, la qualité de personne publique conditionne, sauf exception, la possibilité de conclure des contrats administratifs ou d'effectuer des *travaux publics*Q. 174

En revanche, les personnes privées peuvent, comme les personnes publiques, adopter des actes administratifs, notamment réglementaires. Ce pouvoir est cependant limité 175 par l'investiture qui leur est donnée par les autorités publiques, notamment dans le cadre de missions de service public. Le Conseil d'État et le Tribunal des conflits ont eu l'occasion de rappeler ces principes à l'égard du Conseil national des barreaux. Alors que le Tribunal des conflits avait, en 2001, indiqué que le Conseil national des barreaux, personne morale de droit privé, disposait d'un pouvoir réglementaire (T. confl. 18 juin 2001, *Ordre des avocats au barreau de Tours c/ Conseil national des barreaux, Lebon* 745), le Conseil d'État avait ensuite estimé que cet organisme se devait, par « voie de recommandations, de promouvoir l'harmonisation des règles et usages de la profession d'avocat, sans disposer à cette fin d'un pouvoir réglementaire » (CE 27 juill. 2001, *Ordre des avocats au barreau de Tours, Lebon* 395, *AJDA* 2001. 852, chron. M. Guyomar et P. Collin). Une loi du 11 février 2004 ayant expressément attribué à cet organe professionnel un pouvoir d'édicter par « des dispositions générales les règles et usages de la profession d'avocat », le Conseil d'État n'a pu, ensuite, que reconnaître un tel pouvoir réglementaire au Conseil national des barreaux (CE 17 nov. 2004, *Sté d'exercice libéral Landwell et associés, Sté d'avocats EY Law, AJDA* 2005. 319, note J.-M. Pontier). Il ajoute cependant que ce pouvoir est limité aussi bien par l'objet que lui attribue la loi, que par les droits et libertés qui appartiennent aux avocats.

176 La qualité de personne morale de droit public a également des conséquences sur le régime de leur *responsabilité pénale*[Q]. Si la loi 27 juillet 1992 consacrant la responsabilité pénale des personnes morales s'applique également aux personnes morales de droit public, c'est au prix d'un certain nombre de dérogations. La plus importante tient à l'exclusion de l'État, seuls les établissements publics, les collectivités territoriales et les personnes publiques *sui generis* étant donc concernés. En outre, des peines telles que la dissolution de la personne morale ou l'interdiction de certaines activités sont exclues pour les personnes publiques. Celles-ci ne peuvent se voir infliger que des amendes ou des peines telles que la confiscation de la chose ayant servi à la commission de l'infraction (A. Lévy et S. Bloch, *La responsabilité pénale des collectivités territoriales, de leurs élus, de leurs agents*, Litec, 1995 ; J. Moreau, « La responsabilité pénale des personnes morales en droit public français », *LPA* 1996, n° 149, p. 41).

Cette responsabilité pénale ne peut être mise en œuvre, suivant la loi de 1992, que dans le cadre des activités susceptibles de faire l'objet de conventions de délégations de service public. C'est sur ce fondement que la condamnation de la ville de Grenoble pour les conséquences de la négligence de ses agents dans la surveillance d'enfants lors d'une promenade périscolaire le long du Drac a été cassée au motif que « l'exécution même du service public communal d'animation des classes de découverte [...], qui participe du service de l'enseignement public, n'est pas, par nature, susceptible de faire l'objet de conventions de délégation de service public » (Crim. 12 déc. 2000 ; v. J. Jorda, « La responsabilité pénale des personnes morales de droit public à la lumière de la jurisprudence », *Gaz. Pal.* 13 févr. 2001, p. 4).

De la même façon, la Cour de cassation a estimé que l'organisation du transport scolaire ne peut engager la responsabilité pénale de l'administration : contrairement à l'exécution de ce transport, elle n'est pas une activité susceptible de faire l'objet d'une délégation de service public (Crim. 6 avr. 2004, *Dpt. de l'Orne, AJDA* 2005. 446, note P. Le Goff).

Dès 1899, le Tribunal des conflits a déduit de la nature publique d'un établissement l'exclusion des voies d'exécution privées à son encontre (T. confl. 9 déc. 1899, *Assoc. syndicale du Canal de Gignac, préc.*). Par ailleurs, la loi du 25 janvier 1985 exclut les personnes publiques du champ d'application des procédures de redressement et de liquidation judiciaire. Cependant, les établissements publics peuvent se voir opposer des voies d'exécution administrative, notamment la procédure d'inscription d'office, même en l'absence de texte (CE 20 nov. 1908, *Chambre de commerce de Rennes, Lebon* 941). Pour le juge administratif, la qualité de personne morale de droit public ne fait ainsi pas par elle-même obstacle à l'exercice de ces voies d'exécution ; en revanche, la Cour de cassation estime qu'existe « un principe général du droit suivant lequel les biens des personnes publiques sont insaisissables » (Civ. 1re, 21 déc. 1987, *Bureau de recherches géologiques et minières*). 177 ■

L'urgence de clarifier cette situation apparaît d'autant plus pressante que la Cour de justice de l'Union européenne a mis en cause la garantie illimitée de l'État à ses établissements publics qui en constitue le corollaire, en estimant que cette garantie, ne pouvant faire l'objet d'aucune rémunération selon les règles du marché, constitue une aide d'État prohibée par le TFUE, dès lors qu'elle ne vise pas à compenser une obligation de service public (CJUE, 3 avr. 2014, aff. C-559/12 P, *France c/ Commission*, à propos du statut de La Poste), et ce quand bien même l'établissement n'a, par le passé, tiré aucun avantage économique d'une telle garantie (CJUE, 13 sept. 2018, aff. C-438/16, *Commission c/ République française et IFP Énergies nouvelles)*

§ 3 Les personnes privées, autorités administratives

Les personnes privées ne peuvent être considérées comme autorités administratives que dans la mesure où elles sont investies de missions d'intérêt général. Les formes de cette association à l'action administrative sont très diverses, les variations de son intensité entraînant des conséquences sur leur qualité d'autorité administrative. 178 ■

A. La possibilité, pour les personnes privées, d'avoir la qualité d'autorités administratives

Sans que la question soulève véritablement de difficulté, les personnes privées ont très tôt été associées à la gestion du service public. Ainsi, le Conseil d'État a pu, dès 1903, qualifier d'administratif un contrat entre une commune et un particulier portant sur l'élimination des animaux nuisibles, au motif, si l'on suit le commissaire du gouvernement Romieu, qu'il faisait participer le cocontractant à l'exécution d'un service public (CE 6 févr. 1903, *Terrier*, *GAJA*, n° 11). Dans cette affaire toutefois, comme dans d'autres qui l'avaient précédée, la personne privée ne gérait pas directement le service public, mais était simplement associée à son exécution. Au demeurant, le système de la concession permettait, dès le XIXe siècle, une telle association pour les personnes morales de droit privé, par la dévolution contractuelle de missions de service public (CE 10 janv. 1902, *Compagnie nouvelle du gaz de Deville-les-Rouen*). 179 ■

Sans employer le terme « service public », c'est un autre procédé que le Conseil d'État a, en 1935, reconnu : celui de l'investiture unilatérale (par voie législative ou réglementaire) de personnes privées pour l'exécution de missions d'intérêt public. Dans un arrêt du 20 déc. 1935, *Établissements Vézia* (*RD publ.* 1936. 119, concl.

Latournerie), le Conseil d'État, dissociant la mission d'intérêt public de l'organisme qui en assure la gestion, estime que les sociétés de prévoyance, bien que personnes privées, réalisent des opérations à « caractère d'intérêt public » et peuvent à ce titre recourir à l'expropriation.

Cette solution sera confirmée très clairement par l'arrêt du Conseil d'État du 13 mai 1938 *Caisse Primaire « Aide et protection »* (*GAJA*, n° 48). Il y constate le caractère de service public des assurances sociales, et considère qu'une caisse primaire peut être chargée « de l'exécution d'un service public, même si cet organisme a le caractère d'un établissement privé ».

180 Le statut des comités d'organisation mis en place pendant le régime de Vichy, puis celui des *ordres professionnels*[Q], ont suscité des interrogations quant aux limites de la participation des personnes privées à l'action administrative. Dans un arrêt *Monpeurt* (CE, ass., 31 juill. 1942, *GAJA*, n° 49), le Conseil d'État a en effet considéré que les comités d'organisation sont « chargés de participer à l'exécution d'un service public », bien que « le législateur n'en ait pas fait des établissements publics ». La formulation demeurait ambiguë, ne tranchant pas la question de la nature publique ou privée de ces organismes, mais seulement, par la négative, celle de leur appartenance à la catégorie des établissements publics : il était donc possible que ces organismes constituent une nouvelle catégorie de personnes publiques. Le même considérant était pourtant réitéré dans un arrêt *Bouguen* (CE 2 avr. 1943, *GAJA*, n° 50), à propos de l'ordre des médecins. Il faudra attendre une vingtaine d'années pour que la question soit définitivement tranchée : les organismes professionnels constituent des personnes morales de droit privé (CE, sect., 13 janv. 1961, *Magnier*, *RD publ.* 1961. 155, concl. Fournier).

181 La reconnaissance de la possibilité, pour les personnes privées, d'assumer la gestion de services publics, et de disposer à ce titre de prérogatives de puissance publique, les fait entrer dans le champ de compétence de la juridiction administrative (CE, sect., 13 oct. 1978, *Assoc. départementale pour l'aménagement des structures des exploitations agricoles du Rhône*, *Lebon* 368 ; T. confl. 6 nov. 1978, *Bernardi*, *Lebon* 652). Cette compétence vise les actes édictés par ces entités privées (v. ss 376), mais aussi leur responsabilité. Le juge n'est ici compétent que dans la mesure où le dommage se rattache à l'exercice par la personne morale de droit privé de prérogatives de puissance publique qui lui ont été conférées pour l'exécution de la mission de service public dont elle a été investie. Le Conseil d'État a pu estimer que tel n'était pas le cas de la SNCF, alors entreprise privée, lorsqu'elle a participé, sous le contrôle des autorités allemandes, à la déportation de personnes d'origine juive pendant la Seconde Guerre mondiale (CE, sect., 21 déc. 2007, *Lipietz*, *Lebon* 540 ; *RFDA* 2008. 80, concl. Prada-Bordenave).

B. Les formes de l'association des personnes privées à l'action administrative

182 Les personnes privées sont très présentes dans l'action administrative, au point que différencier gestion publique et privée du service public apparaît vain. En effet, nombre d'organismes qui matérialisent au quotidien la présence de l'administration sont des organismes de droit privé, notamment dans le domaine social : les caisses primaires et les caisses régionales d'assurance maladie (la CNAM est, en revanche, un établissement public administratif), les caisses d'allocations familiales (mais, de la même façon, la Caisse nationale d'allocations familiales constitue un établissement public administratif). Dans le domaine de la santé, les centres régionaux de lutte contre le cancer se sont vus reconnaître, après des hésitations, la nature de personne privée (T. confl. 20 nov. 1961, *Centre régional de lutte c/ le cancer « Eugène Marquis », RD publ.* 1962. 964, note M. Waline).

Les fédérations sportives, nationales ou régionales, ont le même statut et participent à une mission de service public (T. confl. 7 juill. 1980, *Peschaud c/ Gpt de football professionnel, RD publ.* 1981. 483, concl. Galabert). À ce titre, elles doivent faire l'objet d'une procédure d'agrément du ministre des Sports ; mais seules les disciplines pratiquées en recherchant « la performance physique au cours de compétitions organisées de manière régulière » peuvent être considérées comme sportives, et peuvent à ce titre voir leurs fédérations être agréées pour la gestion du service public du sport : tel n'est pas le cas du *paintball*, dans la pratique duquel le Conseil d'État ne voit qu'un loisir (CE 13 avr. 2005, *Fédération de paintball sportif*).

L'administration a également recours, en particulier dans le domaine du développement économique, culturel ou social, aux associations, soit qu'elle confie des missions de service public à des associations existantes, soit qu'elle suscite la création de tels organismes. Les organismes de formation professionnelle (T. confl. 26 mars 1990, *Assoc. nationale pour la formation professionnelle des adultes, Lebon T.* 635), les maisons des jeunes et de la culture, mais aussi de nombreuses structures locales d'insertion, sont ainsi des associations investies de missions de service public. 183 ■

Une difficulté peut cependant se présenter lorsque les associations gestionnaires d'activité de service public entretiennent avec l'administration des liens tellement étroits qu'elles doivent être considérées soit, malgré leur qualification, comme des personnes morales de droit public, soit comme de simples prolongements de l'administration, dépourvus de personnalité morale. Souvent constituées dans le but d'échapper aux pesanteurs auxquelles sont soumises les personnes publiques, notamment quant à leurs modes de fonctionnement budgétaire, ces associations para-administratives sont régulièrement dénoncées par la Cour des comptes et le Conseil d'État. Ce dernier n'hésite pas à les requalifier en considérant que « lorsqu'une personne privée est créée à l'initiative d'une personne publique qui en contrôle l'organisation et le fonctionnement et qui lui procure l'essentiel de ses ressources, cette personne privée doit être regardée comme "transparente" » (CE 21 mars 2007, *Cne de Boulogne-Billancourt, AJDA* 2007. 915, note J.-D. Dreyfus). Le Conseil d'État a ainsi considéré qu'un patronage municipal était géré non par une prétendue association, mais par la commune qui l'avait créée (CE, sect., 17 avr. 1964, *Cne d'Arcueil, D.* 1965. 45, concl. Combarnous) ; de la même façon, l'Association du sport scolaire et universitaire n'est pas, en raison de ses modalités de gestion et de fonctionnement, une association, mais un service du ministère de l'Éducation (CE, sect., 2 févr. 1979, *Gauthier, AJDA* 1979. 48, concl. Dondoux). 184 ■

La requalification de telles entités « privées » entraîne des conséquences sur leurs modes de gestion. Ainsi, outre que leur comptable a la qualité de comptable public, les conventions qu'elles passent peuvent être qualifiées de contrats administratifs, soumis en particulier aux règles adéquates de passation (CE 21 mars 2007, *Cne de*

Boulogne-Billancourt, préc.), et la responsabilité des personnes publiques auxquelles elles sont rattachées peut être recherchée (CE 5 déc. 2005, *Dpt de la Dordogne, RJEP* 2006. 173, concl. E. Glaser ; *AJDA* 2006. 656, note F. Brenet).

section 2

Les principes d'organisation des autorités administratives publiques

185 Matérialisant la fonction exécutive de l'appareil étatique, les administrations publiques ont été structurées à la fin de l'Ancien Régime selon un modèle d'organisation centralisé ; cette caractéristique sera renforcée sous l'Empire, qui aménage l'administration française par transposition de l'organisation militaire, fondée sur la hiérarchie, la discipline, l'uniformité et la centralisation. Ce modèle bureaucratique a survécu tant bien que mal à l'extension considérable des fonctions administratives dès la fin du XIXe siècle, et surtout après la Seconde Guerre mondiale.

Mais une telle bureaucratisation, outre qu'elle apparaissait en décalage avec les évolutions sociales, était devenue paralysante pour l'action de l'État. Le processus de décentralisation (§1), mais aussi la réforme de l'État (§2) se sont déroulés pour tenter de pallier ces dérives.

§ 1 Décentralisation et déconcentration

186 La Constitution indique que l'organisation de la République est décentralisée. Cette précision, introduite en 2003, consacre un mouvement dont les prémisses remontent à la fin du XIXe siècle. Il importe, avant d'en retracer les grands traits, de préciser les notions auxquelles il sera fait ici référence.

A. Définitions

187 La *déconcentration*[Q], terme dont la paternité revient au conseiller d'État Léon Aucoc (*Introduction à l'étude du droit administratif*, 1865), n'est pas antinomique avec la centralisation, dont elle ne constitue que l'une des modalités particulières. Elle est un aménagement du pouvoir administratif de l'État : au sein de la personne morale étatique, certains pouvoirs sont délégués à des services locaux, appelés services déconcentrés ou extérieurs. Les services locaux de l'État restent soumis au pouvoir hiérarchique des autorités administratives centrales, tout en bénéficiant, selon les termes de la Charte de la déconcentration résultant d'un décret du 7 mai 2015, d'une autonomie de « moyens et [de] capacité d'initiative pour animer, coordonner et mettre en œuvre les politiques publiques définies au niveau national et européen ».

Le Conseil constitutionnel a eu l'occasion de rappeler que « la composition et à la répartition des attributions des administrations civiles de l'État [...] relèvent de la compétence du pouvoir exécutif en vertu de l'article 20 de la Constitution » (Cons. const. 21 janv. 1997, 97-180 L).

À l'opposé, la caractéristique fondamentale de la *décentralisation*[Q] repose dans la disparition du lien hiérarchique entre autorité locale et centrale, ce qui suppose l'attribution à l'autorité locale de la personnalité morale. L'attribution de cette personnalité morale est liée, pour les collectivités territoriales, à l'existence d'organes décisionnels élus, le troisième alinéa de l'article 72 de la Constitution indiquant que les collectivités territoriales « s'administrent librement par des conseils élus ». L'organisation des autorités décentralisées relève en outre du seul législateur. **188**

Les délocalisations n'ont aucun rapport direct avec les deux notions précédentes : il s'agit d'un simple transfert géographique de certains services administratifs, dotés ou non de la personnalité juridique, en dehors de la région parisienne. Même si son principe est toujours arrêté par le gouvernement, la décision effective de transfert doit respecter les procédures applicables au choix du siège de l'institution concernée, comme le juge a fréquemment eu l'occasion de le rappeler (v. par ex. CE 29 déc. 1995, *Synd. CFDT du personnel du CNASEA*, req. n° 149437, à propos du transfert du CNASEA à Limoges ; et plus récemment CE, ord. du 13 mars 2015, *Comité d'entreprise du siège de l'IFREMER*, à propos du transfert de l'IFREMER à Brest). Ces décisions de transfert sont l'objet de discussions avec les collectivités d'accueil, et constituent des enjeux forts, tant politique que symbolique. **189**

Les délocalisations peuvent aussi revêtir, dans l'administration française, le sens qu'elles possèdent dans le langage économique : il n'est ainsi pas rare que des tâches administratives soient transférées à des personnels employés à l'étranger (v. F. Colin, « Les délocalisations publiques », *Rev. adm.* 2007, n° 55, p. 51-59).

B. L'organisation décentralisée de la République

La centralisation administrative a permis, à partir du XVIe siècle, le développement de l'État moderne. L'unité de l'organisation administrative rend visible l'unité de la loi, antinomique de la reconnaissance de pouvoirs locaux autonomes. **190**

Cette centralisation a été considérablement accrue par la période révolutionnaire, après une première période décentralisatrice (1789-1792), en particulier en raison de la disparition de toute médiation entre l'État et des citoyens considérés comme membres interchangeables de la nation. L'affirmation conjointe de la souveraineté nationale et du principe représentatif entraîne la subordination intégrale de l'appareil administratif aux représentants de la nation, seule source de sa légitimité. Le Consulat, puis l'Empire, renforceront encore cette centralisation par la création de circonscriptions territoriales administratives (départements, arrondissements dénommés alors districts, et communes), dirigées par des organes nommés par le pouvoir central (préfets, sous-préfets, maires).

Renouant avec les libertés locales de l'Ancien Régime, la monarchie de Juillet pose le principe de l'élection des conseils généraux et municipaux. La loi du 21 mars 1831 pour les conseils municipaux et celle du 22 juin 1833 pour les conseils généraux, donnent à un corps électoral restreint le droit d'élire ces assemblées ; mais le maire demeure nommé par le pouvoir central (le roi ou le préfet selon la taille de la commune). Quelques années plus tard, la décentralisation prend véritablement forme : la loi du 18 juillet 1837 reconnaît la personnalité civile aux communes. **191**

Ce n'est cependant qu'avec la IIIe République que les institutions locales prennent une physionomie proche de celle qu'elles ont actuellement : l'utilisation du suffrage, légèrement étendu par une loi du 3 juillet 1848, ayant montré son caractère fondamentalement conservateur, la loi du 5 avril 1884 relative aux communes permet que les maires soient désormais élus, sauf à Paris où le souvenir récent de la Commune (1871) fait craindre un usage révolutionnaire du vote ; la capitale restera ainsi administrée par un préfet jusqu'en 1978 ; elle l'est encore pour les pouvoirs de police, dévolus au préfet de police de Paris.

Le département, qui s'est vu attribuer la personnalité juridique par la loi du 10 août 1871, restera jusqu'en 1982 présidé par le préfet, qui cumulera ainsi la fonction de représentant local de l'État avec celle d'exécutif d'une collectivité territoriale, personne juridique distincte de l'État. Pendant toute cette période, si le conseil général pouvait émettre des vœux, il ne pouvait prendre aucune décision sans l'aval du préfet.

192 La loi du 2 mars 1982 « relative aux droits et libertés des communes, des départements et des régions » a profondément réformé cette organisation de la décentralisation. En reconnaissant, dès le titre de la loi, aux régions, le statut de collectivités territoriale, elle ancre dans le paysage administratif français une institution qui ne cessera de prendre de l'importance ; en supprimant, pour les conseils généraux et Paris, le rôle du préfet comme chef de l'exécutif local, elle consacre l'autonomie de la légitimité des collectivités territoriales ; enfin, elle supprime la *tutelle*[Q] administrative à laquelle toutes les collectivités territoriales étaient soumises, pour la remplacer par un contrôle de légalité exercé *a posteriori* par le préfet, qui ne peut plus annuler de lui-même un acte ou en suspendre l'application, mais seulement saisir à cette fin le juge administratif.

Après une période d'approfondissement de la décentralisation (loi sur l'amélioration de la décentralisation du 5 janv. 1988), puis d'insertion de celle-ci dans le champ plus vaste de l'aménagement du territoire (L. du 4 févr. 1995 d'orientation pour l'aménagement et le développement du territoire ; L. du 25 juin 1999 d'orientation pour l'aménagement et le développement durable du territoire), c'est par une réforme constitutionnelle qu'une nouvelle étape de la décentralisation a été franchie. La loi constitutionnelle du 28 mars 2003 relative à l'organisation décentralisée de la République, qui apporte à la Constitution sa plus importante modification depuis 1958, n'a pas modifié l'architecture générale de la décentralisation, mais en a inscrit le principe dans la Constitution ; elle a été suivie par une série de lois organiques et par une importante loi du 13 août 2004 relative aux libertés et responsabilités locales, qui augmente sensiblement les compétences transférées aux collectivités territoriales.

193 La loi constitutionnelle du 28 mars 2003 inscrit tout d'abord dans la Constitution le principe même de la décentralisation, puisque l'article 1er du texte fondamental indique que l'organisation de la République, qui demeure « indivisible », est « décentralisée ». Si cette mention constitue surtout l'affichage d'une orientation institutionnelle incontestée depuis plus de vingt ans, elle doit être complétée par le principe de subsidiarité introduit à l'article 72 de la Constitution. Il est en effet indiqué que « les collectivités territoriales ont vocation à prendre les décisions pour l'ensemble des compétences qui peuvent le mieux être mises en œuvre à leur échelon » ; le Conseil constitutionnel a estimé que « le choix du législateur d'attribuer une compétence à l'État plutôt qu'à une collectivité territoriale ne pourrait être remis en cause, sur le fondement de cette disposition, que s'il était manifeste qu'eu égard à ses caractéristiques et aux intérêts concernés, cette compétence pouvait être mieux exercée par une collectivité territoriale » (Cons. const. 7 juill. 2005, n° 2005-516 DC, *Loi de programme fixant les orientations de la politique énergétique*), ce qui signifie qu'il n'effectuera qu'un contrôle restreint du non-respect du principe de subsidiarité.

L'article 72 de la Constitution indique également que les collectivités territoriales « disposent d'un pouvoir réglementaire pour l'exercice de leurs compétences ». Cependant, et comme le laisse entendre la formulation du principe, ce pouvoir réglementaire, inhérent à la libre administration des collectivités territoriales, ne peut s'exercer qu'en application de lois qui en fixent les limites et le champ d'application (Cons. const. 29 mai 1990, n° 90-274 DC, *Droit au logement, GADD* n° 6).

L'article 72-2 de la Constitution énonce également deux principes importants relatifs à l'autonomie financière des collectivités territoriales. 194 ■

Il indique, en premier lieu, que « tout transfert de compétences entre l'État et les collectivités territoriales s'accompagne de l'attribution de ressources équivalentes à celles qui étaient consacrées à leur exercice » et que « toute création ou extension de compétences ayant pour conséquence d'augmenter les dépenses des collectivités territoriales est accompagnée de ressources déterminées par la loi ». S'il a très vite fait application de cette disposition (Cons. const. 18 déc. 2003, n° 2003-487 DC, *Décentralisation du RMI*), dont le contenu ne semblait pourtant pas très précis, le Conseil constitutionnel a cependant précisé que le principe de compensation ne s'appliquait que pour les dépenses obligatoires, qu'il ne comportait aucune obligation d'actualisation après le transfert, enfin que la notion de ressource équivalente devait s'apprécier au regard de la globalité des transferts de compétence opérés. Plus récemment, le Conseil constitutionnel a indiqué que l'obligation de compensation ne concerne pas les hypothèses où le législateur transfère aux collectivités une compétence qu'elles ont seulement la faculté, et non l'obligation, d'exercer (Cons. const. 13 janv. 2005, n° 2004-509 DC, *Loi de programmation pour la cohésion sociale, AJDA* 2005. 905, note V. Champeil-Desplats).

L'article 72-2 précise, en second lieu, que les collectivités territoriales doivent bénéficier d'une « part déterminante » de recettes fiscales et de ressources propres dans l'ensemble de leurs ressources. Mis en œuvre par la loi organique du 29 juillet 2004 relative à l'autonomie financière des collectivités territoriales, ce texte constitue une garantie de l'autonomie des finances locales, mais aussi un coup d'arrêt à la réduction de la part locale des ressources fiscales, au profit des dotations de l'État.

Pour anticiper les conséquences des lois et règlements sur le budget des collectivités territoriales, une Commission consultative d'évaluation des normes a été instituée par la loi de finances rectificative du 25 décembre 2007, précisée par un décret et une circulaire du 22 septembre 2008. Cette commission doit formuler un avis sur tout projet, national ou communautaire, de réglementation nouvelle pouvant avoir un impact financier sur les collectivités territoriales.

La révision constitutionnelle de mars 2003 innove plus profondément dans deux domaines, qui justifiaient à eux seuls le recours à la révision constitutionnelle. 195 ■

Dans une décision du 17 janvier 2002 relative à la Corse (Décis. n° 2001-454 DC), le Conseil constitutionnel avait censuré la possibilité, accordée à la collectivité territoriale de Corse, « de procéder à des expérimentations comportant le cas échéant des dérogations aux règles en vigueur », au motif que « le législateur ne saurait déléguer sa compétence dans un cas non prévu par la Constitution ». C'est pour déroger à cette interdiction que le nouvel article 37-1 de la Constitution indique que « la loi et le règlement peuvent comporter, pour un objet et une durée limités, des dispositions à caractère expérimental ». En outre, l'article 72 de la Constitution, tel que modifié en 2003, énonce que, « dans les conditions prévues par la loi organique, et sauf lorsque sont en cause les conditions essentielles d'exercice d'une liberté publique ou d'un droit constitutionnellement garanti, les collectivités territoriales ou leurs groupements peuvent, lorsque selon le cas la loi ou le règlement l'a prévu, déroger, à titre expérimental et pour un objet et une durée limités, aux dispositions législatives ou réglementaires qui régissent l'exercice de leurs compétences ». La loi du 13 août 2004 relative aux libertés et responsabilités locales utilise amplement cette possibilité, puisque ce ne sont pas moins de huit domaines faisant l'objet d'un transfert qui sont soumis à expérimentation, dans des conditions temporelles et matérielles très diverses.

La révision constitutionnelle a également été l'occasion d'instaurer un véritable référendum local : complété par la loi organique du 1er août 2003, le nouvel article 72-1 de la Constitution permet à une collectivité territoriale de soumettre, par la voie du référendum, un projet relevant de sa compétence à la décision, et non plus seulement à la consultation comme auparavant, de ses électeurs.

■ 196 Il apparaît que les nouvelles compétences octroyées aux collectivités ont entraîné, indépendamment des transferts financiers réalisés conformément à la Constitution, une hausse très sensible des dépenses des collectivités territoriales. Par ailleurs, les transferts de personnels de l'État vers les collectivités ne sont effectués qu'avec difficulté, montrant l'importance d'une articulation de la décentralisation et de la réforme de l'État central.

Les transferts de compétences vers les collectivités territoriales se poursuivent cependant. Ainsi, l'article L. 1115-1 du Code général des collectivités territoriales, issu de la loi du 25 janvier 2007 relative à l'action extérieure des collectivités territoriales, autorise les collectivités territoriales et leurs groupements, dans le respect des engagements internationaux de la France, à conclure des conventions avec des autorités locales étrangères pour mener des actions de coopération ou d'aide au développement. Il est également prévu de transférer, par la voie de l'expérimentation, la gestion d'une partie des fonds structurels européens aux régions (v. R. Degron, « La décentralisation de la gestion des fonds structurels : une expérimentation au milieu du gué », *AJDA* 2007. 896).

■ 197 La complexité des structures territoriales, ainsi que l'enchevêtrement de leurs compétences, amènent régulièrement les autorités exécutives à proposer une réforme d'ampleur, sans y parvenir pour l'instant.

À la suite du rapport rendu, sous la responsabilité de l'ancien Premier ministre Edouard Balladur, par un Comité pour la réforme des collectivités territoriales (mars 2009), la loi du 16 décembre 2010 de réforme des collectivités territoriales, texte que la longueur caractérise plus que la cohérence ou l'audace, vise, en particulier, à renforcer substantiellement l'intercommunalité en la rationalisant ; elle prévoit l'élection des représentants des communes au sein des organes délibérants des intercommunalités ; elle instaure une nouvelle structure intercommunale, la métropole, en restant cependant très en deçà du rapport Balladur, qui proposait d'en faire une nouvelle collectivité territoriale. L'esprit général de cette importante réforme est surtout caractérisé par une pause dans le mouvement décentralisateur, ce que marquent tout à la fois la diminution du nombre des élus locaux et, surtout, l'atténuation de la clause générale de compétence par l'ajout, aux dispositions prévoyant pour les conseils généraux et régionaux qu'ils règlent par leurs délibérations les affaires, respectivement, du département et de la région, que cette capacité s'exerce « dans les domaines de compétences que la loi lui attribue ». Le Conseil constitutionnel a confirmé cette atténuation, en estimant que la clause de compétence générale, qui rendrait ces collectivités compétentes pour traiter de toute affaire ayant un lien avec leur territoire, n'avait pas la qualité de principe fondamental reconnu par les lois de la République, estimant toutefois que le département ou la région ont la capacité de « se saisir respectivement de tout objet d'intérêt départemental ou régional pour lequel la loi n'a donné compétence à aucune autre personne publique » (Cons. Const. 9 déc. 2010, n° 2010-618 DC, *AJDA* 2011. 99, note M. Verpeaux, *JCPA* 2011, n° 2, note J.-M. Pontier, *RFDA* 2011. 240, note B. Faure).

La loi du 16 décembre 2010 prévoyait également la création de « conseillers territoriaux », destinés à remplacer les conseillers généraux et régionaux. Cette innovation a toutefois été supprimée par la loi du 17 mars 2013, sans qu'une ligne directrice puisse être véritablement dégagée (v. H. Pauliat, « À la recherche de la cohérence (perdue) ? », *JCP Adm.* 2013, act. 509). À la suite de la loi du 27 janvier 2014, de modernisation de l'action publique territoriale et d'affirmation des métropoles (MAPTAM), qui a eu pour principal objet de tenter d'articuler les différents niveaux de collectivités autour de la notion de « collectivité chef de file », la loi du 16 janvier 2015 a modestement poursuivi l'effort de rationalisation en réduisant le nombre de régions. La loi du 27 janvier 2014 avait rétabli la clause de compétence générale atténuée en 2010 ; la loi portant nouvelle organisation territoriale de la République (dite « loi NOTRe ») du 7 août 2015, revient à nouveau sur ce rétablissement, en la supprimant pour les départements et les régions : elle n'existe donc plus qu'au niveau communal.

§ 2 La réforme de l'État

L'idée de *réforme de l'État*[Q] est pour ainsi dire consubstantielle à l'administration républicaine. Dès l'installation de la IIIe République, le thème apparaît, notamment sous la plume d'Émile Boutmy qui souhaite former les cadres de l'État en créant une École libre des sciences politiques. Dans les années 1930, réforme de l'administration et du système parlementaire sont liées, aboutissant en particulier, par-delà certaines orientations technocratiques reprises par le régime de Vichy, à la création de l'École nationale d'administration en 1945. **198 ■**

Plus récemment cependant, le thème de la réforme de l'État est revenu sur le devant de la scène à la suite de la politique de modernisation du service public lancée par Michel Rocard en 1989, puis approfondie par le gouvernement d'Alain Juppé en 1995. À cette date est créé un Commissariat à la réforme de l'État, qui sera remplacé en 1998 par une Délégation interministérielle à la réforme de l'État, placée auprès du ministre de la Fonction publique. Dans le cadre de cette politique, poursuivie par les gouvernements de Lionel Jospin et de Jean-Pierre Raffarin, plusieurs trains de mesures de simplification administrative seront adoptés : déconcentration des décisions individuelles (décret du 15 janv. 1997), relance de la codification, suppression de commissions administratives. Parallèlement, l'effort est mis sur la réforme de l'informatisation de l'administration, avec le développement d'un accès numérique à de nombreuses procédures administratives. Une grande partie de ces mesures a été reprise dans la loi du 12 avril 2000 relative aux droits des citoyens dans leurs relations avec l'administration.

199 Le rattachement, depuis 2002, de la réforme de l'État au ministère de l'Économie et des Finances montre le lien manifeste existant désormais entre réforme de l'État et réforme budgétaire. La mise en œuvre de la loi organique relative aux lois de finances du 1er août 2001 a en effet infléchi l'orientation de la réforme de l'État, et conduit les administrations à s'inscrire dans une logique de programmation et de performance. Les réformes menées depuis lors ont accentué cette orientation. À la suite des « stratégies ministérielles de réforme » conduites suite à une circulaire du Premier ministre en date du 2 juin 2004, une Révision générale des politiques publiques (RGPP) a été menée à partir de 2007, dont l'orientation était essentiellement budgétaire. Plus modestement appelée ensuite « modernisation de l'action publique » à partir de 2012, cette politique a poursuivi des objectifs similaires, notamment précisés dans une circulaire du 9 janvier 2013 (*JCP Adm.* 2013, act. 170, comm. P. Villeneuve). La RGPP a, sous une autre appellation (Revue des missions), été relancée en septembre 2014, parallèlement à l'annonce de la réduction du nombre de régions. Depuis 2017, le plan « Action publique 2022 » poursuit les mêmes objectifs ; il accentue cependant la finalité gestionnaire de la réforme de l'État, en prévoyant notamment une augmentation significative du recours aux agents contractuels par les administrations de l'État. Une circulaire du Premier ministre du 5 juin 2019, relative à la transformation des administrations centrales et aux nouvelles méthodes de travail, en précise certaines des conséquences, notamment quant à la réduction des effectifs des administrations centrales.

200 Les structures responsables de la réforme de l'État ont, depuis 1995, souvent varié. Placée depuis un décret du 30 décembre 2005 auprès du ministre de l'Économie et des Finances, la Direction générale de la modernisation de l'État (DGME) avait été remplacée, en 2012, par un Secrétariat général pour la Modernisation de l'action publique (SGMAP), à nouveau placé sous la responsabilité directe du Premier ministre. Chargé de mettre en application les orientations déterminées par le Comité interministériel pour la modernisation de l'action publique, créé simultanément, il assumait également la succession, comme la DGME avant lui, de l'ensemble des organismes en charge de la modernisation de l'État, qu'il s'agisse de la simplification du langage administratif, de l'amélioration des relations avec les usagers, de la réforme de la gestion publique ou de l'informatisation de l'administration. Plus récemment, le SGMAP a été remplacé par deux structures : la direction interministérielle de la transformation publique (DITP) et la direction interministérielle du numérique (DINum). Ces deux structures sont placées sous la responsabilité du ministère de la Transformation et de la Fonction publiques, mais également à disposition du ministère des finances. L'une des spécificités de ces récentes évolutions tient à leur personnel, dont nombre de collaborateurs sont des consultants issus de cabinets sous-traitants.

Compléments pédagogiques

Quid

■ Décentralisation n° 188

La décentralisation est une modalité de la répartition des pouvoirs et compétences entre autorités centrales et locales ; elle est en outre, selon l'article premier de la Constitution, le mode d'organisation des institutions républicaines. Les autorités décentralisées – les collectivités territoriales – ne sont plus soumises, depuis 1982, à la tutelle ou au pouvoir hiérarchique des autorités nationales. Elles sont caractérisées par la possession de pouvoirs propres, exercés, en vertu de l'article 72 de la Constitution, par des organes élus.

■ Déconcentration n° 187

La déconcentration est une modalité d'organisation du pouvoir au sein d'une même institution. Le titulaire du pouvoir de décision décide de déléguer certaines de ses compétences à des agents qui le représentent au niveau local, et qui lui restent subordonnés.

■ Domanialité publique n° 173

Le domaine public recouvre la plus grande partie des possessions immobilières de l'État et des collectivités territoriales. Pour faire partie du domaine public, un bien immobilier doit appartenir à une personne publique et être aménagé soit à l'usage direct du public, soit à celui d'un service public. Les biens appartenant au domaine public suivent un régime particulier, dont le trait principal est leur inaliénabilité.

■ Faisceau d'indices n° 171

Le juge a recours à la méthode dite « du faisceau d'indices » lorsqu'aucun critère ne permet la qualification certaine d'une situation juridique. Pour l'identification d'une personne publique, le juge a recours à quatre indices principaux : l'origine de la personne morale examinée, la possibilité qu'elle a d'exercer des prérogatives de puissance publique, la nature publique du service qu'elle gère et l'existence d'un contrôle étroit par une personne publique. Au cas où ces indices concordants seraient réunis, la personne sera présumée être publique. De même, en l'absence de critère législatif ou jurisprudentiel de l'établissement public, le juge doit recourir à un certain nombre d'indices concordants qui lui permettent de déterminer s'il est en présence d'un établissement public. La même technique jurisprudentielle est utilisée pour déterminer ensuite le caractère (industriel ou commercial) de l'établissement public.

■ Ordres professionnels, organisations professionnelles n° 180

Les ordres professionnels regroupent les personnes physiques indépendantes exerçant des activités professionnelles identiques. Ces groupements disposent d'un pouvoir réglementaire concernant l'exercice de la profession et d'un pouvoir de sanction s'exerçant à l'encontre de leurs membres lorsque ces derniers contreviennent aux règles d'exercice de la profession. Après quelques hésitations, le juge considère désormais ces organisations comme des personnes privées.

■ Réforme de l'État nos 198 s.

La réforme de l'État qualifie une politique de modernisation administrative engagée depuis 1995, renforcée depuis 2001 dans le cadre de la réforme des règles budgétaires. L'idée-force de cette réforme est la proximité : les décisions doivent être prises au plus près des citoyens, ces derniers étant placés au centre de l'action administrative. Elle a entraîné dans un premier temps une déconcentration des décisions individuelles, progressivement transférées à l'échelon départemental, puis dans un second temps une réorganisation des administrations centrales de l'État.

■ Responsabilité pénale des personnes morales de droit public n° 176

La responsabilité pénale des personnes morales a été introduite par une loi du 7 juillet 1992. Elle concerne les personnes aussi bien privées que publiques. Cette responsabilité est doublement limitée ; par son étendue tout d'abord : seules les activités susceptibles de faire l'objet de conventions de délégation de service public *et* qui ne sont pas la manifestation de la puissance publique peuvent entraîner la responsabilité pénale des personnes publiques ; par son contenu ensuite : la dissolution, plus importante sanction pénale encourue par les personnes morales, n'est pas applicable aux personnes publiques.

■ Travaux publics n° 174

L'ensemble des contrats relatifs à l'exécution de travaux publics relève du droit administratif. Est un travail public tout travail immobilier exécuté soit pour le compte d'une personne publique dans un but d'utilité générale, soit par une personne privée pour l'accomplissement d'une mission de service public. On dit que la notion de travaux publics est une « notion attractive » parce que les contrats intervenant en marge de ces travaux demeurent soumis au droit administratif.

■ Tutelle n° 192

La signification de la tutelle en droit privé est assez proche de son acception en droit public : la personne sous tutelle est en état d'infériorité par rapport à son tuteur, qui doit approuver ses actes pour qu'ils soient exécutoires. C'est la raison pour laquelle, depuis 1982, la tutelle sur les collectivités locales a été remplacée par des contrôles, qui concernent à la fois la légalité et le respect des règles budgétaires.

Documents

1) La distinction entre personnes morales de droit public et personnes morales de droit privé

M. Hauriou, note sur T. confl. 9 décembre 1899, *Association syndicale du canal de Gignac* (*S.* 1900. III. 92)

Ce qui est grave, c'est d'incorporer à l'administration des entreprises qui ne sont pas d'intérêt public, mais seulement d'intérêt collectif, parce que la confusion du collectif et du public est proprement le fond de la doctrine collectiviste, de telle sorte que l'on peut dire des associations syndicales transformées en établissements publics qu'elles sont la première institution collectiviste [...].

Si l'association syndicale, instrument de production agricole, est devenue un membre de l'État, un établissement d'État, il n'y a pas de raison pour que l'usine, elle aussi, instrument de production industrielle, ne devienne pas établissement d'État, et nous disons que c'est grave, parce qu'on nous change notre État [...].

Notre régime d'État actuel, fondé sur l'égalité dans la chose publique, ne se maintient que parce qu'on a veillé jusqu'ici avec un soin jaloux à ce que les intérêts privés, et notamment les intérêts économiques, qui sont foncièrement différentiels et inégalitaires, ne fussent pas mélangés avec la chose publique ; mais si maintenant on vient amalgamer les intérêts économiques et la chose publique, c'en est fini de l'égalité.

⇨ *Conséquences de l'extension de la qualification d'établissement public à des organismes coopératifs.*

T. confl. 20 novembre 1961, *Centre régional de lutte contre le cancer « Eugène Marquis »* (*Lebon* 879)

Considérant que si les Centres régionaux de lutte contre le cancer assument une mission de service public et sont soumis par l'ordonnance du 1er octobre 1945 à un ensemble de règles d'organisation et de fonctionnement impliquant un contrôle étroit de l'administration sur divers aspects de leur activité, il résulte de l'ensemble des dispositions de cette ordonnance, rapprochées des termes de l'exposé des motifs que le législateur a entendu conférer à ces centres le caractère d'établissements privés, qui était d'ailleurs celui de ce type d'établissement avant l'intervention des dispositions sus-rappelées ; que, dès lors, les rapports entre les Centres régionaux de lutte contre le cancer et leur personnel ressortissent au droit privé.

⇨ *Recours à la méthode du faisceau d'indices pour déterminer la nature publique ou privée du gestionnaire d'un service public.*

2) La participation des personnes privées à l'action administrative

CE, ass., 13 mai 1938, *Caisse Primaire « Aide et Protection »* (*GAJA*, n° 48)

Considérant que le service des assurances sociales est un service public ; que sa gestion est confiée notamment à des caisses dites primaires ; que, par suite, et nonobstant la circonstance que, d'après l'art. 28, §1er, du décret du 30 octobre 1935, celles-ci sont instituées et administrées conformément aux prescriptions de la loi du 1er avril 1898 et constituent ainsi des organismes privés, leurs agents ont pu légalement être compris parmi ceux auxquels il est interdit d'exercer un autre emploi.

⇨ *Une personne privée peut se voir confier la gestion d'un service public.*

CE, ass., 31 juillet 1942, *Monpeurt* (*GAJA*, n° 49)

Considérant que [...] les comités d'organisation, bien que le législateur n'en ait pas fait des établissements publics, sont chargés de participer à l'exécution d'un service public, et que les décisions qu'ils sont amenés à prendre dans la sphère de ces attributions, soit par voie de règlement, soit par des dispositions d'ordre individuel, constituent des actes administratifs ; que le Conseil d'État est, dès lors, compétent pour connaître des recours auxquels ces actes peuvent donner lieu.

⇨ *Les organismes professionnels, « personnes innomées », peuvent édicter des actes administratifs.*

Biblio

- J. Chevallier, « La politique française de modernisation administrative », in *L'État de droit, Mélanges en l'honneur de G. Braibant*, Paris, Dalloz, 1996, p. 69-87
- J. Ferstenbert, F. Priet, *Droit des collectivités territoriales*, 2e éd., Dalloz, coll. « Hypercours », 2016.
- B. Faure, *Droit des collectivités territoriales*, 8e éd., Dalloz, coll. « Précis », 2019.
- P. Gérard, *L'administration de l'État*, 2e éd., LexisNexis, 2016.
- O. Gohin, J.-G. Sorbara, *Institutions administratives*, 7e éd., LGDJ, 2016.
- C. Join-Lambert (dir.), *L'État moderne et l'administration*, Paris, LGDJ, coll. « Systèmes », 1994, 170 p.
- D. Maillard Desgrées du Loû, *Institutions administratives*, 2e éd., PUF, coll. « Thémis », 2015.
- H. Oberdorff, N. Kada, *Les institutions administratives*, 9e éd., Sirey, coll. « Université », 2019, 336 p.
- J.-L. Quermonne, *L'appareil administratif de l'État*, Paris, Seuil, coll. « Points-Essais », 1991.
- A. Roux, *La décentralisation. Droit des collectivités territoriales*, LGDJ, coll. « Systèmes », 2016.
- P. Serrand, *Manuel d'institutions administratives françaises*, 5e éd., PUF, 2015.

Quiz

1) Sujets corrigés

A) Cas pratiques n° 1

Énoncé

1. Entre Ancenis (Loire-Atlantique) et Luynes (Indre-et-Loire) se pratique un jeu peu connu ailleurs : la boule de fort, dont la spécificité principale tient au caractère asymétrique des boules utilisées.

Monsieur Casimir Quéssecsa, récemment élu président du conseil départemental du département du Maine-et-Loire, est un passionné de ce jeu. Pratiquant assidu, il décide avec certains de ses amis, dont mademoiselle Philippine Maboule de créer une fédération départementale de boule de fort. Rapidement, son ambition grandit : il manque une fédération nationale. Après qu'ont été noués des contacts avec les dirigeants d'autres clubs, le long de la Loire, la Fédération nationale de boule de fort voit le jour le 1er janvier 2005. Elle est domiciliée dans les locaux de la fédération de boule de fort du Maine-et-Loire, 177 bis avenue du roi René à Angers. Ses statuts spécifient que la Fédération est habilitée à réglementer la pratique de la boule de fort ainsi que l'organisation des compétitions officielles ; elle recueille par ailleurs les cotisations des licenciés de boule de fort et redistribue après retenue pour son fonctionnement cette manne aux clubs au prorata de leurs adhérents.

Grâce aux initiatives de monsieur Quéssecsa, la Fédération est dotée de larges subventions du conseil départemental, destinées à pallier l'insuffisance de ses ressources propres et à promouvoir largement la pratique de la boule de fort.

Quelle est la nature juridique de la Fédération nationale de boule de fort ?

2. Mlle Maboule, présidente de la Fédération nationale de boule de fort depuis sa création, décide de donner à ses locaux l'allure qui sied à une grande fédération sportive. Elle conclut un contrat avec un célèbre *designer,* Théodore Nemant. Après la réception des travaux de prestige, le trésorier de la Fédération fait savoir qu'il lui est absolument impossible d'honorer les engagements pris. Mlle Maboule demande à monsieur Nemant un échelonnement de la créance de la Fédération sur 20 ans, ce que le *designer* refuse catégoriquement. Ce dernier saisit le tribunal de grande instance d'Angers. Mlle Maboule conteste la compétence du tribunal de grande instance.

Quels arguments Mlle Maboule peut-elle invoquer à l'appui de sa contestation ?

3. Après de longues délibérations, la commission réglementations de la Fédération a décidé que les participants aux compétitions officielles de boule de fort devraient être revêtus d'un pantalon blanc moulant, d'une chemise ample à manches courtes vert pomme et d'un bonnet phrygien.

Certains pratiquants estiment cette mesure ridicule. Peuvent-ils la contester ? Devant quelle juridiction ?

Voir le corrigé en fin de rubrique.

B) Cas pratiques n° 2

Énoncé

1. L'Institut national de la consommation décide le 31 août 2002 la création d'une petite filiale baptisée « InfoMag » dotée d'une personnalité juridique autonome destinée à gérer et à commercialiser des informations économiques concernant le secteur de la presse magazine.

Quelle est la nature juridique de cette filiale ?

2. Le cahier des charges de la filiale spécifie qu'« elle sera en charge de la constitution et de l'entretien d'un site Internet gratuit recensant l'ensemble des parutions de magazines en France. Cette recension sera accompagnée pour chaque numéro de chaque titre de presse d'un résumé des principaux articles. [...] Le site doit être conçu dans le but d'inciter ses visiteurs tant français qu'étrangers à la lecture de la presse magazine en leur offrant une vision attrayante de celle-ci ».

Le magazine *Trop-Treap*, spécialiste des reportages d'aventure dans les pays chauds, s'estime lésé par le traitement dont il fait l'objet sur le site. Il prend contact avec l'établissement InfoMag, en lui demandant de bien vouloir augmenter la taille des recensions qu'il consacre à *Trop-Treap*. Info-Mag refuse sa requête, en lui communiquant un certain nombre de dispositions relatives aux modalités de traitement des magazines en fonction de leur diffusion, dispositions que l'établissement a lui-même édictées dans le cadre de la réglementation de son activité.

Le magazine Trop-Treap peut-il attaquer la décision de refus que lui a opposé l'établissement Info-Mag ? Peut-il former un recours contre les modalités d'exécution de l'activité gérée par le même établissement ?

Voir le corrigé en fin de rubrique.

2) Sujets d'examen

Dissertations

Le pouvoir disciplinaire des fédérations sportives.

Réforme de l'État et réforme administrative.

3) Corrigés

Cas pratique n° 1

1. La boule de fort est un jeu très spécifique, qui se pratique sur un terrain d'environ 10 mètres par 20 muni d'un revêtement très lisse. Les grands côtés de ce rectangle sont relevés presque jusqu'à la verticale. Le jeu se pratique depuis les petits bords du terrain et dans le sens de sa longueur. Chaque joueur est doté de boules dissymétriques, qu'il doit placer le plus près possible d'une sorte de cochonnet, en empêchant l'adversaire d'en faire autant. Il s'agit donc là d'une activité sportive, qui peut être considérée comme constitutive d'une mission de service public, à la fois en tant que telle (par ex. CE, sect., 22 nov. 1974, *Fédération des industries françaises d'articles de sport*) et parce qu'elle permet la perpétuation et le développement d'éléments

constitutifs d'un patrimoine culturel régional (CE 2 juin 1972, *Cne de La Hérie*, à propos de l'organisation d'une fête traditionnelle) [Cet élément peut cependant être discuté ; v. chapitre 9].

On sait que, depuis l'arrêt *Caisse Primaire « Aide et Protection »* (CE, ass., 13 mai 1938), une personne privée peut se voir confier la gestion d'une mission de service public. Le fait que la Fédération nationale de boule de fort soit gestionnaire d'un service public n'est donc pas suffisant pour lui conférer la personnalité morale de droit public (c'est-à-dire, en l'occurrence, celle d'établissement public), contrairement à ce qui semblait être l'option du juge à la fin du XIXe siècle (T. confl. 9 déc. 1899, *Assoc. syndicale du canal de Gignac*).

Pour qu'une telle qualité lui soit reconnue, il faut recourir à la méthode dite du « faisceau d'indices », qui peut seule permettre de différencier une personne publique d'une personne privée. Parmi ces indices se trouvent, outre la nature publique du service géré, la personne se trouvant à l'origine de la création de l'établissement, le fait que l'organisme bénéficie de prérogatives de puissance publique, ou encore qu'un contrôle soit exercé sur lui par une autorité de tutelle. Mais quand bien même l'ensemble de ces éléments se trouveraient réunis, étant donné qu'ils ne sont pas des *critères* de l'établissement public (et que de tels critères n'existent d'ailleurs pas), rien n'empêche le juge d'affirmer, éventuellement pour des raisons d'opportunité, la nature privée de l'établissement dont l'appréciation de la nature juridique lui est soumise (CE 4 avr. 1962, *Chevassier*, à propos des fédérations départementales de chasse).

La solution prête ici moins à discussion : la Fédération nationale de boule de fort a été constituée par des personnes privées, le fait que l'un de ses fondateurs soit par ailleurs président du conseil départemental ne signifiant absolument pas que c'est cette institution qui se trouve à l'origine de la personne en question. En outre, rien ne permet de supposer ici que la Fédération soit agréée par le ministère de la Jeunesse et des Sports, ce qui entraîne l'absence de tutelle administrative sur cette Fédération. Cette dernière reste donc une personne privée, même si on peut considérer qu'elle est gestionnaire d'une mission de service public.

2. Pour contester la compétence du tribunal de grande instance d'Angers, Mlle Maboule doit démontrer que le contrat qu'elle a signé avec M. Nemant, et qu'elle ne peut honorer, est un contrat administratif. Ce n'est pas ici le lieu de développer les différents critères du contrat administratif (v. chapitre 8) : il faut donc se borner à examiner si Mlle Maboule, dûment mandatée par la Fédération nationale qu'elle préside, avait la possibilité de conclure un tel contrat. La réponse est ici très simple : seules les personnes publiques (sauf dans certaines hypothèses très strictement délimitées) peuvent conclure des contrats administratifs. N'étant pas un établissement public, la Fédération ne pouvait conclure de contrat administratif : Mlle Maboule devra se résoudre à défendre sa Fédération devant le tribunal de grande instance avec d'autres arguments que celui de l'incompétence du tribunal, ce qui semble par ailleurs difficile.

3. La décision de la commission réglementations de la Fédération de boule de fort est une décision unilatérale. Le problème est ici de connaître la nature de la décision prise, ce qui conditionne la possibilité d'intenter contre elle un recours devant le juge administratif. Ou bien en effet il s'agit d'un acte de droit privé, et la compétence,

comme pour le contrat de M. Nemant, est celle du tribunal de grande instance d'Angers ; ou bien il s'agit d'un acte administratif réglementaire (la décision est générale et impersonnelle), dont le contentieux appartient au juge administratif.

La question est donc de savoir si un organisme privé gestionnaire d'un service public peut édicter des mesures ayant un caractère d'acte administratif. On n'entrera pas ici dans les différents critères de l'acte administratif unilatéral (v. chapitre 7), et on se bornera à s'interroger sur la *possibilité* qu'un tel organisme prenne des actes réglementaires. En principe, les actes pris par une personne privée sont des actes de droit privé ; mais le fait que la personne en cause soit gestionnaire d'un service public (administratif ou industriel et commercial) peut conférer à ses actes le caractère d'actes administratifs. La situation est ici en tous points comparable à celle des fédérations sportives (T. confl. 7 juill. 1980, *Peschaud*) ou à celle des organismes professionnels (CE 31 juill. 1942, *Montpeurt* ; CE 13 janv. 1961, *Magnier*) : les actes que de telles personnes privées prennent dans l'accomplissement de la mission de service public qui leur est confiée peuvent être des actes administratifs.

Sous réserve de la présence des autres critères de l'acte administratif unilatéral, le louable souci d'élégance de la Fédération de la boule de fort peut donc être considéré comme un acte réglementaire, et comme tel faire l'objet d'un recours pour excès de pouvoir devant le juge administratif.

Cas pratique n° 2

1. Il faut, pour répondre à cette question, appliquer la méthode du faisceau d'indices qui permet de différencier une personne publique d'une personne privée. La filiale « Info-Mag » de la Caisse des dépôts et consignations ne peut dans ce cadre qu'être considérée comme une société privée.

2. Une société privée peut se voir confier une mission d'intérêt général ou l'exécution d'un service public (v. par ex. CE 13 mai 1938, *Caisse primaire aide et protection*). La gestion du site Internet en question pourrait être qualifiée de service public, même si cette qualification est discutée, l'intérêt général pouvant paraître difficile à reconnaître pour une telle activité (v. chapitre 9). Si elle était retenue, la société disposerait pour l'accomplissement de sa mission de prérogatives de puissance publique, parmi lesquelles la capacité d'édicter des mesures à caractère réglementaire pour l'accomplissement de ses missions. Les actes pris par la société Info-Mag peuvent donc être considérés comme des actes administratifs, à ce titre susceptibles de faire l'objet de recours pour excès de pouvoir devant le juge administratif.

chapitre

4

Les administrations d'État

Plan analytique

section 1

L'appareil administratif central

§ 1 L'administration présidentielle

- A. Les attributions administratives du président de la République
- B. Les services de la présidence de la République

§ 2 L'organisation administrative gouvernementale

- A. Les attributions administratives du Premier ministre
- B. Les services du Premier ministre

§ 3 Les services administratifs centraux

- A. Les attributions administratives des ministres
- B. L'organisation des ministères et la coordination de l'action gouvernementale
- C. Les administrations centrales
- D. Les services à compétence nationale

section 2

Les autorités administratives indépendantes

§ 1 La diversité des autorités administratives indépendantes

§ 2 Le statut des autorités administratives indépendantes

§ 3 Les pouvoirs des autorités administratives indépendantes

- A. Le pouvoir réglementaire
- B. Le pouvoir d'investigation et de sanction

section 3

Les services locaux de l'État

§ 1 Les services déconcentrés des ministères

§ 2 Les préfets

- A. Structure et statut de l'administration préfectorale
- B. Les attributions des préfets

Compléments pédagogiques

Les administrations d'État

Les progrès de la décentralisation et la réforme de l'État ont entraîné un relatif resserrement des administrations centrales de l'État, visant à leur faire retrouver le rôle de direction, d'impulsion et d'évaluation qui doit être le leur (section 1). Parallèlement à la nouvelle étape de la décentralisation, la structure des administrations locales de l'État a été également remaniée pour leur donner une plus grande cohérence (section 3). Il faut également mentionner la multiplication des autorités administratives indépendantes (section 2) qui, malgré leur nom et la diversité de leur régime juridique, demeurent pour la plupart d'entre elles des administrations de l'État. 201

section 1

L'appareil administratif central

Le volume de l'administration centrale est, rapporté au nombre de fonctionnaires de l'État (2,3 millions), relativement faible (40 492 emplois en 2003). La place prépondérante du chef de l'État sous la Ve République a renforcé l'importance de l'administration présidentielle (§1), mais les fonctions administratives centrales sont principalement exercées par les ministres (§2), avec l'appui des services administratifs centraux (§3). 202

§ 1 L'administration présidentielle

S'il est difficile de distinguer les fonctions politiques et les fonctions administratives dans les missions incombant au chef de l'État, il n'en demeure pas moins que le président de la République dispose bien, sous la Ve République, de fonctions administratives (A) ; en revanche, les services dont il dispose exercent presque exclusivement des fonctions politiques (B). 203

A. Les attributions administratives du président de la République

L'article 21 de la Constitution attribue le pouvoir réglementaire au Premier ministre. 204
Le président de la République ne dispose donc plus, sous la Ve République, du pouvoir réglementaire de principe que lui avait reconnu l'arrêt *Labonne* (CE 8 août 1919, *Labonne*, *GAJA*, n° 34). Il se voit cependant reconnaître une compétence réglementaire ; en dehors de la plénitude des compétences réglementaires qu'il ne

possède que dans l'hypothèse, heureusement exceptionnelle, d'application de l'article 16 de la Constitution (v. ss 144), l'article 13 prévoit que « le Président de la République signe les ordonnances et les décrets délibérés en Conseil des ministres ».

La liste des décrets devant obligatoirement être délibérés en Conseil des ministres est brève. La Constitution ne vise que la proclamation de l'état de siège et la nomination de certains fonctionnaires ; la loi (même si rien n'habilite le législateur à exiger une telle procédure) vise le statut particulier de certains corps de fonctionnaires et ; enfin, quelques textes réglementaires exigent que les décrets portant attributions des ministres, ainsi que ceux fixant la liste des décisions individuelles prises, par dérogation, par les ministres et non par les préfets, soient délibérés en Conseil des ministres.

La loi constitutionnelle du 23 juillet 2008 a quelque peu encadré le pouvoir de nomination du président de la République, en prévoyant qu'il ne pourra s'exercer, pour des emplois ou fonctions particulièrement importants, qu'après avis public de la commission permanente de chaque assemblée. Outre la désignation des membres du Conseil constitutionnel, du Conseil supérieur de la magistrature et du Défenseur des droits, directement visés par le texte constitutionnel, la liste des emplois devant faire l'objet de ces avis préalables, fixée par la loi organique du 23 juillet 2010, contient une quarantaine de fonctions, pour l'essentiel les nominations des présidents des plus grands établissements publics, ainsi que les présidents des Autorités administratives indépendantes (v. S. Pinon, « L'encadrement des pouvoirs de nomination du Président : l'"essentiel" dans la révision du 23 juin 2008 », *Dr. adm.* 2009. Étude 3).

Le président de la République étant compétent pour fixer l'ordre du jour, il peut par le fait même étendre la liste de ses propres compétences administratives. Dans l'hypothèse où, postérieurement à l'entrée en vigueur de la Constitution de 1958, un décret aurait été délibéré en Conseil des ministres alors qu'aucun texte ne l'imposait, le décret ne sera pas considéré comme illégal, malgré l'incompétence de l'un de ses auteurs, mais il ne pourra être modifié ou abrogé qu'en suivant la même procédure (CE, ass., 10 sept. 1992, *Meyet, Lebon* 327, concl. Kessler). Il en va de même des décrets non délibérés en Conseil des ministres, mais signés par le président, la circonstance que le président les ait signés ne les dispensant pas des autres éventuels contreseings ministériels (CE 27 avr. 1962, *Sicard, Lebon* 279).

■ 205 Le président est, également, compétent pour signer les ordonnances de l'article 38 de la Constitution. Alors que la rédaction de l'article 38 laisse supposer qu'il s'agit pour le président non d'une faculté, mais d'une obligation, François Mitterrand a, en 1986, refusé d'apposer sa signature sur les projets d'ordonnances qui lui étaient soumis, alors même qu'une loi d'habilitation avait conféré au gouvernement le pouvoir de prendre certaines mesures par ordonnance pour l'exécution de son programme, en particulier de privatisations. Faute de sanction juridique possible à l'encontre de ce refus, le gouvernement n'a eu d'autre choix pour surmonter le refus du président de la République que de faire voter, en urgence, une loi par le Parlement, reprenant le texte de l'ordonnance que le président de la République s'était refusé de signer.

■ 206 Le président dispose également du pouvoir d'adopter certains actes, qui doivent ou non être contresignés. Le décret portant nomination du Premier ministre, et celui mettant fin à ses fonctions sur présentation de la démission du gouvernement, la décision de soumettre une loi au référendum, le décret portant dissolution de l'Assemblé nationale, la saisine du Conseil constitutionnel et la nomination de ses membres sont autant d'actes qui sont dispensés de contreseing.

La loi organique du 23 juillet 2010 a fixé, suite à la réforme constitutionnelle du 23 juillet 2008, la liste des emplois pour lesquels la nomination par le Président de la République, dépourvue de contreseing, ne peut intervenir si les personnes proposées ont reçu un avis défavorable d'au moins trois cinquièmes des suffrages exprimés au sein des deux commissions compétentes des deux assemblées parlementaires, devant lesquelles les candidats pressentis doivent être auditionnés.

Les autres actes de nomination, visés par l'article 13 de la Constitution selon lequel le président « nomme aux emplois civils et militaires de l'État », sont soumis à contreseing. L'article 13 précise en effet que les conseillers d'État, les ambassadeurs, les conseillers maîtres à la Cour des comptes, les préfets, les représentants de l'État dans les collectivités d'outre-mer, les recteurs des académies et les directeurs des administrations centrales sont nommés en Conseil des ministres. 207 ■

B. Les services de la présidence de la République

Malgré la « présidentialisation » des institutions françaises contemporaines, les services du président de la République ne peuvent être comparés à ceux dont dispose le président des États-Unis d'Amérique. Limités à environ cinq cents personnes, et indépendamment de l'intendance des résidences présidentielles et de la sécurité du président, ils n'ont aucune fonction de gestion. Trois structures se partagent ces missions. 208 ■

Composé d'un directeur, d'un chef de cabinet et de conseillers, tous nommés par arrêté présidentiel, le cabinet du président de la République a en charge la gestion de l'agenda présidentiel, ses déplacements, ses contacts avec les partis politiques, ainsi que l'organisation matérielle et financière de la présidence de la République. Les membres du cabinet peuvent, surtout depuis le renforcement du caractère présidentiel des institutions consécutif à la réduction à cinq ans du mandat présidentiel, jouer un rôle important dans le contrôle du processus gouvernemental et législatif. Mais ils remplissent aussi des fonctions plus spécifiques à la présidence. Tel est notamment le cas du « conseiller diplomatique et Sherpa G20, Sherpa G7 », comme l'indique le *Journal officiel* (c'est-à-dire représentant personnel du président de la République), ou encore du « conseiller Afrique », héritier du conseiller chargé des affaires africaines et malgaches existant jusqu'aux années 1990. 209 ■

Le secrétariat général de la présidence de la République, composé d'un secrétaire général assisté d'un secrétaire général adjoint et d'une vingtaine de conseillers techniques et de chargés de missions, est chargé de l'information du président de la République, pour lui permettre de suivre tant les grands dossiers, français et internationaux, que l'action du gouvernement. À cet effet, le secrétariat général participe activement à la préparation du Conseil des ministres, en collaboration avec le secrétaire général du gouvernement. Bien qu'ils ne disposent d'aucune compétence décisionnelle, les conseillers participent aux réunions interministérielles qui préparent les décisions gouvernementales, autant pour informer le président que pour 210 ■

veiller au respect par le gouvernement des orientations fixées par le président; les périodes de cohabitation empêchent, bien entendu, qu'une telle fonction, non juridique, puisse s'exercer.

211 Enfin, l'état-major particulier du chef de l'État permet au président d'exercer ses fonctions de chef des armées. Le chef d'état-major particulier du chef de l'État exerce cependant ses fonctions en étroite relation avec le chef d'état-major des armées, placé, depuis 2009, sous l'autorité du président de la République et du gouvernement.

§ 2 L'organisation administrative gouvernementale

212 L'article 21 de la Constitution indique que le Premier ministre dirige l'action du gouvernement. Il assure donc, indépendamment de ses propres fonctions administratives (A), la direction de l'ensemble des membres du gouvernement (B), ainsi que la coordination de leur activité (C).

A. Les attributions administratives du Premier ministre

213 Conduisant la politique de la nation, et disposant pour ce faire de l'administration (Const., art. 20), le Premier ministre est bien l'organe majeur de l'appareil administratif de l'État.

C'est en effet le premier ministre qui dispose du pouvoir réglementaire, à un double titre. L'article 21 de la Constitution lui donne compétence pour assurer l'exécution des lois, ce qui lui permet de prendre toutes les dispositions réglementaires que peut exiger tant l'application d'une loi déterminée que le bon ordre qui doit régner dans le pays pour que la continuité de l'exécution des lois, c'est-à-dire la continuité normative de l'État, soit assurée. En dehors de ce pouvoir réglementaire d'exécution des lois, il dispose du pouvoir réglementaire dans toutes les matières non réservées à la loi par l'article 34 ou d'autres dispositions constitutionnelles.

Cette responsabilité exclusive dans la direction de la politique de la nation, qui se traduit juridiquement par l'attribution du pouvoir réglementaire, entraîne également l'existence d'une responsabilité politique, exercée constitutionnellement devant le Parlement, mais en pratique plus sûrement devant le président de la République.

214 La Constitution ne donne au Premier ministre qu'une compétence résiduelle dans la nomination aux emplois publics. L'article 21 indique en effet que le Premier ministre « nomme aux emplois civils et militaires de l'État », mais « sous réserve des dispositions de l'article 13 », qui, on l'a vu, donne au président le pouvoir de nommer aux emplois civils et militaires. Cependant, l'ordonnance organique du 28 novembre 1958, prise en application de l'article 13, délègue l'essentiel du pouvoir présidentiel de nomination au Premier ministre. Les situations de cohabitation doivent toutefois donner lieu à des compromis, parfois délicats, sur les titulaires de fonctions administratives sensibles, telles que notamment les fonctions d'inspection ou la direction d'établissements ou de groupes publics.

B. Les services du Premier ministre

Sans attendre, comme pour le chef de l'État, l'avènement de la Vᵉ République, c'est dès le milieu de la IIIᵉ République que les services du Premier ministre se sont structurés. Ce développement est lié à l'autonomie croissante du président du Conseil à partir des années 1930 : alors qu'auparavant le chef du gouvernement était, en même temps, titulaire d'un portefeuille ministériel, il n'exerce plus que les fonctions de président du Conseil ; l'attribution d'un budget propre par la loi de finances du 24 décembre 1934, puis celle de l'hôtel Matignon, lui permettront de disposer d'une autonomie matérielle à l'égard des membres du gouvernement ; l'administration du Premier ministre sera renforcée en 1944, avec l'institution du secrétaire général du gouvernement. 215 ■

Pour exercer ses fonctions, le Premier ministre dispose d'un organe politique, le cabinet, et d'organes administratifs.

Composé d'un directeur de cabinet, d'un directeur adjoint et de conseillers techniques et chargés de missions, choisis librement par le Premier ministre, le cabinet du Premier ministre, dont la taille varie de vingt à plus de soixante membres (soixante-six dans le gouvernement de Jean Castex), constitue l'équivalent du secrétariat général de la présidence de la République. Issus généralement de grands corps de la fonction publique, ses membres ont pour fonction de suivre les travaux de chaque département ministériel, ce qui leur confère une influence importante sur l'action ministérielle, voire un véritable pouvoir d'arbitrage. 216 ■

Organe administratif et non politique, le secrétariat général du gouvernement assume une fonction essentielle de cohésion du travail gouvernemental. Composé d'une centaine de membres, essentiellement des juristes, dirigé par un secrétaire général issu du Conseil d'État, il constitue l'élément de stabilité d'une action gouvernementale soumise à des remaniements plus ou moins fréquents. Ainsi seuls neuf secrétaires généraux se sont succédé depuis 1958 ; l'actuelle secrétaire générale est Claire Landais, précédemment secrétaire générale de la Défense et de la sécurité nationale, qui a succédé en 2020 à Marc Guillaume. 217 ■

La première fonction du secrétaire général du gouvernement est d'assurer la qualité juridique des textes proposés par le gouvernement. C'est à lui qu'il revient de vérifier la cohérence et la qualité des projets de décrets et des projets de loi ; il assiste également le Premier ministre dans ses relations avec le Parlement (rédaction d'amendements ou irrecevabilités) ; il veille, qu'il s'agisse des textes réglementaires ou des projets de lois, au respect des procédures consultatives ; enfin, il prépare les saisines du Conseil constitutionnel et les mémoires en réponse aux saisines parlementaires.

Il lui revient également d'assurer le secrétariat du Conseil des ministres, en concertation avec la présidence de la République ; il assure le secrétariat général des services du Premier ministre.

Enfin, il transmet au *Journal officiel* les textes en vue de leur publication.

Le secrétariat général de la Défense et de la sécurité nationale a succédé en 2009 au Secrétariat général de la défense nationale (SGDN), lui-même issu, en 1962, de la dissociation entre l'état-major des armées, dépendant du ministère des Armées (Défense), et le Conseil supérieur de la Défense nationale, organe de coordination des ministres des Armées, de l'Intérieur et des Affaires étrangères. Cette fonction de 218 ■

coordination, qui est toujours celle du SGDSN, est complétée par une mission d'assistance auprès du Premier ministre, responsable de la Défense nationale selon l'article 21 de la Constitution.

■ 219 Enfin, le secrétariat général des Affaires européennes a succédé, en 2005, au Comité interministériel pour les questions de coopération économique européenne (SGCI). Ce dernier, créé en 1948 pour préparer la mise en œuvre, pour la France, du plan Marshall, a vu dès 1951 son rôle s'étendre à l'ensemble des organisations européennes, tout spécialement l'Union européenne.

À ce titre, il doit veiller à l'application par la France de ses engagements européens, en assurant en particulier le suivi de la transposition des directives communautaires. Sa fonction de coordination doit également lui permettre de préparer une position commune de la France auprès des institutions européennes. Il est notamment seul compétent pour adresser des instructions aux représentations permanentes de la France auprès de l'OSCE et de l'Union européenne.

En outre, il doit s'assurer, conformément à l'article 88-4 de la Constitution, que tout projet d'acte de l'Union comportant, pour la France, des implications sur des dispositions de nature législative fasse l'objet d'un examen préalable par le Parlement français avant son adoption par le Conseil de l'Union.

■ 220 À côté de ces institutions qui participent au fonctionnement quotidien des services du Premier ministre, ce dernier dispose de nombreux services spécifiques.

Sans prétention d'exhaustivité, on peut ainsi citer la Direction de l'information légale et administrative (DILA) et le Service d'information du gouvernement, qui visent tous à diffuser les informations émanant des différents services gouvernementaux ; en outre, certains services sont rattachés au Premier ministre (Commission supérieure de la codification, Commissariat général à l'égalité des territoires, France Stratégie, services en charge de la Réforme de l'État, etc.), mais peuvent être mis à la disposition des ministres par les décrets fixant leurs attributions respectives.

Des services à durée limitée peuvent également être placés à disposition du Premier ministre. Tel a été, par exemple, le cas du secrétariat général chargé de la préparation et de l'organisation de la « COP 21 » (conférence des Nations unies sur les changements climatiques), créé par un décret du 29 janvier 2015.

§ 3 Les services administratifs centraux

■ 221 Pour exercer leurs attributions administratives (A), les ministres disposent d'une équipe de direction resserrée (B), mais aussi des administrations centrales (C). À côté de celles-ci, les services à compétence nationale occupent depuis 1997 une place particulière (D).

A. Les attributions administratives des ministres

■ 222 Le gouvernement est une institution hiérarchisée. Si la qualité de ministre d'État est uniquement honorifique, elle vise souvent à marquer l'importance politique ou la reconnaissance accordée à son titulaire. Constituant l'institution de droit commun du gouvernement, les ministres, bien que de rang égal, sont hiérarchisés par l'ordre déterminé dans le décret portant composition du gouvernement ; cette hiérarchie, plus que l'importance du titulaire, sert à marquer les priorités de l'action gouvernementale. Les ministres délégués, quant à eux, bien qu'ayant rang de ministre et participant à ce titre de plein droit au Conseil des ministres, sont placés auprès d'un ministre pour l'assister dans l'exercice d'une de ses attributions. Enfin, les secrétaires d'État, ainsi que les éventuels hauts-commissaires, délégués auprès d'un ministre (ou du premier d'entre eux), ne participent au Conseil des ministres que pour les affaires relevant de leurs attributions.

Bien que l'organisation gouvernementale soit fondée sur le principe de la solidarité gouvernementale, les ministres disposent de compétences administratives propres, qui découlent des décrets d'attribution publiés après la désignation d'un nouveau gouvernement. À ce titre, ils exercent deux catégories de fonctions administratives. 223 ■

La première fonction concerne l'adoption des normes administratives relevant du domaine de compétence qui leur a été attribué. Le pouvoir réglementaire appartenant constitutionnellement au Premier ministre, l'intervention des ministres à ce titre ne peut se faire que si une délégation en ce sens a été expressément prévue, dans le décret de répartition ou un autre texte. La compétence réglementaire du ministre peut aussi lui venir, notamment en matière de police, d'une attribution législative de compétence. En règle générale, ce pouvoir est cependant partagé, une décision relevant rarement d'un seul ministre, et étant donc soumise au contreseing de ses collègues ou du Premier ministre. 224 ■

En tant que responsables des administrations placées sous leur autorité, ils disposent également, en application de la jurisprudence *Jamart*, (CE 7 févr. 1936, *Jamart*, *GAJA*, n° 45), d'un pouvoir réglementaire, quand bien même celui-ci n'aurait pas été prévu par les décrets de répartition. Ce pouvoir d'organisation du service peut en particulier s'exercer par la voie de circulaires ou de directives ; il comprend également un pouvoir hiérarchique de droit commun sur les agents de ses services, qui comprend un pouvoir de nomination, de notation et, le cas échéant, de sanction. 225 ■

Le pouvoir réglementaire des ministres en tant que chefs de services est cependant subordonné à la double condition, rappelée constamment par le Conseil d'État, que les nécessités du service l'exigent, et qu'il ne concerne que les seules personnes, agents ou usagers, en relation avec le service. Il ne doit en outre pas empiéter sur les compétences attribuées aux autres ministères. Ainsi, le Conseil d'État a censuré une circulaire du ministre délégué à l'Enseignement scolaire, autorisant la diffusion de la « pilule du lendemain » (norvelo) dans les lycées, au motif que si le ministre a compétence pour organiser le service public de l'éducation, y compris dans ses aspects sanitaires, c'est « sous réserve des compétences attribuées à d'autres autorités par des textes législatifs et réglementaires en vigueur et dans le respect des lois et règlements qui régissent les activités qu'il entend confier à ces agents » (CE, ass., 30 juin 2000, *Assoc. « Choisir la vie »*, *AJDA* 2000. 729, concl. S. Boissard). Cependant, malgré la compétence reconnue en la matière au ministère de la Santé, le Conseil d'État a reconnu un pouvoir réglementaire au ministre de la Défense, lui permettant d'imposer par voie de circulaire une obligation de vaccination aux personnels de défense, en raison du fait qu'il est « responsable de l'emploi des militaires placés sous son autorité et du maintien de l'aptitude de ces derniers aux missions qui peuvent à tout moment leur être confiées » (CE, ass., 3 mars 2004, *Assoc. Liberté, information, santé*, *AJDA* 2004. 653, chron. D. Casas et F. Donnat ; *D.* 2004. 1257, note D. Ritleng).

B. L'organisation des ministères et la coordination de l'action gouvernementale

■ 226 La spécialisation de chaque ministère dans un domaine administratif déterminé suppose l'existence d'un état-major administratif, mais aussi l'institution d'instruments de coopération gouvernementale.

■ 227 Si le ministre dispose d'une *administration centrale*[Q] dont il est le supérieur hiérarchique, il bénéficie également d'un *cabinet ministériel*[Q], qui tient un rôle central dans le fonctionnement du ministère. Mêlant fonctions purement politiques (par ex. suivi de la circonscription électorale du ministre lorsque celui-ci est un ancien élu) et administratives, le cabinet constitue une interface, ou un filtre, entre le ministre et l'administration. Choisis librement par le ministre, les membres de cabinet ministériels sont souvent des fonctionnaires, parfois aussi des proches du ministre. Cette proximité se manifeste aussi par le statut très particulier des membres de cabinets ministériels, qui n'ont le statut de fonctionnaire que pour la durée de l'exercice de leurs missions ; lorsque le ministre quitte ses fonctions, celles des membres du cabinet cessent également, même si une certaine continuité existe désormais pour des fonctions très techniques.

Le nombre des membres de cabinets ministériels, et l'existence même de ces derniers, font fréquemment l'objet de critiques. La limite de dix membres fixée par le décret du 28 juillet 1948, toujours en vigueur, n'est jamais respectée ; sans abroger le texte de 1948, un décret du 18 mai 2017 précisait la même limite (et la restreint à 8 pour les ministres délégués, et 5 pour les secrétaires d'État). L'objectif de réduction n'étant toujours pas respecté, un décret du 11 juillet 2020 l'a assoupli, fixant à 15 le nombre maximal de membres de cabinet d'un ministre, 13 pour un ministre délégué, et 8 pour un secrétaire d'État. Cette dernière réforme acte la fin des velléités de resserrement de l'activité des cabinets sur les seules fonctions politiques, et d'un renforcement politique des directions d'administration centrale, qui avaient animé le début du mandat présidentiel actuel.

Les fonctions administratives appartenant au ministre et à l'administration placée sous sa responsabilité, les cabinets ministériels ne devraient pas posséder d'attributions normatives. Cependant, un décret du 27 juillet 2005 autorise le ministre à déléguer sa signature au directeur et au chef de cabinet, ainsi qu'à leurs adjoints, pour autant qu'il n'a pas déjà délégué sa compétence aux fonctionnaires de l'administration centrale. Cette regrettable confusion des fonctions politiques et administratives a encore été étendue par un décret du 22 juillet 2014 qui prévoit la possibilité pour les ministres et secrétaires d'État de déléguer leur signature aux simples agents des bureaux du cabinet.

■ 228 Même si la mutualisation de membres de cabinet parvient à assurer une certaine coordination, d'autres mécanismes, plus efficaces et institutionnalisés, ont le même objet au sein de l'organisation gouvernementale.

En 1988, Michel Rocard avait ainsi adressé à ses ministres une circulaire relative à la méthode de travail du gouvernement. Cette méthode a été reprise ensuite par la plupart des Premiers ministres, lors de leur entrée en fonctions. En dernier lieu, une circulaire du 24 mai 2017 « relative à une méthode de travail gouvernemental exemplaire, collégiale et efficace » rappelle la mission d'arbitrage qui revient au Premier ministre, mais demande que les directeurs d'administration centrale tiennent un rôle principal, leur demandant de prendre part personnellement aux réunions interministérielles chargées de préparer les textes ayant vocation à être présentés en conseil des ministres.

La coopération interministérielle peut aussi être plus institutionnalisée, de deux façons. La première consiste à recourir à des ministères ou secrétariats d'État dont l'objet est, par lui-même, interministériel : tel a pu être le cas, par exemple, des ministres chargés de la réforme de l'État. Moins institutionnalisés, les comités interministériels, rattachés au Premier ministre et bénéficiant d'un secrétariat, se réunissent à intervalles plus ou moins réguliers pour arrêter, sous la présidence du Premier ministre, des décisions concernant plusieurs domaines ministériels. Tel est notamment le cas du Comité interministériel du handicap, ou du Comité interministériel de sécurité routière, créé en 1972.

C. Les administrations centrales

L'organisation des administrations centrales, régie par des décrets de 1900, a été 229 ■
modifiée suite aux effets de la déconcentration et de la réforme budgétaire.

L'administration centrale est, depuis un décret du 15 juin 1987, organisée en directions générales, seules dotées de services déconcentrés, en directions, et en services. La création de ces trois niveaux hiérarchiques se fait par décret en Conseil d'État. Quant aux sous-directions, elles sont créées par arrêté conjoint du Premier ministre et du ministre compétent. Enfin, l'organisation interne des sous-directions en bureaux est fixée par un arrêté du ministre concerné.

Dans un rapport dont la réforme de l'État s'est fortement inspirée (*L'État en France. Servir une nation ouverte sur le monde*, 1994), Jean Picq avait proposé de réduire drastiquement le nombre de directions d'administration centrales, qui s'élevait à plus de deux cent. Malgré quelques tentatives de restructuration, ce nombre n'a été ramené actuellement qu'à cent soixante-dix. Le décret du 9 mai 1997 qui, après délégalisation, modifie la loi du 6 février 1992 relative à l'administration territoriale de la République, rappelle pourtant que les administrations centrales ne doivent exercer que « les seules missions qui présentent un caractère national ou dont l'exécution, en vertu de la loi, ne peut être déléguée à un échelon territorial ».

La loi organique relative aux lois de finances du 1er août 2001 a progressivement entraîné une modification du fonctionnement des administrations centrales. La structuration des budgets en programmes, regroupant les crédits autour d'une politique publique, et non plus en chapitres, a fait naître le métier de « responsable de programme » dans l'administration centrale, chargé, depuis un décret du 7 novembre 2012, de l'élaboration et de la mise en œuvre d'un programme et de son projet annuel de performances. Depuis 2004, un secrétaire général est en outre chargé, dans chaque ministère, de la mise en œuvre de la stratégie ministérielle de réforme, puis du pilotage des audits de modernisation des ministères. Le secrétaire général a également en charge le management des cadres dirigeants et supérieurs. Cette seconde mission se réfère au statut particulier des directeurs d'administration centrale, dont le traitement comporte, depuis un décret du 11 août 2006, une part de rémunération au mérite (sous forme « d'indemnité de performance »), en fonction des objectifs qui leur ont été assignés lors de leur nomination.

D. Les services à compétence nationale

230 Le décret du 9 mai 1997 indique que les administrations de l'État sont composées des administrations centrales, des services à compétence nationale et des services déconcentrés de l'État. Cette nouvelle catégorie de services de l'État a été instituée pour exercer des fonctions de gestion, d'études techniques ou de formation, des activités de production de biens ou de prestation de services, ainsi que toute autre mission à caractère opérationnel, qui ne peuvent être exercées à un niveau territorial, soit en vertu d'un texte législatif particulier, soit parce que ces missions présentent un caractère national. Non dotés de la personnalité juridique, les services à compétence nationale sont rattachés à un ministère, soit directement au ministre, soit auprès d'une direction d'administration centrale.

Plus récemment, le Conseil d'État a proposé de dépasser cette catégorie nouvelle, en identifiant celle d'« agence », comprise comme organisme autonome (et non indépendant) exerçant une responsabilité structurante dans la mise en œuvre d'une politique nationale, ce qui est le cas non seulement des services à compétence nationale, mais aussi de certains services des directions d'administration centrale, voire d'établissements publics de l'État.

Bien que le budget des services à compétence nationale soit spécifique, ni rattaché au budget des administrations centrales, ni à celui des administrations déconcentrées, la circulaire du 9 mars 1997 précise que « la transformation en service à compétence nationale d'un service appartenant actuellement à l'administration centrale n'affecte pas la situation statutaire et indemnitaire des agents concernés ».

On compte actuellement une centaine de services à compétence nationale, employant environ 20 000 personnes, dans des domaines très divers. Tel est par exemple le cas de l'Agence des participations de l'État (Décr. du 9 sept. 2004), chargée de gérer les participations de l'État dans les entreprises en veillant à ses intérêts patrimoniaux. L'Agence succède à une sous-direction de la Direction du Trésor, à laquelle elle demeure rattachée en tant que service à compétence nationale. Les Archives nationales sont organisées sous cette forme depuis 2006. Plus récemment, un service national des enquêtes administratives de sécurité a été créé (Décr. du 27 avr. 2017) ; relevant du ministre de l'Intérieur, il a pour mission de diligenter des enquêtes administratives pour le compte du ministre de l'Intérieur, visant à prévenir le terrorisme, les atteintes à la sécurité et à l'ordre publics et à la sûreté de l'État. Tel est également le cas de Parcoursup, créé en juin 2018 (Arr. du 19 juin 2018) pour prendre en charge la plateforme de préinscription dans l'enseignement supérieur.

section **2**

Les autorités administratives indépendantes

231 Les *autorités administratives indépendantes*[Q] occupent, au sein de l'appareil administratif de l'État, une place très spécifique. Placées auprès de l'administration centrale, elles bénéficient cependant d'une sorte d'extraterritorialité juridique,

puisque bien que n'étant pas soumises au pouvoir hiérarchique des ministres, elles disposent de prérogatives importantes, y compris en matière réglementaire ou juridictionnelle.

La multiplication du nombre de ces autorités (§1) soulève la question de leur place dans le système administratif français, leur statut juridique protecteur (§2) ne répondant que partiellement aux interrogations sur leur légitimité, que leurs très vastes attributions (§3) ne font que renforcer.

§ 1 La diversité des autorités administratives indépendantes

Cherchant à reproduire les *Agencies* nord-américaines ou les *Quangos* (*quasi-autonomous non-governmental organizations*) britanniques, la France a créé, à partir du milieu des années 1970, des autorités qui, sans disposer de la personnalité juridique, cessent pour autant d'être soumises au pouvoir hiérarchique. La première autorité à avoir été instituée sur ce modèle est le médiateur de la République, qu'une loi du 3 janvier 1973 désigne comme « autorité indépendante » (v. ss 618). 232 ■

L'expression « autorité administrative indépendante » sera cependant utilisée pour la première fois par la loi du 6 janvier 1978 pour désigner la Commission nationale de l'informatique et des libertés (CNIL), qui a pour rôle de contrôler le traitement des informations nominatives, notamment au moyen de l'informatique.

La même année, la Commission d'accès aux documents administratifs (CADA), était instituée par la loi du 17 juillet 1978, mais elle ne s'est vue reconnaître expressément la qualité d'autorité administrative indépendante que par une ordonnance du 6 juin 2005 relative à la liberté d'accès aux documents administratifs et à la réutilisation des informations publiques, qui modifie en outre son fonctionnement et ses pouvoirs. Elle est chargée de veiller au respect de l'obligation de communication de ceux des documents administratifs qui peuvent en faire l'objet, ainsi qu'aux conditions de réutilisation d'informations émanant du secteur public. Pour mener à bien ces missions, la CADA dispose depuis 2005 d'un pouvoir de sanction (financières, jusqu'à 300 000 €), qu'elle exerce sous le contrôle du Conseil d'État, statuant en premier et dernier ressort. 233 ■

D'autres autorités ont été instituées pour accompagner le pluralisme audiovisuel naissant, après quelques tâtonnements. Créé par une loi du 17 janvier 1989, le Conseil supérieur de l'audiovisuel (CSA), dont le statut a été souvent modifié, a succédé à la Commission nationale de la communication et des libertés, qui avait elle-même remplacé en 1986 la Haute autorité de la communication audiovisuelle créée en 1982 ; il a été transformé en autorité publique indépendante par la loi du 15 novembre 2013.

La protection des citoyens, en tant qu'individus ou qu'administrés, est également assurée par des autorités administratives indépendantes telles que la Commission nationale de contrôle des interceptions de sécurité créée par la loi du 10 juillet 1991, compétente en matière d'écoutes téléphoniques, la Commission consultative du secret de la défense nationale par la loi du 8 juillet 1998 ; on peut également citer le Comité consultatif national d'éthique, désigné comme « autorité indépendante » par le titre I de la loi n° 2004-800 du 6 août 2004 relative à la bioéthique, et dont les pouvoirs ont été étendus en 2011, ou encore le Contrôleur général des lieux de privation de liberté, institué par une loi du 30 octobre 2007.

L'article 71-1 de la Constitution, tel qu'issu de la loi constitutionnelle du 23 juillet 2008 ayant institué un Défenseur des droits, une loi organique du 29 mars 2011 lui a conféré la qualité « d'autorité constitutionnelle indépendante » (v. ss 618), lui adjoignant les compétences des autorités administratives indépendantes qui contribuaient à la protection des droits des citoyens : le médiateur de la République (créé par la L. du 3 janv. 1973), le Défenseur des enfants (créé par la loi du 6 mars 2000), la Commission nationale de déontologie de la sécurité (loi du 6 juin 2000), et enfin la Haute autorité de lutte contre les discriminations et pour l'égalité (HALDE), qui avait été créée par la loi n° 2004-1486 du 30 décembre 2004.

■ 234 L'autre mission principale des autorités administratives indépendantes consiste à réguler les activités économiques, soit de façon transversale, soit en régulant un secteur d'activité. Répondant, pour la régulation sectorielle, à l'impératif, fixé par les institutions communautaires, de séparation de l'opérateur et du régulateur, ces autorités indépendantes tiennent désormais un rôle essentiel dans le bon déroulement du passage d'une situation monopolistique à une concurrence dont la liberté doit être régulée.

Parfois considéré comme une juridiction, le Conseil de la concurrence était bien une autorité administrative indépendante, créée par l'ordonnance du 1er décembre 1986 pour veiller au respect du droit de la concurrence institué, tant pour les personnes privées que pour les personnes publiques, par le même texte. Il a été remplacé, depuis le 1er janvier 2009, par l'Autorité de la concurrence, qui dispose du même statut mais dont les compétences ont été élargies et rationalisées.

Créée par une ordonnance de 1967, la Commission des opérations de bourse (COB), était chargée de veiller à la fiabilité et la sincérité de l'information donnée au public par les sociétés faisant appel public à l'épargne ; elle disposait, pour assurer cette mission, de pouvoirs d'investigation et de sanction. Elle a été remplacée, depuis sa fusion avec le Conseil des marchés financiers en 2003, par l'Autorité des marchés financiers (AMF), autorité publique indépendante (v. ss 370).

L'ouverture à la concurrence de secteurs anciennement gérés en monopole par des entreprises publiques, voire par des services de l'État, ne s'accompagne pas forcément d'une privatisation de ces entités. Par conséquent, un risque de collusion peut exister entre l'État et ses entreprises exerçant leur activité dans un secteur libéralisé ; pour l'éviter, ainsi que pour veiller à l'instauration d'une réelle concurrence, des autorités de régulation sectorielle ont été créées. L'Autorité de régulation des télécommunications (ART), créée par la loi du 26 juillet 1996 et transformée par la loi du 20 mai 2005 en ARCEP (Autorité de régulation des communications électroniques, des postes et de la distribution de la presse), et la Commission de régulation de l'énergie (CRE), instituée par la loi du 10 février 2000, disposent à cet effet d'un pouvoir réglementaire, de décision individuelle, et de règlement des différends entre les opérateurs intervenant sur le marché concerné. Il en va de même de l'Autorité de régulation des transports (qui a succédé, en 2019, à l'Autorité de régulation des activités ferroviaires et routières), ou de l'ARJEL, créée en 2010 pour accompagner la libéralisation des jeux d'argent et de hasard en ligne.

Les frontières de la catégorie des autorités administratives indépendantes demeurent difficiles à déterminer. En effet, seules quatorze AAI, qui ne sont pas forcément les plus importantes, sont expressément qualifiées ainsi par le législateur. Sont cependant considérés comme telles tous les services non personnalisés de l'État qui, bénéficiant d'une autonomie décisionnelle, ne peuvent être assimilés ni à des administrations centrales, ni à des services à compétence nationale. 235 ■

À la suite de nombreuses tentatives, deux lois, organique et ordinaire, du 20 janvier 2017 tentent d'apporter une réponse à la diversité des autorités administratives indépendantes. Bien que « portant statut général des autorités administratives indépendantes et des autorités publiques indépendantes », la loi ordinaire ne propose pas de définition de l'autorité administrative indépendante, et se contente de préciser les grandes lignes d'organisation des 26 autorités indépendantes, dotées ou non de la personnalité morale, dont elle dresse la liste en annexe, rappelant notamment les principes d'indépendance de leurs membres, et les règles déontologiques qui doivent encadrer leur action.

§ 2 Le statut des autorités administratives indépendantes

Contrairement à ce que laisse croire leur appellation, les AAI ne sont pas « indépendantes » : elles n'ont en effet pas de personnalité morale propre, distincte de celle de l'État à laquelle elles sont donc rattachées. 236 ■

La seule exception était constituée par la Commission de régulation de l'énergie, instituée par la loi du 10 février 2000 sur le modèle classique des autorités administratives indépendantes, à laquelle la loi de finances rectificative pour 2004 avait attribué la personnalité morale, ce qu'aucun motif particulier ne justifiait. La loi du 13 juillet 2005 a mis fin à cette anomalie en réintégrant la Commission de régulation de l'énergie dans le giron des autorités administratives indépendantes traditionnelles.

Demandée par les parlementaires, la reconnaissance de la personnalité morale à la Commission de régulation de l'énergie avait en effet été l'occasion de rappeler l'ambiguïté du statut des autorités administratives indépendantes : si elles disposent de services propres, leurs moyens budgétaires sont constitués d'une dotation de fonctionnement votée en même temps que le budget du ministère auquel elles sont rattachées. C'est donc l'existence de ressources autonomes, garante de leur indépendance, qui éloigne certaines autorités administratives indépendantes du statut qui était initialement le leur. Pourtant, si la Commission de régulation de l'énergie avait été dotée de la personnalité morale, elle ne bénéficiait toujours pas d'une taxe affectée (v. *AJDA* 2005. 477, note P.-A. Jeanneney). 237 ■

L'autonomie des AAI est cependant également garantie par le statut de leurs membres. Nommés en règle générale par le président de la République, le président du Sénat et celui de l'Assemblée nationale, et choisis en raison de leurs compétences, les membres des autorités administratives indépendantes doivent exercer leurs fonctions en toute impartialité, sans recevoir d'instruction du gouvernement, ni d'aucune institution, personne, entreprise ou organisme. À cet effet, les fonctions de membre d'une AAI sont incompatibles avec tout mandat électif, ainsi qu'avec une 238 ■

autre activité professionnelle, bien qu'il ne s'agisse pas d'une règle imposée à toutes les autorités par la loi du 20 janvier 2017 ; leur mandat n'est renouvelable qu'une fois. Des dispositifs particuliers sont également prévus pour éviter les conflits d'intérêts, même si, surtout s'agissant des autorités de régulation en charge d'un secteur nouvellement libéralisé, leurs membres ont, en règle générale et compte tenu des compétences requises, eu des contacts plus ou moins étroits avant leur entrée en fonctions soit avec l'État, soit avec l'opérateur historique.

Depuis la loi organique du 23 juillet 2010, prise en application de la révision constitutionnelle de 2008, la plupart des dirigeants des autorités administratives indépendantes sont nommés après audition devant les commissions compétentes des deux assemblées, qui peuvent s'opposer à leur nomination par une majorité des trois cinquièmes.

§ 3 Les pouvoirs des autorités administratives indépendantes

239 Les pouvoirs des autorités administratives indépendantes sont très variables, allant d'un simple pouvoir de proposition et de recommandation à un pouvoir réglementaire et de sanction. La réunion du pouvoir d'édicter une norme et d'en faire application à un cas particulier, soit par l'adoption d'une décision administrative individuelle, soit par la prononciation d'une sanction, soulève cependant des difficultés quant à l'organisation de ces institutions.

A. Le pouvoir réglementaire

240 La question du pouvoir réglementaire des autorités de régulation pose deux séries de problèmes, tenant à sa constitutionnalité et à son rapport avec les autres pouvoirs qui leur sont conférés.

Le pouvoir réglementaire appartenant au Premier ministre, il ne peut être, en principe, délégué qu'à une administration placée sous son autorité. Si le Conseil constitutionnel a admis, dès 1986, qu'un tel pouvoir pouvait être confié aux AAI (Cons. const. 18 sept. 1986, n° 86-217 DC, *Loi relative à la liberté de communication*, *Rec. Cons. const.* 141), c'est à la condition d'une part que ces compétences soient limitées, d'autre part de l'existence d'un contrôle ministériel sur les règlements des autorités concernées. Cette seconde condition a été confirmée en 1996 pour l'Autorité de régulation des télécommunications (Cons. const. 23 juill. 1996, n° 96-378 DC, *Loi de réglementation des télécommunications*). La première de ces conditions a cependant fait l'objet d'une interprétation très souple du Conseil d'État, qui a découvert des compétences accordées par une habilitation du législateur que le commissaire du gouvernement qualifiait de « semi-tacite » (CE, ass., 26 juin 1998, *Sté AXS Télécom*, *AJDA* 1998. 636, chron. F. Raynaud et P. Fombeur ; *CJEG* 1998. 379, concl. P. Hubert).

Le juge veille à ce que le pouvoir réglementaire des autorités de régulation soit exercé, et à ce qu'il le soit dans le strict respect des missions qui leur ont été confiées. Ainsi, le Conseil d'État a indiqué qu'« il incombe à l'ART de fixer les règles d'attribution des ressources en numérotation, de manière à n'entraîner aucune rupture d'égalité entre les opérateurs de télécommunication et à favoriser, au bénéfice des utilisateurs, une concurrence effective et loyale entre les réseaux de télécommunication et les fournisseurs de services de télécommunication » (CE, sect., 25 juin 2004, *Sté Scoot France, Sté Fonecta*, *AJDA* 2004. 1702, chron. C. Landais et F. Lenica : à propos du « 12 » (renseignements téléphoniques), dont l'ART n'avait pas jugé nécessaire de retirer l'usage à France Télécom).

Il faut enfin souligner que l'existence d'un pouvoir de sanction des AAI ne leur permet pas de faire immédiatement application de leur pouvoir réglementaire. Le Conseil d'État a précisé (CE, sect., 25 févr. 2005, *France Télécom*, *RFDA* 2005. 802, concl. I. Prada-Bordenave), à propos de l'ART, que l'autorité ne pouvait par la même décision édicter un nouveau règlement et en faire application à un cas particulier ce qui est le propre, devant le juge, d'un revirement de jurisprudence (v. E. Breen, « Réguler ou moduler ? Des précisions sur les pouvoirs réglementaires de l'ART (Arcep) », *JCP Adm.* 2005, n° 1263).

B. Le pouvoir d'investigation et de sanction

Chargées de veiller au bon fonctionnement d'un secteur du droit, la plupart des autorités administratives indépendantes disposent de pouvoirs d'investigation et de sanctions. **241**

Toutes les autorités administratives indépendantes disposent, même en l'absence de pouvoirs de sanctions, d'un pouvoir d'investigation, qu'elles peuvent exercer soit à partir de saisines directes par les personnes qui estiment être victimes d'une mauvaise pratique de l'administration (tel est le cas de la CNIL, de la Commission nationale de contrôle des interceptions de sécurités, du Défenseur des droits par ex.), soit lorsqu'elles ont été saisies par un parlementaire. **242**

Ces enquêtes peuvent donner lieu à des recommandations adressées à des autorités administratives ou, en particulier, si elles n'ont pas été suivies, à une mention dans un rapport rendu public. L'importance de cette fonction, qui s'apparente plus à une magistrature morale qu'à un véritable pouvoir juridique, ne saurait être négligée. Le Défenseur des droits a ainsi la possibilité de proposer des réformes tendant à l'amélioration des relations entre l'administration et les citoyens, au-delà des seules affaires pour lesquelles il est saisi ; bon nombre de ses recommandations, comme celles que peuvent formuler d'autres AAI, sont ensuite reprises dans des textes législatifs ou réglementaires.

Certaines autorités disposent en outre d'un véritable pouvoir de sanction, qui leur permet d'assurer une application effective du droit dans le secteur dont elles ont la charge. Ce pouvoir est cependant exercé sous le contrôle étroit du juge, administratif ou judiciaire ; en outre, les relations entre le pouvoir d'investigation des AAI et le juge répressif ont été renforcées pour les autorités dont le statut a été modifié ces dernières années. Il n'en demeure pas moins que l'existence même de ce pouvoir de sanction soulève, notamment au regard du droit européen, des difficultés organisationnelles. **243**

Si les autorités de régulation (Autorité de la concurrence, Autorité de régulation des communications électroniques et des postes, Commission de régulation de l'énergie, Autorité de régulation des transports) ont dès leur création disposé de pouvoirs de **244** sanctions, ce n'est que plus récemment que de tels pouvoirs ont été reconnus aux autorités intervenant dans les relations entre citoyens et administrations. La CADA ne dispose de tels pouvoirs que depuis l'ordonnance du 5 juin 2005, tandis que la Commission nationale informatique et liberté a vu ses pouvoirs répressifs étendus par la loi du 6 août 2004 relative à la protection des personnes physiques à l'égard des traitements de données à caractère personnel (*AJDA* 2004. 2269, note A. Maitrot de la Motte) qui lui donne la possibilité de mettre en demeure les responsables de traitements de faire cesser les manquements constatés ; en cas de refus d'obtempérer, la CNIL peut prendre des sanctions dissuasives, assorties d'une amende dont le montant peut aller jusqu'à 5 % du chiffre d'affaires de l'entreprise concernée.

245 Le même texte donne à la CNIL la possibilité de demander, par la voie du référé, aux juridictions compétentes de prendre toutes les mesures nécessaires pour interrompre un traitement de données enfreignant la loi. Cette institutionnalisation des relations entre AAI et juridictions répressives existe également auprès de la CRE et de l'ARCEP, mais aussi du Conseil supérieur de l'audiovisuel. Ce dernier peut en effet, indépendamment de tout pouvoir de sanction, refuser de conventionner une chaîne satellite au motif que sa diffusion risquerait d'entraîner un trouble à l'ordre public (v. en particulier CE 11 févr. 2004, *Sté Médya TV*, *AJDA* 2004. 1203, note J. Saint Laurent, à propos d'une chaîne kurde proche du PKK). L'affaire de la diffusion, par des chaînes dites « islamistes », de feuilletons à caractère antisémite, a été l'occasion de préciser les pouvoirs du CSA. Ayant dans un premier temps accordé un conventionnement à la société Al Manar, organe de diffusion proche du Hezbollah, le CSA constatait cependant rapidement des manquements graves aux obligations fixées dans la convention. Le président du CSA saisit alors, sur le fondement de l'article 42-10 de la loi du 30 septembre 1986, le président de la section du contentieux du Conseil d'État d'une demande d'interdiction de diffusion, demande accordée par une ordonnance du 13 décembre 2004 (CE 13 déc. 2004, *Président du CSA*, *AJDA* 2005. 206, note Y. Gounin) ; pour une autre chaîne (Sahar 1) procédant à la diffusion du même feuilleton, le président du CSA décide cette fois non de saisir le juge, mais directement de mettre en demeure l'opérateur de réseau satellitaire distribuant Sahar 1 de cesser sa diffusion, mise en demeure validée par le Conseil d'État (CE 3 mars 2005, *Sté Eutelsat*, *AJDA* 2005. 838, note Y. Gounin). Le choix du recours au juge, ou d'une intervention directe de l'autorité de régulation, peut ainsi apparaître comme un instrument de gestion quasi politique des fonctions de l'autorité administrative indépendante.

Poursuivant cette voie, le Conseil d'État a considéré que les décisions par lesquelles les AAI, en charge de la régulation d'un secteur économique, refusent de mettre en œuvre leur pouvoir de sanction, sont susceptibles de recours pour excès de pouvoir, le juge exerçant un contrôle restreint sur leur légalité (CE, sect., 30 nov. 2007, *Tinez*, *RJEP* 2008, comm. 11, note M. Collet). Ce contrôle porte sur l'équilibre opéré par le régulateur entre les différents objectifs des missions qui lui incombent. Saisi de la légalité de sanctions prononcées par le CSA, le Conseil d'État vérifie que le régulateur ait respecté l'équilibre qu'il doit réaliser, en examinant les contenus des séquences télévisées discutées, entre liberté d'expression et respect des obligations du diffuseur, notamment le respect de la dignité des personnes (CE 18 juin 2018, *Sté C8* (3 décisions), *AJDA* 2018. 2383, chr. C. Nicolas et Y. Faure, à propos de l'émission *Touche pas à mon poste*).

Au-delà de ce pouvoir de sanction, l'ARCEP, et la CRE disposent, en vertu de la loi, d'un pouvoir de règlement des différends. La loi du 9 juillet 2004 relative aux services de communication électroniques et aux services de communication audiovisuelle fait ainsi du CSA un organe de règlement des différends survenant entre éditeurs et distributeurs de services de communication audiovisuelle ; l'ARCEP a également vu, par la même loi, ses pouvoirs de règlement élargis, puisqu'ils ne concernent plus les seuls litiges liés à l'accès aux réseaux, mais tout différend mettant en œuvre des obligations prévues par le Code des postes et des télécommunications ; des pouvoirs équivalents sont reconnus à la CRE (v. G. Bouquet, S. Beauvillard, « Le règlement des différends devant la Commission de régulation de l'énergie », *AJDA* 2004. 1911). Dans ces matières relatives à des rapports contractuels de droit privé, les décisions de ces autorités peuvent faire l'objet de recours en annulation ou en réformation portés devant la cour d'appel de Paris. **246 ■**

Les actes pris en matière de sanctions soulèvent plusieurs interrogations, touchant à leur articulation avec la notion de juridiction. **247 ■**

Les actes portant sanction ont, en effet, un statut juridique ambigu : leur nature oscille entre acte administratif et acte juridictionnel. Toutefois, ils doivent être considérés, en droit français, comme des actes administratifs, en raison de l'absence d'autorité de la chose jugée, c'est-à-dire de caractère définitif et pouvant bénéficier du concours de la force publique (v. P. Quilichini, « Réguler n'est pas juger », *AJDA* 2004. 1069). Du fait que certains de leurs actes ont un objet répressif, les autorités administratives indépendantes peuvent cependant, en application du droit européen, être considérées comme juridictions.

À cet égard, l'application des stipulations de l'article 6 §1er de la Convention européenne des droits de l'homme aux autorités administratives a d'abord reçu des réponses différentes, selon que les recours contre les décisions de ces autorités administratives étaient portés, de par la loi, devant la cour d'appel de Paris ou devant le Conseil d'État. Les juridictions judiciaires ont d'abord admis que l'article 6 §1er de la Convention était bien applicable aux autorités administratives indépendantes lorsqu'elles ont un pouvoir de sanction d'une nature telle qu'elles doivent être regardées comme « décidant du bien-fondé d'accusations en matière pénale », selon les termes de l'article 6 de la Convention européenne des droits de l'homme, peu important le fait qu'elles ne soient pas qualifiées par la loi de juridiction (Paris 7 mai 1997, *Oury*, *D.* 1998. Somm. 65 ; Cass., ass. plén., 5 févr. 1999, *LPA* 1999, n° 29, p. 14). Le Conseil d'État avait, dans un premier temps, appliqué uniformément l'idée, à l'inverse, que « l'article 6 de la Convention n'énonce [...] aucune règle ou aucun principe dont le champ d'application s'étendrait au-delà des procédures contentieuses suivies devant les juridictions, et qui gouvernerait l'élaboration ou le prononcé de sanctions, quelle que soit la nature de celles-ci, par les autorités administratives qui en sont chargées par la loi » (CE, sect., avis cont., 31 mars 1995, *SARL Auto-Industrie-Méric*, *Lebon* 154 ; et CE 4 mai 1998, *Sté de bourse Patrice Wargny*, *Lebon* 192, à propos du Conseil du marché à terme). Cette divergence s'est atténuée lorsque le Conseil d'État a admis que, « alors même que le Conseil des marchés financiers siégeant en formation disciplinaire n'est pas une juridiction au regard du droit interne, le moyen tiré de ce qu'il aurait statué dans des conditions qui ne respecteraient pas le principe d'impartialité rappelé à l'article 6-1 peut, eu égard à la nature, à la composition et aux attributions de cet organisme, être utilement invoqué à l'appui d'un recours formé devant le Conseil d'État à l'encontre de sa décision » (CE, ass., 3 déc. 1999, *M. Didier*, *GAJA*, n° 97).

Actuellement, les jurisprudences administrative et judiciaire sont très proches en ce qui concerne les garanties d'impartialité applicables aux autorités administratives indépendantes, dès lors qu'il est jugé, par exemple, que, « quand elle prononce une sanction [...], la commission de contrôle des assurances doit être regardée comme un tribunal au sens des stipulations de l'article 6 de la Conv. EDH, auquel s'impose l'exigence d'impartialité, laquelle s'apprécie objectivement » (CE 28 oct. 2002, *M. Laurent*, *AJDA* 2002. 1492, note D. Costa ; en l'espèce, est constitutif d'une violation du principe d'impartialité le fait que son président ait pris position sur les faits reprochés avant que la commission ne délibère sous sa présidence).

La différenciation entre les pouvoirs des autorités administratives indépendantes doit ainsi être effectuée rigoureusement. Si le pouvoir d'autosaisine qui appartient, par exemple, à l'Autorité des marchés financiers n'est pas contraire par lui-même au droit au procès équitable, comme l'a précisé le Conseil constitutionnel (Cons. Const. 7 déc. 2012, n° 2012-286 QPC, *D.* 2013. 28, note M.-A. Frison-Roche), en revanche, le secrétariat général, chargé de l'instruction, ne peut être entendu par l'Autorité en dehors de la présence des représentants de la société poursuivie sans violer les droits de la défense (CE 30 juill. 2003, *Sté Dubus SA ; Banque d'escompte et Wormser frères réunis*, *AJDA* 2004. 26, note A. Laget-Annamayer). La dissociation entre fonctions administratives et fonctions « juridictionnelles » peut cependant en pratique soulever, dans des institutions dont l'une des caractéristiques est d'être constituées d'équipes restreintes, des difficultés d'organisation matérielle.

Les évolutions du statut de l'ARCEP ont illustré ces difficultés. Par une décision du 5 juillet 2013 (*Sté Numéricâble SAS et autre*, n° 2013-331 QPC, *AJDA* 2013. 1955, note M. Lombard), le Conseil constitutionnel a estimé que la procédure de sanction devant l'ARCEP ne respectait pas le principe d'impartialité, en raison de l'absence de séparation au sein de l'Autorité entre, d'une part, les fonctions de poursuite et d'instruction des éventuels manquements et, d'autre part, les fonctions de jugement de ces mêmes manquements, le directeur général, placé sous la responsabilité directe du président de l'Autorité, pouvant intervenir dans les deux procédures. À la suite de cette décision, qui suspendait de fait le pouvoir de sanction de l'ARCEP, une ordonnance du 12 mars 2014 a réparti les fonctions de l'ARCEP entre trois formations : la formation plénière, exerçant l'essentiel du pouvoir réglementaire ; la formation de règlement des différends, de poursuite et d'instruction, dont le président de l'Autorité est membre ; et la formation restreinte, composée de trois membres (dont ne fait pas partie le président), exerçant le pouvoir de sanction.

Le Conseil constitutionnel a, en revanche, estimé que la mise en demeure que peut prononcer le CSA, à la suite de la réforme de ses pouvoirs par une loi du 15 novembre 2013, à l'égard d'un distributeur de services audiovisuels n'est pas une sanction, et par conséquent qu'elle ne constitue pas un préjugement contraire au principe d'impartialité (13 déc. 2013, n° 2013-359 QPC, *Sté Sud Radio Services*).

Le Conseil d'État a également estimé qu'« une autorité administrative qui a pris une première décision définitive à l'égard d'une personne qui faisait l'objet de poursuites à raison de certains faits, ne peut ensuite engager de nouvelles poursuites à raison des mêmes faits en vue d'infliger une sanction » (CE 30 déc. 2016, *Autorité de contrôle des nuisances aéroportuaires*, n° 395681).

248 Les divergences jurisprudentielles qui viennent d'être relevées à propos de la nature des autorités administratives indépendantes sont accrues par les modalités de répartition des compétences juridictionnelles. Alors qu'elles sont des autorités

administratives, une part importante de leur contentieux relève, par dérogation aux règles constitutionnelles de répartition des compétences juridictionnelles, des juridictions judiciaires. Alors qu'elles ne sont pas des juridictions, les décisions qui relèvent du juge judiciaire sont tranchées non par un juge de première instance, mais par la cour d'appel de Paris. Alors que leurs décisions sont des actes administratifs unilatéraux, leur contentieux n'est en règle générale pas, devant le juge administratif comme devant le juge judiciaire, du classique contentieux de l'annulation, mais un contentieux de la réformation.

section 3

Les services locaux de l'État

La nouvelle étape de la décentralisation s'est doublée d'une reconnaissance, dans la Constitution, de l'échelon local de l'action étatique. L'article 72 de la Constitution indique en effet que dans les collectivités territoriales, « le représentant de l'État, représentant de chacun des membres du gouvernement, à la charge des intérêts nationaux, du contrôle administratif et du respect des lois ». Le préfet voit ainsi son rôle confirmé (§2). Les services locaux de l'État, dont il assure l'animation et la coordination, sont cependant maintenus, même s'ils sont réorganisés et resserrés (§1). 249 ■

§ 1 Les services déconcentrés des ministères

Remaniant l'architecture de l'appareil administratif local, la loi du 6 février 1992 relative à l'administration territoriale de la République indique que « l'administration territoriale de la République est assurée par les collectivités territoriales et par les *services déconcentrés*[Q] de l'État ». Ces derniers, parfois aussi qualifiés de « services extérieurs », permettent de garantir l'unité du territoire et la mise en œuvre de son aménagement. Ils sont organisés en circonscriptions régionales, départementales et d'arrondissements. 250 ■

Si les directions départementales existent pour l'ensemble des services déconcentrés, certains ministères ne disposent pas nécessairement d'un échelon régional. Quant à l'organisation des services au niveau de l'arrondissement, voire très rarement du canton, ils ne concernent que les ministères les plus importants, ou ceux devant entretenir des relations fréquentes avec les usagers.

Cette architecture a été modifiée à plusieurs reprises depuis 2004. Un décret du 29 avril 2004 relatif aux pouvoirs des préfets, à l'organisation et à l'action des services de l'État dans les régions et départements avait prévu d'une part la possibilité de constitution de « pôles de compétences », au niveau régional ou départemental, d'autre part la réorganisation de l'échelon régional en « pôles régionaux de l'État ». L'article 28 de ce décret indiquait en effet que, dans l'objet de coordonner l'action des services de l'État en vue de la réalisation d'une politique publique particulière, le préfet peut constituer un « pôle de compétence » (qui ne doit pas être confondu avec 251 ■

les pôles de compétitivité, même si leurs objets peuvent parfois être assez proches) pour la conduite durable d'actions communes à plusieurs services déconcentrés de l'État dans la région ou le département. Par ailleurs, l'article 34 du même texte prévoit que, parallèlement aux pôles de compétences, les services déconcentrés régionaux de l'État peuvent faire l'objet de regroupements fonctionnels, dénommés « pôles régionaux de l'État ». Ces pôles, dont le statut a été précisé par un décret du 5 octobre 2004, complété par une circulaire du 19 octobre, visent d'une part à renforcer l'échelon régional dans la coordination et la direction des politiques publiques, d'autre part à simplifier l'organisation administrative en région en constituant un état-major resserré autour du préfet de région. À l'exception des directions régionales de la jeunesse et des sports, des services pénitentiaires et de la protection judiciaire, les directions régionales, sans pour autant disparaître, sont intégrées au sein de huit pôles, placés sous la direction d'un responsable qui est, en règle générale, le directeur régional de l'une des directions intégrées au pôle. La réunion des chefs de pôles, auxquels se joignent les préfets de départements et le secrétaire général du département chef-lieu de région, constitue le Comité de l'administration régionale (CAR), qui se substitue à la conférence administrative régionale. Cette instance, véritable conseil d'administration de l'État en région, constitue le cadre dans lequel le préfet de région s'assure de la cohérence de l'action de l'État dans la région et de la mise en œuvre des priorités gouvernementales.

Si le CAR a été confirmé par la réforme opérée par le décret du 16 février 2010, une série de décrets intervenus en 2009 et 2010, mettant en œuvre la Réforme de l'administration territoriale de l'État (RéATE), sont venus prolonger et harmoniser la restructuration des structures régionales de l'État. Huit structures régionales se substituent désormais aux anciennes directions et aux pôles institués à partir de 2004. Deux d'entre elles échappent à la coordination du préfet de région : il s'agit d'une part des Agences régionales de santé (ARS), établissements publics institués par la loi du 21 juillet 2009 et qui reprennent notamment les compétences des Directions régionales des affaires sanitaires et sociales (DRASS), d'autre part des Directions régionales des finances publiques. Les six autres structures sont placées sous l'autorité directe du préfet de région : Direction régionale des affaires culturelles (DRAC), Direction régionale de l'environnement, de l'aménagement et du logement (DREAL), Direction régionale des entreprises, de la concurrence, de la consommation, du travail et de l'emploi (DIRECCTE), Direction régionale de la jeunesse, des sports et de la cohésion sociale (DRJSCS), Direction régionale de l'alimentation, de l'agriculture et de la forêt (DRAAF) et le Rectorat.

252 Les services départementaux de l'État sont, depuis 2004, en cours de réorganisation. Cette restructuration ne suit pas de modèle unique, mais recherche la mutualisation des services départementaux, pour accroître leur efficacité et recentrer leurs missions sur le service des usagers, plutôt que sur des fonctions de support et de soutien ; plusieurs options de réorganisation sont offertes : régionalisation de certains services (Action sanitaire et sociale) ; fusion de certaines directions départementales (Équipement et Agriculture et forêt), intégration aux services de la préfecture (Jeunesse et sports), transferts de certains services aux pôles régionaux (Architecture et patrimoine), etc. C'est dans ce cadre qu'un décret du 16 mars 2006 a institué des Directions interdépartementales des routes, reprenant les services de l'équipement pour les routes non transférées aux départements à la suite de la loi du 13 août 2004.

Une série de décrets ont, depuis 2009 et dans le cadre de la RéATE, procédé à une profonde réforme des administrations territoriales de l'État ; il a notamment été décidé de réorganiser les services départementaux autour de deux directions placées sous l'autorité du préfet et relevant du Premier ministre : la direction départementale des territoires et la direction départementale de la population et de la cohésion sociale, aux côtés desquelles subsistent, outre l'administration préfectorale elle-même, l'inspection d'académie, la direction départementale des finances publiques et les services en charge de la sécurité intérieure.

Dans la continuité de la réduction du nombre de régions par la loi du 16 janvier 2015, une nouvelle étape de la réorganisation des services locaux de l'État a été franchie. Un décret du 7 mai 2015 portant Charte de la déconcentration, qui se substitue au premier décret de 1992 portant le même nom, fait de la déconcentration la règle générale de répartition des attributions et des moyens entre les échelons centraux et territoriaux des administrations civiles de l'État. Elle a également pour objectif de procéder à une rationalisation des administrations déconcentrées, en confiant au préfet de région un rôle essentiel dans la coordination et la modernisation des administrations locales de l'État. Ont ainsi été désignés, pour les sept nouvelles régions issues de la fusion des 16 régions existantes, des « préfets préfigurateurs », chargés de proposer des adaptations de l'organisation territoriale de l'État rendues nécessaires par la nouvelle carte régionale.

Annoncée par des circulaires du Premier ministre du 28 juillet 2018 et du 12 juin 2019, dans le cadre du plan Action publique 2022, une nouvelle rationalisation des structures régionales de l'État est progressivement réalisée par regroupement de structures antérieures. Ainsi, un décret du 9 décembre 2020 crée les Directions régionales de l'économie, de l'emploi, du travail et des solidarités, qui fusionne les anciennes DIRECCTE et les services déconcentrés en charge de l'action sociale. Une évolution similaire s'est déroulée pour l'administration de l'éducation nationale et de l'enseignement supérieur, dont les circonscriptions sont désormais identiques aux collectivités régionales.

Exécutif de la collectivité communale, le maire exerce aussi quelques attributions en tant que représentant local de l'État : publication des lois et règlements de l'État, établissement s électorales et services de l'état civil (sur ces pouvoirs, v. P. Cassia, « Le maire, agent de l'État », *AJDA* 2004. 245-259). Il est également officier de police judiciaire pour la constatation des infractions et la recherche des preuves. Enfin, il exerce certaines attributions de police spéciale au nom de l'État, même si, en ce domaine, la police de l'urbanisme est désormais exercée au nom de la commune, et non de l'État. 253

§ 2 Les préfets

Coordonnateur des services déconcentrés de l'État, le préfet, si son rôle a été atténué par la décentralisation, joue un rôle fondamental dans le fonctionnement de la déconcentration, mais aussi dans les relations entre l'État et les collectivités territoriales. 254

Ses attributions et son statut ont été modifiés, à la suite de la réforme de la décentralisation, par un décret du 29 avril 2004 relatif aux pouvoirs des préfets, complété par une circulaire du 13 juin 2004, par certaines dispositions de la loi du 13 août 2004 et, pour les préfets de région, par une circulaire du 19 octobre 2004.

A. Structure et statut de l'administration préfectorale

255 Héritiers des intendants royaux, les préfets incarnent la présence de l'État au niveau départemental. Cette mission, pour laquelle ils bénéficient de services restreints (1), justifie la particularité de leur statut (2).

1. *L'organisation de l'administration préfectorale*

256 La décentralisation a réduit les pouvoirs, mais aussi les services dont bénéficiaient ces préfectures.

Le préfet de département est assisté, au niveau local, par un sous-préfet et, en préfecture, par un état-major administratif composé d'un secrétariat général et d'un cabinet.

Il bénéficie également, pour assurer sa mission de contrôle des actes des collectivités territoriales, d'un pôle interrégional d'appui au contrôle de légalité, créé par deux arrêtés du 28 juillet 2006.

Des préfets investis de missions particulières peuvent être institués dans certains départements. Il existe ainsi des préfets adjoints pour la sécurité, et, dans les zones de défense, des préfets délégués pour la sécurité et la défense. En outre, des préfets délégués pour l'égalité des chances ont été institués par un décret du 22 décembre 2005, pour six départements (Bouches-du-Rhône, Essonne, Nord, Rhône, Seine-Saint-Denis, Val d'Oise) ; ils ont pour mission d'assister le préfet de département pour toutes les missions concourant à la coordination et à la mise en œuvre de la politique du gouvernement en matière de cohésion sociale, d'égalité des chances et de lutte contre les discriminations, et participent à ce titre à la mise en œuvre des actions visant à l'intégration des populations immigrées résidant en France. L'articulation des missions de ces différents préfets délégués n'est pas toujours aisée à déterminer.

257 La division du département en arrondissements, placés sous l'autorité d'un sous-préfet, résulte de la loi du 28 pluviôse an VIII. Les pouvoirs des sous-préfets, qui se limitent à assister le préfet dans l'accomplissement de ses missions, n'ont pas directement été modifiés par les réformes intervenues en 2004. L'article 135 de la loi du 13 août 2004 relative aux libertés et responsabilités locales permet toutefois au préfet de région de modifier les limites territoriales des arrondissements, après consultation du conseil départemental et sur proposition du préfet de département. Le préfet de département peut donc proposer d'adapter l'organisation interne des sous-préfectures et de modifier les limites des arrondissements, ce qui devrait à terme entraîner une évolution profonde des missions des sous-préfets, au bénéfice de l'action de l'État dans l'ensemble du département.

Sans modifier les attributions des sous-préfets, ni bouleverser leur statut, deux décrets du 23 décembre 2006 et du 29 septembre 2011 ont légèrement diversifié leurs conditions de recrutement, l'ouvrant plus largement en dehors de l'École nationale d'administration ; la réforme de l'administration territoriale opérée par le décret du 16 février 2010, prolongée par la Charte de la déconcentration de mai 2015, n'a pas bouleversé cet équilibre, autorisant seulement le Préfet de région à confier, avec l'accord du préfet de département, des missions d'intérêt général aux sous-préfets.

Les services administratifs de la préfecture sont dirigés par un secrétaire général, qui a rang de sous-préfet. Le directeur de cabinet, qui est également sous-préfet, a quant à lui pour rôle d'assister le préfet dans ses fonctions de maintien de l'ordre et dans ses relations avec les autorités politiques. 258 ■

2. *Le corps préfectoral*

Les préfets constituent un corps particulier de fonctionnaires, régi à la fois par le statut général de la fonction publique et par des règles spécifiques, issues d'un décret de 1964. 259 ■

Le corps préfectoral est constitué des sous-préfets, recrutés à la sortie de l'École nationale d'administration, et des préfets. Ces derniers étaient à l'origine nommés à discrétion du gouvernement, sans aucune contrainte. Depuis 1964, ils sont recrutés pour les 4/5e dans le corps des sous-préfets, proportion qui a été réduite à 2/3 par le décret du 16 février 2009. Le tiers restant demeure nommé à discrétion du gouvernement.

Les préfets ont vocation à être affectés sur un poste territorial. Jusqu'à un décret du 15 mai 2015, ils pouvaient toutefois être nommés « hors-cadre », c'est-à-dire dépourvus de toute affectation territoriale. Depuis cette réforme, les préfets cessant d'exercer des fonctions territoriales sont mis à disposition du gouvernement pour exercer des fonctions de coordination interministérielle ou, dans la limite de 10 % des effectifs du corps, affectés à l'administration centrale du ministère de l'intérieur et du ministère des outre-mer ou en cabinet ministériel. Dans le cadre d'une vaste réforme de l'encadrement supérieur de l'État, dont une ordonnance du 2 juin 2021 constitue la première étape, et qui prévoit la suppression en 2022 du corps préfectoral, il est notamment envisagé que les préfets n'exerçant plus de fonction territoriale intègrent le nouveau corps des administrateurs de l'État ; c'est parmi ce même corps que les sous-préfets seront désormais choisis.

Les fonctions des préfets sont à la décision du gouvernement quant à leur nomination, leur mutation ou la fin de leurs fonctions ; toutefois, ils conservent leur grade et continuent à ce titre à percevoir leur rémunération de base même lorsqu'ils perdent leur affectation territoriale. Aucun des droits collectifs des fonctionnaires (droit syndical ou droit de grève) ne leur est reconnu ; le pouvoir de sanction est exercé à leur égard par le ministre de l'Intérieur seul, sans consultation préalable d'une commission disciplinaire. Enfin, leurs opinions politiques peuvent être répertoriées.

Le Conseil d'État a cependant précisé que, si « la nomination a un emploi de préfet est au nombre de celles qui sont laissées à la décision du gouvernement en raison de la nature même des fonctions exercées » et alors même « qu'une telle nomination est essentiellement révocable », une mesure mettant fin aux fonctions d'un préfet pour des motifs tirés de son comportement professionnel est une sanction qui, en vertu d'un principe général du droit, ne peut être légalement prononcée à l'égard d'un agent public, fût-il préfet, « sans que l'intéressé ait été mis en mesure de présenter utilement sa défense » (CE 5 juill. 2000, *M. X.*, *D.* 2000. 687, note X. Prétot). 260 ■

B. Les attributions des préfets

La réforme du printemps 2004, accentuée par le décret du 16 février 2010, donne une place prépondérante au préfet de région. Ses fonctions restent toutefois assez 261 ■

proches du préfet de département : outre que le préfet de région est, aussi, préfet du département chef-lieu de la région, tous deux sont représentants de l'État dans le département, à la fois envoyés du gouvernement et chef des services locaux de l'État.

Les fonctions dévolues aux préfectures ont été rappelées, dans le cadre de la stratégie ministérielle de réforme du ministère de l'Intérieur, par la directive nationale d'orientation présentée en novembre 2004. Ce document d'orientation recentre les préfectures sur leurs missions essentielles et permet à l'État territorial de se réorganiser autour du préfet. Il y est précisé que les préfectures joueront de plus en plus un rôle moteur dans les domaines de la sécurité, de la gestion de crise, de la garantie de la citoyenneté, des libertés publiques et de la vie démocratique mais aussi en matière d'appui aux collectivités locales, de contrôle de leurs actes et de coordination interministérielle.

1. *Le préfet de région*

262 L'article 131 de la loi du 13 août 2004 relative aux responsabilités locales indique que le préfet de région, représentant de l'État dans la région, représente chacun des membres du gouvernement. À ce titre, il veille à l'application des lois et assure le contrôle de légalité des actes de la région et de ses établissements publics.

En outre, il dirige non seulement ses propres services (au demeurant assez limités), mais aussi les services de l'État ayant exclusivement des compétences au niveau régional, alors qu'avant 2004 il ne faisait que les « coordonner ». Cette fonction se traduit, par exemple, par l'attribution d'un pouvoir de notation des fonctionnaires placés sous sa direction. Le décret du 16 février 2010 prolonge ce mouvement : le préfet de région est désigné comme « responsable » de l'exécution de l'ensemble des politiques de l'État dans la région, ainsi que des politiques communautaires relevant de la compétence de l'État ; il doit, à ce titre, assurer non plus la seule coordination, mais désormais le pilotage des politiques publiques, et non plus des seuls services qui les exécutent.

Le même texte augmente en outre sensiblement le nombre de domaines relevant de la compétence des préfets de région : alors qu'ils n'étaient auparavant en charge que de la politique de développement économique, ils sont désormais compétents pour le développement rural, l'environnement et le développement durable, la culture, l'emploi, le logement, la rénovation urbaine, la santé publique (sous réserve des compétences de l'agence régionale d'hospitalisation), et surtout les politiques communautaires qui relèvent de la compétence de l'État. Cette augmentation est bien entendu la conséquence des transferts de compétence vers la région, mais aussi de la réorganisation des services régionaux de l'État.

263 Dans tous ces domaines, le préfet, chargé de mettre en œuvre la politique de l'État dans la région, adopte des orientations qui doivent ensuite être suivies et mises en œuvre par les préfets de département, dont il « anime et coordonne l'action ». Après une période d'incertitude quant aux rapports existant entre préfet de région et de département, le décret du 16 février 2010 est venu préciser très clairement que « le préfet de région a autorité sur les préfets de département », ce lien hiérarchique n'allant cependant pas jusqu'à donner au préfet de région une capacité de contrôle administratif sur les préfets de département.

Le préfet de région est assisté d'un Secrétaire général aux affaires régionales, chargé spécifiquement par un décret du 25 mai 2009 de coordonner et d'animer les services régionaux de l'État, et de veiller à leur bonne articulation avec les services déconcentrés départementaux.

La seule attribution qui manque encore au préfet de région est celle de pouvoirs de police : il n'a aucune attribution en matière d'ordre public, autre tout au moins que celles qu'il détient en tant que préfet de département.

2. *Le préfet de département*

S'ils ont été remodelés par le décret du 29 avril et la loi du 13 août 2004, les pouvoirs du préfet de département n'ont pas été fondamentalement modifiés depuis 1992. La loi du 13 août 2004 précise, comme pour le préfet de région, que le préfet de département est le représentant de l'État dans le département, et représente à ce titre chacun des membres du gouvernement. À ce titre, il met en œuvre les politiques de l'État dans le département, et dirige les services de l'État dans le même cadre. 264 ■

Le préfet de département, chargé du respect des lois dans le département, assure à ce titre le contrôle de légalité des communes, des établissements intercommunaux et du département.

En outre, le préfet est autorité de police administrative et a un rôle essentiel dans le maintien de l'ordre dans le département. Le décret du 29 avril 2004 précise d'ailleurs à cet égard que le préfet a la charge de « la sécurité et de la protection des personnes » dans le département, ce qui peut soulever quelques problèmes d'ajustement avec les pouvoirs des maires en la matière. 265 ■

Le préfet de département est également préfet de zone de défense et de sécurité, dans les chefs-lieux des douze zones instituées, depuis 1950, pour prévenir et gérer les atteintes à la sécurité nationale.

Compléments pédagogiques

Quid

■ Administrations centrales n° 227

Les services centraux des ministères sont organisés de façon strictement hiérarchique. Chaque ministère comprend un certain nombre de *directions*, divisées en *sous-directions*, elles-mêmes composées de *bureaux*, qui constituent l'unité administrative de base (et sont parfois appelés *cellules* ou *sections*). Suivant l'évolution de la composition du gouvernement, les directions administratives peuvent changer de ministère de rattachement.

■ Autorité administrative indépendante n°s 231 s.

Malgré leur diversité, certains traits communs caractérisent les autorités administratives indépendantes. Dépourvues de la personnalité juridique, elles peuvent cependant, selon ce qu'indiquent leurs textes constitutifs, émettre des décisions, voire prendre des sanctions : en ce sens, elles sont bien des autorités administratives. Leur indépendance vient de ce qu'elles n'appartiennent pas à la hiérarchie administrative traditionnelle. Les décisions qu'elles prennent constituent des actes administratifs susceptibles de recours pour excès de pouvoir devant le juge administratif, sauf texte contraire.

■ Cabinet ministériel n° 227

Le Cabinet tient un rôle d'interface entre les fonctions politiques et administratives qui appartiennent au ministre. Il comprend un *directeur de cabinet* (et éventuellement un *directeur adjoint*), un *chef de cabinet*, auxquels le ministre peut déléguer sa signature, des *conseillers techniques* et des *chargés de mission*. Afin de renforcer la cohérence de l'action gouvernementale, certains conseillers techniques appartiennent depuis 1997 à plusieurs cabinets ministériels.

■ Services déconcentrés n° 250

Les services locaux de l'État sont les services déconcentrés des ministères, dont les circonscriptions sont normalement la région, le département et l'arrondissement. Leur organisation au niveau local suit celle des administrations centrales. La *direction* des services déconcentrés départementaux est assurée par le préfet de département, tandis que le préfet de région assure, outre la direction des services déconcentrés régionaux, la *coordination* de l'ensemble des services déconcentrés.

Documents

CE, sect., 7 février 1936, *Jamart* (*GAJA*, n° 45)

Considérant que [...] même dans le cas où les ministres ne tiennent d'aucune disposition législative un pouvoir réglementaire, il leur appartient, comme à tout chef de service, de prendre les mesures nécessaires au bon fonctionnement de l'administration placée sous leur autorité.

⇨ *Même en l'absence de texte, le ministre dispose du pouvoir d'organisation des services placés sous sa responsabilité.*

Circulaire du 6 juin 1997 relative à l'organisation du travail gouvernemental (*JO* du 7 juin 1997, p. 9170)

II – Les conditions de préparation des décisions gouvernementales

Chaque ministre et chaque secrétaire d'État a la responsabilité de préparer, dans le domaine d'attributions qui est le sien, les décisions que le gouvernement doit prendre. Les décrets d'attributions, qui assignent à chacun de vous des compétences au sein du gouvernement, seront élaborés dans les prochains jours par le secrétariat général du gouvernement, arbitrés par moi-même ou par mon cabinet, puis délibérés en conseil des ministres. J'ai voulu que ces compétences soient simplement et nettement délimitées afin de tirer de nos administrations le meilleur d'elles-mêmes et d'imprimer une parfaite cohérence à l'action gouvernementale.

Lorsque, pour la préparation de telle ou telle mesure relevant de vos compétences, les attributions d'autres membres du gouvernement sont en cause, il vous appartiendra d'engager sans attendre avec eux les discussions nécessaires. J'insiste sur la nécessité d'une discussion interministérielle préalable à la saisine éventuelle de mon cabinet.

La préparation des décisions suppose, dans d'assez nombreux cas, qu'une concertation ait lieu avec les représentants des intérêts en cause dans la société. Si le déroulement de cette concertation ne doit pas être la source de retards qui seraient inacceptables dans l'intervention des décisions, vous devrez lui consacrer toute l'attention nécessaire. La qualité du dialogue que les pouvoirs publics entretiennent avec les représentants des diverses composantes de la société est à la fois la marque du respect qu'ils lui portent et un gage de réussite de l'action de l'État.

Je ne souhaite pas trancher des divergences portant sur des aspects secondaires de l'activité gouvernementale et vous invite à les régler entre vous. Je n'en devrai pas moins être saisi de tout projet de décision importante, ainsi que de tout projet suscitant des différends interministériels persistants.

Vos propositions seront examinées à l'occasion de réunions interministérielles tenues à l'Hôtel Matignon, sous ma présidence lorsque votre présence personnelle sera requise ou, plus fréquemment, sous celle d'un membre de mon cabinet. [...]

Une discrétion exemplaire doit être observée sur les débats interministériels qui précèdent l'adoption des décisions. Les conditions dans lesquelles les décisions prises doivent être annoncées et commentées seront coordonnées par mon cabinet.

La direction de mon cabinet tiendra avec tous les autres directeurs de cabinet, chaque lundi, une réunion consacrée aux questions générales de coordination ainsi qu'à la communication du gouvernement. Tous les membres du gouvernement sont engagés par une décision prise et doivent s'exprimer à son sujet de manière solidaire. Cette règle vaut en particulier lors de l'examen d'un projet de loi au Parlement.

III – Les travaux du conseil des ministres

Les projets de loi et certains décrets sont adoptés après délibération du conseil des ministres. De même, des communications des ministres et des secrétaires d'État, exposant les décisions gouvernementales ou faisant le point de l'action du gouvernement dans un secteur déterminé, sont présentées au conseil des ministres.

Le conseil des ministres est un temps fort du travail gouvernemental et il fournit l'occasion de faire une présentation réfléchie et cohérente des mesures adoptées par le gouvernement. Le conseil des ministres est en outre le pivot de la planification du travail gouvernemental. C'est au porte-parole du gouvernement qu'incombe la responsabilité première de cette présentation.

Un communiqué écrit est par ailleurs préparé par le secrétaire général du gouvernement, sur la base des projets préparés par les ministres rapporteurs des textes et communications inscrits à l'ordre du jour du conseil.

IV – L'élaboration des textes législatifs et réglementaires

L'initiative des lois et, sauf dans les cas particuliers où il relève du Président de la République, le pouvoir réglementaire, appartiennent au Premier ministre.

Mais il vous revient, dans votre secteur d'attributions, de préparer les avant-projets de loi et les projets de décret. Cette préparation emprunte les procédures ordinaires du travail gouvernemental. Elle vous impose en particulier de fonder sur une étude d'impact argumentée le choix des mesures envisagées. Cette étude sera réalisée en amont du processus décisionnel et progressivement affinée.

La consultation du Conseil d'État est obligatoire dans la préparation de certains textes. Il faut tenir le plus grand compte des avis donnés par celui-ci. Il s'agit d'abord d'assurer le respect du droit. Il s'agit aussi de rendre les textes parfaitement conformes à l'objectif poursuivi et d'assurer leur intelligibilité et leur lisibilité, comme leur correcte insertion dans l'ordonnancement juridique. […]

V – Le fonctionnement des départements ministériels

Sauf exception, les administrations déconcentrées sont placées sous l'autorité du préfet. Celui-ci représente, au plan local, le gouvernement et chacun des ministres. Il lui appartiendra, à compter du 1er janvier 1998, de prendre, dans la généralité des cas, les décisions administratives individuelles […].

⇨ *L'encadrement du travail gouvernemental.*

Loi d'orientation n° 92-125 du 6 février 1992 relative à l'administration territoriale de la République

Art. 1er. L'administration territoriale de la République est assurée par les collectivités territoriales et par les services déconcentrés de l'État.

Elle est organisée, dans le respect du principe de libre administration des collectivités territoriales, de manière à mettre en œuvre l'aménagement du territoire, à garantir la démocratie locale et à favoriser la modernisation du service public.

Titre Ier : De l'organisation territoriale de l'État

Art. 4. Pour exercer leurs missions, les services déconcentrés des administrations civiles de l'État sont, sauf disposition législative contraire ou exception prévue par décret en Conseil d'État, organisés dans le cadre des circonscriptions territoriales suivantes :

– circonscription régionale ;
– circonscription départementale ;
– circonscription d'arrondissement.

Art. 5. [...] [Le représentant de l'État dans la Région] met en œuvre les politiques nationale et communautaire concernant le développement économique et social et l'aménagement du territoire. Dans ces domaines, les représentants de l'État dans les départements compris dans la circonscription régionale prennent des décisions conformes aux orientations qu'il fixe en lui en rendent compte.
Il anime et coordonne dans la région les politiques de l'État en matière culturelle, d'environnement, ainsi que celles relatives à la ville et à l'espace rural.

⇨ *L'administration déconcentrée et le rôle de coordination des préfets*

Décret n° 97-463 du 9 mai 1997 (*JO* du 10 mai 1997, p. 7103)

Art. 3. [...] Placées sous l'autorité du Premier ministre et de chacun des ministres, les administrations civiles de l'État se composent, d'une part, d'administrations centrales et de services à compétence nationale, d'autre part, de services déconcentrés. La répartition des missions entre les administrations centrales, les services à compétence nationale et les services déconcentrés s'organise selon les principes fixés par le présent décret. Sont confiées aux administrations centrales et aux services à compétence nationale les seules missions qui présentent un caractère national ou dont l'exécution, en vertu de la loi, ne peut être déléguée à un échelon territorial. Les autres missions, et notamment celles qui intéressent les relations entre l'État et les collectivités territoriales, sont confiées aux services déconcentrés dans les conditions fixées [par les lois de 1972 et 1982 relatives à la région et au département].

⇨ *L'administration déconcentrée et le rôle de coordination des préfets*

Code de l'environnement

Chapitre Ier : Participation du public à l'élaboration des projets d'aménagement ou d'équipement ayant une incidence importante sur l'environnement ou l'aménagement du territoire
Section 1 : Missions de la Commission nationale du débat public. – Champ d'application et objet du débat public
Art. L. 121-1. La Commission nationale du débat public, autorité administrative indépendante, est chargée de veiller au respect de la participation du public au processus d'élaboration des projets d'aménagement ou d'équipement d'intérêt national de l'État, des collectivités territoriales, des établissements publics et des personnes privées, relevant de catégories d'opérations dont la liste est fixée par décret en Conseil d'État, dès lors qu'ils présentent de forts enjeux socio-économiques ou ont des impacts significatifs sur l'environnement ou l'aménagement du territoire.
La participation du public peut prendre la forme d'un débat public. Celui-ci porte sur l'opportunité, les objectifs et les caractéristiques principales du projet.
La participation du public est assurée pendant toute la phase d'élaboration d'un projet, depuis l'engagement des études préliminaires jusqu'à la clôture de l'enquête publique réalisée en application des dispositions du chapitre III du titre II du livre Ier du présent code ou du chapitre Ier du titre Ier du Code de l'expropriation pour cause d'utilité publique.
En outre, la Commission nationale du débat public veille au respect de bonnes conditions d'information du public durant la phase de réalisation des projets dont elle a été saisie jusqu'à la réception des équipements et travaux.
Elle conseille à leur demande les autorités compétentes et tout maître d'ouvrage sur toute question relative à la concertation avec le public tout au long de l'élaboration d'un projet

La Commission nationale du débat public a également pour mission d'émettre tous avis et recommandations à caractère général ou méthodologique de nature à favoriser et développer la concertation avec le public.
La Commission nationale du débat public et les commissions particulières ne se prononcent pas sur le fond des projets qui leur sont soumis.
Art. L. 121-2. Les dispositions du présent chapitre ne sont pas applicables aux documents d'urbanisme et aux opérations d'aménagement prévues par le livre III du Code de l'urbanisme. Toutefois peuvent en relever certains projets d'investissement dont la liste est fixée par décret en Conseil d'État.
Lorsque le débat public est organisé dans les conditions prévues au présent chapitre, les dispositions prévues à l'article L. 300-2 du Code de l'urbanisme ne sont pas applicables.
Section 2
Composition et fonctionnement de la Commission nationale du débat public
Art. L. 121-3. La Commission nationale du débat public est composée de vingt et un membres nommés pour cinq ans ou pour la durée de leur mandat. Outre son président et deux vice-présidents, elle comprend :
1° Un député et un sénateur nommés respectivement par le Président de l'Assemblée nationale et par le Président du Sénat ;
2° Six élus locaux nommés par décret sur proposition des associations représentatives des élus concernés ;
3° Un membre du Conseil d'État, élu par l'assemblée générale du Conseil d'État ;
4° Un membre de la Cour de cassation, élu par l'assemblée générale de la Cour de cassation ;
5° Un membre de la Cour des comptes, élu par l'assemblée générale de la Cour des comptes ;
6° Un membre du corps des membres des tribunaux administratifs et des cours administratives d'appel, nommé par décret sur proposition du Conseil supérieur des tribunaux administratifs et des cours administratives d'appel ;
7° Deux représentants d'associations de protection de l'environnement agréées au titre de l'article L. 141-1 exerçant leur activité sur l'ensemble du territoire national, nommés par arrêté du Premier ministre sur proposition du ministre chargé de l'environnement ;
8° Deux représentants des consommateurs et des usagers, respectivement nommés par arrêté du Premier ministre sur proposition du ministre chargé de l'économie et du ministre chargé des transports ;
9° Deux personnalités qualifiées, dont l'une ayant exercé des fonctions de commissaire enquêteur, respectivement nommées par arrêté du Premier ministre sur proposition du ministre chargé de l'industrie et du ministre chargé de l'équipement.
Le président et les vice-présidents sont nommés par décret.
Le mandat des membres est renouvelable une fois.
Le président et les vice-présidents exercent leurs fonctions à plein temps et sont rémunérés.
Les fonctions des autres membres donnent lieu à indemnité.
Art. L. 121-4. La commission peut bénéficier de la mise à disposition de fonctionnaires en position d'activité. Elle peut recruter des agents contractuels pour les besoins de son fonctionnement.
Art. L. 121-5. Les membres de la Commission nationale et des commissions particulières intéressés à une opération à titre personnel ou en raison de leurs fonctions ne peuvent participer à un débat ou à une procédure de concertation se rapportant à cette opération.

Art. L. 121-6. Les crédits nécessaires au fonctionnement de la Commission nationale du débat public sont inscrits au budget général de l'État sur proposition du Premier ministre. Le président de la commission est ordonnateur des dépenses. Il a autorité sur les services.
Les dispositions de la loi du 10 août 1922 relative à l'organisation du contrôle des dépenses engagées ne sont pas applicables aux dépenses de la commission. [...].

⇨ *Une autorité administrative indépendante : la Commission nationale du débat public*

CE, ass., 3 décembre 1999, *M. Didier* (*GAJA*, n° 97)

Considérant qu'aux termes de l'article 6 de la convention européenne de sauvegarde des droits de l'homme et des libertés fondamentales susvisée : "1 – Toute personne a droit à ce que sa cause soit entendue équitablement, publiquement et dans un délai raisonnable, par un tribunal indépendant et impartial, établi par la loi, qui décidera soit des contestations sur ses droits et obligations de caractère civil, soit du bien-fondé de toute accusation en matière pénale dirigée contre elle" ;
Considérant que, quand il est saisi d'agissements pouvant donner lieu aux sanctions prévues par l'article 69 de la loi susvisée du 2 juillet 1996, le Conseil des marchés financiers doit être regardé comme décidant du bien-fondé d'accusations en matière pénale au sens des stipulations précitées de la convention européenne de sauvegarde des droits de l'homme et des libertés fondamentales ; que, compte tenu du fait que sa décision peut faire l'objet d'un recours de plein contentieux devant le Conseil d'État, la circonstance que la procédure suivie devant le Conseil des marchés financiers ne serait pas en tous points conforme aux prescriptions de l'article 6-1 précité n'est pas de nature à entraîner dans tous les cas une méconnaissance du droit à un procès équitable ; que, cependant – et alors même que le Conseil des marchés financiers siégeant en formation disciplinaire n'est pas une juridiction au regard du droit interne – le moyen tiré de ce qu'il aurait statué dans des conditions qui ne respecteraient pas le principe d'impartialité rappelé à l'article 6-1 précité peut, eu égard à la nature, à la composition et aux attributions de cet organisme, être utilement invoqué à l'appui d'un recours formé devant le Conseil d'État à l'encontre de sa décision ; [...]
Considérant [...] que le rapporteur, qui n'est pas à l'origine de la saisine, ne participe pas à la formulation des griefs ; qu'il n'a pas le pouvoir de classer l'affaire ou, au contraire, d'élargir le cadre de la saisine ; que les pouvoirs d'investigation dont il est investi pour vérifier la pertinence des griefs et des observations de la personne poursuivie ne l'habilitent pas à faire des perquisitions, des saisies ni à procéder à toute autre mesure de contrainte au cours de l'instruction ; [...] que, dès lors, il n'est résulté de sa participation aux débats et au vote à l'issue desquels il a été décidé d'infliger une sanction à M. Didier aucune méconnaissance du principe d'impartialité rappelé à l'article 6-1 de la convention européenne de sauvegarde des droits de l'homme et des libertés fondamentales.

⇨ *Opposabilité des dispositions de l'art. 6-1 CEDH aux sanctions prises par une AAI.*

Biblio

A. Organisation du travail gouvernemental

- C. David, « Le pouvoir d'organisation du service : une jurisprudence toujours en mouvement », *Dr. adm.* 2006. Étude 4.
- ENA, *Le travail gouvernemental*, Doc. fr., 1996, 2 vol.
- J. Fournier, *Le travail gouvernemental*, PFNSP, coll. « Amphithéâtre », 1987, 287 p.

B. Administration déconcentrée

- J.-B. Albertini, *La déconcentration : l'administration territoriale dans la réforme de l'État*, Économica, 1997, 238 p.
- J.-M. Bricault, *Le sous-préfet d'arrondissement*, L'Harmattan, 2004, 342 p.
- P. Combeau, « Les nouveaux visages territoriaux de la déconcentration », *RFDA* 2010. 1011.
- C. Grémion, *Le sous-préfet à la ville*, L'Harmattan, coll. « Logiques politiques », 2000, 174 p.
- N. Kada, I. Muller-Quoy, « Réforme de l'administration territoriale de l'État : les ratés de la RéATE », *AJDA* 2011. 765 ; « La réforme de l'État territorial », *RFAP*, n° 141, 2012, p. 109-120.
- A. Larangé, *La déconcentration*, LGDJ, 2000, 116 p.
- M. Le Roux, « La réforme de l'administration territoriale de l'État », *Dr. adm.* 2011. Étude 2.

C. Autorités administratives indépendantes

- F. Brunet, « De la procédure au procès : le pouvoir de sanction des autorités administratives indépendantes », *RFDA* 2013. 113.
- M. Collet, *Le contrôle juridictionnel des actes des autorités administratives indépendantes*, LGDJ, 2003, 392 p.
- R. Dosière, C. Vanneste, *Les autorités administratives indépendantes*, Rapport du Comité d'évaluation et de contrôle des politiques publiques, Ass. nat., n° 2925, 28 oct. 2010.
- C.-A. Colliard, G. Timsit, *Les autorités administratives indépendantes*, PUF, coll. « Les voies du droit », 1988, 319 p.
- Q. Epron, « Le statut des autorités de régulation et la séparation des pouvoirs », *RFDA* 2011. 1007.
- Y. Faure et C. Malverti, « Didier a vingt ans. L'entrée dans l'âge adulte ? », *AJDA* 2019. 506.
- P. Gélard, *Les AAI : évaluation d'un objet juridique non identifié*, Rapport de l'Office parlementaire d'évaluation de la législation, Ass. nat., n° 3166, Sénat, n° 404, 15 juin 2006.
- M. Gentot, *Les autorités administratives indépendantes*, 2e éd., Montchrestien, coll. « Clefs », 1994, 158 p.
- M.-J. Guédon, *Les autorités administratives indépendantes*, Paris, LGDJ, coll. « Systèmes », 1998, 142 p.
- M. Lombard, « Institutions de régulation économiques et démocratie politique », *AJDA* 2005. 530-540.
- M. Lombard (dir.), *Régulation économique et démocratie*, Dalloz, coll. « Thèmes & commentaires », 2006, 248 p.

D. Services à compétence nationale

- « Les services à compétence nationale », *Dossier du Courrier juridique des Finances et de l'Industrie*, 2009, n° 56, p. 131-145.
- J.-F. Boudet, « Les services à compétence nationale », *RFDA* 2009. 995.
- B. Delaunay, « Les services à compétence nationale », *Dr. adm.* 2009. Étude 7.
- J. Ferstenbert, « Une troisième catégorie de services de l'État ? », *AJDA* 1997. 315.

Quiz

1) Sujet corrigé

Cas pratique

Énoncé

L'autorité de régulation des communications électroniques et des postes.

Désireuse de profiter de la libéralisation des télécommunications et de l'effet de mode dont bénéficie le réseau de communication internet, la société Le béton ardennais, importante entreprise de travaux publics, gestionnaire du réseau câblé de la ville de Sedan, voudrait développer pour les abonnés à la télévision par câble de cette ville une offre de service d'accès à Internet, ainsi qu'une offre d'accès au réseau téléphonique à partir du câble.

Elle dépose pour ce faire un dossier auprès du ministre chargé des Télécommunications qui, après consultation de l'Autorité de régulation des communications électroniques et des postes (ARCEP), accepte le projet d'offre d'accès à Internet, mais rejette celui d'accès au réseau téléphonique, estimant que la société Le béton ardennais ne dispose pas des moyens techniques nécessaires à la réalisation de son projet.

1. Passant outre la décision du ministre, la société décide de proposer à titre expérimental une offre d'accès aux télécommunications intra-urbaines à certains de ses abonnés. Saisie d'une demande de sanction, l'ARCEP enjoint à la société de cesser cette activité illégalement exercée ; l'ARCEP n'ayant reçu aucune réponse, un rapporteur qu'elle désigne élabore un rapport préconisant qu'une sanction pécuniaire de 15 000 EUR soit prononcée à l'encontre de la société récalcitrante. Suivant son rapporteur, la délibération du collège de l'ARCEP prononce la sanction proposée. Estimant cette sanction à la fois injustifiée et disproportionnée, la société Le béton ardennais décide de la contester.

À quelle juridiction doit-elle s'adresser ? Quels arguments peut-elle invoquer ?

2. Pour réussir à s'implanter sur le marché local, la société Le Béton ardennais décide de proposer une offre d'accès illimité et permanent à Internet d'un montant de 25 EUR par mois. La société des télécommunications de l'Est, opérateur régional de télécommunications, estime que le prix proposé est très nettement inférieur à son coût de revient, et décide de saisir le Conseil de la concurrence pour qu'il soit mis fin à ce qu'elle estime être un abus de position dominante. Le conseil rejette son action.

Quelle est la nature de la décision du Conseil de la concurrence ? Devant quelle juridiction la société des télécommunications de l'Est peut-elle attaquer cette décision ?

3. Suite à l'autorisation qui lui a été octroyée par le ministre, la société Le Béton ardennais installe chez ses abonnés le modem-câble nécessaire, fabriqué par une société sous-traitante spécialisée en connectique ; la conformité de l'appareil aux normes en vigueur a été dûment évaluée, conformément au Code des postes et télécommunications, par un organisme agréé par l'ARCEP. Or il s'avère qu'un des usagers, Mme Wilsheim, a subi une électrocution ayant entraîné une perte heureusement temporaire d'une partie de ses fonctions motrices en manipulant cet appareil.

Outre une action en indemnisation, Mme Wilsheim compte porter plainte contre l'ARCEP pour blessure par imprudence, estimant que celle-ci a manifestement agréé l'organisme d'évaluation sans procéder à la vérification de ses capacités.

Cette seconde action peut-elle aboutir ?

Voir le corrigé en fin de rubrique.

2) Sujets d'examen

A) Dissertations

Le préfet est-il encore le chef des services déconcentrés ?

Les autorités administratives indépendantes : organes juridictionnels ou autorités administratives ?

Services à compétence nationale et administrations de mission.

B) Cas pratique

Une loi du 30 décembre 2004 a créé la Haute autorité de lutte contre les discriminations et pour l'égalité (HALDE), dont les pouvoirs, déjà importants, ont été complétés par une loi du 31 mars 2006.

Le second alinéa de l'article 4 de la loi du 30 décembre 2004 indique que « La haute autorité peut aussi se saisir d'office des cas de discrimination directe ou indirecte dont elle a connaissance, sous réserve que la victime, lorsqu'elle est identifiée, ait été avertie et qu'elle ne s'y soit pas opposée ».

Quant à l'article 7 du même texte, il indique que « La haute autorité assiste la victime de discrimination dans la constitution de son dossier. Elle aide la victime à identifier les procédures adaptées à son cas. La haute autorité peut procéder ou faire procéder à la résolution amiable des différends portés à sa connaissance, par voie de médiation. Lorsqu'il est procédé à cette médiation, les constatations et les déclarations recueillies au cours de celle-ci ne peuvent être ni produites ni invoquées ultérieurement dans les instances civiles ou administratives, sans l'accord des personnes intéressées.

Enfin, le 3e alinéa de l'art. 15 précise que la HALDE « identifie et promeut toute bonne pratique en matière d'égalité des chances et de traitement ».

M. Gaston Limousin, qui était un pilier du Limoges Football Club au milieu des années 1980, s'est vu signifier, à l'occasion de son 40e anniversaire qu'il a fêté à la fin de l'année 2005, que son contrat avec le club serait rompu à compter du 1er juillet 2006, en raison de son âge. Or il vient de prendre connaissance du communiqué de la HALDE, en date du 19 septembre 2006, par lequel la Haute autorité rappelle l'interdiction de toute discrimination due à l'âge dans l'accès à l'emploi, et souhaiterait que cette autorité, dont il connaît par ailleurs l'un des membres, intervienne pour que soit condamnée la discrimination dont il fait l'objet alors que, estime-t-il, il est encore en pleine possession de ses moyens physiques.

Suite à une conversation téléphonique de M. Limousin avec l'un des membres de la HALDE, le président de cette autorité administrative indépendante décide, dans un premier temps, de rédiger un règlement précisant, en vertu de l'article 15 de la loi, les conditions dans lesquelles doit être interprétée l'interdiction des discriminations à l'embauche dues à l'âge, y compris dans le domaine sportif. À la suite de la publication de ce texte, le 1er octobre 2006, le même président décide, en vertu de l'article 4 de la loi, de se saisir de la discrimination à l'encontre de M. Limousin, et saisit le collège de l'autorité, qu'il préside et qui exerce les poursuites, d'une demande en ce sens.

Informé de cette procédure, qu'il estime totalement absurde, le président du LFC souhaiterait assurer efficacement sa défense devant la HALDE.

Il aimerait dans ce cadre savoir :

1. Si le règlement de la HALDE en date du 1er octobre 2004 est ou non légal. De ses lointaines études de droit inachevées, il avait en effet cru retenir que la Constitution réservait les précisions que le règlement de la HALDE apporte à une ou des autorités constitutionnelles clairement identifiées.

2. S'il peut espérer que le droit à un procès équitable que, paraît-il, la Convention européenne des droits de l'homme garantit, sera respecté devant la HALDE.

3. En cas de réponse négative à la 2e question, et au cas où une condamnation serait prononcée à l'encontre du LFC, s'il pourra utilement invoquer ce non-respect devant les juridictions nationales compétentes.

3) Corrigé

Cas pratique

1. Il faut, pour répondre à cette question, se reporter aux textes instituant l'ARCEP, c'est-à-dire à la loi du 26 juillet 1996 de réglementation des télécommunications, les actes des autorités administratives indépendantes ne suivant que rarement le régime juridique de ceux émis par les organes administratifs classiques. L'ARCEP peut émettre des avis, adopter des décisions et prononcer des sanctions. Ces différents types d'actes ne suivent pas le même régime contentieux. Les avis sont des actes préparatoires, et à ce titre ne sont pas susceptibles de recours pour excès de pouvoir, en car ils ne sont pas des actes faisant grief. Les décisions relatives au règlement des différends survenants entre opérateurs de télécommunications sont susceptibles de recours devant la cour d'appel de Paris (art. 36-8 du Code des postes et des télécommunications), tandis que celles par lesquelles elle exerce son pouvoir de sanction peuvent faire l'objet d'un recours de pleine juridiction et d'une demande de sursis à exécution devant le Conseil d'État (art. 36-11 du même code). La société Le béton ardennais peut donc exercer un recours contre la décision de sanction de l'ARCEP devant le Conseil d'État, en premier et dernier ressort, et éventuellement assortir sa requête d'une demande de sursis à exécution.

Si on voit mal quels moyens de fond la société pourrait invoquer à l'appui de sa requête – la poursuite de son activité est manifestement illégale –, elle peut cependant espérer une annulation de la sanction dont elle a fait l'objet au motif de l'éventuel non-respect par l'ARCEP de règles de procédure. Suivant la jurisprudence tant de la Cour européenne des droits de l'homme (CJCE 21 févr. 1984, *Öztürk c/ RFA*) que des juridictions internes (CE, sect., 3 déc. 1999, *Didier*), l'article 6, §1er de la Convention européenne de sauvegarde des droits de l'homme et des libertés fondamentales est opposable aux autorités administratives indépendantes, alors même qu'il ne s'agit pas de juridictions au sens du droit interne, et que les décisions qu'elles prennent sont ainsi des sanctions administratives et non pénales. Dans ce cadre, la société Le Béton ardennais peut invoquer le non-respect éventuel par l'ARCEP des conditions fixées par l'article 6-1. Ces arguments semblent toutefois ici difficiles à admettre : la société a visiblement été informée des griefs qui lui étaient reprochés, et a donc eu, selon toute vraisemblance, la possibilité de présenter sa défense. Le seul argument qui pourrait être invoqué tient au rapporteur : sa participation au délibéré pourrait, au regard de la jurisprudence de la CEDH et de la Cour de cassation, entraîner l'annulation de la sanction au motif de la violation du droit à un procès équitable prévu par l'article 6-1, mais rien ne permet de trancher ici nettement en ce sens. Au demeurant, le règlement de l'ARCEP tel que modifié le 18 juillet 1999 prévoit explicitement, en son article 22, que le rapporteur ne participe pas au délibéré. Si tel avait été le cas, l'annulation ne se ferait donc pas sur le fondement de l'article 6-1, mais plus classiquement sur celui du non-respect des procédures réglementaires de sanction.

2. Le Conseil de la concurrence est une autorité administrative indépendante. Il prend à ce titre des décisions, et émet des avis. Ses décisions constituent des actes administratifs. Conformément aux principes généraux de la répartition des compétences juridictionnelles, le recours contre les actes administratifs s'effectue normalement devant le juge administratif, par la voie du recours pour excès de pouvoir ; la Société des télécommunications de l'Est devrait donc s'adresser au juge administratif. Mais l'ordonnance du 1er décembre 1986 relative à la liberté des prix et de la concurrence donne compétence à la cour d'appel de Paris pour juger des recours contre les décisions du conseil de la concurrence. Il s'agit d'une dérogation à la compétence de droit commun du juge administratif pour juger de la légalité des actes administratifs, dérogation qui a été acceptée par le Conseil constitutionnel (Cons. const. 23 janv. 1987, n° 224 DC, *GDCC*, n° 6), car elle permet dans une certaine mesure d'unifier le contentieux de la concurrence dont certains aspects relèvent du juge pénal ou judiciaire, et donc en dernier ressort de la Cour de cassation. La société des télécommunications de l'Est devra par conséquent interjeter appel de la décision du Conseil de la concurrence auprès de la cour d'appel de Paris.

Il faut toutefois remarquer que la cour d'appel de Paris intervient dans ce cas en tant que juge de la légalité d'un acte administratif, et non en tant que juge d'appel d'une décision juridictionnelle.

3. Mme Wilsheim voudrait que soit mise en jeu la responsabilité pénale de l'ARCEP. On sait en effet que, depuis la loi du 27 juillet 1992, la responsabilité pénale des personnes morales peut être établie et s'applique aussi bien aux personnes morales de droit privé que de droit public, à l'exception toutefois de l'État. La responsabilité d'une personne publique (établissement public, collectivité territoriale) peut être établie. La plainte de Mme Wilsheim n'a cependant aucune chance d'aboutir, non pas au motif que les faits reprochés sont insuffisants (ce n'est pas sur ce terrain que devait porter la discussion), mais parce que l'ARCEP, comme la plupart des autorités administratives indépendantes, est dépourvue de la personnalité morale : elle constitue un service non personnalisé de l'État. Par conséquent, l'action dirigée contre l'ARCEP est en réalité dirigée contre l'État, et à ce titre irrecevable.

chapitre 5

Les collectivités territoriales

Plan analytique

section 1

Les principes généraux du fonctionnement des collectivités territoriales

§ 1 La participation des citoyens à la vie des collectivités territoriales

- **A.** L'élection des organes délibérants des collectivités territoriales
- **B.** Les consultations et référendums locaux

§ 2 Le contrôle des actes des collectivités territoriales

- **A.** Le champ d'application du contrôle administratif
- **B.** Les modalités du contrôle administratif

section 2

La commune et la coopération intercommunale

§ 1 La commune

- **A.** Les organes de la commune
- **B.** Les compétences de la commune

§ 2 La coopération intercommunale

- **A.** La coopération intercommunale de droit commun
- **B.** La coopération intercommunale dans les grandes agglomérations

section 3

Les départements

§ 1 Les organes du département

- **A.** Le conseil départemental
- **B.** Le président du conseil départemental

§ 2 Les attributions du département

section 4

Les régions

§ 1 Les organes de la région

§ 2 Les attributions de la région

section 5

Les collectivités territoriales à statut particulier

§ 1 La Corse

§ 2 Paris et la région parisienne

section 6

L'outre-mer

§ 1 Les départements et régions d'outre-mer

§ 2 Les collectivités d'outre-mer régies par l'article 74 de la Constitution

§ 3 La Nouvelle-Calédonie

Compléments pédagogiques

Dans sa rédaction issue de la révision constitutionnelle du 28 mars 2003, l'article 72 de la Constitution énonce que les collectivités territoriales de la République sont les communes (section 2), les départements (section 3), les régions (section 4), les collectivités à statut particulier (section 5) et les collectivités d'outre-mer (section 6). Malgré cette diversité, les collectivités territoriales demeurent gouvernées par quelques principes communs (section 1). 266

section 1

Les principes généraux du fonctionnement des collectivités territoriales

La réforme constitutionnelle de 2003, et la loi du 13 août 2004 relative aux libertés et responsabilités locales, n'ont pas modifié les principes régissant le fonctionnement des collectivités territoriales, mais renforcé leurs fondements constitutionnels et législatifs ; en revanche, le second texte a opéré un certain nombre de transferts de compétences de l'État vers les collectivités territoriales, dont les départements et les régions sont les principaux bénéficiaires. 267

Ces transferts, qui opèrent un rééquilibrage de l'importance respective des niveaux de collectivités, peuvent soulever des difficultés pratiques de mise en œuvre, accrues par la possibilité du recours à l'expérimentation. En effet, les transferts de compétences sont assortis, en application de la Constitution, de transferts financiers équivalents, mais aussi de transferts de personnels, qui doivent en principe être réalisés par la signature de conventions de mise à disposition des personnels de l'État, régies par un décret du 4 janvier 2005. En mai 2005, 59 départements et 4 régions avaient signé de telles conventions. Pour remédier aux hypothèses dans lesquelles la conclusion d'une telle convention s'avérerait impossible, la loi du 13 août 2004 a prévu que la décision de transfert peut être prise par arrêté conjoint du ministre de l'Intérieur et du ministre compétent, après avis d'une commission de conciliation (v. J. Ferstembert, « Les transferts des personnels dans la loi relative aux libertés et responsabilités locales », *AJDA* 2005. 1996). Cette commission, entrée en fonctions en juin 2005, est composée à parité de représentants des ministères et des collectivités territoriales.

L'augmentation des compétences des collectivités territoriales et le fait qu'elles bénéficient de nouveaux personnels pour accomplir leurs missions ne changent cependant pas les principes qui les gouvernent. L'article 72 de la Constitution indique, avant comme après la réforme de 2003, que les collectivités territoriales 268

« s'administrent librement par des conseils élus ». L'implication des citoyens, en tant qu'électeurs des organes délibérants ou par la voie de consultations et référendums, est l'une des caractéristiques de ces entités administratives (§ 1). La République, même décentralisée, demeurant un État unitaire, le contrôle de l'État sur les actes des collectivités territoriales (§ 2) constitue une seconde règle de leur fonctionnement.

§ 1 La participation des citoyens à la vie des collectivités territoriales

269 La Constitution lie, de fait, processus électif et attribution de la qualité de collectivité territoriale, puisqu'une autorité administrative qui ne serait pas administrée par un conseil élu ne pourrait se voir qualifiée telle. Mais depuis 2003, les procédés de « démocratie directe », utilisés dès la fin du XIXe siècle, ont également fait l'objet d'une reconnaissance constitutionnelle.

A. L'élection des organes délibérants des collectivités territoriales

270 L'administration par des conseils élus constitue, depuis 1958, le fondement de l'autonomie des collectivités territoriales. Tous les organes délibérants des collectivités territoriales sont donc élus au suffrage universel, ce qui constitue un critère d'identification des collectivités territoriales.

La durée du mandat des élus de ces différents conseils est fixée par la loi ; il est arrivé à plusieurs reprises que le législateur proroge le mandat des conseillers (municipaux en 2005, régionaux en 2014). Le Conseil constitutionnel, révélant par là une conception plus nationale que locale de la démocratie, a validé cette prorogation, estimant qu'elle permettait « de ne pas solliciter à l'excès, au cours de la même période, le corps électoral » (Cons. const. 15 déc. 2005, n° 2005-529 DC).

271 Les conseils municipaux, dont la taille (9 à 69 conseillers) varie en fonction du nombre d'habitants dans la commune, sont élus au suffrage universel direct. Le mode de scrutin varie selon la taille des communes : dans les communes de moins de 3 500 habitants, les conseillers municipaux sont élus selon un scrutin de liste majoritaire à deux tours, avec possibilité de panachage ; dans les communes de plus de 3 500 habitants, le scrutin combine un système majoritaire et un mode de représentation proportionnelle : la liste qui a obtenu la majorité absolue au premier tour ou relative au second tour obtient la moitié des sièges, les autres sièges étant répartis entre toutes les listes à la représentation proportionnelle. Dans tous les cas, les conseillers municipaux sont élus pour six ans et indéfiniment rééligibles.

272 Les conseillers départementaux (qui succèdent aux conseillers généraux) sont, depuis la loi du 17 mai 2013, élus lors d'un scrutin binominal mixte majoritaire à deux tours, la circonscription électorale étant le canton : le conseil départemental comprend donc un nombre de membres double de celui de cantons au sein du département. Depuis 2015, le conseil départemental fait, comme le conseil régional, l'objet d'un renouvellement intégral tous les six ans.

Paradoxalement, les conseillers régionaux ont toujours été élus dans un cadre départemental. Les premières élections se sont déroulées, en application de la loi du 10 juillet 1985, par département au scrutin proportionnel à la plus forte moyenne ; la difficulté de constituer des majorités stables, ainsi que la spécificité du scrutin de mars 1998, qui a abouti à la tentative de constitution de majorités comportant toutes les composantes des partis de droite, y compris nationaliste, malgré les interventions véhémentes du chef de l'État, ont entraîné une réforme du mode de scrutin. Le mode de scrutin retenu par la loi du 19 janvier 1999, globalement confirmé par celle du 11 avril 2003, présente un caractère mixte, associant scrutin majoritaire et représentation proportionnelle, inspiré du scrutin municipal applicable dans les communes de plus de 3 500 habitants. 273 ■

Le nombre des membres du conseil régional varie de quelques dizaines à deux cent neuf, pour l'Île de France. Le conseil régional fait l'objet d'un renouvellement intégral tous les six ans.

Les membres des conseils des établissements publics de coopération intercommunale sont désormais, pour leur quasi-totalité, élus au suffrage universel direct. La loi du 16 décembre 2010 de réforme des collectivités territoriales est en effet venue préciser que les délégués des communes membres qui administrent les EPCI sont « élus dans le cadre de l'élection municipale au suffrage universel direct pour toutes les communes dont le conseil municipal est élu au scrutin de liste ». Cette innovation, qui ne concerne donc pas les collectivités de moins de 3500 habitants – soit les 2/3 des communes – fait suite à une longue période pendant laquelle, depuis 1999, l'élection au suffrage universel direct des conseillers communautaires était régulièrement proposée, mais rejetée au motif qu'elle amènerait à créer un nouveau niveau de collectivités territoriales. 274 ■

Il faut enfin souligner qu'une loi organique du 25 mai 1998 a précisé les conditions d'application de l'article 88-3 de la Constitution relatif à l'exercice par les citoyens de l'Union européenne résidant en France du droit de vote et d'éligibilité aux seules élections municipales. Pour exercer leur droit de vote, les citoyens de l'Union européenne autres que les citoyens français devront avoir leur domicile en France ou y résider de façon continue et être inscrits sur une liste électorale complémentaire. La nationalité du candidat non français devra être précisée sur le bulletin de vote. Le Conseil constitutionnel a considéré qu'« une telle mention est nécessaire à l'information des électeurs dès lors que les conseillers municipaux n'ayant pas la nationalité française ne peuvent ni [...] exercer des fonctions communales exécutives, ni [...] participer à l'élection des sénateurs ; que, par suite, elle ne revêt pas de caractère discriminatoire » (Cons. const. 20 mai 1998, *AJDA* 1998. 531). Les ressortissants communautaires ne peuvent cependant, conformément à l'article 88-3, exercer les fonctions de maire ou d'adjoint ni participer à la désignation des électeurs sénatoriaux et à l'élection des sénateurs, tâches qui les feraient participer à des fonctions de souveraineté réservées aux seuls électeurs français. 275 ■

B. Les consultations et référendums locaux

En dehors des élections, les citoyens locaux peuvent être associés plus quotidiennement à l'action municipale. La loi du 13 août 2004 a redonné aux *procédures participatives locales*[Q] une certaine cohérence que les réformes successives, y compris 276 ■

celle consécutive à la révision constitutionnelle de 2003, avaient quelque peu mises à mal. Désormais, le référendum local, à caractère décisionnel, et les consultations locales sont clairement différenciés, même si leurs conditions d'application sont assez proches.

Il faut mentionner pour mémoire le droit de pétition, dont l'article 72-1 de la Constitution prévoit que la loi fixera les conditions, ce qui n'a toujours pas été effectué.

1. *Le référendum local*

■ 277 Il s'agit de l'une des innovations majeures, en apparence tout au moins, issues de la loi constitutionnelle du 28 mars 2003. L'article 72-1 de la Constitution prévoit que des projets de délibération ou d'acte relevant de la compétence d'une collectivité territoriale pourront, à son initiative, être soumis par la voie du référendum à la décision des électeurs. Le champ d'application et les conditions du recours au référendum local ont été précisés par la loi organique du 1er août 2003, qui exclut la possibilité d'un référendum sur un projet d'acte individuel (CGCT, art. LO 112-1). L'organisation d'un référendum dans une telle matière serait censurée par le juge (TA Limoges, 25 sept. 2006, *Mme Floret, M. Carlier c/ Cne de Crozant*, *AJDA* 2007. 85, note M. Verpeaux, à propos d'un permis de démolir).

■ 278 Le recours au référendum local est possible pour l'ensemble des collectivités territoriales, ce qui exclut les établissements publics de coopération intercommunale : n'ayant pas cette qualité, ils ne peuvent procéder à des délégations de pouvoir en la matière aux électeurs locaux.

■ 279 Les conditions très restrictives déterminées par la loi du 1er août 2003 montrent que « la démocratie directe ou participative au niveau local ne fait partie ni de notre culture politique ni de notre tradition juridique » (P. Delvolvé, « Le référendum local », *RFDA* 2004. 17). Pour qu'un référendum local soit considéré comme adopté, il faut en effet qu'il ait été voté par plus de 50 % des inscrits. Par ailleurs, le contrôle *a priori* a été renforcé à l'encontre des actes préparatoires du référendum : la délibération de la collectivité décidant l'organisation du référendum doit obligatoirement être transmise au préfet ; ce dernier a la possibilité de déférer la délibération en cause au tribunal administratif dans le délai d'un mois et d'assortir son déféré d'une demande de suspension, que le président du tribunal examinera en premier et dernier ressort. Enfin, la dernière limite concerne la forme de la question soumise au référendum : la question posée est obligatoirement binaire ; les citoyens locaux n'ont donc, dans ce cadre, pour seule possibilité que de répondre par « oui » ou par « non » à un projet d'acte préparé intégralement par la collectivité : ils ne peuvent pas, en particulier, choisir entre plusieurs projets que la collectivité leur aurait présentés.

2. *Les consultations locales*

■ 280 L'instauration du référendum local n'a pas supprimé la procédure que l'on désignait parfois du même nom : la consultation locale. Depuis 1992, et plus encore depuis la loi du 4 janvier 1995 relative à l'aménagement du territoire, les communes peuvent consulter leurs électeurs sur les décisions que les autorités locales sont appelées à prendre pour régler les affaires de la commune, mais non sur des questions qui échappent à la compétence de la commune, telles que, par exemple, le maintien sur le territoire d'une commune de populations réfugiées (CE 16 nov. 1994, *Cne d'Awalo-Yalimpo, Lebon* 498), l'opportunité d'un projet d'autoroute même si celle-ci doit passer sur le territoire de la commune (CE 16 déc. 1994, *Cne d'Avrillé, Lebon* 558), le projet d'extension d'un aérodrome ouvert à la circulation aérienne publique (CAA Lyon, 6 mars 1997 *Cne de Mandelieu-La Napoule, LPA* 16 juill. 1997, p. 13, note Lopez) ou encore un « seuil de tolérance » en matière d'attribution de logements sociaux, alors que celle-ci relève de la compétence du préfet (CE 21 juin 2000, *Cne de Charvieu-Chavagneux, Dr. adm.* 2000, n° 177). Cette jurisprudence permet d'éviter que la consultation locale ne soit détournée dans le but de faire pression sur l'État sur des sujets qui relèvent de sa compétence exclusive.

Le Conseil d'État admet, cependant, qu'une consultation des électeurs puisse être organisée sur une question relevant de la compétence du maire et non pas de celle du conseil municipal, retenant ainsi une interprétation relativement large de la notion d'« affaires de la compétence de la commune ». Ceci est d'autant plus remarquable que la loi précise que c'est le conseil municipal qui doit délibérer sur les suites à donner à la consultation (CE, sect., 29 déc. 1995, *Géniteau, RFDA* 1996. 471, concl. Chantepy). **281**

Les consultations locales sont ouvertes depuis la loi du 13 août 2004 à l'ensemble des collectivités territoriales, ainsi qu'aux établissements publics de coopération intercommunale, le résultat de la consultation n'étant que la formulation d'un avis et non l'adoption d'une décision. Cette circonstance rend d'autant plus incompréhensible l'extrême encadrement dont font l'objet ces consultations, dont le régime est aligné sur celui des référendums locaux, notamment s'agissant de la « campagne électorale » qui les précède. Le juge ne s'estime cependant pas compétent pour connaître d'irrégularités commises lors de ces consultations (campagne et déroulement du scrutin), contrairement au référendum local (CAA Lyon, 21 juill. 1995, *de Caumont, RD publ.* 1995. 1641, concl. Gailleton). **282**

D'autres formes de consultation existent en dehors de ces procédures de droit commun. Ainsi, les électeurs d'une commune peuvent demander au conseil municipal l'organisation d'une consultation sur une opération d'aménagement (CGCT, art. L. 2142-3), le conseil municipal étant, dans ce cadre seulement, tenu de faire droit à la requête des électeurs (TA Rennes, 7 août et 11 sept. 2003, *Assoc. de défense du site de Lancieux et de la baie du Beaussais, Dr. adm.* 2004, n° 3, note X. Braud ; CE 1er déc. 2003, *Cne de Lancieux*, req. n° 259684). Les habitants peuvent également participer aux comités consultatifs que le conseil municipal peut créer sur tout problème d'intérêt communal concernant tout ou partie du territoire de la commune (CGCT, art. L. 2143-2) ; présidés par le maire, ces comités comprennent notamment des représentants des associations locales. Enfin, la loi du 27 février 2002 oblige les communes de plus de 80 000 habitants à instaurer, dans chaque quartier dont elles auront préalablement délimité le périmètre, un conseil de quartier qui peut être consulté par le maire pour toute question se rapportant soit au quartier, soit à la ville ; par ailleurs, les communes qui le souhaitent peuvent associer ces conseils de quartier, dont les représentants sont nommés par le maire, à l'évaluation des actions menées dans le quartier, tout spécialement celles menées dans le cadre de la politique de la ville. **283**

L'une des limites des consultations locales organisées à l'initiative des collectivités territoriales, qui est d'ailleurs la raison principale de leur fréquente illégalité, est qu'elles ne peuvent porter sur un projet d'intérêt national. Pour remédier à cette situation, et surtout pour mettre en œuvre un engagement du président de la République destiné à sortir d'une situation locale bloquée, une nouvelle procédure a été instituée par une ordonnance du 21 avril 2016, prise en application (extensive) d'une disposition insérée dans la « loi Macron » du 6 août 2015, habilitant le gouvernement à adopter des dispositions de modernisation des procédures destinées à assurer l'information et la participation du public à l'élaboration de projets. Cette ordonnance, relative à la consultation locale sur les projets susceptibles d'avoir une incidence sur l'environnement, permet à l'État, et non aux collectivités, de recueillir l'avis des électeurs d'une « aire territoriale déterminée ». En vertu de ce texte, un décret du 23 avril 2016 a convoqué les électeurs de Loire-Atlantique, le 26 juin 2016, afin qu'ils répondent à la question suivante : êtes-vous favorables au transfert de l'aéroport de Nantes-Atlantique sur la commune de Notre-Dame-des-Landes ? Le Conseil d'État a estimé que la question posée était dépourvue d'ambiguïté, et que la consultation des seuls électeurs de Loire-Atlantique, et non de la région Pays de la Loire, était cohérente avec le périmètre de l'enquête publique précédemment organisée sur ce projet (CE 20 juin 2016, *Assoc. citoyenne intercommunale des populations concernées par le projet d'aéroport de Notre-Dame-des-Landes et a.*).

§ 2 Le contrôle des actes des collectivités territoriales

284 La réforme constitutionnelle de mars 2003 a consacré le contrôle administratif exercé par le représentant de l'État sur les actes des collectivités territoriales. Auparavant, le Conseil constitutionnel avait jugé que la réforme de 1982 donnant au représentant de l'État le pouvoir de soumettre les actes des autorités locales au contrôle juridictionnel plutôt que de se prononcer lui-même sur leur légalité n'avait pas méconnu la portée de l'article 72 de la Constitution dont la rédaction était alors déjà similaire en substance (Cons. const. 25 févr. 1982, *AJDA* 1982. 294, *GDCC*, n° 10).

À la différence du contrôle hiérarchique, le contrôle exercé par l'État sur les collectivités territoriales n'existe que si des textes le prévoient et dans les limites autorisées par ces textes. La loi du 2 mars 1982 a unifié le régime de ce contrôle, qui s'exerce selon les mêmes modalités pour les communes, les établissements publics de coopération intercommunale, les départements et les régions. Elle a limité ce contrôle à l'appréciation de la légalité des actes et non de leur opportunité et transféré la compétence en la matière du préfet, qui n'a plus que le pouvoir de déclencher ce contrôle, au tribunal administratif, seul à même de procéder à l'annulation des actes illégaux.

Le champ d'application du contrôle de légalité a été modifié par la loi du 13 août 2004 (A), mais ses modalités (B) demeurent inchangées.

A. Le champ d'application du contrôle administratif

285 La loi du 2 mars 1982 prévoit que le représentant de l'État peut déférer au tribunal administratif les actes mentionnés à l'article 2-II de cette loi qu'il estime contraires à la légalité, disposition qui dresse la liste des actes devant faire l'objet d'une transmission au préfet. Cette liste, qui visait les délibérations des assemblées, les décisions

réglementaires prises par les autorités locales et en particulier les actes pris en matière de police (y compris, en cette matière, les décisions individuelles), et les décisions de passer des marchés ou des contrats de délégation de service public, a été modifiée par la loi relative aux libertés et responsabilités locales du 13 août 2004.

L'accroissement des compétences des collectivités territoriales, qui s'ajoute à l'augmentation constante du nombre d'actes adoptés par les collectivités, sans augmentation corrélative des moyens des préfectures, risquait d'aboutir à courte échéance à la paralysie du contrôle de légalité : 2,9 millions d'actes étaient transmis en 1982, 5 millions en 1995, près de 8 millions à la fin des années 1990. Depuis la réforme de 2014, l'obligation de transmission ne concerne plus les décisions relatives à la police de la circulation et du stationnement, les certificats de conformité en matière d'urbanisme et certaines décisions en matière de gestion courante de la fonction publique locale, réduction étendue en 2001 aux marchés alors passés sans formalité préalable, désormais à ceux dont le montant est inférieur au seuil fixé par décret, en application du Code de la commande publique.

Si entre le tiers et la moitié des actes des collectivités territoriales ne font désormais plus l'objet d'une transmission obligatoire à l'autorité préfectorale, le volume des actes transmis n'a pas significativement diminué : en 2018, il était encore de 5,5 millions (donc 3,3 millions transmis par voie dématérialisée).

Le nombre d'actes transmis dépassant largement la capacité matérielle de contrôle dont disposent les préfets, ces derniers ont été invités, depuis 2006, à se doter d'une stratégie de contrôle, qui prend la forme d'un programme annuel de contrôle, établissant des critères de priorité et déterminant les catégories d'actes les plus sensibles faisant l'objet d'un contrôle plus approfondi.

La loi du 13 août 2004 donne au préfet la possibilité de demander aux collectivités la communication de toute catégorie d'actes ne figurant pas dans la liste des actes soumis à transmission obligatoire (pour les communes, CGCT, art. L. 2131-3). À condition d'avoir demandé leur communication dans un délai de deux mois à compter de la date à laquelle ils ont acquis force exécutoire, le préfet pourra déférer ces actes au juge administratif dans un délai de deux mois à compter de leur réception. 286

En dehors de cette hypothèse, le Conseil d'État a estimé que « le législateur n'a pas entendu limiter la faculté qu'a le préfet... de former un recours pour excès de pouvoir à l'encontre de tous les actes des collectivités territoriales » et que ce dernier pouvait donc déférer au tribunal administratif le refus implicite d'un maire de demander à l'ancien maire de la commune le reversement de ses indemnités de fonction (CE 28 févr. 1997 *Cne du Port*, *D.* 1998. 409, chron. A. Marceau et M. Verpeaux). Le préfet peut donc contrôler la légalité d'actes dont il a lui-même provoqué la naissance, ce qui semble pourtant contraire au principe constitutionnel de libre administration des collectivités territoriales.

Les actes pris par le maire en tant qu'agent de l'État relèvent quant à eux logiquement, même après la réforme de 1982, du contrôle hiérarchique. 287

B. Les modalités du contrôle administratif

Le préfet doit avoir connaissance des actes soumis à son contrôle avant que ceux-ci entrent en vigueur. La transmission de ces actes au représentant de l'État conditionne 288 donc leur entrée en vigueur, qui suppose aussi l'accomplissement des formalités de publicité. Un décret du 7 avril 2005 instaure toutefois, afin de simplifier et d'accélérer la procédure, un système informatisé et automatisé de transmission des actes des collectivités territoriales (projet Actes), dont la mise en place sera progressive.

■ 289 Une fois que les décisions lui ont été transmises, le préfet dispose d'un délai de deux mois pour examiner sa légalité et, s'il l'estime illégal, le *déférer*[Q] au tribunal administratif. En cas de transmission incomplète, le préfet peut demander à l'autorité des documents complémentaires, ce qui reporte le point de départ du délai à la réponse de l'autorité (CE, sect., 13 janv. 1988, *Mutuelle générale des personnels des collectivités locales, Lebon* 6). Le préfet en informe l'autorité qui a pris l'acte, et qui pourra, le cas échéant, ainsi avertie des illégalités relevées par le préfet, retirer cet acte sans attendre le jugement du tribunal administratif.

Le contrôle de légalité opéré par le préfet constitue en effet plus un dialogue qu'un examen séparé de la légalité des actes des collectivités. Le préfet peut disposer, pour l'assister dans sa mission, du Pôle interrégional d'appui au contrôle de légalité (établi à Lyon), ou des services locaux de la Direction générale des collectivités locales (ministère de l'Intérieur). Ces services sont également à la disposition des collectivités territoriales, de même que des pôles transversaux, visant à aider les collectivités dans leurs décisions juridiques. Certes, une certaine confusion des missions peut en résulter, entre conseil et contrôle, notamment parce qu'il est sans doute difficile pour le préfet d'envisager de déférer une décision pour l'élaboration de laquelle il a donné son conseil; mais un tel système permet cependant d'accompagner les collectivités décentralisées dans l'adoption des actes juridiques permettant la réalisation de leurs missions.

■ 290 Le taux des actes faisant l'objet d'un déféré préfectoral est très faible, stabilisé depuis une quinzaine d'années autour de 0,02 %, étant précisé que les actes faisant l'objet d'observations du préfet, préalablement à un déféré, sont également peu nombreux (un peu plus de 1 % des actes transmis). Mais il semble utilisé à bon escient : dans 80 % des cas, le tribunal administratif donne raison à l'administration préfectorale.

Le faible nombre de déférés traduit aussi le fait qu'il ne s'agit pas, pour le préfet, d'une obligation. Si on avait cru pouvoir interpréter une décision du Conseil constitutionnel (Cons. const. 21 janv. 1994, n° 93-335 DC), qui évoquait « le contrôle de légalité des actes des collectivités territoriales que le représentant de l'État est tenu d'assurer en vertu du troisième alinéa de l'article 72 de la Constitution », aucune sanction ne venant frapper le manquement à cette obligation, force est de constater qu'elle n'a pas de caractère juridique. Sans se prononcer sur la question de sa légalité, la jurisprudence administrative considère qu'un éventuel refus de déféré préfectoral ne constitue pas une décision susceptible de recours (CE, sect., 25 janv. 1991, *Brasseur, Lebon* 23).

■ 291 Le refus de déférer un acte illégal est cependant susceptible d'engager la responsabilité de l'État, mais à la condition que cette carence dans le contrôle soit constitutive d'une faute lourde (CE 6 oct. 2000, *Min. de l'Intérieur* c/ *Cne de Saint-Florent et a., RFDA* 2001. 153, note P. Bon). En l'espèce, il a été jugé que l'inaction prolongée du préfet de la Haute-Corse avait bien constitué une faute lourde, dès lors qu'il s'était abstenu pendant trois années consécutives de déférer au Tribunal administratif certaines délibérations dont « l'illégalité ressortait avec évidence des pièces qui lui étaient transmises et dont les conséquences financières étaient graves pour les communes concernées ». Malgré l'évolution du régime de responsabilité vers l'abandon de l'exigence de faute lourde, cette jurisprudence est toujours d'actualité (v. CE 30 mars 2011, *SIVOM Cinarca Liamone*, n° 328972).

Le préfet peut assortir son recours d'une demande de *suspension*[Q], dans les conditions prévues par l'article L. 2131-6 du Code général des collectivités territoriales. 292 ■

Celui-ci prévoit qu'il est fait droit à cette demande si l'un des moyens invoqués paraît, en l'état de l'instruction, propre à créer un doute sérieux quant à la légalité de l'acte attaqué. À la différence de la procédure de référé-suspension prévue à l'article L. 521-1 du Code de justice administrative, il n'est pas fait mention d'une condition d'urgence. L'article L. 2131-6 du Code de justice administrative prévoit cependant qu'il est statué sur cette demande de suspension sur déféré dans un délai d'un mois.

En outre, il est précisé que la demande de suspension en matière d'urbanisme, de marchés de délégation de service public formulée par le représentant de l'État dans les dix jours à compter de la réception de l'acte entraîne automatiquement la suspension de celui-ci jusqu'à ce que le président du tribunal administratif ait statué. Cependant, si celui-ci n'a pas statué au terme d'un délai d'un mois à compter de la réception, l'acte redevient exécutoire. 293 ■

Enfin, une procédure accélérée est prévue « lorsque l'acte attaqué est de nature à compromettre l'exercice d'une liberté publique ou individuelle ». Le juge des référés en prononce alors la suspension dans les quarante-huit heures. À la différence de la procédure de référé-liberté prévue à l'article L. 521-1 du Code de justice administrative, ne sont expressément prévues ni la condition d'urgence, ni celles d'une atteinte « grave » et « manifestement illégale » à une liberté fondamentale. Les personnes qui s'estiment victimes d'une atteinte à une liberté par un acte d'un organe d'une collectivité territoriale peuvent donc trouver intérêt à demander au préfet d'engager devant le juge administratif des référés cette procédure accélérée de suspension sur déféré. 294 ■

section 2

La commune et la coopération intercommunale

L'organisation des communes (§1) se caractérise par le grand nombre de celles-ci, même si un processus de réduction, encore limité, a été entamé (36 700 en 2012, 35 416 en 2017), beaucoup d'entre elles ayant une très petite taille (plus de 30 000 communes ont moins de 2 000 habitants et plus de 22 000 d'entre elles ont moins de 500 habitants). Pour remédier à cet émiettement, diverses formes de coopération intercommunale ont été mises en œuvre depuis plusieurs décennies (§2). 295 ■

§ 1 La commune

■ 296 La réforme de la décentralisation n'a pas sensiblement modifié la structure des communes (A), qui ne sont pas non plus les principales bénéficiaires des transferts de compétences qu'elle a réalisés. (B).

A. Les organes de la commune

■ 297 La commune est administrée par un organe élu, le conseil municipal, dont l'exécutif est le maire.

1. *Le conseil municipal*

■ 298 Les règles relatives au fonctionnement du conseil municipal ont été progressivement modifiées pour garantir un équilibre des pouvoirs entre l'organe délibérant et l'exécutif communal, mais aussi pour assurer le respect de la minorité au sein du conseil.

■ 299 Le conseil municipal se réunit au moins une fois par trimestre, le maire pouvant en outre réunir le conseil municipal à chaque fois qu'il le juge utile. Le maire est tenu de réunir le conseil sur demande motivée du représentant de l'État ou sur la demande d'au moins un tiers des membres du conseil municipal pour les communes de plus de 3 500 habitants et d'au moins la moitié de ses membres dans les communes de moins de 3 500 habitants.

■ 300 Sous peine de nullité, la convocation doit être adressée aux membres du conseil municipal au moins cinq jours francs avant la réunion du conseil (CE 19 avr. 1985, *Guy de Littaye, Dr. adm.* 1985, n° 272). La convocation, adressée au domicile des conseillers (CE 9 mars 2007, *M. J.-P. B., Dr. adm.* 2007, n° 66) doit être accompagnée de l'ordre du jour et des documents préparatoires ainsi que des projets de décisions soumis à l'approbation du conseil. Le juge administratif veille avec rigueur au respect du droit à l'information préalable des conseillers municipaux sur les projets devant faire l'objet d'une délibération. Ainsi, une délibération adoptée alors que la question dont elle est issue n'a pas été inscrite préalablement à l'ordre du jour est non seulement illégale, mais inexistante (CAA Marseille, 6 déc. 2005, *M. Lequette, AJDA* 2006. 1220, concl. A. Bonnet). De même, si un projet de création d'une ZAC (zone d'aménagement concerté) fait l'objet d'une modification substantielle après l'expiration du délai de convocation, la délibération créant la ZAC sera annulée au motif que les conseillers municipaux ont été privés de leur droit à l'information (TA Nice, 27 juin 1996, *Assoc. Aquavie-Trinité, LPA* 27 juin 1997, p. 28, concl. Calderaro). Les conseillers municipaux peuvent légitimement demander en séance des informations supplémentaires si celles-ci sont nécessaires pour apprécier dans tous ses aspects le projet qui leur est soumis (CE, sect., 23 avr. 1997, *Ville de Caen, AJDA* 1997. 518, concl. V. Pécresse).

■ 301 Les votes interviennent à la majorité absolue des suffrages exprimés. La délibération est nulle si l'un des conseillers ayant pris part au vote a un intérêt personnel dans l'affaire. Cette dernière notion ne se réduit pas à un intérêt patrimonial ou familial. La jurisprudence en retient une conception plus large, en jugeant, par exemple, que des conseillers municipaux ne peuvent pas participer au vote sur la décision de faire appel ou non d'un jugement annulant une délibération alors que le jugement avait été rendu sur un recours exercé par une association qu'ils dirigent (CAA Paris, 9 oct. 1997, *Cne de Vert-le-Grand, LPA* 27 févr. 1998, p. 14, concl. Corouge).

Les séances du conseil municipal sont publiques. Les membres du conseil municipal peuvent toutefois décider que la séance se réunira à huis clos, le juge n'exerçant qu'un contrôle restreint sur les motifs de cette décision (CE, sect., 19 mai 2004, *Cne de Vincly, AJDA* 2004. 1767, note S. Hul). 302 ■

Le compte rendu des séances du conseil municipal est affiché et ses décisions font l'objet d'une publication au *Recueil des actes administratifs*. Les délibérations ont un caractère exécutoire à partir de la date d'accomplissement des formalités de publicité et de transmission au représentant de l'État.

Les droits de la minorité au sein du conseil municipal doivent être respectés. Outre le droit à l'information que les modalités de convocation permettent de respecter, l'opposition doit pouvoir bénéficier d'un droit de réunion, et la majorité doit pour ce faire mettre à sa disposition un local permettant les réunions, et lui ouvrir un espace d'expression dans les bulletins d'information municipale (CE 28 janv. 2004, *Cne de Pertuis, AJDA* 2004. 932, note S. Brondel). 303 ■

La démission d'un conseiller municipal peut intervenir volontairement ou d'office, par survenance d'une illégibilité ou d'une incompatibilité (les fonctions de conseillers municipaux sont incompatibles avec celles de préfets, sous-préfets, inspecteurs et commissaires de police, ou avec des fonctions de conseillers dans une autre commune). 304 ■

La dissolution du conseil municipal ne peut intervenir que par décret motivé pris en Conseil des ministres en cas notamment de paralysie de l'institution résultant des dissentiments au sein du conseil municipal et de l'impossibilité d'arriver à un accord.

2. *L'exécutif communal*

Le maire est élu par le conseil municipal parmi ses membres, à la majorité absolue lors des deux premiers tours et à la majorité relative au troisième tour. Le maire ne peut être révoqué par le conseil municipal mais seulement par décret en Conseil des ministres. 305 ■

Les adjoints, dont le nombre est fixé librement dans un maximum de 30 % de l'effectif total du conseil municipal, sont élus dans les mêmes conditions.

Organe exécutif de la commune, le maire prépare les délibérations du conseil municipal, préside ses réunions et veille à la mise en œuvre de ses décisions.

Depuis les lois du 14 février 2014, dont l'application est devenue effective à compter de l'élection présidentielle de mai 2017, un mandat de maire ou d'adjoint, mais également de président ou vice-président d'un établissement public de regroupement intercommunal, est incompatible avec un mandat parlementaire national ou européen.

B. Les compétences de la commune

Les attributions de la commune sont et ont toujours été, depuis la fin du XIXe siècle, très larges. La commune est ainsi la seule collectivité à conserver, à l'issue de 306 ■

l'adoption de la loi relative à la nouvelle organisation territoriale de l'État de 2015, une clause de compétence générale. Les compétences de la commune en tant que collectivité territoriale, que ce soit, par exemple, dans le domaine de l'urbanisme ou celui de la protection sociale, ont été longtemps exercées au nom de l'État avant de l'être au titre de ses compétences propres.

■ 307 Ces missions sont prioritairement exercées par le conseil municipal, compétent sur toutes les questions d'intérêt public communal. L'article L. 2121-29 alinéa 1er du Code général des collectivités territoriales prévoit en effet que « le conseil municipal règle par ses délibérations les affaires de la commune ». La notion d'intérêt public local suppose tout à la fois le respect de l'initiative privée et celui des compétences des autres collectivités publiques, et signifie également qu'une collectivité territoriale ne peut exercer d'activité qui ne soit profitable à ses administrés (v. CAA Bordeaux, 21 déc. 2004, *Dpt de la Charente, Sté Arena Films*, *AJDA* 2005. 620, à propos d'une subvention accordée à la production d'un film, dont la contrepartie est la représentation substantielle de la collectivité concernée). Des subventions peuvent donc être attribuées par une commune à une activité qui ne relève pas *a priori* de sa compétence (un syndicat, par ex.), pour autant qu'elles « se rattachent de façon suffisamment directe à un intérêt public local » et qu'elles n'aient pas pour objet d'interférer dans un conflit social ou de favoriser une option politique (CE 4 avr. 2005, *Cne d'Argentan*, *RFDA* 2006. 51, note E. Cadeau).

À cette fin, le conseil municipal vote le budget, crée et organise les services publics communaux, approuve les contrats de délégation de service public, etc. Il peut en outre émettre des vœux sur tous les objets d'intérêt local.

L'articulation entre les prérogatives du maire et celles du conseil municipal est parfois nuancée. Ainsi, en matière de contrats, le maire, auquel il appartient d'apposer sa signature au nom de la commune, ne peut y procéder qu'après y avoir été autorisé par délibération expresse du Conseil municipal (CE 13 oct. 2004, *Cne de Montélimar*, *Lebon* 548), délibération qui doit en outre se prononcer sur les éléments essentiels du contrat, sauf à méconnaître l'étendue de sa compétence (CE 10 janv. 2007, *Sté Pompes funèbres et conseillers funéraires du Roussillon*, *AJDA* 2007. 636, note J.-D. Dreyfus).

■ 308 Outre l'exécution des décisions du conseil municipal, le maire possède également des attributions propres, dont la principale concerne l'exercice du pouvoir de police dans la commune. Il nomme et dirige les agents municipaux, dans le respect des règles fixées par le statut de la fonction publique territoriale. Il peut donner des délégations à ses adjoints.

Le maire agit également comme agent de l'État dans la commune. Ces compétences sont soumises à un régime juridique spécifique : le maire est, quant à leur exercice, soumis au pouvoir hiérarchique et disciplinaire de l'État (v. TA Bordeaux, 9 juill. 2004, *M. Noël Mamère*, *AJDA* 2004. 1446 ; et B. Seiller, « Le pouvoir disciplinaire sur les maires », *AJDA* 2004. 1637) ; mais le Conseil d'État a estimé que l'article 34 de la Constitution, selon lequel la mise en œuvre de la libre administration des collectivités territoriales relève de la compétence de la loi, empêche que les modalités de remboursement des dépenses résultant pour la commune de l'exercice d'une compétence au nom de l'État (en l'occurrence le recueil des demandes de passeport) soient définies par le seul pouvoir réglementaire (CE 5 janv. 2005, *Cne de Versailles*, *AJDA* 2005. 604, concl. D. Chauvaux).

§ 2 La coopération intercommunale

La France est, des pays de l'Union européenne, celui qui a le plus grand nombre de communes, dont la population moyenne est en outre la plus faible. Du fait même, une très grande inégalité existe entre les communes, notamment quant aux moyens techniques et humains et aux ressources fiscales dont elles disposent. 309 ■

Les tentatives de réduire le nombre des communes ont commencé très tôt, d'abord, conformément à la tradition centralisatrice, par voie autoritaire. Ainsi, la loi dite « Marcellin » du 16 juillet 1971 a voulu organiser, sous réserve de l'accord du conseil départemental et en respectant des procédures contraignantes, la fusion autoritaire de communes ; son relatif échec a entraîné son abrogation en 1983.

Après une tentative de relance par la loi du 16 décembre 2010, qui n'a permis qu'un nombre très limité de fusions (25), une loi du 16 mars 2015 instituant les « communes nouvelles » a significativement accéléré le processus de regroupements de communes, amenant, en deux ans, une diminution de près d'un millier d'entre elles. Ce relatif succès est la conséquence du caractère financièrement très incitatif des dispositions adoptées, qui garantissent aux seules communes ayant accepté de fusionner avant le 1er janvier 2016 un maintien, pendant les trois années suivant la fusion, des dotations financières de l'État, voire une augmentation de 5 % pour les nouvelles communes d'une population comprise entre 1 000 et 10 000 habitants. La création des « communes déléguées », par la loi du 8 novembre 2016, qui peuvent être instituées, dans les communes fusionnées, pour maintenir une visibilité des anciennes communes associées, constitue également une incitation à la fusion de communes.

La coopération concerne l'ensemble des collectivités : depuis 1871, les départements peuvent créer des conférences destinées à gérer des intérêts communs à plusieurs départements. Réactivée par la loi du 6 février 1992, qui prévoit la possibilité de constituer des organismes interdépartementaux, même entre départements non contigus, cette formule reste cependant inutilisée. La même loi de 1992 a créé les ententes interrégionales, établissement public réunissant de deux à quatre régions limitrophes, créé par décret en Conseil d'État ; mais là encore, le procédé n'est pas utilisé. 310 ■

On exposera donc ici uniquement les formes communales de coopération, dont les plus anciennes remontent au XIXe siècle. Les formes d'établissements de coopération intercommunale se sont ensuite multipliées. Certaines ont disparu : ainsi, les districts, créés par une ordonnance du 5 janvier 1959, essentiellement pour les agglomérations urbaines, ont été remplacés par les communautés urbaines.

Cette multiplicité des formes de coopération intercommunale a rendu nécessaire un effort de simplification, qui n'a été que partiellement réalisé par des lois de 1992 et 1999. La loi du 6 février 1992 relative à l'administration territoriale de la République avait tenté de rationaliser l'organisation de « périmètres de solidarité » entre les communes, ce qui a permis d'aboutir à la création de communautés de communes, alors que la formule des communautés de villes a eu peu de succès. La loi du 12 juillet 1999 (Chevènement) relative au renforcement et à la simplification de la coopération intercommunale simplifie les différentes formules de coopération, par la disparition des districts et des communautés de ville, et s'attache à relancer la coopération 311 ■

intercommunale essentiellement en milieu urbain par la création des « communautés d'agglomérations ». Mais il manque toujours un cadre général pour l'intercommunalité, bien que la quasi totalité des communes françaises soit impliquée dans un établissement intercommunal. La loi du 13 août 2004 avait cependant prévu une ébauche de rationalisation, sous la forme de la fusion d'établissements intercommunaux, dont la réalité reste cependant très limitée. La reconnaissance constitutionnelle apportée à l'intercommunalité, mentionnée incidemment à l'article 72, alinéa 4 de la Constitution depuis la révision du 28 mars 2003, n'a pour l'instant rien changé à cette situation, ni fait avancer la transformation des établissements intercommunaux en collectivités territoriales. À une échelle cependant très limitée, la loi du 1er août 2019 visant à adapter l'organisation des communes nouvelles à la diversité des territoires (dite *loi Gatel*) prévoit la possibilité de créer des « communes-communautés » : lorsqu'une commune nouvelle regroupe d'anciennes communes membres d'un même établissement public de coopération intercommunale, la nouvelle entité assume à la fois les compétences des anciennes collectivités, et celles de l'EPCI.

Les structures intercommunales peuvent être différenciées en fonction de l'importance des collectivités qu'elles associent : toutes les communes, même (et surtout) les plus petites peuvent avoir recours aux syndicats et aux communautés de communes (A), mais seules les plus importantes peuvent constituer des communautés urbaines ou des communautés d'agglomération (B).

A. La coopération intercommunale de droit commun

312 La coopération intercommunale regroupe deux modalités qu'il est possible de différencier, indépendamment des circonstances historiques de leur développement, en fonction de leurs moyens : les syndicats de commune restent dépendants, quant à leurs moyens de fonctionnement, des communes qui en sont membres (1), tandis que les communautés de communes (2), de création plus récente, bénéficient d'une autonomie fiscale.

1. *Les syndicats de communes*

313 Le syndicat de commune, forme d'intercommunalité créée par la loi du 22 mars 1890, est « un établissement public de coopération intercommunale associant des communes en vue d'œuvres ou de services d'intérêt intercommunal » (CGCT, art. L. 5212-1). Ces syndicats présentent une très grande souplesse, puisqu'ils peuvent être créés tantôt pour un objet spécialisé, tel que l'enlèvement des ordures ménagères, la distribution de l'eau ou la création et le fonctionnement d'une station d'épuration, tantôt pour gérer en commun plusieurs services.

Les syndicats intercommunaux à vocation unique (SIVU) sont au nombre de plus de 14 800, alors que le nombre des syndicats intercommunaux à vocation multiple (SIVOM) est d'environ 2 200. Ces organismes ne se substituent naturellement pas aux communes pour l'ensemble des compétences relevant de ces dernières et ne peuvent prendre que des décisions relevant de la mission pour laquelle ils ont été institués.

Les syndicats mixtes, enfin, peuvent associer plusieurs communes et d'autres établissements publics de coopération intercommunale (syndicats mixtes fermés). Ils peuvent intégrer d'autres personnes morales de droit public (le plus souvent des établissements publics locaux de développement) : on parle alors de syndicat mixte ouvert. Un syndicat mixte peut en outre adhérer à un autre syndicat mixte, avec lequel il pourra fusionner, mais il ne peut lui transférer ses compétences : seules les communes qui en sont membres peuvent s'en charger (CE 5 janv. 2005, *Sté des eaux du Nord*, *AJDA* 2005. 770, note M. Degoffe).

La principale caractéristique de l'organisation des syndicats de communes tient au fait que l'ensemble des communes est représenté au sein du comité du syndicat de communes, cette représentation étant égalitaire sauf dérogation expresse prévue dans la décision institutive du syndicat. En règle générale, le Comité comprend deux délégués désignés par chaque conseil municipal intéressé. Il se réunit au moins une fois par trimestre. Le président, élu par les membres du Comité, en est l'organe exécutif ; à ce titre, il représente le syndicat, prépare les réunions du comité syndical, les préside et exécute ses décisions.

Établissements publics administratifs, les syndicats de communes ne disposent pas d'une fiscalité propre mais sont financés simplement par les contributions versées par les communes. Ils peuvent en outre percevoir des redevances correspondant aux services rendus. La loi du 27 février 2002 relative à la démocratie de proximité a cependant donné aux syndicats mixtes fermés la possibilité de percevoir des contributions fiscales.

2. *Les communautés de communes*

314 La communauté de commune, créée par la loi du 6 février 1992, a pour objet « d'associer des communes au sein d'un espace de solidarité, en vue de l'élaboration d'un projet commun de développement et d'aménagement de l'espace ». Elle permet le regroupement en un établissement public administratif de plusieurs communes d'un seul tenant. Le Conseil d'État a précisé que cette exigence de continuité territoriale, introduite par la loi 12 juillet 1999, doit s'entendre au sens administratif, et non géographique (CE 3 oct. 2003, *Cté de cnes du Val de Drôme, M. Serret, BJCL* 2003, n° 11, p. 841, concl. F. Seners, *AJDA* 2004. 879, note T. Tuot, à propos d'un fleuve séparant deux communes membres).

La loi de 1999 a également instauré une forme spécifique de communautés de communes (CGCT, art. L. 5214-23-1), proches des communautés d'agglomérations, aux compétences et moyens d'action renforcés, notamment une dotation globale de fonctionnement bonifiée.

Les communautés de communes sont créées par le préfet de département, à la suite de l'adoption d'un schéma départemental de la coopération intercommunale par une commission départementale de coopération intercommunale qu'il préside. La création des communautés de communes intervient après que les communes concernées en ont délibéré, et l'ont approuvée à une majorité garantissant l'accord d'une part prédominante des collectivités, de la population et de la commune centre de la communauté. Le préfet peut, pour des motifs de bonne administration, différer ou même renoncer à la création d'une communauté de communes. Les décisions du préfet de créer une communauté de communes, au terme des consultations des collectivités concernées, ne peuvent faire l'objet que d'un contrôle limité à l'erreur manifeste d'appréciation (CE 2 oct. 1996, *Min. de l'Intérieur et de l'Aménagement du Territoire*, *AJDA* 1996. 1022, concl. Touvet). Environ 2 300 communautés de communes ont été créées depuis 1992. L'inclusion, contre son gré, d'une commune au sein d'une communauté porte atteinte à la libre administration des collectivités territoriales, mais n'est pas, par elle-même, illégale (CE, ord. réf., 1er mars 2006, *Min.*

délégué aux collectivités territoriales, AJDA 2006. 521). Il est en effet toujours possible, du moins théoriquement, à une commune de sortir de l'intercommunalité, avec l'accord d'une majorité qualifiée des communes membres (CGCT, art. L. 5211-19).

La communauté de communes est de plein droit compétente pour tout ce qui concerne l'aménagement de l'espace et les actions de développement économique intéressant l'ensemble de la communauté. En outre, elle bénéficie d'un transfert de compétences pour un au moins des quatre domaines suivants : la protection de l'environnement ; les politiques du logement et du cadre de vie ; la création, l'aménagement et l'entretien de la voirie ; la construction et le fonctionnement d'équipements culturels et sportifs et d'équipements de l'enseignement pré-élémentaire et élémentaire. Lors de la création d'une communauté de communes, les compétences que l'on choisit, parmi cette liste, de transférer, doivent l'être dans leur intégralité (CAA Nantes, 13 mai 2003, *Cne de Saint-Cyr-en-Val, AJDA* 2004. 879, note T. Tuot). En outre, les compétences transférées par les communes lors de la constitution de la communauté peuvent aller au-delà de cette liste, pour autant qu'elles concourent à un projet commun d'aménagement de l'espace, et qu'elles entrent bien dans les compétences des collectivités membres (CE 9 mai 2005, *Min. de l'Intérieur, de la Sécurité intérieure et des Libertés locales* c/ *Cne de Saint-Cyr-en-Val, AJDA* 2005. 1394, concl. F. Séners).

Les communautés de communes disposent de recettes fiscales propres et peuvent notamment recevoir le produit de la taxe professionnelle perçue sur les entreprises dans les zones d'activités économiques qu'elles gèrent. Outre les transferts de biens et personnels qui, en principe, suivent les transferts de compétences, la loi du 13 août 2004 a ouvert la possibilité, dans le cadre de la bonne organisation du service, d'une mutualisation des services entre communes et communautés.

Elles sont administrées par un conseil de la communauté de communes, au sein duquel la répartition des sièges est en principe assurée en fonction de la population, chaque commune disposant cependant au minimum d'un siège, tandis qu'aucune commune ne peut disposer à elle seule de plus de la moitié des sièges.

B. La coopération intercommunale dans les grandes agglomérations

315 L'intercommunalité s'est, également, développée autour des villes de grande ou moyenne importance. Les structures ont en ce domaine évolué, certaines formes d'intercommunalité ayant disparu ou étant sur le point d'être remplacées.

Ainsi, les syndicats d'agglomération nouvelle (SAN), institués par une loi du 10 juillet 1970 dans le cadre de la création des villes nouvelles et pour la durée de la phase de constitution de ces villes, sont transformés progressivement, depuis la loi du 12 juillet 1999, en communautés d'agglomération ; actuellement, seuls cinq syndicats de ce type subsistent encore.

Les districts, qui avaient été créés par une ordonnance du 5 janvier 1959 essentiellement pour les agglomérations urbaines et n'avaient connu qu'un succès mitigé, ont été également supprimés par la loi de 1999, et sont progressivement transformés en communautés d'agglomération.

De même, les communautés de villes, instituées sans grand succès par la loi du 2 février 1992 pour les villes de plus de 20 000 habitants, ont été supprimées par la loi de 1999 ; les cinq structures qui avaient choisi ce régime ont été transformées soit en communauté de communes, soit en communauté d'agglomération.

La loi de 1999 a procédé à la modification du régime des communautés urbaines, et à la création d'une nouvelle catégorie d'établissements, les communautés d'agglomération, qui ont connu un certain succès. Sans les supprimer, la loi du 16 décembre 2010, complétée par celle du 27 janvier 2014, a créé un nouveau type d'intercommunalité pour les grandes villes : les métropoles.

1. *Les communautés urbaines et les métropoles*

316 ■ La formule de la communauté urbaine a été instituée par la loi du 31 décembre 1966 pour la gestion de grandes agglomérations où des districts n'avaient pu être constitués. Des communautés urbaines ont ainsi été créées d'office par la loi pour quatre agglomérations (Bordeaux, Lille, Lyon et Strasbourg). La loi avait également ouvert la possibilité de la création de nouvelles communautés urbaines après concertation avec les communes concernées. Des communautés urbaines ont été créées notamment à Cherbourg, Dunkerque, Le Mans, Montceau-Les-Mines, Le Creusot, Brest, Nancy, Marseille et Nantes. La loi du 12 juillet 1999 relative au renforcement et à la simplification de la coopération intercommunale précise que la communauté urbaine est conçue pour regrouper « plusieurs communes d'un seul tenant et sans enclave qui forment, à la date de sa création, un ensemble de plus de 500 000 habitants ». Toutefois, les communautés urbaines existant à la date de promulgation de la loi du 12 juillet 1999, continuent d'exercer les compétences qui leur avaient été transférées même si elles n'atteignent pas ce seuil de 500 000 habitants.

Les compétences obligatoirement transférées à la communauté urbaine concernent les transports urbains de voyageurs, la distribution de l'eau, l'assainissement, le traitement des ordures ménagères, l'entretien des locaux scolaires, etc. Elle est également compétente de plein droit pour ce qui concerne l'urbanisme et la création de zones d'activités industrielles, tertiaires ou artisanales. Des compétences supplémentaires peuvent lui être attribuées sur décision des communes membres. Des contrats de plans peuvent enfin être passés par l'État avec les communautés urbaines pour fixer les orientations du développement à venir de l'agglomération et financer en commun certains programmes d'équipements.

La spécificité du régime financier des communautés urbaines tient à ce que celles-ci ont de plein droit le pouvoir de prélever des suppléments aux impôts directs locaux. La loi du 6 février 1992 a en outre prévu la possibilité, pour les communautés urbaines, de percevoir la taxe professionnelle à la place des communes membres de la communauté. La loi du 12 juillet 1999 prévoit que les communautés urbaines nouvellement créées sont substituées de plein droit aux communes membres pour l'application des dispositions relatives à la taxe professionnelle.

La loi du 16 décembre 2010 institue, à côté des communautés urbaines, une nouvelle forme d'intercommunalité. Réservée aux grandes agglomérations, la métropole est un établissement public de coopération intercommunale à fiscalité propre, qui reprend l'essentiel des caractéristiques de la communauté urbaine. Prolongeant cette évolution, la loi du 24 janvier 2014 a renforcé les compétences des métropoles, et a créé neuf premières métropoles ; d'autres pourront être créées par décret, à la demande de communes d'une aire urbaine de plus de 400 000 habitants. La même loi a également créé trois métropoles spécifiques. La métropole de Lyon a remplacé, au 1er janvier 2015, la communauté urbaine de Lyon, mais a également repris les fonctions du conseil départemental du Rhône pour les 59 communes qui en sont membres. La métropole d'Aix-Marseille Provence a remplacé les nombreuses intercommunalités des Bouches-du-Rhône, et repris les fonctions du conseil départemental dans son ressort territorial. Le Grand Paris regroupe la commune de Paris et les intercommunalités de « l'unité urbaine ». Une loi du 28 février 2017 en a modifié le statut mais aussi facilité la création de nouvelles métropoles, entraînant la banalisation d'un statut qui devait rester exceptionnel : depuis lors, Saint-Étienne, Metz, Toulon et Clermont-Ferrand ont rejoint le statut métropolitain.

La loi du 16 décembre 2010 a également créé le pôle métropolitain, syndicat mixte chargé de fédérer les établissements publics de coopération intercommunale à fiscalité propre des grandes aires urbaines ; à la différence de la métropole, il peut fédérer des territoires urbains sans condition de contiguïté. Une quinzaine de pôles ont été constitués en 2015.

2. *Les communautés d'agglomération*

317 La communauté d'agglomération constitue la principale innovation de la loi du 12 juillet 1999 relative au renforcement et à la simplification de la coopération intercommunale. Celle-ci définit la communauté d'agglomération comme « un établissement public de coopération intercommunale regroupant plusieurs communes formant, à la date de sa création, un ensemble de plus de 50 000 habitants d'un seul tenant et sans enclave, autour d'une ou plusieurs communes centre de plus de 15 000 habitants », étant précisé par la loi que le seuil démographique de 15 000 habitants ne s'applique pas lorsque la communauté d'agglomération comprend le chef-lieu du département.

La communauté d'agglomération est substituée de plein droit aux syndicats de communes préexistants inclus en totalité dans le périmètre de la communauté d'agglomération ou dont le périmètre est identique au sien.

La communauté d'agglomération exerce de plein droit aux lieu et place des communes membres, les compétences en matière de développement économique ainsi que d'aménagement de l'espace, notamment création et réalisation de zones d'aménagement concertées, organisation des transports urbains, ainsi qu'en matière d'« équilibre social de l'habitat sur le territoire communautaire » et de dispositifs contractuels de développement urbain. En outre, elle doit exercer au moins trois compétences parmi les cinq suivantes : 1. voiries et parcs de stationnement ; 2. assainissement ; 3. eau ; 4. protection de l'environnement ; 5. équipements culturels et sportifs. La loi du 7 août 2015 a en outre, transféré aux communautés d'agglomération la compétence d'élaboration (et de modification) des Plans locaux d'urbanisme, ainsi que la promotion du tourisme.

La communauté d'agglomération est gérée par un conseil composé de délégués des conseils municipaux des communes concernées, le nombre et la répartition des sièges au sein du conseil de la communauté d'agglomération étant fixé soit par accord amiable de l'ensemble des conseils municipaux intéressés, soit en fonction de la population, par décision prise dans des conditions de majorité qualifiée. Une loi du 31 décembre 2012 a renforcé le poids de la représentation des communes dans les instances des communautés d'agglomération.

section **3**

Les départements

Les départements, critiqués dès leur création en 1789 comme artificiels, sont pourtant l'une des collectivités territoriales les plus importantes. Dotés de la personnalité juridique dès une loi du 10 mai 1838, ils constituent de la sorte la première collectivité territoriale. 318 ■

Leur régime juridique, organisé par la loi du 10 août 1871, a été ensuite toujours modifié, notamment par la loi du 2 mars 1982 et par celle du 13 août 2004, dans le sens d'un renforcement de leurs compétences.

§ 1 Les organes du département

La collectivité départementale est administrée par un conseil départemental, et dotée d'un organe exécutif. 319 ■

A. Le conseil départemental

Le conseil départemental se réunit à l'initiative de son président au moins une fois par trimestre ; des réunions extraordinaires peuvent être organisées à la demande d'au moins un tiers de ses membres ou sur l'initiative de la commission permanente. 320 ■

Celle-ci, composée notamment du président et des vice-présidents, bénéficie des compétences qui lui sont déléguées par le conseil départemental, seul le vote du budget et l'établissement des comptes étant insusceptibles de délégation. Les réunions du conseil départemental sont publiques. Le préfet ne peut intervenir lors de ces réunions qu'avec l'accord du président du conseil départemental ou à la demande du Premier ministre.

La dissolution d'un conseil départemental pourrait être prononcée par décret pris en Conseil des ministres lorsque le fonctionnement de l'institution est impossible ; cette hypothèse ne s'est cependant réalisée qu'une fois, en 1874.

Les conseillers départementaux sont, depuis la loi du 17 mai 2013, élus au scrutin binominal majoritaire à deux tours. L'objectif de ce mode de scrutin, dont la première occurrence s'est déroulée en 2015, est de réaliser une parité absolue : les candidats doivent se présenter en binôme composé d'une femme et d'un homme. La parité ne s'applique toutefois pas lors de l'élection du président du conseil départemental.

B. Le président du conseil départemental

Avant la loi du 2 mars 1982, c'est le préfet qui présidait le conseil général. Depuis lors, le président du conseil général, devenu départemental en 2015, est l'autorité exécutive de la collectivité territoriale. Il est élu par le conseil, parmi ses membres, pour trois ans. Il peut consentir des délégations de compétence à des vice-présidents élus dans les mêmes conditions. 321 ■

Le président du conseil départemental est chargé également de préparer et d'exécuter les délibérations de celui-ci. L'importance de son rôle est à la mesure de celle du budget du département, qu'il prépare pour le soumettre à l'approbation du conseil départemental et dont il est chargé de l'exécution.

Le directeur des services départementaux dirige ces derniers sous l'autorité du président du conseil départemental.

§ 2 Les attributions du département

■ 322 Le conseil départemental « règle par ses délibérations les affaires du département ». Il vote le budget du département, qui est consacré essentiellement aux dépenses d'aide sociale, de santé, de construction et de fonctionnement des collèges ainsi que d'entretien de la voirie départementale. Ce budget est financé non seulement par une partie du produit des impôts locaux directs, mais il est aussi alimenté pour une large part par les dotations versées par l'État.

L'importance des attributions sociales du conseil départemental explique que ses membres sont appelés à siéger dans un certain nombre d'organismes tels que les commissions d'admission à l'aide sociale, les conseils d'administration des établissements publics de santé à caractère départemental, les offices d'HLM, le comité régional de l'organisation sanitaire et sociale, etc.

Aussi vastes que soient les compétences d'un conseil départemental, celui-ci ne peut pas accorder une subvention à une association extérieure au département, alors qu'il n'existe aucun lien privilégié entre l'action menée par cette association et le département. C'est ainsi que le département de l'Oise ne pouvait légalement accorder une subvention à une association contribuant à la restauration du village de Colombey-les-Deux-Églises, situé dans un autre département, cette subvention ne pouvant être justifiée à elle seule par l'hommage que le conseil général a entendu rendre à la mémoire du général de Gaulle (CE 11 juin 1997, *Dpt de l'Oise*, *RFDA* 1997. 948, concl. Touvet).

■ 323 La loi du 13 août 2004 a fait du département le principal bénéficiaire des transferts de compétence qu'elle réalise.

La gestion de la majeure partie du réseau routier national, soit environ 15 000 km, leur est transférée.

Responsables jusqu'en 2004 de la construction, de l'entretien, de l'équipement et du financement des collèges, ils sont désormais propriétaires de leur patrimoine immobilier. Ils doivent également, après avis du conseil départemental de l'Éducation nationale, définir les secteurs de recrutement des collèges ; dans ce domaine, ils ont également la responsabilité du recrutement et de la gestion des personnels techniciens, ouvriers et de service (TOS), ce transfert ayant soulevé quelques difficultés.

En matière d'aide économique, ils peuvent mettre en œuvre leurs propres régimes d'aides, après l'accord de la région.

Enfin, une loi du 18 décembre 2003 leur a transféré la responsabilité et le financement de l'allocation du revenu minimum d'insertion, à laquelle ils n'étaient précédemment qu'associés par le biais des commissions locales d'insertion.

section 4

Les régions

Malgré la reconnaissance constitutionnelle dont elle a fait l'objet en 2003, ainsi que le renforcement de ses prérogatives issu de la loi du 13 août 2004, la collectivité régionale française reste très en deçà des régions italiennes ou des communautés autonomes ou des provinces espagnoles, cependant réputées suivre le modèle de l'État décentralisé. Cette situation est certainement liée à son histoire. 324 ■

À la suite du résultat négatif au référendum du 27 avril 1969, qui visait à instituer les régions comme collectivités territoriales, les régions ont été créées par une loi du 5 juillet 1972 sous forme d'établissements publics visant, d'après le président de la République Georges Pompidou, à créer l'équivalent de l'intercommunalité au niveau des départements.

Elles n'ont acquis le statut de collectivité territoriale qu'avec la loi du 2 mars 1982, statut qui n'a été effectif qu'à compter de l'élection des membres du conseil régional au suffrage universel, en 1986. Le faible enracinement historique des régions a permis la réduction de leur nombre, de 22 à 12, par la loi du 16 janvier 2015, en l'absence de consultation des conseils régionaux ou des populations concernées, le Conseil constitutionnel ayant estimé que ce défaut de consultation n'était pas contraire à la Constitution (Cons. const. 15 janv. 2015, n° 2014-709 DC).

Les organes de la région ont encore des effectifs relativement restreints, tandis que ses compétences ont été également renforcées par la loi du 13 août 2004.

§ 1 Les organes de la région

La région est administrée par un conseil élu au suffrage universel direct, doté d'un organe exécutif. Elle est aussi assistée d'un conseil économique et social qui intervient en outre à titre consultatif. 325 ■

L'assemblée régionale, qui délibère sur les grandes orientations de la politique régionale et à ce titre examine et adopte le budget ainsi que les programmes d'intervention qui lui sont soumis, est assistée par une Commission permanente, organe de délibération élu par l'Assemblée plénière à la représentation proportionnelle, à laquelle le Conseil peut déléguer certaines de ses compétences. 326 ■

Le conseil économique et social de la région a succédé depuis la loi du 6 février 1992 au Comité économique et social institué par la loi de 1972 qui, lui-même, remplaçait la Commission de développement économique régional (CODER). Il n'a qu'un rôle consultatif et n'est pas composé d'élus locaux mais de représentants des activités économiques de la région, de même que des organisations syndicales de salariés et des principaux organismes culturels. Sa consultation est obligatoire préalablement au vote du conseil régional sur les principales questions économiques et budgétaires. Il constitue une survivance de la période durant laquelle la région n'avait de compétences qu'exclusivement économiques. 327 ■

328 Élu pour six ans par le conseil régional, le président du conseil régional est l'organe exécutif de la région. Il prépare et exécute les délibérations du conseil régional, gère le patrimoine régional et a autorité sur les services administratifs propres de la région. Il ne dispose, quant à lui, d'aucun pouvoir de police.

La loi du 7 mars 1998 relative au fonctionnement des conseils régionaux, avait eu pour objet de renforcer l'autorité de l'exécutif régional en remédiant à certaines difficultés constatées au cours des années précédentes du fait de l'absence de majorité stable au sein de certaines de ces assemblées. La réforme du mode de scrutin, qui entraîne la constitution de majorités stables, leur a fait perdre une grande part de leur intérêt.

Ce texte introduit une procédure d'adoption du budget régional sans vote. Le Conseil constitutionnel a admis que cette procédure, en ce qu'elle permet d'assurer le respect du principe de continuité des services publics, tout en évitant le dessaisissement des organes délibérants de la région au profit du représentant de l'État, n'avait pas porté atteinte au principe de libre administration des collectivités locales, mais tend, au contraire, à le rendre plus effectif (Cons. const. 6 mars 1998, *AJDA* 1998. 383).

Cependant, compte tenu des difficultés d'interprétation de la procédure d'adoption du budget régional sans vote qu'avait introduite la loi du 7 mars 1998, qui avaient conduit le juge administratif à censurer certaines utilisations de cette procédure (TA Orléans, 9 juill. 1998, *LPA* 5 avr. 1999, p. 10, note P. Jan), la loi du 19 janvier 1999 précise que le président du conseil régional ne peut recourir à la procédure d'adoption du budget sans vote que si le budget présenté a été expressément rejeté par le conseil régional. Dans ce cas, le président du conseil régional communique aux membres du conseil régional, dans un délai de dix jours à compter du vote de rejet, un nouveau projet sur la base du projet initial, modifié le cas échéant par un ou plusieurs amendements proposés lors de la discussion. Il est précisé par la loi que « ce projet de budget et les projets de délibérations relatives aux taux sont considérés comme adoptés à moins qu'une motion de renvoi, présentée par la majorité absolue des membres du conseil régional, ne soit adoptée à la même majorité ».

§ 2 Les attributions de la région

329 La loi NOTRe du 7 août 2015 supprime pour les régions la clause de compétence générale, mais renforce le rôle des régions en matière de planification économique, qui était déjà leur domaine historique de compétence. Il est prévu par la loi qu'elles donnent un avis sur l'élaboration du plan national, dans la mesure, cependant, où il en existe un, ce qui n'est plus le cas depuis quelques années. Les contrats de plan État-région (CPER), qui ont longtemps eu un rôle important, sont aujourd'hui de fait déconnectés de toute planification nationale.

Alors même que la loi du 29 juillet 1982 portant réforme de la planification s'était efforcée de souligner la portée obligatoire des dispositions des contrats de plan, en énonçant à l'article 12 que ces derniers « sont réputés ne contenir que des clauses contractuelles » et que « les contrats de plan ne peuvent être résiliés par l'État, avant leur date normale d'expiration, que dans les formes et conditions qu'ils stipulent expressément », il ressort aujourd'hui de la jurisprudence relative aux contrats de plan que ceux-ci n'ont guère, en réalité, qu'une portée politique et non pas juridique.

Il a été ainsi jugé que le « contrat de plan n'emporte, par lui-même, aucune conséquence directe quant à la réalisation effective des actions ou opérations qu'il prévoit » et qu'il ne produit donc pas d'effets juridiques suffisants pour justifier que la décision de le signer puisse faire l'objet d'un recours pour excès de pouvoir (CE 25 oct. 1996, *Assoc. Estuaire-Écologie*, *RFDA* 1997. 339, concl. Stahl et note Madiot).

Les conventions passées entre l'État et les régions sont pourtant bien des contrats, susceptibles à ce titre, en cas de modification unilatérale par l'État, d'engager sa responsabilité contractuelle (CE 21 déc. 2007, *Région Limousin*, *Dr. adm.* 2008, n° 16).

Les régions ont un rôle d'aide au développement en matière économique, par l'attribution d'aides directes ou indirectes aux entreprises. Elles peuvent également intervenir en matière d'aménagement du territoire et de protection de l'environnement, par exemple par la création de parcs naturels. **330**

Le budget de la région, certes d'ampleur plus limitée que celui des départements, a cependant un rôle important d'impulsion et d'animation de la politique régionale en ce qu'il est essentiellement un budget d'investissements, notamment en matière de transports routiers, ferroviaires ou fluviaux, et d'aménagement d'aéroports ou de ports. La région intervient également en matière de formation professionnelle et a la charge de l'entretien des lycées. Elle peut aussi soutenir le développement de la recherche scientifique ou de projets culturels.

La loi relative à la solidarité et au renouvellement urbain du 13 décembre 2000 a fait des régions l'autorité organisatrice des transports collectifs d'intérêt régional et, à ce titre, leur confie l'organisation des transports ferroviaires régionaux. La région disposait déjà d'une compétence dans l'organisation des transports routiers régionaux non urbains de voyageurs. **331**

Dans un tout autre domaine, la loi du 17 juillet 2001 avait donné aux collectivités locales la possibilité de créer des réseaux de communication, mais non de les exploiter. La loi pour la confiance dans l'économie numérique du 21 juin 2004 permet aux collectivités territoriales d'exploiter des réseaux de télécommunications et de fournir des services de communication électronique au public, c'est-à-dire d'être opérateurs de télécommunications. Cette disposition, qui ne concerne pas que les seules régions, devrait cependant permettre à ces dernières d'intervenir en tant qu'opérateurs de communications électroniques, dans le cadre du remodelage du service universel (v. R. Allemand, « L'intervention des collectivités territoriales dans le domaine des télécommunications », *AJDA* 2004. 2025).

La loi du 13 août 2004 confère aux régions de nouvelles compétences, principalement dans le domaine de l'éducation. Les régions sont en effet désormais propriétaires du patrimoine immobilier des lycées, des établissements d'éducation spéciale et des lycées professionnels maritimes. Comme les départements, elles sont responsables du recrutement et de la gestion des personnels TOS de ces établissements. En outre, elles définissent et mettent en œuvre la politique régionale d'apprentissage et de formation professionnelle des jeunes et des adultes, et doivent à ce titre instaurer un plan régional de développement des formations professionnelles.

section 5

Les collectivités territoriales à statut particulier

332 L'article 72 de la Constitution, dans sa rédaction issue de la loi constitutionnelle du 28 mars 2003, reconnaît expressément la possibilité de créer des « collectivités à statut particulier » en dehors même de l'outre-mer. Cette nécessité était déjà apparue pour la Corse (§1), de même que pour Paris et la région parisienne (§2), de par leurs particularités géographiques et historiques.

§ 1 La Corse

333 L'histoire mouvementée de la Corse depuis sa cession à la France en 1768 par la République de Gênes aura vu s'affronter un fort attachement à la France, qui se marque essentiellement dans les urnes, et de non moins fortes pressions indépendantistes, qui s'expriment davantage dans la rue et par la violence armée avec, en particulier, l'assassinat du préfet Claude Erignac en 1998. Les responsables politiques ayant cherché à répondre à ces tensions notamment sur le terrain du droit, quitte à innover, le statut de la Corse a fait l'objet de nombreux textes votés par le Parlement au cours des dernières années, dont certaines dispositions ont cependant été censurées par le Conseil constitutionnel. C'est ainsi que l'article 1er de la loi du 13 mai 1991, tel qu'il avait été adopté initialement par le Parlement, reconnaissait l'existence du « peuple corse » en tant que « composante du peuple français ». Cependant, par une décision du 9 mai 1991, le Conseil constitutionnel a censuré cette formule en tant qu'elle mettait en cause l'unité du peuple français et l'indivisibilité de la République, consacrées par les articles 1er et 3 de la Constitution.

Le texte qui deviendra la loi du 22 janvier 2002, conçu après de longues discussions entre les élus corses et le Premier ministre, a à nouveau été amputé d'une disposition importante par une décision du Conseil constitutionnel du 17 janvier 2002, qui a relevé qu'« en ouvrant au législateur, fût-ce à titre expérimental, dérogatoire et limité dans le temps, la possibilité d'autoriser la collectivité territoriale de Corse à prendre des mesures relevant du domaine de la loi, la loi déférée est intervenue dans un domaine qui ne relève que de la Constitution ». La révision constitutionnelle nécessaire pour permettre de telles innovations est intervenue par la loi du 28 mars 2003 et a une portée générale, au-delà du cas spécifique de la Corse (v. ss 187).

Par ailleurs, le projet d'instaurer une collectivité unique dans l'île devait entraîner la suppression des conseils généraux, dont certains estimaient qu'ils étaient l'un des lieux du clientélisme dont souffre la Corse. Rejeté à une majorité de 51 % par le référendum du 6 juillet 2003, ce projet a pourtant été repris par la loi du 7 août 2015 (loi NOTRe) : la « Collectivité de Corse » s'est substituée, au 1er janvier 2018, aux deux départements et à la collectivité territoriale de la Corse.

Collectivité à statut particulier depuis 1991, la « collectivité territoriale de la Corse » dispose de compétences élargies par la loi du 22 janvier 2002, par rapport à celles des régions, et au fait que la Corse constitue pour l'élection de l'assemblée de Corse une circonscription électorale unique. Outre les attributions ordinaires d'un conseil régional, cette assemblée est consultée sur tous les projets de lois et de règlements comportant des dispositions propres à la Corse. Les compétences de l'assemblée de Corse sont plus étendues que celles des autres régions en matière de recherche, de formation supérieure, d'aide aux entreprises, de développement touristique et d'environnement, notamment. 334 ■

L'assemblée de Corse élit son président pour un mandat de six ans. Il est assisté d'une commission permanente de onze membres.

Il faut en distinguer le « conseil exécutif », composé d'un président et de six conseillers exécutifs, élus par l'assemblée de Corse au scrutin de liste. Celui-ci peut faire l'objet d'une motion de défiance qui l'obligerait à démissionner, ce qui évoque, dans une certaine mesure, le fonctionnement d'un régime parlementaire. Le président du conseil exécutif ne dirige pas les débats de l'assemblée, ce qui est le rôle du président de l'assemblée, mais prépare et exécute ses délibérations, gère les services de la collectivité territoriale, la représente dans tous les actes de la vie civile et fait annuellement un rapport à l'assemblée de Corse sur la situation de la collectivité territoriale.

La Collectivité de Corse a hérité des caractéristiques institutionnelles de la Collectivité territoriale de la Corse, tout en intégrant les compétences (et ressources) des anciens départements.

§ 2 Paris et la région parisienne

La Ville de Paris a longtemps profondément dérogé au droit commun des communes, la loi de 1884 ayant fait une exception pour Paris, dont l'exécutif n'était pas un maire élu, mais le préfet de Paris. 335 ■

Sans doute craignait-on que le maire de Paris, dont l'institution date d'une loi de 1975, ne soit trop facilement prédisposé à exercer des responsabilités nationales, du fait du rôle particulier joué par Paris en France. Le conseil de Paris et le maire de Paris ont aujourd'hui un rôle d'autant plus important qu'ils exercent tout à la fois les attributions des organes d'une commune et de celles d'un département. Toutefois, l'essentiel des pouvoirs de police reste détenu par le préfet de police, le maire de Paris ne disposant d'un pouvoir de police que pour la conservation du domaine public de la Ville.

La loi du 31 décembre 1982 a institué à Paris, de même qu'à Lyon et Marseille, des conseils et maires d'arrondissements, élus en même temps que le conseil municipal. Leurs compétences s'exercent essentiellement en matière de gestion des équipements sociaux, culturels et sportifs. Elles ont été accrues par la loi du 27 février 2002 relative à la démocratie de proximité en matière d'urbanisme et d'équipements publics. 336 ■

Il subsiste peu de spécificités dans le statut actuel de la région Île-de-France. On notera que les transports en commun restent gérés par le syndicat des transports parisiens présidé par le préfet de Paris, préfet de la région Île-de-France. Pour le reste, le partage de compétences entre le préfet responsable des services de l'État dans la région parisienne, d'une part, le président de la région Île-de-France, d'autre part, est sensiblement le même que dans les autres régions de France.

La loi du 28 février 2017 relative au statut de Paris et à l'aménagement métropolitain a modifié le statut de Paris, désormais explicitement désignée comme collectivité à statut particulier. La Ville de Paris remplace ainsi le département et la commune de Paris.

La création, par la loi du 24 janvier 2014, de la métropole du Grand Paris, Établissement public de coopération intercommunale à fiscalité propre, ne remet que partiellement en cause cette organisation en visant, à terme, l'absorption des compétences des départements de la petite couronne parisienne par la métropole, sans retirer de compétences à la ville de Paris, en dehors de celles relatives au logement et à l'habitat.

La loi NOTRe est toutefois venue modifier cet équilibre, en profondeur mais non en qualité, au point qu'on a pu qualifier les dispositions concernées de « cauchemar légistique » (O. Renaudie, *RFDA* 2016. 491). EPCI à statut spécifique, composé d'un noyau dur de collectivités de la petite couronne, membres obligatoires auxquels pourront s'adjoindre les autres collectivités de la région parisienne, le Grand Paris est « administré » par un Conseil métropolitain de plus de 300 membres, complété de trois organes consultatifs. Une légère réduction du nombre d'élus avait été votée, mais, visant à limiter drastiquement la représentation des élus d'arrondissements parisiens, essentiellement pour des motifs politiques, elle a été censurée par le Conseil constitutionnel (Cons. const. 6 août 2015, décis. n° 2015-717 DC).

La lourdeur de l'institution n'est guère justifiée par les compétences du Grand Paris qui, en l'état actuel, sont en retrait par rapport à celles prévues en 2014, même si elles sont loin d'être négligeables : développement économique, protection de l'environnement, aménagement de l'espace métropolitain, politique locale de l'habitat et du logement.

section 6

L'outre-mer

337 La loi constitutionnelle du 28 mars 2003 conduit à distinguer les départements et régions d'outre-mer visés à l'article 73 de la Constitution (§1), et les autres collectivités d'outre-mer régies par l'article 74 de la Constitution (§2). La collectivité territoriale de Nouvelle-Calédonie continue à faire l'objet de dispositions spécifiques (§3).

§ 1 Les départements et régions d'outre-mer

338 Les lois et règlements peuvent faire l'objet, dans les départements et les régions d'outre-mer, d'adaptations tenant aux caractéristiques et contraintes particulières de ces collectivités. Ces adaptations peuvent être décidées par les collectivités dans les matières où s'exercent leurs compétences, si elles ont été habilitées par la loi.

Par dérogation au principe selon lequel les lois et règlements sont applicables de plein droit dans les départements et régions d'outre-mer, sous réserve des adaptations visées ci-dessus, ces collectivités peuvent même être habilitées par la loi à fixer elles-mêmes les règles applicables sur leur territoire, dans un nombre limité de matières pouvant relever du domaine de la loi. Cette dernière possibilité n'a pas été étendue à l'île de La Réunion.

Les régions d'outre-mer de la Guadeloupe et de La Réunion ont une assiette territoriale qui correspond exactement à celle des départements d'outre-mer. Ces régions ne comportent en effet qu'un seul département, de sorte qu'il existe une superposition parfaite entre les deux collectivités territoriales, département et région, quoique juridiquement distinctes. 339 ■

Il en va de même de Saint-Barthélémy et de Saint-Martin, collectivités rattachées antérieurement à la Guadeloupe, que la loi organique du 21 février 2007 a transformées en collectivités d'outre-mer régies par l'article 74 de la Constitution, bien qu'elles n'y soient pas mentionnées, et qui bénéficient d'une forte autonomie normative, principalement dans le domaine fiscal.

La Guyane et la Martinique constituaient des régions d'outre-mer. À la suite des consultations du 24 janvier 2010, elles ont été transformées en collectivités territoriales à statut particulier par une loi organique du 27 juillet 2011. Elles demeurent toutefois régies par l'article 73 de la Constitution, dans des conditions similaires aux départements et territoires d'outre-mer, et n'accèdent donc pas au statut de collectivité d'outre-mer, régi par l'article 74.

§ 2 Les collectivités d'outre-mer régies par l'article 74 de la Constitution

L'organisation de chaque collectivité d'outre-mer est régie par un statut spécifique adapté à leurs intérêts propres, conformément à l'article 74 de la Constitution. Ces statuts sont, en principe, définis par une loi organique adoptée après avis de l'assemblée délibérante, bien que de telles lois n'aient pas été systématiquement adoptées. Ainsi, malgré l'adoption de la très volumineuse loi organique n° 2007-223 du 21 février 2007 portant dispositions statutaires et institutionnelles relatives à l'outre-mer, l'organisation des pouvoirs publics des îles de Wallis-et-Futuna reste régie par une loi ordinaire du 29 juillet 1961, qui leur confère la qualité de territoire d'outre-mer. Les conditions de l'applicabilité des textes législatifs et réglementaires dans les collectivités d'outre-mer sont précisées par ces statuts. Ceux-ci fixent également les compétences des collectivités, y compris dans des matières pouvant relever de la loi. Cependant, les collectivités d'outre-mer ne peuvent disposer d'un pouvoir réglementaire autonome en matière de libertés, qui serait contraire au principe de l'unité juridique du régime des libertés publiques. 340 ■

Des consultations, en application de l'article 72-4 de la Constitution, doivent être organisées dans les hypothèses de transformation d'un département ou territoire d'outre-mer en collectivité d'outre-mer. Des projets de statut ont été proposés dans ce cadre aux suffrages des électeurs guadeloupéens le 7 décembre 2003, qui ont répondu par la négative à la proposition de changement de statut. Appelé à statuer sur le décret portant convocation des électeurs, le Conseil d'État s'est refusé à 341 ■

apprécier l'opportunité de la décision du président de la République d'organiser une consultation, mais a vérifié que le décret de convocation « n'est pas entaché d'un vice pouvant affecter la régularité ou la sincérité de la consultation à venir » (CE, sect., 4 déc. 2003, *M. Feler, JCP Adm.* 2004, n° 1258, note D. Maillard Desgrées du Loû, *RFDA* 2004. 549, note J.-P. Thiellay, *AJDA* 2004. 595, note M. Verpeaux).

■ 342 La collectivité territoriale de Saint-Pierre-et-Miquelon est régie par la loi organique du 21 février 2007, qui a repris pour l'essentiel les dispositions d'une loi du 11 juin 1985. L'organisation de ce territoire est proche de celle d'un département métropolitain. Le conseil territorial est très proche d'un conseil départemental, mais dispose également de compétences similaires à celles d'un conseil régional ; les pouvoirs du président du territoire sont, en revanche, plus limités, bien qu'ils aient été légèrement élargis en 2007, notamment à la coopération régionale. Les textes de loi et de règlement demeurent applicables de plein droit à cette collectivité, selon le principe d'identité législative.

■ 343 Le territoire de la Polynésie française est, quant à lui, doté de vastes compétences, exercées par l'assemblée territoriale et le président du gouvernement. Il dispose même de compétences en matière de relations internationales, définies par la loi organique du 12 avril 1996 et confirmées par le nouveau statut de cette collectivité, résultant de la loi organique du 27 février 2004, complétée, quant aux rapports entre assemblée et président, par une loi organique du 1er août 2011. Ces textes donnent la possibilité à l'Assemblée de Polynésie de déroger aux lois nationales par des lois de pays, sous le contrôle du Conseil d'État. Ce dernier exerce son contrôle dans des conditions proches du contrôle exercé par le Conseil constitutionnel sur les lois ordinaires (CE, sect., 1er févr. 2006, *Sandras et Cne de Papara, RFDA* 2006. 271, concl. Stahl), alors même que les lois de pays de Polynésie sont bien des actes administratifs (v. R. Keller, « Le recours juridictionnel spécifique contre la « loi du pays » de Polynésie française : un contentieux original et complexe à l'image du statut de cette collectivité », *RFDA* 2010. 949). Quant à l'acte de promulgation de la loi de pays, distinct de la loi elle-même, il peut faire l'objet d'un recours pour excès de pouvoir dans les conditions traditionnelles (CE 22 mars 2006, *Fritch et a., RFDA* 2006. 1111, note A. Moyrand et A. Troianiello).

■ 344 L'autonomie du statut de Wallis-et-Futuna est en revanche sensiblement plus limitée, l'administrateur supérieur étant tout à la fois le représentant de l'État et l'exécutif du territoire. Il ne peut toutefois, pas plus qu'aucune autorité de la République, connaître des questions coutumières, et, en particulier, intervenir dans la désignation des autorités coutumières autrement que pour tirer les conséquences financières des désignations intervenues hors de son intervention (TA Mata-Utu, 12 mars 2007, *M. Halagahu, AJDA* 2007. 1184, concl. J.-P. Briseul).

■ 345 Dans les terres australes et antarctiques françaises (TAAF), l'administrateur supérieur dirige également tant les services de l'administration d'État que ceux de la collectivité territoriale. La loi ordinaire du 21 février 2007 a inclus les îles éparses, inhabitées, dans le régime des TAAF, auxquelles est applicable le régime d'identité législative.

L'îlot de Clipperton, possession française située dans l'océan Pacifique, à 1 500 km des côtes mexicaines, est, depuis la même loi de 2007, placé sous l'autorité directe du gouvernement.

■ 346 Une loi organique du 3 août 2009 a transformé la collectivité de Mayotte en département, exerçant tout à la fois les compétences d'un département et d'une région d'outre-mer. Cette départementalisation était attendue, à la suite du référendum du 29 mars 2009 qui en avait approuvé le principe à une écrasante majorité. La collectivité de Mayotte était déjà très proche du statut d'un département d'outre-mer à la suite de réformes successives. « Collectivité départementale » depuis la loi du 11 juillet 2001, Mayotte avait déjà de fait été transformée en département de plein exercice par les lois organique et ordinaire du 21 février 2007, qui prévoyaient notamment l'application de plein droit à Mayotte que des textes législatifs et réglementaires, à compter du 1er janvier 2008, et assimilaient, en terme de compétences, Mayotte aux départements et régions d'outre-mer.

§ 3 La Nouvelle-Calédonie

La question de l'autonomie devant être reconnue aux autorités de la Nouvelle-Calédonie a donné lieu à des débats mouvementés, du fait notamment d'affrontements internes entre différentes catégories de la population. Une loi référendaire du 9 novembre 1988 lui confère un statut d'« autonomie interne » et prévoyait qu'un scrutin d'autodétermination sur son indépendance éventuelle aurait lieu en 1998. Un accord a finalement été signé à Nouméa le 5 mai 1998 et a fixé le cadre de l'évolution institutionnelle de la Nouvelle-Calédonie pour les vingt années suivantes. Le recours à une loi du 20 juillet 1998 portant révision constitutionnelle était nécessaire pour rendre possible la mise en œuvre de cet accord en aménageant pour la Nouvelle-Calédonie une organisation politique différente de celle prévue pour les autres collectivités d'outre-mer par l'article 74 de la Constitution, au point qu'aucune disposition de la Constitution relative aux collectivités territoriales ne lui est plus applicable (CE 13 déc. 2006, *Genelle*, *RFDA* 2007. 18, concl. S. Verclytte). La loi constitutionnelle a eu pour objet de permettre le transfert progressif, mais définitif, aux institutions locales de compétences qui relevaient des prérogatives de l'État. Les assemblées locales ont été autorisées à adopter des délibérations ayant force de loi, pouvant introduire un régime juridique différencié pour « les citoyens de Nouvelle-Calédonie », d'une part, pour les autres ressortissants français, d'autre part, notamment en matière de citoyenneté, de régime électoral ou encore de « statut civil coutumier ». Une consultation électorale organisée en Nouvelle-Calédonie en novembre 1998 a approuvé l'organisation politique résultant de cet accord. 347

Le Conseil d'État avait été saisi d'un recours contre le décret du 20 août 1998 organisant la consultation des populations de la Nouvelle-Calédonie. Ce recours avait été introduit par des personnes résidant sur ce territoire mais qui n'y étaient pas domiciliés depuis novembre 1988, alors que cette condition de domiciliation depuis 1988 pour participer au scrutin résultait de l'article 76 de la Constitution, modifiée par la loi constitutionnelle du 20 juillet 1998. Les requérants invitaient le Conseil d'État à faire prévaloir sur cette disposition constitutionnelle les stipulations du pacte des Nations unies sur les droits civils et politiques, ainsi que de la Convention européenne des droits de l'homme. Le Conseil d'État a rejeté ce moyen aux motifs que la suprématie conférée par l'article 55 de la Constitution aux engagements internationaux « ne s'applique pas, dans l'ordre interne, aux dispositions de nature constitutionnelle » (CE, ass., 30 oct. 1998, *M. Sarran, M. Levacher et a.* ; v. ss 32). 348

Compléments pédagogiques

Quid

■ Déféré préfectoral n° 289

Si les actes des collectivités territoriales sont, depuis 1982, directement exécutoires, le préfet conserve la mission de vérifier *a posteriori* la légalité des actes qui lui sont obligatoirement transmis. Le déféré préfectoral est ainsi le recours qu'il introduit auprès du tribunal administratif pour lui demander d'annuler, parce qu'il l'estime illégal, un acte d'une collectivité locale, qu'il s'agisse d'un acte unilatéral ou d'un contrat.

■ Démocratie locale n°s 276 s.

La notion de démocratie locale a été introduite en droit français par la loi relative à l'administration territoriale de la République de 1992, et renforcée par la loi du 27 février 2002 relative à la démocratie de proximité et la réforme constitutionnelle de mars 2003. Outre des dispositions relatives aux droits à l'*information* et à la *transparence* de la vie locale, elle se manifeste surtout par les *consultations locales*. Celles-ci sont désormais complétées par un *référendum*, qui permet aux citoyens locaux d'adopter des décisions ressortissant à la compétence de la commune. Le conseil municipal peut décider de consulter les électeurs de la commune, à la double condition que la question posée ait trait aux affaires de la commune et que les conditions de délai soient respectées (impossibilité de consulter les électeurs deux fois dans la même année et dans l'année précédent les élections municipales).

■ Suspension provisoire n° 292

Lorsqu'il défère au tribunal administratif un acte d'une collectivité territoriale, le préfet peut assortir son recours d'une demande de suspension. Si le déféré est présenté dans les dix jours suivant la transmission de l'acte, et si le domaine concerné a trait à l'urbanisme, aux marchés publics ou aux délégations de services publics, l'application de l'acte est interrompue pour une durée d'un mois, sans que cela préjuge de sa légalité.

Documents

Constitution du 4 octobre 1958

Art. 72. Les collectivités territoriales de la République sont les communes, les départements, les régions, les collectivités à statut particulier et les collectivités d'outre-mer régies par l'article 74. Toute autre collectivité territoriale est créée par la loi, le cas échéant en lieu et place d'une ou de plusieurs collectivités mentionnées au présent alinéa.

Les collectivités territoriales ont vocation à prendre les décisions pour l'ensemble des compétences qui peuvent le mieux être mises en œuvre à leur échelon.
Dans les conditions prévues par la loi, ces collectivités s'administrent librement par des conseils élus et disposent d'un pouvoir réglementaire pour l'exercice de leurs compétences.
Dans les conditions prévues par la loi organique, et sauf lorsque sont en cause les conditions essentielles d'exercice d'une liberté publique ou d'un droit constitutionnellement garanti, les collectivités territoriales ou leurs groupements peuvent, lorsque, selon le cas, la loi ou le règlement l'a prévu, déroger, à titre expérimental et pour un objet et une durée limités, aux dispositions législatives ou réglementaires qui régissent l'exercice de leurs compétences.
Aucune collectivité territoriale ne peut exercer une tutelle sur une autre. Cependant, lorsque l'exercice d'une compétence nécessite le concours de plusieurs collectivités territoriales, la loi peut autoriser l'une d'entre elles ou un de leurs groupements à organiser les modalités de leur action commune.
Dans les collectivités territoriales de la République, le représentant de l'État, représentant de chacun des membres du gouvernement, à la charge des intérêts nationaux, du contrôle administratif et du respect des lois.
Art. 72-1. La loi fixe les conditions dans lesquelles les électeurs de chaque collectivité territoriale peuvent, par l'exercice du droit de pétition, demander l'inscription à l'ordre du jour de l'assemblée délibérante de cette collectivité d'une question relevant de sa compétence.
Dans les conditions prévues par la loi organique, les projets de délibération ou d'acte relevant de la compétence d'une collectivité territoriale peuvent, à son initiative, être soumis, par la voie du référendum, à la décision des électeurs de cette collectivité.
Lorsqu'il est envisagé de créer une collectivité territoriale dotée d'un statut particulier ou de modifier son organisation, il peut être décidé par la loi de consulter les électeurs inscrits dans les collectivités intéressées. La modification des limites des collectivités territoriales peut également donner lieu à la consultation des électeurs dans les conditions prévues par la loi.
Art. 72-2. Les collectivités territoriales bénéficient de ressources dont elles peuvent disposer librement dans les conditions fixées par la loi.
Elles peuvent recevoir tout ou partie du produit des impositions de toutes natures. La loi peut les autoriser à en fixer l'assiette et le taux dans les limites qu'elle détermine.
Les recettes fiscales et les autres ressources propres des collectivités territoriales représentent, pour chaque catégorie de collectivités, une part déterminante de l'ensemble de leurs ressources. La loi organique fixe les conditions dans lesquelles cette règle est mise en œuvre.
Tout transfert de compétences entre l'État et les collectivités territoriales s'accompagne de l'attribution de ressources équivalentes à celles qui étaient consacrées à leur exercice. Toute création ou extension de compétences ayant pour conséquence d'augmenter les dépenses des collectivités territoriales est accompagnée de ressources déterminées par la loi.
La loi prévoit des dispositifs de péréquation destinés à favoriser l'égalité entre les collectivités territoriales.

Code général des collectivités territoriales

Chapitre Ier : Principe de libre administration (extraits)
Art. L. 1111-1. Les communes, les départements et les régions s'administrent librement par des conseils élus.
Art. L. 1111-2. Les communes, les départements et les régions règlent par leurs délibérations les affaires de leur compétence.

Ils concourent avec l'État à l'administration et à l'aménagement du territoire, au développement économique, social, sanitaire, culturel et scientifique, ainsi qu'à la protection de l'environnement, à la lutte contre l'effet de serre par la maîtrise et l'utilisation rationnelle de l'énergie, et à l'amélioration du cadre de vie. Chaque année, lors du débat sur les orientations générales du budget prévu par le deuxième alinéa de l'article L. 2312-1, il est présenté un rapport aux assemblées délibérantes des collectivités territoriales et des établissements publics de coopération intercommunale compétents sur le territoire desquels sont situées une ou plusieurs zones urbaines sensibles, sur les actions qui sont menées dans ces zones, les moyens qui y sont affectés et l'évolution des indicateurs relatifs aux inégalités.

Les communes, les départements et les régions constituent le cadre institutionnel de la participation des citoyens à la vie locale et garantissent l'expression de sa diversité.

Art. L. 1111-3. La répartition de compétences entre les communes, les départements et les régions ne peut autoriser l'une de ces collectivités à établir ou exercer une tutelle, sous quelque forme que ce soit, sur une autre d'entre elles.

Art. L. 1111-4. La répartition des compétences entre les collectivités territoriales et l'État s'effectue, dans la mesure du possible, en distinguant celles qui sont mises à la charge de l'État et celles qui sont dévolues aux communes, aux départements ou aux régions de telle sorte que chaque domaine de compétences ainsi que les ressources correspondantes soient affectés en totalité soit à l'État, soit aux communes, soit aux départements, soit aux régions.

Les communes, les départements et les régions financent par priorité les projets relevant des domaines de compétences qui leur ont été dévolus par la loi. Les décisions prises par les collectivités territoriales d'accorder ou de refuser une aide financière à une autre collectivité territoriale ne peuvent avoir pour effet l'établissement ou l'exercice d'une tutelle, sous quelque forme que ce soit, sur celle-ci. Ces dispositions s'appliquent aux décisions prises après le 1er avril 1991.

L'attribution par une collectivité territoriale à une autre collectivité territoriale d'une aide financière ne peut être subordonnée à des conditions tenant à l'appartenance de la collectivité bénéficiaire à une association, à un établissement public de coopération intercommunale ou à un syndicat mixte, existant ou à créer.

Art. L. 2131-1. Les actes pris par les autorités communales sont exécutoires de plein droit dès qu'il a été procédé à leur publication ou affichage ou à leur notification aux intéressés ainsi qu'à leur transmission au représentant de l'État dans le département ou à son délégué dans l'arrondissement. Pour les décisions individuelles, cette transmission intervient dans un délai de quinze jours à compter de leur signature.

Cette transmission peut s'effectuer par voie électronique, selon des modalités fixées par décret en Conseil d'État. ;

Le maire certifie, sous sa responsabilité, le caractère exécutoire de ces actes.

La preuve de la réception des actes par le représentant de l'État dans le département ou son délégué dans l'arrondissement peut être apportée par tout moyen. L'accusé de réception, qui est immédiatement délivré, peut être utilisé à cet effet mais n'est pas une condition du caractère exécutoire des actes. [...]

Art. L. 2131-6. Le représentant de l'État dans le département défère au tribunal administratif les actes mentionnés à l'article L. 2131-2 qu'il estime contraires à la légalité dans les deux mois suivant leur transmission.

Sur demande du maire, le représentant de l'État dans le département l'informe de son intention de ne pas déférer au tribunal administratif un acte des autorités communales qui lui a été transmis en application des articles L. 2131-1 à L. 2131-5. Lorsque le représentant de l'État dans

le département défère un acte au tribunal administratif, il en informe sans délai l'autorité communale et lui communique toutes précisions sur les illégalités invoquées à l'encontre de l'acte concerné.
Le représentant de l'État peut assortir son recours d'une demande suspension. Il est fait droit à cette demande si l'un des moyens invoqués paraît, en l'état de l'instruction, propre à créer un doute sérieux quant à la légalité de l'acte attaqué. Il est statué dans un délai d'un mois.
Jusqu'à ce que le président du tribunal administratif ou le magistrat délégué par lui ait statué, la demande de suspension en matière d'urbanisme, de marchés et de délégation de service public formulée par le représentant de l'État dans les dix jours à compter de la réception de l'acte entraîne la suspension de celui-ci. Au terme d'un délai d'un mois à compter de la réception, si le juge des référés n'a pas statué, l'acte redevient exécutoire.
Lorsque l'acte attaqué est de nature à compromettre l'exercice d'une liberté publique ou individuelle, le président du tribunal ou le magistrat délégué à cet effet en prononce la suspension dans les quarante-huit heures. La décision relative à la suspension est susceptible d'appel devant le Conseil d'État dans la quinzaine de la notification. En ce cas, le président de la section du contentieux du Conseil d'État ou un conseiller d'État délégué à cet effet statue dans un délai de quarante-huit heures.
L'appel des jugements du tribunal administratif ainsi que des décisions relatives aux demandes de suspension prévues aux alinéas précédents, rendus sur recours du représentant de l'État, est présenté par celui-ci.
Art. L. 2131-9. Si un citoyen croit être personnellement lésé par un acte d'une autorité communale, il peut en demander l'annulation au tribunal administratif.

Biblio

A. Généralités

- J.-B. Auby, *La décentralisation et le droit*, LGDJ, coll. « Systèmes », 2006.
- J.-B. Auby, O. Renaudie (dir.), *Réforme territoriale et différenciation(s)*, Berger-Levrault, 2016, 134 p.
- B. Faure, *Droit des collectivités territoriales*, 4e éd., Dalloz, coll. « Précis », 2016.
- X. Greffe, *La décentralisation*, La Découverte, coll. « Repères », 2005, 128 p.
- G. Guglielmi, J. Martin (dir.), *La démocratie de proximité*, Berger-Levrault, 2013, 238 p.
- A. Hastings-Marchadier, B. Faure, *La décentralisation à la française*, LGDJ, coll. « Systèmes », 2015, 202 p.
- N. Kada, R. Pasquier, C. Coutecouisse, V. Aubelle, *Dictionnaire encyclopédique de la décentralisation*, Berger-Levrault, 2017, 1095 p.
- J.-M. Pontier, *La décentralisation française*, LGDJ, coll. « Systèmes », 2016, 184 p.
- S. Regourd, J. Carles, D. Guignard (dir.), *La décentralisation 30 ans après*, Presses de l'Univ. Toulouse Capitole, 2013, 324 p.
- M. Verpeaux, *Les collectivités territoriales en France*, 5e éd., Dalloz, coll. « Connaissance du droit », 2015.

B. Les différentes collectivités territoriales

- N. Ferreira, L. Janicot (dir.), *Quel(s) avenir(s) pour les départements ?*, LEJEP, 2017.

- O. Gohin, « L'outre-mer dans la réforme constitutionnelle de la décentralisation », *RFDA* 2003. 678.
- O. Gohin, M. Joyau, « L'évolution institutionnelle de la Polynésie française », *AJDA* 2004. 1242-1252.
- A. Oraison, « Le nouveau statut d'autonomie renforcée de la Polynésie française », *RFDA* 2004. 530.
- A. Pécheul, M. Verpeaux, *Les communes nouvelles*, Lexisnexis, 2016.
- B. Rémond, *La région*, Montchrestien, coll. « Clefs », 1999.
- J.-P. Thiellay, « Les lois organique et ordinaire portant dispositions statutaires et institutionnelles relatives à l'outre-mer du 21 février 2007 », *AJDA* 2007. 630.
- M. Verpeaux, *La région*, Dalloz, coll. « Connaissance du droit », 2005.
- M. Verpeaux, « Paris, entre droit commun et collectivité à statut particulier », *RFDA* 2017. 619.
- « L'outre-mer », *Pouvoirs* 2005, n° 113.

C. La coopération décentralisée

- M.-C. Bernard-Gélabert, *L'intercommunalité*, 6e éd., LGDJ, 2007.
- P. Bodineau, M. Verpeaux, *La coopération locale et régionale*, PUF, coll. « Que sais-je ? », 1998, n° 3374.
- M. Degoffe, *Droit et pratique de l'intercommunalité*, Sorman, 2005.
- L. Domingo, « La loi de réforme des collectivités territoriales et l'intercommunalité », *JCP Adm.* 10 janv. 2011.
- J.-C. Douence, « Les métropoles », *RFDA* 2011. 258.
- J.-M. Pontier, « Entre deux rives : une décennie d'intercommunalité », *JCP Adm.* 13 juil. 2009.
- N. Portier, « La coopération intercommunale dans la réforme des collectivités », *AJDA* 2011. 80.
- C. Regourd, « Libre administration et intercommunalité », *AJDA* 2018. 2327.
- « L'intérêt communautaire », *JCP Adm.* 2007, n° 24, supp. « Cahiers de droit de l'intercommunalité », n° 1.

D. Le contrôle des collectivités territoriales

- J.-F. Brisson, « Le contrôle de légalité dans la loi du 13 août 2004 », *AJDA* 2005. 126-132.
- P. Combeau (dir.), *Les contrôles de l'État sur les collectivités territoriales aujourd'hui*, L'harmattan, 2007.
- F. Llorens, « Le statut du déféré préfectoral », *Cahiers du CNFPT* 1989. 132.
- S. Martin, *Le contrôle* a posteriori *de la légalité des actes des collectivités locales*, Berger-Levrault, 1990, 366 p.

Quiz

1) Sujet corrigé

Cas pratique

Énoncé

Déféré préfectoral et contrôle des actes des collectivités locales.

1. M. Loïs Ruflette, maire de Pouyastruc (Hautes-Pyrénées), soucieux de retenir la population dans sa commune, décide, en l'absence d'un service de ramassage scolaire par le département, qui en a pourtant la compétence, d'organiser un tel service. Il demande pour ce faire l'accord du conseil municipal, qui l'autorise le 15 juin 2003 à acquérir cinq autobus destinés au transport des élèves ainsi qu'à recruter 10 personnes pour l'entretien et la conduite des véhicules.

Le préfet des Hautes-Pyrénées, auquel la délibération a été transmise, soucieux de ne pas porter atteinte à un équilibre politique déjà précaire en une période préélectorale, décide de ne pas déférer la délibération du conseil municipal au tribunal administratif, malgré la demande que lui a faite un administré de la commune, M. Payre. Il en informe ce dernier le 16 août 2003.

Considérant qu'en refusant de déférer l'acte incriminé au tribunal administratif, le préfet a agi avec une insupportable légèreté, et que la délibération est susceptible d'aggraver l'état déjà peu florissant des finances de la commune, M. Payre décide d'attaquer la décision de refus du préfet devant le tribunal administratif de Pau. Celui-ci rejette son recours le 14 octobre 2003.

M. Payre compte faire appel de cette décision. Cette procédure est-elle susceptible de succès ? De quelle autre possibilité disposerait-il ?

2. Excédé par l'obstruction systématique de M. Payre, le maire décide en outre, pour se débarrasser d'un opposant si encombrant, de refuser, à l'approche du scrutin cantonal, son inscription sur les listes électorales de la commune.

Quelles possibilités s'ouvrent à M. Payre pour faire valoir son droit de vote ?

3. Décidément très dévoué à la cause de la collectivité dont il a la charge, M. Ruflette, qui a conservé l'appui de son conseil municipal, décide de créer une Maison de la randonnée pyrénéenne à l'entrée du parc national des Pyrénées. Il accorde pour ce faire le 15 octobre 2003 un permis de construire à la société La Station bétonnée, dans une zone pourtant protégée puisque située dans le périmètre du parc. La décision lui ayant été transmise le 20 octobre, le préfet décide cette fois de la déférer au tribunal administratif, dès le 25 octobre, en assortissant sa requête d'une demande de suspension.

Le maire décide de passer outre le déféré préfectoral, et demande à la société de commencer immédiatement les travaux.

En a-t-il légalement la possibilité ?

Voir le corrigé en fin de rubrique.

2) Sujets d'examen

A) Dissertations

La participation des habitants à la vie locale.

Le contrôle des actes des collectivités territoriales.

B) Cas pratique

M. Lacampagne possède un magasin de fruits et légumes à Saint-Priest-la Feuille (Creuse) ; il est aussi conseiller municipal d'opposition de la même commune, et entretient à ce titre des relations houleuses avec le maire de la commune, M. Delaville. Excédé par les bruyantes et interminables interventions de M. Lacampagne lors des réunions du conseil municipal, M. Delaville cherche à tout prix à se débarrasser de cet encombrant élu. À bout d'arguments, il prend, le 1er juillet 2007, un arrêté interdisant, pour des motifs sanitaires, la vente de fruits et légumes sur le territoire de la commune.

M. Lacampagne, qui a trouvé le préfet de Limoges fort attentif aux circuits de distribution des produits de la terre lors de son discours d'inauguration du dernier comice agricole, à Bersac-sur-Rivalier (Haute-Vienne), lui écrit un courrier lui demandant de faire pression sur le maire pour qu'il revienne à la raison et, en cas d'échec, de saisir le juge compétent.

Très surpris de n'avoir toujours pas de réponse, le 15 septembre, M. Lacampagne vient vous trouver pour savoir ce qu'il serait possible de faire pour obtenir la disparition de l'inique décision du maire. En outre, irrité par l'absence de réponse du préfet et ne comptant pas supporter seul les pertes que l'interdiction de son activité entraînera, il voudrait savoir de quels moyens il dispose pour se retourner contre le préfet, soit qu'une réponse négative lui parvienne prochainement, soit que le préfet ne daigne toujours pas lui répondre.

3) Corrigé

Cas pratique

1. a. La loi du 22 juillet 1983, qui complète le dispositif des lois de décentralisations, indique, à son article 29, que « les départements ont la responsabilité de l'organisation et du fonctionnement » des transports scolaires, responsabilité qu'ils peuvent éventuellement déléguer aux communes ou à leurs groupements. Ici, rien n'indiquait que tel soit le cas : le conseil municipal de Pouyastruc a donc adopté une décision illégale, parce qu'empiétant sur les compétences du département des Hautes-Pyrénées. Cette illégalité était susceptible d'entraîner l'annulation de la délibération par le juge administratif, si elle lui avait été soumise. La question posée était cependant indépendante de celle de la légalité de la délibération : le préfet des Hautes-Pyrénées a-t-il le droit de refuser de déférer un acte d'une collectivité territoriale ?

Il faut, pour répondre à cette question, fixer au préalable le cadre juridique dans lequel elle se place. Depuis la loi du 2 mars 1982, les actes des collectivités territoriales, et en particulier les communes, ne sont plus soumis au contrôle a priori : ils sont directement exécutoires ; mais, pour éviter que des décisions illégales soient trop fréquemment adoptées par des collectivités jouissant désormais de pouvoirs importants, une procédure de transmission obligatoire des actes au représentant de l'État dans le département a été instaurée, qui concerne notamment l'ensemble des délibérations des Conseils municipaux. Le préfet a alors la possibilité de déférer au juge de l'excès de pouvoir les actes qui lui sont transmis, s'il estime qu'ils peuvent être entachés d'illégalité. La procédure peut être déclenchée de deux façons : soit à l'initiative du préfet lui-même, soit qu'un administré demande au préfet de déférer l'acte au tribunal (déféré provoqué). Mais même dans ce second cas, le préfet n'a pas *l'obligation* de déférer l'acte au juge administratif. Le rejet par le préfet de la demande de déféré est désormais considéré, après quelques hésitations (CE 18 nov. 1987, *Marcy*), comme insusceptible de recours pour excès de pouvoir (CE 25 janv. 1991, *Brasseur*). C'est donc très logiquement que le tribunal administratif de Pau a rejeté la requête de M. Payre : un jugement en appel ne ferait que confirmer la décision du tribunal administratif en date du 14 octobre 2003. On ajoutera d'ailleurs que l'abstention du préfet de déférer un acte illégal au tribunal administratif n'entraîne pas la responsabilité de l'État du fait des conséquences de l'illégalité de l'acte, sauf à prouver que cette abstention serait en l'espèce entachée d'une faute lourde (CE 21 juin 2000, *Cne de Roquebrune-Cap-Martin*).

b. M. Payre, justifiant en tant que contribuable de la commune d'un intérêt lui donnant qualité à agir, aurait pu intenter directement un recours contre la délibération incriminée, recours qui n'aurait d'ailleurs pas été forcément dépourvu de chances de succès. Mais le délai de recours est en principe dépassé : comme le préfet, M. Payre disposait de deux mois pour intenter un recours contre la délibération, il devrait par conséquent être considéré comme forclos au moment de la décision du tribunal administratif. Tel n'est pourtant pas le cas, le juge administratif considérant que le délai de recours est *prorogé* du fait de la demande de déféré effectuée auprès du préfet, le délai de recours courant à nouveau à partir de la réponse du préfet (arrêt *Brasseur*, préc.) : celle-ci étant intervenue le 16 août, M. Payre peut bien déposer un recours devant le tribunal administratif de Pau, mais cette fois contre la délibération elle-même.

2. Le maire de la commune, dans cette action fort heureusement fictive, a agi non pas en tant qu'autorité décentralisée, mais en tant que représentant de l'État dans la commune, l'établissement des listes électorales faisant partie, avec entre autres compétences l'état civil, des missions que le maire accomplit au nom de l'État. Les actes que le maire prend dans ce cadre sont donc soumis à un régime équivalent à ceux du préfet en tant que chef des services extérieurs de l'État : le maire est soumis au pouvoir hiérarchique du gouvernement (et plus précisément du ministre de l'Intérieur). La décision de refus d'inscription sur les listes électorales dont a été l'objet M. Payre peut par conséquent faire l'objet d'un *recours hiérarchique* auprès du représentant local de l'État, c'est-à-dire du préfet de département.

3. Les actes des collectivités territoriales sont, on l'a dit, exécutoires de plein droit depuis les lois de décentralisation. Le déféré préfectoral ne suspend pas leur application. Par conséquent, le maire a en principe tout à fait la possibilité de passer outre le déféré du préfet (dont il est informé « sans délai », aux termes de l'art. L. 2131-6 du Code général des collectivités territoriales), et de demander à la société La station bétonnée de construire à la hâte le bâtiment projeté, la décision devant être considérée comme légale tant qu'elle n'a pas été annulée par le juge de l'excès de pouvoir.

Le fait que le préfet ait assorti son déféré d'une demande de suspension n'est pas en soi un motif suffisant pour inquiéter immédiatement le maire : la demande de suspension doit être instruite dans le délai d'un mois, ce qui, au cas où la suspension serait prononcée, laisse un temps suffisant pour commencer les travaux. Mais la loi du 4 février 1995 relative à l'aménagement et au développement du territoire a introduit une procédure de *suspension provisoire*, dans certaines matières, notamment celle ici concernée, c'est-à-dire l'urbanisme. Cette procédure consiste à donner un effet suspensif aux déférés préfectoraux assortis d'une demande de suspension, lorsque le déféré est présenté dans les dix jours suivant la réception de l'acte. La suspension intervient alors pour un mois à compter de la date de réception, sauf si le tribunal se prononce dans l'intervalle. Dans le cas présent, la délibération a été transmise au préfet le 20 octobre, et le déféré est intervenu le 25 : la délibération est donc frappée de suspension provisoire jusqu'au 20 novembre 2003 ; décidément peu heureux dans ses projets, le maire de Puyastruc devra se faire une raison : il faudra patienter quelque temps avant de construire la Maison de la randonnée tant espérée.

chapitre 6

Les établissements publics et les autres personnes morales de droit public

Plan analytique

section 1

Identification et classification des établissements publics

§ 1 Définition de l'établissement public

§ 2 Classification des établissements publics

A. Établissements publics administratifs, établissements publics industriels et commerciaux

B. Établissement public et entreprise publique

section 2

Le régime juridique des établissements publics

§ 1 Création et suppression

§ 2 Les principes de gestion des établissements publics

A. L'autonomie

B. La spécialité

§ 3 Le personnel des établissements publics

section 3

Les autres personnes morales de droit public

§ 1 Les groupements d'intérêt public

§ 2 Les autorités publiques indépendantes

§ 3 La Banque de France

Compléments pédagogiques

Les établissements publics et les autres personnes morales de droit public

L'établissement public constitue un procédé utilisé tant par les collectivités territoriales que par l'État pour gérer les activités les plus diverses. L'accroissement des domaines de l'action publique a entraîné une expansion corrélative du nombre des établissements publics, dont la formule, plus souple que celles des autres collectivités publiques, permet une adaptation de la forme juridique de l'établissement public aux objectifs et besoins les plus variés. Cette extension, critiquée dès la fin du XIXe siècle par le doyen Hauriou (note sur T. confl. 9 déc. 1899, *Canal de Gignac*, S. 1900. 3. 49), et examinée sous tous ses aspects depuis plus de cinquante ans (R. Drago, *Les crises de la notion d'établissement public*, Pedone, 1950), si elle est toujours d'actualité, a également laissé la place à une diversification des personnes publiques, puisque l'établissement public ne constitue plus la seule catégorie de personne morale de droit public en dehors des collectivités territoriales et de l'État. 349

L'identification, mais aussi la classification, des établissements publics est donc parfois difficile (section 1) ; leur régime juridique, bien qu'il soit diversifié, comporte des traits communs (section 2). La plasticité de la notion d'établissement public ne va plus cependant jusqu'à pouvoir englober toutes les personnes publiques autres que l'État et les collectivités territoriales, et il existe aujourd'hui des personnes morales de droit public d'une nature singulière (section 3).

section 1

Identification et classification des établissements publics

La multiplication des missions dévolues aux établissements publics, ainsi que la diversification, en dehors de ces missions, de leurs activités, rend improbable la recherche d'une définition claire et unique de l'établissement public (§1). Il n'en est que plus important de différencier leurs catégories (§2). 350

§ 1 Définition de l'établissement public

On définit traditionnellement un établissement comme un « service public personnalisé ». À ce titre, ils doivent se voir appliquer des règles de droit public. Si l'établissement public est, en principe, effectivement constitué dans le but de gérer un service public, et non des activités privées, une telle définition n'est cependant plus acceptable aujourd'hui. 351

Le droit applicable aux établissements publics n'est en effet plus totalement du droit public : s'ils constituent toujours des institutions administratives, au sens où ils participent à l'action administrative et prennent des décisions à caractère administratif, relevant pour au moins certaines d'entre elles du juge administratif, leur régime juridique est, pour une large part, un régime de droit privé. C'est, par exemple, le cas pour bon nombre d'entre eux s'agissant de leurs relations avec leurs agents ou avec les usagers.

Les établissements publics ne gèrent par ailleurs plus uniquement des services publics. Certains d'entre eux n'en ont jamais géré : on cite souvent à cet égard le cas de Charbonnages de France, l'exploitation de la houille ne constituant pas une mission de service public, pas plus que l'activité de la Manufacture de Sèvres ne peut répondre à cette qualification. Mais au-delà, ceux qui exercent une activité de service public développent aussi, parallèlement, de nombreuses activités qui ne constituent pas de telles missions.

En outre, les établissements publics ne sont plus les seules personnes morales de droit public à être instituées pour gérer un service public : tel est aussi le cas des groupements d'intérêt public.

La raison de la création de l'établissement public est donc à rechercher ailleurs : dans la volonté de soustraire une activité administrative à certaines pesanteurs qui entraveraient sa mission, en lui conférant une autonomie de gestion, autonomie juridique et financière que seule l'attribution d'une personnalité morale propre peut lui conférer.

■ 352 Un établissement public est donc une personne publique instituée par l'État ou une collectivité territoriale pour gérer une activité déterminée, dans des conditions échappant tant au droit privé qu'aux contraintes, notamment budgétaires, incombant aux autres personnes morales de droit public. L'établissement public est ainsi d'abord un statut, utilisé comme instrument pour organiser une activité. Cette situation explique en partie la « crise » de la notion d'établissement public, le recours au procédé de l'établissement public étant plus le reflet de la crise de la gestion publique que la traduction d'un intérêt particulier pour cette formule.

§ 2 Classification des établissements publics

■ 353 Les établissements publics sont des personnes publiques subordonnées, nécessairement rattachées à une collectivité territoriale. Il faut donc distinguer les établissements publics locaux et nationaux. La classification est effectuée non en fonction du caractère national ou local de l'activité ou du service public géré, mais bien en fonction du niveau de la collectivité de rattachement. Ainsi, l'enseignement primaire, qui était auparavant un service public national géré en régie par les communes, peut, depuis la loi du 13 août 2004 relative aux libertés et responsabilités locales, être géré par des établissements publics locaux d'enseignement primaire, sans perdre sa qualité de service public national. Ces établissements, créés par l'État et dont le conseil d'administration ne comprend qu'un seul représentant de la commune, sont pourtant bien des établissements publics locaux (TA Orléans, 25 janv. 2007, *Théault* et *Passy*, *AJDA* 2007. 926, concl. D. Mésognon). À l'inverse, des établissements publics implantés sur l'ensemble du territoire constituent des établissements publics nationaux s'ils sont rattachés à l'État (tel est not. le cas des universités).

La *classification principale*[Q] résulte cependant du caractère de l'établissement. S'il existe des établissements publics à caractère scientifique et culturel, créés par la loi du 12 novembre 1968 concernant les universités, ou des établissements publics économiques institués par la loi du 8 août 1994 (chambres de commerce et d'industrie), la distinction principale oppose les établissements publics administratifs aux établissements publics industriels et commerciaux (A). Ces derniers ne correspondent que partiellement à la notion d'entreprise publique (B).

A. Établissements publics administratifs, établissements publics industriels et commerciaux

La distinction entre *établissements publics administratifs (EPA) et établissements publics industriels et commerciaux (EPIC)*[Q] prolonge celle opposant les services publics administratifs et les services publics industriels ou commerciaux (v. ss 556 s.). Comme celle-là, elle n'apparaît donc pas toujours simple, dans la mesure où il n'existe pas un critère unique de distinction, mais un *faisceau d'indices*[Q], qu'il convient d'examiner cas par cas pour se prononcer sur le caractère administratif ou industriel et commercial de l'établissement. 354 ■

La jurisprudence se fonde essentiellement sur l'objet de la mission de l'établissement, sur la nature de son activité, mais aussi sur ses conditions d'organisation et de fonctionnement (CE 16 nov. 1956, *Union syndicale des industries aéronautiques*, *D.* 1956. 759, concl. Laurent ; CE 29 janv. 1965, *L'Herbier*, *Lebon* 60).

L'exemple des décisions intervenues concernant la qualification des activités de l'Institut national de la consommation (INC) témoigne d'un certain empirisme de cette jurisprudence. Le tribunal administratif de Paris avait estimé, dans un litige opposant l'Institut géographique national, qualifié d'établissement public administratif par un décret de 1981, à l'un de ses agents contractuels, que si l'IGN exerce une mission de service public administratif, « il accomplit également dans des conditions de droit commun des activités de nature industrielle et commerciale pour l'accomplissement desquelles il recourt à des actes du gestion de droit privé et emploie un personnel qui doit être réputé comme ayant un statut de droit privé » (TA Paris, 26 juin 1987, *René Reinhardt*, *AJDA* 1989. 461). Cette décision sera désavouée par le Tribunal des conflits, qui considérera que la publication et la diffusion des cartes géographiques établies par l'IGN sont inséparables de ses autres missions de service public administratif (T. confl. 15 janv. 1990, *Reinhardt c/ Institut géographique national*, *Lebon T.* 638).

Le juge ne se considère lié par la qualification donnée à l'établissement que si elle provient d'une loi (CE 12 févr. 1971, *Renard*, *Lebon* 124). Dans cette hypothèse, il estime par exemple que lorsqu'un établissement tient de la loi la qualité d'établissement public industriel et commercial, les contrats conclus pour les besoins de ses activités relèvent de la compétence de la juridiction judiciaire, à l'exception des contrats relatifs à celles de ses activités qui ressortissent par leur nature de prérogatives de puissance publique (T. confl. 29 déc. 2004, *Épx Blanckeman c/ Voies navigables de France*, *Lebon* 525 ; CE 3 oct. 2018, *Sté Sonorbois et a.*, *AJDA* 2019. 462, note V. Lamy). 355 ■

En revanche, si la qualification est effectuée par un acte réglementaire, il ne s'estimera pas lié par elle (CE 4 juill. 1986, *Berger*).

De la sorte, certains établissements publics peuvent être dits « à double visage », c'est-à-dire gérer des activités à la fois administratives et industrielles et commerciales. Tel peut être le cas soit que l'établissement, qualifié d'administratif par ses textes institutifs, exerce également des activités industrielles et commerciales (CE 23 nov. 1959, *Sté mobilière et immobilière de meunerie, Lebon* 870), soit, à l'inverse, que l'établissement, créé sous l'appellation industrielle et commerciale, exerce aussi des activités administratives (T. confl. 10 févr. 1949, *Guis, Lebon* 590, à propos de l'office national de la navigation).

D'autres établissements pourront même être « à visage inversé », lorsque, malgré la qualification d'établissement public industriel et commercial qui leur est donnée, ils ne gèrent que des activités administratives. (T. confl. 24 juin 1968, *Sté d'approvisionnement alimentaire, Lebon* 801). Le juge sanctionne alors la volonté de l'administration d'échapper aux principes régissant les établissements publics administratifs, plus rigides que ceux applicables aux établissements publics à caractère industriel et commercial.

B. Établissement public et entreprise publique

356 En droit français, la notion d'entreprise publique comprend les entreprises dans lesquelles l'État détient plus de la moitié du capital, ainsi que les établissements publics industriels et commerciaux. Le droit communautaire adopte quant à lui une définition plus large de l'entreprise publique, prenant en compte le critère de la propriété en englobant les services délégués tels que les concessions. La définition communautaire de l'entreprise publique pourrait ainsi se rapprocher de la notion de service public industriel et commercial ou de service d'intérêt économique général. L'entreprise publique est donc, en droit communautaire, « l'entité fournissant des prestations dans les conditions du marché et soumise à l'influence dominante des pouvoirs publics » (M. Bazex).

Parmi les entreprises publiques, les établissements publics sont les plus concernés par l'ouverture à la concurrence, qui remet, au moins partiellement, en cause leur statut. Certes, l'article 345 du TFUE (ex-295 TCE) indique que « les traités ne préjugent en rien le régime de la propriété dans les États membres » : le droit communautaire ne peut donc remettre en cause l'appartenance au secteur public de ces établissements.

En revanche, la Commission et la Cour de justice veillent à ce qu'un établissement public ne puisse bénéficier, du fait de cette qualité, d'avantages anticoncurrentiels. Ainsi, la Cour de justice a précisé qu'une entreprise titulaire d'un monopole doit facturer ses prestations à sa filiale de diversification aux coûts totaux supportés et en tenant compte de la mise à disposition du service (CJCE 3 juill. 2003, aff. C-83/01, *Chronopost SA*, *AJDA* 2004. 76, chron. N. Charbit).

Plus radicalement, la Commission conteste le bien-fondé des garanties accordées par l'État français aux entreprises publiques. À la fin de l'année 2002, la Commission a ainsi demandé à la France de supprimer les avantages qu'EDF tirait de « certaines caractéristiques » de son statut public. Pourtant, la garantie accordée par l'État aux établissements publics se caractérise par l'absence de texte de portée générale reconnaissant à la puissance publique le pouvoir de couvrir l'ensemble des engagements de ces entreprises vis-à-vis des tiers (v. C. Barthélémy, « La garantie implicite, gratuite et illimitée de l'État aux établissements publics : mythe ou réalité ? », *Revue juridique de l'entreprise publique* oct. 2004, p. 423). La requête de la Commission ayant été l'un des éléments qui ont entraîné la transformation, par la loi du 9 août 2004, d'EDF et GDF en sociétés anonymes, on est en droit de s'interroger sur l'avenir de l'établissement public industriel et commercial en tant qu'entreprise publique (v. M. Lombard, « L'établissement public industriel et commercial est-il condamné ? », *AJDA* 2006. 79). La Poste – à propos de laquelle la Commission avait ouvert, le 23 octobre 2007, une procédure d'enquête, estimant que la garantie illimitée de l'État dont elle bénéficie était constitutive d'une aide d'État – a elle aussi été transformée en société anonyme à capitaux publics par une loi du 9 février 2010. L'invocation de la neutralité de l'art. 345 du TFUE relève donc désormais plus de l'incantation que de l'argumentation juridique (v. B. Delaunay, *RJEP* oct. 2009, ét. 11). La juridiction de première instance de l'Union avait dès lors pu estimer sans fard que « les créanciers des établissements publics se trouvent nécessairement dans une situation plus favorable que les créanciers des personnes privées », étant donné qu'« en cas d'insuffisance des actifs d'un EPIC, soit le paiement des créances est différé, soit l'autorité de tutelle compétente dégage les ressources en vue d'honorer les créances » (TUE 20 sept. 2012, aff. T-154/10, *République française c/ Commission*, *Dr. Adm.* Nov. 2012, alerte 54, note R. Noguellou). La Cour de justice a confirmé la position du Tribunal, en estimant qu'il existe « une présomption simple selon laquelle l'octroi d'une garantie implicite et illimitée de l'État en faveur d'une entreprise qui n'est pas soumise aux procédures ordinaires de redressement et de liquidation a pour conséquence une amélioration de sa position financière par un allégement des charges qui, normalement, grèvent son budget » (CJUE, 3 avr. 2014, aff. C-559/12 P, *France c/ Commission*). Il appartient donc à la Commission d'apporter la preuve, pour chaque établissement, que les conditions dans lesquelles la garantie de l'État lui est apportée constituent concrètement une aide d'État illégale (TUE 26 mai 2016, T-479/11 et T-157/12, *IFP Energies nouvelles*, *AJDA* 2016. 1099).

Cette évolution ne vise pas seulement les établissements publics de l'État : bien que liée à des objectifs différents, la loi du 28 mai 2010 donne la possibilité aux collectivités territoriales et à leurs groupements de constituer, parallèlement ou en substitution à leurs établissements publics, des sociétés publiques locales dont ils détiennent l'intégralité du capital.

section 2

Le régime juridique des établissements publics

Si les établissements publics peuvent revêtir des formes diverses, leur statut juridique obéit à des principes communs, qu'il s'agisse de leur création ou de leur suppression (§1) ou bien des principes gouvernant leur fonctionnement (§2) et du statut de leur personnel (§3). 357

§ 1 Création et suppression

■ 358 L'article 34 de la Constitution indique que le législateur est compétent pour « la création des catégories d'établissements publics ». Sa compétence concerne non seulement la création de la catégorie, mais également ses *règles constitutives*[Q], c'est-à-dire la définition des organes de gestion de l'établissement, des relations entre l'établissement et la collectivité territoriale de rattachement, les types de ressources des établissements, ou encore les dispositions dérogatoires que pourront contenir les statuts de certains établissements d'une même catégorie (Cons. const. 17-19 mars 1964, n° 64-27 L, *Radio-télévision française, Rec. Cons. const.* 33).

La compétence de création n'appartiendra donc au pouvoir réglementaire que si l'établissement à créer appartient à une catégorie préexistante. Pour que tel soit le cas, il faut d'une part que l'activité des deux établissements s'exerce territorialement sous la même tutelle administrative, d'autre part, que ces établissements aient une spécialité analogue (Cons. const. 30 mai 1979, 79-107 L, *Agence nationale pour la valorisation de la recherche, D.* 1980. 121, note Y. Gaudemet). Dans un premier temps, le Conseil constitutionnel ajoutait une troisième condition, et considérait nécessaire que les deux établissements appartiennent à la même catégorie, c'est-à-dire qu'ils soient ou administratifs, ou à caractère industriel et commercial (Cons. const. 18 juill. 1961, *IHEOM, GDCC* 12e éd. 2003, n° 11), mais cette exigence a été abandonnée par la décision du 25 juillet 1979 (Cons. const. 25 juill. 1979, n° 108-L, *ANPE, Rec. Cons. const.* 45) ; si on a pu croire un temps que le Conseil avait réhabilité cette troisième condition (Cons. const. 16 janv. 2001, *Archéologie préventive*), l'abandon en a ensuite été confirmé (Cons. const. 22 févr. 2007, 2007-548 DC, *AJDA* 2007. 1072, note M. Verpeaux).

■ 359 La suppression des établissements publics doit être effectuée selon les mêmes procédures que celles qui ont présidé à leur création. Elle peut résulter de la disparition de l'activité pour laquelle l'établissement avait été constitué : c'est ainsi que Charbonnage de France a été supprimé par un décret du 21 décembre 2007 (v. *RJEP* juin 2008, rep. 6, note Y. Gaudemet). La forme désormais la plus courante de cette suppression est leur transformation en société de droit privé. Une telle transformation ne doit pas être confondue avec une privatisation, du moins dans la mesure où elle ne s'accompagne pas du transfert au secteur privé de la moitié du capital social de l'entreprise nouvellement créée.

Dans l'hypothèse où la suppression de l'établissement public serait assortie de sa privatisation, une autorisation législative serait nécessaire pour les établissements dont la majorité du capital est directement détenue par l'État. En effet, l'article 34 de la Constitution range dans le domaine de la loi les règles concernant non seulement « les nationalisations d'entreprises », mais aussi « les transferts de propriété d'entreprises du secteur public au secteur privé ». Il faut également tenir compte de l'alinéa 9 du Préambule de la Constitution de 1946, auquel renvoie le Préambule de la Constitution de 1958, qui prévoit que « toute entreprise qui a ou acquiert les caractères d'un service public national ou de monopole de fait doit devenir la propriété de la collectivité ». Il a été jugé par le Conseil constitutionnel que, si les entreprises concernées sont déjà la propriété de la collectivité publique, elles doivent *a fortiori* le rester si elles continuent à remplir ces conditions. La suppression d'une entreprise publique ayant la forme d'un établissement public pour la transférer dans le secteur privé supposerait donc qu'elle ne revête plus le caractère d'un service public national et que ce secteur de l'économie ait été ouvert à la concurrence avant d'être privatisé (Cons. const. 26 juin 1986, *Rec. Cons. const.* 61, *GDCC*, n° 18).

Le procédé consistant à transformer un établissement public industriel et commercial en société privée à capitaux publics, puis à ouvrir son capital dans des proportions variables s'est largement multiplié. C'est ainsi que, après France Télécom en 1996, la plupart des sociétés d'autoroute, Électricité de France, Gaz de France, (2004), Aéroports de Paris (L. du 20 avr. 2005, transformant Aéroports de Paris, établissement public chargé depuis 1945 d'aménager, d'exploiter et de développer l'ensemble des installations aéroportuaires d'Île-de-France, en société anonyme), puis La Poste (2010) ont été transformées en société anonyme et ont vu ou vont voir leur capital ouvert aux investisseurs privés. Les raisons de ces transformations ont trait autant à l'abandon, réputé nécessaire, du statut d'établissement public industriel et commercial (v. ss 356), qu'au désendettement de l'État.

§ 2 Les principes de gestion des établissements publics

L'attribution d'une personnalité morale propre confère aux établissements publics une autonomie institutionnelle vis-à-vis de la collectivité publique à laquelle ils sont rattachés (A). Cette autonomie ne leur permet cependant pas, en principe, d'outrepasser leur spécialité (B). 360 ■

A. L'autonomie

L'*autonomie*[Q] des établissements publics se traduit par l'existence d'organes et de budgets propres. Cependant, ils demeurent soumis à la *tutelle*[Q] administrative et financière de leur collectivité de rattachement. L'autonomie de gestion dont disposent les établissements publics n'empêche pas l'autorité administrative d'encadrer leurs pouvoirs, que ce soit pour leur imposer de recourir à des prestataires déterminés ou pour fixer le régime juridique des contrats auxquels ils sont soumis (CE 26 janv. 2007, *Synd. professionnel de la géomatique*, *Dr. adm.* 2007, n° 67, note G. Marson). 361 ■

Les établissements publics disposent généralement d'un conseil d'administration, dont la composition associe fréquemment des représentants de la collectivité de rattachement, des personnalités qualifiées, éventuellement des représentants des usagers et du personnel ; le président de l'établissement public assure l'exécution des délibérations du conseil.

Toutefois, des nuances importantes existent d'un établissement public à l'autre, selon la part faite à l'élection pour la désignation des membres de l'organe délibérant. Les entreprises publiques ayant la forme d'établissements publics sont soumises en particulier aux dispositions de la loi du 26 juillet 1983 relative à la démocratisation du secteur public, qui prévoit le principe de l'élection par le personnel des administrateurs salariés. Ils constituent le tiers des membres du conseil d'administration dans les plus importantes de ces entreprises publiques.

De même que l'établissement public a ses organes propres, il a un patrimoine propre. Il ne dispose cependant pas d'un capital. Toutefois, avant même la loi du

9 août 2004, relative au service public de l'électricité et du gaz et aux entreprises électriques et gazières, qui dispose qu'« Électricité de France et Gaz de France sont transformés en sociétés dont l'État détient plus de 70 % du capital » (art. 24 de la loi), ces établissements possédaient, par exception, un capital social (v. L. Richer : « Une nouvelle conception du service public de l'électricité et du gaz », *AJDA* 2004. 2094).

Les établissements publics disposent également d'un budget distinct de celui des administrations de l'État ou des collectivités locales de rattachement, ce budget étant proposé par le président de l'établissement et soumis pour approbation à son conseil d'administration. Leurs biens suivent le régime des personnes publiques, et sont en principe insaisissables, ce principe s'appliquant même aux établissements publics qui exercent une activité industrielle ou commerciale (v. ss 177).

362 Le rattachement des établissements à une collectivité publique se traduit par l'exercice d'une tutelle, dont l'intensité est très variable selon la nature de l'activité de l'établissement. Plus étroite pour les établissements publics administratifs, elle est généralement souple pour les établissements publics industriels et commerciaux, et peut faire l'objet d'une contractualisation (contrats de plan ou contrats d'entreprises).

Les difficultés de fonctionnement de la tutelle ont parfois entraîné des conséquences dramatiques pour les finances publiques, lorsque la proximité, politique et institutionnelle, entre l'organe chargé de la tutelle (la direction du Trésor du ministère de l'Économie et des Finances pour les établissements publics de l'État) et la direction de l'établissement était trop grande. Pour remédier à cet état de fait, un décret du 9 septembre 2004 a créé, sous la forme d'un service à compétence nationale, l'Agence des participations de l'État, qui vise à renforcer le contrôle opérationnel de l'État sur les entreprises publiques qui développent leur activité dans des secteurs concurrentiels et à valoriser ses intérêts patrimoniaux.

Parallèlement, la tutelle financière de l'État sur les établissements publics a été allégée par un décret du 4 juillet 2005 relatif au contrôle financier au sein des établissements publics administratifs de l'État, qui a supprimé certains contrôles *a priori* exercés par les contrôleurs financiers sur les établissements publics administratifs. Les établissements publics demeurent toutefois contrôlés, *a posteriori*, par la Cour des comptes et, pour les établissements locaux, par les chambres régionales des comptes.

B. La spécialité

363 La personnalité morale d'un établissement public ne lui est conférée que dans le but de réaliser la mission qui lui est attribuée : sa spécialité. Le « *principe de spécialité*[Q] » est donc composé des règles constitutives de l'établissement, c'est-à-dire de la mission qui lui est confiée. Il ne peut exercer de compétence générale au-delà de cette attribution. Le principe de spécialité, qui est interprété plus strictement pour les établissements publics administratifs que pour les EPIC (CE 19 nov. 1975, *Cne de Thaon les Vosges, Lebon* 577), est aussi bien fonctionnel que géographique (CE 14 mars 1997, *Compagnie d'aménagement des coteaux de Gascogne, RFDA* 1997. 349, note P. Delvolvé).

L'ouverture à la concurrence de nombre des domaines d'action des établissements publics oblige ces derniers à diversifier leurs activités, et, par suite, à prendre quelque liberté avec le principe de spécialité. Devant cette situation, le Conseil d'État, en tant que formation consultative, a rappelé que « le principe de spécialité qui s'applique à un établissement public [...] signifie que la personne morale, dont la création a été justifiée par la mission qui lui a été confiée, n'a pas de compétence générale au-delà de cette mission. Il n'appartient pas à l'établissement d'entreprendre des activités extérieures à cette mission ou de s'immiscer dans de telles activités ». Mais il ajoute que ce principe « ne s'oppose pas par lui-même à ce qu'un établissement public, surtout s'il a un caractère industriel et commercial, se livre à d'autres activités économiques ». Deux conditions sont posées à cette diversification : les activités en cause doivent être « techniquement et commercialement le complément normal de sa mission statutaire principale » ; elles doivent également être « à la fois d'intérêt général et directement utiles à l'établissement public notamment par son adaptation à l'évolution technique, aux impératifs d'une bonne gestion des intérêts confiés à l'établissement, le savoir-faire de ses personnels, la vigueur de sa recherche et la valorisation de ses compétences » (CE, ass., avis, 7 juill. 1994, *Principe de spécialité d'EDF-GDF*, req. n° 356 089, *GACE* n° 25, note C. Vigouroux et D. Casas). Ces conditions ont, avec quelques nuances, été constamment rappelées ensuite, notamment à propos des collectivités territoriales et de leurs établissements publics. Ainsi, un établissement public local peut présenter une candidature à un marché public si « elle répond à un tel intérêt public, c'est-à-dire si elle constitue le prolongement d'une mission de service public dont la collectivité ou l'établissement public de coopération a la charge, dans le but notamment d'amortir des équipements, de valoriser les moyens dont dispose le service ou d'assurer son équilibre financier, et sous réserve qu'elle ne compromette pas l'exercice de cette mission » (CE, ass., 30 déc. 2014, *Sté Armor SNC*, *RFDA* 2015. 57, concl. B. Dacosta).

Cette interprétation n'est qu'en apparence rigide : un opérateur économique, même public, peut difficilement ne pas avoir pour objectif de valoriser ses compétences en développant une nouvelle activité. De fait, ainsi que le souligne B. du Marais, « le principe de spécialité s'incline devant cette liberté reconnue aux collectivités publiques d'intervenir directement sur les marchés » (*Droit public de la régulation économique*, Dalloz, coll. « Amphi », 2004, p. 145).

En effet, si la diversification des activités d'un établissement public est encadrée par le principe de spécialité, elle doit également respecter les règles du droit de la concurrence : l'établissement ne doit pas, pour proposer des services au-delà de ses missions statutaires, bénéficier de financements provenant de celles-ci, qui lui permettraient de proposer un prix anormalement bas sur le marché de diversification et, ainsi, de violer l'égale concurrence. À l'inverse, s'il respecte ce principe de gestion, le principe de spécialité ne peut désormais faire obstacle à la diversification. C'est ce qu'indique, dans un avis contentieux, le Conseil d'État à propos de la candidature d'un établissement public à l'attribution d'un marché public : « Aucun texte ni aucun principe n'interdit, en raison de sa nature, à une personne publique, de se porter candidate à l'attribution d'un marché public ou d'un contrat de délégation de service public ». Il faut cependant, pour que le principe de liberté de la concurrence soit respecté, que « le prix proposé par cet établissement public administratif soit déterminé en prenant en compte l'ensemble des coûts directs et indirects concourant à la formation du prix », que l'établissement « n'ait pas bénéficié, pour déterminer le prix qu'il a proposé, d'un avantage découlant des ressources ou des moyens qui lui sont attribués au titre de sa mission de service public », et enfin qu'il puisse « en justifier par ses documents comptables ou tout autre moyen d'information approprié » (CE, avis, 8 nov. 2000, *Sté Jean-Louis Bernard Consultants*, *CJEG* 2000. 58, concl. C. Bergeal).

§ 3 Le personnel des établissements publics

364 La question du régime applicable au personnel des établissements publics ne se pose véritablement que pour ceux d'entre eux qui ont un caractère industriel et commercial. En effet, les établissements à caractère administratif emploient du personnel de droit public, dont le contentieux relève du juge administratif. À l'inverse, les personnels des EPIC sont en principe « de droit privé », c'est-à-dire qu'ils se voient appliquer le droit du travail, et que le contentieux les concernant appartient au juge judiciaire.

Pourtant, le personnel de la plupart des EPIC a un statut juridique particulier, et parfois ambigu. Il faut, tout d'abord, préciser que le président d'un EPIC et son comptable sont des agents publics, selon la jurisprudence *Jalenques de Labeau* (CE 8 mars 1957, *Lebon* 158). Le Tribunal des conflits a d'ailleurs étendu cette qualification aux personnels exerçant des « fonctions de direction » (T. confl. 11 oct. 1976, *Bachellerie c/ CEA*), c'est-à-dire en particulier un pouvoir de nomination, au sein des établissements publics à caractère scientifique et culturel.

Le régime juridique du personnel des EPIC connaît également, au regard du Code du travail, quelques spécificités du seul fait de la qualité d'EPIC de son employeur. En effet, il bénéficie de la loi de 1983 relative à la démocratisation du secteur public, qui emporte quelques conséquences en termes de droit syndical et représentation, réunions, droit d'expression des salariés. Il bénéficie également de la loi du 25 juillet 1994, qui prévoit la participation de ces personnels aux résultats de l'entreprise, ce qui se traduit notamment, lors d'une ouverture de capital (dans l'hypothèse d'une transformation en société) par la possibilité de bénéficier d'actions réservées.

365 Mais plus généralement, la majeure partie des EPIC a des statuts du personnel, c'est-à-dire des dispositions spécifiques dérogeant au droit du travail, pour permettre la réalisation de la mission de service public confiée à l'établissement. On parle alors d'entreprise ou d'établissement « à statut ». Le statut se traduira, par exemple, par une sécurité de l'emploi, un système de retraite et une assurance maladie spécifique (SNCF par ex.).

Il s'agit de dispositions dérogatoires au droit commun, mais qui n'enlèvent pas aux relations de travail leur caractère de droit privé. Cependant, si les relations individuelles de travail sont toujours de droit privé, le statut lui-même, en tant qu'élaboré par les organes dirigeants de l'établissement en application de prérogatives de puissance publique et pour l'organisation du service public, est un acte administratif dont le juge administratif est seul compétent pour apprécier la légalité (T. confl. 15 janv. 1968, *Compagnie Air France c/ Épx Barbier, GAJA*, n° 78).

En outre, l'existence d'un statut n'empêche pas, conformément aux articles L. 2233-1 et L. 2233-2 du Code du travail, la conclusion de conventions collectives pour compléter ce statut, à la double condition que ces conventions aient un caractère subsidiaire, et qu'elles ne soient pas contradictoires avec le statut. (v. M. Lombard, « Les accords collectifs applicables aux catégories de personnels soumis à statut législatif ou réglementaire », *AJDA* 1991. 605).

La double soumission des personnels à un statut et au Code du travail peut parfois soulever la question de leur compatibilité. Dans cette hypothèse, le juge administratif, plaçant au premier chef l'intérêt du service, fait prévaloir le statut, dont la raison d'être est précisément de déroger aux règles du Code du travail, « en fonction des exigences particulières du service exploité ». Toutefois, ce statut doit respecter ce que le juge administratif appelle les « principes généraux du droit du travail » (comme par ex. l'interdiction des sanctions pécuniaires), à moins que leur application soit « incompatible avec les nécessités de la mission de service public de l'entreprise » (CE, ass., 1er juill. 1988, *Billard et Volle*). À l'inverse, le juge judiciaire place au premier rang l'intérêt du salarié, et applique le « principe de faveur », car, estime-t-il, il existe un « principe fondamental en droit du travail, selon lequel la situation des salariés doit être régie, en cas de conflit de normes, par celle qui leur est la plus favorable » (Soc., 17 juill. 1996, *Boj c/ Vizcaino*).

La diversité de régime applicable aux personnels peut, également, tenir à l'évolution des établissements auxquels ils appartiennent. La transformation d'un établissement public administratif en EPIC n'est, en effet, pas suffisante à elle seule pour transformer le statut du personnel affecté à l'établissement (CE 30 déc. 1996, *Courau*), bien que la compatibilité de cette règle avec le principe de mutabilité des services publics semble peu évidente. La transformation de la Poste et France Télécom, de service de l'État en « opérateur public », réalisée par la loi du 2 juillet 1990, puis celle de la seconde en société de droit privé par la loi du 26 juillet 1996 n'ont pas non plus transformé le statut des fonctionnaires qui exerçaient en leur sein. Cette dernière situation suscite quelques interrogations : le Conseil constitutionnel, dans une décision de 1996 (Cons. const. 23 juill. 1996, n° 96-380 DC), avait estimé que des fonctionnaires pouvaient demeurer au service d'une entreprise privée, à condition d'une part qu'ils y pourvoient à l'exécution d'une mission de service public, d'autre part que l'organe dirigeant, chargé de la nomination et de la notation des fonctionnaires, soit nommé et révoqué par l'État. Ces deux conditions ont disparu depuis que la privatisation de France Télécom, autorisée par une loi du 31 décembre 2003, a retiré à l'État le contrôle majoritaire de l'ancien établissement public. Il subsiste encore pourtant un nombre non négligeable (environ 80 000) de fonctionnaires placés auprès de France Télécom, entreprise privée. 366 ■

En sens inverse, le Conseil d'État (CE, sect., 22 oct. 2004, *M. Lamblin*, *RFDA* 2005. 187, concl. E. Glaser ; *AJDA* 2004. 2153, chron. C. Landais et F. Lenica), puis la Cour de justice des Communautés européennes (CJCE 11 nov. 2004, *Delahaye*, *AJDA* 2005. 314, chron. J.-M. Belorgey, S. Gervasoni et C. Lambert) ont rappelé que les personnels d'un service public dont la gestion est transférée d'une personne privée à un établissement public (ou, plus généralement, à une personne publique) conservent leurs contrats de travail, les employeurs publics ayant le choix entre maintenir, pour les salariés, le contrat antérieur de droit privé, ou leur proposer un contrat de droit public reprenant les clauses substantielles de leur ancien contrat. Dans l'hypothèse où la seconde solution serait choisie et où les salariés la refuseraient, la personne publique peut légalement procéder à leur licenciement.

section 3

Les autres personnes morales de droit public

367 Les établissements publics n'épuisent pas, avec l'État et les collectivités territoriales, les possibles formes des personnes morales de droit public. Outre certaines autorités publiques indépendantes qui se sont vues reconnaître cette qualité (§2), les groupements d'intérêt public représentent une forme spécifique de personnes publiques (§1). Il en va de même de la banque de France (§3), qui constitue à elle seule une telle catégorie.

§ 1 Les groupements d'intérêt public

368 Les groupements d'intérêt public sont nés, au début des années 1980, de la volonté de transposer au secteur public le procédé des groupements d'intérêt économiques (GIE), créés par une ordonnance du 23 septembre 1967. La structure du GIE, intermédiaire entre la société et l'association, a été utilisée par les administrations pour coopérer, dans le domaine de la recherche, avec des organismes de droit privé. Mais progressivement, ces GIE d'origine publique ont été utilisés pour gérer de véritables missions de service public administratif, ce qui, du fait même, entraînait une modification de leur régime juridique, globalement soumis au droit public, et incompatible avec la forme privée des GIE. C'est pour remédier à cette contradiction que l'article 21 de la loi du 15 juillet 1982 d'orientation et de programmation pour la recherche et le développement technologique de la France a créé une forme originale de personne morale, le groupement d'intérêt public (GIP). Destiné à mettre en commun des moyens relevant de laboratoires publics et privés pour réaliser des programmes d'intérêt général, le GIP est créé par convention, et son régime évite les rigidités de la formule de l'établissement public.

Les GIP de la loi du 15 juillet 1982 sont constitués pour une durée indéterminée, et ne peuvent viser à la réalisation et au partage de bénéfice. Une majorité de personnes publiques doit être partie à leur convention constitutive, tandis qu'un contrôle de l'État est effectué par un commissaire du gouvernement nommé auprès du groupement et par la Cour des comptes. Le GIP est créé par une convention qui détermine les modalités de participation des membres, les conditions dans lesquelles ils sont tenus des dettes du groupement et les modalités de mise à disposition des personnels qu'ils rémunèrent.

La convention doit être approuvée par l'autorité administrative, un décret du 15 mars 1983 précisant que le GIP est doté de la personnalité morale dès la publication au *Journal officiel* de l'approbation de sa convention constitutive par l'État. L'autorité qui approuve la convention constitutive doit s'assurer de la légalité du projet de convention, vérifier s'il entre bien dans le champ d'application de la loi et apprécier, sous le contrôle du juge, son contenu au regard de l'ensemble des intérêts généraux dont il a la charge (CE 28 déc. 2005, *Synd. mixte intercommunal d'aménagement de la Vesle*, *RJEP* 2006. 257, concl. M. Guyomar). La constitution d'un

GIP pourrait, lorsque la collectivité qui en est à l'initiative décide d'en faire une modalité de gestion d'un service public dont elle a la responsabilité, être soumise aux règles de passation des délégations de services publics (CE 10 nov. 2010, *Sté Carso*, *RJEP* mai 2011, comm. 24, note S. Bernard). Une telle soumission ne s'applique cependant pas dans l'hypothèse où le GIP est constitué de collectivités publiques s'associant pour assumer une fonction ou un besoin qui leur est propre ; il en va de même pour un GIP assumant, entre personnes publiques, une prestation qui échappe ainsi au Code de la commande publique (CE 4 mars 2009, *Synd. national des industries d'information de santé*, *RFDA* 2009. 759, note B. Apollis).

Le législateur a étendu les GIP dans bien d'autres domaines que la recherche, puisque ce sont actuellement vingt-sept textes de loi qui ouvrent cette possibilité, généralement en renvoyant, quant à leur régime, à la loi du 15 juillet 1982, mais parfois également en y dérogeant.

S'ils sont dotés de la personnalité morale, leur nature publique ou privée, en dehors 369 ■
d'hypothèses de qualification expresse, n'était pas certaine. Le Conseil d'État, dans un avis du 15 octobre 1985, leur a reconnu la qualité de personne morale de droit public, solution confirmée par le Tribunal des conflits (T. confl. 14 févr. 2000, *Gpt d'intérêt public « Habitat et interventions sociales pour les mal-logés et les sans-abris » c/ Mme Verdier*, *GAJA*, 20ᵉ éd., 2015, n° 99).

Le Tribunal a cependant ajouté qu'il s'agit de « personnes publiques soumises à un régime spécifique ». Les travaux préparatoires de la loi du 15 juillet 1982 montrent en effet que le législateur avait entendu créer une institution nouvelle, distincte tout à la fois de l'association, même si elle permet de réunir plusieurs personnes morales pour l'exercice en commun de certaines activités, et de l'établissement public, les GIP échappant à certaines conséquences juridiques attachées à la qualification d'établissements publics. Ainsi que le notait le Conseil d'État dans son avis du 15 octobre 1985, le régime des GIP « se caractérise [...] par une absence de soumission de plein droit de ces groupements aux lois et règlements régissant les établissements publics ».

En tant que gestionnaires de services publics, ils restent soumis aux règles applicables aux différentes catégories de ces services. Ainsi, la convention constitutive d'un GIP exerçant à titre principal des fonctions administratives ne peut prévoir le recrutement de personnels propres sous contrats de droit privé qu'en précisant qu'ils ne peuvent exercer leurs fonctions que dans le cadre des activités industrielles et commerciales du groupement (CE, sect., 1er avr. 2005, *Synd. national des affaires culturelles et a.*, *JCP* 2005. 10112).

La diversité du régime juridique des GIP, selon les textes qui ouvrent la possibilité d'y recourir, avait amené le Conseil d'État à proposer, dans une étude publiée en 1996, un cadre général pour les groupements d'intérêt public. Après plusieurs tentatives avortées, le législateur a enfin tenté de procéder à une telle harmonisation, par la loi du 17 mai 2011 de simplification et d'amélioration du droit, même s'il est à craindre qu'il ne s'agisse que d'une « rationalisation manquée » (L. Janicot, *AJDA* 2011. 1194). La loi confirme tout d'abord la qualité de personne morale de droit public des GIP, institution créée conventionnellement pour l'accomplissement d'activités d'intérêt général à but non lucratif. Elle est, parfois, plus précise et restrictive que la pratique de ces institutions, notamment en ce qui concerne les dispositions qui doivent figurer dans la convention constitutive, ou l'interdiction faite aux collectivités territoriales de recourir au GIP pour exercer en commun des compétences qui pourraient être confiées à des EPCI. Elle est, en revanche, plus souple sur la durée de vie des GIP, puisque celle-ci peut désormais être indéterminée. Il s'agit là d'un changement de nature de cette catégorie de personne morale, dont on peut douter de la pertinence : alors en effet que les premiers GIP avaient été conçus sur le modèle des administrations de mission, destinées à assumer un projet, délimité dans le temps et par son objet, partagé entre collectivités publiques et, le cas échéant, personnes privées, le nouveau cadre juridique en fait des institutions (éventuellement) pérennes, proches par conséquent d'un établissement public. La même souplesse est de mise concernant le statut des personnels, dont le régime juridique est laissé au libre choix des parties à la convention, ce qui est fort peu compatible avec la notion même de personne publique.

§ 2 Les autorités publiques indépendantes

370 Si leur proximité avec les autorités administratives indépendantes est évidente, notamment en ce qui concerne le régime, identique, qui est applicable à leurs décisions prises en matière de sanction, les autorités publiques indépendantes constituent cependant une catégorie à part entière de personnes publiques. Comme les autorités administratives indépendantes, leur statut a été précisé par la loi du 20 janvier 2017, dont seul l'article 2 apporte cependant une précision importante, quoique tautologique : « Les autorités publiques indépendantes disposent de la personnalité morale ». Cette caractéristique, qui justifie leur distinction d'avec les autorités administratives indépendantes, est suffisamment limitée pour que le législateur n'y ait recours qu'avec parcimonie, leur intérêt, en tant que catégorie juridique autonome, étant par ailleurs discuté.

La première entité à avoir été constituée sous cette forme est l'*Autorité des marchés financiers*, qualifiée par la loi du 1er août 2003 d'« autorité publique indépendante dotée de la personnalité morale » ; il est vrai que sa composition, par fusion de la COB, autorité administrative indépendante non personnalisée, et du Conseil des marchés financiers, organisme professionnel doté de la personnalité morale de droit privé, justifiait qu'un statut spécifique lui soit dévolu (v. S. Traoré, « Les autorités administratives indépendantes dotées de la personnalité morale », *Dr. adm.* 2004. 16).

La loi du 1er août 2003 de sécurité financière avait créé la *Commission de contrôle des assurances, des mutuelles et des institutions de prévoyance* (CCAMIP), autorité publique indépendante dotée de la personnalité morale destinée à remplacer la Commission de contrôle des assurances (CCA) et la Commission de contrôle des mutuelles et des institutions de prévoyance (CCMIP). Dénommée, depuis une loi du 15 décembre 2005, Autorité de contrôle des assurances et des mutuelles (ACAM), elle a été intégrée par la loi du 22 octobre 2010 à l'Autorité de contrôle prudentiel et de résolution (ACPR), qui s'est vu retirer la qualité d'autorité administrative indépendante par la loi du 20 janvier 2017, sans doute en raison de sa forte proximité avec la Banque de France – son collège est, en particulier, présidé statutairement par le gouverneur de cette institution.

La même loi du 1er août 2003 avait créé le *Haut Conseil du Commissariat aux comptes* (H3C), qui a été qualifié d'autorité publique indépendante par la loi du 27 décembre 2007.

La *Haute autorité de santé* (HAS) a été créée par la loi du 13 août 2004 relative à l'assurance maladie pour remplacer l'Agence nationale d'accréditation et d'évaluation en santé (ANAES), la Commission de la transparence et la Commission d'évaluation des produits et prestations. Elle a été instituée sous la forme d'une « autorité publique indépendante à caractère scientifique dotée de la personnalité morale » (art. L. 161-37 du Code de la sécurité sociale).

Quant à l'*Agence française de lutte contre le dopage* (AFLD), créée par la loi n° 2006-405 du 5 avril 2006 relative à la lutte contre le dopage et à la protection de la santé des sportifs, elle remplace le Conseil de prévention et de lutte contre le dopage.

La loi du 12 juin 2009 a également donné la même forme à la *Haute autorité pour la diffusion des œuvres et la protection des droits sur internet* (HADOPI).

La loi du 8 décembre 2009 a institué une Autorité de régulation des activités ferroviaires (ARAF), elle aussi qualifiée d'autorité publique indépendante ; son champ d'action a été étendu aux transports routiers (ARAFER), à la suite de la loi du 6 août 2015. L'ajout des transports aéroportuaires à ses compétences, par l'ordonnance du 24 juillet 2019, l'a transformée en Autorité de régulation des transports, sans toutefois modifier son statut.

Le Conseil supérieur de l'audiovisuel a également été transformé en autorité publique indépendante par la loi du 15 novembre 2013 visant à renforcer l'indépendance de l'audiovisuel public.

Il faut également faire mention d'institutions dont le statut n'est pas exempt d'interrogations sur leur réelle originalité. La loi du 7 décembre 2006 relative au secteur de l'énergie a institué un Médiateur national de l'énergie, doté de prérogatives de régulation des litiges opposant consommateurs et fournisseurs d'électricité ou de gaz, sans préciser sa nature juridique ; toutefois, une autre disposition de la même loi, codifiée à l'art. L. 122-5 du Code de l'énergie, précise que « la médiation nationale de l'énergie » est dotée de la personnalité morale et de l'autonomie financière, ce qui, si l'on fait abstraction d'une rédaction hasardeuse, assimile cette institution aux autorités publiques indépendantes. Le cas du Conseil national des activités privées de sécurité, créé par la loi « LOPSI 2 » du 14 mars 2011, est similaire : la loi indique qu'il s'agit d'une « personne morale de droit public », sans préciser la catégorie à laquelle elle appartient, mais tant sa structuration et ses modalités de financement que la présentation qui en était faite lors des débats parlementaires tendent à la faire classer parmi les autorités publiques indépendantes.

Si les domaines dans lesquels elles interviennent sont donc très divers, ces autorités ont quelques caractéristiques communes, confirmées par la loi du 20 janvier 2017. La personnalité morale qui leur est attribuée est réputée constituer un gage d'une indépendance renforcée (ce que le statut d'autres personnes morales de droit public, tels les établissements publics, ne laisse cependant pas *a priori* supposer), qui s'exerce surtout à l'égard des autorités de rattachement ; elle leur permet également, contrairement aux autorités administratives indépendantes, de bénéficier de ressources propres. On constate toutefois que la HAS et l'AFLD sont principalement financées par des subventions apportées par l'État, même si des ressources propres ne sont pas exclues.

L'attribution de la personnalité juridique à ces institutions soulève cependant quelques interrogations. Elle permet en effet à ces autorités de bénéficier d'un budget distinct de l'État, et d'échapper ainsi au contrôle budgétaire du Parlement, alors même que leur indépendance et les modalités de désignation de leurs membres, similaires à celles des autorités administratives indépendantes, les dispensent par ailleurs de tout contrôle indirect d'organes politiques, qui constituent pourtant la seule garantie, déjà bien faible, d'un contrôle démocratique (v. M. Lombard, « Institutions de régulation économique et démocratie politique », *AJDA* 2005. 530). Par ailleurs, en tant que personne morale, une telle autorité est pleinement responsable de ses actes, et, « en vertu du principe général selon lequel nul n'est responsable que de son fait », il lui appartient « d'assurer les conséquences des actions en responsabilité qui pourraient être engagées contre elle à l'occasion des fautes commises dans l'exercice de ses missions » (CE 8 sept. 2005, avis n° 371 558, *EDCE* 2006. 211).

§ 3 La Banque de France

371 De la même façon, la Banque de France est « une personne publique *sui generis* », selon la formule retenue par l'assemblée générale du Conseil d'État dans son avis en date du 9 décembre 1999 (*GACE* n° 35, note Y. Gaudemet). Le Tribunal des conflits avait d'ores et déjà reconnu la qualité de personne publique à la Banque de France dès son arrêt du 16 juin 1997, *Société La Fontaine de Mars* (*CJEG* 1997. 363, concl. J. Arrighi de Casanova). Cette qualification suscitait cependant une série de questions. La Banque de France ne pouvait être en effet qualifiée d'établissement public industriel et commercial compte tenu de la nature essentiellement administrative de sa mission. Mais une qualification d'établissement public administratif n'était pas davantage appropriée, dès lors qu'une large partie de l'activité de la Banque de France relève de la législation civile et commerciale et, surtout, en ce que la Banque de France, comme toute banque centrale nationale participant au système européen de banques centrales, bénéficie d'une pleine indépendance statutaire et ne saurait donc être soumise, à la différence des établissements publics administratifs, au contrôle de l'État ou d'une autre collectivité publique. Saisi au contentieux, le Conseil d'État a confirmé que la Banque de France « n'a pas le caractère d'un établissement public mais revêt une nature particulière et présente des caractéristiques propres » (CE 22 mars 2000, *Synd. national autonome du personnel de la Banque de France*, *AJDA* 2000. 466, chron. Guyomar ; *ibid.* 413, chron. Collin).

Le Conseil d'État a précisé dans le même arrêt qu'« au nombre des caractéristiques propres de la Banque de France figure l'application à son personnel des dispositions du Code du travail qui ne sont pas incompatibles ni avec son statut, ni avec les missions de service public dont elle est chargée ». Cette solution relative aux règles applicables est sans préjudice des règles de compétence juridictionnelle puisque, par application d'une règle datant de 1806, « la juridiction administrative connaît des litiges se rapportant à l'administration intérieure de la Banque de France ». Cela n'interdit pas dans certains cas la compétence du juge judiciaire par l'effet d'une disposition spéciale (CE 2 oct. 2002, *Banque de France*, *Dr. adm.* 2003, n° 10). Cependant, par leurs modalités de recrutement (par concours), les agents de la Banque de France sont assimilables à des agents de l'État (CE 28 juin 2019, n° 415922).

Il s'agit donc d'une personne publique fort singulière, puisqu'elle est dotée d'un capital appartenant à l'État (art. L. 142-1 C. mon. fin.), qu'une large partie de son activité est soumise à la législation commerciale, qu'elle est administrée par un conseil général (institué par la L. du 20 févr. 2007), que son personnel est soumis en principe au Code du travail, mais peut se voir appliquer un statut particulier proposé par le conseil général de la banque, qu'elle n'est pas soumise au Code des marchés publics, mais que le juge administratif reste compétent pour connaître des litiges qui l'opposent à la direction de la Banque, sauf exceptions où le juge judiciaire retrouve compétence de par l'effet d'une disposition particulière !

6

Compléments pédagogiques

Quid

■ Autonomie n° 361

Du fait qu'il possède la personnalité morale de droit public, l'établissement public dispose d'une certaine autonomie pour accomplir ses missions. Cette autonomie se manifeste sur un plan administratif par la présence d'organes propres (délibérants et exécutifs), et sur un plan financier par celle d'un budget propre, séparé de celui de la collectivité à laquelle l'établissement est rattaché.

■ Catégorie d'établissement public n° 353

La notion de catégorie d'établissement public fait référence à deux éléments qui n'ont entre eux qu'un rapport indirect. Au sens de l'article 34 de la Constitution, les catégories d'établissements doivent être fixées par le législateur. Elles comprennent des établissements dont l'activité s'exerce sous la même tutelle administrative, et ayant une spécialité analogue. Au sens de la jurisprudence administrative, les catégories d'établissements (ce que l'on appelle parfois leur nature) sont leur caractère administratif ou industriel et commercial.

■ Établissement public administratif et établissement public industriel et commercial n° 354

Les notions d'établissement public administratif (EPA) ou industriel et commercial (EPIC) ne recoupent pas entièrement celles des services publics du même nom. En principe, un EPA gère un service public administratif, un EPIC gère un service à caractère industriel et commercial. Mais il arrive que tel ne soit pas le cas, un établissement pouvant avoir un « double visage » (gestion de missions administratives et industrielles et commerciales) ou même un « visage inversé » (EPIC gérant exclusivement des services administratifs).

■ Faisceau d'indices n° 354

Le juge a recours à la méthode dite « du faisceau d'indices » lorsqu'aucun critère ne permet la qualification certaine d'une situation juridique. Pour l'identification d'une personne publique, le juge a recours à quatre indices principaux : l'origine de la personne morale examinée, la possibilité qu'elle a d'exercer des prérogatives de puissance publique, la nature publique du service qu'elle gère et l'existence d'un contrôle étroit par une personne publique. Au cas où ces indices concordants seraient réunis, la personne sera présumée être publique. De même, en l'absence de critère législatif ou jurisprudentiel de l'établissement public, le juge doit recourir à un certain nombre d'indices concordants qui lui permettent de déterminer s'il est en présence d'un établissement public. La même technique jurisprudentielle est utilisée pour déterminer ensuite le caractère (industriel ou commercial) de l'établissement public.

■ Principe de spécialité n° 363

À la différence de l'État ou, dans leur ressort territorial, des collectivités territoriales, l'établissement public ne possède pas une compétence générale : il est créé pour accomplir une mission déterminée, qu'il ne peut en principe pas outrepasser. Le principe de spécialité tend à être cependant largement entendu par la jurisprudence, pour permettre aux établissements notamment industriels et commerciaux de s'adapter à un environnement concurrentiel.

■ Règle constitutive n° 358

La loi doit, aux termes de l'article 34 de la Constitution, fixer les *catégories* d'établissements publics ainsi que leurs règles constitutives, c'est-à-dire notamment les modalités du contrôle de l'établissement, la détermination de ses organes de gestion et les ressources dont il dispose.

■ Tutelle n° 361

La signification de la tutelle en droit privé est assez proche de son acception en droit public : la personne sous tutelle est en état d'infériorité par rapport à son tuteur, qui doit approuver ses actes pour qu'ils soient exécutoires. C'est la raison pour laquelle, depuis 1982, la tutelle sur les collectivités locales a été remplacée par des contrôles, qui concernent à la fois la légalité et le respect des règles budgétaires.

Documents

1) Répartition des compétences entre Parlement et pouvoir exécutif en matière de création d'établissements publics

Cons. const. 25 juillet 1979, 79-108 L, *ANPE* (*Rec. Cons. const.* 45)

Considérant que l'article 34 de la Constitution réserve au législateur le soi de fixer « les règles concernant la création de catégories d'établissements publics » ;

Considérant que doivent être regardés comme entrant dans une même catégorie, au sens de la disposition précitée, les établissements publics dont l'activité s'exerce territorialement sous la même tutelle administrative et qui ont une spécialité analogue, mais qu'il n'y a pas lieu de retenir également parmi les critères déterminant l'appartenance d'établissements publics à une même catégorie la condition qu'ils présentent le même caractère : administratif, industriel et commercial, scientifique et technique ou scientifique et culturel : et cela en raison de ce que les règles constitutives d'un établissement public ne comportent pas nécessairement l'indication de ce caractère, qui peut au surplus être modifié par un acte réglementaire ;

Considérant que, sous réserve des règles éventuellement fixées par le législateur lors de la création d'une catégorie d'établissements publics, les dispositions instituant et régissant chacun des établissements qui peuvent être rangés dans la même catégorie ressortissent à la compétence réglementaire.

2) Un exemple de création d'établissement public : l'Institut de veille sanitaire

Code de la santé publique, Livre VIII

Art. L. 792-1. Il est créé un établissement public de l'État dénommé Institut de veille sanitaire. Cet établissement est placé sous la tutelle du ministre chargé de la santé.

[...] Les services de l'État ainsi que les organismes placés sous sa tutelle apportent leur concours à l'institut dans l'exercice de ses missions. L'institut peut demander aux ministres concernés de faire intervenir les agents habilités à contrôler l'application des dispositions législatives et réglementaires visant à préserver la santé humaine.

Art. L. 792-3. L'institut est administré par un conseil d'administration composé dans les conditions prévues à l'article L. 793-3 et dirigé par un directeur général. Le président du conseil d'administration et le directeur général sont nommés par décret.

Art. L. 792-4. L'institut est soumis à un régime administratif, budgétaire, financier et comptable et à un contrôle de l'État adaptés à la nature particulière de sa mission, définis par le présent chapitre et précisés par décret en Conseil d'État.

3) Principe de spécialité et conditions de la diversification des activités des entreprises publiques

CE, ass., avis, 7 juillet 1994, n° 356089, *GACE*, n° 25

Le principe de spécialité qui s'applique à un établissement public [...] signifie que la personne morale, dont la création a été justifiée par la mission qui lui a été confiée, n'a pas de compétence générale au-delà de cette mission. Il n'appartient pas à l'établissement d'entreprendre des activités extérieures à cette mission ou de s'immiscer dans de telles activités.

Si ce principe de spécialité invite, pour déterminer la nature des règles constitutives, telles qu'elles ont été en l'espèce définies par la loi, il ne s'oppose pas par lui-même à ce qu'un établissement public, surtout s'il a un caractère industriel et commercial, se livre à d'autres activités économiques, à la double condition :

– d'une part que ces activités annexes soient techniquement et commercialement le complément normal de sa mission statutaire principale [...],

– d'autre part que ces activités soient à la fois d'intérêt général et directement liées à l'établissement public notamment par son adaptation à l'évolution technique, aux impératifs de bonne gestion des intérêts confiés à l'établissement, le savoir-faire de ses personnels, la vigueur de sa recherche et la valorisation de ses compétences, tous moyens mis au service de son objet principal.

Ces critères valent, pour la spécialité, quelle que soit la méthode de diversification retenue : par l'établissement lui-même, par une filiale à contrôle majoritaire de l'établissement ou par une participation minoritaire.

4) Autonomie des établissements publics et délocalisations

CE, ass., 4 juin 1993, *Association des anciens élèves de l'École nationale d'administration*
(*Lebon* 168)

Sur la fin de non-recevoir opposée par le Premier ministre et par le ministre d'État, ministre de la fonction publique et des réformes administratives :
Considérant que si le décret susvisé du 19 novembre 1960 ne donne compétence au comité interministériel pour l'aménagement du territoire que pour préparer les décisions du gouvernement en matière d'aménagement du territoire, il ressort des pièces du dossier et notamment tant du compte rendu du comité interministériel qui s'est tenu le 7 novembre 1991 que du communiqué publié par le Premier ministre que celui-ci, à l'issue de ce comité interministériel, a entendu décider le transfert de l'École nationale d'administration à Strasbourg ; qu'il n'a pas subordonné la réalisation effective de cette décision à une autre décision du gouvernement ; qu'ainsi cette décision ne constituait pas une simple mesure préparatoire, mais avait le caractère d'un acte susceptible de faire l'objet d'un recours pour excès de pouvoir ; que, par suite, la fin de non-recevoir opposée par le Premier ministre et le ministre d'État ministre de la fonction publique et des réformes administratives doit être écartée.

5) Les groupements d'intérêt public constituent une catégorie particulière de personnes publiques

T. confl. 14 février 2000, *GIP « Habitat et interventions sociales » c/ Mme Verdier*
(*GAJA*, 20e éd., 2015, n° 99)

Considérant qu'en vertu de l'article 21 de la loi du 15 juillet 1982, les groupements d'intérêt public qui sont dotés de la personnalité morale et de l'autonomie financière ont pour objet de permettre l'association d'une ou plusieurs personnes morales de droit public ou de droit privé pour l'exercice en commun, pendant une durée déterminée, d'activités qui ne peuvent donner lieu à la réalisation ou au partage de bénéfices ; qu'un tel groupement est constitué par une convention soumise à l'approbation de l'autorité administrative ; que les personnes morales de droit public, les entreprises nationales et les personnes morales de droit privées chargées de la gestion d'un service public doivent disposer ensemble de la majorité des voix dans l'assemblée du groupement et dans le conseil d'administration qu'elles désignent ; qu'un Commissaire du gouvernement est nommé auprès du groupement ;
Considérant qu'il résulte de l'ensemble de ces dispositions, éclairées par les travaux préparatoires de la loi, que le législateur a entendu faire des groupements d'intérêt public des personnes publiques soumises à un statut spécifique ; que ce dernier se caractérise, sous la seule réserve de l'application par analogie à ces groupements des dispositions de l'article 34 de la Constitution qui fondent la compétence de la loi en matière de création d'établissements publics proprement dits, par une absence de soumission de plein droit de ces groupements aux lois et règlements régissant les établissements publics.

6) Les établissements publics peuvent se porter candidats à l'attribution de marchés publics, pour autant que les règles de concurrence ne soient pas faussées

CE 8 novembre 2000, *Sté Jean-Louis Bernard Consultants* (avis cont.)

1°) Aucun texte ni aucun principe n'interdit, en raison de sa nature, à une personne publique, de se porter candidate à l'attribution d'un marché public ou d'un contrat de délégation de service public. Aussi la personne qui envisage de conclure un contrat dont la passation est soumise à des obligations de publicité et de mise en concurrence, ne peut-elle refuser par principe d'admettre à concourir une personne publique. [...]
4°) Pour que soient respectés tant les exigences de l'égal accès aux marchés publics que le principe de liberté de la concurrence qui découle notamment de l'ordonnance du 1er décembre 1986, l'attribution d'un marché public ou d'une délégation de service public à un établissement administratif suppose, d'une part, que le prix proposé par cet établissement public administratif soit déterminé en prenant en compte l'ensemble des coûts directs et indirects concourant à la formation du prix de la prestation objet du contrat, d'autre part, que cet établissement public n'ait pas bénéficié, pour déterminer le prix qu'il a proposé, d'un avantage découlant des ressources ou des moyens qui lui sont attribués au titre de sa mission de service public et enfin qu'il puisse, si nécessaire, en justifier par ses documents comptables ou tout autre moyen d'information approprié.

G. Braibant, concl. sur CE 4 avril 1962, *Chevassier* (*D.* 1962. 327)

I. – Le sieur Chevassier a été engagé comme garde-chasse, le 1er juin 1947, par la Fédération départementale des chasseurs de l'Ardèche. Il fut, l'année suivante, commissionné par le ministre de l'Agriculture, pour exercer les fonctions de « garde des Eaux et Forêts chargé spécialement de la police de la chasse ».
Le 15 mai 1959, il fut révoqué de son emploi de garde-chasse, à titre disciplinaire, par le président de la fédération : on lui reprochait à la fois une certaine propension à l'intempérance et un zèle insuffisant dans la détection des braconniers comme dans la destruction des animaux nuisibles.
Le sieur Chevassier a déféré cette décision au tribunal administratif de Lyon, en invoquant trois moyens : il déclarait que le conseil de discipline était irrégulièrement composé, lorsqu'il a examiné son cas, que les droits de la défense ont été violés, et que la sanction n'était pas justifiée. Conformément aux conclusions présentées par le ministre de l'Agriculture et par la Fédération des chasseurs de l'Ardèche, les premiers juges ont décliné leur compétence : ils ont jugé que les fédérations départementales de chasseurs ne constituent pas des autorités administratives, et qu'elles ont par suite avec leur personnel des rapports de droit privé qui relèvent de la compétence des tribunaux judiciaires.
Le requérant fait appel de ce jugement, en complétant ses conclusions d'excès de pouvoir par des conclusions de plein contentieux à fin de rappel de traitement. Il présente sur la question de compétence une double argumentation : les fédérations départementales de chasseurs ont, selon lui, le caractère d'établissements publics et, en tout cas, il a lui-même la qualité d'agent public.

II. – a) Le critère de la notion d'établissement public n'a pas, au cours de la période récente, gagné en précision.

Le législateur a multiplié les organismes hybrides qui sont chargés de fonctions d'intérêt général sans constituer des démembrements de l'État, et dont la nature juridique n'est pas indiquée clairement. Il appartient à la doctrine, à l'administration, et, finalement, au juge, de répartir ces organismes entre la catégorie classique des établissements publics et la catégorie nouvelle des institutions privées chargées de la gestion d'un service public. Cette démarche n'est pas toujours facile ; vingt-cinq années de discussions doctrinales et d'hésitations administratives ont précédé votre décision *Navizet* (CE 13 nov. 1959, *Lebon T.* 592), par laquelle vous avez reconnu à l'Institut national des appellations d'origine le caractère d'établissement public ; il a fallu une décision du Tribunal des conflits, rendue sur renvoi de votre section du contentieux, pour que la nature privée des centres régionaux de lutte contre le cancer soit définitivement reconnue (*Centre régional de lutte contre le cancer Eugène-Marquis de Rennes*, CE 9 juin 1961, *Lebon T.* 385, concl. Ordonneau ; T. confl. 20 nov. 1961).

Certes, le critère fondamental demeure l'intention du législateur. Cette intention s'exprime formellement, dans certains cas privilégiés, par une référence expresse à la notion d'établissement public, ou au contraire, d'établissement d'utilité publique. Dans d'autres cas, elle se révèle par l'emploi de certains termes ou la référence à certains textes : l'organisme est de nature privée si la loi parle d'« association » (CE 7 déc. 1960, *Jardin*, *Lebon T.* 681, pour les syndicats d'initiative), ou si elle renvoie à une loi régissant des institutions de droit privé telles que les syndicats (CE, sect., 13 janv. 1961, *Magnier*, *Lebon.* 38, pour les groupements de défense contre les ennemis des cultures), ou encore si elle parle d'agrément et qu'elle renvoie à des lois générales qui ne s'appliquent qu'aux établissements d'utilité publique (Centres de lutte contre le cancer).

Malheureusement, dans de nombreux cas, les termes de la loi sont ambigus et les travaux préparatoires muets, ou clandestins ; vous devez alors dégager l'intention du législateur de l'ensemble des règles d'organisation et de fonctionnement de l'institution en cause, en évaluant la part respective des éléments de droit public et de droit privé, et en essayant de tenir compte aussi bien des exigences de la logique que de considérations d'opportunité.

C'est à cette dernière catégorie qu'appartient la loi du 28 juin 1941, dont les termes ont été reproduits aux articles 396 à 400 du Code rural, et qui a institué dans leur forme actuelle les fédérations départementales de chasseurs.

b) Les fédérations de sociétés de chasse se sont, à l'origine, constituées spontanément. Elles ont été ensuite par l'État, soumises à une procédure d'agrément, et dotées de certains privilèges. La loi du 28 juin 1941 a prononcé la dissolution des associations existantes et institué un système nouveau comprenant un conseil supérieur, des conseils régionaux et des fédérations départementales.

Aux termes de la loi, ces fédérations ont pour objet « la répression du braconnage, la constitution et l'aménagement de réserves de chasse, la protection et la reproduction du gibier ». L'arrêté ministériel du 11 mai 1955, qui fixe actuellement leur statut, y ajoute notamment la protection des oiseaux utiles à l'agriculture et la destruction des animaux nuisibles. Elles interviennent dont à la fois dans la police et dans le développement de la chasse tout en contribuant à la protection des activités agricoles. Elles sont ainsi chargées, sans conteste, de missions de service public.

Elles sont d'autre part soumises, pour accomplir ces missions, à un régime qui est, dans une large mesure, exorbitant du droit privé. Leur circonscription est fixée par la loi ; elles disposent, à l'intérieur de cette circonscription, d'un monopole. L'article 396 du Code rural déclare qu'il « ne peut exister qu'une seule fédération départementale de chasseurs par département », et que « nul ne peut obtenir la délivrance ou le renouvellement d'un permis de chasse s'il n'est membre d'une fédération départementale ».

Les fédérations de chasse disposent en outre de prérogatives destinées à faciliter leur action et à assurer leur financement. Une partie de leurs ressources doit être affectée à la rémunération des gardes-chasse ; ces gardes peuvent être dotés par le ministre de l'Agriculture d'une commission qui leur permet de procéder à des visites domiciliaires, de faire ouvrir les carniers, de dresser des procès-verbaux ; ils sont à cet égard assimilés aux officiers de police judiciaire, aux fonctionnaires de police et militaires de la gendarmerie, et aux lieutenants de louveterie.

Quant aux ressources, elles comprennent les quatre-cinquièmes des taxes versées par les chasseurs du département au Conseil supérieur, en vertu de l'article 968 du Code général des impôts, et la totalité des cotisations payées directement aux fédérations par leurs adhérents : il s'agit donc, dans une large mesure, de prélèvements obligatoires perçus par voie d'autorité et ayant un caractère fiscal.

En contrepartie de ces privilèges, des sujétions graves et nombreuses sont imposées aux fédérations. Leurs statuts doivent être conformes au modèle établi par le ministre de l'Agriculture, qui édicte également le statut des gardes-chasses ; elles ne peuvent donc fixer librement ni leurs règles de fonctionnement ni les conditions de travail et de rémunération de leur personnel. D'autre part, leur président est nommé et révoqué par le ministre. Enfin, des contrôles étroits de caractère technique, administratif et financier s'exercent sur elles ; en particulier, l'article 398 du Code rural dispose que « leur budget est, avant d'être exécuté, soumis à l'ingénieur des Eaux et Forêts… » ; celui-ci « a notamment le droit d'y inscrire les dépenses obligatoires » relatives à l'entretien des brigades chargées de la police de la chasse ; « la gestion d'office du budget peut lui être confiée, le cas échéant ». L'article 400 ajoute que les fédérations départementales, comme les conseils régionaux et le conseil supérieur, « sont soumises au contrôle financier institué par le décret du 25 octobre 1935 » ; or ce décret ne concerne, selon ses termes mêmes, que les offices et les établissements publics de l'État ».

c) Ce faisceau d'indices est impressionnant. Il ne nous semble pas, toutefois, décisif.

Le monopole de droit, l'affiliation obligatoire, la circonscription déterminée par la loi, ne suffisent pas, aujourd'hui, à donner à une institution un caractère public. De même, l'intervention de l'État dans l'organisation et le fonctionnement de l'institution, les mesures de contrôle et même de tutelle, peuvent s'exercer sur des organismes de droit privé. Ces diverses caractéristiques se retrouvent en effet dans des institutions aussi différentes que les caisses de sécurité sociale, les comités d'organisation, les groupements de défense contre les ennemis des cultures ou les centres régionaux de lutte contre le cancer, qui ont été créés avant, pendant et après la guerre, et dont ni le législateur, ni le juge n'ont voulu faire des établissements publics.

Il est vrai, d'autre part, que la police appartient par nature aux collectivités publiques et qu'elle ne doit être, en principe, ni concédée ni déléguée. Mais il arrive fréquemment, notamment en matière de police spéciale, que l'État associe des particuliers ou des groupements privés à l'exercice de ses fonctions répressives : l'objet des fédérations départementales de chasseurs ne peut, pas plus que leurs prérogatives ou leurs sujétions, permettre de déterminer leur nature.

En revanche, plusieurs considérations doivent faire pencher la balance, nous semble-t-il, du côté du droit privé.

Avant l'intervention de la loi de 1941, les fédérations départementales de chasseurs étaient incontestablement des associations privées régies par la loi du 1er juillet 1901 (v. en ce sens votre décision du 16 mai 1941, *Union des propriétaires riverains, chasseurs de l'Ariège, Lebon T.* 84). Or, le législateur de 1941 n'a pas manifesté nettement l'intention de changer leur nature en modifiant leur régime. Bien au contraire, il a utilisé le terme de « sociétés départementales de chasseurs » : cette expression, plus encore que celle de fédération que lui a ultérieurement substituée le Code rural, traduit l'intention de ne pas créer une catégorie nouvelle d'établissements publics.

Cette solution s'explique aisément : si elles sont associées au service public, les fédérations départementales représentent essentiellement les intérêts des chasseurs ; elles constituent des associations d'intérêt privé plutôt que des services d'intérêt général ; elles sont des groupements institutionnalisés, et non des administrations personnalisées.

Il serait au surplus peu opportun de les soumettre entièrement au droit public ; leur gestion serait inutilement alourdie, si le statut général des fonctionnaires, les règles de la comptabilité publique et le régime des marchés administratifs devaient leur être appliqués. Une telle orientation n'est souhaitée ni par les fédérations, ni par l'administration, et elle serait contraire à la pratique suivie jusqu'à présent. En effet les fédérations n'ont pas été soumises, en fait, aux contrôles applicables aux établissements publics ; leurs agents ne sont pas régis par le statut général des fonctionnaires, mais par un statut spécial fixé par arrêté ministériel, et qui comprend de nombreuses références au droit commun, notamment au régime général de sécurité sociale.

Il faut enfin noter que les fédérations départementales de pêche qui ont été créées, dans leur état actuel, par une loi du 12 juillet 1941, constituent des établissements privés, ainsi que vous l'avez jugé dans une décision *Pannetier* du 30 avril 1951 (*Lebon T.* 240). Il est vrai que cette loi contemporaine, à quelques jours près, de la loi sur la chasse, est plus précise : elle déclare en effet, dans un passage de son art. 3, repris aujourd'hui à l'article 500 du Code rural, que « les fédérations départementales ont le caractère d'établissements d'utilité publique » ; or, on pourrait être tenté, en confrontant le texte des deux lois, de penser que leur auteur a voulu établir deux systèmes fondamentalement différents. Mais les régimes des deux catégories d'institutions sont en fait, actuellement, très analogues. Un règlement d'administration publique du 11 avril 1958 définit les missions des fédérations de pêche dans des termes qui ont été manifestement inspirés par ceux de la loi sur les fédérations de chasse : « assurer la répression du braconnage, la protection et la reproduction des poissons d'eau douce, et, d'une manière générale, la mise en valeur des eaux douces » ; d'autre part, si leur président est élu, il doit être agréé par le ministre de l'Agriculture ; enfin, la gestion de leur budget peut, le cas échéant, être confiée d'office à l'Administration.

Il semblerait paradoxal, dans ces conditions, de décider que les fédérations de chasse relèvent du droit public, alors que les fédérations de pêche appartiennent au droit privé.

La Cour de cassation a jugé, à diverses reprises, que « si la loi du 28 juin 1941 affilie obligatoirement les chasseurs à des sociétés départementales de chasse, ayant pour but la répression du braconnage, la constitution de réserves, la protection et la reproduction du gibier, et soumises à un contrôle financier et technique par l'État, ces organismes ne constituent pas, pour autant, des services publics justiciables des tribunaux administratifs » (26 juin 1953 et 1er avr. 1954, *Fédération départementale des chasseurs du Gard C. Roche et Yvora*, et C. *Cabanis*, *D.* 1953. 597 et *D.* 1954. 436).

Nous vous proposons d'adopter la même solution, et de dire que les fédérations ne constituent pas des établissements publics.

III. – Il en résulte que les litiges individuels concernant leurs agents échappent à votre compétence [...]

Biblio

A. Établissements publics

- M. Bazex et S. Blazy, « Le statut d'établissement public recèle-t-il une aide d'État ? », *Dr. adm.* 2004, n° 61.
- J.-L. de Corail, « Contribution du juge administratif à une théorie générale de l'établissement public à caractère industriel et commercial », in *Mélanges R.-E. Charlier*, 1981, p. 29.
- R. Drago, *La crise de la notion d'établissement public*, Pedone, 1950.
- G. Eckert, « L'égalité de concurrence entre opérateurs publics et privés sur le marché », in *Liber amicorum J. Waline*, Dalloz, 2002, p. 207.
- E. Fatôme, « À propos de la distinction entre établissement public à caractère administratif et établissement public à caractère industriel et commercial », in *Mélanges R. Chapus*, Montchrestien, 1992, p. 171.
- M. Lombard, *L'État schizo*, J.-C. Lattès, 2007.
- J.-P. Théron, *Recherches sur la notion d'établissement public*, LGDJ, 1976.
- D. Truchet, « Les personnes publiques disposent-elles, en droit français, de la liberté d'entreprendre ? », *D. Affaires* 1996. Doctr. 731.
- *Les établissements publics*, Les études du Conseil d'État, Doc. fr., 2010, 136 p.

B. Autres personnes morales de droit public

- Conseil d'État, *Les agences : une nouvelle gestion publique ? Étude annuelle 2012*, La Documentation française, 2012.
- M. Degoffe, « Les autorités publiques indépendantes », *AJDA* 2008. 622.
- B. Jorion, « Les groupements d'intérêt public : un instrument de gestion du service public administratif », *AJDA* 2004. 305.
- L. Janicot, « La rationalisation manquée des groupements d'intérêt public », *AJDA* 2011. 1194.
- D. Linotte, G. Simonin, « L'Autorité des marchés financiers, prototype de la réforme de l'État ? », *AJDA* 2004. 143.
- J.-L. Oki et A. Rouyère, « Les autorités indépendantes », *RFDA* 2017. 413.
- R. Tinière, « Éléments de définition d'un standard commun aux groupements d'intérêt public », *AJDA* 2007. 840.
- *Les groupements d'intérêt public*, Doc. fr., coll. « Études du Conseil d'État », 1997.

Quiz

1) Sujet corrigé

Cas pratique

Énoncé

Suite à une proposition du conseil départemental du département de l'Indre, département dont il est lui-même originaire, le ministre du Temps libre et du Cadre de vie, désireux d'entreprendre et de soutenir certaines activités dans le pays d'étangs de la Brenne (Indre), décide de créer par décret un établissement public de promotion de l'environnement de la Brenne (EPPEB). L'établissement, dont le budget sera exclusivement alimenté par des fonds du conseil départemental, a pour objet la promotion touristique de cette partie du département. Il est habilité notamment à subventionner les communes du pays de la Brenne ainsi qu'à leur prêter son concours afin qu'elles transforment certains des chemins de leurs domaines privés en « routes vertes » spécialement aménagées pour les vélos et les chevaux.

L'établissement peut d'autre part « subventionner les clubs d'équitation de la Brenne », ainsi que l'indiquent ses statuts, afin que se développe un intense tourisme équin dans cette charmante partie du département.

1. Estimant l'initiative hasardeuse, d'autant qu'existe un parc naturel régional de la Brenne, la Fédération départementale des chasseurs de gibier d'eau de l'Indre voudrait intenter un recours contre la décision du ministre du Temps libre et du Cadre de vie.

Ce recours est-il voué à l'échec ?

2. Monsieur Hun et monsieur d'Eu sont directeurs de clubs d'équitation sis pour le premier à Béthines et pour le second à Liglet, deux communes du département de la Vienne. L'EPPEB décide d'accorder une généreuse subvention à La joyeuse Cravache, club dont monsieur d'Eu est propriétaire. Affreusement jaloux de l'avantage accordé à son concurrent direct, monsieur Hun décide d'agir contre cette décision qu'il estime être inique.

Vous le conseillerez dans son action.

3. Monsieur Colomban Quai, directeur du conseil d'administration l'EPPEB et gestionnaire avisé, agissant au nom de l'établissement, décide d'acquérir et d'exploiter un *night-club* en vente à Oulches (Indre) afin de dégager des fonds pour améliorer le travail de son établissement.

L'idée est-elle aussi légale que séduisante ?

4. La commune du Blizon, sur le territoire de laquelle sont situés nombre des étangs de la Brenne, décide de créer un sentier faisant le tour de l'étang de la Folie, réservé aux promenades équestres, de remodeler le tracé des sentiers pédestres de la commune et de les recouvrir d'un revêtement apte à permettre les randonnées lors des saisons pluvieuses. Compte tenu de la faiblesse de ses moyens techniques, elle décide de faire appel à un maître d'œuvre chargé de la coordination et de la réalisation des travaux. Un appel d'offres est lancé en ce sens, auquel l'EPPEB décide de participer ; son offre est d'ailleurs finalement retenue au terme d'une procédure d'attribution régulière. Mécontente d'avoir été écartée du marché, la société Remblais de l'Indre, spécialisée dans cette activité, cherche à contester la régularité de l'attribution du marché.

Son action a-t-elle quelque chance de succès ?

Voir le corrigé en fin de rubrique.

2) Sujets d'examen

A) Dissertations

Principe de spécialité et diversification des activités des établissements publics.

Existe-t-il des principes régissant les établissements publics ?

B) Cas pratique

M. Michel-Gérard Buffet est agent d'EDF, exerçant ses activités au sein de l'entité dédiée aux conseils aux professionnels. Il a, comme tout un chacun, connaissance des projets de privatisation de Gaz de France. Compte tenu des liens unissant EDF et Gaz de France, il craint fort que les évolutions qui touchent actuellement cette dernière entreprise ne viennent assez rapidement toucher son propre établissement. Il souhaiterait dans ce cadre tenter de remettre en cause le principe même des évolutions qui ont touché ces deux établissements, et aimerait disposer de votre aide sur les points suivants.

1. Il a entendu dire que si la loi du 9 août 2004 a transformé EDF en « société », c'est parce que la Commission européenne l'exigeait. Bien que personnellement peu favorable aux orientations actuelles des institutions européennes, il se demande toutefois si le gouvernement de l'époque, qui n'est pas très différent de l'actuel, n'a pas fait porter un peu vite la responsabilité de l'opération aux institutions bruxelloises.

En vous cantonnant à une discussion strictement juridique, vous l'éclairerez sur ce point.

2. Il a, également, entendu en 2004 le président d'EDF se féliciter du passage au statut de société et, bientôt, de société anonyme, car selon lui cela permettrait « la disparition du principe de spécialité ». Cependant, il avait été amené, en 2002, à effectuer des visites de contrôle sur les installations de chauffage électrique de l'usine Pechiney, à Saint-Jean-de-Maurienne, desservie par EDF, et liée à cette dernière par un contrat global de fourniture et maintenance signé en 1999. Quelques jours plus tard, il avait trouvé les pneus de son véhicule professionnel dégonflés, la rumeur voulant que cet acte de malveillance soit imputable à un artisan chauffagiste de la région. Il s'était alors étonné de cet acte, persuadé que l'établissement public était dans son bon droit en exerçant de telles activités : les propos du président de l'établissement lui font, rétrospectivement, se demander s'il n'était pas dans l'illégalité en exerçant une activité d'entretien des installations de chauffage.

Vous l'éclairerez sur ces tardifs remords.

3) Corrigé

Cas pratique

1. La Fédération départementale des chasseurs est directement concernée par la création de l'EPPEB ; son représentant justifie donc d'un intérêt lui donnant qualité à agir contre le décret du ministre du Temps libre et du Cadre de vie portant création de cet établissement. Il faut par suite savoir quels sont les arguments susceptibles d'être invoqués à l'appui de ce recours pour excès de pouvoir. Ceux-ci sont de deux sortes, dont la première sera rapidement écartée.

La Fédération pourrait en effet avancer que le ministre n'avait pas compétence pour créer un tel établissement, considérant que le *domaine* d'activité de l'établissement est du ressort exclusif du département de l'Indre. Sans entrer trop avant dans des développements relatifs à la répartition des compétences entre l'État et les collectivités territoriales, on notera simplement que la compétence en matière de tourisme est partagée (L. n° 92-1341 du 23 déc. 1992), tandis que l'État conserve la compétence de droit commun en matière d'environnement. La compétence du ministre pour créer l'établissement n'est donc pas ici en cause.

Mais si le ministre avait compétence pour régir le domaine d'activité concernée, cela ne signifie pas pour autant qu'il pouvait créer l'établissement public en cause. Il faut en effet rappeler que la compétence en matière de création des établissements publics appartient originairement au législateur, qui doit en fixer les catégories et leurs règles constitutives. Pour savoir si le ministre pouvait créer un établissement public en matière de protection de l'environnement et de développement économique, il faut donc savoir si l'EPPEB peut être comparé à d'autres établissements appartenant à une catégorie dont les règles constitutives ont déjà été fixées par le législateur : si la réponse s'avérait négative, le décret serait annulé pour incompétence de son auteur (violation de l'art. 34 Const.). Pour que deux établissements fassent partie de la même catégorie au sens de l'article 34 de la Constitution, il faut que leur tutelle administrative s'exerce à un même niveau territorial, qu'ils aient une spécialité « analogue » (Cons. const. 30 mai 1979, *ANVAR*). L'analogie des spécialités n'est pas très clairement définie par la jurisprudence, mais il semble en tout cas désormais certain que le caractère de l'établissement (industriel et commercial ou administratif) ne constitue plus un élément déterminant de la notion de catégorie : un EPA et un EPIC peuvent faire partie de la même catégorie d'établissements au sens de l'article 34 de la Constitution (CE Section des finances, 14 mars 1995, avis n° 356905). En l'espèce, sans préjuger du caractère de l'établissement, il était possible de considérer que l'EPPEB faisait partie de la même catégorie que les parcs naturels régionaux, dont il concurrence d'ailleurs directement l'un des représentants. La tutelle administrative est la même (ministère en charge de l'Environnement), et leur spécialité est manifestement très proche, au point que l'opportunité d'une telle création paraît très contestable – mais le juge de l'excès de pouvoir se refuse à opérer un contrôle d'opportunité en la matière. La Fédération se heurtera donc à un échec devant le juge administratif.

2. Il n'est pas absolument certain que M. Hun justifie d'un intérêt suffisant lui donnant qualité à agir contre la décision de l'EPPEB d'accorder une subvention au club hippique de M. d'Eu. En effet, ces deux clubs ne sont pas situés dans le département où s'exercent les activités de l'établissement (l'Indre), mais dans le département voisin de la Vienne. À supposer qu'un tel intérêt lui soit reconnu, c'est bien cette question territoriale qui pose ici problème, au regard du principe de spécialité régissant les activités des établissements publics. En vertu de ce principe, les établissements publics ne peuvent agir qu'en vue de l'accomplissement des missions qui leur ont été conférées par leurs textes institutifs, à la fois quant au *domaine d'activité* concerné et quant aux *frontières territoriales* qui leur sont imparties (CE 14 mars 1997, *Compagnie d'aménagement des coteaux de Gascogne*, *RFDA* 1997. 349). La décision de subvention attribuée à La joyeuse cravache par l'EPPEB, dont l'activité s'exerce selon ses textes constitutifs en principe exclusivement dans le ressort territorial du département de l'Indre (et plus précisément, à l'intérieur de ce département, dans le pays de Brenne), est donc manifestement illégale.

3. La décision de M. Colomban Quai, représentant de l'EPPEB, paraît devoir susciter les mêmes expresses réserves que la subvention dont l'illégalité a été démontrée à la question précédente. L'exploitation d'un *night-club* paraît en effet bien éloignée de la mission conférée à l'établissement. Pourtant, la démonstration sera ici moins assurée. Si en effet la spécialité territoriale est d'appréciation aisée, il en va différemment en ce qui concerne la spécialité fonctionnelle. Le juge administratif a en effet admis que l'établissement puisse exercer des activités dans d'autres domaines que ceux qui lui sont dévolus par ses textes constitutifs, sous un certain nombre de réserves qu'a

rappelées un avis du Conseil d'État en 1994 (v. doc. *supra*). Pour être acceptées, les activités doivent tout d'abord être annexes (ne pas revêtir plus d'ampleur que l'activité principale de l'établissement), elles doivent être le *complément de l'activité principale* (avec lequel elles doivent donc entretenir une certaine relation de connexité), et doivent enfin constituer des *activités d'intérêt général utiles* pour l'établissement. Ces différents éléments ont toujours été appréciés avec une certaine souplesse, le juge considérant par exemple qu'une activité d'intérêt général dont la mise en place a pour seul but l'équilibre financier des comptes de l'établissement public n'est pas illégale (CE 29 mai 1936, *Synd. des entrepreneurs de couverture c/ ville de Bordeaux*). La décision de création d'activités annexes permettant d'améliorer la situation financière de l'EPPEB n'est donc pas *en elle-même* illégale ; elle l'est en revanche parce que l'activité choisie (le *night-club*) peut difficilement être considérée comme d'intérêt général (même si tel a été le cas pour les casinos, en fonction de circonstances locales), et plus encore parce qu'on ne voit pas très bien en quoi elle pourrait être considérée comme le complément de l'activité principale de l'établissement, à savoir l'aménagement des sentiers du pays de la Brenne…

4. La procédure à laquelle décide de recourir la commune de Blizon pour rénover ses sentiers et en créer de nouveaux est celle du marché public : la société chargée de la réalisation des travaux ne se voit pas confier l'entretien ultérieur des ouvrages, ni la prestation d'un service quelconque à l'occasion de cet entretien ; en outre, faute de précisions à ce propos, tout laisse supposer que sa rémunération sera effectuée par le versement d'un prix correspondant au coût des travaux effectués : il ne peut donc s'agir d'une délégation de service public. Étant par ailleurs précisé que la procédure d'attribution a été respectée, la société Remblais de l'Indre ne dispose *a priori* d'aucun motif sérieux pour contester l'attribution du marché à l'EPPEB. Il y a bien un argument toutefois, qui tient à la nature même de l'EPPEB : la question qui se pose alors est de savoir si sa nature d'établissement public lui ôtait toute qualité pour être candidate à l'attribution de ce marché. La réponse est désormais nettement négative, comme le confirme la jurisprudence tant communautaire (CJCE 7 déc. 2000, *ARGE Gewässerschutz*) que nationale (CE 8 nov. 2000, *Sté Jean-Louis Bernard Consultants*) : la qualité d'établissement public ne permet pas en elle-même d'écarter un candidat à un marché public. Mais la société Remblais de l'Indre n'a pour autant pas perdu toute chance de contester l'attribution du marché : si, en effet, un établissement public peut être candidat à l'attribution d'un marché, il ne faut pas que le régime auquel il est soumis lui confère un avantage tel sur ses concurrents que l'égalité entre les candidats et les règles de la concurrence soient faussées. Cet avantage peut par exemple résulter de la spécificité financière des établissements publics, qui ne peuvent être mis en faillite, ce qui pourrait leur permettre de proposer des offres anormalement basses. Le fait que l'EPPEB ait été retenu alors qu'il ne possède lui-même aucun des moyens matériels lui permettant de réaliser le marché peut faire craindre ici la survenance d'une telle situation – qu'il appartiendra toutefois à la société Remblais de l'Indre de prouver.

chapitre 7

Les actes administratifs unilatéraux

Plan analytique

section 1

Définition de l'acte administratif unilatéral

- § 1 Acte administratif et actes de l'administration
- § 2 Identification de l'acte administratif unilatéral
- § 3 Classification des actes administratifs unilatéraux

section 2

Régime juridique de l'acte administratif unilatéral

- § 1 L'élaboration de l'acte administratif unilatéral
  - **A.** La compétence
  - **B.** La procédure
  - **C.** La forme
  - **D.** La portée des règles de forme et de procédure
- § 2 L'exécution de l'acte administratif unilatéral
  - **A.** L'entrée en vigueur des actes administratifs
  - **B.** L'exécution forcée
- § 3 La disparition de l'acte administratif unilatéral
  - **A.** Les actes créateurs de droit
  - **B.** Les actes non créateurs de droit

Compléments pédagogiques

Si la négociation tend à supplanter l'imposition unilatérale de la volonté de l'administration à ses partenaires et aux citoyens, le mode « jupitérien » (G. Timsit) d'action administrative demeure la règle générale. Même contesté tout à la fois par le développement du recours au contrat et par la négociation de son contenu, l'acte administratif unilatéral, incarnation de la puissance publique, demeure le mode normal de l'action administrative. Outre que certains domaines ne peuvent faire l'objet de contrat, l'administration est, dans bien des cas, tenue de prendre des décisions dont elle est seule responsable, et qu'elle est seule compétente pour édicter. 372

La concurrence faite à l'acte unilatéral par d'autres formes d'action administrative oblige, dans un premier temps, à s'arrêter sur son identification (section 1), avant de procéder à l'étude de son régime juridique (section 2).

Le juge administratif comme, plus récemment, le Code des relations entre le public et l'administration n'ont pas tenté d'élaborer une définition de l'acte administratif unilatéral, laissant ainsi la doctrine libre de procéder à celle-ci. Outre la difficulté à systématiser une jurisprudence ancienne et évolutive, l'absence de définition légale répond sans doute à un besoin de souplesse dans une matière où, compte tenu de la très grande diversité des actes et des situations en cause, il serait difficile et, le cas échéant dangereux, de figer l'état du droit en définissant de manière préalable et abstraite les critères de qualification de l'acte administratif unilatéral. Cette démarche pragmatique a cependant pour revers la relative insécurité juridique entourant l'identification et la classification des actes administratifs unilatéraux.

Le Code des relations entre le public et l'administration apporte cependant une clarification terminologique en précisant, à son article L. 2001-1, que les actes unilatéraux de l'administration peuvent être décisoires ou non décisoires. Il sera essentiellement question ici des premiers, les seconds ayant été évoqués lors de l'étude du droit souple. Il est possible de parler, pour désigner ces actes administratifs unilatéraux décisoires, de décisions administratives.

section 1

Définition de l'acte administratif unilatéral

La définition de l'acte administratif unilatéral ne devrait pas soulever de difficulté : acte émis par la seule administration, manifestant sa participation à la fonction normative de l'État, son identification, en dehors de la distinction à effectuer avec le contrat, semble relativement aisée. Pourtant, tous les actes de l'administration, même émis unilatéralement, ne sont pas des actes administratifs unilatéraux (1), tandis que la possibilité pour les personnes privées d'adopter de tels actes oblige à 373 rechercher une autre définition que celle découlant du critère organique (2). En outre, la diversité des catégories d'actes unilatéraux (3) n'en facilite pas l'identification.

§ 1 Acte administratif et actes de l'administration

374 L'élaboration de normes juridiques par l'administration adopte, en règle générale, une forme unilatérale. Cependant, il arrive que les actes de l'administration puissent être négociés. Pourtant, les actes ayant plusieurs auteurs ne constituent des contrats que dans la mesure où leur contenu manifeste un accord de volontés, et constitue ainsi un engagement destiné à régir les relations réciproques entre ses auteurs.

Des « actes mixtes », mi-contrat, mi-acte unilatéral, peuvent cependant exister. Tel est en particulier le cas de certains contrats administratifs, qui comprennent en leur sein des clauses de nature unilatérale, ce qui n'est pas sans conséquence sur leur régime contentieux (v. ss 874).

375 Tous les actes unilatéraux des personnes publiques, même lorsqu'ils ont un effet sur l'ordonnancement juridique, ne constituent pas pour autant des actes administratifs unilatéraux. Lorsqu'ils portent sur un objet de droit privé, ou qu'ils concernent des rapports de droit privé, ils ne peuvent être qualifiés d'actes administratifs. Tel est notamment le cas des décisions relatives aux rapports individuels unissant le gestionnaire d'un service public industriel et commercial à ses agents ou ses usagers, ou des décisions relatives à la gestion du domaine privé des personnes publiques, quand bien même ses actes comporteraient la mise en œuvre de prérogatives de puissance publique. Le Conseil d'État a aussi pu juger que les actes des autorités ecclésiastiques d'Alsace-Moselle ne se rattachent pas à la fonction administrative et ne peuvent, à ce titre, constituer des actes administratifs (CE 17 oct. 2012, *Singa*, n° 352742).

§ 2 Identification de l'acte administratif unilatéral

376 Les personnes privées peuvent, dans certaines conditions, adopter des actes administratifs unilatéraux. Il ne saurait donc exister de critère organique de l'acte administratif unilatéral. Les actes pris par des personnes privées chargées d'un service public (v. ss 175) et visant à son exécution peuvent être des actes administratifs (CE 13 janv. 1961, *Magnier*). Toutefois, ils ne reçoivent cette qualification que si la personne privée assure l'exécution d'un service public, et si des *prérogatives de puissance publique*[Q] sont employées à cet effet. Lorsque le service public revêt un caractère industriel et commercial, seuls les actes réglementaires touchant à l'organisation du service public peuvent être qualifiés d'administratifs (T. confl. 15 janv. 1968, *Compagnie Air France c/ époux Barbier*, *GAJA*, n° 78).

377 L'identification des actes administratifs unilatéraux s'effectue donc en fonction de leur contenu et de leur objet. Cependant, ce critère matériel est entendu par le juge avec souplesse : c'est avant tout l'intention de l'autorité administrative (se soumettre ou non à une règle de droit public) qui est recherchée par les juridictions.

À cet égard, certains actes pris par des organes administratifs ne peuvent pour autant être considérés comme des actes administratifs. Tel est le cas, en raison de leur objet politique ou diplomatique, des actes de gouvernement (v. ss 150). Tel, est, également, le cas des actes juridictionnels, ce qui suppose que la détermination de la nature (juridictionnelle ou administrative) de l'organe ayant adopté l'acte soit préalablement établie. En l'absence de qualification textuelle, le juge administratif se réfère à des indices, tels que la composition de l'organe, ses pouvoirs et les types de recours dont ses décisions peuvent faire l'objet (CE, ass., 7 févr. 1947, *d'Aillières, GAJA*, n° 55, à propos des jurys d'honneur de la Libération). Mais leur nature juridictionnelle ou politique n'empêche pas certains organes d'adopter des actes administratifs. Ainsi, les actes des juridictions qui visent, non à l'accomplissement du service public de la justice, mais à son organisation, constituent des actes administratifs (T. confl. 27 nov. 1952, *Préfet de la Guyane, GAJA*, n° 63) ; toutefois, le Conseil d'État a considéré, d'une façon contestée, que le règlement intérieur organisant l'accès à ses archives ne revêtait pas le caractère d'acte administratif, « eu égard à cet objet, qui n'est pas dissociable des conditions dans lesquelles le Conseil constitutionnel exerce les missions qui lui sont confiées par la Constitution » (CE, ass., 25 oct. 2002, *M. Brouant, RFDA* 2003. 1, concl. G. Goulard). 378 ■

§ 3 Classification des actes administratifs unilatéraux

Tous les actes de l'administration, même unilatéraux, ne constituent pas des décisions. Un acte unilatéral ne revêt un caractère décisoire que « lorsque la manifestation de volonté de son auteur se traduit par l'édiction d'une norme destinée à modifier l'ordonnancement juridique ou bien, au contraire, à le maintenir en l'état » (R. Chapus). 379 ■

À ce titre, les actes préparatoires (avis, consultations, recommandations, propositions, etc.) ne sont pas considérés comme des actes administratifs décisoires (v. par ex. CE 27 févr. 2015, *Mme B.*, n° 384847 : à propos d'une lettre envoyée aux fins d'engagement d'une poursuite disciplinaire ; elle constitue le premier acte de la procédure pouvant conduire au prononcé d'une sanction qui constituera, elle, un acte décisoire pouvant être attaqué). De même, les actes se bornant à exposer les orientations de la politique gouvernementale, que mettront ensuite en œuvre les autorités compétentes, ne modifient pas la situation juridique des particuliers et ne constituent pas des actes administratifs unilatéraux décisoires (CE, sect., 18 janv. 2013, *Assoc. SOS Racisme*, n° 328230). Enfin les actes de droit souple constituent des actes administratifs unilatéraux non décisoires (v. ss 125 s.).

Il est parfois délicat de différencier actes décisoires et non décisoires. Le cas précédemment évoqué des lignes directrices ou encore celui du rescrit en matière fiscale l'illustrent notamment. Le rescrit constitue une prise de position formelle de l'administration sur une situation de fait au regard d'un texte fiscal en réponse à une demande présentée par un contribuable qui ne présente pas de caractère obligatoire. Pour autant, le Conseil d'État a jugé qu'eu égard aux effets qu'il est susceptible d'avoir pour le contribuable et, le cas échéant, pour les tiers intéressés, cet acte a le caractère d'une décision et non d'un acte de droit souple (CE, sect., 2 déc. 2016, *Min. de l'économie et des finances c/ Société Export Press*, n° 387613). La loi n° 2018-727 du 10 août 2018, pour un État au service d'une société de confiance, contribue au développement de ce procédé, qu'elle instaure cependant dans des domaines distincts, notamment le droit de l'urbanisme, le droit du travail ou le droit commercial, et selon des procédures disparates (A.-L. Girard, « Le rescrit », *RFDA* 2018. 838). Le rescrit peine ainsi à constituer une catégorie juridique identifiée.

Délicate à établir, la distinction des actes décisoires et non décisoires reste cependant décisive. Si leur régime juridique tend à se rapprocher, dès lors que les actes non décisoires peuvent désormais faire l'objet d'un recours pour excès de pouvoir compte tenu de l'importance de leurs effets ou de leur objet (CE, ass., 21 mars 2016, *Société Fairvesta International GMBH e.a.*, n° 368082), cette convergence reste relative. Les actes administratifs unilatéraux décisoires peuvent, sauf exception, être contestés devant le juge administratif. Le principe est inverse pour les actes non décisoires, en principe inattaquables sauf si leurs effets ou leur objet le justifient.

Les actes administratifs unilatéraux sont le plus souvent explicites et écrits. Un acte explicite peut cependant être purement verbal, et son existence peut être révélée par un comportement ou une action : les travaux réalisés dans la cour du Palais-Royal ont ainsi manifesté la décision du ministre de confier la réalisation de colonnes artistiques à M. Buren (CE 12 mars 1986, *Min. de la Culture c/ Mme Cusenier et a., Lebon T.* 403). Tel est, également, le cas d'une décision octroyant un avantage financier, « manifestée par le versement à l'intéressé des sommes correspondantes, telles qu'elles apparaissent sur son bulletin de paye » (CE, avis cont., 3 mai 2004, *Fort, Lebon* 194) ; à cet égard, il faut cependant distinguer les versements résultant d'une décision explicite, qu'ils manifestent, et les versements qui ne procèdent d'aucune décision, mais soit constituent une erreur pure et simple de l'administration, soit résultent d'une inexécution, par le comptable, d'une décision de l'ordonnateur : dans ces deux hypothèses, l'administration pourra, sans condition de délai, demander le reversement des sommes perçues à tort, puisqu'elles ne résultent d'aucune décision, créatrice ou non de droits.

La règle, qui n'est pas un principe général de droit, a longtemps été que le silence de l'administration valait rejet de la demande, au terme d'un délai de quatre mois. La loi du 12 avril 2000 relative aux droits des citoyens dans leurs relations avec les administrations avait ramené ce délai à deux mois

La loi du 12 novembre 2013 habilitant le gouvernement à simplifier les relations entre l'administration et les citoyens a procédé, en apparence, à une révolution copernicienne. Elle a, en effet, posé le principe selon lequel le silence gardé par l'administration pendant deux mois vaut acceptation de la demande dont elle est saisie. Ce principe s'applique depuis le 12 novembre 2014 aux demandes adressées aux administrations de l'État et à ses établissements publics. Quant aux collectivités territoriales, à leurs établissements et aux autres organismes chargés de la gestion d'un service public administratif, la nouvelle règle ne s'appliquera qu'à compter du 12 novembre 2015. Ce principe est désormais codifié à l'article L. 231-1 du Code des relations entre le public et l'administration. Une telle réforme paraît ambivalente.

D'un côté, la consécration du principe reste prudente, au point que l'on peut douter d'un véritable basculement du droit existant. D'une part, le champ du principe est limité ; par exemple, le principe ne jouera pas lorsque la demande de l'administré ne tend pas à l'adoption d'une décision individuelle ou ne s'inscrit pas dans le cadre d'une procédure organisée par un texte. De même, le silence ne vaudra pas accord d'une demande présentant un caractère financier. D'autre part, des motifs tenant à la bonne administration ou à la nature de la décision en cause peuvent justifier des exceptions à l'application du principe. L'importance des exceptions d'ores et déjà consacrées témoigne finalement d'une relative confusion entre règles de principe et d'exception même si le juge exerce un contrôle normal sur la décision d'instituer une exception à la règle du « silence vaut acceptation » (CE 30 déc. 2015, *Compagnie nationale des conseils en propriété industrielle e.a*, n° 386805). Ce constat est renforcé par le fait que la loi prévoit la publication de la liste des procédures pour lesquelles le silence gardé sur une demande vaut décision d'acceptation, même si cette liste est dépourvue de valeur juridique. Une telle obligation, très utile à l'administré, n'en semble pas moins paradoxale au regard de la logique habituelle d'une règle de principe qui appelle plutôt l'énumération des exceptions.

D'un autre côté, la réforme n'apparaît pas totalement en trompe l'œil. D'un point de vue pratique, elle oblige l'administration à un recensement et à une modernisation utile de ses procédures de décision ; le principe du silence valant accord concerne ainsi un très grand nombre de procédures. Par exemple, le silence gardé par le chef d'établissement vaudra accord de la demande d'inscription en 1er, 2e et 3e cycle présentée par un étudiant. D'un point de vue symbolique, la loi du 12 novembre 2013 témoigne d'un renforcement des droits des citoyens dans la procédure administrative et du raffermissement des standards de bon fonctionnement de l'administration. Les risques nés de l'application du principe du silence valant accord doivent inciter l'administration à agir avec diligence en prenant, en tout état de cause, formellement position sur la demande de l'administré. De ce point de vue, le silence semble de moins en moins perçu comme pouvant constituer une méthode d'action administrative.

L'acte unilatéral peut, également, être individuel ou réglementaire. Un acte est 380
réglementaire lorsqu'il établit des dispositions générales et impersonnelles. Tel est notamment le cas des mesures d'organisation du service. Les actes non réglementaires sont généralement des actes individuels, c'est-à-dire des actes désignant nommément leur(s) destinataire(s). Il existe également des actes qui n'entrent dans aucune de ces deux catégories, faute d'indiquer leur destinataire et d'établir une norme générale et impersonnelle : ils sont alors qualifiés de décision d'espèce ; tel est, en particulier, le cas des déclarations d'utilité publique (CE, ass., 22 févr. 1974, *Adam*, *Lebon* 145). Leur régime est spécifique, puisque ni l'exception d'illégalité, ni l'obligation de motivation ne peuvent être invoquées à leur encontre.

Une distinction importante quant à leur régime juridique doit être effectuée entre les 381
actes en fonction des droits qu'ils créent ou non au profit des administrés. Si les actes réglementaires entraînent des effets de droit, ils ne créent, par définition, pas de droits acquis chez les administrés qui n'en sont pas nommément les destinataires. Tous les actes individuels ne sont cependant pas pour autant créateurs de droits.

Certaines exclusions paraissent logiques : les décisions de rejet, explicites ou implicites, ne peuvent être créatrices de droits pour leurs destinataires ; elles peuvent cependant l'être pour les tiers : tel est, par exemple, le cas d'une décision de refus de nomination dans un corps de fonctionnaires, qui peut créer des droits pour les fonctionnaires appartenant déjà à ce corps (CE, sect., 12 juin 1959, *Synd. chrétien du ministère de l'industrie et du commerce*, *Lebon* 360).

Les autorisations de police ne sont pas créatrices de droits (CE, ass., 4 juill. 1958, *Graff*, *Lebon* 414), pas plus que les nominations aux emplois à la discrétion du gouvernement (CE, ass., 22 déc. 1989, *Morin*, *Lebon* 279). Il en va de même des actes récognitifs de situation, par lesquels l'administration se borne à tirer les conséquences d'une situation juridique préexistante (CAA Douai, 18 nov. 2003, *M. Pierru*, *AJDA* 2004. 1088, note J. Michel). Enfin, et de façon générale, les actes obtenus par fraude ou les actes inexistants ne seront jamais créateurs de droits.

La distinction est parfois délicate à effectuer. Tel a été le cas des actes à caractère pécuniaire, pour lesquels on a longtemps distingué entre ceux pris dans le cadre d'une compétence liée, considérés comme non-créateurs de droits, et ceux adoptés par une décision discrétionnaire, considérés comme créateurs de droits. Cette distinction a été abandonnée par le Conseil d'État qui a posé le caractère créateur de droits des décisions accordant un avantage financier (CE, sect., 6 nov. 2002, *Mme Soulier*, *RFDA* 2003. 225, concl. Austry ; *Dr. adm.* juill. 2003, p. 6, note R. Noguellou). Toutefois, les décisions pécuniaires obtenues par fraude ne sont pas créatrices de droits (CE, sect., 29 nov. 2002, *Assistance publique – Hôpitaux de Marseille*, *RFDA* 2003. 234, concl G. Bachelier).

Les droits ainsi créés vont se cristalliser et deviendront des droits acquis. De ce fait, ils ne pourront plus, en principe, être remis en cause par l'autorité administrative qui les a accordés.

section 2

Régime juridique de l'acte administratif unilatéral

382 La jurisprudence a toujours tenu un rôle important dans l'édification du régime des actes administratifs. Ce régime est, essentiellement, destiné à garantir la protection des administrés contre un risque d'arbitraire de l'administration ; cet objectif, qui doit être concilié avec la poursuite de l'intérêt général, se retrouve à toutes les phases de la vie d'un acte administratif, qu'il s'agisse de leur élaboration, de leur exécution ou de leur disparition de l'ordonnancement juridique.

§ 1 L'élaboration de l'acte administratif unilatéral

383 L'édiction des actes administratifs unilatéraux est régie par un formalisme qui, pour paraître souvent excessif, n'en constitue pas moins une garantie des droits des administrés. La procédure administrative non contentieuse, dont la codification, espérée depuis près de quarante ans (v. G. Isaac, *La procédure administrative non contentieuse*, LGDJ, 1968, 732 p.), n'a toujours pas vu le jour, constitue en effet pour l'administré ou le justiciable le premier moyen dont il dispose pour obtenir le respect de la légalité par l'administration. Cette importance est telle que, dans un système de positivisme juridique comme celui dans lequel a été construit le droit administratif français, toute question de légalité est, en réalité, une question de procédure : un acte administratif qui empiéterait sur une disposition législative ou réglementaire n'est qu'une norme juridique adoptée suivant une procédure irrégulière, ou, ce qui revient en réalité au même, par une autorité incompétente. La procédure administrative non

contentieuse est pourtant longtemps apparue secondaire. Le rôle historique du juge administratif dans le contrôle de l'administration et, plus largement, dans l'élaboration du droit administratif explique certainement la place privilégiée accordée à la procédure administrative contentieuse, traditionnellement perçue comme l'instrument prépondérant voire exclusif de protection des droits des administrés. La situation semble aujourd'hui se rééquilibrer, notamment sous l'influence des droits européens. Les garanties de la procédure administrative non contentieuse n'apparaissent plus seulement comme un simple appoint, destiné à faciliter le contrôle juridictionnel, mais constituent une fin en soi. Elles tendent à garantir, le plus en amont possible, le respect des droits des administrés que la saisine *a posteriori* du juge ne permet pas toujours d'assurer.

Pour qu'un acte administratif soit légal, en dehors du respect des règles de fond, il doit avoir été adopté par une autorité compétente (A), et respecter les règles de procédure (B) et de forme (C) qui lui sont applicables. 384 ■

A. La compétence

Les règles de *compétence*[Q] ont une importance telle pour l'élaboration des actes administratifs unilatéraux que le juge considère qu'elles sont d'ordre public. Même si les requérants ont omis de soulever l'incompétence de l'autorité dans leur requête initiale, celle-ci pourra donc être soulevée à tout moment et même d'office par le juge. 385 ■

La compétence se définit comme l'habilitation à adopter des normes juridiques. Cette habilitation peut, toutefois, être une obligation et non seulement une faculté. Ainsi, le Conseil d'État sanctionne l'incompétence négative de l'autorité administrative, c'est-à-dire sa carence à adopter un acte administratif dans l'hypothèse où elle s'estime, à tort, incompétente (CE, sect., 3 juin 1950, *Quéralt, S.* 1951. 3. 85, note J.-M. Auby ; CE, sect., 5 déc. 1975, *Delcros, Lebon* 630).

Cette théorie de l'incompétence négative s'étend au refus du pouvoir réglementaire d'adopter les règlements d'exécution des lois dans un délai raisonnable, car le pouvoir réglementaire comporte « l'obligation de prendre dans un délai raisonnable les mesures qu'implique nécessairement l'application de la loi » (CE 28 juill. 2000, *Assoc. France nature environnement, RFDA* 2000. 1167) : le juge peut alors annuler le refus de l'autorité administrative de prendre de telles mesures, et lui enjoindre de publier le texte nécessaire à l'application de la loi (CE 7 juill. 2004, *M. Danthony*, à propos de dispositions réglementaires du Code de la Sécurité sociale). Il en va de même en ce qui concerne les décisions d'abrogation d'une mesure réglementaire illégale, que l'administration est tenue d'adopter (CE 3 févr. 1989, *Compagnie Alitalia, GAJA*, n° 85). 386 ■

Les règles de répartition des compétences entre autorités publiques (1), malgré leur rigueur, peuvent connaître certains aménagements (2).

1. *Les règles de répartition des compétences*

Dans un système de hiérarchie normative, le pouvoir constituant est la source de l'habilitation des différentes autorités à adopter les actes normatifs. Ainsi, la Constitution de 1958 habilite le Premier ministre à élaborer les actes réglementaires, mais 387 ■

ce dernier peut habiliter d'autres autorités administratives (les ministres en particulier) à adopter des normes ; en outre, le législateur peut lui-même habiliter une autorité administrative à adopter les mesures d'exécution qu'il prescrit.

Les sources de la compétence des autorités administratives sont donc diverses ; elles regroupent trois types de règles.

388 La *compétence ratione materiae*[Q] investit une autorité du pouvoir de décision en fonction de la matière considérée. Elle permet de distinguer les matières appartenant au pouvoir réglementaire de celles qui sont réservées à la loi, mais aussi de répartir les compétences entre les autorités administratives. À cet égard, il importe de se référer aux textes fixant les compétences de chacune des personnes morales, publiques ou privées, investies d'un pouvoir réglementaire, mais aussi à ceux déterminant, au sein de chaque personne morale, les autorités titulaires du pouvoir normatif.

389 La *compétence ratione temporis*[Q] n'appartient qu'à l'autorité investie du pouvoir de décision au moment où celle-ci est prise. Un acte ne peut en particulier être pris que par une autorité régulièrement investie, ce qui entraîne l'illégalité des actes pris par une autorité qui n'a pas encore été effectivement investie de ses fonctions, ou qui en a été déchargée. Afin de maintenir la continuité de l'action administrative, une autorité à laquelle l'investiture a été retirée (telle par ex. qu'un gouvernement à l'endroit duquel une motion de censure a été adoptée) peut cependant adopter des actes ne visant précisément qu'à garantir cette continuité, c'est-à-dire à expédier les affaires courantes (CE, ass., 4 avr. 1952, *Synd. régional des quotidiens d'Algérie*, *Lebon* 210, *S.* 1952. III. 49, concl. J. Delvolvé).

390 Enfin, la *compétence ratione loci*[Q], qui n'est qu'un prolongement de la compétence matérielle, définit le champ géographique des pouvoirs d'une autorité. Les administrations centrales de l'État peuvent seules adopter des décisions qui s'imposent sur l'ensemble du territoire national ; cependant, elles doivent respecter les compétences dévolues aux autorités déconcentrées et aux collectivités territoriales. Quant à ces dernières, elles ne peuvent adopter de décisions que concernant leur territoire.

2. *L'aménagement des règles de compétence*

391 Le fait qu'une autorité soit habilitée à édicter un acte administratif, et que le juge veille au strict respect de sa compétence, ne lui retire pas, dans certains cas, le pouvoir d'habiliter elle-même une autorité à agir en son nom ou à sa place. L'importance des règles de compétences a cependant amené le juge à instaurer un régime particulier pour ces délégations, qu'il s'agisse des délégations de pouvoir ou de signature, auxquelles des principes communs s'appliquent.

Une *délégation de compétence*[Q] ne peut exister que si elle est autorisée par un texte, quel que soit son rang. Cette possibilité est offerte dès le sommet de la hiérarchie normative, le président de la République étant autorisé à déléguer au Premier ministre son pouvoir de nomination aux emplois civils et militaires de l'État (art. 13). En outre, la délégation de compétence, qui doit obligatoirement être déterminée par un texte et ne peut donc être tacite, ne doit pas consister en un transfert de compétences d'une autorité administrative à un subordonné : elle doit déterminer précisément son étendue.

La délégation de compétence peut revêtir deux formes.

La délégation de pouvoir entraîne le dessaisissement l'autorité qui l'attribue, la seule solution pour qu'elle retrouve sa compétence consistant à révoquer la délégation accordée. Il existe cependant des exceptions, dans lesquelles la compétence continue à appartenir aussi bien à l'autorité délégataire qu'à l'autorité délégante, compte tenu des caractéristiques très particulières des domaines dans lesquels elle porte (CE 22 nov. 2004, *Min. de la Jeunesse, de l'Éducation nationale et de la Recherche* c/ *M. A*, *RFDA* 2005. 935, note G. Tusseau : délégation de pouvoir accordée en matière de sanctions prononcées à titre conservatoire) ; en outre, la délégation de pouvoir est transmise d'autorité à autorité, et non de personne à personne. Si le délégataire ne peut procéder à une nouvelle délégation des pouvoirs qui lui ont été confiés, il peut en revanche déléguer sa signature.

La *délégation de signature*[Q] consiste pour une autorité administrative, sans perdre sa compétence, à habiliter une personne, désignée à titre individuel, pour prendre des décisions dont elle assure la responsabilité. Le décret du 23 janvier 1947 prévoyait que, étant personnelle, la délégation de signature cessait dès lors que le titulaire de la délégation, ou le délégant, quitte ses fonctions ; pour la même raison, elle ne pouvait faire l'objet d'une subdélégation.

Si ces règles subsistent pour les administrations déconcentrées, un décret du 27 juillet 2005 réforme la délégation de signature pour les membres du gouvernement. À compter du 1er octobre 2005, les principaux responsables de l'administration centrale du ministère (secrétaire général lorsqu'il existe, directeurs d'administration centrale, chefs de service à compétence nationale, chefs des services rattachés directement au ministre, chefs de service, directeurs adjoints, sous-directeurs, directeurs de projets et hauts fonctionnaires de défense) sont réputés disposer d'une délégation de signature du ministre à compter du jour suivant la publication au *Journal officiel* de leur nomination ; le changement de ministre ou de secrétaire d'État ne mettra pas fin à la délégation. En outre, les personnes, pour lesquelles la délégation de signature est réputée acquise en raison des fonctions qu'elles occupent, ont compétence pour subdéléguer aux agents placés sous leur autorité la délégation qu'elles seront réputées tenir du ministre.

Les délégations de signature ne peuvent être accordées simultanément à plusieurs personnes. Ainsi, si une délégation de signature a été accordée à un directeur d'administration centrale pour certaines matières, une délégation dans un domaine identique ne peut être accordée au directeur de cabinet d'un ministre, même pour signer une circulaire interprétative (CE 4 juin 2007, *Ligue de l'enseignement et a.*, *JCP Adm.* 2007. Actu. 574).

En dehors de ces hypothèses, la survenance de circonstances particulières justifie aux 392
yeux du juge des aménagements aux règles de compétence.

Les circonstances exceptionnelles (v. ss 141) permettent l'extension des compétences des autorités qui y sont confrontées, le juge estimant que peuvent être légales, en raison de ces circonstances, des décisions adoptées par une autorité incompétente.

Indépendamment de toute circonstance exceptionnelle, le juge administratif fait prévaloir les *apparences*[Q] sur la stricte légalité lorsqu'il estime que les actes pris par une autorité irrégulièrement investie, donc incompétente, sont pourtant légaux, tant que la décision ayant procédé à sa nomination n'est pas annulée. Il s'agit de la théorie dite du *fonctionnaire de fait*[Q], par laquelle le juge estime que, vis-à-vis des administrés, l'autorité illégalement investie ou maintenue en fonction semble revêtir l'apparence d'un fonctionnaire ; ont été par exemple considérées comme légales les décisions individuelles adoptées par le préfet de police de Paris, alors même que celui-ci avait été illégalement maintenu en fonctions au-delà de la limite d'âge fixée pour l'exercice de cette mission (CE, sect., 16 mai 2001, *Préfet de police c/ Mtimet*, *AJDA* 2001. 647 ; *ibid.* 672, note A. Legrand). Les nouveaux pouvoirs que le juge s'est récemment octroyés peuvent toutefois le dispenser de recourir à cette théorie : lorsqu'il constate l'illégalité d'une nomination, il peut désormais, plutôt que de recourir à l'artifice de l'apparence, différer l'effet de l'annulation de la nomination (CE 12 déc. 2007, *M. S.*, *Dr. adm.* févr. 2008, n° 26, obs. D. Bailleul).

393 Il faut enfin mentionner le fait que si elles constituent des règles formelles à l'application desquelles le juge veille scrupuleusement, les règles de compétence ne sont pas toujours précisément définies par un texte législatif ou réglementaire ; tel est en particulier fréquemment le cas s'agissant de l'abrogation ou de la modification des décisions administratives. Le juge administratif a donc, pour pallier cette carence, inventé la règle du *parallélisme des compétences*[Q], qui veut que l'autorité compétente pour prendre une décision le soit également pour la modifier ou l'abroger (CE, ass., 13 mars 1953, *Teissier*, *D.* 1953. 735, concl. Donnedieu de Vabres).

B. La procédure

394 L'administration doit, lors de l'élaboration des actes administratifs, respecter les règles encadrant la procédure administrative. Si ces règles ont, au départ, été dégagées par la jurisprudence, elles ont été depuis complétées ou systématisées par des dispositions législatives ou réglementaires. Les règles de procédure concernent tant la procédure consultative que la procédure contradictoire. Elles revêtent une importance particulière s'agissant des sanctions administratives.

1. *La procédure consultative*

395 Il semblerait que l'importance de la consultation dans l'administration française soit inversement proportionnelle à la place laissée aux administrés dans les processus décisionnels. Très tôt, la doctrine a critiqué ce que Georges Dupuis appelait la « manie consultative », qui se traduit par la présence au sein de l'administration d'innombrables organismes consultatifs, parfois qualifiée de polysynodie (M. Lachaze, « Le règne des conseils ou la polysynodie dans l'administration française », *Revue politique et parlementaire*, vol. 160, juill.-sept. 1934, p. 486). La critique formulée à cet égard tient autant à la multiplicité de ces organismes qu'à leur faible importance sur le contenu de la décision administrative : dans la plupart des cas, l'administration sera libre de suivre ou non l'avis formulé. Une réponse partielle à ces critiques a été formulée par l'ordonnance du 1er juillet 2004 portant mesures de simplification administrative, complétée par une autre du 30 juin 2005, qui prévoit la suppression des commissions administratives à caractère exclusivement consultatif, ainsi que le regroupement des commissions existantes en commissions « pivot », notamment au niveau local. Ce dispositif a été complété par un décret du 8 juin 2006 relatif à la création, à la composition et au fonctionnement de commissions administratives à caractère consultatif. Ce texte, qui se substitue au décret du 28 novembre 1983, prévoit que les commissions administratives instituées préalablement à sa publication seront supprimées au terme d'un délai de trois ans, seules étant renouvelées celles dont le caractère indispensable aura été établi. La création des commissions

consultatives, par décret, ne pourra désormais être effectuée que pour une durée maximale de cinq ans, et après réalisation d'une étude d'impact relative à leur nécessité ; la publication trop régulière de décret prorogeant l'existence de commissions qui auraient dû disparaître dans le délai prescrit montre toutefois les limites de cette louable intention. La loi du 17 mai 2011 de simplification et d'amélioration de la qualité du droit poursuit l'effort entrepris. Son article 67 procède ainsi à la suppression de plusieurs organismes administratifs consultatifs, au nombre desquels figure, symboliquement mais aussi paradoxalement, le Conseil d'orientation de la simplification administrative.

Des textes particuliers imposent parfois une obligation de consultation ou d'information préalable du public, notamment en matière d'environnement. Tel est le cas de la décision de démantèlement d'une centrale nucléaire, qui doit, conformément à la directive du 27 juin 1987, être précédée d'une procédure adéquate d'information du public (CE 6 juin 2007, *Le réseau sortir du nucléaire*, *AJDA* 2007. 1160).

Le contrôle des règles de consultation préalable par le juge suppose la conciliation de deux exigences différentes. Si le principe de légalité implique le contrôle strict des règles de procédure légalement prévues, le principe de sécurité juridique suppose, quant à lui, d'éviter une annulation trop fréquente d'actes administratifs pour des motifs de procédure, extérieurs au fond de la décision. Constatant que l'élaboration des décisions administratives est aujourd'hui devenue un « parcours du combattant » (G. Braibant, « Du simple au complexe, quarante ans de droit administratif, 1953-1993 », *EDCE* 1994, n° 45), le législateur comme le juge tentent désormais d'éviter un trop grand formalisme des consultations et d'introduire une relative souplesse dans le contrôle des règles de procédure. Selon l'article 70 de la loi du 17 mai 2011, les irrégularités commises lors de la consultation d'un organisme ne peuvent être invoquées que si elles sont susceptibles d'avoir exercé une influence sur le sens de la décision. Parallèlement, pour le Conseil d'État, tous les vices affectant le déroulement d'une consultation préalable ne sont pas de nature à entraîner l'annulation de l'acte final attaqué, conformément à la jurisprudence *Danthony* (CE, ass., 23 déc. 2011, *Danthony*, n° 335033 ; *GAJA*, n° 112 ; v. n° 423).

La précision et la rigueur de ces règles procédurales apparaissent bien peu utiles lorsque la procédure consultative n'est que facultative ; dans cette hypothèse en effet, l'administration n'est aucunement obligée de suivre l'avis formulé, et peut apporter à son projet « toutes les modifications qui lui paraissent utiles, quelle qu'en soit l'importance, sans avoir l'obligation de saisir à nouveau » l'organisme consulté (CE, sect., 15 mars 1974, *Synd. national CGT-FO des fonctionnaires du commerce extérieur*, *AJDA* 1974. 434, concl. contraires Braibant). 396 ■

Lorsque la consultation est obligatoire, ce n'est pas pour autant que l'administration est toujours obligée de suivre l'avis formulé. Il faut en effet distinguer les hypothèses où la seule obligation pour l'administration est de recueillir un avis, de celles où sa décision doit être conforme à l'avis, voire les cas où elle ne peut prendre une décision que sur proposition d'un organe consultatif. 397 ■

Dans la première hypothèse, la décision adoptée par l'administration ne pourra être que soit la décision soumise à consultation, soit la décision modifiée par l'organe consultatif. Si l'administration entend adopter une autre solution, elle doit préalablement la soumettre à l'organe consultatif. En effet, un projet qui contiendrait des 398 ■

dispositions nouvelles dont le contenu n'a pas été soumis à consultation serait irrégulier. Ainsi, dans le cas où, après avoir recueilli l'avis d'un organisme dont la consultation est obligatoire, l'autorité compétente pour prendre une décision envisage d'apporter à son projet des modifications qui posent des questions nouvelles, elle doit procéder à une nouvelle consultation (CE, ass., 9 oct. 1998, *Union des fédérations CFDT des fonctionnaires publics et assimilés, Cah. fonct. publ.* 1998, n° 174, p. 13, concl. H. Savoie).

■ 399 Lorsque la décision ne peut être prise que sur « avis conforme » de tel ou tel organisme, l'autorité n'a d'autre choix que de suivre l'avis de l'organe consulté ou de renoncer à son projet de décision (CE 22 févr. 1957, *Sté coopérative de reconstruction de Rouen, Lebon* 126). Un acte qui aurait été adopté sans recourir à la consultation d'un organisme dont l'avis conforme était requis sera considéré comme adopté par une autorité incompétente.

■ 400 Enfin, lorsqu'une décision ne peut être prise que « sur la proposition » de telle ou telle entité, l'administration ne peut agir si elle n'a pas été saisie d'une proposition. Elle ne peut que se conformer à cette proposition, ou en demander une nouvelle, ou encore s'abstenir de toute décision.

■ 401 Il faut réserver une place particulière, en raison de son régime contentieux, à la consultation du Conseil d'État. Lorsqu'un texte doit lui être obligatoirement soumis pour avis, le Conseil d'État considérait que le défaut de consultation n'est pas seulement un vice de procédure, mais, s'estimant de la sorte co-auteur de l'acte administratif, une incompétence. Cette dernière étant, contrairement aux vices de procédures, une règle d'ordre public, le juge administratif la soulevait d'office. Cette interprétation n'est pas suivie par le Conseil constitutionnel, qui a considéré que le dépôt d'un projet de loi dont le texte était différent de celui soumis au Conseil d'État ou modifié par lui constituait bien un vice de procédure, et non de compétence (Cons. const. 3 avr. 2003, *Loi relative à l'élection des conseillers régionaux, AJDA* 2003. 1626, note M.-T. Viel).

Bien qu'il affirme désormais que l'administration reste seul auteur de l'acte administratif, le Conseil d'État voit toujours dans son défaut de consultation un moyen d'ordre public. Cette spécificité n'a pas échappé à la Cour européenne des droits de l'homme qui, sans en tirer de conséquences, a estimé que le cumul des fonctions juridictionnelles et consultatives du Conseil d'État « pose une question structurelle pure dès lors que le défaut de consultation obligatoire du Conseil d'État est un vice d'incompétence et un moyen d'ordre public que le juge ne manque pas de relever lui-même » (CEDH 9 nov. 2006, *Sacilor-Lormines, LPA* 2007, n° 96, chron. A. Claeys et F. Melleray, *JCP Adm.* 2007, n° 2002, note D. Szymczak).

La promotion des procédures de consultation ouvertes sur internet doit permettre l'association du public à décisions administratives et contribue donc, à sa mesure, à une forme de démocratisation de l'action administrative. Organisées par le Code des relations entre le public et l'administration lorsqu'elles ne sont pas régies par des textes législatifs ou réglementaires particuliers, de telles consultations peuvent se substituer à la consultation traditionnelle d'une commission consultative ou être spontanément organisées par l'administration. Toutefois, apparaissent dans cette seconde hypothèse peu formalisée juridiquement, de nouvelles difficultés contentieuses qui ont conduit le Conseil d'État à préciser le contrôle qu'il exerce sur la régularité de telles procédures ouvertes (CE, ass., 19 juill. 2017, *Association citoyenne pour Occitane Pays catalan e.a.*, n° 403928). Le juge administratif se montre protecteur des droits du public, dès lors que la consultation doit respecter les principes d'égalité et d'impartialité, dont il découle que la consultation doit être sincère. À ce titre, le juge impose plusieurs obligations quant à la détermination et au respect du périmètre du public consulté, à l'information préalable de ce public, à la durée de cette consultation, à la publicité de ces résultats. Le juge tempère toutefois cette exigence en faisant application, en ce domaine, de la jurisprudence *Danthony*, tout manquement procédural n'étant donc pas, par définition, de nature à porter atteinte aux droits des intéressés.

2. *La procédure contradictoire*

Le Code des relations entre le public et l'administration indique, en son article L. 121-1, que la plupart des décisions individuelles défavorables ou prises en considération de la personne sont soumises au respect d'une procédure contradictoire préalable. À ce titre, elles « n'interviennent qu'après que la personne intéressée a été mise à même de présenter des observations écrites et, le cas échéant, sur sa demande, des observations orales » (CRPA, art. L. 122-1). Cette règle prolonge celle du respect des droits de la défense, consacrée comme principe général du droit en 1944 (CE 5 mai 1944, *Dame veuve Trompier-Gravier, GAJA*, n° 51). 402 ■

Ce principe, que la jurisprudence avait étendu à toutes les mesures prises en considération de la personne et affectant gravement sa situation (CE, sect., 20 janv. 1956, *Nègre, D.* 1957. 319, concl. Guionin), vise notamment toutes les mesures défavorables à leur destinataire ou dérogeant à une réglementation. Celles-ci ne peuvent intervenir, lorsque ces mesures sont prises par des autorités relevant de l'État, qu'à l'issue d'une procédure permettant à l'intéressé de présenter des observations écrites ; le cas échéant, l'administré peut demander à être entendu, sa demande ne devant pas revêtir un caractère abusif (CE 3 avr. 2002, *Société Labo'Life Espana*, n° 232628). Seules des considérations relatives à l'urgence ou au caractère exceptionnel des circonstances, ou bien des dispositions législatives particulières, peuvent faire obstacle à ce droit à une procédure contradictoire. Ce droit est inapplicable lorsque sa mise en œuvre serait de nature à compromettre l'ordre public ou la conduite des relations internationales (CRPA, art. L. 121-2). 403 ■

3. *Les règles procédurales relatives aux sanctions administratives*

L'existence d'actes administratifs unilatéraux portant sanction découle du classique pouvoir de sanction disciplinaire que possède un chef de service sur ses subordonnés. À rebours du mouvement d'émancipation de l'administré à l'égard du pouvoir administratif, l'existence d'un pouvoir de sanction que l'administration peut exercer à l'égard des administrés apparaît comme un anachronisme, voire comme une incongruité juridique. Pourtant, les possibilités de sanctions administratives ne cessent de se développer, avec l'aval du Conseil constitutionnel, notamment auprès des autorités administratives indépendantes ; la contrepartie en est d'une part le strict encadrement dont elles font l'objet, d'autre part la transformation de la nature des organes autorisés à les adopter. 404 ■

405 La séparation des fonctions administratives et juridictionnelles, corollaire de la séparation des pouvoirs consacrée à l'article 16 de la Déclaration des droits de l'homme et du citoyen de 1789, aurait pu laisser penser que le fait d'infliger une sanction, c'est-à-dire de condamner une personne physique ou morale à une peine dissuasive ou réparatrice, ne pouvait être laissé qu'à l'appréciation du juge, et même du seul juge pénal. Pourtant, le Conseil constitutionnel, dans une décision rendue à propos des pouvoirs de sanction de la Commission des opérations de bourse, a estimé que « le principe de séparation des pouvoirs, non plus qu'aucun principe ou règle de valeur constitutionnelle, ne fait obstacle à ce qu'une autorité administrative, agissant dans le cadre de prérogatives de puissance publique, puisse exercer un pouvoir de sanction dès lors, d'une part, que la sanction susceptible d'être infligée est exclusive de toute privation de liberté, d'autre part, que l'exercice du pouvoir de sanction est assorti par la loi de mesures destinées à sauvegarder les droits et libertés constitutionnellement garantis » (Cons. const. 28 juill. 1989, *RFDA* 1989. 671, note Genevois). Le Conseil constitutionnel a eu l'occasion de préciser ensuite qu'il résultait de l'article 8 de la Déclaration des droits de l'homme et du citoyen de 1789 ainsi que des principes fondamentaux reconnus par les lois de la République « qu'une peine ne peut être infligée qu'à la condition que soient respectés le principe de légalité des délits et des peines, le principe de nécessité des peines, le principe de non-rétroactivité de la loi pénale plus sévère, ainsi que des droits de la défense » et que ces exigences « s'étendent à toute sanction ayant le caractère d'une punition, même si le législateur a laissé le soin de la prononcer à une autorité de nature non juridictionnelle » (Cons. const. 13 août 1993, *RFDA* 1993. 871, note Genevois).

406 Ces exigences ont été entendues d'une façon assez souple par le Conseil d'État. Ainsi, s'il exige que les éléments constitutifs d'une infraction susceptible d'exposer à une sanction administrative soient déterminés de façon précise et complète (CE 9 oct. 1996, *Sté Prigest*, *RFDA* 1996. 1269), il estime en revanche que le Conseil des marchés financiers a pu légalement infliger une sanction pécuniaire à l'encontre d'une société pour des agissements commis non par elle-même, mais par une société dont elle a fait l'acquisition, sans pour autant que soit violé le principe de personnalité des peines (CE 22 nov. 2000, *Sté Crédit Agricole Indosuez Chevreux*, *CJEG* 2001. 68, concl. contraires Seban).

407 Si les exigences spécifiques aux actes administratifs portant sanction sont donc interprétées de façon conciliante, il en va différemment des principes applicables à l'ensemble des actes administratifs. Ainsi, le respect des droits de la défense se traduit, pour les sanctions, par la transposition des règles relatives aux juridictions. Le Conseil d'État a d'abord considéré que les garanties de l'article 6 §1er de la Convention européenne des droits de l'homme ne pouvaient s'appliquer aux sanctions prononcées par des autorités administratives, dès lors quelles ne sont pas des juridictions, (CE, avis, 31 mars 1995, *Min. du budget c/ SARL Auto-Industrie Méric*, *AJDA* 1995. 739, note Dreyfuss). Par la suite, le Conseil d'État a indiqué, dans un important arrêt *Didier* (CE, ass., 3 déc. 1999, *Didier*, *GAJA*, n° 97), que « le principe d'impartialité rappelé à l'article 6-1 » peut être utilement invoqué à l'encontre des décisions du Conseil des marchés financiers, et ce alors même que cette instance n'est pas une juridiction au sens du droit interne. Il s'est, ensuite, référé directement à l'article 6 §1er de la Convention, qu'il considère comme directement applicable aux autorités administratives dotées de pouvoir de sanction et qui peuvent, en raison de

leur nature, de leur composition et de leurs attributions, être qualifiées de tribunal au sens de l'article 6-1 de la CEDH (CE, sect., 20 oct. 2000, *Sté Habib Bank Ltd*, *JCP* 2001. II. 10459, concl. F. Lamy). Par leur caractère collégial et leur procédure formalisée, les autorités indépendantes dotées d'un pouvoir de sanction sont directement concernées par cette jurisprudence.

Tel n'est pas le cas, en revanche, des autorités administratives traditionnelles (par exemple, CE 14 oct. 2020, *Union syndicale Solidaires*, n° 428524 à propos des sanctions infligées par Pôle emploi qui constitue un établissement public). L'exercice de leur pouvoir de sanction est assorti des garanties prévues par le seul droit national, sans que le juge fasse ici application des exigences de l'article 6-1. Les droits de la défense doivent être respectés mais sous une forme, sinon dégradée, du moins un peu moins formalisée par rapport aux exigences applicables aux autorités indépendantes. Il y a ici une forme de paradoxe à ce que les garanties procédurales soient renforcées s'agissant des sanctions infligées par des autorités indépendantes, alors même que leur statut juridique est, par nature, plus protecteur des droits des administrés. Mais ce paradoxe n'est que la conséquence juridique du champ d'application limité de l'article 6-1 de la CEDH, qui n'est applicable qu'aux seules juridictions au sens de celui-ci. Quoi qu'il en soit, les autorités administratives traditionnelles ont notamment l'obligation d'informer l'opérateur mis en cause des griefs formulés à son encontre et de la sanction encourue, de lui permettre d'accéder au dossier de contrôle, s'il en fait la demande, ou de lui permettre d'être entendu (CE 30 déc. 2013, *Min. de l'Agriculture*, n° 354587).

Le principe d'impartialité et le principe de respect des droits de la défense, rappelés à l'article 6 §1 Conv. EDH, doivent être respectés dès la phase administrative pour que la procédure ne soit pas viciée dès l'origine (CE 31 mars 2004, *Sté Etna Finance*, *Lebon T.* 693). Cette obligation a été étendue récemment à certains principes précisés à l'article 6 §3 Conv. EDH. Le Conseil d'État estime en effet que la communication préalable des griefs, le fait que la personne poursuivie dispose d'un délai pour préparer sa défense, la possibilité de recourir à un défenseur de son choix, l'égalité des droits pour l'audition des témoins, ou la possibilité d'une assistance gratuite d'un interprète constituent autant de précisions des droits de la défense dont l'application « est requise pour garantir, dès l'origine de la procédure, son caractère équitable par le respect de la conduite contradictoire des débats » (CE 27 oct. 2006, *Parent*, *Lebon* 454 ; *AJDA* 2007. 80, note M. Collet ; *LPA* 2006, n° 235, p. 4, concl. M. Guyomar et n° 237, p. 15, note J.-M. Glatt). En revanche, la possibilité pour une autorité administrative indépendante investie d'un pouvoir de sanction de s'auto-saisir d'une affaire entrant dans son champ de compétence n'est pas, en soi, contraire aux exigences d'impartialité. Une telle faculté d'auto-saisine n'est cependant possible qu'à la condition d'être strictement encadrée. Les règles d'organisation et de fonctionnement de l'autorité ainsi que l'acte par lequel elle s'auto-saisit doivent ainsi garantir l'apparence d'impartialité de cette autorité dans l'exercice de son pouvoir de sanction (CE, ass., 21 déc. 2012, *S° Groupe Canal Plus*, n° 353856). 408 ■

L'interprétation donnée par la Cour de Strasbourg à l'article 6-1 CEDH a amené un renforcement des pouvoirs du juge. Accentuant la proximité des sanctions avec les décisions juridictionnelles, la plupart des textes récents indiquent que les recours contre les décisions administratives présentant le caractère de sanction sont des recours de pleine juridiction, ce qui permet au juge non seulement d'en prononcer l'annulation, mais également de les réformer si elles lui paraissent excessives. En dehors de ces textes spécifiques, les sanctions administratives, du moins celles dont sont destinataires les administrés, relèvent désormais toutes du plein contentieux (CE, ass., 16 févr. 2009, *Sté ATOM*, *RFDA* 2009. 259, concl. C. Legras ; *AJDA* 2009. 583, chron. Liéber et Botteghi). En apparence protecteur des administrés, le régime du plein contentieux peut paradoxalement jouer parfois en leur défaveur lorsque le juge, après annulation de la sanction attaquée, décide, sur la base des pouvoirs de plein contentieux dont il dispose, de statuer sur les poursuites et d'infliger une sanction identique à celle initialement prononcée par l'autorité administrative compétente (CE 29 juill. 2020, *Sté Air Horizont Limited*, n° 432969).

Les sanctions prononcées à l'égard des détenus, catégorie d'administrés très spécifiques, continuent en revanche à relever du recours pour excès de pouvoir, tout comme celles infligées à des agents. Toutefois, après avoir limité son contrôle à l'adéquation de la sanction aux faits constatés (CE 4 févr. 2013, *Min. Justice c/ Ikemba*, *Dr. Adm.* mai 2013, comm. 37, note G. Eveillard), le juge exerce désormais à leur endroit un contrôle entier (CE 1er juin 2015, *M. B*, *RFDA* 2016. 1212, comm. D. Pollet-Panoussis), recherchant si la sanction est proportionnée à la gravité de la faute reprochée.

C. La forme

■ 409 L'acte administratif doit, pour être légal, respecter certaines règles de forme (1), parmi lesquelles la motivation est la plus importante (2).

1. *La rédaction de l'acte administratif unilatéral*

■ 410 Les règles relatives à la forme des actes administratifs ne concernent logiquement que les décisions explicites. La plupart d'entre elles matérialisent les règles de compétence ou de procédure : les visas de la décision doivent comporter la mention des formalités procédurales, y compris consultatives, effectuées, tandis que la signature de l'acte matérialise la compétence de son auteur. Le juge considérera comme entachée d'un vice de forme une décision sur laquelle ferait défaut la signature de son auteur (CE, ass., 12 juill. 1857, *Chambre de commerce d'Orléans*, *Lebon* 474).

■ 411 L'article L. 212-1 du Code des relations entre le public et l'administration précise en outre que « toute décision » prise par une autorité administrative « comporte, outre la signature de son auteur, la mention, en caractères lisibles, du prénom, du nom et de la qualité de celui-ci ». Le juge considère cependant que cette formalité substantielle est respectée même si seule l'initiale du prénom a été indiquée, à condition que cette élision n'empêche pas l'identification de la personne (CE 28 nov. 2003, *Mme Rahou, épouse Douidi*, *Lebon T.* 628 ; v. égal. CE 8 avr. 2009, Cne de Fameck, req. n° 312668, et S. Saunier, « La signature de la décision administrative », *RFDA* 2010. 489).

Les actes administratifs peuvent cependant, dans certaines conditions, ne faire l'objet que d'une signature électronique (Ord. n° 2005-1516 du 8 déc. 2005 relative aux échanges électroniques entre les usagers et les autorités administratives et entre les autorités administratives, art. 8).

■ 412 Enfin, comme les recours juridictionnels, les actes administratifs, conformément au 1er alinéa de l'article 2 de la Constitution, doivent être rédigés en langue française. Le Conseil d'État a toutefois estimé que l'obligation de rédiger les actes administratifs en langue française n'entraîne pas l'annulation du décret portant création du diplôme de « Master », dénomination d'après lui internationalement reconnue, dès lors que n'existait, à la date du décret, aucun équivalent français à cette dénomination (CE 11 juin 2003, *Assoc. Avenir de la langue française*, *AJDA* 2003. 1672, note C. Durand-Prinborgne).

2. *La motivation de l'acte administratif unilatéral*

La règle la plus importante quant à la forme des actes administratifs semble bien être leur motivation, qui consiste en l'énoncé des considérations de droit et de fait qui constituent le fondement de la décision (CRPA, art. L. 211-5). Pourtant, l'administration n'a aucune obligation de motiver ses décisions. Le Conseil d'État, si prompt à veiller au respect des formalités consultatives, a jugé bon de refuser explicitement de consacrer la motivation comme un principe général du droit qui s'imposerait à l'ensemble des actes administratifs unilatéraux (CE, sect., 26 janv. 1973, *Garde des Sceaux c/ Lang*, *D.* 1973. 606, note B. Pacteau). Il existe à l'inverse un principe de non-motivation des actes administratifs : en l'absence de dispositions législatives ou réglementaires contraires, les décisions administratives « n'ont pas à comporter l'indication des motifs sur lesquels elles sont fondées » (CE 24 avr. 1964, *Delahaye*, *Lebon* 243). Il s'agit là d'une survivance du temps, qu'on espère prochainement révolu, où l'administration, seule détentrice de l'intérêt général, pouvait imposer sans justification aucune ses décisions à des assujettis. Il faut bien reconnaître que les évolutions récentes de la jurisprudence permettant à l'administration, voire au juge, de substituer des motifs valables à une motivation irrégulière, même en cours d'instance, ne sont pas faites pour rassurer sur ce point. 413

L'efficacité de l'action administrative, fondement de l'absence d'obligation de motiver, cède cependant devant la protection des administrés dans certaines hypothèses, résultant aussi bien de la loi et du règlement que de la jurisprudence. 414

Si quelques catégories d'actes doivent être motivées en vertu de textes particuliers, la principale obligation de motivation vient désormais des articles L. 211-1 s. du Code des relations entre le public et l'administration. Il faut tout d'abord noter que les actes réglementaires ne sont pas concernés par l'obligation de motivation, qui vise d'une part les actes individuels dérogeant aux règles générales fixées par une loi ou un règlement, d'autre part certaines décisions défavorables, dont l'article L. 211-2 dresse la liste : actes restreignant l'exercice des libertés publiques ou constituant une mesure de police ; actes infligeant une sanction ; actes imposant des sujétions ou subordonnant l'octroi d'une autorisation à des conditions restrictives ; actes retirant ou abrogeant une décision créatrice de droits ; actes opposant une prescription, une forclusion ou une déchéance ; actes refusant un avantage dont l'attribution constitue un droit pour les personnes qui remplissent les conditions légales pour l'obtenir ; actes refusant une autorisation. En application de ces dispositions, le Conseil d'État a, par exemple, jugé que le refus de délivrer une autorisation d'occupation domaniale doit être motivé, au contraire de la décision de mettre fin à cette autorisation, dès lors que celle-ci, précaire et révocable, n'est pas créatrice de droits (CE 9 juin 2020, *Cne de Saint-Pierre*, n° 434113). 415

416 La jurisprudence est en outre à l'origine de l'obligation de motivation des actes des organismes professionnels collégiaux de droit privé, obligation qui concerne l'ensemble de leurs décisions unilatérales, réglementaires ou individuelles (CE, ass., 27 nov. 1970, *Agence maritime Marseille-fret, RD publ.* 1971. 987, concl. Gentot).

417 Même dans les hypothèses où la motivation est obligatoire, des dérogations sont possibles, notamment en cas d'urgence absolue. Dans une telle hypothèse, l'administration devra communiquer à l'intéressé, dans un délai d'un mois, les motifs de sa décision si ce dernier lui en fait la demande dans les délais du recours contentieux (CRPA, art. L. 211-6).

418 Si les décisions implicites de rejet n'ont pas à être motivées, le destinataire de la décision dispose toutefois du délai de recours contentieux pour demander communication des motifs ayant fondé la décision. En l'absence de réponse de l'administration un mois après sa demande, il peut attaquer, dans un délai de deux mois, la décision implicite de rejet ; le vice de forme que constitue son absence de motivation entraînera son annulation (CE 29 mars 1985, *Testa, AJDA* 1985. 260, chron. S. Hubac et J.-E. Schoettl).

419 Une simple motivation par référence est illégale (CE, sect., 24 juill. 1981, *Belasri, AJDA* 1981. 464).

420 Il en va de même en principe des motivations tardives, qui ne peuvent rétroactivement venir justifier une décision administrative (CE 5 mai 1986, *Min. des Affaires sociales c/ Leblanc et Tissier, AJDA* 1986. 390, note L. Richer). Sur ce point cependant, la situation des administrés s'est trouvée fortement aggravée du fait de récents développements jurisprudentiels (v. ss 856). Le juge considère en effet désormais que « l'administration peut, en première instance comme en appel, faire valoir devant le juge de l'excès de pouvoir que la décision dont l'annulation est demandée est légalement justifiée par un motif, de droit ou de fait, autre que celui initialement indiqué, mais également fondé sur la situation existant à la date de cette décision ». Toutefois, cette substitution n'est qu'une possibilité que le juge peut ou non accorder, sous réserve qu'elle ne prive pas le requérant d'une garantie procédurale liée au motif substitué (CE, sect., 6 févr. 2004, *Fatima Hallal*, à propos d'un refus de titre de séjour).

D. La portée des règles de forme et de procédure

421 Les règles de forme ou de procédure, bien que fondamentales pour la garantie des droits des administrés, ont pour le juge une importance variable. Si, on l'a vu, les règles de compétence sont d'ordre public, il n'en va pas de même des règles de procédure et de forme. En outre, le juge estime que l'administration peut être dispensée, dans certaines conditions, d'accomplir les formalités auxquelles elle est normalement tenue de se soumettre.

422 Par sa décision *Danthony*, le juge a abandonné son approche traditionnelle fondée sur le caractère substantiel ou non des vices de forme ou de procédure (CE, ass., 7 mars 1975, *Assoc. des amis de l'Abbaye de Fontevraud, AJDA* 1976. 208, note R. Hostiou). Désormais, seuls les vices susceptibles d'exercer, dans les faits de l'espèce, une influence sur le sens de la décision prise ou les vices privant les intéressés d'une

garantie, comme le non-respect des droits de la défense, peuvent entraîner l'annulation de l'acte final ; de même, l'omission d'une procédure obligatoire n'entraînera l'annulation de l'acte que si elle a pour effet d'affecter la compétence de son auteur (CE, ass., 23 déc. 2011, *Danthony*, *RFDA* 2012. 284, concl. G. Dumortier, note P. Cassia ; *GAJA*, n° 112). Le juge écartera, le cas échéant d'office, le vice qui ne lui semble pas de nature à entraîner l'annulation de l'acte attaqué, sans qu'il lui soit nécessaire d'en informer préalablement les parties à l'instance (CE 17 févr. 2012, *S° Chiesi SA*, n° 332509). La solution selon laquelle les vices de forme et de procédure dont serait entaché un acte réglementaire ne peuvent être utilement invoqués que dans le cadre du recours pour excès de pouvoir dirigé contre lui, et non dans celui des contestations par voie d'exception (CE, ass, 18 mai 2018, *Fédération des finances et affaires économiques de la CFDT*, n° 414583, *RFDA* 2018. 649, concl. A. Bretonneau, notes D. de Béchillon, et P. Delvolvé) s'inscrit dans la même logique de cantonnement de la portée de ces règles.

En outre, le juge estime que l'administration peut s'exonérer de certaines formalités dont le respect est impossible, quelle qu'en soit la raison. Cette théorie des formalités impossibles permet à l'administration d'échapper à l'annulation lorsque la méconnaissance d'une règle de procédure est liée à l'impossibilité dans laquelle elle s'est trouvée de consulter les intéressés, par exemple parce que les membres d'un organisme consultatif ont systématiquement refusé de siéger ou de donner leur avis (CE, sect., 12 oct. 1956, *Baillet*, *D.* 1956. 664, concl. Long). Maniée avec prudence par le juge, qui veille, le cas échéant, à l'assortir de conditions strictes, notamment en matière disciplinaire (CE 5 févr. 2021, *M. B.*, n° 434659), la théorie des formalités impossibles n'en reste pas moins d'actualité pour éviter des blocages dans la continuité de l'action administrative. 423 ■

§ 2 L'exécution de l'acte administratif unilatéral

Les actes administratifs unilatéraux bénéficient, pour leur exécution, du « *privilège du préalable*[Q] », qui signifie que les décisions administratives acquièrent force obligatoire dès leur adoption ou leur publication, et que le recours formé contre elles n'a pas de caractère suspensif. Il faut cependant, pour qu'ils revêtent ce caractère obligatoire, qu'ils soient entrés en vigueur (A), ce qui leur permettra éventuellement de bénéficier d'une exécution forcée (B) sans passer au préalable par une phase juridictionnelle. 424 ■

A. L'entrée en vigueur des actes administratifs

Le régime de l'entrée en vigueur des actes administratifs varie selon leur nature individuelle ou réglementaire. Les actes réglementaires doivent, pour entrer en vigueur, être publiés ; les conditions de délai pour leur entrée en vigueur sont les mêmes que celles des lois. 425 ■

La publication des actes administratifs réglementaires constitue pour l'administration une obligation. Le Conseil d'État a consacré comme un principe général du droit le fait que « l'administration est tenue de publier, dans un délai raisonnable, les 426 ■

règlements qu'elle édicte», sauf «lorsqu'elle justifie, sous le contrôle du juge, de circonstances particulières» (CE 12 déc. 2003, *Synd. des commissaires et des hauts fonctionnaires de la police nationale, JCP Adm.* 2004, n° 1134, note M.-C. Rouault; *AJDA* 2004. 442, note H. M.). Par ailleurs, le refus de procéder aux mesures de publicité adéquates, s'il a pour effet d'empêcher les personnes intéressées de s'en prévaloir, est illégal.

La publication n'est plus obligatoirement effectuée par écrit: depuis une ordonnance du 20 février 2004, complétée par un décret du 29 juin 2004, certains actes peuvent ne faire l'objet que d'une publication sous forme électronique, ce traitement spécifique n'ayant pas été jugé contraire à la clause de non-discrimination énoncée à l'article 14 de la Convention européenne de sauvegarde des droits de l'homme et des libertés fondamentales (CE 9 nov. 2005, *Meyet, RFDA* 2006. 535, concl. Donnat). Cette dématérialisation de la publication des actes administratifs a été prolongée par le Conseil d'État, qui estime que la simple mise en ligne sur l'intranet d'une administration peut valoir publication, à condition que ce mode de publicité par voie électronique ait été précisé par un acte réglementaire ayant lui-même fait l'objet d'une publication (CE 11 janv. 2006, *Synd. national CGT-ANPE, AJDA* 2006. 176).

■ 427 L'entrée en vigueur des décisions non réglementaires défavorables est conditionnée à leur notification aux intéressés, quelle qu'en soit la forme. En revanche, les décisions favorables entrent en vigueur dès leur signature (CE, sect., 19 déc. 1952, *Demoiselle Mattei, Lebon* 594).

■ 428 Par transposition du principe de non-rétroactivité de la loi établi à l'article 2 du Code civil, le juge administratif a consacré un principe fondamental de non-rétroactivité des actes administratifs (CE 25 juin 1948, *Sté du journal «L'Aurore», GAJA*, n° 56). L'acte ne peut donc entrer en vigueur à une date antérieure à celle de sa publication ou de son adoption; seules les hypothèses où la loi l'a explicitement autorisé, interprétées de façon restrictive, permettent de déroger à ce principe (CE, sect., 29 janv. 1971, *Emery, AJDA* 1971. 409, concl. Vught). Il en va de même lorsque, exceptionnellement, la continuité du service public l'exige (CE 7 févr. 1979, *Assoc. des professeurs agrégés des disciplines artistiques, RD publ.* 1980. 523, note M. Waline).

■ 429 Le fait qu'une décision administrative ne soit pas entrée en vigueur n'empêche cependant pas l'administration d'en faire application, pour autant que les mesures d'exécution n'entrent pas elles-mêmes en vigueur avant la décision initiale. Le Conseil d'État indique ainsi que «des mesures réglementaires peuvent être prises pour l'application d'une disposition existante mais non encore publiée, à la condition qu'elles n'entrent pas en vigueur avant que la disposition sur laquelle elles se fondent ait été régulièrement rendue opposable aux tiers» (CE, sect., 30 juill. 2003, *Gpt des éleveurs mayennais de trotteurs (GEMTROT), RFDA* 2003. 1134, concl. F. Séners).

Cette solution paraît peu cohérente avec l'interdiction faite à un particulier de se prévaloir d'un arrêté qui a été porté à sa connaissance, mais, n'ayant pas fait l'objet d'une publication régulière, n'est pas entré en vigueur (CE 18 mai 2005, *M. Plancke, AJDA* 2005. 1534).

B. L'exécution forcée

La « force exécutoire » des décisions administratives ne signifie pas que l'administration dispose, en principe, du pouvoir de recourir à l'exécution forcée de ses décisions. 430 ■

Bien à l'inverse, le principe est que l'administration ne peut recourir à la force pour exécuter ses décisions, sauf dans certains cas qui constituent donc des exceptions à ce principe, exceptions qui doivent, comme telles, être entendues strictement.

Lorsque l'administration recourt à l'exécution forcée alors que ne sont pas réunies les conditions justifiant, par exception, ce recours, l'emploi illégal de l'exécution forcée engage la responsabilité de l'administration.

En outre, l'exécution forcée d'une décision même légale, mais qui serait intervenue dans des conditions irrégulières et qui porteraient atteinte au droit de propriété ou à une liberté publique, de même que l'exécution forcée d'un acte « manifestement insusceptible de se rattacher à l'application d'un texte législatif ou réglementaire » (CE, sect., 10 oct. 1969, *Consorts Muselier, Rev. adm.* 1970. 29, concl. Braibant), peuvent constituer une voie de fait sanctionnée comme telle (v. ss 639). 431 ■

Il est donc d'autant plus important de connaître exactement les cas dans lesquels l'administration peut recourir légalement à l'exécution forcée, également qualifiée d'« exécution d'office ». Ceux-ci ont été fixés par le célèbre arrêt du Tribunal des conflits du 2 décembre 1902, *Société Immobilière de Saint-Just* (*GAJA*, n° 10).

Outre l'exemple classique de la loi du 3 juillet 1877 relative aux réquisitions militaires, qui dispose qu'en cas de « mauvais vouloir des habitants » l'exécution de la réquisition « est assurée au besoin par la force », de nombreuses lois ont autorisé l'administration à agir d'office, qu'il s'agisse de la mise en fourrière des véhicules autorisée par l'article L. 325-1 du Code de la route, ou, après mise en demeure, de travaux de débroussaillage prescrits pour la prévention des incendies (C. for., art. L. 322-4) ou encore de l'exécution de travaux nécessaires à la lutte contre le bruit (L. du 31 déc. 1992, art. 27). 432 ■

Les dispositions législatives concernant les étrangers prévoient également les cas dans lesquels l'administration peut recourir à l'exécution forcée des mesures d'éloignement du territoire.

Ainsi que le soulignait au début du siècle dernier le commissaire du gouvernement Romieu dans ses conclusions sur l'affaire *Société Immobilière de Saint-Just*, « il est de l'essence même du rôle de l'administration d'agir immédiatement et d'employer la force publique sans délai ni procédure, lorsque l'intérêt immédiat de la conservation publique l'exige ; quand la maison brûle, on ne va pas demander au juge l'autorisation d'y envoyer les pompiers ». 433 ■

Une situation d'urgence ou de péril immédiat a donc la même portée à cet égard que les « circonstances exceptionnelles » (v. ss 141), en ce sens qu'elle étend le champ d'action de l'administration afin de lui permettre de faire face à cette situation. 434 ■

Le juge opère un contrôle de l'existence même de l'urgence ou du péril immédiat (T. confl. 21 juin 1993, *Préfet de la Corse, Préfet de la Corse du Sud, Lebon* 402 : l'apposition de scellés sur un bâtiment qui ne bénéficiait pas d'une autorisation d'ouverture au public ne constitue pas une voie de fait, dès lors « qu'il n'était pas établi que la sécurité du public, après l'attentat dont avaient fait l'objet les bâtiments, était assurée et alors qu'il y avait urgence en raison de l'imminence de l'arrivée des occupants »).

435 L'administration peut également recourir à l'exécution forcée, par exception, lorsque la décision dont elle entend obtenir l'exécution n'est assortie d'aucune sanction pénale, de sorte qu'elle ne peut saisir les tribunaux répressifs, et s'il n'existe aucune autre voie de droit à sa disposition.

Ainsi que le soulignait le commissaire du gouvernement Léon Blum, « l'exécution administrative n'est justifiée en principe que par la nécessité d'assurer l'obéissance à la loi et l'impossibilité de l'assurer par tout autre procédé juridique » (CE 17 mars 1911, *Abbé Bouchon, Lebon* 341).

436 En revanche, « si la sanction pénale existe, l'exécution forcée administrative n'existe pas, en dehors des cas d'urgence », et cette affirmation de Romieu dans ses conclusions précitées sur l'affaire *Société immobilière de Saint-Just* en 1902 peut s'étendre aujourd'hui à toute autre voie de droit à la disposition de l'administration, dont l'existence même exclut le recours à l'exécution forcée.

437 Enfin, il est à peine nécessaire de rappeler que, lorsque les conditions de l'exécution forcée sont réunies, l'administration ne peut prendre que les mesures strictement nécessaires à cette exécution.

§ 3 La disparition de l'acte administratif unilatéral

438 Les conditions de disparition des actes administratifs constituent l'un des enjeux importants des évolutions du droit administratif contemporain. Bien que le principe de sécurité juridique n'ait encore, en droit français, qu'un contenu peu assuré, la disparition des actes administratifs ne doit pas entraîner d'effets disproportionnés sur les situations juridiques dont il a permis la constitution pendant la durée de son existence. Mais d'un autre côté, la disparition non rétroactive de l'acte administratif unilatéral peut, parfois, aboutir à ne pas respecter la légalité, interne ou internationale, les actes pris sur le fondement d'un acte illégal étant eux-mêmes illégaux. La question de la disparition de l'acte administratif unilatéral, qu'il est difficile de séparer de celles des effets d'une annulation contentieuse, doit donc concilier respect des droits acquis et respect de la légalité.

439 On distingue classiquement à ce propos deux modalités de disparition de l'acte administratif unilatéral. Le retrait d'un acte consiste à le faire disparaître dès son origine, donc rétroactivement, de l'ordonnancement juridique : l'acte sera réputé ne jamais avoir existé. L'abrogation, en revanche, ne remet pas en cause les effets de droit déjà produits, mais entraîne la disparition pour l'avenir de l'acte unilatéral.

440 Les conditions de recours au retrait ou à l'abrogation ont été déterminées par la jurisprudence puis systématisées, sous réserve de dispositions législatives et réglementaires spéciales, par le Code des relations entre le public et l'administration (art. L. 240-1 s.). Elles doivent cependant désormais compter avec le droit de l'Union européenne. Celui-ci peut entraîner une inapplication des règles administratives traditionnelles. D'une part, le droit de l'Union européenne peut encadrer les pouvoirs

de l'administration : le retrait ou l'abrogation des actes administratifs doivent être conciliés avec les principes de confiance légitime et de sécurité juridique tels qu'appliqués par la Cour de justice. D'autre part, le droit européen peut élargir les prérogatives de l'administration. La pleine efficacité du droit de l'Union impose le rétablissement effectif de la légalité communautaire (CE, sect., 13 mars 2015, *Office de développement de l'économie agricole d'outre-mer*, n° 364612). À ce titre, elle commande l'exclusion des règles nationales limitant de façon excessive la possibilité d'abrogation ou de retrait d'actes administratifs contraires au droit de l'Union (CE 28 oct. 2009, *VINIFLHOR*, n° 302030). Pour cette raison les règles applicables au retrait et à l'abrogation des actes prévues par le Code des relations entre le public et l'administration ne s'appliquent que « *sous réserve des exigences découlant du droit de l'Union européenne* » (CRPA, art. L. 241-1).

Par ailleurs est affirmé de façon générale le principe selon lequel un acte administratif unilatéral obtenu par fraude peut être à tout moment abrogé ou retiré (CRPA, art. L. 241-2).

Les règles relatives au *retrait*Q et à l'*abrogation*Q, désormais simplifiées, s'organisent autour de la distinction entre actes créateurs de droits et actes non créateurs de droit

A. Les actes créateurs de droit

Le code a procédé à une simplification de l'état du droit en alignant largement les règles du retrait et de l'abrogation concernant les actes créateurs de droit. Il convient désormais de distinguer deux situations selon la personne à l'origine du retrait ou de l'abrogation de l'acte créateur de droit. 441 ■

1. *Le retrait ou l'abrogation à l'initiative de l'administration ou sur demande d'un tiers*

Le respect des droits acquis justifie que les décisions créatrices de droits soient celles pour lesquelles le retrait ou l'abrogation sont le moins facilement admis. Il est d'ailleurs purement et simplement impossible pour celles de ces décisions qui sont légales : l'admettre serait contraire au principe général du droit de non-rétroactivité des décisions administratives pour le retrait ou au respect des droits acquis pour l'abrogation. 442 ■

Le retrait comme l'abrogation ne sont possibles qu'à deux conditions : l'acte est illégal et un délai de 4 mois n'est pas expiré (CRPA, art. L. 242-1). Le code a ainsi repris la solution consacrée par le Conseil d'État à propos du retrait des décisions explicites créatrices de droits (CE 26 oct. 2001, *Ternon*, *GAJA*, n° 100) ou de leur abrogation (CE, sect., 6 mars 2009, *Coulibaly*, *RFDA* 2009. 215, concl. C. de Salins ; *RFDA* 2009. 439, note G. Eveillard). Les dispositions du code ne tiennent ainsi formellement plus compte du caractère explicite ou implicite des décisions en cause. 443 ■

Ce principe est cependant assorti de deux exceptions, prévues par l'article L. 242-2 du code. 444 ■

D'une part, l'administration peut, sans condition de délai, abroger une décision créatrice de droits dont le maintien est subordonné à une condition qui n'est plus remplie. L'identification de telles décisions conditionnelles n'est guère aisée, dès lors que le code ne les définit pas et que la jurisprudence antérieure est difficile à systématiser. De façon générale, ces décisions conditionnelles ou précaires semblent renvoyer à deux hypothèses. Il peut tout d'abord s'agir d'actes formellement assortis d'une condition extinctive ou abrogative. Il peut ensuite s'agir d'actes dont l'existence dépend du maintien des conditions initiales prévues pour leur adoption. Ces actes pouvaient déjà, selon la jurisprudence antérieure, être abrogés par l'autorité compétente au-delà du délai de quatre mois si les conditions de leur existence n'étaient plus remplies en raison de circonstances postérieures (CE, sect., 6 nov. 2002, *Soulier*, *RFDA* 2003. 225, concl. Austry; *Dr. adm.* juill. 2003, p. 6, note R. Noguellou à propos des décisions accordant un avantage financier) ou, exceptionnellement, si l'administration découvrait que les conditions de leur existence n'étaient pas initialement remplies (CE, sect., 14 mars 2008, *Portalis*, n° 283943 à propos de l'acte accordant, à un militaire, le bénéfice de la protection statutaire). Le Conseil d'État a fait une première application de l'article L. 242-2 à propos des autorisations de création d'une installation nucléaire de base prévues par l'article L. 593-7 du Code de l'environnement (CE 11 avr. 2019, *Assoc. Greenpeace France*, n° 413548 concernant le réacteur nucléaire de « Flamanville 3 »). Le Conseil d'État a déduit des dispositions du Code de l'environnement relatives à cette catégorie d'autorisation, d'une nature particulière compte tenu des risques créés par ce type d'installation pour la sécurité, la santé et la salubrité publiques et la protection de l'environnement, qu'il appartient à l'autorité compétente de vérifier si les conditions légales permettant le fonctionnement de l'installation nucléaire sont toujours remplies et, dans l'hypothèse où elles ne le seraient plus, de modifier ou d'abroger l'autorisation. On comprend ainsi que ces actes créateurs de droits conditionnels constituent une catégorie juridique intermédiaire, destinée à concilier la protection de la situation juridique du bénéficiaire, notamment rendue nécessaire par l'ampleur des investissements économiques qu'il a pu consentir, et la capacité d'agir de l'administration, particulièrement en matière de police, lorsque la protection d'intérêts publics essentiels l'exige.

D'autre part, le retrait d'une décision attribuant une subvention est possible sans délai lorsque les conditions mises à son octroi n'ont pas été respectées.

■ 445 Si le retrait d'un acte illégal créateur de droit, effectué par l'administration hors délai, est illégal, cette illégalité n'est pas d'ordre public, ce qui signifie qu'elle doit avoir été soulevée par le requérant en première instance (CE, avis, 3 mai 2004, *Leroux*, *JCP Adm.* 2004, n° 1801, note M.-C. Rouault).

2. *Le retrait ou l'abrogation sur demande du bénéficiaire*

■ 446 Le Code des relations entre le public et l'administration distingue deux hypothèses.

Dans la première, l'administration est tenue de retirer ou d'abroger une décision créatrice de droits en cas de demande du bénéficiaire. Tel est le cas si la décision est illégale et si le retrait ou l'abrogation peut intervenir dans le délai de quatre mois suivant l'édiction de la décision (CRPA, art. L. 242-3).

Dans la seconde, l'administration peut, sans y être tenue, abroger ou retirer une décision créatrice de droits, légale ou non, sans condition de délai, à la demande du bénéficiaire. Elle ne pourra cependant y procéder que si ce retrait ou cette abrogation n'est pas susceptible de porter atteinte aux droits des tiers et s'il s'agit de la remplacer par une décision plus favorable au bénéficiaire (CRPA, art. L. 242-4). Cette solution fait notamment écho à la jurisprudence antérieure, en vertu de laquelle le retrait d'une décision créatrice de droits au-delà de quatre mois n'était possible qu'à la demande du bénéficiaire et qu'à condition que l'acte n'ait été créateur de droits qu'à son endroit, afin que le retrait ne porte pas atteinte aux éventuels droits acquis des tiers (CE 9 avr. 1999, *Saunier*, n° 146126).

B. Les actes non créateurs de droit

1. *L'abrogation des actes non créateurs de droits*

Les actes réglementaires peuvent toujours faire l'objet d'une abrogation partielle ou totale. Ce principe a été affirmé dès 1907 par le Conseil d'État : à moins d'une disposition législative contraire, le pouvoir réglementaire comporte le « droit d'apporter au règlement initial les modifications que l'expérience ou des circonstances nouvelles ont révélé comme nécessaires pour assurer l'exécution de la loi » (CE 6 déc. 1907, *Compagnie des chemins de fer de l'Est et a.*, *GAJA*, n° 17). L'adaptation du pouvoir réglementaire commande donc la possibilité qui lui est offerte de modifier ou d'abroger un règlement. **447 ■**

L'abrogation peut intervenir, lorsque des modalités extinctives ont été prévues, même avant que le terme fixé par le règlement pour sa propre disparition de l'ordonnancement juridique soit atteint (CE, sect., 27 janv. 1961, *Vannier*, *AJDA* 1961. 74, chron. Galabert et Gentot).

Ce principe est désormais codifié à l'article L. 243-1 du Code des relations entre le public et l'administration et s'étend à l'ensemble des actes non créateurs de droit.

Si « l'exercice du pouvoir réglementaire implique pour son détenteur la possibilité de modifier à tout moment les normes qu'il définit sans que les personnes auxquelles sont, le cas échéant, imposées de nouvelles contraintes, puissent invoquer un droit au maintien de la réglementation existante » (CE, sect., 13 déc. 2006, *Mme Lacroix*, *RFDA* 2007. 6, concl. M. Guyomar, p. 275, note G. Eveillard, *D.* 2007. 848, note O. Bui-Xuan), ce pouvoir d'abrogation de la réglementation, destiné à édicter des règles nouvelles, doit se faire dans le respect du principe de sécurité juridique, solennellement consacrée par le Conseil d'État en 2006 (CE, ass., 24 mars 2006, *Sté KPMG et a.*, *Lebon* 154 ; *JCP Adm.* 2006, n° 1120, note J.-M. Belorgey, *RFDA* 2006. 463, concl. Y. Aguila, p. 483, note F. Moderne ; *AJDA* 2006. 1028, chron. C. Landais et F. Lenica ; *D.* 2006. 1190, chron. P. Cassia). En application de ce principe, l'administration devra édicter des dispositions transitoires dans tous les cas où l'application immédiate de la réglementation nouvelle entraînerait, au regard de l'objet et des effets de ses dispositions, une atteinte excessive aux intérêts publics ou privés en cause, soit que la norme nouvelle ne puisse matériellement être appliquée immédiatement, soit que cette application entraîne des conséquences d'une excessive gravité sur les situations juridiques en cours. Ces mesures transitoires sont désormais précisées par l'article L. 221-6 du Code des relations entre le public et l'administration : elles peuvent consister à prévoir une date d'entrée en vigueur différée des règles édictées, à préciser, pour les situations en cours, les conditions d'application de la nouvelle réglementation ou à énoncer des règles particulières pour régir la transition entre l'ancienne et la nouvelle réglementation. **448 ■**

L'abrogation peut aussi n'être pas une faculté, mais une obligation : tel est le cas des actes réglementaires illégaux, pour lesquels le Conseil d'État a érigé en principe général du droit le fait que « l'autorité compétente, saisie d'une demande tendant à **449 ■**

l'abrogation d'un règlement illégal, est tenue d'y déférer» (CE, ass., 3 févr. 1989, *Compagnie Alitalia*, *GAJA*, n° 85). Cette obligation d'abrogation vise aussi bien les règlements illégaux ou dépourvus d'objet dès l'origine que ceux qui le sont devenus ultérieurement, en raison d'un changement des circonstances de droit ou de fait; elle concerne aussi les règlements dont l'illégalité a été constatée et qui ont été formellement abrogés, mais repris à l'identique dans un nouveau règlement (CE, sect., 5 oct. 2007, *Ordre des avocats du barreau d'Evreux*, *Dr. adm.* 2007, n° 164, chron. F. Melleray). Le Conseil d'État est cependant traditionnellement plus exigeant lorsque sont invoquées des circonstances de fait, qui doivent entraîner un bouleversement des conditions d'exécution du règlement (CE 10 janv. 1930, *Despujol*, *GAJA*, n° 40). Ces principes ont été repris par le législateur à l'article L. 243-2 du Code des relations entre le public et l'administration.

Les règles relatives à l'abrogation des actes réglementaires ont été transposées à la réformation d'un règlement illégal. Saisie d'une demande en ce sens, l'autorité compétente est ainsi tenue de modifier les dispositions de l'acte afin de mettre fin à son illégalité (CE 31 mars 2017, *FGTE-CFDT*, n° 393190).

Cette obligation pesant sur l'autorité compétente n'est pas sans limite. Celle-ci n'est pas tenue d'abroger l'acte réglementaire dans l'hypothèse où son illégalité a cessé, en raison d'un changement de circonstances à la date à laquelle elle se prononce (CE 10 oct. 2013, *Fédération française de gymnastique*, n° 359219, solution codifiée à l'article L. 243-2 du Code des relations entre le public et l'administration).

En cas de recours pour excès de pouvoir dirigé contre un refus d'abroger un acte réglementaire, le juge apprécie la légalité de cet acte réglementaire à la date de sa décision (CE, ass., 19 juill. 2019, *Assoc. des Américains accidentels*, n° 424216).

Enfin, en ce qui concerne les actes non réglementaires non créateur de droits, l'administration est tenue de les abroger lorsqu'ils sont devenus illégaux ou sans objet en raison de circonstances de droit ou de fait postérieures à leur édiction (CE, sect., 30 nov. 1990, *Assoc. «Les Verts»*, *AJDA* 1991. 114, chron. Honorat et Schwartz; solution reprise à l'article L. 243-2 du Code des relations entre le public et l'administration). L'obligation pesant sur l'autorité compétente disparaît cependant lorsque l'illégalité a cessé.

2. *Le retrait des actes non créateurs de droits*

450 Le régime des décisions légales non créatrices de droit est identique à celui des décisions créatrices de droit: leur retrait est impossible. Le juge admet cependant qu'elles puissent être retirées si elles n'ont reçu aucun commencement d'application (CE 21 oct. 1966, *Sté Graciet*), mais dans cette hypothèse, le retrait a le même effet qu'une abrogation.

En cas d'illégalité de l'acte non créateur de droits, l'administration peut le retirer si le retrait intervient dans le délai de quatre mois (CRPA, art. L. 243-3).

Par dérogation à cette règle, une mesure à caractère de sanction infligée par l'administration peut toujours être retirée (CRPA, art. L. 243-4).

7

Compléments pédagogiques

Quid

■ Abrogation n°s 440 s.

L'abrogation d'un règlement ou d'une mesure individuelle consiste à l'abolir pour l'avenir. L'abrogation d'un acte *réglementaire* par l'autorité compétente pour son édiction est toujours *possible* ; elle est *obligatoire* lorsque l'acte est illégal ou le devient à la suite d'une transformation des circonstances de droit ou de fait, c'est-à-dire des normes supérieures qui le conditionnent.

■ Compétence et incompétence n°s 385 s.

La compétence d'une autorité administrative est son aptitude légale à décider certains actes juridiques dans un ensemble de matières prédéfinies, applicables à une circonscription territoriale donnée, et durant la période allant de sa nomination à l'expiration de ses fonctions. L'incompétence de l'auteur d'un acte administratif expose ce dernier à la censure du juge administratif. L'incompétence est un moyen d'ordre public, et peut donc être soulevée d'office par le juge.

■ Compétence *ratione materiae, ratione temporis, ratione loci* n°s 388, 389 et 390

La compétence *ratione materiae* désigne le domaine de compétence d'un agent. La compétence *ratione temporis* désigne le moment auquel l'agent est effectivement en charge de prendre certaines décisions. La compétence *ratione loci* désigne l'étendue territoriale de la compétence d'un agent.

■ Délégation de compétence n° 391

La délégation de compétence consiste pour une autorité administrative à confier à un ou à des agents subordonnés l'exercice d'une partie de ses attributions. Elle ne peut porter sur l'ensemble des compétences d'une autorité et doit être expressément autorisée par un texte. La délégation peut porter sur la signature des actes de l'autorité (délégation de signature) ou sur les pouvoirs même de l'autorité délégante.

■ Délégation de signature n° 391

Contrairement à la délégation de *pouvoir*, qui s'effectue d'autorité à autorité, la délégation de *signature* s'effectue de personne à personne. L'auteur de la délégation conserve le pouvoir normatif, que le délégataire a simplement pour mission d'exercer en son nom.

■ Fonctionnaire de fait n° 392

La théorie du fonctionnaire de fait est d'origine jurisprudentielle. Peut être reconnu fonctionnaire de fait une personne ayant agi à la place des autorités compétentes en raison de circonstances exceptionnelles. Les actes pris par de telles autorités de fait pourront être considérés comme légaux par le juge, malgré l'incompétence de leur auteur.

■ Parallélisme des compétences n° 393

La règle du parallélisme des compétences est le principe selon lequel l'autorité compétente pour édicter un acte réglementaire ou individuel l'est aussi pour le réformer ou l'abroger. Cependant, s'il y a eu entre l'édiction de l'acte et le temps de sa réforme ou de son abrogation un transfert de compétence, c'est l'autorité bénéficiaire du transfert qui sera compétente.

■ Prérogatives de puissance publique n° 376

Les prérogatives de puissance publique sont les moyens dont l'administration seule dispose, en tant qu'elle est l'incarnation de l'État, titulaire du « monopole de la contrainte organisée ». Les actes unilatéraux sont par excellence la manifestation de ces prérogatives : l'administration agit en vue de buts (d'intérêt général) qui lui sont propres et dispose pour ce faire d'une série de pouvoirs exorbitants du droit commun qui la mettent en situation de *décider*.

■ Privilège du préalable n° 424

L'acte administratif unilatéral bénéficie du privilège du préalable : les administrés doivent se conformer à l'acte administratif même s'ils l'estiment contestable. Et l'acte demeure opposable tant qu'il n'a pas été annulé ou rapporté par l'autorité compétente ou par le juge administratif, ou que son exécution n'a pas été suspendue par ce dernier.

■ Retrait n°s 440 s.

Le retrait d'une décision administrative est son annulation par l'autorité administrative elle-même. À la différence de l'abrogation, le retrait est rétroactif : la décision est censée n'avoir jamais existé. Il ne peut être effectué que dans certaines conditions de délais.

■ Théorie de l'apparence n° 392

Comme en droit privé, le recours à la théorie de l'apparence a en droit administratif pour but de sécuriser les rapports juridiques. L'irrégularité constatée de la nomination d'un fonctionnaire n'enlève pas aux actes qu'il a pris leur valeur : les actes pris par le fonctionnaire de fait ou nommé de façon irrégulière ont pleine valeur juridique. Ils ne peuvent pas être contestés par des moyens autres que ceux habituellement invoqués à l'encontre de tout acte administratif.

Documents

1) L'édiction de l'acte administratif

CE, sect., 5 mai 1944, *Dame Veuve Trompier-Gravier* (*GAJA*, n° 51)

Considérant qu'eu égard au caractère que présentait, dans les circonstances susmentionnées, le retrait de l'autorisation et à la gravité de cette sanction, une telle mesure ne pouvait légalement intervenir sans que la dame veuve Trompier-Gravier eût été mise à même de discuter les griefs formulés contre elle ; que la requérante, n'ayant pas été préalablement invitée à présenter ses moyens de défense, est fondée à soutenir que la décision attaquée a été prise dans des conditions irrégulières par le préfet de la Seine et est, dès lors, entachée d'excès de pouvoir.

⇨ *Application du principe général du droit du respect des droits de la défense à l'adoption des décisions ayant le caractère de sanction administrative.*

2) L'effet des actes administratifs

CE, ass., 25 juin 1948, *Société du journal « L'Aurore »* (*GAJA*, n° 56)

Considérant qu'il est constant qu'en raison de l'intervalle de temps qui sépare deux relevés successifs de compteur le premier relevé postérieur au 1er janv. 1948 comprend, pour une part plus ou moins importante selon la date à laquelle il intervient, des consommations antérieures au 1er janvier ; qu'en décidant que ces consommations seront facturées au tarif majoré, l'arrêté attaqué viole tant le *principe en vertu duquel les règlements ne disposent que pour l'avenir* que la règle posée dans les art. 29 et suivants de l'ordonnance du 30 juin 1945 d'après laquelle le public doit être avisé, avant même qu'ils soient applicables, des prix de tous les produits et services arrêtés par l'autorité publique.

⇨ *Affirmation du principe général du droit de la non-rétroactivité des actes administratifs.*

3) La fin d'application des actes administratifs

CE, ass., 26 octobre 2001, *Ternon* (*GAJA*, n° 100)

Considérant que, sous réserve de dispositions législatives ou réglementaires contraires, et hors le cas où il est satisfait à une demande du bénéficiaire, l'administration ne peut retirer une décision individuelle explicite créatrice de droits, si elle est illégale, que dans le délai de quatre mois suivant la prise de cette décision.

⇨ *Les décisions individuelles illégales créatrices de droits ne peuvent être retirées que dans un délai de quatre mois.*

4) L'administration est tenue d'abroger un règlement devenu illégal

CE, ass., 3 février 1989, *Compagnie Alitalia* (*GAJA*, n° 85)

Considérant que l'autorité compétente, saisie d'une demande tendant à l'abrogation d'un règlement illégal, est tenue d'y déférer, soit que ce règlement ait été illégal dès la date de sa signature, soit que l'illégalité résulte de circonstances de droit ou de fait postérieures à cette date ; qu'en se fondant sur les dispositions de l'article 3 du décret du 28 novembre 1983 concernant les relations entre l'administration et les usagers, qui s'inspirent de ce principe, la compagnie Alitalia a demandé le 2 août 1995 au Premier ministre d'abroger l'article 11, du décret n° 67-604 du 27 juillet 1967, codifié à l'article 230 de l'annexe II au Code général des impôts, et les articles 25 et 26 du décret n° 79-1163 du 29 décembre 1979, codifiés aux articles 236 et 238 de l'annexe II au Code général des impôts au motif que leurs dispositions, pour le premier, ne seraient plus, en tout ou partie, compatibles avec les objectifs définis par la sixième directive du Conseil des communautés européennes et, pour les seconds, seraient contraires à ces objectifs ; que le Premier ministre n'ayant pas répondu à cette demande dans le délai de quatre mois, il en est résulté une décision implicite de rejet, que la compagnie Alitatia a contesté pour excès de pouvoir dans le délai du recours contentieux.

5) Les relations entre le public et l'administration

Rapport au Président de la République relatif à l'ordonnance n° 2015-1341 du 23 octobre 2015 relative aux dispositions législatives du code des relations entre le public et l'administration

La codification des règles qui régissent les relations entre le public et les administrations répond à un besoin, en permettant à chacun d'avoir accès à des règles jusqu'ici éparses et pour partie jurisprudentielles, et traduit une ambition, en contribuant à faciliter et à renforcer le dialogue entre l'administration et les citoyens.

Conformément à l'habilitation donnée par l'article 3 de la loi n° 2013-1005 du 12 novembre 2013 habilitant le Gouvernement à simplifier les relations entre l'administration et les citoyens, le code des relations entre le public et l'administration rassemble les règles générales applicables à la procédure administrative non contentieuse. Sa rédaction a fait l'objet d'un travail collaboratif, associant à la fois la Commission supérieure de codification et un groupe d'experts composé de magistrats, d'universitaires et de représentants des administrations et des usagers du droit.

Il procède à la codification des principales dispositions des grandes lois relatives aux droits des administrés, portant notamment sur le droit à communication des documents administratifs (loi n° 78-753 du 17 juillet 1978 portant diverses mesures d'amélioration des relations entre l'administration et le public et diverses dispositions d'ordre administratif, social et fiscal), sur la motivation des décisions individuelles (loi n° 79-587 du 11 juillet 1979 relative à la motivation des actes administratifs et à l'amélioration des relations entre l'administration et le public), sur les grands principes régissant les relations entre le public et l'administration (loi n° 2000-321 du 12 avril 2000 relative aux droits des citoyens dans leurs relations avec les administrations). Le code intègre également les réformes les plus récentes relatives au silence valant acceptation (loi n° 2013-1005 du 12 novembre 2013), au droit des usagers de saisir l'administration par voie électronique (ordonnance n° 2014-1330 du 6 novembre 2014) et aux échanges de données entre administrations (« dites-le-nous une fois », ordonnance n° 2015-507 du 7 mai 2015).

Ce code est destiné à être la *lex generalis* des relations du public avec l'administration. Il ne comprend, dès lors, que des dispositions de nature transversale, à l'exclusion des règles spéciales, propres à certains champs de l'action administrative et bien souvent, d'ailleurs, déjà codifiées. Il regroupe, en revanche, l'ensemble des règles transversales applicables, et notamment certaines qui sont issues de la jurisprudence et qu'il est apparu opportun, compte tenu de leur importance, de traduire dans un texte de niveau législatif.

La vocation généraliste du code, et notamment la circonstance qu'il soit destiné à un public large et varié, a justifié qu'une attention particulière soit portée à l'accessibilité des règles qu'il contient.

C'est dans cet esprit qu'a été pensée la structuration du code, qui propose, de manière inédite, une numérotation continue des dispositions de nature législative et réglementaire afin qu'elles puissent se succéder dans un document unique, qui résultera de la fusion de l'annexe à la présente ordonnance et de l'annexe au décret relatif aux dispositions réglementaires de ce code. Ainsi, une fois identifiée la thématique qui les intéresse, le public et l'administration auront un accès facilité à l'ensemble des dispositions applicables, sans avoir à se reporter à une autre partie du texte. Cette structuration, qui a été approuvée par la Commission supérieure de codification, a été rendue possible par le volume relativement limité des dispositions à codifier. Elle a paru particulièrement adaptée à ce code en raison notamment du déséquilibre existant, pour certains livres, entre le nombre des articles législatifs et le nombre des articles réglementaires.

Le plan du code traduit les différentes étapes du dialogue administratif : les échanges du public et de l'administration (livre Ier), les actes unilatéraux pris par l'administration (livre II), l'accès aux documents administratifs (livre III) et le règlement des différends avec l'administration (livre IV). Les dispositions relatives à l'outre-mer ont été regroupées dans un livre V.

Le code s'ouvre par un ensemble de dispositions préliminaires qui précisent son objet, rappellent les grands principes qui sous-tendent la procédure administrative non contentieuse et énoncent le champ d'application du texte.

Le livre Ier, relatif aux échanges du public avec l'administration, traite de l'ensemble des interactions entre l'administration et le public. Il s'ouvre sur les règles qui régissent les demandes du public (titre Ier), notamment lorsque celles-ci s'effectuent par voie électronique. Viennent ensuite celles relatives au débat contradictoire préalable (titre II). Elles procèdent, s'agissant du principe du recours à une procédure contradictoire préalable, à la codification, à droit constant, non seulement de l'article 24 de la loi du 12 avril 2000 mais aussi de la jurisprudence sur les mesures soumises au respect du principe général des droits de la défense. Le titre III est consacré aux différents outils permettant au public d'être associé aux décisions prises par l'administration. Il comprend, de manière inédite, les principes directeurs qui doivent guider l'association du public aux réformes et opérations projetées par l'administration, y compris lorsque celle-ci agit en dehors des cas régis par des dispositions existantes. Le code traduit ici la prise en compte de recommandations émises par le Conseil d'État dans son rapport public annuel pour 2011 *Consulter autrement, participer effectivement*. Ce titre regroupe également, suivant une recommandation de la Commission supérieure de codification, les dispositions relatives au régime des enquêtes publiques dites « innommées », actuellement régies par le code de l'expropriation, mais qui ne sont pas préalables à une procédure d'expropriation et qui ne relèvent pas davantage du code de l'environnement.

Le livre II, qui traite des actes unilatéraux pris par l'administration, codifie, pour l'essentiel, l'état du droit existant, qu'il résulte de textes ou de la jurisprudence. Il en va notamment ainsi des règles de motivation (titre Ier), ou encore des règles de publicité et d'entrée en vigueur des textes avec, s'agissant des collectivités territoriales, un renvoi aux dispositions correspondantes du code général des collectivités territoriales (titre II). Par ailleurs, pour la première fois, les obligations qui sont celles de l'administration en matière de dispositions transitoires sont inscrites dans un texte de niveau législatif. Les règles spécifiquement applicables aux décisions implicites sont quant à elles regroupées dans un titre unique (titre III). Dans un souci de simplification et de sécurité juridique, le code unifie, comme l'y invitait la loi d'habilitation, les règles de retrait et d'abrogation des actes administratifs (titre IV), en consacrant la règle jurisprudentielle en vertu de laquelle l'administration ne peut retirer un acte créateur de droits qu'à la double condition qu'il soit illégal et que le retrait intervienne dans un délai de quatre mois suivant son édiction. Seule l'abrogation des actes réglementaires et des décisions d'espèce, soumises au principe de mutabilité, reste en dehors de la nouvelle règle posée. Il résulte ici de l'exercice de codification une simplification notable de l'état du droit.
Le livre III comprend, pour l'essentiel, des dispositions, codifiées à droit constant, relatives à l'accès aux documents administratifs et à leur communication. Il s'agit principalement de dispositions issues de la loi n° 78-753 du 17 juillet 1978 portant diverses mesures d'amélioration des relations entre l'administration et le public et diverses dispositions d'ordre administratif, social et fiscal, et notamment celles relatives au droit d'accès aux documents administratifs (titre Ier), à la Commission d'accès aux documents administratifs (titre IV) et aux personnes responsables de l'accès aux documents administratifs et des questions relatives à la réutilisation des informations publiques (titre III). Les dispositions relatives à la réutilisation, qui ont vocation à figurer dans le code (titre II), y sont, à ce stade, absentes, dans l'attente de la transposition de la directive 2013/37/UE du Parlement européen et du Conseil du 26 juin 2013 modifiant la directive 2003/98/CE concernant la réutilisation des informations du secteur public.
Le livre IV, qui traite du règlement des différends avec l'administration, reprend les principales règles jurisprudentielles régissant les recours administratifs (titre Ier). Il recense par ailleurs l'ensemble des modes de règlements alternatifs des litiges : la médiation, la conciliation, l'arbitrage ou la transaction (titre II). Un renvoi est également fait aux dispositions régissant le Défenseur des droits. Ce livre rappelle, enfin, l'existence de voies de recours contentieuses (titre III). (…)

Biblio

A. Références indispensables

- P. Delvolvé, *L'acte administratif*, Sirey, 1983.
- G. Dupuis, « Définition de l'acte unilatéral », in *Mélanges Ch. Eisenmann*, Cujas, 1975, p. 205.
- G. Dupuis (dir.), *Sur la forme et la procédure de l'acte administratif unilatéral en droit français*, Économica, 1978.

B. Pour aller plus loin

▪ *Ouvrages*

- *La compétence, Travaux de l'AFDA*, LexisNexis, 2008.

- A. Calageropoulos, *Le contrôle de la légalité externe des actes administratifs unilatéraux*, LGDJ, 1984.
- X. Dupré de Boulois, *Le pouvoir de décision unilatérale*, LGDJ, 2006.
- R. Hostiou, *Procédure et formes de l'acte administratif unilatéral en droit administratif français*, LGDJ, 1975.
- G. Isaac, *La procédure administrative non contentieuse*, LGDJ, 1968.
- H. Maisl, *Recherches sur la notion de délégation de compétence en droit public*, thèse Paris, 1972.
- D. Mockle, *Recherches sur les pratiques administratives pararéglementaires*, LGDJ, 1984.
- R.-G. Schwarzenberg, *L'autorité de chose décidée*, LGDJ, 1969.
- F. Vincent, *Le pouvoir de décision unilatérale des autorités administratives*, LGDJ, 1966.

■ *Articles*
- J.-M. Auby, « L'abrogation des actes administratifs », *AJDA* 1967. 131.
- J.-L. Autin, « La motivation des actes administratifs unilatéraux, entre tradition nationale et évolution des droits européens », *RFAP* 2011, n° 137, p. 85.
- G. Braibant, C. Wiener, « Processus et procédure de décision », in *Mélanges M. Stassinopoulos*, LGDJ, 1974, p. 30.
- P. Cassia, « La décision implicite en droit administratif français », *JCP Adm.*, 29 juin 2009.
- J. Chevallier, « La transformation de la relation administrative : mythe ou réalité ? », *D.* 2000. Chron. 575.
- G. Darcy, « La décision exécutoire, esquisse méthodologique », *AJDA* 1994. 663.
- P. Delvolvé, « Le découplage du retrait et du recours (note sur l'arrêt *Ternon*) », *RFDA* 2002. 86.
- G. Eveillard, « L'application de l'article 6 de la Convention européenne des droits de l'homme à la procédure administrative non contentieuse », *AJDA* 2010. 531.
- J. Gourdou, « Précisions sur l'abrogation des actes administratifs non réglementaires », in *Mélanges D. Labetoulle*, Dalloz, 2007, p. 459.
- J.-M. Sauvé, « Les sanctions administratives en droit public français. État des lieux, problèmes et perspectives », *AJDA* 2001. 16.
- B. Seiller, « L'entrée en vigueur des actes administratifs unilatéraux », *AJDA* 2004. 1463.
- J.-M. Woehrling, « L'obligation d'édicter des mesures transitoires comme instrument de la protection des situations juridiques constituées (À propos de la sécurité juridique) », *RD publ.* 2007. 285.
- « Le pouvoir de sanction de l'administration », Dossier du *JCPA*, 2013, n° 2072-2079.

Quiz

1) Sujet corrigé

Cas pratique

Énoncé

1. Profitant de la libéralisation du secteur de l'électricité, M. Houdin voudrait installer sur le vaste terrain qu'il possède en bord de mer à Berck (Pas-de-Calais) une éolienne de grande taille, afin de produire de l'électricité qu'il revendrait ensuite à la commune.

Il dépose tout d'abord, le 13 février 2012, une demande de permis de construire à la mairie de Berck ; le maire, qui est par ailleurs président de la Ligue départementale pour la défense de l'environnement et la promotion des techniques alternatives, enthousiasmé par le projet, délivre le permis demandé par une décision en date du 23 mars 2012, qui est notifiée à M. Houdin le 30 mars 2012, quelques jours avant les élections municipales. Conformément à la réglementation en vigueur, il effectue d'autre part une demande d'autorisation d'exploitation auprès du ministère des Énergies renouvelables et des Technologies nouvelles, par un courrier en date du 24 mars 2012.

N'ayant obtenu aucun écho à son courrier depuis l'accusé de réception qui lui avait été adressé le 29 mars 2012, M. Houdin décide, aux premiers jours du mois de septembre, de commencer sans plus tarder les travaux d'édification de son éolienne.

M. Houdin peut-il en toute légalité mettre son projet à exécution ?

2. Les élections municipales du mois de mai 2012 voient la défaite du maire qui avait accordé le permis de construire. Le nouvel édile, farouchement opposé à l'implantation des disgracieux pylônes susceptibles de porter atteinte au développement touristique de la commune, et découvrant en outre dans le plan local d'urbanisme une disposition limitant les constructions à une hauteur de 15 m, décide de retirer le permis de construire qui a été accordé à M. Houdin, et lui notifie cette décision le 26 juillet 2012.

Une telle décision est-elle légale ?

3. Débordé par les nombreux dossiers qui se sont accumulés sur son bureau durant son voyage d'étude de la combustion des tourbes au Nord de l'Ukraine, le ministre des Énergies renouvelables et des Technologies nouvelles décide, le 30 mai 2012, de déléguer par arrêté l'intégralité de ses compétences en matière de réglementation à son directeur de cabinet. Au bout de quelques mois de labeurs, ce dernier découvre le dossier de M. Houdin et s'aperçoit que les projets de ce dernier sont désormais non conformes à la toute récente réglementation qui limite la puissance des éoliennes à 500 kW/h. Le directeur de cabinet décide aussitôt d'abroger la décision que M. Houdin avait obtenue, et fait paraître au *Journal officiel* du 16 août 2012 un arrêté en ce sens.

L'arrêté du directeur de cabinet du ministre est-il légal ?

Voir le corrigé en fin de rubrique.

2) Sujets d'examen

A) Dissertations

La disparition de l'acte administratif.

Les administrés peuvent-ils être considérés comme coauteurs de l'acte administratif ?

B) Cas pratique

1. Monsieur Demeure, grand-père comblé, présente le 1er juillet 2012 une demande de permis de construire pour étendre sa maison, sise à Vive-lès-Enfants. Sa demande est accompagnée d'un descriptif précis des travaux qu'il compte accomplir ; ses projets sont tout à fait compatibles avec les documents d'urbanisme en vigueur dans la

commune (PLU). Le 1er novembre, ne lui ayant été notifié ni autorisation ni refus de construire, il décide d'entreprendre les travaux projetés, contacte le maître d'œuvre, et les travaux débutent dans la semaine qui suit.

Monsieur Demeure manifeste-t-il suffisamment de prudence dans son initiative ?

2. Le 25 novembre 2012, il reçoit une lettre signée du président d'un syndicat intercommunal auquel appartient la commune, monsieur Cassepatte (qui est aussi maire de la commune voisine d'Abas-lès-Enfants), lui enjoignant de faire cesser immédiatement les travaux entrepris et expliquant que, en tout état de cause, le permis ne lui sera pas accordé. La lettre contient également une longue explication : le conseil municipal de Vive-lès-Enfants a décidé par une délibération en date du 10 septembre précédent de déléguer au syndicat intercommunal l'ensemble de ses compétences en matière d'urbanisme. La délibération est par ailleurs entrée en vigueur le 30 septembre.

La délégation de compétence en question peut-elle venir entacher d'irrégularité ce que monsieur Demeure considère comme une autorisation implicite de construire ? La décision qui lui a été notifiée vous semble-t-elle légale ?

3. Monsieur Demeure décide alors de faire arrêter les travaux et demande par écrit une explication sur le refus opposé par le syndicat de commune. Plusieurs semaines passent et aucune réponse ne lui parvient ; il réitère sa demande mais le syndicat reste muet. Excédé, il finit par s'en ouvrir à sa fort désagréable voisine, madame Cassepatte-Lasseur, belle-fille de monsieur Cassepatte, qui lui explique qu'il est hors de question que le petit pavillon de monsieur Demeure se transforme en une vaste résidence de loisir pour la très nombreuse progéniture de ses enfants, parce qu'elle tient à son calme.

Le Syndicat de commune peut-il s'affranchir de toute explication relative au refus de construire ? Monsieur Demeure peut-il passer outre la décision à lui notifier ? Peut-il la contester ? Sur quels fondements ?

3) Corrigé

Cas pratique

1. Le droit de l'urbanisme est régi par des principes particuliers, auxquels s'ajoutent des règles relatives aux communes du littoral. Le projet de M. Houdin devait donc respecter une série de procédures spécifiques pour espérer aboutir. Ce n'est cependant pas sur un tel terrain que l'on répondra à la question soulevée, mais par rapport aux seules règles générales qui concernent l'édiction des actes administratifs. M. Houdin entend se prévaloir de deux mesures distinctes, dont il faut tout d'abord connaître la nature, avant d'examiner si, à la date de début des travaux, elles sont susceptibles d'être invoquées.

La première décision est un permis de construire : il s'agit d'une mesure individuelle, prise en application d'une mesure réglementaire (le plan local d'urbanisme). Le permis a été accordé à M. Houdin par une décision explicite, ce qui n'est pas le cas le plus fréquent : en général, et selon un décret de 1983 qui régit cette matière, l'autorité compétente pour délivrer le permis informe le demandeur, dans les quinze jours suivant la réception de sa demande, du délai au terme duquel le demandeur pourra considérer son permis comme accepté. Le permis de construire peut donc résulter d'une *décision tacite d'acceptation*. Il faut enfin préciser à son propos qu'il s'agit d'une décision créatrice de droits (de construction, en l'occurrence) pour son destinataire.

La seconde décision constitue également une mesure individuelle, suite à un silence de l'administration. Étant donné qu'aucune précision n'est indiquée sur les éventuelles conditions fixées par le texte en vigueur en ce qui concerne les décisions relatives à l'autorisation d'exploitation de l'énergie éolienne, il faut se référer aux règles générales, c'est-à-dire à l'article L. 231-1 du Code des relations entre le public et l'administration, qui dispose que le silence gardé pendant plus de deux mois par l'autorité administrative sur une demande vaut décision d'acceptation. La décision en cause n'entre pas dans le champ des décisions exclues de l'application du principe. Il y a donc bien eu décision de la part du ministre des Énergies renouvelables, et celle-ci est une *décision implicite d'acceptation* de la requête de M. Houdin.

Le permis de construire qui a été accordé à M. Houdin l'a été par une autorité que l'on peut supposer compétente, en l'absence de précisions complémentaires. Il s'agit d'un acte individuel émanant d'une collectivité locale, et à ce titre directement exécutoire depuis les lois de décentralisation. M. Houdin peut donc s'en prévaloir, et entamer les travaux de construction de son éolienne. Il peut aussi se prévaloir de la décision implicite du ministre, dans la mesure où celle-ci lui est favorable : il pourra par conséquent exploiter son éolienne.

2. L'écologisme et le tourisme ne font pas toujours bon ménage : M. Houdin l'apprend à ses frais. La décision du nouveau maire de retirer le permis de construire porte assurément un coup dur à ses projets (le retrait a pour conséquence de priver l'acte concerné de tout effet, même passé), mais tout espoir n'est pas forcément perdu : une telle décision est en effet tout à fait contestable. Il faut pour cela rappeler les règles applicables en matière de retrait d'acte administratif, qui n'est possible qu'à certaines conditions tenant aux délais et à la nature de l'acte en cause. Le retrait n'est possible, en ce qui concerne les actes créateurs de droits, que dans le cas où ils sont illégaux et dans un délai de quatre mois à compter de la prise de la décision (CRPA, art. L. 242-1). Le retrait des actes légaux créateurs de droits ne peut quant à lui intervenir qu'à la seule demande de l'intéressé s'il n'est pas susceptible de porter atteinte aux droits des tiers et s'il s'agit de la remplacer par une décision plus favorable au bénéficiaire (CRPA, art. L. 242-4).

M. Houdin n'étant pas le demandeur du retrait du permis de construire qui lui a été octroyé, la seule justification qui peut être invoquée par le maire est son illégalité. De fait, on peut supposer que la limite de 15 m de hauteur a été franchie par M. Houdin (bien que les précisions données ne permettent pas de l'affirmer avec certitude). Mais en tout état de cause, la légalité ou l'illégalité du permis de construire serait sans effet sur la possibilité de retirer l'acte : les délais fixés par le code sont en effet dépassés : en découplant le délai de recours et le délai de retrait, l'arrêt *Ternon* et le code ont fixé comme point de départ non plus la notification de la décision, mais le moment où la décision est prise ; la décision octroyant le permis datant du 23 mars 2012, le délai pendant lequel le maire pouvait retirer sa décision arrivait à son terme le 23 juillet. Le retrait de l'acte était ainsi impossible (et est donc illégal). Son *abrogation* – mais il est vrai que cette dernière a pour seul effet de faire cesser les effets de l'acte, et que, par conséquent, les éléments déjà construits par M. Houdin seraient restés en place – est, elle aussi, impossible en raison de l'alignement des règles d'abrogation des actes explicites créateurs de droits illégaux sur celles du retrait, opéré par l'arrêt *Coulibaly* et désormais codifié.

Bien que cela soit sans conséquence sur la décision ici visée, on précisera que les conditions de retrait des permis de construire ont été modifiées, et unifiées, par la loi du 13 juillet 2006 portant engagement national pour le logement. L'alinéa 2 de l'article L. 424-5 du Code de l'urbanisme indique en effet désormais que « Le permis de construire, d'aménager ou de démolir, tacite ou explicite, ne peut être retiré que s'il est illégal et dans le délai de *trois mois* suivant la date de cette décision. Passé ce délai, le permis ne peut être retiré que sur demande explicite de son bénéficiaire ».

3. L'arrêté du directeur de cabinet du ministre pose deux séries de problèmes distincts. Il faut en premier lieu savoir si le ministre pouvait déléguer à son directeur de cabinet ses compétences en matière réglementaire, puis, à supposer que tel soit le cas, si la décision d'abrogation était légale.

La première question suppose de rappeler les conditions auxquelles une délégation de pouvoir peut être légale : il faut qu'elle soit explicite, précise ses modalités d'exécutions, et ne soit pas totale. En l'occurrence, l'arrêté du ministre des Énergies renouvelables et des Technologies nouvelles, même s'il s'explique par un surcroît d'activité, est manifestement illégal car transférant *l'intégralité* de ses compétences réglementaires (il est en outre contraire au décret du 23 janvier 1947 qui précise quels sont les transferts de compétences que les ministres peuvent effectuer).

Concernant la seconde question, le directeur de cabinet veut abroger un acte individuel créateur de droits, devenu illégal du fait d'un changement dans les circonstances de droit (modification de la réglementation). Si une telle abrogation n'est obligatoire qu'en ce qui concerne les décisions réglementaires (CE 3 févr. 1989, *Compagnie Alitalia*), elle est possible, en ce qui concerne les actes individuels créateurs de droits qu'en cas d'illégalité et dans un délai de quatre mois. Si l'on fait abstraction de l'illégalité du transfert de compétences, l'arrêté du directeur de cabinet aurait donc pu être légal s'il avait été pris à temps ; cependant, l'abrogation n'était possible que dans le délai de quatre mois, qui est dépassé.

chapitre

8

Les contrats administratifs

Plan analytique

section 1

L'identification des contrats administratifs

§ 1 L'identification législative des contrats administratifs

§ 2 L'identification jurisprudentielle des contrats administratifs

A. Le critère organique du contrat administratif

B. Le critère matériel du contrat administratif

§ 3 La classification des contrats administratifs

A. Les marchés publics

B. Les concessions

C. Les marchés de partenariat

D. Les autres catégories de contrats administratifs

section 2

Le régime des contrats administratifs

§ 1 La passation des contrats administratifs

A. Le principe de liberté contractuelle

B. L'encadrement de la liberté contractuelle

C. Les procédures juridictionnelles relatives à la passation du contrat

§ 2 L'exécution des contrats administratifs

A. Les prérogatives de l'administration

B. Les prérogatives du cocontractant

§ 3 La responsabilité contractuelle

Compléments pédagogiques

8

Les contrats administratifs

Peut-on, en droit français, parler sérieusement de « contrat » pour qualifier les actes dont le contenu est négocié entre l'administration et ses partenaires ? On qualifie en règle générale de contrat les actes pris en application de l'article 1134 du Code civil, selon lequel « les conventions légalement formées tiennent lieu de loi à ceux qui les ont faites. Elles ne peuvent être révoquées que de leur consentement mutuel ou pour les causes que la loi autorise ». L'administration, dont la tâche est d'assurer le respect de l'intérêt général, ne saurait se lier elle-même dans une mesure qui l'empêcherait d'accomplir cette mission ; en outre, la conclusion de contrats entre les personnes privées et l'administration ne peut remettre en cause la souveraineté de cette dernière, en tant que manifestation de la puissance étatique. 451

Dans l'expression « contrat administratif », le second terme semble donc prédominant. Pourtant, cette spécificité est, à bien des égards, contestable. Y a-t-il ainsi une différence si importante entre un contrat de marché public, dans lequel les droits et obligations, y compris procédurales, de chacune des parties sont clairement et préalablement définies, et un contrat de travail, où l'inégalité entre le salarié et l'employeur est telle qu'on parle souvent de contrat d'adhésion ? En outre, nombre d'instruments qui appartenaient en propre au droit administratif, à commencer par la possibilité de modification unilatérale des contrats, sont désormais employés en droit privé, même si la question fait débat. Le caractère exorbitant des contrats administratifs semble donc au moins partiellement dépassé (F. Melleray « L'exorbitance du droit administratif en question(s) », *AJDA* 2003. 1961) ; il l'est sans doute d'autant plus que le droit communautaire ne connaît pas de distinction entre contrats administratifs et contrats privés, mais traite indifféremment des contrats publics, qui devront en outre s'insérer dans le projet actuel de droit européen des contrats, à la suite de la communication de la Commission sur « Un droit européen des contrats plus cohérent » (Com (2003) 68, févr. 2003), dans l'édification duquel le modèle contractuel français n'est pas particulièrement mis en valeur. 452

En l'état actuel du droit administratif français, le caractère spécifique des contrats administratifs demeure. Cependant, tous les contrats de l'administration ne peuvent pas être considérés comme administratifs : encore faut-il que, par leur objet ou leur contenu, ils manifestent l'intention de l'administration de se placer sous un régime juridique distinct de celui des contrats de droit privé. 453

section 1

L'identification des contrats administratifs

454 La référence au contrat non pas seulement comme instrument juridique, mais comme mode d'action de l'administration, constitue une mode depuis une vingtaine d'années (v. Y. Fortin, dir., *La contractualisation dans le secteur public des pays industrialisés depuis 1980*, L'Harmattan, coll. « Logiques juridiques », 1999) qui n'est pas faite pour clarifier la notion de contrat administratif. Ainsi, on admet désormais, ce qui semble cependant difficile à concevoir, qu'un acte fixant des obligations réciproques au sein d'une même personne morale de droit public puisse constituer un contrat, donc matérialise un accord de volonté entre l'administration et elle-même. Ce qui était considéré comme une mesure d'ordre intérieur, c'est-à-dire un acte signé par un chef de service et son subordonné déterminant leurs obligations réciproques, peut, ainsi, être qualifié de « contrat » (A.-S. Mescheriakoff, « Ordre intérieur administratif et contrat », in *Réformer les administrations. Le dilemme entre unité et diversité*, Doc. fr., 1998). Le recours à la terminologie plus qu'à la réalité contractuelle constitue dans bien des cas une opération de séduction, dont la réalité juridique des contrats publics ne sort pas totalement indemne.

En dehors des hypothèses où la différenciation entre contrat et acte unilatéral pose problème, il est de nombreux cas où l'administration conclut des contrats dont la nature administrative ou privée est indéterminée. En effet, les hypothèses de qualification législative (§1) des actes contractuels sont relativement peu nombreuses (et parfois contestables), la jurisprudence ayant de la sorte un rôle important dans l'identification des contrats administratifs (§2). En outre, parmi les contrats qualifiés d'administratifs, la diversité des régimes applicables, notamment concernant les règles de passation, oblige à identifier précisément les catégories auxquelles ils appartiennent (§3).

§ 1 L'identification législative des contrats administratifs

455 Les qualifications législatives des contrats administratives sont relativement peu nombreuses, mais couvrent des domaines numériquement importants.

456 Certains des contrats administratifs d'origine législative auront cette qualité indépendamment de la nature juridique des parties au contrat : tel est le cas des contrats portant occupation du domaine public qui, en vertu d'un décret-loi du 17 juin 1938, sont obligatoirement administratifs, même lorsqu'ils sont conclus entre deux personnes privées dont l'une est délégataire de service public (T. confl. 10 juill. 1956, *Sté des steeple-chases de France, RD publ.* 1957. 522, note Waline).

457 La plupart des contrats administratifs par détermination de la loi doivent, cependant, comporter une personne publique partie au contrat. Le cas le plus ancien est celui

des contrats relatifs à l'exécution de travaux publics, dont la nature administrative résulte de loi du 28 pluviôse an VIII. Le même texte a conféré une nature administrative aux contrats relatifs à la vente des immeubles de l'État.

Plus récemment, le législateur a qualifié de contrats administratifs les contrats passés en application du Code de la commande publique. Cette qualification, qui résulte d'une loi du 11 décembre 2001 portant mesures urgentes de réformes à caractère économique et financier (MURCEF), faisait suite à une incertitude jurisprudentielle à l'égard des marchés publics, le tribunal des conflits ayant initialement considéré que la soumission d'un contrat au Code des marchés publics n'était pas, à elle seule, suffisante pour entraîner la qualification de contrat administratif (T. confl. 5 juill. 1999, *Cne de Sauve c/ Sté Gestetner, AJDA* 1999. 626, chron. Raynaud et Fombeur. 554). Le Code de la commande publique indique désormais explicitement que sous réserve de certaines conventions spécifiques, les contrats relevant du Code, et passés par des personnes publiques, sont des contrats administratifs (art. L 6). 458 ■

Le législateur a également qualifié de contrats des actes de l'administration dont le caractère contractuel, voire simplement normatif, n'est pas évident. La loi du 29 juillet 1982 portant réforme de la planification précise ainsi que les contrats de plan « sont réputés ne contenir que des clauses contractuelles ». Pourtant, le juge estime que cette qualification ne confère pas une nature normative au contrat de plan : il a ainsi jugé que le « contrat de plan n'emporte, par lui-même, aucune conséquence directe quant à la réalisation effective des actions ou opérations qu'il prévoit » (CE 25 oct. 1996, *Assoc. Estuaire-Écologie, RFDA* 1997. 339, concl. Stahl et note Madiot). Le contrat de plan est ainsi plus une déclaration d'intentions qu'un véritable accord de volontés ayant des effets de droit. 459 ■

§ 2 L'identification jurisprudentielle des contrats administratifs

En dehors de toute qualification législative, deux conditions sont reconnues comme nécessaires par la jurisprudence pour qu'un contrat revête un caractère administratif : il faut qu'une personne publique soit partie au contrat ; il faut que, par son objet ou son régime, le contrat révèle l'intention de l'administration de se soustraire au droit commun. Ces deux conditions sont examinées successivement par le juge, qui se place, pour les apprécier, au moment de la conclusion du contrat (T. confl. 16 oct. 2006, *Caisse centrale de réassurance* c/ *Mutuelle des architectes français, AJDA* 2006. 2382, chron. C. Landais et F. Lenica ; *RFDA* 2007. 284, concl. J.-H. Stahl, note B. Delaunay). 460 ■

A. Le critère organique du contrat administratif

Contrairement aux actes unilatéraux, qui peuvent se voir qualifier administratifs même lorsqu'ils sont adoptés par des personnes privées, les contrats ne peuvent être administratifs si ne figure parmi les parties aucune personne publique. Certes, cette règle supporte des atténuations, mais qui, exception faite des hypothèses de qualification législatives, supposent toujours un rattachement très fort à une personne publique. 461 ■

1. La nécessaire présence d'une personne publique partie au contrat

■ 462 Même si un contrat porte sur l'exécution d'un service public et qu'il comporte des clauses exorbitantes du droit commun, il ne pourra être qualifié de contrat administratif si les parties au contrat sont des personnes privées (T. confl. 3 mars 1969, *Sté Interlait*, *AJDA* 1969. 307, concl. Kahn). Le critère organique prime donc dans la qualification d'un contrat administratif.

La distinction ainsi effectuée entre actes administratifs unilatéraux et contrats quant à leur identification peut sembler regrettable : outre que les mêmes contrats, ayant un objet et un contenu strictement identique, obéiront à des régimes distincts selon qu'ils ont été conclus par une personne publique ou privée, deux actes ayant le même objet, mais l'un imposé par voie unilatérale, l'autre négocié, ressortiront à deux compétences juridictionnelles différentes.

2. Les contrats administratifs conclus entre des personnes privées

■ 463 Cette situation est d'autant plus regrettable que les exceptions au critère organique du contrat administratif sont rares, interprétées strictement et en voie de réduction.

■ 464 La première exception concernait les contrats conclus pour la construction des routes, dont le Tribunal des conflits avait estimé qu'elle « a le caractère de travaux publics et appartient par nature à l'État » (T. confl. 8 juill. 1963, *Sté entreprise Peyrot*, Rec. 787). Le juge estimait en effet que ces travaux étaient « traditionnellement » réalisés en régie directe par l'État, et, par conséquent, que les marchés passés par le maître d'ouvrage devaient être soumis aux règles de droit public : l'objet du contrat l'emportait dans ce cas sur le critère organique. Cette dérogation, qui ne visait pas seulement la construction, mais aussi l'entretien des ouvrages (T. confl. 12 nov. 1984, *Sté d'économie mixte du tunnel de Sainte-Marie-aux-Mines*, *RFDA* 1985. 353, note F. Llorens), restait cependant limitée aux seuls travaux routiers ; ainsi, les contrats passés par une personne privée pour la construction et l'entretien de voies ferrées ne peuvent être qualifiés d'administratifs (T. confl. 17 janv. 1972, *SNCF c/ Entreprise Solon*, *AJDA* 1972. 353, note J. Dufau).

Par un revirement de jurisprudence dont il a précisé qu'il ne s'appliquerait qu'aux contrats nouvellement conclus, le Tribunal des conflits estime désormais « qu'une société concessionnaire d'autoroute qui conclut avec une autre personne privée un contrat ayant pour objet la construction, l'exploitation ou l'entretien de l'autoroute ne peut, en l'absence de conditions particulières, être regardée comme ayant agi pour le compte de l'État », les contrats en cause étant donc du ressort des juridictions de l'ordre judiciaire (T. confl. 9 mars 2015, *Mme Rispal c/ Sté des Autoroutes du Sud de la France*, et *Sté des Autoroutes du Sud de la France c/ Garage des pins*, *RFDA* 2015. 265, concl. N. Escaut ; *ibid.* 2015. 273, note M. Canedo-Paris ; *Dr. adm.* 2015. comm. 34, note F. Brenet).

■ 465 La seconde exception concerne les contrats dits « de mandat ». Un contrat sera qualifié d'administratif si l'une des personnes privées parties au contrat peut être considérée comme le mandataire, au sens de l'article 1984 du Code civil, de la personne publique. Le mandat sera reconnu par le juge même s'il n'est pas explicite, dès lors que la réunion de certains indices (versement de subventions à la société contractante ; substitution de plein droit de la personne publique au maître d'ouvrage pour la mise en œuvre de la garantie décennale du constructeur) prouve que la personne privée a agi pour le compte d'une personne publique (CE, sect., 30 mai 1975, *Sté d'équipement de la région montpelliéraine*, *AJDA* 1975. 345, chron. Franc et Boyon). La théorie du mandat, utilisée à l'origine pour les contrats de travaux publics, a été étendue à l'ensemble des contrats administratifs (CE, sect., 18 juin 1976, *Dame Culard*, *AJDA* 1976. 579, note Durupty), mais demeure peu utilisée par le juge.

3. *La nature juridique des contrats entre personnes publiques*

Un contrat « conclu entre deux personnes publiques revêt en principe un caractère administratif » (T. confl. 21 mars 1983, *UAP*, *AJDA* 1983. 356, concl. D. Labetoulle, à propos d'un contrat passé entre l'État et un établissement public pour la gestion du navire océanographique Jean Charcot). Ainsi que le soulignait M. Labetoulle, un tel contrat est en effet « normalement à la rencontre de deux gestions publiques », ce qui explique le principe de la présomption du caractère administratif du contrat. 466 ■

Il ne s'agit là cependant que d'une présomption simple, qui peut s'effacer si, « eu égard à son objet », le contrat « ne fait naître entre les parties que des rapports de droit privé ». C'est ainsi que les contrats d'abonnement à l'électricité ou au gaz passés par des collectivités publiques avec EDF ou Gaz de France restent des contrats de droit privé, puisque ces collectivités agissent alors simplement comme usagers d'un service public industriel et commercial. De la même façon, les contrats de location conclus entre un bureau d'aide sociale et un office public HLM sont des contrats de droit commun, l'administration se plaçant dans des conditions identiques à celle d'un particulier (CE 11 mai 1990, *Bureau d'aide sociale de Blénod-lès-Pont-à-Mousson*, *AJDA* 1990. 614, note Colly). En revanche, il ne suffit pas, pour dénier un caractère administratif aux contrats de prêt passés entre deux personnes publiques de relever que ces derniers n'avaient pas pour objet l'exécution même d'un service public et ne comportaient pas de clause exorbitante du droit commun, « sans caractériser en quoi ces contrats avaient, eu égard à leur objet, fait naître entre les parties des rapports de droit privé » (Civ. 1re, 16 mars 1999, *Chambre de commerce et d'industrie de Valence et de la Drôme*, *Revue procédures* juill. 1999, n° 187). 467 ■

B. Le critère matériel du contrat administratif

La présence d'une personne publique parmi les parties au contrat n'est pas, à elle seule, suffisante pour lui conférer une nature administrative. Pour que tel soit le cas, il est nécessaire soit que le contrat porte sur l'exécution d'un service public, soit que, par son contenu ou son régime, il échappe au droit commun. C'est donc, alternativement, l'objet ou le contenu de la convention qui en font un contrat administratif. 468 ■

1. *L'objet du contrat*

Dans ses célèbres conclusions sur l'arrêt *Terrier* (CE 6 févr. 1903, *GAJA*, n° 11), Romieu considérait qu'en principe, « tout ce qui concerne l'organisation et le fonctionnement des services publics [...] constitue une opération administrative qui est, par sa nature, du domaine de la juridiction administrative » (*Lebon* 94). De la sorte, les contrats conclus par une personne publique et ayant pour objet l'exécution du service public constituent des contrats administratifs. Plus précisément, deux catégories de contrats 469 ■

seront administratifs à ce titre : ceux qui font participer le cocontractant à l'exécution même du service public, ou bien ceux qui constituent une modalité d'exécution du service public.

■ 470 La première catégorie vise, en particulier, les conventions de délégation de service public, quelle que soit la nature, administrative ou industrielle et commerciale, du service public concerné. Ainsi, un contrat, même verbal, par lequel une personne publique confie à un particulier le soin de nourrir des réfugiés, constitue une modalité d'exécution du service public de rapatriement des réfugiés d'Union soviétique : « cette circonstance suffit, à elle seule, à imprimer au contrat dont s'agit le caractère d'un contrat administratif » (CE, sect., 20 avr. 1956, *Épx Bertin*, *GAJA*, n° 67).

■ 471 Ce critère a longtemps permis de qualifier les contrats des agents des services publics administratifs. Si les liens unissant un agent à un gestionnaire, même public, d'un service public industriel et commercial ressortissent en effet de la compétence des juridictions judiciaires, les agents contractuels des services publics administratifs peuvent en revanche être des agents publics, liés à l'administration par un contrat administratif. Mais pour qu'ils aient cette qualité, il était nécessaire qu'ils participent directement à l'exécution du service public (CE, sect., 4 juin 1954, *Vingtain* et *Affortit*, *Lebon* 342, concl. Chardeau). Le juge devait par conséquent rechercher si les fonctions de l'agent le faisaient ou non participer directement à « l'exécution même » du service public. En résultait une situation fort inconfortable pour les agents, obligés, en cas de contentieux avec leur employeur public, à se retourner éventuellement devant deux ordres juridictionnels selon les différentes missions qu'ils pouvaient exercer pendant la durée de leur contrat. Dans une célèbre affaire *Mazerand*, une personne avait été successivement chargée du nettoyage de l'école, puis de la surveillance des enfants : la seconde tâche manifestant seule sa participation à l'exécution du service public de l'éducation, l'agent devait se retourner devant les juridictions administratives à leur sujet, mais devant les juridictions prud'homales pour le reste du litige (T. confl. 25 nov. 1963, *Dame Veuve Mazerand*, *Lebon* 792).

Le Tribunal des conflits a heureusement mis un terme à cette situation, puisqu'il considère désormais, suite à un revirement de jurisprudence intervenu en 1996, que « les personnels non statutaires travaillant pour le compte d'un service public à caractère administratif sont des agents contractuels de droit public, quel que soit leur emploi » (T. confl. 25 mars 1996, *Préfet de la région Rhône-Alpes*, *Lebon* 435, concl. Martin, arrêt dit *Berkani*, du nom de l'agent du CROUS à l'origine du litige).

Il demeure cependant certaines hypothèses dans lesquelles les agents des services publics administratifs employés par des personnes publiques ne sont pas des agents publics. Tel peut en particulier être le cas lorsqu'une collectivité reprend en régie une activité antérieurement gérée par une personne privée. L'appréciation de l'application de l'article L. 1224-1 du Code du travail, qui prévoit le maintien des contrats de travail en cas de reprise d'une entreprise, relève de la compétence des juridictions judiciaires, pour autant que la collectivité n'a pas encore procédé à la transformation des contrats en contrats de droit public (T. confl. 19 janv. 2004, *Mme Devun et a.* c/ *Cne de Saint-Chamond*, *AJDA* 2004. 432, chron. F. Donnat et D. Casas).

■ 472 Les contrats passés par une personne publique peuvent également être qualifiés d'administratifs lorsqu'ils constituent une modalité de l'exécution d'un service public, non pas par le cocontractant, mais par l'administration elle-même (CE

20 avr. 1956, *Épx Bertin et Min. de l'Agriculture c/ Consorts Grimouard, GAJA*, n° 67). L'appréciation portera ici sur le rôle du contrat dans la contribution à la réalisation du service : le contrat ne sera qualifié d'administratif que dans la mesure où il constitue le moyen même par lequel l'administration peut remplir la mission de service public, eu égard à sa nature (CE, sect., 26 juin 1974, *Sté La Maison des Isolants – France, Lebon* 365). Par conséquent, les contrats conclus simplement pour les besoins du service public ne sont pas, du moins de ce seul fait, des contrats administratifs (v. T. confl. 15 nov. 2004, *SA Loxxia bail Slibail c/ Lycée régional Hélène Boucher, AJDA* 2005. 285, à propos de contrats de locations de photocopieuses ; CE 11 mai 1956, *Sté française des transports Gondrand frères, Lebon* 202.). Le juge judiciaire considère toutefois qu'un contrat peut être administratif dès lors qu'il « concerne » l'exécution d'un service public à la réalisation duquel il est « indispensable » (TGI Paris, 30 nov. 2004, *SA France Ouate Industries c/ Crous de Paris, LPA* 13 avr. 2005, note J. Boulay, à propos d'un contrat de fournitures conclu par un CROUS), sans qu'il faille inférer de ce type de décision une remise en cause, par le juge judiciaire, de la distinction entre contrat d'exécution du service public et contrat conclu pour les besoins du service (v. Civ. 1re 28 nov. 2006, *SA Semacs, JCP Adm.* 2007, n° 2113, comm. O. Renard-Payen).

Il faut enfin mentionner que les contrats passés pour l'organisation d'un service public constituent également des contrats administratifs. Tel est le cas des conventions constitutives de groupement d'intérêt public ; il en va de même des contrats passés pour l'organisation des œuvres sociales d'un ministère (CE, avis, 23 oct. 2003, *Fondation Jean Moulin, ACCP*, juin 2004, p. 75) ou, dans un tout autre domaine, du contrat par lequel EDF et la Compagnie nationale du Rhône « coordonnent leurs missions respectives de service public » (T. confl. 16 janv. 1995, *Préfet de la région Île-de-France, CJEG* 1995. 259, concl. Martin) constituent des contrats administratifs. Dans ces situations, il ne s'agit pas pour une collectivité publique de confier l'exécution du service public à autrui mais de fixer conjointement avec ses partenaires publics ou privés les modalités d'organisation du service public. 473 ■

2. *Le contenu du contrat*

Les querelles sur la place du service public dans l'identification du droit administratif et la répartition des compétences juridictionnelles se retrouvent sur le terrain contractuel. En effet, le service public n'est pas, depuis le début du XXe siècle, le critère exclusif du contrat administratif : peuvent revêtir cette qualité des contrats que l'administration a entendu soustraire au droit commun, soit que des clauses exorbitantes du droit commun y soient insérées, soit que, indépendamment de leurs stipulations, le régime auquel ils sont soumis soit lui-même exorbitant. 474 ■

L'identification du contrat administratif en fonction de la présence de *clauses exorbitantes du droit commun*[Q] a été reconnue de façon très explicite par le Conseil d'État dans un célèbre arrêt de 1912, éclairé par les conclusions du commissaire du gouvernement Léon Blum (CE 31 juill. 1912, *Sté des granits porphyroïdes des Vosges, GAJA*, n° 24). Dans cette affaire, un contrat avait été passé entre la ville de Lille et une société privée pour la fourniture de pavés de granit ; conclu « selon les règles et conditions des contrats intervenus entre particuliers », il ne pouvait être considéré comme administratif. Le critère de la clause exorbitante est ainsi étroitement lié aux conditions de passation du contrat, et à la volonté des parties de se soustraire au droit 475 ■

commun : il s'agit d'une clause qui, « notamment par les prérogatives reconnues à la personne publique contractante dans l'exécution du contrat, implique, dans l'intérêt général, qu'il relève du régime exorbitant des contrats administratifs » (T. confl. 13 oct. 2014, *Sté Axa France IARD, RFDA* 2014. 1068, concl. F. Desportes).

La notion de « clause exorbitante » a été progressivement précisée par le juge ; reçoivent cette qualification les clauses « ayant pour effet de conférer aux parties des droits ou de mettre à leur charge des obligations étrangères par leur nature à ceux qui sont susceptibles d'être librement consentis par quiconque dans le cadre des lois civiles et commerciales » (CE, sect., 20 oct. 1950, *Stein, Lebon* 505). Il s'agit donc de clauses impossibles à invoquer dans un contrat privé, qu'elles soient illégales ou simplement inhabituelles. Le contour de la clause exorbitante du droit commun peut ainsi évoluer, en fonction de ce qui est ou non admis en droit privé. C'est ainsi qu'une clause de résiliation unilatérale, qui était traditionnellement considérée comme exorbitante du droit commun (T. confl. 16 janv. 1967, *Sté du vélodrome du Parc des princes, D.* 1967. 416, concl. Lindon), n'est plus considérée comme telle, à condition toutefois qu'elle soit conditionnée à un manquement du cocontractant (T. confl. 5 juill. 1999, *UGAP c/ Sté SNC Activ SCA, Lebon* 465, *AJDA* 1999. 554, chron. F. Raynaud et P. Fombeur ; également, CAA Douai, 5 mai 2004, *Sté Normat, AJDA* 2004. 1821, concl. J. Michel ; *contra* Civ. 1re 28 mars 2006, *SNCF*). De la même façon, une clause qui prévoit la possibilité pour un bailleur public de reprendre à tout moment, et pour tout motif, la jouissance de son immeuble, n'est pas, par elle-même, exorbitante du droit commun (T. confl. 20 févr. 2008, *Verrière c/ Cté urbaine de Lyon, Dr. adm.* 2008, n° 64, obs. F. Melleray).

■ 476 Indépendamment même de toute clause exorbitante, un contrat peut être considéré comme administratif parce qu'il est soumis à un régime exorbitant du droit commun. Tel était le cas des contrats conclus « obligatoirement » entre EDF et les producteurs autonomes d'électricité pour l'achat du courant produit par leurs installations (CE, sect., 19 janv. 1973, *Sté d'exploitation électrique de la Rivière du Sant, Lebon* 48 ; *Rev. adm.* 1973. 633, note P. Amselek ; v. égal. T. confl. 20 janv. 1986, *Coopérative agricole de déshydratation et de séchage de l'Arne, Lebon* 446), contrats auxquels la transformation d'EDF en société anonyme par la loi du 9 août 2004 a retiré toute qualification administrative, comme n'a pu que le constater le Conseil d'État (CE 1er juill. 2010, *Sté Bioenerg, RJEP* 2011, comm. 3, concl. P. Collin) à la suite de la Cour de cassation (Civ. 1re, 14 nov. 2007, *Sté hydraulique du Gard c/ EDF, CCC* 2008, comm. 63, note Leveneur). Il en va de même pour les conventions d'aide médicale d'urgence obligatoirement conclues entre les établissements publics d'hospitalisation et les médecins libéraux (CAA Nantes, 31 juill. 2003, *Salaün, Lebon T.*)

Le recours à ce critère tiré du contexte du contrat reste toutefois assez marginal.

Le Tribunal des conflits semble avoir opéré un rapprochement entre clause et régime exorbitant du droit commun, estimant, par une formule un peu tautologique, qu'est exorbitante « une clause qui, notamment par les prérogatives reconnues à la personne publique contractante dans l'exécution du contrat, implique, dans l'intérêt général, qu'il relève du régime exorbitant des contrats administratifs » (T. confl. 13 oct. 2014, *SA AXA France IARD, RFDA* 2014. 1068, concl. F. Desportes).

§ 3 La classification des contrats administratifs

Les contrats administratifs constituent une catégorie juridique très hétérogène, au sein de laquelle les contrats de marchés publics et les concessions de service public ont longtemps eu une place particulière. L'introduction, au début des années 1990, de la délégation de service public, puis, à partir de 2003, de plusieurs modalités de partenariat public-privé a fortement diversifié le régime des contrats administratifs. L'entrée en vigueur, en 2019, du Code de la commande publique a permis de retrouver, sous l'influence du droit de l'Union européenne, une structuration plus cohérente. Les contrats de commande publique, dont les marchés (A), les concessions (B) et les marchés de partenariat (C) sont des modalités particulières, ne recouvrent toutefois qu'une partie du champ contractuel, et ne doivent pas faire oublier les multiples autres formes contractuelles (D), d'origine tant législative que jurisprudentielle. 477 ■

A. Les marchés publics

L'importance économique de la commande publique, qui représente environ 10 % du produit intérieur brut, explique l'attention portée à cette matière par les institutions communautaires. Plusieurs directives sont intervenues pour coordonner les procédures de passation des *marchés publics*[Q], à la fois en matière de fournitures, de services et de travaux, et pour mettre en place des voies de recours, de nature à assurer une concurrence effective au niveau communautaire pour l'accès aux principaux marchés publics. Le retard pris par la France pour la transposition de certaines de ces directives a été à l'origine de nombreux contentieux. 478 ■

Le champ du droit des marchés publics au sens des directives communautaires couvre également les contrats passés par les « organismes de droit public », notion qui va au-delà des personnes publiques au sens du droit français. Cette définition large est désormais reprise par le Code de la commande publique.

Le droit des marchés publics doit aussi s'appliquer aux conventions passées entre des personnes publiques et des personnes privées même placées sous leur contrôle. La Cour de Luxembourg a ainsi jugé que « Dans l'hypothèse où un pouvoir adjudicateur a l'intention de conclure un contrat à titre onéreux portant sur des services qui relèvent du champ d'application matériel de la directive n° 92/50 [...], avec une société juridiquement distincte de lui, dans le capital de laquelle il détient une participation avec une ou plusieurs entreprises privées, les procédures de passation de marchés prévues par cette directive doivent toujours être appliquées » (CJCE, 11 janv. 2005, C-26/03, *Stadt Halle*, *AJDA* 2005. 898, note F. Rolin). Par conséquent, les marchés passés entre une collectivité publique et une société d'économie mixte locale doivent être soumis aux procédures de mise en concurrence. L'application des règles concurrentielles ne sera écartée qu'à la double condition que le contrôle exercé sur l'entité concessionnaire par l'autorité publique concédante soit analogue à celui que cette dernière exerce sur ses propres services, et que cette entité réalise l'essentiel de son activité avec l'autorité qui la détient (CJCE, 13 oct. 2005, C-458/03, *Parking Brixen*, *Dr. adm.* 2005, n° 167, note A. Ménéménis). Ainsi, lorsque le cocontractant pressenti est un opérateur dédié aux seuls pouvoirs adjudicateurs qui l'ont constitué, et que ceux-ci disposent d'une influence déterminante tant sur ses 479 ■

objectifs stratégiques que sur ses décisions importantes (CJCE, 17 juill. 2008, C-371/05, *Commission c/ Italie*, *Dr. adm.* 2008, n° 11, al. 72, comm. R. Noguellou), il peut être regardé comme un opérateur non-économique et chacun de ces pouvoirs adjudicateurs peut contracter directement avec lui (CJCE, 11 mai 2006, C-340/04, *Carbotermo et Consorzio Alisei*, *Dr. adm.* 2006, n° 148, note A. Ménéménis).

Le Conseil d'État a appliqué la même solution à la délégation de service public, qui doit être en principe attribuée par voie contractuelle, et ce quand bien même la personne à laquelle elle est dévolue a été créée par la personne publique et reste largement subventionnée par elle. Il n'est possible d'échapper aux règles relatives à la délégation (et, à plus forte raison, aux marchés publics) que « lorsque, eu égard à la nature de l'activité en cause et aux conditions particulières dans lesquelles il l'exerce, le tiers auquel elles s'adressent ne saurait être regardé comme un opérateur sur un marché concurrentiel », c'est-à-dire lorsque l'organisme privé n'est qu'un paravent de l'administration responsable du service (CE 6 avr. 2007, *Cne d'Aix-en-Provence*, *RFDA* 2007. 812, concl. Séners, *JCP Adm.* 2007, n° 2111, note M. Karpenschif ; *Dr. adm.* 2007, n° 95, obs. M. Bazex et S. Blazy ; *AJDA* 2007. 1020, chron. F. Lenica et J. Boucher). Tel est également le cas « lorsque plusieurs collectivités publiques décident d'accomplir en commun certaines tâches et de créer à cette fin, dans le respect des dispositions législatives et réglementaires qui leur sont applicables, un organisme dont l'objet est de leur fournir les prestations dont elles ont besoin [...] dès lors qu'il leur consacre l'essentiel de son activité et qu'elles exercent conjointement sur lui un contrôle comparable à celui qu'elles exercent sur leurs propres services » (CE 4 mars 2009, *Synd. national des industries d'information de santé*, *RFDA* 2009. 759, note B. Apollis). De la même façon, un contrat conclu entre personnes publiques pour l'exécution d'un service public ne procédant pas à des transferts financiers indirects entre collectivités et ne transformant pas le cocontractant en opérateur sur un marché concurrentiel n'est pas soumis à la concurrence (CE 3 févr. 2012, *Cne de Veyrier du Lac et Communauté d'agglomération d'Annecy*, *Dr. Adm.* 2012, comm. 33, note F. Brenet).

480 Les codes des marchés publics se sont succédé à un rythme soutenu. Après une première réforme réalisée par le décret du 7 mars 2001, qui marquait la volonté de soumettre les marchés publics à un régime largement unifié, sous l'influence du droit communautaire, un autre Code a été adopté par un décret du 7 janvier 2004 ; il a lui-même été remplacé par un nouveau Code des marchés publics, résultant d'un décret du 1er août 2006.

Le droit des marchés publics est désormais régi par le Code de la commande publique (CCP), issu d'une ordonnance du 26 novembre 2018 et entré en vigueur le 1er avril 2019. Son article L 1111-1 définit le marché public comme « un contrat conclu par un ou plusieurs acheteurs soumis au présent Code avec un ou plusieurs opérateurs économiques, pour répondre à leurs besoins en matière de travaux, de fournitures ou de services, en contrepartie d'un prix ou de tout équivalent ».

481 Les marchés publics doivent être conclus en respectant le principe d'égalité de traitement des candidats à l'attribution d'un contrat de la commande publique, et mettre en œuvre les principes de liberté d'accès et de transparence des procédures (CCP, art. L3). Ces principes généraux se traduisent par l'édiction de règles de publicité et de concurrence, qui varient cependant en fonction de seuils relatifs à la valeur estimée du marché à conclure. Les plus importants sont soumis à une

« procédure formalisée », tandis que ceux d'un montant intermédiaire font l'objet d'une « procédure adaptée », dont la personne qui décide de les passer est responsable. Les marchés les moins importants (depuis le 1er janvier 2020, d'un montant inférieur à 40 000€) font l'objet d'une procédure négociée, sans obligation de publicité et mise en concurrence.

L'art. 142 de la loi d'accélération et de simplification de l'action publique (ASAP) dispense de publicité et de mise en concurrence, jusqu'au 31 décembre 2022, les marchés dont la valeur estimée est inférieure à 100 000 €, pour prendre en considération les conséquences de la pandémie de Covid-19 ; le Conseil constitutionnel a toutefois précisé que cette disposition, limitée dans le temps, « n'exonère pas les acheteurs publics du respect des exigences constitutionnelles d'égalité devant la commande publique et de bon usage des deniers publics rappelées à l'article L. 3 du Code de la commande publique » (Cons. const. 3 déc. 2020, n° 2020-807 DC). Le Conseil a estimé que les mêmes exigences s'appliquent aux marchés dispensés, sans limitation de seuil, d'une soumission aux règles de concurrence et de publicité, en raison des risques que le respect des procédures de passation ferait courir pour des besoins d'intérêt général (CCP, art. L. 2122-1).

Le fait que des contrats soient soumis à des règles de passation nationales ne dispense pas les autorités qui les attribuent de se soumettre aux règles communautaires applicables, que les dispositions nationales leur soient contraires ou qu'elles laissent à la collectivité concernée la liberté de fixer elle-même une procédure adaptée (CE, ass., 6 févr. 1998, *M. Tête*, *AJDA* 1998. 458, chron. Raynaud ; *ibid.* 403 s., chron. Fombeur ; *RFDA* 1998. 407, concl. H. Savoie ; CE 11 mai 2007, *Région Guadeloupe*, *JCP Adm.* 2007. Actu. 511).

B. Les concessions

La concession est l'une des formes les plus anciennes d'exercice de l'activité administrative. Dès l'Ancien Régime, elle consiste, pour la personne publique, à confier la gestion d'une activité ou de travaux à une personne privée, qui en assure la charge de façon autonome, quoique sous le contrôle de la personne publique. La différence entre le marché et la concession tient donc à la démarche de l'autorité administrative : dans le premier cas, la personne publique fait l'acquisition d'un bien ou d'un service ; dans le second, elle confie à un tiers la réalisation d'une mission ou d'un bien dont elle a la charge. Le droit actuel des concessions, substantiellement remodelé à la suite d'une directive du 26 février 2014, assure une forme de retour à ces principes traditionnels. L'ordonnance du 29 janvier 2016, complétée par le Code de la commande publique, a en effet procédé à une réunification du droit des concessions. Aux concessions de travaux, qui avaient fait l'objet d'une première refonte par une ordonnance du 15 juillet 2009, le Code de la commande publique ajoute désormais les concessions de service, notion nouvelle en droit français. Modalité importante d'exécution du service public, la délégation de service public est désormais considérée comme une catégorie particulière de concession de services. 482 ■

Dès le XIXe siècle, il existait des contrats ayant pour objet de confier à des sociétés privées l'exploitation de services publics, qu'il s'agisse de concessions de services publics, de contrats d'affermage ou de gérance. Ces formes de gestion déléguée du service public ont toujours été largement pratiquées, au moins pour les services publics locaux, et elles connaissent même au niveau national un récent renouveau, 483 ■

lié à l'idée que l'administration peut efficacement démultiplier son action, si elle se fait moins souvent prestataire elle-même de services mais s'attache précisément à définir les modes et conditions selon lesquels devront être gérés certains services publics, sous son contrôle.

Le recours à des entreprises privées en matière d'assainissement, de distribution de l'eau ou pour la gestion d'équipements sportifs et culturels, peut cependant créer des risques ou des soupçons de corruption si ne sont pas mises en place des procédures suffisamment transparentes. C'est afin de circonscrire ces dangers que la loi du 6 février 1992 et la loi du 29 janvier 1993 relative à la prévention de la corruption, dite *loi Sapin*, avaient défini un corps de règles applicables aux *délégations de service public*[Q], entendues comme « un contrat par lequel une personne morale de droit public confie la gestion d'un service public dont elle a la responsabilité à un délégataire public ou privé, dont la rémunération est substantiellement liée aux résultats de l'exploitation du service », selon les termes de la loi du 11 décembre 2001. Cette définition ne faisait que reprendre et conforter les éléments de définition auparavant dégagés par la jurisprudence administrative.

L'entrée en vigueur du Code de la commande publique a restreint le champ de la délégation de service public, et l'a rattachée au droit commun de la commande publique. L'art L. 1411-1 du Code général des collectivités territoriales se contente en effet d'indiquer que les collectivités territoriales peuvent confier la gestion d'un service public dont elles ont la responsabilité à un ou plusieurs opérateurs économiques par une convention de délégation de service public, et renvoie directement, pour la définition de cette délégation, restreinte aux seules collectivités territoriales, et pour ses modalités de passation et d'exécution, au CCP. Ce dernier précise (art. L. 1121-3) que la délégation de service public « est une concession de services ayant pour objet un service public et conclue par une collectivité territoriale, un établissement public local, un de leurs groupements, ou plusieurs de ces personnes morales ». La délégation de service public est donc désormais assimilée à une concession de services et soumise au même régime juridique.

484 La notion de concession suppose que le concessionnaire assume le risque de l'ouvrage ou du service, ce qui n'est pas le cas de l'exécutant d'un marché public. Cette notion, centrale, de risque d'exploitation est issue d'une évolution jurisprudentielle relative à la délégation de service public.

Dans un premier temps, le Conseil d'État avait en effet estimé que le critère différenciant la délégation du marché était celui de la rémunération du cocontractant de l'administration, qui devait être « substantiellement assurée par les résultats de l'exploitation » ; le Conseil d'État en avait déduit qu'une convention portant sur la collecte et le transport des déchets était un marché et non une convention de délégation de service public aux motifs que le cocontractant de l'administration était rémunéré par un « prix payé par la commune » (CE 15 avr. 1996, *Préfet des Bouches-du-Rhône*, *RFDA* 1996. 175, concl. Chantepy et note Terneyre). Cette solution était parfois critiquée car la première étape du raisonnement du Conseil d'État (la rémunération du cocontractant doit être « substantiellement assurée par des résultats de l'exploitation » pour qu'il s'agisse d'une convention de délégation de service public) ne conduisait pas nécessairement à la seconde (c'est-à-dire l'exclusion du champ des délégations de service public des contrats prévoyant une rémunération sous forme d'un prix payé par la collectivité).

La jurisprudence a ensuite précisé que la rémunération peut certes être versée par la collectivité mais à condition qu'elle dépende substantiellement des résultats de l'exploitation, ce qui doit traduire le fait qu'une part significative du risque d'exploitation demeure à la charge du cocontractant. La rémunération d'un délégataire de service public pouvait donc ne dépendre que de façon marginale du prix versé par les usagers, pour autant qu'elle caractérise le transfert effectif, au délégataire, du risque d'exploitation (CE 7 nov. 2008, *Dpt de la Vendée*, *AJDA* 2008. 2454, note L. Richer).

Ainsi, un contrat relatif au traitement des ordures ménagères – prévoyant une rémunération composée, d'une part, d'un prix payé par la collectivité publique et, d'autre part, d'une partie variable provenant des recettes d'exploitation liées au traitement des déchets et à la vente de l'énergie produite – devait être analysé non comme un marché mais comme une délégation de service public, dès lors que la part des recettes autres que celle correspondant au prix payé par la collectivité publique devait être d'environ 30 % de l'ensemble des recettes perçues par le cocontractant de la collectivité (CE 30 juin 1999, *Synd. mixte du traitement des ordures ménagères Centre Ouest-Seine-et-Marnais (SMITOM)*, *AJDA* 1999. 714, concl. C. Bergeal).

En revanche, un contrat prévoyant une rémunération forfaitaire du gérant tandis que la collectivité publique continuait à assumer seule les risques et charges de l'exploitation, n'était pas soumis au régime des délégations de service public et constituait un marché public (CE 7 avr. 1999, *Cne de Guilherand-Granges*, *AJDA* 1999. 517, concl. C. Bergeal).

La notion de risque figure désormais à l'article L. 1121-1 du CCP, qui indique qu'un contrat de concession est un contrat par lequel les autorités concédantes « confient l'exécution de travaux ou la gestion d'un service à un ou plusieurs opérateurs économiques, à qui est transféré un risque lié à l'exploitation de l'ouvrage ou du service, en contrepartie soit du droit d'exploiter l'ouvrage ou le service qui fait l'objet du contrat, soit de ce droit assorti d'un prix ». **485**

La procédure de passation des concessions prévoit la publication d'un avis de concession, définissant précisément l'objet du contrat ainsi que les modalités permettant la présentation de plusieurs offres concurrentes, et la sélection des candidats admis à présenter une offre. La personne publique est libre d'organiser cette procédure, ainsi que le rappelle l'art. L. 3121-1 du CCP. **486**

L'intégration des concessions au sein du droit de la commande publique a eu pour effet de leur retirer ce qui constituait l'essentiel de leur spécificité, à savoir la liberté finale, pour la collectivité publique, dans le choix du délégataire parmi les candidats régulièrement admis à présenter une offre. Désormais, la collectivité est tenue de choisir le candidat qui répond le mieux à la « pluralité de critères non discriminatoires » qu'elle a fixés lors de l'élaboration de la procédure de passation. À la liberté de choix du contractant succède donc la liberté de choix des critères fixés dans l'appel à candidatures, pour autant que ces critères respectent les principes généraux du droit de la commande publique.

Si les délégations de service public, toujours prévues à l'art. L. 1411-1 du Code général des collectivités territoriales, ne constituent désormais plus qu'une catégorie, sans spécificité particulière, des concessions régies par le CCP, leur régime avait de fait déjà été largement encadré par la jurisprudence. Ainsi, le Conseil d'État avait estimé que le recours des collectivités territoriales à la délégation de service public suppose **487** une autorisation préalable de leur organe délibérant, qui doit avoir été complètement et préalablement informé (CE 13 oct. 2004, *Cne de Montélimar*, *AJDA* 2004. 1900). Le juge précisait également la nécessité, pour la collectivité, du respect des règles de candidature qu'elle avait elle-même fixées, et du principe d'égal accès des candidats à la commande publique. Celui-ci interdit en particulier aux collectivités d'exiger que soient remplies des conditions sans véritable utilité et auxquelles seules certaines entreprises pourraient satisfaire.

488 Le Code de la commande publique précise désormais que la durée du contrat de concession est limitée, comme le sont obligatoirement tous les contrats de commande publique. S'agissant de la concession, cette durée est déterminée par l'autorité concédante en fonction de la nature et du montant des prestations ou des investissements demandés au concessionnaire. Le Code prévoit que si la durée de la concession peut dépasser cinq ans, elle ne peut alors être justifiée que par l'amortissement des investissements nécessaires à la réalisation de la mission, de travaux ou de services, prévue par le contrat.

Ces dispositions entérinent les réformes, législatives ou jurisprudentielles, intervenues depuis les années 1990 pour éviter les abus souvent constatés liés à la durée excessive des contrats de délégation de service public. Le juge avait ainsi précisé que la durée de la convention ne peut être omise dans la convention, sous peine de nullité (CAA Nantes, 27 juin 2003, *Cne de Contres*, *AJDA* 2004. 820, note J.-D. Dreyfus). Cette limitation temporelle concerne également la prolongation des contrats, strictement encadrée : un avenant obligeant un délégataire à utiliser un équipement nouveau peut entraîner la prorogation de la convention pour un délai d'un an, s'il entraîne une modification de l'économie générale de la délégation, et s'il existe des contraintes justifiant sa réalisation au regard des exigences propres du service en cause (CE 29 déc. 2004, *Soccram*, *AJDA* 2005. 607, note J.-D. Dreyfus).

C. Les *marchés de partenariat*

489 Certains acteurs du droit de la commande publique avaient souhaité, au début des années 2000, dépasser les deux cadres contractuels que constituaient les conventions de délégation de service public et les marchés publics. En raison des difficultés dans lesquelles se trouvent les finances publiques mais aussi de ce qui constitue une mode transposée de mécanismes en usage en Grande-Bretagne, on a alors assisté à la promotion des « partenariats public-privé », qui constitueraient une troisième catégorie de contrats administratifs, servant notamment à assurer le financement d'ouvrages ou d'équipements publics. Ces contrats constituent de « nouvelles formes de coopération entre les autorités publiques et le monde des entreprises qui visent à assurer le financement, la construction, la rénovation, la gestion ou l'entretien d'une infrastructure ou la fourniture d'un service » (Comm. EDH, *Livre vert portant sur les partenariats public-privé et le droit communautaire des marchés publics et des concessions, COM* 2004. 327 final). On ne peut manquer, avant d'en exposer brièvement les mécanismes, de souligner le caractère idéologique de l'instauration de tels contrats, permettant, selon les propos d'un secrétaire d'État aux programmes immobiliers de la justice, « l'expression de toute la créativité du secteur privé, dont je n'hésite pas à affirmer qu'elle est bien supérieure à celle du secteur public ».

La loi du 29 août 2002 d'orientation et de programmation pour la sécurité intérieure (LOPSI) et la loi du 9 septembre 2002 d'orientation et de programmation pour la justice (LOPJ), ont ainsi créé de nouveaux types de contrats, permettant à l'État, selon des formes diverses (marché de construction-maintenance, bail à construction, bail emphytéotique administratif), de confier à une personne ou à un groupement de personnes, de droit public ou privé, une mission portant à la fois sur la conception, la construction, l'aménagement, l'entretien et la maintenance d'immeubles affectés à la police ou à la gendarmerie nationales, puis aux établissements pénitentiaires. Pendant la durée de la convention, l'État était locataire du bien immobilier, puis propriétaire au terme de celle-ci. 490 ■

Suite à cette première expérience, la loi du 3 juillet 2003 habilitant le gouvernement à simplifier le droit avait autorisé le gouvernement à prendre par ordonnance les dispositions nécessaires pour « créer de nouvelles formes de contrats conclus par des personnes publiques ou des personnes privées chargées d'une mission de service public pour la conception, la réalisation, la transformation, l'exploitation et le financement d'équipements publics, ou la gestion et le financement de services, ou une combinaison de ces différentes missions ». Le Conseil constitutionnel, dans sa décision n° 2003-473 DC du 26 juin 2003, acceptait le principe de ces contrats dérogatoires mais en édictant deux réserves d'interprétation. S'il estimait « qu'aucune règle ni aucun principe de valeur constitutionnelle n'impose de confier à des personnes distinctes la conception, la réalisation, la transformation, l'exploitation et le financement d'équipements publics, ou la gestion et le financement de services », il précisait toutefois que « la généralisation de telles dérogations au droit commun de la commande publique ou de la domanialité publique serait susceptible de priver de garanties légales les exigences constitutionnelles inhérentes à l'égalité devant la commande publique, à la protection des propriétés publiques et au bon usage des deniers publics ». Seuls des motifs d'intérêt général, tels que « l'urgence qui s'attache, en raison de circonstances particulières ou locales, à rattraper un retard préjudiciable, ou bien la nécessité de tenir compte des caractéristiques techniques, fonctionnelles ou économiques d'un équipement ou d'un service déterminé » pourraient justifier le recours à ces contrats dérogatoires qui, en outre, ne devraient pas permettre « de déléguer à une personne privée l'exercice d'une mission de souveraineté ».

En application de cette loi, une ordonnance du 17 juin 2004 instituait les contrats de partenariat. Jugée légale par le Conseil d'État (CE 29 oct. 2004, *Sueur et a.*, *AJDA* 2004. 2383, chron. C. Landais et F. Lenica), cette ordonnance visait à généraliser les expériences précédentes, tout en encadrant les modalités de passation des contrats de partenariat, prévoyant notamment que le choix du ou des cocontractants de l'administration ne pouvait intervenir qu'après la mise en œuvre de procédures de publicité et de mise en concurrence pouvant prendre la forme du dialogue compétitif ; enfin, il est précisé que la part réservée aux petites et moyennes entreprises dans l'exécution du contrat de partenariat ainsi que la qualité architecturale du projet, en cas de construction d'un équipement, sont des critères d'attribution du contrat.

La mise en œuvre de ces contrats a cependant rapidement montré leurs limites, essentiellement en raison de leur coût exorbitant pour la personne publique : s'ils permettent de transférer à des opérateurs privés la construction et la gestion d'ouvrages publics, leur durée inhabituellement longue se traduit par un 491 ■

endettement accru des personnes publiques, et un coût très supérieur à celui qu'aurait supporté la collectivité en ayant recours à un marché public classique, financé par le recours à l'emprunt.

Sans les supprimer totalement, une ordonnance du 23 juillet 2015 a réintégré ces contrats dans le droit (presque) commun de la commande publique, ce que traduit leur nouvelle dénomination de marchés de partenariat.

L'art. L. 1112-1 du CCP définit comme le marché de partenariat comme « un marché public qui a pour objet de confier à un opérateur économique ou à un groupement d'opérateurs économiques une mission globale ayant pour objet la construction, la transformation, la rénovation, le démantèlement ou la destruction d'ouvrages, d'équipements ou de biens immatériels nécessaires au service public ou à l'exercice d'une mission d'intérêt général et tout ou partie de leur financement. Le titulaire du marché de partenariat assure la maîtrise d'ouvrage de l'opération à réaliser ». Le recours à ce type de contrat doit être précédé par une procédure d'évaluation du mode de réalisation du projet : il ne pourra être utilisé que s'il n'est pas possible de mettre en œuvre le projet par les voies contractuelles classiques ; en outre, les administrations de l'État et les établissements publics ne pourront avoir recours aux marchés de partenariat qu'après y avoir été autorisés par le ministre du budget.

D. Les autres catégories de contrats administratifs

■ 492 En dehors des contrats de commande publique ou portant sur la prestation de services publics, les contrats administratifs sont utilisés dans nombre de domaines. Exception faite d'hypothèses restreintes, qui ont trait aux « fonctions de souveraineté », où le recours au contrat est interdit, tous les domaines de l'action administrative peuvent faire l'objet de contrats. C'est ainsi, par exemple, qu'au sein des agents des personnes publiques coexistent des fonctionnaires, investis en vertu d'un acte administratif unilatéral, et des agents contractuels de droit public.

■ 493 Des contrats administratifs peuvent aussi prévoir les conditions selon lesquelles le domaine public pourra faire l'objet d'occupations privatives compatibles avec son affectation, qu'il s'agisse d'une utilisation pour telle activité industrielle ou pour l'exploitation d'un buffet dans une gare par exemple. Ces conventions d'occupation du domaine public sont, ainsi qu'il a été indiqué (v. ss 457), des contrats administratifs par détermination de la loi.

■ 494 Il en va de même des concessions d'aménagement, régies par une loi du 20 juillet 2005. Ce texte, complété par un décret du 31 juillet 2006, précise les conditions dans lesquelles ces contrats sont soumis aux règles de publicité et de mise en concurrence propres à assurer l'égalité d'accès aux contrats. Il fait suite à la condamnation du dispositif résultant de la loi SRU du 13 décembre 2000, qui faisait échapper ces conventions à la mise en concurrence, et opérait une discrimination entre personnes publiques et privées dans l'accès à ces contrats, dont la contrariété avec le droit communautaire avait été constatée par les juridictions internes (CAA Bordeaux, 9 nov. 2004, *Sodegis c/ Cne de Cilaos*, *AJDA* 2005. 257, note J.-D. Dreyfus). Ces contrats sont assimilés à des marchés publics de travaux, au sens du droit communautaire

(CJCE 18 janv. 2007, aff. C-220/05, *Auroux*, *AJDA* 2007. 1125, chron. E. Broussy, F. Donnat, C. Lambert ; *JCP Adm.* 2007, n° 2028, comm. C. Devès ; TA Lyon, 22 mars 2007, *Auroux*, *JCP Adm.* 2007, n° 2129, comm. C. Devès).

section 2

Le régime des contrats administratifs

Malgré son importance, le régime des contrats administratifs n'est pas du domaine de la loi. Le Conseil constitutionnel considère que « ni l'article 34 de la Constitution ni aucune autre règle de valeur constitutionnelle n'exigent que les conditions de passation des marchés et contrats passés par l'État soient définis par la loi » (Cons. const. 22 août 2002, n° 2002-460 DC, *Loi d'orientation et de programmation pour la sécurité intérieure*). On a pu souligner le caractère pour le moins contestable d'une telle interprétation, qui aboutit, si on la pousse à son terme, à rejeter les contrats administratifs de la sphère contractuelle, puisque l'article 34 de la Constitution donne compétence à la loi pour traiter des obligations civiles et commerciales. Dès lors, « les contrats administratifs, privés du fondement commun de l'article 34 de la Constitution qui place dans le domaine de compétence de la loi les principes fondamentaux des obligations civiles et commerciales, n'appartiennent plus évidemment à la famille du contrat ; ils sont exclusivement des procédures, une réglementation destinée aux parties publiques pour s'assurer le concours d'un partenaire » (Y. Gaudemet, « Le contrat administratif, un contrat hors la loi », *Les Cahiers du Conseil constitutionnel*, 2004, n° 17, p. 91-94). 495 ■

Cette interprétation aurait pu également se voir opposer le principe de libre administration des collectivités locales visé à l'article 34 de la Constitution, qui devrait empêcher que le gouvernement définisse les règles relatives aux marchés publics des collectivités territoriales. Pourtant, procédant à l'exhumation d'un décret-loi du 12 novembre 1938 donnant compétence au pouvoir réglementaire pour étendre aux marchés des collectivités locales les règles applicables aux contrats de l'État, texte dont il prétend qu'il n'a été abrogé ni par le décret du 28 novembre 1966, ni par aucun autre texte ultérieur, et qu'il n'était pas frappé d'illégalité, le Conseil d'État a estimé que le Premier ministre était dès lors compétent pour étendre aux collectivités locales les nouvelles règles qu'il fixait pour les marchés publics de l'État (CE, ass., 5 mars 2003, *Ordre des avocats à la Cour de Paris*, *BJDCP* 2003. 209, concl. contraires D. Piveteau ; *D.* 2003. 851, note J.-D. Dreyfus). Aussi contestable que paraisse cette interprétation, elle a été depuis lors réitérée à l'identique (CE 23 févr. 2005, *Assoc. pour la transparence et la moralité des marchés publics*). 496 ■

Si le régime des contrats administratifs peut être déterminé par voie réglementaire, ses sources se trouvent également dans la Constitution. Les règles spécifiques concernent tant l'élaboration (1) que l'exécution (2) des contrats administratifs ; leur régime contentieux (3) est également particulier. 497 ■

§ 1 La passation des contrats administratifs

498 Le contrat administratif, en tant qu'accord de volontés, suppose la liberté de négociation des parties (A). Compte tenu de l'inégalité de ces dernières, cette liberté est cependant assez strictement encadrée (B), encadrement garanti par des procédures contentieuses spécifiques (C).

A. Le principe de liberté contractuelle

499 Le principe de liberté contractuelle est un élément constitutif de la notion même de contrat, depuis le début du XIXe siècle pour les personnes privées. Il signifie que les personnes parties à un contrat ont le choix de recourir au contrat, la liberté de choisir le type de contrat, de choisir leurs cocontractants, de déterminer librement le contenu du contrat, et enfin de s'engager par leur propre volonté. Le Conseil d'État a reconnu à la liberté contractuelle la valeur de « principe » (CE, sect., 28 janv. 1998, *Sté Borg Warner*, *AJDA* 1998. 287), en indiquant que les dérogations « au principe de la liberté contractuelle doivent être interprétées strictement ».

De son côté, le Conseil constitutionnel s'est longtemps refusé à y voir un principe à valeur constitutionnelle. Dans une décision n° 84-137 L du 4 juin 1984, il fait bien mention de la liberté contractuelle, mais au titre de la compétence du législateur : elle fait partie des principes fondamentaux du régime des obligations civiles et commerciales. De façon très explicite, en 1994 (3 août 1994) et 1997, il refusera de consacrer cette liberté comme principe constitutionnel. La seconde décision (Cons. const. 20 mars 1997, n° 97-388 DC) indique très clairement que « le principe de liberté contractuelle n'a pas en lui-même valeur constitutionnelle ; que sa méconnaissance ne peut être invoquée devant le Conseil constitutionnel que dans le cas où elle conduirait à porter atteinte à des droits et libertés constitutionnellement garantis ». Cependant, dans une décision du 13 janvier 2003 (Cons. const. 13 janv. 2003, n° 2002-465 DC, *Loi relative aux salaires, au temps de travail et au développement de l'emploi*), le Conseil constitutionnel marque une évolution : sans que la liberté contractuelle soit directement reconnue ; il considère que « le législateur ne saurait porter aux contrats légalement conclus une atteinte qui ne soit justifiée par un motif d'intérêt général suffisant sans méconnaître les exigences résultant des articles 4 et 16 de la Déclaration des droits de l'homme et du citoyen de 1789 ».

Le contenu de cette liberté contractuelle demeure cependant imprécis. Plus que la liberté de contracter, c'est, en effet, un glissement progressif vers la garantie de la stabilité des relations contractuelles qui s'est opéré, et qui a été renforcé par la reconnaissance, par le juge administratif, du principe de sécurité juridique.

500 Mais la question demeure de savoir si cette liberté contractuelle peut être reconnue aux personnes publiques. La réponse est ici assez simple : les contrats passés par l'administration étant, malgré leur caractère possiblement administratif, de véritables contrats, les principes applicables aux contrats de droit privé le sont aussi pour les contrats publics. Cela signifie donc que le législateur ne peut pas limiter la liberté de contracter des personnes publiques d'une façon telle qu'elle s'en trouve dénaturée et c'est d'autant plus vrai pour les collectivités territoriales, puisque la libre administration vient alors se surajouter.

Cependant, les personnes publiques ne disposent pas d'une pleine liberté contractuelle, malgré son caractère constitutionnel. En effet, si elles peuvent choisir librement leur cocontractant, elles n'ont pas toujours la possibilité de recourir à la forme contractuelle.

B. L'encadrement de la liberté contractuelle

La liberté contractuelle, en tant que liberté de choix du cocontractant, n'existe pas 501 ■
véritablement pour les marchés publics (v. ss 478 s.) : la règle est, à leur propos, le choix du mieux-disant, même si certains critères sociaux ou environnementaux peuvent désormais être pris en compte dans le choix du cocontractant (v. X. Pinaud, *L'intégration de considérations sociales et environnementales dans les marchés publics*, PULIM, 2003).

Les exigences du droit français et communautaire de la concurrence constituent 502 ■
également une limite importante au libre choix du cocontractant. Ainsi, il a été jugé que les clauses de ce contrat ne peuvent légalement avoir pour effet de placer l'entreprise dans une situation où elle contreviendrait aux prescriptions de l'article 8 de l'ordonnance du 1er décembre 1986, relatif aux abus de position dominante (CE, sect., 3 nov. 1997, *Sté Million et Marais*, *AJDA* 1997. 1012, et chron. Girardot ; *ibid.* 945, chron. Raynaud ; *RD publ.* 1998. 256, note Y. Gaudemet). Cet arrêt marque un infléchissement sensible par rapport à une jurisprudence qui estimait auparavant que le choix d'un cocontractant ne pouvait pas être contesté au regard du droit de la concurrence, dès lors qu'un acte relatif à l'organisation d'un service public « n'est pas, par lui-même, susceptible d'empêcher, de restreindre ou de fausser le jeu de la concurrence sur le marché » (CE 23 juill. 1993, *Compagnie Générale des Eaux*, *Lebon* 226). Depuis 1997, un contrôle de la légalité des décisions de passer un contrat, même relatif à l'organisation du service public, est donc effectué au regard des impératifs du droit de la concurrence.

Lorsqu'une entreprise a été illégalement évincée de l'accès à un contrat public, elle peut se voir indemnisée pour la perte d'une chance de contracter (CE 27 janv. 2006, *Ville d'Amiens*, *RJEP* 2006. 388, concl. N. Boulouis).

C. Les procédures juridictionnelles relatives à la passation du contrat

La loi du 29 janvier 1993 a institué une procédure spécifique pour assurer le respect 503 ■
des procédures de publicité et de mise en concurrence qui garantissent la transparence du choix du cocontractant. Le *référé précontractuel*[Q], codifié aux articles L. 551-1 et suivants du Code de justice administrative, permet à toute personne ayant vocation à conclure un contrat de commande publique de saisir le juge administratif de tout manquement aux obligations de publicité ou de mise en concurrence. Il a été étendu aux contrats de droit privé par une ordonnance du 7 mai 2009, la compétence appartenant alors aux juridictions de l'ordre judiciaire, puis réformé en 2015.

Le requérant ne peut invoquer, dans le cadre du référé précontractuel, que des irrégularités qui ont pu avoir des conséquences sur sa propre situation, au moment où il a été évincé (CE, sect., 3 oct. 2008, *SMIRGEOMES*, *Dr. adm.* 2008, n° 154, note B. Bonnet et A. Lalanne).

Statuant en tant que juge des référés, le juge administratif peut suspendre la signature du contrat, mais aussi enjoindre à l'autorité de respecter ses obligations, ainsi, ce qui est plus novateur, que supprimer des clauses irrégulières (CE, ass., 10 juin 1994, *Cne de Cabourg*, *RFDA* 1994. 728, concl. Lasvignes). En outre, ses pouvoirs ne sont pas limités par les prétentions de la requête : saisi d'une demande de suspension de la procédure de passation d'un contrat, le juge du référé précontractuel peut, si les vices affectant la procédure le justifient, prononcer son annulation, statuant ainsi *ultra petita* (CE 20 oct. 2006, *Cne d'Andeville*, *AJDA* 2006. 2340, concl. D. Casas).

En l'attente de la notification de la décision du juge du référé précontractuel, le contrat ne peut être signé.

Le Conseil d'État peut être saisi d'un pourvoi en cassation contre les ordonnances rendues par le président du tribunal administratif sur le fondement des articles L. 551-1 et L. 551-2 du Code de justice administrative.

■ 504 Une ordonnance du 7 mai 2009, relative aux procédures de recours applicables aux contrats de commande publique, qui transpose une directive du 11 décembre 2007, instaure un *référé contractuel*[Q]. Cette procédure, qui vise tous les contrats de commande publique, permet désormais aux personnes ayant intérêt à conclure un contrat, et susceptibles d'être lésées par un manquement aux obligations de publicité et de mise en concurrence, de saisir le juge d'un recours en contestation de validité du contrat, juge qui dispose d'une très grande latitude quant aux sanctions qu'il peut prononcer en conséquence des manquements constatés (résiliation du contrat, réduction de sa durée, sanctions pécuniaires, etc.). Les requérants potentiels sont donc ceux qui présentent un intérêt à conclure le contrat, qu'ils aient ou non présenté leur candidature (CE, Avis, 11 avr. 2012, *Société Gouelle*, *Dr. Adm.* juillet 2012, comm. 64, not F. Brenet). Dès avant cette création, le Conseil d'État avait lui-même institué une nouvelle voie de recours ouverte aux concurrents évincés de la conclusion du contrat. Par un important arrêt *Société Tropic travaux*, il avait en effet autorisé ces tiers à contester, devant le juge du contrat, la validité de ce contrat. Recours de plein contentieux, cette voie de droit devait être exercée dans les deux mois à compter des mesures de publicité du contrat, et autorisait le juge à résilier le contrat, à en modifier certaines des clauses, ou encore à annuler le contrat avec, éventuellement, un effet différé (CE, ass., 16 juill. 2007, *Sté Tropic travaux signalisation*, *GAJA*, 19e éd., n° 113). Ce recours « Tropic » a depuis été remplacé par un nouveau recours de pleine juridiction ouvert, dans un délai de deux mois à compter de l'accomplissement des mesures de publicité appropriées, à l'ensemble des tiers susceptibles d'être lésés dans leurs intérêts de façon suffisamment directe et certaine (CE, ass., 4 avr. 2014, *Département de Tarn-et-Garonne*, *GAJA*, n° 114).

§ 2 L'exécution des contrats administratifs

■ 505 La spécificité des contrats administratifs tient en grande partie aux conditions de leur exécution. Le déséquilibre existant entre l'administration et les personnes privées ne se manifeste en effet pas seulement lors de l'élaboration du contrat, mais aussi lors de sa mise en application. La volonté de la personne publique prime toujours dans les relations contractuelles (A), même si le cocontractant conserve, en contrepartie, un droit à un équilibre financier (B).

A. Les prérogatives de l'administration

L'administration dispose, en vertu de « règles générales applicables aux contrats administratifs » (CE 2 févr. 1983, *Union des transports publics urbains et régionaux, RD publ.* 1984. 212, note Auby), d'un certain nombre de prérogatives qui lui permettent d'intervenir pendant le déroulement des relations contractuelles. Il s'agit du pouvoir de direction et de contrôle, du pouvoir de modification unilatérale, du pouvoir de résiliation et du pouvoir de sanction. 506 ■

1. *Le pouvoir de direction et de contrôle*

Le contrat administratif constituant une modalité d'exécution des missions incombant à l'administration, la garantie de l'intérêt général dont elle a la charge lui permet de contrôler la bonne exécution du contrat. (CE 27 juill. 1932, *Léonard, Lebon* 799). 507 ■

Ces prérogatives lui permettent également de donner au cocontractant des instructions sur les modalités d'exécution du contrat, même en dehors des prescriptions du marché (CE 22 févr. 1952, *Sté pour l'exploitation des procédés Ingrand, Lebon* 130). L'administration peut ainsi imposer l'ordre des opérations à accomplir ou l'emploi de certains procédés de réalisation des prestations.

Ce pouvoir doit cependant, en matière de marché public, être concilié avec le respect de l'égale concurrence : le pouvoir de direction ne doit pas amener à modifier les conditions d'exécution du marché, telles qu'elles étaient prévues dans l'appel d'offres initial.

2. *Le pouvoir de modification unilatérale*

Le pouvoir de modification unilatérale des contrats a été reconnu très tôt par la jurisprudence. Le Conseil d'État a admis, en 1910, qu'un préfet pouvait modifier le service d'une compagnie de tramways, tel qu'il figurait pourtant dans le contrat (CE 21 mars 1910, *Compagnie générale française des tramways, GAJA*, n° 20), car il avait le pouvoir de prescrire les modifications et les additions nécessaires pour assurer, dans l'intérêt du public, la marche normale du service. Ce pouvoir de modification unilatérale a été ensuite érigé au rang de règle générale des contrats administratifs par l'arrêt du 2 février 1983 *Union des transports publics urbains et régionaux*, précité. 508 ■

Ce pouvoir de modification est cependant encadré, comme le laissait déjà entendre la décision de 1910. Il faut que la modification ait pour justification un motif d'intérêt général, ce qui signifie que les clauses financières du contrat ne peuvent, du moins en tant que telles, faire l'objet d'une modification (CE 11 juill. 1941, *Hôpital-hospice de Chauny, Lebon* 129). La modification doit, en outre, ne pas porter atteinte à l'économie générale du contrat. Ce n'est que dans ce cas que le cocontractant a droit de la refuser et, éventuellement, de demander au juge la résiliation judiciaire de la convention ; à défaut, le cocontractant de l'administration ne peut refuser les modifications qui lui ont été imposées, et commet une faute de nature à entraîner la résiliation du contrat s'il n'apporte pas la preuve que ces modifications auraient bouleversé l'économie du contrat (CE 27 oct. 2010, n° 318617, *Synd. intercommunal des transports publics de Cannes, Le Cannet, Mandelieu-la-Napoule, RJEP* 2011. 18, concl. B. Dacosta ; *Dr. adm.* 2011, n° 3, note F. Brenet) ; il a, en revanche, droit au maintien de l'équilibre financier du contrat.

3. *Le pouvoir de résiliation*

509 Le pouvoir de résiliation constitue le prolongement du pouvoir de modification. Il appartient à l'administration « en tout état de cause, en vertu des règles applicables aux contrats administratifs » (CE, ass., 2 mai 1958, *Distillerie de Magnac-Laval, Lebon* 246, *AJDA* 1958. 282, concl. Kahn), même en l'absence de faute du cocontractant, et peut intervenir à tout moment. Une clause qui l'écarterait serait réputée non écrite (CE 6 mai 1985, *Assoc. Eurolat Crédit foncier de France, Lebon* 141, *RFDA* 1986. 21, concl. Genevois).

Les conditions de son utilisation sont proches de celles relatives à la modification unilatérale : l'administration peut procéder à la résiliation « pour des motifs d'intérêt général justifiant, à la date à laquelle elle prend sa décision, que l'exploitation du service doit être abandonnée ou établie sur des bases nouvelles » (CE, ass., 2 févr. 1987, *Sté TV6, Lebon* 29).

Cependant, la résiliation doit donner lieu à une complète indemnisation du préjudice subi par le cocontractant, comme le rappelle l'art. 6 (5°) du CCP.

La modification des pouvoirs du juge du contrat (infra n° 879) permet désormais au juge de ne pas annuler un contrat irrégulier mais de prononcer sa résiliation ou d'enjoindre à l'administration d'y procéder (CE, ass., 16 juill. 2007, n° 291545, *Sté Tropic travaux signalisation, RFDA* 2007. 696, concl. D. Casas), pouvoir qui appartient également à l'administration, même sans habilitation juridictionnelle (CE 10 juill. 2020, n° 430864, *Sté Comptoir Négoce équipements, Lebon* 281, concl. G. Pellissier ; AJDA 2021.164, note J.-C. Rotoullié).

4. *Le pouvoir de sanction*

510 L'administration dispose à l'égard de son cocontractant de la possibilité de le sanctionner elle-même, sans avoir recours au juge. Très tôt, la jurisprudence a reconnu le pouvoir de l'administration de tirer les conséquences de l'inexécution d'une obligation contractuelle (CE 31 mai 1907, *Deplanque, Lebon* 513, concl. Romieu).

Les sanctions peuvent être pécuniaires, mais aussi coercitives, dans le but d'obtenir la poursuite de l'exécution du contrat en cas de défaillance du cocontractant.

Enfin, une résiliation-sanction peut être prononcée par l'administration, si elle a été prévue au contrat. Si tel n'est pas le cas, l'administration devra saisir le juge, qui pourra seul la prononcer (CE 20 janv. 1905, *Compagnie départementale des eaux, Lebon* 55, concl. Romieu). Il veillera alors à ce que les intérêts du cocontractant privé soient respectés, estimant par exemple que « la non-réalisation, à la suite de circonstances pour une large part indépendantes de la volonté » du cocontractant, « de certains des ouvrages mentionnés au contrat n'est pas constitutive d'un manquement d'une gravité suffisante pouvant justifier la déchéance du fermier et la résiliation sans indemnité de son contrat » (CAA Douai, 18 oct. 2005, *Cne de Caudry, AJDA* 2006. 1221, note P. Subra de Bieusses).

B. Les prérogatives du cocontractant

Le cocontractant a plus d'obligations que de droits vis-à-vis de l'administration. Même lorsque l'administration ne respecte pas ses engagements, il n'a, en principe, d'autre choix que de continuer, sous peine de sanction et d'engagement de sa responsabilité contractuelle, à exécuter ses obligations (CE 7 janv. 1976, *Ville d'Amiens*, *AJDA* 1976. 632). La seule solution est pour lui de saisir le juge du contrat pour obtenir une indemnisation. 511 ■

Le Conseil d'État a toutefois apporté une légère nuance à ce déséquilibre contractuel. Rappelant le principe de l'obligation d'exécution, même en cas de manquement de l'administration, il a cependant accepté que les parties puissent prévoir au contrat une clause de résiliation unilatérale par la personne privée, en assortissant cette possibilité de deux réserves, toutes deux liées au principe de continuité du service public. La première tient à l'objet du contrat : celui visant à « l'exécution même » du service public ne peut comporter une telle clause. Par ailleurs, la mise en œuvre de cette clause de résiliation unilatérale par la personne privée ne peut intervenir qu'après que la personne publique en aura été avertie au préalable, afin qu'elle puisse s'y opposer pour des motifs d'intérêt général. Si la personne privée refuse de poursuivre l'exécution du contrat alors que de tels motifs lui ont été opposés, c'est alors elle qui s'expose à une résiliation-sanction, à ses torts exclusifs (CE 8 oct. 2014, *Sté Grenke Location*, *RFDA* 2015. 47, note C. Pros-Phalippon).

L'administration ne peut cependant rompre unilatéralement l'équilibre économique du contrat, sur la base duquel le cocontractant de l'administration s'était engagé.

Dans l'hypothèse où des charges nouvelles doivent être supportées par le cocontractant, celui-ci pourra se tourner vers l'administration et, en cas d'échec des discussions amiables, vers le juge pour obtenir le respect de l'équilibre financier du contrat.

1. *La rémunération des prestations supplémentaires*

Le titulaire du contrat a droit non seulement au paiement du prix fixé initialement mais également à la rémunération des prestations supplémentaires que l'administration lui a demandé d'effectuer ou des contraintes supplémentaires qu'elle lui a imposées par rapport aux prescriptions initiales du marché. 512 ■

Les ordres de service, dont le respect s'impose au cocontractant de l'administration, ont en effet pour corollaire le droit à une rémunération supplémentaire lorsque ces derniers ont une incidence financière aggravant les charges pesant sur le cocontractant.

Celui-ci peut également avoir droit à une rémunération en cas de bouleversement des conditions d'exécution du contrat, même lorsqu'un marché de travaux publics a été passé à un prix forfaitaire et alors que l'entrepreneur s'est engagé à faire son affaire des difficultés rencontrées. 513 ■

La théorie des « sujétions imprévues » lui ouvre ce droit à rémunération même lorsque ces contraintes ne résultent pas directement du fait de l'administration.

Enfin, les travaux dits « indispensables », réalisés par l'entrepreneur même sans ordre de service, lui seront également rémunérés sur la base des prix prévus au marché.

2. La théorie du fait du prince

514 Lorsque la personne publique contractante prend une mesure particulière qui a pour effet d'alourdir les conditions financières d'exécution du contrat pour le cocontractant, celui-ci a droit à une indemnisation permettant de rétablir l'équilibre financier initial du contrat (CE 2 févr. 1983, *Union des transports publics urbains et régionaux*, *Lebon* 33).

Si le champ d'application de la théorie dite du « *fait du prince*[Q] » a longtemps été considéré comme visant toute mesure générale prise par une administration, partie ou non au contrat, et ayant pour effet d'alourdir les charges du cocontractant, la portée réelle de cette jurisprudence se révèle en réalité plus limitée.

L'indemnisation du cocontractant au titre du maintien de l'équilibre financier du contrat est en effet limitée au cas où la mesure en cause, d'une part, émane de l'administration cocontractante elle-même et, d'autre part, porte sur l'objet même du contrat ou modifie un élément essentiel de celui-ci (CAA Paris, 25 mai 1993, *Sté Renoveco*, *Lebon* 874).

En revanche, la charge due à l'augmentation des impôts locaux n'ouvre pas droit à indemnisation pour l'entrepreneur qui la supporte « dans les mêmes conditions que les autres entreprises exécutant des travaux pour la ville et que tous les contribuables de la commune » (CE 17 juill. 1950, *Chouard*, *Lebon* 444).

3. La théorie de l'imprévision

515 Consacrée par l'arrêt du Conseil d'État du 30 mars 1916, *Compagnie générale d'éclairage de Bordeaux* (*GAJA*, n° 29), la théorie de l'*imprévision*[Q] manifestait l'originalité du régime des contrats administratifs. Le juge judiciaire s'interdisait en effet de prendre en compte le bouleversement de l'équilibre économique initial du contrat, résultant de circonstances nouvelles, pour rétablir l'équilibre rompu. Prolongeant le mouvement de rapprochement du statut des contrats administratifs et privés, la Cour de cassation en a effectué une transposition en droit privé, estimant injustifié le refus des parties à un contrat « de prendre en compte une modification imprévue des circonstances économiques et ainsi de renégocier les modalités du sous-traité au mépris de leur obligation de loyauté et de bonne foi » (Civ. 1re, 16 mars 2004, *Sté des repas parisiens* c/ *Assoc. du foyer des jeunes travailleurs et Cne de Cluses*, *D.* 2004. 754, note D. Mazeaud).

516 L'état d'imprévision ne peut être pris en compte que s'il résulte d'un événement extérieur aux parties et imprévisible lors de la conclusion du contrat, et dont il résulte un véritable bouleversement de l'économie de ce dernier.

Ainsi, dans l'affaire de la *Compagnie du Gaz de Bordeaux*, la hausse du prix du charbon résultant en 1915 de l'occupation par des armées étrangères des mines de l'Est de la France, était telle que la compagnie concessionnaire n'aurait pu supporter longtemps cette hausse du prix des matières premières, alors que ses tarifs restaient inchangés, sans être acculée au dépôt de bilan (CE 30 mars 1916, *Compagnie générale d'éclairage de Bordeaux*, préc.).

L'état d'imprévision ne sera pris en compte que si l'événement à l'origine du bouleversement des conditions d'exécution du contrat n'était pas raisonnablement prévisible pour les deux parties même compte tenu de leur savoir-faire et de leur expérience (CE 19 févr. 1992, *SA Dragages et Travaux Publics*, *Lebon* 1109).

Il a été ainsi jugé qu'une pollution accidentelle frappant un site de captage d'eau, d'une ampleur telle qu'elle en interdit l'exploitation pour une période pouvant atteindre deux siècles, présente à la fois un caractère irrésistible et imprévisible pour les parties ayant conclu le contrat d'approvisionnement en eau de la commune, alors que la commune était approvisionnée à partir de ce site (CE 14 juin 2000, *Cne de Staffelfelden* c/ *SA Lyonnaise des Eaux Dumez et Sté Sogest*, *CJEG* 2000. 473, concl. C. Bergeal).

L'état d'imprévision n'a pas pour effet de libérer le cocontractant de l'administration de son obligation d'exécution du contrat (CE, sect., 5 nov. 1982, *Sté Propétrol*, *AJDA* 1983. 259, concl. Labetoulle). 517 ■

De plus, les parties au contrat doivent rechercher toutes les solutions possibles pour adapter l'exécution du contrat initial à ces nouvelles circonstances. En effet, l'indemnité d'imprévision n'est due au cocontractant qu'en cas d'impossibilité d'exécution dans les conditions d'origine.

Toutefois, si les parties ne sont pas parvenues à l'amiable à modifier le contrat de façon à en permettre la poursuite dans des conditions raisonnables, le cocontractant de l'administration pourra s'adresser au juge pour obtenir une indemnité qui couvrira une partie du déficit qu'il a subi. Le montant de l'indemnité laisse toujours à la charge du cocontractant une part de 5 à 10 % du montant du déficit provoqué par l'exécution du contrat pendant la période au cours de laquelle celui-ci a été bouleversé. Cette part est établie en prenant en compte, notamment, les diligences du cocontractant pour surmonter les difficultés nées de l'événement irrésistible et imprévisible. Dans l'exemple précité *Commune de Staffelfelden*, le cocontractant trouva d'abord une solution provisoire en achetant de l'eau à un prix trois fois supérieur à celui payé par la commune, puis parvint à mettre en service une autre source de captage d'eau, pour un coût supérieur d'environ deux fois à celui payé par la commune ; le Conseil d'État a jugé qu'il était fait une juste appréciation de la part de la charge extracontractuelle devant incomber à la société concessionnaire en la fixant à 5 % du déficit d'exploitation (CE 14 juin 2000, préc.). 518 ■

À défaut d'adaptation du contrat et si la situation ne peut pas être redressée, l'état d'imprévision sera assimilable à un cas de *force majeure*[Q], justifiant la résiliation du contrat (CE, ass., 9 déc. 1932, *Compagnie des tramways de Cherbourg*, *Lebon* 1050, concl. Josse). 519 ■

§ 3 La responsabilité contractuelle

Le champ d'application de la responsabilité contractuelle en droit administratif est en pratique limité, d'abord parce que les arrêts les plus nombreux, concernant les conséquences d'une mauvaise exécution d'un contrat administratif, se rapportent à la garantie décennale des constructeurs, fondée sur des principes inspirés des articles 1792 et 2270 du Code civil, alors que celle-ci ne constitue pas, selon la jurisprudence, une responsabilité contractuelle (CE 22 juin 1984, *Sté générale d'entreprises*, *RD publ.* 1985. 250). 520 ■

En outre, l'ampleur des pouvoirs donnés à l'administration en matière d'exécution des contrats administratifs lui permet généralement de se dispenser du recours au juge pour sanctionner les fautes du cocontractant de l'administration. Par ailleurs, elle rend simultanément difficile et donc aléatoire la démonstration d'une faute permettant au cocontractant de l'administration d'engager la responsabilité de celle-ci.

De plus, la responsabilité contractuelle ne peut logiquement pas être engagée lorsque la nullité du contrat aura été constatée par le juge. Le cocontractant pourra cependant engager dans cette hypothèse une responsabilité quasi-contractuelle, sur le fondement de l'enrichissement sans cause (CE, sect., 20 oct. 2000, *Sté Citécâble Est, Lebon* 457), qui permet d'obtenir l'indemnisation des dépenses réalisées par le cocontractant et qui ont été utiles à l'administration. Une responsabilité quasi-délictuelle, lorsque la nullité n'aura trouvé sa cause que dans une faute commise par l'administration, pourra être recherchée et permettra l'indemnisation du manque à gagner, s'agissant des dépenses de fonctionnement. La faute commise par le cocontractant, qui a par exemple conclu un marché dont il savait illégales les conditions de passation, a dans ce cadre des conséquences différenciées : elle n'empêche pas l'indemnisation au titre de l'enrichissement sans cause, mais fait obstacle à la mise en œuvre de la responsabilité quasi-délictuelle (CE, sect., 10 avr. 2008, *Sté Jean-Claude Decaux et département des Alpes-Maritimes, Dr. adm.* 2008. 78, obs. F. Melleray).

521 En effet, la responsabilité contractuelle ne peut être qu'une responsabilité pour faute, cette dernière résultant d'un manquement à l'une des obligations résultant du contrat ou, éventuellement, d'un usage abusif des prérogatives dont dispose l'administration dans l'exécution des contrats.

522 Seule la preuve de la force majeure ou de la faute de la victime permet d'exonérer l'administration de tout ou partie de sa responsabilité contractuelle, mais non le fait du tiers. En matière de marchés de travaux publics, l'administration, en tant que maître d'ouvrage, est en effet responsable vis-à-vis de l'entrepreneur des conditions dans lesquelles s'est déroulé le chantier et répond donc à l'égard de celui-ci des fautes commises par l'architecte (ou d'autres participants au chantier), sans qu'y fasse obstacle le principe de l'effet relatif du contrat. Celui-ci serait au contraire méconnu si le fait du tiers se voyait reconnaître un caractère exonératoire. En effet, en vertu de l'effet relatif du contrat, celui-ci « ne profite pas aux tiers », mais il « ne nuit pas davantage aux tiers ». Le fait que, dans cet exemple, l'architecte soit lié contractuellement au maître d'ouvrage est sans incidence sur la responsabilité de ce dernier à l'égard de l'entrepreneur, puisque ce dernier n'est pas recevable à invoquer les stipulations du contrat liant le maître d'ouvrage à l'architecte pour rechercher la responsabilité de ce dernier, mais peut seulement se retourner contre le maître d'ouvrage en cas de mauvaise conception ou de défaut d'organisation du chantier (CE 17 nov. 1967, *Sté des Ateliers de construction Nicou, RD publ.* 1968. 401, note M. Waline).

L'administration peut cependant se retourner contre l'architecte, dans le même exemple, pour lui demander réparation des fautes commises dans la conception de l'ouvrage, s'il résulte de cette faute un préjudice qu'elle doit assumer en tant que maître d'ouvrage. L'administration devra donc appeler en garantie le maître d'œuvre (CE 28 janv. 1976, *Sté des ateliers Delestrade, Lebon* 68).

Le principe de relativité de la faute contractuelle empêche, en principe, que les tiers puissent se prévaloir d'une faute contractuelle dans le cadre d'une mise en cause de la responsabilité quasi-délictuelle, sauf si elle est liée aux clauses réglementaires du contrat (CE, sect., 11 juill. 2011, *Mme Gilles, Lebon* 331, concl. N. Boulouis).

Le préjudice doit résulter directement de la ou des fautes dont doit répondre l'administration pour pouvoir être indemnisé. 523 ■

Il devra être réparé intégralement, dans les mêmes conditions que dans le cadre de la responsabilité quasi délictuelle.

Enfin, la responsabilité contractuelle prévaut sur la responsabilité quasi délictuelle et une partie à un contrat ne peut donc exercer « d'autres actions que celles procédant de ce contrat » (CE 1er déc. 1976, *Berezowski*, *D.* 1978. 45, note L. Richer). 524 ■

8

Compléments pédagogiques

Quid

■ Clause exorbitante du droit commun n° 475

La clause exorbitante du droit commun permet, de la même façon que la participation à l'exécution d'une mission de service public, de déterminer le caractère administratif d'un contrat passé par une personne publique. Même s'il n'existe pas de définition précise de la clause exorbitante du droit commun, on peut dire qu'il s'agit de clauses qui soit mettent en œuvre ou manifestent la présence de prérogatives de puissance publique, soit placent la personne publique contractante en situation prééminente par rapport à l'autre partie au contrat.

■ Délégation de service public n° 483

La délégation de service public est une notion récente (1992) recouvrant une réalité très ancienne. La délégation de service public est désormais intégrée au Code de la commande publique, et fait partie des contrats de concession. L'expression ne désigne aujourd'hui plus que les contrats de concession de service public passés par les collectivités territoriales. Il s'agit donc d'un mode contractuel de transfert de la gestion du service public par lequel la collectivité transfère à une personne publique ou privée la gestion d'un service public dont elle a la responsabilité. Les contrats portant délégation de service public constituent ainsi des contrats administratifs en raison de leur objet.

■ Fait du prince n° 514

La théorie du fait du prince désigne les cas de modification des conditions d'exécution du contrat administratif par une personne publique qui soit est extérieure au contrat, soit, tout en y étant partie, a agi à un autre titre que celui de partie au contrat. Le fait du prince ouvre droit au rétablissement de la situation financière de la partie lésée.

■ Force majeure n° 519

La notion de force majeure a en droit administratif la même teneur qu'en droit civil. Elle exonère les cocontractants de l'accomplissement d'une partie de leurs obligations et constitue, par suite, une cause exonératoire de responsabilité. Il s'agit d'un événement imprévisible, extérieur aux parties, insurmontable dans ses conséquences. C'est parce que la force majeure exclut l'établissement d'un lien de causalité entre le dommage et l'événement qu'elle est toujours une cause exonératoire, même si elle peut n'exonérer que partiellement l'administration de sa responsabilité.

■ Imprévision n° 515

La théorie de l'imprévision est issue du principe de continuité du service public, même si elle s'applique désormais à l'ensemble des contrats administratifs. Afin que l'objet du contrat puisse être poursuivi, la collectivité doit subvenir à l'équilibre financier du contrat qu'elle a conclu, lorsqu'un événement imprévisible et extraordinaire survient qui bouleverse l'économie générale du contrat, même si l'état d'imprévision n'exonère pas le cocontractant de l'administration de la réalisation des obligations qu'il s'est engagé à exécuter.

■ Marché de partenariat n° 489

Introduits par une ordonnance du 23 juillet 2015, les marchés de partenariat constituent une variante des marchés publics, qui remplace les contrats de partenariat créés en 2014. Contrats de longue durée, ayant pour objet le financement, la construction et/ou la maintenance d'ouvrages ou d'équipements publics, ils sont attribués selon une procédure spécifique. Le recours à cette procédure dérogatoire, par l'État ou par les établissements publics, doit être préalablement approuvé par le ministre en charge du budget.

■ Marché public n° 478

Les marchés publics sont des contrats passés par une collectivité publique pour la réalisation de travaux, de fournitures et de services. Ils sont essentiellement caractérisés par le régime de leur passation, prévu par le Code de la commande publique. Ils constituent des contrats administratifs par détermination de la loi.

■ Référé contractuel n° 504

Ouverte aux candidats évincés de la conclusion d'un contrat administratif, cette procédure permet au juge du référé, qui constate un manquement aux obligations de publicité et de mise en concurrence lors de la passation d'un contrat, de prononcer la suspension de son exécution, mais aussi sa nullité, et d'infliger des pénalités financières au cocontractant fautif.

■ Référé précontractuel n° 503

Le référé précontractuel est un recours spécifique ouvert, depuis 1993, aux personnes ayant intérêt à conclure un contrat et au préfet contre les actes préparatoires à un contrat, avant la conclusion de ce dernier. Saisi selon une procédure codifiée aux art. L. 551-1 et L. 551-2 du Code de justice administrative, le juge administratif peut obliger par différents moyens l'autorité en charge de la passation du contrat à se conformer aux règles qui lui sont applicables.

Documents

1) La détermination du caractère administratif du contrat

T. confl. 8 juin 1963, *Société Entreprise Peyrot* (*GAJA*, 19e éd., n° 80)

Considérant que la construction des routes nationales a le caractère de travaux publics et appartient par nature à l'État ; qu'elle est traditionnellement exécutée en régie directe ; que, par suite, les marchés passés par le maître de l'ouvrage pour cette exécution sont soumis aux règles du droit public ;

Considérant qu'il doit en être de même pour les marchés passés par le maître de l'ouvrage pour la construction d'autoroutes dans les conditions prévues par la loi du 18 avril 1955, sans qu'il y ait lieu de distinguer selon que la construction est assurée de manière normale directement par l'État ou à titre exceptionnel par *un concessionnaire agissant en pareil cas pour le compte de l'État*, que ce concessionnaire soit une personne morale de droit public, ou une société d'économie mixte, nonobstant la qualité de personne morale de droit privé d'une telle société ; qu'ainsi, quelles que soient les modalités adoptées pour la construction d'une autoroute, les marchés passés avec les entrepreneurs par l'administration ou par son concessionnaire ont le caractère de marchés de travaux publics.

⇨ *Exception au critère organique du contrat administratif : les contrats passés par une personne privée pour le compte d'une personne publique.*

T. confl. 21 mars 1983, *UAP* (*Lebon* 537. concl. Labetoulle)

Considérant qu'un contrat conclu entre deux personnes publiques revêt en principe un caractère administratif, impliquant la compétence des juridictions administratives pour connaître des litiges portant sur les manquements aux obligations en découlant, sauf dans les cas où, eu égard à son objet, il ne fait naître entre les parties que des rapports de droit privé.

⇨ *Un contrat entre deux personnes publiques est présumé administratif.*

CE 31 juillet 1912, *Société des Granits Porphyroïdes des Vosges* (*GAJA*, n° 24)

Considérant que le marché passé entre la ville et la Société était exclusif de tous travaux à exécuter par la Société et avait pour objet unique des fournitures à livrer selon les règles et conditions des contrats intervenus entre particuliers ; qu'ainsi ladite demande soulève une contestation dont il n'appartient pas à la juridiction administrative de connaître

⇨ *Les clauses exorbitantes du droit commun, critère matériel du contrat administratif.*

CE 19 janvier 1973, *Sté d'exploitation électrique de la rivière du Sant*
(*Lebon* 48)

Considérant que [...] les contrats passés par Électricité de France en application de l'article 1er du décret du 20 mai 1955 sont soumis à un régime exorbitant du droit commun et présentent le caractère de contrats administratifs, dont le contentieux relève du juge administratif.

⇨ *Un contrat peut être administratif en raison du régime exorbitant du droit commun auquel il est soumis.*

CE, sect., 20 avril 1956, *Époux Bertin*
(*GAJA*, n° 67)

Sur la compétence :

Considérant qu'il résulte de l'instruction que, par un contrat verbal passé avec l'administration le 24 novembre 1944, les époux Bertin s'étaient engagés, pour une somme forfaitaire de 30 francs par homme et par jour, à assurer la nourriture des ressortissants soviétiques hébergés au centre de rapatriement de Meaux en attendant leur retour en Russie ; que ledit contrat a eu pour objet de confier, à cet égard, aux intéressés l'exécution même du service public alors chargé d'assurer le rapatriement des réfugiés de nationalité étrangère se trouvant sur le territoire français ; que cette circonstance suffit, à elle seule, à imprimer au contrat dont s'agit le caractère d'un contrat administratif ; qu'il suit de là que, sans qu'il soit besoin de rechercher si ledit contrat comportait des clauses exorbitantes du droit commun, le litige portant sur l'existence d'un engagement complémentaire à ce contrat [...] relève de la compétence de la juridiction administrative.

⇨ *Un contrat portant exécution même du service public est administratif, même en l'absence de clause exorbitante du droit commun.*

CE, sect., 20 avril 1956, *Ministre de l'Agriculture c/ Consorts Grimouard*
(*GAJA*, n° 67)

Considérant [...] que le législateur a entendu créer [...] un service public, préposé tant à la conservation, au développement et à la mise en valeur de la forêt française qu'à l'utilisation et à l'écoulement de ses produits dans les conditions les plus conformes à l'intérêt national ; que les opérations de boisement ou de reboisement entreprises par l'administration des eaux et forêts sur des terrains privés, en vertu de contrats passés par elle avec les propriétaires de ces terrains [...] constituent l'une des modalités de l'exécution même de ce service ; qu'il suit de là que, malgré la circonstance que les terrains où s'effectuent ces opérations ne sont pas destinés à devenir la propriété de l'État et que les dépenses engagées par lui sont récupérées sur le produit de l'exploitation, lesdites opérations ont le caractère de travaux publics et que, quelle que puisse être la nature des stipulations incluses dans les contrats dont il s'agit, ceux-ci tiennent de leur objet même le caractère de contrats administratifs ; [...]

⇨ *Un contrat portant participation à l'exécution du service public est administratif.*

L. Blum, concl. sur CE 31 juillet 1912, *Société des Granits Porphyroïdes des Vosges*
(*D.* 1916. III. 35)

Messieurs, l'acte qui vous est déféré par la Société anonyme des granits porphyroïdes des Vosges est un mandat de payement en date du 20 nov. 1907, par lequel le maire de Lille a prescrit au receveur municipal de payer à la société requérante, pour le montant de fournitures de pavés faites à la ville, une somme de 147 763,80 F, seulement, après déduction de 3 436,20 F, représentant la pénalité de retard dans la livraison. Ce mandat avait été établi pour la liquidation d'un marché du 17 nov. 1906, aux termes duquel « la Société avait soumissionné la fourniture à la ville de 1 500 000 pavés de granit ». La Société soutient au fond que cette pénalité lui a été appliquée à tort, pour la triple raison que les retards dont il lui est fait grief ont été causés par des cas de force majeure ; qu'au surplus, les pénalités n'auraient pas été appliquées régulièrement comme n'ayant pas été précédées de mises en demeure prévues par le marché, et qu'enfin une transaction serait intervenue postérieurement aux retards invoqués. Il s'agirait donc, au fond, de régler une série de difficultés intervenues dans l'exécution du marché. Mais, avant de passer à l'examen du fond, il faut tout d'abord régler une question de compétence qui a été soulevée par la ville de Lille. [...]. Le Conseil d'État est-il lui-même compétent ? La Société le soutient en se fondant sur l'ensemble des décisions récentes du conseil d'État et du Tribunal des conflits, qui ont délimité, et qui ont étendu, en la délimitant, la matière du contentieux administratif communal. Elle se réfère notamment à l'arrêt Terrier, du 6 févr. 1903, et aux conclusions de M. le commissaire du gouvernement Romieu (*DP* 1904. 3. 65) ; à la décision Feutry, du Tribunal des conflits, du 29 février 1908, et aux conclusions du commissaire du gouvernement Georges Teissier (*DP* 1908. 3. 49) ; à l'arrêt Thérond, du 4 mars 1910, et aux conclusions de M. le commissaire du gouvernement Pichat (*DP* 1912. 3. 57). Mais, messieurs, nous n'estimons pas qu'à cet égard la Société requérante fournisse une analyse ou une interprétation exacte de votre jurisprudence telle qu'elle est aujourd'hui constituée. Il est exact que la jurisprudence n'admet plus aujourd'hui l'ancienne théorie d'après laquelle les communes devaient être considérées comme des personnes privées, de telle sorte qu'un texte spécial aurait été nécessaire pour donner compétence aux tribunaux administratifs sur le contentieux communal. Depuis lors, sont intervenues la série de décisions du conseil d'État, qui, en matière de contentieux administratif de l'État, ont visé les textes de la séparation des pouvoirs, et toute la série de décisions du Tribunal des conflits, depuis l'arrêt Blanco, du 8 février 1873 (*DP* 73. 3. 17-20), jusqu'à l'arrêt Feutry, précité. Ces décisions ont, en effet, substitué à la théorie ancienne une doctrine nouvelle, et par cela même que le fondement juridique de la compétence administrative est le principe de la séparation des pouvoirs, – principe qui s'applique à tous les services publics, quelle que soit la personne publique qui les gère, – la jurisprudence actuelle affirme la compétence administrative pour tous les litiges nés de l'organisation ou du fonctionnement des services publics, que ces services publics dépendent du pouvoir central ou se rattachent aux pouvoirs locaux. La conséquence de cette théorie, c'est que toutes les actions fondées sur l'inexécution ou la mauvaise exécution d'un service public, que ces actions soient dirigées contre l'État, contre un département ou contre une commune, ressortissent à la juridiction administrative, et, à défaut d'un texte spécial, au conseil d'État, juge de droit commun en matière administrative. Telle est la doctrine qui résulte, notamment, de la décision Feutry, du Tribunal des conflits, et l'on peut tenir aujourd'hui pour acquis que toutes les actions relatives *au jeu du service public lui-même*, que toutes les actions fondées sur le *quasi-délit administratif* sont de la compétence du conseil d'État, qu'il s'agisse de l'État, du département ou de la commune. Mais lorsqu'il s'agit du contrat et non du quasi-délit, la jurisprudence est beaucoup moins extensive. Elle n'admet plus, sans doute, que tous les contrats passés par les communes sont, de plein droit et à défaut d'un texte contraire, comme il arrive pour les marchés de travaux publics, de la compétence judiciaire. Mais elle maintient, en matière contractuelle, la distinction entre ce que l'on a appelé la gestion privée et la gestion publique. Elle réserve, pour les départements et les communes ou même pour l'État, les circonstances où, comme le disait le commissaire du gouvernement Romieu dans ses conclusions sur l'affaire Terrier, l'Administration doit être réputée contracter « dans les mêmes conditions qu'un particulier, et se trouve soumise aux mêmes règles comme aux mêmes juridictions » (*DP* 1904. 3. 66 col. 3). Il peut se faire que l'Administration, tout en agissant dans l'intérêt d'un service public, « se place volontairement dans les conditions du droit privé, soit en passant un de ces contrats de droit commun d'un type nettement déterminé par le Code civil, soit en effectuant une de ces opérations courantes que les particuliers font journellement, qui supposent des rapports contractuels de droit commun et pour lesquelles l'Administration est censée agir comme un simple particulier ». Quand il s'agit de contrat, il faut donc rechercher, non pas en vue de quel objet ce contrat est passé, mais ce qu'est ce contrat de par sa nature même. Et, pour que le juge administratif soit compétent, il ne suffit pas que la fourniture qui est l'objet du contrat doive être ensuite utilisée pour un service public ; il faut que ce contrat par lui-même, et de par sa nature propre, soit de ceux qu'une personne publique peut seule passer, qu'il soit, par sa forme et sa contexture, un contrat administratif. Donc, quand il s'agit d'un marché de fournitures communal, étant donné qu'il n'existe en cette matière aucun texte général, analogue au décret du 11 juin 1806 pour les marchés de fournitures de l'État, qui impose, sans aucune espèce de distinction, la compétence administrative, il s'agit de rechercher, non pas si la fourniture sera ensuite destinée ou affectée à un service public, mais si le marché, considéré en lui-même, présente ou non les caractères du contrat administratif. Ces caractères du contrat administratif sont assez délicats à préciser. Cependant, en se référant à vos plus récentes décisions : département de Maine-et-Loire, 11 nov. 1910 (*DP* 1912. 3.128) ; Lami, 26 janv. 1912 ; Agence nationale d'affichage, 17 mai 1912 (*DP* 1915. 3. 14), on peut dire que le contrat administratif est celui qui reste influencé et teinté en quelque sorte par le service public en vue duquel il est conclu, celui qui, par suite, crée et organise un contrat, quel qu'il soit, entre le cocontractant de la commune et le service public dans l'intérêt duquel a été passé le contrat. Pour qu'un marché de fournitures communal soit un contrat administratif, il faut donc qu'il participe, si peu que ce soit, du marché de travaux publics ou de concession ; il faut qu'il établisse des rapports précis et constants du fournisseur ou de ses agents, soit avec la commune, soit avec le public. Il faut qu'il associe le fournisseur, dans une mesure quelconque, à la gestion du service. Mais lorsque, au contraire, la seule intervention du fournisseur dans le service est la livraison elle-même ; lorsque le contact entre la commune et lui ne se prolonge pas après cette livraison ; lorsque le marché n'établit pas, en un mot, des rapports différents de ceux qui s'établissent entre un particulier quelconque et un marchand quelconque, alors le contrat sera passé dans les conditions habituelles du commerce, et nous nous trouverons dans le cas où la commune, ayant agi selon le même mode qu'un simple particulier, « se trouve soumise aux mêmes règles comme aux mêmes juridictions ». La compétence n'est plus celle du conseil d'État, elle est celle des tribunaux ordinaires. Nous ne croyons pas, messieurs, qu'en son état actuel, votre jurisprudence soit allée au-delà de cette distinction, et, en admettant même qu'elle fût parvenue, comme le soutient la Société requérante, à une assimilation complète du contentieux communal et départemental avec le contentieux d'État, il ne faudrait pas oublier que, pour les marchés de fourniture de l'État, il existe un texte, le décret du 11 juin 1806, qui n'existe pas pour les départements et les communes. Il ne faudrait pas oublier que, même en ce qui concerne l'État, lorsqu'il s'agit d'un contrat passé en dehors de la sphère d'application du décret de 1806, par exemple lorsqu'il s'agit de commandes verbales chez un fournisseur, de salaires à des journaliers, d'expéditions par chemins de fer au tarif du public, l'État lui-même est censé agir, non comme une personne publique, mais dans les mêmes conditions qu'un simple particulier, et c'est la juridiction civile qui reste alors compétente.

Toute la question est donc de savoir si le contrat passé par la ville de Lille avec la Société des granits porphyroïdes est un contrat administratif ou un contrat passé dans les conditions du droit commun, et la question ainsi posée ne peut pas, à notre avis, comporter le moindre doute. Le litige porte uniquement, dans l'espèce, sur le règlement d'une facture. Cette facture a été dressée par le maire de Lille après livraison des granits commandés par la ville pour le pavage de ses rues. Mais peu importe que le contrat ait été passé par la commune et qu'une personne morale de droit public soit intervenue au contrat ; cette présence d'une personne communale n'influe pas sur la compétence. Peu importe également que les pavés commandés à la Société requérante fussent destinés au pavage des rues de Lille et qu'ainsi le contrat ait été passé en vue et dans l'intérêt du service public. Ce qu'il faut examiner, c'est la nature du contrat lui-même, indépendamment de la personne qui l'a passé et de l'objet en vue duquel il a été conclu. Or ce contrat prévoit simplement la livraison d'une fourniture. Une fois cette fourniture livrée, tout rapport cesse entre la commune et le cocontractant. Aucun contact, de quelque nature que ce soit, ne subsiste, une fois la marchandise livrée, entre le fournisseur qui l'a livrée et le service public qui l'emploiera. Ni le fournisseur, ni ses agents ne coopèrent le moins du monde à la gestion du service public ; le contrat ne leur confère à cet égard aucune délégation ; il ne les associe pas à la gestion du service public ; il ne crée pas de rapport entre le fournisseur et le public. Dans ces conditions, la commune doit être réputée agir dans les mêmes conditions qu'un simple particulier effectuant auprès d'un entrepreneur quelconque une commande de matériaux pour son usage privé. Et, agissant dans les mêmes conditions qu'un simple particulier, la commune « se trouve soumise aux mêmes règles comme aux mêmes juridictions ». La commune a passé, dans les conditions du droit commun, un contrat d'un type nettement déterminé par le Code civil, qui est purement et simplement un contrat de vente ; c'est à l'autorité judiciaire que le contentieux de ce contrat ressortit, et, sans qu'il soit besoin d'examiner le fond, nous concluons, par suite, au rejet de la requête introduite par la Société des granits porphyroïdes des Vosges devant un juge incompétent.

2) Le régime des contrats

Code de justice administrative

Art. L. 551-1

Le président du tribunal administratif, ou le magistrat qu'il délègue, peut être saisi en cas de manquement aux obligations de publicité et de mise en concurrence auxquelles est soumise la passation par les pouvoirs adjudicateurs de contrats administratifs ayant pour objet l'exécution de travaux, la livraison de fournitures ou la prestation de services, avec une contrepartie économique constituée par un prix ou un droit d'exploitation, la délégation d'un service public ou la sélection d'un actionnaire opérateur économique d'une société d'économie mixte à opération unique. [...]

Le juge est saisi avant la conclusion du contrat.

Art. L. 551-2

Le juge peut ordonner à l'auteur du manquement de se conformer à ses obligations et suspendre l'exécution de toute décision qui se rapporte à la passation du contrat, sauf s'il estime, en considération de l'ensemble des intérêts susceptibles d'être lésés et notamment de l'intérêt public, que les conséquences négatives de ces mesures pourraient l'emporter sur leurs avantages.

Il peut, en outre, annuler les décisions qui se rapportent à la passation du contrat et supprimer les clauses ou prescriptions destinées à figurer dans le contrat et qui méconnaissent lesdites obligations. [...]

⇨ *Référé précontractuel.*

CE, ass., 9 décembre 1932, *Compagnie des Tramways de Cherbourg*

Considérant que, au cas où des circonstances imprévisibles ont eu pour effet de bouleverser le contrat, il appartient au concédant de prendre les mesures nécessaires pour que le concessionnaire puisse assurer la marche du service public dont il a la charge, et notamment de lui fournir une aide financière pour pourvoir aux dépenses extracontractuelles afférentes à la période d'imprévision, mais que cette obligation ne peut lui incomber que si le bouleversement du contrat présente un caractère temporaire ; que, au contraire, dans le cas où les conditions économiques nouvelles ont créé une situation définitive qui ne permet plus au concessionnaire d'équilibrer ses dépenses avec les ressources dont il dispose, le concédant ne saurait être tenu d'assurer aux frais des contribuables, et contrairement aux prévisions essentielles du contrat, le fonctionnement d'un service qui a cessé d'être viable ; que, dans cette hypothèse, la situation nouvelle ainsi créée constitue un cas de force majeure et autorise à ce titre aussi bien le concessionnaire que le concédant, à défaut d'un accord amiable sur une orientation nouvelle à l'exploitation, à demander au juge la résiliation de la concession, avec indemnité s'il y a lieu, et en tenant compte tant des stipulations du contrat que de toutes les circonstances de l'affaire.

⇨ *Distinction entre force majeure et imprévision.*

Biblio

- M. Amilhat, « La contractualisation en droit public : bilan et perspectives » in *RFDA* 2018. 1.
- Conseil d'État, « Le contrat, mode d'action publique et de production des normes, Rapport public pour 2008 », *EDCE* 2008, n° 59, 664 p.
- F.-P. Bénoît, « De l'inexistence d'un pouvoir de modification unilatérale dans les contrats administratifs », *JCP* 1963. I. 1775.
- C.-A. Dubreuil, *Droit des contrats administratifs,* PUF, 2018.
- Y. Gaudemet, « Pour une nouvelle théorie générale du droit des contrats administratifs : mesurer les difficultés d'une entreprise nécessaire », *RD publ.* 2010. 313.
- H. Hoepfner, *Droit des contrats administratifs*, 2e ed., Dalloz, 2019.
- H. Hoepfner, *La modification du contrat administratif*, LGDJ, 2009, BDP n° 260.
- S. Hourson, P. Yolka, *Droit des contrats administratifs*, 2e ed., LGDJ, Systèmes, 2020.
- A. de Laubadère, F. Moderne, P. Delvolvé, *Traité des contrats administratifs*, 2e éd., LGDJ, 1983-1984, 2 vol.
- L. Marcus, *L'unité des contrats publics*, Dalloz, 2010.
- J. Martin, « D'une définition à l'autre : nouvelles et anciennes difficultés à identifier les clauses révélant un contrat administratif », *RFDA* 2015. 23.
- F. Moderne, « La liberté contractuelle est-elle vraiment et pleinement constitutionnelle ? », *RFDA* 2006. 2.
- D. Pouyaud, « La résiliation pour irrégularité du contrat administratif », *RFDA* 2021. 275
- L. Richer, *Droit des contrats administratifs*, 11e éd., LGDJ, 2019.

- R. Rouquette, « Contribution à la classification des contrats synallagmatiques de l'administration », *AJDA* 1995. 483.
- D. Soldini, « La délégation de service public, sa fonction, ses critères », *RFDA* 2010. 1114.
- M. Ubaud-Bergeron, *Droit des contrats administratifs*, Lexisnexis, coll. « Manuels », 3e éd. 2019.
- G. Vedel, « Remarque sur la notion de clause exorbitante », in *L'évolution du droit public, Études en l'honneur d'A. Mestre*, Sirey, 1956, p. 527.
- J. Waline, « Les contrats entre personnes publiques », *RFDA* 2006. 229.

Quiz

1) Sujet corrigé

Cas pratique

Énoncé

1. La société PABeL (Pour l'Amour du Béton Languedocien) a conclu plusieurs importants contrats autour de la construction, à Prades-sur-Vernazobre (Hérault), du VentoDrome, sorte de parc d'attraction bâti sur le thème des phénomènes météorologiques et juridiquement constitué sous la forme d'une société d'économie mixte.

Est stipulé au premier contrat, conclu avec la société du VentoDrome et avec la commune, qu'en contrepartie d'un report des règlements de dix-huit mois à compter de la réception de chacune des sept tranches des travaux de construction du VentoDrome, la commune louera à la société PABeL des terrains situés dans une zone industrielle dont elle est propriétaire au tiers du prix normalement pratiqué. La société sera par ailleurs exonérée pour dix ans de la taxe professionnelle.

Par un second contrat, la commune cède pour 1 € à la société PABeL un terrain de plusieurs hectares jouxtant le VentoDrome dans le but d'y construire un parking aux dimensions du projet et qu'elle aura à charge d'exploiter. La société s'engage à rétrocéder le parking à la commune au bout de 10 ans.

La commune de Prades-sur-Vernazobre décide d'embaucher monsieur Arthur Levant comme ouvrier municipal. Son contrat d'embauche spécifie qu'il sera à disposition de la société PABeL pour exécuter les petits aménagements de voirie rendus nécessaires par l'implantation du prestigieux parc d'attractions.

Quelle est la nature juridique de chacun de ces contrats ?

2. Après les élections municipales qui ont vu l'arrivée d'un nouveau maire, auparavant secrétaire départemental du Mouvement pour un retour à la côte sauvage, la commune de Prades-sur-Vernazobre a décidé de mettre en place un contournement de la zone industrielle dans laquelle est implanté le VentoDrome, en modifiant en outre les conditions de circulation dans la zone elle-même. Ces mesures ont pour effet immédiat une chute de 75 % de la fréquentation du VentoDrome, ainsi que des ressources de la société gestionnaire. Cette dernière a demandé au maire une compensation financière à ce manque à gagner, qui lui a été immédiatement refusée.

Se trouvant ainsi dans une situation délicate, la société du Ventodrome voudrait savoir à quelle juridiction elle doit s'adresser pour obtenir une éventuelle indemnisation.

Voir le corrigé en fin de rubrique.

2) Sujets d'examen

Dissertations

Y a-t-il une différence entre les contrats publics et les contrats administratifs ?

Marché public et contrat administratif.

3) Corrigé

Cas pratique

1. Les trois contrats en cause peuvent, à des titres différents, être considérés comme des contrats administratifs.

Le premier contrat unit une personne publique (la Commune de Prades-sur-Vernazobre) et deux personnes privées : une société d'économie mixte (Le VentoDrome) et une société privée (la société PABeL). La condition de la présence d'une personne publique au contrat (le critère organique du contrat administratif : CE 13 déc. 1963, *Synd. des praticiens de l'art dentaire du Nord*) est donc remplie. Il reste à savoir si l'un des critères dits « alternatifs » de ce contrat est présent : soit, en ce qui concerne son *contenu*, certaines de ses stipulations sont exorbitantes du droit commun (CE 31 juill. 1912, *Sté des Granits porphyroïdes des Vosges*), soit ce contrat a pour objet de faire participer les cocontractants à l'exécution d'une mission de service public (CE 20 avr. 1956, *Épx Bertin*). Il suffit ici d'examiner les quelques clauses du contrat pour s'assurer qu'elles sont bien exorbitantes du droit commun : la location au tiers du prix pratiqué, ainsi que l'exonération de la taxe professionnelle ont bien pour effet de « conférer aux parties des droits [...] étrangères par leur nature à ceux qui sont susceptibles d'être librement consentis par quiconque dans le cadre des lois civiles et commerciales » (CE, sect., 20 oct. 1950, *Stein*). Le contrat en cause est donc bien un contrat administratif.

Le contrat liant la société PABeL à la commune de Prades-sur-Vernazobre paraît devoir suivre la même qualification. La présence du critère organique ne soulève ici aucune difficulté ; en l'absence d'indications sur les clauses du contrat, on doit supposer que celles-ci sont conformes au droit commun : le prix symbolique du terrain n'est pas en lui-même susceptible d'être considéré comme tel, car il peut être compensé par les autres éléments du contrat. C'est donc vers l'objet du contrat qu'il faut se tourner pour rechercher sa nature. De ce point de vue, la question se pose tout d'abord de savoir si le contrat constitue un *marché de travaux publics*, la qualification de contrat administratif lui venant alors de la loi elle-même (loi du 28 pluviôse an VIII) ; si le terrain sur lequel les travaux doivent être effectués n'appartient plus à la commune, l'activité qui s'y déroule peut être considérée comme d'intérêt général (voire de service public du stationnement) ; elle est en outre réalisée pour le compte d'une personne publique (ce qu'indique la rétrocession à la commune au bout de dix ans). Ce contrat est donc bien administratif de ce seul fait. On pourrait également considérer, ce qui est cependant plus hasardeux, que le contrat a pour objectif *l'exécution même* (CE 20 avr. 1956, *Épx Bertin*) d'un service public (le stationnement, distinct de la police du stationnement), et qu'à ce titre, il constitue un contrat administratif.

C'est sur ce dernier fondement que doit être examiné le contrat liant M. Arthur Levant à la commune. Là encore, le critère organique ne soulève aucune difficulté. N'ayant aucune précision sur les clauses du contrat, c'est à partir de son objet que l'on devra rechercher une éventuelle nature administrative. Ce point soulève quelques difficultés. Pour qu'un contrat liant un agent à une collectivité publique soit administratif, il faut qu'il se rapporte à un service public à caractère administratif (T. confl. 25 mars 1996, *Berkani*). Or ici (et en l'état des connaissances acquises à ce stade du cours) ce caractère administratif dépend de la situation dans laquelle on considère qu'est placé M. Levant : soit on considère que son travail effectif est effectué pour la société PABeL, dont l'activité, sans entrer plus avant dans les critères du service public, peut visiblement difficilement être qualifiée de service administratif ; soit on s'attache à la qualification du contrat (celle d'ouvrier municipal), M. Levant participant ainsi à la gestion des différents services publics communaux. C'est bien vers cette seconde approche qu'il faut s'orienter, parce que le contrat en cause, malgré la mise à disposition de la société PABeL, fait participer M. Levant au service public administratif d'entretien de la voirie, dont on semble curieusement entendre ici qu'il est géré par la société PABeL elle-même. Le contrat de M. Levant a donc bien lui aussi un caractère administratif.

2. Le contrat liant la société du VentoDrome à la commune est, comme on vient de l'expliquer, un contrat administratif. Les litiges qui naissent à propos de son exécution sont donc de la compétence du juge administratif. C'est donc au tribunal administratif de Montpellier que la société devra s'adresser.

Il n'y a cependant normalement que très peu de chances qu'une demande d'indemnisation aboutisse : l'administration n'a modifié unilatéralement aucune clause du contrat ; aucun événement imprévisible et surtout extérieur aux parties n'étant survenu, la société ne peut demander à ce que soit constaté *l'état d'imprévision* qui aurait justifié son indemnisation (CE 30 mars 1916, *Compagnie générale d'éclairage de Bordeaux*) du fait du déséquilibre financier résultant de ce fait imprévu (sauf à considérer, ce qui ne peut évidemment être le cas, qu'un changement d'équipe municipale est un fait imprévisible). La société pourra en revanche invoquer le bénéfice de la théorie du *fait du prince* : si la commune n'a pas modifié les clauses du contrat, et n'a donc pas agi en tant que partie au contrat, elle a cependant modifié les conditions d'exécution de ce contrat en usant des prérogatives qui sont celles d'une autorité décentralisée. Étant donné que la commune est aussi partie au contrat, les discussions doctrinale et jurisprudentielle sur les limites du recours à la théorie du fait du prince n'ont pas lieu d'être ici évoquées : la société PABeL a bien droit à ce que l'équilibre financier du contrat soit rétabli.

chapitre 9

Les services publics

Plan analytique

section 1

La notion de service public

§ 1 Définition du service public

A. Les éléments organiques du service public

B. Les éléments matériels du service public

§ 2 L'influence du droit de l'Union européenne

A. Une remise en cause des monopoles publics

B. Une exigence de clarification des missions de service public

section 2

Les différentes catégories de services publics

§ 1 Services publics constitutionnels et autres services publics

§ 2 Services publics administratifs et services publics industriels et commerciaux

section 3

Les principes de fonctionnement des services publics

§ 1 Le principe de continuité

§ 2 Le principe d'égalité

§ 3 Le principe de mutabilité

Compléments pédagogiques

9

Les services publics

Appréhendées globalement, les fonctions de l'administration peuvent se caractériser, d'une part, en une fonction normative, ayant pour objet de prescrire, d'autoriser, d'interdire ou d'encadrer certaines activités, et, d'autre part, en une fonction de prestation, par laquelle la collectivité publique fournit des biens ou des services, tels l'enseignement et la formation, les soins aux malades, les transports, la distribution et l'assainissement de l'eau, ou encore des services culturels. 525

Ces deux fonctions sont certes étroitement imbriquées, car l'activité de prestation suppose l'exercice de la fonction normative pour organiser les services à rendre à la collectivité, tandis que l'exercice de la fonction normative peut être elle-même considérée comme une forme de prestation.

Toutefois, dans un souci de clarté, il paraît utile de distinguer le service public, d'une part, et la police administrative, d'autre part, qui n'ont ni le même objet, ni la même incidence sur l'exercice des libertés.

L'importance prise par les normes communautaires dans l'ensemble des règles applicables à l'administration (v. ss 44 s.) ne pouvait pas rester sans incidence sur certains modes d'organisation traditionnellement attachés à la notion de service public en France (section 1). Les différentes catégories de services publics (section 2) et les principes de fonctionnement des services publics (section 3) restent cependant pour l'essentiel inchangés. 526

section 1

La notion de service public

Le droit communautaire conduit à remettre en cause, du moins en matière économique, une conception du service public qui liait fréquemment celui-ci à une organisation sous forme de monopole. Le démantèlement des monopoles publics à caractère économique et l'ouverture à la concurrence imposés par le droit communautaire sont donc fréquemment analysés comme aboutissant à la négation du « service public à la française ». Pourtant la notion de service public (§1) n'est pas totalement étrangère au droit communautaire qui oblige essentiellement à clarifier les missions de service public et leurs conditions de financement (§2). 527

§ 1 Définition du service public

528 Le service public peut se définir par la réunion d'éléments organiques, c'est-à-dire son rattachement direct ou indirect à une collectivité publique, et d'éléments matériels, tenant à la poursuite d'une finalité d'*intérêt général*Q.

Qu'est-ce que cette mission d'intérêt général caractérisant le service public ? Il n'en existe sans doute pas de définition invariable, transcendante et s'imposant par nature et à toute époque. Duguit présentait cependant le service public comme « toute activité dont l'accomplissement doit être assuré, réglé et contrôlé par les gouvernants, parce que l'accomplissement de cette activité est indispensable à la réalisation et au développement de l'interdépendance sociale et qu'elle est de nature telle qu'elle ne peut être réalisée complètement que par l'intervention de la force gouvernante » (*Traité de droit constitutionnel*, t. II, 3e éd., 1928, p. 61), ce qui pourrait impliquer l'existence de services publics « par nature ». La plupart des auteurs relèvent plus simplement qu'un service public est ce que les représentants du peuple considèrent, à un moment donné, comme d'une importance telle que la collectivité publique doit le prendre en charge, directement ou indirectement. Tout le droit administratif est parfois conçu comme étant construit autour de la notion de service public, qui serait alors une représentation globale des finalités légitimant l'intervention publique et l'usage de prérogatives de puissance publique. Ainsi conçu, le service public apparaît comme une sorte de mythe fondateur, au sens fort de la pensée antique, du droit administratif français, voire prend des allures de mystique mais au risque également de verser dans une forme de mystification lorsque la qualification de service public s'étend par exemple aux casinos.

529 Certains, relevant l'impossibilité de donner une définition du service public, se bornent à constater que les services publics existent et qu'il suffit de prendre acte de leur existence. Cette conception « existentialiste » du service public avait notamment été défendue par Bernard Chenot, vice-président du Conseil d'État (*EDCE* 1950, n° 4, p. 77). Mais une notion aussi peu structurée risquait alors de s'effriter dès l'instant où la primauté du droit communautaire conduisait, du moins en matière économique, à la passer au crible des exigences de clarification des missions particulières justifiant des financements publics et des dérogations aux règles de concurrence. Il est en tout cas impératif de tenter de cerner avec d'autant plus de rigueur les éléments organiques et matériels du service public.

A. Les éléments organiques du service public

530 Dans le langage journalistique, les « services publics » désignent fréquemment l'ensemble des administrations de l'État et des collectivités territoriales, ainsi que les établissements publics et toutes les entreprises publiques, voire également les organismes de Sécurité sociale. Cette approximation terminologique a cependant l'inconvénient de gommer le fait que, par exemple, toute entreprise publique n'a pas nécessairement une activité de service public, et qu'à l'inverse, certaines activités de service public sont exercées par des organismes privés. Il n'est de « service public » que si une activité d'intérêt général est assurée soit directement par l'État ou une collectivité publique, soit au moins contrôlée par ceux-ci et assumée indirectement par eux.

La première hypothèse, celle de l'exercice direct d'une activité de service public par une personne publique, est la plus fréquente. La majorité des services publics sont en effet directement assurés par l'État, les collectivités territoriales et leurs établissements publics. 531 ■

Cependant, un organisme privé peut assurer également une mission de service public, à condition qu'il existe un certain rattachement au moins indirect de cette activité à une personne publique. Il a toujours été admis, en effet, que l'État puisse déléguer certaines missions de service public à des personnes privées, physiques ou morales, à condition que ces services publics ne relèvent pas de fonctions de souveraineté, telles que le maintien de l'ordre ou l'activité de réglementation. Les concessions de service public, dont les premières formes sont apparues en France dès le XVe siècle, ont connu un essor considérable au XIXe siècle mais elles ne sont que l'une des formes de la gestion déléguée des services publics (v. ss 487 s.).

Il existe une telle diversité de formes d'association des personnes privées au service public qu'il n'est pas possible de dégager un critère unique, mais qu'il convient d'examiner les divers indices du rattachement de l'activité à une personne publique permettant de conclure que l'activité exercée l'est bien sous le contrôle direct ou indirect d'une collectivité publique. Il peut s'agir de la désignation par la personne publique de tout ou partie des dirigeants de l'organisme, du financement de l'activité par une personne publique ou d'une délégation de compétence expresse à l'organisme par une personne publique. Pour qu'il y ait rattachement indirect d'une activité à une personne publique permettant de procéder à la qualification de service public – à supposer que l'élément matériel de la notion soit également présent –, il convient donc que celle-ci puisse exercer un contrôle sur l'organisme privé. 532 ■

Ainsi, pour retenir la qualification de service public, le Conseil d'État a pris en compte, par exemple, le fait que les centres techniques industriels, établissements privés d'utilité publique, sont soumis à la tutelle du ministre, qui nomme les membres de leur conseil d'administration et contrôle leur activité par l'intermédiaire d'un commissaire du gouvernement doté d'un droit de veto suspensif (CE, sect., 28 juin 1963, *Narcy*, *RD publ.* 1963. 1186, note M. Waline). De même, une association culturelle exerce une activité de service public, dès lors que cette association a été créée par la ville, que son conseil d'administration comporte une majorité de conseillers municipaux et que ses recettes sont constituées pour plus de la moitié par les subventions octroyées par la ville (CE 20 juill. 1990, *Ville de Melun et association Melun-culture-loisirs*, *AJDA* 1990. 820, concl. M. Pochard).

Le contrôle de l'autorité publique se manifeste par l'octroi qu'elle fait à la personne privée de prérogatives de puissance publique. La présence de telles prérogatives n'est cependant plus une condition de la reconnaissance du service public. Une personne privée se voit donc reconnaître, en principe, l'attribution d'une mission de service public lorsqu'elle assure une mission d'intérêt général sous le contrôle de l'administration et qu'elle est dotée à cette fin de prérogatives de puissance publique. Toutefois, « même en l'absence de telles prérogatives, une personne privée doit également être regardée, dans le silence de la loi, comme assurant une mission de service public lorsque, eu égard à l'intérêt général de son activité, aux conditions de sa création, de son organisation ou de son fonctionnement, aux obligations qui lui sont imposées ainsi qu'aux mesures prises pour vérifier que les objectifs qui lui sont assignés sont atteints, il apparaît que l'administration a entendu lui confier une telle 533 ■

mission ». (CE, sect., 22 févr. 2007, *Assoc. du personnel relevant des établissements pour inadaptés (APREI)*, *JCP Adm.* 2007, n° 2066, concl. C. Vérot, *JCP Adm.* 2007, n° 2145, note Guglielmi et Koubi).

534 En l'absence de ces éléments organiques que sont l'exercice de l'activité par une personne publique ou, au moins, son rattachement indirect à une collectivité publique, il n'y a pas, en effet, de service public même si l'activité en question poursuit incontestablement une finalité d'intérêt général. C'est ainsi que certaines organisations non gouvernementales à caractère humanitaire, par exemple, ne seront pas considérées comme exerçant une mission de service public, malgré le caractère d'intérêt général de leurs activités, du fait qu'elles échappent à tout contrôle de l'autorité publique.

B. Les éléments matériels du service public

535 La définition du service public suppose la réunion, outre d'éléments organiques, d'éléments matériels, qui concernent le contenu même et le but de l'activité considérée, c'est-à-dire son caractère d'intérêt public.

536 Toute entité publique n'exerce pas nécessairement à tout moment des missions d'intérêt général. C'est ainsi que la jurisprudence ne retient pas la qualification d'activité de service public pour la gestion du domaine privé des personnes publiques, dès lors qu'elle apparaît avoir un objectif essentiellement financier (T. confl. 24 nov. 1894, *Loiseleur*, *Lebon* 631 ; CE 26 sept. 1986, *Épx Herbelin*, *Lebon* 221 ; T. confl. 18 juin 2001, *Lelaidier*, *Dr. adm.* 2001, n° 214 ; *contra* Civ. 2e, 29 avr. 1998, *D.* 2000. 232, note T. Schmitt).

537 Inversement, des entités privées peuvent exercer des missions d'intérêt général, qu'il s'agisse d'activités de formation, d'aide à l'insertion sociale, de collecte et de traitement des déchets ou encore d'animation culturelle. Les activités d'une association chargée de la gestion d'un centre de loisirs peuvent ainsi être qualifiées de service public « alors même que l'exercice de ses missions ne comporterait pas l'exercice de prérogatives de puissance publique », dès lors qu'il existe cependant un certain contrôle exercé par l'autorité publique (CE 20 juill. 1990, *Ville de Melun* préc. ; CE 22 juill. 1994, *Office municipal d'aménagement et de gestion d'Allauch*, *Lebon* 951).

538 La diversité de ces activités d'intérêt général est d'autant plus importante que sont apparus depuis très longtemps, à côté des services publics traditionnels, des services publics culturels et de loisirs, ainsi que des services publics à caractère économique et financier.

539 Il n'a jamais été contesté que des missions telles que celles de la justice, de la défense nationale, du maintien de l'ordre, de l'éducation, de la formation professionnelle et de la santé publique revêtent un caractère de service public. Certains juristes de « l'école du service public » tendaient même à considérer qu'il s'agissait là des seuls véritables services publics ou encore des services publics par nature.

Il ne s'agit donc pas seulement des services publics régaliens mais aussi de certaines fonctions d'éducation et d'assistance sociale, longtemps assurées par l'Église, mais qu'il est apparu nécessaire, dès le XIXe siècle, de faire prendre en charge par l'État et les collectivités publiques, dans un cadre laïque.

Pour ancienne qu'elle soit, cette catégorie de services publics, considérés comme tels « par nature » par le juge administratif, continue à s'étendre et à s'enrichir avec l'évolution des besoins sociaux et des progrès technologiques. Il a ainsi été jugé que « la mise à disposition et la diffusion de textes, décisions et documents juridiques [...] dans des conditions adaptées à l'état des techniques, s'appliquant, sans exclusive ni distinction, à l'ensemble de ces textes, décisions et documents – et notamment de ceux dont la diffusion ne serait pas économiquement viable – et répondant aux exigences d'égalité d'accès, de neutralité et d'objectivité découlant du caractère de ces textes, constitue, par nature, une mission de service public au bon accomplissement de laquelle il appartient à l'État de veiller. » (CE 17 déc. 1997, *Ordre des avocats à la Cour de Paris, AJDA* 1998. 362, concl. Combrexelle ; dès lors que le décret organisant le « service public des bases de données juridiques [...] ne fait pas obstacle à la création et à la diffusion, à des fins commerciales, de bases de données juridiques », qui seraient créées par ailleurs, il ne porte pas atteinte, par ailleurs, à la liberté du commerce et de l'industrie ; v. ss 541).

Au début du XXe siècle encore, un juriste aussi éminent que Maurice Hauriou développait l'idée que les représentations données dans les théâtres publics ne pouvaient pas relever d'une activité de service public, dès lors que le théâtre avait pour effet, selon lui, « d'exalter l'imagination, d'habituer les esprits à une vie factice et fictive, au grand détriment de la vie sérieuse, et d'exciter les passions de l'amour, lesquelles sont aussi dangereuses que celles du jeu et de l'intempérance » (note sous CE 7 avr. 1916, *Astruc et Sté du Théâtre des Champs-Élysées, S.* 1916. 3. 41). Ces lignes ont essentiellement l'intérêt de montrer le caractère contingent, selon l'époque, des caractères intrinsèques de ce qui permet d'identifier la notion d'intérêt général. 540 ■

Des spectacles de théâtre (CE 27 juill. 1923, *Gheusi, RD publ.* 1923. 560, concl. Mazerat, à propos de l'Opéra-Comique de Paris), de cinéma (CE, sect., 12 juin 1959, *Synd. des exploitants de cinématographe de l'Oranie, AJDA* 1960. 86, concl. Mayras), de sports (v. la jurisprudence citée n° 106), ou encore de feux d'artifice (CE 22 nov. 1946, *Cne de Saint-Priest-La-Plaine, D.* 1947. 375) ont été qualifiés depuis lors de services publics, lorsqu'ils sont organisés par des collectivités publiques ou même par des organismes privés placés sous un certain contrôle des collectivités publiques. Il en va de même, par exemple, de l'organisation des courses de chevaux (CE 12 oct. 2018, *M. Boutin et Sté d'entraînement Mathieu Boutin, AJDA* 2018. 2338, concl. G. Odinet).

La question a été posée de la légitimité de la création de services commerciaux par des collectivités publiques, dès lors que ceux-ci sont susceptibles de concurrencer des activités privées et de heurter, ce faisant, le principe de la liberté du commerce et de l'industrie. Le Conseil d'État en a cependant admis la possibilité dès un arrêt de 1901 (CE 29 mars 1901, *Casanova, Lebon* 333) dans l'hypothèse de « circonstances exceptionnelles », cette condition étant remplacée dès 1930 par la simple exigence de « circonstances particulières de temps et de lieu » (CE 30 mai 1930, *Chambre syndicale du commerce en détail de Nevers, GAJA*, n° 41), faisant apparaître une certaine carence de l'initiative privée. 541 ■

Le Conseil d'État a encore assoupli cette condition en admettant la création d'un service public de loisirs en présence d'une carence « qualitative » de l'*initiative privée* (CE 12 juin 1959, *Synd. des exploitants de cinématographe de l'Oranie, AJ* 1960. II. 85, concl. Mayras). Si le principe demeure que « les entreprises ayant un caractère commercial restent en règle générale réservées à l'initiative privée », une commune peut créer, par exemple, une épicerie-bar-restaurant, même s'il existe déjà un café-hôtel-restaurant, dès lors que ce dernier est considéré comme mal tenu (CE 25 juill. 1986, *Cne de Mercœur*, *Dr. adm.* 1986, n° 489).

Une certaine inflexion restrictive de la jurisprudence semble cependant s'être développée plus récemment. Il a ainsi été précisé tout d'abord que les interventions économiques des collectivités publiques ne sont possibles « que si un intérêt public le justifie et dans le respect du principe de liberté du commerce et de l'industrie » (CE 23 mai 2003, *Cté de cnes Artois-Lys*, *Lebon* 234, *Dr. adm.* 2003, n° 208, note M. Lombard), étant précisé que la carence de l'initiative privée peut être un révélateur de l'existence d'un intérêt public (CE 3 mars 2010, *Dpt de la Corrèze*, *AJDA* 2010. 957, concl. N. Boulouis, *JCP A* 2010. 2203, note P. Idoux). Le Conseil d'État a, dans sa formation la plus solennelle, ajouté que cette prise en charge d'une activité économique, qui ne peut se faire que dans le respect tant de la liberté du commerce et de l'industrie que du droit de la concurrence, suppose que les collectivités « doivent, non seulement agir dans la limite de leurs compétences, mais également justifier d'un intérêt public, lequel peut résulter notamment de la carence de l'initiative privée ». En outre, une telle intervention « ne doit pas se réaliser suivant des modalités telles qu'en raison de la situation particulière dans laquelle se trouverait cette personne publique par rapport aux autres opérateurs agissant sur le même marché, elle fausserait le libre jeu de la concurrence sur celui-ci » (CE, ass., 31 mai 2006, *Ordre des avocats au barreau de Paris*, *RFDA* 2006. 1048, concl. D. Casas, *AJDA* 2006. 1592, chron. C. Landais et F. Lenica, *Dr. adm.* 2006, n° 129, note M. Bazex).

542 Il existe des cas où cette condition de carence de l'initiative privée ne s'applique pas. C'est ainsi qu'il a été admis qu'une personne publique pouvait assurer elle-même une activité commerciale pour répondre à ses propres besoins (CE 29 avr. 1970, *Sté Unipain*, *Lebon* 280, pour une boulangerie militaire approvisionnant un établissement pénitentiaire), la même solution étant applicable à une activité de conseil juridique développée par l'État pour veiller au respect du principe de légalité, dans la mesure où cette activité s'opère totalement hors marché (CE, ass., 31 mai 2006, *Ordre des avocats au barreau de Paris, préc.)*. L'administration peut également exercer des activités commerciales si elles constituent « le prolongement normal d'une activité d'un service public » (CE, ass., 27 févr. 1942, *Mollet*, *Lebon* 64, à propos de la création de la cité universitaire de Paris qui fournit des logements aux étudiants) ou un « complément utile » aux services municipaux existants (CE 23 mai 2003, *Cté de cnes Artois-Lys*, *Dr. adm.* 2003, n° 208, *RFDA* 2003. 304, note B. Faure, pour la création d'un service facultatif de réhabilitation des installations privatives d'assainissement). Il a été aussi rappelé que l'administration peut exercer toute activité considérée comme étant de nature administrative par nature (CE 17 déc. 1997, *Ordre des avocats à la Cour de Paris*, *AJDA* 1998. 362, concl. Combrexelle et p. 369 note B. Nouël, pour un service de base de données juridiques, lequel constitue « par nature une mission de service public »). Une collectivité publique peut enfin fournir des services à une autre collectivité publique, sous réserve de respecter les procédures de mise en concurrence. Il est en effet aujourd'hui admis que « le principe de la liberté du commerce et de l'industrie ne fait pas obstacle, par lui-même, à ce qu'un établissement public se porte candidat à l'obtention d'une délégation de service public proposée par une collectivité territoriale » (CE 16 oct. 2000, *Compagnie méditerranéenne d'exploitation des services d'eau*, *RFDA* 2001. 106, concl. C. Bergeal). Une personne publique peut de même être candidate pour l'attribution d'un marché public à conclure avec une autre personne publique, même si la présence d'autres candidats démontre par elle-même qu'il n'y a pas carence à l'initiative privée (CE, sect., avis cont., 8 nov. 2000, *Sté Jean-Louis Bernard Consultants, CJEG* 2001. 58, note M. Degoffe et J.-D. Dreyfuss). Alors que la jurisprudence semblait être en partie revenue à une conception plus restrictive de l'intervention économique publique, le Conseil d'État a pu estimer que « la simple candidature d'une personne publique, dans le respect des règles de la concurrence, à l'attribution d'un marché public, n'est pas subordonnée à une carence de l'initiative privée ni [...] à l'existence d'un intérêt public », au motif qu'il ne s'agit pas de la prise en charge d'une activité économique (CE 10 juill. 2009, *Dépt de l'Aisne, BJCP* 2009, no 67, p. 444, concl. F. Lenica ; *RFDA* 2010. 146, note G. Clamour).

Ainsi que le soulignait le commissaire du gouvernement, « le droit de l'intervention économique publique, qui reposait sur un principe de non-concurrence entre les activités publiques et privées, cherche désormais un nouveau fondement dans le principe d'égale concurrence entre les opérateurs économiques intervenant sur un marché, quel que soit leur statut public ou privé » (conclusions sur CE, avis, 8 nov. 2000, *Sté Jean-Louis Bernard Consultants, RFDA* 2001. 113). Ces activités ne peuvent être exercées en effet que dans le respect d'un principe d'égalité des conditions de concurrence entre personnes publiques et personnes privées, qui suppose en particulier de vérifier que le prix proposé par la personne publique tient compte de l'ensemble de ses coûts. Les avantages et subventions dont celle-ci bénéficie au titre de ses missions de service public ne doivent pas fausser les conditions de la concurrence au profit de ses activités commerciales.

Cette évolution de la jurisprudence administrative traduit la prise en compte par le Conseil d'État des exigences du droit communautaire.

§ 2 L'influence du droit de l'Union européenne

L'influence exercée par le droit communautaire sur le devenir des services publics a été perçue de façon d'autant plus critique que le projet européen a été dès l'abord et reste aujourd'hui encore de nature essentiellement économique, un marché commun puis unique devant être bâti autour de la consécration de grandes libertés économiques, notamment de la libre prestation des services. C'est ainsi que le Conseil d'État soulignait, il y a plus de vingt ans, que « l'Europe n'instruit pas le procès du ou des service(s) public(s) ; elle fait pire ; elle ignore largement la notion de service public et l'existence de services publics » (« Service public, services publics : déclin ou renouveau », *EDCE* 1994, n° 46, p. 38). Il était observé en ce sens que l'expression même de « service public » n'apparaît dans le traité de Rome qu'à propos de la politique commune des transports, cet article prévoyant que « sont compatibles avec le présent traité les aides [...] qui correspondent au remboursement de certaines servitudes inhérentes à la notion de service public ». Le Conseil d'État relevait aussi que l'article 106 du TFUE (ex-86 TCE) fait de la concurrence le principe et des services d'intérêt économique général l'exception pouvant justifier un régime dérogatoire. Cet article prévoit en effet le principe de l'application des règles de concurrence même aux entreprises chargées de la gestion de « services d'intérêt économique général ». Il ne peut y être dérogé que si l'application de ces règles fait échec à l'accomplissement en droit ou en fait de la mission particulière qui leur a été impartie. 543

544 Le traité d'Amsterdam a cependant ajouté en 1997 aux traités un article devenu aujourd'hui l'article 14 du TFUE, faisant expressément référence « à la place qu'occupent les services d'intérêt économique général parmi les valeurs communes de l'Union ainsi qu'au rôle qu'ils jouent dans la promotion de la cohésion sociale et territoriale de l'Union ». Cet article dispose que « l'Union et ses États membres, chacun dans les limites de leurs compétences respectives, veillent à ce que ces services fonctionnent sur la base de principes et dans des conditions qui leur permettent d'accomplir leurs missions ». Sans avoir d'effet direct compte tenu de son caractère très général, cet article a au moins une valeur symbolique quant à l'importance reconnue aux services d'intérêt économique général. Même si les notions de service d'intérêt général et de service public ne s'identifient pas exactement l'une à l'autre, il semble que le débat français sur la remise en cause du service public par le droit communautaire ait vocation à s'apaiser (P. Cassia, « Service public français et droit communautaire », *LPA* 2002, n° 133, p. 4 ; Y. Gaudemet, « Le service public à l'épreuve de l'Europe : vrais et faux procès », in *Mélanges B. Jeanneau*, Dalloz, 2002, p. 473).

Le traité de Lisbonne a en effet permis d'accentuer la reconnaissance des services d'intérêt général au sein de l'ordre juridique communautaire. D'une part, l'art. 36 de la Charte des droits fondamentaux de l'Union européenne, proclamée au Conseil européen de Nice le 7 décembre 2000, ayant désormais même valeur que les traités, son article 36, qui dispose que l'Union reconnaît et respecte l'accès aux services d'intérêt économique général pour promouvoir sa cohésion sociale et territoriale, permet d'assurer une protection au moins indirecte aux services publics. D'autre part, le Protocole 9, annexé au Traité, reconnaît tout à la fois la disparité de l'organisation des services d'intérêt général qui peut exister sur le territoire de l'Union, et « le rôle essentiel et la grande marge de manœuvre » des États pour fournir, exercer et faire exécuter les services d'intérêt général. L'ajout, à l'art. 14 du TFUE (ex-14 TCE), de la compétence du Parlement et du Conseil pour élaborer un cadre général des principes et conditions dans lesquelles les services d'intérêt économique général peuvent exercer leurs compétences semble, en revanche, ne pas devoir être suivie d'effets, du moins à brève échéance.

545 L'interprétation donnée par la Cour de justice de l'Union européenne à l'article 106 du TFUE doit trouver un point d'équilibre entre les règles de concurrence et la nécessité de préserver l'équilibre économique des services d'intérêt général. Tout en obligeant à dissocier les notions de service public et de monopole, du moins en matière économique, elle conduit surtout les États à devoir clarifier le contenu des missions de service public qui permettent seules d'écarter l'application des règles de concurrence, lorsqu'il est véritablement démontré que cela est nécessaire.

A. Une remise en cause des monopoles publics

546 L'édification du marché intérieur en Europe s'est traduite pour la France depuis une vingtaine d'années par des bouleversements majeurs de l'organisation des grands services publics en matière économique, tels que la poste, les télécommunications, l'électricité et le gaz, les transports aériens et ferroviaires. Le processus de démantèlement des monopoles publics est aujourd'hui achevé en certains secteurs (communications électroniques, énergie, transports aériens) et commence seulement à produire ses effets en d'autres (poste, transport ferroviaire). La mise en œuvre des dispositions de l'article 90 du traité (aujourd'hui article 106 du TFUE), combinées

avec d'autres dispositions de celui-ci, a permis à la Commission de faire pression en ce sens sur les États, avec l'aval de la Cour de justice des Communautés européennes (CJCE 19 mars 1991, *République française c/ Commission*, aff. C-202/88, *Rec. CJCE* I-1223 ; CJCE 10 déc. 1991, *Port de Gênes*, aff. C-179/90, *Rec. CJCE* I-5889).

Cette évolution a été perçue en France comme une remise en cause du « *service public à la française* ». En effet, ainsi que le relevait le rapport remis au Premier ministre par le vice-président du Conseil d'État, R. Denoix de Saint-Marc, « l'expression (de "service public à la française") désigne des modalités d'organisation : celles qui consistent à confier l'exécution des services publics en réseaux à des monopoles publics, le plus souvent nationaux, dont les salariés bénéficient d'un statut particulier » (*Le service public*, Doc. fr., 1996, p. 21). Il soulignait aussi que, « sans que la démarche communautaire et la démarche française soient incompatibles, le cadre juridique communautaire peut entrer en conflit avec l'organisation présente du service public en France, surtout celle des réseaux nationaux » (*ibid.*, p. 41). Il notait cependant que cette forme d'organisation du service public n'est qu'un produit de l'histoire et qu'elle n'est pas intrinsèquement liée à la notion même de service public.

La remise en cause des monopoles conférés par l'État à certaines entités publiques ne devrait pas se traduire par la négation du service public lui-même, sauf à ce que la péréquation tarifaire permise par le monopole disparaisse avec celui-ci. Il en résulterait alors un risque de remise en cause du « modèle républicain des services publics », caractérisé par l'égalité devant le service public sur tout le territoire.

Il a toujours existé en France, à côté du modèle d'organisation des services publics nationaux sous forme d'entreprises publiques dotées de monopoles publics et dont le personnel bénéficie d'un statut particulier, un autre modèle d'organisation pour les services publics locaux. Celui-ci se caractérise à l'inverse par un recours très large aux concessions et affermages, avec des remises en concurrence périodiques, notamment en matière d'eau, d'assainissement et de traitement des déchets. Cette forme de gestion déléguée des services publics après appel à concurrence apparaît comme « le deuxième modèle français » en matière de services publics (commissariat général du Plan, *Services publics – question d'avenir*, éd. Odile Jacob, Doc. fr., 1995, p. 77). L'influence du droit communautaire ne conduit donc pas ici à des bouleversements mais seulement à des clarifications. 547 ■

B. Une exigence de clarification des missions de service public

L'article 106 du TFUE ne concerne que les *services d'intérêt économique général*[Q], pour les soumettre aux règles de concurrence mais préciser aussi que l'application de celles-ci ne saurait faire échec à l'accomplissement en droit ou en fait de leur mission particulière, ainsi qu'il a été rappelé. 548 ■

Les communications publiées par la Commission européenne en 1996 puis en 2000 sur les services d'intérêt général en Europe, puis les livres vert de 2003 et blanc de 2004, définissent ceux-ci comme les « activités de services, [...] considérées d'intérêt général par les autorités publiques et soumises pour cette raison à des obligations de service public ». Celles-ci peuvent avoir un caractère collectif, tenant par exemple à la protection de l'environnement, ou correspondre à des prestations individualisables, à travers, en particulier, la notion de service universel.

En revanche, les entités qui, en raison de l'activité qui est la leur, ne peuvent dans leur globalité être qualifiées d'entreprise et ainsi de service à caractère économique, ne sont pas soumises au droit de la concurrence, même lorsqu'elles procèdent à l'achat de biens et de services (CJCE 11 juill. 2006, aff. C-205/03P, *Fenin, JCP Adm.* 2006, n° 1300, chron. O. Dubos).

549 La notion de *service universel*[Q] implique que soit assuré partout et pour tous un service de qualité prédéfinie à un prix abordable. Les textes communautaires rendent l'organisation d'un tel service universel obligatoire pour les États en matière postale, de communications électroniques et d'électricité. Si cette notion est souvent perçue en France comme un service public minimum, ou comme n'étant que ce qui reste du service public après la vague de libéralisation des secteurs autrefois organisés sous forme de monopole, la Commission européenne soulignait dans les communications précitées que le service universel obéit non seulement aux principes d'égalité et de continuité mais aussi à celui d'adaptation, et qu'il pourrait être appelé à s'étendre à des domaines nouveaux, par exemple ceux de la téléphonie mobile ou de l'Internet à haut débit. Il reste qu'il n'a guère été réellement étendu dans le domaine des télécommunications, par exemple, depuis qu'il a été organisé par les premiers textes. Des obligations de service public allant au-delà du service universel peuvent cependant être instituées par un État s'il l'estime nécessaire.

550 Des restrictions à la concurrence peuvent être imposées par un État pour assurer l'équilibre économique d'un service d'intérêt général mais à condition que soient clairement définies les obligations de service public assumées par l'autorité en charge de ce service et qu'il soit démontré que l'accomplissement de ces missions justifie de telles dérogations aux règles de concurrence (CJCE 19 mai 1993, *Paul Corbeau, Rec. CJCE* I-2563, pour le service postal). L'obligation de fourniture d'énergie électrique sur tout le territoire concédé, à tout moment et à des conditions égales pour tous caractérise ainsi un service d'intérêt économique général et des restrictions à la concurrence sont possibles si elles sont nécessaires pour permettre à l'entreprise d'assurer cette mission, compte tenu « des coûts qu'elle doit supporter et des réglementations, particulièrement en matière d'environnement, auxquelles elle est soumise » (CJCE 27 avr. 1994, *Cne d'Almelo, Rec. CJCE* I-1508).

L'entité chargée d'assurer le service d'intérêt général pourra donc, si cela apparaît nécessaire pour lui permettre d'assumer ses obligations, bénéficier de certains droits spéciaux et exclusifs afin que soit assuré l'équilibre économique d'ensemble du service. Ceci suppose cependant que soit défini avec précision le contenu des missions d'intérêt général, sans quoi il ne serait pas possible d'établir la nécessité d'une dérogation aux règles de concurrence pour faire face aux obligations de service public que comportent ces missions.

551 À partir du moment où il n'existe plus de monopole, qui permettait que les services rentables financent les services non rentables, la question du financement public de ces services devient primordiale. Elle est cependant très délicate dès lors précisément que ces services d'intérêt économique général s'inscrivent dorénavant dans un environnement concurrentiel. Les subventions publiques et les autres avantages financiers accordés aux entités en charge d'un service public doivent-ils être considérés comme des « aides d'État » au sens des articles 107 et 108 du TFUE, ce qui impliquerait une procédure d'examen par la Commission européenne ? La jurisprudence de la Cour de justice des communautés européennes admet certes que ces financements publics sont compatibles avec le traité à condition qu'ils ne soient que

la compensation des surcoûts liés aux charges de service public. Cependant l'arrêt de la CJCE du 24 juillet 2003, *Altmark Trans GmbH* (aff. C-280/00) précise qu'une compensation financière destinée à permettre à l'entité qui en bénéficie d'exécuter ses obligations de service public n'échappe à la qualification d'« aide d'État » que si quatre conditions sont remplies :

– l'entité bénéficiaire doit être chargée de l'exécution d'obligations de service public clairement définies ;

– les paramètres sur la base desquels est calculée la compensation doivent être préalablement établis de façon objective et transparente ;

– la compensation ne doit pas dépasser ce qui est nécessaire pour couvrir les surcoûts occasionnés par l'exécution des obligations de service public ;

– enfin, quand l'entité en charge de ce service n'est pas choisie selon une procédure d'appel d'offres, le niveau de compensation doit être déterminé par comparaison avec les coûts qu'une « entreprise moyenne », adéquatement équipée et bien gérée, aurait à supporter.

Cette dernière condition est en réalité drastique et permettra à la Commission européenne d'exercer un large droit de regard en la matière, sauf à ce que les États décident de recourir à une procédure d'appel d'offres pour le choix de l'entité en charge d'un service public.

Quant au montant de la compensation, il a été précisé que la charge de la preuve de son caractère excessif pèse sur le requérant, mais que, dans le cas où cette preuve serait excessivement difficile à apporter, le juge est tenu d'avoir recours à tous les moyens procéduraux mis à sa disposition par le droit national, au nombre desquels figure celui d'ordonner les mesures d'instruction nécessaires (CJCE 7 sept. 2006, aff. C-526/04, *Laboratoires Boiron SA*, *AJDA* 2006. 2280, chron. E. Broussy, F. Donnat et C. Lambert ; *RFDA* 2007. 410, chron. P. Cassia).

Ces critères sont appliqués par le juge administratif, qui procède à l'annulation d'une délégation de service public dans laquelle les montants des subventions accordées, qualifiées de compensations d'obligations de service public, n'ont pas été préalablement évalués selon des paramètres objectifs et transparents (TA Montpellier, 30 sept. 2005, *Assoc. Contribuables de l'Hérault, Mme Petitout*, *AJDA* 2006. 1346, note S. Nicinski).

La généralisation du recours à des procédures de marché même pour la gestion de services publics, du moins lorsqu'ils ont un caractère économique, est sans doute ce qui caractérise aujourd'hui et pour les prochaines années l'influence exercée, à travers l'application du régime des aides d'État, par le droit communautaire. Cela peut expliquer la persistance des défiances à l'égard des effets de la construction communautaire sur les services publics, après une période d'apaisement dans la seconde moitié des années 1990 et alors que le démantèlement des monopoles publics pour les services en réseaux se poursuit.

section 2

Les différentes catégories de services publics

552 La jurisprudence constitutionnelle conduit aujourd'hui à distinguer entre les services publics constitutionnels et les autres services publics (§1), au-delà de la distinction plus classique entre services publics administratifs et services publics industriels et commerciaux (§2).

§ 1 *Services publics constitutionnels* et autres services publics

553 Le Préambule de la Constitution de 1958 renvoie au Préambule de la Constitution de 1946, dont le neuvième alinéa prévoit que les entreprises dont l'exploitation a le caractère d'un « service public national » doivent devenir la propriété de la collectivité, ce dont on peut déduire qu'elles doivent *a fortiori* le rester, si elles le sont déjà. Le Conseil constitutionnel a fait une distinction entre les services publics dont l'existence s'impose au législateur et les autres services publics, dont la création mais aussi la suppression peuvent être décidées sans méconnaître aucune disposition constitutionnelle. Il résulte de son analyse que la notion de « service public national », telle qu'elle est visée par le neuvième alinéa du Préambule de la Constitution de 1946, et celle de service public constitutionnel ne se recouvrent pas. En effet, s'il existe des services publics nationaux dont « la nécessité [...] découle de principes ou de règles de valeur constitutionnelle », en revanche, « la détermination des autres activités qui doivent être érigées en service public national est laissée à l'appréciation du législateur ou de l'autorité réglementaire selon les cas » (Cons. const. 26 juin 1986, n° 86-207 DC, *Loi de privatisation*, *GDCC*, n° 18). Le Conseil constitutionnel a relevé que, dès lors que le législateur confère à une entreprise telle France Télécom la qualité de « service public national », il est cohérent de prévoir que l'État restera actionnaire majoritaire de cette entreprise (Cons. const. 23 juill. 1996, n° 96-380 DC). Il ne s'agit là, cependant, que « d'une précision tautologique » qui impose simplement au législateur, s'il entend privatiser l'entreprise, de « s'assurer qu'il l'a effectivement privée ce faisant des caractéristiques d'un service public national » (O. Schrameck, *AJDA* 1996. 614). C'est ce qu'a entendu faire la loi du 31 décembre 2003 autorisant la privatisation de France Télécom dans la mesure où celle-ci n'est plus en charge de plein droit des missions de service public en ce domaine. Le Conseil constitutionnel a eu l'occasion de réitérer ce raisonnement circulaire à propos du service public de l'énergie, rappelant que « le fait qu'une activité ait été érigée en service public national sans que la Constitution l'ait exigé ne fait pas obstacle au transfert au secteur privé de l'entreprise qui en est chargée », mais que « ce transfert suppose que le législateur prive ladite entreprise des caractéristiques qui en faisaient un service public national » (Cons. const. 30 nov. 2006, n° 2006-543 DC, *Loi relative au secteur de l'énergie*, *JCP Adm.* 2007, n° 2014, note G. Drago ; *AJDA* 2007. 473, note G. Marcou ; *GDCC*, n° 19).

Le Conseil d'État a adopté une conception plus restrictive encore du service public national, en refusant cette qualité à l'exploitation des autoroutes, au motif que les concessions qui sont attribuées aux sociétés autoroutières n'ont pas un caractère national (CE, sect., 27 sept. 2006, *Bayrou, Dr. adm.* 2006, n° 169, note E. Glaser ; *AJDA* 2006. 1603, note G. Quiot). On peut dès lors s'interroger sur l'intérêt d'une telle notion : à suivre le Conseil d'État, l'éducation ou le service public de la santé publique, gérés par une multitude d'établissements locaux, ne peuvent être qualifiés de service public national.

Si le Conseil constitutionnel a consacré le principe de l'existence de « services publics constitutionnels » qui s'imposent aux pouvoirs publics, sauf révision éventuelle de la Constitution, il n'en a pas défini précisément la nature et encore moins la liste. S'agissant ici d'interpréter des dispositions constitutionnelles, le Conseil constitutionnel devra préciser la véritable portée de la distinction entre services publics constitutionnels et autres services publics, ce qu'il n'a fait jusqu'ici que de façon négative en déniant cette qualité aux activités exercées par les entreprises visées par les diverses lois de privatisation intervenues à ce jour. 554 ■

À la lecture de la Constitution et en particulier du Préambule de 1946, il est cependant possible de considérer que pourraient être identifiés comme tels les services qui sont directement liés à la défense nationale, la justice, l'enseignement public à tous les degrés et le service public de la santé. Les entités en charge des services publics institués en ces matières ne pourraient donc être transférées au secteur privé.

Alors que l'existence même de ces services publics est implicitement consacrée par la Constitution, le champ du service public peut en revanche varier en tout autre domaine selon les besoins de l'époque et les choix des pouvoirs publics. 555 ■

Cette distinction ne fait que lointainement écho aux débats de doctrine opposant la thèse selon laquelle il est des services publics « par nature », dont l'existence est indispensable à la réalisation de l'interdépendance sociale et s'impose donc au gouvernement, et la conception dite « objective » du service public de Gaston Jeze, selon laquelle « sont uniquement services publics les besoins d'intérêt général que les gouvernants d'un pays donné, à une époque donnée, ont décidé de satisfaire par le procédé du service public ».

§ 2 Services publics administratifs et services publics industriels et commerciaux

S'il n'a jamais été contesté que l'administration puisse recourir à la gestion privée pour certains aspects des activités des services publics, l'idée que des services entiers puissent fonctionner sous le régime de la gestion privée a été perçue par une large partie de la doctrine de la première moitié du XXe siècle comme traduisant une « crise » du service public. 556 ■

Telle est pourtant la solution qu'a consacrée le Tribunal des conflits dans le fameux arrêt du 22 janvier 1921, *Sté commerciale de l'Ouest africain* (*GAJA*, n° 35), arrêt dit « du bac d'Eloka ». La colonie de la Côte d'Ivoire exploitait en effet le bac d'Eloka sur une lagune. Le bac coula brusquement, entraînant par le fond les automobiles qu'il transportait. Le Tribunal des conflits fut donc conduit à désigner la juridiction compétente pour connaître du litige qui en est résulté. Jugeant que « la colonie de la Côte d'Ivoire exploite un service de transport dans les mêmes conditions qu'un industriel ordinaire », le Tribunal des conflits décidait qu'il appartenait à la juridiction judiciaire de connaître des conséquences dommageables de l'accident, dès lors que le fonctionnement de ce service à caractère industriel et commercial était soumis au droit privé.

557 La distinction entre services publics administratifs et services publics industriels et commerciaux, ainsi consacrée par cet arrêt, n'obéit pas cependant aujourd'hui à un critère simple, qui la rendrait facile à manier concrètement.

La jurisprudence du Conseil d'État (CE, ass., 16 nov. 1956, *Union syndicale des industries aéronautiques, D.* 1956. 759, concl. Laurent) oblige à recourir à un faisceau d'indices pour distinguer un service public industriel et commercial d'un service public administratif.

Ces indices peuvent être tirés de l'objet du service, de l'origine de ses ressources et des modalités de son organisation et de son fonctionnement.

Si le service est essentiellement financé par les usagers et a un objet et des modalités de fonctionnement comparables à l'activité que pourrait exercer une entreprise privée, il sera qualifié de service public industriel et commercial (tel est le cas des services rendus par EDF, la SNCF, mais aussi les sociétés chargées de la distribution d'eau, ou encore les aéroports lorsqu'ils exploitent des parcs de stationnement ou rendent des services d'assistance aux compagnies aériennes).

Le maniement de ces indices est variable selon les services en cause. La jurisprudence estime ainsi que certains d'entre eux sont « en principe », de par leur objet, industriels et commerciaux (service de distribution de l'eau, en particulier), quand bien même ils seraient gérés directement par une personne publique et structurellement déficitaires, pour autant que des redevances proportionnelles à l'usage du service restent perçues sur les usagers (T. confl. 21 mars 2005, *Mme Albert-Scott, RFDA* 2005. 119, note J.-F. Lachaume).

558 La portée de la distinction est importante. Alors que les services publics administratifs sont soumis au droit public, les relations des services publics industriels et commerciaux avec les usagers, le personnel et les fournisseurs sont régies par le droit privé. Le juge administratif est cependant compétent si, au cours d'un litige, se pose la question de la légalité du règlement d'organisation d'un service public même s'il a un caractère industriel ou commercial. C'est ainsi que, saisi d'une question préjudicielle relative à la légalité des dispositions réglementaires d'un cahier des charges relatif à une concession du service de distribution d'eau, le Conseil d'État a eu l'occasion de préciser que la prohibition des clauses abusives, prévue à l'article L. 132-1 du Code de la consommation, s'applique aux services publics industriels et commerciaux ; il a été jugé qu'une clause d'exonération de responsabilité au profit du distributeur d'eau n'apparaît pas justifiée par les caractéristiques particulières de ce service public et qu'elle est donc illégale car abusive au sens de ces dispositions du Code de la consommation (CE 11 juill. 2001, *Sté des eaux du Nord, CJEG* 2001. 496, concl. C. Bergeal ; *RD publ.* 2001. 1495, note G. Eckert).

559 La jurisprudence *Naliato* (T. confl. 11 janv. 1955, *RD publ.* 1955. 716, note M. Waline) avait permis de croire, un moment, qu'il existait une troisième catégorie de services publics dits « sociaux », régit également pour une large part par le droit privé, compte tenu de leur ressemblance avec les activités de certains organismes privés. Cette jurisprudence a cependant été abandonnée dès 1983 et n'a plus qu'un intérêt historique (T. confl. 4 juill. 1983, *Gambini*, *Lebon* 540). Cette catégorie réapparaît cependant sous la forme des « services sociaux d'intérêt général » dont la spécificité est désormais reconnue par les institutions de l'Union européenne, notamment par une communication de la Commission qui leur a été consacrée en avril 2006, sans toutefois qu'une assimilation soit possible avec la notion issue de la jurisprudence *Naliato*.

section 3

Les principes de fonctionnement des services publics

Les principes souvent qualifiés de « lois du service public », systématisés par le professeur Louis Rolland dans la première moitié du XXe siècle, s'appliquent à tous les services publics, quelle que soit leur nature. Sans doute les règles de fonctionnement des services publics ne se réduisent-elles pas à la trilogie des principes de continuité, d'égalité et de mutabilité du service public, mais ceux-ci en constituent le cœur. **560 ■**

D'autres règles, tels le principe de neutralité et celui de laïcité du service public, apparaissent pour une part comme des corollaires du principe d'égalité devant le service public, en particulier dans le domaine de l'enseignement.

Bien qu'inscrit dans la Constitution, le principe de laïcité est issu, pour l'essentiel, de la loi du 9 décembre 1905 concernant la séparation des églises et de l'État. Ce texte vise à concilier l'affirmation de la liberté de conscience et la garantie de la neutralité des agents publics et des services publics à l'égard des cultes. Cette double finalité amène l'administration à opérer de ce principe une application nuancée, sous le contrôle du juge. Le Conseil d'État a ainsi été récemment amené à considérer que l'installation d'une crèche de Noël dans un emplacement public, à titre temporaire, n'est légalement possible que lorsqu'elle présente un caractère culturel, artistique ou festif, sans exprimer la reconnaissance d'un culte ou marquer une préférence religieuse, condition qui doit s'apprécier en fonction de chaque contexte local (CE, ass., 9 nov. 2016, *Fédération départementale des libres penseurs de la Seine-et-Marne*, *RFDA* 2017. 127, note J. Morange).

La gratuité n'est pas une loi fondamentale du service public, ainsi que le démontre l'existence même des services publics industriels et commerciaux financés pour une large part, par nature même, par les usagers. Il n'existe pas non plus un principe général du droit imposant la gratuité des services publics administratifs (CE, ass., 10 juill. 1996, *Sté Direct Mail Promotion*, *AJDA* 1997. 189). **561 ■**

Toutefois, les usagers doivent pouvoir bénéficier gratuitement des prestations d'un service public obligatoire, tels les services de secours, de lutte contre l'incendie ou de contrôle dans l'intérêt de la santé publique, à la seule exception du « remboursement des frais exposés pour les prestations particulières qui ne relèvent pas de la nécessité publique » (CE 5 déc. 1984, *Ville de Versailles, RFDA* 1985. 522, note Prétot).

562 Pas plus qu'il n'existe un principe de gratuité du service public, le droit français du service public ne consacre l'existence d'un droit au service public (D. Truchet, « Unité et diversité des "grands principes" du service public », *AJDA* n° spécial juin 1997, p. 41). Les autorités compétentes au sein de la collectivité publique concernée sont libres d'instituer un service public et le sont aussi d'y mettre fin, en vertu d'une jurisprudence constante, sauf si une disposition législative impose sa création ou son maintien (CE, sect., 27 janv. 1961, *Vannier, Lebon* 60, concl. Kahn ; *AJDA* 1961. 75, chron. Galabert et Gentot ; CE 25 avr. 1994, *Min. de l'Éducation nationale, Lebon* 189 ; légalité de la décision de fermeture d'une école au motif qu'aucun texte n'impose l'existence d'une école dans un hameau réunissant moins de quinze enfants d'âge scolaire ; or, « les usagers d'un service public qui n'est pas obligatoire n'ont aucun droit au maintien de ce service au fonctionnement duquel l'administration peut mettre fin lorsqu'elle l'estime nécessaire »).

Les décisions modifiant les conditions de fonctionnement du service public ne donnent lieu qu'à un contrôle restreint, c'est-à-dire limité à l'erreur manifeste d'appréciation quant aux motifs fondant la suppression du service (CE 16 janv. 1991, *Fédération nationale des associations des usagers des transports (FNAUT), CJEG* 1991. 279 note J.-F. Lachaume, concernant l'impossibilité de maintenir l'exploitation d'une ligne ferroviaire ; CE 11 juill. 2001, *Poirrez, Dr. adm.* 2001, n° 247 : la décision du syndicat des transports parisiens de réduire la fréquence de desserte d'une gare n'est pas entachée d'une erreur manifeste d'appréciation, car elle participe d'une nouvelle organisation du service de nature à contribuer à une meilleure satisfaction des besoins des usagers). Il n'est pas étonnant dans ces conditions que les éventuelles annulations sanctionnent plus souvent des vices de procédure (CE 28 juill. 2004, *FNAUT, RFDA* 2005. 364, note J.-F. Lachaume : annulation d'un décret de retranchement du réseau ferré national de sections de lignes de chemin de fer, car il n'avait pas été précédé de la consultation des organisations nationales représentatives des usagers des transports rendue obligatoire par la L. du 27 févr. 2002 rel. à la démocratie de proximité).

§ 1 Le principe de continuité

563 La jurisprudence du Conseil d'État et celle du Conseil constitutionnel relatives à la grève (CE 7 août 1909, *Winkell, S.* 1909. 3. 145, concl. Tardieu, note M. Hauriou ; CE, ass., 7 juill. 1950, *Dehaene, GAJA*, n° 58 ; CE 13 juin 1980, *Dame Bonjean, Lebon* 274 ; Cons. const. 25 juill. 1979, *RD publ.* 1979. 1705, note Favoreu, *GDCC* 15e éd. n° 19) ont été l'occasion, pour l'une et l'autre juridictions, d'affirmer avec force le caractère fondamental du *principe de continuité*^Q^ du service public.

C'est ainsi que l'exercice du droit de grève, dont le principe est par ailleurs consacré par la Constitution, doit se concilier avec les nécessités du service public. Un débat récurrent a lieu en France quant à l'opportunité d'instaurer un service minimum ou garanti en cas de grève dans les services publics. De telles mesures peuvent être prises par le chef de service lorsque leur objet est d'éviter un usage abusif du droit de grève ou contraire aux nécessités de l'ordre public ; toutefois, si la garantie de l'effectivité du principe fondamental de continuité du service public incombe au chef de service, ce dernier n'a pas l'obligation d'édicter, à tout moment, une réglementation du droit de grève, si, d'une part, l'établissement concerné s'est doté d'un dispositif conventionnel de prévention de la grève et, d'autre part, l'État est susceptible d'exercer son pouvoir de réquisition (CE 8 mars 2006, *M. Onesto, Dr. adm.* 2006, n° 98, note M. Lombard, *RFDA* 2006. 1236, concl. R. Keller). En revanche ni le gouvernement, ni le ministre de tutelle ne peuvent organiser un service minimum au sein d'EDF (CE 17 mars 1997, *Fédération nationale des Synd. des industries de l'énergie électrique, nucléaire et gazière*, *AJDA* 1997. 533, note H. Bellanger et G. Darcy) ou de la RATP (CE 1er déc. 2004, *M. Onesto et a.*, *Dr. adm.* 2005, n° 19). Enfin, certaines règles de prévention des conflits font parfois, dans les faits, l'objet d'accords entre les dirigeants des entreprises publiques et les syndicats de personnels. La difficulté à légiférer en ce domaine est en effet extrême, compte tenu du risque que le service minimum ne devienne dans les faits une sorte de « service maximum » (Rapport Sénat 1999, n° 194).

Bien qu'elle soit limitée aux seuls transports publics terrestres de voyageurs, la loi du 21 août 2007, dont le Conseil constitutionnel a constaté la conformité à la Constitution (Cons. const. 16 août 2007, n° 2007-556 DC), précise les conditions dans lesquelles le droit de grève peut être encadré pour garantir la continuité du service public en cas de perturbation prévisible du trafic. L'autorité organisatrice des transports doit définir les dessertes prioritaires, et les niveaux de service minimal, en fonction de l'importance des perturbations. Par ailleurs, les employeurs et les organisations syndicales des entreprises de ce secteur doivent conclure des conventions collectives de prévisibilité de service permettant la mise en œuvre d'un plan de transport adapté en cas de perturbation prévisible.

La volonté d'assurer une continuité du service public a également inspiré la loi du 20 août 2008, qui instaure, à la charge des communes, une obligation d'accueil des enfants, en cas de grève, pour les écoles maternelles et élémentaires, sans qu'il s'agisse à proprement parler d'un service minimum, aucun enseignement n'étant alors dispensé (v. *RFDA* 2008. 1187, comm. G. Calley).

La portée pratique du principe de continuité n'est cependant pas limitée au seul cas de la grève. L'administration est tenue de prendre toutes mesures, de façon plus générale, pour assurer un fonctionnement continu du service, sans que des incidents (du moins s'ils étaient d'une nature prévisible) provoquent son interruption. 564 ■

Le principe de continuité n'implique certes pas que les services publics fonctionnent en permanence, mais il impose un fonctionnement régulier sans autres interruptions que celles prévues par les règlements d'organisation du service public.

§ 2 Le principe d'égalité

Le principe d'égalité devant le service public, corollaire du *principe d'égalité*Q devant la loi consacré par la Déclaration de 1789, bénéficie tant aux usagers des services publics qu'aux agents des services publics. 565 ■

Il impose l'égalité d'accès aux emplois publics, quelles que soient les opinions politiques des candidats (CE, ass., 28 mai 1954, *Barel*, *GAJA*, n° 65) et ne peut interdire la manifestation des opinions, notamment religieuses, que dans la mesure où une telle interdiction est rendue nécessaire par des considérations liées à l'ordre public ou au bon fonctionnement du service public (par ex. TA Nice, 9 juin 2015, *Mme D.*, n° 1305386, à propos de l'accompagnement d'une sortie scolaire par une mère d'élève voilée).

Il interdit, de même, par exemple, toute discrimination entre les associations symphoniques de la part de ce qui était alors le service public de la « Radiodiffusion française » (CE, sect., 9 mars 1951, *Sté des Concerts du Conservatoire, GAJA*, n° 60).

Le principe d'égalité est désormais complété par la notion de non-discrimination, issue du droit européen des droits de l'homme. Le Conseil d'État a ainsi estimé qu'une distinction entre des personnes placées dans une situation analogue est « discriminatoire, au sens de l'art. 14 de la Convention européenne de sauvegarde des droits de l'homme et des libertés fondamentales, si elle n'est pas assortie de justifications objectives et raisonnables » (CE, ass., 30 nov. 2001, *Min. de la défense c/ Diop*, *RFDA* 2002. 573, concl. Courtial, *GAJA*, n° 101).

566 Si le principe d'égalité impose de traiter de façon égale ceux qui se trouvent dans des situations semblables, certaines différenciations de traitement sont licites lorsqu'elles sont en rapport avec des « *différences de situation*[Q] appréciables » (CE, sect., 10 mai 1974, *Denoyez et Chorques*, *RD publ.* 175. 467, note M. Waline, à propos d'une différenciation tarifaire pour le transport par bac entre La Rochelle et l'Île de Ré ; Cons. const. 12 juill. 1979, *Rec. Cons. const.* 31). Des distinctions, notamment tarifaires, peuvent être fondées sur les différences de ressources des usagers (CE 18 mars 1994, *Mme Dejonckeere*, *Lebon* 562 ; CE, sect., 29 déc. 1997, *Cne de Gennevilliers et Cne de Nanterre*, *AJDA* 1998. 108, chron. Girardot ; *ibid.* 102, chron. Raynaud). Il peut être également tenu compte de la situation particulière des usagers à l'égard d'un service public. Le Conseil d'État a admis qu'il pouvait être tenu compte pour l'accès à une école municipale de musique, des liens avec la commune tenant au fait que certains travaillent ou font des études sur le territoire de la commune (CE, sect., 13 mai 1994, *Cne de Dreux*, *RFDA* 1994. 711, concl. Daël). En revanche, il n'existe pas de différence objective de situation justifiant que soient traités différemment les usagers d'un parking selon qu'ils résident ou non sur le territoire de la commune (CE 12 juill. 1995, *Cne de Maintenon*, *RFDA* 1995. 1053). De même, « le seul fait que les résidents permanents sont contribuables à titre principal dans la commune n'est pas constitutif, en ce qui concerne l'accès au service public des remontées mécaniques, d'une différence de situation justifiant une exception au principe d'égalité qui régit l'accès au service public » (CAA Lyon, 13 avr. 2000, *Cne de Saint-Sorlin-d'Arves*, *AJDA* 2000. 849, concl. F. Bourrachot).

567 Il ressort également de la jurisprudence que des différenciations tarifaires peuvent être justifiées par une « nécessité d'intérêt général en rapport avec les conditions d'exploitation du service ».

Une commune gérant une station de ski ayant décidé de ne déléguer la gestion de l'eau et de l'assainissement que pour la partie du territoire correspondant à la zone touristique, mais non pour le centre de la commune, il a été jugé « qu'aucune disposition législative ou réglementaire n'interdit à une commune de n'affermer que partiellement un service public, dès lors que la différence de traitement en résultant pour les usagers du service est justifiée soit par l'existence de différences de situation appréciables, soit par une nécessité d'intérêt général » ; il a été jugé que cette condition était bien remplie « par l'affluence d'une population saisonnière » générant des contraintes spécifiques (CE 8 avr. 1998, *Assoc. pour la promotion et le rayonnement des Orres, AJDA* 1998. 463).

À l'inverse, il n'existe aucune considération d'intérêt général permettant de justifier que s'appliquent des tarifs différents pour les visites en groupe, selon qu'elles sont ou non organisées par le musée (CE 28 févr. 1995, *Établissement public du musée du Louvre, D.* 1996. IR 103).

Il a enfin été jugé que, si une modulation des redevances d'atterrissage des avions cargos peut être justifiée par l'intérêt général qui s'attache au développement des aérodromes parisiens comme plate-forme de fret international, en revanche des écarts considérables de charges entre les compagnies aériennes concernées « ne peuvent être regardés comme limités à ce que permettrait, eu égard aux exigences du principe d'égalité, la prise en compte des considérations d'intérêt général invoquées » (CE 13 oct. 1999, *Compagnie nationale Air France c/ Aéroports de Paris, AJDA* 2000. 86, concl. J. Arrighi de Casanova).

§ 3 Le principe de mutabilité

Moins souvent cité que les précédents, le *principe de mutabilité*[Q], qualifié également de principe d'adaptation constante du service public, implique que le service public puisse en permanence s'adapter aux nécessités changeantes de l'intérêt général. 568 ■

Ce principe est notamment à l'origine de la jurisprudence relative au pouvoir de modification unilatérale des contrats par l'administration (CE 10 janv. 1902, *Compagnie nouvelle du gaz de Deville-Lès-Rouen* ; CE 21 mars 1910, *Compagnie générale française des tramways, GAJA*, n° 20 ; v. ss 508).

Ce principe implique également que les agents des services publics ne puissent jamais opposer à l'administration un droit acquis au maintien de leur statut (CE 4 mai 1960, *Jaffray, Lebon* 291 ; CE, ass., 1er juin 1973, *Synd. national du personnel navigant commercial, Lebon* 388), y compris s'agissant des dispositions relatives à leur rémunération (CE 11 oct. 1995, *Institut géographique national, Lebon* 829). 569 ■

Les usagers ne peuvent non plus se réclamer d'un droit au maintien en l'état des règles d'organisation du service public (CE 2 oct. 1985, *Jeissou et Sem du Pont Saint Nazaire/Saint Brévin, Lebon* 544 ; CE 12 févr. 1982, *Université de Paris 7, Lebon* 70). Le principe de mutabilité peut même être appliqué dans son acception la plus extrême puisque les usagers n'ont aucun droit au maintien d'un service public, sauf texte exprès contraire (CE, sect., 27 janv. 1961, *Vannier, Lebon* 60 ; CE, sect., 18 mars 1997, *Chambre de commerce de La Rochelle, Lebon* 153). Les décisions modifiant les conditions de fonctionnement du service public peuvent cependant donner lieu à un contrôle restreint du juge administratif (v. ss 562). 570 ■

Qu'il s'agisse des usagers du service comme des agents publics, le principe de mutabilité du service public ne les prive pas pour autant de tous droits. En effet, les usagers ont droit à un « fonctionnement normal du service » conformément aux règles prédéfinies (CE 25 juin 1969, *Vincent, Lebon* 334), et les agents à l'application exacte de leur statut tant qu'il n'est pas modifié. Dans les deux cas, toute modification du régime des prestations du service public ou du statut des agents ne peut 571 ■

revêtir un caractère rétroactif (respectivement : CE, ass., 25 juin 1948, *Sté du journal « l'Aurore »*, *Lebon* 289 et CE 19 juill. 1991, *Fédération nationale des associations d'usagers des transports*, *Lebon* 295 ; CE 22 avr. 1959, *Maître*, *Lebon* 258 et CE, ass., 11 juill. 1984, *Union des groupements de cadres supérieurs de la fonction publique*, *Lebon* 258).

572 La conciliation du principe de mutabilité et du principe d'égalité devant le service public peut cependant se révéler délicate lorsque l'administration invoque le principe de l'adaptation constante du service public pour procéder, par exemple, à un redéploiement géographique de l'organisation du service public (regroupement de classes d'école ou fermeture des plus petites gares), tandis que les usagers critiquent ces mesures au nom du principe d'égalité devant le service public (v. *EDCE* 1994 et 1996, rapport du Conseil d'État sur le principe d'égalité).

L'adaptation des services publics au niveau local passe ainsi parfois par la suppression de certaines des modalités de leur prestation. Pour prévenir tout abandon du service public en zone rurale, la loi du 4 février 1995 avait prévu la création d'une commission départementale d'organisation et de modernisation des services publics, qui devait adopter un schéma départemental d'organisation et d'amélioration des services publics. Ce dispositif n'ayant pas été mis en application, un décret du 21 novembre 2006 l'a remplacé par une commission départementale d'organisation et de modernisation des services publics, placée sous la responsabilité du préfet de département, qui a en particulier pour mission d'examiner l'adéquation de l'offre de services publics aux besoins des usagers et d'anticiper l'évolution de celle-ci.

Compléments pédagogiques

Quid

■ Continuité n° 563

La continuité du service public est un principe général du droit pour le Conseil d'État et un principe à valeur constitutionnelle pour le Conseil constitutionnel. Corollaire de la continuité de l'État dont les services publics sont l'une des manifestations, la continuité signifie que l'administration doit assurer le fonctionnement régulier des services publics, ce qui peut notamment entraîner certaines limitations du droit de grève.

■ Différence de situation n° 566

Les différences de situation peuvent justifier des différences de traitement entre usagers du service public, et par conséquent des dérogations au principe d'égalité devant le service public. Pour que tel soit le cas, ces différences doivent être « appréciables » et préexister à la différence de traitement que le gestionnaire du service compte instaurer. Elles sont toujours appréciées par le juge *in concreto*, c'est-à-dire par rapport à l'objet du service et aux circonstances dans lesquelles il est mis en place.

■ Égalité n°s 565 s.

L'égalité est une loi du service public, en même temps qu'un principe général du droit et une règle de valeur constitutionnelle. Elle découle en effet de la Déclaration des droits de l'homme et du citoyen. Les usagers du service public doivent être traités dans des conditions égales, à moins qu'ils ne se trouvent dans des situations différentes ou qu'un intérêt général le justifie.

■ Initiative privée n° 541

La création d'un service public industriel et commercial n'est en principe possible, pour une collectivité territoriale, que si l'initiative privée est défaillante, ce principe connaissant des exceptions de plus en plus nombreuses. Cette condition de défaillance de l'initiative privée est en outre appréciée toujours plus largement par le juge (à la fois quantitativement et qualitativement), au point que l'on peut désormais considérer que l'initiative privée ne peut plus véritablement faire obstacle à l'interventionnisme économique public.

■ Intérêt général n° 528

L'intérêt général est à la fois le but, la limite et la justification de l'action administrative. Élément matériel et central de la définition du service public, il est fondamentalement évolutif, échappant ainsi à toute définition fixiste. Il peut parfois même composer avec les intérêts privés auxquels il est pourtant traditionnellement opposé.

■ Mutabilité n° 568

Loi du service public, le principe de mutabilité ou d'adaptation constante signifie que le service public doit évoluer et s'adapter aux transformations de l'intérêt général. Ce principe justifie notamment, de façon négative, qu'il n'existe pas de droit au maintien du service public. Il est aussi invoqué, de façon plus positive, pour justifier l'adaptation du service public aux besoins des usagers, le transformant ainsi en service *du* public.

■ Service d'intérêt économique général n° 548

Les services d'intérêt économique général (SIEG) sont une notion appartenant au droit de l'Union européenne. Il s'agit d'activités de services marchands considérées comme d'intérêt général par les États membres, ce qui justifie qu'ils puissent bénéficier de dérogations aux règles communautaires du droit de la concurrence.

■ Service public constitutionnel n° 553

La notion de service public constitutionnel découle de la jurisprudence du Conseil constitutionnel, selon laquelle l'existence de certains services publics est exigée par la Constitution, le législateur ne pouvant donc pas les supprimer. Si la jurisprudence n'a jamais indiqué de façon positive quels sont les services constitutionnels, on peut cependant supposer que cette qualification s'applique notamment aux services publics de la justice, de l'enseignement public ou de la défense.

■ Service universel n° 549

Notion issue du droit de l'Union européenne, le service universel est un service devant être assuré sur tout le territoire selon une exigence de qualité prédéfinie et à un prix abordable pour tous. Dès lors qu'il est institué en tel ou tel secteur par le droit communautaire (télécommunications, poste, électricité), il devient obligatoire pour les États et les usagers ont donc un droit à bénéficier du service universel.

Documents

1) Définition, création et catégories du service public

CE, sect., 28 juin 1963, *Narcy*
(*Lebon* 401)

Considérant qu'aux termes de l'article 1er du décret du 11 juillet 1955, alors en vigueur, « la réglementation sur les cumuls d'emplois, de rémunération d'activités, de pensions et de rémunérations, s'applique aux personnels civils, aux personnels militaires, aux ouvriers et agents des collectivités et organismes suivants... 4° organismes même privés assurant la gestion d'un service public ou constituant le complément d'un service public, sous réserve que leur fonctionnement soit au moins assuré, pour moitié, par des subventions des collectivités visées au 1° ci-dessus ou par la perception de cotisations obligatoires » ;
Considérant qu'il résulte de l'instruction que, depuis sa création, le fonctionnement du Centre technique des industries de la fonderie a toujours été assuré pour plus de moitié par des cotisations obligatoires et que notamment le pourcentage desdites cotisations dans les ressources du Centre s'est élevé en 1957 et 1958 à 95 et 97 % ;

Considérant qu'en vertu de l'article 1er de la loi du 22 juillet 1948, les ministres compétents sont autorisés à créer dans toute branche d'activité où l'intérêt général le commande, des établissements d'utilité publique dits centres techniques industriels, ayant pour objet, aux termes de l'article 2 de la loi, « de promouvoir le progrès des techniques, de participer à l'amélioration du rendement et à la garantie de la qualité de l'industrie » ; qu'en vue de les mettre à même d'exécuter la mission d'intérêt général qui leur est ainsi confiée et d'assurer à l'administration un droit de regard sur les modalités d'accomplissement de cette mission, le législateur a conféré aux centres techniques industriels certaines prérogatives de puissance publique et les a soumis à divers contrôles de l'autorité de tutelle ; qu'en particulier il ressort des termes mêmes de l'article 1er de la loi précitée qu'il ne peut être créé dans chaque branche d'activité qu'un seul centre technique industriel ; que chaque centre est investi du droit de percevoir sur les membres de la profession des cotisations obligatoires ; que les ministres chargés de la tutelle des centres techniques industriels pourvoient à la nomination des membres de leur conseil d'administration et contrôlent leur activité par l'intermédiaire d'un commissaire du gouvernement doté d'un droit de veto suspensif ;
Considérant qu'en édictant l'ensemble de ces dispositions et nonobstant la circonstance qu'il a décidé d'associer étroitement les organisations syndicales les plus représentatives des patrons, des cadres et des ouvriers à la création et au fonctionnement des centres techniques industriels, le législateur a entendu sans leur enlever pour autant le caractère d'organismes privés, charger lesdits centres de la gestion d'un véritable service public.

⇨ *Identification du service public national géré par une personne privée.*

CE 3 mars 2010, *Département de la Corrèze* (*AJDA* 2010. 957, concl. N. Boulouis)

Considérant que les personnes publiques sont chargées d'assurer les activités nécessaires à la réalisation des missions de service public dont elles sont investies et bénéficient à cette fin de prérogatives de puissance publique ; qu'en outre, si elles entendent, indépendamment de ces missions, prendre en charge une activité économique, elles ne peuvent légalement le faire que dans le respect tant de la liberté du commerce et de l'industrie que du droit de la concurrence ; qu'à cet égard, pour intervenir sur un marché, elles doivent, non seulement agir dans la limite de leurs compétences, mais également justifier d'un intérêt public, lequel peut résulter notamment de la carence de l'initiative privée ; qu'une fois admise dans son principe, une telle intervention ne doit pas se réaliser suivant des modalités telles qu'en raison de la situation particulière dans laquelle se trouverait cette personne publique par rapport aux autres opérateurs agissant sur le même marché, elle fausserait le libre jeu de la concurrence sur celui-ci.

⇨ *Conditions posées par le juge administratif pour la création des services publics locaux.*

T. confl. 22 janvier 1921, *Société Commerciale de l'Ouest Africain* (*GAJA*, n° 35)

Considérant [...] qu'en effectuant, moyennant rémunération, les opérations de passage des piétons et des voitures d'une rive à l'autre de la lagune, la colonie de la Côte d'Ivoire exploite un service de transport dans les mêmes conditions qu'un industriel ordinaire ; que, par suite, en l'absence d'un texte spécial attribuant compétence à la juridiction administrative, il n'appartient qu'à l'autorité judiciaire de connaître des conséquences dommageables de l'accident invoqué [...].

⇨ *Compétence des juridictions judiciaires en matière de responsabilité du fait des services publics industriels et commerciaux.*

CE, ass., 16 novembre 1956, *Union syndicale des industries aéronautiques*
(*Lebon* 434)

Considérant que la Caisse de Compensation pour la décentralisation de l'industrie aéronautique, instituée par l'article 105 de la loi du 31 mars 1931 et dont le domaine d'activité avait été étendu par le décret du 24 mai 1938, avait essentiellement pour objet de subventionner des opérations d'intérêt général ; qu'elle tirait la plus grande partie de ses ressources d'une retenue de nature parafiscale, précomptée sur toutes les factures afférentes à des marchés passés par le Ministre de l'Air ou pour son compte, en vue de la livraison de matériels volants ou des fournitures nécessaires auxdits matériels ; que ses modalités de fonctionnement présentaient un caractère purement administratif ; que, dans ces conditions, ladite caisse ne constituait pas un établissement public à caractère industriel ou commercial.

⇨ *Critères de la distinction entre services publics administratifs et services industriels et commerciaux.*

2) Le régime du service public : les « lois du service public »

CE, ass., 7 juillet 1950, *Sieur Dehaene*
(*GAJA*, n° 58)

Considérant qu'en indiquant, dans le préambule de la Constitution, que « le droit de grève s'exerce dans le cadre des lois qui le règlementent », l'Assemblée Constituante a entendu inviter le législateur à opérer la conciliation nécessaire entre la défense des intérêts professionnels, dont la grève constitue l'une des modalités, et la sauvegarde de l'intérêt général auquel elle peut être de nature à porter atteinte ;

Considérant que les lois des 27 décembre 1947 et 28 septembre 1948, qui se sont bornées à soumettre les personnels des compagnies républicaines de sécurité et de la police à un statut spécial et à les priver, en cas de cessation concertée du service, des garanties disciplinaires, ne sauraient être regardées, à elles seules, comme constituant, en ce qui concerne les services publics, la réglementation du droit de grève annoncée par la Constitution ;

Considérant qu'en l'absence de cette réglementation, la reconnaissance du droit de grève ne saurait avoir pour conséquence d'exclure les limitations qui doivent être apportées à ce droit, comme à tout autre, en vue d'en éviter un usage abusif ou contraire aux nécessités de l'ordre public ; qu'en l'état actuel de la législation, il appartient au gouvernement, responsable du bon fonctionnement des services publics, de fixer lui-même, sous le contrôle du juge, en ce qui concerne ces services, la nature et l'étendue desdites limitations ;

Considérant qu'une grève qui, quel qu'en soit le motif, aurait pour effet de compromettre dans ses attributions essentielles l'exercice de la fonction préfectorale porterait une atteinte grave à l'ordre public ; que dès lors, le gouvernement a pu légalement faire interdire et réprimer la participation des chefs de bureau de préfecture à la grève de juillet 1948 ; [...]

⇨ *Reconnaissance et limites du droit de grève dans les services publics.*

CE, sect., 9 mars 1951, *Société des Concerts du Conservatoire* (*GAJA*, n° 60)

– Considérant qu'en frappant la société requérante d'une mesure d'exclusion à raison des incidents susrelatés sans qu'aucun motif tiré de l'intérêt général pût justifier cette décision, l'administration de la Radiodiffusion française a usé de ses pouvoirs pour un autre but que celui en vue duquel ils lui sont conférés et a *méconnu le principe d'égalité qui régit le fonctionnement des services publics* et qui donnait à la société requérante, traitée jusqu'alors comme les autres grandes sociétés philharmoniques, vocation à être appelée, le cas échéant, à prêter son concours aux émissions de la radiodiffusion ; [...]

⇨ *Principe d'égalité des usagers devant le service public.*

CE 10 mai 1974, *Denoyez et Chorques* (*Lebon* 274)

– Considérant que la fixation de tarifs différents applicables pour un même service rendu, à diverses catégories d'usagers d'un service ou d'un ouvrage public implique, à moins qu'elle ne soit la conséquence nécessaire d'une loi, soit qu'il existe entre les usagers des différences de situation appréciables, soit qu'une nécessité d'intérêt général en rapport avec les conditions d'exploitation du service ou de l'ouvrage commande cette mesure ; [...]

⇨ *Principe d'égalité des usagers devant le service public.*

CE, sect., 27 janvier 1961, *Vannier* (*Lebon* 60, concl. Kahn)

Considérant, d'autre part, que les usagers d'un service public administratif n'ont aucun droit au maintien de ce service ; qu'il appartient à l'administration de prendre la décision de mettre fin au fonctionnement d'un tel service lorsqu'elle l'estime nécessaire, même si un acte réglementaire antérieur a prévu que ce fonctionnement serait assuré pendant une durée déterminée, à la condition toutefois, que la disposition réglementaire relative à cette durée soit abrogée par une mesure de même nature émanant de l'autorité administrative compétente.

⇨ *Absence de droit au maintien des services publics.*

3) Service public et droit communautaire

Traité instituant la Communauté européenne

Art. 14. Sans préjudice de l'article 4 du traité sur l'Union européenne et des articles 93, 106 et 107 du présent traité, et eu égard à la place qu'occupent les services d'intérêt économique général parmi les valeurs communes de l'Union ainsi qu'au rôle qu'ils jouent dans la promotion de la cohésion sociale et territoriale de l'Union, l'Union et ses États membres, chacun dans les limites de leurs compétences respectives et dans les limites du champ d'application du présent traité, veillent à ce que ces services fonctionnent sur la base de principes et dans des conditions, notamment économiques et financières, qui leur permettent d'accomplir leurs missions. Le Parlement et le Conseil, statuant par voie de règlements conformément à la procédure législative ordinaire, établissent ces principes et fixent ces conditions, sans préjudice de la compétence qu'ont les États membres, dans le respect des traités, de fournir, de faire exécuter et de financer ces services.

Art. 86. 1. Les États membres, en ce qui concerne les entreprises publiques et les entreprises auxquelles ils accordent des droits spéciaux ou exclusifs, n'édictent ni ne maintiennent aucune mesure contraire aux règles des traités, notamment à celles prévues aux articles 18 et 101 à 109 inclus.

2. Les entreprises chargées de la gestion de services d'intérêt économique général ou présentant le caractère d'un monopole fiscal sont soumises aux règles du présent traité, notamment aux règles de concurrence, dans les limites où l'application de ces règles ne fait pas échec à l'accomplissement en droit ou en fait de la mission particulière qui leur a été impartie. Le développement des échanges ne doit pas être affecté dans une mesure contraire à l'intérêt de l'Union.

3. La Commission veille à l'application des dispositions du présent article et adresse, en tant que de besoin, les directives ou décisions appropriées aux États membres.

Livre blanc sur les services d'intérêt général, COM (2004) 374, 12 mai 2004

Services d'intérêt général

L'expression « services d'intérêt général » ne se trouve pas dans le traité lui-même. Elle découle dans la pratique communautaire de l'expression « service d'intérêt économique général » qui est, elle, utilisée dans le traité. Elle a un sens plus large que l'expression précitée et couvre les services marchands et non marchands que les autorités publiques considèrent comme étant d'intérêt général et soumettent à des obligations spécifiques de service public.

Services d'intérêt économique général

L'expression « services d'intérêt économique général » est utilisée aux articles [14] et [106], paragraphe 2, du [TFUE]. Elle n'est pas définie dans le traité ou dans le droit dérivé. Cependant, dans la pratique communautaire, on s'accorde généralement à considérer qu'elle se réfère aux services de nature économique que les États membres ou la Communauté soumettent à des obligations spécifiques de service public en vertu d'un critère d'intérêt général. La notion de services d'intérêt économique général couvre donc plus particulièrement certains services fournis par les grandes industries de réseau comme le transport, les services postaux, l'énergie et les communications. Toutefois, l'expression s'étend également aux autres activités économiques soumises elles aussi à des obligations de service public [...].

Service public

Il convient de souligner que les termes « service d'intérêt général » et « service d'intérêt économique général » ne doivent pas être confondus avec l'expression « service public », qui est moins précise. Celle-ci peut avoir différentes significations et être ainsi source de confusion. Elle peut se rapporter au fait qu'un service est offert au grand public ou qu'un rôle particulier lui a été attribué dans l'intérêt public, ou encore se référer au régime de propriété ou au statut de l'organisme qui fournit le service en question. [...].

Obligations de service public

L'expression « obligations de service public » [...] désigne les obligations spécifiques imposées par les autorités publiques à un fournisseur de service afin de garantir la réalisation de certains objectifs d'intérêt public, par exemple dans le secteur du transport aérien, ferroviaire ou routier et dans le domaine de l'énergie. Ces obligations peuvent être imposées au niveau communautaire, national ou régional.

Biblio

A. Bibliographie générale

- P. Bauby, *Service public, services publics*, 2e éd., La Documentation française, 2016.
- J. Chevallier, *Le service public*, 11e éd., PUF, coll. « Que sais-je ? », 2018.
- P. Esplugas, *Le service public*, 4e éd., Dalloz, coll. « Connaissance du droit », 2018.
- G. Koubi, G.-J. Guglielmi, M. Long, *Droit du service public*, 4e éd., Montchrestien, coll. « Domat Droit public », 2016.
- J.-F. Lachaume, H. Pauliat, C. Boiteau, C. Deffigier, *Droit des services publics*, 3e éd., Lexisnexis, 2018.
- D. Linotte, R. Romi, E. Cadeau, *Droit du service public*, 2e éd., Lexisnexis, 2014.

B. Notion de service public

- « Les mutations du service public », dossier de la *RFDA* 2008. 1-86.
- P. Amselek, « Le service public et la puissance publique », *AJDA* 1968. 492-514.
- L. Cluzel-Métayer, « Le principe d'égalité et de non-discrimination dans la jurisprudence du Conseil d'État et de la Cour de cassation : analyse comparée dans le domaine de l'emploi », *RFDA* 2010. 309.
- J.-L. de Corail, *La crise de la notion juridique de service public en droit administratif français*, LGDJ, 1954.
- R. Chapus, « Le service public et la puissance publique », *RD publ.* 1968. 235.
- P. Delvolvé, « Service public et libertés publiques », *RFDA* 1985. 1.
- V. Donnier, « Les lois du service public : entre tradition et modernité », *RFDA* 2006. 1219
- M. Heitzmann-Patin, « Entre crèches et croix : à la recherche d'une cohérence dans l'application de la loi de 1905 », *RFDA* 2018. 624.
- R. Latournerie, « Sur un Lazare juridique. Bulletin de santé du service public », *EDCE* 1960. 61.
- M. Lombard, « 80 ans après l'arrêt *Chambre syndicale du commerce en détail de Nevers* : pavane pour une infante défunte », *RJEP* 2011, rep. 2.
- S. Nicinski, *L'usager du service public industriel et commercial*, L'Harmattan, coll. « Logiques juridiques », 2001.
- A. Ondoua, « Le service public à l'épreuve de la laïcité : à propos de la neutralité religieuse dans les services publics », *Dr. adm.* 2008. Étude 22.
- J.-M. Rainaud, *La crise du service public français*, PUF, coll. « Que sais-je ? », no 3482.
- J. Sirinelli, « Les recours des usagers contre les gestionnaires de services publics », *Dr. Adm.* 2012, Et. 1.
- D. Truchet, « Label de service public et statut de service public », *AJDA* 1982. 427-439.

C. Le service public et l'Europe

- F. Chaltiel, « Les apports du traité de Lisbonne au service public », *AJDA* 2008. 1575.
- E. Cohen et C. Henry, *Service public, secteur public*, Rapport CAE, Doc. fr., 1997.
- R. Denoix de Saint-Marc, *Le service public*, Doc. fr., 1996.
- M. Karpenschif, « Face au droit communautaire : quel avenir pour le financement des services publics ? », *RJEP* 2006. 43.
- J.-V. Louis, S. Rodrigues (dir.), *Les services d'intérêt économique général et l'Union européenne*, Bruylant, 2006, 450 p.
- A. Lyon-Caen et al., *Services publics et droits fondamentaux dans la construction européenne*, Dalloz, coll. « Thèmes & commentaires », 2000.

- F. Moderne et G. Marcou, *L'idée de service public dans le droit des États de l'Union européenne*, L'Harmattan, 2001.
- Collectif SSIG-FR, *Les services sociaux et de santé d'intérêt général : droits fondamentaux versus marché intérieur ?*, Bruylant, 2007.
- « Service public, Services publics : déclin ou renouveau », *EDCE* 1995, n° 46.

Quiz

1) Sujet corrigé

Commentaire d'arrêt

Énoncé

Commentez l'arrêt ci-dessous :

Conseil d'État 12 juillet 1995, *Commune de Maintenon*

« Considérant que la Commune de Maintenon exploite en régie, à proximité de la gare, des parcs de stationnement spécialement aménagés à cet effet et destinés à accueillir les véhicules des usagers de la gare ; que ces usagers acquittent en contrepartie du droit de stationner une redevance d'un montant différent selon qu'ils résident ou non sur le territoire de la commune ;
Considérant que la tarification des services rendus par un service public industriel et commercial, tels que ceux fournis aux usagers de parcs de stationnement exploités par une commune sur des terrains ne faisant pas partie de la voirie municipale, ne peut, sans porter atteinte au principe d'égalité des usagers du service public, prévoir des tarifs différents selon les catégories d'usagers qu'à la condition que ces différences soient justifiées par des considérations d'intérêt général en rapport avec l'exploitation du service ou fondées sur des différences objectives de situation des usagers concernés ; que la différence des tarifs de stationnement fixés par la commune de Maintenon, pour un même service rendu, selon que les usagers résident ou non dans la commune, n'est en l'espèce justifiée par aucune considération d'intérêt général en rapport avec l'exploitation des parcs de stationnement, ni par des différences objectives de situation des usagers concernés notamment quant aux conditions d'utilisation de ces parcs ;
Considérant qu'il résulte de ce qui précède que la Commune de Maintenon n'est pas fondée à se plaindre de ce que le Tribunal administratif d'Orléans a, par le jugement attaqué, annulé la délibération en date du 25 juin 1990 par laquelle le conseil municipal a fixé les tarifs des parcs de stationnement situés à proximité de la gare. »

Voir le corrigé en fin de rubrique.

2) Sujets d'examen

A) Dissertations

Service public et service d'intérêt général.

Le service public est-il un facteur d'unification du contentieux de l'action administrative ?

B) Commentaire d'arrêt

Commentez l'arrêt ci-dessous

Conseil d'État 5 mai 1995, *Syndicat des commerçants non sédentaires de l'Orne*

« Considérant que la délibération par laquelle un conseil municipal décide, en vertu des attributions que lui confère l'article L. 121-26 du Code des communes, de créer ou de supprimer un marché hebdomadaire d'approvisionnement n'entre pas dans le champ d'application de l'article L. 376-2 du Code des communes qui prévoit la consultation des organisations professionnelles intéressées sur le cahier des charges ou le règlement par lequel l'autorité municipale fixe le régime des droits de place et de stationnement sur les halles et les marchés ; qu'aucune autre disposition n'impose au conseil municipal de consulter les organisations professionnelles concernées préalablement à la création ou à la suppression d'un marché d'approvisionnement ; Considérant qu'eu égard à la taille de la commune et à la nécessité d'y sauvegarder, dans l'intérêt général des habitants, un équilibre entre les formes sédentaires et non sédentaires de commerce, le conseil municipal a pu, sans porter une atteinte illégale à la liberté du commerce et de l'industrie ni instituer une discrimination illégale entre commerçants, décider que les besoins de la commune ne justifiaient pas le maintien du troisième marché hebdomadaire d'approvisionnement créé deux ans plus tôt par la commune. »

3) Corrigé

Commentaire d'arrêt

L'article L. 2213-6 du Code général des collectivités territoriales donne compétence aux maires pour, « moyennant le paiement de droits fixés par un tarif dûment établi, donner des permis de stationnement ou de dépôt temporaire sur la voie publique ». Cette compétence découle du pouvoir de police spéciale que le maire détient en matière de stationnement en général. C'est dans ce cadre que la commune de Maintenon (Eure-et-Loir) a mis en place des parcs de stationnement payant à proximité de la gare. L'instauration de tels parcs étant souvent peu populaire auprès des électeurs de la commune concernée, le maire croyait avoir trouvé une solution de compromis en demandant à son conseil municipal d'instaurer, par une délibération du 25 juin 1990, la gratuité du stationnement (c'est-à-dire un tarif spécifique) pour les usagers résidant dans la commune. Deux catégories d'usagers du parc de stationnement étaient ainsi différenciées : les résidants de Maintenon et les personnes extérieures à la commune.

Vraisemblablement saisi par un représentant de cette seconde catégorie justifiant d'un intérêt suffisant lui donnant qualité à agir, le tribunal administratif d'Orléans a annulé la délibération par laquelle le conseil municipal avait fixé les tarifs. Sur pourvoi en cassation de la commune de Maintenon, le Conseil d'État confirme cette annulation, en considérant que le conseil municipal a violé le principe d'égalité des usagers devant le service public (II). Mais ce faisant, il porte préalablement une appréciation, peu étayée d'ailleurs, sur la nature de l'activité que constitue la gestion du parc de stationnement payant, qu'il qualifie de service public industriel et commercial (I).

I. L'exploitation d'un parc de stationnement constitue une activité de service public industriel et commercial

Le Conseil d'État se contente, pour examiner la conformité de la délibération du conseil municipal au principe d'égalité, de constater par une incidente que les services « fournis aux usagers de parcs de stationnement exploités par une commune sur des terrains ne faisant pas partie de la voirie municipale » constituent « un service public industriel et commercial ». Ce constat soulève quelques difficultés, non pas tant en ce qui concerne la nature publique du service géré (A) que son caractère industriel et commercial (B).

A. Le parc de stationnement constitue une activité de service public

L'affirmation du caractère public du service ici en cause est simplement affirmée par le Conseil d'État. Elle n'appelle pas de longs développements, dans la mesure où une activité exercée par une personne publique dans un but d'intérêt général est présumée constituer une mission de service public.

Les « critères » traditionnellement rappelés de la définition du service public (mission d'intérêt général ; contrôle d'une personne publique ; prérogatives de puissance publique : v. CE 28 juin 1963, *Narcy*) ne trouvent à s'appliquer qu'aux services publics gérés par une personne privée (et plus précisément aux services publics nationaux). Dans le cas où le service est géré par une personne publique, l'élément organique est évidemment présent, et la *manifestation* par l'organisme de prérogatives de puissance publique n'est pas exigée, parce que toute autorité publique est par hypothèse *titulaire* de telles prérogatives.

Le seul élément qui pourrait être litigieux est celui qui concerne la présence d'un *intérêt général*. On sait que cette notion n'est pas la plus claire du droit administratif, et qu'elle a souvent pour fonction de légitimer l'intervention des autorités publiques, même si un contrôle sur la nature de cet intérêt est effectué (CE 30 mai 1930, *Chambre syndicale du commerce en détail de Nevers*). Ici toutefois, l'intérêt public ne semble pas devoir soulever de difficultés particulières, dans la mesure où l'activité en cause est très proche de l'exercice par le maire des pouvoirs de police du stationnement qu'il détient en vertu de la loi.

Si on est donc bien ici en présence d'un service public, le caractère qui lui est affecté par le Conseil d'État est plus contestable.

B. Ce service est de nature industrielle et commerciale

Lorsqu'il est géré par une personne publique, un service public est généralement présumé avoir un caractère administratif. En l'espèce, le service public du stationnement est bien géré « en régie », par la commune, c'est-à-dire directement par la collectivité publique. Il peut à ce titre paraître étonnant que le Conseil d'État considère sans autre démonstration que le service a un caractère industriel et commercial. On examinera donc ici les raisons qui ont pu conduire le juge à une telle affirmation, qui peut cependant sembler contestable.

Pour qu'il y ait service public industriel et commercial, en l'absence de qualification et de critère législatif, la jurisprudence cherche traditionnellement à rassembler un faisceau d'indices concordants ayant trait à l'objet du service, à l'origine de ses ressources et aux conditions de sa gestion (CE, ass., 16 nov. 1956, *Union syndicale des industries de l'aéronautique*). Or ici, s'agissant d'un service en régie, les deux derniers indices ne sont manifestement pas présents : le service est géré dans les conditions d'un service administratif, la régie signifiant que le service n'est pas en principe doté de la personnalité morale et que ses ressources sont directement prises en charge par la collectivité. Un tel mode de gestion semble donc exclusif de toute similitude avec les modalités de gestion privée, pourtant traditionnellement considérée comme exigée pour que le service se voie reconnaître un caractère industriel et commercial.

Plus encore, l'indice que constitue l'objet du service semble bien loin de pouvoir le rapprocher des SPIC : la gestion du service du stationnement est traditionnellement considérée comme l'extension des pouvoirs de police administrative du maire, et constitue ainsi un service public administratif dont la gestion ne peut d'ailleurs être déléguée.

On ne voit donc pas trop ce qui permet au Conseil d'État d'affirmer que le service possède un caractère industriel et commercial, et ce d'autant plus que cette affirmation est de peu de conséquence sur l'objet central du litige, c'est-à-dire la dérogation au principe d'égalité. La position du Conseil d'État s'explique cependant aisément pour deux motifs. Le premier est d'ordre textuel : à la suite du Code des communes, le Code général des collectivités territoriales consacre des développements spécifiques à la régie (CGCT, art. L. 2221-1 s.), en n'appliquant ce mode de gestion qu'aux seuls services publics *industriels et commerciaux*. En outre (et ce point est ici déterminant), le Conseil prend bien soin de préciser que le service est exercé « sur des terrains ne faisant pas partie de la voirie municipale » : le service du stationnement sur la voirie routière a un caractère administratif parce qu'il est le prolongement des pouvoirs de police du maire en la matière (CE 2 oct. 1985, *Jeissou*) ; mais ces pouvoirs n'ont plus à s'exercer lorsque l'on quitte cette voirie municipale : le service peut alors se voir reconnaître un caractère industriel et commercial.

II. La commune n'a pas respecté le principe d'égalité des usagers devant le service public

Pour confirmer le jugement du Tribunal administratif, le Conseil d'État, rappelant le principe d'égalité des usagers du service public, affirme que si des dérogations à ce principe sont possibles, elles sont strictement encadrées (A) ; en l'espèce, la délibération du conseil municipal n'entre pas dans le cadre de ces dérogations (B), et c'est donc à bon droit que le Tribunal l'a annulée.

A. Des dérogations au principe d'égalité devant le service public sont possibles

Le Conseil d'État rappelle dans cet arrêt les règles applicables en matière de principe d'égalité, qui ont été fixées par la jurisprudence administrative et des décisions du Conseil constitutionnel. Ce dernier confère en effet valeur constitutionnelle au principe d'égalité devant la loi, « contenu dans la DDH et solennellement réaffirmé par le Préambule de la Constitution de 1946 » (Cons. const. 27 déc. 1973, *Taxation d'office*, *GDCC*, n° 45), dont l'égalité des usagers devant le service public est un corollaire ; le Conseil d'État a de son côté très tôt affirmé l'existence d'un « principe d'égalité qui régit le fonctionnement des services publics » (CE, sect., 9 mars 1951, *Sté des Concerts du conservatoire*). Ce principe régit les services publics aussi bien administratifs qu'industriels et commerciaux (CE 14 janv. 1991, *Bachelet*).

Mais, ainsi que le rappelle le Conseil d'État dans le présent arrêt, des dérogations au principe d'égalité peuvent être mises en œuvre, sous certaines réserves. Avant d'entrer plus avant dans les détails de l'argumentation, il faut remarquer qu'on se place ici dans le cadre de l'égalité de *traitement* des usagers, et non dans celle de *l'accès* au service : si les règles jurisprudentielles concernant ces deux domaines sont assez proches, certains points les distinguent cependant ; on ne s'intéressera donc ici qu'à la seule égalité de traitement. Les conditions fixées par la jurisprudence, ici rappelées, sont de deux sortes : pour qu'il soit dérogé au principe d'égalité, il faut qu'existent ou bien des « considérations d'intérêt général en rapport avec l'exploitation du service », ou bien des « différences objectives de situation des usagers concernés », ces deux options permettant de différencier des *catégories* d'usagers. Le Conseil d'État aurait pu, puisqu'il y fait référence implicitement, citer en intégralité le considérant de la décision *Denoyez et Chorques*, qui ajoute que la différence de traitement peut être la « conséquence nécessaire d'une loi ».

Ces deux termes doivent être précisés. En ce qui concerne tout d'abord les différences de situation entre usagers, elles doivent être, dit le Conseil, « objectives », c'est-à-dire préexistantes à l'édiction de la mesure qui instaure la discrimination (CE, ass., 13 juill. 1962, *Conseil de l'ordre des médecins*), mais aussi (ce qu'omet ici de rappeler le juge) « appréciables », c'est-à-dire significatives.

Quant à la nécessité d'intérêt général, dont on sait qu'il s'agit d'une notion relativement peu définie du droit administratif, il doit être « en rapport avec les conditions d'exploitation du service ». Cette formule signifie simplement que l'appréciation de la nécessité d'intérêt général sera effectuée par le juge en fonction des circonstances de l'espèce, et ne découlera donc pas d'une appréciation générale du service. Il faut noter que le recours à l'intérêt général permet, suivant le raisonnement du juge administratif, de différencier des usagers alors même qu'ils sont dans une situation identique à l'égard du service public.

B. La commune de Maintenon n'a pas respecté ces principes

Comme l'expliquait à ses collègues le commissaire du gouvernement S. Daël dans ses conclusions sur l'arrêt *Commune de Dreux*, (CE 13 mai 1994, *RFDA* 1994. 711), « c'est à une appréciation service par service que vous êtes inévitablement renvoyés [...] ; il n'est pas de réponse unique possible, tout dépend de l'objet du service ». Les dérogations au principe d'égalité des usagers du service public ne peuvent donc être appréciées qu'*in concreto*, par rapport à l'objet du service concerné. Par exemple, compte tenu de l'objet du service public du transport autoroutier, les usagers qui y circulent à certaines heures dites « de pointe » sont dans une situation *objectivement différente* de celle des usagers présents aux autres moments de la journée (CE 28 févr. 1996, *Assoc. FO Consommateurs*), ce qui n'est pas le cas des usagers du transport ferroviaire (CE, avis, 24 juin 1993, *Tarification du TGV Nord*).

La position du juge administratif en la matière ne peut donc pas être systématisée, le recours à des éléments tels que le caractère obligatoire ou facultatif du service, son domaine d'action (social, culturel, économique), ayant simplement pour effet (sinon pour objet) de justifier les dérogations dans le cas concret où elles se situent. En l'espèce, les deux éléments invoqués par la commune pour justifier l'établissement de tarifs différenciés ne trouvent pas grâce aux yeux du Conseil d'État.

Il faut tout d'abord savoir que la présence d'une nécessité d'intérêt général en rapport avec les conditions d'exploitation du service est rarement reconnue par le juge ; en outre, l'intérêt en cause est ici manifestement difficile à imaginer, sauf à considérer, outre l'intérêt personnel que le maire peut tirer à instaurer la gratuité pour ses électeurs (qui n'est évidemment pas constitutif d'un intérêt général), qu'existe un intérêt financier, dont le caractère public et général n'est cependant, sauf cas très spécifiques, pas accepté par le juge.

La différence de situation est également rejetée par le juge. Dans ce cas, le caractère industriel et commercial du service entre en compte (le Conseil d'État fait d'ailleurs référence, dans une formule un peu curieuse, aux règles de « tarification des services rendus par un service public industriel et commercial »), les différences de situation étant appréciées plus strictement à leur égard. Eu égard à son objet ainsi qu'aux circonstances (proximité de la gare), les dérogations sont donc illégales. Il n'est pas évident que la réponse du Conseil d'État aurait été la même au cas où une simple différence de tarif (et non la gratuité) aurait été instaurée (en ce sens, Crim., 16 juin 1993), ou si la différence de traitement avait été effectuée sur un fondement non plus géographique, mais pécuniaire (différence de situation justifiant une différence de traitement entre les abonnés et les autres usagers : CE 4 mai 1994, *Ville de Toulon*).

chapitre 10

La police administrative

Plan analytique

section 1

La notion de police administrative

§ 1 La distinction entre police administrative et police judiciaire

§ 2 L'ordre public, finalité de la police administrative

section 2

L'accomplissement de la police administrative

§ 1 Police générale et polices spéciales

§ 2 Les autorités de police

A. Les autorités de police générale

B. Les autorités de police spéciale

§ 3 Le concours des compétences de police

section 3

Le contrôle des mesures de police

§ 1 L'adéquation des mesures de police à l'ordre public

§ 2 Les pouvoirs de police, compétences obligatoires

Compléments pédagogiques

La police administrative

La distinction de la police et du service public est parfois délicate à effectuer. La police est, en effet, tant par son organisation que sa finalité, un service : la garantie de la sécurité et l'affirmation de l'autorité publique sont aussi des prestations (v. C. Dourlens, P.-A. Vidal-Naquet, *L'autorité comme prestation*, Plan urbain, 1993, 189 p.). L'article L. 111-1 du récent Code de la sécurité intérieure dispose ainsi que « la sécurité est un droit fondamental et l'une des conditions de l'exercice des libertés individuelles et collectives. L'État a le devoir d'assurer la sécurité en veillant sur l'ensemble du territoire de la République à la défense des institutions et des intérêts nationaux, au respect des lois, au maintien de la paix et de l'ordre public, à la protection des personnes et des biens ». Le Conseil constitutionnel avait déjà considéré que la sauvegarde de l'ordre public est un « objectif de valeur constitutionnelle » (Cons. const. 12-13 août 1993, n° 93-325 DC, *Maîtrise de l'immigration*, *GDCC*, n° 34). La police n'est donc pas (ou plus) seulement une prérogative de l'administration, elle est aussi un droit des citoyens que l'administration a l'obligation de mettre en œuvre. 573

Si une certaine proximité existe ainsi entre police et service public, la police administrative, en tant que protection de l'ordre public, obéit cependant à des règles particulières. Les deux procédés peuvent parfois se rencontrer, lorsqu'une activité de service public fait, en même temps, l'objet d'une réglementation de police. Tel est, en particulier, le cas des jeux de hasard lorsque ceux-ci se déroulent au sein d'un casino (v. R. Vandermeeren, « Police administrative et service public : quand la police administrative et le service public se rencontrent dans les salles de casino et s'unissent sur les pistes de ski », *AJDA* 2004. 1916-1922). 574

Le terme « police » désigne des activités très différentes, qu'il importe de distinguer. Les fonctions qu'exercent les personnels de police, nationale ou municipale, et la gendarmerie, dépassent les seules fonctions de police administrative ; à l'inverse, cette dernière n'est pas seulement une opération matérielle exercée par ces personnels, mais aussi une activité de réglementation dont sont responsables les autorités administratives nationales et locales. La police administrative, dans son acception juridique, est donc l'activité consistant à prévenir les troubles à l'ordre public et à maintenir celui-ci. 575

La police administrative se définit par la finalité d'ordre public qu'elle poursuit (section 1). Les modalités de sa mise en œuvre par les différentes autorités de police (section 2) sont strictement encadrées et contrôlées par le juge (section 3). 576

section 1

La notion de police administrative

577 La police administrative se distingue de la police judiciaire parce qu'elle vise exclusivement à assurer le respect de l'ordre public (§1). Cette dernière notion, dont le contenu est déterminé dès la fin du XIXe siècle, est cependant évolutive (§2).

§ 1 La distinction entre police administrative et police judiciaire

578 La distinction entre police administrative et police judiciaire résulte de la différence de leurs finalités. La première a un caractère *préventif*[Q], tandis que la seconde revêt un caractère *répressif*[Q].

Ces deux types de police ont un caractère complémentaire en raison du lien étroit entretenu entre la commission d'une infraction et l'existence de troubles à l'ordre public. Il appartient ainsi à l'autorité de police administrative de prévenir la commission des infractions pénales susceptibles de constituer un trouble à l'ordre public (CE 9 nov. 2015, *Alliance générale contre le racisme et le respect de l'identité française et chrétienne*, n° 376107). Dans cette hypothèse, la légalité de son intervention s'apprécie en tenant compte du caractère suffisamment certain et de l'imminence de la commission de ces infractions ainsi que de la nature et de la gravité des troubles à l'ordre public qui pourraient en résulter.

La distinction est toutefois parfois délicate à effectuer, en raison d'une part de la possibilité, très fréquente, qu'une même personne soit tout à la fois autorité de police administrative et autorité de police judiciaire, d'autre part du fait que le caractère préventif de la police administrative se traduit aussi par l'obligation de faire cesser les troubles à l'ordre public lorsqu'ils se produisent.

Le juge a précisé les critères de distinctions de ces deux formes de police. En 1951, le Conseil d'État a indiqué que toute opération de recherche des infractions et de poursuite de leurs auteurs est une opération de *police judiciaire*[Q] (CE, sect., 11 mai 1951, *Baud*, *Lebon* 265, *S.* 1952. III. 13, concl. J. Delvolvé). La même année, le Tribunal des conflits indique que les opérations qui ne visent pas à la répression d'une infraction pénale déterminée, mais à la réalisation d'une « mission de contrôle et de surveillance », relèvent de la police administrative (T. confl. 7 juin 1951, *Noualek*, *Lebon* 636, concl. J. Delvolvé).

De la sorte, une même opération peut revêtir successivement les caractères d'opération de police administrative, puis judiciaire. Dans cette hypothèse, le juge recherchera quelle est l'opération « dominante ». Dans une affaire où des policiers, qui avaient pour mission d'escorter un caissier devant effectuer des transports de fonds, n'étaient pas intervenus lors d'une attaque de malfaiteurs en raison des risques pour le public, le Tribunal des conflits a estimé que l'opération relevait « essentiellement » d'une mission de police administrative (T. confl. 12 juin 1978, *Sté Le profil*, *Lebon* 648, concl. Morisot). Le juge ne s'estime en outre pas lié par la qualification donnée par l'administration à sa propre action : alors qu'un préfet avait, pour procéder à l'interdiction de publication d'un journal, fait référence à l'infraction pénale prétendument commise par la société assurant sa publication, le Conseil d'État estime qu'il résulte « manifestement de l'ensemble des circonstances de l'affaire », que, sous cette apparence de police judiciaire, l'opération constitue en réalité une mesure de police administrative (CE, ass., 24 juin 1960, *Sté Frampar et Sté France éditions et publications, GAJA*, n° 73).

L'importance de distinguer les deux types de police tient à la répartition des compétences juridictionnelles : le juge administratif est compétent pour annuler une décision de police administrative, et pour en réparer les conséquences ; le juge judiciaire peut seul procéder à l'indemnisation des victimes d'opérations de police judiciaire. Par exemple, une action tendant à la réparation d'un préjudice subi par un tiers du fait d'une opération de perquisition judiciaire relève de la compétence de la juridiction de l'ordre judiciaire, y compris lorsqu'elle est fondée par la responsabilité sans faute de l'État (T. confl. 8 févr. 2021, *Garde des Sceaux, Min. de la Justice c/ M. R.*, n° 4205). En revanche, le même recours indemnitaire sera engagé devant le juge administratif lorsque le préjudice subi par le tiers résulte d'une opération de perquisition administrative (CE, ass., 6 juill. 2016, *Napol e.a.*, n° 398324). 579 ■

En outre, la police judiciaire est une mission exercée exclusivement par l'État : les dommages qui résulteraient de sa mise en œuvre, mais également les moyens nécessaires à sa réalisation, relèvent du seul budget de l'État, même lorsque le maire, agissant en tant qu'officier de police judiciaire, est à l'origine du dommage. À l'inverse, les opérations de police administrative sont imputables à toutes les autorités investies de tels pouvoirs, qui en sont responsables sur leur propre patrimoine.

Enfin, pour éviter toute difficulté de compétence pour les litiges survenus dans le cadre des opérations de contrôle et de vérification d'identité sur la voie publique ou les lieux publics, la loi du 10 juin 1983 a soumis l'ensemble de ces opérations au contrôle des autorités judiciaires, qu'elles aient été effectuées en liaison ou non avec une ou plusieurs infractions déterminées.

§ 2 L'ordre public, finalité de la police administrative

La notion d'ordre public a été définie, dès la Révolution française, en ce qui concerne les pouvoirs de police du maire. L'article L. 2212-2 du Code général des collectivités territoriales, qui est l'héritier des lois de 1789 et 1884, définit ainsi la « police municipale » comme ayant « pour objet d'assurer le bon ordre, la sûreté, la sécurité et la salubrité publiques ». 580 ■

Une telle conception reste purement extérieure (au sens où l'on parle parfois à ce propos « d'ordre bourgeois ») ; elle n'en est pas moins assez élastique, le contenu de chacune de ces composantes variant en fonction de la valeur, forcément subjective, que leur affectent l'administration et le juge en fonction des circonstances et de leur évolution.

C'est ainsi qu'on a pu s'interroger sur l'insertion, dans la notion d'ordre public, de la moralité publique, parfois qualifiée « d'*ordre moral*[Q] ». La moralité publique est explicitement visée par certains textes, en particulier par l'article L. 2212-2, alinéa 6 du Code général des collectivités territoriales, qui confie au maire « le soin de prendre 581 ■

provisoirement les mesures nécessaires contre les personnes atteintes de troubles mentaux dont l'état pourrait compromettre la morale publique, la sécurité des personnes ou la conservation des propriétés ».

Le juge fait, également, mention de la moralité publique, mais uniquement en se référant à des circonstances locales. Ainsi, l'interdiction de la projection d'un film a été jugée légale « à raison du caractère immoral du film et des circonstances locales » (CE, sect., 18 déc. 1959, *Sté « Les films Lutetia »*, *GAJA*, n° 72). De la même façon, l'interdiction d'ouverture d'un sex-shop, en application des pouvoirs de police générale du maire, n'est pas illégale en raison du danger pour la jeunesse (et des risques pour la tranquillité de la population) que comporterait, en raison du lieu de son implantation, l'ouverture d'un tel établissement (CE, ord. réf., 8 juin 2005, *Cne de Houilles*). Seules des circonstances locales peuvent, dans ce cas, justifier l'interdiction (CE 26 juill. 1985, *Ville d'Aix-en-Provence*, *RFDA* 1986. 439, concl. Genevois).

Le législateur a, dans un but de protection de la jeunesse, instauré, par une loi du 31 décembre 1975, un régime fiscal et de visa spécifique pour les « films pornographiques ou d'incitation à la violence », dits « films X », dont la diffusion est interdite pour les mineurs de moins de 18 ans. Le Conseil d'État a estimé qu'un film, dont il indique qu'il « est composé pour l'essentiel d'une succession de scènes de grande violence et de scènes de sexe non simulées, sans que les autres séquences traduisent l'intention, affichée par la réalisatrice, de dénoncer la violence faite aux femmes par la société », constitue « un message pornographique et d'incitation à la violence », qui, en l'état de la réglementation, ne pouvait être interdit de représentation aux mineurs de moins de dix-huit ans que par son inscription sur la liste des « films X » soumis aux dispositions de la loi du 31 décembre 1975 (CE 30 juin 2000, *Assoc. Promouvoir, M. et Mme Mazaudier*, *Lebon* 265, concl. Honorat). À la suite de cette décision, un décret du 12 juillet 2001 a instauré un visa d'exploitation assorti d'une interdiction aux mineurs de dix-huit ans, sans pour autant entraîner l'inscription sur la liste prévue par la loi de 1975. Le Conseil d'État a estimé que ce nouveau visa, plus protecteur que l'ancienne interdiction aux mineurs de moins de 16 ans, et ne restreignant pas la liberté de diffusion au même titre que la loi de 1975, devait être utilisé lorsqu'un film comporte des scènes de violence ou de sexe ayant un « caractère particulièrement cru et explicite » (CE 4 févr. 2004, *Assoc. Promouvoir*, *JCP Adm.* 2004, n° 1286, concl. I. de Silva, à propos du visa accordé au film *Ken Park*).

582 Dans un important arrêt de 1995, le Conseil d'État a consacré une nouvelle composante de l'ordre public, en affirmant solennellement que « le respect de la dignité de la personne humaine est une des composantes de l'ordre public [...] même en l'absence de circonstances locales particulières » (CE, ass., 27 oct. 1995, *Cne de Morsang-sur-Orge et Aix-en-Provence*, *GAJA*, n° 91). L'interdiction d'une attraction qui porte atteinte au respect de la dignité des personnes humaines (en l'occurrence le lancer de nains) peut être effectuée par l'autorité de police, même en l'absence de circonstances locales, car « l'essence même de la notion de dignité de la personne humaine ne tolère pas des appréciations différentes d'une commune à l'autre ». La Cour de justice des communautés européennes a repris à son compte la notion de « dignité humaine », en estimant que sa protection peut faire obstacle à la libre prestation des services (il s'agissait ici d'un jeu de « laserdrome »), et ce quand bien même l'ensemble des États membres n'a pas la même conception de la dignité humaine (CJCE 14 oct. 2004, aff. C-36/02, *Omega Spielhallen und*

Automatenaustellungs Gmbh, *AJDA* 2005. 152, note A. Von Walter; *ibid.* 308, chron. J.-M. Belorgey, S. Gervasoni et C. Lambert). La protection de la dignité de la personne humaine, notamment par la prévention des propos et gestes incitant à la haine raciale et faisant l'apologie des discriminations, persécutions et exterminations perpétrées au cours de la Seconde Guerre mondiale justifie l'usage des pouvoirs de police, en l'absence même de troubles physiques à l'ordre public (CE 9 nov. 2015, *Alliance générale contre le racisme et le respect de l'identité française et chrétienne*, n° 376107).

La dignité de la personne humaine se trouve également atteinte par la distribution d'une « soupe au cochon » aux nécessiteux, l'objet de cette distribution étant, pour le juge des référés du Conseil d'État, sciemment discriminatoire (CE, ord., 5 janv. 2007, *Min. de l'Intérieur c/ Assoc. « Solidarité des Français »*, *AJDA* 2007. 601, note B. Pauvert).

Demeurée discrète dans la jurisprudence administrative, la dignité de la personne humaine a fait l'objet d'une utilisation remarquée et discutée par le Conseil d'État statuant en tant que juge des référés dans l'ordonnance du 9 janvier 2014, *Ministre de l'Intérieur c/ Sté Les Productions de la Plume et M. Dieudonné M'Bala M'Bala*. Pour rejeter la demande de suspension présentée contre l'arrêté du préfet de la Loire-Atlantique portant interdiction du spectacle « Le Mur », le Conseil d'État a notamment relevé le risque sérieux que soient portées de graves atteintes au respect de la dignité de la personne humaine. Ces atteintes semblent découler, pour le juge, des propos tenus lors de ce spectacle faisant l'apologie des discriminations, persécutions et exterminations perpétrées au cours de la Seconde Guerre mondiale.

Malgré son retentissement, cette décision ne semble pas devoir bouleverser l'approche jurisprudentielle prudente de la dignité de la personne humaine en matière de police administrative. D'abord, elle s'inscrit dans la continuité d'une ligne de jurisprudence qui affirme le rôle de l'autorité de police dans la défense de la mémoire des défunts. Ainsi, le Conseil d'État a pu juger qu'il appartenait au maire, dans l'exercice de ses pouvoirs de police, même en l'absence de menaces de troubles à l'ordre public, d'interdire l'apposition, sur le monument aux morts de la commune, d'emblèmes de nature à enlever à ce monument son véritable caractère (CE 28 juill. 1993, *Assoc. Laissez-les vivre SOS futures mères*, n° 107990). De ce point de vue, le respect de la dignité de la personne humaine est aussi le respect de celle des défunts, dont l'autorité de police à l'obligation d'assurer la protection. Ensuite, le Conseil d'État s'appuie, dans son ordonnance, sur d'autres éléments de faits et de droit que la seule protection de la dignité de la personne humaine. Il se réfère notamment aux risques sérieux de troubles à l'ordre public nés des tensions générées par le spectacle ou encore au risque élevé de commission d'infraction pénale au cours de la représentation. Enfin, la jurisprudence ultérieure témoigne de la volonté du Conseil d'État de n'autoriser qu'exceptionnellement l'autorité de police à agir pour la protection de la dignité de la personne humaine. D'une part, le Conseil d'État a, par la suite, suspendu l'arrêté de police d'un maire interdisant le spectacle du même auteur au nom de la protection de la dignité de la personne humaine (CE, ord., 6 févr. 2015, *Cne de Cournon d'Auvergne*, n° 387726). D'autre part, il a aussi pu, en sens inverse, confirmer le refus d'un maire de faire usage de ses pouvoirs de police pour faire cesser l'exposition de pâtisseries obscènes et d'inspiration colonialiste au nom de la protection de la dignité de la personne humaine (CE, ord., 16 avr. 2015, *Société Grasse Boulange*, n° 389372). Si la place de la dignité de la personne humaine est ainsi confortée au sein de l'ordre public, elle ne semble, en définitive, n'avoir vocation qu'à être mobilisée, par l'autorité de police et par le juge, qu'en tout dernier recours, dans des situations exceptionnelles.

Une mesure de police ne peut également interdire l'accès aux plages et la baignade aux personnes portant une tenue manifestant de manière ostensible une appartenance religieuse, dès lors qu'elle n'entend pas prévenir des troubles à l'ordre public ni des atteintes à l'hygiène ou à la décence (CE 26 août 2016, *Ligue des droits de l'homme* e.a., n° 402742).

section 2

L'accomplissement de la police administrative

583 La distinction classique entre police générale et polices spéciales (§1) conduit à préciser les compétences respectives des différentes autorités de police (§2) et, dans la mesure où plusieurs autorités peuvent intervenir sur le même territoire, à évoquer la question du concours des compétences de police (§3).

§ 1 Police générale et polices spéciales

584 La distinction entre *police administrative générale*[Q] et *polices administratives spéciales*[Q] conditionne l'organisation matérielle des pouvoirs de police, et la répartition des compétences entre les autorités qui en sont investies.

La police administrative générale est constituée du pouvoir de prendre toute mesure applicable à l'ensemble des administrés sur un territoire déterminé, destinée à protéger l'ordre public dans sa dimension la plus large.

À l'inverse, la police administrative spéciale n'existe que pour autant qu'elle a été instituée par un texte particulier. Elle a, également, pour objet la protection de l'ordre public, mais ne vise à en garantir que l'un des éléments.

La multiplication des polices spéciales destinées notamment à protéger l'environnement et l'esthétique est à l'origine d'un infléchissement de la jurisprudence, dans un sens plus restrictif, concernant les pouvoirs de police générale. Alors que le Conseil d'État avait admis la légalité d'une réglementation municipale des enseignes publicitaires intervenue dans « l'intérêt de l'esthétique » (CE 3 juin 1938, *Sté des usines Renault*, *Lebon* 531), il n'admet plus aujourd'hui, en l'absence d'un texte précis conférant un pouvoir de police spéciale à cette fin, que l'administration puisse intervenir dans un but esthétique sur le seul fondement de ses pouvoirs de police générale (CE, sect., 18 févr. 1972, *Chambre syndicale des entreprises artisanales du bâtiment de la Haute-Garonne*, *Lebon* 153 : annulation d'un arrêté municipal réglementant l'esthétique des monuments funéraires).

§ 2 Les autorités de police

Le président de la République, le Premier ministre, le préfet et le maire disposent d'un pouvoir de police générale. Les autorités détentrices d'un pouvoir de police spéciale sont beaucoup plus diverses. 585 ■

A. Les autorités de police générale

Les autorités de police générale sont, au niveau national, le Premier ministre et le président de la République. Au niveau local, il s'agit des préfets et du maire. 586 ■

L'arrêt *Labonne* (CE 8 août 1919, *GAJA*, n° 34) avait reconnu au président de la République le pouvoir de « déterminer celles des mesures de police qui doivent en tout état de cause être appliquées sur l'ensemble du territoire ». La réorganisation du pouvoir exécutif sous la Ve République a cependant transféré l'essentiel de ces pouvoirs au Premier ministre, qui détient, au titre de l'article 21 de la Constitution, le pouvoir de police générale nationale (CE 2 mai 1973, *Assoc. culturelle des Israélites nord-africains de Paris*, *Lebon* 313).

En revanche, les ministres ne disposent d'aucun pouvoir de police générale. Cette situation peut paraître paradoxale, dans la mesure où le ministre de l'Intérieur est le supérieur hiérarchique des personnels mettant en œuvre le pouvoir de police.

Au niveau local, le pouvoir de police générale est partagé entre le maire et le préfet. D'autres autorités (le président du conseil départemental et le président d'un établissement public de coopération intercommunale) se sont vues reconnaître des pouvoirs de police, mais il s'agit de police spéciale. 587 ■

Le préfet est, en tant que représentant de l'État dans le département, l'autorité de police générale dans ce cadre. Au titre de l'article L. 122-1 du Code de la sécurité intérieure, il dirige l'action des services de la police nationale et des unités de la gendarmerie nationale en matière de police administrative. Il est chargé de préparer, en concertation avec les représentants du Parquet et les élus locaux, des « contrats locaux de sécurité », destinés à coordonner l'action des différentes autorités en la matière (Circ. du 28 oct. 1997 relative à la mise en œuvre des contrats locaux de sécurité), et permettant le recrutement par le préfet « d'adjoints locaux de sécurité » pour des missions d'îlotage, d'accueil du public, de prévention et de protection.

Bien que le ministre de l'Intérieur ne dispose pas d'un pouvoir de police générale, il peut donner des instructions aux préfets pour l'exercice de leurs compétences de police.

Le maire est chargé de l'ensemble de la police municipale. Il s'agit d'un pouvoir propre, qu'il exerce sans intervention du conseil municipal. 588 ■

La mise en œuvre locale des pouvoirs de police générale du maire et du préfet peut soulever quelques difficultés. Pour y remédier, la loi du 21 janvier 1995 d'orientation et de programmation relative à la sécurité, complétée par un décret du 19 septembre 1996, prévoit qu'un régime de police d'État peut être établi dans une commune en fonction de ses besoins en matière de sécurité, qui s'apprécient au regard de plusieurs critères (population permanente et saisonnière, situation de la commune dans un ensemble urbain et caractéristiques de la délinquance).

Le régime de la police d'État dans une commune est institué par arrêté conjoint des ministres compétents lorsque la demande émane du conseil municipal ou lorsque celui-ci accepte le régime d'étatisation de la police qui lui est proposé. En cas de désaccord du conseil municipal, il est institué par décret en Conseil d'État. Dans les communes où le régime de la police d'État a été instauré, il incombe à la police d'État (gendarmerie ou police nationale) d'exécuter les arrêtés de police du maire, de réprimer les atteintes à la tranquillité publique, d'assurer le bon ordre quand il se fait occasionnellement de grands rassemblements de personnes. Le maire ne reste compétent que pour les rassemblements « habituels », tels ceux provoqués par les marchés ou les processions traditionnelles, et les bruits de voisinage.

Des communes de plus en plus nombreuses se dotent de forces de police municipale, dans les conditions prévues par les dispositions du titre Ier du livre V du Code de la sécurité intérieure. La loi du 15 avril 1999 relative aux polices municipales prévoit, dans un but de rationalisation et de sécurité des forces de police, la signature d'une convention de coordination entre les différents acteurs de la sécurité publique pour les communes comportant au moins cinq agents de police municipale. En outre, la conclusion de cette convention est nécessaire pour que les policiers municipaux puissent travailler de nuit, et puissent porter une arme (article L. 511-5 du Code de sécurité intérieure). Les agents de police municipale ont aussi le droit de constater tout type d'infraction au Code de la route, et de procéder à l'enlèvement des véhicules en infraction.

La loi du 5 mars 2007 relative à la protection de la délinquance a renforcé le rôle du maire dans cet objectif, l'article L 132-1 du Code de la sécurité intérieure indiquant désormais que le maire concourt aux missions de sécurité publique et de prévention de la délinquance. Il dispose, pour l'assister dans cette mission, d'un Conseil local de sécurité et de prévention de la délinquance, qui associe élus locaux, services de l'État et représentants des professions et associations concernées par la sécurité.

589 La Ville de Paris obéit à un régime juridique particulier. Le préfet de police y exerce l'essentiel des pouvoirs et attributions en matière de police générale. Le maire de Paris reste, cependant, compétent pour la gestion du domaine public. C'est ainsi qu'un arrêté réglementant le « Carré aux artistes » de la place du Tertre, en y délimitant cent quarante emplacements d'un mètre carré chacun, réservés aux peintres, portraitistes et caricaturistes, qui auront obtenu l'autorisation d'y exercer leur profession moyennant le paiement d'une redevance annuelle, a été considéré par le Conseil d'État comme entrant dans les pouvoirs du maire, en tant que règlement relatif à l'occupation du domaine public, alors que les premiers juges l'avaient annulé en considérant que cet arrêté avait été pris par une autorité incompétente pour répondre à des impératifs d'ordre et de sécurité publics (CE 11 févr. 1998, *Ville de Paris c/ Assoc. pour la défense des droits des artistes peintres sur la place du Tertre*, *AJDA* 1998. 523, concl. Bachelier).

590 La loi du 13 août 2004 relative aux libertés et responsabilités locales ouvre la possibilité aux présidents d'établissements publics intercommunaux d'exercer des pouvoirs de police. L'article L. 5211-9-2 du Code général des collectivités territoriales prévoit que les maires des communes membres peuvent déléguer au président d'un établissement public de coopération intercommunale (EPIC) des compétences en matière d'élimination des déchets, d'accueil des gens du voyage, de manifestations culturelles et sportives, de circulation et de stationnement. Ce pouvoir reste cependant assez théorique, compte tenu de l'absence de précision sur les modalités du transfert (v. J.-F. Joye, « Le nouveau pouvoir de police du président d'un établissement public de coopération intercommunale », *AJDA* 2005. 21-29).

En outre, la loi du 27 février 2002 relative à la démocratie de proximité a ouvert la possibilité d'un recrutement par un établissement public de coopération intercommunale à fiscalité propre d'agents de police municipale (article L 512-2 du Code de la sécurité intérieure). Nommés par le président de l'établissement, gérés par lui, utilisant des moyens matériels (uniformes et véhicules) de l'intercommunalité, ces fonctionnaires de police sont toutefois mis à disposition de l'ensemble des maires des communes membres, qui demeurent leur autorité d'emploi fonctionnel et ne peuvent, sous réserve des dérogations prévues par la loi du 13 août 2004, déléguer leurs pouvoirs au président de l'établissement intercommunal.

B. Les autorités de police spéciale

Les textes instituant des polices spéciales désignent les autorités qui en sont chargées. 591 ■
Celles-ci peuvent donc être très diverses, selon qu'est en cause la police des installations classées pour la protection de l'environnement, la police des édifices menaçant ruine, la police de la protection des monuments historiques, la police de l'affichage, etc.

En matière de circulation, par exemple, la compétence est partagée entre une pluralité d'autorités. Le maire exerce ses pouvoirs sur les routes nationales, sur les routes départementales et les voies de communication à l'intérieur des agglomérations sous réserve des pouvoirs revenant au représentant de l'État dans le département sur les routes à grande circulation. Il prend dans ce cadre les mesures nécessaires à la circulation des véhicules, au stationnement et à l'accès à certaines voies. En dehors du territoire communal, le président du conseil départemental dispose désormais d'un pouvoir de police sur le domaine départemental (CGCT, art. L. 3221-4) ; ce pouvoir, dont le transfert de la plus grande partie du réseau de routes nationales au département par la loi du 13 août 2004 étend le champ d'application, ne lui permet toutefois pas d'exercer un pouvoir de police sur les terrains des personnes privées, même contiguës à ce domaine (CE 29 déc. 2004, *Dpt des Alpes-Maritimes*, *AJDA* 2005. 1006, concl. P. Collin).

Les ministres sont les principales autorités de police spéciale, dont ils sont investis par 592 ■
des textes particuliers, dans des domaines très variés.

Les préfets sont également investis de pouvoirs de police spéciale, en matière de protection de l'environnement (installations classées) ou de grands rassemblements. La loi du 15 nov. 2001 relative à la sécurité quotidienne leur a aussi donné compétence pour veiller au respect de l'ordre public dans les « rassemblements festifs à caractère musical » (v. J.-C. Videlin, « Le régime juridique des *rave parties* », *AJDA* 2004. 1071)

Autorité de police générale, le maire est aussi autorité de police spéciale, en tant 593 ■
qu'exécutif de la commune et représentant de l'État.

Sans que l'énumération soit exhaustive, le Code général des collectivités territoriales lui confie la police des funérailles, des ports maritimes communaux, des baignades et activités nautiques. Il assure également la « police des campagnes » et celle des immeubles menaçant ruine. Le Code rural lui donne compétence pour la police des animaux dangereux errants (mais la police des espèces protégées appartient au préfet, ce qui donne parfois lieu à un contentieux pittoresque quant à l'appréciation du caractère sauvage ou domestique des chats errants).

Le maire, en tant que représentant de l'État, est aussi chargé, « sous l'autorité du représentant de l'État dans le département [...] de l'exécution des mesures de sûreté générale » (CGCT, art. L. 2122-27). C'est dans ce cadre qu'il exerce la police de l'affichage et constate les infractions à la législation sur l'urbanisme.

§ 3 Le *concours des compétences de police*

594 La multiplicité des pouvoirs de police, spéciale et générale, nationale et locale, oblige, pour prévenir les éventuels conflits de compétence, à déterminer des règles visant à garantir l'articulation aussi harmonieuse que possible entre les autorités en cause. Elles concernent les rapports entre pouvoirs de police générale, entre pouvoirs de police spéciale, et entre ces deux catégories de pouvoirs.

595 Les rapports entre deux pouvoirs de police générale devraient être logiquement réglés par un principe hiérarchique : le pouvoir de l'autorité locale ne peut s'exercer que dans le respect de la décision prise par l'autorité nationale. Si ce principe guide effectivement la jurisprudence, le Conseil d'État a cependant très tôt estimé qu'une décision prise par un échelon territorial n'entraînait pas le dessaisissement de l'autorité inférieure. Alors qu'un préfet avait interdit les jeux d'argent sur les communes de son département, le Conseil d'État estime qu'« aucune disposition n'interdit au maire d'une commune de prendre sur le même objet et pour sa commune, par des motifs propres à cette localité, des mesures plus rigoureuses » (CE 18 avr. 1902, *Cne de Néris-les-Bains*, *GAJA*, n° 9). Deux conditions sont donc nécessaires pour qu'une autorité de police générale territorialement inférieure puisse adopter une décision lorsqu'une autorité supérieure est déjà intervenue : qu'elle aggrave la mesure nationale ; que des circonstances particulières de temps et de lieu le justifient. Le juge exerce un contrôle d'autant plus rigoureux sur la réalité de ces justifications qu'on assiste à une « instrumentalisation politique des pouvoirs de police administrative générale dont disposent les maires » (S. Braconnier, « Les arrêtés municipaux anti-coupure d'eau : une réponse inadaptée à un problème social réel », *AJDA* 2005. 644).

596 Les rapports entre pouvoirs de police générale et spéciale sont distincts selon que le texte instituant la police spéciale a ou non attribué cette compétence exclusivement à une autorité.

Si l'attribution n'est pas exclusive, les principes régissant les rapports entre deux pouvoirs de police générale s'appliquent. L'autorité de police générale, territorialement inférieure à l'autorité de police spéciale, ne pourra intervenir que pour aggraver la mesure de police spéciale, et si des circonstances particulières de temps et de lieu le justifient (CE, sect., 18 déc. 1959, *Sté « Les films Lutetia »*, *GAJA*, n° 72). Les conditions d'intervention de l'autorité de police générale ne semblent pas univoques et paraissent dépendre des caractéristiques propres de la police spéciale en cause. Ainsi, s'agissant de l'articulation de la police spéciale de l'état d'urgence sanitaire confiée à l'État et de la police municipale, le Conseil d'État a jugé que le maire ne pouvait intervenir « sauf raisons impérieuses » et « à condition de ne pas compromettre la cohérence et l'efficacité des mesures décidées par l'État » (CE, ord., 17 avr. 2020, *Cne de Sceaux*, n° 440057).

À l'inverse, si l'autorité de police spéciale a été investie de façon exclusive, les autorités de police générale ne pourront intervenir qu'en cas d'urgence, ou de circonstances exceptionnelles. Ainsi, un pouvoir de police spéciale, confié au ministre en matière de Circulation aérienne, fait obstacle à l'exercice du pouvoir de police générale du maire pour réglementer la circulation des avions-écoles au-dessus du territoire de sa commune, sauf à titre exceptionnel et à condition que cette immixtion ne porte pas directement sur l'objet principal de la police spéciale, à moins que des circonstances exceptionnelles ne le justifient (CE 10 avr. 2002, *Min. de l'Équipement, des transports et du logement, Lebon* 123).

L'urgence peut également être caractérisée par un « péril imminent ». Cette notion, utilisée dans un premier temps à propos des installations classées (CE 29 sept. 2003, *Houillères du bassin de Lorraine, AJDA* 2003. 2164), a été étendue à la police de l'eau (CE 2 déc. 2009, *Cne de Rachecourt-sur-Marne, JCP Adm.* 2010, n° 2106, note Moreau). En revanche, le principe de précaution ne saurait avoir pour objet ni pour effet de permettre à une autorité publique d'excéder son champ de compétence. L'autorité locale ne peut, à ce titre, s'en prévaloir pour s'immiscer dans l'exercice exclusif d'une police spéciale par l'édiction d'une réglementation locale. Le Conseil d'État en a jugé ainsi dans le domaine des communications électroniques (CE, ass., 26 oct. 2011, *Cne de Saint-Denis, Dr. Adm.* 2012. comm. 8, note F. Melleray ; *RDP* 2012. 1245, note H. Hoepffner et L. Janicot) ou de la dissémination volontaire d'organismes génétiquement modifiés (CE 24 sept. 2012, *Cne de Valence*, n° 342990).

Parfois, une même autorité peut substituer un pouvoir de police générale à un pouvoir de police spéciale. Un préfet a pu ainsi, sur le fondement de ses pouvoirs de police générale, légalement suspendre une autorisation administrative, qu'il avait attribuée à une société de surveillance en vertu de ses pouvoirs de police spéciale et, par conséquent, ne pas respecter les règles imparties à l'adoption des mesures de police spéciale, en raison de l'urgence constituée par les « troubles d'une exceptionnelle gravité liés aux conditions irrégulières d'exploitation de cette société » (CE 6 janv. 1997, *Sté AS Conseil Formation, Lebon* 8). Cela peut expliquer qu'une autorité de police qui a entrepris des démarches dans le cadre de ses pouvoirs de police spéciale puisse néanmoins, le cas échéant, voir sa responsabilité engagée du fait du non-usage des pouvoirs de police générale dont elle dispose par ailleurs (CE 27 juill. 2015, *M. A.*, n° 367484).

L'hypothèse d'une concurrence de pouvoirs de police spéciale est plus rare. Lorsqu'il 597
y est confronté, le juge veille au respect par chaque autorité de ses compétences respectives et, s'il y a véritablement concours de police, le conflit est tranché en fonction de la situation territoriale de chaque autorité, sur le fondement de la jurisprudence *Commune de Néris-les-Bains*.

La substitution d'une autorité de police à une autre entraîne des conséquences 598
limitées sur le régime de leur responsabilité. L'article L. 2216-1 Code général des collectivités territoriales indique que la substitution au maire d'une autorité relevant de l'État, « dans des hypothèses ou selon des modalités non prévues par la loi », pour

mettre en œuvre des mesures de police, constitue une cause exonératoire, totale ou partielle, de la responsabilité de la commune lorsque les mesures en question ont causé un préjudice.

Cependant, « les communes sont civilement responsables des dommages qui résultent de l'exercice des attributions de police municipale, quel que soit le statut des agents qui y concourent » (CGCT, art. L. 2216-2) : si l'intervention d'une autorité de police est due à la carence avérée de l'autorité compétente, c'est cette dernière qui sera responsable des éventuels dommages causés par l'autorité de substitution.

section 3

Le contrôle des mesures de police

599 La difficulté de la mise en œuvre des mesures de police a longtemps justifié que la responsabilité de l'administration ne puisse être engagée de leur fait que pour faute lourde, cependant aujourd'hui en déclin (v. ss 939). En revanche, le contrôle de légalité exercé sur les mesures de police est historiquement renforcé, tout à la fois parce que le juge doit veiller au respect, par l'administration, de l'exercice de sa propre compétence (§1), mais aussi, et peut-être surtout, parce que les mesures de police portant par nature atteinte aux libertés individuelles, doivent être strictement proportionnées à leur finalité (§2).

§ 1 L'adéquation des mesures de police à l'ordre public

600 Pour être légales, les mesures de police doivent, comme toute décision administrative, respecter la légalité. Mais elles doivent aussi, parce qu'elles sont susceptibles de porter atteinte à des libertés fondamentales (liberté d'aller et de venir, liberté de réunion, liberté du commerce et de l'industrie, etc.), respecter des règles spécifiques : elles doivent avoir pour finalité exclusive d'assurer le maintien de l'ordre public ; elles doivent enfin, ainsi que l'a systématisé le Conseil d'État, être adaptées, nécessaires et proportionnées pour atteindre l'objectif de maintien de l'ordre public qu'elles se sont fixé (CE 26 oct. 2011, *Assoc. pour la promotion de l'image*, *Lebon* 505, concl. J. Boucher). Cette formalisation et cette systématisation du test d'adéquation des mesures de police induisent un renforcement du contrôle juridictionnel et exigent, corrélativement, de la part de l'autorité de police un effort plus poussé d'argumentation et de démonstration des faits l'ayant conduit à faire usage de ses pouvoirs (par exemple, CE 6 juin 2018, *Ligue des Droits de l'Homme*, n° 410774 annulant, « faute d'éléments précis et circonstanciés de nature à étayer l'existence de risques particuliers » apportés par la commune, un arrêté municipal instituant un couvre-feu des mineurs de moins de treize ans dans certains quartiers de la commune et à certaines périodes).

601 Le juge vérifie toujours que la mesure de police a bien été adoptée dans le but de sauvegarde de la composante de l'ordre public assignée à l'autorité qui en est l'auteur. L'autorité de police ne peut ainsi agir dans un domaine ne figurant pas

parmi les composantes de l'ordre public, par exemple pour l'esthétique (CE 21 juill. 1971, *Loubat*) ou, plus encore, dans le but de limiter la concurrence (CE 23 avr. 1997, *Cne des Gets, Lebon* 662). Même lorsque la protection de l'ordre public est bien l'objectif de la mesure de police, l'administration doit veiller à ne porter aux règles de concurrence que « les atteintes justifiées au regard des objectifs de la réglementation de l'affichage » (CE, avis, 22 nov. 2000, *Sté L & P Publicité, D.* 2001. Somm. 1235, obs. G. Gonzalez). La protection des libertés économiques dans le cadre du contrôle juridictionnel des mesures de police reste cependant relative dans la jurisprudence administrative (v. par ex., CE 4 déc. 2009, *Société Advanced Aerospace Designs (AAD) et société B&B Controls*, n° 318981).

La mesure de police doit être adaptée, c'est-à-dire permettre d'atteindre le but recherché. La mesure doit ainsi contribuer effectivement à la prévention du risque de trouble à l'ordre public identifié.

Il faut, également, que la mesure de police soit nécessaire. L'atteinte à une liberté ne saurait en effet être qu'exceptionnelle, et employée qu'en l'absence d'autre possibilité. L'administration doit toujours rechercher, avant d'adopter une mesure restrictive ou d'interdiction, si d'autres solutions sont envisageables (CE 19 mai 1933, *Benjamin, GAJA*, n° 43) : une conférence littéraire prévue à Nevers sur Courteline et Sacha Guitry avait été interdite par le maire, au motif des manifestations que risquait de susciter la présence de son auteur, en réaction à ses attaques répétées contre le personnel de l'enseignement laïque et public. Le Conseil d'État annula cette mesure d'interdiction au motif que « l'éventualité de troubles, alléguée par le maire de Nevers, ne présentait pas un degré de gravité tel qu'il n'ait pu, sans interdire la conférence, maintenir l'ordre en édictant les mesures de police qu'il lui appartenait de prendre ». 602

Une mesure d'interdiction ne peut en effet être licite que si elle est indispensable, l'autorité de police ne disposant pas d'autres moyens moins contraignants pour maintenir l'ordre public.

Ainsi, l'interdiction d'une publication scolaire ne peut être effectuée par le proviseur que si elle comporte « une atteinte grave aux droits d'autrui et à l'ordre public » (CAA Paris, 7 oct. 2004, *Min. de la jeunesse, de l'éducation et de la recherche c/ Jonathan Desoindre, AJDA* 2004. 2397, concl. B. Bachini : à propos de la publication *Ravaillac*, journal des élèves du lycée Henri-IV à Paris). De même, et bien que cette interprétation soit contestée, le refus du ministre d'interdire la vente aux mineurs d'un ouvrage à caractère pornographique ou pédophile et faisant une large place au crime ou à la violence n'est pas illégal, car cette interdiction n'est pas une obligation, et ne peut être justifiée que par des circonstances particulières et la gravité du danger que l'ouvrage ferait courir à la jeunesse, éléments sur lesquels le juge n'opère qu'un contrôle de l'erreur manifeste d'appréciation (CE 10 mars 2004, *Assoc. Promouvoir, AJDA* 2004. 983, concl. S. Boissard).

Les circonstances particulières qui peuvent être invoquées sont non seulement celles dans lesquelles est adoptée la décision, mais peuvent aussi se référer, assez curieusement, à des événements passés. Ainsi, le juge a considéré comme légale l'interdiction d'une manifestation fondée sur les troubles à l'ordre public intervenus lors de précédents rassemblements d'une association (CE 30 déc. 2003, *M. L. et a., AJDA* 2004. 888, note O. Le Bot).

Les mesures de police doivent, enfin, être proportionnées aux faits qui les ont motivées. Sauf exception, le juge refusera ainsi les mesures d'interdiction générales 603 et absolues (CE 22 juin 1951, *Daudignac*, *GAJA*, n° 61). L'interdiction ne sera acceptée que si elle est précise et aussi peu contraignante que possible. Les « arrêtés couvre-feu », interdisant la circulation des enfants non accompagnés entre certaines heures de la nuit et prévoyant leur éventuelle reconduite, si elle est justifiée par l'urgence, par la force publique chez leurs parents, sont légaux dès lors qu'existent des risques particuliers auxquels les mineurs seraient exposés dans certains secteurs, et à condition que la mesure soit limitée dans le temps et dans l'espace (CE, ord., 29 juill. 1997, *RFDA* 1998. 383, note P.-L. Frier ; CE, ord., 9 juill. 2001, *Préfet du Loiret* et ord., 27 juill. 2001, *Ville d'Étampes*, *AJDA* 2002. 351, note G. Armand).

Le juge met donc en balance dans ce cadre d'une part l'objectif d'intérêt public poursuivi par la mesure, d'autre part les atteintes aux libertés qu'elle entraîne.

§ 2 Les pouvoirs de police, compétences obligatoires

604 Compétences propres des autorités qui en sont investies, les pouvoirs de police ne peuvent pas être délégués. Ils doivent, en outre, être obligatoirement exercés.

605 Le Conseil d'État a indiqué très nettement qu'il « appartient à l'autorité investie du pouvoir de police de prendre toute mesure pour prévenir une atteinte à l'ordre public » (CE, ass., 27 oct. 1995, *Cne de Morsang-sur-Orge*, *GAJA*, n° 91). Cette obligation d'agir, qui avait été précisée dès 1959 (CE 23 oct. 1959, *Doublet*, *Lebon* 540), signifie également qu'une autorité de police doit prendre les mesures nécessaires à l'application effective des règlements de police qu'elle a édictés. (CE, ass., 20 oct. 1972, *Marabout*, *AJDA* 1972. 625, concl. G. Guillaume). La carence dans l'adoption d'une mesure de police est susceptible d'entraîner la responsabilité de l'administration, à condition que la preuve qu'existe une faute soit apportée. Cette faute, dont la gravité exigée reste, aujourd'hui, incertaine en l'absence de jurisprudence claire et homogène, sera toutefois d'autant plus difficile à prouver que, pour que le refus d'agir de l'administration soit considéré comme illégal, il faut qu'existe un péril grave constituant une menace de trouble sérieux pour l'ordre public, rendant indispensable la mesure de police.

Le Conseil d'État considère en outre que « si l'autorité administrative a pour obligation d'assurer la sécurité publique, la méconnaissance de cette obligation ne constitue pas par elle-même une atteinte grave à une liberté fondamentale » justifiant le recours au référé-liberté (CE, ord., 20 juill. 2001, *Cne de Mandelieu-la-Napoule*, *RFDA* 2001. 1138). En revanche, le juge du référé-liberté peut ordonner des mesures urgentes nécessaires pour mettre fin à une carence de l'autorité de police qui expose des personnes à un traitement inhumain et dégradant (CE 31 juill. 2017, *Cne de Calais*, n° 412125 s'agissant de l'injonction faite aux autorités administratives d'installer des points d'eau et des latrines ainsi que des douches au bénéfice de migrants séjournant sur le territoire d'une commune).

606 La Cour de justice des Communautés européennes pourrait cependant venir au secours de requérants, puisqu'elle a condamné la France pour manquement au traité (CJCE 9 déc. 1997, *Commission c/ France*, aff. C-265/95), du fait de la passivité des forces de police face aux attaques répétées dont étaient l'objet des camions transportant des fruits et légumes importés. La Cour a notamment relevé que, malgré les avertissements nombreux de la Commission depuis 1985, les actes de violence et de vandalisme se reproduisaient régulièrement aux mêmes périodes de l'année, parfois pendant plusieurs heures, voire en présence des caméras de télévision, sans que les forces de l'ordre interviennent. La condamnation de la France pour entrave à la liberté de circulation des marchandises est donc liée au fait que les autorités publiques n'avaient pas pris les mesures préventives et répressives propres à assurer le respect effectif de cette liberté (*RFDA* 1998. 120, note Dubouis, « La "guerre de la fraise" : l'impuissance publique sous la toise du droit communautaire »).

Les missions de police ne peuvent en outre faire l'objet d'une délégation à des personnes privées. Ce principe s'impose tant au législateur qu'aux autorités administratives. 607 ■

Concernant le premier, il découle en effet de l'article 12 de la Déclaration de 1789, aux termes duquel « la garantie des droits de l'Homme et du Citoyen nécessite une force publique : cette force est donc instituée pour l'avantage de tous, et non pour l'utilité particulière de ceux auxquels elle est confiée », l'interdiction de déléguer à des personnes privées des compétences de police administrative générale qui sont inhérentes à l'exercice de la force publique (Cons. const. 29 mars 2018, n° 2017-695 QPC, *M. Rouchdi B.*). Cette règle n'est pas seulement un principe d'organisation administrative mais une garantie fondamentale offerte au citoyen, ce qui explique qu'elle puisse être invoquée dans le cadre d'une question prioritaire de constitutionnalité (Cons. const. 16 juin 2017, n° 2017-637 QPC, *Assoc. nationale des supporters*). Ainsi, le Conseil Constitutionnel a-t-il censuré, sur ce fondement, le dispositif législatif ayant pour effet d'investir des personnes privées de missions de surveillance générale de la voie publique (Cons. const. 10 mars 2011, n° 2011-625 DC). En l'espèce, la loi déférée autorisait toute personne morale à mettre en œuvre des dispositifs de vidéosurveillance au-delà des abords « immédiats » de ses bâtiments et installations et confiait à des personnes privées le soin d'exploiter des systèmes de vidéoprotection sur la voie publique et de visionner les images pour le compte de personnes publiques. Si le Conseil constitutionnel a admis que des agents privés de sécurité puissent exercer leur mission de surveillance sur la voie publique et de manière itinérante, c'est à la condition que cette mission soit assurée à des fins de prévention des infractions visant les biens dont ils ont la garde, que les agents ne disposent pas des pouvoirs de fouille et de palpations de sécurité et que cette mission de surveillance itinérante s'exerce aux abords immédiats des biens concernés. Dans la même logique, le législateur a pu prévoir, à l'article L. 211-11 du Code de la sécurité intérieure, que les forces de police ou de gendarmerie peuvent mettre en place, dans le cadre de la police des manifestations sportives, récréatives ou culturelles, un service d'ordre pour le compte de personnes privées organisatrices, dès lors que ces dernières n'ont, à l'égard de ces forces, aucune autorité (CE 21 mars 2021, *Sté d'exploitation de l'Arena*, n° 448010).

Concernant les autorités administratives, le recours à la délégation de service public est donc en principe impossible en ce domaine. Les actes de police administrative sont par nature des actes unilatéraux, et échappent à la matière contractuelle. Le principe interdit donc, par exemple, de confier à une société de gardiennage une mission générale de surveillance des voies publiques de l'ensemble de la commune (CE 29 déc. 1997, *Cne d'Ostrecourt*). Les prérogatives de police du stationnement sur la voie publique ne peuvent également faire l'objet d'une délégation à une société privée mais doivent obligatoirement être exercées par le maire (CE 1er avr. 1994, *Cne de Menton*, *Lebon* 175).

Le principe d'interdiction de la délégation des missions de police n'est cependant pas absolu et connaît des tempéraments. S'il interdit de déléguer des compétences de police administrative, il ne fait pas obstacle à ce que des personnes privées soient associées à l'exercice des missions de police administrative. Ainsi, le Conseil constitutionnel a admis, moyennant certaines garanties, que les agents de la force publique puissent se faire assister, pour la mise en œuvre des palpations de sécurité et des inspections et fouilles de bagages, par des agents agréés exerçant une activité privée de sécurité (Cons. const. 29 mars 2018, n° 2017-695 QPC, préc.). De même, la loi du 18 mars 2003 pour la sécurité intérieure avait prévu qu'il soit possible d'imposer aux organisateurs de spectacles sportifs d'assurer un service d'ordre ; le Conseil d'État a dès lors pu estimer que les organisateurs d'une rencontre de football avaient l'obligation d'assurer « la police du terrain et de prendre toutes mesures permettant d'éviter les désordres pouvant résulter, tant avant, pendant qu'après le match, de l'attitude de l'ensemble du public » (CE 20 oct. 2008, *Fédération Française de Football, RFDA* 2009. 767, note E. Lemaire).

Parallèlement, pour le Conseil d'État, le principe d'interdiction ne semble pas s'appliquer à l'ensemble des activités matérielles de police, dont certaines peuvent être confiées à des personnes privées (par exemple, CE 10 oct. 2011, *Min. de l'alimentation, de l'agriculture et de la pêche*, n° 337062).

Les juges constitutionnel et administratif font donc ici preuve d'un certain pragmatisme. Les frontières incertaines du principe d'interdiction réservent ainsi à l'administration, sous le contrôle du juge, une relative marge de manœuvre dans le choix des moyens de mise en œuvre des tâches matérielles de police. La demande sociale croissante de sécurité couplée aux contraintes budgétaires croissantes expliquent sans doute la tentation des autorités publiques de recourir aux services d'opérateurs de sécurité privée. Le principe d'interdiction de la délégation tend finalement à prévenir une dérive en la matière, sans pour autant faire totalement obstacle à cette association croissante des autorités publiques et prestataires privés.

Compléments pédagogiques

Quid

■ Prévention et répression n° 578

La prévention des atteintes à l'ordre public est assurée par la police administrative qui consiste à empêcher la survenance d'actes contraires à l'ordre public et à la légalité. Par opposition, la police judiciaire a un caractère répressif dans la mesure où elle intervient alors qu'ont été commises des atteintes à ce même ordre. C'est cette finalité, recherchée dans *l'intention* (répressive ou préventive) de l'auteur de l'opération de police et non dans son exécution, qui permet de différencier la police administrative de la police judiciaire.

■ Concours de police n°s 594 s.

Il y a concours de police lorsque l'exercice du pouvoir de police se trouve conjointement assuré, au gré de circonstances particulières, par deux détenteurs du pouvoir de police, ou lorsque deux pouvoirs de police incombant à une même personne entrent en conflit. Il peut s'agir d'un concours de police entre deux polices générales (par ex. celle d'un maire et celle d'un préfet), ou entre une police générale et une police spéciale (par ex. pouvoir de police générale du maire pour le maintien de l'ordre public communal et pouvoir de police spéciale de la même autorité pour contrôler les débits de boisson).

■ Ordre moral n° 581

On considère généralement que l'ordre public est composé de trois éléments : la sécurité, la tranquillité et la salubrité publiques. La jurisprudence a cependant ajouté une « quatrième composante de la notion d'ordre public » (R. Chapus) : le juge légitime en effet l'usage de l'autorité de police administrative pour la protection indirecte d'un certain ordre moral, dès lors qu'existent des risques de troubles à l'ordre public ou aux bonnes mœurs. Le recours à la notion de *dignité de la personne humaine* procède de ce même esprit.

■ Police générale n° 584

La police administrative générale a, comme son nom l'indique, un objet général, à savoir le maintien de l'ordre public, notion dont on sait qu'elle recouvre l'ensemble des éléments permettant d'assurer une vie paisible aux citoyens. La police générale est exercée au niveau national par le Premier ministre, titulaire du pouvoir réglementaire général, dans le département par le préfet, dans la commune par le maire.

■ Police judiciaire n° 578

La police judiciaire vise à la répression des infractions, délits et crimes sur le point d'être commis ou constatés : il existe donc des recoupements importants entre police judiciaire et police administrative. La police judiciaire cependant conserve un caractère avant tout répressif ; son contentieux, contrairement à celui de la police administrative, relève des tribunaux judiciaires.

■ Police spéciale n° 584

Instituées par la loi, les polices spéciales ont des objets déterminés et sont exercées, selon des règles de procédure particulières, par des organismes spécialisés. Ces polices ont des objets très variés et peuvent être confiées soit à une autorité détenant le pouvoir de police générale, comme le maire ou le préfet, soit à une autorité non titulaire de ce pouvoir.

Documents

1) Les principes généraux de la sécurité intérieure

Article L. 111-1 du Code de la sécurité intérieure

La sécurité est un droit fondamental et l'une des conditions de l'exercice des libertés individuelles et collectives.

L'État a le devoir d'assurer la sécurité en veillant, sur l'ensemble du territoire de la République, à la défense des institutions et des intérêts nationaux, au respect des lois, au maintien de la paix et de l'ordre publics, à la protection des personnes et des biens.

Il associe à la politique de sécurité, dans le cadre de dispositifs locaux dont la structure est définie par voie réglementaire, les collectivités territoriales et les établissements publics de coopération intercommunale ainsi que les représentants des professions, des services et des associations confrontés aux manifestations de la délinquance ou œuvrant dans les domaines de la prévention, de la médiation, de la lutte contre l'exclusion ou de l'aide aux victimes.

2) Les finalités de la police administrative

CE, ass., 27 octobre 1995, *Commune de Morsang-sur-Orge*

Considérant qu'il appartient à l'autorité investie du pouvoir de police municipale de prendre toute mesure pour prévenir une atteinte à l'ordre public ; que le respect de la dignité de la personne humaine est une des composantes de l'ordre public ; que l'autorité investie du pouvoir de police municipale peut, même en l'absence de circonstances locales particulières, interdire une attraction qui porte atteinte au respect de la dignité de la personne humaine [...]

⇨ *La dignité de la personne humaine est une composante de l'ordre public.*

T. confl. 12 juin 1978, *Société « Le Profil » c/ Ministre de l'Intérieur*
(*Lebon* 469, concl. Morisot)

Considérant que la société « Le Profil » demande à l'État la réparation du préjudice qu'elle a subi le 8 décembre 1972 du fait de malfaiteurs qui, sous la menace de leurs armes, se sont emparés d'une somme de 274 051,90 francs qu'un de ses préposés venait de retirer d'une banque en vue de la transporter dans les locaux de la société ; qu'au soutien de sa requête la société « Le Profil » fait valoir que les services de police chargés de la sécurité de cette opération de transfert de

fonds ont commis des fautes lourdes susceptibles d'engager la responsabilité de l'État, d'une part, en ne mettant pas en place un dispositif de protection adéquat, d'autre part, en ne faisant pas obstacle aux agissements des agresseurs ;
Considérant que le préjudice allégué, intervenu au cours d'une opération tendant à assurer la protection des personnes et des biens, trouve *essentiellement* son origine dans les conditions dans lesquelles a été organisée cette mission de protection ; qu'une telle mission relève de la police administrative ; que les litiges relatifs aux dommages que peuvent causer les agents du service public dans de telles circonstances relèvent de la compétence de la juridiction administrative.

⇨ *Caractère attractif de la notion de police administrative.*

3) Les autorités de police

Code général des collectivités territoriales

Art. L. 2211-1. Le maire concourt par son pouvoir de police à l'exercice des missions de sécurité publique.
Art. L. 2212-1. Le maire est chargé, sous le contrôle administratif du représentant de l'État dans le département, de la police municipale, de la police rurale et de l'exécution des actes de l'État qui y sont relatifs.
Art. L. 2212-2. La police municipale a pour objet d'assurer le bon ordre, la sûreté, la sécurité et la salubrité publiques. Elle comprend notamment :
1° Tout ce qui intéresse la sûreté et la commodité du passage dans les rues, quais, places et voies publiques, ce qui comprend le nettoiement, l'éclairage, l'enlèvement des encombrements, la démolition ou la réparation des édifices menaçant ruine, l'interdiction de rien exposer aux fenêtres ou autres parties des édifices qui puisse nuire par sa chute ou celle de rien jeter qui puisse endommager les passants ou causer des exhalaisons nuisibles ainsi que le soin de réprimer les dépôts, déversements, déjections, projections de toute matière ou objet de nature à nuire, en quelque manière que ce soit, à la sûreté ou à la commodité du passage ou à la propreté des voies susmentionnées ;
2° Le soin de réprimer les atteintes à la tranquillité publique telles que les rixes et disputes accompagnées d'ameutement dans les rues, le tumulte excité dans les lieux d'assemblée publique, les attroupements, les bruits, y compris les bruits de voisinage, les rassemblements nocturnes qui troublent le repos des habitants et tous actes de nature à compromettre la tranquillité publique ;
3° Le maintien du bon ordre dans les endroits où il se fait de grands rassemblements d'hommes, tels que les foires, marchés, réjouissances et cérémonies publiques, spectacles, jeux, cafés, églises et autres lieux publics ;
4° L'inspection sur la fidélité du débit des denrées qui se vendent au poids ou à la mesure et sur la salubrité des comestibles exposés en vue de la vente ;
5° Le soin de prévenir, par des précautions convenables, et de faire cesser, par la distribution des secours nécessaires, les accidents et les fléaux calamiteux ainsi que les pollutions de toute nature, tels que les incendies, les inondations, les ruptures de digues, les éboulements de terre ou de rochers, les avalanches ou autres accidents naturels, les maladies épidémiques ou contagieuses, les épizooties, de pourvoir d'urgence à toutes les mesures d'assistance et de secours et, s'il y a lieu, de provoquer l'intervention de l'administration supérieure ;
6° Le soin de prendre provisoirement les mesures nécessaires contre les personnes atteintes de troubles mentaux dont l'état pourrait compromettre la morale publique, la sécurité des personnes ou la conservation des propriétés ;

7° Le soin d'obvier ou de remédier aux événements fâcheux qui pourraient être occasionnés par la divagation des animaux malfaisants ou féroces ;
8° Le soin de réglementer la fermeture annuelle des boulangeries, lorsque cette fermeture est rendue nécessaire pour l'application de la législation sur les congés payés, après consultation des organisations patronales et ouvrières, de manière à assurer le ravitaillement de la population.

⇨ *Les compétences du maire en tant que titulaire du pouvoir de police générale municipale.*

CE, ass., 26 octobre 2011, *Commune de Saint-Denis*

Considérant qu'il résulte de ces dispositions que le législateur a organisé une police spéciale des communications électroniques confiée à l'État ; qu'afin d'assurer, sur l'ensemble du territoire national et conformément au droit de l'Union européenne, d'une part, un niveau élevé et uniforme de protection de la santé publique contre les effets des ondes électromagnétiques émises par les réseaux de communications électroniques, qui sont identiques sur tout le territoire, d'autre part, un fonctionnement optimal de ces réseaux notamment par une couverture complète de ce territoire, le législateur a confié aux seules autorités qu'il a désignées, c'est-à-dire au ministre chargé des communications électroniques, à l'ARCEP et à l'ANFR, le soin de déterminer, de manière complète, les modalités d'implantation des stations radioélectriques sur l'ensemble du territoire ainsi que les mesures de protection du public contre les effets des ondes qu'elles émettent ; que les pouvoirs de police spéciale ainsi attribués aux autorités nationales, qui reposent sur un niveau d'expertise et peuvent être assortis de garanties indisponibles au plan local, sont conférés à chacune de ces autorités, notamment pour veiller, dans le cadre de leurs compétences respectives, à la limitation de l'exposition du public aux champs électromagnétiques et à la protection de la santé publique ; que, dans ces conditions, si le législateur a prévu par ailleurs que le maire serait informé à sa demande de l'état des installations radioélectriques exploitées sur le territoire de la commune et si les articles L. 2212-1 et L. 2212-2 du Code général des collectivités territoriales habilitent le maire à prendre les mesures de police générale nécessaires au bon ordre, à la sûreté, à la sécurité et à la salubrité publiques, celui-ci ne saurait, sans porter atteinte aux pouvoirs de police spéciale conférés aux autorités de l'État, adopter sur le territoire de la commune une réglementation portant sur l'implantation des antennes relais de téléphonie mobile et destinée à protéger le public contre les effets des ondes émises par ces antennes ;
Considérant, en second lieu, qu'aux termes de l'article 5 de la Charte de l'environnement, à laquelle le Préambule de la Constitution fait référence en vertu de la loi constitutionnelle du 1er mars 2005 : « Lorsque la réalisation d'un dommage, bien qu'incertaine en l'état des connaissances scientifiques, pourrait affecter de manière grave et irréversible l'environnement, les autorités publiques veillent, par application du principe de précaution et dans leurs domaines d'attributions, à la mise en œuvre de procédures d'évaluation des risques et à l'adoption de mesures provisoires et proportionnées afin de parer à la réalisation du dommage » ; qu'il résulte de ces dispositions que le principe de précaution, s'il est applicable à toute autorité publique dans ses domaines d'attributions, ne saurait avoir ni pour objet ni pour effet de permettre à une autorité publique d'excéder son champ de compétence et d'intervenir en dehors de ses domaines d'attributions ; que, par conséquent, la circonstance que les valeurs limites d'exposition du public aux champs électromagnétiques fixées au niveau national ne prendraient pas suffisamment en compte les exigences posées par le principe de précaution n'habilite pas davantage les maires à adopter une réglementation locale portant sur l'implantation des antennes relais de téléphonie mobile et destinée à protéger le public contre les effets des ondes émises par ces antennes ; [...]

⇨ *Le concours des compétences de police.*

3) Le contrôle des mesures de police administrative

CE 19 mai 1933, *Benjamin* (*GAJA*, n° 43)

Considérant que s'il incombe au maire, en vertu de l'art. 97 de la loi du 5 avr. 1884, de prendre les mesures qu'exige le maintien de l'ordre, il doit concilier l'exercice de ses pouvoirs avec le respect de la liberté de réunion garantie par les lois du 30 juin 1881 et du 20 mars 1907 ; [...]

Considérant qu'il résulte de l'instruction que l'éventualité de troubles, alléguée par le maire de Nevers, ne présentait pas un degré de gravité tel qu'il n'ait pu, sans interdire la conférence, maintenir l'ordre en édictant les mesures de police qu'il lui appartenait de prendre ; que, dès lors, sans qu'il y ait lieu de statuer sur le moyen tiré du détournement de pouvoir, les requérants sont fondés à soutenir que les arrêtés attaqués sont entachés d'excès de pouvoir.

⇨ *Une mesure de police n'est légale que si elle est strictement nécessaire.*

CE, sect., 22 nov. 2000, *Société L & P Publicité SARL* (avis cont.)

1/Dès lors que l'exercice de pouvoirs de police administrative est susceptible d'affecter des activités de production, de distribution ou de services, la circonstance que les mesures de police ont pour objectif la protection de l'ordre public ou, dans certains cas, la sauvegarde des intérêts spécifiques que l'administration a pour mission de protéger ou de garantir n'exonère pas l'autorité investie de ces pouvoirs de police de l'obligation de prendre en compte également la liberté du commerce et de l'industrie et les règles de concurrence. Il appartient au juge de l'excès de pouvoir d'apprécier la légalité de ces mesures de police administrative en recherchant si elles ont été prises compte tenu de l'ensemble de ces objectifs et de ces règles et si elles en ont fait, en les combinant, une exacte application.

⇨ *Les mesures de police administrative peuvent se voir opposer les règles du droit de la concurrence.*

Biblio

- Dossier « Police, polices », *JCP A* 2012, n° 15.
- Dossier « Les pièges de la sécurité », *RFDA* 2011. 1085.
- P. Bernard, *La notion d'ordre public en droit administratif*, LGDJ, 1962.
- M. Canedo-Paris, « La dignité humaine en tant que composante de l'ordre public : l'inattendu retour en droit administratif d'un concept controversé », *RFDA* 2008. 979.
- A. Decocq, J. Montreuil, J. Buisson, *Le droit de police*, Litec, 1991.
- G. Lebreton, « Le juge administratif face à l'ordre moral », in *Mélanges en l'honneur de G. Peiser*, PUG, 1995, p. 363.
- E. Lemaire, « Actualité de la prohibition de la privatisation de la police », *RFDA* 2009. 767.
- D. Linotte, *La police administrative existe-t-elle ?*, Économica, 1985, 140 p.
- F. Melleray, « L'obligation de prendre des mesures de police administrative initiales », *AJDA* 2005. 71-76
- C.-E. Minet, *Droit de la police administrative*, Vuibert, 2007, 414 p.

- J. Petit, « Nouvelles d'une antinomie : contrat et police », in *Les collectivités locales, Mélanges en l'honneur de J. Moreau*, Économica, 2003, p. 345.
- J. Petit, « Police et sanction », *JCP A* 2013, n° 11, p. 20.
- E. Picard, *La notion de police administrative*, LGDJ, 1984, 926 p.
- M. Quesnel, « Le transfert de pouvoirs de police du maire au président d'EPCI, symbole des nouveaux enjeux de l'intercommunalité », *Dr. adm.* 2015, étude 7.
- C. Vautrot-Schwartz (dir.), *La police administrative*, PUF, coll. « Essais », 2014, 302 p.

Quiz

1) Sujet corrigé

Cas pratique

Énoncé

1. Alors qu'ils procèdent dans la commune de Terrasson-la-Villedieu (Dordogne) à une opération de contrôle d'identité, décidée à la suite de l'explosion d'une bombe devant la mairie revendiquée par le Front pour la réunification du Périgord indépendant, les gendarmes Laprairie et Delalande constatent qu'un homme semble vouloir se dérober au contrôle. Ils hèlent ce dernier qui s'enfuit à toutes jambes. Le sergent Laprairie se rue à la poursuite de l'homme mais, alors qu'il traverse en courant la rue, débouche une petite voiture conduite par Mlle Patatras. Celle-ci n'a rien vu. Elle renverse le courageux gendarme qui, à terre, hurle de douleur en se tenant une jambe. Paniquée, elle redémarre en trombe, va se réfugier chez elle et se barricade. Appelés sur le lieu du domicile de Mlle Patatras, les hommes de la gendarmerie voisine l'entendent hurler qu'elle est armée et qu'elle ne se rendra jamais. Contacté, le maire de la petite ville, M. Faufère décide de se rendre sur place pour raisonner la forcenée.

Distinguez dans les événements relatés ci-dessus les éléments relevant de la police administrative et ceux relevant de la police judiciaire.

2. Face à la montée de la violence dans sa commune, M. Faufère décide de s'inspirer de l'exemple du centre commercial Fleur de Terroir qui a fait appel à la société de gardiennage Toutenforce pour assurer la sécurité de ses biens et a obtenu des résultats remarquables. Il conclut à son tour avec la société Toutenforce un contrat stipulant notamment que :

– les hommes de la société Toutenforce ne porteront pas d'armes classées au maximum dans une catégorie supérieure au niveau 4 ;

– les hommes de ladite société (appelés vigiles) informeront les autorités de gendarmerie des comportements suspects qu'ils observeront ;

– ils procéderont à des contrôles d'identité par sondages ;

– ils appréhenderont les contrevenants à l'ordre public pour les remettre aux autorités de gendarmerie ;

– ils enquêteront par l'entremise de leurs propres réseaux sur les auteurs des délits constatés sur le territoire de la commune pour en informer le maire, la gendarmerie et le parquet de Périgueux.

Expliquez, pour chacune de ces dispositions, pourquoi elle vous semble légale ou illégale.

Voir le corrigé en fin de rubrique.

2) Sujet d'examen

Cas pratique

Énoncé

1. Le maire de Gaja, charmante petite commune de l'Ariège, reçoit chaque semaine les doléances de certains de ses administrés excédés par les concerts donnés chaque samedi après-midi sur la principale place de la ville, par des chanteurs de musique médiévale. Les informations recueillies par le maire font apparaître que les concerts en cause sont organisés sur la place publique suite au refus qui a été opposé aux organisateurs d'accéder à l'église du village, refus dont le motif avancé est que le style des chants religieux proposés ne correspond pas au goût des personnes fréquentant habituellement l'édifice. En outre, la présence d'un nombreux public, notamment composé de jeunes extérieurs à la commune, a entraîné une diminution de la fréquentation des magasins situés sur cette place très commerçante.

Ne voulant pas apparaître odieusement réactionnaire aux yeux de la jeunesse de la ville toujours plus nombreuse à se rendre à ces concerts, le maire décide, pour faire bonne mesure, d'interdire tout spectacle musical sur le territoire de la commune.

La société Le mouton bêlant, titulaire d'une licence d'entrepreneur du spectacle et ayant son siège 49 rue René Cassin à Gaja, productrice épisodique de spectacles de musique techno dans les maisons de retraite de la commune, s'estime lésée par cette interdiction, et décide d'intenter un recours contre l'arrêté du maire.

Son action a-t-elle des chances de succès ?

2. Suite au tollé soulevé dans tout le département par cette interdiction, le maire décide de modifier l'arrêté d'interdiction et d'octroyer une dérogation pour les spectacles organisés par la société Le mouton bêlant, dont il s'avère que le directeur est un cousin du maire.

Quels sont les motifs éventuels d'annulation d'un tel arrêté ?

3) Corrigé

Cas pratique

1. La police administrative a pour but d'assurer le maintien de l'ordre public. À ce titre, sont des opérations de police *administrative* toutes les actions tendant à *prévenir* les troubles à l'ordre public, tandis que les mesures concernant la recherche de délinquants ou de criminels, de même que celles visant à la répression des infractions constituent des opérations de police *judiciaire*. La distinction entre ces deux types de polices est effectuée par le juge au regard de *l'intention* de l'autorité qui exécute la mission de police. C'est en fonction de ces éléments que les différentes opérations de police présentées dans les faits rapportés doivent être analysées.

Avant de tenter de les qualifier juridiquement, il faut tout d'abord différencier les opérations en cause. On peut en dégager principalement trois : l'opération de contrôle d'identité ; la poursuite de l'individu suspect ; la tentative d'interpellation de Mlle Patatras.

La première opération est celle qui soulève le plus de difficultés. On sait en effet que les opérations de contrôle d'identité, domaine particulièrement sensible (on rappellera pour mémoire que le caractère obligatoire de la possession d'une carte nationale d'identité a été institué par le gouvernement de Vichy), sont régies par des textes spéciaux, depuis la loi sécurité et liberté de 1981 jusqu'à celle du 5 août 1993, textes auxquels il faut ajouter ceux ayant trait au contrôle d'identité des étrangers. L'ensemble de ces textes a pour effet de transférer les litiges nés des contrôles d'identité à la juridiction judiciaire. Mais ce transfert de compétence est sans conséquence sur la nature même de l'opération de police que constitue le contrôle d'identité : ce contrôle sera considéré comme une opération de police administrative s'il est effectué dans un but de prévention et de maintien de l'ordre public, comme une opération de police judiciaire s'il est destiné à rechercher (et à interpeller) l'auteur présumé d'une infraction. Dans le cas présent, les contrôles d'identité sont effectués « à la suite » d'un attentat terroriste, et on peut donc penser qu'ils visent à rechercher les auteurs de ladite action : à ce titre, ils peuvent être considérés comme une opération de police judiciaire. Mais il est également possible de considérer que l'opération de contrôle d'identité a pour but de sécuriser la commune à la suite de l'action terroriste, et a par conséquent un but préventif, de maintien de l'ordre et de la tranquillité publics : dans ce cas, l'opération sera considérée comme de police administrative.

La qualification de la deuxième opération dépend en partie de la première : si la qualification de police judiciaire a été retenue à son égard, il en ira immanquablement de même de la poursuite de l'individu suspect. Dans le cas inverse, le raisonnement doit être quelque peu précisé : la poursuite qui s'engage ne vise en effet pas directement à appréhender un suspect mais à accomplir, contre le gré d'un récalcitrant, un contrôle d'identité. Le fait qu'il y ait poursuite n'est donc pas en lui-même de nature à conférer un caractère judiciaire à l'opération de police ; compte tenu des circonstances (au regard desquelles sont toujours rendues les décisions juridictionnelles), il peut cependant être affirmé sans trop s'avancer que le refus de se soumettre au contrôle d'identité pouvait entraîner des soupçons chez les policiers, dont l'intention était dès lors non plus d'opérer un contrôle d'identité préventif, mais de vérifier l'identité d'un individu dont ils avaient tout lieu de penser que sa fuite révélait son implication dans les récents dégâts survenus à la mairie : l'opération doit dans ce cas être considérée comme de police judiciaire.

La troisième opération est en revanche sans conteste une opération de police judiciaire : la recherche de Mlle Patatras à la suite de l'accident survenu au cours de la poursuite vise à appréhender un individu qui s'est rendu coupable de coups et blessures. La qualification de ces derniers de volontaire ou non ne conditionne pas la nature judiciaire de l'opération de police. Par ailleurs, le maire peut être appelé sur les lieux d'une intervention, comme c'est ici le cas, en raison de sa qualité d'officier de police judiciaire.

2. Malgré la prégnance de certains discours d'élus locaux, une commune n'est pas une entreprise privée, et ce qui, dans une certaine mesure, est légal pour les entreprises ne l'est pas forcément pour les communes. Le contrat que M. Faufère, au

nom de la commune dont il est le maire, a passé avec la société de gardiennage Toutenforce est illégal en toutes et chacune de ses clauses. La police administrative, qu'elle soit ou non considérée comme une activité de service public, n'est pas susceptible d'être déléguée (CE 17 juin 1932, *Ville de Castelnaudary*). Cette interdiction est due au fait que la police est une activité régalienne par excellence, appartenant à l'État ou à ses représentants territoriaux. Elle concerne aussi bien les activités de police administrative que de police judiciaire, dont la question précédente montrait d'ailleurs la difficulté qu'il y a à les différencier. Elle s'applique également aux activités juridiques (l'adoption de mesures de police) et à leur exécution, c'est-à-dire aux opérations matérielles de police administrative ou judiciaire (TA Versailles, 17 janv. 1986, *COREP de Seine-et-Marne*). Les missions qui sont déléguées à la société Toutenforce constituent de façon manifeste des prérogatives de police, à la fois administrative (contrôles d'identité, prévention des infractions) et judiciaires (appréhension des contrevenants, enquêtes sur les auteurs des délits), ce qui entraîne l'illégalité de la convention.

Le maire de la commune aurait tout au plus eu la possibilité de confier à la société Toutenforce la gestion (incluant la surveillance) du service public du stationnement payant, à condition que les infractions aux règles du stationnement payant demeurent effectuées par des agents municipaux placés sous l'autorité directe du maire (CE 1er avr. 1994, *Cne de Menton*).

chapitre 11

Les contrôles non juridictionnels

Plan analytique

section 1

Les contrôles administratifs

§ 1 Les corps d'inspection et de contrôle

§ 2 L'évaluation des politiques publiques

section 2

Les modes alternatifs de règlement des litiges

§ 1 Les recours administratifs préalables

§ 2 Transaction, médiation et arbitrage administratifs

§ 3 Le Défenseur des droits

Compléments pédagogiques

Les contrôles non juridictionnels

Le droit administratif a, trop souvent, la réputation d'être principalement contentieux. Certes, son caractère jurisprudentiel, dont on a pu regretter l'atténuation récente, lui a permis de fixer par des solutions nuancées et progressives le droit applicable à l'administration ; mais il serait très réducteur de ne pas faire état des contrôles de l'action administrative réalisés en son sein, ou par des instances non-juridictionnelles. Ces types de contrôles peuvent, dans d'autres pays européens, être si importants qu'ils se substituent purement et simplement au premier degré de notre juridiction administrative. En outre, l'importance de contrôles non-juridictionnels est rendue plus pressante du fait de l'expansion des recours contentieux, que n'ont pu absorber ni la création des cours administratives d'appel, ni le transfert progressif des contentieux de l'appel vers ce nouveau niveau juridictionnel. Ils sont désormais présentés, quoique de façon très rudimentaire, aux deux premiers titres du Livre IV du Code des relations entre l'administration et le public, respectivement consacrés aux recours administratifs et aux autres modes non juridictionnels de règlement des différends. 608

De nombreux contrôles sont ainsi exercés par l'administration, en interne, de sa propre initiative, sans être nécessairement déclenchés à la suite d'un litige opposant l'administration et des administrés (section 1). Même lorsqu'un tel différend apparaît, le règlement non contentieux des litiges tend à se développer de nos jours, soit sous la forme de médiations, soit sous l'appellation commode de « modes alternatifs de règlement des litiges » (section 2).

section 1

Les contrôles administratifs

Les contrôles internes à l'administration sont d'abord le fait d'organismes spécifiquement dédiés à cette mission, ayant pour objet de rechercher les irrégularités et dysfonctionnements qui résulteraient de l'organisation des services administratifs (§1) ; ils visent également, au-delà des services eux-mêmes, les politiques publiques, c'est-à-dire les missions assumées par les administrations, qui sont objet d'évaluation (§2). 609

Si l'on considère que les contrôles administratifs ont pour objet principal de veiller à ce que l'administration respecte la légalité, avant que la saisine d'un juge ne soit nécessaire à cet effet, on ne peut se limiter à ces deux formes institutionnalisées de contrôle. Ainsi, le contrôle de légalité opéré par le préfet sur les actes des collectivités territoriales est, lui aussi, un contrôle non contentieux de l'action administrative, qui peut en outre revêtir, dans sa forme de dialogue informel, une modalité de conseil juridique aux collectivités territoriales.

§ 1 Les corps d'inspection et de contrôle

610 Rattachés le plus souvent directement au ministre, les corps d'inspection ou de contrôle ont tantôt vocation à exercer leurs missions à l'égard de certaines administrations déterminées (par exemple Inspection générale de l'éducation nationale ; Contrôle général des armées ; Inspection générale de la police nationale ; Inspection générale des affaires sociales, etc.), tantôt une vocation qui va au-delà de leur ministère de rattachement, telle l'Inspection générale de l'administration ou l'Inspection générale des finances.

Les contrôles effectués par cette dernière, exercés généralement sur place au cours de « tournées » d'inspection, portent non seulement sur les administrations de l'État, mais aussi sur celles des autres collectivités publiques et les établissements publics tant nationaux que locaux. Le prestige de l'Inspection générale des finances, créée en 1831, est tel que ses membres n'exercent cependant ces fonctions de « tournées » d'inspection que pendant quelques années après la sortie de l'ENA, pour ensuite poursuivre leur carrière aux plus hauts postes de responsabilité au sein de l'administration. La modification de son statut par un décret du 4 octobre 2006 a cependant permis une certaine ouverture de son recrutement, notamment par la voie du détachement. Son rôle ne se borne pas à détecter les éventuelles pratiques irrégulières, mais également à proposer les mesures aptes à assurer les conditions d'une meilleure gestion des services de l'État et des personnes publiques en général.

L'inspection générale de l'administration, créée en 1781 et dont le statut a été réformé par un décret du 9 juillet 2007, est quant à elle principalement dédiée au contrôle de l'administration du ministère de l'Intérieur, mais peut également être utilisée pour des fonctions d'inspection interministérielle, et tient un rôle accru dans la préparation et le suivi de la réforme de l'État.

Parallèlement à la mission de ces corps d'inspection, un décret du 28 juin 2011, complété par une circulaire du 30 juin, a, dans le cadre de la Révision générale des politiques publiques, prévu l'institution, dans chaque ministère, d'un dispositif de contrôle et d'audit internes, adapté aux missions et à la structure des services et visant à assurer la maîtrise des risques liés à la gestion des politiques publiques dont ces services ont la charge. Sans recouper exactement les missions des corps d'inspection, l'audit interne s'en approche : « activité exercée de manière indépendante et objective », il donne « à chaque ministre une assurance sur le degré de maîtrise de ses opérations et lui apporte ses conseils pour l'améliorer ».

§ 2 L'évaluation des politiques publiques

611 L'évaluation des politiques publiques ne porte pas seulement sur la vérification du respect de normes administratives ou techniques, mais tend à comparer les résultats d'une politique publique aux objectifs initialement fixés et aux moyens mis en œuvre. Elle s'inscrit dans le prolongement des processus dits « de rationalisation des choix budgétaires » (RCB) engagés dès les années 1970. La création en 1990 du Conseil scientifique de l'évaluation, qui devait jouer un rôle d'impulsion en la matière, n'avait pas eu l'efficacité escomptée, du fait notamment de la longueur des délais entre la préparation du cahier des charges d'une opération d'évaluation et la

publication des résultats, de sorte que « les conclusions des évaluations n'ont pu être que rarement utilisées dans les processus de décision » (Circ. du 28 déc. 1998 relative à l'évaluation des politiques publiques, *JO* 12 févr. 1999, p. 2240).

Le décret du 18 nov. 1998 devait améliorer ce dispositif par la création d'un Conseil national de l'évaluation, composé de personnalités qualifiées choisies en raison de leurs compétences en matière d'évaluation et dans les domaines des sciences économiques, sociales et administratives, d'élus et de membres du Conseil économique et social, ainsi que de membres du Conseil d'État et de la Cour des comptes. Le Premier ministre devait arrêter le programme annuel d'évaluation. La désignation, à l'issue des élections présidentielles de 2007, d'un Secrétaire d'État auprès du Premier ministre, chargé de la prospective et de l'évaluation des politiques publiques, a été suivie d'une modification de perspective de l'évaluation : plutôt que d'être dévolue à des structures *ad hoc*, l'évaluation doit désormais être intégrée à chaque phase de l'action publique. La conséquence organisationnelle de cette réorientation a été la disparition du Conseil national de l'évaluation, le décret du 4 juillet 2008 abrogeant purement et simplement celui du 18 novembre 1998. Quelques jours plus tard, la loi constitutionnelle du 23 juillet 2008 modifiait les articles 24 et 47-2 de la Constitution, et confiait l'évaluation des politiques publiques au Parlement, avec l'appui de la Cour des comptes (Const., art. 47-2).

La loi organique du 1er août 2001 relative aux lois de finances, dont les dispositions se substituent à celles de l'ordonnance du 2 janvier 1959 à partir du 1er janvier 2005, permet désormais au Parlement de s'assurer plus efficacement de l'efficacité de la dépense publique et de la cohérence des politiques publiques ; les crédits sont dorénavant regroupés par programmes, qui permettent de passer d'un budget de moyens, présentant les crédits par nature de dépenses, à une logique d'objectifs et de résultats. Les gestionnaires publics, dotés d'une enveloppe globale, devront en contrepartie s'engager sur des objectifs précis et des résultats mesurables, permettant de rendre compte de la manière dont ceux-ci auront été atteints. 612 ■

Le Parlement, outre les Missions d'évaluation et de contrôle présentes auprès des deux chambres, dispose, depuis la loi organique du 15 avril 2009, d'un outil spécifique d'évaluation *ex ante* des projets de loi qui lui sont soumis. Ceux-ci doivent en effet obligatoirement être accompagnés d'une étude d'impact évaluant les conséquences économiques, financières, sociales et environnementales, ainsi que les coûts et bénéfices financiers attendus du projet de loi. Enfin, le nouveau règlement de l'Assemblée nationale, adopté le 27 mai 2009, institue un Comité d'évaluation et de contrôle des politiques publiques de l'Assemblée. Si le Conseil constitutionnel a censuré quelques dispositions du règlement qui prévoyaient des modes d'évaluation se rapprochant par trop du contrôle de l'action gouvernementale (Cons. const. 9 avr. 2009, n° 2009-579 DC), il n'en demeure pas moins que le Parlement est désormais doté de moyens réels d'évaluation des politiques publiques, qui ont déjà pu donner lieu à plusieurs travaux remarqués, tel le rapport consacré, en octobre 2010, aux autorités administratives indépendantes (v. Ph. Dautry, *RFDA* 2010. 884).

Une loi du 3 février 2011 est venue préciser les conditions dans lesquelles la mission d'évaluation des politiques publiques et de contrôle du gouvernement dévolue au Parlement peut être exercée. Elle prévoit, en particulier, que les présidents des deux Assemblées peuvent désormais saisir la Cour des comptes d'une demande d'évaluation d'une politique publique, en dehors de questions relevant exclusivement des finances publiques, domaine de compétence propre de la Cour des comptes.

section 2

Les modes alternatifs de règlement des litiges

■ 613 Les raisons du recours à des modes non juridictionnels de règlement des litiges administratifs sont assurément diverses. Si l'intérêt porté à l'amélioration des relations entre l'administration et les citoyens est incontestablement en relation avec l'institution du Défenseur des Droits (§3), c'est principalement pour éviter un nouvel engorgement des juridictions administratives que les domaines dans lesquels un recours administratif est obligatoire (§1), préalablement à la saisine d'une juridiction, sont en voie d'être étendus, comme le soulignait d'ailleurs le vice-président du Conseil d'État, Jean-Marc Sauvé (entretien à l'*AJDA* 2007. 556). Le règlement conventionnel des litiges, par la transaction administrative, reste quant à lui encore embryonnaire, même s'il est promu par la loi du 10 août 2018 (§2).

§ 1 Les recours administratifs préalables

■ 614 Les *recours administratifs préalables*[Q] n'ont pas d'abord pour objet de contrôler l'action de l'administration, mais constituent une règle du contentieux administratif : lorsque, dans les domaines où un tel recours est institué, un requérant n'a pas, préalablement à la saisine du juge, formé un recours devant l'autorité administrative compétente, sa requête sera jugée irrecevable. Ils permettent ainsi d'éviter l'engorgement des juridictions, puisque, comme le soulignait D. Chabanol à propos du décret du 23 décembre 2006 qui revêt un objectif similaire, « tous les différents n'appellent pas l'intervention juridictionnelle » (« Le décret du 23 décembre 2006 : vers une refonte de l'accès au juge ? », *AJDA* 2007. 304). Un tel recours administratif est obligatoire dans nombre de pays européens (Allemagne, Espagne not.), ce qui permet au juge de n'intervenir que pour trancher des litiges soulevant de véritables difficultés juridiques. Le caractère obligatoire du recours préalable reste en France une exception, mais il devrait voir prochainement ses domaines étendus, à la suite d'un rapport du Conseil d'État, rédigé sous la direction d'Olivier Schrameck (*Les recours administratifs préalables obligatoires*, Doc. fr., 2008). Le recours administratif préalable obligatoire (« RAPO ») ne peut résulter en principe que d'une disposition législative ou réglementaire expresse. Toutefois, et sans attendre que les conclusions de son rapport de 2008 soient suivies d'effet législatif, le Conseil d'État a étendu à certains contentieux en matière d'urbanisme la règle du recours obligatoire (CE 28 mai 2010, *Dufour c/ Cne de Mantes la Jolie*, *Environnement*, 2010, comm. 118, note D. Gillig). L'article 6 de la loi du 17 mai 2011 de simplification et d'amélioration de la qualité du droit a étendu le champ d'application de ces recours aux contentieux de la fonction publique, à l'exception de ceux relatifs aux recrutements et aux sanctions disciplinaires.

L'irrecevabilité contentieuse ne pourra logiquement être opposée, si la formalité du recours préalable n'a pas été respectée, qu'aux personnes auxquelles ce recours pouvait être imposé en vertu des dispositions législatives ou réglementaires l'ayant institué. Après avoir semblé opter pour une solution inverse, en indiquant que « le respect de cette procédure s'impose à peine d'irrecevabilité du recours contentieux à toute personne justifiant d'un intérêt lui donnant qualité pour introduire ce recours contentieux », précisant que cette solution s'appliquait « même dans le cas où les dispositions régissant la procédure de recours administratif préalable, dans l'énumération qu'elles donnent des personnes susceptibles de le former, auraient omis de faire figurer toute autre personne justifiant d'un intérêt suffisant pour l'exercer » (CE 28 sept. 2005, *Jean-Paul Louis*, *AJDA* 2006. 103, note A.-M. Mazetier), le Conseil d'État a heureusement limité cette inflexion de sa jurisprudence aux seules instances ordinales, en raison tant des missions qui leur sont confiées que de leur organisation à l'échelon local et au plan national (CE, sect., 10 mars 2006, *Sté Leroy-Merlin*, *RFDA* 2006. 551, concl. Y. Struillou).

L'institution d'un recours administratif, préalable obligatoire à la saisine du juge, a pour effet de laisser à l'autorité compétente pour en connaître le soin d'arrêter définitivement la position de l'administration, ce qui signifie que la décision prise à la suite du recours se substitue nécessairement à la décision initiale ; la loi du 17 mai 2011 rappelle à cet égard que l'administration statue sur le fondement de la situation de fait et de droit à la date de la décision finale, ce qui peut être source d'insécurité juridique dans le cas où l'état du droit aurait été modifié entre la décision initiale et celle prononcée sur RAPO. Des irrégularités tirées de l'absence de garanties procédurales substantielles lors de la décision initiale seront, toutefois, susceptibles d'être invoquées devant le juge à l'appui d'un recours formé contre la décision substituée (CE, sect., 18 nov. 2005, *Houlbreque*, *RFDA* 2006. 543, note T.-X. Gilardot).

La décision prise sur recours préalable obligatoire se substituant à la décision initiale, le requérant a la possibilité d'invoquer, devant le juge, des moyens de légalité autres que ceux qui avaient été soulevés au stade du recours préalable (CE 21 mars 2007, *Garnier*, *Dr. adm.* 2007, n° 78, note O. Guillaumont). La contrepartie en est qu'un recours formé contre la décision initiale est en principe irrecevable. Le Conseil d'État a toutefois atténué cette conséquence, en estimant que lorsque la preuve est apportée que le recours préalable obligatoire a bien été exercé, le fait que le recours contentieux soit dirigé contre la décision initiale n'entraînera pas d'irrecevabilité, mais une simple redirection du recours, qui tend à l'annulation de la décision rendue à la suite du recours préalable (CE 19 déc. 2008, *Mme Françoise P.*, *JCP* 2008. II. 10054, note P.-O. Caille). En revanche, et assez logiquement, le recours contentieux suivant un RAPO ne peut être présenté, à peine d'irrecevabilité, que par le même requérant (CE, sect., 28 juin 2013, n° 355812, *SAS Coutis*, *Dr. adm.* 2013. comm. 87, note G. Eveillard).

Ces recours sont organisés, le plus souvent, devant des commissions administratives, ou des ordres professionnels qui, lorsqu'ils statuent sur un recours administratif formé contre une sanction, doivent, bien qu'ils ne soient que des autorités administratives et non des juridictions administratives spécialisées, respecter les exigences de fond qui dérivent du principe d'impartialité. 615

S'ils permettent de limiter l'engorgement des juridictions, les recours administratifs préalables peuvent s'avérer une arme redoutable contre les requérants inattentifs.

D'une part en effet, le juge administratif estime que l'absence de mention, dans la notification de l'acte administratif litigieux, de la nécessité d'exercer un recours préalable ne sauve pas le recours contentieux directement exercé de l'irrecevabilité (CE 24 janv. 1996, *Blancard, Dr. adm.* 1996, n° 105). Cette rigueur jurisprudentielle devrait cependant disparaître après la loi du 17 mai 2011, qui précise que la notification d'une décision soumise à cette obligation doit en comporter la mention, ainsi que celle des voies et délais selon lesquels ce recours peut être exercé.

D'autre part, l'articulation des délais de recours préalable et de recours contentieux peut s'avérer d'une redoutable complexité. Si le délai de deux mois est fixé par l'article 22 de la loi du 12 avril 2000 pour la naissance des décisions implicites de rejet, des délais dérogatoires peuvent être prévus, conformément à l'article 22 de cette loi. Tel est par exemple le cas en matière de droit des étrangers, notamment pour les demandes de titres de séjour, depuis un décret n° 2002-814 du 3 mai 2002, matière dans laquelle une décision implicite négative naît au bout de quatre mois. Mais comme toute dérogation est d'interprétation stricte, ce délai dérogatoire ne s'applique qu'à la décision initiale, et non à la décision, négative elle aussi, née à la suite d'un recours administratif préalable : la décision, sur recours préalable, naîtra au bout du délai de droit commun de deux mois, le juge ne pouvant que constater la forclusion du recours si son auteur a attendu, par erreur, quatre mois après avoir formé son recours administratif (CE 27 mars 2006, *M. Kaci*, *AJDA* 2006. 1212, concl. I. de Silva).

Le Conseil d'État a eu en outre l'occasion de rappeler que le dépôt d'un second recours administratif préalable, suite à l'échec d'un premier recours, n'interrompt plus le délai de recours contentieux (CE 11 mars 2009, *M. A.*, *JCP Adm.* 2009, n° 2134, note B. Pacteau).

§ 2 Transaction, médiation et arbitrage administratifs

616 Les transactions administratives, qui sont des contrats par lesquels les parties terminent une contestation née ou préviennent une contestation à naître, tendent aujourd'hui à se multiplier, en dehors même des secteurs fiscal et douanier où elles étaient organisées par des textes spéciaux, dans les domaines de la responsabilité publique et des litiges relatifs aux marchés publics ou aux délégations de service public. Cet essor a été souhaité par les gouvernements successifs : une circulaire du Premier ministre du 6 février 1995 avait, dans un premier temps, poussé les administrations à recourir à la transaction, estimant tout à la fois qu'elle facilite un règlement rapide des litiges, qu'elle permet une gestion économe des deniers publics, et qu'elle allège la charge de travail des juridictions. Bien qu'elle soit désormais insérée à l'article L. 423-1 du Code des relations entre le public et l'administration, la transaction reste relativement peu employée. Aussi plusieurs circulaires gouvernementales ont-elles incité à son développement ; tel est en particulier le cas de la circulaire du Premier ministre du 6 avril 2011 qui demande aux administrations de recourir à la transaction de façon systématique, dans les hypothèses où l'existence d'une créance des administrés est certaine, voire peut être évaluée de manière suffisamment certaine.

L'essor de la transaction est donc utile pour éviter un encombrement inutile du prétoire du juge ; il reste toutefois freiné par des instructions de la direction générale des finances publiques excluant le paiement sauf homologation de la transaction par un tribunal. Le Conseil d'État a rappelé que le contrat de transaction est, en vertu de l'article 2044 du Code civil, « exécutoire de plein droit, sans qu'y fassent obstacle, notamment, les règles de la comptabilité publique » ; dans un important avis de 2002, il a fixé son régime juridique, précisant les conditions de recevabilité de la demande d'homologation, en particulier « lorsque son exécution se heurte à des difficultés particulières » (CE, ass., avis cont., 6 déc. 2002, *Synd. intercommunal des établissements du second cycle du second degré de l'Haÿ-les-Roses*, *RFDA* 2003. 291, concl. G. Le Chatelier et note B. Pacteau ; *GACA*, 2e éd., n° 74).

Pour tenter de remédier à cette frilosité, l'article L. 423-2 du Code des relations entre le public et l'administration, introduit par la loi ESSOC du 10 août 2018, prévoit la création, au sein des administrations de l'État, d'un comité chargé de se prononcer sur les transactions qu'elles envisagent de conclure. Dans le même objectif, le Conseil d'État estime désormais, dans une formule très large, que l'administration peut légalement conclure avec un particulier un protocole transactionnel, afin de prévenir ou d'éteindre un litige, sous réserve de la licéité de l'objet du protocole transactionnel, de l'existence de concessions réciproques et équilibrées entre les parties et du respect de l'ordre public (CE 5 juin 2019, n° 412732, *Centre hospitalier de Sedan*, *Lebon* T. 801-813, *RFDA* 2019. 1056, note J. Arroyo).

Les transactions conclues par des personnes publiques relèvent du juge administratif dans la mesure où elles ont pour objet le règlement ou la prévention de litiges pour le jugement desquels la juridiction administrative aurait été compétente (CE, ass., avis cont., 6 déc. 2002, préc.). La compétence administrative sera également retenue si la convention de transaction met en œuvre des prérogatives de puissance publique ou fait participer le cocontractant à une mission de service public (T. confl. 18 juin 2007, *Sté Briançon Bus*, *Dr. adm.* 2007, n° 156). Le juge administratif est en outre compétent pour apprécier la légalité d'une décision par laquelle un maire décide de conclure une transaction avec une personne privée, décision qui est détachable de la convention, quand bien même cette convention de transaction est, comme le bien sur lequel elle porte, de nature privée (CE 17 mai 2006, *Cne de Jonquières*, *AJDA* 2006. 1390, concl. E. Glaser). Le maire doit en outre avoir été dûment autorisé par le Conseil municipal à conclure une transaction. Sauf à méconnaître l'étendue de sa compétence, le Conseil municipal doit alors se prononcer sur tous les éléments essentiels du contrat à intervenir, au nombre desquels figure notamment la contestation précise que la transaction a pour objet de prévenir ou de terminer et les concessions réciproques que les parties se consentent à cette fin (CE 11 sept. 2006, *Cne de Théoule-sur-mer*, *AJDA* 2006. 2125, note J.-D. Dreyfus, *Gaz. Pal.* 27 mars 2007, p. 29, note B. du Marais).

Il est à noter que les parties peuvent avoir recours à la transaction pendant toute la durée de l'instance. Cette possibilité est ouverte y compris devant le juge de cassation, ce qui donne de fait la possibilité aux parties de contourner les effets d'une décision de justice ayant définitivement tranché une affaire au fond (CE, ass., 11 juill. 2008, *Sté Krupp Hazemag*, *Lebon* 273, concl. B. Dacosta, *RFDA* 2008. 951. note B. Pacteau).

617 Un projet de loi de simplification du droit, déposé en juillet 2006 au Sénat, avait prévu d'habiliter le gouvernement à adopter, par ordonnance, les mesures

nécessaires pour définir les conditions dans lesquelles les personnes morales de droit public peuvent faire appel à l'arbitrage dans le cadre de litiges autres que ceux relatifs à la légalité d'actes administratifs unilatéraux. Si ce texte n'a pas été examiné, le processus permettant l'accès à l'arbitrage des personnes publiques est cependant bien entamé. Le 27 mars 2007, Daniel Labetoulle, président honoraire de la Section du contentieux du Conseil d'État, avait en effet remis au nom du groupe de travail qu'il présidait, à la demande du garde des Sceaux Pascal Clément, un rapport sur la faculté pour les personnes morales de droit public de recourir à l'arbitrage (*JCP Adm.* 2007, n° 2082). Ce rapport estimait possible d'autoriser de manière générale le recours à l'arbitrage pour les litiges contractuels, mais l'excluait pour le contentieux des actes administratifs unilatéraux. La proposition n'arrivera toutefois pas à son terme, la contestation de l'arbitrage très médiatisé destiné à mettre un terme au litige opposant le Consortium de réalisation, en charge de la liquidation des actifs du Crédit lyonnais, à l'homme d'affaires Bernard Tapie, rendant peu opportun un tel développement. Les propositions subsistent cependant : le rapport du Conseil d'État sur *Les établissements publics*, publié en 2009, souhaitait l'introduction d'une habilitation législative générale pour ces établissements de recourir à l'arbitrage ; la position institutionnelle du Conseil d'État est toutefois plus nuancée : après avoir marqué son attachement à l'adoption rapide d'une loi ouvrant l'arbitrage aux personnes publiques (intervention au colloque sur « L'arbitrage et les personnes morales de droit public », organisé par la Chambre nationale pour l'arbitrage privé et public en sept. 2009), le vice-président du Conseil d'État indiquait être « convaincu que, si la matière administrative se prête au développement des modes non juridictionnels de règlement des différends, elle ne se prête pas, en revanche, à l'arbitrage » (intervention au colloque sur « Les développements de la médiation », 4 mai 2011).

En l'état actuel, le Conseil d'État considère toujours que l'interdiction de prévoir un recours à l'arbitrage découle « des principes généraux du droit public » (CE, avis, 6 mars 1986, *EDCE* 1987. 78 ; CE 23 déc. 2015, *Territoire des îles Wallis-et-Futuna*, req. n° 376018). Il existe cependant un certain nombre d'exceptions à ce principe ; ainsi, un décret du 8 janvier 2002 autorise certains établissements publics à passer des compromis ; d'une façon beaucoup plus générale, l'article 11, 1 de l'ordonnance du 17 juin 2004 relative aux contrats de partenariat précise que le recours à l'arbitrage pour résoudre les litiges se rapportant à l'exécution du contrat de partenariat est possible, à condition d'être prévu par les clauses du contrat ; la mise en œuvre de cette disposition a cependant souffert de l'absence de précision quant aux règles de procédure et aux voies de recours afférentes.

La répartition des compétences juridictionnelles en matière d'arbitrage suit en principe celle afférente au contrat à l'occasion duquel est né le litige, le fait qu'une sentence arbitrale soit prononcée ne lui retirant pas son lien avec les relations contractuelles. Ainsi, l'appel contre une sentence arbitrale rendue dans un litige contractuel auquel un établissement public était partie appartient à la juridiction judiciaire, si le contrat auquel elle se rapportait ne présentait pas le caractère d'un contrat administratif (T. confl. 16 oct. 2006, *Caisse centrale de réassurance c/ Mutuelle des architectes français*, *RJEP* 2007. 30, concl. J.-H. Stahl ; *JCP Adm.* 2007, n° 2077, note B. Plessix, *Rapp.* T. confl. 2006, note Y. Gaudemet). D'une façon plus générale, le juge administratif est compétent pour connaître des sentences arbitrales internes visant à régler un litige qui est lui-même administratif (T. confl. 16 nov. 2015, *Sté Broadband Pacific*, *D.* 2016. 2589, note T. Clay).

Il faut cependant réserver le cas des litiges nés de contrats conclus entre une personne publique française et une personne de droit étranger. Mêmes s'ils constituent des contrats administratifs au sens du droit interne, les recours contre les sentences arbitrales qui leur sont relatives ne relèvent de la compétence des juridictions administratives que s'ils se rapportent à l'occupation du domaine public, ou à la commande publique, ces contrats relevant d'un régime administratif d'ordre public (T. confl. 17 mai 2010, *INSERM*, *RFDA* 2010. 959, concl. M. Guyomar ; *ibid.* 971, note P. Delvolvé). Lorsqu'elles relèvent du juge administratif, ce dernier exerce à leur égard un contrôle équivalent à celui de juge de l'appel, examinant en particulier l'arbitrabilité du litige, et le respect des règles d'ordre public (CE, ass., 9 nov. 2016, *Sté Formax LNG*, *RFDA* 2016. 1154, concl. G. Pellissier, *RFDA* 2017. 111, note B. Delaunay).

La loi du 18 novembre 2016 de modernisation de la justice du XXIe siècle a modifié substantiellement les modes alternatifs de règlement des litiges en droit administratif, introduisant dans le Code de la justice administrative un chapitre consacré à la médiation administrative. La médiation y est définie comme un « processus structuré, quelle qu'en soit la dénomination, par lequel deux ou plusieurs parties tentent de parvenir à un accord en vue de la résolution amiable de leurs différends, avec l'aide d'un tiers, le médiateur, choisi par elles ou désigné, avec leur accord, par la juridiction ». Il s'agit donc d'une procédure de conciliation, plus que de médiation, qui permet, à l'initiative des parties ou à celle du juge, de mettre en œuvre une procédure de règlement non juridictionnel qui, le cas échéant, pourra donner lieu à homologation par le juge (CJA, art. L. 213-1 s.). Un décret du 18 avril 2017 est venu préciser les modalités pratiques de la médiation, notamment lorsqu'elle est déclenchée par le juge. Celui-ci peut en effet, lorsqu'il estime que le litige dont il est saisi est susceptible de trouver une issue amiable, proposer à tout moment aux parties une médiation, en leur fixant un délai pour répondre à cette proposition. La médiation peut donc s'appliquer à tout litige, tout accord réglant à l'amiable un différend pouvant être homologué, sous réserve que les parties aient librement donné leur consentement et n'aient méconnu aucune règle d'ordre public (TA Lyon, 27 mars 2019, n° 1704535, *AJDA* 2019. 1296, concl. E. de Lacoste Lareymondie).

§ 3 Le Défenseur des droits

Institué par la loi du 3 janvier 1973, le médiateur de la République a été remplacé, à la suite de la révision constitutionnelle du 23 juillet 2008, par le Défenseur des droits. 618

L'intérêt de la transposition en France de l'ancienne institution scandinave de l'ombudsman n'était pas apparu évident dès l'abord, compte tenu des perfectionnements apportés depuis près d'un siècle à l'édifice de la justice administrative. L'importance au moins quantitative des recours portés devant le médiateur montrait pourtant qu'existent des besoins auxquels la justice administrative ne peut apporter par nature même une réponse appropriée. En effet une application même correcte des règles du droit administratif ou du droit fiscal par exemple peut aboutir à des situations inéquitables ou des solutions inappropriées, auxquelles le juge administratif ne pourrait pas remédier, de par les limites mêmes de sa compétence.

Parallèlement à l'augmentation quantitative des recours portés devant la juridiction administrative, le nombre des affaires portées devant le médiateur s'est aussi très rapidement accru lors des premières années suivant sa création, avec une tendance à se stabiliser ou à n'augmenter qu'à un rythme moins soutenu depuis le début des années 2000. Le nombre des demandes annuelles d'information et des réclamations déposées auprès du médiateur et de ses délégués a été au global de près de 57 000 en 2004, dont la moitié sont des demandes d'information et d'orientation et l'autre moitié de véritables réclamations. Plus du quart d'entre elles concerne les organismes de Sécurité sociale et autres organes sociaux. Près d'un autre quart concerne les amendes infligées en matière routière et les questions relatives à la nationalité ou au droit des étrangers. Enfin une part substantielle des réclamations concerne les dossiers fiscaux, les pensions de retraite et le statut des agents publics.

Conçue pour tenter d'apporter des réponses satisfaisantes dans un délai un peu plus rapide, l'institution du médiateur de la République s'était vue doter d'une grande indépendance statutaire et d'une mission large, mais ses pouvoirs restaient limités. Le Défenseur des droits étoffe ces pouvoirs, sans opérer toutefois de rupture avec l'institution à laquelle il succède.

619 L'hésitation sur le périmètre des compétences du Défenseur des droits – simple successeur du Médiateur ou institution intégrant d'autres autorités administratives indépendantes – a retardé son avènement, enfin réalisé par la loi organique du 29 mars 2011. Cette institution reprend les compétences de la Haute autorité de lutte contre les discriminations et pour l'égalité, du Défenseur des enfants, et de la Commission nationale de déontologie de la sécurité, outre celles du Médiateur de la République. Elle participe donc à une relative rationalisation des autorités administratives indépendantes concourant à la protection des droits individuels.

Aux termes de l'article 2 de la loi organique du 29 mars 2011, le Défenseur des droits est une « autorité constitutionnelle indépendante », mais le Conseil constitutionnel a neutralisé l'éventuelle portée de cette spécificité, en précisant qu'il constitue seulement « une autorité administrative dont l'indépendance trouve son fondement dans la Constitution », et ne peut par conséquent figurer « au nombre des pouvoirs publics constitutionnels » (Cons. Const. 29 mars 2011, n° 2011-626 DC, *AJDA* 2011. 817, comm. B. Delaunay). Comme le Médiateur, le Défenseur des droits est nommé par décret du président de la République, la procédure étant toutefois modifiée, conformément à l'art. 13 de la Constitution : la nomination intervient après avis de chacune des commissions permanentes compétentes des Assemblées. Le Défenseur des droits est, comme son prédécesseur, soumis à un régime d'incompatibilités très strictes ; il n'est pas placé sous la dépendance du pouvoir exécutif dans la mesure où son statut a été conçu de façon telle qu'il ne peut subir aucune pression, n'ayant rien à craindre, ni à espérer.

Le mandat du Défenseur des droits – comme celui du Médiateur – est de six ans, et n'est pas renouvelable, ce qui complète les garanties de son indépendance ; il ne peut en outre être mis fin à son mandat de six ans avant terme, sauf à sa demande, ou en cas d'empêchement constaté par un collège composé des plus hautes autorités administratives et judiciaires.

Des délégués départementaux du Médiateur avaient été mis en place pour relayer localement l'action du médiateur dès avant le vote de la loi du 12 avril 2000 relative aux droits des citoyens dans leurs relations avec les administrations. Celle-ci avait consacré leur existence en prévoyant que le médiateur dispose, sur l'ensemble du territoire, de délégués qu'il désigne ; les lois organique et ordinaire du 29 mars 2011 ont prorogé cette institution, en confirmant tout à la fois leur rôle, sur délégation du

Défenseur des droits, dans l'instruction des réclamations et la participation au règlement des difficultés dans leur ressort géographique, et le caractère bénévole de leur activité.

Les moyens matériels dont dispose le Défenseur des droits garantissent son indépendance, même si, comme pour toute autorité administrative, son budget est voté annuellement par le Parlement. Alors que la Loi organique avait réglé certains aspects de ses règles d'organisation et de fonctionnement, le Conseil constitutionnel a estimé que les dispositions concernées ne présentaient pas un caractère organique ; dès lors, c'est un décret du 29 juillet 2011 qui précise ces modalités. Il indique, en particulier, l'articulation existant entre le Défenseur des droits et les institutions, autres que le Médiateur, qu'il intègre. S'il n'est pas une autorité collégiale, il est en effet assisté, pour l'exercice de certaines de ses attributions, par des collèges spécialisés, composés de six à huit personnalités qualifiées, qui reprennent les domaines de compétences des AAI qu'il a regroupées : défense et promotion des droits de l'enfant ; lutte contre les discriminations et promotion de l'égalité ; déontologie dans le domaine de la sécurité. S'il préside ces collèges, le Défenseur des droits est assisté dans cette tâche par des adjoints, nommés, sur sa proposition, par le Premier ministre.

Le médiateur ne pouvait être saisi directement par les administrés, mais seulement par l'intermédiaire d'un parlementaire. La réclamation, émanant d'une personne physique ou, depuis 1992, d'une personne morale, devait donc être adressée préalablement à un député ou à un sénateur, en vue de sa transmission au médiateur. La procédure est désormais plus simple et accessible : le Défenseur des droits peut être saisi directement par les personnes physiques ou morales, étant toutefois précisé que les parlementaires peuvent également transmettre au Défenseur des droits les saisines dont ils auraient été l'objet. Enfin, et contrairement au Médiateur, le Défenseur des droits peut s'autosaisir. Il doit toutefois obtenir au préalable l'accord de la personne concernée par la décision sur laquelle il souhaite intervenir, pour autant qu'il parvienne à l'identifier. 620 ■

Gratuite, la saisine du Défenseur des droits concerne toute situation dans laquelle une personne, physique ou morale, qui s'estime lésée dans ses droits et libertés par le fonctionnement d'une administration de l'État, d'une collectivité territoriale, d'un établissement public ou d'un organisme investi d'une mission de service public. Il ne peut toutefois être saisi ni de différends entre personnes publiques, ni de litiges entre ces dernières et leurs agents, sauf à ce que soit invoqué un traitement discriminatoire.

Le Défenseur des droits bénéficie de pouvoirs renforcés par rapport à ceux du Médiateur, qui avaient déjà été accrus par la loi du 12 avril 2000. Ils concernent tant l'information dont il peut disposer, que sa capacité à régler les différends et à prévenir leur réitération.

Le Défenseur des droits peut, dans le cadre de l'instruction des affaires sur lesquelles il est ou s'est saisi, procéder à l'audition de toute personne dont le concours lui paraît nécessaire. Il dispose également de pouvoirs d'enquête élargis, pour lesquels il bénéficie tant du concours du juge du référé-instruction que d'un arsenal de sanctions pénales en cas de refus de concours des personnes visées.

Ses pouvoirs en matière de règlement des différends ont également été renforcés, sans que leur nature soit modifiée par rapport à ceux dont disposait le Médiateur. Il ne peut en effet prendre de décisions, mais seulement formuler des recommandations, y compris en équité, aux autorités administratives. Celles-ci doivent informer le Défenseur des droits, dans le délai qui leur a été fixé par la recommandation, des suites qui lui sont données. Ce n'est que dans l'hypothèse où une recommandation ne serait pas suivie d'effet – qui n'est pas forcément son exécution ponctuelle – que le Défenseur des droits peut enjoindre à la personne mise en cause de prendre, dans un délai déterminé, les mesures nécessaires, et acquiert donc un pouvoir de décision. Si cette injonction n'est pas respectée, le Défenseur ne dispose d'autre moyen d'action que l'établissement d'un rapport spécial qui peut être rendu public.

Il dispose également d'un pouvoir de médiation ou de proposition de conclusion d'une transaction. Dans des domaines relatifs à la discrimination, il peut, comme la HALDE avant lui, saisir toute autorité disciplinaire de faits lui paraissant justifier une sanction. Toutefois, il ne peut mettre en cause des actes des autorités judiciaires, protégées par la garantie constitutionnelle d'indépendance des juridictions, ainsi que l'a rappelé le Conseil constitutionnel dans sa décision du 29 mars 2011 ; cette impossibilité prolonge celle qui avait été affirmée à l'égard du Médiateur par le Conseil constitutionnel, qui avait censuré la possibilité offerte à toute personne s'estimant victime du comportement d'un magistrat susceptible de constituer une faute disciplinaire de saisir directement le médiateur de la République d'une réclamation. Cette dernière aurait été examinée par une commission présidée par le médiateur et composée d'une majorité de non-magistrats. Le Conseil constitutionnel avait en effet estimé « qu'en reconnaissant au médiateur l'ensemble de ces prérogatives, le législateur organique a méconnu tant le principe de la séparation des pouvoirs que celui de l'indépendance de l'autorité judiciaire » (Cons. const. 1er mars 2007, n° 2007-551 DC, *Dr. adm.* 2007, n° 62).

Les rapports annuels du Défenseur des droits, comme ceux du Médiateur, sont présentés au président de la République et au Parlement et sont publiés au *Journal officiel* ; ils comportent, outre le compte rendu annuel de son activité, des suggestions de réformes pour éviter le renouvellement des principaux « dysfonctionnements » qu'il a pu relever. À l'occasion de la remise de son rapport annuel, le Défenseur des droits peut faire une communication devant chacune des deux assemblées du Parlement.

Les rapports annuels du médiateur au président de la République et au Parlement sont publiés au *Journal officiel* et comportent, outre le compte rendu annuel de son activité, des suggestions de réformes pour éviter le renouvellement des principaux « dysfonctionnements » qu'il a pu relever. Cette possibilité de proposer des réformes des dispositions législatives ou réglementaires, lorsque leur application lui paraît aboutir à des situations inéquitables, ou toutes mesures permettant d'améliorer le fonctionnement d'un organisme investi d'une mission de service public, de sa propre initiative et sans avoir à se référer à une réclamation particulière, avait été reconnue au Médiateur par la loi du 12 avril 2000.

Le Conseil d'État s'était reconnu compétent pour connaître des décisions prises par le médiateur (CE, ass., 10 juill. 1981, *Retail*, *RD publ.* 1981. 1441, concl. Franc). Ces décisions ne pouvaient guère concerner que le fonctionnement interne de l'institution puisque les réponses adressées par le médiateur au parlementaire qui l'a saisi ne constituent pas des actes faisant grief et sont donc insusceptibles de recours ; bien que les textes soient muets sur ce point, il est fort probable que la même compétence sera reconnue concernant les décisions du Défenseur des droits.

Compléments pédagogiques

Quid

■ Recours administratif préalable n° 614

Code des relations entre le public et l'Administration art. L.410-1

Le recours préalable se distingue de la décision préalable, avec laquelle il est cependant en relation. Le requérant peut (et parfois doit), *avant* de saisir le juge, demander à l'auteur d'un acte ou au responsable d'un dommage de retirer l'acte en cause ou de verser l'indemnisation (recours gracieux) ; la même demande peut être adressée à son supérieur (recours hiérarchique).

Documents

Loi organique n° 2011-333 du 29 mars 2011 relative au Défenseur des droits

Article 1er

Le Défenseur des droits est nommé par décret en Conseil des ministres, après application de la procédure prévue au dernier alinéa de l'article 13 de la Constitution.

Il ne peut être mis fin à ses fonctions que sur sa demande ou en cas d'empêchement dans des conditions définies par décret en Conseil d'État.

Article 2

Le Défenseur des droits, autorité constitutionnelle indépendante, ne reçoit, dans l'exercice de ses attributions, aucune instruction.

Le Défenseur des droits et ses adjoints ne peuvent être poursuivis, recherchés, arrêtés, détenus ou jugés à l'occasion des opinions qu'ils émettent ou des actes qu'ils accomplissent dans l'exercice de leurs fonctions.

Article 4

Le Défenseur des droits est chargé :

1° De défendre les droits et libertés dans le cadre des relations avec les administrations de l'État, les collectivités territoriales, les établissements publics et les organismes investis d'une mission de service public ;

2° De défendre et de promouvoir l'intérêt supérieur et les droits de l'enfant consacrés par la loi ou par un engagement international régulièrement ratifié ou approuvé par la France ;

3° De lutter contre les discriminations, directes ou indirectes, prohibées par la loi ou par un engagement international régulièrement ratifié ou approuvé par la France ainsi que de promouvoir l'égalité ;

4° De veiller au respect de la déontologie par les personnes exerçant des activités de sécurité sur le territoire de la République.

Article 5

Le Défenseur des droits peut être saisi :

1° Par toute personne physique ou morale qui s'estime lésée dans ses droits et libertés par le fonctionnement d'une administration de l'État, d'une collectivité territoriale, d'un établissement public ou d'un organisme investi d'une mission de service public ;

2° Par un enfant qui invoque la protection de ses droits ou une situation mettant en cause son intérêt, par ses représentants légaux, les membres de sa famille, les services médicaux ou sociaux ou toute association régulièrement déclarée depuis au moins cinq ans à la date des faits et se proposant par ses statuts de défendre les droits de l'enfant ;

3° Par toute personne qui s'estime victime d'une discrimination, directe ou indirecte, prohibée par la loi ou par un engagement international régulièrement ratifié ou approuvé par la France, ou par toute association régulièrement déclarée depuis au moins cinq ans à la date des faits se proposant par ses statuts de combattre les discriminations ou d'assister les victimes de discriminations, conjointement avec la personne s'estimant victime de discrimination ou avec son accord ;

4° Par toute personne qui a été victime ou témoin de faits dont elle estime qu'ils constituent un manquement aux règles de déontologie dans le domaine de la sécurité.

Le Défenseur des droits peut être saisi des agissements de personnes publiques ou privées.

Il peut en outre se saisir d'office ou être saisi par les ayants droit de la personne dont les droits et libertés sont en cause.

Il est saisi des réclamations qui sont adressées à ses adjoints.

Charte des droits fondamentaux de l'Union européenne

Art. 43 – Médiateur

Tout citoyen ou toute citoyenne de l'Union ou toute personne physique ou morale résidant ou ayant son siège statutaire dans un État membre a le droit de saisir le médiateur de l'Union en cas de mauvaise administration dans l'action des institutions ou organes communautaires, à l'exclusion de la Cour de justice et du Tribunal de première instance dans l'exercice de leurs fonctions juridictionnelles.

Art. 44 – Droit de pétition

Tout citoyen ou toute citoyenne de l'Union ou toute personne physique ou morale résidant ou ayant son siège statutaire dans un État membre a le droit de pétition devant le Parlement européen.

Circulaire du 6 avril 2011 relative au développement du recours à la transaction pour régler amiablement les conflits

1.1. Définition de la transaction

- La transaction est un contrat écrit, permettant de terminer une contestation née ou de prévenir une contestation à naître (art. 2044 du Code civil). Il y a lieu de la distinguer de la conciliation, de la médiation ou de l'arbitrage.

- La conciliation et la médiation sont des procédures de règlement amiable d'un différend, avant qu'une procédure juridictionnelle ne soit entamée ou menée à son terme. Ces procédures peuvent se conclure, en cas de succès, par une transaction, mais l'accord des parties peut prendre toute forme qu'elles souhaitent.

- L'arbitrage est un mode juridictionnel de règlement des conflits. Il consiste à faire juger le litige par un ou des arbitres choisis par les parties, qui statuent selon les règles fixées par ces dernières et rendent une sentence arbitrale qui s'impose à elles. Les personnes publiques ne peuvent, en principe, recourir à l'arbitrage, sauf dans les cas mentionnés à l'article L. 311-6 du Code de justice administrative. Le contrat international est l'exception la plus notable.

Biblio

- F. Aumond, « Le Défenseur des droits : une peinture en clair-obscur », *RFDA* 2011. 913.
- J.-C. Bonichot, « Le recours administratif préalable obligatoire : dinosaure juridique ou panacée administrative ? », in *Mélanges D. Labetoulle*, Dalloz, 2007, p. 81-95.
- J. Chevallier dir., « Le Défenseur des droits », *RFAP* 2011, n° 139 (n° spécial).
- P. Delvolvé, D. Renders, T. Tanquerel (dir.), *L'arbitrage en droit public*, Bruylandt, 2010.
- O. Dord, « Le Défenseur des droits ou la garantie rationalisée des droits et libertés », *AJDA* 2011. 958.
- G. Eveillard, « La transaction », *RFDA* 2018. 829.
- Ph. Gazagnes, « La médiation administrative », *AJDA* 2018. 2334.
- M. Guillaume-Hofnung, « La médiation », *AJDA* 1997. 30-40.
- D. Labetoulle, « Pour un statut de l'arbitrage de droit administratif », in *Mélanges J.-F. Lachaume*, Dalloz, 2007.
- A. Noury, « Les modes alternatifs peuvent-ils prospérer dans le contentieux administratif ? », *JCP Adm.* 2005, n° 1286.
- J. Sirinelli, « Le juge administratif et la nouvelle procédure de médiation », *JCP G* 2017. 902.
- « Médiateurs et ombudsmans », *RFAP* oct.-déc. 1992, n° 64, p. 560-732.
- « Les contrôles non juridictionnels », in *Le citoyen et son administration*, Imprimerie nationale, 2000, p. 160-182.
- Groupe de travail sur l'arbitrage, « L'arbitrage en droit public », *JCP Adm.* 2007, n° 2082.
- *Justice, médiation et équité*, Doc. fr., 1992.
- *Les recours administratifs préalables obligatoires*, Doc. fr., coll. « Les études du Conseil d'État », 2008.
- *Régler autrement les conflits. Conciliation, transaction, arbitrage en matière administrative*, Doc. fr., coll. « Les études du Conseil d'État », 1993.

Quiz

1) Sujet corrigé

Cas pratique

Énoncé

1. La fille de M. Boualem, ancien chef de harka, replié en métropole depuis 1962, « accueilli » dans le camp de St-Maurice à L'Ardoise (Gard), s'aperçoit à la mort de son père, en janvier 2012, que ce dernier avait omis, depuis la cessation de ses activités d'ouvrier du bâtiment en septembre 1987, d'effectuer les démarches nécessaires pour percevoir la faible retraite complémentaire à laquelle ses activités au service des forces

armées françaises lui donnaient pourtant droit. Elle tente d'obtenir auprès de la caisse de l'Ircantec d'Arles la reversion de la pension pour sa mère, dépourvue de toute ressource, mais se heurte à un refus, qui lui est signifié le 3 mars 2012 : les textes en vigueur empêchent en effet tout versement des arrérages de la pension si celle-ci n'a pas été demandée en temps voulu.

Désespérée par l'incompréhension de l'administration locale, Mlle Boualem décide de recourir au Défenseur des droits. Sur recommandation d'une association locale de rapatriés, elle s'adresse au député d'Arles, qui lui répond au mois de juin 2012 que sa demande revêt trop peu d'importance pour être soumise au médiateur.

Devant un tel refus, Mlle Boualem peut-elle saisir directement le Défenseur des Droits ? Peut-elle intenter un recours contre le refus du député de le saisir ? Quelles autres possibilités s'offrent à elle ?

2. Les services du Défenseur des Droits ayant été finalement saisis par d'autres voies, au début du mois de septembre 2012, Mlle Boualem s'étonne au bout de huit mois de ne pas avoir de nouvelles de son dossier. Contactant le secrétariat du Défenseur des droits, elle s'entend répondre que son dossier a dû être égaré, son interlocuteur laissant d'ailleurs entendre que la saisine n'a sans doute jamais eu lieu.

Mlle Boualem dispose-t-elle de moyens pour obtenir la condamnation des services de la médiature pour la désinvolture avec laquelle ils ont traité son dossier ?

3. Le dossier de Mme Boualem étant enfin parvenu entre ses mains, le Défenseur des droits propose, le 3 septembre 2013, qu'à titre exceptionnel, par dérogation aux dispositions régissant la matière, le versement des arrérages de la pension soit effectué à Mme Boualem. La caisse locale de l'Ircantec refuse cependant d'obtempérer.

La caisse locale de l'Ircantec est-elle tenue de se conformer à l'avis du Défenseur des droits ? Mlle Boualem dispose-t-elle de possibilités pour que sa mère puisse enfin percevoir son dû ?

Voir le corrigé en fin de rubrique.

2) Sujets d'examen

Dissertations

La prévention des contentieux en matière administrative.

Le rôle des médiateurs dans l'organisation administrative française.

3) Corrigé

Cas pratique

1. Les conditions de la saisine du médiateur de la République étaient très restrictives : un particulier ne pouvait saisir directement l'institution, mais devait obligatoirement s'adresser à un parlementaire, qui ne transmettait la demande que si elle lui paraissait « entrer dans sa compétence et mériter son intervention ». En outre, le médiateur ne pouvait se saisir lui-même de questions individuelles. La substitution du Défenseur des droits au Médiateur a changé la donne : désormais, tout citoyen peut saisir directement et gratuitement le Défenseur des droits. Mlle Boualem peut donc s'adresser directement à lui.

Elle dispose cependant tout aussi bien de la possibilité de saisir un parlementaire, ou bien un Délégué du Défenseur des droits, présent dans chaque département. Si le refus du député d'Arles est sans doute peu compréhensible, Mlle Boualem n'aura cependant pas pour autant la possibilité d'intenter un recours contre ce que l'on pourrait considérer comme une décision de refus. En effet, le Conseil d'État considérait que « la décision d'un parlementaire de donner ou non satisfaction à un administré lui demandant de saisir le médiateur de la République n'a pas le caractère d'une décision susceptible de faire l'objet d'un recours pour l'excès de pouvoir » (CE 27 juin 1995, *Mayneris*), et la même jurisprudence est ici applicable.

2. Les faits ici évoqués sont fort heureusement purement hypothétiques : les services du Défenseur des droits sont réputés pour leur sérieux et la diligence avec laquelle ils étudient les dossiers qui leur sont adressés. Il n'en reste pas moins qu'il s'agit ici d'un cas manifeste de fonctionnement défectueux de l'institution. Or si les *propositions* effectuées par le Défenseur des droits, comme précédemment celles émanant du médiateur, ne sont pas susceptibles de recours (CE 11 janv. 1985, *Mme Deleuse*, *Dr. adm.* 1985, n° 84), il en va différemment des *décisions* qu'il peut être amené à prendre, qui suivent le régime des décisions administratives, le Défenseur des droits étant une autorité constitutionnelle indépendante (Cons. const. 29 mars 2011, n° 2011-626 DC), qui ne diffère pas d'une autorité administrative indépendante, statut qui était jusqu'alors reconnu au Médiateur (CE, ass., 10 juill. 1981, *Retail*, *RD publ.* 1981. 1441, concl. M. Franck) ; de la même façon, un *défaut de fonctionnement* de l'institution est susceptible d'engager la responsabilité de l'État. Mme Boualem peut donc saisir le juge administratif d'une requête tendant à son indemnisation du fait du préjudice subi en raison du mauvais fonctionnement des services du Défenseur des droits (régime de responsabilité des autorités administratives, et non des juridictions : le médiateur n'est pas une autorité juridictionnelle).

3. Si le Défenseur des droits « peut faire toute recommandation qui lui apparaît de nature à garantir le respect des droits et libertés de la personne lésée et à régler les difficultés soulevées devant lui ou à en prévenir le renouvellement », les recommandations dont il s'agit ne sont pas des décisions administratives ou des jugements. Par conséquent, l'autorité administrative concernée n'est nullement tenue de les appliquer : la caisse locale de l'Ircantec a tout à fait le droit de ne pas verser à Mme Boualem les arrérages de la pension de son mari ; certes, elle doit informer « le Défenseur des droits, dans le délai qu'il fixe, des suites données à ses recommandations » ; certes également, au cas où la recommandation n'aurait pas été suivie, le Défenseur des droits peut enjoindre à la personne mise en cause de prendre, dans un délai déterminé, les mesures nécessaires. Mais la seule « sanction » réelle à laquelle la Caisse s'exposerait serait la publication d'un « rapport spécial » du Défenseur des droits sur l'affaire en cause. Il faut cependant préciser qu'un tel refus des administrations d'appliquer les recommandations du médiateur est relativement rare, les propositions de conciliation étant suivies, selon les années, dans 85 à 90 % des cas.

Mlle Boualem pourrait alors envisager de saisir la juridiction administrative contre la décision de refus de la caisse de l'Ircantec, mais cette requête serait rejetée pour une double raison. Les délais du recours contentieux sont en effet largement dépassés : la décision de refus susceptible de faire l'objet d'un recours pour excès de pouvoir date du mars 2012. Il faut en effet noter que la saisine du Défenseur des droits *ne suspend pas* les délais du recours contentieux. Quand bien même ce ne serait pas le cas, la requête serait très certainement rejetée au fond : l'une des spécificités du Défenseur des droits, comme auparavant le Médiateur, est en effet qu'il peut effectuer des recommandations *en équité*, c'est-à-dire indépendamment des règles de droit applicables à l'affaire qui lui est soumise. Le juge administratif, quant à lui, ne se référera qu'à la *légalité ;* or le motif de la saisine du Défenseur des droits était justement ici que les règles de droit correctement appliquées par la caisse ne permettaient pas de satisfaire la demande de Mme Boualem – ce qui montre bien, s'il en était besoin, les limites du pouvoir du Défenseur des droits.

chapitre **12**

La répartition des compétences entre les deux ordres juridictionnels

Plan analytique

section **1**

La compétence du juge administratif

§ 1 La constitutionnalisation de la compétence du juge administratif

§ 2 Les principes législatifs concernant la compétence du juge administratif

§ 3 Une mosaïque de solutions jurisprudentielles

section **2**

La compétence du juge judiciaire en matière administrative

§ 1 Les matières réservées par nature à l'autorité judiciaire

A. L'autorité judiciaire gardienne de la liberté individuelle

B. La voie de fait

C. La compétence du juge pénal en matière d'appréciation de la légalité des actes administratifs

D. Les atteintes à la propriété

§ 2 Les domaines de compétences attribués par la loi au juge judiciaire

A. Les textes donnant compétence au juge judiciaire en matière de responsabilité publique

B. Les autres domaines de compétences du juge judiciaire

section **3**

Les mécanismes de règlement des conflits de compétence entre juridiction administrative et juridiction judiciaire

§ 1 La composition du Tribunal des conflits

§ 2 Les cas de saisine du Tribunal des conflits

A. Le conflit positif

B. Le conflit négatif

C. Le renvoi par le Conseil d'État ou par la Cour de cassation

D. La contrariété de décisions conduisant à un « déni de justice »

Compléments pédagogiques

La répartition des compétences entre les deux ordres juridictionnels

La question de la répartition des compétences entre les deux ordres de juridiction serait simple s'il était possible de présenter le juge administratif comme le juge de droit commun en matière d'actes d'administration, le juge judiciaire n'intervenant que de manière dérogatoire ou résiduelle. L'état du droit est plus complexe parce que, si la compétence du juge administratif s'est vue consacrée par un principe à valeur constitutionnelle pour connaître des recours en annulation ou en réformation des actes pris dans l'exercice de prérogatives de puissance publique (section 1), la compétence du juge judiciaire s'exerce même en certaines matières administratives pour quelques raisons non moins fortes (section 2). Les mécanismes mis en place pour résoudre les conflits de compétence entre les deux ordres de juridiction ont d'abord été conçus, ainsi qu'on le verra, pour protéger l'administration de ce qui serait perçu comme un empiétement du juge judiciaire, ainsi que, de façon complémentaire, pour apporter des réponses aux difficultés que peuvent rencontrer des justiciables du fait de la dualité de juridiction (section 3). 621

section 1

La compétence du juge administratif

La constitutionnalisation récente de la compétence du juge administratif (§1) laisse également place à des règles législatives en la matière (§2). Cependant, celles-ci ne sont pas suffisamment précises pour résoudre toutes les difficultés qui peuvent se présenter et leur mise en œuvre a donc donné lieu à une mosaïque de solutions jurisprudentielles (§3). 622

§ 1 La constitutionnalisation de la compétence du juge administratif

Il a été indiqué dès l'introduction que le Conseil constitutionnel, dans une importante décision du 23 janvier 1987, a consacré au nombre des principes fondamentaux reconnus par les lois de la République la règle selon laquelle l'annulation ou la réformation des décisions prises, dans l'exercice des prérogatives de puissance publique, par les autorités exerçant le pouvoir exécutif relève en dernier ressort de la compétence de la juridiction administrative. 623

Les termes exacts de cette décision méritent d'être rappelés :

« Considérant que les dispositions des articles 10 et 13 de la loi des 16-24 août 1790 et du décret du 16 fructidor an III qui ont posé dans sa généralité le principe de séparation des autorités administratives et judiciaires n'ont pas en elles-mêmes valeur constitutionnelle ; que, néanmoins, conformément à la conception française de la séparation des pouvoirs, figure au nombre des principes fondamentaux reconnus par les lois de la République, celui selon lequel, à l'exception des matières réservées par nature à l'autorité judiciaire, relève en dernier ressort de la compétence de la juridiction administrative l'annulation ou la réformation des décisions prises, dans l'exercice des prérogatives de puissance publique, par les autorités exerçant le pouvoir exécutif, leurs agents, les collectivités territoriales de la République ou les organismes publics placés sous leur autorité ou leur contrôle. »

624 La rédaction de cet arrêt appelle plusieurs observations :

– le Conseil constitutionnel ne se borne pas à citer, de façon abstraite, l'« administration », mais précise que la compétence de la juridiction administrative s'exerce à l'égard des autorités exerçant le pouvoir exécutif, de leurs agents, des collectivités territoriales de la République ou des organismes publics placés sous leur autorité ou leur contrôle ;

– seuls les actes pris « dans l'exercice des prérogatives de puissance publique » relèvent de la compétence de la juridiction administrative ;

– seuls les recours en annulation ou en réformation des actes des autorités administratives, et non, par exemple, l'ensemble des recours en réparation des préjudices causés par les fautes éventuellement commises par l'administration, relèvent de plein droit, en vertu d'un principe fondamental reconnu par les lois de la République, de la compétence de la juridiction administrative ;

– même dans ce dernier domaine, strictement défini, certaines matières échappent à la compétence de la juridiction administrative parce qu'elles sont « réservées par nature à l'autorité judiciaire » ;

– le domaine de compétence ainsi consacré par le Conseil constitutionnel pour la juridiction administrative n'a pas, cependant, des limites intangibles, car il est précisé que « dans la mise en œuvre de ce principe, lorsque l'application d'une législation ou d'une réglementation spécifique pourrait engendrer des contestations contentieuses diverses qui se répartiraient, selon les règles habituelles de compétence, entre la juridiction administrative et la juridiction judiciaire, il est loisible au législateur, dans l'intérêt d'une bonne administration de la justice, d'unifier les règles de compétence juridictionnelle au sein de l'ordre juridictionnel principalement intéressé ».

§ 2 Les principes législatifs concernant la compétence du juge administratif

625 La loi des 16-24 août 1790 dispose que « les fonctions judiciaires sont distinctes et demeureront toujours séparées des fonctions administratives. Les juges ne pourront, à peine de forfaiture, troubler de quelque manière que ce soit, les opérations des corps administratifs, ni citer devant eux les administrateurs à raison de leurs fonctions ». Le décret du 16 fructidor an III énonce quant à lui que « défenses itératives sont faites aux tribunaux de connaître des actes d'administration de quelque espèce qu'ils soient, aux peines de droit ».

626 Ces textes ne définissent pas la compétence de la juridiction administrative mais se bornent à énoncer les domaines dans lesquels les tribunaux judiciaires ne pourraient

pas intervenir. Leurs termes sont en outre trop généraux, dans la mesure où ils visent les « fonctions administratives », « les opérations des corps administratifs », les « actes d'administration », pour qu'il soit véritablement possible, sur ce seul fondement, de définir de façon précise, par une démarche qui serait en outre *a contrario*, le domaine de compétence de la juridiction administrative.

Il reste que seule la loi, mais non le pouvoir réglementaire, peut déterminer la répartition des compétences entre les deux ordres de juridiction. Un acte administratif ne pourrait donc, même incidemment, modifier l'état du droit en la matière (CE, ass., 30 mai 1962, *Assoc. nationale de la meunerie*, *Lebon* 233, concl. Bernard ; T. confl. 2 mars 1970, *Sté Duvoir c/ SNCF*, *Lebon* 885, concl. Braibant ; CE, sect., 7 déc. 1979, *Benoist et a.*, *Lebon* 454). Ceci explique que la qualification d'établissement public et commercial, par exemple, qui entraînerait la compétence de la juridiction judiciaire pour les relations avec les fournisseurs, les usagers et le personnel, ne s'impose pas au juge (T. confl. 24 juin 1968, *Sté Distilleries bretonnes et Sté d'approvisionnements alimentaires*, *Lebon* 801) alors que celui-ci est lié, à l'inverse, par une qualification législative (T. confl. 24 avr. 1978, *Sté Boulangerie de Kourou*, *Lebon* 645). 627 ■

La rareté des textes législatifs intervenus en la matière est telle cependant que c'est à la jurisprudence qu'est revenu le soin de définir les contours exacts de la compétence du juge administratif.

§ 3 Une mosaïque de solutions jurisprudentielles

Il a d'ores et déjà été donné de nombreux exemples des solutions jurisprudentielles intervenues pour définir le domaine d'application des règles particulières du droit administratif et, indirectement, les contours de la compétence de la juridiction administrative. C'est ainsi que la distinction entre personne morale de droit public et personne morale de droit privé (v. ss 169) contribue à définir le champ de compétence des juridictions administratives, même s'il a été souligné que des personnes morales de droit privé peuvent participer à l'action administrative, exercer des missions de service public, disposer de prérogatives de puissance publique et relever par là même de la compétence de la juridiction administrative (v. ss 182 s.). De même, la distinction entre service public administratif et service public industriel et commercial (v. ss 556 s.) est importante du point de vue de la compétence de la juridiction administrative, puisque les relations des services publics industriels et commerciaux avec les usagers, le personnel et les fournisseurs, sont régies par le droit privé (v. ss 558), de façon telle que les litiges intervenus dans ce cadre relèvent normalement de la compétence de la juridiction judiciaire et non pas de la compétence de la juridiction administrative. 628 ■

La distinction entre établissement public administratif et établissement public industriel et commercial, dont il a été indiqué qu'elle ne repose pas sur un critère unique mais plutôt sur un faisceau d'indices (v. ss 354 s.) contribue de la même façon à définir le champ de compétence de la juridiction administrative.

La distinction des contrats administratifs, qui relèvent de la compétence du juge administratif, et des contrats de droit privé, qui relèvent de la compétence du juge judiciaire, témoigne également d'un certain « pointillisme » des solutions jurisprudentielles intervenues en la matière (v. ss 454 s.). Cependant, cette question a l'intérêt tout particulier de montrer l'importance respective des notions de « service public » et de « prérogatives de puissance publique » dans les solutions retenues par les tribunaux pour définir le champ d'application du droit administratif par rapport au droit privé et du juge administratif par rapport au juge judiciaire.

629 Les tentatives de synthèse élaborées par la doctrine n'ont pas permis de dégager un critère unique de compétence, même si la référence faite par le Conseil constitutionnel dans sa décision du 23 janvier 1987 à « l'exercice des prérogatives de puissance publique », pour caractériser le champ des décisions relevant de la compétence de la juridiction administrative, fait du juge administratif le juge de la puissance publique. Les débats entre « l'école du service public », animée par Léon Duguit, et « l'école de la puissance publique », animée par Maurice Hauriou au début de ce siècle, trouvent encore de puissants échos aujourd'hui par bien des aspects (v., par ex., R. Chapus, « Le service public et la puissance publique », *RD publ.* 1968. 235 s. ; P. Amselek, « Le service public et la puissance publique. Réflexions autour d'une étude récente », *AJDA* 1968. 492 s. ; T. Fortsakis, *Conceptualisme et empirisme en droit administratif français*, LGDJ, 1987).

630 La justification de la compétence du juge administratif – et d'ailleurs de son existence également – par la « conception française de la séparation des pouvoirs », n'interdit pas cependant au juge administratif de connaître d'un certain nombre d'actes n'émanant pas du pouvoir exécutif, dès lors qu'ils peuvent être analysés comme des actes d'administration d'un point de vue matériel sinon organique. C'est ainsi que le Conseil d'État se reconnaît compétent pour statuer sur la légalité du règlement intérieur de l'Assemblée nationale en ce qu'il concerne le statut des agents (CE 19 janv. 1996, *Escriva*, *Lebon* 10) ou pour connaître des contrats des assemblées parlementaires susceptibles d'être soumis à des obligations de publicité et de mise en concurrence. (CE 10 juill. 2020, *Sté Paris Tennis*, n° 434582).

631 Le juge administratif statue également sur les recours contre les sanctions prononcées à l'égard des magistrats judiciaires, aux motifs qu'est alors en cause l'organisation et non le fonctionnement du service public de la justice (T. confl. 27 nov. 1952, *Préfet de Guyanne*, *Lebon* 642). Le Conseil d'État exerce, ce faisant, un contrôle sur la qualification juridique des faits ayant motivé la sanction disciplinaire, qu'elle soit infligée à un magistrat du siège (CE, sect., 14 mars 1975, *Sieur Rousseau*, *AJDA* 1975. 350, chron. Franc et Boyon) aussi bien que du Parquet. Le Conseil d'État va jusqu'à considérer qu'est entachée d'une erreur manifeste d'appréciation l'analyse du garde des Sceaux – et donc indirectement celle du Conseil supérieur de la magistrature, concernant les devoirs d'un magistrat du Parquet et la gravité des manquements qui lui sont reprochés ; le garde des Sceaux, qui avait indiqué qu'il respecterait dans tous les cas et ferait donc sienne l'appréciation du Conseil supérieur de la magistrature, se voit au surplus reprocher une erreur de droit puisque la réforme concernant l'indépendance de la justice n'ayant pas été menée jusqu'à son terme, il reste seul détenteur du pouvoir de décision à l'égard des magistrats du Parquet (CE, sect., 20 juin 2003, *M. Stilinovic*, *AJDA* 2003. 1338, chron. F. Donnat ; D. Casas, *ibid.* 1334).

632 De façon inédite, le juge administratif s'est reconnu compétent pour connaître l'action d'une personne publique tendant à l'engagement de la responsabilité quasi-délictuelle de l'ensemble des sociétés reconnues coupables d'une entente anticoncurrentielle, lorsque cette entente a eu pour effet de conduire la personne publique à

contracter avec l'une de ces sociétés à des conditions de prix désavantageuses (CE 27 mars 2020, *Dép. de l'Orne*, n° 421758). Il n'est ainsi pas nécessaire que la personne publique soit liée par un contrat aux personnes privées mises en cause. Leur seule participation à l'entente dont a été victime la personne publique suffit à établir la compétence du juge administratif qui peut ainsi se saisir de manière cohérente de l'ensemble du litige en imputant directement à chacune des entreprises coupables la part de responsabilité qui lui incombe.

section 2

La compétence du juge judiciaire en matière administrative

Ainsi que le soulignait le Conseil constitutionnel dans sa décision du 23 janvier 1987, même lorsque sont en cause des décisions prises par les autorités exerçant le pouvoir exécutif dans l'exercice des prérogatives de puissance publique, le juge judiciaire peut être néanmoins compétent, soit qu'il s'agisse de « matières réservées par nature à l'autorité judiciaire » (§1), soit qu'une loi soit intervenue pour attribuer compétence à la juridiction judiciaire dans l'intérêt d'une bonne administration de la justice (§2). 633 ■

En outre, si le juge judiciaire, saisi d'une affaire où il estime que la légalité d'un acte administratif soulève une difficulté, doit surseoir à statuer et renvoyer au juge administratif la question de la légalité de cet acte, il demeure compétent pour interpréter les actes réglementaires (T. confl. 16 juin 1923, *Septfonds*, *GAJA*, 18e éd., n° 39). Ce principe traditionnel supporte cependant quelques atténuations. Le juge judiciaire estimait que l'appréciation de la conventionnalité d'un acte administratif est distincte de celle de sa légalité, en ce qu'elle n'a pour effet que d'écarter l'application d'une norme et non de l'annuler ou de la réformer : relevant ainsi de la fonction d'interprétation, elle ne fait pas obstacle à sa compétence (Com. 6 mai 1996, *France Télécom c/ Communication Média Service* : *Bull. civ.* IV, n° 125). Sans reprendre cette position, le Tribunal des conflits aboutit à un résultat quasi identique. S'il a en effet réaffirmé avec force le principe de séparation des autorités administratives et judiciaires, et précisé que le contrôle de conventionnalité, exercé dans le cadre du contrôle de légalité, n'y faisait pas par lui-même exception, il a cependant estimé qu'il était possible de déroger à ce principe pour deux raisons. En premier lieu, le principe d'effectivité du droit de l'Union européenne doit permettre à tout juge d'écarter toute disposition contraire au droit de l'Union ; le juge judiciaire peut donc écarter une norme administrative qu'il juge non conforme au droit de l'Union ou, le cas échéant, saisir la Cour de justice à titre préjudiciel (T. confl. 17 oct. 2011, *Préfet de la Région Bretagne, Préfet de l'Île-et-Vilaine, SCEA du Chéneau c/ Interprofession nationale porcine*, *RFDA* 2011. 1122, concl. J.-D. Sarcelet, notes B. Seiller et A. Roblot-Troizier, AJDA 2012. 27, note M. Guyomar et X. Domino ; *GAJA*, n° 111). En second lieu, la bonne administration de la justice, et en particulier le respect du droit à ce que sa demande soit entendue dans un délai raisonnable, autorise le juge judiciaire à apprécier la légalité d'un acte administratif « lorsqu'il apparaît manifestement, au vu d'une jurisprudence établie, que la contestation peut être accueillie par le juge saisi au principal » (T. confl. 12 déc. 2011, *SNC Green Yellow c/ SA Électricité de France, RFDA* 2011. 1141).

Le Conseil d'État a adopté une position parfaitement symétrique concernant l'appréciation de la légalité de conventions de droit privé. Alors qu'il respectait traditionnellement l'obligation de renvoi à la juridiction judiciaire de l'appréciation de légalité d'une convention collective au regard du Code du travail, condition de l'accceptation du recours pour excès de pouvoir formé contre la décision d'homologuer cette convention (CE, sect., 4 mars 1960, *SA Le Peignage de Reims, Dr. soc.* 1960. 274, concl. P. Nicolaÿ), il ne procède plus à un tel renvoi si l'une ou l'autre des circonstances fixées par la jurisprudence *SCEA du Chéneau* se présente (CE, sect., 23 mars 2012, *Fédération Sud Santé sociaux, Dr. adm.* 2012. comm. 56, note F. Melleray).

§ 1 Les matières réservées par nature à l'autorité judiciaire

634 L'article 66 de la Constitution énonce que « l'autorité judiciaire », « gardienne de la liberté individuelle », assure le respect du principe selon lequel « nul ne peut être arbitrairement détenu » (A).

À cette idée, selon laquelle l'interdiction faite au juge judiciaire de connaître des actes d'administration doit céder en certaines hypothèses où sont en cause certains droits fondamentaux, peuvent être également rattachées les solutions intervenues en matière de voie de fait (B), de compétence du juge pénal pour l'appréciation de la légalité des actes administratifs (C) et certaines règles faisant du juge judiciaire le gardien de la propriété privée (D).

A. L'autorité judiciaire gardienne de la liberté individuelle

635 La notion de « liberté individuelle » visée à l'article 66 de la Constitution est interprétée par le Conseil constitutionnel comme s'appliquant au droit à la sûreté, c'est-à-dire le droit à ne pas faire l'objet d'une arrestation ou d'une détention arbitraire, et à la liberté du domicile (Cons. const. 12 janv. 1977, n° 76-75 DC, *Fouille des véhicules, GDCC*, n° 31 ; Cons. const, 29 déc. 1984, n° 86-164 DC, *Perquisitions fiscales*). Le Conseil constitutionnel veille donc à ce que la loi n'autorise pas des perquisitions de domiciles – voire même des fouilles de véhicules – sans droit de regard de l'autorité judiciaire. En revanche, cette notion n'inclut pas la liberté d'aller et venir (T. confl. 12 févr. 2018, *M. A.*, n° 4110). Ainsi, selon le Conseil constitutionnel, ni la protection de la liberté individuelle, ni aucune raison de bonne administration de la justice ne justifient de déroger à la compétence de principe du juge administratif et de confier au juge judiciaire le contentieux des arrêtés de reconduite à la frontière (Cons. const. 28 juill. 1989, n° 89-261 DCv. ss 654). Le juge constitutionnel fait ainsi preuve de souplesse dans l'application de l'article 66 de la Constitution. Dans le cadre du dispositif législatif de l'état d'urgence, le Conseil constitutionnel a notamment estimé que l'assignation à résidence prononcée par l'autorité administrative ne constituait pas une mesure privative de liberté relevant de la compétence du juge judiciaire, compte tenu de la plage horaire maximale de l'astreinte à domicile (Cons. const.

22 déc. 2015, décis. n° 2015-527 QPC, *M. Cédric D.*). Selon une approche similaire, le juge administratif est compétent pour connaître du contentieux des mesures réglementaires de confinement prises par le Premier ministre dans le cadre de l'état d'urgence, qui ne relèvent pas de l'article 66 de la Constitution (CE 22 juill. 2020, *M. B.*, n° 440149). Le juge administratif se fonde ici sur la nature réglementaire et la portée générale des mesures en cause, adoptées en outre à des fins de police administrative (v. n° 148), pour en déduire l'absence d'atteinte à la liberté individuelle.

Cette conception souple de la notion de liberté individuelle est rendue possible par les progrès de la juridiction administrative dans la protection des droits et libertés, grâce notamment aux procédures d'urgence.

L'article 136 du Code de procédure pénale énonce que, « dans tous les cas d'atteinte à la liberté individuelle, le conflit ne peut jamais être élevé par l'autorité administrative et les tribunaux de l'ordre judiciaire sont toujours exclusivement compétents ». **636**

Il est ajouté qu'« il en est de même dans toute instance civile fondée sur des faits constitutifs d'une atteinte à la liberté individuelle ou à l'inviolabilité du domicile [...], qu'elle soit dirigée contre la collectivité publique ou contre ses agents ». Cette dernière précision met fin à une jurisprudence du Tribunal des conflits qui interprétait une loi de 1933 sur les garanties de la liberté individuelle, dont était issu l'ancien article 112 du Code d'instruction criminelle, devenu l'article 136 du Code de procédure pénale, comme ne consacrant la compétence judiciaire en ce domaine que pour les seules actions en responsabilité exercées contre les agents publics à titre personnel (T. confl. 27 mars 1952, *Dame de la Murette*, *RD publ.* 1952. 757, note M. Waline). Dorénavant, les tribunaux judiciaires sont toujours compétents pour statuer sur toute action en réparation d'une atteinte à la liberté individuelle, qu'elle soit dirigée contre la collectivité publique aussi bien que contre ses agents.

Cependant, en dépit des termes clairs de l'article 136 du Code de procédure pénale sur l'impossibilité d'élever le conflit et la compétence exclusive des tribunaux de l'ordre judiciaire « dans tous les cas d'atteinte à la liberté individuelle », il est jugé que la juridiction administrative est seule compétente pour statuer sur la question de la légalité de l'acte à l'origine de l'atteinte à la liberté (T. confl. 16 nov. 1964, *Clément*, *D.* 1965. 668, note A. Demichel ; CE 9 juill. 1965, *Voskresensky*, *AJDA* 1965. 603, concl. J. Fournier ; T. confl. 12 mai 1997, *Préfet de police de Paris c/ Tribunal de grande instance de Paris*, *RFDA* 1997. 514, concl. J. Arrighi de Casanova : « Les tribunaux judiciaires [...] ne peuvent sur le fondement de l'article 136 faire obstacle à l'exécution des décisions prises par l'administration en dehors du cas de voie de fait »). Il en résulte une réelle complexité si le juge judiciaire est saisi en cas d'atteinte par un acte de l'administration à la liberté individuelle, puisqu'il doit surseoir à statuer et attendre que le juge administratif se soit prononcé sur la question préjudicielle relative à la légalité de l'acte. **637**

La Cour de cassation a heureusement consacré la compétence du juge judiciaire pour apprécier la légalité de la décision de placement d'un étranger en rétention administrative, lorsqu'elle est saisie d'une demande de prolongation de celle-ci (Civ. 2e, 28 juin 1995, *Préfet du Midi-Pyrénées c/ Bechta*, *JCP* 1995. II. 22504, concl. J. Sainte-Rose). Le Tribunal des conflits a confirmé que les conditions de la rétention administrative peuvent être appréciées par le juge judiciaire (T. confl. 29 déc. 2004, *Préfet des Deux-Sèvres*, *AJDA* 2005. 1011, note L. Domingo).

638 La jurisprudence du Conseil d'État, entérinée par le Tribunal des conflits, distinguant entre le contrôle de la « nécessité » et celui de la « régularité » des mesures de placement d'office dans les hôpitaux psychiatriques, aboutit à une très grande complexité en la matière. Elle confère en effet une compétence exclusive au juge administratif pour connaître de la seule régularité du placement d'office, tandis que le juge judiciaire est seul compétent pour en apprécier la nécessité, ce qui est à vrai dire l'essentiel (T. confl. 6 avr. 1946, *Maschinot, Lebon* 326 ; CE, sect., 11 mars 1996, *Cne de Saint-Herblain, JCP* 1996. II. 22743, note F. Mallol, « Contentieux de l'hospitalisation d'office : illustration du problème posé par la dualité de juridictions »). Alors même que le juge administratif ne dispose donc en réalité que d'une compétence résiduelle en cette dernière matière, mais qui oblige les justiciables à faire face à une redoutable complexité pour l'accès à la justice, il ne semble pas vouloir évoluer malgré le regret qu'en ont même certains commentateurs membres du conseil d'État (CE, sect., 1er avr. 2005, *Mme L., AJDA* 2005. 1234, chron. Landais et Lénica).

B. La voie de fait

639 Dans une conception ancienne de la voie de fait, l'action administrative était, en quelque sorte, « dénaturée » lorsqu'elle était manifestement illicite et avait gravement porté atteinte à une liberté fondamentale ou à la propriété privée ; dans ce cas l'administration n'apparaissait plus pouvoir bénéficier de la protection que lui offre le principe de la séparation des autorités administratives et judiciaires et le recours pouvait être porté devant le juge de tout un chacun. Il est à noter que le bénéfice de cette théorie n'a pas été réservé aux seules personnes privées, puisque le juge judiciaire en a fait application aux relations entre collectivités publiques (Civ. 1re, 28 nov. 2006, *Cne de Saint-Maur-des-Fossés c/ Conseil général Val-de-Marne, JCP Adm.* 2007, n° 2118, note O. Renard-Payen, à propos d'obstacles mis par une commune à l'accès à un bâtiment appartenant à un conseil départemental).

La compétence du juge judiciaire, en particulier du juge judiciaire des référés, pouvait ainsi permettre, dans des cas que celui-ci avait tendance à concevoir de façon extensive, de mettre rapidement fin aux agissements de l'administration portant atteinte aux libertés. Cette conception de la voie de fait avait cependant l'inconvénient de bousculer l'ordre établi en matière de répartition des compétences entre les deux ordres de juridiction.

640 Il apparaît aujourd'hui clairement que la portée de la voie de fait est limitée. L'affaiblissement de cette théorie jurisprudentielle fait écho aux progrès de l'effectivité du recours juridictionnel devant les juridictions administratives, découlant de la généralisation du pouvoir d'injonction et, surtout, de la mise en place de procédures d'urgence efficaces. Les nouveaux pouvoirs conférés au juge administratif en matière de référés par la loi du 30 juin 2000 ont permis de dispenser les justiciables de tenter de recourir au juge judiciaire dans des cas où l'illégalité est certes manifeste mais où l'acte n'est pas « manifestement insusceptible de se rattacher à l'exercice d'un pouvoir appartenant à l'administration ». Ainsi, à mesure que la protection du justiciable progressait devant le juge administratif, le Tribunal des conflits a été davantage enclin à faire prévaloir le principe de la séparation des autorités administratives et judiciaires sur une logique de protection des justiciables.

Déjà, dans l'arrêt du 12 mai 1997, *Préfet de police de Paris c/ TGI de Paris*, le Tribunal des conflits avait jugé que les mesures prises par l'administration à l'égard d'étrangers, leur imposant « une consignation » à bord d'un navire et leur interdisant de débarquer (ce qui évitait, en l'espèce, à l'administration d'avoir à se prononcer sur leurs demandes d'exercice du droit d'asile), « n'étaient pas manifestement insusceptibles d'être rattachées à un pouvoir appartenant à l'administration ; que ces actes ne sauraient, dès lors, être regardés comme constitutifs de voie de fait » (*RFDA* 1997. 514, concl. J. Arrighi de Casanova ; *AJDA* 1997. 635, chron. Chauvaux ; *ibid.* 575, chron. Girardot). La mesure critiquée était évidemment illégale ; le Tribunal des conflits avait alors fait le choix d'une solution plus restrictive qui s'inscrivait d'ailleurs dans la droite ligne d'un arrêt intervenu le 20 juin 1994 (*Gaz. Pal.* 24 et 25 août 1994, p. 19, concl. R. Abraham ; *AJDA* 1994. 558, chron. Maugüé et Touvet), par lequel il avait jugé qu'en procédant à l'exécution immédiate d'arrêtés d'expulsion pris à l'encontre d'étrangers sur le point de comparaître devant un tribunal correctionnel, l'administration n'avait pas commis de voie de fait dès lors que cette mesure, qu'elle fût légale ou illégale, n'était pas manifestement insusceptible, en tout cas, de se rattacher à un pouvoir conféré à l'administration. C'est également ce qui, sur départage par le garde des Sceaux, a été jugé en 1997. Dans une affaire semblable, le Conseil d'État a confirmé l'illégalité de la décision de l'administration ordonnant la consignation à bord d'un navire d'un étranger ; mais en l'espèce, le président de l'ancien tribunal de grande instance de Paris, statuant en référé, avait pu prescrire la mise en liberté immédiate de cet étranger, qui avait pu obtenir par là même que sa demande d'asile soit examinée (CE 29 juill. 1998, *Min. de l'Intérieur c/ Mwinyl*, *D.* 1999. 155, note A. Legrand), sans que le conflit soit élevé.

L'importante décision *Bergoend* (T. confl. 17 juin 2013, *Bergoend c/ Sté ERDF Annecy Léman*, *RFDA* 2013. 1041, note P. Delvolvé) consacre une réduction très substantielle du champ d'application de la voie de fait, restreinte à deux hypothèses. Celle où l'administration a procédé à l'exécution forcée, dans des conditions irrégulières, d'une décision, même régulière, portant atteinte à la liberté individuelle ou aboutissant à l'extinction d'un droit de propriété. Et celle dans laquelle l'autorité publique a pris une décision qui a les mêmes effets d'atteinte à la liberté individuelle ou d'extinction d'un droit de propriété et qui est manifestement insusceptible d'être rattachée à un pouvoir appartenant à l'autorité administrative. Le Tribunal des conflits cantonne ainsi la théorie de la voie fait à un double point de vue.

D'une part, s'agissant des droits protégés, le Tribunal des conflits procède à une double limitation. Concernant le droit de propriété, il mentionne « l'extinction » de celle-ci, et non « l'atteinte » qui lui est portée. La compétence judiciaire n'est donc justifiée que lorsque les requérants ont été définitivement dépossédés de leur droit de propriété, sans contrepartie qui correspondrait à une « juste et préalable indemnité » au sens de la jurisprudence du Conseil constitutionnel. Concernant les autres libertés, le Tribunal des conflits recentre l'application de la théorie à la protection de la liberté individuelle. La voie de fait n'est donc pas un régime contentieux applicable à la garantie des libertés fondamentales en général mais doit être réservée à la protection de la liberté individuelle, visée à l'article 66 de la Constitution, dont on a dit, plus haut, qu'elle était interprétée de manière stricte par le juge, notamment constitutionnel. Il en résulte, par exemple, que l'atteinte portée à la liberté d'aller et venir, qui n'entre pas dans le champ de la liberté individuelle au sens de l'article 66, n'est pas susceptible de caractériser une voie de fait (T. confl. 12 févr. 2018, *M. A.*, n° 4110). 641

642 D'autre part, s'agissant de l'illicéité dont est entaché le comportement de l'autorité publique, le Tribunal des conflits condamne une conception large de la voie de fait, susceptible de s'appliquer à de simples mesures illégales, même grossièrement. La Cour de cassation avait pu historiquement s'inscrire dans une telle démarche, en retenant la compétence du juge judiciaire au titre d'une voie de fait lorsque la dépossession d'un bien était intervenue sur le fondement d'un acte administratif simplement entaché d'une irrégularité grossière (Civ. 1re, 25 janv. 2005, *M. Picard et a.*, *Dr. adm.* 2005, n° 52, note M. Lombard). La théorie de la voie de fait semble donc s'appliquer au cas dans lesquels l'administration ne dispose d'aucun fondement légal à l'exercice de son action. En outre, et sous réserve d'une confirmation jurisprudentielle, elle pourrait continuer à régir, malgré la jurisprudence *Bergoend*, l'hypothèse dans laquelle la décision administrative litigieuse peut être regardée comme inexistante (CE 11 mars 1998, *Min. de l'intérieur*, n° 169794).

643 Dans une logique similaire d'encadrement du recours à la théorie de la voie de fait, la Cour de Cassation a pu estimer qu'alors que l'intervention de l'administration portait une atteinte grave et manifestement illégale à la propriété privée, hors du cadre d'un pouvoir appartenant à l'administration, l'inaction prolongée des propriétaires devant cette atteinte faisait obstacle à ce que la voie de fait soit constatée, et qu'il appartenait dès lors à la juridiction administrative de statuer sur cette illégalité (Civ. 3e, 19 déc. 2012, *Nouaille c/ ERDF, Dr. adm.* 2013. comm. 36, note S. Gilbert).

C. La compétence du juge pénal en matière d'appréciation de la légalité des actes administratifs

644 Aux termes de l'article L. 111-5 du Code pénal, « les juridictions pénales sont compétentes pour interpréter les actes administratifs réglementaires ou individuels et pour en apprécier la légalité lorsque, de cet examen, dépend la solution du procès pénal qui leur est soumis ». Cette disposition est d'autant plus importante que, lorsque l'appréciation de la légalité d'un acte administratif est nécessaire pour résoudre un litige porté devant le juge judiciaire, celui-ci doit en principe surseoir à statuer sur cette « question préjudicielle » tenant à la légalité de l'acte administratif, jusqu'à ce que le juge administratif ait statué sur la légalité de cet acte (T. confl. 16 juin 1923, *Septfonds*, *GAJA*, 18e éd., n° 39, v. ss 633).

Le Tribunal des conflits avait cependant admis, dès 1951, que la compétence du juge pénal puisse être plus étendue dans la mesure où il résulte de la nature de la mission assignée au juge pénal que celui-ci a, en principe, plénitude de juridiction sur tous les points d'où dépend l'application ou la non-application des peines (T. confl. 5 juill. 1951, *Avranches et Desmarets*, *Lebon* 638). Le Tribunal des conflits faisait toutefois une distinction entre l'appréciation de la légalité des règlements administratifs, à laquelle pouvait procéder le juge répressif, et des actes individuels, pour laquelle il était incompétent.

Cette limite est devenue caduque depuis l'intervention de la loi du 22 juillet 1992, portant réforme du Code pénal. L'article 111-5 du Code pénal a supprimé les restrictions résultant de la jurisprudence précitée *Avranches et Desmarets* et le tribunal statuant en matière répressive a dorénavant compétence non seulement pour interpréter les actes administratifs, qu'ils soient réglementaires ou individuels, mais aussi pour en apprécier la légalité « lorsque, de cet examen, dépend la solution du procès pénal qui lui est soumis ». Cette disposition devrait entraîner la suppression de toute question préjudicielle devant le juge pénal.

D. Les atteintes à la propriété

Selon le Conseil constitutionnel, la compétence conférée au juge judiciaire pour assurer l'indemnisation d'un propriétaire dépossédé d'un bien de nature mobilière ou immobilière constitue un « principe de valeur constitutionnelle » (Cons. const. 13 déc. 1985, *AJDA* 1986. 171, note Boulouis). La compétence du juge judiciaire avait été consacrée dès la loi du 8 mars 1810 sur l'expropriation. Afin de rassurer les propriétaires privés, compétence lui avait été conférée pour prononcer le transfert du droit de propriété et évaluer les indemnités. Cette solution est toujours consacrée par le Code de l'expropriation. 645 ■

De la même façon, la loi du 3 juillet 1877 sur les réquisitions militaires, de même que l'ordonnance du 11 octobre 1945 sur les réquisitions de logements et l'ordonnance du 6 janvier 1959 sur les réquisitions civiles de biens et de services ont donné compétence aux tribunaux judiciaires pour la détermination des indemnités de réquisition. La même solution a été consacrée par diverses lois permettant à l'administration d'instaurer des servitudes (v. par ex. : L. du 9 janv. 1985 pour une servitude de passage des pistes de ski et des remontées mécaniques ; L. du 27 nov. 1987 permettant d'instaurer des servitudes pour la protection de la visibilité des feux et phares ; L. du 13 juill. 1992 permettant d'imposer des servitudes pour les installations de télévision par câble dans les immeubles collectifs). Dans tous ces cas, la loi confère aux tribunaux judiciaires le soin d'opérer l'indemnisation des préjudices résultant de l'institution de ces servitudes.

Les « réquisitions » instituées par l'article L. 2215-1 du Code général des collectivités territoriales, et renforcées par la loi du 18 mars 2003 d'orientation pour la sécurité intérieure, visent à « préciser et à compléter les pouvoirs de police administrative appartenant d'ores et déjà à l'autorité préfectorale en cas d'urgence, lorsque le rétablissement de l'ordre public exige des mesures de réquisition » (Cons. const. 13 mars 2003, n° 2003-467 DC). Le préfet ne saurait en cette matière se fonder sur un simple risque éventuel de trouble à l'ordre public pour prendre une mesure de réquisition (TA Rennes, 10 mai 2007, *Cne de Vannes*, *Dr. adm.* 2007, n° 99).

La responsabilité issue de ces réquisitions relève, comme toute conséquence d'une mesure de police, des juridictions de l'ordre judiciaire (T. confl. 26 juin 2006, *Rosset c/ État, Rapport T. confl. 2006*, concl. J.-H. Stahl).

La théorie de l'*emprise*[Q] irrégulière résulte quant à elle de la jurisprudence. Sa portée est aujourd'hui marginale. Historiquement, elle visait à protéger le droit de propriété sur les biens immobiliers exclusivement, bâtis ou non, qu'il y ait dépossession définitive ou simplement occupation temporaire du bien. La compétence des juridictions judiciaires était subordonnée au caractère irrégulier de la dépossession ou de l'occupation de l'immeuble. Or seule la juridiction administrative peut se prononcer sur le caractère régulier ou non de l'emprise. La compétence du juge judiciaire était donc réduite à la réparation du préjudice en résultant, pour autant que l'irrégularité de la dépossession aura été constatée par le juge administratif (T. confl. 17 mars 1949, *Sté Rivoli-Sébastopol*, *Lebon* 294 ; CE, sect., 15 févr. 1961, *Werquin*, *Lebon* 118 ; *RD* 646 ■

publ. 1961. 321, concl. Braibant ; T. confl. 6 mai 2002, *M. et Mme Binet c/ EDF*, *JCP* 2002. II. 10170, concl. J. Duplat ; *CJEG* 2002. 646, note B. Genevois), qu'elle aura été admise par l'administration elle-même (Civ. 1re, 19 nov. 2008, *Jean et a. c/ Cne d'Uvernet-Fours et a.*, *JCP Adm.* 2009, n° 2169, comm. O. Renard-Payen), ou qu'elle résulte de l'absence totale de titre, même irrégulier, dont pourrait se prévaloir l'autorité administrative (CE 23 juill. 2010, *Pellet*, *Dr. adm.* 2010, n° 147, note F. Melleray).

Aujourd'hui, sans supprimer totalement la théorie de l'emprise irrégulière, le Tribunal des conflits lui a retiré toute portée sur la répartition des compétences juridictionnelles, en estimant que le juge administratif est compétent pour statuer sur une demande d'indemnisation du préjudice né d'une emprise irrégulière, sauf pour l'hypothèse exceptionnelle dans laquelle les requérants seraient définitivement privés de leur propriété (T. confl. 9 déc. 2013, *M. et Mme Panizzon c/ Cne de St-Palais-sur-mer*, *RFDA* 2014. 61, note P. Delvolvé). La circonstance qu'aucun acte administratif, même irrégulier, ne justifie l'atteinte portée à un bien immobilier ne fait pas obstacle à la compétence du juge administratif, dès lors que cette atteinte n'est pas constitutive d'une extinction du droit de propriété (CE 14 juin 2019, *M. et Mme B.*, n° 414458).

§ 2 Les domaines de compétences attribués par la loi au juge judiciaire

647 Si les textes les plus anciens attribuant une compétence au juge judiciaire en matière administrative ne concernent pour l'essentiel que certains cas de responsabilité de l'État (A), des textes plus récents ont attribué compétence au juge judiciaire même pour connaître de recours en annulation ou en réformation contre les décisions de certaines autorités administratives (B).

A. Les textes donnant compétence au juge judiciaire en matière de responsabilité publique

648 La loi du 5 avril 1937 a institué un régime particulier de responsabilité de l'État du fait des fautes commises par les membres de l'enseignement public, qui relève de la compétence du juge judiciaire quelle que soit la nature, personnelle ou de service, de la faute commise (v. ss 992).

649 De même, la loi du 31 décembre 1957 a unifié le régime de responsabilité du fait des accidents causés par les véhicules de l'administration en confiant l'ensemble de ce contentieux au juge judiciaire. L'administration n'ayant pas accepté sans réticence cette attribution de compétence au juge judiciaire pour connaître des dommages causés « par un véhicule quelconque », une abondante jurisprudence est intervenue pour préciser ce qu'était un véhicule au sens de la loi. Le Tribunal des conflits a dû préciser qu'il convenait d'entendre par véhicule tout engin susceptible de se mouvoir par un dispositif propre (T. confl. 15 oct. 1973, *Barbou*, *AJDA* 1974. 94, concl. Braibant).

La loi du 9 septembre 1986 relative à la lutte contre le terrorisme a institué un fonds de garantie des victimes des actes de terrorisme et d'autres infractions, les indemnités étant attribuées par des commissions instituées auprès des tribunaux de grande instance qui ont la qualité de juridiction civile statuant en premier et dernier ressort. 650 ■

B. Les autres domaines de compétences du juge judiciaire

Le juge judiciaire a une compétence traditionnelle en matière d'état des personnes, de nationalité ou d'électorat, qui s'étend même aux décisions prises par l'administration dans le cadre, par exemple, de la tutelle légale sur les mineurs. 651 ■

L'article L. 116-1 du Code de la voirie routière attribue au juge administratif le contentieux de la répression des infractions à la préservation de l'intégrité ou des conditions d'utilisation du domaine public routier. Après avoir effectué une interprétation très large de cette compétence judiciaire, le Tribunal des conflits l'a restreinte aux cas dans lesquels une contravention à la police de la conservation du domaine public routier était constituée, que cette contravention ait été poursuivie ou non (T. confl. 20 févr. 2006, *Cne d'Ormesson c/ Dpt du Val de Marne*; T. confl. 24 avr. 2006 *Sté Bouygues bâtiment c/ Ville de Paris*, *AJDA* 2006. 1362, chron. C. Landais et F. Lenica). 652 ■

Certaines lois récentes ont davantage retenu l'attention en ce qu'elles ont conféré compétence au juge judiciaire pour connaître des recours en annulation ou en réformation exercés contre les décisions d'autorités administratives indépendantes en matière économique. 653 ■

C'est ainsi qu'une loi du 6 juillet 1987 a donné compétence à la cour d'appel de Paris pour connaître des recours exercés contre les décisions du Conseil de la concurrence, alors que celui-ci a la nature d'un organe administratif.

De même, la loi du 2 août 1989, modifiant l'ordonnance du 28 septembre 1967, avait attribué compétence à la cour d'appel de Paris pour statuer sur les recours contre certaines décisions de la Commission des opérations de bourse, qui était une autorité administrative indépendante. La loi du 1er août 2003 créant l'Autorité des marchés financiers (AMF) confère à la cour d'appel de Paris compétence pour connaître des recours contre les sanctions administratives prononcées par cette entité – qui a la nature d'une personne morale de droit public, tandis que le Conseil d'État connaîtra des recours contre les sanctions à caractère disciplinaire prononcées par l'AMF.

Enfin, la loi du 26 juillet 1996, modifiée par la loi du 20 mai 2005, et la loi du 10 février 2000, modifiée par la loi du 3 janvier 2003, ont donné expressément compétence également à la cour d'appel de Paris pour statuer sur les recours dirigés contre les décisions prises en matière de règlement de différends respectivement par l'Autorité de régulation des communications électroniques et des postes et par la Commission de régulation de l'énergie (v. ss 231 s.).

L'attribution expresse de compétence à la cour d'appel de Paris ne doit pas tromper sur la nature de ces organes de régulation en matière économique, qui sont des autorités administratives et non des juridictions judiciaires, ni sur la nature du recours, qui n'est pas un appel mais un recours en annulation et en réformation d'une décision administrative. La cour d'appel de Paris intervient matériellement dans ces domaines comme un juge administratif.

654 « Le principe fondamental reconnu par les lois de la République » attribuant compétence au juge administratif pour connaître des recours en annulation ou en réformation des actes de l'administration doit être concilié avec l'article 66 de la Constitution consacrant la compétence de l'autorité judiciaire comme gardienne de la liberté individuelle. Le maintien des étrangers non admis sur le territoire français dans la « zone de transit » des ports et aéroports étant assimilable à une détention « en raison de l'effet conjugué » du degré de contrainte résultant de cette mesure et de la durée de celle-ci, la loi du 6 juillet 1992 a ainsi substitué l'intervention du président du tribunal de grande instance à celle du président du tribunal administratif pour décider de la prolongation de la décision administrative de maintien d'un étranger dans ces zones d'attente.

Le Conseil constitutionnel a cependant censuré une disposition législative donnant compétence aux tribunaux judiciaires pour connaître des recours formés contre les arrêtés préfectoraux de reconduite à la frontière (Cons. const. 28 juill. 1989, n° 89-261 DC, *Rec. Cons. const.* 81). Ceci semble traduire une interprétation plutôt restrictive des possibilités d'aménagement législatif de la répartition des compétences entre le juge judiciaire et le juge administratif ouvertes au législateur. Ces solutions ponctuelles présentent pourtant en l'état une certaine complexité susceptible de rendre utile une réforme de plus grande ampleur en matière de répartition des compétences entre les deux ordres de juridiction.

section 3

Les mécanismes de règlement des conflits de compétence entre juridiction administrative et juridiction judiciaire

655 Tant la composition (§1) que les cas de saisine (§2) du Tribunal des conflits, créé par la loi du 24 mai 1872 en même temps qu'était instaurée la justice déléguée pour le Conseil d'État, témoignent de ce que ces mécanismes ont été d'abord conçus pour protéger l'administration elle-même contre d'éventuels empiétements du juge judiciaire. Ils sont en tout état de cause indispensables pour remédier aux difficultés liées à l'existence d'un dualisme juridictionnel en France.

Le remaniement substantiel, en 2015, de l'organisation du Tribunal des conflits n'a pas été jusqu'à tirer la totalité des conséquences du dualisme juridictionnel. Alors qu'il avait été envisagé que le Tribunal puisse trancher les questions de divergence jurisprudentielle, la seule compétence de fond qui lui est reconnue, en dehors de son intervention traditionnelle (mais rarissime) pour faire cesser un déni de justice, est limitée à la connaissance des recours en responsabilité pour durée excessive des procédures.

§ 1 La composition du Tribunal des conflits

Le fait que le Tribunal des conflits siège au Palais-Royal, dans les locaux et avec les moyens du Conseil d'État, est plus qu'un symbole : ses méthodes de travail sont également proches de celles de la juridiction administrative (v. F. Gazier, « Réflexions sur les symétries et dissymétries du Tribunal des conflits », *RFDA* 1990. 745 s. ; Ph. Waquet, « Regard sur le Tribunal des conflits », qui souligne que « son vocabulaire et sa culture sont ceux du Conseil d'État », *D.* 2002. 742). 656 ■

Sa composition paritaire, prévue dès 1872, a cependant été renforcée par la loi du 17 février 2015. Quatre conseillers d'État et quatre conseillers à la Cour de cassation sont élus par leurs pairs, de même que deux suppléants pour chaque juridiction. Leur mandat est de trois ans et ils sont rééligibles deux fois.

Quatre rapporteurs publics, élus parmi leurs pairs dans chaque juridiction, ont, comme au Conseil d'État, pour mission d'exposer publiquement et en toute indépendance leur opinion sur les questions que présentent à juger les affaires dont le Tribunal des conflits est saisi.

La loi du 17 février 2015 a mis un terme heureux à une situation qui suscitait, depuis de longues années, des critiques fortes. Si la présidence effective du Tribunal des conflits était assurée par un vice-président de la juridiction, élu par et parmi les membres titulaires, la présidence en revenait au ministre de la Justice, garde des Sceaux. Ce dernier n'avait de rôle véritable, lorsqu'il siégeait effectivement, qu'en situation de « partage », c'est-à-dire lorsqu'un nombre identique de membres du Tribunal des conflits se prononçait en faveur de la compétence judiciaire, pour les uns, et en faveur de la compétence de la juridiction administrative, pour les autres. Il était alors, de fait, en situation de trancher seul cette question de droit. 657 ■

Cette « immixtion d'un membre de l'exécutif dans une fonction juridictionnelle, caractéristique de la théorie du ministre-juge dont elle constitue une survivance inadmissible », selon les termes d'Olivier Gohin (*Contentieux administratif*, n° 53), était certes extrêmement rare (il n'en était décompté récemment que dix cas depuis 1872) mais elle a été illustrée par les conditions dans lesquelles est intervenue la décision précitée du Tribunal des conflits du 12 mai 1997 (v. ss 640). Ce fut en effet sous la présidence du garde des Sceaux que fut adoptée la décision du Tribunal des conflits déniant compétence au juge judiciaire des référés à l'égard des étrangers auxquels était refusé le droit d'accès à la « zone d'attente » placée sous le contrôle de l'autorité judiciaire, pour que puisse être examinée leur demande d'asile politique, au profit de la compétence de la juridiction administrative.

Pour remédier à ces critiques, des membres éminents du Conseil d'État avaient proposé d'instituer une « formation élargie » du Tribunal des conflits, comportant des membres désignés selon les mêmes règles que les membres ordinaires (de 2 à 4 par juridiction) ; ces membres supplémentaires seraient choisis, par tirage au sort, pour participer en nombre impair à une formation de jugement, uniquement dans le cas où un partage des voix aurait été constaté. Il était également proposé que la présidence du Tribunal soit assurée par l'un de ses membres, désigné par élection au sein du Tribunal des conflits, comme l'est actuellement le vice-président (D. Labetoulle, J.-H. Stahl, « Pour un Tribunal des conflits sans garde des Sceaux », *RFDA* 2012. 1173).

Ces deux propositions ont été retenues par le législateur. Le président, issu alternativement du Conseil d'État et de la Cour de cassation, est désormais élu parmi les membres titulaires du Tribunal, pour un mandat de trois ans. En outre, en cas de partage des voix confirmé lors d'une seconde délibération, le Tribunal siège en formation élargie : deux conseillers d'État et deux magistrats judiciaires, élus dans des conditions identiques aux membres composant la formation ordinaire, venant s'adjoindre à leurs collègues.

§ 2 Les cas de saisine du Tribunal des conflits

658 Le conflit positif n'est pas le symétrique du conflit négatif, ainsi qu'on le verra, ce qui illustre l'esprit dans lequel a été conçu, du moins à l'origine, le rôle du Tribunal des conflits, chargé d'abord de protéger l'administration contre d'éventuelles interventions intempestives du juge judiciaire.

A. Le conflit positif

659 Le *conflit positif*[Q] concerne l'hypothèse dans laquelle un litige est porté devant une juridiction judiciaire, alors que l'administration soutient que, en tout ou en partie, le règlement du différend doit échapper à l'autorité judiciaire, soit qu'il mette en cause un acte de l'administration qui échappe à tout contrôle juridictionnel, soit qu'il relève de la compétence de la juridiction administrative. Ainsi l'administration dénie la compétence de la juridiction judiciaire, soit au profit de la juridiction administrative, soit parce qu'elle estime qu'aucune juridiction n'est compétente, s'agissant par exemple d'un acte de gouvernement (T. confl. 2 févr. 1950, *Radiodiffusion Française*, *Lebon* 652).

660 Le conflit positif ne peut être élevé que devant une juridiction judiciaire dotée d'un ministère public et qui statue au fond, ce qui exclut la Cour de cassation. Pour ce faire, le préfet adresse au parquet de la juridiction saisie à tort selon lui, un « *déclinatoire de compétence*[Q] », citant de façon précise les textes et les raisons sur lesquelles il se fonde pour dénier compétence à la juridiction judiciaire. Celle-ci doit alors, dans un premier temps, statuer exclusivement sur sa compétence. Elle peut soit se déclarer incompétente, soit rejeter le déclinatoire de compétence et, dans ce cas, surseoir à statuer pendant quinze jours pour laisser au préfet l'initiative d'élever le conflit. Dans cette dernière hypothèse, le préfet peut, soit abandonner la procédure, soit élever le conflit par un arrêté de conflit motivé adressé au tribunal. Celui-ci doit alors surseoir à statuer jusqu'à l'arrêt du Tribunal des conflits (T. confl. 2 avr. 1973, *Épx Chatoulaud*, *Lebon* 845). Ce dernier doit statuer dans un délai de trois mois sur la régularité et le bien-fondé de l'*arrêté de conflit*[Q]. Selon la solution adoptée par le Tribunal des conflits, le litige devra être porté, s'il confirme l'arrêté de conflit, devant la juridiction administrative (sauf dans l'hypothèse, exceptionnelle il est vrai, où l'arrêté de conflit serait motivé par le fait qu'aucune juridiction n'est compétente, s'agissant par exemple d'un acte de gouvernement), ou l'instance pourra reprendre devant la juridiction judiciaire, s'il estime l'arrêté de conflit irrégulier ou mal fondé.

B. Le conflit négatif

Le *conflit négatif*[Q] ne concerne pas l'hypothèse dans laquelle un litige serait porté devant la juridiction administrative, qui s'estimerait bien compétente, alors qu'il pourrait être considéré que le litige relève en réalité de la compétence de la juridiction judiciaire ou d'aucune juridiction. Cette hypothèse serait le symétrique exact du conflit positif mais elle n'a pas été envisagée par les textes sur notre organisation juridictionnelle et n'est pas un cas de saisine du Tribunal des conflits. Si le juge administratif a été saisi et s'il s'estime compétent, même pour des raisons qui pourraient apparaître contestables sur le plan de la logique, rien ne permet de contester en droit son analyse (sauf l'hypothèse toutefois exceptionnelle du « déni de justice » ; v. ss 665). 661 ■

Le conflit négatif concerne exclusivement l'hypothèse dans laquelle aucune juridiction ne s'estime compétente, tant la juridiction judiciaire que la juridiction administrative estimant que le litige relève en réalité de la compétence de l'autre ordre juridictionnel. Il y aurait donc un risque de déni de justice, si chacune des juridictions saisies se déclarait successivement incompétente sans que le justiciable puisse faire trancher ce conflit de compétence. 662 ■

Dans un souci d'accélération de la procédure, le décret du 25 juillet 1960 a prévu une procédure de renvoi obligatoire par la juridiction qui s'estimerait incompétente, après une décision définitive d'incompétence émanant d'une juridiction de l'autre ordre juridictionnel (si les deux décisions d'incompétence émanent en réalité de deux juridictions relevant du même ordre juridictionnel, le Tribunal des conflits ne peut être saisi v. T. confl. 30 avr. 2001, *Lemasson*, *Dr. adm.* 2001, n° 241). Pour éviter une double décision d'incompétence émanant des deux ordres juridictionnels, la dernière juridiction saisie, si elle s'estime incompétente, doit renvoyer au Tribunal des conflits la question de savoir quel est l'ordre juridictionnel compétent.

L'appréciable souci de rapidité, qui a inspiré la réforme de 1960, n'évite pas, cependant, que les questions de conflit de compétence ne se traduisent, dans les faits, par une désespérante lenteur de la procédure juridictionnelle et cela malgré la brièveté relative des délais de procédure devant le Tribunal des conflits lui-même. C'est ainsi que la question du montant de l'indemnité due au club de football Paris-Saint-Germain pour le transfert du joueur Luis Fernandez a donné lieu, par exemple, avant même que d'être tranchée au fond, à un jugement du tribunal de grande instance de Paris en date du 15 juin 1989 déclinant la compétence des autorités judiciaires, ce jugement ayant été confirmé par un arrêt du 10 juillet 1990 de la cour d'appel de Paris, puis à une ordonnance du 13 mars 1991 du tribunal administratif de Paris transmettant le dossier au Conseil d'État. Six ans après cette transmission, une décision du Conseil d'État en date du 27 janvier 1997 a jugé que cette question de droit ne ressortissait pas à la compétence du juge administratif, dès lors qu'elle s'inscrit dans le cadre de l'application d'une convention de droit privé entre les clubs et la Ligue nationale de football. Par un arrêt du 20 octobre 1997, le Tribunal des conflits, sur renvoi du Conseil d'État, a jugé que ce litige relevait effectivement de la compétence des juridictions de l'ordre judiciaire (T. confl. 20 oct. 1997, *Paris Racing I c/ Fédération française de football et Ligue nationale de football*, inédit). Dix ans après la première assignation, les parties peuvent donc, à nouveau, porter cette question devant le juge qu'elles avaient initialement saisi, dont la compétence ne pourra plus être déclinée. 663 ■

C. Le renvoi par le Conseil d'État ou par la Cour de cassation

664 Le décret de 1960 a également permis au Conseil d'État et à la Cour de cassation de saisir le Tribunal des conflits d'une « question de compétence soulevant une difficulté sérieuse et mettant en jeu la séparation des autorités administratives et judiciaires ». Près de cent cinquante renvois sont intervenus au cours des quarante dernières années à ce titre. Cette solution a l'avantage de prévenir les conflits de compétence et d'éviter que ceux-ci, qui constituent l'un des inconvénients majeurs d'un système de dualisme juridictionnel, ne retardent trop sensiblement la solution au fond du litige.

Le droit fondamental que constitue l'accès à la justice est en effet médiocrement assuré lorsque le justiciable se heurte, dès l'abord, à une difficulté sérieuse pour trouver le juge compétent.

La loi du 17 février 2015 a étendu cette possibilité à toutes les juridictions. Pour éviter l'engorgement du Tribunal des conflits, un décret du 27 février 2015 a parallèlement institué une question préjudicielle, qui ne porte toutefois pas sur la seule procédure : lorsque la solution d'un litige dépend d'une question soulevant une difficulté sérieuse et relevant de la compétence de l'autre ordre juridictionnel, la juridiction initialement saisie la transmet à la juridiction compétente qui doit statuer dans des délais brefs.

D. La contrariété de décisions conduisant à un « déni de justice »

665 Il est possible, depuis une loi du 20 avril 1932, de déférer au Tribunal des conflits des décisions définitives des tribunaux administratifs et des tribunaux judiciaires qui portent sur le même objet et présentent une contrariété aboutissant à un déni de justice. Le Tribunal des conflits intervient alors, de façon tout à fait exceptionnelle, comme un juge du fond (art. 15 de la loi du 24 mai 1872).

Ces cas sont extrêmement rares, à peine une dizaine à ce jour. Les conditions légales de cette saisine du Tribunal des conflits comme juge du fond sont en effet très strictes, puisqu'elles supposent notamment qu'il y ait identité d'objet entre les demandes qui ont abouti aux décisions émanant des deux ordres de juridictions, ce qui n'est presque jamais le cas (v. par ex. T. confl. 30 avr. 2001, *Cohen et Ferrey*, *Dr. adm.* 2001, n° 242), et si cette condition est remplie, qu'elles présentent une contrariété aboutissant à un déni de justice. L'hypothèse privilégiée est un litige indemnitaire soulevant les questions de l'imputabilité d'un préjudice ou d'un partage de responsabilité sur lesquelles les juges administratif et judiciaire statuent de façon opposée. Par exemple, dans le cas d'un dommage causé à un passager résultant de la collision entre un véhicule militaire et la voiture dans laquelle il avait pris place, le juge judiciaire avait statué en retenant que celle-ci était exclusivement imputable à une faute du chauffeur militaire. Le juge administratif avait quant à lui estimé par la suite que seul le conducteur de l'automobile est responsable, conduisant ainsi à l'absence d'indemnisation de la victime. Statuant finalement sur le fond, le Tribunal des conflits décide que l'État et le conducteur de la voiture privée sont responsables chacun pour moitié (T. confl. 8 mai 1933, *Rosay*, *Lebon* 1236). Plus récemment, le Tribunal des conflits a été saisi du cas dans lequel une patiente avait subi un préjudice du fait d'un diagnostic trop tardif d'une pathologie à l'hôpital, vers lequel l'avait renvoyé son médecin traitant. Saisi par la victime, le juge administratif avait reconnu la responsabilité de l'hopital mais seulement pour la moitié du préjudice, estimant que le médecin avait lui-même commis une faute en tardant à orienter son patient vers l'établissement. Ultérieurement, le juge judiciaire a exclu toute responsabilité, même partielle, du médecin, conduisant à une contradiction entre ces deux décisions, empêchant la victime d'obtenir une satisfaction à laquelle elle a droit. Estimant sa saisine recevable, le Tribunal des conflits va juger l'hôpital entièrement responsable du préjudice subi (T. confl. 2 nov. 2020, *Mme. D. e.a. c/ M. S. e.a.*, nº 4194).

Si cette procédure reste exceptionnelle, le Tribunal des conflits a cependant atténué la rigueur des conditions posées par la loi du 20 avril 1932 ; il a en effet considéré ces conditions réunies, alors que la juridiction judiciaire ne s'était pas prononcée au fond, mais avait décliné sa compétence, et alors qu'il ne disposait pas, par le fait même, de tous les éléments lui permettant d'apprécier avec certitude les droits du requérant (T. confl. 6 juill. 2009, *Mario Bonato c/ APEILOR*, *RFDA* 2009. 1229, note D. Pouyaud).

Compléments pédagogiques

Quid

■ Arrêté de conflit n° 660

L'arrêté de conflit intervient dans le cadre de la procédure de *conflit positif*. Lorsque le *déclinatoire de compétence* du préfet a été rejeté par la juridiction judiciaire, celui-ci dispose de quinze jours pour élever le conflit, c'est-à-dire saisir le Tribunal des conflits par un arrêté de conflit. Le Tribunal se prononcera ensuite dans les trois mois pour déterminer la juridiction qui devra trancher le litige au fond.

■ Conflit négatif n° 661

Le conflit négatif est l'hypothèse dans laquelle aucune juridiction ne s'estime compétente pour statuer sur le litige dont elle a été saisie. Depuis 1960, pour éviter le déni de justice auquel aboutirait un double jugement d'incompétence, une procédure de prévention a été établie : si, suite à un jugement d'incompétence devenu définitif émanant d'une juridiction, l'autre juridiction estime sur la même affaire que sa compétence n'est pas établie, elle doit renvoyer la question de la compétence au Tribunal des conflits.

■ Conflit positif n° 659

Le conflit positif ne concerne que les situations où la juridiction judiciaire a été primitivement saisie par un requérant. Il s'agit d'une procédure à l'initiative de laquelle se trouve le préfet, qui a pour but d'obtenir le transfert du litige en cause aux juridictions administratives.

■ Déclinatoire de compétence n° 660

Intervenant dans la procédure de conflit positif, le déclinatoire de compétence est un mémoire adressé par le Préfet à la juridiction judiciaire lorsqu'il estime que le litige dont elle est saisie ressortit à la juridiction administrative. Le déclinatoire est le premier acte de la procédure de conflit positif.

■ Emprise n° 646

L'emprise est une atteinte à une propriété immobilière effectuée par l'administration. Lorsque l'emprise est irrégulière, le juge judiciaire est compétent pour indemniser celui qui en a été victime. Mais le caractère irrégulier de l'emprise doit avoir été préalablement constaté par le juge administratif.

■ Voie de fait n° 639

La voie de fait est constituée par une atteinte grave à une liberté fondamentale ou à la propriété privée, résultant soit de l'exécution forcée irrégulière d'un acte même régulier, soit de ce que la décision administrative est non pas seulement illégale mais insusceptible de se rattacher à un pouvoir de l'administration. La voie de fait entraîne la compétence de « l'autorité judiciaire, gardienne de la liberté individuelle » (Const., art. 66) et de la propriété, pour la faire cesser comme pour réparer les dommages qu'elle a causés.

Documents

1) Principe de la dualité des ordres juridictionnels

Loi des 16 et 24 août 1790, art. 13

Les fonctions judiciaires sont distinctes et demeureront toujours séparées des fonctions administratives. Les juges ne pourront, à peine de forfaiture, troubler, de quelque manière que ce soit, les opérations des corps administratifs, ni citer devant eux les administrateurs pour raison de leurs fonctions.

Décret du 16 fructidor an III

Défenses itératives sont faites aux tribunaux de connaître des actes d'administration, de quelque espèce qu'ils soient, aux peines de droit.

2) Définition restrictive de la notion de voie de fait

T. confl. 12 mai 1997, *Préfet de Police de Paris c/ TGI de Paris* (*AJDA* 1997. 635)

Considérant, d'autre part, qu'il ressort des dispositions de l'article 5 de l'ordonnance susvisée du 2 novembre 1945 que le législateur a attribué en principe à l'administration le pouvoir de procéder à l'exécution forcée des décisions d'éloignement et de celles prononçant un refus d'entrée qu'elle est amenée à prendre au titre de la police des étrangers ; que, par suite, et à les supposer même illégales, les mesures prises en l'espèce à l'égard de MM. Ben Salem et Taznaret n'étaient pas manifestement insusceptibles d'être rattachées à un pouvoir appartenant à l'administration ; que ces actes ne sauraient, dès lors, être regardés comme constitutifs de voies de fait.

3) Le Tribunal des conflits juge au fond suite à un double jugement définitif d'incompétence

Loi du 24 mai 1872

Art. 15. Le Tribunal des conflits peut être saisi des décisions définitives rendues par les juridictions administratives et judiciaires dans les instances introduites devant les deux ordres de juridiction, pour des litiges portant sur le même objet, lorsqu'elles présentent une contrariété conduisant à un déni de justice.
Sur les litiges qui lui sont ainsi déférés, le Tribunal des conflits juge au fond, à l'égard de toutes les parties en cause. Ses décisions ne sont susceptibles d'aucun recours.

4) Conflit positif

Loi du 24 mai 1872

Art. 13. Lorsque le représentant de l'État dans le département ou la collectivité estime que la connaissance d'un litige ou d'une question préjudicielle portée devant une juridiction de l'ordre judiciaire relève de la compétence de la juridiction administrative, il peut, alors même que l'administration ne serait pas en cause, demander à la juridiction saisie de décliner sa compétence.

Décret du 27 février 2015 relatif au Tribunal des conflits et aux questions préjudicielles

Article 18. Le conflit peut être élevé tant qu'il n'a pas été statué sur la compétence par une décision passée en force de chose jugée.

Article 19. [...] le préfet adresse au greffe de la juridiction saisie un déclinatoire de compétence. À peine d'irrecevabilité, ce déclinatoire doit être motivé. [...]

Article 20. La juridiction statue sans délai, selon les règles de procédure qui lui sont applicables, sur le déclinatoire de compétence.

Article 22. Si ce jugement a rejeté le déclinatoire, le préfet peut élever le conflit par arrêté dans les quinze jours suivant la réception du jugement. Le conflit peut également être élevé si le tribunal a, avant expiration de ce délai, passé outre et jugé au fond.

Si le jugement a admis le déclinatoire et si une partie fait appel du jugement, le préfet peut saisir la juridiction d'appel d'un nouveau déclinatoire et, en cas de rejet de celui-ci, élever le conflit dans les mêmes conditions qu'en première instance.

5) Prévention du conflit

Décret du 27 février 2015

Article 32. Lorsqu'une juridiction de l'ordre judiciaire ou de l'ordre administratif a, par une décision qui n'est plus susceptible de recours, décliné la compétence de l'ordre de juridiction auquel elle appartient au motif que le litige ne ressortit pas à cet ordre, toute juridiction de l'autre ordre, saisie du même litige, si elle estime que le litige ressortit à l'ordre de juridiction primitivement saisi, doit, par une décision motivée qui n'est susceptible d'aucun recours même en cassation, renvoyer au Tribunal des conflits le soin de décider sur la question de compétence ainsi soulevée et surseoir à toute procédure jusqu'à la décision du tribunal.

Article 33. La juridiction saisie en second lieu transmet sa décision et les conclusions des parties ainsi que, s'il y a lieu, celles du ministère public au secrétariat du Tribunal des conflits.

Article 34. Si le Tribunal des conflits estime que la juridiction qui a prononcé le renvoi n'est pas compétente pour connaître de l'action ou de l'exception ayant donné lieu à ce renvoi, il déclare nuls et non avenus, sauf la décision de renvoi elle-même, l'ensemble des jugements et actes de procédure auxquels cette action ou exception a donné lieu devant la juridiction qui a prononcé le renvoi ainsi que devant toutes autres juridictions du même ordre.

S'il estime que la juridiction de l'autre ordre a rendu à tort sur le même litige ou la même exception, entre les mêmes parties, un jugement d'incompétence, le Tribunal des conflits déclare nul et non avenu le jugement de la juridiction qui a décliné à tort sa compétence et renvoie l'examen du litige ou de l'exception à cette juridiction.

Article 35. Lorsqu'une juridiction est saisie d'un litige qui présente à juger, soit sur l'action introduite, soit sur une exception, une question de compétence soulevant une difficulté sérieuse

et mettant en jeu la séparation des ordres de juridiction, elle peut, par une décision motivée qui n'est susceptible d'aucun recours, renvoyer au Tribunal des conflits le soin de décider sur cette question de compétence.
La juridiction saisie transmet sa décision et les mémoires ou conclusions des parties au Tribunal des conflits.
L'instance est suspendue jusqu'à la décision du Tribunal des conflits.
Article 36. Dans les cas prévus au présent chapitre, le Tribunal des conflits se prononce dans les trois mois à compter de la réception du dossier à son secrétariat. En cas de nécessité ou s'il a été fait application de l'article 16, ce délai peut être prorogé par son président, dans la limite de deux mois.

Biblio

A. Sur la dualité des ordres juridictionnels

- R. Chapus, « Dualité de juridictions et unité de l'ordre juridique », *RFDA* 1990. 739.
- G. Clamour, L. Coutron, « L'exception d'illégalité devant le juge judiciaire. Au chevet de la jurisprudence *Septfonds* », *RDP* 2012. 853.
- L. Favoreu, « Le juge administratif a-t-il un statut constitutionnel ? », in *Mélanges J.-M. Auby*, Dalloz, 1992, p. 111.
- A. Van Lang (dir.), *Le dualisme juridictionnel, Limites et mérites*, Dalloz, coll. « Thèmes & commentaires », 2007.

B. Sur certains régimes particuliers de répartition des compétences

- R. Abraham, « L'avenir de la voie de fait », in *L'État de droit, Mélanges en l'honneur de G. Braibant*, Dalloz, 1996, p. 1-13.
- C. Bréchon-Moulènes, *Les régimes législatifs de responsabilité publique*, LGDJ, 1974.
- P. Huet, « L'évolution cyclique de la compétence administrative en matière de protection de la liberté individuelle », *AJDA* 1972. 19.
- J. Moreau, « De la compétence des juridictions pénales pour apprécier la légalité des actes administratifs – Bilan de dix années de jurisprudence de la chambre criminelle de la Cour de cassation », *JCP* 2005. I. 1200.

C. Sur le Tribunal des conflits

- L. Cadiet, P. Gonod (dir.), *Le Tribunal des conflits*, Dalloz, coll. « Thèmes & commentaires », 2009.
- J.-F. Davignon, « Réflexions sur le conflit positif », *LPA* 14 déc. 1990, p. 13.
- L. Favoreu, *Du déni de justice en droit public français*, LGDJ, 1964.
- F. Gazier, « Réflexions sur les symétries et les dissymétries du Tribunal des conflits », *RFDA* 1990. 745.
- P. Gonod, « La réforme réalisée. La modification de la loi du 24 mai 1872 », *RFDA* 2015. 331.
- S. Petit, *Le Tribunal des conflits*, PUF, coll. « Que sais-je ? », 1994.

Quiz

1) Sujets corrigés

A) Commentaire d'arrêt

Énoncé

Commentez les extraits de la décision ci-dessous :

Tribunal des conflits du 25 mars 1996, *Préfet de l'Aude c/ Cour d'appel de Montpellier ; Époux de Lassus Saint-Genies c/ État*

« Considérant que saisi d'un litige opposant, en raison de la privation de droits d'eau potable, les époux de Lassus Saint-Genies à l'État français, pris en la personne du préfet représentant le ministre de la défense, le tribunal de grande instance de Carcassonne, dans le dispositif de son jugement réputé contradictoire du 4 juin 1992, a déclaré cette privation constitutive d'une voie de fait, et la juridiction de l'ordre judiciaire compétente pour statuer, après expertise, sur ses conséquences dommageables ; que ce jugement, signifié le 16 juin 1992 au Préfet de l'Aude, n'a pas été frappé de recours ; que, par jugement réputé contradictoire du 8 avril 1993, le tribunal a condamné l'État à payer une indemnité aux époux de Lassus Saint-Genies ; qu'après avoir interjeté appel de ce jugement, au nom de l'État, le Préfet de l'Aude a présenté un déclinatoire de compétence, que la cour d'appel a déclaré irrecevable, par arrêt du 28 novembre 1995, contre lequel le préfet a pris un arrêté de conflit ;

Considérant que l'article 4 de l'ordonnance du 1er juin 1828 fait obstacle à ce qu'un conflit soit élevé postérieurement à un jugement rendu en dernier ressort ou acquiescé ; [...] que la décision sur la compétence ayant un caractère définitif, le déclinatoire n'était pas recevable, et le conflit ne pouvait être élevé ;

Décide : Art. 1er : L'arrêté de conflit pris le 13 décembre 1995 par le préfet de l'Aude est annulé. »

Voir le corrigé en fin de rubrique.

B) Cas pratique

Énoncé

Monsieur Laintimé habite une maison entourée d'un parc de plusieurs hectares situé sur le coteau surplombant une rivière qui coule à une centaine de mètres de là, la Dèle. Entre la rivière et le coteau passe une route bordée de part et d'autre d'habitations, lesquelles sont reliées au tout-à-l'égout de la commune.

Monsieur Nouveau fait bâtir au cours de l'année 1980 sur une parcelle séparée du coteau par la propriété de monsieur Laintimé une maison d'habitation. Le maire de la commune de Patrès-sur-Dèle fait savoir à monsieur Laintimé que monsieur Nouveau souhaiterait être raccordé au tout-à-l'égout et que, pour ce faire, la seule solution qui soit envisageable consistera à pratiquer une tranchée traversant sa propriété pour rejoindre la route en contrebas du coteau.

Par lettre recommandée avec accusé de réception, monsieur Laintimé fait connaître au maire son opposition absolue à ce projet, principalement, explique-t-il, en raison de la fragilité du coteau, zone calcaire poreuse et fragile, où du reste existent de nombreuses caves à usages divers. Il fait valoir que le creusement d'une telle tranchée serait de nature à modifier l'écoulement normal des eaux et à créer des risques d'écroulement de caves ou d'éboulements du coteau.

Le maire de Patrès-sur-Dèle passe outre cette opposition et, après avoir menacé verbalement monsieur Laintimé du classement en zone constructible de toutes les parcelles jouxtant sa propriété, fait procéder auxdits travaux. Monsieur Laintimé, très désireux de pouvoir sauvegarder sa tranquillité, laisse faire.

Or, dans le courant de l'année 1985, une faille importante apparaît dans le plafond d'une cave appartenant à monsieur Laintimé. La faille s'élargit avec les années puis est relayée par une autre faille, plus importante, qui apparaît à flanc de coteau.

Consulté en 1989 par le propriétaire, un expert conclut que des infiltrations d'eau importantes ont fait jouer le coteau sur plusieurs dizaines de mètres de large et qu'il conviendrait en raison de risques certains d'éboulement à venir de condamner l'accès de plusieurs caves ainsi que celui d'une parcelle de plusieurs ares du terrain situé en contrebas du coteau. Le tribunal administratif ayant été saisi fait nommer un expert. Ce dernier conclut que les infiltrations d'eau, causes de l'extrême fragilisation du coteau, sont les conséquences directes du creusement de la tranchée évoquée plus haut. À la suite de cette expertise, le tribunal administratif se déclare incompétent. Au bout de quatre mois, M. Laintimé saisit alors le tribunal de grande instance.

Vous conseillerez le tribunal de grande instance dans la décision qu'il doit prendre, en indiquant notamment quelle procédure il devrait suivre s'il s'estimait incompétent, et quels pourraient en être les motifs.

Voir le corrigé en fin de rubrique.

2) Sujets d'examen

Dissertations

La compétence du juge judiciaire en matière administrative.

La voie de fait a-t-elle un avenir ?

3) Corrigés

Commentaire d'arrêt

Le Tribunal des conflits a pour mission de trancher les conflits de compétence entre les deux ordres juridictionnels. Cette décision en est une parfaite illustration : à propos d'un litige relatif à la privation d'eau potable, les époux de Lassus Saint-Genies, s'estimant victimes d'une voie de fait de la part de l'administration, saisissent le tribunal de grande instance de Carcassonne, qui s'estime compétent par un jugement du 4 juin 1992 et tranche le litige au fond par un autre jugement du 8 avril 1993. Le préfet interjette alors appel de cette décision et présente à la Cour d'appel un déclinatoire de compétence, estimant que la juridiction administrative était seule compétente pour trancher le litige. Par un arrêt du 28 novembre 1995, la Cour d'appel rejette le déclinatoire de compétence : le préfet prend alors un arrêté de conflit, par lequel il saisit le Tribunal des conflits.

La question posée au Tribunal par le préfet est la suivante : la Cour d'appel est-elle compétente pour juger de la privation d'eau potable dont ont été victime les époux de Lassus ? En d'autres termes, une telle privation est-elle constitutive d'une voie de fait ? Le tribunal ne répond pas à cette question, pour une question tenant à la procédure de conflit : le déféré est dirigé contre une décision de justice devenue définitive.

Si le conflit a donc été élevé par le préfet en suivant strictement la procédure prévue (I), le Tribunal annule cependant l'arrêté de conflit (II), ce qui a pour conséquence indirecte mais obligatoire de confirmer la compétence de la juridiction judiciaire consécutive à la voie de fait exercée par l'administration.

I. La procédure de conflit positif a été régulièrement suivie par le Préfet

La procédure rappelée par le Tribunal des conflits constitue un exemple de procédure de conflit positif (A), dont le préfet de l'Aude a respecté toutes les étapes (B).

A. Le Tribunal intervient dans le cadre de la procédure de conflit positif

Il faut tout d'abord rappeler la distinction qui existe entre le conflit positif et le conflit négatif. Le *conflit négatif* existe lorsque les deux ordres juridictionnels se sont, par des jugements devenus définitifs, déclarés incompétents : dans ce cas, le Tribunal des conflits est, en vertu d'une loi de 1932, compétent pour trancher du litige au fond. Le décret du 25 juillet 1960 a mis en place une procédure destinée à prévenir ce type de situations, en obligeant, lorsqu'un premier jugement définitif d'incompétence est intervenu, la seconde juridiction à élever le conflit, c'est-à-dire à surseoir à statuer jusqu'à ce que le Tribunal des conflits ait tranché la question de la compétence.

Le *conflit positif* n'est pas le symétrique du conflit négatif : il concerne exclusivement les cas où, la juridiction judiciaire ayant été saisie et s'étant déclarée compétente, le préfet de département estime pour sa part que la compétence appartenait à la juridiction administrative. Tel est bien ici le cas : c'est le tribunal de grande instance de Carcassonne qui, saisi initialement, s'est estimé compétent par un jugement du 4 juin 1992, puis a jugé l'affaire au fond le 8 avril 1993. La procédure de conflit positif était donc bien ici applicable. Et c'est en suivant exactement les modalités de cette procédure que le préfet de l'Aude a saisi le Tribunal.

B. Le préfet a respecté les modalités du conflit positif

Le premier élément de la procédure du conflit positif est le *déclinatoire de compétence*, acte par lequel le préfet conteste la compétence de la juridiction judiciaire. Le déclinatoire de compétence est obligatoirement adressé au ministère public, ce qui, jusqu'à l'extension de la représentation du parquet devant toutes les juridictions judiciaires, excluait certaines d'entre elles de la procédure de conflit positif.

Le juge n'est pas obligé de s'incliner devant le déclinatoire de compétence : s'il accepte le déclinatoire, il prononce une décision d'incompétence, et le requérant doit reprendre *ab initio* son action devant les juridictions administratives ; mais il peut aussi rejeter le déclinatoire, pour des motifs de procédure ou de fond. Tel est le cas ici : la Cour d'appel a rejeté le déclinatoire (et par conséquent confirmé sa compétence) par un arrêt du 28 novembre 1995.

La décision de rejet du déclinatoire de compétence doit être accompagnée d'un sursis à exécution de quinze jours, pour permettre au préfet d'agir. Celui-ci a alors deux possibilités : ou bien il accepte la décision de rejet, la juridiction pouvant alors trancher le litige au fond ; ou bien il estime toujours que la compétence appartenait à la juridiction administrative, et il élève alors le conflit par un *arrêté de conflit*, pris dans les 15 jours suivant la décision de rejet. Le Tribunal dispose alors de trois mois pour statuer. Ces règles ont été globalement respectées ici : l'arrêté de conflit du préfet de l'Aude est intervenu le 13 décembre 1995, soit exactement quinze jours après l'arrêt de la Cour d'appel ; la décision du Tribunal des conflits est intervenue un peu plus de trois mois après cet arrêté, ce qui était insuffisant pour que la Cour reprenne immédiatement sa compétence (il fallait pour ce faire qu'un délai de quatre mois se soit écoulé).

Si la procédure de conflit a donc été apparemment correctement suivie, le Tribunal juge pourtant l'arrêté de conflit irrecevable, et annule la procédure de conflit.

II. L'arrêté de conflit n'a pas été dirigé contre la décision de compétence

Le Tribunal des conflits se refuse à examiner les arguments évoqués par le préfet de l'Aude. En effet, il estime que le déclinatoire de compétence a été introduit tardivement (A), ce qui entraîne pour conséquence de confirmer la compétence de la juridiction judiciaire (B).

A. Le caractère définitif de la décision de compétence fait obstacle à ce que le conflit soit élevé

Pour rejeter l'arrêté de conflit du préfet, le Tribunal des conflits estime que la procédure de conflit était en réalité irrecevable dès l'origine, parce que dirigée contre un jugement « rendu en dernier ressort ou acquiescé ». Le déclinatoire n'est en effet pas un recours contre la décision juridictionnelle *au fond*, mais contre la décision de *compétence*. Celle-ci est devenue définitive : l'arrêté de conflit ne pouvait dès lors qu'être annulé.

Cette solution, qui semble aller de soi, a cependant longtemps soulevé des difficultés. Ainsi, le Tribunal des conflits a longtemps considéré que les dispositions de l'ordonnance royale de 1828 fixant la procédure de conflit et indiquant que le déclinatoire ne pouvait intervenir après une décision juridictionnelle devenue définitive concernaient uniquement les jugements au fond (T. confl. 18 déc. 1943, *Gardair et Cerix*) ; ce n'est que depuis 1947 que le Tribunal les applique aux jugements sur la compétence (T. confl. 24 juill. 1947, *Sté des journaux et imprimeries de la Charente*).

Le motif de cette évolution est le respect de l'autorité de la chose jugée : accepter le déclinatoire de compétence au moment du prononcé du jugement au fond alors que le jugement de compétence est devenu définitif reviendrait à remettre en cause le caractère définitif de ce dernier, ce qui serait une entorse à la sécurité juridique et à l'autorité des décisions juridictionnelles dans leur ensemble.

B. Ce rejet a pour conséquence de confirmer le caractère de voie de fait des agissements incriminés

En annulant l'arrêté de conflit du préfet, le Tribunal refuse de se prononcer sur ce qui justifiait cet arrêté, c'est-à-dire la contestation de la compétence de la juridiction judiciaire. Cette compétence découlait de la qualification de voie de fait attribuée à des agissements de l'administration.

La voie de fait entraîne en effet, par dérogation au droit commun de l'action administrative, la compétence de la juridiction judiciaire pour connaître de certains actes de l'administration. Ainsi que le rappelle le Tribunal des conflits en 1947, « la sauvegarde de la liberté individuelle et la protection de la propriété privée rentrent essentiellement dans les attributions de l'autorité judiciaire » (T. confl. 18 déc. 1947, *Hilaire*), ce que la Constitution de la Ve République formule un peu différemment, en indiquant que « l'autorité judiciaire, gardienne de la liberté individuelle, assure le respect de ce principe dans les conditions prévues par la loi » (art. 66).

Pour que la voie de fait soit reconnue, il faut que la décision exécutée par l'administration constitue un acte manifestement insusceptible de se rattacher à un pouvoir appartenant à l'administration, et porte atteinte à une liberté fondamentale ou à la propriété privée. En l'absence de précisions apportées dans la décision du Tribunal des conflits, on ne peut que constater que les agissements en cause sont considérés comme tels, ce qui montre que si la notion de voie de fait tend à être entendue plus strictement par les juges (T. confl. 12 mai 1997, *Préfet de police de Paris c/ TGI de Paris*), elle n'en reste pas moins parfois reconnue par les juridictions judiciaires.

Cas pratique

1. Éléments relatifs à la compétence

Le litige oppose une personne privée à l'administration ; la compétence est donc en principe celle du juge administratif. Seule une exception à cette compétence peut fonder celle du tribunal de grande instance. Deux pistes peuvent être poursuivies en ce sens : la voie de fait dont aurait été victime M. Laintimé, et l'emprise irrégulière.

2. Éléments relatifs au conflit

Étant donné que les conditions tant de la voie de fait que de l'emprise irrégulière sont d'interprétation stricte, il y a de grandes chances que le tribunal s'estime incompétent. Le jugement du tribunal administratif étant devenu définitif, le tribunal de grande instance devra enclencher la procédure de conflit négatif.

chapitre 13

L'organisation des juridictions administratives

Plan analytique

section 1

Les juridictions administratives générales

§ 1 Les tribunaux administratifs

A. Historique et organisation

B. Attributions

§ 2 Les cours administratives d'appel

A. Historique et organisation

B. Attributions

§ 3 Le Conseil d'État

A. Historique

B. L'organisation actuelle du Conseil d'État

C. Les attributions du Conseil d'État

section 2

Les juridictions administratives spécialisées

Compléments pédagogiques

L'organisation des juridictions administratives

À côté des juridictions administratives générales (section 1), qui sont les tribunaux administratifs, les cours administratives d'appel et le Conseil d'État, existent des juridictions administratives spécialisées (section 2). 666

section 1

Les juridictions administratives générales

La présentation des juridictions administratives commence souvent par le Conseil d'État, du fait qu'il fut la première juridiction administrative et que son rôle a été et reste fondamental dans la formation du droit administratif. Si l'on veut cependant rendre compte de ce qu'est aujourd'hui la réalité concrète et vivante de la justice administrative, il faut inverser l'ordre de présentation et commencer l'étude par les tribunaux administratifs (§1), la prolonger par les cours administratives d'appel (§2) et terminer enfin sur le rôle du Conseil d'État (§3). 667

§ 1 Les tribunaux administratifs

A. Historique et organisation

Les tribunaux administratifs sont les juges administratifs de droit commun compétents en premier ressort, sauf exceptions, pour connaître du contentieux administratif. Ils ont succédé en 1953 aux conseils de préfecture qui avaient été institués en l'an VIII dans chaque département avec des compétences alors limitées. La réforme introduite par le décret-loi du 30 septembre 1953 devait désencombrer le Conseil d'État et mieux asseoir l'indépendance de ces juridictions, jusqu'alors très proches à tous égards des préfets. Si ces objectifs n'ont pas été immédiatement atteints, la célébration en 2003 du cinquantenaire de cette réforme a permis cependant de mesurer l'importance du chemin parcouru depuis lors. 668

Il a ainsi été procédé à une unification des juridictions administratives en métropole et dans les territoires d'outre-mer. Il existe 42 tribunaux administratifs dont 31 en métropole, les derniers ayant été créés à Toulon (2008) et Montreuil (1er nov. 2009).

Les membres du corps unique des conseillers des tribunaux administratifs et des cours administratives d'appel sont recrutés soit à la sortie de l'ENA, soit par recrutement direct par voie de concours, interne ou externe, ce dernier étant aujourd'hui largement ouvert aux meilleurs étudiants dans des conditions très attractives tant il est apparu nécessaire depuis quelques années de procéder à des recrutements complémentaires importants. À la différence de nombre des membres du Conseil d'État, les conseillers des tribunaux administratifs consacrent le plus souvent quasiment toute leur carrière, sauf une courte période de « mobilité », à leur activité de juge et n'exercent que rarement une partie substantielle de leur carrière dans l'administration. La gestion de leur carrière est assurée non plus par le ministère de l'Intérieur mais par le secrétariat général du Conseil d'État et le Conseil supérieur des tribunaux administratifs et des cours administratives d'appel, sous la présidence du vice-président du Conseil d'État. Cela peut contribuer, avec le souci de sécurité juridique lié au respect du précédent, à la déférence marquée fréquemment par les tribunaux administratifs à l'égard de la juridiction administrative suprême, qui ne leur interdit pas une certaine marge d'initiative.

■ 669 L'article R. 212-1 du Code de justice administrative prévoit que les tribunaux administratifs « peuvent être appelés à donner leur avis sur les questions qui leur sont soumises par les préfets ». La circonstance que certains d'entre eux ne comportent qu'une seule chambre rend cependant délicat l'exercice de cette mission au regard des exigences de l'article 6, §1er, de la Convention européenne des droits de l'homme. Le Conseil d'État avait jugé que le syndicat des avocats de France n'était pas fondé à critiquer ces dispositions en tant qu'elles ne prévoient pas d'incompatibilité entre la participation d'un magistrat à l'activité consultative du tribunal et à son activité contentieuse, dès lors que « ces dispositions ne portent, par elles-mêmes, aucune atteinte aux principes généraux relatifs à la composition des juridictions » (CE, sect., 5 avr. 1996, *Synd. des avocats de France*, *RFDA* 1996. 1195, concl. J.-C. Bonichot). Un exemple de difficulté est apparu lorsque certains membres du tribunal administratif de Nouméa ont dû se prononcer sur une requête soulevant la même question de droit que celle dont ils avaient été saisis dans le cadre des attributions consultatives du tribunal administratif ; la cour administrative d'appel de Paris a jugé que le requérant était « fondé à soutenir que la composition de cette formation de jugement méconnaît les principes généraux relatifs à la composition des juridictions » (CAA Paris, 23 mars 1999, *M. Sarran*, *AJDA* 1999. 623, note M. Chauchat). Dans la pratique le rôle consultatif des tribunaux administratifs est en tout état de cause limité, leur rôle juridictionnel étant en revanche essentiel. Par ailleurs, leur réputation d'impartialité explique sans doute que leurs membres soient de plus en plus souvent sollicités pour présider des commissions administratives diverses.

B. Attributions

■ 670 Les tribunaux administratifs étant juges de droit commun du contentieux administratif en premier ressort (CJA, art. L. 211-1), il n'est dérogé à cette compétence générale que si une disposition expresse le prévoit. De telles dérogations existent en faveur du Conseil d'État (v. ss 693), très rarement des cours administratives d'appel, sinon dans certains cas particuliers de contentieux fiscal ou sur demande de renvoi pour cause de suspicion légitime concernant le tribunal administratif saisi.

■ 671 La compétence territoriale des tribunaux administratifs est régie par un principe général, assorti de nombreuses dérogations. Le tribunal administratif territorialement compétent est en principe celui dans le ressort duquel l'autorité qui a pris la décision attaquée ou signé le contrat litigieux a légalement le siège de son activité.

Toutefois, pour limiter le risque d'encombrement du tribunal administratif de Paris compte tenu du grand nombre d'administrations siégeant dans la capitale, il est prévu un certain nombre d'exceptions destinées à déconcentrer autant que possible le traitement du contentieux administratif. C'est ainsi qu'en matière d'expropriation ou d'urbanisme, par exemple, le tribunal territorialement compétent est celui dans le ressort duquel se trouvent les terrains ou les locaux faisant l'objet du litige.

Lorsqu'un litige concerne un acte dont le champ d'application s'étend au-delà du ressort d'un seul tribunal, la juridiction compétente n'est plus, depuis le 1er avril 2010, le Conseil d'État, mais le tribunal dans le ressort duquel siège l'autorité ayant adopté la décision contestée, ou la première autorité désignée dans l'acte si celui-ci a plusieurs auteurs.

Certains tribunaux sont, en outre, dotés de compétences particulières. Ainsi, le tribunal administratif de Nantes s'est vu attribuer par l'article R. 312-8 du Code de justice administrative la compétence des litiges portant sur les refus de visa d'entrée en France.

La répartition des compétences à l'intérieur de l'ordre administratif présentant une certaine complexité, le décret du 22 février 1972 a institué une procédure de règlement des questions de compétence au sein de l'ordre administratif. Celle-ci interdit aux tribunaux administratifs, de même qu'aux cours administratives d'appel et au Conseil d'État, de rendre des jugements d'incompétence au motif qu'une autre juridiction administrative serait compétente (CE, sect., 21 juin 1974, *Ben Ziane Ould Boualem*, *Lebon* 358). L'erreur commise dans la saisine de la juridiction doit être corrigée sans qu'il soit besoin pour le requérant de le demander. Sur renvoi de la juridiction, le président de la section du contentieux du Conseil d'État désigne la juridiction compétente par une ordonnance non motivée et insusceptible de recours. **672**

La préoccupation d'une bonne administration de la justice peut justifier en outre des aménagements de la compétence des juridictions. Ainsi, le juge compétent pour statuer sur la demande principale l'est également sur toutes les *demandes incidentes*[Q] liées au recours principal, quand bien même elles relèveraient à titre principal de la compétence territoriale d'une autre juridiction : ce principe est connu sous l'adage « le juge du principal est le juge de l'incident ». Par ailleurs, le juge compétent pour statuer sur le recours principal l'est également pour connaître des exceptions relevant de la compétence d'une autre juridiction administrative : « le juge de l'action est le juge de l'exception ». Ce principe interdit les *questions préjudicielles*[Q] au sein de l'ordre administratif. Il n'en va autrement que lorsque la question soulevée présentant une difficulté sérieuse est de la compétence du juge judiciaire ou du juge communautaire. **673**

Enfin, la bonne administration de la justice justifie que soit prise en compte la *connexité*[Q] existant entre plusieurs demandes. Ainsi, lorsque la solution d'un litige dépend « directement et nécessairement » de la solution apportée à une autre demande, la juridiction qui n'était pas normalement compétente pour connaître de la totalité des demandes relatives à un litige pourra cependant les examiner dans leur ensemble.

§ 2 Les cours administratives d'appel

A. Historique et organisation

674 La création des cours administratives d'appel a parachevé l'édification d'un *ordre de juridiction*^Q administrative doté d'une architecture claire et lisible sur le modèle de la justice judiciaire. Auparavant l'encombrement des formations contentieuses du Conseil d'État avait conduit à réfléchir à diverses solutions pour remédier à l'allongement excessif des délais de jugement, telles que l'assistance de « référendaires au Conseil d'État » ou l'idée de chambres adjointes spécialisées, qui n'avaient pu aboutir. L'énergique intelligence de M. Marceau Long, alors vice-président du Conseil d'État, qui a pour une large part conçu et fait approuver cette réforme, a abouti au vote de la loi du 31 décembre 1987, créant les cours administratives d'appel.

675 Il en est certes résulté d'abord un transfert de l'engorgement, avec les délais de jugement afférents, au niveau des cours administratives d'appel. Pour remédier à l'encombrement des cours administratives d'appel, dont le délai moyen de jugement devrait être réduit de près de trois ans à un an, la loi de programmation pour la justice du 9 septembre 2002 a prévu l'attribution aux cours de davantage d'effectifs et de moyens, avec la création d'une nouvelle cour administrative d'appel en région parisienne.

Les cours administratives d'appel sont actuellement au nombre de huit, leur siège et leur ressort étant précisés à l'article R. 221-7 du Code de justice administrative (Bordeaux, Douai, Lyon, Marseille, Nancy, Nantes, Paris et Versailles).

676 Dans le même but, un décret du 25 juin 2003 a généralisé l'obligation du ministère d'avocat devant les cours administratives d'appel, à la seule exception des recours formés par l'État ainsi que les fonctionnaires et autres agents des personnes publiques mais à l'égard seulement des actes relatifs à leur situation personnelle, des litiges en matière de contravention de grande voirie et des demandes d'exécution d'une décision de juridiction administrative. En outre, l'appel n'est plus possible à l'égard des jugements rendus sur des litiges de faible importance, qui ne sont susceptibles que d'un pourvoi en cassation.

677 Les membres des cours sont des conseillers du corps des tribunaux administratifs et des cours administratives d'appel ayant au moins le grade de conseiller de première classe. Chaque cour est présidée par un conseiller d'État, qui peut être directement issu du corps des conseillers des tribunaux administratifs et des cours administratives d'appel et nommé conseiller d'État à cet effet.

B. Attributions

678 Les cours administratives d'appel ont reçu une compétence très étendue qui leur a été transférée en plusieurs étapes successives. Si certaines compétences d'appel continuent exceptionnellement à relever du Conseil d'État, le principe est que les cours administratives d'appel sont compétentes aujourd'hui pour les appels concernant les jugements rendus par les tribunaux administratifs tant en matière de

plein contentieux qu'en matière d'excès de pouvoir. Les exceptions concernent les recours en appréciation de légalité et le contentieux des élections municipales et cantonales.

Lorsqu'elles prononcent l'annulation d'une décision d'un tribunal administratif, les cours administratives d'appel peuvent, comme le Conseil d'État, évoquer l'affaire ou la renvoyer devant le tribunal administratif. Ce dernier a alors la possibilité de se prononcer à nouveau sur la même affaire, sans que cette situation porte par elle-même atteinte au devoir d'impartialité qui s'impose à toute juridiction rappelé à l'article 6 §1 Convention européenne de sauvegarde des droits de l'homme et des libertés fondamentales (CE, sect., 11 févr. 2005, *Cne de Meudon c/ Pace*, *RFDA* 2005. 760, concl. I. de Silva).

§ 3 Le Conseil d'État

A. Historique

Le Conseil d'État a été institué par la Constitution du 22 frimaire an VIII (15 déc. 679 ■
1799). Cependant son histoire est plus ancienne encore car le Conseil d'État est pour une large part l'héritier du Conseil du roi de l'Ancien Régime dont il conserve quelques caractéristiques. Son rôle de conseil du pouvoir exécutif reste en effet essentiel, comme le fut celui du Conseil du roi sous la Monarchie. L'article 52 de la Constitution de l'an VIII donnait davantage encore d'importance à cette attribution, puisqu'il prévoyait qu'« un Conseil d'État est chargé de rédiger les projets de lois et les règlements d'administration publique, et de résoudre les difficultés qui s'élèvent en matière administrative ». C'est dès 1806 (décret du 11 juin 1806 créant la commission du contentieux et décret du 22 juill. 1806 instituant une procédure spécifique à l'activité contentieuse) que son activité contentieuse a commencé à s'affirmer.

Le système de la *justice retenue*[Q], qui conduisait le Conseil d'État à présenter au chef 680 ■
de l'exécutif tout projet de décision statuant au contentieux pour signature, avait été abandonné par la loi du 24 mai 1872 qui a institué la *justice déléguée*[Q] au profit du conseil. Il est rappelé que c'est en se fondant sur cette loi que le Conseil constitutionnel a reconnu l'existence d'un « principe fondamental reconnu par les lois de la République » garantissant l'indépendance de la juridiction administrative (v. ss 623).

Il est rappelé qu'en 1953 la création des tribunaux administratifs, qualifiés de juges 681 ■
de droit commun en premier ressort, avait entraîné la transformation du Conseil d'État, pour une large part de ses activités, en un juge d'appel. Le Conseil d'État reste cependant compétent pour connaître en premier et dernier ressort des recours contre les actes les plus importants.

La dernière étape de cette évolution substantielle de l'ordre juridictionnel adminis- 682 ■
tratif a résulté de la réforme opérée par la loi du 31 décembre 1987 qui, en créant les cours administratives d'appel, a transformé le Conseil d'État pour l'essentiel en juge de cassation. Le transfert de la majeure partie de la compétence d'appel du Conseil d'État aux cours administratives d'appel, prolongé en dernier lieu par un décret du 22 février 2010, ne laisse subsister aujourd'hui que de rares compétences d'appel au Conseil d'État. Celui-ci tend cependant à concevoir son rôle de juge de cassation de

façon un peu plus large que la Cour de cassation, sans doute parce qu'il a été longtemps et reste encore en certains cas un juge du fond. L'ensemble des textes relatifs aux juridictions administratives est aujourd'hui rassemblé dans le Code de justice administrative.

B. L'organisation actuelle du Conseil d'État

683 Le Conseil d'État comprend environ trois cents membres, dont seulement les deux-tiers sont en activité au Conseil, les autres, à l'exception de quelques-uns – rares – quittant cependant provisoirement ou définitivement le Conseil d'État pour exercer des fonctions libérales ou en entreprise, occupant généralement de hautes fonctions dans les administrations de l'État.

L'exercice de fonctions administratives à l'extérieur du Conseil d'État a pu parfois soulever des difficultés quant au respect du principe d'impartialité. Un conseiller, qui avait statué sur la légalité de conditions imposées à une société dans le cadre de la cessation d'une concession de mines, a été nommé quelques semaines plus tard à la Direction des mines du ministère de l'Économie et des Finances. La Cour européenne des droits de l'homme a estimé que, des pourparlers relatifs à la nomination de ce conseiller ayant commencé avant la séance de jugement, la société requérante pouvait avoir « des doutes objectivement fondés quant à l'indépendance et l'impartialité de la formation de jugement à laquelle appartenait l'intéressé », dont la nomination litigieuse « est de nature à faire douter de l'impartialité du Conseil d'État » (CEDH 9 nov. 2006, *Sacilor-Lormines, LPA* 2007, n° 96, chron. A. Claeys et F. Melleray, *JCP Adm.* 2007, n° 2002, note D. Szymczak, *RFDA* 2007. 342, note J.-L. Autin et F. Sudre).

Le corps des membres du Conseil d'État est recruté majoritairement par la voie de l'École nationale d'administration, dont les élèves les mieux classés aspirent fréquemment à y entrer ; le remplacement de l'ENA par l'Institut national du service public, suite à l'ordonnance du 2 juin 2021 portant réforme de l'encadrement supérieur de la fonction publique de l'État, ne devrait pas remettre en cause de procédé de recrutement. Les « auditeurs » sont tous issus directement de l'ENA. Les « maîtres des requêtes » sont issus pour les trois quarts des auditeurs, un quart étant choisi librement au titre du « tour extérieur ». Les conseillers d'État sont pour les deux tiers d'entre eux d'anciens maîtres des requêtes, un autre tiers étant nommé discrétionnairement par le gouvernement. Enfin des « conseillers d'État en service extraordinaire », désignés pour une durée limitée, viennent compléter la composition du Conseil. Depuis la loi du 20 avril 2016, deux catégories de ces conseillers extraordinaires coexistent : celle, traditionnelle, composée de personnalités choisies librement, qui ne peuvent participer qu'à l'activité consultative du Conseil d'État ; celle, choisie parmi les personnes ayant une compétence et activité dans le domaine du droit, qui intègrent la section du contentieux pour exercer des fonctions juridictionnelles (et ne peuvent participer aux fonctions consultatives). Ces modes de recrutement permettent au Conseil d'État de bénéficier de compétences diversifiées à travers l'apport d'anciens préfets, généraux, médecins, etc. Ses membres peuvent éprouver un fort sentiment d'appartenance à une élite administrative mais leur courtoisie est souvent à proportion de leur puissance.

Afin de prévenir tout doute légitime à l'égard de l'indépendance et de l'impartialité des membres du Conseil d'État et des magistrats administratifs, la loi du 20 avril

2016 a institué un Collège de déontologie de la juridiction administrative, notamment chargée de vérifier les déclarations d'intérêts que les juges administratifs doivent désormais présenter.

Le Conseil d'État est divisé en sept sections dont cinq sont consultatives (intérieur, finances, travaux publics, sociale et, depuis 2008, administration), une contentieuse, et une consacrée au rapport et aux études. Chaque section est présidée par un président, la section du contentieux étant dotée de trois présidents adjoints. 684 ■

La section du contentieux est composée de dix chambres, appellation qui succède à celle de sous-section depuis le décret du 1er juillet 2016.

L'organisation et le fonctionnement des sections consultatives ont été modifiés par un décret du 6 mars 2008, complété par un décret du 26 juillet 2019. Il a, tout d'abord, créé la section de l'administration, et lui a confié l'examen des projets de textes relatifs à la fonction publique, la réforme de l'État, ainsi que les relations entre l'administration et les usagers, les contrats publics et les propriétés publiques. Il a également modifié leurs méthodes de travail, en renforçant la collégialité de l'examen des textes soumis par le gouvernement (les sections ne pouvant valablement siéger que si quatre membres au moins sont présents).

Il existe quatre types de formation de jugement selon l'importance ou la difficulté de la question de droit à trancher. 685 ■

Pour les affaires les plus simples, la chambre jugeant seule peut ne comporter que trois membres.

La formation de jugement usuelle est en chambres réunies (neuf membres), la chambre ayant procédé à l'instruction de l'affaire se réunissant avec une autre chambre pour juger.

La section du contentieux statuant en formation de jugement, pour certaines affaires particulièrement délicates en droit ou importantes par leurs enjeux, comprend le président de la section du contentieux, les trois présidents adjoints, les dix présidents de chambre et le rapporteur. Depuis le décret du 30 juillet 1963, qui avait souhaité renforcer les liens existant entre formations administratives et formations contentieuses, deux conseillers d'État principalement affectés aux sections consultatives participaient à la section du contentieux. Dans un louable souci de clarification des différentes fonctions du Conseil d'État, cette participation a été supprimée par le décret du 6 mars 2008.

L'assemblée du contentieux, réunie pour les affaires encore plus sensibles, constitue la formation juridictionnelle la plus élevée. Sa composition, qui résultait également du décret du 31 juillet 1963, avait pu susciter une interrogation au regard des exigences de l'article 6 de la Convention européenne des droits de l'homme et de l'arrêt *Procola* du 28 septembre 1995 de la Cour européenne des droits de l'homme (*RFDA* 1996. 777), en cas de recours contre un décret en Conseil d'État. Elle regroupait en effet les présidents de l'ensemble des sections consultatives et de la section du contentieux, ainsi que les trois présidents-adjoints de la section du contentieux, le président de la sous-section d'instruction et le rapporteur, sous la présidence du vice-président du Conseil d'État qui disposait d'une voix prépondérante (douze membres). Certes, lorsqu'ils siègent à l'assemblée du contentieux, les présidents des sections administratives « votent suivant leur conscience » et « n'émettent pas des votes de solidarité » avec les avis qui ont pu être donnés précédemment sur les mêmes questions par telle section consultative du Conseil (v. M. Long, « Mon expérience de la fonction consultative du Conseil d'État de 1987 à 1995», *RD publ.* 1998. 1442). Cependant les garanties d'impartialité doivent s'apprécier objectivement sans qu'il y ait matière à scruter la conscience individuelle des juges. Cette question ne se posait, en tout état de cause, que si un recours contre un décret en Conseil d'État était soumis à l'assemblée du contentieux, ce que la sagesse du Conseil permettait, en règle générale, d'éviter.

Pour tenter de remédier à cette ambiguïté, le décret du 6 mars 2008 a élargi la composition de l'Assemblée du contentieux, désormais composée de dix-sept membres, ce qui a permis de supprimer la voix prépondérante du Vice-président. Si les présidents de sections consultatives sont toujours membres de l'Assemblée, quatre présidents de sous-section du contentieux (les plus anciens dans leurs fonctions), outre celui de la sous-section ayant instruit l'affaire, rejoignent l'Assemblée. Les membres de la section du contentieux sont donc désormais majoritaires au sein de l'Assemblée du contentieux, même si cette précision doit être tempérée par le fait que l'Assemblée siège valablement si neuf de ses membres sont présents, sans précision quant à leur affectation. L'article R. 122-21 du Code de la justice administrative indique en outre désormais que lorsque l'Assemblée du contentieux est saisie d'un recours contre un acte pris après avis du Conseil d'État, le président de la section administrative qui a eu à délibérer sur cet avis ne siège pas ; cette disposition ne fait d'ailleurs que confirmer l'interdiction faite par le même code aux membres du Conseil d'État de participer au jugement des recours dirigés contre les actes pris après avis du Conseil d'État, s'ils ont pris part à la délibération de cet avis.

686 Le principe de double appartenance, sauf exception, des membres du Conseil d'État aux formations administrative et contentieuse, posé par le décret du 30 juillet 1963, permettait aux membres du Conseil de parfaire leur formation juridique et leur expérience, puisqu'il les confrontait à certaines questions posées sous des angles différents, mais pouvait susciter de la même façon une interrogation au regard de l'article 6, §1er, de la Convention européenne des droits de l'homme, consacrant le droit pour chacun d'être entendu par un tribunal indépendant et impartial (CEDH 28 sept. 1995, *Procola c/ Luxembourg*, préc.). Il était possible de se demander si la jurisprudence de la Cour européenne des droits de l'homme concernant le Conseil d'État luxembourgeois, qui voit dans cette double appartenance une difficulté, ne devrait pas nécessiter une réforme de l'organisation du Conseil d'État. M. Long, ancien vice-président du Conseil d'État, soulignait cependant que, «si des membres du Conseil du Palais-Royal siègent au contentieux, après avoir participé à la délibération d'une formation administrative, ce n'est qu'une infime minorité de conseillers qui risquent de se trouver, dans une affaire déterminée, en situation de dédoublement fonctionnel» (*ibid.*).

La Cour européenne des droits de l'homme a apporté une réponse nuancée aux interrogations soulevées par le cumul des fonctions consultatives et juridictionnelles du Conseil d'État. Elle a ainsi estimé que le cumul de la compétence juridictionnelle avec des attributions administratives n'est compatible avec l'article 6 §1 de la Conv. EDH que si les deux fonctions ne sont pas exercées dans la «même affaire» ou sur une «question analogue». Mais la Cour précise également, à propos de la participation du Conseil d'État, par le biais de ses avis, à l'élaboration des lois et décrets, qu'elle «pose une question structurelle pure dès lors que le défaut de consultation obligatoire du Conseil d'État est un vice d'incompétence et un moyen d'ordre public que le juge ne manque pas de relever lui-même» (CEDH 9 nov. 2006, *Sacilor-Lormines, préc.*).

Tirant en partie les conséquences de cette jurisprudence européenne, le décret du 6 mars 2008, complété en 2016, a modifié la règle de la double affectation. Sans supprimer la possibilité d'une affectation simultanée en section du contentieux et en section consultative, l'article R. 121-3 du Code de la justice administrative indique désormais que cette double appartenance ne peut s'effectuer au sein de deux sections avant une durée d'exercice de 30 mois : il faut donc que pendant plus de deux ans, les maîtres des requêtes et auditeurs aient consacré l'intégralité de leur activité à la section du contentieux. Bien qu'il ne consacre donc pas totalement la séparation entre activités administratives et contentieuses, le décret du 6 mars 2008 a ainsi entraîné une inflexion des pratiques d'étroite communication pouvant exister entre ces deux activités principales du Conseil d'État. Au demeurant, la Cour européenne des droits de l'homme a depuis lors confirmé que, d'une façon générale, il est impossible de douter de l'impartialité du Conseil d'État au seul motif de la dualité de ses fonctions, juridictionnelle et administrative, sauf à ce qu'un membre de la formation de jugement ait précédemment participé à la formation ayant rendu un visa sur le texte objet du recours (CEDH 15 juill. 2009, *Union fédérale Que Choisir de Côte d'Or c/ France*, *RFDA* 2009. 885, note B. Pacteau, *RJEP* 2009. Repère 10, note D. Labetoulle).

On trouvera une description très concrète et parfois pittoresque des rôles respectifs du rapporteur, du commissaire du gouvernement, du président de sous-section et de ses assesseurs dans les premiers chapitres de l'ouvrage de Bruno Latour, *La fabrique du droit – Une ethnographie du Conseil d'État* (éd. La Découverte, 2002). L'auteur souligne notamment l'importance des contacts informels, pour la résolution des litiges contentieux, entre les membres de la section du contentieux et ceux des sections administratives (p. 39-40).

C. Les attributions du Conseil d'État

L'importance des attributions consultatives du Conseil d'État est telle que celles-ci seront rappelées avant même l'étude de ses attributions contentieuses même si, dans ce premier rôle de conseil de l'exécutif auquel les membres du Conseil d'État attachent eux-mêmes une grande valeur, ceux-ci n'agissent pas en tant que « juges administratifs ». 687 ■

1. *Les attributions consultatives*

Elles représentent une part très importante de l'activité du Conseil d'État. Ces compétences existaient pour la plupart dès l'instauration du Conseil d'État mais la Constitution du 4 octobre 1958 les a revalorisées. Le Conseil d'État est obligatoirement consulté sur les projets de loi avant leur adoption en Conseil des ministres et leur dépôt au parlement (Const., art. 39), sur les ordonnances (Const., art. 38) et sur les décrets modifiant des textes législatifs intervenus dans le domaine du règlement (Const., art. 37), ce qui permet incontestablement une amélioration de la qualité rédactionnelle des textes soumis à son examen (sur cette fonction, on consultera avec intérêt les précisions de R. Denoix de Saint-Marc, « Le Conseil d'État, acteur déterminant de l'élaboration des lois et règlements », *JCP* 2006. I. 118). Il est également consulté obligatoirement pour la préparation des décrets si la loi a prévu que ceux-ci seront pris en Conseil d'État ou si un décret en Conseil d'État lui-même dispose que certaines mesures seront prises par décret en Conseil d'État. 688 ■

L'article 39 de la Constitution précise également, depuis la révision constitutionnelle du 23 juillet 2008, qu'il peut être consulté par le président d'une Assemblée sur une proposition de loi, avant son examen en commission, et sauf si l'auteur de la proposition s'y oppose ; l'avis est prononcé par le Conseil d'État dans des conditions similaires à celles encadrant l'examen des projets de loi ; l'auteur de la proposition peut être, à sa demande, entendu par le Conseil, et participer avec voix consultative aux séances au cours desquelles l'avis est délibéré.

En outre, le gouvernement dispose de la faculté de recueillir de sa propre initiative l'avis du Conseil d'État sur tout projet de texte ou sur toute difficulté s'élevant en matière administrative (Ord. du 31 juill. 1945, art. 23). Cette possibilité a donné l'occasion à plusieurs reprises au Conseil d'État de se prononcer sur des questions juridiques particulièrement délicates (par ex. avis sur le port de signes d'appartenance religieuse par les élèves de l'enseignement public le 27 nov. 1989, avis sur les conséquences d'une transformation du statut de France Télécom sur le statut de ses agents le 18 nov. 1993).

689 Enfin, le Conseil d'État réalise des études sur la demande du Premier ministre ou de sa propre initiative – celles qui ont fait l'objet d'une publication spécifique ont porté notamment sur la bioéthique (« les lois de bioéthique : cinq ans après » en 1999, et « La révision des lois de bioéthique », en 2009), les relations entre droit français et droit international et communautaire (« la norme internationale en droit français » en 2000, « l'influence internationale du droit français », en 2001, « Pour une meilleure insertion des normes communautaires dans le droit national », en 2007).

Des « considérations générales » sur un thème transversal, mais non dénué de liens avec l'actualité jurisprudentielle, figurent en outre régulièrement en deuxième partie des rapports annuels du Conseil d'État (dont elles sont désormais formellement détachées dans leur version publiée). Elles portent, par exemple, sur « Sécurité juridique et complexité du droit » (2006), « L'administration française et l'Union européenne : quelles influences ? quelles stratégies ? » (2007), « Le contrat, mode d'action publique et de production des normes » (2008), « Droit au logement, droit du logement » dans celui de 2009.

690 Le rôle consultatif du Conseil d'État est d'autant plus important que le gouvernement n'a que le choix soit de retenir le texte qu'il avait soumis pour avis au Conseil d'État, soit d'adopter le texte tel que résultant des travaux rédactionnels du Conseil d'État à partir du projet du gouvernement. Il ne peut faire le choix d'une version intermédiaire qui, s'inspirant pour partie de certaines améliorations proposées par celui-ci, n'aurait pas été soumise comme telle au Conseil d'État. Cette règle, dont le Conseil d'État veille à imposer le respect pour les décrets, est transposée et adaptée par le Conseil constitutionnel pour la préparation des projets de loi. Celui-ci relève en effet que, « si le Conseil des ministres délibère sur les projets de loi et s'il lui est possible d'en modifier le contenu, c'est, comme l'a voulu le constituant, à la condition d'être éclairé par l'avis du Conseil d'État ; que, par suite, l'ensemble des questions posées par le texte adopté par le Conseil des ministres doivent avoir été soumises au Conseil d'État lors de sa consultation » ; ainsi, dès lors qu'un seuil en pourcentage des électeurs inscrits figurait dans le projet de loi, alors que le Conseil d'État avait été consulté sur un texte se référant au total des suffrages exprimés, cette disposition doit être déclarée contraire à la Constitution (Cons. const. 3 avr. 2003, 2003-468 DC, *Loi relative à l'élection des conseillers régionaux*, *AJDA* 2003. 948, note G. Drago et p. 1625 note M.-T. Viet).

Cette importance n'est que faiblement atténuée par la révision constitutionnelle du 23 juillet 2008, l'article 42 de la Constitution indiquant désormais que les Assemblées statuent, en séance, sur le texte adopté en commission, et non plus, sauf si elles le souhaitent, sur le texte présenté par le gouvernement après avis du Conseil d'État.

La jurisprudence du Conseil constitutionnel pourrait faire apparaître le Conseil d'État comme participant à un processus de codécision avec le gouvernement plutôt que de simple consultation. Il était relevé que « sur un plan juridique, le Conseil d'État est coauteur des décisions réglementaires qui lui sont présentées » (M. Long, « Le Conseil d'État et la fonction consultative : de la consultation à la décision », *RFDA* 1992. 787), le défaut de consultation du Conseil d'État, dans les cas où celle-ci est obligatoire, étant sanctionné par le Conseil d'État comme un vice d'incompétence et non pas seulement de procédure. Le Conseil d'État risquait alors apparaître comme juge et partie lorsqu'il est saisi au contentieux d'un recours contre un décret en Conseil d'État, c'est-à-dire d'un acte dont il serait par hypothèse le « coauteur » (sauf si le grief est précisément tiré du défaut de consultation du Conseil d'État). La rédaction récente de ses décisions témoigne cependant d'une prise de conscience de cette difficulté, le Conseil d'État ayant estimé que les dispositions de l'art. 6§1 Conv. EDH « ne font pas obstacle à ce que le Conseil d'État, qui n'est pas l'auteur du décret attaqué, procède, dans l'exercice de ses fonctions consultatives, à l'examen d'un projet de décret et se prononce ultérieurement, dans l'exercice de ses fonctions contentieuses, sur la légalité de ce même décret » (CE 11 juill. 2007, *Union syndicale des magistrats administratifs*, req. n° 302040). L'absence de consultation, ou la consultation défectueuse, du Conseil d'État sur les décrets qui doivent être obligatoirement précédés d'une délibération de sa part restent cependant sanctionnée par un vice de compétence, et non de procédure, ce qui laisse planer une certaine ambiguïté sur la qualité de coauteur du Conseil. 691 ■

2. *Les attributions contentieuses du Conseil d'État*

Ces attributions contentieuses restent très importantes mais elles ont été considérablement modifiées – par rapport à ce qu'elles étaient jusqu'au milieu du XXe siècle – par la création successive des tribunaux administratifs puis des cours administratives d'appel. 692 ■

Le Conseil d'État ne reste juge en premier et dernier ressort que pour un nombre restreint de questions. Le décret de 1953 a en effet qualifié les tribunaux administratifs de juges de droit commun en premier ressort « sous réserve des compétences que l'objet du litige ou l'intérêt d'une bonne administration de la justice conduisent à attribuer au Conseil d'État ». La liste des litiges concernés a été refondue par un décret du 22 février 2010. Il s'agit notamment des compétences suivantes : 693 ■

– les recours contre les décrets et ordonnances ;

– les recours contre les actes réglementaires des ministres et les actes administratifs des ministres pris obligatoirement après avis du Conseil d'État ;

– les recours contre les décisions de certaines autorités administratives ou publiques indépendantes prises au titre de leur mission de contrôle ou de régulation ;

– les recours contre les décisions ministérielles prises en matière de contrôle des concentrations économiques ;

– les recours en interprétation et les recours en appréciation de légalité des actes dont l'annulation peut être demandée directement au Conseil d'État ;

– les litiges relatifs au recrutement et à la discipline des fonctionnaires nommés par décret du président de la République ;

– le contentieux des élections des conseils régionaux, de l'assemblée de Corse et du Parlement européen.

■ 694 À la suite de la création des cours administratives d'appel par la loi du 31 décembre 1987 et du transfert par étapes de la compétence d'appel à celles-ci, ces dernières sont aujourd'hui investies d'une compétence de droit commun pour les recours en appel contre les jugements des tribunaux administratifs. Les attributions d'appel du Conseil d'État sont donc limitativement énumérées, le Conseil d'État restant un juge d'appel dans les domaines visés au no 695 et pour certaines décisions des juridictions administratives spécialisées, ainsi que pour les ordonnances rendues par les présidents des tribunaux administratifs en matière de référé-liberté.

■ 695 Ces transferts de compétence vers les tribunaux administratifs puis vers les cours administratives d'appel ont eu pour effet de transformer le Conseil d'État essentiellement en un juge de cassation placé au sommet de l'ordre juridictionnel administratif. L'existence d'une voie de cassation contre un jugement avait depuis longtemps été considérée comme un principe général du droit (CE 7 févr. 1947, *d'Aillières*, *Lebon* 50) et le Conseil constitutionnel l'a consacrée comme constituant une « garantie fondamentale » des justiciables (Cons. const. 14 mai 1980, *Rec. Cons. const.* 61).

Le Conseil d'État est seul compétent pour statuer sur les recours en cassation dirigés contre les décisions rendues en dernier ressort par toutes les juridictions administratives.

Le Conseil d'État statue sur la régularité des jugements qui lui sont déférés et, en cas de cassation, renvoie en principe au juge du fond pour qu'il soit de nouveau statué. Cependant, la loi du 31 décembre 1987 a prévu la possibilité pour le Conseil d'État de statuer directement sur le fond de l'affaire si « l'intérêt d'une bonne justice le justifie », ce qu'il fait très généralement après cassation dès lors que l'affaire est en état d'être jugée.

■ 696 Enfin, le Conseil d'État a compétence pour statuer sur les demandes d'avis présentées par les tribunaux administratifs ou les cours administratives d'appel. L'article 12 de la loi du 31 décembre 1987, aujourd'hui codifié à l'article L. 113-1 du Code de justice administrative, prévoit qu'« avant de statuer sur une requête soulevant une question de droit nouvelle, présentant une difficulté sérieuse et se posant dans de nombreux litiges, le tribunal administratif ou la cour administrative d'appel peut, par une décision qui n'est susceptible d'aucun recours, transmettre le dossier de l'affaire au Conseil d'État, qui examine dans un délai de trois mois la question soulevée ». Ces « avis contentieux », qui interviennent par nature sur des questions délicates, jouent un rôle important dans l'édification de la jurisprudence administrative (v. par ex. CE, sect., avis cont., 8 nov. 2000, *Sté Jean-Louis Bernard Consultants* préc., n° 555).

section 2

Les juridictions administratives spécialisées

Les juridictions administratives spécialisées peuvent être regroupées en plusieurs catégories, selon qu'elles statuent en matière de finances publiques (par ex. la Cour des comptes créée en 1807, la Cour de discipline budgétaire et financière créée par la loi du 25 sept. 1948), en matière sociale (la Commission nationale du contentieux de la tarification sanitaire et sociale créée par la loi du 23 janvier 1990, la Commission centrale d'aide sociale créée par la loi du 1er décembre 1988), en matière économique (Commission bancaire par ex.), ou d'octroi de l'asile pour les étrangers (la Commission de recours des réfugiés). 697 ■

Ces juridictions spécialisées constituent un ensemble hétérogène par leur histoire, par l'étendue de leurs attributions et par l'importance concrète de leur activité (sur un strict plan quantitatif, l'essentiel de l'activité de ces juridictions émane de la Commission de recours des réfugiés et de la Commission centrale d'aide sociale).

Ces juridictions administratives sont qualifiées de spécialisées car elles ne disposent que d'une compétence d'attribution définie par les textes qui les instituent, à la différence des tribunaux administratifs, expressément qualifiés de juridictions de droit commun.

Certains de ces organismes comportent un double degré de juridiction (depuis 1982 la Cour des comptes est juge d'appel des décisions des chambres régionales des comptes ; depuis 1990 la Commission nationale du contentieux de la tarification sanitaire et sociale connaît en appel des décisions des commissions interrégionales). Toutes relèvent dans tous les cas du contrôle du Conseil d'État, soit par la voie de l'appel, soit par la voie de la cassation, et c'est à ce titre qu'elles appartiennent aux juridictions administratives. 698 ■

Cerner la notion de juridiction administrative spécialisée suppose tout d'abord de distinguer les « juridictions » (au sens ici du droit interne ; la question de la qualification de « juridiction » pour les autorités administratives indépendantes au sens des garanties de l'article 6 de la Conv. EDH a été évoquée ; v. ss 264) des organismes qui sont purement administratifs. 699 ■

Si les textes institutifs n'ont pas qualifié expressément de « juridiction » un organisme, ses caractéristiques sont appréciées au regard d'indices de caractère formel (composition, procédure...) et matériel (nature de l'activité). L'importance relative de ces différents éléments n'a cessé d'évoluer dans la jurisprudence qui a tantôt privilégié l'aspect formel (CE, ass., 7 févr. 1948, *d'Aillières*, *Lebon* 50), tantôt l'aspect matériel (CE, ass., 12 déc. 1953, *de Bayo*, *Lebon* 544). Un organisme sera qualifié de juridictionnel si sa composition est collégiale, s'il dispose d'un véritable pouvoir de décision, s'il tranche une contestation conformément au droit (CE, ass., 12 juill. 1969, *L'Étang*, *Lebon* 388 : cas du Conseil supérieur de la magistrature lorsqu'il statue comme conseil de discipline), et si ses décisions sont rendues conformément à une procédure juridictionnelle (CE, ass., 1er mars 1991, *Le Cun*, *Lebon* 71, à propos du Conseil des bourses de valeur qui ne peut être considéré comme une juridiction).

L'organisme constitue une juridiction administrative spécialisée dès lors que le texte qui l'a institué prévoit que les recours exercés contre ses décisions s'effectuent devant le Conseil d'État soit par la voie de l'appel, soit par la voie de la cassation.

700 Les règles de la procédure administrative contentieuse générale s'appliquent aux juridictions administratives spécialisées sauf en cas de dérogation prévue par les textes institutifs.

Le *principe du caractère contradictoire*[Q] de la procédure, qui impose la communication des mémoires des parties, est un principe général de droit qui s'impose aux juridictions administratives spécialisées (CE, sect., 12 mai 1961, *Sté La Huta, Lebon* 313). Ces juridictions sont soumises aussi notamment aux principes du secret du délibéré et, sauf éventuelle dérogation expresse, de la publicité des audiences (CE, sect., 29 juill. 1994, *Dpt de l'Indre, RFDA* 1995. 16 ; CE, ass., 14 févr. 1996, *Maubleu, AJDA* 1996. 358 pour les juridictions disciplinaires ordinales). Ainsi, le Conseil d'État a annulé une délibération de la Commission centrale d'aide sociale, au motif que cette juridiction n'avait pas siégé en séance publique (CE, sect., 27 mars 1998, *CCAF La Rochelle, Dr. adm.* 1998, n° 170).

701 Le Conseil d'État vérifie le respect par les juridictions administratives spécialisées des stipulations de l'article 6-1 de la Convention européenne des droits de l'homme, aux termes duquel « toute personne a droit à ce que sa cause soit entendue équitablement, publiquement et dans un délai raisonnable, par un tribunal indépendant et impartial ». Le Conseil d'État juge ainsi que « la présence de fonctionnaires de l'État parmi les membres d'une juridiction ayant à connaître de litiges auxquels celui-ci est partie ne peut, par elle-même, être de nature à faire naître un doute objectivement justifié sur l'impartialité de celle-ci » ; en revanche, « il peut être porté atteinte à ce principe lorsque, sans que des garanties appropriées assurent son indépendance, les fonctions exercées par un fonctionnaire appelé à siéger [...] le font participer à l'activité des services en charge des questions [...] soumises à la juridiction » (CE, ass., 6 déc. 2002, *M. Trognon, AJDA* 2003. 496, chron. F. Donnat et D. Casas p. 492).

Il a été jugé de même que les juridictions du contentieux technique de la Sécurité sociale ne manquaient pas à l'obligation d'impartialité malgré la présence, en leur sein, de représentants des caisses de Sécurité sociale, dans la mesure où les modalités d'exercice de leurs fonctions par ces membres les soustraient à toute subordination hiérarchique et leur permettent de porter, en toute indépendance, une appréciation personnelle sur le comportement professionnel des médecins poursuivis devant ces juridictions techniques (CE 7 janv. 1998, *M. Trany, AJDA* 1998. 445, concl. Schwartz ; CE 14 janv. 1998, *Synd. des médecins d'Aix, Dr. adm.* 1998, n° 170). À l'inverse, le fait qu'un médecin placé sous l'autorité de l'auteur de la plainte ait siégé au sein de la juridiction ordinale chargée de statuer sur cette plainte, porte atteinte à l'équité du procès et ce moyen doit être soulevé d'office dès lors qu'il ne met pas en cause la légalité des règles relatives à cette juridiction mais seulement sa composition en l'espèce (CE 29 mai 2002, *M. Vaillant, AJDA* 2002. 1242).

702 La jurisprudence du Conseil d'État se révèle particulièrement riche à l'égard des juridictions financières. Il a été en effet jugé que, « eu égard à la nature des pouvoirs du juge des comptes et aux conséquences de ses décisions pour les intéressés, tant le principe d'impartialité que celui des droits de la défense font obstacle à ce qu'une décision juridictionnelle prononçant la gestion de fait soit régulièrement rendue par la Cour des comptes, alors que, comme en l'espèce, celle-ci a précédemment évoqué cette affaire dans un rapport public en relevant l'irrégularité des faits» (CE, ass., 23 févr. 2000, *Sté Labor Métal*, *AJDA* 2000. 404). Il a été également jugé que «le principe d'impartialité applicable à toutes les juridictions administratives fait obstacle à ce que le rapporteur d'une chambre régionale des comptes participe au jugement de comptes dont il a eu à connaître à l'occasion d'une vérification de gestion» (CE, ass., 6 avr. 2001, *SA Entreprises Razel Frères*, *RFDA* 2001. 1299, concl. A. Seban et note M. Lascombe et X. Vandendriessche). Le Conseil d'État ne se réfère pas ici à l'article 6-1 de la Convention européenne des droits de l'homme, mais simplement au principe d'impartialité consacré de façon autonome par la jurisprudence administrative comme s'imposant notamment aux juridictions administratives spécialisées (CE, sect., 2 mars 1973, *Demoiselle Arbousset*, *RD publ.* 1973. 1006, concl. G. Braibant). Il est vrai qu'il n'était pas nécessaire d'écarter des dispositions législatives, puisque les dispositions de procédure concernant le rôle du rapporteur devant les juridictions financières ne résultent que de textes réglementaires.

De même, lorsque des membres de la Cour des comptes ont siégé au sein de la chambre ayant adopté le rapport annuel et si celui-ci met en cause un directeur d'office d'HLM en des termes «qui donnaient à penser que les faits décrits étaient d'ores et déjà établis et que leur caractère répréhensible au regard des règles ou principes à appliquer était reconnu», ils ne peuvent juger de la même affaire dans le cadre de la Cour de discipline budgétaire et financière (CE, ass., 4 juill. 2003, *M. Dubreuil*, *AJDA* 2003. 1305; *ibid.* 1596, chron. F. Donnat et D. Casas).

Le principe d'impartialité s'oppose également à ce qu'un membre de la Cour de discipline budgétaire et financière ait à juger d'accusations relatives à des faits dont il a déjà eu à connaître dans le cadre d'autres fonctions, par exemple en ayant pris part à l'adoption du rapport public de la Cour des comptes. Si plusieurs membres de la Cour sont dans cette situation et si celle-ci ne peut plus régulièrement siéger par voie de conséquence, le respect des règles de quorum impliquant la présence d'au moins quatre de ses membres, la Cour doit transmettre l'affaire au Conseil d'État afin que celui-ci, «dans le cadre de ses pouvoirs généraux de régulation de l'ordre juridictionnel administratif», prenne les mesures qui conviennent et, le cas échéant, se prononce lui-même sur les procédures engagées devant la Cour (CE 4 févr. 2005, *Procureur général près la Cour des comptes, ministère public près la Cour de discipline budgétaire et financière*, *Dr. adm.* 2005, n° 53, M. L.).

13

Compléments pédagogiques

Quid

■ Connexité n° 673

Il y a connexité entre deux demandes présentées devant deux juridictions différentes lorsque la résolution de l'une de ces demandes conditionne la résolution de l'autre. Les deux demandes seront alors rattachées. Une demande connexe diffère d'une demande *incidente*, qui a un objet proche d'une demande *principale*, en ce que la solution apportée à la demande principale ne constituera pas un *préalable* à la solution apportée à la demande incidente.

■ Demandes incidentes n° 673

Lorsqu'une demande présentée devant une juridiction est susceptible de se rattacher à un autre recours déjà formé, ce dernier est alors qualifié de recours principal et les demandes susceptibles de s'y rattacher sont qualifiées de demandes incidentes.

■ Justice retenue et justice déléguée n° 680

Le système dit de « justice retenue », encore appelé « théorie du ministre-juge », est celui dans lequel l'administration est à elle-même son propre juge, conformément au principe selon lequel « juger l'administration, c'est encore administrer ». Le chef de l'exécutif étant considéré comme le supérieur hiérarchique du Conseil d'État, tout projet de décision était soumis à son approbation. La loi du 24 mai 1872, et plus encore l'arrêt *Cadot* (1889), ont instauré un système de justice *déléguée*, dans lequel la justice est autonome, assurée par un ordre de juridictions indépendantes des parties aux litiges qu'elle a pour charge de résoudre.

■ Ordre de juridiction n° 674

On distingue traditionnellement deux ordres de juridictions : les juridictions administratives et les juridictions judiciaires. Pour le Conseil constitutionnel, constitue un ordre de juridiction toute juridiction originale ou tout type de juridictions (le Conseil d'État et les cours administratives d'appel étant ainsi deux ordres juridictionnels distincts). Cette définition permet de donner compétence au législateur pour créer de telles juridictions, la loi, aux termes de l'article 34 de la Constitution, fixant les règles concernant « la création de nouveaux ordres de juridiction et le statut des magistrats ».

■ Principe du contradictoire n° 700

La procédure administrative contentieuse est soumise au principe du contradictoire, qui signifie que les pièces, requêtes et mémoires de chaque partie doivent être communiquées à la partie adverse pour que celle-ci puisse y répondre avant la clôture de l'instruction.

■ Question préjudicielle n° 673

Une question préjudicielle est une question préalable à la résolution d'un litige et qui relève d'un ordre de juridiction auquel n'appartient pas la juridiction saisie. Concernant le contentieux administratif, il n'existe pas de question préjudicielle entre juridictions administratives : la juridiction saisie n'opère pas de renvoi à la juridiction qui aurait été compétente si l'objet de la question préjudicielle avait constitué la demande principale. Le juge doit alors résoudre lui-même la question préjudicielle au fond. Un tribunal administratif peut ainsi écarter l'application d'un décret qu'il juge illégal alors que le Conseil d'État aurait été compétent en premier et dernier ressort pour juger de la légalité de ce même décret dans le cadre d'un recours pour excès de pouvoir formulé directement contre ce décret.

Documents

1) L'organisation de la juridiction administrative

Code de justice administrative

Art. L. 211-1. Les tribunaux administratifs sont, en premier ressort et sous réserve des compétences attribuées au Conseil d'État, juges de droit commun du contentieux administratif.

Art. L. 211-2. Les cours administratives d'appel connaissent des jugements rendus en premier ressort par les tribunaux administratifs, sous réserve des compétences attribuées au Conseil d'État en qualité de juge d'appel et de celles définies aux articles L. 552-1 et L. 552-2.

Art. L. 211-3. Les cours administratives d'appel connaissent également des appels formés contre les jugements rendus par les commissions du contentieux de l'indemnisation des Français dépossédés de biens situés dans un territoire antérieurement placé sous la souveraineté, le protectorat ou la tutelle de la France.

Art. L. 321-1. Les cours administratives d'appel connaissent des jugements rendus en premier ressort par les tribunaux administratifs, sous réserve des compétences que l'intérêt d'une bonne administration de la justice conduit à attribuer au Conseil d'État et de celles définies aux articles L. 552-1 et L. 552-2.

Art. L. 321-2. Dans tous les cas où la loi n'en dispose pas autrement, le Conseil d'État connaît des appels formés contre les décisions rendues en premier ressort par les autres juridictions administratives.

Art. L. 331-1. Le Conseil d'État est seul compétent pour statuer sur les recours en cassation dirigés contre les décisions rendues en dernier ressort par toutes les juridictions administratives.

Art. L. 821-1. Les arrêts rendus par les cours administratives d'appel et, de manière générale, toutes les décisions rendues en dernier ressort par les juridictions administratives peuvent être déférés au Conseil d'État par la voie du recours en cassation.

Art. L. 821-2. S'il prononce l'annulation d'une décision d'une juridiction administrative statuant en dernier ressort, le Conseil d'État peut soit renvoyer l'affaire devant la même juridiction statuant, sauf impossibilité tenant à la nature de la juridiction, dans une autre formation, soit renvoyer l'affaire devant une autre juridiction de même nature, soit régler l'affaire au fond si l'intérêt d'une bonne administration de la justice le justifie.

Lorsque l'affaire fait l'objet d'un second pourvoi en cassation, le Conseil d'État statue définitivement sur cette affaire.

2) La répartition des compétences entre les juridictions administratives

Code de justice administrative

Art. R. 351-1. Lorsque le Conseil d'État est saisi de conclusions relevant de la compétence d'une autre juridiction administrative, et sous réserve des dispositions de l'article R. 351-4, le président de la section du contentieux, saisi par la chambre chargée de l'instruction du dossier, règle la question de compétence et attribue, le cas échéant, le jugement de tout ou partie de l'affaire à la juridiction qu'il déclare compétente.

Art. R. 351-3. Lorsqu'une cour administrative d'appel ou un tribunal administratif est saisi de conclusions qu'il estime relever de la compétence d'une juridiction administrative autre que le Conseil d'État, son président, ou le magistrat qu'il délègue, transmet sans délai le dossier à la juridiction qu'il estime compétente.

Toutefois, en cas de difficultés particulières, il peut transmettre sans délai le dossier au président de la section du contentieux du Conseil d'État qui règle la question de compétence et attribue le jugement de tout ou partie de l'affaire à la juridiction qu'il déclare compétente.

3) L'avis contentieux devant le Conseil d'État

Code de justice administrative

Art. L. 113-1. Avant de statuer sur une requête soulevant une question de droit nouvelle, présentant une difficulté sérieuse et se posant dans de nombreux litiges, le tribunal administratif ou la cour administrative d'appel peut, par une décision qui n'est susceptible d'aucun recours, transmettre le dossier de l'affaire au Conseil d'État, qui examine dans un délai de trois mois la question soulevée. Il est sursis à toute décision au fond jusqu'à un avis du Conseil d'État ou, à défaut, jusqu'à l'expiration de ce délai.

Biblio

A. La juridiction administrative

- B. Odent, D. Truchet, *La justice administrative*, PUF, coll. « Que sais-je ? », 2e éd., 2008.
- Conseil d'État, *La justice administrative en pratique*, Doc. fr., 2001.

B. Le Conseil d'État

- « Le Conseil d'État », *Pouvoirs*, 2007, n° 123.
- « Le rapporteur public », dossier de la *RFDA* 2014. 47.
- H. Belrhali-Bernard, « Les avis contentieux du Conseil d'État : remarques sur vingt années de pratique », *AJDA* 2010. 364.
- S. Boussard, *L'étendue du contrôle de cassation devant le Conseil d'État*, Dalloz, coll. « Bibliothèque des thèses », 2002.
- J.-P. Costa, *Le Conseil d'État dans la société contemporaine*, Économica, 1993.
- Y. Gaudemet, B. Stirn, T. Dal Farra, F. Rolin, *GACE*, 3e éd., Dalloz, 2008.
- P. Gonod, *La présidence du Conseil d'État républicain*, Dalloz, coll. « Thèmes & commentaires », 2005, 186 p.
- H. Hoepffner, « Les avis du Conseil d'État. Essai de synthèse », *RFDA* 2009. 895.

- B. Latour, *La fabrique du droit. Une ethnographie du Conseil d'État*, La Découverte, 2002.
- J. Massot, O. Fouquet, J.-H. Stahl, *Le Conseil d'État, juge de cassation*, Berger-Levrault, coll. « L'administration nouvelle », 1998.
- J. Massot, T.-X. Girardot, *Le Conseil d'État : 1799-1999*, Doc. fr., 1999.
- B. Pacteau, *Le Conseil d'État et la fondation de la justice administrative française au XIXe siècle*, PUF, coll. « Léviathan », 2003.
- A. Roblot-Troizier, « La genèse de la Section du rapport et des études : la Commission Noël et les décrets de 1963 », *RFDA* 2015. 221.
- J.-M. Sauvé, « Le juge administratif face au défi de l'efficacité. Retour sur les pertinents propos d'un Huron au Palais-Royal et sur la "critique managériale" », *RFDA* 2012. 613.
- B. Stirn, *Le Conseil d'État, son rôle, sa jurisprudence*, Hachette, coll. « Les Fondamentaux », 1994.

C. Les tribunaux administratifs et les cours administratives d'appel

- P. Chiaverini, D. Mardesson, *Tribunaux administratifs et cours administratives d'appel*, LGDJ, coll. « Systèmes », 1996.
- B. Even, « Des conseils de préfecture aux tribunaux administratifs », *RFDA* 2004. 475.
- C. Gabolde, La procédure des tribunaux administratifs et des cours administratives d'appel, 6e éd., Dalloz, 1997.
- M. Gentot, H. Oberdorff, *Les cours administratives d'appel*, PUF, coll. « Que sais-je ? », 1991.
- Dossier « Les tribunaux administratifs ont cinquante ans, état des lieux et perspectives », *AJDA* 2004. 625.

D. Les juridictions spécialisées

- M. Degoffe, *La juridiction administrative spécialisée*, LGDJ, 1996.

Quiz

1) Sujet corrigé

Cas pratique

Énoncé

1. La Commission nationale du débat public est une autorité instaurée par la loi du 2 février 1995 relative à la protection de l'environnement et dont la mission consiste à veiller au bon déroulement du débat public lors des opérations d'aménagement d'envergure nationale. Suite à une décision du Conseil constitutionnel n° 99-144 L, l'article 8 de cette loi est modifié par un décret en Conseil d'État en date du 21 janvier 2001, afin de permettre aux membres de la Commission de désigner une personne qui lui soit extérieure pour présider les commissions particulières chargées d'organiser le débat public lors d'une opération d'aménagement spécifique.

Estimant qu'une telle mesure porte atteinte à l'indépendance d'une institution qui est en charge de veiller au déroulement du débat relatif à la création de la ligne TGV Lyon-

Limoges dont le tracé prévisionnel empiète sur sa propriété, M. Gentioux, domicilié à Pontarion (Creuse), saisit, le 1er avril 2001, le tribunal administratif de Clermont-Ferrand d'un recours pour excès de pouvoir contre le décret du 21 janvier 2001.

Que doit faire le Tribunal administratif devant cette requête ?

2. Quelques années plus tard, la ligne TGV étant en construction conformément au tracé prévisionnel, des ouvriers du chantier en cours détruisent par inadvertance un corps de ferme implanté sur la partie non expropriée du terrain de M. Gentioux. Ce dernier, mécontent de l'indemnisation qui lui est proposée par l'administration de l'Équipement, a saisi le tribunal administratif d'un recours visant à obtenir une juste indemnité pour sa propriété. Le tribunal ayant rejeté sa requête, il fait appel devant la cour administrative d'appel de Bordeaux : celle-ci annule le jugement du Tribunal administratif, et condamne l'État à lui verser une indemnité de 5 000 €. Estimant cette somme dérisoire, M. Gentioux décide de se pourvoir en cassation.

Quel type de décision le Conseil d'État rendra-t-il à ce sujet ?

Voir le corrigé en fin de rubrique.

2) Sujets d'examen

Dissertations

Fonction consultative et fonction contentieuse du Conseil d'État.

L'indépendance du juge administratif.

Le Conseil d'État régulateur de l'ordre juridictionnel administratif.

3) Corrigé

Cas pratique

1. La saisine de M. Gentioux est entachée de nombreuses irrégularités de procédure, et est en outre irrecevable.

M. Gentioux est domicilié dans la Creuse. Il a visiblement eu l'intention de saisir le Tribunal administratif dans le ressort territorial duquel il est situé : or il ne s'agit pas de celui de Clermont-Ferrand (dont le ressort territorial s'exerce sur le Puy-de-Dôme, l'Allier, le Cantal et la Haute-Loire), mais de Limoges (départements de la Corrèze, de la Creuse, de la Haute-Vienne et de l'Indre). Le Tribunal administratif n'est donc pas territorialement compétent, et devrait à ce titre rejeter sa requête, la compétence des juridictions étant une question d'ordre public.

Mais la requête de M. Gentioux est mal dirigée à un second titre, plus gênant encore : la juridiction compétente n'est pas, en droit administratif, celle du domicile du demandeur, mais celle de l'auteur de l'acte attaqué. En outre, l'acte en cause est un décret en Conseil d'État, catégorie d'actes qui font partie de la compétence en premier et dernier ressort du Conseil d'État. Le tribunal administratif de Clermont-Ferrand, comme celui de Limoges ou de Paris, devrait donc en tout état de cause déclarer la requête irrecevable comme déposée devant une juridiction incompétente.

Les espoirs de M. Gentioux ne sont cependant pas totalement anéantis, du fait des dispositions de l'article R. 351-3 du Code de justice administrative issu du décret du 2 février 1972. Selon ces dispositions, lorsqu'un litige est introduit devant une juridiction administrative, et que celle-ci estime qu'elle n'est pas compétente pour les apprécier, au motif non pas que la juridiction judiciaire serait compétente, mais que la requête aurait dû être dirigée devant une autre juridiction administrative, le président de la juridiction concernée doit saisir le président de la section du contentieux du Conseil d'État, qui prendra une ordonnance non motivée et insusceptible de recours déterminant la juridiction administrative compétente. En l'occurrence, une telle procédure aurait amené à ce que la requête de M. Gentioux soit redirigée devant le Conseil d'État, sans qu'il ait pour cela la moindre démarche à effectuer.

Il n'en reste pas moins qu'en tout état de cause la requête de M. Gentioux aurait été rejetée, mais seulement après que la juridiction compétente a été saisie, au motif que le requérant était forclos : le recours pour excès de pouvoir contre les actes administratifs n'est ouvert que pendant un délai de deux mois à compter de leur publication, délai qui est ici dépassé.

2. Deux remarques préalables doivent être effectuées. D'une part, la compétence de la juridiction administrative, qui aurait pu être contestée s'agissant de litiges consécutifs à l'expropriation (domaine de compétence du juge judiciaire), n'est cependant pas en cause : le litige est constitutif d'un dommage de travaux publics, entraînant la responsabilité de l'administration, et constituant une compétence d'origine législative du juge administratif. D'autre part, faute de précisions, on peut également supposer que le tribunal administratif initialement saisi était cette fois celui de Limoges, la compétence territoriale en matière de réparation étant celle du lieu de survenance du dommage.

Le Conseil d'État est ici saisi en tant que *juge de cassation*. Ses pouvoirs en tant que tels ne sont donc pas les mêmes que ceux qu'il aurait eus en tant que juge d'appel, en raison de *l'effet dévolutif* de ce dernier. En tant que juge de cassation, le Conseil d'État est donc seulement juge du droit : il ne pourra pas en principe apprécier les faits qui ont donné lieu à l'arrêt de la cour d'appel qui est soumis à son contrôle. Ce dernier ne se limite cependant pas à des éléments de pure forme : le Conseil d'État recherchera si l'arrêt de la cour a respecté ce que l'on peut appeler la légalité externe et la légalité interne. Le premier volet signifie que le Conseil vérifiera que la cour était bien compétente pour statuer, et que sa décision a respecté les formes qu'elle devait suivre (il faut not. qu'elle soit suffisamment motivée). Le second volet est le plus important : vérifiant la « légalité interne » de l'arrêt de la cour d'appel, le Conseil d'État examinera si celle-ci n'a commis aucune erreur de droit, mais surtout si les motifs ont justifié la décision. À ce dernier titre, le Conseil sera amené à examiner l'exactitude matérielle des faits, ou leur qualification par le juge du fond, dans la mesure où cette qualification constitue la motivation de l'arrêt. Le seul contrôle que le Conseil ne puisse exercer est celui de l'erreur manifeste d'appréciation. Et c'est bien de ce type de contrôle qu'il s'agit ici : ce que conteste M. Gentioux est la proportion existant entre l'indemnité qui lui a été octroyée et le fait générateur du dommage, dont l'existence a été constatée et la qualification effectuée par les juges du fond.

Le Conseil d'État devrait donc logiquement rendre un arrêt de rejet. Si tel n'était pas le cas (s'il considérait, par ex., que la cour d'appel a commis une erreur de droit ou a mal apprécié les faits), il rendrait une décision de cassation, et aurait alors la possibilité soit de renvoyer l'affaire devant les juges du fond (c'est-à-dire une cour d'appel, qu'il s'agisse de celle de Bordeaux dans une autre formation de jugement ou d'une autre cour administrative d'appel), soit, comme l'y autorise l'article L. 821-2 du Code de justice administrative, *évoquer* l'affaire et trancher lui-même le litige au fond.

chapitre 14

La procédure contentieuse administrative

Plan analytique

section 1

L'introduction des recours

§ 1 Les règles tenant à la présentation de la requête

A. La rédaction du recours en langue française

B. La requête doit contenir l'exposé des faits et moyens

C. La requête doit être accompagnée de la copie de la décision attaquée

§ 2 Les règles relatives aux délais du recours

A. La computation des délais

B. L'obligation d'information permettant d'accroître la sécurité des justiciables

C. Les conséquences de l'expiration du délai

§ 3 Les règles relatives au requérant

A. Le requérant doit avoir la capacité d'agir en justice

B. Le requérant doit justifier qu'il est bien mandaté pour agir

C. Le requérant doit démontrer son intérêt à agir

§ 4 Le caractère d'ordre public des règles de recevabilité

section 2

Le déroulement de l'instance

§ 1 La définition du cadre de l'instance

§ 2 Le déroulement de l'instruction

§ 3 Le rôle du rapporteur public

section 3

Le référé

§ 1 Les référés administratifs insusceptibles de faire obstacle à l'exécution d'une décision administrative

A. Le référé-constat

B. Le référé-instruction

C. Le référé-provision

D. Le référé conservatoire

§ 2 Les référés susceptibles de faire obstacle à l'exécution d'une décision administrative

A. Le référé-suspension

B. Le référé-liberté

§ 3 Les référés spécifiques à certains contentieux

section **4**

La portée et l'exécution des décisions juridictionnelles

§ 1 La décision juridictionnelle

§ 2 L'exécution de la chose jugée

A. Les difficultés éventuelles d'exécution des jugements

B. Les injonctions en vue de l'exécution de la chose jugée

C. Autres procédures tendant à renforcer l'efficacité de la chose jugée

D. Les effets des validations législatives

section **5**

Les voies de recours

§ 1 L'appel

§ 2 Le pourvoi en cassation

§ 3 Les autres voies de recours

Compléments pédagogiques

Les différentes étapes de la procédure contentieuse administrative seront étudiées selon l'ordre dans lequel elles se présentent pour le justiciable, avec l'introduction des recours (section 1), puis le déroulement de l'instance (section 2), une attention particulière étant portée aux procédures de référé dont la réforme opérée par la loi du 30 juin 2000 a substantiellement accru l'importance (section 3), la décision juridictionnelle (section 4) et enfin les voies de recours (section 5). 703

section 1

L'introduction des recours

Les règles relatives à la présentation de la requête (§1) et aux délais du recours (§2), comme à la capacité et l'intérêt à agir du requérant (§3) sont d'autant plus importantes que les règles de *recevabilité*[Q] ont un caractère d'ordre public (§4). Or, l'un des traits caractéristiques du contentieux administratif est l'importance du risque de rejets fondés sur l'irrecevabilité des requêtes sans qu'elles aient été examinées au fond. 704

§ 1 Les règles tenant à la présentation de la requête

Les règles applicables à la présentation de la requête devant le Conseil d'État sont d'une moderne simplicité mais font pourtant apparaître une certaine continuité depuis l'Ancien Régime puisque les dispositions de l'ordonnance du 31 juillet 1945, aujourd'hui codifiées au Code de justice administrative, ont repris pour une large part celles du décret du 22 juillet 1806, alors que celui-ci avait lui-même réintroduit nombre de règles applicables devant le Conseil du roi. Elles ont cependant fait l'objet d'ajustements réguliers, en particulier par un décret du 2 novembre 2016, dit « JADE » (Justice administrative de demain). 705

A. La rédaction du recours en langue française

Cette exigence découle de l'ordonnance de Villers-Cotterêts de 1539 imposant l'utilisation de la langue française. Elle constitue aujourd'hui une règle générale de procédure (CE, sect., 22 nov. 1985, *Quillevère*, *Lebon* 333, concl. D. Latournerie). 706

B. La requête doit contenir l'exposé des faits et moyens

707 La requête doit comporter des moyens, même brièvement rédigés. En cas de non-respect de cette exigence, la requête peut certes être régularisée mais seulement dans le délai du recours lui-même, ce qui sera impossible si la requête a été déposée à une date proche de la fin du délai. Pour éviter de trop nombreuses irrecevabilités, la jurisprudence fait preuve d'un certain libéralisme : l'exposé peut être seulement sommaire et complété par la suite par un mémoire ampliatif ; la motivation par référence aux *moyens*[Q] développés dans un recours administratif préalable est admise à condition que soit produite une copie de ce recours (CE, sect., 10 déc. 1965, *Territoires de Comores*, *Lebon* 679).

Doivent également être jointes à la requête toutes les pièces justificatives venant à l'appui de l'argumentation développée dans le mémoire, ces pièces devant être numérotées et faire l'objet d'un « inventaire détaillé » joint au mémoire (CJA, art. R. 412-2). La requête et l'ensemble de ces pièces doivent être déposés au greffe de la juridiction en un nombre égal à celui des autres parties augmenté de deux.

C. La requête doit être accompagnée de la copie de la décision attaquée

708 L'exigence de produire, « sauf impossibilité justifiée » (CJA, art. R. 412-1), copie de la décision attaquée (ou de la pièce justifiant du dépôt d'une demande lorsque c'est une décision implicite de rejet qui est attaquée) est un corollaire de la règle de la *décision préalable*[Q], qui veut que, même en matière de responsabilité par exemple, les justiciables ne puissent saisir la juridiction administrative qu'après s'être préalablement adressés à l'administration et s'être heurtés à son refus, explicite ou implicite. Cette règle comporte une exception importante, concernant les recours formés en matière de travaux publics.

Le défaut de production de la décision attaquée peut être régularisé par le requérant à la demande du tribunal, qui l'invitera à produire la décision attaquée ou, dans le cas d'une décision implicite, la pièce justifiant de la date du dépôt de la demande adressée à l'administration (CE 27 oct. 1989, *Margaix*, *Lebon* 843).

L'obligation de décision préalable était ainsi entendue de façon très souple par le juge, qui estimait que le requérant n'était pas irrecevable du seul fait qu'il avait introduit l'instance à une date où il n'avait présenté aucune demande préalable devant l'Administration, pour autant qu'il avait formé, postérieurement à l'introduction de son recours juridictionnel, une demande auprès de l'administration sur laquelle le silence gardé par celle-ci avait fait naître une décision implicite de rejet avant que le juge de première instance n'ait statué (CE 11 avr. 2008, *Établissement français du sang*, *Dr. adm.* 2009, n° 44, obs. M. Janicot). Le décret n° 2016-1480 du 2 novembre 2016 procède à un encadrement des conditions d'accès au juge en modifiant l'article R. 421-1 du Code de justice administrative. Celui-ci dispose désormais que « *lorsque la requête tend au paiement d'une somme d'argent, elle n'est recevable qu'après l'intervention de la décision prise par l'administration sur une demande préalablement formée devant elle* » et met ainsi fin, ainsi que l'a confirmé le juge, à la jurisprudence admettant que la demande puisse être présentée après la saisine du juge (CE, sect., 27 mars 2019, *Consorts Rollet*, n° 426472).

La recevabilité de la requête avait été subordonnée par la loi de finances du 30 décembre 1993 au paiement d'un droit de timbre. À la suite de la loi du 2 juillet 2003 autorisant le gouvernement à prendre par ordonnance « toutes dispositions de nature à organiser la gratuité de l'accès des justiciables à la justice administrative », l'ordonnance du 22 décembre 2003 a fort heureusement supprimé le droit de timbre devant les juridictions administratives. Ce droit de péage pour l'accès à la juridiction administrative n'apparaissait pas, à l'expérience, de nature à dissuader les requérants abusifs et avait l'inconvénient de mettre fin au principe de gratuité pour l'accès à la justice administrative. 709

§ 2 Les règles relatives aux délais du recours

La préoccupation de sécurité des relations juridiques justifie l'existence d'un délai relativement bref au terme duquel les actes ne peuvent plus être remis en cause. Longtemps elle a primé sur le souci d'un accès pratique au juge au point que les règles de délais enfermaient parfois le justiciable dans un entrelacs de risques d'irrecevabilités. La rigueur des solutions adoptées par la jurisprudence, principalement soucieuse de la stabilité des situations juridiques, a été corrigée par certains textes améliorant les garanties des justiciables. 710

Le décret du 28 novembre 1983 puis la loi du 12 avril 2000 relative aux droits des citoyens dans leurs relations avec les administrations ont substantiellement amélioré les garanties des administrés quant à leurs possibilités effectives d'accès au juge. Les délais restent brefs (A) mais ils doivent faire l'objet d'une information permettant d'accroître la sécurité des justiciables (B). 711

A. La computation des délais

Le principe énoncé à l'article R. 421-1 du Code de justice administrative est que, « sauf en matière de travaux publics, la juridiction ne peut être saisie que par voie de recours formé contre une décision, et ce, dans les deux mois à partir de la notification ou de la publication de la décision attaquée ». 712

Le délai de deux mois est un délai franc, qui se calcule de quantième en quantième. Il débute le lendemain du *dies a quo*, c'est-à-dire du jour au cours duquel intervient l'événement qui ouvre le délai, et inclut le *dies ad quem*, c'est-à-dire le dernier jour du délai. En termes concrets, le délai pour agir contre une décision publiée le 15 septembre, par exemple, expire le 16 novembre, à moins que ce jour ne soit un dimanche, auquel cas le recours pourra encore être déposé le premier jour ouvrable suivant cette date. 713

Le délai peut être prorogé par l'exercice d'un recours administratif, à condition que celui-ci ait été lui-même exercé dans le délai de deux mois. Il peut s'agir d'un recours hiérarchique, adressé à l'autorité hiérarchiquement supérieure par rapport à l'auteur de l'acte, ou d'un recours gracieux, adressé à l'auteur de l'acte lui-même. Le délai du recours contentieux court alors de nouveau dès l'intervention d'une décision, expresse ou implicite, sur ce recours administratif. L'articulation entre les délais de recours gracieux et contentieux fait cependant l'objet d'une interprétation compréhensive par le juge : saisi, dans le délai de recours contentieux qui a commencé à 714 courir à compter de la notification du rejet du recours gracieux, de conclusions dirigées formellement contre le seul rejet du recours gracieux, il accepte d'interpréter les conclusions qui lui sont soumises comme étant dirigées contre la décision administrative initiale (CE 7 mars 2018, n° 404079, *Mme B. A. c/ Cne de Wissembourg*, *Lebon*. 65, *AJDA* 2018. 1051, concl. X. Domino).

■ 715 Il existe, par ailleurs, de nombreux délais spéciaux, généralement plus courts que le délai de droit commun : un délai de cinq jours est ouvert pour contester les élections municipales et cantonales ; un délai de dix jours s'applique pour les élections régionales et les élections au Parlement européen ; un délai de quarante-huit heures seulement est ouvert pour le recours en annulation d'un arrêté préfectoral de reconduite à la frontière en cas de notification administrative de celui-ci (sept jours en cas de notification postale).

■ 716 Certains recours sont recevables cependant sans délai. Cette exception concernait essentiellement les recours formés en réparation des dommages en matière de travaux publics. Le décret n° 2016-1480 du 2 novembre 2016 a mis fin à cette exception.

B. L'obligation d'information permettant d'accroître la sécurité des justiciables

■ 717 Le décret du 28 novembre 1983, dont les dispositions ont été complétées par la loi du 12 avril 2000, a prévu que les délais de recours ne sont opposables qu'à la condition d'avoir été mentionnés, ainsi que les voies de recours, dans la notification de la décision. Il a précisé que les délais opposables à l'auteur d'une « demande adressée à l'administration » courent à compter de la date de transmission à l'auteur de cette demande d'un accusé de réception mentionnant les délais du recours.

Désormais, l'article L. 112-3 du Code des relations entre le public et l'administration pose le principe, qui ne supporte que de rares exceptions, selon lequel toute demande adressée à une autorité administrative fait l'objet d'un accusé de réception. Ce dernier précise en vertu l'article R. 112-5 du même code, que l'accusé de réception doit comporter la mention de la date de réception de la demande et de la date à laquelle, à défaut d'une décision expresse, celle-ci sera réputée acceptée ou rejetée. L'accusé de réception doit en outre comporter la désignation, l'adresse postale et, le cas échéant électronique, ainsi que le numéro de téléphone du service chargé du dossier. L'accusé de réception indique si la demande est susceptible de donner lieu à une décision implicite de rejet ou, dans les cas prévus par décret en Conseil d'État, à une décision implicite d'acceptation. Dans le premier cas, l'accusé de réception mentionne les délais et les voies de recours à l'encontre de la décision. Dans le second cas, il mentionne que le demandeur peut se voir délivrer une attestation.

L'article L. 112-6 du Code des relations entre le public et l'administration précise en outre que les délais de recours ne sont pas opposables à l'auteur d'une demande lorsque l'accusé de réception ne lui a pas été transmis ou ne comporte pas les indications qui viennent d'être mentionnées, sauf si une décision expresse a été régulièrement notifiée avant l'expiration du délai au terme duquel était susceptible de naître une décision implicite.

Ces règles, conçues pour accroître en faveur des administrés les possibilités d'action en justice, ont vu leur portée limitée par une interprétation stricte de la part du Conseil d'État. Celui-ci a d'abord jugé que la règle selon laquelle les délais ne courent à l'égard de l'auteur d'une « demande adressée à l'administration » qu'à compter de la transmission d'un accusé de réception mentionnant ces délais ne s'appliquait pas en cas de rejet d'un recours gracieux ou hiérarchique d'un administré (CE, sect., 29 mars 1991, *SA Laboratoires Lafon*, *RFDA* 1992. 72 concl. Hubert ; CE, sect., 26 févr. 1993, *Serfaty*, *Lebon* 36). L'article 18 de la loi du 12 avril 2000 a réagi à cette jurisprudence en précisant que « sont considérées comme des demandes... les demandes et réclamations, y compris les recours gracieux ou hiérarchiques, adressées aux autorités administratives ». Il a été cependant énoncé par le Conseil d'État que « l'intervention de ces dispositions législatives demeure sans incidence sur les règles applicables aux recours administratifs, gracieux ou hiérarchiques, formés par des tiers à l'encontre d'autorisations individuelles créant des droits au profit de leurs bénéficiaires » (CE, sect., avis, 15 juill. 2004, *M. et Mme Damon*, *RFDA* 2004. 894, concl. Stahl). Il est en effet apparu au Conseil d'État que le législateur n'avait sans doute pas pensé à la situation particulière des détenteurs d'une autorisation administrative, tel un permis de construire, dont les droits acquis risquaient sinon d'être remis en cause pendant une durée indéfinie par les recours des tiers. 718 ■

L'application de ces règles peut avoir pour effet de permettre à l'administré ou à un tiers de contester indéfiniment une décision administrative individuelle, dès lors que sa notification avait été incomplète. Sur le fondement du principe de sécurité juridique, qui implique la stabilité des situations consolidées par l'effet du temps, et pour des motifs de bonne administration de la justice, le Conseil d'État a, en réponse, jugé que « *le destinataire de la décision ne peut exercer de recours juridictionnel au-delà d'un délai raisonnable ; qu'en règle générale et sauf circonstances particulières dont se prévaudrait le requérant, ce délai ne saurait, sous réserve de l'exercice de recours administratifs pour lesquels les textes prévoient des délais particuliers, excéder un an à compter de la date à laquelle une décision expresse lui a été notifiée ou de la date à laquelle il est établi qu'il en a eu connaissance* » (CE, ass., 13 juill. 2016, *Czabaj*, n° 387763).

Le Conseil d'État a en revanche refusé de transposer une même solution en matière de référé précontractuel, dès lors qu'un tel recours est exercé avant la signature du contrat et permet de prévenir l'exercice de recours ultérieurs visant directement le contrat en litige qui risquerait de remettre en cause les droits constitués sur son fondement. Il a ainsi jugé que l'exercice d'un référé précontractuel n'est pas enserré dans l'exercice d'un délai raisonnable (CE 12 juill. 2017, *Société Étude Création et Informatique*, n° 410832), montrant ainsi, au-delà des textes, sa marge d'appréciation dans la recherche d'une conciliation entre sécurité juridique et droit au recours des requérants.

D'une façon plus générale, la théorie de la « connaissance acquise » permet de faire échec à l'obligation de notification, dans deux hypothèses : les membres des organismes collégiaux sont réputés avoir connaissance des décisions que cet organisme a prises (CE 4 août 1905, *Martin*, *Lebon* 749) ; l'exercice d'un recours administratif préalable contre une décision manifeste la connaissance de l'existence de cette décision (CE, sect., 13 mars 1998, *Mme Mauline et AP-HP*, *Lebon* 80).

C. Les conséquences de l'expiration du délai

719 Le requérant est forclos, s'il a laissé expirer le délai du recours contentieux sans déposer son recours. Il ne sera plus recevable à exercer de recours ni contre la décision concernée, ni contre aucune décision confirmative ultérieure. Il pourra cependant, demander l'abrogation de l'acte, dans les hypothèses où celle-ci est juridiquement possible, voire obligatoire pour l'administration (v. ss 77) et exercer éventuellement un recours contre le refus, explicite ou même implicite, d'abrogation.

720 En revanche, si un recours a été exercé dans le délai du recours contentieux, l'expiration du délai conduit à la fixation définitive du cadre de l'instance : le contenu de la demande est alors définitivement fixé et le requérant est irrecevable à ajouter une demande nouvelle à sa requête initiale, dès lors que cette demande nouvelle serait formulée après l'expiration du délai initial du recours contentieux.

§ 3 Les règles relatives au requérant

721 Pour être recevable à agir devant la juridiction administrative, plusieurs conditions doivent être réunies, dont certaines valent d'ailleurs tant pour le défendeur que pour le demandeur.

Il convient en effet de souligner que le défaut de qualité pour agir du défendeur, et non pas seulement du demandeur, est un *moyen d'ordre public*[Q] que le juge administratif peut soulever d'office (CAA Paris, 11 févr. 1999, *Sté Ateliers de chaudronnerie du Cantal*, *AJDA* 1999. 524, concl. V. Haïm).

Le requérant doit avoir la capacité d'agir en justice (A), justifier qu'il est bien mandaté pour agir (B) et démontrer son intérêt à agir (C).

A. Le requérant doit avoir la *capacité d'agir*[Q] en justice

722 Pour les personnes physiques, cette capacité est régie par les dispositions du droit civil. Le juge administratif admet toutefois que les incapables peuvent exercer un recours pour excès de pouvoir contre les décisions ayant une incidence sur leur liberté individuelle (CE 10 juin 1959, *Dame Poujol*, *Lebon* 355).

723 Pour les personnes autres que les personnes physiques, la capacité est subordonnée à la possession de la personnalité juridique. Un service non doté d'une personnalité morale autonome ne peut donc pas déposer un recours (CE, sect., 20 juin 1958, *Station de pilotage de Honfleur*, *Lebon* 96). Le représentant d'une personne morale doit, en outre, justifier de sa qualité pour agir au nom de la personne morale.

L'interprétation stricte de l'intérêt à agir dans le domaine de l'urbanisme avait incité les personnes qui s'estimaient lésées par un permis de construire à constituer une association dans le seul but de contester une décision les concernant. Pour remédier aux développements contentieux que cette pratique entraînait, la loi du 13 juillet 2006 portant engagement national pour le logement a introduit dans le Code de l'urbanisme un art. L. 600-1-1, qui indique qu'une association « n'est recevable à agir contre une décision relative à l'occupation ou l'utilisation des sols que si le dépôt des statuts de l'association en préfecture est intervenu antérieurement à l'affichage en mairie de la demande du pétitionnaire ».

B. Le requérant doit justifier qu'il est bien mandaté pour agir

Cette condition s'applique essentiellement au mandataire d'une personne morale, qui doit démontrer qu'il a bien été habilité pour agir en justice. Les mandataires des personnes morales de droit privé (sociétés, syndicats, associations), devront produire les statuts de l'organisme et la décision habilitant le président de la société, du syndicat ou de l'association à introduire un recours. 724 ■

La jurisprudence du Conseil d'État relative aux pouvoirs du président d'une association d'exercer un recours au nom de celle-ci a fait l'objet de plusieurs revirements au cours des vingt dernières années. Jusqu'en 1985, le Conseil d'État jugeait qu'une autorisation de l'assemblée générale n'était pas nécessaire lorsque les statuts de l'association prévoyaient que le président avait le pouvoir de représenter l'association en justice (CE 5 juill. 1985, *Assoc. communale de chasse agréée de Bonvillard, Lebon* 724). En revanche, à partir de 1989, le Conseil d'État considérait que le recours déposé par le président d'une association était irrecevable en l'absence d'une délibération particulière de l'assemblée générale de l'association l'autorisant à agir en justice et ce, alors même que les statuts prévoyaient que le président représentait l'association en justice (CE 8 févr. 1989, *Comité de défense du chemin de ronde de Damgan, Lebon* 837). Procédant à un nouveau revirement de jurisprudence, le Conseil d'État juge aujourd'hui qu'une délibération de l'assemblée générale n'est pas nécessaire si les statuts de l'association prévoient que le président a le pouvoir de représenter celle-ci en justice (CE, sect., 3 avr. 1998, *Fédération de la plasturgie, AJDA* 1998. 460, chron. Girardot et Raynaud, p. 412).

Compte tenu de ces hésitations jurisprudentielles, il est d'autant plus appréciable que le juge soit tenu d'inviter le demandeur à régulariser sa requête, en précisant l'organe compétent pour donner l'habilitation, avant d'opposer l'irrecevabilité (CAA Paris, 19 déc. 1996, *Assoc. seine-et-marnaise pour la sauvegarde de la nature, AJDA* 1997. 310). En revanche, si cette invitation à régulariser n'a pas été suivie d'effet, le juge n'est pas tenu d'attirer l'attention des parties sur le moyen tiré de l'irrecevabilité de la requête avant d'opposer celle-ci d'office (CE 28 janv. 1998, *Épx Merrain, Dr. adm.* 1998, n° 10, concl. R. Abraham). 725 ■

S'agissant de l'État, sa représentation est assurée par les ministres intéressés ou, pour l'activité des services déconcentrés, par le préfet. Pour les collectivités territoriales, l'autorité exécutive est autorisée à agir en justice par une délibération de l'assemblée. 726 ■

Le ministère d'avocat est obligatoire devant les Cours administratives d'appel, sauf rares exceptions (v. ss 676), mais il ne l'est pas pour les recours pour excès de pouvoir devant les tribunaux administratifs et le Conseil d'État. Cette dispense de ministère d'avocat est généralement présentée comme un avantage pour les justiciables, qui pourront ne pas supporter les frais d'avocat. Toutefois, devant le Conseil d'État, le requérant n'était pas toujours, jusqu'il y a quelques années, averti de la date d'audience lorsqu'il n'était pas représenté par un avocat aux Conseils et les mémoires en réponse de l'administration ne lui étaient pas nécessairement communiqués. Depuis l'entrée en vigueur du Code de justice administrative et pour éviter de nouvelles condamnations par la Cour européenne des droits de l'homme, le Conseil d'État doit avertir le requérant de la date d'audience même lorsqu'il n'est pas représenté par un avocat aux Conseils et le caractère contradictoire de la procédure en est ainsi mieux assuré. 727 ■

Un avocat n'a pas, quant à lui, à justifier de son mandat, sauf dans les hypothèses où le recours juridictionnel est dispensé de ministère d'avocat.

728 Toute personne justifiant de la faiblesse de ses ressources peut bénéficier de l'aide juridictionnelle comme en matière civile (loi du 10 juill. 1991 relative à l'aide juridique).

C. Le requérant doit démontrer son *intérêt à agir*

729 La notion d'« intérêt donnant qualité à agir » a donné lieu à une abondante jurisprudence. En effet, si l'exercice du recours de plein contentieux est fondé sur l'existence d'un droit subjectif aisément identifiable, la nature même du recours pour excès de pouvoir, contentieux « objectif », offre moins de repères facilement identifiables pour se prononcer sur l'intérêt à agir en ce domaine. Il a été admis par la jurisprudence qui s'est progressivement construite en la matière que le requérant était recevable pour agir dès lors qu'il a un intérêt personnel, que celui-ci soit matériel ou moral, individuel ou collectif, à agir. Cet intérêt doit être légitime (CE, sect., 27 févr. 1985, *SA Grands travaux et constructions immobilières*, *Lebon* 723 : l'occupant sans titre du domaine public n'est pas recevable à demander l'annulation d'un permis de construire concernant la parcelle qu'il occupe sans titre). Son intérêt doit être directement lésé par la décision qu'il attaque, la jurisprudence appréciant cependant cette condition de façon libérale (CE 25 avr. 1934, *Ligue nationale c/ l'alcoolisme*, *Lebon* 493 : l'intérêt de la Ligue contre l'alcoolisme est directement lésé par des décisions favorisant les bouilleurs de cru ; CE, ass., 25 janv. 1991, *Confédération nationale des associations familiales catholiques et a.*, *Lebon* 30 : l'intérêt de la Confédération est directement lésé par la décision de reprise de la commercialisation d'une pilule abortive). Le Conseil d'État interprète également de façon large le caractère certain de l'intérêt lésé (CE 11 mars 1903, *Lot*, *Lebon* 780 : un fonctionnaire est lésé par la nomination d'une personne à un emploi auquel il peut prétendre ; CE, sect., 14 févr. 1958, *Abisset*, *Lebon* 98, concl. M. Long : un amateur de camping est lésé de façon certaine par un arrêté municipal interdisant le camping même s'il n'est jamais venu dans cette commune).

730 Toutefois, l'intérêt invoqué ne sera pas reconnu comme donnant qualité à agir s'il est trop général : ainsi la qualité de citoyen ne suffit pas à conférer un intérêt personnel à agir (CE 6 oct. 1965, *Marcy*, *Lebon* 493), de même que la qualité de contribuable de l'État ne donne pas intérêt à agir contre des dispositions augmentant les dépenses publiques (CE 25 juin 1920, *Le Doussal et Métour*, *Lebon* 639 ; CE 23 nov. 1988, *Dumont*, *Lebon* 418). Une association « pour le désarmement nucléaire » ne démontre pas son intérêt à agir contre un décret relatif à l'engagement des forces aériennes stratégiques (CE 8 déc. 1995, *Lavaurs* ; v. ss 155). La jurisprudence admet cependant les recours des contribuables locaux contre les actes des collectivités locales ayant pour effet d'augmenter les dépenses de la municipalité (CE 29 mars 1901, *Casanova*, *Lebon* 333). Elle admet de même l'intérêt à agir des usagers du service public contre les mesures relatives à l'organisation et au fonctionnement du service (CE 21 déc. 1906, *Synd. des propriétaires et contribuables du quartier Croix de Seguey-Tivoli*, *Lebon* 962, concl. Romieu).

Les associations et syndicats n'ont, en principe, d'intérêt à agir que dans les domaines relevant de leur objet, que leurs membres défendent collectivement. À ce titre, les associations ne sont recevables à agir contre les actes réglementaires que s'ils emportent des conséquences dans leur domaine d'action. C'est la raison pour laquelle les syndicats de fonctionnaires, qui ont pour objet la défense des intérêts collectifs de leurs membres, sont dépourvus d'intérêt à agir contre les mesures d'organisation du service (CE, ass., 26 oct. 1956, *Assoc. générale des administrateurs civils*), à moins que ces mesures portent atteinte à leurs prérogatives statutaires (CE 11 déc. 1903, *Lot*, *GAJA*, n° 12), ou aux conditions d'emploi ou de travail des agents (CE 28 déc. 2005, *Union syndicale des magistrats administratifs*, *AJDA* 2006. 940, note J.-M. Pontier). 731 ■

En ce qui concerne les décisions individuelles, les associations syndicales ne présentent un intérêt à agir que contre les mesures positives (nomination, par ex.), en tant qu'elles sont susceptibles de porter atteinte à l'intérêt collectif de leurs membres.

La loi sur l'administration municipale du 18 juillet 1837 avait ouvert la possibilité, pour les contribuables d'une commune, d'exercer les actions qu'ils croient appartenir à la commune et que celle-ci a refusé ou négligé d'exercer. L'exercice, par substitution, des actions en justice que la commune aurait négligé d'exercer est cependant subordonnée à l'autorisation du tribunal administratif. La décision du tribunal administratif est rendue dans le délai de deux mois à dater du dépôt de la demande d'autorisation. Lorsque le tribunal administratif ne statue pas dans ce délai ou lorsque l'autorisation est refusée, le contribuable peut se pourvoir devant le Conseil d'État. 732 ■

Longtemps oubliée, cette disposition connaît un renouveau depuis une quinzaine d'années, ce qui a conduit à préciser les conditions tant de recevabilité que de succès de la demande tendant à être autorisé à exercer une action en substitution de la collectivité locale. Il faut, tout d'abord, que la collectivité ait été appelée à agir elle-même, et qu'elle ait refusé, expressément ou en gardant le silence pendant quatre mois, d'exercer elle-même l'action en question. Au vu des éléments qui lui sont fournis, le tribunal devra vérifier que l'action présente un « intérêt suffisant pour la commune » (CE, ass., 26 juin 1992, *Pezet et San Marco*, *Lebon* 247 et 252, concl. Le Chatelier) et qu'elle présente des « chances de succès » (CE, ass., 26 juin 1992, *Mme Lepage-Huglo*, *Lebon* 246, concl. Le Chatelier préc.). La notion d'« intérêt suffisant » est entendue de façon large : ainsi l'engagement de la responsabilité contractuelle d'un partenaire privé d'une collectivité territoriale est susceptible de constituer un intérêt suffisant justifiant que soit accordée une autorisation de plaider (CE 7 juin 2006, *Asselin*, *RJEP* 2006. 355, concl. C. Devys).

L'autorisation d'agir au nom de la collectivité ne pourra toutefois pas être accordée lorsque le requérant est, à titre personnel, recevable à agir (CE 26 avr. 2006, *Cassinari*, *Dr. adm.* 2006, n° 121).

La loi du 12 avril 2000 a étendu aux contribuables des départements et des régions le droit d'exercer, par substitution, les actions en justice que ces collectivités auraient négligé d'exercer, sous des conditions et selon une procédure similaires, précisées par le décret du 31 décembre 2001. 733 ■

§ 4 Le caractère d'ordre public des règles de recevabilité

■ 734 Les règles de recevabilité des recours sont d'ordre public, l'irrecevabilité des recours pouvant donc être invoquée à tout moment par les parties et même d'office par le juge.

■ 735 Il existe cependant certaines possibilités de régularisation prévues par les textes ou admises par la jurisprudence même en l'absence de texte. C'est ainsi que le requérant pourra signer son mémoire après son dépôt ou produire en cours d'instance le mandat habilitant la personne à le représenter. L'absence de production de la décision préalable peut être régularisée en cours d'instance (CE 22 juill. 1938, *Lambert*, *Lebon* 718 ; CE 17 mars 1995, *Touati*, *Lebon* 965).

Ces possibilités de régularisation n'affaiblissent pas le caractère d'ordre public des règles de recevabilité dans la mesure où, dès lors que la possibilité de régularisation n'a pas été effectivement utilisée dans le délai donné au requérant, le recours est définitivement irrecevable.

■ 736 Si le juge doit inviter les parties à régulariser leurs requêtes, certaines irrégularités ne sont pas, cependant, « régularisables », tels la tardiveté, le défaut d'intérêt ou l'absence de motivation de la requête, et ne donnent donc pas lieu à invitation à régulariser. Ces irrecevabilités seront soulevées d'office par le juge, même si elles ne sont pas invoquées en défense, après communication aux parties de ces moyens d'ordre public.

section 2

Le déroulement de l'instance

■ 737 C'est dans le cadre fixé par les conclusions et moyens des parties (§ 1) que se déroulera l'instruction (§2), qui permettra, le cas échéant, de faire elle-même apparaître de nouveaux éléments de fait par rapport à ceux indiqués par les parties. Le rôle du rapporteur public appelle quelques observations particulières (§3).

§ 1 La définition du cadre de l'instance

■ 738 Le déroulement de l'instance devant le juge administratif est marqué, comme en matière civile, par le principe de l'immutabilité du litige. Les parties fixent en effet le cadre du procès par les conclusions et les moyens qu'elles présentent au juge.

Les conclusions sont présentées par chacune des parties, demandeurs et défendeurs, dans leurs mémoires respectifs. Elles contiennent l'exposé de la demande, qui doit être précise et chiffrée lorsqu'elle a pour objet une revendication pécuniaire.

Le juge dispose cependant d'un certain pouvoir d'appréciation du sens des conclusions, notamment pour éviter que la maladresse des parties ne conduise à une irrecevabilité de leurs prétentions. C'est ainsi que le juge requalifie usuellement des conclusions dirigées contre la notification d'une décision, qui seraient en tant que telles irrecevables, comme étant dirigées en réalité contre la décision elle-même.

Les éléments de fait ne doivent pas plus être négligés par les requérants que les moyens de droit, lors de la rédaction de la requête, puisque l'application du droit dépend souvent de l'appréciation opérée sur les faits de l'espèce. Le rappel précis et circonstancié des faits est donc une partie fort importante, en pratique, des mémoires produits par les parties. **739**

S'agissant des moyens de droit, la jurisprudence distingue entre les moyens de « légalité externe », qui visent l'incompétence, le vice de procédure ou le vice de forme, et les moyens de « légalité interne », qui visent l'erreur de fait, l'erreur de droit, la violation de la loi, ou le détournement de pouvoir ou de procédure. Cette distinction entre les deux branches de la légalité est importante car le requérant ne peut invoquer au cours de l'instance que les moyens qui se rattachent aux mêmes « causes juridiques » que ceux qu'il a soulevés dans le délai du recours. Les moyens qui ne se rattacheraient pas à la même cause juridique sont assimilés à des demandes nouvelles et sont donc irrecevables (v. ss 720). **740**

L'ordre dans lequel les moyens sont présentés dans la requête n'a, en principe, pas de conséquence sur la décision juridictionnelle. En effet, du moins dans le contentieux de la légalité, le principe d'économie des moyens dispense le juge de se prononcer sur d'autres moyens que celui qu'il retient explicitement comme étant fondé. Il n'en va différemment que lorsque le recours a été assorti de conclusions à fin d'injonction. Lorsque le requérant choisit de hiérarchiser, avant l'expiration du délai de recours, les prétentions qu'il soumet au juge de l'excès de pouvoir en fonction de la cause juridique sur laquelle reposent, à titre principal, ses conclusions à fin d'annulation, il incombe au juge de l'excès de pouvoir de statuer en respectant cette hiérarchisation, c'est-à-dire en examinant prioritairement les moyens qui se rattachent à la cause juridique correspondant à la demande principale du requérant (CE, sect., 21 déc. 2018, *Sté Eden*, n° 409678, *RFDA* 2019. 281, concl. Sophie Roussel).

Les moyens d'ordre public peuvent être invoqués à tout moment de l'instance et à chaque étape de la procédure, de la première instance à la cassation. Ils peuvent également être soulevés d'office par le juge, celui-ci devant cependant en informer les parties afin qu'elles puissent présenter leurs observations. **741**

L'incompétence de l'auteur de la décision attaquée et le défaut de consultation du Conseil d'État sont des moyens d'ordre public.

Il en va de même de la « méconnaissance du champ d'application de la loi », que la jurisprudence entend cependant de façon relativement étroite (CE, sect., 21 mars 1958, *Épx Deltin*, *Lebon* 189). Celle-ci s'applique au cas où la règle est inapplicable, soit que les conditions d'application prévues par les textes ne soient pas réunies (CE 29 oct. 1980, *Sassi*, *Lebon* 845 : un arrêté d'expulsion ne peut être délivré contre une personne de nationalité française), soit que le texte ne produise pas encore ses effets ou qu'il ne soit plus en vigueur (CE 9 juin 1958, *Sté Costa frères*, *Lebon* 325 ; CE, sect., 15 juill. 1964, *Sté Papeteries Metenett*, *Lebon* 437). En revanche, un moyen ne relève pas de la « méconnaissance du champ d'application de la loi » et ne pourra donc être relevé d'office, lorsqu'il met en cause la légalité ou la conventionnalité d'une disposition appliquée en l'espèce (CE, sect., 11 janv. 1991, *SA Morgane*, *AJDA* 1991.

111, chron. E. Honorat et R. Schwartz : l'incompatibilité de dispositions réglementaires du Code général des impôts avec les objectifs d'une directive communautaire ne relève pas du champ d'application de la loi et ne peut donc être soulevée d'office par le juge ; CE, ass., 6 déc. 2002, *M. Maciolak*, *AJDA* 2003. 492, chron. F. Donnat et D. Casas : l'éventuelle non-conformité des règles de composition d'une juridiction administrative spécialisée avec les stipulations de la Convention européenne des droits de l'homme n'est pas un moyen d'ordre public devant être soulevé d'office par le Conseil d'État). Ces distinctions entre ce qui relève ou non de la « méconnaissance du champ d'application de la loi » apparaissent d'autant plus subtiles, voire un peu artificielles, que, par ailleurs, il est jugé que l'administration est tenue de ne pas appliquer une disposition illégale (CE, sect., 14 nov. 1958, *Sieur Ponard*, *Lebon* 554).

§ 2 Le déroulement de l'instruction

742 Toute affaire soumise au juge administratif doit être mise en état d'être jugée. Le principe de l'obligation d'instruire s'impose à toutes les juridictions (CE, sect., 25 janv. 1957, *Raberanto*, *Lebon* 66).

L'instance est d'abord fondée sur la discussion des arguments de fait et de droit par les parties à l'instance. À cette fin, le rapporteur en charge du dossier, nommé par le président de la juridiction, fixe les délais impartis tant au demandeur qu'au défendeur pour produire leurs mémoires en veillant à respecter un juste équilibre pour le respect du principe du contradictoire (CE, sect., 31 déc. 1976, *Assoc. Les amis de l'Île de Groix*, *Lebon* 585).

Il serait possible de penser, selon le sens commun, que tous les mémoires doivent être communiqués aux parties. Le décret du 29 mai 1997 relatif à la procédure devant les tribunaux administratifs et les cours administratives d'appel a cependant limité cette obligation à la requête initiale, à l'éventuel mémoire complémentaire annoncé dans la requête et au premier mémoire de chaque défendeur. Les répliques et autres mémoires, observations ou pièces ne seront dorénavant communiqués que si le greffe estime qu'ils contiennent des éléments nouveaux.

743 S'il incombe aux parties d'apporter la preuve de leurs prétentions, le juge dispose cependant de la possibilité de prononcer des mesures d'instruction pour lui permettre de trancher le litige en parfaite connaissance de cause. Le juge peut ainsi ordonner aux parties de lui fournir dans un certain délai des explications, voire des documents (CE, ass., 28 mai 1954, *Barel*, *GAJA*, n° 65) ; il peut aussi requérir des tiers la communication des documents nécessaires à l'exercice de son contrôle (CE, sect., 1er oct. 2014, *Office français de protection des réfugiés et apatrides*, n° 349560).

Le juge utilisera ses pouvoirs d'instruction essentiellement mais pas uniquement dans l'hypothèse où les indices réunis par le requérant laissent à penser que ses allégations ne sont pas dénuées de tout fondement et que des mesures d'investigations supplémentaires pourraient donc être utiles pour permettre au juge de se prononcer.

744 Le juge peut effectuer une visite sur les lieux, réaliser une enquête ou entendre telle ou telle personne ; il peut recourir à l'expertise s'il l'estime utile.

Le juge administratif peut également procéder à des investigations très matérielles, lorsque les faits de l'espèce l'exigent. Ainsi, appelé à se prononcer sur la légalité d'un arrêté interdisant la diffusion en France, sous le nom d'« échalote », d'une variété de bulbes produite aux Pays-Bas, le Conseil d'État fait procéder à une expertise destinée à identifier les différences gustatives des variétés autochtones et néerlandaises de ce bulbe (CE, ass., 11 déc. 2006, *Sté De Groot En Slot Allium BV et autre*, *RFDA* 2007. 372, concl. F. Séners).

Dans tous les cas, le juge est cependant libre de prononcer ces mesures sans y être tenu par les demandes des parties. Le Conseil d'État se reconnaît même le pouvoir de refuser d'ordonner une mesure d'instruction sollicitée par l'une des parties sans motiver ni même mentionner ce refus dans son arrêt (CE 31 juill. 1996, *Assoc. nationale des avocats honoraires des barreaux français*, *AJDA* 1996. 1037, concl. Piveteau).

Le juge administratif peut également ordonner, même d'office, une enquête, à laquelle il procédera « à la barre » ou sur place, même s'il fait, en pratique, un usage modéré de ces pouvoirs. C'est ainsi qu'un tribunal administratif avait décidé de procéder à l'audition de témoins sur le point de savoir si une étudiante avait ou non remis une copie à l'issue d'une épreuve d'examen, ainsi qu'elle le prétendait alors que l'administration le déniait ; après avoir recueilli des témoignages, le tribunal administratif a jugé que, dès lors qu'il était établi que l'étudiante s'était bien dirigée vers le lieu de remise des copies avant de sortir de la salle d'examen et faute pour l'administration d'apporter aucun élément de preuve de ce qu'elle n'avait pas remis de copie à cette occasion, la décision d'ajournement de cette étudiante à l'examen de maîtrise en droit devait être annulée, le Conseil d'État a rejeté le recours exercé par l'université contre ce jugement (CE 18 févr. 1998, *Université d'Auvergne c/ Mlle Peccucaud*, *LPA* 3 juin 1998, n° 66, p. 15, note Mallol).

De façon générale, les pouvoirs d'instruction du juge administratif doivent être exercés dans le respect de l'égalité des armes et du principe du contradictoire. À ce titre, il incombe au juge de communiquer aux parties les éléments d'information obtenus afin que celles-ci puissent les discuter. En l'absence d'une telle communication, le juge ne pourra, en principe, pas se fonder sur les renseignements obtenus (CE, sect., 1er oct. 2014, *Office français de protection des réfugiés et apatrides*, n° 349560). 745 ■

Pour l'essentiel, la procédure administrative contentieuse reste cependant écrite, les « observations orales » n'ayant qu'une place et une portée limitées, sauf dans le cadre des mesures d'urgence et en particulier du référé-liberté qui oblige le juge à statuer dans un délai de quarante-huit heures. Le caractère écrit de la procédure est considéré par le Conseil d'État comme l'un des éléments constitutifs de la juridiction administrative (CE, sect., 17 mai 1968, *Andrei*, *Lebon* 320). L'instruction repose en effet sur les mémoires des parties et le résultat écrit des mesures d'instructions éventuelles, tel que le rapport d'expertise. 746 ■

La procédure contentieuse administrative se caractérise également par son caractère inquisitorial. Les parties s'adressent en effet au juge, et non à leurs adversaires comme en matière civile, et c'est à lui qu'il appartient de diriger l'instruction. Dans le cadre de cette direction, le juge s'affirme comme un régulateur des droits et obligations des parties. Par exemple, le juge peut décider de rouvrir l'instruction lorsqu'il est saisi, postérieurement à la clôture de celle-ci, d'un nouvel élément de fait ou de droit qu'il peut ainsi soumettre au débat contradictoire ; il y est même tenu lorsque cet élément, dont il n'était pas possible de faire état avant la clôture de l'instruction, est susceptible d'influencer sa décision (CE, sect., 5 déc. 2014, *Lassus*, n° 340943). De même, il appartient au juge de vérifier que les preuves présentées par l'administration dans la procédure disciplinaire l'opposant à son agent ont été recueillies dans le respect de son obligation de loyauté à l'égard de celui-ci (CE, sect., 16 juill. 2014, *Ganem*, n° 355201).

747 En vue de l'audience, le rapporteur retrace, dans un rapport écrit, les conclusions et moyens des parties, les questions de droit en cause et rappelle les textes en vigueur. Il doit également présenter un projet de décision, accompagné d'une note expliquant le raisonnement qui l'a conduit à la rédaction de ce projet. Ce rapport n'est pas transmis aux parties mais seulement aux membres de la formation de jugement, de même qu'au rapporteur public Cette dernière communication a pu paraître contestable au regard de l'article 6 de la Conv. EDH, dans la mesure où le rapport, qui comporte un projet d'arrêt, n'est pas communiqué aux parties. La cour de Strasbourg a cependant validé les règles procédurales applicables à la juridiction administrative en jugeant que la communication du projet de décision du conseiller rapporteur au rapporteur public n'était pas contraire aux exigences de la Convention (CEDH, 4 juin 2013, *Marc-Antoine c/ France*, n° 54984/09).

§ 3 Le rôle du rapporteur public

748 Le *rapporteur public*[Q] est un membre de la juridiction dont les qualités particulières de juriste l'ont conduit à être choisi pour exercer ce rôle. Il était, depuis 1849 et jusqu'à un décret du 7 janvier 2009, dénommé « commissaire du gouvernement », appellation qui était devenue inappropriée, rendant mal compte de son indépendance et impartialité. Le rapporteur public expose à la juridiction les questions soulevées par le litige et développe, en toute indépendance, ses *conclusions*[Q] sur les circonstances de fait et les règles de droit applicables en proposant une solution au litige. Le Conseil d'État, dans sa décision *Gervaise* du 10 juillet 1957 (*Lebon* 467), rappelait que le commissaire du gouvernement « a pour mission d'exposer au conseil les questions que présente à juger chaque recours contentieux et de faire connaître, en formulant en toute indépendance ses conclusions, son appréciation, qui doit être impartiale, sur les circonstances de l'espèce et les règles de droit applicables ainsi que son opinion sur les solutions qu'appelle, suivant sa conscience, le litige soumis à la juridiction ».

La loi de simplification et d'amélioration de la qualité du droit du 17 mai 2011 a introduit la possibilité, pour le rapporteur public, de ne plus conclure devant les tribunaux administratifs et les cours administratives d'appel. Cette réforme, attendue mais contestée, renvoie au pouvoir réglementaire le soin de déterminer les matières dans lesquelles les tribunaux et les cours pourront statuer sans que le rapporteur public soit amené à prononcer ses conclusions ; le recours à cette possibilité sera laissé à la décision du président de la formation de jugement, sur demande du rapporteur public. La conséquence attendue de cette réforme, qui devrait entrer en vigueur au début de l'année 2012, est essentiellement une accélération du traitement des contentieux ; son application risque cependant d'être délicate, voire de faire naître un contentieux relatif aux décisions de dispenses de conclusions (v. C.-L. Vier, « Le rapporteur public et la simplification, paradoxes d'une réforme », *AJDA* 2011. 1189).

Rappelant la nature de sa mission et les principes d'indépendance et d'impartialité selon lesquels elle est exercée, le Conseil d'État avait tenu à souligner solennellement que le commissaire du gouvernement « participe à la fonction de juger dévolue à la juridiction dont il est membre » et que « l'exercice de cette fonction n'est pas soumis au principe du contradictoire applicable à l'instruction » (CE 29 juill. 1998, *Mme Esclatine*, *D.* 1999. 85, concl. Chauvaux ; *AJDA* 1999. 69, note F. Rolin). Il reste que le rôle original du commissaire du gouvernement, qui prend la parole en dernier lieu lors de l'audience pour proposer publiquement une solution au litige sans qu'il puisse lui être répliqué, apparaissait soulever quelques interrogations au regard de la jurisprudence de la Cour européenne des droits de l'homme relative au droit à un procès équitable devant une juridiction impartiale. 749 ■

La Cour européenne des droits de l'homme avait été ainsi conduite à se prononcer sur diverses questions soulevées par cette institution originale dans son arrêt du 7 juin 2001, *Kress c/ France* (*D.* 2001. 2624, note R. Drago ; *RD publ.* 2001. 895, note C. Maubernard ; *AJDA* 2001. 675, note F. Rolin), dont l'ampleur et la diversité des commentaires qui l'ont suivi (not. J.-L. Autin et F. Sudre, « Juridiquement fragile, stratégiquement correct », *RFDA* 2001. 1000 ; J.-F. Flauss, « La double lecture de l'arrêt *Kress c/ France* », *LPA* 2001. 13 ; B. Genevois, « Réconfortant et déconcertant », *RFDA* 2001. 1991 ; X. Prétot, « Dernier sursis avant exécution », *RD publ.* 2001. 983) montrent à tout le moins l'intérêt. 750 ■

Cet arrêt a rejeté la critique tenant à la non communication préalable des conclusions du commissaire du gouvernement et à l'impossibilité d'y répondre à l'audience au motif qu'« il n'est pas contesté que dans la procédure devant le Conseil d'État, les avocats qui le souhaitent peuvent demander au commissaire du gouvernement, avant l'audience, le sens général de ses conclusions ». La Cour ajoutait qu'« il n'est pas davantage contesté que les parties peuvent répliquer, par une note en délibéré, aux conclusions du commissaire du gouvernement, ce qui permet, et c'est essentiel aux yeux de la Cour, de contribuer au respect du principe du contradictoire ». Les justiciables et leurs conseils peuvent donc connaître, dès avant l'audience, le sens général des conclusions du commissaire du gouvernement puis, après l'audience, répliquer par une note en délibéré. Il n'est d'ailleurs pas de raison logique qui justifierait de limiter cet « usage » au Conseil d'État et de ne pas l'étendre aux tribunaux administratifs et aux cours administratives d'appel dès lors que c'est sous cette réserve qu'il a été jugé que la procédure suivie devant la juridiction administrative « offre suffisamment de garanties au justiciable et qu'aucun problème ne se pose sous l'angle du droit à un procès équitable pour ce qui est du respect du contradictoire ». Le Conseil d'État en tire désormais les conséquences, en procédant à l'annulation d'une décision de cour administrative d'appel devant laquelle le rapporteur public aurait conclu dans un sens différent de celui préalablement communiqué aux parties, la possibilité de produire une note en délibéré ne permettant pas de neutraliser l'irrégularité (CE 5 mai 2006, *Sté Mullerhof*, *Dr. adm.* 2006, n° 122). 751 ■

La Cour européenne des droits de l'homme a encore précisé le rôle et la portée de la note en délibéré en jugeant que le justiciable doit « pouvoir déposer une telle note indépendamment de la décision éventuelle du président d'ajourner l'affaire, tout en disposant d'un délai suffisant pour la rédiger » et que l'arrêt du Conseil d'État « devrait expressément viser l'existence d'une note en délibéré » (CEDH 21 mars 752 ■

2002, *APBP c/ France*, *JCP* 2002. I. 157, p. 1455, chron. F. Sudre). Il ne serait pas illogique, partant de ces prémisses, de cesser d'exiger des justiciables et de leurs avocats qu'ils tentent de glaner au vol, pendant l'audience, les propos lus rapidement par le commissaire du gouvernement, alors qu'ils sont censés pouvoir y répondre par une note en délibéré, même si celle-ci n'a pas été conçue d'abord à cet effet ; la communication aux parties du texte écrit des conclusions du commissaire du gouvernement impliquerait, il est vrai, que ce texte existe, ce qui est très généralement, mais pas systématiquement, le cas (sur ces points, v. S. Guinchard, « Dialogue imaginaire entre un justiciable moyen et un juriste désespéré par l'arrêt *Kress* », *D.* 2003. Chron. 152).

■ 753 C'est pour un autre motif que la Cour européenne des droits de l'homme a jugé, dans l'arrêt du 7 juin 2001, *Kress c/ France* précité, que la présence du commissaire du gouvernement lors du délibéré de la formation de jugement méconnaît les exigences de l'article 6-1 de la Convention européenne des droits de l'homme. Selon la Cour, « en s'exprimant publiquement sur le rejet ou l'acceptation des moyens présentés par l'une des parties, le commissaire du gouvernement pourrait être légitimement considéré par les parties comme prenant fait et cause pour l'une d'entre elles », de sorte que la Cour conçoit qu'« un plaideur puisse éprouver un sentiment d'inégalité si, après avoir entendu les conclusions du commissaire dans un sens défavorable à sa thèse à l'issue de l'audience publique, il le voit se retirer avec les juges de la formation de jugement afin d'assister au délibéré dans le secret de la chambre du conseil ».

C'est donc en se fondant sur « la théorie des apparences » et sur le principe de l'égalité des armes que la Cour a considéré que l'avantage, pour la formation de jugement, de l'assistance technique apportée par le commissaire du gouvernement, qui participait au délibéré sans prendre part au vote, ne suffisait pas à compenser les inconvénients du point de vue du justiciable, « qui doit avoir la garantie que le commissaire du gouvernement ne puisse pas, par sa présence, exercer une certaine influence sur l'issue du délibéré », sauf à ressentir, selon la Cour, un sentiment d'inégalité.

■ 754 À la suite de cet arrêt, le Conseil d'État n'a pourtant pas exclu le commissaire du gouvernement du délibéré mais celui-ci y assiste sans y participer, c'est-à-dire sans y prendre la parole (en tout cas pas de sa propre initiative). Cette position des membres du Palais-Royal est l'un des exemples de la résistance qu'opposent parfois les juges nationaux à la jurisprudence de la Cour de Strasbourg (sur les raisons de cette résistance, liées à une analyse critique des fondements de cette solution et à l'espoir que « le dialogue des juges » puisse se poursuivre et l'infléchir, v. C. Landais et F. Lenica « La réception de la jurisprudence de la Cour européenne des droits de l'homme par le Conseil d'État », *Dr. adm.* 2005. Chron. 10). Elle a, dans un premier temps, logiquement conduit à de nouvelles condamnations de la France. Après avoir estimé qu'une exécution correcte de l'arrêt *Kress* implique que le commissaire du gouvernement ne peut désormais plus être présent au délibéré des formations de jugement (CEDH 5 juill. 2005, *Loyen et a.*, *AJDA* 2005. 1593, comm. J.-F. Flauss), la Cour, dans sa formation la plus solennelle, a constaté qu'elle ne voyait « aucun motif susceptible de la convaincre qu'il y a lieu de réformer sa jurisprudence *Kress* » (CEDH 12 avr. 2006, *Martinie c/ France*, *JCP Adm.* 2006, n° 1131, note J. Andriantsimbazovina ; *AJDA* 2006. 986, note F. Rolin).

Quelques mois avant l'arrêt *Martinie*, le Code de la justice administrative avait été modifié par un décret du 19 septembre 2005, l'article R. 731-7 du Code opérant une distinction dont la subtilité pouvait ne pas apparaître immédiatement : « Le commissaire du gouvernement assiste au délibéré. Il n'y prend pas part ». Cette assistance au délibéré était par ailleurs neutralisée par le fait que la même possibilité était offerte à un grand nombre de personnes, qui devaient toutefois obtenir une autorisation préalable du chef de juridiction.

Malgré la condamnation explicite de la présence, et non seulement de la participation, du commissaire au délibéré, le décret du 1er août 2006 maintenait à l'identique, pour le Conseil d'État, les dispositions modifiées par le décret de septembre 2005. Deux garanties laissaient cependant l'espoir d'une mansuétude de la Cour européenne. Le rapporteur public ne peut en effet plus être présent au délibéré devant les juridictions inférieures ; en outre, les parties peuvent, devant le Conseil d'État, demander que le rapporteur public n'assiste pas au délibéré (CJA, nouv. art. R. 733-3). Saisi d'un recours contre ce texte, le Conseil d'État a estimé que loin de méconnaître les garanties définies par la convention européenne, le décret n'a pour but que d'en assurer l'application (CE 25 mai 2007, *Courty*, *AJDA* 2007. 1424, concl. R. Keller). Il n'était pas certain que ce compromis satisfasse la Cour européenne, qui a confirmé son rejet de la distinction entre participation et présence au délibéré (CEDH 9 nov. 2006, *Sacilor-Lormines*, *LPA* 2007, n° 96, chron. A. Claeys et F. Melleray). La Cour a cependant reconnu ultérieurement que la possibilité laissée au requérant de demander que le rapporteur public n'assite pas au délibéré rend la procédure conforme à l'art. 6 §1, pour autant que le requérant soit préalablement informé, lors de l'audience, de cette possibilité (CEDH 15 sept. 2009, *Yvonne Étienne c/ France*, *RFDA* 2009. 910, note P. Delvolvé).

Sans nullement bouleverser le déroulement de l'audience devant le Conseil d'État, le décret du 7 janvier 2009 apporte, outre le changement de dénomination, deux précisions d'importance. Il officialise tout d'abord le droit, pour les parties, d'obtenir communication du sens des conclusions avant la tenue de l'audience ; la jurisprudence a précisé, de manière ambivalente, la portée et les modalités de cette communication (CE, sect., 21 juin 2013, *Communauté d'agglomération du pays de Martigues* n° 352427) ; d'un côté, le Conseil d'État a allégé cette contrainte en considérant que le rapporteur public n'est tenu de communiquer que les seuls éléments du dispositif proposé, et non les motifs soutendant celui-ci. D'un autre côté, il exige que cette communication soit réalisée dans un délai raisonnable afin que les parties puissent se préparer à répondre, à l'audience, à ces conclusions. Cette communication doit être accessible dans le cadre du suivi du dossier contentieux disponible sur le site du Conseil d'État (système « Sagace ») ; fort logiquement, l'absence de communication du sens des conclusions, lorsqu'il avait été sollicité, entache le jugement d'irrégularité (CE 2 févr. 2011, *Gallier*, req. n° 330652), de même que la modification du sens des conclusions après leur communication, sans que les parties n'en aient été informées. Le décret du 7 janvier 2009 a, par ailleurs, octroyé aux parties le droit de présenter, après le prononcé des conclusions, des observations orales qui doivent rester « brèves ».

À la suite de cette réforme, la Cour de Strasbourg a été amenée à se prononcer à nouveau sur le statut du rapporteur public. Alors qu'une part de la doctrine estimait que l'institution risquait d'être condamnée à nouveau (not. F. Rolin, S. Slama, « Vers une nouvelle mise en cause du rapporteur public devant la CEDH ? », *RDP* 2012. 1491), la Cour a au contraire repris à son compte une part de l'argumentation traditionnelle du Conseil d'État, précisant ainsi que les conclusions du rapporteur public « sont de nature à permettre aux parties de percevoir les éléments décisifs du dossier et la lecture qu'en fait la juridiction, leur offrant ainsi l'opportunité d'y répondre avant que les juges n'aient statué ». Revenant sur sa jurisprudence antérieure, elle ajoute que l'égalité des armes n'est pas rompue, le requérant ne démontrant pas en quoi le rapporteur public serait susceptible d'être qualifié d'adversaire ou de partie dans la procédure. (CEDH 4 juin 2013, *François Marc-Antoine c/ France*, *AJDA* 2013. 1191).

■ 755 La réforme, concernant les juridictions inférieures, est plus importante. Devant les tribunaux et les cours administratives d'appel, le rapporteur public, qui n'est plus présent au délibéré depuis 2006, se voit soumis plus étroitement au principe du contradictoire : le décret du 23 décembre 2011 précise que les parties peuvent en effet présenter après le prononcé de ses conclusions des observations orales, sans que leur brièveté soit ici requise.

Le même décret a par ailleurs prévu que, dans un certain nombre de contentieux, constituant le volume le plus important des requêtes devant les tribunaux administratifs, le président de la formation de jugement peut dispenser le rapporteur public du prononcé de ses conclusions en audience.

section 3

Le référé

■ 756 Le caractère non suspensif des recours dans le contentieux administratif et la durée, souvent longue, voire trop longue, des instances devant les juridictions administratives rendent indispensable, pour l'effectivité même du contrôle juridictionnel de l'administration, que puissent être obtenues des mesures provisoires dans l'attente du règlement au fond du litige. Or, la portée limitée des *référés*[Q] administratifs a longtemps été l'une des principales faiblesses de la justice administrative, appréciée du moins du point de vue des garanties des droits des justiciables. Il y a été remédié par la loi du 30 juin 2000 relative au référé devant les juridictions administratives.

■ 757 La jurisprudence avait certes admis de longue date que le juge administratif des référés puisse prononcer des injonctions mais seulement à l'encontre des personnes privées, qu'il s'agisse d'obliger un entrepreneur de travaux publics à rapporter du matériel sur un chantier (CE, sect., 13 juill. 1956, *Office d'habitations à loyer modéré de la Seine*, *Lebon* 338, concl. Chardeau) ou encore d'ordonner à un organisme de communiquer les documents statutaires et comptables nécessaires au contrôle dont est chargé un établissement public industriel et commercial (CE, sect., 9 juill. 1997, *Agence nationale pour la participation des employeurs à l'effort de construction*, *AJDA* 1997. 701, concl. Arrighi de Casanova). En revanche le juge administratif des référés ne s'était vu d'abord reconnaître que de façon limitée (seulement en matière de reconduites à la frontière) le pouvoir d'ordonner la suspension d'une décision administrative. Cette limitation de ses compétences est apparue longtemps « d'autant plus grave ici que la lenteur profite toujours à l'administration, puisque l'effet non suspensif des recours lui donne l'avantage permanent de l'exécution provisoire de ses propres décisions, au point que les requérants renoncent parfois à leur action en justice, faute d'intérêt pratique » (F. Thiriez, « La justice administrative », *LPA* 26 juin 1998, p. 44).

Cette question est d'une telle importance pratique et elle avait donné lieu longtemps 758
à des solutions si peu satisfaisantes qu'une réforme profonde était nécessaire. Elle a été opérée par la loi du 30 juin 2000. En sus des référés administratifs qui ne sont pas susceptibles obstacle de faire obstacle à l'exécution d'une décision administrative (§1), parmi lesquels certains sont déjà des procédures d'urgence, ont été mises en place de nouvelles procédures d'urgence permettant au juge de suspendre une décision administrative ou d'adresser des injonctions à l'administration (§2). Il existe par ailleurs des procédures de référé spécifiques à certains contentieux (§3).

§ 1 Les référés administratifs insusceptibles de faire obstacle à l'exécution d'une décision administrative

Ces procédures ont fait l'objet d'aménagements techniques par les textes récents sans 759
être vraiment substantiellement modifiées. Il s'agit du référé-constat (A), du référé-instruction (B), du référé-provision (C) et du référé conservatoire (D).

A. Le référé-constat

La pratique du constat d'urgence est ancienne puisqu'elle avait été consacrée par la 760
loi du 22 juillet 1889 alors que les conseils de préfecture en faisaient déjà application. Elle a été maintenue, la condition d'urgence ayant été supprimée par le décret du 22 novembre 2000, car elle permet selon une procédure très simple de désigner un expert pour constater des faits sans délai.

L'expert est alors chargé de décrire une situation concrète en s'en tenant à un constat purement matériel et sans procéder à aucune appréciation, ni évaluation, par un simple état des lieux ou constat d'opérations matérielles.

Cette demande étant généralement formée avant la cristallisation du litige, la 761
question peut se poser de savoir quelle est la juridiction compétente. La jurisprudence admettait, dans le cadre de la procédure de constat d'urgence, que, dès lors que cette demande est susceptible de se rattacher à un litige entrant dans la compétence du juge administratif, celui-ci est compétent même si une partie du litige à venir relève du juge judiciaire (T. confl. 17 oct. 1988, *SA Entreprise Niay*, *Lebon* 394). Le tribunal administratif territorialement compétent est celui dans le ressort duquel se trouvent les faits à constater.

Le juge ne peut être saisi de demandes portant sur des pouvoirs qu'il n'a pas ou ne se 762
reconnaît pas. Il ne peut, par exemple, prononcer, sur la demande d'une personne publique, des mesures qu'elle est compétente pour prendre elle-même (CE 9 févr. 1962, *Vivien*, *Lebon* 100).

La procédure est peu contraignante. Aucune décision préalable n'est nécessaire et le 763
ministère d'avocat n'est pas requis. La procédure n'est contradictoire que si le juge le décide, le défendeur ayant toutefois la possibilité d'assister à l'expertise lorsque celle-

ci a été ordonnée, « si et dans la mesure où aucune circonstance particulière ne s'y oppose » (CE, sect., 7 févr. 1969, *M'barek*, *AJDA* 1969. 163, chron. J.-L. Dewost et R. Denoix de Saint-Marc).

B. Le référé-instruction

■ 764 L'article R. 532-1 du Code de justice administrative prévoit que « le juge des référés peut, sur simple requête et même en l'absence de décision administrative préalable, prescrire toutes mesures utiles d'expertise ou d'instruction ». Si des communications de documents, des auditions de témoins ou des enquêtes peuvent être prescrites à ce titre, la mesure d'instruction la plus fréquemment demandée est la désignation d'un expert dont la mission doit rester naturellement limitée à des questions de fait sans appréciation juridique. Aucune condition d'urgence n'est requise ici mais le demandeur doit démontrer l'utilité de la mesure d'instruction. Ainsi, lorsque les faits sont considérés par exemple comme suffisamment connus ou lorsque l'intéressé peut lui-même recueillir les informations recherchées par d'autres moyens, le juge peut rejeter la demande d'expertise comme superflue ou frustratoire.

■ 765 Le décret du 29 mai 1997 a ajouté une disposition prévoyant que le président peut notamment charger un expert de procéder, lors de l'exécution de travaux publics, à toutes constatations relatives à l'état des immeubles susceptibles d'être affectés par des dommages ainsi qu'aux causes et à l'étendue des dommages qui surviendraient effectivement pendant la durée de sa mission. Est institué par là, pour le contentieux des dommages de travaux publics, l'équivalent du « référé préventif » couramment pratiqué devant le juge judiciaire avant le déroulement de tous travaux immobiliers.

C. Le référé-provision

■ 766 On ne soulignera jamais assez l'importance pratique d'une telle procédure pour les justiciables, dont le développement en matière civile fournit d'ailleurs une bonne illustration. Les tribunaux administratifs en avaient pris eux-mêmes suffisamment conscience pour que certains aient tenté de lui trouver un fondement dans l'ancien article R. 102 du Code de 1973, qui leur permettait de prescrire « toutes mesures utiles » en cas d'urgence. Ces initiatives ayant été censurées par le Conseil d'État, cette procédure a finalement été expressément introduite par le décret du 2 septembre 1988, qui prévoyait cependant, dans un premier temps, que la demande ne pouvait être accueillie que si la juridiction était saisie simultanément d'une demande au fond tendant à une condamnation pécuniaire.

■ 767 Cette dernière condition a été supprimée par le décret du 22 novembre 2000 et l'article R. 541-1 du Code de justice administrative prévoit aujourd'hui que « le juge des référés peut, même en l'absence d'une demande au fond, accorder une provision au créancier qui l'a saisi lorsque l'existence de l'obligation n'est pas sérieusement contestable ». Il est ajouté qu'« il peut, même d'office, subordonner le versement de la provision à la constitution d'une garantie ».

■ 768 La demande de provision ne peut aboutir que si elle repose sur une obligation non sérieusement contestable (ce qui ne signifie évidemment pas qu'elle n'est pas contestée, toute contestation n'étant pas nécessairement sérieuse ; v. CE, sect., 10 avr. 1992, *CH général d'Hyères*, *RFDA* 1992. 88, concl. D. Tabuteau). S'il accueille la demande de provision, le juge des référés doit préciser les éléments sur lesquels il se fonde pour considérer que l'obligation de l'administration n'est pas sérieusement contestable et justifier le montant de la provision. Celle-ci peut dans certains cas atteindre le montant de la somme litigieuse (CAA Bordeaux, 19 déc. 1999, *Cousseran*, *Lebon* 368), dès lors que le juge peut, s'il l'estime utile, subordonner le versement à la constitution d'une garantie. Cette procédure serait très efficace pour régler rapidement par exemple les litiges contractuels nés de l'exécution des marchés de travaux publics (CE, sect., 2 juin 2004, *Cne de Cluny*, *CJEG/RJEP*, note F. L.) si du moins le juge administratif s'astreignait toujours à répondre rapidement à ces requêtes, ce qui est hélas encore loin d'être toujours le cas.

Les dispositions adoptées pour contraindre l'administration à payer ce qu'elle doit en vertu d'une décision de justice s'appliquent également ici.

D. Le référé conservatoire

À la différence des trois procédures précédentes, il s'agit ici d'une procédure d'urgence, dont la mise en œuvre suppose donc que l'urgence soit expressément démontrée. En effet, aux termes de l'article L. 521-3 du Code de justice administrative, « en cas d'urgence, et sur simple requête qui sera recevable même en l'absence de décision administrative préalable, le juge des référés peut ordonner toutes autres mesures utiles sans faire obstacle à l'exécution d'aucune décision administrative ». Cette dernière précision l'empêche non seulement d'annuler une décision, mais également de suspendre tout ou partie de ses effets (CE 26 oct. 2005, *Sté des crématoriums de France*, *Dr. adm.* 2006, n° 11) ; elle permet cependant au juge d'ordonner à l'administration de prendre des mesures provisoires, lorsque sa responsabilité dans la survenance d'un dommage ne se heurte à aucune contestation sérieuse, et ce quand bien même elle aurait, par une décision expresse ou implicite formulée sur demande du requérant, refusé de prendre ces mêmes mesures (CE, sect., 18 juill. 2006, *Mme Elissondo-Labat*, *RFDA* 2007. 314, concl. D. Chauvaux). Ces « mesures utiles » peuvent être ordonnées pour conserver en l'état une situation avant que le juge du fond n'ait définitivement tranché ou, plus généralement, dans un intérêt public. Dans ce cadre, le juge peut prononcer des injonctions à l'égard de personnes privées, tendant par exemple à la réalisation de travaux pour éviter un éboulement ou à l'évacuation du domaine public en cas d'occupation sans titre (v. par ex. CE 16 mai 2003, *SARL Icomatex*, *Dr. adm.* 2003, n° 149). Des mesures de protection équivalentes peuvent être enjointes à la personne publique en cas de danger immédiat susceptible d'être causé par des travaux publics ou un ouvrage public, dès lors qu'il n'y a pas de contestation sérieuse tant sur l'imputabilité du dommage à ces travaux publics ou l'ouvrage public que sur la faute que commet la personne publique en s'abstenant, hors toute justification par un motif d'intérêt général ou par les droits des tiers, de prendre les mesures de nature à y mettre fin ou à en pallier les effets (CE 5 juin 2020, *Synd. intercommunal des eaux de la Vienne*, n° 435126, *RFDA* 2020. 1091, concl. G. Pellissier). Le juge peut également ordonner à des personnes publiques de communiquer un document à un administré. Il ne peut en revanche obliger l'autorité compétente à adopter une mesure réglementaire (CE, sect., 27 mars 2015, *Section française de l'Observatoire international des prisons*, n° 385332). 769

770 La portée de cette procédure est cependant limitée car la demande ne sera accueillie que si trois conditions sont réunies :

1. la mise en œuvre de ces mesures doit être urgente ;
2. la prescription de ces mesures doit être utile ;
3. la mesure ne doit pas faire obstacle à l'exécution d'une décision administrative.

La loi du 30 juin 2000 a supprimé la condition que la décision du juge des référés ne fasse pas « préjudice au principal », c'est-à-dire ne le conduise à trancher des questions relevant du juge du fond.

Il reste que, même depuis cette réforme, le juge ne peut prescrire de telles mesures que si elles ne se heurtent pas à l'existence d'une contestation sérieuse.

§ 2 Les référés susceptibles de faire obstacle à l'exécution d'une décision administrative

771 La loi du 30 juin 2000 relative au référé devant les juridictions administratives, qui est pour une part le produit des études menées par un groupe de travail créé au sein du Conseil d'État sur les procédures d'urgence (*RFDA* 2000. 941 s.), marque une évolution considérable. En effet longtemps l'insuffisance des procédures d'urgence devant la justice administrative faisait contraste avec l'efficacité des procédures de référé devant le juge judiciaire. Elle n'expliquait certes pas à elle seule la déception ressentie par « le Huron au Palais-Royal » (J. Rivero, *D.* 1962. 40), mais elle y avait contribué dès lors qu'il pensait que « la justice est faite pour le justiciable et que sa valeur se mesure en termes de vie quotidienne » (*ibid.*). Il ne faut pas s'étonner dans ces conditions que les justiciables aient souvent tenté de saisir le juge judiciaire, même lorsque les conditions de la « voie de fait » n'étaient pas, en réalité, réunies. Face au développement désordonné de cette « folle du logis », selon l'expression de R. Chapus, et pour répondre plus profondément aux attentes des justiciables, la réforme des référés administratifs s'est traduite dans les faits par une modification sensible de certaines méthodes de travail des juridictions administratives. Celles-ci ont acquis une « culture de l'urgence », selon l'expression fréquemment employée par les membres des juridictions administratives, qui a permis une mise en œuvre satisfaisante des deux procédures d'urgence créées par la loi, le référé-suspension (A) et le référé-liberté (B).

772 Par-delà la diversité d'objet de ces procédures, il existe un certain nombre de règles communes. Ainsi, les juges des référés sont les présidents des tribunaux administratifs et les magistrats qu'ils désignent à cet effet. Pour les litiges relevant de la compétence du Conseil d'État, sont juges des référés le président de la section du contentieux ainsi que les conseillers d'État qu'il désigne à cet effet. L'institution d'un juge unique, qui se comprend par la nécessaire rapidité des jugements en référé, a été étendue par le décret du 23 décembre 2006 aux recours, jugés dans des conditions proches des référés, formés contre les obligations de quitter le territoire français assorties d'un placement en rétention (CJA, art. R. 775-1).

Les procédures de référé n'ayant que pour objet de parer au plus pressé par des mesures provisoires et ne pouvant affecter le jugement au principal, le juge des référés peut, sans méconnaître le principe d'impartialité, participer à la formation de jugement statuant sur le principal (CE, sect., 12 mai 2004, *Cne de Rogerville*, *AJDA* 2004. 1354, chron. Landais et Lenica ; v. P. Cassia « Le juge administratif des référés et le principe d'impartialité », *D.* 2005. Chron. 1182 et 1252), à condition toutefois qu'il ne soit pas allé au-delà de ce qu'implique nécessairement son office, préjugeant ainsi l'issue du litige (CAA Bordeaux, 27 févr. 2007, *Bernat, JCP Adm.* 2007, n° 2147, chron. B. Pacteau).

S'agissant des procédures dans lesquelles il est précisé par la loi que le juge des référés statue en urgence, c'est-à-dire le référé-suspension, le référé-liberté et aussi le référé conservatoire, l'article L. 522-1 du Code de justice administrative précise que « le juge des référés statue au terme d'une procédure contradictoire écrite ou orale ». Le principe du contradictoire est respecté soit par la communication de la demande au défendeur et la fixation d'un bref délai pour répondre, soit par la convocation sans délai des parties à une audience publique. Sauf renvoi à une formation collégiale, l'audience se déroule sans conclusions du commissaire du gouvernement.

Cependant, lorsque la demande ne présente pas un réel caractère d'urgence ou lorsqu'il apparaît manifeste, au vu de la demande, que celle-ci ne relève pas de la compétence de la juridiction administrative, qu'elle est irrecevable ou qu'elle est mal fondée, le juge des référés peut la rejeter par une ordonnance motivée en dehors de toute procédure contradictoire écrite ou orale (v. ss 794).

A. Le *référé-suspension*

La possibilité d'obtenir un sursis à exécution jusqu'à ce que le juge statue au fond constitue, selon le Conseil constitutionnel, une garantie essentielle des droits de la défense (Cons. const. 27 janv. 1987, *Rec. Cons. const.* 8). Il était d'autant plus fâcheux que cette « garantie essentielle » n'ait pu longtemps être mise en œuvre que de façon exceptionnelle, dès lors que les conditions du sursis à exécution étaient strictement définies par les textes. L'exécution de la décision attaquée devait en effet entraîner « des conséquences difficilement réparables » et les moyens énoncés dans la requête devaient paraître, « en l'état de l'instruction, sérieux et de nature à justifier son annulation ». Ces conditions étant au surplus interprétées de façon relativement étroite par le juge. En pratique, sauf de très rares hypothèses dans lesquelles un sursis à exécution a été prononcé alors que le recours a été ensuite rejeté (v. ss 257), le sursis à exécution n'était accordé que si l'annulation apparaissait quasiment certaine. Ceci expliquait que, dans de nombreux cas, le juge se prononçait simultanément sur la demande de sursis à exécution et sur le fond. En outre, même si ces deux conditions étaient réunies, le juge se réservait le pouvoir d'apprécier s'il y avait lieu d'accorder, ou non, le sursis à exécution. En effet, s'il apparaissait, par exemple, que l'illégalité de la décision attaquée ne tenait qu'à un vice de forme ou de procédure et que la même décision pouvait donc être reprise selon une procédure correcte, il pouvait n'être pas opportun de prononcer le sursis à exécution dans ces conditions (CE, ass., 13 févr. 1976, *Assoc. de sauvegarde du quartier Notre-Dame à Versailles, RD publ.* 1976. 303, note R. Drago). Cette procédure de sursis à exécution, trop strictement encadrée, devait être réformée, ce qui a été fait par la loi du 30 juin 2000. 773

Aux termes de l'article L. 521-1 du Code de justice administrative, « quand une décision administrative, même de rejet, fait l'objet d'une requête en annulation ou en réformation, le juge des référés, saisi d'une demande en ce sens, peut ordonner la suspension de l'exécution de cette décision, ou de certains de ses effets, lorsque l'urgence le justifie et qu'il est fait état d'un moyen propre à créer, en l'état de l'instruction, un doute sérieux quant à la légalité de la décision ». Lorsqu'elle est 774 ordonnée, la suspension prend fin au plus tard lorsqu'il est statué sur la requête en annulation ou en réformation de la décision. Le juge s'est octroyé la possibilité de différer la suspension qu'il prononce, lorsqu'il estime que ce délai permet à l'administration d'informer les destinataires de la décision suspendue (CE, ord. réf., 2 févr. 2009, *Assoc. pour la protection des animaux sauvages*, *Dr. adm.* 2009, n° 43).

■ 775 La décision est rendue en dernier ressort et ne peut donc faire l'objet que d'un contrôle de cassation.

Dans ce cadre, le Conseil d'État vérifie notamment la recevabilité des demandes, qui est subordonnée à la condition que la décision dont la suspension est demandée fasse elle-même l'objet d'un recours recevable. Ainsi, le juge des référés ne peut sans erreur de droit décider qu'il ne lui appartient pas de rechercher si la requête en annulation de la décision dont la suspension est demandée est recevable (CE 11 mai 2001, *Cne de Loches*, *RFDA* 2001. 960).

■ 776 La portée effective de la réforme opérée par la loi du 30 juin 2000, instituant le référé-suspension, qui remplace l'ancienne procédure de sursis à exécution, dépend essentiellement de l'interprétation donnée aux conditions d'« urgence » (1) et de « doute sérieux quant à la légalité de la décision » justifiant la suspension de celle-ci (2).

1. *La condition d'urgence*

■ 777 S'agissant de la première condition, le Conseil d'État a tenu à marquer, dès les premières semaines suivant la date d'entrée en vigueur du nouveau Code de justice administrative, qu'il prenait « de réelles distances avec (sa) jurisprudence précédente selon laquelle, pour schématiser, tout ce qui était réparable en argent n'était pas un préjudice difficilement réparable » (concl. L. Touvet, *RFDA* 2001. 383). Il est ainsi jugé que, alors même qu'une décision « n'aurait un objet ou des répercussions que purement financiers et que, en cas d'annulation, ses effets pourraient être effacés par une réparation pécuniaire, il appartient au juge des référés, saisi d'une demande tendant à la suspension d'une telle décision d'apprécier concrètement, compte tenu des justifications fournies par le requérant, si les effets de celle-ci [...] sont de nature à caractériser une urgence justifiant que, sans attendre le jugement de la requête au fond, l'exécution de la décision soit suspendue » (CE, sect., 19 janv. 2001, *Confédération nationale des radios libres*, *RFDA* 2001. 389, concl. L. Touvet ; *AJDA* 2001. 150, chron. M. Guyomar et P. Collin ; *D.* 2001. 1414, note B. Seiller).

■ 778 Cependant, l'urgence doit s'apprécier « objectivement et globalement », c'est-à-dire en mettant en balance les intérêts invoqués par le requérant, d'une part, mais aussi d'autres intérêts publics, d'autre part, invoqués en défense par l'administration. C'est ainsi que le Conseil d'État a cassé une ordonnance du juge des référés du tribunal administratif de Nice, comme entachée d'une insuffisance de motivation, aux motifs qu'il avait prononcé la suspension d'un arrêté préfectoral autorisant l'exploitation d'un centre de stockage de déchets ménagers, en se fondant sur les risques, avancés par les associations requérantes, d'« atteinte à un espace boisé classé et [...] de pollution des nappes phréatiques [...] sans répondre à l'argumentation en défense », tirée de la nécessité de stocker et de traiter les déchets ménagers des communes environnantes (CE, sect., 28 févr. 2001, *Préfet des Alpes-Maritimes, Sté Sud-Est Assainissement*, *AJDA* 2001. 464, chron. M. Guyomar ; *ibid.* 461, chron. P. Collin).

Si l'urgence n'a pas été considérée comme établie dans ce premier arrêt relatif à l'appréciation obligatoire et globale de l'urgence, d'autres arrêts retiennent que cette condition est bien remplie, notamment lorsqu'une décision impose des prescriptions spéciales à une station-service telles qu'elles impliqueraient la réalisation de travaux extrêmement importants alors que le risque d'accident qu'il s'agit de prévoir apparaît infime (CE, sect., 22 févr. 2002, *Sté des pétroles Shell*, *CJEG* 2002. 454, concl. F. Lamy).

Dans certains cas, la condition d'urgence apparaît satisfaite par la simple considération de l'objet de la mesure dont il est demandé la suspension. Tel est le cas en matière d'expulsion d'un étranger, de refus de renouvellement ou de retrait du titre de séjour ou même en cas d'octroi d'un permis de construire (CE 27 juill. 2001, *Cne de Meudon*, *Lebon* 1115). Il a en revanche été jugé que ce n'était pas le cas en présence d'une décision de prolongation de la mise à l'isolement d'un détenu, contrairement à ce que proposait le commissaire du gouvernement qui estimait que, chaque jour ainsi passé étant de nature à aggraver la situation du détenu, le juge devait pouvoir statuer selon cette procédure d'urgence (CE 29 déc. 2004, *Garde des Sceaux, ministre de la Justice*, *Dr. adm.* 2005, n° 75). 779 ■

Le juge tient compte de la date prévisible du jugement au fond, voire des dates respectives d'introduction par le demandeur de sa requête aux fins d'annulation et de sa demande de suspension.

2. *La condition tenant à l'existence d'un « moyen propre à créer, en l'état de l'instruction, un doute sérieux quant à la légalité de la décision »*

La condition tenant à l'existence d'un « moyen propre à créer, en l'état de l'instruction, un doute sérieux quant à la légalité de la décision » est appréciée, quant à elle, d'une façon qui marque une certaine continuité avec la jurisprudence précédemment intervenue dans le cadre du régime du sursis à exécution, et cela malgré la différence de rédaction entre les deux textes, puisqu'il était exigé auparavant un « moyen sérieux et de nature à justifier l'annulation de la décision attaquée ». 780 ■

La motivation doit être plus développée lorsque le juge accueille la demande que lorsqu'il la rejette. Le juge des référés peut se borner à relever pour rejeter les demandes de suspension que le demandeur « n'invoque à l'appui de sa requête aucun moyen propre à créer un doute sérieux quant à la légalité de la décision » (CE 14 mars 2001, *Mme Aalilouch*, *RFDA* 2001. 762), sans être plus disert dans son examen des moyens invoqués par les parties. En revanche, s'il accueille une demande de suspension d'une décision administrative, le juge des référés doit désigner avec précision le moyen de la requête dont (il) a considéré qu'il créait un doute sérieux quant à la légalité des décisions attaquées. 781 ■

Si l'insuffisance de motivation peut être censurée par le juge de cassation, en revanche l'appréciation à laquelle se livre le juge des référés qui, sans trancher au fond une question de droit, désigne seulement le moyen propre à créer un doute sérieux sur la légalité de la décision et accorde la mesure de suspension demandée, ne peut, en l'absence de dénaturation, être discutée devant le juge de cassation (CE, sect., 29 nov. 2002, *Cté d'agglomération de Saint-Étienne métropole*, *AJDA* 2003. 278, chron. Donnat et Casas ; CE 26 janv. 2005, *Sté CDM*, *AJDA* 2005. 841, concl. Verclytte).

Le Conseil d'État entend en effet préserver le caractère propre du référé-suspension qui implique de statuer vite par le prononcé de mesures provisoires. C'est ainsi que, saisi comme juge de cassation successivement à quelques mois d'intervalle de recours contre deux ordonnances de juges des référés ayant retenu deux interprétations différentes d'un même texte complexe, le Conseil d'État les a rejetés l'un et l'autre au motif que le juge des référés n'avait, eu égard à son office, pas commis d'erreur de droit (CE 12 déc. 2003, *Cancy*, *AJDA* 2004. 725, note Sablière ; CE 5 avr. 2004, *Cne de Pertuis*, *AJDA* 2004. 1492, note Sablière), avant de trancher finalement cette divergence d'interprétation à l'occasion d'une demande d'avis contentieux (CE, avis cont., 7 juill. 2004, *M. et Mme Herlemann*, *CJEG/RJEP* 2004, p. 481, note E. C.).

■ 782 Le juge des référés a des pouvoirs d'appréciation certes larges mais s'interdit à ce jour de constater lui-même l'« inconventionnalité » (v. ss 54) d'une loi si le juge du fond ne s'est pas encore prononcé en ce sens (CE 30 déc. 2002, *Min. de l'aménagement du territoire et de l'environnement c/ M. Carminati*, *AJDA* 2003. 1065, note O. Le Bot). Cependant il est allé jusqu'à prononcer en référé la suspension d'un décret transposant une directive communautaire au motif qu'il existait un doute sérieux sur la validité de celle-ci au regard de certaines dispositions du traité instituant la communauté européenne (CE 29 oct. 2003, *Sté Techna*, *AJDA* 2004. 540, note A.-E. Courrier ; *D.* 2004. Pan. 34, obs. Frier). Il est vrai qu'il avait été précédé en ce sens par une juridiction britannique de sorte que la suspension des effets du décret supprimait un risque de disparité dans la mise en œuvre des normes communautaires.

Pour l'heure maintenue concernant le référé-suspension, cette auto-limitation a été abandonnée en matière de référé-liberté, le juge estimant qu'un moyen « tiré de l'incompatibilité de dispositions législatives avec les règles du droit de l'Union européenne est de nature à être retenu, eu égard à son office, par le juge des référés en cas de méconnaissance manifeste des exigences qui découlent du droit de l'Union » (CE, ord., 16 juin 2010, *Mme Diakité*, *AJDA* 2010. 1355, chron. S.-J. Liéber et D. Botteghi et 1662, note O. Le Bot).

B. Le référé-liberté

■ 783 L'article L. 521-2 du Code de justice administrative prévoit que, « saisi d'une demande en ce sens justifiée par l'urgence, le juge des référés peut ordonner toutes mesures nécessaires à la sauvegarde d'une liberté fondamentale à laquelle une personne morale de droit public ou un organisme de droit privé chargé de la gestion d'un service public aurait porté, dans l'exercice d'un de ses pouvoirs, une atteinte grave et manifestement illégale ».

Le juge dispose donc de pouvoirs très larges, mais ne peut aller jusqu'à prononcer l'annulation de la décision administrative. Les mesures ordonnées doivent en effet rester provisoires, c'est-à-dire réversibles (CE 31 mai 2007, *Synd. CFDT Interco 28*, *AJDA* 2007. 1237, chron. Lenica et Boucher). La réversibilité pouvant cependant être parfois difficilement compatible avec la protection des libertés fondamentales, le juge s'octroie la possibilité d'ordonner des mesures qui, de fait, privent irrémédiablement de tout effet la décision administrative attaquée. Ainsi, saisi d'un référé contre un refus de location de salle municipale, le Conseil d'État a estimé que la liberté de réunion ne pouvait être garantie par la seule suspension de la décision de refus, mais qu'il lui fallait enjoindre à l'administration de mettre la salle à disposition du requérant (CE, ord. réf., 30 mars 2007, *Ville de Lyon*, *AJDA* 2007. 719, note S. Damarey).

Il est précisé par la loi que « le juge des référés se prononce dans un délai de quarante-huit heures ». Ce délai garanti est une innovation très forte pour la protection des libertés, dont la portée est cependant telle tant pour les justiciables que pour le juge lui-même, obligé de statuer dans des délais aussi courts, que celui-ci s'est efforcé d'en baliser et limiter strictement le champ, pour éviter que des justiciables ne soient tentés d'y recourir trop souvent, voire abusivement, alors que leur est ouverte par ailleurs la voie du référé-suspension. 784 ■

Ces décisions sont susceptibles d'appel devant le Conseil d'État dans les quinze jours de leur notification. Dans ce cas, le président de la section du contentieux du Conseil d'État ou un conseiller délégué à cet effet statue lui-même dans un délai de quarante-huit heures. Il peut exercer le cas échéant les pouvoirs prévus à l'article L. 521-4 du Code de justice administrative qui prévoit que le juge des référés pourra « à tout moment, au vu d'un élément nouveau, modifier les mesures qu'il avait ordonnées ou y mettre fin ».

Ces dispositions visent l'atteinte aux libertés portées par l'administration « dans l'exercice d'un de ses pouvoirs ». Elles sont donc en principe complémentaires par rapport à la voie de fait, qui n'est constituée qu'en présence d'un acte manifestement insusceptible de se rattacher à un pouvoir de l'administration. Elles devraient précisément éviter à l'avenir les tentations d'élargissement du champ de la voie de fait au-delà de son domaine propre, qui est conservé (v. ss XXX s.). À l'inverse, le juge administratif, statuant en référé, estime être compétent pour mettre fin à une voie de fait (CE, ord. réf., 23 janv. 2013, *Commune de Chirongui*, *JCPA* 2013. 2047, note H. Pauliat, 2048 note O. Le Bot). 785 ■

La procédure de la question prioritaire de constitutionnalité pouvant interférer avec celle du référé-liberté, le Conseil d'État a précisé les modalités de leur articulation. Il a estimé qu'une QPC peut être soulevée devant le juge du référé-liberté, en première instance comme en appel, mais que celui-ci peut rejeter la requête, y compris la demande de QPC, pour défaut d'urgence. Le juge du référé-liberté est par ailleurs apte à apprécier si les conditions sont réunies d'une transmission de la QPC, au Conseil d'État s'il est saisi en première instance, ou au Conseil constitutionnel si ce dernier est saisi directement de la question (CE, ord. 16 juin 2010, *Mme Diakité*, préc.). 786 ■

1. *La condition d'atteinte à une liberté fondamentale*

Il importe d'abord de définir ce qu'il convient d'entendre par « liberté fondamentale » devant le juge administratif des référés. Dès les premières décisions intervenues après l'entrée en vigueur de ces dispositions, le Conseil d'État a entendu marquer qu'il retenait une acception large de cette notion, qui ne se limite pas aux droits des individus mais s'étend également aux garanties accordées aux collectivités publiques. C'est ainsi que « le principe de libre administration des collectivités territoriales, énoncé par l'article 72 de la Constitution, est au nombre des libertés fondamentales auxquelles le législateur a ainsi entendu accorder une protection 787 ■

juridictionnelle particulière », dans le cadre de l'article L. 521-2 du Code de justice administrative (CE, sect., 18 janv. 2001, *Cne de Venelles*, *RFDA* 2001. 389, concl. L. Touvet ; *GAJA*, n° 98).

788 Il a été jugé aussi que le référé de l'article L. 521-2 du Code de justice administrative peut être mis en œuvre dans le cas de refus de renouvellement ou de délivrance d'un passeport, puisque celui-ci porte atteinte à la liberté d'aller et venir, laquelle comporte le droit de se déplacer hors du territoire français (CE, ord., 9 janv. 2001, *Deperthes*, *Dr. adm.* 2001, n° 102). La notion de liberté fondamentale englobe également, s'agissant des ressortissants étrangers, « le droit constitutionnel d'asile qui a pour corollaire le droit de solliciter le statut de réfugié » (CE, ord., 12 janv. 2001, *Mme Hyacinthe*, *Dr. adm.* 2001, n° 102 ; *AJDA* 2001. 589, note J. Morri et S. Slama), ainsi que la liberté personnelle, violée par un arrêté de reconduite à la frontière s'il existe des motifs sérieux et avérés de croire que l'étranger se trouverait exposé à un risque réel pour sa personne dans l'État dans lequel il est renvoyé (CE, ord., 14 janv. 2005, *Mme Luzydo X*, *Dr. adm.* 2005, n° 68). Plus largement, il a été jugé « qu'une privation du bénéfice des droits auxquels les demandeurs d'asile peuvent prétendre peut conduire le juge des référés à faire usage des pouvoirs » dont il dispose au titre du référé-liberté (CE 19 nov. 2010, *Min. de l'intérieur, de l'outre-mer, des collectivités territoriales et de l'immigration c/ Panokheel*, *AJDA* 2010. 2285 ; *D.* 2010. 2918, note S. Slama et C. Pouly).

789 Pour autant, la notion de « liberté fondamentale » susceptible d'être invoquée devant le juge des référés saisi sur le fondement de l'article L. 521-2 du Code de justice administrative ne recouvre pas tous les droits et libertés constitutionnellement garantis. Si cette procédure a été efficacement utilisée pour faire respecter le droit de propriété par exemple, elle ne peut être utilement engagée en cas d'atteinte au droit au logement (CE, ord., 3 mai 2002, *Assoc. de réinsertion sociale du Limousin*, *AJDA* 2002. 818) ni, semble-t-il, pour les autres droits-créances.

790 Si cette première condition d'octroi du référé-liberté est entendue de façon large par le juge administratif, les autres conditions font l'objet d'une appréciation très rigoureuse qui explique que, dans la pratique, les cas dans lesquels cette procédure aboutit effectivement au prononcé d'une injonction sont rares. Il faut en effet, pour qu'une injonction tendant à mettre fin à l'atteinte à la liberté fondamentale soit prononcée, qu'il y ait en outre « urgence » et que l'atteinte à la liberté soit « grave », d'une part, et « manifestement illégale », d'autre part.

2. *La condition d'urgence*

791 La condition d'urgence est appréciée ici de façon plus stricte que dans le cadre du référé-suspension. Cela n'apparaît pas illogique car l'urgence doit être telle qu'elle justifie que le juge soit appelé à statuer dans un délai de quarante-huit heures, alors qu'il n'existe pas de délai garanti de jugement dans le cadre du référé-suspension. C'est ainsi qu'a été annulée une ordonnance du juge des référés d'un tribunal administratif, au motif « qu'en l'absence de circonstances particulières le maintien en vigueur des dispositions [...] du règlement intérieur du conseil municipal de Pertuis ne caractérise pas une situation d'urgence », impliquant qu'une mesure visant à sauvegarder une liberté fondamentale doive être prise dans les quarante-huit heures. On relèvera que, par une sorte d'*obiter dictum* à finalité pédagogique, le

président de la section du contentieux du Conseil d'État a l'obligeance d'indiquer au justiciable que « la présente décision ne fait toutefois pas obstacle à ce que (le requérant) invoque devant le juge des référés saisi sur le fondement de l'article L. 521-1 du Code de justice administrative (CJA) l'urgence qui pourrait s'attacher à la suspension des articles » du règlement intérieur, ce qui ne fait que mieux souligner que l'urgence ne s'apprécie pas de la même façon dans l'un et l'autre cas (CE, ord., 28 févr. 2003, *Cne de Pertuis*, *AJDA* 2003. 1171, note P. Cassia et A. Béal).

Réciproquement, la circonstance que la condition d'urgence au sens de l'article L. 521-1 du Code de justice administrative soit remplie ne suffit pas, en l'absence de circonstances particulières, à caractériser une situation d'urgence au sens de l'article L. 521-2 impliquant, sous réserve que les autres conditions posées par cet article soient remplies, qu'une mesure visant à sauvegarder une liberté fondamentale doive être prise dans les quarante-huit heures (CE, ord. réf., 23 janv. 2004, *Koffi* ; CE 4 févr. 2004, *Cne d'Yvrac* ; CE 6 juin 2006, *Koubi* ; CE, ord. réf., 9 mars 2007, *Guiot, Section française Observatoire international des prisons*, *JCP Adm.* 2007. Actu. 293).

3. La condition d'une atteinte « grave » à une liberté fondamentale

Par ailleurs, l'atteinte à la liberté doit être « grave ». Tel est le cas en présence d'une mesure d'expulsion d'une femme tunisienne vivant en France depuis plus de trente ans et mère de cinq enfants nés en France, dont un mineur (CE, sect., 30 oct. 2001, *Min. de l'Intérieur c/ Mme Tliba*, *RFDA* 2002. 324, concl. I. de Silva ; mais la requérante a tout de même eu tort de choisir la voie du référé-liberté dans cette espèce, car manquait la quatrième condition qui sera évoquée ci-après). En revanche, il ne peut être invoqué une atteinte « grave » à la liberté d'entreprendre, au droit de propriété et à la liberté contractuelle, dans le cas où une collectivité décide, même abusivement, d'exercer son droit de préemption sur un bien mis en vente, compte tenu des limites de portée générale qui ont été apportées en la matière par la législation pour permettre les interventions de la puissance publique (CE 12 nov. 2001, *Cne de Montreuil-Bellay*, *Dr. adm.* 2002, n° 41). 792 ▪

4. La condition d'une atteinte « manifestement illégale » à une liberté fondamentale

Enfin, encore faut-il, pour que le juge administratif des référés puisse prononcer une injonction dans ce cadre, que la situation qui lui est soumise révèle une atteinte « manifestement illégale » à une liberté fondamentale. Ainsi, si le caractère pluraliste de l'expression des courants de pensée et d'opinion relève d'une liberté fondamentale, la situation résultant de ce que le Conseil supérieur de l'audiovisuel n'a pas fait injonction à Canal + d'élargir un débat projeté entre deux candidats seulement à la mairie de Paris ne peut être regardée comme révélant une atteinte manifestement illégale à cette liberté (CE, ord., 24 févr. 2001, *M. Tiberi*, *Dr. adm.* 2001, n° 102). 793 ▪

Dans l'arrêt de section précité du 30 octobre 2001, *Min. de l'Intérieur c/ Mme Tliba*, c'est de même parce que la mesure d'expulsion n'était pas « manifestement illégale », dès lors que cette mère de famille avait été condamnée pour recel d'objets volés par deux de ses fils, que la procédure de référé-liberté ne pouvait pas aboutir, alors qu'une procédure de référé-suspension aurait peut-être eu plus de chances de succès (avec le risque, il est vrai, en l'absence d'un délai garanti de jugement de quarante-huit heures, que la procédure de référé-suspension, si elle n'est pas mise en œuvre avec célérité, n'ait perdu tout objet, la mesure ayant été exécutée entre-temps).

Le caractère « manifeste » de l'illégalité n'empêche pas le juge de se référer au droit communautaire, à l'égard duquel il dispose d'un plein pouvoir d'interprétation ; il ne peut cependant opérer de renvoi préjudiciel auprès de la Cour de justice des communautés européennes, et son interprétation ne saurait lier les juges du fond (CE, ord. réf., 18 oct. 2006, *Mme Djabrailova*, *Lebon* 431, *AJDA* 2006. 2352, note M. Gautier, *RFDA* 2007. 406, chron. P. Cassia).

794 Le caractère relativement rigoureux des conditions du prononcé d'une mesure de référé-suspension et plus encore de référé-liberté explique qu'ait été instituée une procédure souvent qualifiée de « tri » pour écarter, dès l'abord et sans procédure contradictoire, les demandes manifestement irrecevables. Cette rigueur devra sans doute être atténuée, à la suite d'une décision de la Cour européenne des droits de l'homme estimant que le référé-liberté peut, tout au moins en ce qui concerne les décisions de non-admission sur le territoire national, ne pas garantir le droit à un recours effectif en ne permettant pas l'accès à un recours de plein droit suspensif (CEDH 26 avr. 2007, *Gebremedhin c/ France*).

L'article L. 522-3 du Code de justice administrative prévoit que « lorsqu'il apparaît manifeste, au vu de la demande, que celle-ci ne relève pas de la compétence de la juridiction administrative, qu'elle est irrecevable ou qu'elle est mal fondée, le juge des référés peut la rejeter par une ordonnance motivée sans qu'il y ait lieu d'appliquer les deux premiers alinéas de l'article L. 522-1 », c'est-à-dire sans procédure contradictoire écrite ou orale, et sans audience publique. Cette ordonnance de rejet ne peut faire l'objet que d'un pourvoi en cassation, même si le juge des référés avait été saisi sur le fondement de l'article L. 521-2 du Code de justice administrative, c'est-à-dire dans le cadre d'un référé-liberté fondamentale pour lequel le Conseil d'État est normalement compétent en appel (CE, sect., 28 févr. 2001, *Casanovas*). L'absence de visa de l'article L. 522-3 du Code de justice administrative dans une ordonnance de « tri » ne constitue pas une irrégularité de nature à entraîner son annulation dès lors qu'il appartient au justiciable, qui n'a pas été convoqué en audience publique, d'en déduire que l'ordonnance de rejet est implicitement mais nécessairement intervenue sur le fondement de l'article L. 522-3 du Code de justice administrative (CE 23 avr. 2003, *SARL Siminvest*, *Dr. adm.* 2003, n° 133, note P. Cassia). Il devrait aussi en conclure, s'il avait saisi le tribunal administratif d'une demande de référé-liberté et s'il entend persister dans son action qu'il lui convient sans doute de saisir le Conseil d'État comme juge de cassation et non comme juge d'appel. La solution n'est pas des plus heureuses et méritera peut-être d'être éclaircie, mais il apparaît normal qu'il subsiste encore quelques difficultés d'interprétation des textes malgré l'ampleur quantitative et l'importance qualitative du travail jurisprudentiel mené par le Conseil d'État depuis le 1er janvier 2001 pour permettre à chacun de cerner la portée exacte de cette réforme.

§ 3 Les référés spécifiques à certains contentieux

795 À côté des référés de droit commun existent des référés spécifiques à certains contentieux. Ainsi, en matière fiscale, le contribuable qui conteste une imposition et

demande un sursis de paiement au vu de garanties qu'il propose mais qui sont refusées par le comptable chargé du recouvrement, peut demander au juge, par le référé fiscal, que soient acceptées les garanties qui permettront de lui accorder le sursis de paiement.

Par ailleurs, la procédure de référé précontractuel prévue par les articles L. 551-1 et L. 551-2 du Code de justice administrative permet de faire censurer rapidement les violations des règles de publicité et de mise en concurrence préalables à la passation d'un marché public ou d'une convention de délégation de service public (v. ss 494 s.).

section 4

La portée et l'exécution des décisions juridictionnelles

Pour l'effectivité d'un État de droit, il ne suffit pas que des jugements puissent être obtenus (§1). Encore faut-il que ces jugements soient exécutés et ce dans un délai raisonnable (§2). 796 ■

§ 1 La décision juridictionnelle

Le juge est tenu de statuer sur le litige qui lui est soumis mais seulement dans les limites des conclusions des parties. L'interdiction de l'*ultra petita* constitue en effet une règle générale de procédure applicable devant le juge administratif comme devant le juge judiciaire (CE 8 oct. 1918, *Delacour*, *Lebon* 739). 797 ■

L'intervention du jugement entraîne normalement le dessaisissement de la juridiction. Celle-ci ayant épuisé sa compétence en rendant sa décision, elle ne peut plus revenir sur la solution donnée au litige et ce n'est qu'exceptionnellement, pour des raisons tenant à la régularité matérielle du jugement, que celui-ci pourra être rectifié par le juge dont émane cette décision (v. ss 837).

La notification aux parties de la décision juridictionnelle rend celle-ci exécutoire et fait courir les délais des recours éventuellement ouverts contre cette décision juridictionnelle (v. ss 815 s.).

C'est précisément d'abord pour mieux assurer l'exécution de la chose jugée que les pouvoirs d'injonction du juge administratif ont été considérablement développés depuis quelques années, grâce à l'intervention du législateur. Le juge administratif avait toujours autolimité, quant à lui, la portée de ses décisions juridictionnelles en s'interdisant, sauf texte exprès lui conférant ce pouvoir, de prononcer des injonctions à l'égard de l'administration. Ce principe traditionnel, parfois fondé, quoiqu'artificiellement, sur le principe de la séparation des autorités administratives et judiciaires, avait été constamment réaffirmé par le Conseil d'État, qui le considère comme étant d'ordre public. Sauf dans le cas où des textes le prévoient, de plus en 798 ■

plus nombreux il est vrai, le juge administratif continue donc à opposer l'irrecevabilité aux conclusions qui lui sont soumises tendant à ce qu'il prononce à titre principal des injonctions à l'égard de l'administration.

Ce principe de l'interdiction des *injonctions*[Q] à l'égard de l'administration avait fait l'objet de nombreuses critiques depuis plusieurs décennies. Il était régulièrement souligné, notamment, que cette autolimitation du juge administratif ne reposait sur aucun véritable fondement juridique autre que la déférence du juge administratif vis-à-vis de l'administration (v. F. Moderne « Étrangère au pouvoir du juge, l'injonction, pourquoi le serait-elle ? », *RFDA* 1990. 598). Il avait été surtout regretté que ce principe, alors même qu'il ne repose sur aucun fondement juridique rigoureux, en venait à priver le contrôle opéré par le juge administratif d'une efficacité de nature à garantir l'effectivité des droits des administrés face à l'administration (v. J. Rivero, « Le Huron au Palais-Royal, ou réflexions naïves sur le recours pour excès de pouvoir » *D.* 1962. Chron. 37).

■ 799 Les réformes opérées en France par la loi du 15 juin 2000, après celle apportée par la loi du 8 février 1995, et qui rejoignent celles réalisées en d'autres pays européens, participent d'une modification de la conception même du rôle du juge administratif, qui n'a plus seulement pour objet le respect des règles de droit objectif par l'administration mais vise à assurer la protection des droits de l'individu (v. M. Fromont, « Les pouvoirs d'injonction du juge administratif en Allemagne, Italie, Espagne et France. Convergences », *RFDA* 2002. 551).

Le législateur a en effet expressément prévu, par la loi du 8 février 1995, que le juge administratif pouvait prononcer des injonctions en vue de l'exécution des décisions juridictionnelles (v. ss 803 s.), avant même que la loi du 30 juin 2000 dote le juge administratif des référés de nouveaux pouvoirs d'injonction.

§ 2 L'exécution de la chose jugée

■ 800 La chose jugée doit être exécutée par l'ensemble des parties, sans qu'aucune raison puisse être alléguée valablement pour contourner cette obligation.

Ni l'exercice d'une voie de recours, ni l'existence de difficultés sérieuses à tirer les conséquences d'un jugement ou à en assumer la charge financière, ni des considérations d'opportunité tenant aux éventuels troubles liés à l'exécution de celui-ci, ne sauraient valablement justifier l'inertie de l'administration, qui se refuserait d'exécuter un jugement. Celle-ci dispose toutefois d'un délai raisonnable pour exécuter la décision juridictionnelle qui lui a été notifiée. Au-delà de ce délai raisonnable, la non-exécution d'un jugement est constitutive d'une faute (CE 16 nov. 1960, *Peyrat*, *Lebon* 625).

Les difficultés éventuelles d'exécution des jugements (A) pourront être d'autant mieux surmontées que le juge dispose dorénavant du pouvoir d'indiquer très précisément les mesures à prendre par l'administration pour l'exécution de la chose jugée et d'un pouvoir d'injonction en ce sens (B). Diverses autres procédures ont été organisées par la loi pour renforcer l'efficacité de la chose jugée, en particulier pour obliger l'administration à payer les sommes auxquelles elle est condamnée (C). Les validations législatives ne sauraient faire directement obstacle à l'exécution de la chose jugée (D).

A. Les difficultés éventuelles d'exécution des jugements

Les effets d'un jugement peuvent être complexes lorsqu'ils obligent à reconstituer le passé comme si la décision annulée n'était jamais intervenue. Le Conseil d'État a souligné, dans un arrêt du 26 décembre 1925, *Rodière* (*GAJA*, n° 39) qu'il faut admettre que l'exécution d'un arrêt, « par les annulations qu'il prononce, entraîne nécessairement certains effets dans le passé, à raison même de ce fait que les actes annulés pour excès de pouvoir sont réputés n'être jamais intervenus ; qu'à la suite de décisions prononçant l'annulation de nominations, promotions, mises à la retraite, révocations de fonctionnaires, l'administration qui, pendant toute la durée de l'instruction du pourvoi, a pu accorder des avancements successifs aux fonctionnaires irrégulièrement nommés, ou a pourvu au remplacement des agents irrégulièrement privés de leur emploi, doit pouvoir réviser la situation de ces fonctionnaires et agents pour la période qui a suivi les actes annulés ». Les difficultés pratiques de ces reconstitutions de carrière rendent d'autant plus utile le pouvoir conféré au juge par la loi du 8 février 1995 d'expliciter les mesures qu'implique l'exécution de la chose jugée. 801 ■

Pour ces reconstitutions de carrière, l'administration est tenue d'appliquer la législation et la réglementation en vigueur à la date à laquelle les mesures auraient dû prendre effet ; toutefois si celles-ci étaient soumises à l'avis d'un organisme consultatif de caractère permanent dont les membres ont changé, l'administration peut saisir l'organisme consultatif dans sa composition actuelle (CE, sect., 14 févr. 1997, *M. Colonna*, *AJDA* 1997. 479, chron. Chauvaux ; *ibid.* 426, chron. Girardot).

Le juge prend parfois de sa propre initiative des mesures destinées à remédier aux difficultés d'exécution de ses décisions. Ainsi, lorsque l'annulation d'une décision lui semble trop lourde de conséquences, il a pu considérer la décision attaquée comme légale, tout en procédant à sa réinterprétation. À propos d'une erreur matérielle de codification par ordonnance, qui « est normalement de nature [...] à entraîner l'annulation » des dispositions contestées, le juge indique que, compte tenu des circonstances de l'espèce, et notamment de l'impossibilité, en raison de l'expiration du délai d'habilitation, de prendre une ordonnance rectificative, « il y a lieu pour le Conseil d'État, pour donner le meilleur effet à sa décision, non pas d'annuler les dispositions erronées de cet article, mais de conférer aux dispositions codifiées leur exacte portée et de prévoir que le texte ainsi rétabli sera rendu opposable par des mesures de publicité appropriées » (CE 25 mars 2002, *Caisse d'assurance-accidents agricole du Bas-Rhin et a.*). 802 ■

Un raisonnement similaire a amené le juge à moduler l'effet de ses décisions d'annulation, voire de refus d'annulation (v. ss 865).

En dehors de toute difficulté technique, la mauvaise volonté dont fait parfois preuve l'administration pour exécuter les jugements qui ne lui sont pas favorables est apparue suffisamment préoccupante pour que plusieurs lois soient intervenues pour y remédier. 803 ■

B. Les injonctions en vue de l'exécution de la chose jugée

La loi du 8 février 1995, dont les dispositions sont aujourd'hui codifiées aux articles L. 911-1 et suivants du du Code de justice administrative, autorise expressément le juge administratif à prononcer des injonctions à l'égard de l'administration en vue de l'exécution de la chose jugée. 804 ■

La jurisprudence témoigne d'un large usage par le juge des pouvoirs qui lui ont été ainsi attribués par la loi (CE, ass., 26 mai 1995, *Étna et Min. des DOM-TOM, RFDA* 1996. 66, concl. F. Scanvic : injonction de remplacer un maire démissionnaire par son adjoint ; CE 25 mars 1996, *Mme Picard, Lebon* 101 : injonction de réintégrer un fonctionnaire, assortie d'un délai d'exécution et d'une astreinte ; CE 21 févr. 1997, *Calbo, JCP* 1997. II. 22866, note Lascombe, et CE 19 mai 2006, *Synd. des ostéopathes de France, AJDA* 2006. 1517 : injonction de prendre un décret d'application d'une loi, assortie d'un délai et d'une astreinte ; CE, sect., 28 juill. 2000, *Assoc. France nature environnement, AJDA* 2000. 959 : injonction de prendre les décrets nécessaires à l'application de dispositions législatives, dans un délai de six mois, l'injonction étant assortie d'une astreinte ; CE 5 mars 2003, *M. Titran, AJDA* 2003. 1008, note S. Damarey : injonction faite au garde des Sceaux de prendre « dans un délai raisonnable » un arrêté relatif aux conséquences de l'amnistie, dont la teneur lui est très précisément dictée par le Conseil d'État).

L'exercice, par le juge administratif, de son pouvoir d'injonction relève du contentieux de pleine juridiction (CE 4 juill. 1997, *Bourezak et Ouramdani, RFDA* 1997. 815, concl. Abraham).

Le Conseil d'État a, par ailleurs, rappelé que le pouvoir conféré par la loi au juge administratif de prononcer des injonctions ne l'autorise évidemment pas à s'affranchir des règles de répartition des compétences entre les deux ordres de juridiction. Aussi, le juge administratif, s'il est compétent pour connaître des recours pour excès de pouvoir dirigés contre les délibérations par lesquelles les collectivités ou les établissements publics instituent une redevance pour le service d'assainissement et en fixent le tarif, n'est pas compétent, en revanche, pour enjoindre la restitution des sommes qui constituent la rémunération des prestations d'un service public industriel et commercial (CE, avis cont., 13 mars 1998, *Mme Vindevogel, AJDA* 1998. 459, chron. Girardot et Raynaud, p. 408).

■ **805** Par ailleurs, une solution novatrice et tout en nuances a été adoptée par le Conseil d'État pour trouver un équilibre entre la préoccupation d'assurer une bonne exécution d'une décision juridictionnelle, en en tirant toutes les conséquences utiles, et le souci de l'intérêt public qui s'attache à éviter, autant que possible, la démolition des ouvrages publics. Celui-ci s'était longtemps traduit par le principe jurisprudentiel d'intangibilité des ouvrages publics, exprimé à travers l'adage « Ouvrage public mal planté ne se détruit pas. ». Il est vrai que ce principe avait perdu de sa vigueur, après les coups d'épingle du Conseil d'État (CE, sect., 19 avr. 1991, *Épx Denard et Martin, Lebon* 148, concl. H. Toutée) et de boutoir de la Cour de cassation, qui n'avait plus admis que l'implantation irrégulière d'un ouvrage public sur une propriété privée réalisait une expropriation indirecte (Cass., ass. plén., 6 janv. 1994, *Bull. ass. plén.*, n° 1, *JCP* 1994. II. 22207, concl. M. Jéol, *D.* 1994. 327, chron. P. Carrias). Il est aujourd'hui jugé que, « lorsque le juge administratif est saisi d'une demande d'exécution d'une décision juridictionnelle dont il résulte qu'un ouvrage public a été implanté de façon irrégulière, il lui appartient [...] de rechercher, d'abord, si, eu égard notamment aux motifs de la décision, une régularisation appropriée est possible ; que, dans la négative, il lui revient de prendre en considération, d'une part, les inconvénients que la présence de l'ouvrage entraîne pour les divers intérêts publics ou privés en présence [...], d'autre part, les conséquences de la démolition pour l'intérêt général, et d'apprécier, en rapprochant ces éléments, si la démolition n'entraîne pas une atteinte excessive à l'intérêt général» (CE, sect., 17 janv. 2003, *Synd. départemental de l'électricité et du gaz des Alpes-Maritimes et Cne de Clans, AJDA* 2003. 784, note P. Sablière).

C. Autres procédures tendant à renforcer l'efficacité de la chose jugée

La loi du 16 juillet 1980 a investi le Conseil d'État du pouvoir de prononcer des *astreintes*^Q à l'égard des institutions publiques responsables de l'inexécution de décisions de juridictions administratives. La loi du 8 février 1995 a investi du même pouvoir les tribunaux administratifs et les cours administratives d'appel en précisant que le juge pouvait prescrire les mesures d'exécution à prendre dans un délai déterminé et, s'il y a lieu, assortir son injonction d'une astreinte. Les décisions prononçant des astreintes demeurent relativement peu nombreuses en pratique (v. cep. CE 11 mars 1994, *Soulat, Lebon* 115 ; CE, sect., 7 oct. 1994, *Épx Lopez ;* CE 25 mars 1996, *Cne de Saint-François, Dr. adm.* 1996, n° 327). Rares sont celles d'entre elles qui ont fait l'objet d'une liquidation définitive (v. not., CE 2 mars 1988, *SA Les Tennis Jean-Becker, AJDA* 1988. 485, note Prétot ; CE 6 janv. 1995, *Boivin et Soulat, AJDA* 1995. 157, chron. L. Touvet et J.-H. Stahl, p. 104). 806 ■

Dans une hypothèse où le Conseil d'État avait estimé qu'il n'y avait pas lieu de procéder à la liquidation de l'astreinte, dans la mesure où le président d'un conseil régional avait prononcé la réintégration d'un ancien agent contractuel un peu plus de deux ans après le jugement qui avait annulé son licenciement, l'administration avait par un revirement d'attitude persévéré dans son refus d'exécution du jugement et rapporté la décision qu'elle avait préalablement prise pour son exécution ; informé de cet élément nouveau, le Conseil d'État a, finalement, décidé de procéder à la liquidation de l'astreinte prononcée contre la région, mais en partageant cette somme à raison de 10 % pour le requérant et de 90 % à un fonds public (le fonds de compensation pour la taxe sur la valeur ajoutée), ainsi que le lui permet la loi du 16 juillet 1980 (CE 14 nov. 1997, *Janky, Dr. adm.* 1998, n° 64). Dans cette affaire, le président du conseil régional s'est vu cependant infliger une amende par la Cour de discipline budgétaire et financière, qui a constaté que « l'infraction définie par l'article L. 313-7 du Code des juridictions financières, qui vise toute personne dont les agissements auront entraîné la condamnation d'une personne morale de droit public à une astreinte en raison de l'inexécution, totale ou partielle, ou de l'exécution tardive d'une décision de justice, est constituée en l'espèce » (CDBF 20 déc. 2001, *M. Janky* c/ *Région Guadeloupe, AJDA* 2003. 1224, note N. Groper). 807 ■

Compte tenu de la préférence pour l'astreinte provisoire qui permet au juge d'en moduler le montant lors de la liquidation et du partage qu'il opère du montant de l'astreinte au bénéfice, pour l'essentiel, des fonds publics, le bilan de l'utilisation de ces pouvoirs par le juge a pu paraître mitigé à certains observateurs de cette pratique (M. Dreyfuss et A. Bompard, « Du pouvoir comminatoire au pouvoir de sanction : la liquidation de l'astreinte », *AJDA* 1998. 3 s.). 808 ■

Des procédures de mandatement d'office ont été mises en place pour faciliter l'exécution des condamnations pécuniaires prononcées à l'égard des personnes publiques et en particulier à l'égard des collectivités locales. 809 ■

■ 810 Le Défenseur des droits (v. ss 613 s.) peut enfin faire pression sur une autorité administrative qui refuserait l'exécution d'une décision de justice, en rendant publiques ses observations sur ce point. La loi du 24 décembre 1976 complétant la loi de 1973 prévoit en effet qu'il peut, en cas d'inexécution d'une décision de justice passée en force de chose jugée, enjoindre à l'organisme mis en cause de s'y conformer dans un délai qu'il fixe. Si cette injonction n'est pas suivie d'effet, l'inexécution de la décision de justice fait l'objet d'un rapport spécial publié au *Journal officiel*.

D. Les effets des validations législatives

■ 811 Il arrive que des mesures de validation législative aient pour objet de limiter les effets d'une décision juridictionnelle, soit en tentant de valider l'acte annulé lui-même, soit en validant des actes administratifs similaires à celui qui a été annulé en tant que leur légalité serait contestée par le moyen qui a été retenu par le juge, soit en modifiant les règles applicables à ces actes afin de rendre inopérant, pour l'avenir, le moyen d'annulation précédemment retenu.

■ 812 La Cour européenne des droits de l'homme a manifesté les plus expresses réserves à l'égard de telles validations législatives au regard des dispositions de l'article 6, §1, de la Convention européenne des droits de l'homme consacrant le droit à un procès équitable. Les lois de validation contreviennent à la Convention sauf si elles répondent à d'impérieux motifs d'intérêt général (CEDH 28 oct. 1999, *Zielinski et Pradal et Gonzales et a. c/ France*, *RFDA* 2000. 299, note B. Mathieu).

■ 813 Le Conseil constitutionnel a resserré les conditions dans lesquelles de telles validations peuvent être admises en adoptant, au moins d'un point de vue formel, le standard utilisé par la Cour européenne des droits de l'homme ; ainsi, seul un motif impérieux d'intérêt général peut justifier une telle validation (Cons. Const. 14 févr. 2014, n° 2013-366 QPC).

■ 814 Le Conseil d'État admet que les lois de validation ne contreviennent pas aux exigences de l'article 6 de la Convention européenne des droits de l'homme à la condition qu'elles soient justifiées par des motifs d'intérêt général (CE, ass., 5 déc. 1997, *Mme Lambert*, *AJDA* 1998. 149, concl. Bergeal ; CE, ass., avis cont., 5 déc. 1997, *Union régionale des organismes de gestion des établissements d'enseignement catholique des Pays-de-Loire*, *RFDA* 1998. 160, concl. Touvet), qui doivent désormais, comme pour la CEDH, être « impérieux » (CE 23 juin 2004, *Sté Laboratoire Genevrier*, *Lebon* 256). Constituent de tels motifs, d'une part ceux qui peuvent se rattacher à des droits garantis par la Convention européenne des droits de l'homme, tel le respect de l'égalité de traitement, d'autre part d'empêcher que soient commises de graves illégalités du fait de l'imperfection de la loi (CE 21 déc. 2007, *Fédération de l'hospitalisation privée*, *AJDA* 2008. 2280, note H. Rihal).

Il est jugé aussi par la Cour de cassation que l'aménagement par la loi des effets d'une jurisprudence (relative au régime des heures d'équivalence) « de nature à compromettre la pérennité du service public de la santé et de la protection sociale » répond à d'impérieux motifs d'intérêt général (Cass., ass. plén., 24 janv. 2003, *Bull. ass. plén.*, n° 3).

Les validations législatives apparaissent cependant toujours plus délicates à opérer. Ainsi, le législateur avait validé des offres de crédit immobilier qui omettaient certaines mentions devant figurer dans les tableaux d'amortissement, avec l'accord du Conseil constitutionnel (Cons. const. 9 avr. 1996, n° 96-375 DC, *AJDA* 1996. 369, chron. O. Schrameck) ; la Cour de cassation avait adopté la même attitude, en considérant que cette validation était justifiée par les « impérieux motifs d'intérêt général » qui s'attachent à la préservation de l'équilibre financier des établissements de crédit (Civ. 1re, 9 juill. 2003, *JCP* 2004. II. 10016, note X. Prétot). Tel n'a pas été l'avis de la Cour européenne des droits de l'homme, qui a considéré que la validation en cause était contraire à l'article 1er du protocole 1er de la Convention européenne de sauvegarde des droits de l'homme, qui garantit le droit au respect des biens (CEDH 14 févr. 2006, *Lecarpentier et a. c/ France*).

section 5

Les voies de recours

L'exercice des voies de recours n'a pas, en principe, d'effet suspensif, même si certains textes ont prévu des exceptions à ce principe, par exemple en cas d'appel des sanctions disciplinaires prononcées par des juridictions ordinales (médecins, experts-comptables, etc.). 815

Le sursis à exécution du jugement peut toutefois être ordonné par la juridiction d'appel si les moyens invoqués par l'appelant paraissent, en l'état de l'instruction, sérieux et si l'exécution de la décision de première instance attaquée risque d'entraîner des conséquences difficilement réparables (CJA, art. R. 811-17). 816

Un régime spécial est prévu par l'article R. 811-16 du du Code de justice administrative lorsque l'exécution du jugement dont il est fait appel risque d'exposer la collectivité condamnée « à la perte définitive d'une somme qui ne devrait pas rester à sa charge dans le cas où ses conclusions d'appel seraient accueillies ». Ce régime s'applique essentiellement aux jugements condamnant l'État, des collectivités locales ou des établissements publics à verser des dommages-intérêts ou encore le paiement du solde d'un marché de travaux publics. 817

Un autre régime particulier a été prévu lorsqu'un tribunal administratif a prononcé une annulation pour excès de pouvoir. Dans cette hypothèse, seule la condition tenant à l'existence d'un moyen sérieux de nature à justifier l'annulation ou la réformation du jugement, ainsi que le rejet des conclusions à fin d'annulation, devra être remplie pour que le sursis à exécution puisse être ordonné sur demande de l'appelant (CJA, art. R. 811-15). 818

Si l'appel (§1) et le pourvoi en cassation (§2) sont les principales voies de recours, d'autres voies de recours (§3) méritent également d'être mentionnées.

§ 1 L'appel

■ 819 Les appels sont portés aujourd'hui, pour l'essentiel, devant les cours administratives d'appel (v. ss 686), même si le Conseil d'État conserve une certaine compétence en la matière (v. ss 683).

■ 820 L'appel n'existe pas nécessairement en toute matière, la règle du double degré de juridiction n'ayant pas été consacrée comme un principe général. Tant la loi que le décret peuvent donc organiser un contentieux sans voie d'appel, la décision étant alors rendue en premier et dernier ressort (CE 6 juin 1949, *Faveret*, *Lebon* 288). Tel est le cas des décisions rendues par le Conseil d'État pour les recours en annulation dirigés contre les décrets ou les actes réglementaires des ministres par exemple (v. ss 682).

■ 821 Dans les domaines où il existe une voie d'appel, celui-ci est ouvert à toutes les parties à l'instance de premier ressort, dans un délai de deux mois à compter de la notification du jugement, ce délai étant réduit à quinze jours pour les ordonnances de référé.

■ 822 De par l'effet dévolutif de l'appel, le juge d'appel est compétent non seulement pour apprécier la validité de la solution adoptée par le juge ayant statué en premier ressort, mais aussi pour se prononcer lui-même sur l'ensemble des moyens et conclusions qui avaient été présentés en premier ressort et sur lesquels il n'a pas été statué par le premier juge.

■ 823 Cependant, si le jugement frappé d'appel est irrégulier, l'irrégularité du jugement de première instance devrait conduire à considérer le litige comme n'ayant jamais été régulièrement jugé et à renvoyer donc l'affaire devant le juge de premier ressort, pour qu'il statue à nouveau. Même dans ce cas, le juge d'appel peut cependant se saisir de l'ensemble du litige par la voie de l'*évocation*[Q]. Il ne s'agit cependant que d'une faculté et le juge d'appel peut s'y refuser s'il estime que l'affaire n'est pas en état d'être jugée sur certains moyens soulevés par les parties.

§ 2 Le pourvoi en cassation

■ 824 Le recours en cassation est toujours ouvert, même sans texte, à l'égard de l'ensemble des décisions juridictionnelles. Alors même qu'une ordonnance de 1945 avait précisé que la décision d'un jury d'honneur, considéré comme une juridiction administrative, « n'est susceptible d'aucun recours », le Conseil d'État a décidé que « l'expression dont a usé le législateur ne peut être interprétée, en l'absence d'une volonté contraire clairement manifestée par les auteurs de cette disposition, comme excluant le recours en cassation devant le Conseil d'État » (CE, ass., 7 févr. 1947, *D'Aillières*, *GAJA*, n° 55). Le pourvoi en cassation est donc ouvert contre les décisions juridictionnelles rendues en dernier ressort, et, d'une façon générale, contre les jugements qui ne sont susceptibles d'aucune autre voie de recours (CE, sect., 12 oct. 1967, *Desseaux*, *Lebon* 364).

Le délai pour se pourvoir en cassation est de deux mois, sauf disposition contraire. Il est réduit à quinze jours contre les ordonnances rendues par le juge des référés. 825 ■

Les parties doivent être représentées par un avocat aux Conseils, même dans le cas où le recours était dispensé du ministère d'avocat devant les juges du fond, à l'exception des recours en cassation dirigés contre les décisions de la Commission centrale d'aide sociale et des juridictions de pension. Dans l'hypothèse où aucun avocat aux Conseils n'accepterait d'assurer sa défense, le requérant peut se tourner vers le président de l'Ordre des avocats aux Conseils. Ce dernier peut alors, compte tenu de l'absence manifeste de toute chance de succès du recours, refuser de désigner un avocat, par une décision qui est susceptible de recours pour excès de pouvoir. Cette décision, alors même que la recevabilité de la requête est subordonnée à sa présentation par un avocat aux Conseils, ne porte pas atteinte au droit à un recours effectif (CE, sect., 22 avr. 2005, *Magerand*, *RFDA* 2005. 1151, note Mayeur-Carpentier). 826 ■

Il existe une procédure d'admission des pourvois en cassation, aujourd'hui simplifiée. La loi du 31 décembre 1987 avait en effet organisé cette procédure préalable d'admission devant une Commission d'admission des pourvois en cassation afin d'opérer un premier filtre des recours. Environ trois pourvois sur cinq étaient rejetés dès ce stade, du fait de l'irrecevabilité du recours ou de l'absence de tout moyen sérieux. Le décret du 24 décembre 1997 relatif à la procédure d'admission des pourvois en cassation a supprimé la Commission d'admission des pourvois en cassation. Dorénavant, l'article R. 822-2 du Code de justice administrative prévoit que « s'il apparaît que l'admission du pourvoi peut être refusée, le président de la chambre transmet le dossier au commissaire du gouvernement en vue de son inscription au rôle ; le requérant ou son mandataire est averti du jour de la séance. Dans le cas contraire, le président de la chambre décide qu'il sera procédé à l'instruction du pourvoi dans les conditions ordinaires ». L'article R. 822-3 du Code de justice administrative précise que « la décision juridictionnelle de refus d'admission [...] n'est susceptible que du recours en rectification d'erreur matérielle et du recours en révision ». 827 ■

Outre les moyens tirés de l'irrégularité même de la décision juridictionnelle attaquée, seuls les moyens développés devant le juge du fond peuvent être invoqués devant le juge de cassation. Les moyens non repris en appel ne sont pas recevables en cassation. Les moyens d'ordre public peuvent cependant être présentés pour la première fois en cassation ou relevés même d'office par le juge du pourvoi. Toutefois, ils doivent ressortir manifestement des pièces du dossier qui a été soumis aux juges du fond (CE, sect., 26 juin 1992, *Cne de Béthoncourt*, *Lebon* 268). 828 ■

Le Conseil d'État retient une conception un peu plus large que la Cour de cassation du contrôle susceptible d'être exercé par le juge de cassation. 829 ■

Il n'exerce tout d'abord qu'exceptionnellement un contrôle sur la matérialité des faits qui ont été retenus par le juge du fond, celui-ci étant limité au seul cas où leur inexactitude matérielle ressort du dossier soumis aux juges du fond (CE, sect., 18 juin 1993, *Haddad*, *AJDA* 1993. 572, concl. Kessler).

La valeur probante des faits invoqués par les parties relève également de l'appréciation souveraine des juges du fond (CE 7 mars 1962, *Jaffré*, *Lebon* 1086).

Le Conseil d'État peut contrôler, comme juge de cassation, la qualification juridique des faits par le juge du fond, mais ce contrôle de cassation trouve sa limite dans le principe de l'appréciation souveraine des faits par le juge du fond. La limite entre la qualification juridique des faits et l'appréciation de ces derniers est cependant parfois délicate à établir. Relève de la qualification juridique des faits, par exemple, la question de savoir si certains faits constituent un manquement aux principes déontologiques fondamentaux (CE, ass., 2 juill. 1993, *Milhaud*, *Lebon* 194) ou s'ils constituent une faute de nature à engager la responsabilité publique (CE 18 nov. 1994, *Épx Sauvi*, *Lebon* 503).

En outre, l'absence de contrôle par le juge de cassation de l'appréciation des faits est tempérée par la possibilité, pour ce dernier, de censurer la « dénaturation » des faits par les juges du fond (CE, sect., 18 nov. 1994, *Sté Clichy Dépannage*, *AJDA* 1995. 159). La jurisprudence récente du Conseil d'État témoigne cependant de la volonté de laisser les juges du fond décider des appréciations de fait et de s'en tenir à une conception étroite de la « dénaturation » (dont il n'existe pas en tout état de cause l'équivalent dans le contrôle de cassation opéré par le juge judiciaire).

■ 830 La dénaturation des clauses d'un contrat (CE, sect., 10 avr. 1992, *SNCF*, *Lebon* 168), des pièces du dossier (CE 18 mars 1994, *Berger*, *Lebon* 1153), de la demande adressée au juge (CE 16 oct. 1992, *Dupuis*, *Lebon* 371) ou encore d'une décision de justice (CE 26 nov. 1993, *SCI Les jardins de Bibémus*, *Lebon* 327) peuvent également donner lieu à annulation de la décision juridictionnelle soumise au contrôle du juge de cassation.

■ 831 La méconnaissance de la règle de droit, que le juge ait appliqué un texte hors de son champ d'application, ou qu'il ne l'ait pas appliqué alors que les faits entraient dans le champ de la loi, ou encore qu'il ait méconnu la portée exacte de la loi ou d'une convention internationale, par exemple, constitue également un motif d'annulation de la décision juridictionnelle par le juge de cassation.

■ 832 Le contrôle de la légalité externe de la décision juridictionnelle peut être également exercé par le juge de cassation, qu'il s'agisse de veiller au respect des règles de compétence, de procédure, ou encore de motivation de la décision juridictionnelle (CE 10 oct. 1994, *Guttierrez*, *Dr. adm.* 1994, n° 596 : le caractère suffisant de la motivation s'apprécie au regard de l'argumentation soumise au juge).

■ 833 Si le Conseil d'État prononce l'annulation de la décision juridictionnelle qui a fait l'objet du pourvoi en cassation et si l'arrêt de cassation suffit à mettre fin au litige, l'annulation sera prononcée sans renvoi (dans l'hypothèse, par ex., de l'incompétence du juge du fond). Dans les autres cas, le Conseil d'État a le choix, aux termes de la loi du 31 décembre 1987, dont les dispositions ont été codifiées sur ce point à l'article L. 821-2 du Code de justice administrative, entre le renvoi aux juges du fond ou le règlement de l'affaire par lui-même. « Si l'intérêt d'une bonne administration de la justice le justifie », le Conseil d'État peut en effet décider de régler lui-même le litige au fond. Il statue alors dans les conditions qui auraient été celles du juge de renvoi, c'est-à-dire avec une plénitude de pouvoirs pour rejuger l'affaire.

§ 3 Les autres voies de recours

■ 834 L'opposition est une voie de recours ouverte devant la juridiction qui a statué contre les décisions rendues par défaut, c'est-à-dire sans que l'une des parties à l'instance ait présenté d'observations sur la requête. Cette voie de recours est ouverte à la partie défaillante contre les arrêts des cours administratives d'appel et du Conseil d'État mais est exclue devant les tribunaux administratifs.

La tierce opposition est une voie de recours permettant à un tiers à l'instance, dont les droits ont été atteints par une décision juridictionnelle, de contester le bien-fondé de cette décision. L'existence même de cette voie de recours est une « règle générale de procédure » qui ne peut être écartée que par un texte législatif (CE 3 nov. 1972, *Dame De Talleyrand-Périgord, Lebon* 707). 835 ■

Le recours en révision doit être, quant à lui, expressément prévu par un texte. L'art. 834-1 du Code la justice administrative prévoit ainsi qu'il est possible de l'exercer devant le Conseil d'État, lorsque la décision juridictionnelle a été rendue sur le fondement d'un faux, ou lorsqu'une partie n'a pu produire une pièce décisive parce qu'elle était retenue volontairement par une autre partie par exemple. Revenant sur une jurisprudence qui ne voyait pas en ce recours un principe général du droit (CE 20 oct. 1954, *Bougeard, Lebon* 544), le Conseil d'État a estimé qu'en dehors des juridictions administratives ordinaires, pour lesquelles le Code réserve au seul Conseil d'État la procédure de révision, une règle générale de procédure découlant des exigences de la bonne administration de la justice rendait possible un tel recours lorsqu'aucun texte n'en a prévu l'existence. En ce cas, le requérant dispose, pour former un recours en révision, d'un délai de deux mois à compter du jour où il a eu connaissance de la cause de révision invoquée (CE, sect., 16 avr. 2012, *M. Serval, RFDA* 2012. 730, concl. C. Roger-Lacan). 836 ■

Le recours en rectification d'erreur matérielle n'est ouvert que devant les cours administratives d'appel et le Conseil d'État. Il tend à corriger de simples erreurs de plume (date, chiffre...), ou l'omission d'un désistement effectué par le requérant, par exemple. Le président du tribunal administratif dispose cependant d'un pouvoir propre de rectification d'une « erreur ou d'une omission matérielle » dans le délai d'un mois après notification du jugement. Il y procède par ordonnance rectificative. 837 ■

Le recours en interprétation peut être exercé par l'une des parties à l'instance, sans condition de délai, devant la juridiction dont émane le jugement, pour éclaircir une ambiguïté ou une obscurité dans la rédaction de la décision. 838 ■

Le recours dans l'intérêt de la loi n'est ouvert quant à lui qu'aux ministres intéressés par l'affaire, à l'encontre de jugements définitifs. Ce recours, ouvert sans condition de délai, tend à faire rectifier une erreur dans l'application d'une règle de droit. Sa portée est purement de principe puisqu'il demeure sans effet sur la situation des parties telle qu'elle résulte de la décision. 839 ■

Compléments pédagogiques

Quid

■ Astreinte n° 806

Lorsque l'administration refuse d'exécuter un jugement, la partie intéressée peut demander au juge administratif de définir les mesures d'exécution incombant à l'administration (*injonctions*), éventuellement assorties du versement d'une somme d'argent par période de retard. Il faut noter que si le juge administratif est compétent pour *prononcer* l'astreinte, le juge judiciaire demeure compétent pour sa *liquidation*.

■ Capacité pour agir n°s 722 s.

Seules les personnes, physiques ou morales, sont aptes à intenter un recours devant une juridiction administrative. En ce qui concerne les associations, elles doivent êtres représentées par un mandataire désigné soit par une délibération de leur assemblée générale, soit par leurs statuts.

■ Conclusions n° 748

Le terme de conclusion revêt en procédure administrative deux sens totalement différents : les conclusions d'une *requête* sont ce que le requérant demande à la juridiction ; les conclusions du *commissaire du gouvernement* sont l'avis que celui-ci émet sur l'affaire que la juridiction doit trancher.

■ Décision préalable n° 708

À l'exception du contentieux relatif aux travaux publics, *tous* les litiges devant la juridiction administrative sont relatifs à des décisions. Si cette affirmation est évidente en ce qui concerne le recours pour excès de pouvoir, elle a pour conséquence, dans le contentieux de l'indemnisation, l'obligation de s'adresser à l'administration pour lui demander une indemnisation. Et c'est sa décision de refus – explicite ou implicite – qui sera soumise au juge administratif.

■ Évocation n° 823

L'évocation permet au Conseil d'État, en tant que juge de cassation, lorsqu'il a censuré une décision d'une juridiction inférieure, de ne pas renvoyer l'affaire devant le juge du fond normalement compétent, mais de trancher lui-même le litige au fond, devenant ainsi un juge d'appel. Ce pouvoir lui a été conféré par la loi du 31 décembre 1987.

■ Injonction n° 798

Suivant les articles L. 911-2 du Code de justice administrative et L. 8-2 du Code du tribunal administratif et de la Cour administrative d'appel, lorsqu'une décision du juge administratif implique nécessairement que l'administration prenne une mesure d'exécution dans un sens déterminé, la juridiction concernée peut enjoindre à l'administration, par la même décision, de prendre cette mesure, éventuellement dans un délai déterminé. Depuis 1995, la même décision peut condamner l'administration sur le fond du litige, assortir la décision de mesures d'injonction, et prononcer une astreinte à son encontre.

■ Intérêt à agir nos 729 s.

L'intérêt à agir est une condition de la recevabilité du recours juridictionnel. Pour être accepté par le juge, l'intérêt doit être personnel et direct (il faut que le requérant soit concerné par la décision qu'il attaque), légitime (le requérant ne peut demander l'annulation d'une décision destinée à mettre un terme à la situation illégale dans laquelle il s'est placé) et certain (ne pas porter sur une situation future).

■ Moyens n° 707

Quel que soit son objet, une requête ne peut être déposée sans moyens pour la soutenir. Les moyens constituent donc l'argumentation sur laquelle le requérant se fonde pour obtenir satisfaction, c'est-à-dire soit l'annulation d'un acte, soit une indemnisation. Les moyens peuvent concerner la légalité interne ou la légalité externe.

■ Moyen d'ordre public n° 721

Un moyen d'ordre public peut être soulevé d'office par le juge, alors même qu'aucune des parties ne l'a invoqué. Le juge peut par exemple soulever d'office l'incompétence de l'autorité qui a édicté un acte administratif.

■ Rapporteur public nos 748 s.

Il s'agit d'un magistrat chargé de présenter à la juridiction administrative à laquelle il appartient son appréciation sur l'affaire qui est soumise, en tenant compte des faits et des règles de droit applicables, et de proposer, dans ses conclusions, une solution au litige. La juridiction adoptera ensuite une décision qui ne sera pas forcément conforme à celle qui lui était proposée.

■ Recevabilité nos 704 s.

Une requête est recevable lorsqu'elle est conforme aux règles de la procédure administrative. Pour cela, elle doit notamment respecter les conditions de délais de recours, de forme de la requête, et surtout d'intérêt à agir.

■ Référé nos 756 s.

La réforme du 30 juin 2000 a unifié sous cette appellation l'ensemble des procédures permettant d'obtenir du juge administratif des mesures provisoires, en consacrant l'existence d'un *juge des référés*, magistrat unique désigné au sein d'une juridiction administrative pour statuer sur ces demandes de mesures provisoires.

■ Suspension n° 773

La procédure de suspension permet d'obtenir la suspension de l'application d'une décision administrative. La demande de suspension est distincte de la requête en annulation, même si elle lui est évidemment liée. Si la requête remplit les conditions posées par la loi, le juge aura la possibilité, mais non l'obligation, de décider la mesure de suspension, c'est-à-dire de suspendre l'exécution de l'acte jusqu'à ce que la requête en annulation soit jugée.

Documents

1) Référés

Code de justice administrative

Art. L. 511-1. Le juge des référés statue par des mesures qui présentent un caractère provisoire. Il n'est pas saisi du principal et se prononce dans les meilleurs délais.

Art. L. 511-2. Sont juges des référés les présidents des tribunaux administratifs et des cours administratives d'appel ainsi que les magistrats qu'ils désignent à cet effet et qui, sauf absence ou empêchement, ont une ancienneté minimale de deux ans et ont atteint au moins le grade de premier conseiller.

Pour les litiges relevant de la compétence du Conseil d'État, sont juges des référés le président de la section du contentieux ainsi que les conseillers d'État qu'il désigne à cet effet.

Art. L. 521-1. Quand une décision administrative, même de rejet, fait l'objet d'une requête en annulation ou en réformation, le juge des référés, saisi d'une demande en ce sens, peut ordonner la suspension de l'exécution de cette décision, ou de certains de ses effets, lorsque l'urgence le justifie et qu'il est fait état d'un moyen propre à créer, en l'état de l'instruction, un doute sérieux quant à la légalité de la décision.

Lorsque la suspension est prononcée, il est statué sur la requête en annulation ou en réformation de la décision dans les meilleurs délais. La suspension prend fin au plus tard lorsqu'il est statué sur la requête en annulation ou en réformation de la décision.

Art. L. 521-2. Saisi d'une demande en ce sens justifiée par l'urgence, le juge des référés peut ordonner toutes mesures nécessaires à la sauvegarde d'une liberté fondamentale à laquelle une personne morale de droit public ou un organisme de droit privé chargé de la gestion d'un service public aurait porté, dans l'exercice d'un de ses pouvoirs, une atteinte grave et manifestement illégale. Le juge des référés se prononce dans un délai de quarante-huit heures.

Art. L. 521-3. En cas d'urgence et sur simple requête qui sera recevable même en l'absence de décision administrative préalable, le juge des référés peut ordonner toutes autres mesures utiles sans faire obstacle à l'exécution d'aucune décision administrative.

Art. L. 521-4. Saisi par toute personne intéressée, le juge des référés peut, à tout moment, au vu d'un élément nouveau, modifier les mesures qu'il avait ordonnées ou y mettre fin.

Art. L. 522-1. Le juge des référés statue au terme d'une procédure contradictoire écrite ou orale. Lorsqu'il lui est demandé de prononcer les mesures visées aux articles L. 521-1 et L. 521-2, de les modifier ou d'y mettre fin, il informe sans délai les parties de la date et de l'heure de l'audience publique.

Sauf renvoi à une formation collégiale, l'audience se déroule sans conclusions du commissaire du gouvernement.

Art. L. 522-3. Lorsque la demande ne présente pas un caractère d'urgence ou lorsqu'il apparaît manifeste, au vu de la demande, que celle-ci ne relève pas de la compétence de la juridiction administrative, qu'elle est irrecevable ou qu'elle est mal fondée, le juge des référés peut la rejeter par une ordonnance motivée sans qu'il y ait lieu d'appliquer les deux premiers alinéas de l'article L. 522-1.

Art. L. 551-1. Le président du tribunal administratif, ou le magistrat qu'il délègue, peut être saisi en cas de manquement aux obligations de publicité et de mise en concurrence auxquelles est soumise la passation des marchés publics, des marchés mentionnés au 2° de l'article 24 de l'ordonnance n° 2005-649 du 6 juin 2005 relative aux marchés passés par certaines personnes publiques ou privées non soumises au Code des marchés publics, des contrats de partenariat, des contrats visés au premier alinéa de l'article L. 6148-5 du Code de la santé publique et des conventions de délégation de service public.

Les personnes habilitées à agir sont celles qui ont un intérêt à conclure le contrat et qui sont susceptibles d'être lésées par ce manquement, ainsi que le représentant de l'État dans le département dans le cas où le contrat est conclu ou doit être conclu par une collectivité territoriale ou un établissement public local.

Le président du tribunal administratif peut être saisi avant la conclusion du contrat. Il peut ordonner à l'auteur du manquement de se conformer à ses obligations et suspendre la passation du contrat ou l'exécution de toute décision qui s'y rapporte. Il peut également annuler ces décisions et supprimer les clauses ou prescriptions destinées à figurer dans le contrat et qui méconnaissent lesdites obligations. Dès qu'il est saisi, il peut enjoindre de différer la signature du contrat jusqu'au terme de la procédure et pour une durée maximum de vingt jours.

Sauf si la demande porte sur des marchés ou contrats passés par l'État, elle peut également être présentée par celui-ci lorsque la Commission des communautés européennes lui a notifié les raisons pour lesquelles elle estime qu'une violation claire et manifeste des obligations de publicité et de mise en concurrence d'origine communautaire ou résultant de l'accord sur l'Espace économique européen, a été commise.

Le président du tribunal administratif ou son délégué statue en premier et dernier ressort en la forme des référés.

2) Mesures d'exécution des décisions de la juridiction administrative

Code de justice administrative

Art. L. 911-1. Lorsque sa décision implique nécessairement qu'une personne morale de droit public ou un organisme de droit privé chargé de la gestion d'un service public prenne une mesure d'exécution dans un sens déterminé, la juridiction, saisie de conclusions en ce sens, prescrit, par la même décision, cette mesure assortie, le cas échéant, d'un délai d'exécution.

Art. L. 911-2. Lorsque sa décision implique nécessairement qu'une personne morale de droit public ou un organisme de droit privé chargé de la gestion d'un service public prenne à nouveau une décision après une nouvelle instruction, la juridiction, saisie de conclusions en ce sens, prescrit, par la même décision juridictionnelle, que cette nouvelle décision doit intervenir dans un délai déterminé.

Art. L. 911-3. Saisie de conclusions en ce sens, la juridiction peut assortir, dans la même décision, l'injonction prescrite en application des articles L. 911-1 et L. 911-2 d'une astreinte qu'elle prononce dans les conditions prévues au présent livre et dont elle fixe la date d'effet.

Art. L. 911-4. En cas d'inexécution d'un jugement ou d'un arrêt, la partie intéressée peut demander au tribunal administratif ou à la cour administrative d'appel qui a rendu la décision d'en assurer l'exécution.

Toutefois, en cas d'inexécution d'un jugement frappé d'appel, la demande d'exécution est adressée à la juridiction d'appel.

Si le jugement ou l'arrêt dont l'exécution est demandée n'a pas défini les mesures d'exécution, la juridiction saisie procède à cette définition. Elle peut fixer un délai d'exécution et prononcer une astreinte.

Le tribunal administratif ou la cour administrative d'appel peut renvoyer la demande d'exécution au Conseil d'État.

3) Conditions d'acceptation de l'urgence dans les procédures de référé

CE, sect., 19 janvier 2001, *Confédération nationale des radios libres* (*RFDA* 2001. 389)

Considérant [...] que la condition d'urgence à laquelle est subordonné le prononcé d'une mesure de suspension doit être regardée comme remplie lorsque la décision administrative contestée préjudicie de manière suffisamment grave et immédiate à un intérêt public, à la situation du requérant ou aux intérêts qu'il entend défendre ; qu'il en va ainsi, alors même que cette décision n'aurait un objet ou des répercussions que purement financiers et que, en cas d'annulation, ses effets pourraient être effacés par une réparation pécuniaire ; qu'il appartient au juge des référés, saisi d'une demande tendant à la suspension d'une telle décision, d'apprécier concrètement, compte tenu des justifications fournies par le requérant, si les effets de celle-ci sur la situation de ce dernier ou, le cas échéant, des personnes concernées, sont de nature à caractériser une urgence justifiant que, sans attendre le jugement de la requête au fond, l'exécution de la décision soit suspendue.

4) Différenciation des libertés fondamentales et des libertés publiques dans le cadre du référé-liberté

CE, sect., 18 janvier 2001, *Commune de Venelles* (*GAJA*, n° 98)

Considérant, en premier lieu, que, si le principe de libre administration des collectivités territoriales, énoncé par l'article 72 de la Constitution, est au nombre des libertés fondamentales auxquelles le législateur a ainsi entendu accorder une protection juridictionnelle particulière, le refus opposé par le maire de Venelles aux demandes qui lui avaient été présentées en vue de convoquer le conseil municipal pour que celui-ci délibère sur l'objet mentionné ci-dessus ne concerne que les rapports internes au sein de la commune et ne peut, par suite, être regardé comme méconnaissant ce principe ; qu'il suit de là que le juge des référés du tribunal administratif de Marseille a méconnu la portée des dispositions précitées de l'article L. 521-2 du Code de justice administrative en faisant droit, sur le fondement de ce texte, aux demandes dont il avait été saisi en vue d'enjoindre au maire de convoquer à cette fin le conseil municipal.

5) La participation du commissaire du gouvernement au délibéré n'est pas conforme au droit à un procès équitable

CEDH 7 juin 2001, *Kress c/ France* (*GAJA*, n° 99)

4. En ce qui concerne la présence du commissaire du gouvernement au délibéré du Conseil d'État

[…] 84. […] Il ressort des explications du gouvernement que la présence du commissaire du gouvernement se justifie par le fait qu'ayant été le dernier à avoir vu et étudié le dossier, il serait à même pendant les délibérations de répondre à toute question qui lui serait éventuellement posée sur l'affaire.
85. De l'avis de la Cour, l'avantage pour la formation de jugement de cette assistance purement technique est à mettre en balance avec l'intérêt supérieur du justiciable, qui doit avoir la garantie que le commissaire du gouvernement ne puisse pas, par sa présence, exercer une certaine influence sur l'issue du délibéré. Tel n'est pas le cas dans le système français actuel.
86. La Cour se trouve confortée dans cette approche par le fait qu'à la Cour de justice des Communautés européennes, l'avocat général, dont l'institution s'est étroitement inspirée de celle du commissaire du gouvernement, n'assiste pas aux délibérés, en vertu de l'article 27 du règlement de la Cour de justice des communautés européennes.
87. En conclusion, il y a eu violation de l'article 6 §1 de la Convention, du fait de la participation du commissaire du gouvernement au délibéré de la formation de jugement.

Biblio

A. Ouvrages généraux sur le contentieux administratif

- J.-M. Auby, R. Drago, *Traité des recours en matière administrative*, Litec, 1992.
- F. Blanco, *Contentieux administratif*, PUF, 2019.
- J.-C. Bonichot, P. Cassia, B. Poujade, *GACA*, 5e éd., Dalloz, 2016.
- C. Broyelle, *Contentieux administratif*, 7e éd., LGDJ, 2019.
- H. de Gaudemar, D. Mongoin, *Les grandes conclusions de la jurisprudence administrative*, vol. 1 : 1831-1940, LGDJ, 2017, 951 p.
- M. Guyomar, B. Seiller, *Contentieux administratif*, 5e éd., Dalloz, coll. « Hypercours », 2019.
- O. Gohin, F. Poulet, *Contentieux administratif*, 9e éd., Litec, 2017.
- É. Laferrière, *Traité de la juridiction administrative et des recours contentieux*, 1887-1888, rééd. LGDJ, 1989, 2 vol.
- O. Le Bot, *Contentieux administratif*, 6e éd., Larcier, 2019.
- R. Odent, *Contentieux administratif*, Les cours du droit, 1981, rééd. Dalloz, 2007, 2 vol.

B. Bibliographie spéciale

- P. Cassia, *Les référés administratifs d'urgence*, LGDJ, coll. « Systèmes », 2003.
- J.-P. Costa, « L'exécution des décisions de justice », *AJDA* juin 1995. 227, n° spécial « Droit administratif ».
- X. Domino, A. Bretonneau, « Dix ans d'urgence », *AJDA* 2011. 1369.
- O. Dugrip, *L'urgence contentieuse devant les juridictions administratives*, PUF, 1991.
- O. Gohin, *La contradiction dans la procédure administrative contentieuse*, LGDJ, 1988.

Quiz

1) Sujet corrigé

Cas pratique

Énoncé

Élu sur un programme de réduction drastique des dépenses municipales, le nouveau maire d'Ainhoa (Pyrénées-Atlantiques) fait adopter par le conseil municipal, le 13 juillet 2012, une délibération indiquant qu'à compter du 1er octobre de la même année, l'éclairage public ne fonctionnera que jusqu'à 19 h 15, heure de fermeture des commerces, et exclusivement durant les mois d'hiver.

L'association *Les Basques festifs*, dont le siège est situé à Hendaye et dont l'objet social est l'organisation d'animations nocturnes, la défense de la sécurité urbaine et la promotion de la spécificité basque, est particulièrement outrée d'une telle décision, contraire au plein épanouissement de la jeunesse, et par conséquent à l'apprentissage de la citoyenneté pourtant promue par le nouveau maire.

M. Oñati, quadragénaire domicilié à Ainhoa et dynamique sociétaire des *Basques festifs*, demande au début du mois de septembre à l'association l'autorisation d'agir en justice contre l'arrêté municipal.

Quelles modalités peuvent revêtir cette action ? Est-elle recevable ?

Voir le corrigé en fin de rubrique.

2) Sujets d'examen

A) Dissertations

Le juge administratif, juge de l'urgence.

L'action populaire existe-t-elle en droit administratif ?

B) Commentaire d'arrêt

Commentez l'arrêt du Tribunal administratif de Versailles, ord. réf., 18 mars 2006.

« Vu la requête, enregistrée le 17 mars 2006 sous le n° 0602618 présentée par des étudiants requérant qui demandent au juge des référés :

- de suspendre la décision du 13 mars 2006 par laquelle de l'Université Paris X Nanterre a décidé la fermeture des locaux de l'université ;
- de l'enjoindre de prendre les mesures nécessaires à la tenue des cours, au besoin en requérant le concours de la force publique, dans un délai de 24 heures, y compris en louant des locaux extérieurs ; [...]

Sur les conclusions présentées au titre de l'article L. 521-2 du Code de justice administrative :

Considérant qu'aux termes de l'article L. 521-2 du Code de justice administrative : "Saisi d'une demande en ce sens justifiée par l'urgence, le juge des référés peut ordonner toutes mesures nécessaires à la sauvegarde d'une liberté fondamentale à laquelle une personne morale de droit public ou un organisme de droit privé chargé de la gestion d'un service public aurait porté, dans l'exercice d'un de ses pouvoirs, une atteinte grave et manifestement illégale. Le juge des référés se prononce dans un délai de quarante-huit heures." et qu'aux termes de l'article L. 522-1 dudit

code : "Le juge des référés statue au terme d'une procédure contradictoire écrite ou orale. Lorsqu'il lui est demandé de prononcer les mesures visées aux articles L. 521-1 et L. 521-2, de les modifier ou d'y mettre fin, il informe sans délai les parties de la date et de l'heure de l'audience publique [...]" ; qu'enfin aux termes du premier alinéa de l'article R. 522-1 dudit code : "la requête visant au prononcé de mesures d'urgences doit [...] justifier l'urgence de l'affaire" ;
Considérant qu'à l'appui de leur demande, les étudiants requérants soutiennent que la condition d'urgence est remplie, dès lors que la fermeture de l'université les empêche d'acquérir les connaissances nécessaires à la réussite de leurs examens ; que la fermeture de l'université porte en outre une atteinte grave et manifestement illégale au droit à l'éducation, ainsi qu'à la liberté d'aller et de venir, qui constituent des libertés fondamentales ;
Sur l'urgence :
Considérant que la fermeture de l'université jusqu'à nouvel ordre empêche les requérants, pour une période indéterminée, d'acquérir les savoirs indispensables à la préparation et à la réussite de leurs examens ; qu'ainsi les requérants justifient de l'existence d'une situation d'urgence ;
Sur l'atteinte grave et manifestement illégale à une liberté fondamentale :
Considérant qu'une demande présentée au titre de la procédure particulière de l'article L. 521-2 du Code de justice administrative implique, pour qu'il y soit fait droit, qu'il soit justifié, non seulement d'une situation d'urgence, mais encore d'une atteinte grave portée à la liberté fondamentale invoquée ainsi que de l'illégalité manifeste de cette atteinte ;
Considérant que le droit à l'éducation est au nombre des libertés fondamentales ; qu'ainsi la fermeture des locaux de l'université Paris X Nanterre sur le campus de Nanterre pour une durée indéterminée porte une atteinte grave au droit à l'éducation des requérants ;
Considérant toutefois que la condition d'illégalité manifeste de la décision contestée, au regard du droit à l'éducation invoqué par les requérants, ne peut être regardée comme remplie que dans le cas où il est justifié d'une atteinte manifestement disproportionnée aux buts en vue desquels la mesure contestée a été prise ; que pour décider la fermeture des locaux de l'Université Paris X sur le campus de Nanterre, le président de l'université s'est fondé sur le fait qu'en l'absence de concours de la force publique, qui en l'espèce doit être regardé comme ayant été sollicité par le président de l'université, le blocage de l'ensemble des bâtiments a conduit à une situation d'affrontement croissant entre étudiants de nature à mettre en danger la sécurité des personnes ; qu'ainsi dans la semaine du 6 au 10 mars 2006 les agents de sécurité de l'établissement ont procédé à 65 interventions pour mettre fin à des affrontements physiques, qui ont occasionné des fractures diverses chez plusieurs étudiants ; qu'un étudiant a par ailleurs été victime de propos antisémites et violenté physiquement par un groupe composé d'éléments extérieurs à l'université ; que les individus extérieurs à l'université ont pu s'infiltrer dans les locaux, notamment de nuit, occasionnant de nouveaux troubles ; que des personnes ont été vues en possession d'armes de 6e catégorie, et que la sécurité en matière d'incendie n'était plus assurée ; qu'eu égard à la gravité des faits ainsi constatés, le président de l'université, qui tient de l'article L. 712-2 du Code de l'éducation ainsi que de l'article 5 du décret du 31 juillet 1985 précité la responsabilité de l'ordre public à l'intérieur de l'enceinte universitaire, et en particulier le pouvoir de décider la fermeture des locaux, n'a pas porté au droit à l'éducation des requérants une atteinte manifestement disproportionnée aux buts en vue desquels la mesure de fermeture a été prise ; qu'ainsi la mesure de suspension ne peut être regardée, en l'état du dossier comme manifestement illégale ;
Considérant qu'il résulte de ce qui précède que la requête des étudiants requérants doit être rejetée ;
Ordonne :
Article 1er : La requête des étudiants requérants est rejetée. »

3) Corrigé

Cas pratique

On dit souvent que les promesses électorales n'engagent que ceux qui les écoutent : tel n'est pas ici le cas du maire de la commune d'Ainhoa, qui, conformément à son programme électoral, décide de réduire les dépenses municipales, en s'attaquant à l'une des plus visibles d'entre elles : le gaspillage de l'éclairage public. Ce faisant, il se heurte à l'incompréhension de certains de ses administrés, plus soucieux de leur sécurité et de leurs loisirs que de l'état des finances locales.

La délibération du conseil municipal décidant la restriction des périodes d'éclairage a un caractère général. Prise par une personne publique dans l'exercice de ses prérogatives de puissance publique, elle constitue un acte administratif réglementaire. Le recours que M. Oñati veut exercer contre elle sera donc un recours pour excès de pouvoir. Étant par hypothèse un recours contre une décision, le recours pour excès de pouvoir est dispensé de la règle du recours préalable, ce qui n'empêche cependant nullement l'association ou son sociétaire d'effectuer un recours gracieux auprès du maire afin de lui demander de retirer la décision du conseil municipal avant que celle-ci ne soit mise à exécution.

Comme tout requête, celle de M. Oñati doit respecter un certain nombre de règles, tenant tant à la requête elle-même qu'à la qualité du requérant.

1. La requête doit tout d'abord être conforme aux règles de la procédure contentieuse.

En premier lieu, conformément à l'ordonnance de Villers-Cotteret (et faute pour la France d'avoir ratifié la Charte européenne des langues régionales ou minoritaires), la requête devra être rédigée en *langue* française, et non en basque : le fait que l'association ait pour objet la défense de la culture basque ne lui permet pas de se dérober à ce qui constitue une règle générale de la procédure administrative (v. par ex. CE 15 avr. 1992, *Le Duigou*, pour le dialecte breton).

Elle doit également, outre la présentation des moyens et l'acquittement du droit de timbre, être déposée dans le *délai* de recours contentieux. En ce qui concerne les actes réglementaires, ce délai est de deux mois à compter de leur publication. Les délibérations du conseil municipal ne font pas obligatoirement l'objet d'une publication directe, sauf pour certaines d'entre elles, mais la publication est considérée comme réalisée lorsque, conformément à l'article L. 2121-25 du Code général des collectivités territoriales, « le compte rendu de la séance [au cours de laquelle a été adoptée la délibération] est affiché dans la huitaine ». La délibération est ici en date du 13 juillet, et le compte rendu en a dû être publié au plus tard le 21 juillet 2012. Faute de plus ample précision sur ce point, on doit admettre que le recours contre cette décision est au moins possible jusqu'au 14 septembre, au plus jusqu'au 22 septembre. Si M. Oñati n'est pas certain que sa requête ait une quelconque chance de succès, il peut, à titre de manœuvre dilatoire lui permettant de mieux étudier le dossier, effectuer un recours gracieux auprès du maire, ce qui aura pour effet d'interrompre le délai du recours contentieux jusqu'à la décision (implicite ou explicite) du maire, le délai de recours, en cas de réponse négative, courant alors à nouveau pour deux mois à compter de la date de communication de la décision (ou de l'écoulement du délai de quatre mois au terme duquel la décision implicite de rejet sera intervenue).

2. Si la requête de M. Oñati peut donc bien être introduite, il faut cependant s'assurer qu'il a bien qualité pour agir contre la délibération. Cela suppose réunies deux conditions : que le requérant, s'il agit au nom d'une personne morale, ait été mandaté par elle à cette fin ; qu'il justifie d'un intérêt lui donnant qualité pour agir.

a. Le premier point soulève en réalité deux questions distinctes : l'association *Les Basques festifs* a-t-elle la possibilité d'ester en justice ? Peut-elle être représentée par l'un de ses membres, M. Oñati ? Le recours contentieux est ouvert à n'importe quelle personne, y compris aux personnes morales. Mais toute association ne jouit pas de la personnalité morale : ce n'est le cas que des seules associations déclarées, suivant les articles 5 et 6 de la loi du 1er juillet 1901 sur la liberté d'association, même si la jurisprudence est assez large sur ce point ; en l'absence de plus amples précisions, on peut cependant supposer que l'association *Les Basques festifs* est dotée de la personnalité morale. En tant que telle, elle doit être représentée par une personne physique, qui aura pour mission d'effectuer en son nom les démarches nécessaires. Pour ce faire, deux solutions sont envisageables : ou bien les statuts confient à l'un des membres de l'association désigné à raison de ses fonctions le droit de la représenter en justice (solution à nouveau acceptée après quelques atermoiements de la jurisprudence ; v. CE, sect., 3 avr. 1998, *Fédération de la plasturgie*, en ce qui concerne le président de l'association) ; ou bien l'assemblée générale de l'association autorise une personne physique à agir en son nom : c'est bien le cas ici, même si le mandat est conféré à M. Oñati à la suite d'une demande de sa part.

b. *L'intérêt à agir* de l'association appelle moins de réserves : un groupement est recevable à défendre les intérêts collectifs de ses membres (CE 28 déc. 1906, *Synd. des patrons coiffeurs de Limoges*). Ici, l'association ne défend pas l'intérêt d'un de ses membres en particulier, mais de ceux d'entre eux qui sont concernés par la délibération du conseil municipal d'Ainhoa. Le fait que l'association ait son siège à Hendaye pourrait laisser croire que l'intérêt dont elle se réclame n'a pas un caractère direct : mais si l'un de ses membres réside à Ainhoa, elle est en tant que telle concernée par la délibération. Du reste, l'objet de l'association est en rapport avec celui de la mesure : l'éclairage public n'est pas dépourvu de conséquences sur l'animation de la vie locale et la sécurité urbaine. L'association *Les Basques festifs* justifie donc d'un intérêt suffisant lui donnant qualité à agir.

Compte tenu de ces éléments, la requête exercée par M. Oñati au nom de l'association *Les Basques festifs* est donc recevable, et le tribunal administratif saisi devra ainsi examiner la requête au fond.

3. Compte tenu des conséquences de la délibération, qu'elle estime d'une importante gravité, l'association requérante, par la voix de M. Oñati, peut assortir son recours pour excès de pouvoir d'une demande de suspension contre la délibération du conseil municipal, afin qu'elle ne puisse être appliquée dès le premier mois de l'hiver tout proche. Le recours pour excès de pouvoir n'a pas en effet, conformément à une « règle fondamentale du droit public » (CE, ass., 2 juill. 1982, *Huglo*), d'effet suspensif sur la décision attaquée. Prévue par l'article L. 521-1 du Code de justice administrative, la suspension doit faire l'objet d'une demande expresse et être présentée par une requête distincte du principal. Pour que cette demande soit acceptée par le juge du référé, il faut d'une part que les moyens invoqués par la requête au fond soient considérés comme suffisamment sérieux pour mettre en doute la légalité de la décision litigieuse, et d'autre part qu'il y ait une situation d'urgence, cette dernière notion étant définie par le juge de façon souple. Sans préjuger du sérieux des moyens

que pourrait présenter M. Oñati au nom de l'association qu'il représente, il se heurterait immanquablement à une décision de rejet d'une éventuelle demande de suspension, la décision de réduire la durée de l'éclairage public pouvant difficilement être considérée comme préjudiciable de façon grave et immédiate à un intérêt public, à la situation de M. Oñati ou aux intérêts qu'il défend (sauf à considérer, par ex., que cette décision pourrait être la cause directe de la recrudescence des agressions en centre-ville, ce que le juge refuserait en tout état de cause, le requérant devant avoir un lien direct avec le préjudice éventuel). S'il en a ainsi la possibilité, M. Oñati n'a donc toutefois aucun intérêt à assortir son recours pour excès de pouvoir contre la délibération du conseil municipal d'une demande de suspension.

chapitre 15

Le recours pour excès de pouvoir

Plan analytique

Le recours pour excès de pouvoir

Le recours pour excès de pouvoir est une demande adressée au juge tendant à l'annulation d'un acte administratif. Il est ouvert de plein droit contre tous les actes faisant grief, même s'il n'est prévu par aucun texte (CE, ass., 17 févr. 1950, *Min. de l'Agriculture c/ Dame Lamotte*, *GAJA*, n° 57). Il tient donc une place particulièrement importante dans le contentieux administratif. Le Conseil d'État l'a rappelé solennellement en relevant que la contestation d'un acte administratif « relève, en l'absence de disposition contraire, du droit commun des recours devant le juge administratif, c'est-à-dire, au fond, du recours pour excès de pouvoir » (CE 2 oct. 2019, *Sté Auchan Hypermarché*, n° 432388). Ce rappel n'est pas sans incidence sur la question de la qualification des recours, en l'absence de dispositions textuelles expresses. Il semble faire du plein contentieux une qualification subsidiaire : elle ne saurait donc découler de la pure opportunité mais doit s'appuyer sur des indices textuels tangibles. 840

Pierre angulaire du contrôle juridictionnel de l'administration, le recours pour excès a sensiblement évolué dans la période contemporaine, sous l'effet d'une double influence. L'influence de la sécurité juridique d'une part, dont l'importance croissante a entraîné un réajustement de l'équilibre traditionnel entre les exigences de légalité et de sécurité (v. ss 163). S'y rapportent notamment les solutions précédemment évoquées tenant à l'évolution de son contrôle, à la possibilité d'une substitution de motifs ou de base légale, et, surtout, à l'enrichissement de ses pouvoirs grâce au pouvoir de modulation dans le temps de l'effet des annulations qu'il prononce. L'influence du droit au juge d'autre part qui justifie un renforcement de l'effet utile de la décision du juge de l'excès de pouvoir. Le pouvoir d'injonction ou les tempéraments apportés au principe de l'économie de moyens en sont les conséquences principales. On comprend immédiatement que ces deux influences, sans être par nature contradictoires, ne sont pas convergentes, ce qui rétroagit sur le régime juridique du recours pour excès de pouvoir. Sans être atteint d'une forme de schizophrénie contentieuse, celui-ci n'en est pas moins touché par une relative complexification.

Malgré cette évolution contemporaine, les principes fondamentaux demeurent, tels que les « cas d'ouverture » du recours (section 1) qui concernent les différents aspects de la légalité de l'acte ou l'étendue du contrôle du juge de l'excès de pouvoir (section 2) qui varie selon la nature des pouvoirs exercés par l'administration. Enfin, un éclairage particulier doit être réservé, compte de son importance, à la possibilité, pour le juge, de moduler les effets de l'annulation qu'il prononce (section 3).

section **1**

Les cas d'ouverture du recours pour excès de pouvoir

841 Dans son *Traité de la juridiction administrative et des recours contentieux*, E. Laferrière avait systématisé, dès 1887, les différents cas d'ouverture du recours pour excès de pouvoir en distinguant l'incompétence de l'auteur de l'acte, le vice de forme, la violation de la loi et le détournement de pouvoir. Une distinction bipartite qui regroupe ces différents griefs dans le cadre de la légalité externe, d'une part, la légalité interne, d'autre part, a été consacrée par la jurisprudence depuis une cinquantaine d'années (CE, sect., 20 févr. 1953, *Sté Intercopie*, *Lebon* 88). Les parties n'étant fondées à invoquer en cours d'instance que les moyens relevant des mêmes « causes juridiques » que ceux qu'ils avaient évoqués initialement, les requérants sont conduits en pratique à invoquer quasi systématiquement, dès la requête introductive d'instance, par mesure de précaution, des moyens relevant tant de la « légalité externe » que de la « légalité interne » de l'acte, afin de se réserver la possibilité d'invoquer en cours d'instance d'autres moyens relevant des mêmes causes juridiques, ainsi entendues.

S'ils sont tous susceptibles d'entraîner l'annulation de l'acte attaqué, les différents cas d'ouverture ne présentent pas, en pratique, le même intérêt pour le requérant. En effet, l'annulation de l'acte ne peut être, pour lui, qu'une satisfaction partielle car provisoire, lorsque cette annulation ne fait pas obstacle, compte tenu de la nature et de la portée de l'illégalité relevée par le juge, à ce que l'administration reprenne une nouvelle décision substantiellement identique. Notamment, même lorsqu'ils sont fondés, les vices de légalité externe, qu'il s'agisse des vices de forme et de procédure (CE, sect., 1er juill. 2016, *Cne d'Émerainville*, n° 363047) ou même de l'incompétence (CE 21 avr. 2021, *Mme C.*, n° 437179), ne font pas obstacle à ce qu'une nouvelle décision identique soit prise, cette fois dans le respect des règles légales. En revanche, les vices de légalité interne interdisent, en principe, à l'administration de reprendre le même acte. Ce constat explique la logique de la jurisprudence *Sté Eden* (CE, sect., 21 déc. 2018, n° 409678). Lorsque cela lui est demandé par le requérant ou lorsqu'il est saisi de conclusions à fins d'injonction, le juge de l'excès de pouvoir doit examiner prioritairement les moyens qui sont de nature à donner à sa décision un effet utile, c'est-à-dire les moyens qui permettent, au-delà du prononcé de l'annulation de l'acte attaqué, la concrétisation d'un droit dont le requérant entend obtenir le bénéfice. Selon cette philosophie, les requérants sont donc moins les auteurs d'un procès fait à un acte, dans le cadre d'un contentieux objectif de la légalité, que de simples « particuliers intéressés à la sauvegarde de leurs droits » pour reprendre la terminologie du contentieux européen (CJCE, 5 févr. 1963, aff. 26-62, *Van Gend & Loos*).

§ 1 La légalité externe de l'acte

842 Les moyens de *légalité externe*[Q] sont l'incompétence (A), le vice de procédure (B) et le vice de forme (C).

A. L'incompétence

L'incompétence est un moyen d'ordre public susceptible d'être invoqué par les parties à tout moment de la procédure, voire d'office par le juge. Elle est constituée si l'autorité qui a pris la décision n'avait aucun pouvoir dans le domaine où elle est intervenue, ou même si elle est seulement allée au-delà des pouvoirs qui lui ont été conférés en ce domaine. Dans les deux cas, la sanction sera la même puisque l'autorité n'était pas habilitée à prendre la décision précisément attaquée. **843** ■

L'incompétence peut être matérielle, lorsque l'autorité a pris une décision dans une matière étrangère à ses attributions, ou territoriale lorsque l'auteur de l'acte a pris une décision concernant une partie du territoire sur lequel il n'a pas de compétence, ou encore temporelle, lorsqu'une autorité a adopté une décision alors qu'elle n'était pas encore compétente pour ce faire ou qu'elle ne l'était plus (v. ss 385 s.). **844** ■

Pour préserver la stabilité des situations juridiques, il est admis cependant qu'ont été valablement accomplis les actes qui l'ont été dans les formes légales par un agent dont chacun pouvait croire qu'il avait été régulièrement investi de ses fonctions publiques et continuait de l'être. Cette théorie dite du « fonctionnaire de fait » avait été consacrée notamment par la Cour de cassation dans un arrêt du 7 août 1883 concernant la fameuse affaire dite des « mariages de Montrouge » (les mariages célébrés par un conseiller municipal certes irrégulièrement doté des fonctions d'office de l'état civil restent néanmoins valables). Le Conseil d'État avait jugé, selon la même logique, qu'« un fonctionnaire irrégulièrement nommé aux fonctions qu'il occupe doit être regardé comme légalement investi desdites fonctions tant que sa nomination n'a pas été annulée » (CE 2 nov. 1923, *Assoc. des fonctionnaires de l'administration centrale des postes et télégraphes*, *Lebon* 699). Il en résulte que les actes qu'il a pris pendant cette période, même s'il a par exemple été irrégulièrement maintenu en fonctions au-delà de la limite d'âge, n'en sont pas pour autant annulables comme entachés d'incompétence (CE, sect., 16 mai 2001, *Préfet de police c/ M. Mtimet*, *AJDA* 2001. 647 ; *ibid.* 672, note A. Legrand, à propos d'un arrêté de reconduite à la frontière pris sur délégation du préfet de police de Paris alors qu'il avait dépassé la limite d'âge et avait été provisoirement chargé d'assurer son propre intérim ; si la décision de maintien dans les fonctions n'était pas légalement justifiée, l'acte accompli pendant cet intérim n'en reste pas moins valable sur le fondement de cette théorie du « fonctionnaire de fait », dont on trouve ici l'une des rares illustrations). **845** ■

Sont assimilées au vice d'incompétence, l'absence de consultation du Conseil d'État dans un cas où l'acte ne pouvait être pris qu'après avis du Conseil d'État (v. ss 691) ou l'absence de consultation d'un organisme, lorsque son avis conforme était requis (v. ss 399). **846** ■

L'expression d'« incompétence négative », qui concerne le cas où l'autorité a refusé à tort d'exercer sa compétence aux motifs qu'elle l'avait interprétée de façon trop restrictive, désigne en réalité une erreur de droit (v. ss 385). **847** ■

B. Le vice de procédure

848 Tout manquement aux règles de procédure (v. ss 394 s.) n'entraîne pas nécessairement l'annulation de l'acte. Il convient en effet de distinguer entre les « irrégularités substantielles », qui entraînent la nullité de l'acte, et celles qui n'ont pas eu d'influence sur le sens de la décision ou qui n'ont pas privé d'une garantie les personnes intéressées. Certaines circonstances peuvent en outre dispenser l'administration du respect d'une procédure qui s'analyse en réalité comme « une formalité impossible », du fait, par exemple, de l'obstruction des membres d'une commission qui refusent de se réunir ou de la suppression de l'organisme dont la consultation était prévue (v. ss 423).

C. Le vice de forme

849 Les annulations pour vice de forme sont relativement peu fréquentes, le juge administratif cherchant à éviter d'imposer à l'administration un formalisme qui serait susceptible d'entraver son action (v. ss 409 s.). Lorsqu'une loi impose le respect de certaines règles de forme à l'administration, telle la loi du 11 juillet 1979 relative à la motivation de certains actes administratifs, l'interprétation retenue par le juge administratif de ces obligations vise à leur conférer un effet utile pratique pour les administrés sans s'attacher nécessairement à la lettre des obligations ainsi imposées par la loi (v. ss 421).

§ 2 La *légalité interne*

850 Les vices de légalité susceptibles d'être sanctionnés par la voie du recours pour excès de pouvoir pourraient certes être tous analysés comme des violations de la loi si ce dernier terme est conçu dans un sens très général, puisque toute prescription découle d'un texte ou d'une norme jurisprudentielle. De façon cependant plus précise, il faut distinguer différents cas d'illégalité, liés à l'erreur sur le droit applicable (A), mais aussi sur les faits qui conduisent l'autorité administrative à prendre telle ou telle décision (B). Il se peut aussi, plus rarement, que l'illégalité résulte du fait que l'autorité a poursuivi un but autre que celui pour lequel telle ou telle compétence lui a été conférée (C).

A. La violation de la loi et l'erreur de droit

851 L'autorité administrative ne peut, lorsqu'elle prend une décision, méconnaître les normes qui lui sont supérieures, que celles-ci émanent de la Constitution, d'un traité international ou du droit communautaire, d'une loi ou encore de la jurisprudence. La violation de la loi vise toute méconnaissance du principe de légalité qui s'impose à l'administration (v. ss 30 s.).

L'autorité administrative commet également une *erreur de droit* lorsqu'elle se fonde sur une norme inapplicable, soit qu'elle ait cessé de produire ses effets, soit qu'elle vise d'autres situations que celle sur laquelle a statué l'autorité. Celle-ci commet aussi une erreur de droit lorsqu'elle se fonde sur une norme certes applicable, mais qu'elle a mal interprétée.

S'il apparaît que l'administration était bien fondée à prendre la décision qu'elle a adoptée, mais sur le fondement d'un autre texte que celui qu'elle a cru pouvoir invoquer, le juge administratif se réserve le pouvoir de procéder, même de sa propre initiative, à une substitution de base légale qui permettra d'éviter l'annulation de l'acte attaqué (CE, sect., 3 déc. 2003, *Préfet de la Seine-Maritime c/ El Bahi*, *AJDA* 2004. 202, chron. Donnat et Casas). **852 ■**

B. L'erreur de fait et l'erreur dans la qualification juridique des faits

Si l'administration s'est fondée, pour prendre sa décision, sur des faits inexacts alors qu'elle n'aurait pas pris la même décision si elle avait connu la réalité des faits, l'acte administratif sera annulé pour erreur de fait. Le juge administratif contrôle en effet naturellement la matérialité même des faits sur lesquels s'est fondée l'administration (CE 14 janv. 1916, *Camino*, *GAJA*, n° 28). **853 ■**

Si la matérialité des faits est bien constatée, mais si ces derniers ont été appréciés de façon incorrecte par l'administration, sa décision pourra encourir l'annulation pour erreur dans la *qualification juridique des faits*[Q] (CE 4 avr. 1914, *Gomel*, *GAJA*, n° 27). Le juge vérifiera, par exemple, si tel ou tel agissement, dont la matérialité est avérée, peut être ou non qualifié de faute disciplinaire, de cette qualification des faits dépendant la licéité de la sanction qui a été appliquée. **854 ■**

Si l'administration s'est fondée sur plusieurs faits, dont l'un seulement est inexact ou a été improprement qualifié, l'annulation ne sera prononcée que s'il n'apparaît pas certain que l'administration eût pris la même décision sur le fondement des seuls faits subsistants. **855 ■**

En revanche, si les motifs entachés d'erreur de fait ou d'erreur dans la qualification juridique des faits apparaissent surabondants, la décision attaquée échappera à l'annulation.

La substitution de motifs n'était possible, jusqu'il y a peu, que lorsque l'autorité administrative était en situation de compétence liée pour prendre la décision en cause (CE 8 juin 1934, *Augier*, *D.* 1934. III. 31 concl. Josse). En revanche, la substitution de motifs apparaissait exclue lorsque l'administration dispose d'un pouvoir discrétionnaire, puisqu'il était relevé que le juge serait, sinon, conduit à substituer sa propre appréciation d'opportunité à celle de l'administration. Le Conseil d'État est revenu sur cette jurisprudence pour admettre que, lorsque l'administration s'est fondée pour prendre sa décision sur un motif qui se révèle erroné, elle peut ensuite invoquer devant le juge un autre motif susceptible de justifier légalement sa décision (CE, sect., 6 févr. 2004, *Mme Hallal*, *D.* 2005. Pan. 35, obs. Frier ; *AJDA* 2004. 436, chron. Donnat et Casas). Cette possibilité de substitution de motifs peut pour le moins surprendre le destinataire de la décision qui en découvrira devant le juge le motif réel, différent de celui d'abord invoqué par l'administration, et sans que cela conduise à remettre en cause sa légalité. Elle est cependant encadrée par quelques limites : le motif nouvellement invoqué doit être fondé sur la situation existant à la date de la décision ; cette faculté n'est ouverte que devant les juges du fond (et peut par conséquent n'être demandée pour la première fois qu'en appel : CE 6 oct. 2008, *Vladimir D.*, *Dr. adm.* 2008, n° 167), mais reste exclue devant le juge de cassation. **856 ■**

Enfin, le destinataire de la décision a dû bénéficier, lors de l'édiction de la décision, de garanties procédurales équivalentes à celles dont il devait bénéficier en vertu du motif substitué (CAA Lyon, 9 mai 2006, *CHU de Grenoble c/ Mme Mazilli*, *AJDA* 2006. 1485, note E. Kolbert).

La substitution de motif peut être utilisée dans des situations d'une grande complexité. Ainsi, le Conseil d'État, amené à contrôler la légalité d'une décision ministérielle de contrôle des concentrations, a procédé à une substitution de motifs (CE 13 févr. 2006, *Sté fiducial informatique*, *Lebon* 66, *RFDA* 2006. 702, concl. E. Glaser), mais après avoir saisi pour avis le Conseil de la concurrence quant à la conformité aux règles concurrentielles du motif que l'administration souhaitait voir substitué (CE 20 juill. 2005, *Sté fiducial informatique et a.*, *Lebon* 334, *RFDA* 2006. 692, concl. E. Glaser).

C. Le détournement de pouvoir

857 La notoriété du détournement de pouvoir comme cas d'ouverture du recours pour excès de pouvoir, liée au caractère souvent pittoresque des cas dans lesquels il a été relevé, dépasse largement son efficacité pratique réelle. Souvent invoqué par les requérants, le détournement de pouvoir est rarement retenu par le juge, même s'il n'en résulte pas véritablement un déclin (v. L.-V. Fernandez Maublanc, « Le prétendu déclin du détournement de pouvoir », in *Mélanges J.-M. Auby*, Dalloz, 1992, p. 239).

Il est vrai que la jurisprudence en la matière est restée célèbre. Ainsi, dans un arrêt du 26 novembre 1875, le Conseil d'État annula un arrêté de fermeture d'une fabrique d'allumettes au motif que le préfet avait « usé des pouvoirs de police qui lui appartenaient sur les établissements dangereux, incommodes ou insalubres, pour un objet autre que celui à raison desquels ils lui étaient conférés » (CE 26 nov. 1875, *Pariset et Laumonnier-Carriol*, *GAJA*, n° 4). En l'espèce, ces mesures de police avaient été prises dans un intérêt public, certes, mais sans rapport avec les finalités des pouvoirs de police confiés aux préfets en la matière. Il s'agissait en effet d'éviter de devoir verser des indemnités d'expropriation, à la suite d'une loi établissant au profit de l'État le monopole de la fabrication des allumettes et prononçant l'expropriation des fabriques existantes.

858 Le détournement de pouvoir est dans ce cas constitué alors que l'administration a bel et bien poursuivi un objectif d'intérêt public, mais qui n'est pas celui pour lequel les pouvoirs qu'elle a utilisés lui ont été conférés. Ainsi un maire ne peut interdire aux baigneurs de se déshabiller et de s'habiller sur la plage pour les forcer à utiliser les cabines municipales de bain dont l'exploitation est payante (CE 4 juill. 1924, *Beaugé*, *Lebon* 641). De même, le conseil municipal ne peut utiliser le pouvoir qu'il détient d'attribuer des secours individuels à certaines familles pour, en réalité, faire bénéficier toute une catégorie de contribuables de la commune d'une forme de dégrèvement d'impôt (CE 23 mars 1988, *Ville de Puteaux*, *Lebon* 130).

859 L'annulation ne peut qu'être prononcée, *a fortiori*, lorsque l'acte administratif est pris dans un but étranger à tout intérêt public. Il peut s'agir, notamment, de mesures inspirées par des sentiments de vengeance ou d'animosité personnelle (CE 23 juill. 1909, *Fabrègue*, *Lebon* 727 : suspensions répétées d'un garde champêtre par le maire pour assouvir le désir de vengeance de ce dernier) ou par des raisons purement

politiques (CE 13 mars 1968, *Cne de Malaussène*, *Lebon* 180 : licenciement d'un agent sous prétexte d'insuffisance professionnelle mais motivé en réalité par des considérations politiques).

Si les actes entachés de détournement de pouvoir émanent fréquemment d'autorités locales, il peut cependant arriver qu'un décret soit annulé à ce titre, parce qu'il modifie, par exemple, les conditions de nomination de certains fonctionnaires alors qu'il n'a que pour but, en réalité, de permettre la nomination d'une personne déterminée (CE 13 janv. 1995, *Synd. autonome des inspecteurs généraux et inspecteurs de l'administration, RD publ.* 1995. 1091, note Prétot).

Le détournement de procédure se rapproche du détournement de pouvoir en ce que l'administration utilise une procédure inadaptée aux fins qu'elle poursuit afin, en règle générale, d'éluder certaines garanties devant être normalement respectées (CE 18 déc. 1968, *Brunne*, *Lebon* 658 : commet un détournement de procédure un directeur d'école qui abaisse les notes d'un élève afin de procéder à son exclusion pour motif disciplinaire, au lieu d'engager une procédure disciplinaire avec les garanties afférentes). **860**

section **2**

L'étendue du contrôle du juge

La distinction du pouvoir discrétionnaire et de la compétence liée (v. ss 138 s.) affecte la distinction entre contrôle restreint et contrôle normal. **861**

Lorsque l'administration dispose d'un pouvoir discrétionnaire pour choisir la décision qui lui apparaît la mieux adaptée en opportunité, le juge peut alors choisir d'exercer un *contrôle restreint* ⁹. Ceci ne signifie pas que le juge renonce à exercer un contrôle sur le large pouvoir d'appréciation des faits dont dispose l'autorité administrative. Même lorsque l'administration dispose d'un pouvoir discrétionnaire, « la décision qu'elle prend ne doit pas reposer sur des faits matériellement inexacts, sur une erreur de droit, sur une erreur manifeste d'appréciation ou être entachée de détournement de pouvoir » (CE, sect., 25 avr. 1980, *Institut technique de Dunkerque*, *AJDA* 1980. 591, concl. Théry). Le juge administratif peut ainsi contrôler les motifs de la décision, même s'il ne censurera que les erreurs grossières d'appréciation commises par l'administration. Par exemple, dans le domaine très politique des nominations à la discrétion du gouvernement, le Conseil d'État se borne à un contrôle de l'erreur manifeste d'appréciation sur les compétences de la personne nommée (CE 23 déc. 2011, *Syndicat parisien des administrations centrales*, *RFDA* 2012. 115, note B. Pacteau). De même, la décision procédant au redécoupage des cantons dans un département n'est soumise qu'à un contrôle de l'erreur manifeste (CE, sect., 5 nov. 2014, *Ceccaldi et. a.*, n° 378140).

Si le contrôle de l'*erreur manifeste d'appréciation* ⁹ tend donc à se généraliser à tous les cas de contrôle restreint, quelques très rares domaines y échappent encore. Il en est ainsi des décisions des jurys d'examen ou de concours, dont les appréciations échappent à tout contrôle du juge, en dehors de l'erreur sur la matérialité des faits, l'erreur de droit et le détournement de pouvoir (CE 22 juin 1994, *Lugan*, *Lebon* 326 : **862**

« L'appréciation portée par la section du Conseil national des universités sur la qualification des candidats n'est pas susceptible d'être contestée devant le juge de l'excès de pouvoir »). Le bien-fondé des observations d'une chambre régionale des comptes concernant l'appréciation qu'elle a portée sur la gestion d'une collectivité ou d'un organisme ne peut non plus être discuté devant le juge administratif. Si celui-ci est saisi d'un recours contre la décision d'une chambre refusant d'apporter une rectification à ses observations, il pourra certes contrôler la régularité de la procédure suivie et vérifier que la décision ne repose pas sur des faits inexacts ou sur une erreur de droit mais il se refuse même à s'engager sur le terrain d'une éventuelle erreur manifeste d'appréciation (CE, avis cont., 15 juill. 2004, *M. Chabert, CJEG/RJEP* 2005, p. 65).

■ 863 La tendance observée au cours des dernières décennies va cependant dans le sens d'une extension des domaines dans lesquels le juge opère un contrôle approfondi. En certaines matières le juge administratif est en effet passé d'un contrôle restreint, limité à l'erreur manifeste d'appréciation, à un *contrôle normal*[Q], dans lequel il est procédé au contrôle de l'appréciation des faits dans toute sa plénitude. C'est ainsi que, depuis deux arrêts de 1983 (CE 18 mars 1983, *Mulsant, Lebon* 125 et CE, sect., 10 juin 1983, *Raoult, Lebon* 251, *RD publ.* 1983. 1404, note J. Waline), le Conseil d'État opère un contrôle normal sur les appréciations que fait l'administration, lorsqu'elle arrête la liste des candidats à un concours de la fonction publique, sur les « garanties requises pour l'exercice des fonctions » que doivent présenter les candidats. La jurisprudence administrative récente témoigne du développement du contrôle normal, notamment dans le domaine des sanctions administratives. Ainsi, le Conseil d'État a étendu ce dernier au choix de la sanction infligée à un agent public (CE, ass., 13 nov. 2013, *Dahan*, n° 347704) ou à un prisonnier (CE 1er juin 2015, *M.A.*, n° 380449). D'autres décisions confirment ce mouvement dans le domaine des expulsions d'étrangers pour menace grave à l'ordre public (CE 12 févr. 2014, *Ministre de l'Intérieur*, n° 365644) et dans celui des autorisations de changement de nom en cas d'intérêt légitime (CE 31 janv. 2014, *Retterer*, n° 362444).

■ 864 Un plein *contrôle de proportionnalité*[Q] s'exerce dans des domaines de plus en plus étendus et permet d'apprécier l'adéquation des moyens au regard des fins, mais aussi l'appréciation des fins au regard des moyens. En effet, si les objectifs poursuivis par l'administration, par exemple en matière d'urbanisme, sont tels qu'ils supposent, pour être atteints, des mesures d'une extrême gravité au regard des intérêts privés ou d'autres intérêts publics, celles-ci pourront être remises en cause à la suite d'une « balance coûts – avantages » opérée par le juge (CE, ass., 28 mai 1971, *Fédération de défense des personnes concernées par le projet actuellement dénommé « Ville nouvelle Est », Lebon* 409 ; CE, ass., 20 oct. 1972, *Sté Civile Sainte Marie de l'Assomption, Lebon* 657 : le décret déclarant d'utilité publique l'expropriation du parc d'un hôpital psychiatrique pour permettre le passage d'une bretelle autoroutière est annulé en raison du caractère excessif des inconvénients d'ordre social et de l'atteinte à d'autres intérêts publics qu'implique cette opération, par rapport à l'intérêt qu'elle présente).

Les annulations prononcées à ce titre concernent généralement des projets d'intérêt local ou régional (v. par ex. CE 10 juill. 2006, *Assoc. interdépartementale et intercommunale pour la protection du lac de Sainte-Croix, de son environnement, des lacs et sites du Verdon, AJDA* 2006. 1412). Mais il peut arriver que la censure du Conseil d'État s'exerce à l'égard d'un projet d'intérêt national tel que la construction de l'autoroute A 400, dont il a été jugé que « le coût financier au regard du trafic attendu doit être regardé à lui seul comme excédant l'intérêt de l'opération et comme de nature à lui retirer son caractère d'utilité publique » (CE, ass., 28 mars 1997, *Assoc. c/ le projet de l'autoroute transchablaisienne et a.*, *RFDA* 1997. 740, concl. Denis-Linton ; *RD publ.* 1997. 1433, note J. Waline).

section 3

La modulation des effets d'une annulation

L'annulation contentieuse d'un acte administratif implique en principe que celui-ci 865 ■
est réputé n'être jamais intervenu. La cessation immédiate de ses effets et *a fortiori* leur disparition rétroactive peuvent cependant créer dans certains cas de vraies difficultés. Tel aurait pu être le cas de l'annulation des arrêtés du ministre des Affaires sociales portant agrément d'avenants à une convention relative à l'indemnisation du chômage pour la période allant du 1er janvier 2001 au 31 décembre 2003 et agréant les stipulations d'une convention du 1er janvier 2004. La disparition rétroactive des premiers risquait de placer tant les allocataires de l'assurance chômage que les cotisants dans les plus graves incertitudes quant à leur situation et à leurs droits pendant la période allant de début 2001 à fin 2003. Il a été décidé dans ces conditions de limiter dans le temps les effets de l'annulation et, sous réserve des actions contentieuses engagées contre les actes pris sur leur fondement, de disposer que les effets de ces arrêtés étaient devenus définitifs. S'agissant de la convention du 1er janvier 2004, il a été décidé par le Conseil d'État « qu'eu égard à l'intérêt qui s'attache à la continuité du versement des allocations et du recouvrement des cotisations, à laquelle une annulation rétroactive des dispositions des arrêtés attaqués… porterait une atteinte manifestement excessive », il y avait lieu de permettre aux autorités administratives de prendre les dispositions nécessaires à cette continuité et, pour ce faire, de ne prononcer l'annulation qu'à compter d'une date postérieure de près de deux mois à l'arrêt lui-même (CE, ass., 11 mai 2004, *Assoc. AC ! et a.*, *RFDA* 2004. 454, concl. Devys ; v. bibl. ci-dessous).

À cette occasion, le Conseil d'État a énoncé de façon constructive et nuancée les principes relatifs à l'office du juge et, par là, à la modulation dans le temps des effets d'une annulation contentieuse. Il a été jugé qu'il appartient au juge, après avoir recueilli les observations des parties sur ces points, de rapprocher les conséquences de la rétroactivité de l'annulation pour les divers intérêts publics ou privés en présence, d'une part, et les inconvénients que présenterait une limitation dans le temps des effets de l'annulation au regard du principe de légalité et du droit des justiciables à un recours effectif, d'autre part. Le juge décidera alors si ces éléments « peuvent justifier qu'il soit dérogé à titre exceptionnel au principe de l'effet rétroactif des annulations contentieuses ».

Les illustrations du recours à la modulation sont nombreuses, et justifiées tant par des nécessités sociales qu'économiques, voire d'opportunité juridictionnelle. Le Conseil d'État a ainsi annulé pour erreur de droit une décision de l'Autorité de régulation des télécommunications (ART) mais a relevé que « la disparition rétroactive des dispositions litigieuses porterait une atteinte manifestement excessive à l'intérêt qui s'attache au respect du droit communautaire et au développement de la concurrence sur les marchés des nouveaux services de télécommunication, notamment de l'Internet haut débit ». Il a alors décidé que l'annulation de la décision ne prendrait effet qu'à l'expiration d'un délai de deux mois à compter de la notification de sa décision à l'ART, pour permettre à celle-ci de mettre à profit ce délai pour reprendre une décision sur des bases purgées de toute illégalité (CE, sect., 25 févr. 2005, *France Télécom*, *RFDA* 2005. 802, concl. E. Prada-Bordenave ; *JCP Adm.* 2005, n° 1162, p. 632, note E. Saulnier-Cassia).

Ce nouveau pouvoir peut parfois être jugé comme destiné à faciliter l'action de l'administration. Il est vrai que les nécessités de l'action administrative peuvent sembler prioritaires lorsque la modulation de l'effet des décisions est accordée, telle l'hypothèse où le ministre de la Santé se voit octroyer un délai de six mois pour régulariser un fichier illégal (CE 11 janv. 2006, *Assoc. des familles victimes du saturnisme*, *Dr. adm.* 2006, n° 50). Dans une hypothèse proche, le Conseil d'État a accordé à l'autorité réglementaire un délai pour exécuter une décision remettant en vigueur un décret suspendu, compte tenu des difficultés « auxquelles l'administration ne serait pas en état de parer immédiatement elle-même » (CE, sect., 27 oct. 2006, *Sté Techna et a.*, *RFDA* 2007. 265, concl. F. Séners) et ce alors même que la révocation de la suspension était, compte tenu de la jurisprudence communautaire, prévisible depuis près d'un an. La compréhension accordée aux nécessités de l'action administrative, voire jurisprudentielle, est fréquemment illustrée. Ainsi, le Conseil d'État a pu donner à l'annulation d'une disposition réglementaire déterminant le montant de la rémunération pour copie privée prélevée sur les supports de stockage électronique un effet différé ; cette décision ayant, pendant l'instance, été abrogée, il n'a fait produire d'effets à l'annulation qu'à compter de la date de l'abrogation (CE 17 déc. 2010, *UFC Que Choisir*, *AJDA* 2011. 854, note O. Bui-Xuan).

De façon exceptionnelle, il semble que l'application de la jurisprudence *Association AC !* soit écartée lorsqu'est en cause l'incompatibilité d'un acte national avec le droit de l'Union. Dans une telle hypothèse, la modulation dans le temps des effets de l'annulation de l'acte est possible mais selon une autre méthode juridictionnelle, directement inspirée du droit de l'Union (CJUE, 28 févr. 2012, *Inter-Environnement Wallonie et Terre wallonne*, aff. C-41/11). Ainsi, le maintien provisoire de l'acte n'est possible qu'en présence de considérations impérieuses d'intérêt général (CE 23 juill. 2014, *Société Octapharma France*, n° 349717), constatées, le cas échéant, après renvoi préjudiciel à la Cour de justice de l'Union européenne (CE 26 juin 2015, *Association France nature environnement*, n° 360212).

Cette évolution témoigne d'une profonde modification du rôle du juge administratif de la légalité, qui combine désormais modulation dans le temps de l'effet de ses décisions et injonction faite à l'administration. Il peut ainsi désormais, par une même décision, constater l'illégalité d'une décision administrative puis, après avoir vérifié que cette illégalité n'était due qu'à une irrégularité procédurale, différer l'annulation, et enjoindre à l'administration d'adopter la même décision, en respectant cette fois les formalités procédurales nécessaires (CE 3 mars 2009, *Assoc. française c/ les myopathies*, *JCP Adm.* 2009, n° 2116, note D. Bailleul). Se dessine ainsi la figure d'un juge non plus censeur, mais tuteur de l'administration, qui fait en sorte que les décisions administratives deviennent légales à l'issue d'un processus réglementaire dans lequel il s'insère pleinement. Au-delà de l'évidente atténuation de la distinction du contentieux de l'excès de pouvoir et du plein contentieux, c'est, semble-t-il, un relatif effacement de la distinction entre le juge et l'administrateur qui s'opère.

Compléments pédagogiques

Quid

■ Contrôle de proportionnalité n° 864

Lorsqu'il exerce un contrôle de proportionnalité, ou *contrôle maximum*, le juge ne déclarera légale la décision qui lui est soumise que si elle est en adéquation exacte aux faits et à l'objectif qu'elle poursuit. Ce contrôle s'exerce surtout lorsque les décisions de l'administration sont susceptibles de porter atteinte à l'exercice d'une liberté publique, et s'applique donc essentiellement en matière de mesures de police administrative et dans le contentieux de l'expropriation pour cause d'utilité publique ; dans ce second cas, la technique du *bilan coût avantages* permet au juge de mettre en balance les avantages et les inconvénients du projet, afin de déterminer l'opportunité de la décision prise.

■ Contrôle normal n° 863

Par le contrôle normal, outre tous les points déjà contrôlés dans le cas d'un contrôle restreint, ce n'est plus seulement l'erreur manifeste d'appréciation de la qualification des faits ou du choix de la décision qui sera contrôlée, mais bien cette qualification et ce choix proprement dits, sans que le juge entre pour autant dans des considérations d'opportunité qui appartiennent au pouvoir discrétionnaire de l'administration.

■ Contrôle restreint n° 861

Le contrôle qu'exerce le juge administratif sur les actes de l'administration peut-être plus ou moins étendu. Le contrôle restreint peut normalement être exercé sur tous les actes décisoires de l'administration ou ne ressortissant pas de la catégorie des actes de gouvernement. Il comprend le contrôle de la compétence de l'auteur de l'acte, de l'exactitude matérielle des faits, de l'erreur de droit et de l'erreur manifeste d'appréciation. Ce dernier aspect est exceptionnellement exclu du contrôle juridictionnel, l'administration disposant alors du pouvoir discrétionnaire le plus étendu.

■ Erreur de droit n° 851

L'administration commet une erreur de droit entachant sa décision d'illégalité lorsqu'elle s'est fondée sur une mauvaise interprétation des textes applicables, ou a fait application d'un autre texte que celui régissant la matière de sa décision. S'il s'agit d'un motif d'annulation, le juge pourra pourtant effectuer une *substitution de base légale*, dans le cas où la décision aurait été identique si elle avait été prise en application des textes adéquats.

■ Erreur manifeste d'appréciation n° 862

L'erreur manifeste d'appréciation est une erreur grossière commise par l'administration dans l'appréciation des faits qui ont motivé la décision soumise au contrôle du juge ou dans le choix de la décision. L'erreur manifeste d'appréciation est contrôlée dans tous les cas par le juge administratif, à l'exception de ceux où s'exerce un contrôle minimum restreint.

■ Légalité externe n° 842

Le contrôle de la légalité externe d'une décision administrative est effectué sur le respect des règles de compétences, sur la forme de l'acte et sur la procédure qui devait être suivie pour son édiction.

■ Légalité interne n° 850

Le contrôle de la légalité interne permet au juge de vérifier que l'acte qui lui est soumis respecte la hiérarchie des normes, c'est-à-dire est soumis aux éléments du bloc de légalité qui lui sont supérieurs.

■ Qualification juridique des faits n° 854

Le contrôle de la qualification juridique des faits est toujours effectué par le juge, à l'exception des cas où le contrôle minimum restreint trouve à s'appliquer. La qualification juridique des faits consiste à apprécier si un fait dont l'existence a été constatée est bien de nature à justifier une décision. L'intensité de ce contrôle varie de l'erreur manifeste d'appréciation au contrôle de l'opportunité de la décision.

Documents

L'étendue du contrôle du juge de l'excès de pouvoir

CE, ass., 17 février 1950, *Ministre de l'Agriculture c/ Dame Lamotte*
(*GAJA*, n° 57)

Considérant que l'art. 4 alin. 2 de l'acte dit loi du 23 mai 1943 dispose : « L'octroi de la concession ne peut faire l'objet d'aucun recours administratif ou judiciaire » ; que [...] cette disposition [...] n'a pas exclu le recours pour excès de pouvoir devant le Conseil d'État contre l'acte de concession, recours qui est ouvert même sans texte contre tout acte administratif et qui a pour effet d'assurer, conformément aux principes généraux du droit, le respect de la légalité.

⇨ *Ouverture du recours pour excès de pouvoir contre les actes administratifs, même sans texte.*

CE 26 novembre 1875, *Pariset*
(*GAJA*, n° 4)

Considérant qu'il est établi par l'instruction que le préfet, en ordonnant la fermeture de la fabrique d'allumettes du sieur Pariset, en vertu des pouvoirs de police qu'il tenait des lois et règlements sur les établissements dangereux, incommodes et insalubres, n'a pas eu pour but les intérêts que ces lois et règlements ont en vue de garantir ; qu'il a agi en exécution d'instructions émanées du ministre des finances à la suite de la loi du 2 août 1872 et dans l'intérêt d'un service financier de l'État ; qu'il a ainsi usé des pouvoirs de police qui lui appartenaient sur les établissements dangereux, incommodes ou insalubres pour un objet autre que celui à raison desquels ils lui étaient conférés, et que le sieur Pariset est fondé à demander l'annulation de l'arrêté attaqué par application des lois des 7-14 octobre 1790 et 24 mai 1872.

⇨ *Contrôle du détournement de pouvoir.*

CE 14 janvier 1916, *Camino* (*GAJA*, n° 28)

Considérant que si le Conseil d'État ne peut apprécier l'opportunité des mesures qui lui sont déférées par la voie du recours pour excès de pouvoir, il lui appartient, d'une part, de vérifier la matérialité des faits qui ont motivé ces mesures, et, d'autre part, dans le cas où lesdits faits sont établis, de rechercher s'ils pouvaient légalement motiver l'application des sanctions prévues par la disposition précitée.

⇨ *Contrôle de l'exactitude matérielle des faits et de leur qualification juridique.*

CE, sect., 10 juin 1983, *Raoult* (*AJDA* 1983. 552, concl. Martine Laroque)

Considérant qu'il appartient au garde des Sceaux, ministre de la Justice, chargé par l'article 16 du décret susvisé du 4 mai 1972 de fixer la liste des candidats admis à prendre part aux épreuves du concours d'entrée à l'École nationale de la magistrature, d'apprécier, dans l'intérêt du service, si les candidats présentent les garanties requises pour l'exercice de fonctions auxquelles donnent accès les études poursuivies à l'école ; qu'il peut à cet égard tenir compte de faits et manifestations antérieurs à la candidature de l'intéressé, s'ils établissent son inaptitude à exercer les fonctions dont s'agit ; qu'il incombe au juge de l'excès de pouvoir de vérifier que la décision ainsi prise est fondée sur des faits matériellement exacts et de nature à la justifier légalement.

⇨ *Contrôle normal en matière d'appréciation de l'aptitude des candidats à un concours.*

CE, ass., 28 mai 1971, *Ministre de l'Équipement et du Logement c/ Fédération de défense des personnes concernées par le projet actuellement dénommé « Ville Nouvelle Est »* (*GAJA*, n° 80)

Considérant qu'une opération ne peut être légalement déclarée d'utilité publique que si les atteintes à la propriété privée, le coût financier et éventuellement les inconvénients d'ordre social qu'elle comporte ne sont pas excessifs eu égard à l'intérêt qu'elle présente.

⇨ *Théorie du « bilan coût avantages » et contrôle de proportionnalité.*

CE, ass., 11 mai 2004, *Association AC ! et autres* (*GAJA*, n° 105)

En ce qui concerne l'office du juge :

Considérant que l'annulation d'un acte administratif implique en principe que cet acte est réputé n'être jamais intervenu ; que, toutefois, s'il apparaît que cet effet rétroactif de l'annulation est de nature à emporter des conséquences manifestement excessives en raison tant des effets que cet acte a produits et des situations qui ont pu se constituer lorsqu'il était en vigueur que de l'intérêt général pouvant s'attacher à un maintien temporaire de ses effets, il appartient au juge administratif – après avoir recueilli sur ce point les observations des parties et examiné l'ensemble des moyens, d'ordre public ou invoqués devant lui, pouvant affecter la légalité de l'acte en cause – de prendre en considération, d'une part, les conséquences de la rétroactivité de l'annulation pour les divers intérêts publics ou privés en présence et, d'autre part, les inconvénients que présenterait, au regard du principe de légalité et du droit des justiciables à un recours effectif, une limitation dans le temps des effets de l'annulation ; qu'il lui revient d'apprécier, en rapprochant ces éléments, s'ils peuvent justifier qu'il soit dérogé à titre exceptionnel au principe de l'effet rétroactif des annulations contentieuses et, dans l'affirmative, de prévoir dans sa décision d'annulation que, sous réserve des actions contentieuses engagées à la date de celle-ci contre les actes pris sur le fondement de l'acte en cause, tout ou partie des effets de cet acte antérieurs à son annulation devront être regardés comme définitifs ou même, le cas échéant, que l'annulation ne prendra effet qu'à une date ultérieure qu'il détermine.

⇨ *Modulation dans le temps des effets d'une annulation contentieuse.*

Biblio

- Dossier « Cent ans après l'arrêt *Boussuge* », *JCP Adm.* 2012, n° 38-39.
- D. Bailleul, *L'efficacité comparée des recours pour excès de pouvoir et de plein contentieux objectif en droit public français*, LGDJ, 2002.
- M. Bernard, « Le recours pour excès de pouvoir est-il frappé à mort ? », *AJDA* juin 1995. 190, n° spécial « Droit administratif ».
- P. Delvolvé, « Recours pour excès de pouvoir et droits subjectifs », in *Mélanges J.-P. Costa*, Dalloz, 2011, p. 219.
- O. Dubos et F. Melleray, « La modulation dans le temps des effets de l'annulation d'un acte administratif », *Dr. adm.* 2004. Chron. 15.
- M. Gros, « Fonctions manifestes et latentes du détournement de pouvoir », *RD publ.* 1997. 1236.
- D. Labetoulle, « Le vice de procédure, parent pauvre de l'évolution du pouvoir d'appréciation du juge de l'annulation », in *Mélanges Y. Jégouzo*, Dalloz, 2009, p. 479.
- A. Mestre, *Le Conseil d'État, protecteur des prérogatives de l'administration (Études sur le recours pour excès de pouvoir)*, LGDJ, 1974.
- C. Pasbecq, « De la frontière entre la légalité et l'opportunité dans la jurisprudence du juge de l'excès de pouvoir », *RD publ.* 1980. 803.
- J. Rivero, « Le Huron au Palais-Royal ou réflexions naïves sur le recours pour excès de pouvoir », *D.* 1962. Chron. 37.
- B. Seiller, « L'illégalité sans annulation », *AJDA* 2004. 963.
- J.-M. Woehrling, « Vers la fin du recours pour excès de pouvoir ? », in *L'État de droit, Mélanges en hommage à G. Braibant*, Dalloz, 1996, p. 777.
- Dossier sur « La modulation dans le temps des effets d'une annulation contentieuse », *RFDA* 2004. 437-474 et 663-712.

Quiz

1) Sujet corrigé

Cas pratique

Énoncé

Après avoir été vivement ému par un accident survenu au jeune garçon d'un couple d'amis et à la suite d'un avis favorable du conseil municipal de Foncine-le-Bas (Jura), le maire décide, le 4 février 2013, de prendre un arrêté interdisant la pratique du roller-blade, du skateboard et de tous autres moyens de locomotion assimilables sur l'ensemble du territoire de la commune.

Le maire argue de ce qu'en vertu de ses pouvoirs de police il est habilité à prendre toutes mesures visant à protéger l'intérêt général et à prévenir d'éventuels troubles à l'ordre public.

L'arrêté indique d'une part que la présence, en particulier dans les rues commerçantes de la ville, de trop nombreux amateurs de roller-blade ou de skateboard roulant trop vite constitue un danger pour les piétons, d'autre part que cette pratique est l'occasion de rassemblements bruyants de jeunes gens produisant parfois des sentiments d'insécurité pour une large fraction de la population.

M. Lerouleur, directeur d'un établissement commercial spécialisé dans les articles de sport implanté dans la commune voisine de Foncine-le-Haut, par ailleurs pratiquant assidu de nombreux « sports de glisse », décide aux premiers jours du printemps d'intenter un recours contre l'arrêté du maire de Foncine-le-Bas.

M. Lerouleur peut-il exercer un recours contre l'arrêté de l'autorité de police de Foncine-le-Bas ? Ce recours est-il susceptible d'aboutir à l'annulation de l'arrêté ?

Voir le corrigé en fin de rubrique.

2) Sujet d'examen

Commentaire de texte

Commenter, au regard notamment des évolutions jurisprudentielles récentes, la phrase suivante :

« Il ne faut pas se cacher que, dans le passé, le Conseil d'État a parfois fait des efforts pour sauver des décisions dont la légalité était très sérieusement contestée, en s'attachant à l'intérêt général qui s'attache au maintien des situations acquises [...]. Nous avons fait des efforts pour sauver, au nom de l'intérêt général, des décisions qui auraient pu être annulées » (R. Denoix de Saint Marc, Vice-président du Conseil d'État, entretien accordé à l'*AJDA* 2005. 629).

3) Corrigé

Cas pratique

L'arrêté du maire est un acte administratif à caractère réglementaire. Le recours que désire exercer M. Lerouleur constitue donc un recours pour excès de pouvoir. S'agissant d'un tel recours, il importe tout d'abord de rechercher s'il serait *recevable*, puis si les moyens qu'il pourrait invoquer seraient susceptibles de conduire à l'annulation de l'acte.

1. Pour être recevable, la requête de M. Lerouleur doit répondre à des conditions tenant à sa situation personnelle, mais aussi à la forme de sa requête et aux délais dans lesquels celle-ci peut être introduite.

a. M. Lerouleur doit donc tout d'abord pouvoir justifier d'un intérêt lui donnant qualité à agir contre la décision du maire. Cet intérêt doit, selon les principes généraux du contentieux administratif, être personnel, légitime, direct et certain. Ici, la principale difficulté porte sur le caractère personnel et direct de l'intérêt : M. Lerouleur n'est manifestement pas dans une situation illégale, et la décision du maire est susceptible de lui porter un préjudice certain, parce que déjà en cours de réalisation.

Le caractère personnel de l'intérêt en cause pourrait sembler difficile à admettre : M. Lerouleur n'est pas administré de la commune de Foncine-le-Bas, et la décision du maire de cette commune ne lui est *a priori* pas destinée. Cependant, le recours sera jugé recevable, car l'intérêt doit être examiné en rapport avec la qualité dont se prévaut le requérant : ici, ce n'est pas en tant qu'électeur ou contribuable de la commune que M. Lerouleur décide d'intenter un recours pour excès de pouvoir contre la décision du maire, mais parce que cette décision est susceptible de léser directement son intérêt économique (le fonctionnement de son commerce d'articles de sports) ainsi que sa pratique personnelle du sport concerné. Il justifie donc nettement d'un intérêt direct et personnel lui donnant qualité à agir contre la décision du maire.

b. Mais encore faut-il, pour que sa requête soit recevable, que celle-ci respecte les conditions de forme. La requête doit être introduite dans les délais du recours contentieux, et doit en outre respecter certaines conditions purement formelles. Dans le cas présent, ces questions ne soulevaient pas de difficultés majeures : la décision du maire est adoptée le 4 février et, en l'absence de précisions à ce sujet, on peut supposer qu'elle a été régulièrement publiée dans les jours suivants. Le délai de recours de deux mois ayant pour point de départ la date de publication, M. Lerouleur a la possibilité d'intenter un recours pour excès de pouvoir contre l'acte en cause au moins jusqu'au 4 avril : il ne lui reste donc que quelques jours pour déposer son recours après le début du printemps. On rappellera d'ailleurs qu'il pourra toujours déposer à la hâte sa *requête introductive d'instance*, accompagnée d'une partie des moyens qu'il compte invoquer, en faisant part ultérieurement au juge, par un mémoire ampliatif, d'une argumentation plus étayée.

2. Le Tribunal administratif ayant été régulièrement saisi, et la requête de M. Lerouleur étant recevable, le juge peut ensuite examiner le fond de la requête, c'est-à-dire la question de la légalité de l'arrêté municipal. Celle-ci sera, suivant les principes traditionnels en la matière, examinée tant du point de vue de la légalité externe que de la légalité interne.

a. Les conditions de la légalité externe de l'arrêté municipal sont de deux sortes : l'arrêté doit avoir été adopté par l'autorité compétente ; il devait être pris à l'issue d'une procédure régulière.

La décision en cause est un arrêté municipal, c'est-à-dire une décision du maire, dans un domaine (la police de la circulation sur le territoire de la commune) qui lui appartient en propre. Le maire était donc sans conteste l'autorité compétente pour l'édiction de l'acte. La procédure suivie peut cependant appeler certaines réserves : les pouvoirs de police n'appartenant pas à la commune d'une façon générale, mais exclusivement au maire, le conseil municipal n'avait pas à être consulté sur l'arrêté. Cette consultation est toutefois sans effet sur la décision proprement dite : c'est bien le maire qui a adopté l'arrêté municipal, l'avis favorable du conseil municipal n'étant ici aucunement une *condition* de la décision ; ne s'agissant pas d'une procédure d'avis conforme, il était loisible au maire de consulter tous les organismes et autorités dont l'avis lui semblait devoir être recueilli.

b. La légalité externe de l'acte ayant été respectée, il ne restait plus à M. Lerouleur qu'à exciper de *l'illégalité interne* de tout ou partie de l'arrêté municipal pour en espérer l'annulation.

M. Lerouleur pouvait invoquer la *violation d'une règle de droit*, en l'occurrence le principe jurisprudentiel selon lequel les mesures de police administratives ne doivent être ni générales, ni absolues (CE, ass., 22 juin 1951, *Daudignac*). L'interdiction portée par l'arrêté municipal concerne l'intégralité du territoire de la commune, et ne comporte aucune indication de temps : le juge ayant quelque réticence à admettre la légalité de telles mesures, le recours de M. Lerouleur avait quelque chance d'être accueilli sur ce point.

Il avait d'autant plus de chances de succès que le juge administratif exerce, en matière de contrôle des mesures de police administrative, un *contrôle maximum*, c'est-à-dire qu'il vérifie la proportionnalité de la mesure de police avec les faits invoqués par la décision. En l'espèce, il y a d'un côté un fait dont le juge constatera tout d'abord la matérialité (le dommage causé par une personne circulant au moyen d'un moyen de locomotion non motorisé), et de l'autre une mesure de police administrative portant interdiction générale d'utiliser ce type de moyen de locomotion. La mesure prise sera vraisemblablement jugée disproportionnée avec les faits auxquels elle se rapporte, seules des restrictions (et non une interdiction totale) étant ici envisageables : le Conseil d'État pose en effet comme principe dans l'arrêt *Benjamin* (19 mai 1933) que si « l'éventualité de troubles [...] ne présent(e) pas un degré de gravité tel » que l'ordre public soit certainement menacé, les interdictions générales ne sont pas fondées. Ce principe est en fait tiré de la théorie générale des libertés publiques : les interdictions doivent rester des exceptions.

M. Lerouleur pourra donc obtenir l'annulation de l'arrêté municipal en cause : mais rien n'empêchera ensuite le maire de prendre un autre arrêté dans la même matière, cette fois circonscrit à une partie seulement du territoire de sa commune.

chapitre 16

Les recours de pleine juridiction

Plan analytique

section 1

Les domaines du recours de pleine juridiction

§ 1 Le contentieux contractuel

§ 2 Les autres domaines du recours de pleine juridiction

section 2

La coexistence du recours pour excès de pouvoir et du recours de pleine juridiction

§ 1 Le recours pour excès de pouvoir contre les actes détachables d'une opération relevant du plein contentieux

§ 2 Le choix entre recours pour excès de pouvoir et recours de pleine juridiction pour l'annulation des décisions à caractère pécuniaire

Compléments pédagogiques

Les recours de pleine juridiction

Le contentieux de pleine juridiction (dit aussi de « plein contentieux ») se distingue traditionnellement du contentieux dit « objectif » dont le recours pour excès de pouvoir constitue la part la plus importante sans être unique. Relève en effet également du contentieux dit « objectif » le recours en appréciation de légalité porté devant le juge administratif après un sursis à statuer prononcé par le juge judiciaire, devant lequel a été soulevée une question préjudicielle touchant à la légalité d'un acte administratif. Sans pouvoir, à proprement parler, prononcer l'annulation de l'acte, le juge administratif se prononcera cependant sur sa légalité, dans le cadre du renvoi opéré par le juge judiciaire. 866

Le contentieux de pleine juridiction (ou « plein contentieux ») regroupe une grande diversité de recours qui ont pour point commun l'étendue des pouvoirs reconnus au juge. Celui-ci peut alors non seulement annuler un acte, mais également modifier ou réformer la décision contestée (par exemple en modifiant le résultat d'une consultation électorale et en déclarant élu le candidat qui, après la modification des résultats, a obtenu la majorité des voix). Dans le cadre de ses pouvoirs de pleine juridiction, le juge peut également prononcer des condamnations pécuniaires en obligeant, par exemple, l'administration à réparer les conséquences d'une faute qu'elle a commise. Sans doute est-ce pour cette raison que s'étendent toujours davantage les domaines du recours de pleine juridiction (section 1). Il convient de relever la coexistence du recours pour excès de pouvoir et du recours de pleine juridiction dans certaines hypothèses (section 2). 867

section 1

Les domaines du recours de pleine juridiction

Le contentieux de la responsabilité publique, aussi bien en matière quasi délictuelle (v. ss 879) qu'en matière contractuelle (v. ss 520 s.) relève de la pleine juridiction puisqu'il est demandé au juge de condamner l'administration à payer des sommes d'argent. La qualification de la pleine juridiction s'applique également au contentieux en matière contractuelle, même pour les recours tendant simplement à faire constater par le juge administratif la nullité d'une clause ou de l'ensemble d'un contrat. En pratique, la question de la nullité du contrat était cependant généralement soulevée à l'occasion d'un recours dirigé contre un acte d'exécution du contrat ou d'un litige concernant la responsabilité contractuelle (CE 6 mai 1985, *Assoc. Eurolat*, *Lebon* 141 ; CE 1er oct. 1993, *Sté « Le yacht-club international de Bormes-Les-* 868

Mimosas », *AJDA* 1993. 380, concl. M. Pochard) ; la récente et profonde modification dont il été l'objet, à l'initiative du juge, a cependant très largement renouvelé l'intérêt du contentieux contractuel.

§ 1 Le contentieux contractuel

869 Le contentieux contractuel était, jusqu'à une période récente, cantonné aux relations entre les parties, et ne prenait en compte la légalité du contrat que sous l'angle de sa nullité, constatée par le juge du contrat à l'issue, le plus souvent, d'un contentieux relatif à la légalité des actes ayant amené à sa passation, ou procédé ou refusé sa modification, actes considérés comme détachables des relations contractuelles (v. ss 874). Dans le sillage de la création prétorienne d'un recours de pleine juridiction en contestation de validité du contrat ouvert en 2007, par la jurisprudence *Tropic travaux*, aux concurrents évincés de sa conclusion, par la suite généralisé au profit de tous les tiers lésés de façon suffisamment directe et certaine (CE, ass., 4 avr. 2014, *Département de Tarn-et-Garonne*), le juge administratif a procédé à une refonte des conditions de ce contentieux, ouverte par un important arrêt *Commune de Béziers* (CE, ass., 28 déc. 2009, *Cne de Béziers*, *RFDA* 2010. 506, concl. E. Glaser, note D. Pouyaud ; *GAJA*, n° 110). Ces deux mouvements jurisprudentiels parallèles, relatifs à l'ouverture au profit des tiers de nouvelles voies de droit et à la rénovation du contentieux contractuel entre les parties, se sont enrichis réciproquement. Cette dialectique jurisprudentielle témoigne, en définitive, de la recherche accrue et affinée, par le juge administratif, d'un équilibre satisfaisant entre le respect de la légalité et la stabilité des relations contractuelles.

Le juge a estimé que les motifs d'illégalité susceptibles d'affecter un contrat administratif ne pouvaient tous entraîner son annulation, soit devant le juge du contrat, soit à l'initiative de l'administration. Le fait que l'autorité ayant signé le contrat n'y ait pas été, au préalable, autorisée par l'organe délibérant de la collectivité dont il est l'exécutif constituait jusqu'alors un motif de nullité absolue du contrat : sans remettre en cause l'importance d'une telle illégalité, il estime désormais que tous les vices affectant la légalité d'un contrat ne peuvent utilement être invoqués par les parties devant le juge du contrat. Ce raisonnement prolonge celui qu'il a adopté, en matière de référé précontractuel, dans lequel il estime que seuls peuvent être invoqués les griefs susceptibles de léser ou d'avoir lésé le requérant (CE 3 oct. 2008, *SMIRGEOMES* ; v. ss 503), Il a d'ailleurs été ultérieurement précisé que l'irrégularité affectant la procédure de passation d'un contrat ne pouvait plus être invoqué par les parties après la signature de ce contrat, dès lors du moins qu'elles se sont librement engagées (CE 10 févr. 2010, *Sté Prest'action*, *Dr. adm.* 2010, n° 52, note F. Brenet).

De la sorte, le juge du plein contentieux contractuel modifie profondément son office. D'une part, il substitue à la traditionnelle action en nullité un « recours de plein contentieux contestant la validité du contrat », qui reste cependant exclusivement ouvert aux parties ; dans ce cadre, il ne constatera plus la nullité — en tirant les conséquences rétroactives qui lui étaient attachées —, mais procédera, éventuellement, à une annulation si les vices affectant le contrat le justifient. D'autre part, il met en place une exception d'invalidité du contrat, dans le cadre d'un contentieux né à l'occasion de l'exécution d'un contrat, lorsque l'irrégularité affectant le contrat est telle que l'application du contrat doit être écartée et que le litige ne peut être réglé sur le terrain contractuel.

Cette évolution a été prolongée concernant la résiliation du contrat : l'importance, pour le juge du contrat, d'intervenir dans le cadre des relations contractuelles, l'a amené à accepter, dans le cadre du plein contentieux contractuel, un recours en contestation de la régularité d'une décision de l'administration procédant à la résiliation du contrat. Jusqu'alors sanctionnée sur le terrain de l'indemnisation extra-contractuelle, la résiliation unilatérale pourra donc désormais être contestée dans le cadre du contentieux contractuel, le juge déterminant alors si les vices affectant la décision de résiliation autorisent une reprise des relations contractuelles, à une date qu'il détermine, ou s'ils ouvrent seulement droit à indemnité. En outre, ce recours en reprise des relations contractuelles se combine avec une modification prétorienne du référé-suspension : le juge des référés devra en effet, pour déterminer s'il existe un moyen de nature à créer un doute sérieux sur la légalité de la mesure de résiliation, envisager si les vices qui l'affectent sont d'une gravité suffisante pour conduire à la reprise urgente des relations contractuelles (CE, sect., 21 mars 2011, *Cne de Béziers*, *RFDA* 2011. 507, concl. E. Cortot-Boucher, 518, note D. Pouyaud, *Dr. adm.* 2011, n° 46, note F. Brenet et F. Melleray, *GAJA*, n° 110). Cette reprise des relations contractuelles s'assortit désormais d'une action en rétablissement de l'état antérieur du contrat, permettant de rétablir l'équilibre, notamment financier, du contrat (TA Lille 20 févr. 2013, *Sté Lyonnaise des eaux du Nord, Préfet du Nord*, *Dr. adm.* 2013. comm. 23, note F. Brenet).

L'opération contractuelle doit donc désormais s'apprécier de façon globale : ainsi, l'appréciation de la légalité de la décision de résiliation est liée à l'intensité des atteintes au consentement contractuel, lorsque la résiliation voudrait tirer les conséquences d'un défaut de consentement. Le juge estime alors que la décision de résilier ne peut se fonder sur une irrégularité constatée au moment de la conclusion du contrat que dans la mesure où cette irrégularité aurait eu une conséquence sur le sens du contrat ou les droits des tiers (CE 27 févr. 2015, *Cne de Béziers*, *RFDA* 2015. 907, *Lebon* 66, concl. E. Cortot-Boucher). Ces derniers, du moins ceux d'entre eux qui sont susceptibles d'être lésés dans leurs intérêts de façon suffisamment directe et certaine par une décision de refus de résiliation du contrat, peuvent également la contester par la voie d'un recours de pleine juridiction devant le juge du contrat (CE, sect., 30 juin 2017, *Sociétés France-Manche et The Channel Tunnel Group*, n° 398445).

§ 2 Les autres domaines du recours de pleine juridiction

Relèvent également par nature de la pleine juridiction : 870

– le contentieux fiscal, dans la mesure où le juge peut modifier le montant de l'imposition contestée ;

– le contentieux électoral, dans lequel le juge peut modifier les résultats des élections tels qu'ils avaient été initialement proclamés ;

– le contentieux des installations classées pour la protection de l'environnement, dans lequel le juge peut modifier les conditions d'exploitation de l'installation ;

– le contentieux des édifices menaçant de ruine, le juge pouvant fixer des délais pour réaliser les travaux ou modifier la teneur des travaux imposés au propriétaire ;

– le contentieux de la reconnaissance de la qualité de réfugié, qui permet au juge de reconnaître lui-même ce statut au requérant (CE, sect., 8 janv. 1982, *Aldana-Barrena*, *Lebon* 9).

Il est possible de constater au cours des dernières années un certain accroissement du nombre des domaines considérés comme relevant du plein contentieux. Tel est, tout particulièrement, le cas des sanctions administratives. Des textes de plus en plus nombreux avaient donné en la matière une compétence de pleine juridiction au juge administratif, qu'il s'agisse par exemple des sanctions prononcées par certaines autorités administratives indépendantes, tels le Conseil supérieur de l'audiovisuel, l'Autorité de régulation des télécommunications ou la Commission de régulation de l'énergie, ou encore des sanctions infligées par le ministre de l'Intérieur à l'égard des transporteurs qui n'ont pas pris les mesures suffisantes pour s'assurer que tout étranger transporté était bien muni des documents nécessaires pour entrer sur le territoire français (pour un ex. d'un tel contrôle de pleine juridiction, v. CE, sect., 23 nov. 2001, *Compagnie nationale Air France*, *CJEG* 2002. 230, concl. I. de Silva). Tirant la conséquence logique de cette extension, le juge administratif estime désormais qu'il lui appartient, lorsqu'il est saisi d'une contestation portant sur une sanction que l'administration inflige à un administré, de prendre une décision qui se substitue à celle de l'administration (CE, ass., 16 févr. 2009, *Sté ATOM*, *RFDA* 2009. 259, rapp. publ. C. Legras ; *AJDA* 2009. 583, chron. Liéber et Botteghi). Si cette extension du plein contentieux permet de garantir le plein respect de l'article 6 de la Convention européenne des droits de l'homme, elle emporte également des conséquences pratiques, le ministère d'avocat devenant de ce fait obligatoire pour l'ensemble des sanctions administratives : le droit européen des droits de l'homme peut ici aller de pair avec la réduction du nombre de saisines du juge administratif.

section 2

La coexistence du recours pour excès de pouvoir et du recours de pleine juridiction

871 Les règles de recevabilité du recours pour excès de pouvoir et du recours de plein contentieux n'étant pas identiques (v. ss 727 s.), puisque l'introduction du recours pour excès de pouvoir est dispensée, par exemple, du ministère d'avocat, il est intéressant pour le justiciable de pouvoir disposer d'une certaine latitude de choix entre le recours de pleine juridiction et le recours pour excès de pouvoir.

La jurisprudence a admis que puisse être introduit un recours pour excès de pouvoir contre les *actes détachables*[Q] d'une opération relevant du plein contentieux et même, dans un cadre certes très circonscrit, contre certains contrats (§1). Il existe par ailleurs une certaine possibilité de choix entre recours pour excès de pouvoir et recours de plein contentieux lorsqu'il s'agit d'obtenir l'annulation d'une décision à caractère pécuniaire (§2).

§ 1 Le recours pour excès de pouvoir contre les actes détachables d'une opération relevant du plein contentieux

Il est exceptionnel que le recours pour excès de pouvoir soit admis contre un acte contractuel lui-même. Ce n'est que dans un contexte très spécifique, « eu égard à la nature particulière des liens qui s'établissent entre une collectivité publique et ses agents non titulaires », que le juge administratif a admis que « les contrats par lesquels il est procédé au recrutement de ces derniers sont au nombre des actes dont l'annulation peut être demandée au juge administratif par un tiers y ayant un intérêt suffisant » (CE, sect., 30 oct. 1998, *Ville de Lisieux*, *RFDA* 1999. 128, concl. J.-H. Stahl, note D. Pouyaud ; *LPA* 31 mars 1999, note M.-C. Rouault). La particularité de ces contrats est telle qu'à l'instar des actes administratifs individuels, ils sont considérés comme créateurs de droits (CE, sect., 31 déc. 2008, *M. Cavallo*, *RFDA* 2009. 89, concl. E. Glaser, *AJDA* 2009. 142, chr. S.-J. Liéber et D. Botteghi). 872 ■

Le juge admet, dans des hypothèses de plus en plus nombreuses, la recevabilité d'un recours pour excès de pouvoir dirigé contre des actes qu'il considère comme détachables d'opérations dont le contentieux relève par nature du plein contentieux. 873 ■

Des recours pour excès de pouvoir pourront ainsi être introduits contre les actes organisant une opération électorale ou contre les actes réglementaires intervenus en matière fiscale.

La possibilité reconnue par la jurisprudence d'introduire un recours pour excès de pouvoir contre certains actes considérés comme détachables de l'opération relevant du plein contentieux est particulièrement importante en matière contractuelle (CE 4 août 1905, *Martin*, *GAJA*, 19e éd., no 15). C'est ainsi que la décision même de conclure un contrat pourra faire l'objet d'un recours pour excès de pouvoir, de même que la décision d'approbation du contrat, toute personne intéressée et non seulement les parties au contrat pouvant introduire ce recours. N'est en revanche pas détachable des relations contractuelles le refus de la personne publique de saisir le juge du contrat d'une action en constatation de nullité (CE 17 déc. 2008, *Assoc. pour la protection de l'environnement du Lunellois*, *RJEP* 2009. 666, comm. G. Pellissier).

Sans remettre totalement en cause la jurisprudence *Martin*, le Conseil d'État en a cependant très singulièrement atténué la portée, en ouvrant aux tiers une nouvelle voie de recours devant le juge du contrat, sans qu'il leur soit nécessaire d'opérer un détour par les actes détachables. Désormais, « tout tiers à un contrat administratif susceptible d'être lésé dans ses intérêts de façon suffisamment directe et certaine par sa passation ou ses clauses est recevable à former devant le juge du contrat un recours de pleine juridiction contestant la validité du contrat ou de certaines de ses clauses non réglementaires qui en sont divisibles » (CE, ass., 4 avr. 2014, *Département de Tarn-et-Garonne*, *RFDA* 2014. 425, concl. B. Dacosta ; *ibid.* 2014. 438, note P. Delvolvé). Ces tiers, comme les parties aux contrats, ne peuvent donc plus former un recours pour excès de pouvoir contre les actes détachables puisqu'ils disposent d'une voie de recours spécifique et directe contre le contrat. Ils ne sont en mesure de contester la légalité de tels actes que devant le juge du contrat, de façon indirecte et dans une double limite. D'une part, ces tiers, à l'exception du préfet et des élus locaux concernés, ne peuvent soulever que des moyens de légalité en rapport direct avec l'intérêt lésé dont ils se prévalent. D'autre part, dans le cadre de son office de pleine juridiction, le juge dispose d'une réelle latitude dans l'appréciation des conséquences à tirer d'une éventuelle illégalité de l'acte détachable ou du contrat lui-même ; il peut décider la poursuite du contrat, sa régularisation ou, le cas échéant, sa résiliation ou son annulation. De ce point de vue, la jurisprudence *Département de Tarn-et-Garonne* s'inscrit dans la continuité des dernières solutions dégagées par le Conseil d'état dans le cadre de la jurisprudence *Martin*.

■ 874 Historiquement, l'éventuelle annulation par le juge de l'excès de pouvoir de la décision de passer le contrat n'avait, par elle-même, « aucun effet direct sur le contrat auquel le juge de l'excès de pouvoir ne peut toucher » (concl. Romieu, sous CE 4 août 1905, *Martin*, *Lebon* 749). Cependant, si la nature du vice ayant justifié l'annulation de la décision de passer le contrat tient à l'illégalité du contrat lui-même ou à l'irrégularité des conditions de passation du contrat, le cocontractant ne peut se prévaloir de ce dernier (CE 1er oct. 1993, *Sté Le yacht-club international de Bormes-Les-Mimosas*, *AJDA* 1993. 380, concl. M. Pochard).

Saisie par le ministre de l'Intérieur des suites à donner à une décision du Conseil d'État annulant la délibération du conseil municipal de Grenoble autorisant le maire à signer deux contrats de délégation de la distribution d'eau et du service d'assainissement (CE 1er oct. 1997, *M. Avrillier*, *AJDA* 1998. 815), la section du rapport et des études du Conseil d'État a rappelé qu'« au plan des principes, si l'annulation par le juge de l'excès de pouvoir, à la demande d'un tiers, d'un acte détachable du contrat, n'a par elle-même aucun effet direct sur ce contrat qui demeure la loi des parties et dont l'exécution, dans l'intérêt du service public, peut, en principe, être poursuivie, sous réserve des droits à indemnité des tiers requérants, il appartient, cependant, à l'administration d'apprécier si, eu égard aux motifs de la décision d'annulation de l'acte détachable, l'exécution du contrat peut être poursuivie jusqu'à son terme ou si le contrat doit être résilié » (CE, avis, 3 déc. 1997, *AJDA* 1998. 169, note L. Richer). En l'espèce, le Conseil d'État a admis que le maire de Grenoble ait pu, sans même attendre l'issue de la procédure contentieuse engagée par M. Avrillier, procédé à la renégociation des contrats en cause, la ville de Grenoble pouvant être considérée ainsi « comme ayant tiré par avance les conséquences nécessaires de la décision d'annulation rendue le 1er octobre 1997 par le Conseil d'État ».

■ 875 Les nouveaux pouvoirs conférés au juge administratif par la loi du 8 février 1995 lui permettent, à la suite de l'annulation d'une délibération autorisant à passer un contrat, de faire *injonction*Q à la collectivité publique, éventuellement sous *astreinte*Q (v. ss 803), de saisir le juge du contrat en vue de faire déclarer la nullité de ce dernier.

■ 876 Dans une affaire simple quant aux faits, mais particulièrement complexe quant à son traitement juridictionnel, puisqu'elle a nécessité quinze ans de procédure et l'intervention des cours suprêmes des deux ordres juridictionnels, les locataires d'un bien immobilier d'une commune avaient souhaité se porter acquéreurs lors de la décision de mise en vente de ce bien du domaine privé par la commune, mais le conseil municipal, qui n'en avait pas été informé, avait décidé de le vendre à un employé municipal ; le bien a été finalement vendu à la mère de celui-ci. Le tribunal administratif de Clermont-Ferrand avait annulé la délibération du conseil municipal autorisant le maire à céder la propriété de ce bien de la commune. Le Conseil d'État avait ensuite prononcé une astreinte à l'encontre de la commune afin qu'elle prenne les mesures propres à assurer l'exécution du jugement du tribunal administratif (CE 7 oct. 1994, *Épx Lopez*, *RFDA* 1994. 1090, concl. Schwartz, note D. Pouyaud). Cependant, la théorie du mandat apparent a d'abord fait obstacle à l'annulation de la vente, la cour d'appel de Riom jugeant que l'acheteur avait pu légitimement croire que le maire, « compte tenu de son autorité et de son honorabilité, était régulièrement mandaté par son conseil municipal pour lui céder l'immeuble litigieux » (CA Riom, 28 mars 1996, *AJDA* 1998. 161). Le Conseil d'État n'a pu alors que constater que la commune, en saisissant le juge judiciaire dans le délai prévu, avait « justifié des diligences qui lui étaient demandées », même si cette procédure n'avait pas abouti (CE 27 nov. 1996, *Cne de Moulins*, *AJDA* 1998. 162, note Fatôme et Leveneur). La Cour de cassation a cependant cassé l'arrêt de la cour d'appel de Riom, au motif que la bénéficiaire de la cession, qui n'était pas l'employé municipal lui-même mais sa mère, alors que ce dernier était pourtant seul visé par la délibération, « n'avait [...] pu croire de bonne foi que le maire avait le pouvoir de lui vendre l'immeuble » (Civ. 1re, 12 nov. 1998, *Cne de Moulins*, *RFDA* 1999. 147, obs. D. Pouyaud). Sur renvoi à la cour d'appel de Riom autrement composée, celle-ci a jugé par un arrêt du 18 mai 2000 que la vente était nulle, en se fondant sur les termes du jugement du tribunal administratif relatif à la nullité de la délibération du conseil municipal. Le conseil municipal a finalement décidé de vendre le bien aux époux Lopez (D. Pouyaud, « L'affaire Lopez – Épilogue », *RFDA* 2002. 538).

Malgré toutes les complexités de mise en œuvre que révèle cette dernière affaire, il est donc important de souligner que le juge administratif peut aujourd'hui, dans le cadre des compétences qui lui sont reconnues par la loi du 8 février 1995 en matière d'exécution des décisions juridictionnelles, tirer les conséquences de l'annulation d'un acte détachable d'un contrat, en enjoignant à l'administration de saisir le juge du contrat afin que soit déclarée la nullité de celui-ci (v. par ex., TA Versailles, 23 oct. 1997, *Sté Plastic Omnium*, *AJDA* 1998. 191). **877**

Cependant, tirant parti du profond renouvellement du contentieux contractuel, le Conseil d'État estime désormais que l'annulation d'un acte détachable n'entraîne plus nécessairement la nullité du contrat. Il a ainsi précisé qu'il « appartient au juge de l'exécution, après avoir pris en considération la nature de l'illégalité commise, soit de décider que la poursuite de l'exécution du contrat est possible, éventuellement sous réserve de mesures de régularisation prises par la personne publique ou convenues entre les parties, soit, après avoir vérifié que sa décision ne portera pas une atteinte excessive à l'intérêt général, d'enjoindre à la personne publique de résilier le contrat, le cas échéant avec un effet différé, soit, eu égard à une illégalité d'une particulière gravité, d'inviter les parties à résoudre leurs relations contractuelles ou, à défaut d'entente sur cette résolution, à saisir le juge du contrat afin qu'il en règle les modalités s'il estime que la résolution peut être une solution appropriée » (CE 21 févr. 2011, *Sté Ophrys*, *Dr. adm.* 2011, n° 47, note F. Brenet). Cette préoccupation jurisprudentielle de protéger la stabilité des relations contractuelles est aussi révélée par la possibilité laissée, sous certaines conditions, à la personne publique de régulariser rétroactivement un acte détachable déclaré illégal par le juge de l'excès de pouvoir (CE 8 juin 2011, *Cne de Divonne-les-Bains*, n° 327515, Lebon 278), rappelant ainsi le principe selon lequel l'annulation d'un acte détachable n'entraîne pas nécessairement l'annulation du contrat (CE, sect., 10 nov. 2012, *Société Lyonnaise des Eaux France*, *Dr. adm.* 2013. comm. 19, note F. Brenet).

§ 2 Le choix entre recours pour excès de pouvoir et recours de pleine juridiction pour l'annulation des décisions à caractère pécuniaire

878 Une option est ouverte au requérant entre le recours pour excès de pouvoir et le recours de pleine juridiction lorsque celui-ci se borne à demander l'annulation d'une mesure à caractère pécuniaire. Cette solution a d'abord été admise par le Conseil d'État pour les litiges relatifs aux traitements de la fonction publique, dans la mesure où ils portent fréquemment sur des sommes trop peu élevées pour être en rapport avec les frais d'avocat que devrait supporter le requérant dans le cadre d'un recours de plein contentieux (CE 8 mars 1912, *Lafage*, *Lebon* 348, concl. Pichat ; *GAJA*, n° 22). Ainsi que le soulignait le commissaire du gouvernement Pichat, si cette liberté d'option n'avait pas été retenue, « les frais de l'instance dépasseraient, dans bien des cas, le montant de l'allocation réclamée, et l'obligation du ministère d'avocat aboutirait, en enlevant tout intérêt à l'instance, à la suppression de fait du recours et à la consécration de décisions contraires au droit ».

La portée de cette jurisprudence n'est pas limitée aux litiges relatifs aux traitements des fonctionnaires et peut s'étendre à d'autres décisions dont l'effet est purement pécuniaire (décisions infligeant une amende administrative ou refusant, par ex., une subvention).

Compléments pédagogiques

Quid

■ Acte détachable nos 871 s.

La notion d'acte détachable est une construction prétorienne qui permet de soumettre au contrôle de la légalité certains actes normalement exclus de son contrôle, en les extrayant du contexte auquel ils semblent naturellement se rattacher. La notion a été principalement développée par le Conseil d'État à propos de la conduite des relations internationales et en matière contractuelle.

La conduite des relations internationales constitue une compétence discrétionnaire du gouvernement, mais la théorie de l'acte détachable permet d'exclure pour certains actes, dont l'appréciation de la légalité n'entraînera pas une immixtion du juge dans l'interprétation des relations internationales, la qualification d'acte de gouvernement.

Alors que le contrat échappe en principe au recours pour excès de pouvoir, la théorie de l'acte détachable permet qu'un recours soit formé contre des actes soit préparatoires (décision de passer le contrat), soit relatifs à l'exécution du contrat (application de clauses du contrat, décision de résiliation). Mais l'éventuelle annulation d'un tel acte détachable, même fondé sur l'illégalité du contrat, n'entraîne pas pour autant automatiquement la nullité ou la résiliation du contrat.

■ Astreinte n° 875

Lorsque l'administration refuse d'exécuter un jugement, la partie intéressée peut demander au juge administratif de définir les mesures d'exécution incombant à l'administration (*injonctions*), éventuellement assorties du versement d'une somme d'argent par période de retard. Il faut noter que si le juge administratif est compétent pour *prononcer* l'astreinte, le juge judiciaire demeure compétent pour sa *liquidation*.

■ Injonction n° 875

Suivant les articles L. 911-2 du Code de justice administrative et L. 8-2 du Code du tribunal administratif et de la Cour administrative d'appel, lorsqu'une décision du juge administratif implique nécessairement que l'administration prenne une mesure d'exécution dans un sens déterminé, la juridiction concernée peut enjoindre à l'administration, par la même décision, de prendre cette mesure, éventuellement dans un délai déterminé. Depuis 1995, la même décision peut condamner l'administration sur le fond du litige, assortir la décision de mesures d'injonction, et prononcer une astreinte à son encontre.

Documents

CE, ass., 4 avril 2014, département de Tarn-et-Garonne (*RFDA* 2014. 425, concl. B. Dacosta)

Sur les recours en contestation de la validité du contrat dont disposent les tiers :

2. Considérant qu'indépendamment des actions dont disposent les parties à un contrat administratif et des actions ouvertes devant le juge de l'excès de pouvoir contre les clauses réglementaires d'un contrat ou devant le juge du référé contractuel sur le fondement des articles L. 551-13 et suivants du Code de justice administrative, tout tiers à un contrat administratif susceptible d'être lésé dans ses intérêts de façon suffisamment directe et certaine par sa passation ou ses clauses est recevable à former devant le juge du contrat un recours de pleine juridiction contestant la validité du contrat ou de certaines de ses clauses non réglementaires qui en sont divisibles ; que cette action devant le juge du contrat est également ouverte aux membres de l'organe délibérant de la collectivité territoriale ou du groupement de collectivités territoriales concerné ainsi qu'au représentant de l'État dans le département dans l'exercice du contrôle de légalité ; que les requérants peuvent éventuellement assortir leur recours d'une demande tendant, sur le fondement de l'article L. 521-1 du Code de justice administrative, à la suspension de l'exécution du contrat ; que ce recours doit être exercé, y compris si le contrat contesté est relatif à des travaux publics, dans un délai de deux mois à compter de l'accomplissement des mesures de publicité appropriées, notamment au moyen d'un avis mentionnant à la fois la conclusion du contrat et les modalités de sa consultation dans le respect des secrets protégés par la loi ; que la légalité du choix du cocontractant, de la délibération autorisant la conclusion du contrat et de la décision de le signer, ne peut être contestée qu'à l'occasion du recours ainsi défini ; que, toutefois, dans le cadre du contrôle de légalité, le représentant de l'État dans le département est recevable à contester la légalité de ces actes devant le juge de l'excès de pouvoir jusqu'à la conclusion du contrat, date à laquelle les recours déjà engagés et non encore jugés perdent leur objet ;

3. Considérant que le représentant de l'État dans le département et les membres de l'organe délibérant de la collectivité territoriale ou du groupement de collectivités territoriales concerné, compte tenu des intérêts dont ils ont la charge, peuvent invoquer tout moyen à l'appui du recours ainsi défini ; que les autres tiers ne peuvent invoquer que des vices en rapport direct avec l'intérêt lésé dont ils se prévalent ou ceux d'une gravité telle que le juge devrait les relever d'office.

⇨ *Les tiers susceptibles de voir leurs intérêts lésés par la conclusion d'un contrat peuvent en contester la validité devant le juge du contrat.*

CE, sect., 7 octobre 1994, *Époux Lopez* (*Lebon* 430, concl. Schwartz)

Considérant qu'aux termes de l'article 2 modifié de la loi susvisée du 16 juillet 1980 : « En cas d'inexécution d'une décision rendue par une juridiction administrative, le Conseil d'État peut, même d'office, prononcer une astreinte contre les personnes morales de droit public [...] pour assurer l'exécution de cette décision » ;

Considérant que par une délibération en date du 14 novembre 1986 le conseil municipal de la commune de Moulins a autorisé le maire à céder à M. Joseph Henriques, employé municipal, une propriété appartenant au domaine privé de la commune, située [...] à Moulins ; que sur la demande des époux Lopez, locataires de cette propriété, dont les propositions d'acquisition n'avaient pas été portées par le maire à la connaissance du conseil municipal, le tribunal administratif de Clermont-Ferrand a, par jugement en date du 29 octobre 1987 devenu définitif, annulé la délibération précitée du conseil municipal comme étant entachée de détournement de pouvoir ; que ce jugement a privé de base légale la décision d'aliénation de cette propriété prise par le maire de la commune ; qu'il appartenait, dès lors, au conseil municipal, faute d'y être parvenu par d'autres voies, de saisir le juge du contrat en vue d'obtenir le retour dans le domaine privé de la commune de la propriété aliénée, sans autorisation légale, au profit de la mère de M. Joseph Henriques, afin de statuer à nouveau sur le principe et les conditions d'une cession éventuelle de ladite propriété ;

Considérant qu'à la date de la présente décision la commune de Moulins n'a pas pris les mesures propres à assurer, dans les conditions sus-indiquées, l'exécution du jugement précité du 29 octobre 1987 ; qu'il y a lieu, compte tenu de toutes les circonstances de l'affaire, de prononcer contre cette commune, à défaut pour elle de justifier de ces mesures dans le délai de deux mois à compter de la notification de la présente décision, une astreinte de 5 000 francs par jour jusqu'à la date à laquelle ces mesures auront été prises.

Décide :

Art. 1er : Une astreinte est prononcée à l'encontre de la commune de Moulins si elle ne justifie pas avoir, dans les deux mois suivant la notification de la présente décision, pris les mesures énoncées dans les motifs de la présente décision en vue d'assurer l'exécution du jugement du tribunal administratif de Clermont-Ferrand en date du 29 octobre 1987, et jusqu'à la date de ces mesures. Le montant de cette astreinte est fixé à 5 000 francs par jour.

⇨ *Conséquences de l'annulation d'un acte détachable sur le contrat : condamnation sous astreinte de l'administration à la résiliation du contrat.*

CE, ass., 10 juillet 1996, *Cayzeele* (*RFDA* 1997. 89, note P. Delvolvé)

Vu la requête présentée par M. Cayzeele demandant [...] l'annulation du deuxième alinéa de l'article 7 du contrat pour la collecte des ordures ménagères sur le canton de Boëge [...] ;

Considérant [...] que les dispositions dont M. Cayzeele a demandé l'annulation ont un caractère réglementaire ; qu'elles peuvent, par suite, être contestées devant le juge de l'excès de pouvoir.

⇨ *Ouverture du recours pour excès de pouvoir contre les clauses réglementaires d'un contrat.*

CE, ass., 28 déc. 2009, *Commune de Béziers* (*GAJA*, n° 110)

Considérant, en premier lieu, que les parties à un contrat administratif peuvent saisir le juge d'un recours de plein contentieux contestant la validité du contrat qui les lie ; qu'il appartient alors au juge, lorsqu'il constate l'existence d'irrégularités, d'en apprécier l'importance et les conséquences, après avoir vérifié que les irrégularités dont se prévalent les parties sont de celles qu'elles peuvent, eu égard à l'exigence de loyauté des relations contractuelles, invoquer devant lui ; qu'il lui revient, après avoir pris en considération la nature de l'illégalité commise et en tenant compte de l'objectif de stabilité des relations contractuelles, soit de décider que la poursuite de l'exécution du contrat est possible, éventuellement sous réserve de mesures de régularisation prises par la personne publique ou convenues entre les parties, soit de prononcer, le cas échéant avec un effet différé, après avoir vérifié que sa décision ne portera pas une atteinte excessive à l'intérêt général, la résiliation du contrat ou, en raison seulement d'une

irrégularité invoquée par une partie ou relevée d'office par lui, tenant au caractère illicite du contenu du contrat ou à un vice d'une particulière gravité relatif notamment aux conditions dans lesquelles les parties ont donné leur consentement, son annulation ;
Considérant, en second lieu, que, lorsque les parties soumettent au juge un litige relatif à l'exécution du contrat qui les lie, il incombe en principe à celui-ci, eu égard à l'exigence de loyauté des relations contractuelles, de faire application du contrat ; que, toutefois, dans le cas seulement où il constate une irrégularité invoquée par une partie ou relevée d'office par lui, tenant au caractère illicite du contenu du contrat ou à un vice d'une particulière gravité relatif notamment aux conditions dans lesquelles les parties ont donné leur consentement, il doit écarter le contrat et ne peut régler le litige sur le terrain contractuel ; [...]

⇨ *Le juge du contrat peut être saisi par les parties d'un recours contestant la validité du contrat, et dispose de très larges pouvoirs sur son exécution.*

CE, ass., 4 avril 2014, *Dpt. de Tarn-et-Garonne* (*RFDA* 2014. 425, concl. B. Dacosta)

Considérant qu'indépendamment des actions dont disposent les parties à un contrat administratif et des actions ouvertes devant le juge de l'excès de pouvoir contre les clauses réglementaires d'un contrat ou devant le juge du référé contractuel sur le fondement des articles L. 551-13 et suivants du code de justice administrative, tout tiers à un contrat administratif susceptible d'être lésé dans ses intérêts de façon suffisamment directe et certaine par sa passation ou ses clauses est recevable à former devant le juge du contrat un recours de pleine juridiction contestant la validité du contrat ou de certaines de ses clauses non réglementaires qui en sont divisibles ; que cette action devant le juge du contrat est également ouverte aux membres de l'organe délibérant de la collectivité territoriale ou du groupement de collectivités territoriales concerné ainsi qu'au représentant de l'État dans le département dans l'exercice du contrôle de légalité ; que les requérants peuvent éventuellement assortir leur recours d'une demande tendant, sur le fondement de l'article L. 521-1 du code de justice administrative, à la suspension de l'exécution du contrat ; que ce recours doit être exercé, y compris si le contrat contesté est relatif à des travaux publics, dans un délai de deux mois à compter de l'accomplissement des mesures de publicité appropriées, notamment au moyen d'un avis mentionnant à la fois la conclusion du contrat et les modalités de sa consultation dans le respect des secrets protégés par la loi ; que la légalité du choix du cocontractant, de la délibération autorisant la conclusion du contrat et de la décision de le signer, ne peut être contestée qu'à l'occasion du recours ainsi défini ; que, toutefois, dans le cadre du contrôle de légalité, le représentant de l'État dans le département est recevable à contester la légalité de ces actes devant le juge de l'excès de pouvoir jusqu'à la conclusion du contrat, date à laquelle les recours déjà engagés et non encore jugés perdent leur objet ; [...]
Considérant que, saisi ainsi par un tiers dans les conditions définies ci-dessus, de conclusions contestant la validité du contrat ou de certaines de ses clauses, il appartient au juge du contrat, après avoir vérifié que l'auteur du recours autre que le représentant de l'État dans le département ou qu'un membre de l'organe délibérant de la collectivité territoriale ou du groupement de collectivités territoriales concerné se prévaut d'un intérêt susceptible d'être lésé de façon suffisamment directe et certaine et que les irrégularités qu'il critique sont de celles qu'il peut utilement invoquer, lorsqu'il constate l'existence de vices entachant la validité du contrat, d'en apprécier l'importance et les conséquences ; qu'ainsi, il lui revient, après avoir pris en considération la nature de ces vices, soit de décider que la poursuite de l'exécution du contrat est

possible, soit d'inviter les parties à prendre des mesures de régularisation dans un délai qu'il fixe, sauf à résilier ou résoudre le contrat ; qu'en présence d'irrégularités qui ne peuvent être couvertes par une mesure de régularisation et qui ne permettent pas la poursuite de l'exécution du contrat, il lui revient de prononcer, le cas échéant avec un effet différé, après avoir vérifié que sa décision ne portera pas une atteinte excessive à l'intérêt général, soit la résiliation du contrat, soit, si le contrat a un contenu illicite ou s'il se trouve affecté d'un vice de consentement ou de tout autre vice d'une particulière gravité que le juge doit ainsi relever d'office, l'annulation totale ou partielle de celui-ci ; qu'il peut enfin, s'il en est saisi, faire droit, y compris lorsqu'il invite les parties à prendre des mesures de régularisation, à des conclusions tendant à l'indemnisation du préjudice découlant de l'atteinte à des droits lésés.

⇨ *Le juge du contrat, qui dispose de larges pouvoirs d'appréciation et de modulation, peut être saisi par les tiers susceptibles d'être lésés par un contrat d'un recours contestant sa validité ou certaines de ses clauses non réglementaires.*

Biblio

- J.-B. Auby, « Ancien régime et révolution dans le contentieux contractuel », *Dr. adm.* 2011. Repère 5.
- P. Delvolvé, « Un nouveau juge pour le contrat administratif », *RJEP* 2007. 332.
- A. Heilbronner, « Recours pour excès de pouvoir et recours de plein contentieux », *D.* 1953. Chron. 153.
- L. Janicot, « Réflexions sur la théorie de l'acte détachable dans le contentieux contractuel », *RD publ.* 2011. 347.
- J.-F. Lafaix, « Le juge du contrat face à la diversité des contentieux contractuels », *RFDA* 2010. 1089.
- E. Langelier, *L'office du juge administratif et le contrat administratif*, LGDJ / Faculté de droit et des sciences sociales de Poitiers, 2012.
- L. Marcus, A. Perrin, « Annulation de l'acte détachable et distinction des contentieux », *Dr. adm.* 2006. Étude 1.
- D. Pouyaud, *La nullité des contrats administratifs*, LGDJ, 1991.
- D. Pouyaud, « Que reste-t-il du recours pour excès de pouvoir dans le contentieux des contrats ? », *RFDA* 2015. 727.
- P. Sandevoir, *Études sur le contentieux de pleine juridiction*, LGDJ, 1964.
- P. Terneyre, « Les paradoxes du contentieux de l'annulation des contrats administratifs », *EDCE* 1988. 69.
- P. Terneyre, « Réflexions nouvelles sur les "clauses à caractère réglementaire" des contrats administratifs à objet de service public », *RFDA* 2011. 893.

Quiz

1) Sujet corrigé

Dissertation

Énoncé

La distinction entre le recours pour excès de pouvoir et le plein contentieux est-elle encore pertinente en matière contractuelle ?

Voir le corrigé en fin de rubrique.

2) Corrigé

Dissertation

L'article 1103 du Code civil dispose que « les contrats légalement formés tiennent lieu de loi à ceux qui les ont faits ». Mais les contrats administratifs sont précisément caractérisés par la différence de leur régime d'avec celui des conventions privées. C'est ainsi que, par exemple, l'administration dispose d'un pouvoir de modification unilatérale des clauses d'un contrat administratif. Cette spécificité montre bien que le contrat administratif n'a pas exactement le sens que lui attribuent les civilistes, dans la mesure où un déséquilibre existe fréquemment entre les parties.

Cette situation entraîne des conséquences sur la nature juridique du contrat : y a-t-il entre le contrat administratif et l'acte réglementaire une différence telle qu'elle justifie l'instauration de deux régimes contentieux ? Cette question est d'autant plus importante que le contrat administratif entraîne souvent des effets non seulement pour les parties, mais aussi pour des personnes qui lui sont extérieures, des « tiers » qui en bénéficient, ou peuvent être lésés par son exécution. L'affirmation d'une nature strictement contractuelle des contrats administratifs aboutirait ainsi à dénier aux tiers au contrat toute possibilité de recours contre le contrat lui-même, mais aussi contre ses modalités d'applications.

C'est la raison pour laquelle la jurisprudence, sous l'influence de la doctrine, a depuis longtemps ouvert des voies quelque peu détournées de recours contre des actes afférents au contrat, mais qui en sont considérés comme détachables, et à ce titre susceptibles de recours pour excès de pouvoir. L'effet d'une éventuelle annulation de ces actes détachables a certes longtemps été minime sur le contrat lui-même, mais il n'en demeure pas moins qu'il s'agit d'une immixtion du contentieux de l'excès de pouvoir dans le contentieux contractuel. Plus encore, le juge a progressivement admis que le recours pour excès de pouvoir puisse être dirigé contre certains éléments du contrat administratif, puis contre le contrat lui-même : par une sorte de mouvement d'encerclement, la spécificité du contentieux contractuel tend ainsi à se restreindre toujours plus.

Dans une logique apparemment contradictoire, ce mouvement de concurrence du recours pour excès de pouvoir et du contentieux contractuel s'est, plus récemment, doublé de l'acceptation progressive de l'immixtion des tiers dans le contentieux contractuel, rendant de fait toujours plus poreuse la frontière entre les deux types de contentieux.

Le contentieux contractuel est donc concurrencé par un recours pour excès de pouvoir qui s'est d'abord exercé à sa périphérie (I), puis, visant le contrat proprement dit, a amené le juge à accepter l'irruption des tiers dans le contentieux contractuel (II).

I. Le juge a très tôt ouvert le recours pour excès de pouvoir contre les actes détachables des relations contractuelles

La théorie de l'acte détachable a été construite par le juge administratif pour permettre à des personnes extérieures aux stipulations contractuelles de s'assurer de la légalité des dispositions auxquelles elles devaient être soumises (A). Mais l'intérêt d'une telle théorie s'est trouvé longtemps limité par les effets restreints de l'éventuelle annulation d'actes détachables du contrat (B), conservant ainsi au contentieux contractuel une place prépondérante pour assurer le respect de la légalité par le contrat.

A. L'ouverture du recours pour excès de pouvoir contre les actes détachables des relations contractuelles

La théorie de l'acte détachable existe en contentieux administratif depuis le célèbre arrêt du Conseil d'État *Martin* (4 août 1905). Son principe a été fort bien explicité par une décision plus récente : contrairement à la règle selon laquelle les tiers ne peuvent s'immiscer dans les relations contractuelles, ils sont recevables à « déférer au juge de l'excès de pouvoir, en excipant de leur illégalité, tous les actes qui, bien qu'ayant trait soit à la passation soit à l'exécution du contrat peuvent néanmoins être considérés comme détachables dudit contrat » (CE, sect., 24 avr. 1964, *S^té anonyme de livraison industrielle et commerciale, Lebon 239*).

Le juge administratif a adopté une conception subjective de la détachabilité des actes relatifs au contrat : certains actes ne sont considérés comme détachables que pour certaines catégories de personnes. Pour les *parties* au contrat, ne sont détachables que les actes préparatoires au contrat, c'est-à-dire l'acte *autorisant* la passation du contrat (CE 4 août 1905, *Martin*), l'acte *approuvant* cette passation (CE 29 déc. 1905, *Petit*), ainsi que la décision de *signer* le contrat (CE 8 avr. 1911, *Cne d'Ousse-Suzan*). Outre ces actes, les *tiers* par rapport au contrat peuvent également attaquer par la voie de l'excès de pouvoir le refus de modification du contrat, le refus de résiliation, ainsi que la résiliation elle-même (CE, ass., 2 févr. 1987, *Sté TV6*).

Une fois saisi de la légalité d'un acte détachable, le juge administratif sera amené à examiner celle du contrat lui-même : ainsi la décision de passer le contrat pourra être annulée pour des raisons de procédure, mais aussi (et plus fréquemment) au motif que le contrat contient des dispositions illégales. La question se pose alors de savoir quel est l'effet de telles décisions d'annulation sur l'existence même du contrat : le maintien de ce dernier priverait en effet d'une grande part de son intérêt la théorie de l'acte détachable (et, par le fait même, renforcerait l'importance du contentieux contractuel).

B. Les limites du contentieux de l'excès de pouvoir appliqué aux actes détachables

L'annulation d'un acte détachable n'entraîne traditionnellement aucune conséquence sur le contrat lui-même : le Conseil d'État rappelait ainsi il y a quelques années que « l'annulation d'un acte détachable du contrat n'a, par elle-même, aucun effet direct sur ce contrat. Celui-ci demeure la loi des parties et son exécution dans l'intérêt du service public peut en principe être poursuivie sous réserve du droit à indemnité des requérants » (*Rapport public 1991, EDCE,* n. 43, p. 117). Le fait que la décision de conclure le contrat ait été annulée au motif que le contrat lui-même contenait des dispositions illégales n'entraîne pas pour autant l'annulation automatique du contrat. Rien n'oblige donc l'administration à tirer les conséquences pratiques d'une décision défavorable du juge administratif.

Cette situation a cependant quelque peu évolué, en plusieurs étapes dont on ne retiendra que les plus importantes, qui ont permis de conférer un effet certain aux décisions annulant des actes détachables du contrat. Le Conseil d'État a tout d'abord jugé qu'après une décision invalidant une décision de passation d'un contrat, les parties ne pouvaient plus saisir le juge du contrat (pour mettre en jeu la responsabilité contractuelle de l'une d'entre elles, par ex.), ou, plus précisément, que s'il était saisi sur ce fondement, le juge ne pourrait alors que constater la nullité du contrat (CE 1er oct. 1993, *Sté Le Yacht-Club international de Bormes-Les-Mimosas*). Puis, par une procédure complexe et détournée, il a affirmé qu'en cas d'annulation d'un tel acte, l'administration a l'obligation de saisir le juge du contrat (elle seule en a en effet la possibilité, puisqu'elle est partie au contrat, et que, par hypothèse, le cocontractant a intérêt au maintien de la convention entachée d'illégalité) pour faire appliquer la décision du juge de l'excès de pouvoir annulant l'acte détachable ; au cas où elle se refuserait à le faire, le tiers concerné peut saisir le juge de l'astreinte pour que celui-ci contraigne l'administration à s'exécuter (CE 7 oct. 1994, *Épx Lopez*).

Simplifiant quelque peu cette procédure, l'article L. 911-1 du Code de justice administrative, issu de la loi du 8 février 1995 relative au contentieux administratif, indique que « lorsque sa décision implique nécessairement qu'une personne morale de droit public ou un organisme de droit privé chargé de la gestion d'un service public prenne une mesure d'exécution dans un sens déterminé, la juridiction, saisie de conclusions en ce sens, prescrit, par la même décision, cette mesure assortie, le cas échéant, d'un délai d'exécution ». Cette disposition, valable au-delà du contentieux des actes détachables du contrat, trouve cependant tout spécialement à s'appliquer dans ce domaine, conférant ainsi un plein effet aux décisions rendues sur recours pour excès de pouvoir dans un domaine contractuel : le jugement annulant un acte détachable du contrat peut également condamner l'administration à saisir le juge du contrat pour que soient tirées les conséquences de cette annulation (TA Versailles, 23 oct. 1997, *Sté Plastic Omnium*). Le juge administratif a ensuite accepté de moduler les effets d'une décision annulant un acte détachable, estimant que « saisi d'une demande d'un tiers d'enjoindre à une partie au contrat de saisir le juge compétent afin d'en constater la nullité », il lui appartenait « de prendre en compte la nature de l'acte annulé ainsi que le vice dont il est entaché et de vérifier que la nullité du contrat ne portera pas, si elle est constatée, une atteinte excessive à l'intérêt général » (CE 10 déc. 2003, *Institut de recherche pour développement, AJDA* 2004. 394, note J.-D. Dreyfus).

Cette dernière évolution est à mettre en lien tant avec la transformation, plus large, de la conception que le juge à de son office, que de la modification du contentieux contractuel, dans un sens plus réaliste, à la suite des jurisprudences *Tropic Travaux* et *Tarn et Garonne* : dès lors que la sanction d'une illégalité contractuelle n'est plus obligatoirement la nullité du contrat, il doit pouvoir en aller de même, et à plus forte raison, pour les conséquences de l'illégalité d'un acte détachable du contrat.

Au-delà des actes détachables, le juge a également ouvert le recours pour excès de pouvoir non plus seulement contre les actes pris autour du contrat, mais directement contre ce dernier.

II. L'ouverture progressive du recours des tiers contre le contrat administratif tend à faire disparaître la distinction des contentieux

Il est désormais possible pour les tiers à un contrat, dans certains cas et à certaines conditions, de s'immiscer dans les relations contractuelles, en formant, dans certaines hypothèses, un recours pour excès de pouvoir contre le contrat administratif. Cette possibilité a tout d'abord été ouverte contre certaines clauses du contrat (A), avant de l'être désormais contre le contrat dans son ensemble (B).

A. L'ouverture du recours pour excès de pouvoir contre certaines parties du contrat

Dès 1905, le Conseil d'État a affirmé que l'on trouve, à l'intérieur de certains contrats administratifs, des clauses réglementaires (CE 3 févr. 1905, *Storch*), ce qui équivaut à dire que le contrat contient en son sein des *actes réglementaires*. La conséquence logique d'une telle affirmation est que le recours pour excès de pouvoir devrait être ouvert contre de telles clauses ; telle n'a cependant pas été la solution retenue, le juge administratif considérant que l'acte contractuel pris dans son ensemble conférait en quelque sorte une nature contractuelle à ces actes réglementaires, qui ne gardaient ainsi de cette qualité que leurs *effets*, dont les particuliers ont toujours pu se prévaloir (CE 21 déc. 1906, *Synd. des contribuables du quartier Croix de Seguey Tivoli*). On précisera tout d'abord rapidement la notion de clause réglementaire, avant de voir selon quelles modalités le juge administratif a progressivement ouvert le recours pour excès de pouvoir à leur encontre.

Sont considérées par la doctrine comme clauses réglementaires celles qui ont pour objet de réglementer les relations des cocontractants avec les tiers : soit par exemple, dans le cadre d'une convention de délégation de service public, la détermination des modalités d'organisation du service public. Les clauses ayant pour objet exclusif de régler les rapports entre les parties conservent en revanche un caractère strictement contractuel.

La conséquence de la nature réglementaire de ces clauses est désormais la possibilité, pour un tiers au contrat, d'exercer à leur encontre un recours pour excès de pouvoir. C'est ce qui ressort très nettement d'un arrêt du Conseil d'État de 1996 (CE, ass., 10 juill. 1996, *Cayzeele*), qui lie la possibilité de recours pour excès de pouvoir à la nature réglementaire d'une clause. Il s'agit là d'un revirement de jurisprudence par rapport à la position traditionnelle selon laquelle le recours par voie d'action contre les clauses réglementaires d'un contrat était interdit, suivant le principe de l'irrecevabilité du recours pour excès de pouvoir formé contre un contrat (CE, sect., 20 janv. 1978,

Synd. national de l'enseignement technique agricole public). Dans certains cas toutefois, lorsque les clauses litigieuses étaient la simple transposition d'un règlement, le juge acceptait déjà que le recours pour excès de pouvoir soit exercé contre elles (CE, ass., 5 mai 1961, *Ville de Lyon*, à propos du cahier des charges type inséré dans une convention de délégation de service public), considérant que le recours était dirigé contre un acte unilatéral inséré dans un acte contractuel.

Il est à noter que la jurisprudence *Tarn et Garonne*, qui autorise, dans certaines conditions, les tiers à former devant le juge du contrat un recours de pleine juridiction contestant la validité du contrat ou de certaines de ses clauses, laisse pleinement ouvert le recours pour excès de pouvoir contre les clauses réglementaires d'un contrat qui en sont divisibles (CE 4 avr. 2014, *Dpt. Tarn-et-Garonne*, *Lebon* 70, concl. B. Dacosta).

B. L'ouverture des recours contre le contrat

Le prolongement logique de cette extension du contentieux péri-contractuel était l'admission du recours des tiers contre le contrat lui-même.

Il faut tout d'abord remarquer que le recours pour excès de pouvoir a longtemps été ouvert à une catégorie de personnes déterminées : depuis la loi du 2 mars 1982, l'instauration du déféré préfectoral à l'encontre des actes passés par les collectivités territoriales constituait un recours pour excès de pouvoir *ratione personae* qui concerne tant les actes unilatéraux que les contrats, sans qu'aucune distinction soit effectuée entre clauses contractuelles et réglementaires. Abandonnant cette approche traditionnelle, le Conseil d'État considère désormais que le déféré préfectoral formé contre un contrat n'est plus un recours pour excès de pouvoir mais constitue un recours de pleine juridiction (CE 23 déc. 2011, *Min. de l'intérieur, de l'outre-mer, des collectivités territoriales et de l'immigration*; CE 9 mai 2012, *Syndicat départemental des ordures ménagères de l'Aude, RFDA* 2012. 683, note P. Delvolvé).

La même évolution a été adoptée à l'égard des tiers. Dans un premier temps, le Conseil d'État a accepté un recours pour excès de pouvoir dirigé contre un contrat administratif, dans un domaine certes spécifique. L'arrêt *Ville de Lisieux* (CE, sect., 30 oct. 1998), affirme ainsi qu'un contrat entre une collectivité et un agent public était, compte tenu de la « nature particulière des liens qui s'établissent entre une collectivité et ses agents non titulaires », susceptible de recours pour excès de pouvoir. À la suite de cette décision, une extension globale du recours pour excès de pouvoir des tiers au contrat était logiquement attendue.

C'est une autre voie que le juge a suivie, en décidant d'admettre, par étapes successives, les recours formés par les tiers devant le juge du contrat. Dans un premier temps, il a créé, au profit des concurrents évincés, un recours en contestation de validité du contrat (CE, ass., 16 juill. 2007, *Société Tropic travaux signalisation, RFDA* 2007. 696, concl. D. Casas). Ce contentieux restait toutefois périphérique, et l'étape décisive a été franchie quelques années plus tard par l'ouverture du contentieux contractuel au tiers susceptible d'être lésé dans ses intérêts de façon suffisamment directe et certaine par la passation du contrat ou ses clauses (CE 4 avr. 2014, *Dpt Tarn-et-Garonne, RFDA* 2014. 425, concl. B. Dacosta), voire par son maintien (CE, sect., 30 juin 2017, *Syndicat mixte de promotion de l'activité transmanche (SMPAT), Lebon*. 209, concl. G. Pellissier).

La conséquence de cette ouverture désormais indistincte aux tiers (du moins à ceux qui ont une proximité suffisante avec le contrat) et aux parties du contentieux contractuel est la réduction à la portion congrue des possibilités de recours pour excès de pouvoir contre les actes détachables : alors qu'au début de cette évolution de plus de vingt ans, on envisageait l'unification du contentieux au profit d'un juge de l'excès de pouvoir dont, par ailleurs, les modalités d'intervention s'étendaient, c'est bien le juge du contrat, juge de plein contentieux, qui est désormais compétent pour la quasi-totalité du contentieux des contrats administratifs.

chapitre 17

Les caractères généraux de la responsabilité publique

Plan analytique

section 1

L'évolution du partage de responsabilités entre l'administration et ses agents

§ 1 La distinction entre faute de service et faute personnelle

A. La faute personnelle

B. La faute de service

§ 2 Le cumul de responsabilités

§ 3 Les actions récursoires

section 2

Les conditions communes d'indemnisation du préjudice

§ 1 Le préjudice

A. Le préjudice doit être certain

B. Le préjudice doit être évaluable en argent

§ 2 La causalité

A. L'appréciation de la relation de cause à effet

B. Les circonstances exonératoires

§ 3 L'imputabilité

§ 4 L'évaluation de la réparation

A. La date d'évaluation du préjudice

B. Les déductions susceptibles d'atténuer le montant de l'indemnité

C. Les intérêts

Compléments pédagogiques

Les caractères généraux de la responsabilité publique

Le droit de la responsabilité publique prend une importance toujours accrue. Ainsi que le soulignait une étude récente du Conseil d'État : « Notre société refuse la fatalité. Elle se caractérise par une exigence croissante de sécurité. Cette exigence engendre la conviction que tout risque doit être couvert, que la réparation de tout dommage doit être rapide et intégrale et que la société doit, à cet effet, pourvoir, non seulement à une indemnisation des dommages qu'elle a elle-même provoqués, mais encore de ceux qu'elle n'a pas été en mesure d'empêcher, ou dont elle n'a pas su prévoir l'occurrence » (« Responsabilité et socialisation du risque », *EDCE* 2005, n° 56, p. 205). Les cas dans lesquels il existe une obligation pour les collectivités publiques de réparer les conséquences dommageables de certains faits s'étant multipliés, il faut distinguer avec d'autant plus de soin, d'une part, les règles régissant l'obligation à la dette, qui déterminent la ou les personnes tenues de verser à la victime une réparation si elle leur est demandée, d'autre part, celles relatives à la contribution à la dette, qui désignent la ou les personnes devant supporter en définitive la charge indemnitaire. Les premières tendent à protéger prioritairement la victime en étendant fréquemment à toute collectivité publique susceptible d'être concernée l'obligation de réparer, alors que les secondes permettent à cette dernière de se retourner le cas échéant contre les auteurs véritables du dommage, pour obtenir qu'ils supportent finalement le poids de la réparation. L'objet même de ce droit, sous-tendu par l'idée de réparation, est donc très différent de la responsabilité pénale. 879

Seule la responsabilité extracontractuelle sera évoquée ici, la responsabilité contractuelle, essentiellement liée à une inexécution ou une mauvaise exécution d'une obligation contractuelle, devant être étudiée avec le régime des contrats administratifs (v. ss 520 s.).

Le régime de la responsabilité publique a connu, depuis près d'un siècle et demi, une profonde mutation avec le passage du principe de l'irresponsabilité de l'État (qui connaissait cependant des exceptions, la loi du 28 pluviôse an VIII confiant aux conseils de préfecture la réparation des dommages causés par les travaux publics et les tribunaux judiciaires pouvant engager la responsabilité de l'État du fait de la gestion de son domaine privé) à l'admission de la responsabilité de l'État dans le célèbre arrêt *Blanco* (T. confl. 8 févr. 1873, *GAJA*, n° 1). Ne subsistent aujourd'hui que de rares îlots d'irresponsabilité de l'administration. Sauf disposition législative expresse, sont insusceptibles d'ouvrir droit à réparation les actes de gouvernement (CE 3 oct. 2018, *M. Tamazount*, n° 410611 : le Conseil d'État rejette l'action en responsabilité fondée sur l'absence de protection des supplétifs de l'armée française en Algérie et de leurs familles sur le territoire algérien après le cessez-le-feu du 18 mars 1962 et la proclamation de l'indépendance de l'Algérie le 5 juill. 1962 et sur l'absence d'organisation de leur rapatriement en France au motif que ces actes se rattachent à la conduite des relations entre la France et l'Algérie), les opérations militaires (CE 23 juill. 2010, *Sté Touax*, n° 328757 s'agissant du préjudice causé par 880 des bombardements réalisés par les forces françaises sur le territoire de la République fédérale de Yougoslavie au cours de l'année 1999) ou les agissements d'autorités étrangères (CE 20 déc. 2013, *Mme Fano*, n° 335235 à propos de l'action tendant à la réparation du préjudice résultant de la confiscation par les autorités chinoises, en 1949, des droits et titres de propriétés détenus par leur famille dans les territoires de la Chine anciennement concédés à la France).

881 Reconnue dans son principe, la possibilité d'engager la responsabilité de l'État était encadrée par des conditions qui pouvaient apparaître restrictives, puisqu'il était énoncé que « la responsabilité qui peut incomber à l'État pour les dommages causés aux particuliers par le fait des personnes qu'il emploie dans les services publics, ne peut être régie par les principes qui sont établis dans le Code civil, pour les rapports de particulier à particulier ; [...] cette responsabilité n'est ni générale ni absolue ; [...] elle a ses règles spéciales qui varient suivant les besoins du service ».

882 Cependant, au cours des décennies qui ont suivi, les règles du droit de la responsabilité publique ont évolué d'une façon telle que « l'autonomie » du droit de la responsabilité publique, revendiquée dans l'arrêt *Blanco*, ne joue plus nécessairement et toujours en faveur de l'administration, même si la jurisprudence administrative continue d'être inspirée, pour une part, par l'idée qu'il ne serait pas opportun de risquer, pense-t-on, de paralyser l'action administrative en élargissant de façon trop sensible les cas et conditions dans lesquels la responsabilité publique peut être engagée. À côté de la responsabilité pour faute sont apparues cependant des hypothèses nombreuses dans lesquelles la responsabilité publique est admise par les juges même sans faute ou, en tout cas, sans qu'une faute ait à être prouvée. Un certain nombre de régimes spéciaux de responsabilité ont en outre été institués par des textes dans le souci de mieux protéger les victimes dans certaines circonstances particulières.

883 Les faits dommageables dont doit répondre la collectivité publique résultant presque toujours de l'action ou de la carence de personnes physiques, qui agissent pour le compte de l'administration, une difficulté se présente dès l'abord pour savoir qui, de l'administration ou de ses agents, doit répondre de ces faits dommageables.

La question du partage de responsabilités entre l'administration et ses agents a donné lieu à d'importantes évolutions de la jurisprudence (section 1). Ont été par ailleurs dégagées des règles communes aux différents régimes de la responsabilité publique, qu'il s'agisse du préjudice, de la causalité, de l'imputabilité ou des règles d'indemnisation (section 2).

section 1

L'évolution du partage de responsabilités entre l'administration et ses agents

884 Possible en droit, l'action tendant à engager la responsabilité personnelle des fonctionnaires avait d'abord été paralysée en fait par l'exigence, posée par l'article 75

de la Constitution de l'an VIII, d'une autorisation donnée par le Conseil d'État pour que puisse être exercée une action en responsabilité contre eux. Dès la fin du Second Empire, un décret de 1870 abrogea cependant l'article 75 et « toutes dispositions [...] ayant pour objet d'entraver les poursuites dirigées contre des fonctionnaires publics de tout ordre ». En 1873, le Tribunal des conflits consacrait l'importante distinction entre la faute personnelle et la faute de service, seule la première étant susceptible d'engager la responsabilité du fonctionnaire devant un tribunal judiciaire, tandis que la seconde ne peut engager que la responsabilité de la collectivité publique et relève de la compétence des seules juridictions administratives (T. confl. 30 juill. 1873, *Pelletier, GAJA*, n° 2).

La distinction entre la faute de service et la faute personnelle (§1) conserve toute son importance et son actualité, même si la jurisprudence a consacré un régime de cumul de responsabilités (§2), ce qui a conduit à mettre en place des actions récursoires (§3) pour régir la contribution finale du fonctionnaire et de l'administration au règlement de l'indemnisation.

§ 1 La distinction entre faute de service et faute personnelle

Les éléments constitutifs de la distinction entre la faute de service et la faute personnelle ont été précisés notamment au fil des décisions du Tribunal des conflits, à la suite de l'arrêt *Pelletier* précité. En effet, si un agent de l'administration fait l'objet de poursuites devant un tribunal judiciaire et si l'administration considère que les faits qui lui sont reprochés ne sont pas détachables du service, celle-ci doit élever le conflit (CE, sect., 26 avr. 1963, *Centre Hospitalier de Besançon, Lebon* 243, concl. Chardeau). Le Tribunal des conflits sera donc conduit à distinguer selon que la faute est personnelle, dite également « détachable », ou selon qu'elle est une faute de service, non détachable de l'organisation ou du fonctionnement du service. 885 ■

La jurisprudence administrative est également d'autant plus importante à connaître en la matière que, d'une part, les requérants peuvent être enclins à engager de préférence une action en responsabilité contre la collectivité publique, pour des raisons évidentes de solvabilité de celle-ci, et ce donc nécessairement devant la juridiction administrative et que, d'autre part, il n'existe aucun moyen d'élever le conflit, on l'a vu, si la juridiction administrative se reconnaît compétente pour connaître des conséquences dommageables de ce qu'elle qualifie de faute de service, et même si d'aucuns peuvent estimer cette qualification contestable en logique dans tel ou tel cas. En cette matière, la qualification faite par le juge administratif, s'il se reconnaît compétent, ne peut être procéduralement contestée et s'impose nécessairement, ce qui n'est pas le cas de l'éventuelle qualification de faute personnelle qui serait retenue par le juge judiciaire.

A. La faute personnelle

La *faute personnelle*[Q] est souvent qualifiée de « détachable » en ce sens qu'elle doit se détacher suffisamment du service pour que le juge judiciaire puisse la constater et en tirer les conséquences sans porter une appréciation sur le fonctionnement même de l'administration. 886 ■

Elle peut se détacher du service soit matériellement (tel est le cas des fautes commises en dehors du service et sans lien avec celui-ci), soit parce qu'elle révèle, selon la formule classique de Laferrière, non pas « un administrateur plus ou moins sujet à erreur », mais « l'homme, avec ses faiblesses, ses passions, ses imprudences ». La notion de faute personnelle a fait l'objet d'une systématisation récente par le Conseil d'État. Constitue une faute personnelle, la faute d'un agent qui « eu égard à sa nature, aux conditions dans lesquelles elle a été commise, aux objectifs poursuivis par son auteur et aux fonctions exercées par celui-ci est d'une particulière gravité » (CE 11 févr. 2015, *ministre de la Justice*, n° 372359).

■ 887 La faute, même commise à l'occasion du service, sera ainsi considérée comme personnelle, lorsqu'elle a été accomplie pour des mobiles personnels, tel le désir de vengeance, une volonté d'enrichissement personnel (CE 21 avr. 1937, *Mlle Quesnel*, *Lebon* 413), ou l'utilisation à des fins personnelles des moyens du service (par ex. CE 8 août 2008, *Thierry M.*, *Dr. adm.* 2008, n° 140, à propos d'un accident causé par l'utilisation d'un véhicule de service à des fins personnelles).

■ 888 Il peut aussi s'agir d'un comportement excessif, se traduisant par des propos grossiers ou injurieux (T. confl. 2 juin 1908, *Girodet*, *Lebon* 597, concl. Tardieu), ou un degré de violence inadmissible de la part d'un fonctionnaire (T. confl. 21 déc. 1987, *Kessler*, *Lebon* 456 : « actes de violences, injustifiés au regard des pratiques administratives normales »).

■ 889 Peuvent également être qualifiées de fautes personnelles des fautes inexcusables, tant par la gravité de leurs conséquences que par l'absence de toute conscience professionnelle ou humaine dont elles témoignent. Ont été ainsi qualifiés le refus de se rendre au chevet d'un malade de la part d'un médecin hospitalier de garde alors que l'état inquiétant du malade lui avait été signalé à plusieurs reprises (CE 4 juill. 1990, *Sté d'assurances « Le Sou médical »*, *Lebon* 984), ou le silence gardé pendant trois jours par un chef de service hospitalier sur une erreur commise dans son service, alors qu'il savait que les chances de survie du patient, dont l'état se dégradait d'heure en heure, dépendaient de l'information sur cette erreur qu'il aurait donc dû donner sans délai (CE 28 déc. 2001, *M. Valette*, *AJDA* 2002. 359, concl. R. Schwartz). En revanche, la falsification d'un plan d'occupation des sols par un fonctionnaire n'est pas, en l'absence d'un intérêt personnel de celui-ci et malgré la gravité de son comportement, une faute personnelle (T. confl. 19 oct. 1998, *JCP* 1999. II. 10225, concl. J. Sainte-Rose et note A. du Cheyron).

Commet en revanche une faute personnelle l'officier qui organise un exercice de tir à balles réelles, au risque d'exposer à la mort les soldats présents, en l'absence de toute nécessité (CE 17 déc. 1999, *Moine*, *Lebon* 425).

Statuant sur les faits reprochés à M. Papon d'arrestation et d'internement de personnes, dont de nombreux enfants, ayant été ensuite déportées à Auschwitz où elles ont trouvé la mort, la cour d'assises de la Gironde l'avait condamné à dix années de réclusion criminelle puis, statuant sur les intérêts civils, avait, par un arrêt du 3 avril 1998, expressément écarté la qualification de faute de service et retenu celle de faute personnelle pour retenir sa compétence. Statuant ensuite sur l'action de M. Papon demandant à l'État de le garantir de cette condamnation, le Conseil d'État a jugé, quant à lui, que les faits révélaient tant une faute personnelle qu'une faute de service. Pour retenir, à son tour, qu'il existait bien une faute personnelle, le Conseil d'État a souligné notamment que M. Papon avait veillé « de sa propre initiative et en devançant les instructions venues de ses supérieurs, à mettre en œuvre avec le maximum d'efficacité et de rapidité les opérations nécessaires à la recherche, à l'arrestation et à l'internement des personnes en cause », et à ce que les enfants n'en soient pas exclus (CE, ass., 12 avr. 2002, *Papon*, *RFDA* 2002. 582, concl. S. Boissard). La responsabilité de l'État dans la déportation de personnes victimes de persécutions antisémites a été ultérieurement confirmée, indépendamment de la reconnaissance d'une faute personnelle, mais le Conseil d'État a estimé que les préjudices établis ont été suffisamment réparés par les dispositifs législatifs mis en place à cet effet (CE, ass., 16 févr. 2009, *Mme Hoffman Glemane*, *RFDA* 2009. 316, concl. F. Lenica ; *ibid.* 525 note B. Delaunay ; *ibid.* 536 note P. Roche).

Lorsqu'elle est commise dans le service, la faute personnelle peut engager la responsabilité de l'administration (vv. ss 894). Cette solution s'applique également même lorsqu'elle est réalisée hors du service, car la faute peut cependant « ne pas être dépourvue de tout lien avec le service », notamment lorsqu'elle a été commise avec les moyens fournis par le service. 890 ■

B. La faute de service

La *faute de service*[Q] n'est pas nécessairement une faute anonyme. Cependant, même lorsqu'il est possible d'identifier les agents de l'administration à l'origine d'une défaillance dans son fonctionnement, la faute n'en reste pas moins une faute de service et non une faute personnelle, si elle ne présente pas les caractéristiques relevées précédemment. 891 ■

Pour en revenir aux formules célèbres de Laferrière, selon lesquelles il y a faute de service « si l'acte dommageable est impersonnel » ou s'il révèle seulement un « administrateur plus ou moins sujet à erreur », ces termes ne signifient pas qu'il soit impossible d'identifier l'« administrateur » à l'origine des faits dommageables. Ils soulignent seulement qu'il ne lui appartient pas alors d'assumer personnellement les conséquences de l'acte, au moins sur le terrain de la responsabilité civile.

Selon cette logique, une faute susceptible d'être qualifiée d'infraction pénale peut dans certains cas n'être regardée que comme une faute de service et non comme une faute personnelle (T. confl. 14 janv. 1935, *Thépaz*, *GAJA*, n° 44, à propos d'infractions au Code de la route). 892 ■

De même, une voie de fait peut constituer une simple faute de service et non une faute personnelle (T. confl. 8 avr. 1935, *Action française*, *GAJA*, 19e éd., n° 46, à propos de la saisie d'un journal ordonnée par le préfet de police, la mesure incriminée devant être considérée, selon le commissaire du gouvernement Josse, comme émanant « non de l'homme, mais du fonctionnaire »).

La faute de service peut naturellement résulter d'une carence ou d'une mauvaise organisation du service, telle qu'aucun fonctionnaire n'est directement à l'origine des faits, qui n'en restent pas moins dommageables.

Il peut enfin s'agir d'une faute collective. Rappelant tous les actes qui ont précédé et rendu possibles les arrestations et déportations de personnes choisies à raison de leur seule appartenance réelle ou supposée à une minorité religieuse, c'est-à-dire la mise en place d'un service des questions juives, le recensement des personnes de « race 893 ■

juive », la création de camps d'internement spéciaux, et cela sans attendre les ordres ou même les souhaits des forces d'occupation, le commissaire du gouvernement soulignait qu'« il y a bien eu durant la Seconde Guerre mondiale, entre le mois de juin 1940 et le mois d'août 1944, non pas seulement une collection de fautes personnelles imputables à des personnes précisément identifiées, mais également une faute collective des différents services administratifs qui ont participé à cette politique » (concl. S. Boissard préc., *RFDA* 2002. 589). Le Conseil d'État a ainsi expressément qualifié de faute de service ces « actes ou agissements de l'administration française qui ne résultaient pas directement d'une contrainte de l'occupant » (CE, ass., 12 avr. 2002, *Papon*, préc., *RFDA* 2002. 582, concl. S. Boissard).

§ 2 Le cumul de responsabilités

■ 894 Si la faute personnelle permet la mise en jeu de la responsabilité personnelle des agents publics devant les tribunaux judiciaires, cette possibilité se heurte cependant, en pratique, au fait que l'ampleur des charges et missions confiées aux fonctionnaires et, plus généralement, aux agents des collectivités publiques, est souvent sans proportion avec leur patrimoine personnel, de telle sorte que l'étendue des dommages qu'ils peuvent causer ne saurait être réparée par la seule mise en jeu de leur responsabilité personnelle.

Compte tenu du risque d'insolvabilité des fonctionnaires, il est donc de l'intérêt des victimes des préjudices commis par l'administration de pouvoir mettre en cause la responsabilité de la collectivité publique, même lorsque la faute ou l'une des fautes à l'origine du préjudice revêt le caractère d'une faute personnelle.

■ 895 La jurisprudence a d'abord admis que la victime d'un préjudice, causé tout à la fois par une faute de service et par une faute personnelle, pouvait demander réparation de la totalité de son préjudice à l'administration en raison de ce cumul de fautes (CE 3 févr. 1911, *Anguet*, *GAJA*, n° 21 : l'accident est dû à la « brutale expulsion » d'un usager d'un bureau de poste, ces violences constituant une faute personnelle, alors que le bureau de poste avait été fermé avant l'heure réglementaire, ce qui traduisait une faute de service).

Tel reste aujourd'hui le cas le plus fréquent, la faute personnelle ayant souvent été précédée d'une faute de service (CE, sect., 13 déc. 1963, *Min. des Armées c/ Consorts Occelli*, *Lebon* 629, concl. Braibant : un défaut de surveillance, révélateur d'une faute de service, a permis à des militaires de sortir du camp et, en état d'ébriété, d'assassiner un chauffeur de taxi, ce qui constitue une faute personnelle ; CE, ass., 12 avr. 2002, *Papon*, préc. : ainsi que le souligne le commissaire du gouvernement, « c'est cette faute collective qui a rendu possibles les agissements pour lesquels M. Papon a été condamné » et qui constituent une faute personnelle).

■ 896 Dès 1918, le Conseil d'État admit cependant aussi qu'une faute unique, due essentiellement au fait personnel d'un agent d'une collectivité publique, puisse engager la responsabilité de cette collectivité publique, la victime ayant alors le choix de demander réparation du dommage qu'elle a subi soit à l'agent, devant les tribunaux judiciaires, soit à la collectivité publique elle-même, devant la juridiction administrative (CE 26 juill. 1918, *Épx Lemonnier*, *GAJA*, n° 31). Selon les termes du commissaire du gouvernement Léon Blum dans cette affaire, « la faute se détache peut-être du service, mais le service ne se détache pas de la faute », ce qui permet, malgré l'absence de faute de service, d'engager la responsabilité de la collectivité publique.

Il en sera ainsi à chaque fois que la faute, quoique personnelle, n'est pas dépourvue de tout lien avec le service, qu'elle ait été commise dans le service ou avec les moyens mis à disposition par le service (CE 18 nov. 1949, *Demoiselle Mimeur, JCP* 1950. II. 5286, concl. Gazier : à propos d'un accident commis par le chauffeur d'un camion de l'armée « en s'écartant de son itinéraire normal pour des raisons indépendantes de l'intérêt du service » ; CE 26 oct. 1973, *Sadoudi, RD publ.* 1974. 936, concl. Bernard : à propos d'une mort accidentelle provoquée par un gardien de la paix ayant manipulé maladroitement son pistolet de service). La faute ne pourra cependant pas être rattachée au service si elle est d'une exceptionnelle gravité (Crim., 14 juin 2005, *Guilles H., Erick L, Agent judiciaire du Trésor, AJDA* 2006. 1058, note C. Deffigier) 897 ■

Toutefois, par exception et s'agissant de fautes commises hors du service, le Conseil d'État refuse, même après l'arrêt précité *Sadoudi* de 1973, d'admettre que la responsabilité de l'administration puisse être engagée lorsque des armes à feu, même si elles sont des armes de service, ont été utilisées intentionnellement avec une volonté de nuire (CE 12 mars 1975, *Pothier, Lebon* 190, *Rev. adm.* 1975. 268, note F. Moderne).

Sous réserve de cette dernière nuance, cette jurisprudence est protectrice des intérêts des victimes de faits dommageables commis dans l'exercice des activités administratives ou avec les moyens de l'administration, puisqu'elle leur offre une option entre l'exercice d'une action en responsabilité personnelle contre l'agent de l'administration ou une action en dédommagement dirigée contre l'administration elle-même. Cette faculté de choix pourrait cependant conduire, en pratique, à une irresponsabilité de fait des fonctionnaires, dans la mesure où les victimes d'éventuels préjudices seront tentées de se retourner systématiquement contre l'administration pour éviter tout risque d'insolvabilité. Le jeu des actions récursoires peut permettre d'éviter que cette option n'aboutisse à des conséquences excessives.

Le Tribunal des conflits a apporté une précision sur la mise en œuvre du cumul de responsabilité. Dans une décision du 19 mai 2014 (*Berthet c/ Filippi*, C3939), il a considéré que la victime pouvait simultanément saisir les deux ordres de juridictions dans l'hypothèse d'une faute non dépourvue de tout lien avec le service. Cette solution, favorable à la victime qui n'est ainsi plus exposée aux inconvénients résultant du dualisme juridictionnel, pose néanmoins des difficultés pratiques. Il appartient, en effet, aux deux juridictions saisies de s'assurer que le cumul des indemnités qu'elles prononcent ne dépasse par la valeur du préjudice subi. Concrètement, il s'agira pour la juridiction judiciaire ou administrative statuant en second d'engager les démarches nécessaires mais difficiles à mettre en œuvre pour connaître le sens de la première décision rendue.

§ 3 Les actions *récursoires*

La question de l'obligation à la dette doit être ici clairement distinguée de celle de la contribution finale à la dette. En effet, aussi bien en cas de faute personnelle commise dans le service ou avec les moyens du service (à condition, dans ce dernier cas, qu'elle ne soit pas intentionnelle) que dans l'hypothèse d'une faute de service, la 898 ■

personne publique concernée sera tenue de réparer les conséquences dommageables de celles-ci, sans pouvoir se décharger de cette « obligation à la dette » en invoquant la faute de son agent ; en revanche, la personne publique pourra se retourner contre l'agent auteur d'une faute personnelle pour lui demander de participer, en tout ou en partie, à la « contribution finale à la dette ».

■ 899 C'est ce que décide le Conseil d'État dans les fameux arrêts d'Assemblée du 21 juillet 1951 *Laruelle* et *Delville* (*GAJA*, n° 62), en jugeant que, « si au cas où un dommage a été causé à un tiers par les effets conjugués de la faute d'un service public et de la faute personnelle d'un agent de ce service, la victime peut demander à être indemnisée de la totalité du préjudice subi soit à l'administration, devant les juridictions administratives, soit à l'agent responsable, devant les tribunaux judiciaires, la contribution finale de l'administration et de l'agent à la charge des réparations doit être réglée par le juge administratif compte tenu de l'existence et de la gravité des fautes respectives constatées dans chaque espèce ».

■ 900 En cas de cumul de fautes, l'administration, après avoir dédommagé la victime du préjudice, pourra donc se retourner contre l'auteur de la faute personnelle pour lui demander d'assumer sa part de responsabilité et donc de lui rembourser une partie de l'indemnité que l'administration aura dû verser. Cette action récursoire demeure possible, y compris après la conclusion d'une transaction avec la victime du dommage (CE 12 déc. 2008, *Min. de l'éducation nationale c/ M. H*, *AJDA* 2009. 895, note C. Deffigier).

Il en est de même lorsque la victime a choisi de porter son action contre la collectivité publique devant la juridiction administrative alors qu'aucune faute de service n'a été commise. L'administration pourra se retourner contre l'agent pour qu'il supporte les conséquences financières de sa faute. Celle-ci use relativement peu de cette faculté, sauf dans des hypothèses où elle entend donner à cette action une coloration quasi disciplinaire (v. concl. J. Kahn sous CE, sect., 22 mars 1957, *Jeannier*, *Lebon* 197).

Ainsi, le fait pour un maire d'émettre, dans un but d'enrichissement personnel, des certificats administratifs attestant faussement de la réalisation de travaux pour le compte de la commune, constitue une faute personnelle détachable du service, mais n'est pas dépourvue de tout lien avec celui-ci (T. confl. 19 oct. 1998, *Préfet Tarn c/ CA Toulouse*, *JCP* 1999. II. 10225, concl. J. Sainte-Rose). La victime peut donc demander la condamnation de la commune à en assumer l'entière réparation, sans préjudice d'une éventuelle action récursoire de la celle-ci à l'encontre de l'intéressé, qui était maire à l'époque des faits (CE 2 mars 2007, *Banque française commerciale Océan indien*, *Lebon T.*, *JCP Adm.* 2007. Actu. 287).

■ 901 Une solution symétrique est retenue dans l'hypothèse plus rare où un agent a été exceptionnellement condamné par le juge judiciaire, sans que le conflit ait été élevé, à indemniser les victimes d'une faute de service ou d'un ensemble de fautes dont l'une se voit ensuite reconnaître par le juge administratif la qualité de faute de service.

L'article 11 de la loi du 13 juillet 1983 portant droits et obligations des fonctionnaires précise actuellement que, « lorsqu'un fonctionnaire a été poursuivi par un tiers pour faute de service et que le conflit d'attribution n'a pas été élevé, la collectivité publique doit, dans la mesure où une faute personnelle détachable de l'exercice de ses fonctions n'est pas imputable à ce fonctionnaire, le couvrir des condamnations civiles prononcées contre lui ». Fidèle aux principes posés dans l'arrêt précité *Delville*, la jurisprudence administrative interprète ce texte comme s'appliquant également au cas où une faute personnelle est imputable au fonctionnaire, si elle a conjugué ses effets, dans la réalisation du dommage, avec ceux d'une faute de service distincte. Dans l'arrêt *Delville* de 1951, il avait été jugé que, si un accident automobile est dû tant à l'état d'ébriété du chauffeur, constitutif d'une faute personnelle, qu'au mauvais état d'entretien du véhicule, révélateur d'une faute de service, l'État peut être tenu de rembourser au chauffeur, dont la responsabilité personnelle avait été initialement engagée par la victime, la moitié de l'indemnité. Les mêmes principes ont abouti dans l'affaire *Papon* à ce que l'État soit condamné à prendre à sa charge la moitié du montant total des condamnations civiles prononcées à l'égard de ce dernier (CE 12 avr. 2002, *Papon*, préc.).

En revanche, lorsque la faute personnelle ne se double pas d'une faute de service et à supposer même que, n'étant pas dépourvue de tout lien avec le service, elle aurait pu permettre à l'égard de la victime de la faute d'engager, dans un premier temps, la responsabilité de la collectivité publique devant la juridiction administrative, la demande en garantie de l'agent, dont la responsabilité a été recherchée devant la juridiction judiciaire et qui se retourne contre l'administration, doit être rejetée. 902 ■

La juridiction administrative est compétente pour connaître de ces actions récursoires aussi bien, ce qui paraît logique, lorsque l'agent de l'administration se retourne contre celle-ci pour qu'elle assume la part du dommage liée à la faute de service que, de façon plus étonnante malgré la symétrie de la situation, lorsque l'administration se retourne contre l'agent, alors même que cette action aboutit à mettre en cause la responsabilité personnelle, sur son patrimoine propre, d'un agent (T. confl. 26 mai 1954, *Moritz*, *S.* 1954. 385, concl. Letourneur ; T. confl. 21 janv. 1985, *Hospice de Chateauneuf-du-Pape*, *RD publ.* 1985. 1356, note R. Drago). Cette solution permet de toujours donner le pouvoir du dernier mot au juge administratif sur cette question du partage entre faute de service et faute personnelle, s'il est saisi par l'administration ou par l'agent. 903 ■

section 2

Les conditions communes d'indemnisation du préjudice

Un préjudice ne peut être indemnisé que s'il présente certaines caractéristiques (§1), s'il existe une relation de causalité entre le fait dont doit répondre l'administration et le préjudice (§2), et si ce dernier est imputable à telle ou telle personne publique (§3). L'évaluation de l'indemnisation obéit également à des règles spécifiques (§4). 904 ■

§ 1 Le préjudice

905 La responsabilité civile, à la différence de la responsabilité pénale ou de la responsabilité disciplinaire, ayant une fonction de réparation et non de sanction, du moins dans la conception française du droit de la responsabilité, le préjudice est la condition de la responsabilité et la mesure de la réparation à laquelle le responsable des faits dommageables pourra être condamné. Il en résulte que le préjudice doit être certain (A) et qu'il doit être évaluable en argent (B), dans la mesure où la réparation se résout en dommages-intérêts.

A. Le préjudice doit être certain

906 La condition de certitude du préjudice est conçue de façon libérale par la jurisprudence : elle ne signifie pas que ne seront indemnisés que les préjudices nés et actuels, dans la mesure où un préjudice futur peut d'ores et déjà être certain dans son principe. Il en est ainsi de l'invalidité d'un enfant qui aura nécessairement pour conséquence de réduire ses capacités professionnelles (CE, sect., 12 juin 1981, *Centre Hospitalier de Lisieux*, *Lebon* 262, concl. Moreau). De même, s'agissant de la victime d'un accident corporel survenu dans son jeune âge, le juge administratif considère certains les préjudices tenant à la perte de revenus résultant de l'impossibilité d'exercer un jour une activité professionnelle ou à l'impossibilité de bénéficier de l'apport d'une scolarisation (CE 24 juill. 2019, *Mme Depecker*, n° 408624).

La condition de certitude du préjudice apparaît également remplie lorsque celui-ci se traduit par la *perte d'une chance*[Q] suffisamment sérieuse pour être indemnisée. Un candidat irrégulièrement évincé d'un examen ou d'un concours de la fonction publique pourra être indemnisé à ce titre (CE 28 mai 1987, *Legoff*, *Lebon* 186), de même que le candidat irrégulièrement évincé d'une procédure d'attribution d'un contrat public (CE 10 févr. 2017, Société Bancel, n° 393720). De même, un patient victime d'une erreur de diagnostic pourra obtenir réparation pour la perte de la chance sérieuse qu'il avait d'éviter une infirmité (CE 2 déc. 1977, *Dame Rossier*, *Lebon* 485 ; CE, sect., 19 déc. 1984, *Boehrer*, *Lebon* 433, concl. Stirn). La chance de succès d'une action en justice sera également susceptible d'indemnisation, lorsque sa perte résultera d'une faute professionnelle commise par un avocat aux Conseils, à condition pour le juge de vérifier que le recours n'était, en l'espèce, pas dépourvu de chances de succès (CE 5 juill. 2006, *Mme Hudelot*).

La perte de chance est, désormais, indemnisée de façon autonome en droit de la responsabilité hospitalière, et n'est plus seulement un moyen permettant de révéler le lien de causalité entre une faute médicale et l'aggravation de l'état de santé du patient. Cette autonomisation a pour conséquence que le montant du préjudice réparé n'est plus constitué de l'intégralité du préjudice corporel constaté, mais d'une fraction de celui-ci, « déterminée en fonction de l'ampleur de la chance perdue » (CE 21 déc. 2007, *CH de Vienne c/ M. Joncart*, *RFDA* 2008. 348, concl. T. Olson ; *AJDA* 2008. 135, chron. J. Boucher et B. Bourgeois-Machureau).

La question de la certitude du préjudice relève de l'appréciation souveraine des faits par les juges du fond (CE 26 nov. 1993, *SCI Les Jardins de Bibemus*, *Lebon* 327).

B. Le préjudice doit être évaluable en argent

Si les dommages aux biens se traduisent clairement par des pertes pécuniaires, la question est plus délicate pour les dommages aux personnes. Certes, les pertes de revenus entraînées par une invalidité sont objectivement mesurables et évaluables en argent. En revanche, la douleur physique a d'abord été considérée comme insusceptible d'évaluation en argent. Il faudra attendre presque le milieu du siècle dernier (CE 24 avr. 1942, Morell, RD publ. 1973. 80, concl. Léonard) pour que le Conseil d'État accepte d'abord d'indemniser des souffrances particulièrement vives diminuant la capacité physique de l'individu. Toutes les souffrances physiques « d'une certaine importance » sont aujourd'hui considérées comme des préjudices susceptibles d'indemnisation (CE, sect., 6 juin 1958, Cne de Grigny, D. 1958. 551, concl. Chardeau). Le préjudice esthétique, les troubles dans les conditions d'existence (se traduisant par ex. par l'impossibilité de pratiquer dorénavant certaines activités de loisirs ou encore par des difficultés scolaires) peuvent également donner lieu à indemnisation. 907 ■

Le Conseil d'État s'était cependant longtemps singularisé par rapport aux juridictions judiciaires en refusant d'indemniser la douleur morale, au motif longtemps avancé que « les larmes ne se monnaient pas ». Il a abandonné cette jurisprudence en 1961 (CE, ass., 24 nov. 1961, *Min. des Travaux publics c/ Letisserand, GAJA*, n° 74). Il semble qu'une certaine réticence persistante à cet égard se traduise encore parfois par l'octroi de sommes sensiblement inférieures à celles allouées par les juridictions judiciaires. Il est vrai qu'il est extrêmement difficile d'évaluer un tel préjudice. En outre le juge ne motive guère ses décisions sur cette évaluation et se borne à affirmer qu'« il sera fait une juste appréciation du préjudice invoqué en l'évaluant à » telle somme, ou encore, de façon encore plus concise, qu'« au titre de la douleur morale il y a lieu de fixer le montant de l'indemnité à » tel montant, sans autre explication. Seule la lecture des conclusions du commissaire du gouvernement permet d'éclairer un peu la teneur des analyses du juge administratif sur ces questions, où l'équité prend plus ou moins de place. Le juge administratif accepte également de prendre en compte le préjudice moral des collatéraux en cas de décès de la victime, même s'il ne donne lieu qu'à une réparation modique (CE 27 oct. 2000, *CH de Séclin, Lebon* 478). En cas de décès du requérant, le Conseil d'État estime désormais, parce que le droit à réparation d'un dommage s'ouvre, quelle que soit sa nature, au moment de la survenance du fait qui en constitue la cause, que le droit à réparation, y compris du préjudice moral, est transmissible aux héritiers en cas de décès de la victime (CE, sect., 29 mars 2000, *Assistance publique – Hôpitaux de Paris, RFDA* 2000. 850, concl. T. Chauvaux). L'indemnisation ne peut cependant aller, dans ce cadre, jusqu'à couvrir la perte de chance de survie (CAA Douai, 9 mai 2007, *consorts M., JCP Adm.* 2007, n° 2158, concl. Mesmin). 908 ■

Dans un souci de protection des victimes, le juge administratif admet également d'indemniser le préjudice d'anxiété, tel que la conscience du risque de développer une pathologie grave (CE 9 nov. 2016, *Mme Bindjouli*, n° 393108). Par exemple, un ouvrier d'État qui a été exposé à l'amiante dans le cadre de son travail dans la construction navale peut être indemnisé de son préjudice d'anxiété dès lors qu'il est bénéficiaire de l'allocation de cessation anticipée d'activité des travailleurs de l'amiante dont découle, pour lui, la conscience du risque de tomber malade (CE 3 mars 2017, *Ministre de la défense c/ M. Pons*, n° 401395).

Le fait que la victime du dommage soit dans un état tel que sa conscience du préjudice est altérée ne lui ôte nullement son droit à réparation (CE 17 mai 2006, *Chevrier, JCP Adm.* 2006, n° 1228, note C. Guettier, à propos d'un patient en état végétatif chronique).

§ 2 La *causalité*

909 La responsabilité ne sera engagée que s'il est démontré une relation de cause à effet entre le fait dommageable et le préjudice (A) ; l'existence de certaines circonstances exonératoires pourra cependant faire disparaître ou atténuer la responsabilité (B).

A. L'appréciation de la relation de cause à effet

910 On oppose traditionnellement en la matière la théorie de l'équivalence de conditions, selon laquelle tout fait sans lequel le dommage ne se serait pas produit est considéré comme une cause du dommage, et celle de la « causalité adéquate » selon laquelle seul le fait de nature à provoquer le dommage, selon le cours normal des choses, sera considéré comme une cause de celui-ci. La jurisprudence administrative semble s'inspirer plutôt de la seconde méthode d'appréciation de la relation de cause à effet, même si celle-ci n'est jamais formulée de façon explicite.

Le juge exige qu'il existe un lien direct de cause à effet entre le fait et le préjudice, un tel lien direct n'existant pas, par exemple, lorsqu'un délai de six mois s'est écoulé entre la fin d'une permission de sortie accordée à un détenu et l'agression qu'il a commise (CE 27 mars 1985, *Mme Henry, RFDA* 1985. 575, concl. Cazin d'Honincthun). Le caractère direct du lien de cause à effet apparaît établi à l'inverse lorsque des détenus, bénéficiaires de mesures de sortie, ont reconstitué une association criminelle quelques jours après avoir repris leur liberté et ont commis un vol à main armée deux mois plus tard (CE, sect., 29 avr. 1987, *Banque Populaire de la région économique de Strasbourg, Lebon* 158).

L'appréciation du lien de causalité est toujours délicate à opérer. Il a ainsi été considéré que le lien de causalité entre la vaccination contre l'hépatite B et la survenance d'une sclérose en plaque pouvait être constaté « dès lors que les rapports d'expertise, s'ils ne l'ont pas affirmé, n'ont pas exclu l'existence » d'un tel lien, en raison du bref délai entre la vaccination et la survenance des symptômes et de l'absence d'antécédents chez la patiente (CE 9 mars 2007, *Mme S. et a., AJDA* 2007. 861, concl. T. Olson).

911 Le caractère direct du lien entre les faits et le préjudice relève du contrôle de la qualification juridique des faits, qui entre dans la compétence du juge de cassation (CE 26 nov. 1993, *SCI Les Jardins de Bibemus, Lebon* 327 préc.).

912 La très délicate question du préjudice lié à la naissance d'un enfant avec un handicap a donné lieu à des jurisprudences controversées, puis à l'intervention d'une loi ayant pour objet, pour l'essentiel, de substituer un « droit [...] à la solidarité de l'ensemble de la collectivité nationale », qui reste à organiser, au droit à réparation sur le terrain de la responsabilité.

913 Il convient d'abord de noter que la naissance d'un enfant à la suite de l'échec d'une opération d'interruption volontaire de grossesse ou de stérilisation, ne saurait en soi,

indépendamment même de la question du handicap, être considérée comme « génératrice d'un préjudice de nature à ouvrir à la mère un droit à réparation » (CE, ass., 2 juill. 1982, *Mlle R., Lebon* 266). Seules des circonstances particulières peuvent justifier l'indemnisation (CE 27 sept. 1989, *Mme Karl, Lebon* 176 ; *D.* 1991. 80, note M. Verpeaux : traumatismes causés au fœtus pendant l'opération qui a échoué et ayant entraîné une grave infirmité de l'enfant).

S'agissant de la naissance d'un enfant atteint d'un handicap congénital, alors que ce handicap n'est pas la conséquence directe d'une opération médicale, mais qu'il est seulement reproché une faute dans l'examen prénatal telle qu'il n'a pas été décelé, alors que son diagnostic aurait éventuellement permis à ses parents, sinon, de décider d'une interruption de grossesse, la jurisprudence administrative avait recherché une solution mesurée. Il a été jugé que, dès lors que l'absence de diagnostic de la trisomie 21, liée aux conditions dans lesquelles l'examen avait été pratiqué par un hôpital public, « avait faussement conduit M. et Mme Quarez à la certitude que l'enfant conçu n'était pas porteur d'une trisomie et que la grossesse de Mme Quarez pouvait être normalement menée à son terme », la faute ainsi commise « doit être regardée comme la cause directe des préjudices entraînés pour M. et Mme Quarez par l'infirmité dont est atteint leur enfant » (CE, sect., 14 févr. 1997, *CH régional de Nice c/ Épx Quarez, Lebon* 44, concl. Pécresse). Seuls les parents, mais non l'enfant né dans ces conditions, sont considérés comme ayant subi un préjudice réparable. Mais le Conseil d'État décidait qu'il y avait lieu de réparer non seulement le préjudice moral et les troubles dans les conditions d'existence des parents, mais aussi les charges particulières découlant pour eux de l'infirmité de l'enfant. À ce titre, il allouait aux parents une indemnité en capital représentant le versement d'une rente mensuelle pendant toute la durée de vie de l'enfant. 914 ■

La Cour de cassation avait reconnu, quant à elle, directement à l'enfant le droit d'être indemnisé, lorsqu'une faute commise lors du diagnostic prénatal n'avait pas permis de détecter le handicap qui allait l'accompagner sa vie durant (Cass., ass. plén., 17 nov. 2000, *Perruche, JCP* 2000. II. 14038, rapp. P. Sargos, concl. J. Sainte-Rose, note F. Chabas). Cette dernière jurisprudence a suscité un vif débat dans la mesure où même l'absence de faute dans le diagnostic prénatal ne pouvait pas permettre d'éviter le handicap, malheureusement congénital et incurable, mais aurait pu seulement permettre aux parents d'empêcher la naissance avec le handicap. L'émoi d'une partie des commentateurs, de certains parents d'enfants handicapés, qui ne comprenaient pas pourquoi seraient mieux traités, sur le plan de la réparation, les enfants des seuls parents ayant annoncé leur intention de recourir à une interruption volontaire de grossesse si le handicap avait pu être détecté à temps, celui des sociétés d'assurances aussi, ont conduit à l'adoption de l'article 1er de la loi du 4 mars 2002 relative aux droits des malades et à la qualité du système de santé. 915 ■

La loi du 4 mars 2002 fait obstacle à ce que l'enfant né avec un handicap qui, à la suite d'une faute médicale, n'a pas été décelé pendant la grossesse, puisse obtenir réparation de la part de l'auteur de la faute, alors que celle-ci était auparavant possible en application de la jurisprudence judiciaire. Mais elle fait également expressément obstacle au droit des parents d'obtenir de l'auteur de la faute la réparation du préjudice correspondant aux charges particulières découlant du handicap de l'enfant, tout au long de sa vie, ce qui revient au surplus à paralyser l'apport 916 ■

essentiel de la jurisprudence précitée de 1997 du Conseil d'État *Centre hospitaliser régional de Nice*. La loi prévoit en effet que la compensation du handicap relève de la seule solidarité nationale.

La loi précisait qu'elle était applicable « aux instances en cours à l'exception de celles où il a été irrévocablement statué sur le principe de l'indemnisation ». Le Conseil d'État, interrogé par le tribunal administratif de Paris sur la compatibilité de la loi avec le droit international, a considéré que ce régime, « décidé par le législateur pour des motifs d'intérêt général, tenant à des raisons d'ordre éthique, à la bonne organisation du système de santé et au traitement équitable de l'ensemble des personnes handicapées », n'était incompatible ni avec les stipulations de la Convention européenne des droits de l'homme, ni avec celles du Pacte international sur les droits civils et politiques (CE, ass., avis cont., 6 déc. 2002, *M. et Mme Draon*, *RFDA* 2003. 339, note J. Petit).

La Cour européenne des droits de l'homme a, au contraire, estimé que l'application de la loi aux instances en cours était contraire au droit à un procès équitable (CEDH 6 oct. 2005, *Maurice c/ France* et *Draon c/ France*, *JCP* 2006. I. 109, chron. F. Sudre) ; à la suite de cette décision, le Conseil d'État admet à son tour que la loi ne peut avoir de caractère rétroactif (CE 24 févr. 2006, *Levenez*, *Lebon* 83, *JCP Adm.* 2006, n° 1074, concl. T. Olson, *AJDA* 2006. 1272, note S. Hennette-Vauchez).

La loi du 4 mars 2002 concernant les seuls parents, ne s'oppose pas à l'indemnisation de l'un des enfants triplés, né non handicapé, du fait de la perte de chance d'une interruption de la grossesse de ses deux frères affectés d'un handicap, suite à une erreur fautive de diagnostic du centre hospitalier (CAA Bordeaux 4 déc. 2018, *AJDA* 2019. 242, concl. N. Normand).

917 Il reste possible d'indemniser les parents d'un enfant né avec un handicap non décelé pendant la grossesse, par suite d'une faute dans le diagnostic prénatal, mais cette indemnisation couvrira exclusivement leur préjudice moral et les troubles à leurs conditions d'existence et elle pourra intervenir seulement, précise la loi du 4 mars 2002, s'il est établi « une faute caractérisée » du professionnel ou de l'établissement de santé. Le Conseil d'État a jugé qu'une inversion des résultats des analyses pratiquées sur deux patientes constituait une telle faute caractérisée à l'origine directe du préjudice des parents (CE 19 févr. 2003, *M. et Mme Maurice*, *RFDA* 2003. 349, concl. D. Chauvaux ; *AJDA* 2003. 811, note M. Deguergue ; cette affaire fait apparaître que même les deux seuls chefs de préjudice indemnisables après le vote de la loi, c'est-à-dire le préjudice moral et le « bouleversement profond et durable des conditions d'existence des parents qu'implique la naissance d'un enfant gravement handicapé », peuvent avoir un caractère très lourd, ainsi que le relevait le commissaire du gouvernement).

918 Enfin, puisque les dispositions de la loi du 4 mars 2002 ne s'appliquent qu'aux fautes commises pendant la grossesse, elles ne limitent pas le droit à réparation né d'une faute commise avant celle-ci. La cour administrative d'appel de Paris a ainsi jugé que l'établissement public d'hospitalisation devait indemniser intégralement le préjudice (troubles dans les conditions d'existence et préjudices matériels relatifs aux charges particulières découlant, tout au long de la vie de l'enfant, de son handicap) supporté par les parents d'un enfant né handicapé du fait que l'erreur commise dans le diagnostic génétique antérieur à la conception n'a pas permis à ses parents d'éviter la conception d'un enfant handicapé (CAA Paris, 24 juin 2003, *Assistance publique-Hôpitaux de Marseille*, *AJDA* 2003. 2049, note S. Hennette-Vauchez; *JCP* 2003. II. 10041, note J. Saison).

B. Les circonstances exonératoires

La faute de la victime (1), le fait d'un tiers (2), la force majeure (3) constituent des causes étrangères susceptibles d'exonérer l'administration de sa responsabilité ou de la limiter. Il faut en distinguer le cas fortuit (4), qui n'est pas nécessairement étranger à l'administration mais a cependant un effet exonératoire lorsque la responsabilité de cette dernière est conditionnée par une faute de sa part. 919 ■

1. *La faute de la victime*

La faute de la victime est une cause d'exonération totale ou partielle de la responsabilité de l'administration, selon qu'elle a provoqué entièrement le dommage ou qu'elle a seulement contribué à l'aggraver. Cet effet exonératoire joue dans tous les systèmes de responsabilité, pour faute ou sans faute. C'est ainsi que la victime d'assurances trompeuses données par l'administration obtiendra généralement une indemnisation qui ne représentera qu'une part – la moitié généralement – de son préjudice du fait de sa propre faute d'imprudence commise en se fiant à des engagements illégaux (CE 24 avr. 1964, *Sté des huileries de Chauny*, *RD publ.* 1964. 799, note M. Waline; CE 2 oct. 2002, *Nicolas*, *Dr. adm.* 2002, n° 206: responsabilité d'un établissement public à l'égard d'une personne à qui il avait fait des promesses de recrutement qui l'avaient conduite à démissionner de son précédent emploi et à déménager à Paris pour occuper son nouveau poste, qui n'a pu finalement être ouvert dans des conditions régulières faute de crédits; il est jugé que l'intéressé « a commis une imprudence en ne prenant pas en compte le risque » que l'établissement ne puisse pas honorer ses engagements; compte tenu de cette faute d'imprudence de la victime, la part de responsabilité de l'établissement est fixée à la moitié du préjudice). 920 ■

La jurisprudence qui interdit à une victime de se prévaloir d'une faute de l'administration qu'elle a elle-même provoquée, ou d'une négligence de l'administration dans la surveillance des activités illicites de la victime, procède d'un esprit différent et aboutit à des conséquences pratiques plus radicales (v. par ex. CE, sect., 7 mars 1980, *SARL 5/7*, *Lebon* 129, concl. Massot: les exploitants d'un dancing qui n'avaient pas respecté la réglementation de lutte contre l'incendie ne peuvent invoquer le défaut de surveillance de l'administration, alors que l'incendie qui a résulté de l'ensemble de ces carences a provoqué la mort de 150 personnes). De la même façon, le Conseil d'État a jugé que la révocation illégale pour erreur de droit d'un enseignant reconnu coupable d'atteintes sexuelles sur une élève mineure ne pouvait engager la responsabilité de l'État, dès lors que cette révocation était justifiée compte tenu du comportement de l'intéressé (CE 9 févr. 2011, *Delassaux*, n° 332627). De façon plus générale, le Conseil d'État a progressivement précisé et circonscrit la portée de sa jurisprudence traditionnelle en vertu de laquelle toute illégalité commise par l'administration constitue, en principe, une faute susceptible d'engager sa responsabilité (CE 26 janv. 1973, *Ville de Paris c/ Driancourt*, *Lebon* 78). D'une part, il a précisé les conséquences à tirer du comportement de la victime. Dans une décision du 30 janvier 2013, il a jugé que l'administration ne saurait voir sa responsabilité engagée lorsque 921 ■

le dommage ne découle pas de la décision administrative illégale mais résulte directement et exclusivement de la situation irrégulière dans laquelle se trouvait la victime (CE 30 janv. 2013, *Michel I.*, n° 339918). L'illégalité commise par l'administration – soit en ne mettant pas fin à cette situation, soit en y mettant fin dans des conditions irrégulières – n'engagera ainsi pas sa responsabilité, le lien de causalité entre le préjudice de la victime et la faute de l'administration étant rompu. D'autre part, le Conseil d'État a précisé les conséquences à tirer de la nature de l'illégalité commise en ce qui concerne l'existence d'un lien de causalité entre l'illégalité et le préjudice subi. S'agissant d'un vice de procédure, il a jugé qu'« il appartient au juge de plein contentieux, saisi de moyens en ce sens, de déterminer, en premier lieu, la nature de cette irrégularité procédurale puis, en second lieu, de rechercher, en forgeant sa conviction au vu de l'ensemble des éléments produits par les parties, si, compte tenu de la nature et de la gravité de cette irrégularité procédurale, la même décision aurait pu être légalement prise, s'agissant tant du principe même de la sanction que de son quantum, dans le cadre d'une procédure régulière » (CE 18 nov. 2015, *Sereme*, n° 380461). S'agissant d'une illégalité pour incompétence, il a jugé, selon un cadre d'analyse identique, qu'« il appartient au juge administratif de rechercher, en forgeant sa conviction au vu de l'ensemble des éléments produits par les parties, si la même décision aurait pu légalement intervenir et aurait été prise, dans les circonstances de l'espèce, par l'autorité compétente. Dans le cas où il juge qu'une même décision aurait été prise par l'autorité compétente, le préjudice allégué ne peut alors être regardé comme la conséquence directe du vice d'incompétence qui entachait la décision administrative illégale » (CE 24 juin 2019, *EARL Valette*, n° 407059). Ainsi, dans le cas d'une illégalité externe, le juge vérifie l'existence d'un lien de causalité direct entre cette illégalité et le préjudice au moyen d'un raisonnement hypothétique, consistant à rechercher ce qu'aurait été la décision exempte de toute illégalité.

2. *Le fait du tiers*

■ 922 Le fait du tiers n'a pas la même portée selon que la responsabilité publique ne peut être engagée que pour faute ou qu'elle peut être engagée même sans faute.

Dans les cas de responsabilité pour faute, lorsque le fait d'un tiers a contribué à la réalisation d'un dommage, l'administration est partiellement exonérée de sa responsabilité. La victime doit alors agir parallèlement contre l'administration et contre le tiers pour obtenir une indemnisation intégrale de son préjudice. À la différence des juridictions judiciaires, la juridiction administrative ne consacre pas, en effet, le principe de la responsabilité solidaire des coauteurs du dommage, quitte, pour celui qui aurait indemnisé intégralement la victime, à se retourner lui-même contre le ou les coauteurs du dommage (CE sect., 11 mai 1951, Dame Pierret, Leb. p. 259). Le juge doit rechercher si et dans quelle mesure le fait du tiers ayant concouru à la réalisation du dommage est de nature à atténuer la responsabilité de la personne publique (CE 19 juill. 2017, *Cne de Saint-Philippe*, n° 393288).

■ 923 Le juge administratif doit donc décider quelle est la part du préjudice dont la réparation incombe à l'administration à partir de son appréciation de la contribution à la réalisation de la faute dont elle doit répondre, d'une part, de la faute du tiers, d'autre part. La concision des décisions du juge administratif sur les raisons qui le conduisent à retenir tel ou tel partage de responsabilité est remarquable. Il décide par exemple que, « alors même que la faillite de (la banque) a une origine principalement frauduleuse, cette faute lourde commise par la Commission bancaire (dans la surveillance de la banque) a contribué, à concurrence d'une fraction qui peut être fixée à 10 %, à la réalisation du préjudice subi par les requérants », c'est-à-dire les déposants (CE, ass., 30 nov. 2001, *Min. de l'Économie, des Finances et de l'Industrie c/ Kechichian et a.*, *RFDA* 2002. 742, concl. A. Seban). La lecture des conclusions du commissaire du gouvernement n'est elle-même pas beaucoup plus instructive quant aux raisons qui ont conduit à fixer la part de responsabilité de l'État à cette fraction de 10 % sinon que la Cour administrative d'appel avait fixé ce pourcentage à 20 % et que le Conseil d'État procède à une réfaction pour moitié dès lors qu'il ne retient que les fautes lourdes et non les fautes simples de la Commission bancaire. Les exemples de cette alchimie mystérieuse en matière de partage de responsabilités et des interrogations qu'elle suscite, compte tenu de l'extrême brièveté de motivation des arrêts, pourraient être multipliés.

Cette source de complexité ne se retrouve pas en matière de responsabilité sans faute, où le fait du tiers n'a pas d'effet exonératoire à l'égard de l'administration dans ses rapports avec la victime. Cette dernière solution, favorable aux victimes, est également retenue en matière de responsabilité pour dommages de travaux publics, sauf les exceptions dans lesquelles l'administration ne pourrait pas exercer une action récursoire contre le tiers en raison de textes spécifiques. 924 ■

3. *La force majeure*

La *force majeure*[Q] est définie comme un événement extérieur, imprévisible et irrésistible. Ces trois caractères d'extériorité, d'imprévisibilité et d'irrésistibilité sont entendus strictement au point que les hypothèses pratiques dans lesquels la force majeure est effectivement retenue sont rares. Il en est cependant ainsi, par exemple, pour des inondations provoquées par des pluies « en raison de leur violence et de leur intensité exceptionnelles et imprévisibles » (CE 25 mai 1990, *Abadie*, *Lebon* 1026). En revanche, des pluies provoquées par un cyclone en Nouvelle-Calédonie ne sont pas constitutives d'un cas de force majeure, « eu égard à leur caractère prévisible dans une telle région » (CE 25 mars 1988, *Territoire de la Nouvelle-Calédonie*, *RD publ.* 1989. 546). 925 ■

La force majeure peut également résulter de la conjonction exceptionnelle d'évènements naturels qui, pris isolément, ne suffiraient pas à qualifier un tel cas (CE 27 mars 1987, *Sté des grands travaux de Marseille*, B, n° 59039, à propos d'une inondation résultant de la conjonction d'une pluviosité intense, d'une crue importante et d'une forte marée ; CE, 15 nov. 2017, *Sté Swisslife assurance de biens e.a.*, n° 403367). Une décision ultérieure du Conseil d'État (CE, 31 mai 2021, *Assoc. syndicale autorisée de la vallée du Lay e.a.*, n° 434733), estimant que la tempête Xynthia, pourtant caractérisée par la conjonction exceptionnelle de phénomènes naturels de grande intensité, ne constitue pas un cas de force majeure, pourrait signifier l'abandon de cette ligne jurisprudentielle, ou, à tout le moins, un durcissement supplémentaire de l'appréciation du juge administratif.

Lorsqu'elle est retenue, la force majeure a un effet exonératoire pour l'administration, ce qui sera surtout important dans les domaines où s'applique un régime de responsabilité sans faute, c'est-à-dire dans les cas où il ne suffirait pas à l'administration de prouver qu'elle n'a pas commis de faute pour être exonérée de sa responsabilité.

4. *Le cas fortuit*

926 Le *cas fortuit*[Q] correspond à une « cause inconnue », ainsi qu'il est fréquemment précisé en jurisprudence. Cela ne permet donc pas d'établir qu'elle est extérieure à l'administration. L'affaire de la rupture du barrage de Malpasset est significative d'un tel cas fortuit, puisque « la cause de la rupture ne peut être regardée comme extérieure au barrage », dès lors que l'expulsion de la roche a été provoquée par la pression de l'eau retenue par le barrage, sans pour autant que l'instruction ait fait apparaître aucun vice de conception, de construction ou un défaut d'entretien (CE, ass., 28 mai 1971, *Dpt du Var*, *Lebon* 419 ; *CJEG* 1971. 235, concl. Théry). Le cas fortuit ne peut avoir un effet exonératoire que lorsque la responsabilité de l'administration est conditionnée par sa faute, mais elle ne constitue pas une circonstance exonératoire en cas de responsabilité sans faute. Même dans la première hypothèse, le cas fortuit reste très rarement accepté par le juge administratif.

§ 3 *L'imputabilité*[Q]

927 La détermination des personnes publiques auxquelles le dommage peut être imputable est rendue parfois délicate par la coopération qui peut s'établir entre plusieurs personnes publiques pour l'exécution conjointe de missions de service public. La jurisprudence a, en cette matière, été longtemps hésitante. Elle n'admettait que rarement que la victime puisse se faire indemniser par l'une ou l'autre des personnes publiques pour la totalité de son dommage.

La jurisprudence a évolué de manière prudente, compte tenu du principe d'interdiction de la responsabilité *in solidum*, dans deux directions.

D'une part, la victime peut demander l'indemnisation intégrale de son préjudice à l'une des personnes publiques responsables dans l'hypothèse d'une coaction de personnes publiques, c'est-à-dire lorsque le dommage « *trouve sa cause dans plusieurs fautes qui, commises par des personnes différentes ayant agi de façon indépendante, portaient chacune en elle normalement ce dommage au moment où elles se sont produites* » (CE 2 juill. 2010, *Madranges*, n° 323890).

D'autre part, la victime peut également rechercher l'indemnisation intégrale de son préjudice dans l'hypothèse d'une collobation entre plusieurs personnes, publiques ou privées. Cette solution a été rappelée récemment dans l'affaire du Médiator où le Conseil d'État a jugé que « *l'État ne peut s'exonérer de l'obligation de réparer intégralement les préjudices trouvant directement leur cause dans cette faute en invoquant les fautes commises par des personnes publiques ou privées avec lesquelles il collabore étroitement dans le cadre de la mise en œuvre d'un service public* » (CE 9 nov. 2016, *Mme Faure*, n° 393902). Elle fait écho aux solutions antérieures dégagées dans différents domaines par le Conseil d'État. La responsabilité de l'État avait ainsi été reconnue du fait de la transmission du virus du SIDA à l'occasion de transfusions sanguines, sans que l'État, responsable de l'organisation générale du service public, puisse s'exonérer de sa responsabilité du fait des fautes imputables au centre de transfusion (CE, ass., 9 avr. 1993, *Lebon* 110, concl. Legal). De même, un accident provoqué par le mauvais fonctionnement des services de transport scolaire peut entraîner tant la condamnation de la commune que celle du département à réparer l'intégralité du préjudice qui en est résulté, « quelle qu'ait pu être d'ailleurs la responsabilité » d'une autre collectivité publique dans l'accident (comparer CE 11 juill. 1980, *Chevrier*, *Lebon* 309 et CE 30 mai 1986, *Épx Faix*, *Lebon* 710). Tel est également le cas en matière de transfert d'un patient d'un établissement de santé à un autre (CE 18 févr. 2010, *Consorts Aujollet*, n° 318891) ou de prévention des inondations où services municipaux et services de l'État agissent de concert (CE 22 juin 1987, *Ville de Rennes*, A, n° 62259). Dans ces domaines, l'existence d'une collaboration étroite des personnes publiques ou privées rend délicate l'identification des responsabilités respectives des personnes en cause. L'admission d'une responsabilité *in solidum* permet à la victime de ne pas en subir les effets en facilitant son indemnisation rapide et intégrale.

D'un point de vue procédural, lorsque l'existence d'une étroite collaboration, notamment technique, entre deux personnes publiques dans le cadre d'une procédure légale rend impossible, pour la victime, l'identification de la personne responsable du dysfonctionnement à l'origine de son préjudice, le juge a dégagé des solutions protectrices du requérant, destinées à prévenir tout « piège » contentieux. D'un côté, la réclamation préalable adressée par ce dernier à l'une des deux personnes publiques afin d'obtenir la réparation de son préjudice doit être regardée comme ayant été adressée aux deux. D'un autre côté, il appartient au juge de regarder les conclusions du requérant tendant à l'obtention de dommages et intérêts comme dirigées contre les deux personnes publiques (CE 27 mai 2021, *M. A.*, n° 439199 à propos de la procédure de délivrance, par les services de l'État, d'un titre sécurisé ; dans le cadre de cette procédure, l'Agence nationale des titres sécurisés intervient en tant que gestionnaire de la plate-forme sur laquelle sont enregistrées les demandes, et en tant que responsable de l'édition et de l'acheminement du titre accordé par l'État).

§ 4 L'évaluation de la réparation

Si, en droit administratif comme en droit civil, le principe est celui de la réparation intégrale du préjudice, l'évaluation de ce dernier peut donner lieu à une part d'appréciation subjective, surtout lorsqu'il s'agit d'évaluer le prix de l'honneur, de la beauté ou de la douleur, physique ou morale. 928

La question de l'évaluation du préjudice pose le problème de la divergence des méthodes d'évaluation entre juge administratif et judiciaire, qui peut entraîner des risques d'inégalité entre victimes. Si le Conseil d'État a, historiquement, veillé à conserver un raisonnement propre, il semble aujourd'hui possible de discerner un rapprochement des méthodes des deux ordres juridictionnels. En témoigne notamment la référence à la nomenclature *Dintilhac* utilisée de façon systématique par les juridictions judiciaires pour l'indemnisation du préjudice corporel (CE 16 déc. 2013, *Mme de Moraes*, n° 346575).

Pour autant, il est traditionnel d'observer, même si le juge administratif s'en défend, qu'il se montre souvent parcimonieux. Ainsi qu'il a été relevé (v. ss 923), il est d'autant plus difficile cependant de l'établir avec précision et de chiffrer l'écart d'évaluation, pour des préjudices similaires, entre le juge administratif et le juge judiciaire ou d'autres juges européens par exemple, que ces décisions sont souvent elliptiques sur les motifs conduisant à telle ou telle évaluation. L'observation des montants alloués à titre de réparation semble bien indiquer cependant que le juge administratif se montre effectivement économe des deniers publics.

Ce souci d'économie se traduit moins, par ailleurs, par les règles relatives à la date d'évaluation du préjudice (A) que par celles relatives aux déductions susceptibles d'atténuer le montant de l'indemnité (B). Des intérêts peuvent s'ajouter à la réparation (C).

A. La date d'évaluation du préjudice

■ 929 La lenteur, pour une part inéluctable, de la justice administrative est telle que plusieurs années séparent généralement la date du dommage de celle du jugement sur la réparation du préjudice. Une solution ancienne, par laquelle le juge administratif s'en tenait à l'évaluation du dommage à la date de sa réalisation, et non pas à la date de sa réparation, conduisait donc à des situations fréquemment inéquitables. Plusieurs arrêts du 21 mars 1947 *Compagnie Générale des Eaux* et *Dame veuve Aubry* (*GAJA*, 20e éd., 2015, n° 56) ont introduit une distinction selon que les dommages ont été causés aux biens (1) ou aux personnes (2).

1. *L'évaluation des dommages aux biens*

■ 930 L'évaluation des dommages aux biens doit « être faite à la date où, leur cause ayant pris fin et leur étendue étant connue, il pouvait être procédé aux travaux destinés à les réparer » (CE 21 mars 1947, préc.).

Il ne peut en aller autrement que si la victime apporte la preuve que les travaux ont été retardés par l'impossibilité soit d'en assurer le financement, soit de se procurer les matériaux nécessaires à leur exécution.

Dans tous les cas, l'indemnité ne peut excéder la valeur vénale du bien, tel qu'il se présentait avant le dommage qu'il a subi, même si les travaux de remise en état sont d'un coût supérieur (CE 8 juill. 1992, *Cne de Libourne*, *Lebon* 288).

2. *Les dommages aux personnes*

■ 931 Pour les dommages aux personnes, l'indemnité doit être fixée de façon à couvrir l'intégralité du préjudice à la date du jugement, sauf si la victime a présenté sa demande de dommages-intérêts avec un retard anormal (CE 21 mars 1947, *Dame veuve Aubry*, préc.). Ce principe permet de contrebalancer les effets de l'érosion monétaire mais a aussi pour effet d'autoriser la déduction par le juge des ressources que la victime aura pu percevoir depuis la date des faits préjudiciables.

B. Les déductions susceptibles d'atténuer le montant de l'indemnité

■ 932 Si des sommes ont d'ores et déjà été versées à la victime au titre de la réparation de son dommage par des caisses de sécurité sociale ou par des compagnies d'assurances, l'indemnité versée à la victime sera naturellement réduite d'autant, sous réserve éventuellement d'une possibilité de recours de ces institutions contre l'administration responsable du dommage.

■ 933 Par ailleurs, le Conseil d'État a posé la règle selon laquelle l'indemnité devant être versée en réparation du préjudice supporté par un fonctionnaire illégalement évincé doit être réduite à proportion des ressources qu'il a pu percevoir depuis sa révocation, dans la mesure où il a été conduit à rechercher un autre emploi (CE 7 avr. 1933,

Deberles, *GAJA*, n° 42). Or seul le traitement et les suppléments de traitement soumis à retenue pour pension étant pris en considération pour le calcul de cette indemnité, mais non les diverses primes non directement liées au traitement que perçoivent un certain nombre fonctionnaires et qui représentent souvent une part substantielle de leur rémunération, ceux-ci se plaignent parfois que l'application de ces règles réduise l'indemnisation à peu de chose (J. Pavin, « Fonctionnaires irrégulièrement évincés, la jurisprudence *Deberles* en question », *AJDA* 2003. 2023).

C. Les intérêts

L'indemnité due à la victime fait courir des intérêts à compter du jour où celle-ci en a demandé réparation à l'administration en assortissant précisément cette demande principale d'une demande en paiement des intérêts. 934 ■

Les intérêts moratoires sont calculés dans les conditions fixées par les articles 1153 et 1154 du Code civil ; ils peuvent être capitalisés et produire eux-mêmes des intérêts.

Les intérêts compensatoires s'ajoutent exceptionnellement aux intérêts moratoires en cas de mauvaise volonté caractérisée de l'administration à assumer l'obligation de réparation à laquelle elle est tenue.

Compléments pédagogiques

Quid

■ Action récursoire n° 898

Technique issue du droit civil, l'action récursoire permet à l'administration de demander remboursement à ses agents des sommes qu'elle a versées aux victimes de leurs fautes personnelles. Elle permet également à l'agent public de demander à l'administration le remboursement (partiel) des sommes qu'il a versées suite à une condamnation devant les juridictions judiciaires pour faute personnelle, lorsque celle-ci est jointe à une faute de service.

■ Cas fortuit n° 926

Le cas fortuit est un événement imprévisible et irrésistible dans sa survenance mais qui n'est pas étranger au dommage, ce qui le distingue de la force majeure. Il n'interfère donc pas avec le lien de causalité unissant le dommage et l'événement se trouvant à son origine, mais établit l'absence de faute de l'auteur du dommage, et n'est donc une cause exonératoire de responsabilité que lorsque le régime de responsabilité pour faute est susceptible d'être engagé.

■ Faute de service n° 891

La faute de service est celle qui ne peut être détachée de l'exercice des fonctions de l'agent qui la commet : si elle est le fait d'un agent, elle n'en révèle pas moins le fonctionnement défectueux du service auquel il appartient. Elle engage normalement la responsabilité de l'administration.

■ Faute personnelle n° 886

Par opposition à la faute de service, la faute personnelle est celle qui n'est pas susceptible de se rattacher à l'exercice, par l'agent qui la commet, de ses fonctions. Il peut s'agir de fautes commises dans l'exercice des fonctions, mais manifestant des comportements insusceptibles d'être attendus par l'administration de la part de ses agents ; ou bien de fautes commises en dehors des heures ou lieux du service, même si elles ne sont pas forcément « dépourvues de tout lien » avec lui.

■ Force majeure n° 925

La notion de force majeure a en droit administratif la même teneur qu'en droit civil. Elle exonère les cocontractants de l'accomplissement d'une partie de leurs obligations et constitue, par suite, une cause exonératoire de responsabilité. Il s'agit d'un événement imprévisible, extérieur aux parties, insurmontable dans ses conséquences. C'est parce que la force majeure exclut l'établissement d'un lien de causalité entre le dommage et l'événement qu'elle est toujours une cause exonératoire, même si elle peut n'exonérer que partiellement l'administration de sa responsabilité.

■ Imputabilité n° 927

L'imputabilité désigne le lien par lequel un fait ou un événement peut être rattaché à son auteur. Si le fait ou l'événement constitue une faute et qu'un dommage est rapporté, l'imputabilité de la faute à son auteur entraîne l'engagement de la responsabilité de ce dernier.

■ Lien de causalité n°s 909 s.

Le lien de causalité est ce qui permet de relier le fait à l'origine du dommage et le préjudice subi. Il doit, selon la jurisprudence, être « direct », même si ce caractère est souvent apprécié avec souplesse ; le fait à l'origine du dommage doit avoir été sa *cause*, et non seulement la *condition* de sa survenance. Le Conseil d'État en tant que juge de cassation apprécie seulement le caractère direct du lien de causalité, laissant aux juges du fond la responsabilité de la détermination de l'existence de ce lien.

■ Perte de chance n° 906

La perte de chance a en droit administratif une double signification. Elle peut parfois constituer, comme c'est le cas devant les juridictions judiciaires, un *préjudice directement réparable*. Mais plus fréquemment, elle est invoquée par le juge administratif pour établir l'existence d'un *lien de causalité* entre le fait générateur de responsabilité et le dommage subi.

Documents

T. confl. 8 février 1873, *Blanco* (*GAJA*, n° 1)

Considérant que la responsabilité, qui peut incomber à l'État pour les dommages causés aux particuliers par le fait des personnes qu'il emploie dans le service public, ne peut être régie par les principes qui sont établis dans le Code civil, pour les rapports de particulier à particulier ;
Que cette responsabilité n'est ni générale, ni absolue ; qu'elle a ses règles spéciales qui varient suivant les besoins du service et la nécessité de concilier les droits de l'État avec les droits privés ;
Que, dès lors, aux termes des lois ci-dessus visées, l'autorité administrative est seule compétente pour en connaître.

⇨ *L'administration doit répondre des dommages qu'elle cause, selon des règles spéciales.*

T. confl. 30 juillet 1873, *Pelletier* (*GAJA*, n° 2)

Considérant que l'interdiction et la saisie de ce journal, ordonnées par le général de Ladmirault, en sa qualité de commandant de l'état de siège dans le département de l'Oise, constituent une mesure préventive de haute police administrative prise par le général de Ladmirault, agissant comme représentant de la puissance publique, dans l'exercice et la limite des pouvoirs exceptionnels que lui conférait l'art. 9, n° 4, de la loi du 9 août 1849 sur l'état de siège, et dont la responsabilité remonte au gouvernement qui lui a délégué ces pouvoirs ;
[...] Considérant que la demande de Pelletier se fonde exclusivement sur cet acte de haute police administrative ; qu'en dehors de cet acte il n'impute aux défendeurs aucun fait personnel

de nature à engager leur responsabilité particulière, et qu'en réalité la poursuite est dirigée contre cet acte lui-même, dans la personne des fonctionnaires qui l'ont ordonné ou qui y ont coopéré ;
Considérant qu'à tous ces points de vue le tribunal de Senlis était incompétent pour reconnaître de la demande du sieur Pelletier.

⇨ *Distinction entre faute personnelle et faute de service.*

CE 3 février 1911, *Anguet* (*GAJA*, n° 21)

Considérant qu'il résulte de l'instruction que la porte affectée au passage du public dans le bureau de poste établi au numéro 1 de la rue des Filles-du-Calvaire a été fermée, le 11 janv. 1908, avant l'heure réglementaire et avant que le sieur Anguet qui se trouvait à l'intérieur de ce bureau eût terminé ses opérations aux guichets ; que ce n'est que sur l'invitation d'un employé et à défaut d'autre issue que le sieur Anguet a effectué sa sortie par la partie du bureau réservée aux agents du service ; que, dans ces conditions, l'accident dont le requérant a été victime, par suite de sa brutale expulsion de cette partie du bureau, doit être attribué, quelle que soit la responsabilité personnelle encourue par les agents, auteurs de l'expulsion, au mauvais fonctionnement du service public.

⇨ *Les fautes personnelles et de service peuvent se cumuler.*

CE 26 juillet 1918, *Époux Lemonnier* (*GAJA*, n° 31)

Considérant que la circonstance que l'accident éprouvé serait la conséquence d'une faute d'un agent administratif préposé à l'exécution d'un service public, laquelle aurait le caractère d'un fait personnel de nature à entraîner la condamnation de cet agent par les tribunaux de l'ordre judiciaire à des dommages-intérêts, et que même cette condamnation aurait été effectivement prononcée, ne saurait avoir pour conséquence de priver la victime de l'accident du droit de poursuivre directement, contre la personne publique qui a la gestion du service incriminé, la réparation du préjudice souffert ; qu'il appartient seulement au juge administratif, s'il estime qu'il y a une faute de service de nature à engager la responsabilité de la personne publique, de prendre, en déterminant la quotité et la forme de l'indemnité par lui allouée, les mesures nécessaires, en vue d'empêcher que sa décision n'ait pour effet de procurer à la victime, par suite des indemnités qu'elle a pu ou qu'elle peut obtenir devant d'autres juridictions à raison du même accident, une réparation supérieure à la valeur totale du préjudice subi.

⇨ *L'administration et l'agent peuvent être cumulativement responsables.*

T. confl. 14 janvier 1935, *Thépaz* (*GAJA*, n° 44)

Considérant qu'un convoi de camions militaires, allant à la vitesse de 20 kilomètres à l'heure, sous les ordres d'un gradé, a dépassé, sur la route un cycliste, le sieur Thépaz, et que la remorque d'un de ces camions, à la suite d'un coup de volant donné par son conducteur, le soldat Mirabel, en vue d'éviter le choc du camion précédant qui avait brusquement ralenti son allure, a renversé et blessé le cycliste ; [...]
Considérant que, dans les conditions où il s'est présenté, le fait imputable à ce militaire, dans l'accomplissement d'un service commandé, n'est pas constitutif d'une faute se détachant de l'exercice de ses fonctions ; que, d'autre part, la circonstance que ce fait a été poursuivi devant la

juridiction correctionnelle, en vertu des dispositions du nouveau Code de justice militaire sur la compétence, et puni par application de l'article 320 du Code pénal, ne saurait, en ce qui concerne les réparations pécuniaires, eu égard aux conditions dans lesquelles il a été commis, justifier la compétence de l'autorité judiciaire, saisie d'une poursuite civile exercée accessoirement à l'action publique.

⇨ *Une infraction pénale, personnellement imputable à un individu, peut néanmoins constituer une faute de service.*

CE, ass., 18 novembre 1949, *Demoiselle Mimeur*

Considérant qu'il ressort des pièces du dossier que si, en s'écartant de son itinéraire normal pour des raisons indépendantes de l'intérêt du service, le sieur Dessertenne a utilisé le véhicule de l'État pour des fins différentes de celles que comportait son affectation, l'accident litigieux, survenu du fait d'un véhicule qui avait été confié à son conducteur pour l'exécution d'un service public, ne saurait, dans les circonstances de l'affaire, être regardé comme dépourvu de tout lien avec le service ; qu'il suit de là qu'alors même que la faute commise par le sieur Dessertenne revêtirait le caractère d'une faute personnelle, le ministre n'a pu valablement se prévaloir de cette circonstance pour dénier à la demoiselle Mimeur tout droit à réparation.

⇨ *Même en cas de faute personnelle, l'administration peut voir sa responsabilité engagée si la faute n'est pas dépourvue de tout lien avec le service.*

CE, ass., 12 avril 2002, *M. Papon* (*GAJA*, n° 102)

Considérant que M. Papon, qui a occupé de juin 1942 à août 1944 les fonctions de secrétaire général de la préfecture de la Gironde, a été condamné le 2 avril 1998 par la cour d'assises de ce département à la peine de dix ans de réclusion criminelle pour complicité de crimes contre l'humanité assortie d'une interdiction pendant dix ans des droits civiques, civils et de famille ; que cette condamnation est intervenue en raison du concours actif apporté par l'intéressé à l'arrestation et à l'internement de plusieurs dizaines de personnes d'origine juive, dont de nombreux enfants, qui, le plus souvent après un regroupement au camp de Mérignac, ont été acheminées au cours des mois de juillet, août et octobre 1942 et janvier 1944 en quatre convois de Bordeaux à Drancy avant d'être déportées au camp d'Auschwitz où elles ont trouvé la mort ; que la cour d'assises de la Gironde, statuant le 3 avril 1998 sur les intérêts civils, a condamné M. Papon à payer aux parties civiles, d'une part, les dommages et intérêts demandés par elles, d'autre part, les frais exposés par elles au cours du procès et non compris dans les dépens ; que M. Papon demande, après le refus du ministre de l'Intérieur de faire droit à la démarche qu'il a engagée auprès de lui, que l'État soit condamné à le garantir et à le relever de la somme de 4 720 000 F (719 559 euros) mise à sa charge au titre de ces condamnations.

Sur le fondement de l'action engagée :

Considérant qu'aux termes du deuxième alinéa de l'article 11 de la loi du 13 juillet 1983 portant droits et obligations des fonctionnaires : « Lorsqu'un fonctionnaire a été poursuivi par un tiers pour faute de service et que le conflit d'attribution n'a pas été élevé, la collectivité publique doit, dans la mesure où une faute personnelle détachable de l'exercice de ses fonctions n'est pas imputable à ce fonctionnaire, le couvrir des condamnations civiles prononcées contre lui » ; que pour l'application de ces dispositions, il y a lieu – quel que soit par ailleurs le fondement sur lequel la responsabilité du fonctionnaire a été engagée vis-à-vis de la victime du dommage – de distinguer trois cas ; que, dans le premier, où le dommage pour lequel l'agent a été condamné civilement trouve son origine exclusive dans une faute de service, l'administration est tenue de couvrir intégralement l'intéressé des condamnations civiles prononcées contre lui ; que, dans le deuxième, où le dommage provient exclusivement d'une faute personnelle détachable de l'exercice des fonctions, l'agent qui l'a commise ne peut au contraire, quel que soit le lien entre cette faute et le service, obtenir la garantie de l'administration ; que, dans le troisième, où une faute personnelle a, dans la réalisation du dommage, conjugué ses effets avec ceux d'une faute de service distincte, l'administration n'est tenue de couvrir l'agent que pour la part imputable à cette faute de service ; qu'il appartient dans cette dernière hypothèse au juge administratif, saisi d'un contentieux opposant le fonctionnaire à son administration, de régler la contribution finale de l'un et de l'autre à la charge des réparations compte tenu de l'existence et de la gravité des fautes respectives ;

Sur l'existence d'une faute personnelle :

Considérant que l'appréciation portée par la cour d'assises de la Gironde sur le caractère personnel de la faute commise par M. Papon, dans un litige opposant M. Papon aux parties civiles et portant sur une cause distincte, ne s'impose pas au juge administratif statuant dans le cadre, rappelé ci-dessus, des rapports entre l'agent et le service ;

Considérant qu'il ressort des faits constatés par le juge pénal, dont la décision est au contraire revêtue sur ce point de l'autorité de la chose jugée, que M. Papon, alors qu'il était secrétaire général de la préfecture de la Gironde entre 1942 et 1944, a prêté son concours actif à l'arrestation et à l'internement de 76 personnes d'origine juive qui ont été ensuite déportées à Auschwitz où elles ont trouvé la mort ; que si l'intéressé soutient qu'il a obéi à des ordres reçus de ses supérieurs hiérarchiques ou agi sous la contrainte des forces d'occupation allemandes, il résulte de l'instruction que M. Papon a accepté, en premier lieu, que soit placé sous son autorité directe le service des questions juives de la préfecture de la Gironde alors que ce rattachement ne découlait pas de la nature des fonctions occupées par le secrétaire général ; qu'il a veillé, en deuxième lieu, de sa propre initiative et en devançant les instructions venues de ses supérieurs, à mettre en œuvre avec le maximum d'efficacité et de rapidité les opérations nécessaires à la recherche, à l'arrestation et à l'internement des personnes en cause ; qu'il s'est enfin attaché personnellement à donner l'ampleur la plus grande possible aux quatre convois qui ont été retenus à sa charge par la cour d'assises de la Gironde, sur les 11 qui sont partis de ce département entre juillet 1942 et juin 1944, en faisant notamment en sorte que les enfants placés dans des familles d'accueil à la suite de la déportation de leurs parents ne puissent en être exclus ; qu'un tel comportement, qui ne peut s'expliquer par la seule pression exercée sur l'intéressé par l'occupant allemand, revêt, eu égard à la gravité exceptionnelle des faits et de leurs conséquences, un caractère inexcusable et constitue par là même une faute personnelle détachable de l'exercice des fonctions ; que la circonstance, invoquée par M. Papon, que les faits reprochés ont été commis dans le cadre du service ou ne sont pas dépourvus de tout lien avec le service est sans influence sur leur caractère de faute personnelle pour l'application des dispositions précitées de l'article 11 de la loi du 13 juillet 1983 ;

Sur l'existence d'une faute de service :

Considérant que si la déportation entre 1942 et 1944 des personnes d'origine juive arrêtées puis internées en Gironde dans les conditions rappelées ci-dessus a été organisée à la demande et sous l'autorité des forces d'occupation allemandes, la mise en place du camp d'internement de Mérignac et le pouvoir donné au préfet, dès octobre 1940, d'y interner les ressortissants étrangers « de race juive », l'existence même d'un service des questions juives au sein de la préfecture, chargé notamment d'établir et de tenir à jour un fichier recensant les personnes « de race juive » ou de confession israélite, l'ordre donné aux forces de police de prêter leur concours aux opérations d'arrestation et d'internement des personnes figurant dans ce fichier et aux responsables administratifs d'apporter leur assistance à l'organisation des convois vers Drancy – tous actes ou agissements de l'administration française qui ne résultaient pas directement d'une contrainte de l'occupant – ont permis et facilité, indépendamment de l'action de M. Papon, les opérations qui ont été le prélude à la déportation ;

Considérant que si l'article 3 de l'ordonnance du 9 août 1944 relative au rétablissement de la légalité républicaine sur le territoire continental constate expressément la nullité de tous les actes de l'autorité de fait se disant « gouvernement de l'État français » qui « établissent ou appliquent une discrimination quelconque fondée sur la qualité de juif », ces dispositions ne sauraient avoir pour effet de créer un régime d'irresponsabilité de la puissance publique à raison des faits ou agissements commis par l'administration française dans l'application de ces actes, entre le 16 juin 1940 et le rétablissement de la légalité républicaine sur le territoire continental ; que, tout au contraire, les dispositions précitées de l'ordonnance ont, en sanctionnant par la nullité l'illégalité manifeste des actes établissant ou appliquant cette discrimination, nécessairement admis que les agissements auxquels ces actes ont donné lieu pouvaient revêtir un caractère fautif ;

Considérant qu'il résulte de tout ce qui précède que la faute de service analysée ci-dessus engage, contrairement à ce que soutient le ministre de l'Intérieur, la responsabilité de l'État ; qu'il incombe par suite à ce dernier de prendre à sa charge, en application du deuxième alinéa de l'article 11 de la loi du 13 juillet 1983, une partie des condamnations prononcées, appréciée en fonction de la mesure qu'a prise la faute de service dans la réalisation du dommage réparé par la cour d'assises de la Gironde ;

Sur la répartition finale de la charge :

Considérant qu'il sera fait une juste appréciation, dans les circonstances de l'espèce, des parts respectives qui peuvent être attribuées aux fautes analysées ci-dessus en condamnant l'État à prendre à sa charge la moitié du montant total des condamnations civiles prononcées à l'encontre du requérant le 3 avril 1998 par la cour d'assises de la Gironde.

⇨ *Une faute personnelle, constitutive de crime contre l'humanité, n'est cependant pas exclusive de la reconnaissance d'une faute de service.*

CE, ass., 28 juillet 1951, *Delville* (*GAJA*, n° 62)

Considérant que, si au cas où un dommage a été causé à un tiers par les effets conjugués de la faute d'un service public et de la faute personnelle d'un agent de ce service, la victime peut demander à être indemnisée de la totalité du préjudice subi soit à l'administration, devant les juridictions administratives, soit à l'agent responsable, devant les tribunaux judiciaires, la contribution finale de l'administration et de l'agent à la charge des réparations doit être réglée par le juge administratif compte tenu de l'existence et de la gravité des fautes respectives constatées dans chaque espèce.

⇨ *En cas de faute personnelle cumulée à une faute de service, la victime peut demander réparation de l'intégralité du préjudice, à son choix, à l'agent ou à l'administration ; une action récursoire départagera ensuite les deux coauteurs du dommage.*

CE, ass., 24 novembre 1961, *Ministre des Travaux publics c/ Consorts Letisserand* (*GAJA*, n° 74)

Considérant que s'il n'est pas établi – ni même allégué – que le décès du sieur Letisserand (Paul) ait causé au sieur Letisserand (Camille) un dommage matériel ou ait entraîné des troubles dans ses conditions d'existence, la douleur morale qui est résultée pour ce dernier de la disparition prématurée de son fils est par elle-même génératrice d'un préjudice indemnisable ; qu'il sera fait une exacte appréciation des circonstances de l'affaire en allouant de ce chef au sieur Letisserand (Camille) une indemnité de 1 000 NF.

⇨ *Acceptation, par le juge administratif, du caractère réparable du préjudice moral.*

Biblio

A. Généralités

- *La responsabilité administrative*, Travaux de l'AFDA, LexisNexis, 2013.
- H. Belrhali, *Responsabilité administrative*, LGDJ, 2017.
- R. Chapus, *Responsabilité publique et responsabilité privée. Les influences réciproques des jurisprudences administrative et judiciaire*, LGDJ, 1954, réimp. Coll. « La Mémoire du droit », 2010.
- M. Deguergue, *Jurisprudence et doctrine dans l'élaboration du droit de la responsabilité administrative*, LGDJ, 1993.
- Y. Gaudemet, « La responsabilité de l'administration du fait de ses activités de contrôle », in *Liber amicorum J. Waline*, Dalloz, 2002, p. 561.
- L. Karam-Boustany, L'action en responsabilité extra-contractuelle devant le juge administratif, LGDJ, 2007.
- D. Loschak, « Réflexions sur les fonctions sociales de la responsabilité administrative », in *Le droit administratif en mutation*, PUF-CURAPP, 1993, p. 275.
- M. Rougevin-Baville, *La responsabilité administrative*, Hachette, coll. « Les fondamentaux », 1992.

B. Faute personnelle et faute de service

- M. Guillaume, « La faute personnelle du fonctionnaire : extinction d'une centenaire ? », *Droits* 1987, n° 5, p. 97.
- P. Weckell, « L'évolution de la notion de faute personnelle », *RD publ.* 1990. 1525.

C. La causalité

- J.-F Couzinet, « Cas de force majeure et cas fortuit : causes d'exonération de la responsabilité administrative », *RD publ.* 1993. 1385.
- N. Chifflot, « La causalité dans le droit de la responsabilité administrative. Passé d'une notion en quête d'avenir », *Dr. adm.* 2011, n° 11, p.7.

D. Le préjudice réparable

- S. Boussard, « Les vicissitudes de la perte de chance dans le droit de la responsabilité hospitalière », *RFDA* 2008. 1023.
- I. Poirot-Mazères, « La notion de préjudice en droit administratif français », *RD publ.* 1997. 519.

- C. Paillard, « Le préjudice indemnisable en droit administratif », *Dr. adm.* 2011. Étude 1.
- Jean-Marie Pontier, « La notion de réparation intégrale en droit administratif », *AJDA* 2019. 848.

Quiz

1) Sujets corrigés

A) Commentaire d'arrêt

Énoncé

Commentez l'arrêt ci-dessous :

Conseil d'État 30 avril 2003, *Caisse primaire d'assurance maladie du Havre*

« Vu la requête sommaire et le mémoire complémentaire, enregistrés le 22 octobre 1999 et le 21 février 2000, au secrétariat du contentieux du Conseil d'État, présentés pour la Caisse primaire d'assurance maladie du Havre, dont le siège est au 222, boulevard de Strasbourg au Havre (76094) ; la Caisse primaire d'assurance maladie du Havre, agissant par son représentant légal, demande au Conseil d'État d'annuler l'arrêt en date du 8 juillet 1999 de la cour administrative d'appel de Nantes, en tant qu'il a annulé l'article 2 du jugement du 5 février 1997 par lequel le tribunal administratif de Rouen avait condamné le Centre hospitalier du Havre à lui verser une somme de 214 216,97 F en remboursement des prestations mises à sa charge à raison de l'infirmité de la jeune Alexandra Pesquet ; Vu les autres pièces du dossier ; Vu le Code de la sécurité sociale ; Vu le Code de la santé publique ; Vu la loi n° 2002-303 du 4 mars 2002 ; Vu le Code de justice administrative ; [...]

Considérant qu'il ressort des pièces du dossier soumis aux juges du fond que le 20 août 1992, Mme Lhuissier, alors âgée de 39 ans et qui était dans la quinzième semaine de sa grossesse, a subi au laboratoire de cytogénétique du centre hospitalier régional du Havre une amniocentèse afin qu'il soit procédé à un examen chromosomique des cellules du fœtus qu'elle portait ; qu'à la suite de cet examen, il a été dit à Mme Lhuissier que l'enfant à naître serait un garçon, atteint du syndrome de Klinefelter ; que, cependant, Mme Lhuissier a donné naissance, le 28 janvier 1993, à une fille atteinte d'une trisomie 21 ; que, par l'arrêt attaqué, la cour administrative d'appel de Nantes a jugé que l'erreur dans le diagnostic prénatal constituait une faute du centre hospitalier ; qu'elle a condamné celui-ci à réparer les conséquences dommageables de cette faute pour les parents de l'enfant ; qu'elle a, en revanche, rejeté la demande de réparation formée au nom de l'enfant ainsi que la demande qui avait été présentée en application de l'article L. 376-1 du Code de la sécurité sociale par la Caisse primaire d'assurance maladie du Havre ; que cette dernière demande l'annulation de l'arrêt en tant qu'il a rejeté ses conclusions ; que, par un pourvoi incident, le centre hospitalier régional du Havre conteste le montant de l'indemnisation mise à sa charge ;

Considérant qu'au terme du I de l'article 1er de la loi du 4 mars 2002 relative aux droits des malades et à la qualité du système de santé : Nul ne peut se prévaloir d'un préjudice du seul fait de sa naissance. / La personne née avec un handicap dû à une faute médicale peut obtenir la réparation de son préjudice lorsque l'acte fautif a provoqué directement le handicap ou l'a aggravé, ou n'a pas permis de prendre les mesures susceptibles de l'atténuer. / Lorsque la responsabilité d'un professionnel ou d'un établissement de santé est engagée vis-à-vis des parents d'un enfant né avec un handicap non décelé pendant la grossesse à la suite d'une faute caractérisée, les parents peuvent demander une indemnité au titre de leur seul préjudice. Ce préjudice ne saurait inclure les charges particulières découlant, tout au long de la vie de l'enfant, de ce handicap. La compensation de ce dernier relève de la solidarité nationale. / Les dispositions du présent I sont applicables aux instances en cours, à l'exception de celles où il a été irrévocablement statué sur le principe de l'indemnisation ; que ces dispositions sont entrées en vigueur dans les conditions de droit commun à la suite de la publication de la loi au Journal officiel de la République française ; que le législateur a en outre décidé de les appliquer aux situations apparues antérieurement et aux instances en cours, tout en réservant, comme il le devait, les décisions juridictionnelles passées en force de chose jugée ; que l'arrêt attaqué, rendu le 8 juillet 1999 par une juridiction qui a statué en dernier ressort, présente, même s'il fait l'objet d'un pourvoi en cassation, le caractère d'une décision passée en force de chose jugée ; qu'il s'ensuit que les dispositions précitées du I de l'article 1er de la loi du 4 mars 2002 ne sont pas applicables au présent litige ;

Sur le pourvoi principal de la Caisse primaire d'assurance maladie du Havre :

Considérant qu'en décidant qu'il n'existait pas de lien de causalité entre la faute commise par le centre hospitalier régional du Havre à l'occasion de l'amniocentèse et le préjudice résultant pour la jeune Alexandra de la trisomie dont elle est atteinte, laquelle est inhérente à son patrimoine génétique, et en en déduisant que la faute de l'hôpital ne saurait ouvrir droit à réparation à l'enfant à raison de son handicap, la cour n'a pas commis d'erreur de droit. Considérant qu'aux termes du premier alinéa de l'article L. 376-1 du Code de la sécurité sociale : si la responsabilité du tiers est entière ou si elle est partagée avec la victime, la caisse est admise à poursuivre le remboursement des prestations mises à sa charge à due concurrence de la part d'indemnité mise à la charge du tiers qui répare l'atteinte à l'intégrité physique de la victime, à l'exclusion de la part d'indemnité, de caractère personnel, correspondant aux souffrances physiques ou morales par elle endurées et au préjudice esthétique et d'agrément [...] ; qu'ayant écarté la responsabilité du centre hospitalier régional du Havre dans le handicap dont est victime la jeune Alexandra et alors même qu'elle mettait à la charge de cet établissement une indemnité réparant les charges particulières, notamment en matière de soins et d'éducations spécialisées découlant pour Mme Lhuissier et M. Pesquet de l'infirmité de leur enfant, la cour a pu, sans méconnaître les dispositions précitées de l'article L. 376-1 du Code de la sécurité sociale, ni entacher son arrêt d'une insuffisance de motivation, rejeter la demande de la Caisse primaire d'assurance maladie du Havre tendant au remboursement des frais médicaux et d'hospitalisation directement liés à l'infirmité de la jeune Alexandra ;

Considérant qu'il résulte de ce qui précède que la Caisse primaire d'assurance maladie du Havre n'est pas fondée à demander l'annulation de l'arrêt attaqué en tant qu'il a annulé l'article deux du jugement du tribunal administratif de Nantes du 5 février 1997 condamnant le centre hospitalier régional à lui verser, sur le fondement de l'article L. 376-1 du Code de la sécurité sociale, la somme de 214 216,97 F ;

Sur le pourvoi incident du centre hospitalier régional du Havre :

Considérant que le centre hospitalier soutient, à l'appui de son recours incident, que la faute qu'il a commise a uniquement privé Mme Lhuissier et M. Pesquet de la possibilité de choisir d'avoir recours à un avortement pour motifs thérapeutiques et que la réparation du dommage qui en est résulté pour eux doit être seulement fixée à une fraction du préjudice subi en application de la théorie dite de la perte de chance ;

Considérant, toutefois, qu'en estimant que Mme Lhuissier s'était soumise à l'amniocentèse afin d'éviter de mettre au monde un enfant atteint de l'infirmité majeure que constitue la trisomie, la cour a implicitement mais nécessairement jugé que si la mère avait été informée du handicap réel de son enfant, elle aurait eu recours à la faculté qui lui était ouverte par l'article L. 162-12 du Code de la santé publique de pratiquer une interruption volontaire de grossesse pour motif thérapeutique ; qu'elle a pu en déduire, sans commettre d'erreur de droit, que la faute commise par le centre hospitalier régional du Havre engage la responsabilité du centre à réparer l'intégralité du préjudice qu'elle a causé aux parents de la jeune Alexandra ; que, par suite, le pourvoi incident du centre hospitalier ne peut qu'être rejeté ;
Décide :
Article 1er : La requête de la Caisse primaire d'assurance maladie du Havre est rejetée.
Article 2 : Les conclusions du pourvoi incident du centre hospitalier régional du Havre sont rejetées.
Article 3 : La présente décision sera notifiée à la Caisse primaire d'assurance maladie du Havre, au centre hospitalier régional du Havre, à Mme Annie-Claire Lhuissier, à M. Cyril Pesquet et au ministre de la santé, de la famille et des personnes handicapées. »

Voir le corrigé en fin de rubrique.

B) Cas pratique

Énoncé

1. M. Moreau, policier municipal de la ville de Richelieu (Indre-et-Loire), appelé de toute urgence par le responsable du château de la ville pour faire cesser les velléités d'un groupe de jeunes gens quelque peu éméchés désirant utiliser les canaux du parc à fin de baignade, renverse accidentellement Mlle Lefranc, la blessant gravement. Celle-ci porte tout d'abord plainte contre le zélé policier pour blessures involontaires, et le tribunal correctionnel de Tours condamne M. Moreau à une forte amende.

Devant quelle juridiction et à qui Mlle Lefranc peut-elle demander réparation du préjudice consécutif à l'accident dont elle a été la victime ?

2. Un agent de police, dissimulé avec sa voiture à l'entrée de la commune d'Arsy (Oise), voit passer devant lui une puissante berline dépassant visiblement très largement la vitesse autorisée dans l'agglomération dans laquelle il vient de pénétrer. Il décide de suivre immédiatement l'auteur de cette inqualifiable infraction, mais ce dernier, M. de Vavitt, s'étant entre-temps aperçu du caractère excessif de sa vitesse, a brusquement ralenti son allure, au point que la voiture du policier vient heurter l'arrière de la sienne. Il s'arrête furieux, sort de sa voiture, insulte le policier qui à son tour s'extrait de son véhicule. Le ton monte rapidement entre les deux hommes, qui en viennent aux mains. Outré par l'agressivité d'un individu qui vient pourtant de commettre un dangereux excès de vitesse, le policier lui décoche finalement un fulgurant uppercut qui envoie M. de Vavitt au tapis, sonné et la mâchoire brisée.

Malgré sa condamnation au retrait du permis de conduire par le tribunal correctionnel à la suite de l'excès de vitesse dûment constaté par le policier, M. de Vavitt s'adresse au tribunal de grande instance de Compiègne pour obtenir réparation du préjudice physique subi du fait de la brutalité policière. Celui-ci se déclare incompétent.

Estimant que c'est à tort que le tribunal s'est déclaré incompétent, M. de Vavitt compte interjeter appel de sa décision. *Il voudrait toutefois savoir au préalable si cette action est susceptible d'aboutir.*

Voir le corrigé en fin de rubrique.

2) Sujet d'examen

Commentaire d'article

Commentez l'article 15 de la Déclaration des droits de l'homme et du citoyen du 26 août 1789 :

« La société a le droit de demander compte à tout agent public de son administration ».

3) Corrigés

Commentaire d'arrêt

Les difficultés soulevées, en matière de responsabilité médicale, par la loi du 17 janvier 1975 relative à l'interruption volontaire de grossesse ont donné lieu à une jurisprudence abondante et controversée, principalement de la part du juge judiciaire. La Cour de cassation, par la célèbre jurisprudence *Perruche* (AP, 17 nov. 2000), acceptait en effet d'indemniser, à la suite d'une erreur de diagnostic prénatal, non seulement les parents d'un enfant atteint d'une maladie génétique reconnue comme incurable au moment du diagnostic, mais également l'enfant lui-même. De son côté, le Conseil d'État, par une décision *Centre hospitalier régional de Nice* du 14 février 1997, se refusait à indemniser l'enfant, mais acceptait d'indemniser les parents du fait du préjudice qu'était réputé leur causer la naissance de leur enfant handicapé. Ces décisions ont donné lieu à des discussions passionnées, dépassant très largement le droit de la responsabilité médicale, qui ont abouti à l'intervention du législateur. L'article 1er de la loi du 4 mars 2002 relative aux droits des malades et à la qualité du système de santé indique désormais que, si « nul ne peut se prévaloir d'un préjudice du seul fait de sa naissance », les parents « peuvent demander une indemnité du seul fait de leur préjudice », lorsque « la responsabilité d'un professionnel ou d'un établissement de santé est engagée vis-à-vis des parents d'un enfant né avec un handicap non décelé pendant la grossesse à la suite d'une faute caractérisée ». Le même article précise que ces dispositions sont applicables « aux instances en cours, à l'exception de celles où il a été irrévocablement statué sur le principe de l'indemnisation ».

C'est dans ce cadre que le Conseil d'État est amené à se prononcer sur un recours formé contre une décision rendue par la cour administrative d'appel de Nantes du 8 juillet 1999. Les faits étaient les suivants : le 28 janvier 1993, une femme de 39 ans donne naissance à une fille, Alexandra, affectée d'une trisomie 21. Or à la quinzième semaine de sa grossesse, elle avait subi une amniocentèse afin qu'il soit procédé « à un examen chromosomique des cellules du fœtus qu'elle portait ».

Les résultats de l'amniocentèse présentés aux parents, Annie-Claire Lhuissier et Cyril Pesquet, avaient pourtant annoncé la venue d'un garçon, certes atteint d'une maladie génétique, mais de moindre gravité – en l'occurrence une aberration chromosomique connue sous le nom de syndrome de Klinefelter. Estimant que leur enfant et eux-mêmes avaient subi un préjudice du fait de l'absence de diagnostic de la trisomie 21 par le service hospitalier, M. Pesquet et Mme Lhuissier saisirent la juridiction administrative pour en obtenir réparation. Par une décision du 5 février 1997, le tribunal administratif de Rennes faisait droit à leur double requête, condamnant l'hôpital à verser une rente viagère de 5 000 F à l'enfant, une somme de 100 000 F à chacun des deux parents, et une somme de 214 216,97 F à la CPAM du Havre, estimant ainsi nécessairement que l'erreur de diagnostic de l'hôpital constituait la cause du handicap de l'enfant, donc de sa naissance. Sur appel du CHR du Havre, la cour administrative d'appel de Nantes censurait partiellement la décision du tribunal administratif de Rennes. Par un arrêt du 8 juillet 1999, elle estimait en effet que rien ne permettait d'affirmer que le handicap de la petite Alexandra, inhérent à son patrimoine génétique, soit consécutif à l'amniocentèse. Reprenant le raisonnement tenu par le Conseil d'État dans l'arrêt *CHR de Nice*, la cour estime en revanche que, l'erreur de diagnostic ayant privé Mme Lhuissier d'une possibilité de recourir à l'interruption médicale de grossesse, la faute ainsi commise par le service hospitalier constituait la cause directe du préjudice subi par M. Pesquet et Mme Lhuissier du fait du handicap de leur enfant : seuls les parents peuvent être indemnisés, et non l'enfant ni, par suite, la CPAM.

Par une décision du 30 avril 2003, le Conseil d'État rejette les pourvois formés par la CPAM et le CHR du Havre. Il estime tout d'abord que la loi du 4 mars 2002 n'est pas applicable à l'instance en cours : mais c'est aussitôt pour en reprendre l'essentiel, à savoir l'impossibilité pour les parents de demander, au nom de leur enfant, une indemnisation pour sa propre naissance en tant que handicapé (I). En revanche, il confirme, en recourant toutefois à une substitution partielle de motifs, l'indemnisation du préjudice qu'il estime subi par les parents, ce qui l'amène à affirmer que l'hôpital a commis une faute qui est la cause directe de ce préjudice (II), confirmant par là les libertés prises avec la rigueur du raisonnement juridique dans l'arrêt *CHR de Nice*.

I. L'inapplicabilité de la loi du 4 mars 2002 est sans conséquence pour l'indemnisation de l'enfant

L'intérêt de l'arrêt du 30 avril 2003 aurait pu résider dans ce qu'il constitue une première décision au fond quant à l'application de la loi « anti-Perruche » du 4 mars 2002. Il n'en est rien, le Conseil d'État estimant que l'autorité de la chose jugée s'oppose à ce que la loi soit applicable à l'affaire qui lui est soumise. La loi n'était pas applicable, il aurait pu, reprenant la jurisprudence de la Cour de cassation, estimer que l'enfant pouvait être indemnisé en raison du préjudice que lui causerait sa naissance : il préfère pourtant conserver sa jurisprudence antérieure, et rejeter le principe d'une telle indemnisation.

A. La loi du 4 mars 2002 est inapplicable à l'instance en cours

La première question qui se posait au Conseil d'État était donc celle de l'applicabilité de l'article 1er de la loi relative aux droits des malades et à la qualité du système de santé à l'espèce qui lui était soumise. Cet article indique en effet que « les dispositions du présent I sont applicables aux instances en cours, à l'exception de celles où il a été irrévocablement statué sur le principe de l'indemnisation ». Le raisonnement du Conseil d'État, qui reprend presque mot à mot son avis contentieux du 6 décembre 2002 (CE, ass., 6 déc. 2002, M. *et Mme Draon*), consiste à affirmer tout d'abord que la loi du 4 mars 2002 est entrée en vigueur dans les conditions de droit commun, puis que le législateur a « comme il le devait », écarté son application aux décisions passées en force jugée, enfin que, la décision de la Cour d'appel faisant partie de cette catégorie de décisions juridictionnelles, la loi de mars 2002 ne lui est pas applicable.

Si l'affirmation selon laquelle les dispositions du I de l'article 1er de la loi du 4 mars 2002 sont entrées en vigueur dans les conditions de droit commun semble anodine, elle suppose cependant une interprétation constructive des dispositions même de la loi. Le troisième paragraphe de ce I de l'article 1er indique en effet que « les parents peuvent demander une indemnité au titre de leur seul préjudice. Ce préjudice ne saurait inclure les charges particulières découlant, tout au long de la vie de l'enfant, de ce handicap » ; et il ajoute que « la compensation de ce dernier relève de la solidarité nationale ». De même, si le premier paragraphe des mêmes dispositions indique que « nul ne peut se prévaloir du seul fait de sa naissance », ce qui exclut l'indemnisation du préjudice qui résulterait pour l'enfant de sa naissance en tant que handicapé, le II et III du même article précisent, respectivement, que « toute personne handicapée a droit, quelle que soit la cause de sa déficience, à la solidarité de l'ensemble de la collectivité nationale », et qu'un décret viendra préciser les conditions dans lesquelles un conseil national consultatif des personnes handicapées évaluera la situation des personnes handicapées et proposera au Parlement les conditions de prise en charge de ces personnes. On le voit, les dispositions de la loi sont d'ordre très général, se bornant à affirmer le principe selon lequel l'indemnisation d'un enfant du fait de sa naissance est impossible, à proclamer la nécessité d'une prise en charge de ce handicap par la collectivité, mais en renvoyant à une date ultérieure (et hypothétique) quant à la prise en charge effective du handicap. La question qui se posait ici au Conseil d'État, et qui s'était posée à lui plus directement encore quelques mois plus tôt dans l'affaire *Draon* précitée, consistait donc à s'interroger sur les conséquences d'une application immédiate de la loi, tant que les conditions de son application effective ne sont pas réunies : faute de textes d'application, en effet, l'interprétation selon laquelle la loi est immédiatement applicable aboutit à ce que toute indemnisation du handicap de l'enfant, mais aussi des charges particulières découlant pour les parents du handicap de leur enfant, soit impossible, ce qui n'est assurément pas l'objectif de la loi.

Pourtant, le Conseil d'État, reprenant l'avis *Draon*, confirme que la loi est d'application immédiate, ce qui est somme toute assez logique, les débats ayant donné lieu à l'adoption de cette disposition manifestant une volonté de porter le plus rapidement possible un coup d'arrêt à la « jurisprudence Perruche ». Il exclut cependant son application à l'affaire *CPAM du Havre* en estimant que la décision qui lui est soumise par la voie du pourvoi en cassation est passée en force de chose jugée. Là encore, le raisonnement du juge reprend presque mot pour mot – peut-être un peu trop fidèlement d'ailleurs – l'avis contentieux *Draon*. Il indique en effet que « le législateur a en outre décidé de les appliquer aux situations apparues antérieurement et aux instances en cours, tout en réservant, comme il le devait, les décisions juridictionnelles passées en force de chose jugée ». Cette phrase appelle deux remarques : le Conseil d'État indique ce qu'il faut entendre par instances « où il a été irrévocablement statué sur le principe de l'indemnisation » : il s'agit des décisions passées en force jugée, c'est-à-dire celle sur lesquelles le juge s'est prononcé en dernier ressort ; or, on le sait, le contrôle opéré par le Conseil d'État en tant que juge de cassation n'est pas un degré de juridiction à part entière, ce qui empêche que la loi soit appliquée aux recours en cassation touchant des affaires sur lesquelles les juges du fond se sont définitivement prononcés antérieurement à l'entrée en vigueur de la loi du 4 mars 2002. Par ailleurs, le juge ajoute, par une formule que l'on peut trouver malhabile, que le législateur a « comme il le devait » écarté ces instances de l'applicabilité de la loi. Cette incise qui, là encore, reprend l'avis *Draon*, se comprenait alors par rapport aux visas de l'avis contentieux, c'est-à-dire à la Convention européenne de sauvegarde des droits de l'homme et des libertés fondamentales : le juge, transposant le raisonnement qu'il tient à propos des lois de validation (CE, ass., 5 déc. 1997, *Mme Lambert*), accordait un brevet de conventionnalité à la loi du 4 mars 2002, précisément parce que son application immédiate n'entraînait aucune violation du droit à un procès équitable. Ici, le raisonnement est identique, à ceci près qu'on cherchera vainement dans la décision et ses visas une quelconque référence à la Convention européenne de sauvegarde des droits de l'homme et des libertés fondamentales : du fait même, ce jugement porté sur la qualité du travail législatif, sans référence et donc sans justification, apparaît quelque peu déplacé.

B. L'enfant ne peut être indemnisé du fait de sa naissance

Le principal objectif de l'article 1er de la loi du 4 mars 2002 était, comme l'affirme nettement sa première phrase, de rejeter la possibilité qu'un enfant – ou ses parents en son nom – demande une indemnisation du fait de sa naissance en tant que handicapé. Ayant constaté que la loi relative aux droits des malades et à la qualité du système de santé n'était pas applicable à l'espèce qui lui était soumise, le Conseil d'État aurait fort bien pu estimer, comme la Cour de cassation en d'autres circonstances, que l'enfant pouvait être indemnisé pour son propre préjudice. Ce n'est pas la voie qu'il suit ici : confirmant la position de la Cour administrative d'appel, il estime que l'enfant ne peut être indemnisé du fait de sa naissance, non pas pour des raisons « éthiques », mais plus simplement parce que le préjudice dont Alexandra Pesquet aurait pu demander à être indemnisée est sans lien avec la faute commise par l'établissement hospitalier.

Le préjudice dont l'enfant pouvait demander réparation correspondait en fait à deux éléments distincts : d'une part, une série de dommages à sa personne : les troubles dans les conditions d'existence résultant de sa trisomie, auxquels on peut joindre un préjudice physique (le handicap lui-même), ainsi qu'un préjudice moral (la souffrance morale résultant de ce handicap) ; d'autre part, pour ainsi dire en amont de ces préjudices, la perte d'une chance de ne pas avoir à supporter la trisomie.

Ces types de préjudices sont, on le sait, indemnisés par le juge administratif : le dommage physique est réparé depuis fort longtemps (il était à l'origine de la décision *Blanco* de 1873), même si la souffrance physique résultant du dommage a mis plus de temps à être indemnisée (CE 24 avr. 1942, *Morell*). De la même façon, et après une longue période de refus, la douleur morale est indemnisée depuis les années 1960 (CE, ass., 24 nov. 1961, *Letisserand*) ; la perte d'une chance est susceptible d'ouvrir droit à réparation, à condition que la chance dont il s'agit soit suffisamment sérieuse pour être appréciée et indemnisée (CE 17 mars 1972, *Dlle Jarrige*, pour le refus d'une inscription à un concours).

Ce n'est donc pas tant quant au principe de l'indemnisation que le Conseil refuse ici de prendre en compte le préjudice résultant pour Alexandra Pesquet de son handicap, que par hésitation devant les implications d'une telle acceptation. Valérie Pécresse, dans ses conclusions sur l'affaire *CHR de Nice*, expliquait ainsi qu'elle ne pensait pas « qu'un enfant puisse se plaindre d'être né tel qu'il a été conçu par ses parents ». C'est en effet de cela qu'il se serait agi si la demande d'indemnisation de l'enfant, et de remboursement des frais avancés en son nom par la CPAM, avait été accueillie : il est impossible de différencier le handicap de l'enfant de sa naissance, parce que, ainsi que le rappelle le Conseil d'État, la trisomie dont souffre l'enfant « est inhérente à son patrimoine génétique ». Par conséquent, indemniser l'enfant pour le préjudice physique ou moral qui résulte de son handicap reviendrait à l'indemniser de sa naissance, et la chance qu'il aurait perdue de ne pas naître affecté d'un handicap serait en fait celle de ne pas voir le jour – ce à quoi le Conseil d'État se refuse, contrairement à la

Cour de cassation, qui a marqué son acceptation par l'arrêt *Perruche* et aux juridictions américaines. Ce refus est au demeurant conforme à sa jurisprudence antérieure, affirmée en 1982, selon laquelle « la naissance d'un enfant [...] n'est pas génératrice d'un préjudice ouvrant droit à réparation » (CE, ass., 2 juill. 1982, *Mlle Riou*, *Lebon* 266). Le Conseil réservait toutefois un certain nombre de cas où « des circonstances ou une situation particulières » seraient susceptibles d'être invoquées par les requérants. C'est ainsi le cas lorsque, à la suite de l'échec d'une interruption volontaire de grossesse, un enfant naît affecté d'une malformation causée par l'intervention : ce n'est alors pas le fait d'être né handicapé qui est indemnisé, mais le handicap proprement dit, qui peut dans ce cas être séparé de l'enfant qui en est affecté (CE 27 sept. 1989, *Mme Karl c/ CPAM de la Marne*, *Gaz. Pal.* 1990. II. 421, concl. M. Fornacciari). Mais les circonstances sont ici différentes : le handicap d'Alexandra Pesquet n'est absolument pas consécutif à une intervention médicale éventuellement fautive – mais à sa conception par ses parents.

II. L'inapplicabilité de la loi du 4 mars 2002 permet une large indemnisation des parents

Examinant le recours incident du CHR du Havre, le Conseil d'État se penche ensuite sur l'indemnisation accordée aux parents de l'enfant handicapée par la Cour administrative d'appel. Celle-ci, confirmant sur ce point la décision du Tribunal administratif, avait estimé que la faute commise par l'hôpital lors du diagnostic prénatal constituait la cause directe du préjudice causé aux parents par le handicap de leur enfant. Le Conseil d'État confirme cette interprétation, ce qui suppose l'identification du préjudice susceptible d'être réparé par l'hôpital, et l'affirmation que la faute en est bien la cause.

A. La naissance de leur enfant cause un préjudice aux parents qui l'ont conçu

C'est ici que se manifestent le plus évidemment les effets de la non-application de la loi du 4 mars 2002 : alors que la loi indique que, si « les parents peuvent demander une indemnité au titre de leur seul préjudice », ce préjudice « ne saurait inclure les charges particulières découlant, tout au long de la vie de l'enfant, de ce handicap », le Conseil d'État confirme ici la mise à la charge de l'hôpital de « l'intégralité » du préjudice « causé aux parents de la jeune Alexandra ».

Le Conseil d'État était confronté à la question suivante : des parents peuvent-ils demander indemnisation du préjudice que leur causerait la naissance de leur enfant, affecté d'un handicap incurable ? Confirmant sa jurisprudence *CHR de Nice*, le juge répond très nettement que l'intégralité des préjudices causés aux parents doit être indemnisée, sans pour autant que l'on en sache plus sur la nature exacte de ces préjudices. La Cour administrative d'appel, que le Conseil d'État approuve, avait été plus précise : ce sont « préjudices entraînés pour Mme Lhuissier et M. Pesquet par les handicaps de leur enfant » qui ouvrent droit à indemnisation, et non la naissance de l'enfant à proprement parler. En rejetant le pourvoi du CHR du Havre, qui estimait que seule la perte d'une chance de recourir à « un avortement pour motifs thérapeutiques » pouvait être indemnisée, le Conseil d'État estime que le préjudice est ailleurs : il y a eu perte d'une chance que l'enfant ne naisse pas affecté d'un handicap ; la naissance qui est *consécutive* à la perte de cette chance est porteuse de dommages (préjudice moral et troubles dans les conditions d'existence) pour les parents, mais non pour l'enfant.

On voit bien, dans cette formulation, les limites de la juridicité des raisonnements du juge administratif. D'un côté, en effet, pour refuser l'indemnisation d'Alexandra Pesquet, le Conseil d'État constate que le handicap dont elle est affectée lui est en quelque sorte consubstantiel, et que le préjudice ouvrant droit à indemnisation serait la vie de l'enfant elle-même, ce qu'il estime inacceptable ; de l'autre, et en totale contradiction, il disjoint le handicap et la naissance de l'enfant, le premier ouvrant seul droit à réparation. Là encore, il faut se référer à l'affaire *CHR de Nice*, ici confirmée, pour tenter de comprendre cette contradiction. Valérie Pécresse, dans ses conclusions précitées, estimait en effet que « la naissance d'un enfant atteint d'un handicap ou d'une maladie grave et incurable constitue un préjudice pour ses parents » : il est des vies qui par elles-mêmes portent préjudice à ceux qui les ont conçues. Ce qui est donc ici constitutif du préjudice, c'est bien *la naissance* d'Alexandra Pesquet, indissociable de son handicap.

Ayant ainsi refusé la théorie de la *vie* préjudiciable (*wrongful life*), mais adopté celle de la *naissance* préjudiciable (*wrongful birth*), le Conseil d'État devait, pour confirmer l'indemnisation des parents d'Alexandra, établir la responsabilité de l'administration hospitalière dans la survenance de ce fait dommageable.

B. La faute commise par l'hôpital est la cause directe du préjudice subi par les parents

Intervenant en tant que juge de cassation, le Conseil d'État, n'ayant pas constaté de dénaturation des faits par la Cour administrative d'appel, ne peut que faire sienne l'interprétation donnée par la Cour selon laquelle l'hôpital, en informant M. Pesquet et Mme Lhuissier que l'enfant à naître serait un garçon affecté du syndrome de Klinefelter, et non une fille affectée d'une trisomie 21, avait commis une faute de nature à engager sa responsabilité.

Il faut tout d'abord rappeler ici que la responsabilité en matière médicale peut désormais être engagée en principe pour *faute simple*. [Compte tenu de l'état des connaissances acquises jusqu'au présent chapitre, on n'entrera pas plus avant dans la description de l'évolution du régime de responsabilité administrative en matière hospitalière. On rappellera simplement que l'exigence d'une faute lourde a été abandonnée (CE, ass., 10 avr. 1992, *Épx V.*, *Lebon* 171, concl. H. Legal), au profit de la faute « de nature à engager la responsabilité de l'administration », ou, dans certains cas, d'une responsabilité sans faute. V. chapitres 18 et 19].

À cet égard toutefois, l'inapplicabilité de la loi du 4 mars 2002 renforce la possibilité d'engager la responsabilité de l'hôpital à l'égard des parents, dans la mesure où les nouvelles dispositions exigent la preuve d'une « faute caractérisée », sans qu'il soit exactement possible de savoir ce qu'il faut entendre par une telle expression. Il peut s'agir, par exemple, de l'inversion des résultats d'examens entre deux patientes (CE 19 févr. 2003, *M. et Mme Maurice*, *RFDA* 2003. 349, concl. D. Chauvaux), mais on peut fortement douter que la faute ici commise puisse être ainsi qualifiée. Si la confusion semble à première vue très importante – confusion sur le sexe de l'enfant et sur le handicap dont elle est affectée –, quelques précisions en la matière peuvent en faire douter. L'erreur de diagnostic résulte en effet, comme le notait la Cour administrative d'appel, d'une « confusion entre le chromosome surnuméraire caractéristique de la trisomie 21 et un chromosome sexuel masculin ». Il ne s'agit donc pas ici d'interversion de résultats d'examens ou d'examens réalisés dans des conditions défectueuses (*CHR de Nice*), mais de l'interprétation erronée effectuée, toujours selon la Cour administrative d'appel, « par le chef du laboratoire de cytogénétique du C.H. du Havre et deux de ses assistantes ». Il n'est peut-être pas inutile de rappeler par ailleurs que le diagnostic prénatal appartient, par nature, à la médecine prédictive et ne peut, en tant que tel, être considéré comme une science exacte. De façon incidente, on remarquera que l'on ne peut qu'être étonné que les examens prénataux ultérieurs de l'enfant à naître, qui ont forcément permis de rectifier l'erreur commise sur le sexe, n'aient pas amené à un réexamen des résultats obtenus lors de l'amniocentèse et, partant, rétabli la possibilité de recourir à une interruption de grossesse possible, en la matière, à tout moment. En tout état de cause, si l'on admettra difficilement avec les juges qu'une faute a véritablement été commise, il semble impossible qu'elle puisse être qualifiée de « faute caractérisée » : il était donc indispensable, pour que les parents soient indemnisés, que l'application de la loi du 4 mars 2002 fût préalablement écartée.

Ayant confirmé l'identification d'une faute de nature à engager la responsabilité de l'hôpital, le Conseil d'État approuve ensuite la Cour administrative d'appel dans le constat qu'elle a dressé d'un lien de causalité entre la faute et le préjudice subi par les parents. Il indique en effet que la Cour a, à bon droit, estimé que « la faute commise par le centre hospitalier régional engage la responsabilité du centre à réparer ». Pour parvenir à ce résultat, il retrace un enchaînement des faits qui seraient survenus si la faute n'avait pas été commise : la Cour, dit-il, a « implicitement mais nécessairement jugé que si la mère avait été informée du handicap réel de son enfant, elle aurait eu recours à la faculté qui lui était ouverte par l'article L. 162-12 du Code de la santé publique de pratiquer une interruption volontaire de grossesse pour motif thérapeutique ». C'est dans ce déterminisme tranquillement assumé que se trouve l'innovation majeure de la décision commentée : alors que la Cour administrative d'appel affirmait prudemment que l'intéressée avait été privée « de la faculté de pratiquer une interruption volontaire de grossesse », le Conseil d'État réécrit la décision de la Cour, et transforme cette faculté en fait accompli : dès lors, il devient évident que si le résultat annoncé par l'hôpital avait été exact, Mme Lhuissier aurait, de façon certaine, interrompu sa grossesse, et le préjudice, c'est-à-dire l'enfant, avec son handicap, ne serait pas survenu. Sans vouloir entrer plus avant dans la discussion et la contestation de ce qui apparaît, de la part du Conseil d'État, comme une *substitution de volonté* pure et simple, on notera seulement que les statistiques hospitalières donnent un taux d'interruption volontaire de grossesse d'environ 60 % suite à un diagnostic de syndrome de Klinefelter chez un enfant à naître, tandis qu'il est de 80 % dans le cas d'une trisomie 21. Les 20 % d'écart font, sans doute, passer de l'hypothèse à la certitude dans l'établissement du lien de causalité…

On ne peut cependant que ressentir, à la lecture de ce qui constitue sans doute l'une des dernières décisions au fond avant l'application de la loi du 4 mars 2002, une certaine gêne : reconnaître ici l'existence d'un lien direct de causalité, c'est en effet admettre nettement que « l'enchaînement normal des faits » (amniocentèse, diagnostic, choix des parents) amène de façon nécessaire à une interruption de grossesse qui n'a plus de volontaire que le nom. L'amniocentèse « réussie » a pour conséquence *normale* l'interruption de la grossesse. Une telle affirmation, certainement nécessaire à la réalisation du généreux objectif d'indemnisation des parents de la jeune Alexandra que s'était fixé le Conseil d'État, a cependant pour inconvénient de heurter directement l'art. 16-4 du Code civil, issu des lois bioéthique de 1994, qui dispose que « toute pratique eugénique tendant à l'organisation de la sélection des personnes est interdite » : en reconnaissant de façon particulièrement nette qu'il y a un lien de cause à effet entre le diagnostic prénatal et l'interruption volontaire de grossesse, le Conseil d'État prend acte du fait que le dépistage prénatal a pour finalité directe l'élimination d'individus dont la qualité de vie est estimée inférieure à la moyenne de leurs semblables, apportant sa modeste pierre à l'édification d'une nouvelle utopie (L. Sfez, *La santé parfaite. Critique d'une nouvelle utopie*, Seuil 1995).

Cas pratique

1. Mlle Lefranc devra s'adresser au juge administratif : l'infraction pénale n'est pas toujours constitutive d'une faute personnelle.

2. Il s'agit là d'un cas classique de différenciation des fautes : si le policier a commis une faute personnelle, le tribunal de grande instance est compétent, s'il s'agit d'une faute de service, M. de Vavitt devra s'adresser au tribunal administratif.

chapitre 18

La responsabilité pour faute

Plan analytique

section 1

La preuve de la faute

§ 1 Les dommages subis par les usagers des ouvrages publics

§ 2 Les dommages subis par les personnes en traitement dans les hôpitaux publics

section 2

La qualification de la faute

Compléments pédagogiques

La responsabilité pour faute

Dans les hypothèses où la responsabilité de l'administration est subordonnée à l'existence d'une faute, celle-ci ne peut ouvrir droit à réparation que si elle a entraîné un préjudice qui en est la conséquence directe, la faute, le préjudice et le lien de causalité étant les trois éléments constitutifs, d'une façon classique, de la responsabilité civile. Outre les conditions communes d'indemnisation du préjudice, préalablement étudiées, qui s'appliquent aussi bien dans les cas de responsabilité pour faute que dans les hypothèses de responsabilité sans faute, la mise en œuvre de la responsabilité pour faute suppose qu'une réponse soit apportée à deux questions spécifiques, celle de la preuve de la faute (section 1) et celle de la qualification de la faute (section 2). 935

Tant l'existence que la qualification de la faute peuvent donner lieu à un contrôle du Conseil d'État intervenant comme juge de cassation, dès lors qu'il vérifie si les juges du fond n'ont pas entaché leur décision d'une erreur de qualification juridique des faits.

section 1

La preuve de la faute

Sauf exception, la victime a la charge de la preuve de la faute qu'elle invoque. Elle peut cependant être aidée, dans cette démonstration de la faute, par les mesures d'instruction susceptibles d'être ordonnées par le juge (v. ss 742 s.). 936

Cependant, dans certaines hypothèses, des présomptions de faute ont été instituées, qui ont pour effet de renverser la charge de la preuve, puisqu'il appartiendra alors à l'administration de prouver qu'aucune faute ne lui est imputable. Le régime de la responsabilité présumée se rapproche certes de celui de la responsabilité sans faute, en ce sens que la victime n'a pas à établir la preuve de la faute imputable à l'administration, mais il s'en différencie néanmoins dès lors que la présomption de faute n'est pas irréfragable et que l'administration peut donc échapper à toute responsabilité en démontrant qu'elle n'a commis aucune faute. Les deux principales hypothèses de présomption de faute concernent les dommages subis par les usagers des ouvrages publics (§1) et ceux subis par les personnes en traitement dans les hôpitaux publics (§2). Le Conseil d'État a récemment consacré une nouvelle présomption de faute dans le cas de la divulgation, par les services départementaux de l'aide sociale à l'enfance, de renseignements confidentiels relatifs aux pupilles de l'État (CE 17 oct. 2012, *Bussa*, n° 348440). La seule circonstance que « *la mère biologique d'un enfant confié à sa naissance au service de l'aide sociale à l'enfance, puis adopté, ait eu connaissance des informations relatives à la nouvelle identité de cet enfant et à celle de ses parents adoptifs révèle une faute dans le fonctionnement du service de l'aide sociale à l'enfance du département*». Le département ne pourra s'exonérer de sa responsabilité qu'en apportant la preuve que la divulgation de ces informations est imputable à un tiers ou à une faute de la victime.

§ 1 Les dommages subis par les usagers des ouvrages publics

937 Les victimes d'accidents subis à l'occasion de l'utilisation d'un ouvrage public pourront demander réparation du dommage provoqué par le «défaut d'entretien normal» de ce dernier. Celui-ci peut résulter par exemple de la présence d'une couche de mazout sur la chaussée (CE 14 mars 1980, *Cté urbaine de Bordeaux*, *Lebon* 152) ou de l'ouverture de la porte d'accès d'un ascenseur alors même que la cabine n'est pas à l'étage (CE 24 janv. 1990, *Université des sciences et techniques de Lille I, RD publ.* 1991. 1445). La responsabilité s'étend également aux vices de conception de l'ouvrage ou au défaut d'une signalisation appropriée.

La jurisprudence admet cependant que l'administration puisse apporter la preuve, pour s'exonérer de sa responsabilité, non seulement de la faute de la victime, d'un tiers ou de la force majeure mais également de l'absence de défaut d'*entretien normal*[Q], dans la mesure, notamment, où elle a effectué les diligences appropriées pour prévenir ou signaler l'anomalie à l'origine de l'accident.

Les juges du fond apprécient souverainement le défaut ou non d'entretien normal, sans que le contrôle du juge de cassation s'étende à cette appréciation de pur fait (CE, sect., 26 juin 1992, *Cne de Béthoncourt*, *Lebon* 268, concl. G. Le Chatelier).

§ 2 Les dommages subis par les personnes en traitement dans les hôpitaux publics

938 Lorsqu'un séjour à l'hôpital, pour de simples examens médicaux ou des soins courants pour des affections à caractère normalement bénin, a pour le patient des conséquences inattendues, lui laissant de graves séquelles ou lésions, la jurisprudence considère que de telles circonstances «révèlent» par elles-mêmes «une faute commise dans l'organisation ou le fonctionnement du service». Cette *présomption de faute*[Q] bénéficiera à la victime, par exemple, d'une paralysie de la moitié du corps à la suite d'une exploration radiologique (CE 9 déc. 1988, *Cohen*, *Lebon* 431) ou de lésions cérébrales définitives provoquées par un arrêt cardio-respiratoire prolongé lors d'une bronchoscopie (CAA Bordeaux, 6 mars 1990, *CH de Brive*, *Lebon* 974).

Le souci d'assurer une meilleure protection des victimes d'accidents médicaux a été également à l'origine d'une évolution de la jurisprudence relative à la question des domaines respectifs de la faute simple et de la faute lourde (v. ss 944). Il expliquait aussi les cas, de plus en plus nombreux, d'application d'un régime de responsabilité sans faute (v. ss 959 s.). La loi du 4 mars 2002 relative aux droits des malades et à la qualité du système de santé a cependant réformé ces derniers régimes de réparation, en distinguant plus nettement la responsabilité liée à une faute et l'indemnisation des préjudices non liés à une faute, qui a pour fondement dorénavant la solidarité nationale.

section 2

La qualification de la faute

La responsabilité de l'administration n'étant « ni générale, ni absolue », ainsi que le précisait le Tribunal des conflits dès le fameux arrêt *Blanco* de 1873, il est certaines hypothèses où la faute doit revêtir un certain degré de gravité pour entraîner la responsabilité publique. La jurisprudence a cependant simplifié la distinction faite autrefois entre les *fautes simples*[Q], les *fautes lourdes*[Q] et les fautes « manifestes et d'une particulière gravité ». Elle ne retient plus que l'exigence d'une faute « lourde » dans certains domaines particuliers de l'activité administrative, qui présentent des difficultés spéciales ou pour lesquels le juge administratif considère qu'il convient de laisser une marge d'appréciation à l'administration telle que toute erreur, toute faute, ne doit pas nécessairement engager sa responsabilité. Certes, dans des cas de plus en plus nombreux, le juge administratif admet aujourd'hui qu'une faute simple peut suffire à engager la responsabilité de l'administration. Cela ne signifie pas cependant que la condition tenant à l'existence d'une faute lourde ait vocation, d'une façon générale, à être abandonnée. Cela ne signifie pas, également, une protection absolue des victimes dès lors que l'utilisation usuelle, par le juge administratif, de la notion plastique de « faute de nature à engager la responsabilité » de l'administration, offre à ce dernier une marge d'appréciation non négligeable pour qualifier le comportement de l'administration et apprécier ses conséquences indemnitaires. 939 ■

S'agissant des activités de police, une distinction doit être faite entre les mesures normatives destinées à prévenir les troubles à l'ordre public, d'une part, et les opérations matérielles de maintien de l'ordre, sur le « terrain » – dit-on fréquemment de nos jours –, d'autre part. Seules les secondes présentent en effet, aux yeux du juge, une difficulté telle que seule une faute lourde est susceptible d'engager la responsabilité de l'administration (v. par ex. CE 4 déc. 1995, *Delavallade, Lebon* 1021 : rejet d'une demande en réparation, au motif qu'il n'y a eu ni faute dans la détermination des mesures à prendre pour lutter contre le nombre excessif des pigeons, ni faute lourde dans l'exécution de ces mesures). 940 ■

Le mouvement général de reflux de la faute lourde, s'il touche également les activités de police, y reste plus limité. Il a ainsi été réaffirmé que la responsabilité de l'État ne peut, en cas de carence du préfet à mettre en œuvre le pouvoir de substitution d'action dont il dispose à l'égard des pouvoirs de police du maire (CE 25 juill. 2007, *Sté France Télécom* et *Min. de l'Intérieur et de l'aménagement du territoire, Dr. adm.* 2008. Étude 2, chron. F. Dieu). En matière de lutte contre le terrorisme, la responsabilité de l'État du fait des carences des services de renseignement dans la surveillance d'un individu ou d'un groupe d'individus ne peut être engagée qu'en cas de faute lourde (CE 18 juill. 2018, *Mme Monet e.a.*, n° 411156, *AJDA* 2018. 1915, concl. L Marion).

De même, les activités de contrôle sont traditionnellement considérées comme trop délicates pour qu'une faute simple suffise à engager la responsabilité publique (CE, ass., 29 mars 1946, *Caisse départementale d'assurances sociales de Meurthe et Moselle, GAJA*, n° 53). 941 ■

■ 942 C'est ainsi que, dans le célèbre arrêt d'assemblée du 9 avril 1993 *M. D.* (*Lebon* 110, concl. Legal, préc.), le Conseil d'État a admis que la responsabilité de l'État « peut être engagée par toute faute » commise dans le contrôle des centres de transfusion sanguine et a infirmé l'arrêt de la cour administrative d'appel de Paris de 1992 qui avait appliqué la jurisprudence classique exigeant une faute lourde en pareille hypothèse pour que la responsabilité publique puisse être engagée.

Il a, également, été jugé que l'activité de contrôle des navires, pour s'assurer de leur conformité aux normes techniques, doit se voir appliquer un régime de faute simple et non de faute lourde, dans la mesure où elle ne présente pas de difficultés particulières (CE, sect., 13 mars 1988, *M. Améon et a., AJDA* 1998. 461, chron. Girardot et Raynaud, p. 418).

■ 943 En revanche, la responsabilité de l'État du fait de l'exercice du contrôle des collectivités territoriales ne peut être engagée que pour faute lourde (CE 21 juin 2000, *Min. de l'Équipement, des Transports et du Logement* c/ *Cne de Roquebrune-Cap-Martin, RFDA* 2000. 1096, note P. Bon). Tel est, par exemple, le cas lorsque le contrôle de légalité des actes transmis par ces collectivités est particulièrement déficient (CE 6 oct. 2000, *Min. de l'Intérieur c/ Cne de Saint-Florent et a., RFDA* 2001. 152, note P. Bon ; *JCP* 2001. II. 10516, note M. C. Rouault). De même, la responsabilité de l'État du fait de l'absence de mise en œuvre par le préfet de ses pouvoirs relatifs au mandatement d'office, prévus à l'article L. 1612-16 du Code général des collectivités territoriales, en cas de défaut de mandatement d'une dépense obligatoire par une collectivité territoriale n'est engagée qu'en cas de faute lourde (CE 5 juill. 2018, *Min. de l'intérieur c/ Dép. des Bouches-du-Rhône*, n° 406671).

Malgré l'avancée opérée par la cour administrative d'appel de Paris, qui avait admis qu'une faute simple pouvait engager la responsabilité de l'État lorsqu'elle avait été commise dans le cadre des activités administratives de surveillance des banques par la Commission bancaire (CAA Paris, 30 mars 1999, *El Shikh, JCP* 2000. II. 10276, concl. M. Heers), le Conseil d'État a maintenu la condition d'une faute lourde, « eu égard à la nature des pouvoirs qui sont dévolus à la Commission bancaire » (CE, ass., 30 nov. 2001, *Min. de l'Économie, des Finances et de l'Industrie c/ Kéchichian et a., RFDA* 2002. 742, concl. A. Seban). Il en va de même pour les activités de surveillance de la Commission de contrôle des assurances (CE 18 févr. 2002, *Groupe Norbert Dentressangle, RFDA* 2002. 754, note F. Moderne qui relève que, s'agissant de ces deux organes, l'une des explications du maintien de la faute lourde peut résider « dans l'étroite relation qui s'institue nécessairement entre l'action (administrative) de contrôle et l'activité (juridictionnelle) de sanction » dont ces mêmes organes sont successivement en charge ; le constat que cette jurisprudence est « en porte-à-faux avec l'évolution du droit interne » et avec l'esprit du droit européen lui laisse à penser cependant que « le chapitre ouvert par l'arrêt *Kéchichian* n'est donc probablement pas clos »).

■ 944 L'exigence d'une faute lourde avait été abandonnée par la jurisprudence, dès avant le vote de la loi du 4 mars 2002 relative aux droits des malades, en matière d'*activité médicale*[Q]. Les simples actes d'infirmiers et soins courants pouvaient, dès l'origine, engager la responsabilité publique pour faute simple, la jurisprudence ayant même institué un régime de présomption de faute dans certaines circonstances (v. ss 938). Depuis l'arrêt du Conseil d'État du 10 avril 1992, *Époux V.* (*GAJA*, n° 89), le Conseil d'État admet que toute faute, même en matière médicale ou chirurgicale, est de nature à engager la responsabilité de l'hôpital, sans qu'il soit nécessaire de démontrer qu'elle a revêtu le caractère d'une faute lourde. Malgré sa réelle difficulté, l'activité d'assistance médicale d'urgence peut également engager la responsabilité d'un hôpital sur le fondement d'une faute simple (CE, sect., 21 juin 1997, *Theux*, *RFDA* 1998. 8, concl. Stahl).

Il a aussi été admis que les activités de sauvetage et de secours en mer peuvent engager, le cas échéant, la responsabilité de l'État pour faute simple (CE, sect., 13 mars 1998, *M. Améon et a.*, préc.). 945 ■

L'exigence d'une faute lourde a, de même, été abandonnée pour la responsabilité du fait des activités de lutte contre l'incendie (CE 29 avr. 1998, *Cne de Hannappes*, *JCP* 1999. II. 10109, note M. Genovèse ; G. Lebreton, « La fausse disparition de la faute lourde », *D.* 1998. 535).

Alors qu'il a longtemps exigé qu'une faute lourde soit démontrée pour que la responsabilité de l'État puisse être engagée du fait des activités des services pénitentiaires, le Conseil d'État retient enfin que le suicide d'un détenu « doit être regardé comme une conséquence directe d'une succession de fautes imputables au service pénitentiaire » et que l'État doit être déclaré responsable des conséquences dommageables de ces fautes, sans qu'elles soient pourtant qualifiées de lourdes (CE 23 mai 2003, *Mme Chabba*, *Dr. adm.* 2003, n° 207).

Malgré ces récentes inflexions de la jurisprudence, traduisant un souci plus marqué de la protection des victimes d'erreurs commises par l'administration, l'exigence d'une faute lourde subsiste pour certains aspects des activités de police administrative, ainsi qu'il a été indiqué (v. ss 940) et pour les activités de contrôle, sauf exception (v. ss 942). 946 ■

Elle était également exigée pour certains aspects de la procédure fiscale, lorsque celles-ci, dans les circonstances de l'espèce, comportent des « difficultés particulières » (CE, sect., 27 juill. 1990, *Bourgeois*, *RFDA* 1990. 899, concl. N. Chahid-Nouraï ; CE 13 mai 1991, *Cne de Garges-les-Gonesse*, *Lebon* 178 ; CE, sect., 29 déc. 1997, *Cne d'Arcueil*, *AJDA* 1998. 180, chron. Girardot et Raynaud, p. 112). Le Conseil d'État estime désormais qu'une faute commise par l'administration lors de l'exécution d'opérations se rattachant aux procédures d'établissement et de recouvrement de l'impôt est de nature à engager la responsabilité de l'État à l'égard du contribuable, sans exiger de qualification particulière pour ce comportement fautif (CE 21 mars 2011, *Krupa*, *Dr. adm.* 2011, n° 52, note F. Melleray).

Il va de soi que l'exigence d'une faute lourde n'est certes pas synonyme d'irresponsabilité de fait de l'État. Dans une affaire où tant les services d'assiette que les services de recouvrement avaient commis des fautes lourdes, que n'atténuait aucune faute imputable à la victime – puisque celle-ci avait alerté les premiers sur l'erreur grossière qu'ils commettaient et les seconds sur les menaces que faisaient courir sur l'avenir même de l'entreprise les mesures de recouvrement forcé prises à son encontre –, l'État a été condamné à payer des indemnités de près de 60 000 000 francs en réparation du préjudice causé par ces fautes lourdes répétées qui ont entraîné tant la liquidation de l'entreprise que des troubles graves à l'état de santé de la victime (CE 16 juin 1999, *M. Tripot*, *Lebon* 202). 947 ■

948 Des fautes lourdes de la Commission bancaire ont également été retenues en des termes dont le caractère presque blessant pour ses membres était sans doute nécessaire pour justifier cette qualification (CE, ass., 30 nov. 2001, *Min. de l'Économie, des Finances et de l'Industrie* c/ *Kéchichian et a.*, préc. ; v. ss 943).

949 Il est cependant permis de penser que l'évolution sensible de la jurisprudence au cours des dernières années constitue une étape dans la prise de conscience progressive que l'administration est suffisamment responsable, dans tous les sens du terme, pour ne pas être « énervée par des menaces permanentes de complications contentieuses », ainsi qu'il avait été possible de le craindre en 1925 si était généralisé un régime de faute simple (v. concl. Rivet ss CE 13 mars 1925, *Clef, RD publ.* 1925. 274).

Il est en effet d'autres limites à la responsabilité de l'administration, tenant aux conditions relatives au préjudice et au lien de causalité, qui permettraient qu'une telle évolution, prenant toujours mieux en compte le droit des administrés à une bonne administration, ne mette pas en péril les finances publiques.

18

Compléments pédagogiques

Quid

■ Activité médicale n° 944

Il faut distinguer l'acte médical de l'acte thérapeutique. Pour le juge administratif, l'acte médical est celui qui ne peut être réalisé que par un médecin ou sous sa surveillance personnelle, même s'il est dépourvu de finalité thérapeutique. Jusqu'en 1992, il était nécessaire d'apporter la preuve d'une faute lourde dans la réalisation d'un tel acte pour que la responsabilité de l'administration soit engagée, alors que désormais la preuve d'une faute simple est suffisante.

■ Entretien normal n° 937

L'administration doit entretenir régulièrement les ouvrages publics dont elle a la charge. En cas de dommage causé par un tel ouvrage, la juridiction administrative présumera que l'administration en est responsable ; celle-ci ne pourra s'exonérer de sa responsabilité que si elle prouve qu'elle n'a commis aucune faute dans l'entretien de l'ouvrage.

■ Faute lourde n°s 939 s.

Lorsqu'une activité administrative est d'exercice difficile, notamment d'un point de vue technique, une certaine marge d'erreur peut être laissée à l'administration : sa responsabilité ne sera alors engagée que si elle a commis une faute grave. Le domaine de la faute lourde a été progressivement restreint par la jurisprudence, du fait de l'évolution technique et de l'accroissement des exigences des usagers à l'égard de la qualité du service public.

■ Faute simple n° 939

La faute simple concerne le droit commun de la responsabilité de l'administration. L'expression généralement employée par le juge administratif est celle de « faute de nature à engager la responsabilité » de l'administration. Un comportement fautif de l'administration n'est pas toujours un comportement illégal, sauf lorsque le comportement en cause est constitué par une décision.

■ Présomption de faute n° 938

Pour mettre en jeu la responsabilité de l'administration, il faut en principe, si l'on excepte les cas de responsabilité sans faute, que la victime prouve que l'administration a commis un comportement fautif. Mais dans certains cas, c'est à l'administration qu'il incombera de prouver qu'elle n'a commis aucune faute. Ce régime est applicable à la responsabilité pour *défaut d'entretien normal* d'un ouvrage public, ainsi qu'aux dommages survenus aux personnes traitées dans les hôpitaux (responsabilité du fait des maladies nosocomiales not.), même si, dans ce domaine, le caractère quasi irréfragable de la présomption de faute ne permet presque plus de différencier ce régime de responsabilité de celui de la responsabilité sans faute.

Documents

CE, ass., 29 mars 1946, *Caisse départementale d'assurances sociales de Meurthe-et-Moselle*
(*GAJA*, n° 53)

Considérant que le préjudice dont la Caisse départementale d'assurances sociales de Meurthe-et-Moselle demande réparation à l'État résulte du non-remboursement par la caisse du Crédit municipal de Bayonne d'un bon à ordre qu'elle avait souscrit et qui paraissait émis pour assurer le fonctionnement de cet établissement public communal ; qu'il est constant que ce titre, dont la nullité n'est pas contestée, provient d'émissions frauduleuses réalisées par le sieur Stavisky avec la complicité de l'appréciateur et du directeur-caissier du crédit municipal ; que la caisse requérante soutient qu'elle est en droit de réclamer directement à l'État la réparation du préjudice subi, par les motifs, d'une part, que le ministre du travail aurait favorisé le placement des bons dont s'agit et, d'autre part, que les autorités de tutelle auraient gravement méconnu les obligations qui leur incombaient ;
Considérant que les lettres du ministre du travail et du directeur général des assurances sociales, critiquées par la requérante, se bornaient à indiquer que les bons émis par des caisses de crédit municipal étaient rangés par la loi au nombre des valeurs susceptibles de servir de placement aux caisses d'assurances sociales pour les fonds dont elles ont la gestion ; que, dès lors, elles ne sont pas de nature par elles-mêmes à justifier la demande d'indemnité formée par la Caisse départementale d'assurances sociales de Meurthe-et-Moselle ;
Mais considérant que les agissements criminels du sieur Stavisky et de ses complices n'ont été rendus possibles que par la faute lourde commise par le préfet des Basses-Pyrénées dans le choix du personnel dirigeant du Crédit municipal de Bayonne lors de sa création en 1931 et dans le maintien en fonctions de ce personnel, ainsi que par la négligence prolongée des différents services de l'État qui sont chargés du contrôle de ces établissements publics communaux et qui n'ont procédé que tardivement aux investigations de toute nature que l'ampleur anormale des opérations du Crédit municipal de Bayonne leur commandait de faire ; que la caisse requérante est fondée à soutenir que ces fautes sont de nature à engager la responsabilité de l'État.

⇨ *Responsabilité pour faute lourde du fait des activités de contrôle.*

CE, ass., 10 avril 1992, *Époux V.*
(*GAJA*, n° 89)

[...] Considérant que le médecin anesthésiste à l'hôpital a administré à Mme V., avant le début de l'intervention, une dose excessive d'un médicament à effet hypotenseur ; qu'une demi-heure plus tard une chute brusque de la tension artérielle, accompagnée de troubles cardiaques et de nausées a été constatée ; que le praticien a ensuite procédé à l'anesthésie péridurale prévue et a administré un produit anesthésique contre-indiqué compte tenu de son effet hypotenseur ; qu'une deuxième chute de la tension artérielle s'est produite à onze heures dix ; qu'après la césarienne et la naissance de l'enfant, un saignement s'est produit et a été suivi, à onze heures

vingt-cinq, d'une troisième chute de tension qui a persisté malgré les soins prodigués à la patiente ; qu'à douze heures trente, du plasma décongelé mais insuffisamment réchauffé a été perfusé provoquant immédiatement une vive douleur suivie de l'arrêt cardiaque ;
Considérant que les erreurs ainsi commises, qui ont été selon les rapports d'expertise la cause de l'accident survenu à Mme V., constituent une faute médicale de nature à engager la responsabilité de l'hôpital ; que par suite, M. et Mme V. sont fondés à demander l'annulation du jugement attaqué du 4 avril 1986 en tant que par ce jugement, le tribunal administratif de Rouen a rejeté les conclusions de M. et Mme V.

⇨ *Responsabilité pour faute simple du fait des activités médicales.*

CE, ass., 9 avril 1993, *D.* (*Lebon* 110, concl. Legal)

Considérant qu'eu égard tant à l'étendue des pouvoirs que ces dispositions confèrent aux services de l'État en ce qui concerne l'organisation générale du service public de la transfusion sanguine, le contrôle des établissements qui sont chargés de son exécution et l'édiction des règles propres à assurer la qualité du sang humain, de son plasma et de ses dérivés, qu'aux buts en vue desquels ces pouvoirs leur ont été attribués, la responsabilité de l'État peut être engagée par toute faute commise dans l'exercice desdites attributions ; [...] qu'il suit de là qu'en estimant que la responsabilité de l'État ne pouvait être engagée qu'en cas de faute lourde commise dans le contrôle des établissements de transfusion sanguine et l'établissement de la réglementation destinée à assurer la qualité du sang humain [...], la Cour administrative d'appel de Paris a entaché sa décision d'erreur de droit.

⇨ *Responsabilité pour faute simple du fait des activités de contrôle des centres de transfusion sanguine.*

Biblio

- M. Cliquennois, « Essai sur la responsabilité de l'État du fait de ses activités de contrôle et de tutelle », *LPA* 16 août 1995, p. 4.
- J.-F. Couzinet, « La notion de faute lourde administrative », *RD publ.* 1977. 283.
- « L'évolution du droit de la responsabilité », in *Réflexions sur le droit de la santé. Conseil d'État, Rapport public 1998, EDCE* n° 49, p. 241-267 (très bonne synthèse de l'évolution du droit de la responsabilité administrative en matière médicale).
- J. Waline, « L'évolution de la responsabilité extracontractuelle des personnes publiques », *EDCE* 1994, n° 46, p. 459.

Quiz

1) Sujet corrigé

Dissertation

Énoncé

La notion de faute lourde a-t-elle encore un avenir en droit administratif ?

Voir le corrigé en fin de rubrique.

2) Corrigé

Dissertation

Lorsque, le 8 février 1873, le Tribunal des conflits affirme, dans la décision Blanco, le principe de la responsabilité de l'administration, il énonce dans le même temps qu'elle n'est « ni générale, ni absolue » : il est nécessaire d'éviter que la responsabilité ainsi affirmée entraîne, en raison d'une acceptation trop large, la paralysie de l'action administrative.

Si la jurisprudence acceptait ainsi rapidement de retenir la responsabilité de l'État à raison de la plupart de ses activités, y compris celles de police (CE 10 févr. 1905, *Tomaso Grecco*), elle lui fixait cependant des limites, et tout spécialement l'exigence de la part de la victime de la preuve de ce que le service en cause ait commis une « faute caractérisée » (Rivet, concl. sur CE 13 mars 1935, *Clef*). Deux motifs se trouvent à l'origine de la création et du maintien de la notion de faute lourde en droit administratif : d'une part les activités de l'administration sont parfois difficiles à accomplir et leurs résultats aléatoires ; d'autre part il est souhaitable que l'administration ne soit pas soumise à la pression d'une sanction pécuniaire qui lui serait infligée dès qu'elle aurait commis une erreur même minime. Accepter de mettre en jeu la responsabilité de l'administration dès une simple faute commise, quel que soit le domaine dans lequel tel a été le cas, serait soumettre l'administration à une pression injustifiée de la part de ses usagers.

Pourtant, le recours à la notion de faute lourde dans la jurisprudence administrative n'a cessé de se raréfier, tout particulièrement ces dernières années à l'occasion d'un contentieux médical très médiatisé. Mais si la notion de faute lourde est effectivement en perte de vitesse dans le contentieux de la responsabilité administrative, elle n'en est pas moins toujours présente, même s'il n'existe plus véritablement de domaine (la police ou les activités médicales par ex.) qui lui soit spécifiquement réservé. Le déclin de la faute lourde est donc bien une réalité (I), mais l'influence de cette notion sur le droit de la responsabilité administrative demeure encore importante (II).

I. Le déclin apparemment irréversible de la faute lourde dans le droit de la responsabilité administrative

Construite par la jurisprudence administrative, parfois consacrée dans des textes de loi, la notion de faute lourde n'a cessé de voir son champ d'application se restreindre, ce mouvement s'étant singulièrement accéléré depuis une dizaine d'années. Si la plupart des domaines où le juge avait recours à la notion de faute lourde ont désormais intégré le champ d'application de la faute simple (A), cette évolution doit être mise en relation avec la mutation plus générale du droit de la responsabilité administrative (B).

A. La faute lourde a été abandonnée dans de nombreux secteurs du droit de la responsabilité administrative

Si ces dernières années ont vu l'abandon de l'exigence d'une faute lourde pour que soit engagée la responsabilité de l'administration dans les contentieux indemnitaires relatifs aux établissements hospitaliers ou aux services de secours, ce mouvement est cependant beaucoup plus ancien. Il s'est effectué de façon partielle ou totale, selon les secteurs concernés.

C'est ainsi qu'en matière de police, qui n'a été susceptible d'engager la responsabilité de l'administration qu'à partir de 1905 (CE 10 févr. 1905, *Tomaso Grecco*), l'exigence de la preuve d'une faute lourde a été abandonnée dès 1942 en ce qui concerne les « activités juridiques » de police administrative (CE 13 févr. 1942, *Ville de Dôle*), c'est-à-dire la production normative de l'autorité en charge de la police administrative (arrêté préfectoral par ex.), et n'est plus exigée pour certaines opérations matérielles.

Ce sont ensuite, plus récemment et d'une façon plus générale, plusieurs autres domaines qui ont été concernés par cet abandon.

Le plus connu d'entre eux est constitué par les activités médicales. Dans le célèbre arrêt *Époux V.* (CE, ass., 10 avr. 1992), le Conseil d'État a mis fin à la distinction qui existait antérieurement, en matière de responsabilité médicale, entre d'un côté l'organisation et le fonctionnement du service, pour lesquels une faute simple était suffisante (CE, sect., 8 nov. 1935, *D^me^ Vion*), et de l'autre les actes médicaux proprement dits qui, en raison de leur difficulté, n'engageaient la responsabilité des établissements hospitaliers qu'à raison d'une faute lourde (CE 9 janv. 1957, *Assistance publique de Marseille*). Cette évolution était attendue et avait d'ailleurs été annoncée par un double mouvement : d'une part, l'acte médical entraînait une responsabilité pour faute simple (c'est-à-dire pour défaut d'organisation du service) et présumée dans les cas où ses conséquences dommageables étaient d'une gravité sans proportion avec le caractère bénin de l'intervention (CE 9 avr. 1988, *Cohen*) ; d'autre part, la jurisprudence interprétait très largement le degré de la faute, découvrant une faute lourde là où quelques années auparavant elle n'avait vu qu'une faute simple.

L'activité de contrôle opérée par l'administration, ensuite, était en principe soumise, du fait de son caractère délicat, à un régime de responsabilité pour faute lourde (CE 29 mars 1946, *Caisse départementale d'assurances sociales de Meurthe-et-Moselle*). Mais une simple faute est désormais susceptible d'engager la responsabilité de l'administration dans des domaines tels que le contrôle des licenciements, la surveillance des forêts (CE 25 mars 1994, *Cne de Kintzheim*), la tutelle sur les centres de transfusion sanguine (CE, ass., 9 avr. 1993, *D.*) et plus récemment le contrôle technique des navires (CE, sect., 13 mars 1998, *Améon*).

Ce dernier arrêt abandonne également l'exigence d'une faute lourde pour l'ensemble des activités des services de secours, dont la responsabilité est désormais engagée à raison d'une faute simple de l'administration. Cette évolution avait déjà eu lieu pour certains d'entre eux, tels que l'aide médicale d'urgence (CE, sect., 20 juin 1997, *Theux*) ou les services de lutte contre l'incendie (CE 28 avr. 1998, *Ville de Hannapes*).

Enfin, le domaine fiscal est lui aussi touché par le recul de la faute lourde. Une simple faute commise à l'occasion d'opérations se rattachant aux procédures d'établissement et de recouvrement de l'impôt est désormais susceptible d'engager la responsabilité de l'État à l'égard du contribuable (CE 21 mars 2011, *Krupa*).

B. Le déclin de la faute lourde s'inscrit dans une évolution générale du droit de la responsabilité administrative

Malgré son caractère apparemment systématique et relativement récent, le recul indéniable de la faute lourde en tant que fait générateur de la responsabilité administrative ne peut pas être appréhendé de façon totalement autonome : il s'intègre dans un mouvement juridique de fond relatif à l'évolution du droit de la responsabilité, mouvement qui est lui-même la résultante de mutations externes à la seule responsabilité administrative.

L'abandon progressif de la faute lourde fait en effet suite à celui, plus ancien, d'une autre notion du droit administratif : la « faute manifeste et d'une particulière gravité ». Une telle faute, dont la preuve était particulièrement difficile à rapporter, a été abandonnée dans tous les domaines où elle trouvait à s'appliquer, qu'il s'agisse par exemple des activités fiscales (arrêt D[me] *Husson-Chiffre*, préc.), de l'acheminement défectueux des colis par le service des postes (CE 6 juin 1975, S[té] *Comptoir des usines Alliman*) ou des services pénitentiaires (CE, sect., 3 oct. 1958, *Rakotoarinovy*).

Le déclin de la faute lourde dans le contentieux de la responsabilité administrative s'inscrit par ailleurs dans ce que l'on pourrait appeler un mouvement de société. Le rapport pour 1990 du médiateur de la République consacrait ainsi une partie de ses remarques à l'incohérence existant selon lui entre la faute lourde du juge administratif et la faute caractérisée du juge judiciaire. De façon plus nette encore, le commissaire du gouvernement H. Legal, dans ses conclusions sur l'arrêt *Époux V.* de 1992 (*Lebon* 171), indiquait que « le juge ne peut être indifférent à l'évolution de la sensibilité de ses concitoyens [...]. Dans le calcul des indemnités comme dans le sentiment que l'on éprouve que tout a, ou n'a pas, été fait pour bien traiter un usager du service public, la part de l'esprit du temps doit être faite et les attentes spontanées prises en compte dans la décision. [...] Le maintien de l'appellation faute lourde ne peut que disqualifier votre contrôle en faisant peser sur lui un soupçon de complaisance à l'égard du corps médical et ce quelle que soit la portée réelle de vos décisions ».

L'évolution jurisprudentielle a donc une double finalité. Il était tout d'abord nécessaire de prendre en compte les nouveaux modes de relations entre l'administration et les usagers, qui s'articulent notamment autour de la notion d'*accountability*, c'est-à-dire de l'idée que l'administration doit « rendre des comptes » aux citoyens ; ces relations quasi égalitaires, qui ont pour corollaire l'accroissement de l'exigence de qualité des citoyens à l'égard du service public, rendent intolérable le maintien d'une pluralité de degrés dans la faute que le service est susceptible de commettre, et qui est perçu comme la permanence d'une prérogative exorbitante pour l'administration. Mais l'adaptation jurisprudentielle était également autojustifiée pour des motifs de politique jurisprudentielle : maintenir la faute lourde (surtout en matière hospitalière) aurait placé le Conseil d'État dans la position de dernier rempart d'une approche dépassée de l'administration face à l'évolution en cours – et lui aurait fait ainsi perdre sa place de protecteur des citoyens à l'encontre de l'arbitraire administratif.

II. Le maintien réel de l'influence de la notion de faute lourde

La faute lourde serait donc promise à une inéluctable disparition. Si cette analyse a pour elle l'évidence des faits, il n'en reste pas moins que la notion de faute lourde conserve sa place dans le contentieux de la responsabilité publique (A), et qu'en outre le droit de la responsabilité est tout entier emprunt des notions élaborées par le juge lorsqu'il avait recours à cette notion (B).

A. Le juge a toujours recours à la notion de faute lourde

Il n'existe plus, à quelques exceptions près, de domaine où la faute lourde est la seule à pouvoir s'appliquer. Tel est cependant le cas, par exemple, du fonctionnement du service public de la justice, par détermination de la loi (L. du 5 juill. 1972 – v. chapitre 20) en ce qui concerne la justice judiciaire, et en vertu de la jurisprudence du Conseil d'État pour la justice administrative (CE, ass., 29 déc. 1978, *Darmont*), ou de celui des Postes, quelles que soient les personnes chargées de son exploitation, là encore en vertu de la loi.

Mais en dehors de ces cas tout à fait spécifiques, la responsabilité sera toujours engagée pour faute lourde dans certains domaines, en raison de la difficulté d'exercice de l'activité concernée. Ce ne sont plus ainsi l'ensemble des activités fiscales ou policières qui relèvent de ce régime de responsabilité, mais seulement certaines d'entre elles. Le juge se livre en effet à une appréciation *in concreto* de l'activité concernée, et ce n'est qu'en mettant en relation le secteur d'activité concerné et les modalités particulières de son accomplissement qu'il déterminera le degré de faute susceptible d'engager la responsabilité de l'administration.

La police administrative est, par exemple, soumise à un double régime : les activités matérielles (les opérations de police « sur le terrain ») sont considérées généralement comme n'engageant la responsabilité de l'administration qu'à raison d'une faute lourde ; cette exigence n'est toutefois pas formulée à raison de l'opération de police elle-même, mais parce que de telles opérations sont réputées difficiles (CE, sect., 23 mai 1958, *Consorts Amoudruz*).

On peut appliquer le même raisonnement aux autres domaines réputés réservés à la faute lourde, tels que les activités de contrôle, qu'il s'agisse du contrôle de l'État sur les collectivités locales (CE 6 oct. 2000, *Min. de l'Intérieur c/ Cne de St-Florent*), ou, par exemple, de celui exercé sur les organismes privés gestionnaires d'un service public (CE 10 juill. 1957, *Min. du Travail*) : dans ce cas, c'est l'activité de contrôle elle-même qui est considérée comme suffisamment difficile pour n'entraîner la responsabilité administrative que sur le fondement de la faute lourde.

B. La responsabilité pour faute simple est l'héritière de la faute lourde

La notion de faute lourde a parfaitement rempli les deux missions qui lui étaient dévolues. Il faut bien voir, en effet, que la faute lourde a joué un rôle important dans le développement de la responsabilité administrative.

Dès l'origine, elle a eu pour effet de permettre le contournement du principe de l'irresponsabilité de l'administration ; cette fonction, qui justifie qu'il y soit fait encore référence dans certains secteurs (tels que le service postal, pour lequel le Code des postes et télécommunications affirmait l'exonération de toute responsabilité pour l'administration), a permis d'affirmer progressivement le principe de la responsabilité de l'administration, consacré comme ayant une valeur constitutionnelle par le Conseil constitutionnel.

Mais elle a également permis que les requérants soient parfois mieux indemnisés que lorsqu'une simple faute était exigée : si la preuve d'une faute lourde était certes difficile à rapporter, il était en effet encore plus difficile à l'administration, une fois cette preuve démontrée, de s'exonérer de sa responsabilité. S'il paraissait donc discriminatoire à l'encontre des administrés, le régime de responsabilité pour faute lourde pouvait ainsi paradoxalement s'avérer plus protecteur pour eux que celui de responsabilité pour faute simple.

Si « l'histoire de la faute lourde est celle de son recul » (R. Chapus), il n'en reste donc pas moins que c'est à partir de cette notion qu'ont été développés les éléments essentiels du droit de la responsabilité administrative, notamment les règles relatives à la preuve de la faute et à l'indemnisation du préjudice réparable.

Mais la faute simple est aussi héritière de la faute lourde dans un autre sens. Lorsque le commissaire du gouvernement Legal, dans l'arrêt Époux V., demandait l'abandon de la faute lourde en matière médicale, c'était plus le terme qui était visé que son contenu. C'est ainsi qu'en matière médicale le juge a recours à la notion « d'erreur non fautive » qu'il distingue de la faute « de nature à engager la responsabilité » de l'administration ; mais le contenu de cette dernière faute dite « simple » est en réalité bien souvent proche de l'ancienne faute lourde. À l'inverse, le juge judiciaire, lorsqu'il conserve la notion de faute lourde (en matière de responsabilité du fait du fonctionnement du service public de la justice : v. chapitre 20), lui donne un contenu qui est de fait celui de la faute simple.

Le relatif coup d'arrêt à la disparition de la faute lourde que constitue l'arrêt *Cne de Saint-Florent* précité pourrait dans ce cadre s'interpréter comme une tentative de clarification d'une distinction entre fautes lourde et simple qui tend à s'estomper.

chapitre 19

La responsabilité sans faute

Plan analytique

section 1

La responsabilité pour risque

§ 1 La responsabilité à l'égard des collaborateurs du service public

§ 2 La responsabilité à l'égard des victimes de dommages accidentels de travaux publics

§ 3 La responsabilité du fait des dommages causés par les choses et les activités dangereuses

- **A.** La responsabilité du fait des choses dangereuses
- **B.** La responsabilité du fait des activités dangereuses

§ 4 La responsabilité pour garde

section 2

La responsabilité pour rupture de l'égalité devant les charges publiques

§ 1 La responsabilité du fait des lois et des conventions internationales

§ 2 La responsabilité du fait des actes administratifs réguliers

§ 3 La responsabilité pour dommages permanents de travaux publics

Compléments pédagogiques

La responsabilité sans faute

La « socialisation du risque » traduit l'expression d'une solidarité face à des risques dont il serait injuste de laisser porter la charge par les seules victimes. Ainsi que le rappelait le rapport du Conseil d'État publié en 2005 sur ce thème, elle a été l'œuvre tant du juge que du législateur. Il a en effet été jugé depuis plus d'un siècle que, lorsque l'action administrative est de nature à faire courir des risques particuliers à certains, la collectivité doit assumer ces risques dans l'hypothèse où ils se concrétisent. L'obligation de réparer pèse alors sur l'État même si l'administration n'a commis aucune faute. **950**

Avant même la loi de 1898 relative aux accidents du travail, le Conseil d'État avait ainsi admis que la responsabilité de l'État puisse être engagée même sans faute dans l'hypothèse d'un accident professionnel subi par un ouvrier de l'État (CE 21 juin 1895, *Cames*, *Lebon* 509, concl. Romieu, *GAJA*, n° 6).

Ce principe bénéficie également aux administrés. R. Odent soulignait d'ailleurs que c'est en matière de dommages de travaux publics, « où il s'agit de sacrifier quelques-uns au profit de la collectivité, que la théorie du risque eut ses premières applications » (*Contentieux administratif*, 1981, p. 1418).

La consécration d'une responsabilité sans faute de l'administration ne signifie pas que cette dernière n'ait jamais commis de faute dans le cas où sa responsabilité est engagée, mais elle implique simplement que la victime d'un préjudice n'aura pas besoin de démontrer l'existence d'une faute de l'administration pour obtenir l'indemnisation de son dommage. Il s'agit plus précisément, comme il a été souvent souligné, d'une responsabilité même sans faute établie.

En dehors des textes de loi ayant organisé une responsabilité sans faute dans certains domaines particuliers (v. ss 993 s.), la jurisprudence a consacré la responsabilité sans faute des collectivités publiques dans nombre de cas. Même s'il a pu être jugé « beaucoup plus satisfaisant d'expliquer la responsabilité sans faute par une notion typiquement de droit administratif : la rupture de l'égalité devant les charges publiques », plutôt que par le risque, qui « est essentiellement une notion civiliste » (J. Waline, « L'évolution de la responsabilité extracontractuelle des personnes publiques », *EDCE* 1994. 470), le recours à cette dernière notion parait conserver sa pertinence en la matière et a le mérite de souligner les éléments d'unité de l'ordre juridique français. Les hypothèses de responsabilité pour risque (section 1) et de responsabilité pour rupture de l'égalité devant les charges publiques (section 2) seront étudiées successivement. **951**

section 1

La responsabilité pour risque

952 Le principe de la *responsabilité pour risque*[Q], susceptible d'être engagée même sans faute de l'administration, a été consacré dès le XIXe siècle tant à l'égard des collaborateurs du service public (§1) qu'à l'égard des victimes de dommages de travaux publics (§2). Elle a été étendue dès le début de ce siècle aux dommages causés par les choses et les activités dangereuses (§3), et plus récemment complétée par ceux causés par les personnes dont l'administration a la garde (§4).

§ 1 La responsabilité à l'égard des collaborateurs du service public

953 La jurisprudence consacrée par l'arrêt *Cames* précité de 1895 a certes perdu une large part de sa portée pratique, dans la mesure où le législateur a organisé un régime spécial de réparation au bénéfice des agents publics, présentant un caractère forfaitaire.

L'intérêt de cette jurisprudence subsiste cependant pour combler les lacunes de la législation, par exemple pour les frères et sœurs de militaires décédés en service (CE, sect., 27 juill. 1990, *Consorts Bridet et a.*, *Lebon* 230, concl. Fornacciari). La responsabilité pour risque est également invoquée en cas de dommages liés à des risques exceptionnels auxquels a été exposé un agent à l'occasion de l'exercice de ses fonctions (CE, sect., 19 oct. 1962, *Perruche*, *Lebon* 555 : indemnisation des dommages subis par les biens d'un consul français en Corée auquel il avait été demandé de rester à son poste malgré les troubles ; CE, ass., 6 nov. 1968, *Dame Saulze*, *Lebon* 550 : indemnisation du fait de la naissance d'un enfant atteint de graves malformations alors que l'institutrice avait été, pendant sa grossesse, en contact avec des élèves atteints de rubéole).

954 La portée de cette jurisprudence, qui concernait d'abord les seuls agents permanents de l'administration, conserve aujourd'hui surtout une importance à l'égard des *collaborateurs occasionnels du service*[Q]. Un droit à réparation est en effet ouvert, à certaines conditions, à toute personne qui a participé à l'exécution d'un service public et a subi un dommage à cette occasion.

La jurisprudence est relativement libérale quant aux conditions qui doivent être réunies pour que cette responsabilité puisse s'exercer.

La collaboration au service public peut en effet résulter non pas seulement d'une réquisition par l'autorité publique, mais aussi d'une initiative personnelle de la personne qui s'est, par exemple, portée au secours d'autrui alors que l'urgence justifiait son intervention immédiate (CE, sect., 11 oct. 1957, *Cne de Grigny*, *Lebon* 554 ; CE, sect., 25 sept. 1970, *Cne de Batz-sur-Mer*, *Lebon* 140). La collaboration au service public doit avoir été cependant effective (CE 3 oct. 1980, *Gambini*, *Lebon* 355 : un passant assistant à l'interpellation d'une personne sur la voie publique n'est pas un collaborateur occasionnel du service) et justifiée (CE 16 juin 1989,

Pantaloni, *Lebon* 143 : évacuation de ressortissants français du territoire du Vanuatu entreprise par le propriétaire d'un bateau de sa propre initiative et sans que les circonstances apparaissent justifier son intervention).

En revanche, il importe peu que le collaborateur occasionnel du service soit uni par un lien familial avec la personne secourue, dès lors que, en lui portant secours, il a participé à un service public au sens matériel du terme (CE, sect., 1er juill. 1977, *Cne de Coggia*, *Lebon* 301 ; CE 22 juin 1984, *Mme Nicolaï*, *Lebon* 729) ; de la même façon, la qualité de salarié d'une entreprise travaillant pour le compte de l'administration ne fait pas obstacle à la qualification de collaborateur occasionnel, pour autant que l'intervention en cause ait été effectuée en dehors de l'activité normale de l'entreprise (CE, sect., 12 oct. 2009, *Mme Chevillard et consorts Bancherelle*, *RFDA* 2010. 410, note F. Lemaire).

La faute de la victime pourrait exonérer l'administration de sa responsabilité ; tel n'est pas le cas, toutefois, à l'égard d'une personne membre d'une association d'aide aux personnes handicapées, qui aidait bénévolement une pensionnaire d'un centre de gériatrie, et qui a été victime d'un accident en glissant sur le sol du couloir de l'hôpital rendu humide par un nettoyage récent (CE 31 mars 1999, *AJDA* 1999. 528, note R. K.).

La juridiction judiciaire applique les mêmes principes à l'égard des collaborateurs occasionnels du service public de la justice judiciaire (Civ. 23 nov. 1956, *Trésor Public c/ Giry*, *GAJA*, n° 69).

§ 2 La responsabilité à l'égard des victimes de dommages accidentels de travaux publics

Une responsabilité sans faute du fait du risque généré par l'ouvrage ou les travaux n'a été consacrée qu'à l'égard des tiers par rapport à l'ouvrage ou aux travaux publics. Pour les usagers des ouvrages publics, le régime de responsabilité reste en effet fondé sur la faute mais a été aménagé par un système de présomption de faute, de telle sorte que c'est à l'administration qu'il appartiendra de prouver l'absence de tout défaut d'entretien normal de l'ouvrage ou de toute autre faute commise dans l'exécution des travaux (v. ss 937). 955

À l'égard des tiers, à l'inverse, la personne publique ne peut s'exonérer de sa responsabilité en démontrant l'absence de faute. Seule la faute de la victime ou la force majeure seront susceptibles d'atténuer ou de faire disparaître sa responsabilité (CE, sect., 7 nov. 1952, *Grau*, *Lebon* 503 ; CE, sect., 4 oct. 1957, *Beaufils*, *Lebon* 510).

L'usager est celui qui utilise l'ouvrage et en tire bénéfice, sans qu'il soit besoin que l'ouvrage ait fait l'objet d'une adaptation particulière à ses besoins. Il ne perd pas cette qualité du seul fait qu'il n'utilise pas effectivement l'ouvrage au moment de la survenance du dommage (CE 17 janv. 2020, *Sté EDF*, n° 433506) ou que l'utilisation qu'il en fait peut difficilement être regardée comme lui bénéficiant (v. par ex. pour les détenus pour les dommages causés par un défaut d'entretien de l'établissement pénitentiaire : CE 6 juill. 2015, *Min. de la justice*, n° 373267). Par exception, les usagers comme les tiers peuvent bénéficier d'un régime de responsabilité sans faute lorsque l'ouvrage est exceptionnellement dangereux (CE, ass., 6 juill. 1973, *Dalleau*, *Lebon* 482, à propos d'une voie autoroutière dans l'Île de la Réunion exposée en permanence à la chute de pierres). La reconnaissance du caractère exceptionnellement dangereux d'un ouvrage est extrêmement rare (CE, sect., 5 juin 1992, *Épx Cala*, *Lebon* 224 : un tronçon de route exposé à un risque élevé de chutes de pierres n'expose pas les usagers à des risques supérieurs à ceux constatés sur « de nombreuses routes de montagnes »).

§ 3 La responsabilité du fait des dommages causés par les choses et les activités dangereuses

956 Alors que, pour l'indemnisation des dommages causés par l'explosion du cuirassé « Iéna », le Conseil d'État s'était situé dans le cadre d'un régime de responsabilité pour faute (CE 10 mai 1912, *Ambrosini*, *Lebon* 549), l'explosion du cuirassé « Liberté » donna lieu, quelques années plus tard, à l'application d'un régime de responsabilité sans faute (CE 20 mai 1920, *Colas*, *Lebon* 532). Entre-temps, le Conseil d'État avait en effet consacré un principe de responsabilité sans faute lié aux risques que l'administration fait encourir à la population par l'utilisation d'engins dangereux (CE 28 mars 1919, *Regnault-Desroziers*, *GAJA*, n° 33). Cette responsabilité sans faute a été progressivement étendue non seulement aux choses dangereuses (A) mais également à certaines activités que le juge administratif considère comme dangereuses par nature (B).

A. La responsabilité du fait des choses dangereuses

957 La responsabilité du fait des choses dangereuses a été consacrée par l'arrêt précité de 1919 après l'explosion d'un fort militaire situé à proximité des habitations de l'agglomération de Saint-Denis, qui avait provoqué la mort de plusieurs dizaines de personnes, plusieurs immeubles ayant été ravagés par l'explosion. Le Conseil d'État constatait alors que les opérations de manutention d'engins dangereux, « effectuées dans des conditions d'organisation sommaires, sous l'empire des nécessités militaires, comportaient des risques excédant les limites de ceux qui résultent normalement du voisinage » ; de tels risques étaient donc de nature « à engager, indépendamment de toute faute, la responsabilité de l'État » (CE 28 mars 1919, *Regnault-Desroziers*, préc.). Ces principes ont été étendus à l'utilisation d'armes à feu par les agents de l'administration, en particulier au bénéfice des victimes de balles perdues lors d'une opération de police (CE, ass., 24 juin 1949, *Lecomte et Daramy*).

Ce régime de responsabilité sans faute ne bénéficie qu'aux victimes étrangères à l'opération de police. Si le dommage est subi par une personne visée par l'opération, celle-ci pourra cependant engager la responsabilité de l'administration en se bornant à établir une faute simple car le maniement d'armes à feu par les agents de la force publique dispense de devoir prouver une faute lourde (CE, sect., 27 juill. 1951, *Dame Aubergé*, *Lebon* 447).

La Cour de cassation juge par ailleurs que la responsabilité de l'État peut être également engagée sans faute lorsque la personne visée par une opération de police judiciaire blesse un tiers par l'utilisation d'une arme à feu (Civ. 1re, 10 juin 1986, *Consorts Pourcel*, *JCP* 1986. II. 20683).

B. La responsabilité du fait des *activités dangereuses*

La jurisprudence administrative admet, depuis maintenant près d'un demi-siècle, que l'utilisation de méthodes éducatives ou thérapeutiques en « milieu ouvert » puisse ouvrir droit à réparation même sans faute de l'administration, s'il en résulte un dommage causé au voisinage de l'institution éducative ou psychiatrique (CE, sect., 3 févr. 1956, *Thouzellier, Lebon* 49, à propos de la substitution à l'incarcération d'un régime d'« internat surveillé » pour les mineurs délinquants ; CE, sect., 13 juill. 1967, *Dpt de La Moselle, Lebon* 341, à propos du traitement des malades mentaux). Ces dommages sont désormais pris en compte essentiellement dans le cadre de la responsabilité pour garde. 958 ■

La jurisprudence avait aussi étendu le bénéfice du régime de la responsabilité sans faute à certains cas dans lesquels le dommage résulte de l'utilisation d'une méthode thérapeutique susceptible de se révéler dangereuse pour le patient dans des cas exceptionnels, alors que l'état de santé initial du patient ne permettait pas de prévoir le préjudice ainsi subi par le malade (CE, ass., 9 avr. 1993, *Bianchi, Lebon* 127). Le Conseil d'État avait fait, notamment, application de cette jurisprudence dans le cas du décès d'un enfant de cinq ans, survenu à la suite d'une anesthésie générale pratiquée pour les besoins d'une circoncision à caractère religieux alors que l'état de l'enfant ne permettait nullement de prévoir les conséquences dramatiques d'un acte médical relativement banal, présentant un risque dont l'existence est connue mais dont la réalisation est exceptionnelle (CE, sect., 3 nov. 1997, *Hôpital Joseph-Imbert d'Arles, AJDA* 1997. 1016, chron. Girardot ; *ibid.* 959, chron. Raynaud). Les conditions mises à l'indemnisation étaient cependant si strictes, dans la mesure où le risque devait être connu, mais exceptionnel, où le dommage causé devait être « sans rapport avec l'état initial du patient, comme avec l'évolution prévisible de cet état », et devait être enfin d'une extrême gravité, qu'elles étaient en pratique très rarement réunies (F. Thiriez, « La jurisprudence *Bianchi* : symbole ou réalité ? », *Dr. adm.* 2001, nº 9). 959 ■

Selon la même logique, le Conseil d'État avait admis qu'« eu égard [...] aux risques que présente la fourniture de produits sanguins, les centres de transfusion sont responsables, même en l'absence de faute, des conséquences dommageables de la mauvaise qualité des produits fournis » (CE 26 mai 1995, *Consorts N'Guyen, Lebon* 221). La Cour de cassation avait précédemment admis la même solution, pour les centres privés de transfusion sanguine, mais en se fondant sur l'obligation contractuelle de sécurité s'imposant à ces derniers (Civ. 12 avr. 1995, *Consorts Martial, JCP* 1995. II. 22467). Cette solution a été étendue aux dommages causés par la défaillance des produits et appareils de santé (CE 9 juill. 2003, *AP-HP c/ Mme Marzouk*, nº 220437) ou par une prothèse défectueuse (CE, sect., 25 juill. 2013, *Falempin*, nº 339922).

La loi du 4 mars 2002 relative aux droits des malades et à la qualité du système de santé a unifié et simplifié le régime d'indemnisation des victimes d'aléas thérapeutiques. Celle-ci n'intervient donc plus en principe dans le cadre de la responsabilité pour risque mais au titre de la solidarité nationale. Elle est confiée à l'Office national d'indemnisation des accidents médicaux (ONIAM), établissement public administratif qui indemnise aussi les victimes d'infections nosocomiales graves ainsi que, depuis la loi du 9 août 2004, les victimes de contamination par le VIH à la suite d'une transfusion sanguine.

§ 4 La responsabilité pour garde

960 La responsabilité du fait des mineurs placés, en raison des dangers qu'ils pourraient courir dans leur famille biologique, ou des troubles qu'ils peuvent causer à l'ordre public, peut relever, selon l'institution auprès de laquelle ils sont placés, du juge administratif ou du juge judiciaire. Or ce dernier a estimé, au début des années 1990, qu'une institution auprès de laquelle des personnes ont été placées, et dont elle a accepté la charge d'organiser et de contrôler, à titre permanent, le mode de vie, doit, sur le fondement du 1er alinéa de l'art. 1384 du Code civil, assumer, même sans faute, les conséquences dommageables des actes commis par ces personnes (Cass., ass. plén., 29 mars 1991, *Assoc. des centres éducatifs du Limousin et a. c/ Blieck*, *JCPG* 1991. II. 21673 concl. Dontenwille, note Ghestin ; *D.* 1991. 324, note Larroumet).

Après une longue période d'hésitation, le juge administratif a finalement suivi la voie ouverte par le juge judiciaire. Il a ainsi estimé que « la décision par laquelle le juge des enfants confie la garde d'un mineur, dans le cadre d'une mesure d'assistance éducative..., transfère à la personne qui en est chargée la responsabilité d'organiser, diriger et contrôler la vie du mineur ; qu'en raison des pouvoirs dont l'État se trouve ainsi investi lorsque le mineur a été confié à un service ou établissement qui relève de son autorité, sa responsabilité est engagée, même sans faute, pour les dommages causés aux tiers par ce mineur » (CE, sect., 11 févr. 2005, *GIE Axa Courtage*, *Lebon* 45, concl. Devys, *RFDA* 2005. 595, concl. Devys, *AJDA* 2005. 663, chron. Landais et Lenica), abandonnant ainsi, à l'égard des tiers, le principe d'une responsabilité pour faute qui prévalait jusqu'alors (CE 11 avr. 1973, *Dpt de la Marne*, *Lebon* 1105).

Ce principe a été ensuite étendu aux dommages causés par les mineurs délinquants placés par décision de justice au titre de l'ordonnance du 2 février 1945 (CE, sect., 1er févr. 2006, *Garde des Sceaux, min. Justice c/ MAIF*, *RFDA* 2006. 602, concl. M. Guyomar, *AJDA* 2006. 586, chron. C. Landais et F. Lenica), puis à ceux causés par les pupilles de l'État (CE 5 juill. 2006, Caisse régionale assurances mutuelles Somme, *JCP Adm.* 2006, n° 1225, note C. Paillard) ; il pourrait l'être à l'ensemble des dommages trouvant leur origine chez des personnes dont l'administration s'est vu confier la garde, qu'il s'agisse, par exemple, des patients d'hôpital psychiatrique ou des détenus. Pour ces derniers, si le Conseil d'État a exclu le fondement de la garde en cas de dommage résultant du suicide d'un détenu mineur (CE 9 juill. 2007, *Delorme*, *AJDA* 2007. 2094, note H. Arbousset), il ne s'est pas prononcé sur le cas de ceux qui seraient causés par des détenus à des tiers, voire à d'autres détenus.

961 La portée de ce nouveau fondement de la responsabilité sans faute s'est rapidement posée. Il a été, dans un premier temps, précisé que la responsabilité pour garde n'est pas exclusive de la responsabilité pour risque anormal et spécial. Il est donc possible de cumuler les deux régimes de responsabilité, en mettant en cause d'une part la responsabilité de la personne, publique ou privée, du fait de la garde qui lui est confiée sur un mineur placé, d'autre part la responsabilité de l'État en raison du risque spécial créé pour les tiers du fait de la mise en œuvre d'une des mesures de liberté surveillée prévues par l'ordonnance du 2 février 1945 (CE 1er févr. 2006, *Garde des Sceaux, Min. de la justice c/ MAIF*, *RFDA* 2006. 602, concl. Guyomar, *AJDA* 2006. 586, chron. C. Landais et F. Lenica). Les victimes de dommages causés par des mineurs placés pourront donc engager la responsabilité de l'établissement auquel la garde a été confiée, qui devra réparer l'intégralité du préjudice ; mais cet

établissement pourra ensuite se retourner contre l'État, sur le fondement de la responsabilité pour risque spécial (CE 17 mars 2010, *Garde des Sceaux, Min. de la justice c/ MAIF*, *AJDA* 2010. 1209, concl. C. Roger-Lacan).

L'acception, plus large devant le juge administratif, de la notion de garde devrait cependant faire prévaloir ce régime de responsabilité. Le Conseil d'État a en effet estimé que la responsabilité sans faute de l'État à raison des agissements d'un mineur placé auprès d'un service ou établissement relevant de l'État est engagée « alors même que ce mineur ne se trouvait pas, au moment des faits, sous la surveillance effective de ce service ou de cet établissement » (CE 17 déc. 2008, *Garde des Sceaux c/ Lauze*, *AJDA* 2009. 661, concl. I. de Silva).

L'extension la plus importante concerne les personnes susceptibles d'invoquer la mise en cause de la responsabilité pour garde. Alors que la responsabilité pour risque spécial ne pouvait être mise en cause qu'à l'égard des tiers, celle qui trouve son fondement sur la garde permet désormais l'indemnisation des usagers eux-mêmes, sans par conséquent qu'il leur soit nécessaire de prouver l'existence d'une faute. C'est (CE 13 nov. 2009, *Garde des Sceaux, min. Justice c/ Assoc. tutélaire des inadaptés*, *JCP Adm.* 2010, n° 2033, concl. I. de Silva, note N. Albert, *JCP* 2010. 32, note A. Van Lang). Les dommages causés, au sein de l'établissement ou à l'extérieur de celui-ci, par un mineur placé à un autre mineur placé dans le même établissement, sont donc susceptibles d'être indemnisés sur le fondement de la garde. Cette évolution permet d'unifier le régime de la responsabilité pour garde, le juge judiciaire acceptant en effet traditionnellement une telle indemnisation de l'usager (Civ. 2e, 20 janv. 2000, *Topique*, *D.* 2000. 571, note Huyette).

section 2

La responsabilité pour rupture de l'égalité devant les charges publiques

Certains régimes de responsabilité sans faute ne peuvent se rattacher à l'idée de risque. Leur fondement tient plutôt en la nécessité de réparer les dommages de caractère spécial et grave (le terme « grave » a remplacé celui d'« anormal » depuis une décision du 1er févr. 2012, *M. Bizouerne e.a.*, n° 347205) manifestant une *rupture de l'égalité*[Q] devant les charges publiques. Tel est le cas de la responsabilité susceptible d'être reconnue, dans des hypothèses exceptionnelles, du fait de lois ou de conventions internationales (§ 1) ou, de façon moins rare, du fait de décisions administratives régulières (§ 2). Il est également possible d'expliquer ainsi les particularités du régime de la responsabilité pour dommages permanents de travaux publics (§ 3). 962

§ 1 La responsabilité du fait des lois et des conventions internationales

La possibilité d'engager la responsabilité de l'État du fait des lois a d'abord été consacrée en 1938 dans des circonstances extrêmement spécifiques. En effet, une loi 963 relative à la protection des produits laitiers interdisait la fabrication et le commerce des produits destinés aux mêmes usages que la crème et ne provenant pas exclusivement du lait, ce qui obligeait la société des produits laitiers « La Fleurette » à cesser son activité, alors qu'il apparaissait qu'elle était la seule touchée par cette mesure. Le Conseil d'État a observé que « rien, ni dans le texte même de la loi ou dans ses travaux préparatoires, ni dans l'ensemble des circonstances de l'affaire, ne permet de penser que le législateur a entendu faire supporter à l'intéressée une charge qui ne lui incombe pas normalement ; que cette charge, créée dans un intérêt général, doit être supportée par la collectivité » (CE, ass., 14 janv. 1938, *Sté anonyme des produits laitiers « La Fleurette », GAJA*, n° 47).

■ 964 La responsabilité du fait des lois n'avait été engagée en pratique, depuis l'arrêt *La Fleurette* et jusque récemment, que dans des cas exceptionnels du fait de ses conditions extrêmement restrictives. Certes en 1944, dans des circonstances similaires à celles qui ont donné lieu à l'arrêt *La Fleurette*, le Conseil d'État avait jugé que la responsabilité de l'État était engagée du fait d'une loi interdisant, pour protéger le marché du houblon, l'utilisation du glucose de brasserie alors que la société requérante était la seule entreprise spécialisée dans la fabrication de ce produit (CE 21 janv. 1944, *Sté Caucheteux et Desmonts*, *Lebon* 22). Une ordonnance interdisant l'expulsion des familles des militaires servant en Algérie était apparue également causer un préjudice spécial et anormal aux propriétaires des logements concernés (CE, sect., 25 janv. 1963, *Bovero*, *Lebon* 53).

Dans tous les autres cas où des requérants avaient cru pouvoir invoquer cette jurisprudence pour obtenir réparation de leur préjudice, leur demande avait été rejetée soit parce que la loi était interprétée comme excluant toute indemnisation, soit parce que leur préjudice n'était pas apparu revêtir un caractère certain, ou bien suffisamment spécial ou anormal pour pouvoir être effectivement indemnisé.

■ 965 Alors qu'il a longtemps été jugé que, dès lors qu'une loi avait été prise dans un intérêt économique et social d'ordre général, elle était présumée avoir entendu exclure toute indemnisation, la jurisprudence a récemment évolué. La Cour européenne des droits de l'homme n'admet en effet l'absence d'indemnisation que s'il est établi que celle-ci traduit un juste équilibre entre, d'une part, les exigences du droit à la protection des biens garanti par l'article 1er du premier protocole additionnel à la Convention européenne des droits de l'homme, d'autre part, les objectifs d'intérêt général poursuivis par la loi. En outre l'article 13 de la Déclaration des droits de l'homme et du citoyen, posant le principe de l'égalité devant les charges publiques, est aujourd'hui interprété par le Conseil constitutionnel comme imposant au législateur de prévoir l'indemnisation des personnes auxquelles des charges particulières sont imposées même à des fins d'intérêt général (Cons. const. 13 déc. 1985, n° 85-198 DC ; Cons. const. 10 janv. 2001, n° 2000-440 DC). Aussi même dans le cas d'une loi ne prévoyant pas une telle indemnisation, à supposer qu'elle ait pu être promulguée sans avoir fait l'objet d'un examen par le Conseil constitutionnel, le juge administratif devrait, à tout le moins, ne pas présumer que le législateur a entendu exclure toute indemnisation dans le silence du texte.

Ces éléments ont sans doute contribué à faire évoluer la jurisprudence administrative récente. Le Conseil d'État a admis que le silence de la loi du 10 juillet 1976 relative à la protection de la nature ne pouvait être interprété comme faisant obstacle à ce que soient réparés les dommages causés par des espèces d'animaux protégés (CE, sect., 30 juill. 2003, *Assoc. pour le développement de l'aquaculture en région Centre*, *RFDA* 2004. 144, concl. Lamy). Le Conseil d'État a poursuivi cette évolution en abandonnant la condition tenant à la volonté, même implicite, du législateur, identifiée à partir de l'objet de la loi, et ne conservant que celle tirée du caractère anormal du dommage, comme l'y invitait son commissaire du gouvernement (CE 2 nov. 2005, *Coopérative agricole Ax'ion*, *RFDA* 2006. 349, concl. M. Guyomar, note C. Guettier). Cet assouplissement des conditions d'engagement de la responsabilité de l'État du fait des lois, découlant de l'interprétation favorable aux victimes du silence du législateur est, indirectement, un moyen pour le juge de préserver la conventionnalité de la loi, lorsque ses effets sur la situation des intéressés sont contestés au regard de la Convention européenne des droits de l'Homme, et notamment du droit de propriété (v. par ex., CE 8 avr. 2021, *Sté Bouygues Telecom e. a.*, n° 442120). L'assouplissement est cependant tempéré par un durcissement des modalités d'indemnisation de la victime. Le juge considère désormais que la victime ne peut être indemnisée que de la seule part de son préjudice grave et spécial excédant l'aléa normal inhérent à sa situation (CE 1er févr. 2012, *Bizouerne*, n° 347205 et 347446). Il a également confirmé que cette responsabilité de l'État du fait de son activité législative ne peut être engagée que par le juge administratif (T. confl. 31 mars 2008, *Sté Boiron c/ Direction générale des douanes et droits indirects*, *RJEP* 2008, comm. 37, obs. M. Collet).

Il reste que le préjudice ne peut être réparé que s'il est spécial, ce qui est rarement le cas car les conséquences d'une disposition législative concernent souvent des personnes non spécifiquement identifiables, et s'il est anormalement grave. 966 ■

C'est ainsi qu'une loi du 11 décembre 1993 étant intervenue pour valider le contrat de construction relatif à la réalisation du Grand Stade à Saint-Denis, elle a précisé que cette validation législative était opérée « sans préjudice des droits éventuels à indemnisation des tiers » ; mais il a été jugé que si la responsabilité de l'État pouvait, en vertu de cette disposition, être « en principe susceptible d'être engagée à l'égard des architectes qui [...] ont été privés, par l'effet des dispositions de la loi, des possibilités d'accès à l'octroi de la concession », une indemnisation ne pouvait, cependant, être obtenue sur le fondement du principe de l'égalité des citoyens devant les charges publiques qu'à la condition qu'il soit prouvé que le requérant avait « une chance suffisamment sérieuse d'obtenir la concession », preuve qui n'a pu être rapportée en l'espèce (CAA Paris, 4 déc. 1997, M. *Sarfati*, *AJDA* 1998. 254, concl. Lambert).

Cette responsabilité peut être engagée dans les mêmes conditions du fait des conventions internationales (CE, ass., 30 mars 1966, *Compagnie générale d'énergie radio-électrique*, *GAJA*, n° 77). La responsabilité de l'État du fait des conventions internationales n'a été à ce jour admise que trois fois. Elle a pu être mise en jeu d'abord dans le cas où un propriétaire n'avait pas pu obtenir l'expulsion d'un diplomate mauvais payeur, du fait d'un accord de siège entre la France et une organisation internationale (CE, sect., 29 oct. 1976, *Dame Burgat*, *Lebon* 452, *RD publ.* 1977. 213, concl. Massot). L'État a plus récemment été condamné à verser une indemnité d'un montant équivalent aux indemnités de licenciement dont des membres du personnel de la Compagnie Air Afrique, résidant en France, avaient été privés par des accords internationaux passés entre la France et la Côte d'Ivoire (CE 29 déc. 2004, *M. Almayrac*, *AJDA* 2005. 427, chron. Landais et Lenica) ; enfin, il a été 967 ■

condamné à indemniser l'employée d'un diplomate, en raison des conventions internationales, régulièrement ratifiées, accordant à ce dernier une immunité diplomatique (CE 11 févr. 2011, *Mlle Susilawati*, *RFDA* 2011. 573, concl. C. Roger-Lacan ; *Dr. adm.* 2011, n° 42, note F. Melleray). Dans le prolongement de cette jurisprudence, le juge administratif a admis l'engagement de la responsabilité de l'État du fait de l'application d'une règle coutumière internationale (CE, sect., 14 oct. 2011, *Om Hashem Saleh*, n° 329788). En l'espèce, la responsabilité de l'État est mise en cause du fait de l'immunité d'exécution dont bénéficient les États étrangers pour les actes qu'ils accomplissent à l'étranger. Cette immunité, qui résulte d'une coutume internationale que n'écarte pas la loi française, fait obstacle à l'exécution d'une décision de justice condamnant un État étranger. Le préjudice grave et spécial qui en découle pour le plaignant devra être réparé par l'État sur le fondement de la rupture de l'égalité devant les charges publiques.

■ 968 En revanche il est jugé que « ni les actes pris par les organes de la Communauté européenne ni les actes par lesquels les autorités nationales se bornent, sans disposer d'aucun pouvoir d'appréciation, à en assurer la mise en œuvre ne sont, en tout état de cause, de nature à engager la responsabilité sans faute de l'État », à supposer même qu'il en résulte un préjudice pouvant être considéré comme anormalement grave et spécial (CE, sect., 12 mai 2004, *Sté Gillot*, *RFDA* 2004. 1021, concl. Séners).

■ 969 Consacrant par là même un régime juridique atypique, empruntant tant à la responsabilité pour faute que sans faute, le Conseil d'État a jugé qu'il incombait à l'État de réparer l'ensemble des préjudices qui résultent de l'intervention d'une loi adoptée en méconnaissance des engagements internationaux de la France (CE, ass., 8 févr. 2007, *Gardedieu*, n° 279522). Cette solution, rendue dans le cadre de la violation de la Conv. EDH et applicable à l'ensemble des règles internationales, entretient cependant un lien étroit avec le droit de l'Union européenne dont elle satisfait les exigences (CJCE 5 mars 1996, *Brasserie du pêcheur et Factortame*, aff. C-46/93 et C-48/93, Rec. p. I-1029). Ce lien est d'ailleurs mis en évidence par l'admission originale de la responsabilité de l'État dans l'hypothèse de la méconnaissance par le législateur d'un principe général du droit de l'Union européenne (CE 23 juill. 2014, *Société d'éditions et de protection route*, n° 354365).

■ 970 Cette solution a pu, par la suite, inspirer le régime de responsabilité du fait des lois contraires à la Constitution dégagé par le Conseil d'État dans l'importante décision *Sté hôtelière Paris Eiffel Suffren* (CE, ass., 24 déc. 2019, n° 425983). Délaissant formellement la notion de faute pour se fonder exclusivement sur les « exigences inhérentes à la hiérarchie des normes », le Conseil d'État juge que la responsabilité de l'État du fait des lois est susceptible d'être engagée pour réparer l'ensemble des préjudices qui résultent de l'application d'une loi méconnaissant la Constitution. Cette méconnaissance doit avoir été constatée par le Conseil constitutionnel, notamment dans le cadre de la question prioritaire de constitutionnalité. En outre, le juge constitutionnel ne doit pas avoir entendu, par sa décision, exclure cette responsabilité et l'indemnisation des victimes. Le Conseil d'État s'inspire sur ce point de la solution dégagée dans le cadre de la jurisprudence *Coopérative agricole Ax'ion* (préc.). Tout comme le silence de la loi ne fait pas obstacle à l'engagement de la responsabilité sans faute de l'État et à la possibilité d'une indemnisation, la circonstance que la décision du Conseil constitutionnel n'exclut pas directement une action indemnitaire dirigée contre l'État doit être regardée comme ouvrant la possibilité d'une mise en œuvre de ce nouveau régime de responsabilité.

§ 2 La responsabilité du fait des actes administratifs réguliers

Dès lors que la possibilité d'une responsabilité de l'État a été admise quand une loi rompt l'égalité devant les charges publiques et crée un préjudice spécial et d'une particulière gravité, la même logique doit conduire *a fortiori* à reconnaître la possibilité d'une indemnisation par l'État lorsqu'un acte réglementaire crée, de la même façon, un préjudice spécial et anormalement grave. 971 ■

Il résulte de ces conditions que la responsabilité de l'État est rarement admise du fait d'un acte administratif réglementaire. Elles ne sont pas remplies notamment lorsque l'objet même de la réglementation est de soumettre à un contrôle de l'État, dans l'intérêt général, l'exercice d'une activité professionnelle (CE 29 mai 1985, *Sté « Trans-Union »*, *Lebon* 162). Le Conseil d'État juge aussi, traditionnellement, qu'en l'absence de dispositions législatives expresses contraires, l'édiction d'une norme dans un objectif de protection de la santé publique ne peut engager la responsabilité sans faute de l'État (CE 20 oct. 2014, *Société Sopropêche*, n° 361686). Dans une logique de précaution, il s'agit d'éviter que le risque d'engagement de la responsabilité sans faute de l'autorité administrative interfère avec l'adoption de mesures nécessaires à la protection des administrés. Les décisions réglementaires ouvrant droit à réparation sur le fondement du principe de l'égalité devant les charges publiques sont, pour l'essentiel, les mesures de police légales qui, du fait de leur application, entraînent pour des particuliers un préjudice anormal, grave et spécial, telles que la réglementation de la circulation sur les voies publiques (par ex. CE 4 oct. 2010, *Cne de Saint-Sylvain d'Anjou*, *RJEP* 2011, comm. 15, concl. C. de Salins). 972 ■

Ce régime de responsabilité sans faute concerne, en pratique, essentiellement des préjudices provoqués par l'intervention d'un acte administratif non réglementaire. 973 ■

Le cas le plus général concerne les refus opposés à certains propriétaires d'apporter le concours de la force publique pour l'exécution des ordonnances d'expulsion qu'ils ont pu obtenir. Il est en effet jugé que l'autorité compétente peut légalement refuser d'apporter le concours de la force publique à l'exécution d'une telle décision de justice s'il apparaît, du fait des circonstances, que cette intervention risque de créer des troubles à l'ordre public supérieurs à ceux qui résultent de la non-exécution de cette décision de justice. Dans la mesure où ce refus prolongé peut cependant causer un préjudice au propriétaire d'un appartement qu'il ne peut, de ce fait, pas occuper lui-même ou au propriétaire d'une entreprise dont les locaux sont illégalement occupés depuis plusieurs mois, un droit à réparation pourra être ouvert à ces derniers s'ils démontrent que leur préjudice revêt un caractère anormal et spécial (CE 30 nov. 1923, *Couitéas*, *D.* 1923. III. 59, concl. Rivet ; *GAJA*, n° 38 ; CE, ass., 3 juin 1938, *Sté Cartonnerie Saint-Charles*, *Lebon* 529).

Ce régime de responsabilité est également applicable lorsque l'inexécution d'une décision de justice est le fait d'une collectivité territoriale. Le préfet a, conformément à l'article L. 911-6 du Code de justice administrative, la possibilité de se substituer à la collectivité défaillante, en procédant éventuellement à la vente de biens appartenant à la collectivité. Dans l'hypothèse où, eu égard à la situation de la collectivité, le préfet refuse légalement de prendre les mesures nécessaires à l'exécution de la décision de justice, le préjudice qui en résulte engage la responsabilité de l'administration s'il revêt un caractère anormal et spécial (CE, sect., 18 nov. 2005, *Sté fermière de Campoloro et a.*, *RFDA* 2006. 341, note P. Bon).

■ 974 Un autre exemple concerne les conséquences d'une décision administrative régulière prise à la suite de graves incidents survenus dans le quartier des Minguettes à Vénissieux. L'office public d'HLM de la communauté urbaine de Lyon avait en effet décidé la fermeture de dix tours d'habitation situées dans ce quartier. Or, ces tours hébergeaient plus de deux cents familles qui constituaient l'essentiel de la clientèle d'une officine pharmaceutique, ce qui a entraîné la fermeture de celle-ci. Il a été jugé que le propriétaire de la pharmacie a subi un préjudice spécial qui « a présenté une gravité telle que la décision de fermeture des [...] tours doit être regardée comme lui ayant imposé, dans l'intérêt général, une charge ne lui incombant pas normalement ». L'office public d'HLM a été condamné à réparer le préjudice ainsi subi (CE, sect., 31 mars 1995, *M. Lavaud*, *AJDA* 1995. 422, chron. Touvet et Stahl, p. 384).

■ 975 Il a aussi été jugé qu'en renonçant à la réalisation du projet de liaison fluviale à grand gabarit entre la Saône et le Rhin, l'État n'a certes commis aucune faute à l'égard d'une commune qui avait contribué à financer certains travaux, mais que, dès lors que celle-ci n'avait procédé à ce financement que dans la perspective de la réalisation de l'ensemble du projet de liaison fluviale, elle avait subi un préjudice présentant un caractère spécial et qui, en raison de sa gravité, ne saurait être regardé comme une charge lui incombant normalement. Dès lors, la commune est « fondée à soutenir que, dans les circonstances où il est intervenu, l'abandon du projet Saône-Rhin est de nature à engager à son égard la responsabilité sans faute de l'État » (CE 15 nov. 2000, *Cne de Morschwiller-le-Bas*, *CJEG* 2001. 118, concl. A. Seban). À l'image de la responsabilité du fait des lois, le régime de responsabilité du fait des actes administratifs réguliers est marqué par un durcissement contemporain des conditions d'indemnisation du préjudice. Le juge ne répare que la part du dommage excédant les aléas normaux découlant de la situation de la victime (le Conseil d'État a, par exemple, pu estimer cette part à trente pour cent du préjudice global subi par la victime : CE 9 mai 2012, *Sté Godet*, n° 335613).

§ 3 La responsabilité pour dommages permanents de travaux publics

■ 976 Les dommages envisagés ici ne sont pas liés à la survenance d'un accident mais résultent de l'existence même d'un ouvrage public ou de l'exécution de travaux publics. Il peut s'agir de nuisances provoquées par le bruit du trafic sur une autoroute surplombant de deux mètres une propriété (CE 5 nov. 1982, *Sté des autoroutes du Sud de la France*, *Lebon* 767) ou de la fermeture d'un garage liée à la transformation de la rue en voie piétonnière (CE 16 oct. 1992, *SA Garage de Garches*, *Lebon* 1303).

La distinction entre les dommages permanents de travaux publics et les dommages accidentels mentionnés plus haut n'est pas toujours aisée, et la jurisprudence récente du juge administratif témoigne d'une approche subtile et casuistique de la question. Doivent être qualifiés de permanents les dommages qui sont inhérents à la réalisation des travaux ou qui sont liés à l'existence même de l'ouvrage public, à son fonctionnement ou à son entretien normal (CE 10 avr. 2019, *Cie nationale du Rhône*, nº 411961). Ainsi, lorsque les dommages sont causés à l'occasion d'opérations relevant du fonctionnement ordinaire d'un ouvrage, il appartient au juge de vérifier les conditions d'exécution de ces opérations. Si celles-ci ont été menées normalement, il s'agira de dommages permanents de travaux publics, exigeant la présence d'un préjudice grave et spécial. Au contraire, si les conditions d'exécution de ces opérations se révèlent inhabituelles, les dommages causés devront être qualifiés d'accidentels. Au cas d'espèce, le Conseil d'État a estimé que les dommages causés par les opérations de chasse pratiquées par l'exploitant d'un barrage, pourtant inhérentes au fonctionnement d'un ouvrage hydraulique, devaient être regardés comme accidentels compte tenu de l'ancienneté de la précédente chasse et du débit du fleuve insuffisant au moment de leur réalisation. Dès lors que le préjudice, par son caractère tout à la fois grave et spécial, excède celui qu'est exposé à subir, dans l'intérêt général, tout riverain, celui-ci pourra être réparé sans qu'il soit nécessaire qu'une faute soit démontrée. L'administration ne pourra donc pas échapper à la responsabilité en prouvant qu'elle n'a commis aucune faute.

Les cas d'application de ce régime de responsabilité sans faute sont, quant à eux, très **977**
fréquents.

Cependant, si l'ouvrage public existait antérieurement à l'installation dans les lieux du requérant, celui-ci ne pourra obtenir réparation du préjudice résultant de nuisances auxquelles il s'est lui-même exposé, sauf si les conditions de son exploitation ont changé.

Les dommages permanents peuvent également résulter de l'absence de travaux réalisés par la personne publique sur l'ouvrage dont elle a la responsabilité. Écartant le fondement d'une contrariété entre la loi française et une directive imposant aux employeurs des aménagements raisonnables d'accès pour les personnes handicapées, le Conseil d'État a en effet estimé que le préjudice résultant de l'inadéquation des locaux judiciaires au handicap d'une avocate engage la responsabilité sans faute de l'État s'il présente un caractère grave et spécial dont la charge excède celle qu'il incombe normalement à tout administré de supporter (CE, ass., 22 oct. 2010, *Mme Bleitrach*, *RFDA* 2011. 141, concl. Roger-Lacan, *AJDA* 2010. 2207, chron. D. Botteghi et A. Lallet, *RDSS* 2011. 151, note H. Rihal).

Compléments pédagogiques

Quid

■ Activité dangereuse n° 958

Le recours par l'administration à une méthode dangereuse est susceptible d'engager même en l'absence de toute faute sa responsabilité à cause du risque qu'elle a fait courir aux administrés. Dégagée à l'origine à propos des mesures de rééducation en milieu ouvert, la notion de méthode dangereuse s'applique également, en matière hospitalière, aux thérapeutiques nouvelles.

■ Collaborateur occasionnel du service public n° 954

Est un collaborateur occasionnel du service public la personne qui apporte volontairement une collaboration effective à une activité de service public lorsqu'elle y a été conviée par l'administration, ou bien lorsque la défaillance de l'autorité publique l'a placée dans l'obligation d'intervenir pour accomplir une mission qui aurait normalement incombé à cette autorité. Si les dommages qui sont causés par le collaborateur du service suivent les règles habituelles de responsabilité du service auquel il a collaboré, les dommages qui lui ont été causés sont indemnisés selon le régime de la responsabilité pour risque.

■ Rupture de l'égalité n°s 962 s.

Le principe d'égalité des citoyens devant la loi, explicité à l'article 6 de la Déclaration des droits de l'homme de 1789, doit être apprécié par rapport à son caractère impersonnel et général. Mais il arrive que les effets d'un acte conforme au principe de légalité concernent plus spécifiquement une catégorie d'individus, notamment lorsque l'activité qu'ils exerçaient avant l'intervention de cet acte voit ses conditions de réalisation profondément modifiées. La rupture de l'égalité résultant de cette norme qui n'est pas pour autant illégale entraîne la responsabilité sans faute de l'administration.

■ Responsabilité pour risque n°s 952 s.

L'administration est responsable, même en l'absence de faute de sa part, des risques qu'elle fait courir aux individus. L'idée qui préside à la construction d'un tel régime est que le risque est assumé par l'administration, qui doit donc en supporter les conséquences.

Documents

CE 21 juin 1895, *Cames* (*GAJA*, n° 6)

Considérant qu'il résulte de l'instruction et qu'il n'est pas contesté qu'aucune faute ne peut être reprochée au sieur Cames, et que l'accident n'est imputable ni à la négligence, ni à l'imprudence de cet ouvrier ; que, dans les circonstances où l'accident s'est produit, le ministre de la guerre n'est pas fondé à soutenir que l'État n'a encouru aucune responsabilité, et qu'il en sera fait une exacte appréciation en fixant l'indemnité due au sieur Cames à 600 F de rente viagère, dont les arrérages courront à dater du 12 décembre 1893, date à laquelle il a cessé de recevoir son salaire quotidien.

⇨ *Principe de la responsabilité sans faute.*

Civ., 23 novembre 1956, *Trésor Public c/ Giry* (*GAJA*, n° 69)

Attendu qu'il résulte de l'arrêt attaqué que les époux Duhamel, hôteliers, ont été découverts, dans leur chambre, asphyxiés par une émanation de gaz, qui incommoda deux de leurs clients occupant une pièce voisine ; que le commissaire de police se transporta sur les lieux, accompagné du docteur Giry ; qu'une explosion, dont la cause est demeurée inconnue, détruisit l'immeuble et que le docteur Giry fut blessé, ainsi que plusieurs autres personnes [...] ;
Attendu qu'il ressort de l'arrêt attaqué qu'à l'instant où il fut blessé, le docteur Giry, requis par le représentant d'un service public, était devenu le collaborateur occasionnel de ce service ;
Attendu que la victime d'un dommage subi dans de telles conditions n'a pas à le supporter ; que la réparation de ce dommage – toute recherche d'une faute étant exclue – incombe à la collectivité dans l'intérêt de laquelle le service intéressé a fonctionné.

⇨ *Responsabilité pour risque à l'égard des collaborateurs occasionnels du service public.*

CE 28 mars 1919, Regnault-Desroziers (*GAJA*, n° 33)

Considérant qu'il résulte de l'instruction que, dès l'année 1915, l'autorité militaire avait accumulé une grande quantité de grenades dans les casemates du Fort de la Double-Couronne, situé à proximité des habitations d'une agglomération importante ; qu'elle procédait, en outre, constamment à la manutention de ces engins dangereux, en vue d'alimenter rapidement les armées en campagne ; que ces opérations effectuées dans des conditions d'organisation sommaires, sous l'empire des nécessités militaires, comportaient des risques excédant les limites de ceux qui résultent normalement du voisinage, et que de tels risques étaient de nature, en cas d'accident survenu en dehors de tout fait de guerre, à engager, indépendamment de toute faute, la responsabilité de l'État.

⇨ *Responsabilité pour risque du fait de l'utilisation des engins dangereux.*

CE, ass., 24 juin 1949, *Consorts Lecomte*

Considérant que si, en principe, le service de police ne peut être tenu pour responsable que des dommages imputables à une faute lourde commise par ses agents dans l'exercice de leurs fonctions, la responsabilité de la puissance publique se trouve engagée même en l'absence d'une telle faute dans le cas où le personnel de la police fait usage d'armes ou d'engins comportant des risques exceptionnels pour les personnes et les biens et où les dommages subis dans de telles circonstances excèdent, par leur gravité, les charges qui doivent normalement être supportées par les particuliers en contrepartie des avantages résultant de l'existence de ce service public.

⇨ *Extension du régime de responsabilité pour risque au maniement des armes à feu par les agents publics.*

CE 9 avril 1993, *Bianchi*
(*Lebon* 127, concl. S. Daël ; *RFDA* 1993. 573)

Considérant que lorsqu'un acte médical nécessaire au diagnostic ou au traitement du malade présente un risque dont l'existence est connue mais dont la réalisation est exceptionnelle et dont aucune raison ne permet de penser que le patient y soit particulièrement exposé, la responsabilité du service hospitalier est engagée si l'exécution de cet acte est la cause directe de dommages sans rapport avec l'état initial du patient comme avec l'évolution prévisible de cet état, et présentant un caractère d'extrême gravité.

⇨ *Extension du régime de responsabilité pour risque du fait des activités dangereuses au recours à des méthodes thérapeutiques susceptibles d'être dangereuses pour les patients.*

CE, ass., 8 février 2007, *Gardedieu*
(*RFDA* 2007. 361, concl. Derepas)

Considérant que la responsabilité de l'État du fait des lois est susceptible d'être engagée, d'une part, sur le fondement de l'égalité des citoyens devant les charges publiques, pour assurer la réparation de préjudices nés de l'adoption d'une loi à la condition que cette loi n'ait pas entendu exclure toute indemnisation et que le préjudice dont il est demandé réparation, revêtant un caractère grave et spécial, ne puisse, dès lors, être regardé comme une charge incombant normalement aux intéressés, d'autre part, en raison des obligations qui sont les siennes pour assurer le respect des conventions internationales par les autorités publiques, pour réparer l'ensemble des préjudices qui résultent de l'intervention d'une loi adoptée en méconnaissance des engagements internationaux de la France ; [...]

⇨ *Responsabilité du fait des lois et des conventions internationales.*

CE, ass., 30 mars 1966, *Compagnie Générale d'Énergie radioélectrique*
(*GAJA*, n° 77)

Considérant que la responsabilité de l'État est susceptible d'être engagée, sur le fondement de l'égalité des citoyens devant les charges publiques, pour assurer la réparation de préjudices nés de conventions conclues par la France avec d'autres États et incorporées régulièrement dans l'ordre juridique interne, à la condition d'une part que ni la convention elle-même ni la loi qui en a éventuellement autorisé la ratification ne puissent être interprétées comme ayant entendu exclure toute indemnisation et d'autre part que le préjudice dont il est demandé réparation soit d'une gravité suffisante et présente un caractère spécial.

⇨ *Responsabilité sans faute du fait des conventions internationales.*

CE 30 novembre 1923, *Couitéas* (*GAJA*, n° 38)

Considérant que le justiciable nanti d'une sentence judiciaire dûment revêtue de la formule exécutoire est en droit de compter sur la force publique pour l'exécution du titre qui lui a été ainsi délivré ; que si, comme il a été dit ci-dessus, le gouvernement a le devoir d'apprécier les conditions de cette exécution et de refuser le concours de la force armée, tant qu'il estime qu'il y a danger pour l'ordre et la sécurité, le préjudice qui résulte de ce refus ne saurait, s'il excède une certaine durée, être une charge incombant normalement à l'intéressé, et qu'il appartient au juge de déterminer la limite à partir de laquelle il doit être supporté par la collectivité.

⇨ *Responsabilité pour rupture de l'égalité devant les charges publiques du fait du refus du concours de la force publique.*

CE, sect., 11 février 2005, *GIE Axa Courtage* (*Lebon* 45)

Considérant que la décision par laquelle le juge des enfants confie la garde d'un mineur, dans le cadre d'une mesure d'assistance éducative prise en vertu des articles 375 et suivants du Code civil, à l'une des personnes mentionnées à l'article 375-3 du même code, transfère à la personne qui en est chargée la responsabilité d'organiser, diriger et contrôler la vie du mineur ; qu'en raison des pouvoirs dont l'État se trouve ainsi investi lorsque le mineur a été confié à un service ou établissement qui relève de son autorité, sa responsabilité est engagée, même sans faute, pour les dommages causés aux tiers par ce mineur.

⇨ *Responsabilité pour garde.*

Biblio

- P. Amselek, « La responsabilité sans faute des personnes publiques d'après la jurisprudence administrative », in *Mélanges Ch. Eisenmann*, Cujas, 1975, p. 233.
- J.-B. Auby, « Le droit administratif dans la société du risque », *EDCE* 2005. 351.
- D. de Béchillon, « Genèse et structure de la responsabilité sans faute de l'État en droit administratif français », *in* T. Kirat (dir.), *Les mondes du droit de la responsabilité : regards sur le droit en action*, LGDJ, coll. « Droit et Société », 2003, p. 24.
- C. Broyelle, *La responsabilité de l'État du fait des lois*, LGDJ, 2003.
- J.-M. Cotteret, « Le régime de la responsabilité pour risques en droit administratif », in *Études de droit public*, Cujas, 1964, p. 377.
- P. Delvolvé, *Le principe d'égalité devant les charges publiques*, LGDJ, 1969.
- F. Ewald, « L'État de précaution », *EDCE* 2005. 359.
- C. Guettier, « Du droit de la responsabilité administrative dans ses rapports avec la notion de risque », *AJDA* 2005. 1499.
- F. Melleray, « Les arrêts " *Gie axa courtage* " et " *Gardedieu* " remettent-ils en cause les cadres traditionnels de la responsabilité des personnes publiques ? », in *Mélanges Y, Jégouzo*, Dalloz, 2009, p. 489.
- D. Philipp, « De la responsabilité à la solidarité des personnes publiques », *RD publ.* 1999. 593.
- « Responsabilité et socialisation du risque », *EDCE* 2005. 205-347.

Quiz

1) Sujet corrigé

Cas pratique

Énoncé

Les services d'incendie et de secours

1. La commune de Vidauban (Var) a été, au second semestre 2012, fortement éprouvée par des incendies d'une grande ampleur qui ont dévasté une partie des forêts recouvrant le massif des Maures, entraînant la destruction de l'un des hameaux de la commune. Suite à ces événements, le maire de Vidauban a vivement mis en cause le service départemental d'incendie basé à la sous-préfecture de Draguignan, qui, alors que les deux communes ne sont éloignées que d'une vingtaine de kilomètres, n'est parvenu sur le lieu de l'incendie qu'une heure et demie après avoir été prévenu du sinistre. Le directeur départemental du service d'incendie et de secours invoque pour sa défense que le très fort mistral qui soufflait au moment de l'incendie aurait de toute façon attisé le feu trop rapidement pour que l'intervention de ses services soit véritablement efficace. Mais ce retard a eu une autre conséquence : certains habitants de la commune de Vidauban, n'écoutant que leur courage, ont commencé, sous la responsabilité d'un adjoint municipal, à lutter par leurs propres moyens contre l'incendie. L'un d'entre eux, M. Cotignac, a été gravement brûlé dans l'opération.

M. Cotignac peut-il être indemnisé de ses blessures ?

2. Compte tenu de l'ampleur des dégâts occasionnés, le préfet a pris un arrêté constatant l'état de catastrophe naturelle, ce qui a permis une indemnisation des propriétaires dont les maisons ont brûlé. Mécontent de l'indemnité de 100 000 euros qui lui a été octroyée pour la destruction par le feu du mas dont il venait d'achever la restauration sur sa propriété de 2 ha, M. Senez décide d'intenter une action en responsabilité contre le service départemental d'incendie devant le tribunal administratif de Nice.

Le Tribunal peut-il condamner le service d'incendie ? Sur quel fondement ?

Voir le corrigé en fin de rubrique.

2) Corrigé

Cas pratique

La loi du 3 mai 1996 relative aux services d'incendie et de secours, codifiée aux articles L. 1424-1 et suivants du Code général des collectivités territoriales et modifiée de façon importante par la loi relative à la démocratie de proximité du 27 février 2002, a procédé à la réorganisation des services d'incendie, transférant la responsabilité opérationnelle des services d'incendie et de secours à un établissement public départemental, le service départemental d'incendie et de secours. Mais l'article L. 2212-2 du même code, qui énonce les pouvoirs de police du maire (v. chapitre 10), dispose toujours que la police municipale « comprend notamment [...] 5° le soin de prévenir, par des précautions convenables, et de faire cesser, par la distribution des secours nécessaires, les accidents et les fléaux calamiteux ainsi que les pollutions de toute nature, tels que les incendies [...] ». Par conséquent, deux régimes et deux personnes publiques (la commune et l'établissement public départemental) peuvent voir leur responsabilité engagée, ce que confirme la comparaison des articles L. 2216-2 et L. 1424-8 du même code : le premier indique que le transfert des compétences en matière de services d'incendie à l'établissement public départemental « emporte transfert de la responsabilité civile des communes ou des établissements publics de coopération intercommunale au titre des dommages résultant de l'exercice de ces compétences », sous réserve du second article qui dispose que « Les communes sont civilement responsables des dommages qui résultent de l'exercice des attributions de police municipale, quel que soit le statut des agents qui y concourent. Toutefois, au cas où le dommage résulte, en tout ou partie, de la faute d'un service ne relevant pas de la commune, la responsabilité de celle-ci est atténuée à due concurrence ».

Le régime de responsabilité de l'administration du fait du service de lutte contre l'incendie est donc en partie spécifique, mêlant deux personnes distinctes. Cependant, les faits ici rapportés n'amènent qu'indirectement à entrer dans la distinction entre les deux catégories de personnes publiques responsables de l'organisation du service de l'incendie.

1. M. Cotignac a été amené, du fait de la défaillance du service départemental d'incendie, à collaborer volontairement et bénévolement à la lutte contre l'incendie. Au cours de cette opération, il a subi un dommage en rapport direct avec l'activité exercée. Il peut à ce titre prétendre bénéficier d'une indemnisation en tant que collaborateur occasionnel et bénévole du service public. Il s'agit dans ce cas d'une responsabilité pour *risque*, l'administration ayant eu recours à un personnel non qualifié pour une activité qu'il lui appartenait normalement de mettre en œuvre. M. Cotignac n'aura donc à prouver aucune faute de la part de l'administration, même si celle-ci est ici manifeste (il y a visiblement eu un défaut dans l'organisation du service public, quel qu'en ait été la personne responsable).

Il devra en revanche prouver qu'il remplit bien les conditions posées par la jurisprudence pour que soit reconnue la qualité de collaborateur occasionnel du service public (CE, ass., 22 nov. 1946, *Cne de Saint-Priest-la-Plaine*). Pour ce faire, il faut tout d'abord qu'il justifie que l'activité à laquelle il a collaboré était bien constitutive d'un service public, alors même que le service en cause ne serait pas organisé sur le lieu où la collaboration qui lui a été apportée a été effectuée (CE, sect., 25 sept. 1970, *Cne de Batz-sur-Mer*) ; en l'espèce, cette condition est aisément remplie : le service de lutte contre l'incendie est un service public, qualifié comme tel par la loi. Il faut ensuite prouver que la collaboration a été effective, c'est-à-dire que le collaborateur a bien participé à l'exécution du service public, en ne s'en tenant pas à la seule observation des événements : les blessures subies par le requérant prouvent par elles-mêmes qu'il y a peu de chances pour qu'il ait participé aux secours en tant que spectateur. Enfin, il faut que la collaboration ait été requise ou sollicitée par l'administration, ou bien acceptée par le requérant ; là encore, cette condition semble remplie, les secours ayant été organisés par un représentant de l'autorité de police municipale ; la compétence de ce dernier est toutefois peu certaine, la lutte contre l'incendie étant un pouvoir de police du maire, à ce titre insusceptible d'être délégué ; mais ce fait est sans influence sur la qualité de collaborateur de M. Cotignac : la jurisprudence interprète en effet très largement la sollicitation de l'administration, qui peut découler d'une simple participation acceptée à l'activité en cause (CE, ass., 30 nov. 1946, *Faure*, précisément à propos de la lutte contre l'incendie).

M. Cotignac a donc été blessé en tant que collaborateur occasionnel du service public de lutte contre l'incendie, et peut donc en réclamer réparation à l'autorité administrative compétente (c'est-à-dire concurremment au service départemental et au maire de la commune de Vidauban) sans rapporter la preuve d'une faute. Il lui suffira de prouver devant la juridiction saisie (le tribunal administratif de Nice, territorialement compétent) que le dommage qu'il a subi est la conséquence directe de sa participation bénévole au service de lutte contre l'incendie, ce qui ne devrait soulever aucune difficulté.

2. La réparation du dommage causé par M. Senez soulève un problème bien différent. Ce n'est pas en tant que collaborateur du service d'incendie qu'il veut obtenir réparation, mais en tant que victime de son mauvais fonctionnement. Pour qu'une telle responsabilité puisse être engagée, il faut préalablement, conformément aux principes régissant le droit de la responsabilité administrative, qu'il apporte la preuve du préjudice subi (ce qui est ici évident), ainsi que celle de l'existence d'un lien de causalité reliant le dommage et l'activité dont il considère qu'elle se trouve à l'origine de ce dommage, c'est-à-dire l'organisation défectueuse du service de lutte contre l'incendie.

Le régime de responsabilité applicable en la matière a évolué : les services de lutte contre l'incendie, en tant qu'ils font partie des services de protection et de secours, étaient traditionnellement soumis à un régime de responsabilité pour faute lourde, ce qui découle d'ailleurs de l'assimilation de ces activités aux opérations de police administrative (CE 23 mai 1958, *Consorts Amoudruz*). Mais, suite à une évolution de la jurisprudence, la preuve d'une faute de nature à engager la responsabilité de l'administration est suffisante en ce qui concerne l'ensemble des services de secours et de sauvetage (CE, sect., 13 mars 1998, *Cne d'Améon*, et en particulier les services de lutte contre l'incendie : CE 29 avr. 1998, *Cne de Hannapes*).

M. Senez n'aura donc qu'à prouver l'existence d'une simple faute. Ayant choisi de demander l'indemnisation à l'établissement public départemental (la responsabilité étant concurrente entre la commune et l'établissement, il en avait effectivement la possibilité), la faute sera aisément reconnue, l'intervention de l'établissement ayant manifestement été tardive au regard des événements.

chapitre 20

Les régimes particuliers de responsabilité publique

Plan analytique

Les régimes particuliers de responsabilité publique

La responsabilité de l'État du fait du service public de la justice a pris une certaine ampleur depuis quelques années sous l'influence du droit de la Convention européenne des droits de l'homme (section 1). Par ailleurs lorsqu'une loi intervient pour poser des règles particulières en matière de responsabilité publique, elle attribue parfois compétence au juge judiciaire pour en connaître, cette attribution de compétence étant cependant loin d'être systématique et pouvant être naturellement réversible (section 2). 978

section 1

La responsabilité du fait du service public de la justice

Sauf exception, la responsabilité du fait de la justice judiciaire ne relève que de la compétence judiciaire (§1). Le juge administratif reste naturellement compétent pour assurer la réparation des dommages éventuels causés par le fonctionnement de la justice administrative (§2). 979

§ 1 La responsabilité du fait de la justice judiciaire

Une distinction doit être faite entre les actes relatifs à l'*exercice même de la fonction juridictionnelle*[Q], qui ne peuvent relever que de la compétence des juridictions judiciaires dès lors qu'ils conduisent à porter une « appréciation [...] sur la marche même des services judiciaires », et les actes relatifs à l'*organisation du service public de la justice*[Q], qui relèvent quant à eux de la compétence du juge administratif (T. confl. 27 nov. 1952, *Préfet de la Guyane*, *GAJA*, n° 63). 980

Le juge administratif est ainsi compétent pour statuer, sur le fondement de la responsabilité sans faute, pour les dommages causés par le fonctionnement du service public de la justice ; la responsabilité pour faute, découlant de la fonction juridictionnelle, relève quant à elle de la justice judiciaire (CE 15 févr. 2006, *Garde des Sceaux, ministre de la Justice c/ Cts Maurel-Audry*, *JCP Adm.* 2006. Actu 94), la distinction entre ces deux notions étant parfois délicate à opérer.

La responsabilité de l'État a longtemps été exclue du fait de l'exercice de la fonction juridictionnelle, sauf mise en jeu d'une procédure de prise à partie permettant d'obtenir une indemnisation en cas de faute lourde d'un magistrat ou d'un fonctionnaire de justice. 981

982 La Cour de cassation avait cependant admis la possibilité d'engager la responsabilité de l'État pour les dommages causés aux collaborateurs du service public de la justice (Civ., 23 nov. 1956, *Trésor public c/ Giry*, *D.* 1957. 34, concl. Lemoine, *GAJA*, n° 69). La Cour de cassation décidait que lorsque « la juridiction de l'ordre judiciaire, régulièrement saisie en vertu des principes de la séparation des pouvoirs et de l'indépendance du pouvoir judiciaire, était appelée à se prononcer, au fond, sur un litige mettant en cause la responsabilité de la puissance publique, [...] elle avait [...] le pouvoir et le devoir de se référer [...] aux règles du droit public ». Cette « réception » du droit public par le juge judiciaire avait suscité quelques interrogations (P. Weil « À propos de l'application par les tribunaux judiciaires des règles du droit public, ou : les surprises de la jurisprudence *Giry* », in *Mélanges Ch. Eisenmann*, Cujas, 1975, p. 379), car il était très justement souligné que, « pas plus qu'il ne se borne à "appliquer" les dispositions du Code civil, le juge judiciaire ne peut se contenter d'"appliquer" les règles du droit administratif [...] En lui confiant dans certains cas la mission d'appliquer le droit administratif, la jurisprudence *Giry* l'a investi du même coup de celle de créer des règles de droit public » (*ibid.*, p. 389).

983 La loi du 5 juillet 1972, dont les dispositions ont été codifiées à l'article L. 781-1 du Code de l'organisation judiciaire, a consacré plus généralement le principe de la responsabilité de l'État du fait du service public de la justice judiciaire dans certaines limites. Il est en effet disposé que « l'État est tenu de réparer le dommage causé par le fonctionnement défectueux du service de la justice. Cette responsabilité n'est engagée que par une faute lourde ou un déni de justice ».

984 Il a été jugé par la cour d'appel de Paris, à propos de fautes prétendument commises par un juge d'instruction, que « la faute lourde est celle qui a été commise sous l'influence d'une erreur tellement grossière ou inexcusable qu'un magistrat normalement soucieux de ses devoirs n'y eût pas été entraîné, le déni de justice procédant, quant à lui, d'un refus de répondre aux requêtes ou d'un défaut de diligence pour instruire ou faire juger les affaires en temps utile » (Paris, 29 janv. 1997, *Gaz. Pal.* 6, 7 juin 1997, p. 19). Il avait été jugé de la même façon, par la Cour de cassation, qu'au sens de l'article 781-1 du Code de l'organisation judiciaire « la faute lourde est celle qui a été commise sous l'influence d'une erreur tellement grossière qu'un magistrat ou un fonctionnaire de justice, normalement soucieux de ses devoirs, n'y eût pas été entraîné ». Ainsi, « les erreurs commises tant par le secrétariat-greffe du tribunal de grande instance de Nice, qui a enrôlé inconsidérément une assignation délivrée devant la juridiction commerciale, que par le Tribunal de grande instance, qui a statué sur cette citation sans vérifier sa saisine, » ont pu être considérées comme ne présentant pas une gravité suffisante pour engager la responsabilité de l'État (Civ. 1re, 20 févr. 1996, *Épx Lucas et a., Gaz. Pal.* 6 au 8 juill. 1997, p. 6).

La faute lourde est conçue cependant de façon plus large par l'arrêt de la Cour de cassation intervenu dans la tristement célèbre affaire de l'assassinat du petit Grégory. Il est, en effet, énoncé que « constitue une faute lourde toute déficience caractérisée par un fait ou une série de faits traduisant l'inaptitude du service public de la justice à remplir la mission dont il est investi » (Cass., ass. plén., 23 févr. 2001, *Gaz. Pal.* 2001, n° 208, p. 49, concl. R. de Gouttes, rapport E. Collomp). Statuant sur la responsabilité de l'État du fait des erreurs et carences intervenues dans l'instruction ouverte dans cette affaire, la cour d'appel de Paris a jugé enfin qu'un « dysfonctionnement du service public de la justice » était établi et avait été à l'origine du préjudice subi par ses parents qui ont été privés des « chances de connaître les circonstances de la mort de leur fils » (Paris, 28 juin 2004).

La Cour de cassation a énoncé par ailleurs que l'inaptitude du service public de la justice à accomplir la mission qui lui incombe ne pouvait être retenue « que dans la mesure où l'exercice des voies de recours n'avait pas permis de réparer le mauvais fonctionnement allégué » ; la Cour d'appel avait pu ainsi retenir à bon droit que la faute lourde n'était pas caractérisée alors que la désignation critiquée d'un administrateur judiciaire et l'omission prétendue du juge d'instruction n'avaient pas fait l'objet des voies de recours habituelles et prévues par les textes (Civ. 1re, 6 mai 2003). 985 ■

C'est par le biais de la notion de « *déni de justice*[Q] », visé également à l'article L. 781-1 du Code de l'organisation judiciaire et dont on pouvait craindre qu'elle soit interprétée de façon restrictive, ainsi qu'elle l'avait été dans le passé, que le tribunal de grande instance de Paris a pu avancer dans la voie d'une responsabilité objective de l'État pour manquement à son devoir de protection juridictionnelle. Il a en effet été jugé « qu'il faut entendre par déni de justice, non seulement le refus de répondre aux requêtes ou le fait de négliger de juger les affaires en état de l'être, mais aussi, plus largement, tout manquement de l'État à son devoir de protection juridictionnelle de l'individu, qui comprend le droit pour tout justiciable de voir statuer sur ses prétentions dans un délai raisonnable » ; en l'espèce, un justiciable avait formé appel d'un jugement d'un conseil de prud'hommes devant la cour d'appel d'Aix-en-Provence, mais s'était vu indiquer, par le greffe de la Cour, qu'en raison de l'encombrement du rôle, son dossier ne pourrait être examiné que dans un délai de quarante mois suivant la date de la saisine de la Cour ; il a été jugé « qu'un tel délai n'est justifié, ni par des motifs inhérents à l'affaire elle-même qui, de plus, par nature, s'agissant d'un litige du travail, appelle une décision rapide, ni par un encombrement passager ou transitoire du rôle de la juridiction en cause » et que « ce délai anormal », « révélateur d'un fonctionnement défectueux du service de la justice », « équivaut à un déni de justice en ce qu'il prive le justiciable de la protection juridictionnelle qu'il revient à l'État de lui assurer », engageant la responsabilité de l'État (TGI Paris, 5 nov. 1997, *D.* 1998. 9, note M.-A. Frison-Roche). 986 ■

Des décisions analogues ayant été rendues par nombre de cours d'appel, la Cour européenne des droits de l'homme a pu juger, au vu de cette « jurisprudence interne constante », que le recours organisé par l'article 781-1 du Code de l'organisation judiciaire constituait bien une voie de recours utile pour obtenir réparation d'un dommage causé par la durée excessive d'une procédure judiciaire, ce qui permet d'opposer l'irrecevabilité d'une plainte déposée devant la Cour sans que cette voie de recours interne ait été épuisée (CEDH 7 nov. 2000, *Mmes van der Kar et van Zest*). 987 ■

S'agissant enfin de la responsabilité de l'État à l'égard des collaborateurs du service public de la justice judiciaire, il était possible initialement de craindre que la loi du 5 juillet 1972 n'opère un retrait par rapport aux solutions précédentes, qui consacraient une possibilité de responsabilité sans faute à leur égard. La Cour de cassation a cependant retenu une interprétation de la loi préservant l'application des principes généraux de la responsabilité publique dans tous les cas où ils permettaient, antérieurement à la loi de 1972, l'indemnisation de la victime d'un dommage même sans faute (Civ. 1re, 10 juin 1986, *Pourcel, JCP* 1986. II. 20683, note P. Sargos ; *RFDA* 1987. 988 ■

92, note Buisson). Il a été jugé que « les dispositions de l'article L. 781-1 du Code de l'organisation judiciaire [...] ne concernent que les usagers de la justice » et non les collaborateurs du service public (Civ. 1re, 30 janv. 1996, *Morand*, *D.* 1997. 83, note Legrand). La Cour de cassation rappelle ainsi que « la victime d'un dommage subi en raison de sa qualité de collaborateur du service public peut, même en l'absence de faute, en demander réparation à l'État dès lors que son préjudice est anormal, spécial et d'une certaine gravité » (*ibid.*). Dans cette affaire, un mandataire de justice n'avait jamais été désigné pendant dix ans par aucune juridiction consulaire, alors qu'aucun reproche ne lui a jamais été fait, ce qui l'avait privé de tout revenu professionnel ; il a été jugé qu'il devait être indemnisé de ce préjudice qui ne résultait pas d'« un risque normal et prévisible » (Paris 3 déc. 1997, *Morand c/ Agent judiciaire du Trésor*, *RFDA* 1999. 399, note P. B.). En revanche, un avocat n'est pas considéré comme un collaborateur du service public de la justice, de sorte que la responsabilité de l'État en raison d'une faute commise à son égard par un magistrat dans l'exercice de ses fonctions ne peut, conformément à l'article L. 781-1 du Code de l'organisation judiciaire, être engagée qu'en cas de faute lourde ou de déni de justice (Civ. 1re, 13 oct. 1998, *Consorts M.*, *RFDA* 1999. 402).

§ 2 La responsabilité du fait de la justice administrative

■ 989 Les dispositions de la loi du 5 juillet 1972 mettant à la charge de l'État la réparation des dommages causés par le fonctionnement défectueux du service de la justice « ne concernent que les juridictions de l'ordre judiciaire et ne s'appliquent pas aux juridictions de l'ordre administratif », ainsi que l'a jugé le Conseil d'État. Cependant, en se fondant sur les « principes généraux régissant la responsabilité de la puissance publique », il a décidé qu'« une faute lourde commise dans l'exercice de la fonction juridictionnelle par une juridiction administrative est susceptible d'ouvrir droit à indemnité », étant précisé que « l'autorité qui s'attache à la chose jugée s'oppose à la mise en jeu de cette responsabilité, dans le cas où la faute lourde alléguée résulterait du contenu même de la décision juridictionnelle et où cette décision serait devenue définitive » (CE, ass., 29 déc. 1978, *Darmont*, *Lebon* 542). La chose jugée pourra cependant être indirectement mise en cause lorsqu'une disposition du droit communautaire, directement invocable par les particuliers, aura fait l'objet d'une violation manifeste par une décision de justice devenue définitive, l'engagement de la responsabilité étant, dans cette hypothèse, fondée sur le contenu même de la décision (CE 18 juin 2008, *Gestas*, *RFDA* 2008. 755, concl. de Salins, 1178, note D. Pouyaud).

Le Conseil d'État avait admis dès auparavant que les collaborateurs du service public de la justice administrative puissent être indemnisés dans le cas où ils avaient subi un préjudice, par exemple pour avoir participé au fonctionnement du service public de la justice administrative sans que leurs honoraires aient pu être payés par les parties (CE, sect., 26 févr. 1971, *Aragon*, *Lebon* 172 ; v. égal. TA Marseille, 21 mars 1991, *Rancillac*, *JCP* 1992. IV. 221).

■ 990 Cette responsabilité de l'État n'est devenue réellement significative que depuis que ses conditions ont été assouplies dans le cas de la lenteur excessive de la justice. Nombre d'arrêts de la Cour européenne des droits de l'homme avaient condamné la

France du fait de la méconnaissance du droit, énoncé à l'article 6 §1er de la Convention européenne des droits de l'homme, à un procès équitable dans un délai raisonnable. La condition tenant à l'existence d'une faute lourde n'est plus requise aujourd'hui dans le cas où le préjudice résulte du caractère excessif de la durée de la procédure. Ce fut l'apport d'une décision du Conseil d'État de 2002 jugeant que « lorsque la méconnaissance du droit à un délai raisonnable de jugement a causé un préjudice (aux justiciables), ils peuvent obtenir la réparation du dommage ainsi causé par le fonctionnement défectueux du service public de la justice » ; il est précisé par le Conseil d'État que « le caractère raisonnable du délai de jugement d'une affaire doit s'apprécier de manière à la fois globale – compte tenu, notamment, de l'exercice des voies de recours – et concrète, en prenant en compte sa complexité, les conditions de déroulement de la procédure et, en particulier, le comportement des parties tout au long de celle-ci » (CE, ass., 28 juin 2002, *Garde des Sceaux c/ Magiera, RFDA* 2002. 756, concl. F. Lamy ; *Grands arrêts du contentieux administratif*, n° 5). Le principe ainsi posé a été inséré dans le Code de la justice administrative par un décret du 28 juillet 2005, complété le 19 décembre 2005, qui attribue compétence au Conseil d'État pour statuer, en premier et dernier ressort, sur les « actions en responsabilité dirigées contre l'État pour durée excessive de la procédure devant la juridiction administrative » (CJA, art. R. 311-1). Il a été depuis précisé que le caractère déraisonnable de la durée de l'instance, ouvrant droit à indemnité, peut être constaté avant même l'achèvement de la procédure juridictionnelle (CE 25 janv. 2006, *SARL Potchou et a., RFDA* 2006. 299, concl. Y. Struillou ; *AJDA* 2006. 589, chron. C. Landais et F. Lenica). Par ailleurs, l'appréciation de la durée raisonnable du jugement de l'affaire inclut la durée de l'examen de la demande du requérant dans le cadre du recours administratif obligatoire qu'il a dû exercer (CE 13 juill. 2016, *Jarraud*, n° 389760).

La responsabilité du fait de la lenteur excessive de la justice administrative a, depuis la jurisprudence Magiera, trouvé à s'appliquer à un nombre significatif de situations ; le Conseil d'État a, par ailleurs, accepté d'en faire application à une personne publique — en l'occurrence une collectivité territoriale — alors même que l'accès au prétoire européen ne leur est pas ouvert (CE, sect., 17 juill. 2009, *Ville de Brest, RFDA* 2010. 405, note S. Givernaud). Deux difficultés subsistent cependant quant à la mise en œuvre de cette responsabilité.

En premier lieu, la Cour européenne des droits de l'homme, la Cour de cassation et le Conseil d'État ne convergent qu'imparfaitement vers une définition commune de la notion de délai raisonnable de jugement. Ainsi, alors que le Conseil avait considéré, par un arrêt du 21 juin 2006, qu'un délai de jugement de 8 ans et 8 mois n'était pas déraisonnable, la procédure ayant impliqué trois degrés de juridiction, la Cour européenne des droits de l'homme a condamné la France pour avoir refusé d'indemniser le plaignant qui se plaignait du caractère excessif de ce délai (CEDH 20 nov. 2008, Gunes *c/* France, *RFDA* 2009. 551, note B. Delaunay) ; le Conseil d'État a, malgré cette condamnation, maintenu qu'une durée de 9 ans et 4 mois n'est pas excessive, compte tenu de la complexité de la matière fiscale et de la procédure afférente (CE 6 mars 2009, *Le Helloco, RFDA* 2009. 546, concl. Keller). Le Conseil estime en effet que « le caractère raisonnable du délai de jugement d'une affaire doit s'apprécier de manière à la fois globale — compte tenu notamment de l'exercice des voies de recours — et particulière à chaque instance ». Sa position est ainsi médiane entre la Cour européenne des droits de l'homme, qui se réfère à la durée propre à chacune des instances, et celle de la Cour de cassation, qui maintient la seule appréciation globale de la procédure (Civ 1re, 25 mars 2009, *RFDA* 2009. 551, note B. Delaunay).

En second lieu, la compétence juridictionnelle peut être discutée lorsque la durée excessive de jugement est due, au moins pour partie, à la dualité des ordres juridictionnels, et donc au fait que les juridictions judiciaires et administratives sont successivement intervenues dans la procédure. Plutôt que de se déclarer directement compétent pour apprécier le préjudice subi, comme l'y incitait le commissaire du gouvernement par une interprétation audacieuse des dispositions de la loi du 20 avril 1932 (v. ss 665), le Tribunal des conflits a estimé que l'action en réparation du préjudice doit être portée devant l'ordre juridictionnel compétent pour connaître le fond du litige (T. confl. 30 juin 2008, *Epoux Bernardet, AJDA* 2008. 1593, chron. Geffray et Liéber).

Ces évolutions n'annoncent cependant sans doute pas un abandon généralisé de la condition tenant à l'existence d'une faute lourde pour la responsabilité de l'État du fait du fonctionnement défectueux du service public de la justice administrative.

■ 991 En tout état de cause seule la responsabilité de l'État peut être engagée du fait d'éventuelles fautes commises dans l'exercice de la fonction juridictionnelle assurée par les juridictions administratives. Tel est le cas même lorsque la loi a conféré à des instances relevant d'autres personnes morales – par exemple le conseil d'administration d'une université constitué en formation disciplinaire – compétence pour connaître de certains litiges, sous le contrôle du Conseil d'État. Cette solution s'impose dès lors que « la justice est rendue de façon indivisible au nom de l'État » (CE, sect., 27 févr. 2004, *Mme Popin, Dr. adm.* 2004, n° 102 ; *AJDA* 2004. 672, concl. R. Schwarz et chron. Donnat et Casas).

section 2

Autres régimes particuliers de responsabilité

■ 992 Certains textes de lois sont intervenus pour attribuer une compétence au juge judiciaire en matière de responsabilité publique, qu'il s'agisse de la responsabilité de l'État du fait des fautes commises par les membres de l'enseignement public ou de la responsabilité du fait des accidents causés par les véhicules de l'administration (v. ss 649). Ils sont cependant interprétés de façon stricte en ce qu'ils dérogent aux règles générales relatives à la répartition des compétences entre les deux ordres juridictionnels. Il a été ainsi jugé que celles-ci retrouvent leur empire, dans le cadre de l'enseignement public, « dans le cas où le préjudice subi doit être regardé comme indépendant du fait de l'agent, soit que ce préjudice ait son origine dans un dommage afférent à un travail public, soit qu'il trouve sa cause dans un défaut d'organisation du service public de l'enseignement » (T. confl. 4 mai 1987, *Legendre, Lebon* 448). Il en va de même lorsque la victime d'un accident de la circulation invoque sa situation d'usager ou de tiers par rapport à un ouvrage public, qui lui permet de se prévaloir de ce régime spécifique de responsabilité (v. ss 937 et v. ss 955).

Il peut arriver cependant qu'une loi mette fin à une attribution de compétence à l'autorité judiciaire Ainsi la loi du 9 janvier 1986 a expressément abrogé l'article L. 133-5 du Code des communes qui donnait compétence en la matière aux tribunaux de l'ordre judiciaire. La responsabilité du fait des attroupements et rassemblements relève dorénavant de la compétence du juge administratif. 993 ■

L'article L. 2216-3 du Code général des collectivités territoriales précise que « l'État est civilement responsable des dégâts et dommages résultant des crimes et délits commis, à force ouverte ou par violence, par des attroupements ou rassemblements armés ou non armés soit contre les personnes, soit contre les biens ». Le Conseil d'État a précisé que ce texte institue un régime autonome de responsabilité publique tel qu'il n'est pas nécessaire que le dommage allégué revête le caractère d'un préjudice anormal et spécial pour ouvrir droit à indemnisation, du moins s'il entre dans le champ d'application de cet article. Cependant, celui-ci n'est applicable que « si le dommage résulte de manière directe et certaine de crimes ou de délits déterminés commis par des rassemblements ou attroupements précisément identifiés » (CE, avis cont., 20 févr. 1998, *Sté Études et constructions de sièges pour l'automobile*, *RFDA* 1998. 584, concl. J. Arrighi de Casanova). 994 ■

La notion de « rassemblement » ou « attroupement » n'est pas définie par la loi. Avant le transfert de compétences au juge administratif, la jurisprudence judiciaire retenait une conception large du champ d'application de cette responsabilité, en s'attachant à la notion de « groupe agissant de manière collective et concertée » sans prendre en considération le but poursuivi par le rassemblement (Civ. 2e, 28 nov. 1984, *Préfet de police c/ Compagnie d'assurances La Concorde*, *JCP* 1985. II. 20438, note F. Moderne). La cour administrative d'appel de Paris avait semblé retenir un critère finaliste, excluant du champ de cette responsabilité les violences urbaines qui ne sont pas véritablement assimilables à une manifestation, celle-ci se caractérisant par le fait qu'elle est porteuse d'un message ou d'une opinion politique (concl. G. Dacre-Wright sous CAA Paris, 17 déc. 1991, *Sté Drouot assurances*, *LPA* 1992, n° 13, p. 9). Le Conseil d'État a cependant retenu que la responsabilité de l'État était bien engagée sur ce fondement à la suite de destructions et dégradations de bâtiments publics provoquées par un attroupement consécutif à la mort d'un jeune homme dans le cadre d'une opération de police, même si cet attroupement n'était pas organisé autour d'une revendication clairement définie (CE, sect., 29 déc. 2000, *Assurances générales de France*, *AJDA* 2001. 167, chron. Guyomar et Collin). Lorsqu'un barrage routier est établi par un groupe d'une soixantaine d'agriculteurs pour intercepter un camion et en détruire le chargement, il est jugé que le « caractère prémédité » de tels actes ne permet pas de leur reconnaître la qualité d'« attroupement ou rassemblement » permettant à la victime d'en obtenir indemnisation sur ce fondement (CE 26 mars 2004, *Sté BV Exportslachterij Appeldoorn Esa*, *AJDA* 2004. 2349, note C. Deffigier). Cet arrêt marque un infléchissement de la jurisprudence dans un sens restrictif. 995 ■

Lorsque les conditions d'application de l'article L. 2216-3 du Code général des collectivités territoriales ne sont pas réunies, la responsabilité de l'État peut être 996 ■

engagée sur le fondement des principes généraux de la responsabilité, c'est-à-dire soit en cas de faute des services de police (qui devrait être une faute lourde pour engager la responsabilité publique si la police est confrontée à des opérations délicates), soit sans faute si le dommage est imputable à un fait de l'administration et présente le caractère d'un préjudice anormal et spécial. Dans le cas précité du barrage routier destiné à entraver des importations communautaires, les juges du fond ont pu juger sans procéder à une dénaturation des faits ni commettre d'erreur de droit, selon le Conseil d'État, que ces conditions n'étaient pas réunies, car les agresseurs ont opéré d'une façon telle « que les autorités investies du pouvoir de police se sont trouvées dans l'impossibilité de prévenir ces agissements qui ne peuvent donc être imputés à une carence des services de l'État ». Cette solution dénie en pareil cas toute possibilité d'indemnisation à l'importateur alors que la France a déjà été condamnée par la Cour de justice des Communautés européennes du fait des attaques répétées de camions transportant des fruits et légumes importés et de « l'impuissance publique » à les empêcher (CJCE 9 déc. 1997, *RFDA* 1998. 120, note L. Dubouis, La « guerre de la fraise »).

■ 997 De nombreuses lois ont créé des fonds d'indemnisation pour répondre aux besoins des victimes de risques sociaux (fonds de garantie des victimes d'actes de terrorisme et autres infractions, créé par la L. du 6 juill. 1990 ; fonds d'indemnisation des victimes de l'amiante, créé par la L. du 23 déc. 2000) ou naturels (fonds de garantie des calamités agricoles, institué par la L. du 10 juill. 1964 ; fonds de prévention des risques naturels majeurs, créé par la L. du 2 févr. 1995). Il a déjà été fait mention de l'Office national d'indemnisation des accidents médicaux (v. ss 961). Ils ont l'intérêt de dissocier la question de l'indemnisation de celle de la responsabilité, la première pouvant intervenir d'autant plus rapidement.

Ces régimes d'indemnisation au titre de la solidarité nationale doivent être distingués du régime juridique de la responsabilité sans faute.

D'un point de vue symbolique, l'instauration de tels systèmes d'indemnisation ne vaut pas reconnaissance, par l'État, de l'existence d'une faute de sa part.

D'un point de vue juridique, la qualification du régime – régime d'indemnisation au titre de la solidarité nationale ou de responsabilité sans faute – induit le sort à réserver aux actions subrogatoires introduites notamment par les caisses de sécurité sociale qui ont indemnisé les victimes contre le tiers responsable du dommage. L'indemnisation, par un organisme de l'État, d'une victime en vertu d'un système d'indemnisation n'implique pas que l'État ou cet organisme puissent être qualifiés de tiers responsables. Aucune action subrogatoire ne peut, par suite, être engagée contre eux. Le Conseil d'État l'a jugé à propos de l'Office National d'Indemnisation des Accidents Médicaux des affections iatrogènes et des infections nosocomiales (CE 17 févr. 2016, *Caisse primaire d'assurance maladie de l'Artois*, n° 384349). L'ONIAM est en effet chargé, en vertu de l'article L. 1142-22 du Code de la santé publique, d'indemniser au titre de la solidarité nationale, des dommages occasionnés par la survenue d'un accident médical, d'une affection iatrogène ou d'une infection nosocomiale. Il ne peut alors, du seul fait de l'indemnisation qu'il verse, être considéré comme responsable du dommage ayant fondé cette indemnisation. La solution est identique à propos du comité d'indemnisation des victimes des essais nucléaires qui indemnise les victimes des essais nucléaires français (CE, avis, 17 oct. 2016, *Caisse de prévoyance sociale de la Polynésie française*, n° 400375). Dans cette dernière affaire, le Conseil d'État a qualifié lui-même, dans le silence des textes, la mission du CIVEN de dispositif d'indemnisation au titre de la solidarité nationale et exclut l'existence d'un régime spécial de responsabilité sans faute.

L'évolution pourrait aller dans le sens d'une compétence plus large du juge judiciaire 998 ■
en matière de responsabilité publique, ce que n'interdit nullement le principe posé par le Conseil constitutionnel dans sa décision précitée du 23 janvier 1987 qui ne réserve aux juridictions administratives que les recours en annulation ou en réformation d'actes pris dans l'exercice de prérogatives de puissance publique (v. ss 16 s.). L'interdiction faite aux tribunaux judiciaires de connaître des actes d'administration, legs de la Monarchie transmis par la Révolution, ne devrait pas faire obstacle à ce que les juridictions judiciaires assurent la réparation des dommages imputables à l'administration sans qu'il y ait lieu de craindre plus longtemps que l'efficacité de l'action administrative en soit affaiblie.

Compléments pédagogiques

Quid

■ Déni de justice n° 986

Le déni de justice est normalement le refus d'une juridiction de répondre à la demande qui a été formulée devant elle, quand bien même l'examen de la requête aboutirait à son rejet. En matière de responsabilité du fait du service de la justice, le déni de justice est cependant interprété de façon extensive par la jurisprudence et recouvre également les situations où le requérant est privé de la protection juridictionnelle que l'État doit lui assurer, qui comprend le droit à être jugé dans un délai raisonnable.

■ Exercice de la fonction juridictionnelle n° 980

L'exercice de la fonction juridictionnelle désigne l'activité par laquelle les juridictions judiciaires accomplissent la mission qui leur est confiée. Il peut s'agir des mesures d'instruction et du prononcé des jugements, mais aussi plus largement d'opérations considérées comme la manifestation du pouvoir de police judiciaire.

■ Organisation du service de la justice n° 980

Les actes relatifs à l'organisation du service de la justice sont des actes administratifs relatifs à l'organisation d'un service public. À ce titre, le contentieux né des litiges relatifs à leur exécution appartient à la juridiction administrative, quand bien même le service en cause serait celui de la justice judiciaire.

Documents

T. confl. 27 novembre 1952, *Préfet de la Guyane* (*GAJA*, n° 63)

Considérant que l'action engagée par les officiers ministériels de Cayenne devant le tribunal civil de Cayenne et portée par eux en appel devant la Chambre d'appel détachée à Cayenne de la Cour d'appel de Fort-de-France, tend à obtenir la condamnation de l'État au paiement de dommages et intérêts en réparation du préjudice que leur aurait causé l'arrêt, pendant une certaine période, du fonctionnement des juridictions auprès desquelles ils exerçaient leurs fonctions en Guyane ;
Considérant que les actes incriminés sont relatifs, non à *l'exercice* de la fonction juridictionnelle, mais à *l'organisation* même du service public de la justice ; que l'action des requérants a pour cause le défaut de constitution des tribunaux de première instance et d'appel dans le ressort de la Guyane, résultant du fait que le gouvernement n'a pas pourvu effectivement ces juridictions

des magistrats qu'elles comportaient normalement; qu'elle met en jeu la responsabilité du service public indépendamment de toute appréciation à porter sur la marche même des services judiciaires; qu'il appartient dès lors à la juridiction administrative d'en connaître et que c'est à bon droit que le préfet a élevé le conflit dans l'instance.

⇨ *Régimes de responsabilité différents pour les actes relatifs à l'organisation du service public de la justice et pour ceux relatifs à l'exercice de la fonction juridictionnelle.*

Civ. 1re, 23 novembre 1956, *Trésor Public c/ Giry* (*GAJA*, n° 69)

Mais attendu que la juridiction de l'ordre judiciaire, régulièrement saisie en vertu des principes de la séparation des pouvoirs et de l'indépendance du pouvoir judiciaire, était appelée à se prononcer, au fond, sur un litige mettant en cause la responsabilité de la puissance publique, dont l'exercice du pouvoir judiciaire constitue, au premier chef une manifestation;
Attendu que la Cour d'appel s'est appuyée, à tort, sur les dispositions de droit privé relatives aux délits et quasi-délits, qui ne peuvent être invoquées pour fonder la responsabilité de l'État; qu'elle avait, en revanche, le pouvoir et le devoir de se référer, en l'espèce, aux règles du droit public.

⇨ *La juridiction judiciaire doit appliquer les règles de la responsabilité publique aux actes relatifs à l'exercice de la fonction juridictionnelle.*

Code de l'organisation judiciaire, art. L. 781-1

L'État est tenu de réparer le dommage causé par le par le fonctionnement défectueux du service de la justice. Cette responsabilité n'est engagée que par une faute lourde ou par un déni de justice. La responsabilité des juges, à raison de leur faute personnelle, est régie par le statut de la magistrature en ce qui concerne les magistrats du corps judiciaire et par des lois spéciales en ce qui concerne les juges composant les juridictions d'attribution.
L'État garantit les victimes des dommages causés par les fautes personnelles des juges et autres magistrats, sauf son recours contre ces derniers [...].

⇨ *Principe de la responsabilité pour faute lourde du fait du fonctionnement défectueux des juridictions judiciaires ou pour déni de justice*

Cass., ass. plén., 23 février 2001, *Consorts Bolle-Laroche*

Sur le moyen unique, pris en sa première branche:
Attendu que les consorts Bolle-Laroche font grief à l'arrêt d'avoir rejeté leur demande de dommages-intérêts, alors, selon le moyen, que l'article L. 781-1 du Code de l'organisation judiciaire, qui subordonne la responsabilité de l'État à raison du fonctionnement défectueux de la justice à une faute lourde, méconnaît en raison de l'immunité qu'il confère de la sorte à la puissance publique, le droit à un procès équitable; que la cour d'appel ne pouvait dès lors reprocher aux consorts Bolle-Laroche de ne pas rapporter la preuve d'une telle faute sans méconnaître l'article 6 de la Convention européenne de sauvegarde des droits de l'homme et des libertés fondamentales;
Mais attendu que l'existence d'un régime de responsabilité propre au fonctionnement défectueux du service de la justice, qui ne prive pas le justiciable d'accès au juge, n'est pas en contradiction avec les exigences d'un procès équitable au sens de l'article 6 de la Convention européenne de sauvegarde des droits de l'homme et des libertés fondamentales; que le moyen n'est pas fondé;

Mais sur le moyen unique, pris en sa quatrième branche :
Vu l'article L. 781-1 du Code de l'organisation judiciaire ;
Attendu que l'État est tenu de réparer le dommage causé par le fonctionnement défectueux du service de la justice ; que cette responsabilité n'est engagée que par une faute lourde ou un déni de justice ; que constitue une faute lourde toute déficience caractérisée par un fait ou une série de faits traduisant l'inaptitude du service public de la justice à remplir la mission dont il est investi ;
Attendu que, pour débouter les consorts Bolle de leur demande, l'arrêt énonce que la faute lourde de nature à engager la responsabilité de l'État, sur le fondement de l'article L. 781-1 du Code de l'organisation judiciaire, est celle qui a été commise sous l'influence d'une erreur tellement grossière qu'un magistrat normalement soucieux de ses devoirs n'y aurait pas été entraîné ou encore celle qui révèle l'animosité personnelle, l'intention de nuire ou qui procède d'un comportement anormalement déficient ;
Qu'en statuant ainsi, la cour d'appel a violé le texte susvisé.

⇨ *Le régime de responsabilité pour faute lourde du fait du fonctionnement défectueux du service public de la justice respecte l'article 6 de la CEDH ; la notion de faute lourde est entendue très largement.*

Cons. const. 23 janvier 1987, n° 86-224 DC, *Conseil de la concurrence* (*GDCC*, n° 6)

Considérant cependant que [...], lorsque l'application d'une législation ou d'une réglementation spécifique pourrait engendrer des contestations contentieuses diverses qui se répartiraient, selon les règles habituelles de compétence, entre la juridiction administrative et la juridiction judiciaire, il est loisible au législateur, dans l'intérêt d'une bonne administration de la justice, d'unifier les règles de compétence juridictionnelle au sein de l'ordre juridictionnel principalement intéressé.

⇨ *Le législateur peut transférer au juge judiciaire certaines compétences en matière de responsabilité administrative.*

Biblio

- P. Ardant, *La responsabilité de l'État du fait de la fonction juridictionnelle*, LGDJ, 1956.
- M. Deguergue (dir.), *Justice et responsabilité de l'État*, PUF, coll. « Droit et justice », 2003.
- M. Lombard, « La responsabilité de l'État du fait de la fonction juridictionnelle et la loi du 5 juillet 1972 », *RD publ.* 1975. 585. ; « La responsabilité du fait du service public de la justice trente ans après la loi du 5 juillet 1972 », in *Liber amicorum J. Waline*, Dalloz, 2002, p. 657.
- J. Moreau, « La responsabilité des magistrats et de l'État du fait de la justice. L'apport du juge administratif », *Justices* 1997, n° 5, p. 39.
- F. Sarda, *La responsabilité des juridictions*, PUF, coll. « Que sais-je ? », 1999.

Sujets terminaux

1) Sujet corrigé

Remarque : le sujet fait appel aux connaissances développées dans le présent ouvrage. Il correspond à une épreuve d'une durée de trois heures.

Cas pratique

Énoncé

1. Président de l'association des Libre penseurs du Limousin, M. Robespierre Agricola est aussi maire de la commune du Saintoux (Creuse). Excédé par les sonneries des cloches de l'église du village que le curé, le P. Jeambar, met en mouvement chaque dimanche à 9h30, il décide de demander au conseil municipal l'interdiction, sur tout le territoire de la commune, des sonneries de cloches, et ce pendant toute l'année. Le conseil municipal adopte, le 1er septembre 2007, une délibération en ce sens.

M. Martial Delétang, l'un des paroissiens du P. Jeambar, par ailleurs étudiant à la faculté de droit de Limoges, conseille à son curé au début du mois d'octobre 2007 de former un recours contre la décision du conseil municipal et, en attendant, de continuer à sonner les cloches comme à l'accoutumée, car, lui explique-t-il, la décision de la mairie est totalement illégale. Malgré sa faible confiance dans la justice, le curé décide finalement de saisir le tribunal administratif de Limoges d'un recours en ce sens.

Quels moyens juridiques M. Martial Delétang a-t-il pu invoquer ? Le recours du curé a-t-il des chances raisonnables de succès ? Le P. Jeambar peut-il, dans l'attente du jugement, continuer à sonner les cloches ? De quels moyens juridiques dispose-t-il pour accélérer la procédure ?

2. Un camp militaire est installé depuis la fin de la Seconde Guerre mondiale sur le territoire de la commune de Saintoux. Un dépôt de munitions y est stocké depuis une dizaine d'années. Soupçonnant le Front de libération du Limousin, organisation qui n'hésite pas à recourir à des actions violentes, de vouloir s'emparer de ces munitions, M. Agricola décide de renforcer l'îlotage des policiers municipaux sur le territoire de la commune. Au cours d'une patrouille, un policier particulièrement zélé aperçoit au loin un individu se dirigeant vers le dépôt de munitions. Au vu de son comportement louche, il décide de le poursuivre, et après l'avoir dûment averti, fait usage de son arme de fonctions dans sa direction, blessant l'individu, mais aussi Madame Bachellerie, qui sortait son chien sans aucunement supposer les risques qu'elle courait.

N'ayant, du fait de sa blessure, pu poursuivre ses activités professionnelles pendant plus de trois mois après les faits, Mme Bachellerie souhaite, dit-elle, engager des poursuites contre la commune.

Consciente que ses connaissances juridiques sont un peu insuffisantes, Mme Bachellerie vous demande de la conseiller dans son action, en lui indiquant le juge compétent, et les moyens sur lesquels sa requête pourra être fondée.

Voir le corrigé en fin de rubrique.

2) Sujet d'examen du CRFPA 2020

Cas pratique

Durée de l'épreuve : 3 heures

Coefficient : 2

Les candidats doivent impérativement traiter la matière qu'ils ont choisie lors de leur inscription conformément à l'article 2-3° de l'arrêté du 17 octobre 2016 fixant le programme et les modalités de l'examen d'accès au centre régional de formation professionnelle d'avocats, sous peine d'être sanctionnés d'un zéro dans ladite matière.

Avertissement : Afin de respecter l'égalité entre les candidats, compte tenu de la fermeture des universités depuis le 16 mars 2020, et afin de parer au risque que de nouvelles dispositions modifient le droit français entre les dates de dépôt des sujets et les dates d'examen, la Commission nationale de l'examen d'accès au CRFPA indique que les sujets, pour la session 2020, devront être traités en faisant abstraction des dispositions d'urgence prises par le Gouvernement sur le fondement de la loi n° 2020-290 du 23 mars 2020 « d'urgence pour faire face à l'épidémie de Covid-19 » et plus généralement de toutes dispositions légales ou règlementaires prises depuis le mois de mars 2020 en réaction à la crise sanitaire provoquée par le virus Covid-19.

Énoncé

Madame Durand a rendez-vous à votre cabinet. Elle vous expose les faits suivants.

Le 15 janvier 2020, comme chaque semaine, elle empruntait son véhicule pour accompagner sa fille Chloé à son activité sportive. Elle circulait pour cela sur la route départementale RD 10 qui longe une vallée escarpée et franchit une rivière par un pont métallique datant du début du XXe siècle. Alors qu'elle s'était engagée sur ce pont, celui-ci se mit à vibrer fortement sous l'effet de grandes masses d'eau qui déferlaient dans le lit de la rivière.

Soudainement, le pont s'effondra et sa voiture tomba dans le lit de la rivière. Fort heureusement elle ne fut pas emportée par les flots et resta bloquée contre les rochers qui formaient la berge. Madame Durand parvint à s'extraire de son véhicule mais sa fille était restée incarcérée dans le véhicule. Madame Durand replongea alors dans l'eau pour tenter de venir au secours de sa fille, mais elle heurta violemment un des rochers et devant la douleur d'un membre probablement brisé, elle dut regagner la berge. De là, elle appela les secours. Les pompiers arrivèrent très rapidement sur les lieux, mirent à l'eau un canot de sauvetage, parvinrent jusqu'au véhicule et tentèrent de désincarcérer Chloé qui était inconsciente. Malheureusement, dans cette action, ils lui causèrent de sévères entailles sur les membres. Finalement ils réussirent à la ramener sur la rive où ils purent réaliser les gestes de secours et la réanimer.

Le maire de la commune, également alerté, s'était entre temps rendu sur les lieux. Il accompagna les deux femmes jusqu'au véhicule de secours qui les transférait à l'hôpital et il eut le temps d'échanger quelques mots avec Madame Durand pour lui dire qu'il ne comprenait pas ce qui avait pu se passer. En effet, le pont avait fait l'objet d'une vérification approfondie quelques semaines auparavant et ne présentait aucune fragilité. Quant au débit d'eau, seul un lâcher tout à fait inattendu en provenance du barrage situé en amont, dont EDF est gestionnaire et propriétaire, pourrait l'expliquer.

Après vous avoir relaté tout cela, Madame Durand vous rassure sur l'état de santé de sa fille : Chloé est hors de danger même si elle demeure profondément choquée et si ses blessures ne sont pas complètement guéries, de sorte qu'elle manquera sans doute la fin de l'année scolaire et ne pourra pas se présenter à l'examen du BTS. Elle-même, hormis son bras cassé en écharpe, est surtout traumatisée par l'image de sa fille bloquée dans la voiture qui lui a causé un violent choc psychologique. Madame Durand sollicite votre concours pour déterminer la (les) responsabilité(s) qu'elle et sa fille pourraient rechercher *(14 points)* et les préjudices dont elles pourraient demander la réparation *(6 points)*.

3) Corrigé

Cas pratique

1. M. Martial Delétang a, semble-t-il, correctement compris les principes régissant tant le pouvoir de police du maire que le recours pour excès de pouvoir. Il faut dire qu'il n'a là que peu de mérite : la décision par laquelle le maire a interdit les sonneries de cloches est, à plusieurs titres, illégale.

a. M. Delétang a très certainement proposé à son curé de former un recours pour excès de pouvoir devant le juge administratif.

Il aurait sans doute été possible d'envisager un recours devant le juge judiciaire au titre de la voie de fait. Si, comme on le verra, l'illégalité commise par le maire peut être considérée comme manifeste, la seconde condition pour que la voie de fait soit constatée faisait cependant défaut : la décision municipale n'est pas « manifestement insusceptible de se rattacher à un pouvoir appartenant à l'administration ». Certes, le juge judiciaire a parfois une interprétation très souple de cette deuxième condition, mais il est impossible ici de considérer que la décision adoptée par le maire ne se rattache pas, même illégalement, à son pouvoir de police.

Le curé de Saintoux pouvait également demander au préfet, auquel la délibération a dû être transmise, de déférer la décision d'interdiction des sonneries au tribunal administratif, éventuellement après avoir invité la municipalité à rapporter sa décision. Cependant, la décision par laquelle le préfet décide (ou non) de déférer un acte d'une autorité qu'il contrôle devant le juge administratif n'étant pas susceptible de recours (CE, sect., 25 janv. 1991, *Brasseur*), le plus simple était ici d'envisager le recours pour excès de pouvoir.

Ce recours sera considéré comme recevable sans grande difficulté : même s'il n'en est pas le destinataire (il s'agit d'une mesure générale et impersonnelle, c'est-à-dire d'un acte réglementaire, et non d'une décision individuelle), le P. Jeambar est directement lésé par la décision municipale, et il présente donc un intérêt lui donnant qualité à agir ; il en aurait d'ailleurs été de même de M. Delétang lui-même, en sa qualité de paroissien du P. Jeambar. Les délais de recours contentieux (2 mois à compter de la publication de la décision) sont respectés, à la date où M. Delétang conseille le curé ; la décision, qui ne constitue ni une mesure d'ordre intérieur ni un acte de gouvernement, est bien une décision faisant grief.

b. Les moyens susceptibles d'être invoqués par M. Delétang ont trait tant à la légalité externe qu'à la légalité interne de la décision administrative.

Au titre de la légalité externe, deux moyens pouvaient être invoqués, l'un de façon incontestable, l'autre sans grande chance de succès.

S'agissant tout d'abord de la *compétence*, la décision était manifestement illégale du fait de son adoption par le conseil municipal. Le maire, autorité titulaire du pouvoir de police aux termes de l'article L. 2212-2 du Code général des collectivités territoriales, ne peut déléguer à aucune autorité l'exercice de ce pouvoir. Le juge a eu à de multiples reprises l'occasion de rappeler ce principe (v. par ex. CE 1er avr. 1994, *Cne de Menton et a.*), qui n'empêche pas cependant la consultation de quelque organe que ce soit avant l'adoption de la mesure de police. Mais ici, tel n'est pas le cas : la mesure de police n'a pas été adoptée par le maire à la suite d'un avis du conseil municipal, mais bien par ce dernier. Le terme « délibération » ne doit pas faire illusion : il qualifie tous les actes adoptés par le conseil municipal, pour les différencier des « arrêtés », adoptés par le maire. Moyen d'ordre public, l'incompétence ici constatée ne pourra qu'entraîner l'annulation de la délibération du conseil municipal.

À titre subsidiaire cependant, et au cas très improbable où le requérant n'aurait pas invoqué le vice de compétence, et où le juge ne l'aurait pas soulevé d'office, on examinera les autres moyens susceptibles d'être invoqués. Toujours au titre de la légalité externe, le *défaut de motivation* pouvait être invoqué, sans grande chance de succès. Il faut en effet rappeler que le principe est que les actes administratifs n'ont pas à être obligatoirement motivés (CE, ass., 27 nov. 1970, *Agence maritime Marseille-fret*). La motivation n'est obligatoire, par dérogation et, principalement, en application du Code des relations entre le public et l'administration, que pour certaines catégories d'actes individuels. Or la délibération du conseil municipal, malgré ses effets individuels, est un acte à caractère réglementaire, qui n'a donc pas à être motivé.

Il n'en reste pas moins que les motifs sur lesquels la décision d'interdire les sonneries est fondée sont incontestablement illégaux. Au titre de la *légalité interne*, deux arguments peuvent être invoqués.

Si le maire, autorité titulaire du pouvoir de police générale dans la commune, a l'obligation d'assumer ses missions (CE 23 oct. 1959, *Doublet*), il ne peut le faire qu'en respectant d'une part l'objet de la police administrative, d'autre part les conditions d'adoption de ces mesures. Il faut, à titre préalable, rappeler ici que le juge exerce sur les mesures de police un plein contrôle de proportionnalité, c'est-à-dire qu'il vérifie l'adéquation entre le contenu de l'acte et la condition légale qui prétend le justifier (voir par ex. CE, sect., 9 juill. 1997, *Assoc. Ekin*). Ici, la décision d'interdiction de sonnerie des cloches entre matériellement, même si on peut en discuter, dans le champ de compétences de la police municipale : celle-ci, reprenant les trois éléments définissant traditionnellement l'ordre public, vise à « assurer le bon ordre, la sûreté, la sécurité et la salubrité publiques » sur le territoire de la commune (CGCT, art. L. 2212-). Bien que la tranquillité ne soit pas directement comprise dans cette définition, elle est visée, au titre de la sécurité, par l'article L. 2212-2, qui évoque la répression par le maire des « bruits, y compris les bruits de voisinage ». Il appartient donc au maire de faire cesser tout bruit qu'il estimerait contraire à l'ordre public, et ce semble être le cas à propos des cloches de l'église du village.

Les mesures de polices étant restrictives de liberté, elles doivent, comme toute limitation en ce domaine, être interprétées strictement. Aussi le juge administratif a-t-il ajouté deux conditions spécifiques pour que des mesures de police soient considérées comme légales : elles doivent être nécessaires et proportionnées. Or ces deux conditions ne semblent pas ici remplies. La nécessité signifie (CE 19 mai 1933, *Benjamin*) qu'une mesure de police ne sera légale que si aucun autre moyen, moins restrictif de liberté, ne pouvait être employé. Ici, il était certainement envisageable de recourir à des solutions moins contraignantes, à commencer par une demande faite au curé de faire sonner les cloches un peu plus tard ou moins longtemps, démarche dont rien n'indique ici qu'elle ait été effectuée. La proportionnalité suppose quant à elle que l'autorité titulaire du pouvoir de police ait pris la mesure la plus adéquate à la situation juridique qu'elle a préalablement appréciée. Dans ce cadre, c'est toujours la volonté du juge d'encadrer les limitations aux libertés qui prime : le juge prohibe, notamment, les interdictions générales et absolues (CE 22 juin 1951, *Daudignac*), à moins qu'elles ne soient justifiées par des circonstances particulières. La délibération interdisant les sonneries de cloches sur l'ensemble du territoire de la commune et pendant toute l'année est, de façon évidente, une mesure à caractère général et absolu, et aucune circonstance particulière ne semble justifier une telle généralité.

La seule circonstance particulière a trait à l'appartenance du maire à l'association des Libre penseurs du Limousin. Mais cet élément accroît les chances d'annulation de la délibération, dans la mesure où elle laisse soupçonner l'existence d'un détournement de pouvoir. Comme toute décision administrative, une mesure de police n'est légale que si elle est adoptée conformément à son objet, ici la protection de l'ordre public. Or il semble bien que la principale personne concernée ici par le bruit des cloches était le maire, par ailleurs visiblement peu enclin à un traitement favorable du clergé local. Il faut cependant préciser qu'une telle circonstance n'est pas, par elle-même, susceptible de caractériser un détournement de pouvoir : le maintien de la tranquillité entre dans les compétences du maire, et l'interdiction des sonneries de cloches en constitue un moyen. Il faudra donc que le P. Jeambar prouve que, derrière la défense de la tranquillité publique, que la commune pouvait invoquer comme paravent, se cache en réalité une animosité personnelle du maire contre la religion en général et les sonneries de cloches en particulier, c'est-à-dire un intérêt particulier, voire ici strictement personnel. Le juge exigeant, en matière de police, que l'ordre public soit bien la finalité exclusive de l'action administrative, une telle preuve ne semble pas très difficile à apporter.

c. En l'attente de la décision du tribunal administratif, il est fortement déconseillé au P. Jeambar de continuer à sonner les cloches. En application du « privilège du préalable », les décisions administratives ayant force exécutoire, ce qui est le cas de la décision du conseil municipal dont rien ne nous indique qu'elle n'a pas été régulièrement publiée et transmise à l'autorité préfectorale, le recours pour excès de pouvoir à leur encontre n'a pas de caractère suspensif. *Dura lex, sed lex* : le P. Jeambar devra cesser temporairement de sonner les cloches. Le département de la Creuse n'étant pas situé en région concordataire, il est impossible d'invoquer, contre l'exécution de la décision du maire, le principe de continuité du service public du culte : à supposer que la sonnerie des cloches constitue un élément substantiel du culte, cette activité n'est plus, sauf en Alsace-Moselle, un service public depuis la loi de séparation des Églises et de l'État du 9 décembre 1905.

d. Une accélération éventuelle de la procédure ne peut venir que des procédures d'urgence, en particulier soit du référé-liberté, soit du référé-suspension.

Le *référé-liberté*, seul à même d'accélérer la procédure puisque permettant au juge d'ordonner « toute mesure », notamment l'annulation de la décision, n'a ici aucune chance d'être accueilli. L'article L. 521-2 du Code de justice administrative prévoit que, « saisi d'une demande en ce sens justifiée par l'urgence, le juge des référés peut ordonner toutes mesures nécessaires à la sauvegarde d'une liberté fondamentale à laquelle une personne morale de droit public ou un organisme de droit privé chargé de la gestion d'un service public aurait porté, dans l'exercice d'un de ses pouvoirs, une atteinte grave et manifestement illégale ». Que la décision du conseil municipal soit manifestement illégale, on en conviendra sans peine. En revanche, les deux autres conditions sont plus hasardeuses : la décision ne porte pas une atteinte grave à une liberté fondamentale ; aucune urgence ne peut être invoquée. On peut en effet difficilement imaginer que le juge accepte de considérer, malgré la conception large qu'il a en ce domaine, la sonnerie de cloches comme une liberté fondamentale ; et il semble vraiment difficile d'en faire le prolongement de la liberté de culte ou de conscience, ou plutôt, dans ce cas, on peut difficilement considérer que l'atteinte manifestement illégale portée par l'interdiction des sonneries de cloches à la liberté de conscience ou de culte est « grave » (v. pour la notion de gravité : CE, sect., 30 oct. 2001, *Min. de l'Intérieur c/ Mme Tliba*). Mais c'est surtout la condition d'urgence qui, ici, fait défaut : on sait que le juge l'interprète plus strictement que dans les autres référés, et on ne voit pas trop en quoi la sonnerie des cloches serait particulièrement urgente.

Le *référé-suspension* aurait à peine plus de chances de prospérer. L'article L. 521-1 du Code de justice administrative indique que « quand une décision administrative, même de rejet, fait l'objet d'une requête en annulation ou en réformation, le juge des référés, saisi d'une demande en ce sens, peut ordonner la suspension de l'exécution de cette décision, ou de certains de ses effets, lorsque l'urgence le justifie et qu'il est fait état d'un moyen propre à créer, en l'état de l'instruction, un doute sérieux quant à la légalité de la décision ». Si la seconde condition est incontestablement remplie (ne serait-ce qu'en raison de l'incompétence du conseil municipal), l'urgence sera difficilement reconnue. Certes, le juge a infléchi sa jurisprudence antérieure à la loi du 30 juin 2000, jurisprudence particulièrement rétive à reconnaître l'urgence ; c'est ainsi qu'un préjudice financièrement réparable n'est plus exclusif de la reconnaissance de l'urgence (CE, sect., 19 janv. 2001, *Confédération nationale des radios libres*). Mais pour que l'urgence, qui s'apprécie « objectivement et globalement », soit reconnue, il faut tout de même que les conséquences de la décision attaquée sur les droits et libertés soient suffisamment graves pour être véritablement appréciables.

2. Mme Bachellerie a eu la curieuse idée de se promener au mauvais endroit au mauvais moment : elle ne devrait cependant pas avoir de difficulté à voir son préjudice réparé.

Avant toute chose, s'agissant d'un contentieux de la responsabilité, il faut rappeler à la plaignante qu'elle a l'obligation, avant d'agir en justice, d'obtenir une décision préalable de l'administration, soit refusant de l'indemniser, soit lui proposant une indemnisation qu'elle estimerait insuffisante. Mais le plus probable, compte tenu des circonstances, est qu'elle obtiendra une indemnisation raisonnable, et qu'un procès sera évité.

En effet, la responsabilité de la commune sera ici engagée en l'absence de faute, sur le fondement du risque encouru par la plaignante.

a. Il faut, au préalable, indiquer que le choix de la juridiction compétente ne pourra pas être effectué en fonction de la distinction entre la faute personnelle et la faute de service commise par l'agent : le fait dommageable (le tir) a été commis pendant le service, et ne peut dans ce cadre être considérée comme personnelle que s'il est commis dans un but personnel, étranger au service (CE 21 avr. 1937, *Mlle Quesnel*) ou s'il s'agit d'une faute tellement inexcusable qu'elle manifeste l'absence de toute conscience professionnelle (CE 4 juill. 1990, *Sté d'assurances « Le Sou médical »*). Or ici, au moins s'agissant de Mme Bachellerie, qui n'a pas été visée par le tir, une telle reconnaissance est impossible : Mme Bachellerie n'a pas été délibérément visée par l'agent. Quand bien même c'eut été le cas, la juridiction administrative demeurerait compétente, dans la mesure où la faute, bien que personnelle, n'est incontestablement pas dépourvue de tout lien avec le service (CE 26 juill. 1918, *Épx Lemonnier*).

S'il y a hésitation sur la compétence juridictionnelle, ce n'est donc pas au titre de la faute, mais au titre de la police. En effet, si la mesure est préventive, la responsabilité susceptible d'être engagée, au titre de la police administrative, sera celle de la commune, devant le juge administratif ; si elle est répressive, la responsabilité engagée sera celle de l'État, seul titulaire de la police judiciaire, et elle le sera devant le juge judiciaire. Ici, l'identification est relativement délicate à opérer : la décision du maire de renforcer l'îlotage est bien une mesure de police administrative, destinée à prévenir les infractions susceptibles d'être commises autour d'un centre de stockage d'armes. C'est dans ce cadre que l'îlotage, opération matérielle de police, s'est déroulé. Mais la survenance d'un individu au « comportement louche », puis sa tentative de contrôle par le policier, est susceptible de transformer la nature de l'opération de police : si, lors d'un îlotage, des policiers constatent une infraction ou un délit, et qu'ils cherchent à interpeller son auteur présumé, ils agissent en tant qu'autorité de police administrative. Toutefois, malgré la sommation effectuée puis les coups de feu tirés par le policier, l'opération doit toujours être considérée comme de police administrative, à un double titre. En premier lieu, la police judiciaire ne se caractérise pas par son seul caractère répressif, mais par le fait qu'elle se déroule « en relation avec une infraction pénale déterminée » (CE 11 mai 1951, *Baud* ; T. confl. 7 juin 1951, *Noualek*) ; en outre, en admettant qu'une infraction pénale ait été commise (soustraction à un contrôle d'identité, ce qui n'est pourtant pas ici le cas), la jurisprudence, pour déterminer la compétence juridictionnelle, regarde quelle est la nature de l'opération de police dominante (T. confl. 12 juin 1978, *Sté Le Profil*) ; or ici, l'opération dominante est bien entendu l'îlotage, opération de police administrative.

b. Une fois admis que les blessures ont été infligées dans le cadre d'une opération de police administrative, la question de la mise en jeu de la responsabilité est plus simple. Abandonnant l'irresponsabilité du fait des mesures de police, manifestation de la puissance publique, le Conseil d'État a, il y a un siècle, accepté la mise en jeu de la responsabilité de l'administration du fait de fautes lourdes commises dans la mise en œuvre des pouvoirs de police (CE 10 févr. 1905, *Tomaso Grecco*). Ce régime a ensuite évolué, les opérations complexes relevant toujours, en principe, du régime de la faute lourde (CE 14 déc. 1962, *Doublet*), les opérations plus simples, qui correspondent en règle générale (mais pas systématiquement) aux activités normatives de police, engageant la responsabilité de l'administration pour faute simple. Ici, s'agissant des conséquences du maniement d'armes à feu, considéré comme délicat, Mme Bachellerie devrait en principe avoir à prouver l'existence d'une faute lourde. Cependant, compte tenu du déséquilibre existant entre la personne poursuivie, par hypothèse non armée, et le policier, la responsabilité du fait des armes à feu est engagée depuis les années 1950 sur le fondement de la faute simple (CE 27 juill. 1951, *Dame Aubergé*).

Toutefois, ce régime de responsabilité ne s'applique qu'aux destinataires de l'opération de police, non aux victimes de « dommages collatéraux ». Les concernant, le juge administratif n'exige la preuve d'aucune faute, mais engage la responsabilité de l'administration sur le fondement du risque, eu égard à la dangerosité intrinsèque, même en l'absence de tout comportement fautif, de certaines opérations de police (celles entraînant « l'usage d'armes ou d'engins comportant des risques exceptionnels pour les personnes et les biens » : CE 24 juin 1949, *Lecomte*). N'étant pas visée par la mesure de police, Mme Bachellerie « bénéficie » de ce régime, et n'a à prouver aucune faute de l'agent. Elle n'aura donc – ce qui est ici très facile à démontrer – qu'à prouver l'existence d'un préjudice réparable, d'un fait dommageable imputable à l'administration et d'un lien de cause à effet entre ces deux éléments.

Bibliographie générale

1) Introductions

- P. Delvolvé, *Droit administratif*, 6e éd., Dalloz, coll. « Connaissance du droit », 2014.
- G. Bigot, *Introduction historique au droit administratif depuis 1789*, PUF, 2002.
- G. Bigot, *Ce droit qu'on dit administratif… Études d'histoire du droit public*, La mémoire du droit, 2015.
- F. Burdeau, *Histoire du droit administratif*, PUF, coll. « Thémis », 1995.
- D. Pouyaud, P. Weil, *Le droit administratif*, 25e éd., PUF, coll. « Que sais-je », 2017.
- K. Weidenfeld, *Histoire du droit administratif*, Economica, 2010.

2) Manuels

- C. Debbasch, F. Colin, *Droit administratif*, 11e éd., Economica, 2014.
- P. Chrétien, N. Chifflot, M. Tourbe, *Droit administratif*, 15e éd., Sirey, 2016.
- P.-L. Frier, J. Petit, *Précis de droit administratif*, 10e éd., Monchrestien, 2015.
- Y. Gaudemet, *Droit administratif*, 21e éd., LGDJ, 2015.
- G. Lebreton, *Droit administratif*, 8e éd., Dalloz, coll. « Cours », 2015.
- J. Morand-Deviller, *Droit administratif*, 14e éd., Montchrestien, coll. « Cours », 2015.
- B. Plessix, *Droit administratif général*, Lexisnexis, coll. Manuel, 2016
- B. Seiller, *Droit administratif*, 2 vol., 6e éd., Flammarion, coll. « Champs », 2016.
- P. Serrand, *Droit administratif*, 2 vol., 2e éd., PUF, coll. « Droit fondamental », 2017.
- B. Stirn et Y. Aguila, *Droit public français et européen*, Dalloz, 2014.
- D. Truchet, *Droit administratif*, 7e éd., PUF, coll. « Thémis », 2017.
- A. Van Lang, G. Gondouin, V. Inserguet-Brisset, *Dictionnaire de droit administratif*, 7e éd., Sirey, 2015.
- J. Waline, *Droit administratif*, 26e éd., Dalloz, coll. « Précis », 2016.

3) Traité

- P. Gonod, F. Melleray, P. Yolka (dir.), *Traité de droit administratif*, 2 vol., Dalloz, 2011.

4) Ouvrages classiques

- R. Chapus, *Droit administratif général*, Tome 1, 15e éd., Montchrestien, coll. « Précis Domat », 2001.
- C. Eisenmann, *Écrits de droit administratif*, Dalloz, réimp. 2013.
- M. Hauriou, *Précis de droit administratif et de droit public*, Dalloz, réimp. 2002.
- G. Jèze, *Les principes généraux du droit administratif*, 3 vol., Dalloz, réimp. 2003-2005.
- J. Rivero, *Précis de droit administratif*, Dalloz, réimp. 2011.

5) Recueils de jurisprudence

- J.-F. Lachaume, H. Pauliat, S. Braconnier, C. Deffigier, *Droit administratif. Les grandes décisions de la jurisprudence*, 16e éd., PUF, coll. « Thémis », 2014.
- M. Long, P. Weil, G. Braibant, P. Delvolvé, B. Genevois, *GAJA*, 21e éd., Dalloz, 2017.
- J.-C. Bonichot, P. Cassia, B. Poujade, *GACA*, 5e éd., Dalloz, 2016.
- Y. Gaudemet, B. Stirn, T. Dal Farra, F. Rolin, *Les grands avis du Conseil d'État*, 3e éd., Dalloz, 2008.

5) Méthodologie et exercices

- V. Barbé, H. Faupin, M.-C. Rouault, *Réussir ses TD en droit administratif*, Larcier, 2016.
- F. Bin, *Droit administratif. Cours, méthodologie, exercices corrigés*, Ellipses, 2010.
- X. Dupré de Boulois, *Annales Droit administratif. Méthodologie et sujets corrigés*, Dalloz, 2017.
- P. Janin, *Méthodologie du droit administratif*, Ellipses, 2006.
- C. Logéat, C. Paillard, *Droit administratif général. Exercices corrigés*, 2e éd., Armand Colin, 2010.
- S. Velley, *Droit administratif*, 14e éd., Vuibert, 2017.

Index alphabétique

Les chiffres sans crochets renvoient aux numéros de paragraphe du cours. Les chiffres entre crochets renvoient aux définitions des mots dans la rubrique « Quid ».

A

B

C

D

E

F

G

H

I

J

L

M

N

O

P

Q

R

Table des matières

Certifié PEFC
Ce produit est issu de forêts gérées durablement et de sources contrôlées
PEFC
PEFC/18-31-280
www.pefc-france.org

Cet ouvrage a été composé
par IGS-CP à L'Isle-d'Espagnac (16)

720658 (I) CSB-G 80 g IGS (CDR)
Achevé d'imprimer en Italie par L.E.G.O. S.p.A. lavis (TN)
Dépôt légal : Septembre 2021